KB145714

갑골학 연구

이 저서는 2009년도 정부재원(교육부)으로 한국연구재단의 지원을 받아 연구되었음 (NRF-2009-342-A00027).

손예철

서울대학교 중어중문학과를 졸업하고, 國立臺灣大學校 대학원 중문학과에서 석사 학위와 박사 학위를 취득하였으며, 한양대학교 중어중문학과 교수로 근무하고, 현재 명예교수로 있다. 미국 하버드대학교 E.A.L.C.(東亞學科) 객좌교수와 국립정치대학교 교환교수를 지냈으며, 한양대학교 인문과학대학 학장과 한국중국학회 회장을 역임하였다.

『동아 프라임 중한사전』(표준판) · (콘사이스판) · (탁상판)을 엮었고, 『殷代貞卜人物通考』를 우리말로 옮겼으며, 『한자학개론』을 저술하였고, 「漢字의 造字法 '六書' 硏究」, 「『說文解字』 小篆體 重複字 硏究」, 「『說文解字』 '闕如' 考」, 「『說文解字』 '省形' 考」, 「甲骨卜辭에 나타난 殷王室의 世系考」, 「甲骨卜辭에 나타난 殷商代 祭祀의 種類」, 「甲骨文 否定詞 探究」, 「甲骨祭祀卜辭中의 犧牲考」, 「甲骨卜辭에 나타난 殷商代 祭祀의 時間과 場所」 등 갑골문자와 『說文解字』를 비롯한 중국고문자와 관련한 다수의 논문을 발표하였다.

갑골학 연구

초 판 인쇄 2016년 9월 23일
초 판 발행 2016년 9월 28일

지 은 이 손예철
펴 낸 이 박찬익
편 집 장 권이준
책임편집 조은혜

펴 낸 곳 ㈜ 박이정
주 소 서울시 동대문구 천호대로 16가길 4
전 화 02) 922-1192~3
팩 스 02) 928-4683
홈페이지 www.pjbook.com
이 메 일 pijbook@naver.com
등 록 2014년 8월 22일 제305-2014-000028호

ISBN 979-11-5848-251-0 (93720)

* 책값은 뒤표지에 있습니다.

손예철 지음

(주)박이정

중국 淸代 말엽인 光緖 25년(1899년)에 중국의 河南省 安陽縣 小屯村 洹水 주변의 상고시대 殷墟에서 발견된 갑골문(甲骨文)은, 商代 중엽에 商王 盤庚이 殷墟로 천도(遷都)한 이후부터 紂王 즉 ≪史記 · 殷本紀≫에서 말하는 帝辛의 망국(亡國)까지, 다시 말하면 周代 이후의 거의 모든 고서(古書)들에서 일관되게 폄칭(貶稱)된 "殷"이라는 왕실의 273년 간의 실록(實錄)이라고 할 수 있는 실물 자료이다. 이 갑골문의 내용은 왕실의 제사(祭祀) · 왕의 안위와 출입 · 전렵(田獵)과 전쟁 · 기후와 천문(天文) · 농업을 비롯한 제반 경제 현상 · 질병 등등에 대한 점복(占卜) 기록이다. 현존하는 중국문자 가운데 가장 원시적인 자형(字形)을 유지하고 있는 최고(最古)의 문자인 이 갑골문은, 처음 발견 당시에는 비록 그 가치조차 제대로 평가받지 못했으나, 지금은 중국의 문자학(文字學)과 성운학(聲韻學) · 훈고학(訓詁學) · 고고학 · 경학(經學) · 역사학은 물론, 商代의 정치 · 경제 · 사회 · 문화 · 군사 · 역학(曆學) · 천문 · 의학 · 풍속 습관 등등의 연구에 직 · 간접적인 자료로 이용되고 있어, 학문적인 가치의 크기가 얼마인지를 가늠하기조차 어려울 만큼 큰 가치를 가지고 있다.

이 갑골문에 대한 연구는 처음에는 중국 국내의 개인들이 수집 소장하고 있던 자료들을 정리하여 저록(著錄)으로 출간함과 동시에 갑골문자(甲骨文字) 하나하나에 대한 고석(考釋)을 하게 되었고, 조금 뒤에는 이를 이용한 일차적인 응용 연구가 진행되었다. 그리고 조금 더 시간이 지난 뒤에는 중국 정부의 연구기관인 中央硏究院이 공식적인 발굴에 착수하였으며, 이 때 출토된 자료가 방대한 저록으로 출간되고, 이를 통해 본격적인 연구에 돌입하게 되었다. 이와 동시에 갑골각사(刻辭)의 해독(解讀)을 위한 노력이 본격화됨에 따라 발굴된 갑골의 시대를 판별하기 위한 단대(斷代) 분기(分期) 작업뿐만 아니라, 점복을 주관한 '貞人'에 대한 연구는 물론이고, 기초적인 복사(卜辭)의 문례(文例)에 대한 연구 및 초보적인 商代 사회의 성격과 예제(禮制) 등에 대한 연구가 이루어졌다. 이런 과정을 거쳐 이 갑골문은 이제는 위에서 언급한 중국 상고시대의 거의 모든 학문 분야에까지 연구 범위가 확대되었다. 그리고 한 세기 내내 이렇게 넓은 범위의 연구 활동과 높은 연구 열기 덕분에 연구의 깊이도 깊어져서 그 연구 성과가 획기적이라 할 만큼 커졌으며, 지금은 갑골학(甲骨學)이라는 하나의 학문분야를 형성하게 되었다.

그러나 연구 역사가 120년에 가까운 갑골학은, 아직도 殷墟 유적지에서의 발굴 작업이 계속되고 있고, 본격적인 연구의 시작이라고 할 수 있는 갑골문자의 고석도, 지금까지 발견된 약 4,000여 자(字) 가운데 약 절반 정도의 글자가 아직도 해독되지 않은 글자로 남아 있으며, 갑골문을 이용한 응용 연구 부문은 더욱 많은 진일보한 고증을 기다리고 있는 등등, 연구가 미진한 부분이 아직도 많다.

우리나라에서는 1980년에 이르러서야 갑골문에 대한 본격적인 연구 논문이 발표되고 소개되었는데, 이런 사실을 통해서 알 수 있는 바와 같이, 이 분야에 대한 국내의 연구는 연구자의 절대수 부족과 인식 부족 등의 이유로 인해서, 그 연구 성과가 중국문자학과 고고학 내지 역사학계 일부에서 직접적인 연구가 이루어지고 있을 뿐이고, 부분적인 신화(神話) 연구와 언어철학적 연구를 제외한 나머지 학문분야에서의 응용 연구는 대단히 미미한 상태이다.

지금 우리나라는 1992년 중국과 재차 국교를 수립한 이후 양국 관계는 정치 · 경제 · 사회 · 문화 · 군사 등 모든 면에서 활발한 교류가 이루어지고 있지만, 양국 사이에는 정치 · 외교적인 노력 뿐만 아니라 학문적인 분야에서 종합적이고 체계적인 연구를 통해서 풀어나가야할 문제들도 존재하는 것이 사실이다. 그 중에서 가장 중요한 부문 중의 하나가 바로 한국과 중국의 上古時代에 대한 연구인데, 그 중에서도 중국의 商代에 대한 전면적이고 체계적이며, 가장 직접적이고 구체적인 연구 자료 중의 하나가 갑골문이라고 하겠다.

이런 상황에서 지난 한 세기(世紀)가 넘는 기간 동안 전 세계적으로 활발하게 진행된 갑골학에 대한 연구 업적을 체계적으로 집대성하고 국내에 소개함으로서, 우리나라에서의 갑골학 연구를 촉진하고 관련 학문 분야와의 융합 내지 응용 연구의 기초 자료를 제공함은 물론, 갑골학 각 분야의 미진한 부분을 심화 연구하고 또 새로운 연구 영역을 개척하는데 조금이나마 도움이 되고자하여 본 과제의 연구를 진행하였다. 이를 위해 제1장에서는 갑골학의 용어에 대한 정의(定義)와 殷墟에서의 갑골의 발견과 발굴 과정 및 그 후속 조치 그리고 갑골 자료의 수집 소장과 이의 정리와 저록의 출판 등에 대해 분석 정리하였고; 제2장에서는 갑골판의 실체와 점복 과정과 그 제도 그리고 갑골 각사와 갑골편의 진위 판별 및 철합(綴合) 복원(復原) 등을 총체적으로 살펴보고; 제3장에서는 갑골문자의 특성과 갑골문자의 고석 방법과 그 성과, 또 갑골복사의 문례와 구조 및 일반 갑골문의 문례와 품사 및 문법 등을 탐구 정리하고; 제4장에서는 갑골 단대 연구의 성과와 그 표준 그리고 文武丁시대 갑골문의 제(諸) 문제 및 '歷組'복사의 여러 문제 등을 살펴보고; 제5장에서는 商代에 봉행된 주제(週祭)인 5종 제사를 비롯한 기타 모든 제사들의 종류와 그 대상 · 제신(諸神)들의 권능 · 제사의 시간과 장소 및 제품(祭品)에 대해 알아보고; 제6장에서는 商 왕실의 선공(先公) · 선왕(先王) · 선비(先妣) · 묘호(廟號)와 관제(官制) 및 형벌과 감옥, 방국(方國) 지리와 전렵지(田獵地), 군대의 편제 · 병종(兵種) · 훈련 그리고 대내외 전쟁 등을 망라한 商代의 정치 전반을 고찰하고; 제7장에서는 가족제도와 종법(宗法)제도 및 지배 · 피지배 계층 그리고 역법(曆法)과 천문 · 의학 등의 문제들을 포함한 商代의 사회를 입체적으로 살펴보고; 제8장에서는 농업 · 목축업 · 어렵 · 수렵(狩獵) · 방직업 · 건축업 · 주조업(鑄造業) · 상업과 교통 그리고 음식과 양조(釀造) 등을 포괄하는 商代의 경제 전반에 대해 분석 탐구하고; 마지막으로 제9장에서는 갑골학 전반에 대한 미래 전망으로 끝맺음을 하였다.

집필 과정에서 필자가 가장 고심한 것은 대단히 함축적이면서도 아직 우리나라 학계에서는 생소한 중국어문학 전문 용어에 대한 적확(的確)한 우리말 표현과 올바른 정리 등이었지만, 한 개인의 능력으로는 한계가 있을 수밖에 없는 일이기에 독자(讀者) 제현(諸賢)의 아낌없는 광정(匡正)을 바란다.

끝으로 이 책이 일반 대중들의 구매 수요가 극히 적을 것임이 충분히 예견되는데도 불구하고 흔쾌히 출판을 결행(決行)해주신 박찬익 사장님께 온 마음으로 감사드리며, 생소한 자형의 갑골문과 금문(金文)을 비롯한 고문자(古文字)와 벽자(僻字)가 유례를 찾지 못할 만큼 많고 많은데도 이 책의 출판을 끝까지 도와준 "도서출판 박이정" 관계자 여러분들에게 이 자리를 빌려 진심으로 깊은 감사를 드린다. 그리고 이 책의 집필과 수정 보완 과정 내내 옆에서 따뜻한 보살핌과 따끔한 충고를 아끼지 않은 아내 최문희(崔文姬)에게 거듭 깊은 사랑과 감사를 표한다.

2016년 9월

奉天齋에서

孫 叡 徹 謹識

| 차 례 |

제1장

서론(緖論)*

제1절 갑골학 용어의 정의

'甲骨學'이라는 학문이 성립된 지가 아직 얼마 되지 않은 시점에서 우선적으로 밝혀야 할 것은, 여타 분야의 학문 연구와 마찬가지로 이와 관련된 용어의 정의(定義)이다. 지금 학계에서 일반적으로 사용하고 있는 '甲骨學'이라는 말은, '甲骨文' 그 자체(自體)와 이를 응용하거나 이와 연관된 분야를 연구하는 모든 학문을 통틀어 일컫는 말이다.

그러면 이 '甲骨學'이란 말의 정의에서 핵심적인 의미를 가지고 있는 '甲骨文'이라는 용어에 대한 정확한 명명(命名)의 실제 내용을 살펴보자.

우선 '甲骨文'에서의 '甲骨'이라는 명칭은, '龜甲'[거북의 껍질]의 '甲'자(字)와 '獸骨'[동물의 뼈]의 '骨'자를 합쳐서 만든 것으로서, '甲骨文'을 새기는데 사용한 재료(材料)에 근거하여 명명한 말이다. 그리고 '甲骨文'이 새겨진 하나하나의 거북의 껍질이나 동물들의 뼈를 '甲骨片'이라고 하는데, 이는 또한 그냥 '甲骨'이라고도 한다. 물론 '甲骨片' 중의 '片'은, 이들 낱개의 거북의 껍질이나 동물들의 뼈를 세는 단위를 나타내는 수량사로 쓰이기도 한다. '甲骨'을 세는 단위를 나타내는 수량사로는 갑골문 발견 초기에는 '版'이라는 말을 쓰기도 하였는데, 이는 문자(文字)가

* 본 과제의 연구 결과를 서술함에 있어서 儒家의 經傳(十三經), 諸子百家書, 正史 四史, 《國語》·《戰國策》·《淮南子》·《呂氏春秋》·《竹書紀年》·《說文解字》 등등과 같이 동일 판본의 고서(古書)를 2곳 이상의 출판사에서 출간한 경우에 이의 인용은 인용 書名과 篇名명을 本文에서 밝히고, 그리고 註釋者의 註解를 인용할 때도 주석자의 이름을 본문에서 밝히고, 특별히 밝혀야 할 경우가 아니면 그 출처를 脚注로 밝히지 않는 것을 원칙으로 한다. 이는 편폭의 과대를 피하고, 독자들의 참고에 편의를 도모하기 위함이며, 본 과제의 논술에서 인용하는 고서는 모두 첨부된 참고 목록에 명기된 것에 국한한다.

각(刻)된 재료가 평평한 판(版)모양으로 되어 있는 것에서 유래된 것으로, 보존 상태가 온전하거나 크기가 비교적 큰 갑골편을 지칭하기도 한다. 그런데 발굴된 갑골의 상태가 완전무결한 것도 상당수 있긴 하지만, 거의 대부분은 부서지거나 쪼개진 상태여서, 각각의 크기도 많이 다를 수밖에 없는데, 지금은 그 크기에 관계없이 갑골을 세는 수량사로는 거의 대부분 '片'을 사용한다. 그리고 이들 갑골편에 새겨진 문자를 '甲骨文字' 또는 '甲骨文'이라고 하고; 이들 갑골문자로 이루어진 문장도 '甲骨文'이라고 한다. 따라서 '甲骨文'이라는 말은, 낱개의 갑골문자에 대한 명칭인 동시에, 이들 갑골문자로 이루어진 문장을 지칭하기도 한다.

그런데 '甲骨文'에는 크게 다음의 네 가지 점에 착안하여 만든 여러 가지 명칭들이 사용된다. 첫째는 갑골문을 새긴 재료에 착안한 명칭들이고, 둘째는 갑골문의 내용에 착안한 명칭들이며, 셋째는 갑골문의 시대와 발견 장소에 착안한 명칭들이고, 넷째는 갑골문의 서사(書寫) 방법에 착안한 명칭들이다.

一. 재료에 따른 명칭

앞에서 언급한 바와 같이, 현재 일반적으로 가장 많이 사용하고 있는 '甲骨文'이라는 말은 바로 이것이 새겨진 재료에 착안한 명칭이다. '甲骨'이라는 말은 앞에서 이미 설명한 바와 같이 '龜甲'의 '甲'자와 '獸骨'의 '骨'자를 합쳐서 만든 것이고, '甲骨文'을 새기는 데 사용된 주요 재료가 바로 '龜甲' 즉 거북의 껍질과 '獸骨' 즉 동물의 뼈 두 가지이다.

갑골문이 새겨진 '龜甲'은, 거북의 등껍질 '背甲'과 거북의 배 껍질 '腹甲' 두 가지인데, 그 대부분은 복갑(腹甲)이다. 그리고 '獸骨'은 소·말·양·돼지·개 등의 가축의 뼈와 호랑이·사슴 등의 뼈가 사용되었다. 따라서 '甲骨文'은 이들 재료에 착안하여 '甲骨文(字)'·'甲文'·'龜甲文(字)'·'龜版文'·'龜甲獸骨文字' 등으로 일컫게 되었다.

1) '甲骨文(字)' : 거북의 껍질과 동물의 뼈에 새겨진 글자 또는 글이라는 뜻이다.
2) '甲文' : 일반적으로는 거북의 껍질에 새겨진 문자라는 뜻인 '龜甲文字'의 준말로 쓰이지만, '甲骨文'의 준말로도 쓰인다.
3) '龜甲文(字)' : 순수하게 거북의 껍질에 새겨진 문자라는 뜻이다.
4) '龜版文' : '龜版' 즉 거북의 껍질을 손질하여 평평하게 만든 판(版)에 새긴 글 또는 글자라는 뜻이다.
5) '龜甲獸骨文字' : 갑골문이 새겨진 재료를 직접적으로 조합하여 만든 말로, 거북의 껍질과 짐승의 뼈에 새겨진 글자라는 뜻이다.

二. 내용에 따른 명칭

갑골문의 내용은 여러 가지 사항에 대한 순수한 사실 기록도 있지만, 대부분은 점복(占卜)과 관련된 기록이다. 이 때문에 갑골문을 '卜辭'·'卜文' 또는 '貞卜文字'·'甲骨卜辭'라고 일컫기도 한다.

1) '卜辭' : '骨卜' 즉 뼈 점을 친 말이란 뜻으로, 일반적으로 갑골문의 내용을 아우르는 말로 사용되고 있다.
2) '卜文' : '骨卜' 즉 뼈 점을 친 내용을 기록한 글자 또는 글이라는 뜻이다.
3) '貞卜文字' : '貞卜' 즉 뼈 점을 치며 물은 내용을 기록한 문자라는 뜻이다.
4) '甲骨卜辭' : '甲骨'로 점을 친 말이라는 뜻으로, 재료와 내용을 다 함께 합친 명칭이다. 지금은 일반적으로 갑골문의 내용을 아우르는 말로 많이 쓰인다.

三. 시대와 발견 장소에 따른 명칭

지금까지 발견된 갑골문은 시대적으로는 商代의 것이 대부분이지만, 더 멀리는 신석기시대부터 가깝게는 춘추전국시대의 것도 있다. 그리고 발견된 지역의 범위도 河南省을 비롯한 中國의 중북부 전 지역을 거의 망라하고 있다. 그렇지만 지금 우리가 일반적으로 말하는 갑골문은, 中國 河南省 安陽 小屯村의 殷墟 즉 殷나라 옛 도읍지에서 발견된 商代의 것을 지칭한다. 따라서 이 갑골문을 그 시대와 발견 장소에 착안하여 '殷墟(虛)文字'·'殷墟(虛)書契'·'殷文'·'殷卜辭' 및 '殷墟(虛)卜辭' 등으로 일컫기도 한다.

1) '殷墟(虛)文字' : 中國 河南省 安陽 小屯村의 殷나라 옛 도읍지에서 발견된 문자라는 뜻이다.
2) '殷墟(虛)書契' : 中國 河南省 安陽 小屯村의 殷나라 옛 도읍지에서 발견된, 칼로 새긴 문자라는 뜻이다.
3) '殷墟(虛)卜辭' : 中國 河南省 安陽 小屯村의 殷나라 옛 도읍지에서 발견된 '骨卜' 즉 뼈 점을 친 말이란 뜻으로, 갑골문의 내용과 시대 및 발견 장소를 동시에 고려한 명칭이다.
4) '殷卜辭' : 殷代에 뼈 점을 친 말이란 뜻으로, 갑골문의 시대와 내용에 착안한 명칭이다.
5) '殷文' : 殷代의 글 또는 문자라는 뜻으로, 갑골문의 시대에 착안한 명칭이다.

四. 서사(書寫) 방법에 따른 명칭

마지막으로 갑골문의 서사(書寫) 방법에 착안한 명칭인데, 갑골문은 거북의 껍질이나 소를 비롯한 동물들의 뼈에 새겨져 있다. 이 때문에 갑골문을 '契文'·'殷墟書契' 또는 '殷契文字'·'龜契文字'라고 일컫기도 한다.

1) '契文' : 이는 칼 등의 기구를 사용하여 새긴 글 또는 문자라는 뜻이다. 엄밀하게 말하면 이 '契文'에는 갑골뿐만 아니라 죽간(竹簡)이나 목간(木簡)에 칼로 새긴 글(자)도 포함이 되지만, 갑골문이 발견된 이후로는 일반적으로 갑골문만을 지칭하는 말로 쓰이고 있다.
2) '殷墟書契' : 이는 中國 河南省 安陽 小屯村의 殷나라 옛 도읍지에서 발견된 갑골에 새겨 쓴 문자 또는 글이라는 뜻인데, '殷墟'의 '墟'자를 '虚'로 쓰기도 한다.
3) '殷契文字' : 이는 殷代에 칼 등의 공구로 새겨 쓴 글자라는 뜻으로, 시대와 서사(書寫) 방법을 동시에 고려한 명칭이다.
4) '龜契文字' : 이는 거북의 껍질에 칼 등의 공구로 새겨 쓴 글자라는 뜻으로, 재료와 서사 방법을 동시에 고려한 명칭이다.

제2절 殷墟 이외의 갑골

현재 갑골학계에서 일반적으로 말하는 갑골은 앞에서 언급한 바와 같이 中國 河南省 安陽 小屯村의 殷나라 옛 도읍지 즉 殷墟에서 발견된 갑골문이 각된 것으로, 殷나라의 盤庚이 이곳으로 천도(遷都)한 이후부터 紂王 즉 帝辛에 이르러 나라가 망할 때까지의 273년 동안 殷나라 왕실에서 뼈 점을 치고 그 내용을 기록한 유물을 지칭한다. 그러나 지금까지 발견된 갑골 가운데는 점(占)만 치고 각사(刻辭)는 하지 않은, 즉 글자가 새겨져 있지 않은 무문자(無文字) 복갑(卜甲)[1]이나 복골(卜骨)도 있고, 또 시대로는 멀리 신석기시대의 것부터 西周 초기까지의 것도 발견되었으며, 발견된 지역도 상당히 광범위하게 분포되어 있다. 이를 시대 별로 나누어 살펴보면 다음과 같다.

1) 이 이후에는 한글 讀音이 같은 "卜甲"이라는 말과의 구분을 위해 "腹甲"의 경우에만 괄호 속에 漢字를 표기하고, "卜甲"의 경우에는 한글로만 표기하기로 한다.

一. 신석기시대의 갑골

甲. 河南省

1. 安陽 일대

A. 侯家莊 : 1932년 中央研究院 歷史語言研究所에 의한 제6차 발굴 작업 때, 龍山 문화층에서 조개껍질과 석기(石器) 등과 함께 문자가 각되지 않은 복골이 발견되었다.

B. 同樂寨 : 1934년 中央研究院 歷史語言研究所의 제10차 발굴 작업 때, 龍山 문화층에서 글자가 새겨져 있지 않은 복골이 발견되었다.

C. 晁家村 : 1955년 불로 지진 흔적이 있는 소와 양(羊)의 견갑골(肩胛骨)로 만들어진 무문자 복골이 발견되었다.

2. 濬縣 大賚店

1932년 中央研究院 歷史語言研究所의 정식 발굴 때, 龍山 문화층에서 불로 지진 흔적만 있는 무문자 복골이 발견되었다.

乙. 山東省

1. 歷城 · 城子崖(龍山鎭)

1930~1931년 中央研究院 歷史語言研究所 考古組에 의해 유지(遺址) 상층(上層)에서 점복용으로 다듬어진 우골(牛骨) 6편, 중층에서 복골 3편, 하층에서 소의 견갑골 4편과 사슴의 견갑골 1편 및 수골(獸骨) 1편 도합 6편, 지상(地上)에서 1편 등 모두 16편의 무문자 복골이 발굴되었다.

丙. 陝西省

1. 灃西

客省莊에서 전혀 다듬지 않은 무문자 양(羊) 견갑골 복골 6편이 발견되었다.

丁. 河北省

1. 唐山 大城山

1955년 복조(卜兆)가 있는 복골 4편이 발견되었는데, 이 가운데 3편은 소의 견갑골이고, 1편은 사슴의 견갑골이다.

2. 邯鄲

澗溝村에서는 1957년 龍山 문화층에서 불로 지진 흔적은 있으나 다듬어지지 않은 양의 견갑골로 만들어진 무문자 복골 2편이 발견되었고; 龜臺에서는 1957년 龍山 문화층에서 무문자 복골 1편이 발견되었다.

3. 永年 臺口村

1960년 유지(遺址) 상층 하부에서 다듬지 않은 자연 상태의 무문자 소의 견갑골 복골 1편이 발견되었다.

4. 磁縣 下潘汪村

磁縣 서남쪽 18㎞ 떨어진 岳城鎮 서쪽의 龍山 문화층에서 다듬지 않은 무문자 복골 1편이 발견되었다.

戊. 熱河

1. 內蒙古 昭烏達盟

1962년 巴林左旗 富河 溝門村에서는 유지의 회토(灰土) 갱(坑)에서 양과 사슴의 견갑골로 만든, 다듬지 않은 상태의 다수의 무문자 복골이 발견되었고; 寧城縣 南山根 유지에서는 1961년 夏家店에서와 같은 찬착(鑽鑿) 후 불에 지진 흔적이 있는 무문자 수골(獸骨) 7편이 발견되었다.

己. 遼寧省

1. 旅順 羊頭窪

1933년 日本의 濱田耕作 · 淸野謙次 · 金關丈夫 등이 발굴한 유물 중에 복조가 있고 찬착 후 불에 지진 흔적이 있는 사슴의 견갑골로 만든 무문자 복골 1편이 발견되었다.

2. 赤峰 一帶

藥王村에서 1959년 藥王村 藥王廟의 신석기시대 유지에서 찬착 후 불에 지진 흔적이 있는 돼지의 견갑골로 만든 무문자 복골이 발견되었고; 또 夏家店에서 龍山文化 특징을 가진 유물들 가운데, 복조가 있고 찬착과 불에 지진 흔적이 있는 무문자의 견갑골로 만든 복골이 발견되었다.

庚. 吉林省

1. 延吉縣 百草溝

1953년 신석기시대 유지에서 불로 지진 흔적만 있는 동물의 견갑골로 만든 무문자의 복골 1편이 발견되었다.

辛. 甘肅省

1. 永靖 一帶

1959년 大何莊 신석기시대 유지에서 불로 지진 흔적만 있는 양(羊)의 견갑골로 만든 무문자 복골 14편이 발견되었고; 1959년과 1960년에는 이곳 秦魏家 묘지에 대한 두 차례의 발굴에서, 불로 지진 흔적만 있고 신석기시대의 것으로 추정되는, 양의 견갑골로 만든 무문자 복골 3편이 발견되었다.

2. 武威 皇娘娘臺

1959년 秦魏家 묘지 인근의 齊家 유지에서 불로 지진 흔적만 있고 신석기시대의 것으로 추정되는, 양의 견갑골로 만든 무문자 복골 21편과 불로 지지고 찬착의 흔적이 있는 소의 견갑골로 만든 복골 1편 및 불로 지진 흔적만 있는 돼지의 견갑골로 만든 무문자 복골 4편이 발견되었다.

壬. 安徽省

1. 蕭縣 花家寺

花家寺의 신석기시대 유지에서 부서진 상태의 무문자 복갑 파편 4조각이 발견되었다.

二. 商[1]代의 갑골

商代의 것으로 확인된 갑골이 발견된 지역도 상당히 광범위하게 분포되어 있는데, 이를 살펴보면 다음과 같다.

---

1) 본 과제의 서술에서는 고유명사나 원문인용 그리고 특별히 구분하여야 할 경우를 제외하고는 모두 '商'으로 통칭함을 밝혀 둔다.

甲. 河南省

앞에서 언급한 바와 같이, 일반적으로 지금 학계에서 말하는 '甲骨'이란 대부분이 殷나라의 도읍지였던, 中國 河南省 安陽 小屯村의 殷墟에서 발굴된 것을 지칭하는데, 이 殷墟에서의 갑골문 발견은 역사적으로 매우 중요한 사건에 속하기 때문에 따로 제3절에서 상세히 다루기로 하고, 여기에서는 殷墟 이외의 河南省 경내(境內)에 있는 갑골 출토 지역만 살펴보기로 하겠다.

1. 鄭州 일대

A. 二里岡 : 1952년에 복골(卜骨) 375편이 발굴되었는데, 대부분이 다듬어진 상태의 소의 견갑골이고, 극소수의 사슴 · 양 · 돼지 · 개 등등의 견갑골로 만든 복골도 있는데, 이들은 거의 손질을 하지 않은 자연 상태의 뼈들이었다. 그리고 1953년과 1954년에는 이 곳 지상에서 각각 글자가 새겨진 소의 늑골(肋骨) 하나와 굉골(肱骨) 하나가 발견되기도 하였다.

B. 上街 : 1958년과 1959년 두 차례의 발굴에서 商代의 복골 몇 편이 발굴되었는데, 이 중에서 두 편이 비교적 큰 것으로, 하나는 다듬지 않고 불에 지진 흔적만 있는 소의 견갑골이고, 나머지 하나도 역시 다듬지는 않고 불에 지진 흔적만 있는 돼지의 견갑골이었다.

C. 鄭州 南關 밖 商代 유지 제2층에서 잔편(殘片) 복갑과 복골 55편이 발굴되었다. 이 중 2편이 복갑인데, 그 중 하나는 비교적 온전한 상태이며; 또한 불에 지진 흔적이 있는 양의 견갑골 6편과 돼지의 견갑골 3편이 있고; 나머지 44편은 모두 소의 견갑골인데, 이들은 모두 찬착한 흔적과 불에 지진 흔적이 남아 있다. 또 유지 제3층에서도 잔편 복갑과 복골 69편이 발굴되었는데, 대부분이 소의 견갑골이며, 양과 돼지의 견갑골도 있고, 극소수의 귀갑(龜甲)도 포함되어 있으며, 대부분의 갑골편이 대강 다듬은 다음 찬착하고 불에 지진 흔적들이 남아 있다. 그리고 제4층에서도 복갑과 복골 11편이 발굴되었는데, 소의 견갑골이 9편이고, 돼지의 견갑골과 귀갑이 각각 1편 씩이며, 이 중에는 다듬지 않은 상태의 갑골편도 있으나 모두 불에 지진 흔적이 남아 있다.

D. 方白柴莊 : 鄭州 서쪽 교외 40리(里) 지점에서 商代의 복골이 발견되었다.

E. 彭公祠 : 1954년 다수의 商代의 복갑과 소수의 복골이 발굴되었는데, 대부분이 小屯村에서 발굴된 갑골편과 비슷하다.

F. 白家莊 : 1955년 이곳의 황색의 회토층(灰土層)에서 찬착과 불에 지진 흔적이 있는 다수의 복골이 발견되었다.

G. 旭旮王村 : 1956년 이곳 商代 유지 상층에서 찬착과 불에 지진 흔적이 있는 복갑과 복골 20편이 발굴되었다.

H. 鄭州 洛達廟 : 1956년 이곳 商代 유지에서 불에 지진 흔적만 있는 자연 상태의 복골 3편이 발견되었다.

I. 紫金山 : 1956년 二里岡 상층과 동기(同期)인 商代 유지에서 복골이 발견되었다.

2. 永城 黑孤堆 유지(遺址)

1936년 中央研究院 歷史語言研究所의 발굴대가 YW05에서 귀판(龜版) 1매(枚)를 발굴하였다.

3. 輝縣 일대

琉璃閣의 商代 유지에서 소의 견갑골 17편과 돼지 견갑골 3편, 도합 20편의 복골이 발견되었고; 1952년 褚邱의 商代 유지에서 어떤 동물의 뼈인지 알 수 없으나 불에 지진 흔적만 있는 자연 상태의 복골 18편이 발견되었다.

4. 洛陽 일대

1952년 동쪽 교외 泰山廟에서 찬착과 불에 지진 흔적이 있는 복갑 1편이 발견되었고, 1954년 澗河 양안(兩岸)에서 불에 지진 흔적이 있는 복골 2편이 발견되었으며, 1955년 시내 中州路에서 불에 지진 흔적만 있는 복골 몇 편이 발견되었고, 1955년 澗西의 孫旗村에서 불에 지진 흔적만 있는 돼지 뼈 하나가 발견되었다.

5. 澠池 鹿寺

이곳 商代 유지에서 찬착과 불에 지진 흔적이 있는 소와 양의 견갑골로 만든 복골 9편이 삽·도끼·칼·낫·화살촉 등과 함께 발견되었다.

6. 陝縣 七里埔

1956년 이곳 商代 유지에서 찬착과 불에 지진 흔적이 있고 다듬어진 상태의 비교적 온전한 복골 24편이 발견되었는데, 양의 견갑골이 11편, 돼지 견갑골이 9편, 소 견갑골이 4편이었다.

7. 新鄉 潞王墳

1958년 이곳 商代 유지에서 불에 지진 흔적은 있으나 다듬지 않은 상태의 양과 돼지의 견갑골

각 1편씩을 발굴하였다.

8. 偃師 灰嘴

1959년 이곳 회토(灰土) 갱에서 불에 지진 흔적은 있으나 다듬지 않은 상태의 복골 3편을 발굴하였는데, 그 가운데 1편은 돼지 견갑골이다.

9. 黃河 三門峽

1955년과 1956년 사이에 원형(圓形)의 찬착과 불에 지진 흔적이 있는 복골 몇 편을 수집하였다.

乙. 山東省

1. 濟南 일대

A. 大辛莊 : 1935년 이곳 동남쪽 皺子溝의 商代 묘에서 찬착과 불에 지진 흔적이 있는 소의 견갑골로 만든 복골 1편을 발굴하였고; 1939년에는 영국의 F.S. Drake가 이곳에서 복골 1편을 습득하였으며; 1952년에는 小屯村에서 발굴된 것과 같은 형식으로 찬착한 거북의 배갑과 복갑(腹甲)으로 만든 복갑 각 1편씩을 발견하였고; 1953년에도 원형의 찬착이 있는 소의 견갑골로 만든 복골 1편을 발견하였으며; 1958년부터 1963년 사이에도 찬착과 불에 지진 흔적이 있는 무문자 복골 7편과 복갑 2편을 발견하였다.

B. 1948년 濟南의 齊魯大學 담장 밖의 壕溝에서 다른 商代의 유물들과 함께 복골 1편이 발견되었다.

2. 滕縣 安上村

1933년 中央硏究院 歷史語言硏究所의 발굴로 거북의 복갑(腹甲) 4편을 발견하였는데, 그 중에서 2편은 小屯村의 것과 대동소이한 형식으로 찬착한 흔적과 불에 지진 흔적이 있으며, 복조(卜兆)도 있는 것이 확인되었다.

3. 梁山 靑堌堆

1958년에 찬착과 불에 지진 흔적이 있는 소의 견갑골 2편이 발견되었다.

丙. 山西省

1. 山西 光社村

1954년 太原 북쪽의 광활한 평원에 자리한 光社村의 商代 유지에서 무문자 복골 12편이 발견되었는데, 이 중에서 8편에만 찬착과 불에 지진 흔적이 있다.

丁. 遼寧省

1. 寧城縣 小榆樹林子村

商代에서 西周 초의 것으로 추정되는 유지에서 석기(石器)와 도기 파편 등과 함께 찬착과 불에 지진 흔적이 있는, 크고 작은 복골 2편이 발굴되었다.

2. 赤峰 夏家店

夏家店은 商代 말기의 유지로 추정되는데, 이곳에서 복골 5편이 발굴되었다. 이 중 비교적 온전한 하나는 돼지의 견갑골로 감정되었고, 나머지는 불에 지진 흔적은 있으나 다듬지 않은 상태의 동물의 견갑골로 만든 것이다.

戊. 河北省

1. 邢台 일대

A. 曹演莊 : 1956년 商代 유지에서 소 · 양 · 돼지 등의 견갑골로 만든 복골과 거북의 배갑과 복갑(腹甲)으로 만든 복갑이 대량으로 발견되었는데, 이들은 찬착과 불에 지진 흔적이 있었다.

B. 賈村 : 1957년 이곳 商代 유지에서 찬착과 불에 지진 흔적이 있는 복골 7편과 복갑 3편이 발견되었다.

C. 西關 : 1957년 西關 밖 商代 유지에서 불에 지진 흔적이 있는 소의 견갑골로 만든 복골 2편이 발견되었다.

D. 先賢村 : 이곳 유지에서 찬착과 불에 지진 흔적이 있는 소의 견갑골로 만든 복골 2편이 수집되었고, 이 이외에 尹郭村의 商代 유지에서도 복골과 복갑이 발견되었다.

2. 藁城 臺西村

1972년 이곳 商代 유지에서 불에 지진 흔적이 있는 소의 견갑골로 만든 복골 11편과 함께 찬착과 불에 지진 흔적이 있는 복갑 2편이 발굴되었다. 또한 1973년에도 소의 견갑골로 만든 4편의 복골이 발굴되었는데, 이 가운데 3片은 특별히 크고 상태도 온전하다.

己. 江蘇省

1. 徐州 일대

A. 高皇廟村 : 1958년 商代 유지에서 소의 견갑골과 거북의 복갑(腹甲)으로 만든 8편의 복골과 복갑이 발견되었는데, 모두 다 찬착과 불에 지진 흔적과 함께 복조도 남아 있다.

B. 丘灣 遺址 : 이곳에서 찬착과 불에 지진 흔적이 있는 복골과 복갑이 발견되었는데, 특이한 점은 복갑의 찬착 방향이 상반되며, 복골의 찬착이 원형이나 타원형이 아니라 방형(方形)이라는 것이다.

庚. 陝西省

1. 岐山縣 齊家村

1955년 이곳에서 복골 2편이 수집되었다.

三. 周代의 갑골

周代는 商代 바로 뒤에 이어진 왕조이기 때문에 商代에 성행했던 점복의 관행이 상당히 오랜 기간 지속되었을 것으로 생각된다. 따라서 비록 商代의 갑골만큼 풍부하고 광범위한 지역에 분포되어 있지는 않지만, 周代의 갑골 역시 여러 지역에서 발견되는데, 이를 지역별로 살펴보면 다음과 같다.

甲. 河南省

1. 南陽 十里廟

1959년 이곳의 周代 유지에서 복갑이 발견되었다.

乙. 河北省

1. 邢台 曹演莊

이곳 유지 상층에서 周代의 복갑과 복골이 대량으로 발견되었다.

2. 昌平 白浮村

1975년 이곳의 유지에서 西周 초기의 것으로 추정되는 목곽(木槨)의 묘에서 함께 매장된 유물과 함께 거북의 배갑과 복갑(腹甲)을 다듬은 다수의 복갑이 발굴되었다. 이들 갑골은 찬착과 불에 지진 흔적이 있고, 복조(卜兆)가 있으며 문자가 각된 것도 있었다.

丙. 山西省

1. 洪趙縣 坊堆村

1954년 洪趙縣 霍山 기슭의 유지에서 西周 시기의 많은 동기(銅器)들과 함께 문자가 각된 소의 견갑골로 만든 복골 2편이 발견되었다.

2. 侯馬市 牛村

1960년 이곳 유지에서 찬착의 흔적은 있으나 불에 지진 흔적은 없는 周代의 복갑 몇 편이 발굴되었다.

丁. 陝西省

1. 邠縣 下孟村

1958년 이곳의 周代 유지에서 찬착과 불에 지진 흔적이 있는 소의 견갑골로 만든 복골 9편이 발굴되었다.

2. 鳳縣 龍口村 郭家灣

1954년 이곳의 周代 유지에서 찬착과 불에 지진 흔적이 있고 복조가 있는 복골 8편이 발굴되었는데, 이 중 2편은 온전한 것이다.

3. 西安 일대

A. 張家坡村 : 1955년 이곳의 西周 시대 유지에서 무늬가 있는 복골 1편이 발견되었다. 그리고 이듬해인 1956년 이 유지의 회토 갱에서 소의 견갑골로 만든 복골 25편과 거북의 복갑(腹甲)으로 만든 복갑 5편, 그리고 '鼈' 즉 자라의 복갑(腹甲)으로 만든 복갑 5편, 도합 35편의 갑골이 발굴되었는데, 이 가운데는 찬착과 불에 지진 흔적이 있고 복조(卜兆)가 있는 것도 있고, 또 문자 모양의 기호가 각된 것도 있다.

B. 客省庄 : 이곳의 西周 시대 유지에서 복골 9편과 거북의 복갑(腹甲)으로 만든 복갑 1편이 발견되었는데, 복골의 찬착 형태는 원형과 방형(方形) 두 종류로 되어 있고, 복갑의 찬착 형태는 방형으로 되어 있다.

4. 鳳翔 一帶

A. 陳村 周公廟 : 1959년 이곳의 西周 시대 유지에서 복갑 1편이 발견되었다.

B. 南固城 : 1959년 이곳의 周代 유지에서 복갑 10편이 발견되었다.

5. 寶鷄 扶風鎭 黃堆鄕 齊家村

1958년 이곳의 西周 시대 유지에서 현지의 한 농민에 의해 西周 시대의 동기(銅器)와 함께 복골이 발견되었다.

6. 渭水 유역

1959년 이곳의 西周 시대 유지에서 찬착 흔적이 있는 복골이 발견되었다.

7. 永壽縣 好畤河村

이곳의 西周 시대 유지에서 많은 수량의 西周 시대 청동기와 함께 대량의 西周 시대의 복골이 발견되었는데, 그 중에는 문자가 각된 것도 일부 있다.

戊. 四川省

1. 成都 青羊宮

1954년 이곳의 周代 유지 제6층에서 찬착과 불에 지진 흔적이 있는 복갑 17편과 함께, 찬착과 불에 지진 흔적이 없는 복갑 70여 편이 발굴되었다. 그리고 1958년에는 이 유지 제4층에서 찬착과 불에 지진 흔적이 있는 복갑 1편과 복골 3편이 발굴되었는데, 복골 3편 중 2편은 동물의 두개골(頭蓋骨)이었다.

己. 湖北省

1. 圻春 毛家咀

1957년 이곳의 西周 시대 유지에서 小屯村에서 발굴된 갑골과 같은 형식의 복골과 복갑이 발견되었다.

庚. 江蘇省

1. 新沂縣 三里墩

1956년 이곳의 西周 시대 유지에서 찬착과 불에 지진 흔적이 있는 복갑 4편이 발견되었는데, 그 중 하나는 아주 큰 판(版)이었다.

四. 其他

위에서 살펴 본 갑골은 소속된 시대가 분명한 것들이지만, 지금까지 발견된 갑골편들 가운데는 그 시대를 알 수 없는 것들도 많다. 이들을 발견 지역에 따라 나눠서 살펴보면 다음과 같다.

甲. 吉林省

1. 吉林市 龍潭山

이곳 龍潭山에서 찬착은 하였으나 불에 지진 흔적은 없는 복골 1편이 수집되었다.

乙. 陝西省

1. 邠縣

1951년 邠縣에서 줄무늬 도기(陶器)와 돌도끼 등과 함께 동물의 견갑골로 만든 시대 미상의 복골 1편이 발견되었다.

2. 華縣 南沙村

1956년 이곳 유지에서 찬착과 불로 지진 흔적이 있고 복조도 있는 복골 1편이 수집되었다.

3. 鄠縣 馬王村

1960년 이곳 유지의 회토 갱에서 시대 미상의 복골과 복갑이 발견되었다.

4. 鳳縣 龍口村

1955년 이곳 유지에서 시대 미상의 복골이 발견되었다.

丙. 四川省

1. 忠縣 㽏井溝

이곳 유지 제3·4층에서 시대 미상의 찬착과 불에 지진 흔적이 있는 복골 3편이 발굴되었다.

丁. 江蘇省

1. 南京 北陰陽營

1955년 이곳 유지 제3층에서 찬착과 불에 지진 흔적이 있는 복골 2편과 매우 큰 거북의 복갑(腹甲) 1편이 발굴되었다.

2. 南京 모(某) 지역

1955년 양어장 준설 과정에서 점복용 귀갑(龜甲) 20여 편이 발견되었다.

3. 南京 西善橋 大崗寺

1960년 유지의 하층에서 찬착과 불에 지진 흔적이 있는 거북의 복갑(腹甲)으로 만든 복갑 3편이 발굴되었다.

戊. 河北省

1. 定縣

漢代의 것으로 추정되는 이곳의 분묘에서 다른 유물들과 함께 복골도 발견되었다.

제3절 殷墟의 갑골 매장 상황과 발견 및 발굴

이상에서 殷墟 이외의 지역에서 발견된 갑골들을 시대별로 나누어 살펴보았는데, 여기에서는 이들 갑골 가운데 정수(精髓)라고 할 수 있는, 中國 河南省 安陽縣 小屯村 殷墟에서 출토된 갑골의 매장 상황과 발견 및 발굴 등에 대해 살펴보기로 하겠다.

一. 매장(埋葬) 상황

中國 河南省 安陽의 小屯村에서 발견된 갑골편들의 상태는 크게 세 가지로 나눌 수 있다. 첫째는 가공을 하여 찬착은 하였으나 초작(焦灼)은 하지 않아서 복조가 없는 상태의 점복 준비용의 것이고, 둘째는 이미 가공과 찬착을 하고 또 초작도 하여 점복을 하였으나 아직 각사(刻辭)는 하지 않은 것이고, 셋째는 이미 점복이 끝나고 각사도 완료한 것이다.

그러면 이들 殷墟의 갑골편들은 언제 어떤 과정을 거쳐 매장되어 있다가 발견되었을까? 이에 대해 가장 먼저 언급한 사람은 羅振玉이다. 그는,

> 龜策傳言 : "已則棄去." 今考出土之骨與甲, 不僅一用再用. 余藏一骨, 其裏面鑽迹縱橫, 排列凡三十有七, 略無隙処, 殆如莊子七十二鑽之說也. 然則所謂已則棄去者, 非一用不更用, 蓋必待無容契灼之処, 而後棄去之爾.[1)]:《史記 · 龜策列傳》에 이르기를, "[귀갑(龜甲) 등을] 다 쓰고 나면 내다버렸다."라고 하고 있다. 지금 출토된 귀갑과 수골들을 살펴보면, 한 번만 사용하는 것이 아니라 재차 사용했다. 내가 소장하고 있는 복골 중의 하나는 그 안쪽에 오목하게 파낸 흔적이 종횡으로 남아 있는데, 모두 37개가 배열되어 있어 빈틈이 거의 없는 바, 이는《莊子 · 外物篇》에 신귀(神龜)의 귀갑으로 72차례 占卜을 했다는 주장과 거의 같다. 그렇기 때문에 여기에서 이른 바 "다 쓰고 나면 내다버렸다."라고 하는 것은 한 번 쓰고 나면 다시 더 쓰지 않은 것이 아니라, 아마도 반드시 더 이상 점복을 하고 그 내용을 각할 여지가 없을 정도가 된 다음에야 내다버렸음이 틀림없다.

라고 하였다. 이는 갑골을 사용함에 있어서 한 번 占卜에 사용하고 나면 더 이상 다시 사용하지 않은 것이 아니라, 찬착을 하고 문자를 각할 여지가 없을 정도까지 사용한 후에 내다버렸다는 것이다. 그렇지만 羅振玉의 이런 주장은 객관성이 부족한 부분이 몇 가지 있다고 생각된다. 우선, 그가 여기에서 근거한《史記 · 龜策列傳》은 司馬遷 사후(死後) 오랜 시간이 경과한 뒤에 褚少孫이 보충한 것이라는 점이고, 또 羅振玉은 1910년 이전에 발굴된 갑골편에 근거하여 이런 내용을

---

1) 羅振玉《殷商貞卜文字考》, 董作賓《甲骨學六十年》(藝文印書館 1974. 臺北) pp.22~23에서 재인용.

유추하였지만 그 이후에 이루어진 본격적인 발굴에서는 찬착이나 문자를 각할 여지가 많이 남아 있는 갑골편도 대량으로 발견되었다는 점이다. 또한 아무리 더 이상 사용할 여지가 없을 만큼 다 사용했다고 하더라도, 殷나라 왕실에서 귀중하게 사용한 갑골을 비록 특정 장소라고 하지만 그냥 내다버리지는 않았으리라고 짐작되기 때문이다. 그리고 이에 대해 陳邦福은,

> 瘞藏卜事, 周禮 · 史記皆未有徵, 惟曲禮云 : "龜策敝則埋之." 鄭氏注 : "不欲人褻之也." 殷代瘞卜, 史無專掌, 書無專紀, 疑未能定. 今以侯虎諸骨證之, 當在帝辛失國以後. 帝辛滅亡, 殷人不忍任卜骨淪沒, 遂發諸卜室就朝歌隙地瘞而藏之. 地當洹水之陽, 與殷墟正接也.[1] : 복골을 매장하는 일에 대해서는 《周禮》와 《史記》모두 이를 증명할 기록이 없고, 다만 《禮記 · 曲禮》에 "점복에 사용할 귀책(龜策)이 부서지면 그것을 파묻는다."라고 하고 있다. 이에 대해 鄭玄은 "이는 사람들이 그것을 더럽히지 않도록 하기 위함이다."라고 주(注)하였다. 殷代에 복골을 매장하던 일에 대해서는, 사료 가운데 이를 전문적으로 다룬 것이 없고, 문헌에도 이를 전문적으로 언급한 기록이 없어 이 일에 대해 확실하게 단정할 수가 없다. 그런데 지금 '侯虎'[2]가 기록된 여러 갑골편들이 증명해주는 바에 의하면 殷代 복골의 매장은 帝辛의 망국 이후였음이 틀림없다. 帝辛에 의해 나라가 멸망하자 殷나라 사람들이 이들 복골들이 없어지는 것을 차마 그대로 두고 볼 수가 없어서 갑골 저장고에서 갑골편들을 꺼내어 朝歌의 공터에 매장하였다. 그 지역이 洹水의 북쪽으로 殷墟와 바로 접하고 있었음이 틀림없다.

라고 하였다. 이는 帝辛에 의해 殷나라가 멸망하자 殷나라 유민들이 왕실에서 사용했던 복골들이 없어지는 것을 차마 그대로 두고 볼 수가 없어서 '卜室' 즉 갑골 저장고에서 갑골편들을 꺼내어 洹水 북쪽에 매장하였다는 말이다. 그러나 이 주장 역시 그대로 믿기가 어렵다. 왜냐하면, 갑골의 분포 상태로 보아 일시에 특정 지역에 매장한 것이 아닐 뿐만 아니라, 董作賓의 지적과 마찬가지로 '侯虎'는 殷 武丁 때의 사람이지 陳邦福이 추정한 紂王 때의 '崇侯虎'가 아니고, 이곳 小屯이 陳邦福이 말한 朝歌도 아니며, 洹水의 '陽' 방향 즉 북쪽만도 아니기 때문이다.

이 문제에 대해 董作賓은 1928년 10월부터 1937년 6월까지 진행된 中央研究院 歷史語言研究所의 15차에 걸친 河南省 安陽의 殷墟에 대한 고고학 발굴 작업에서 얻은 자료들에 근거하여 다음과 같이 기술하였다.

> 綜合來說, 十年發掘給我們的經驗, 對於甲骨文字在殷墟地下情形, 可得而言的是以下四種 :

---

1) 陳邦福 〈殷墟埋契考〉, 《中山大學語言歷史研究所週刊》 第3集 第30期, 董作賓 《甲骨學六十年》(藝文印書館 1974. 臺北) p.23에서 재인용. 原文에는 '龜策'의 '策'을 '筴'으로 쓰고 있다.

2) 甲骨文에 보이는 商代 '虎方'의 首领으로, '𢀛方'의 征伐에 참가하였다.

第一種是'存儲'. 存, 是有意的保存着; 儲, 是有意的儲藏起來. 每一個王, 常常有巡守 · 征伐 · 田獵 · 遊觀等等活動, 這些活動都有貞卜, 又都不在殷都. 又凡是卜夕的文字, 多屬於王在外面的時候. 因此卜夕之文, 常記有"在某地卜"的字樣, 田獵征伐遊觀, 也記所在之地, 這些甲骨, 必是用車載去而又載來的, 不然就不會出現在殷代的都城(小屯村). 很明白的例子, 像帝辛征人方, 從十年九月到十一年七月, 向東南部兜了一個大圈子, 南到淮, 東到海濱又到齊. 還京之後, 所卜用的甲骨, 都完全帶回來了, 我們現在用以作'帝辛征人方日譜'的材料, 全部都是這次旅行中的作品. 第一次發掘的第九坑, 包含着一 · 二 · 五期; 第三次發掘的『大連坑』, 包含着一 · 二 · 三 · 五期; 這很明白的, 這種坑乃是地下的復穴而兼有竇窖, 專供存儲甲骨之處, 武丁時用它(一), 祖甲時用它(二), 廩辛康丁時用它(三), 直到帝乙帝辛時(五)還在用它. 又如第四次發掘的E一六坑, 只存過武丁到祖甲的卜辭, 以後就不再使用了. 第九次發掘侯家莊南地, 有六塊康丁時代卜用過的完整龜腹甲, 半塊背甲, 疊在一起, 存於復穴中, 也許那時是要帶回宮庭(小屯)而又被忘却了. 當然, 如果不是殷代王室加意保存着所有貞卜用過的神跡, 把它儲藏起來, 就不會有今天的甲骨學.

第二種是'埋藏'. 這一種應該是很少的, 如果龜骨每版用完, 應該埋藏在地下, 那就到處可以埋藏, 不必集中埋在一處, 如十三次的H一二七坑, 確是埋藏的一例, 何故埋藏, 雖不可知, 但是在埋入以前, 已存儲於他處, 經過了從武丁到文武丁七個王的年代了. 掌管甲骨的人, 殉職以死, 也可以推知或者是有了變故. 這種例子是別處沒有見過的.

第三種是'散佚'. 這是偶然的散失遺落, 不是有意的. 在許多復穴 · 竇窖中或版築基中基上偶然發現幾片甲骨文字, 應屬於這一類. 因爲當時貞卜事繁, 用過的甲骨實在太多了. 搬運存儲時, 不免有所遺落. ……

第四種是'廢棄'. 與其說是廢棄, 不如說是'廢物利用', 這也佔着少數. 有時候史官們在教授他們的弟子, 隨手把用過的龜骨取過來, 給學生們練習書寫同契刻, 最多的例子就是臨摹甲子表, 其次是仿作卜辭, 例如第三次發掘所得的一塊骨版(《甲2680》·《甲2681》·《甲2692》·《甲2693》)正面只有十組卜辭, 伴着卜兆, 是第三期'貞人'宂所記的, 其餘還刻着四十段卜辭, 却是一個學徒仿寫另一塊骨版'貞人'宁的卜辭. 有時候利用甲骨的空白處抄兩個月的曆表(《後下1.5.》), 抄幾句册命(《甲2504》), 抄一段譜牒(《粹1113》·《粹1114》). 至於把用過的骨版, 鋸去一半, 改用他物, 也是偶然可以見到的.

以上四種, 嚴格講起來, 以第一種爲最多, 第二種不過一見, 三 · 四種均佔少數. 甲骨文字在殷墟地下情形, 大致如此.[1] : 종합해서 말하면, 10년 동안의 발굴로 우리가 얻은 경험을 통해서, 갑골문자가 殷墟의 지하에 존재하고 있던 상황은 아래의 4가지라고 말할 수 있다. 첫째는 '存儲' 즉 보존 저장된 것이다. 여기에서의 '存'은 의도적으로 보존하다는 뜻이고, '儲'는 의도적으로 저장하다는 뜻이다. 각 왕들은 항상 순수(巡狩) · 정벌 · 사냥 · 유람 등의 활동을 하였고, 이런 활동을 할 때는 언제나 정복(貞卜)을 하였는데, 이는 또 모두 다 殷나라의 도읍지에서 한 것은

1) 董作賓《甲骨學五十年》(藝文印書館 1955. 臺北) pp.58~61.

아니었다. 그리고 무릇 '卜夕'[1]의 복사는 대부분 왕이 외부에 있을 경우에 해당된다. 이 때문에 '卜夕'이라는 글자가 있는 복사에는 늘 "在某地卜: 모 지역에서 점을 쳤다."는 글이 기록되어 있으며, 사냥 · 정벌 · 유람 등의 활동에서도 역시 그 소재지를 기록하고 있는데, 이런 부류의 갑골들은 수레에 싣고 갔다가 다시 수레에 싣고 돌아온 것이 틀림없다. 그렇지 않으면 이런 갑골들이 殷 왕조의 도성(都城)인 小屯村에서 출현할 리가 없을 것이기 때문이다. 아주 명백한 예로는 帝辛이 '人方'을 정벌했을 때와 같은 경우인데, 재위 제10년 9월부터 11년 7월까지 사이에 동남쪽 방향으로 한 바퀴 크게 빙 돌면서 전장(戰場)을 형성하였는데, 남쪽으로는 淮水에까지 이르고, 동쪽으로는 해변과 齊 지역에까지 이르렀다. 경성(京城)으로 돌아온 이후, 정벌 기간 중 점복에 사용한 갑골을 모두 다 가지고 왔는데, 지금 우리가 '帝辛의 人方 정벌 일지(日誌)'를 만드는 재료로 삼은 것이 모두 다 이 당시 여행 중의 작품이다. 제1차 발굴 작업에서 나온 제9갱의 출토품에는 제1·2·5기의 갑골이 포함되어 있고, 제3차 발굴 작업에서 나온 '大連坑'의 출토품에는 1·2·3·5기의 갑골이 포함되어 있는데, 이를 통해서 매우 분명히 알 수 있는 점은, 이런 갱들은 지하의 움집인 '復穴'로서, 저장고인 '竇窖'을 겸비하였으며, 오로지 갑골을 보존하고 저장하는 장소로 제공되었다는 것이다. 그리고 제1기 武丁 때에도 이를 사용하였고, 제2기 祖甲 때에도 이를 사용하였으며, 제3기 廩辛과 康丁 때에도 이를 사용하였고, 제5기 帝乙과 帝辛 때에 이르기까지도 여전히 이를 사용한 것이다. 또 제4차 발굴의 E16갱과 같은 경우는 단지 武丁부터 祖甲까지의 복사만 보존하고 있을 뿐이고, 그 이후에는 다시 사용하지 않았다. 제9차의 侯家莊 남쪽 지역 발굴에서, 康丁 시대에 점복에 사용되었던 6개의 온전한 거북의 복갑(腹甲)과 반 조각의 거북의 배갑이 한 곳에 쌓여 있는 상태로 '復穴' 속에 보존되어 있었는데, 이는 아마 그 당시 小屯의 궁정(宮庭)으로 가지고 가려다가 잊어버렸던 것으로 생각된다. 물론, 만약 殷나라 왕실이 각별히 주의하여 정복(貞卜)에 사용하여 신(神)의 흔적이 남아 있는 모든 갑골들을 저장해두지 않았다면 오늘날의 '甲骨學'은 존재할 수가 없었을 것이다.

둘째는 '埋藏'인데, 이런 방식에 해당되는 갑골은 매우 적을 것이 틀림없다. 만약 갑골판을 매번 다 사용하고 나서 지하에 묻어야 했다면 한 곳에다 집중하여 매장할 필요 없이 아무 곳에나 매장해도 될 것이기 때문이다. 예를 들면, 제13차 발굴의 H127갱은 확실히 매장의 한 예가 되겠는데, 무슨 까닭으로 매장을 했는지는 알 수 없지만, 다만 매장하기 전에 다른 곳에다 보존 저장하여서 武丁부터 文武丁에 이르기까지 7명의 왕의 재위 기간을 거친 것이었다. 갑골을 관장하던 사람들이 순직으로 사망한 경우나 혹은 어떤 변고가 있었음을 추정하여 알 수도 있다. 이런 예는 다른 곳에서는 본 적이 없다.

셋째는 '散佚'이다. 이는 우연히 산실(散失)되어 없어진 것이지 의도적인 것은 아니다. 수많은 '復穴'과 '竇窖' 속 또는 판축(版築)의 토대 중간과 토대 위에서 우연히 발견된 몇 편의 갑골문자들은 이 경우에 해당되는 것이 틀림없다. 왜냐하면 그 때 당시에는 정복(貞卜)을 해야 하는 일이 많고 번잡하여, 이미 사용한 갑골도 사실 너무 많았으며, 이를 운반하고 보존 저장할

---

1) 이는 어느 특정의 날 저녁의 王의 안위를 점쳐 묻는 卜辭를 지칭한다.

때 유실되고 누락되는 것을 피할 수 없었기 때문이다. 예를 들면, 제6차 발굴 때에 커다란 원형 갱('復穴'임)의 흙 계단 위에서 골판(骨版) 하나를 발견하였는데, 이는 제5기의 복사였고; 제4차 발굴 때에 E21갱 속에 고래 뼈 · 코끼리 뼈 · 사슴의 두골(頭骨)이 쌓여 있는 지하실에서 '帝辛의 人方 정벌' 기간 중에 1순(旬)의 안위를 점복했던 '卜旬' 골판 하나가 섞여 있는 것이 발견되었고; 제9차 발굴 때에 E 구역의 판축층(版築層) 속에는 수많은 부서진 갑골 조각들이 메워져 있는 것들과 같은 것이다. 이런 것들은 모두 자질구레하고 조각조각 부서진 것들이 우연히 보존되어 내려 온 것이지 결코 '存儲'나 '埋藏'처럼 대량으로 출토된 경우와 함께 논할 수는 없는 것이다.

넷째는 '廢棄'이다. '廢棄'라고 말하는 것 보다는 오히려 '廢物利用'이라고 하는 것이 더 나은데, 이 역시 소수(少數)를 차지하고 있을 뿐이다. 사관들이 그들의 제자들을 가르칠 때에 어떤 경우에는 손에 잡히는 대로 이미 사용한 갑골을 가지고 와서 학생들로 하여금 서사(書寫)와 각계(刻契)를 연습하도록 제공하였는데, 가장 많은 예가 갑자표(甲子表)를 베껴 쓰게 하는 것이었고, 그 다음이 복사를 모방하여 쓰게 하는 것이었다. 예를 들면, 제3차 발굴에서 얻은 한 개의 골판(骨版)(《甲2680》·《甲2681》·《甲2692》·《甲2693》) 정면에는 복조를 동반한 10개 조(組)의 복사가 있을 뿐인데, 이는 제3기의 "貞人" '宂'가 기록한 것이다. 그런데 그 나머지 부분에 또한 40단(段)의 복사가 더 새겨져 있는데, 이는 한 학생이 "貞人" '宁'의 복사가 기록된 다른 골판을 모방하여 쓴 것과 같은 경우이다. 때로는 갑골편의 공백 부분에 2개월의 달력을 베껴 놓은 것(《後下1. 5.》)도 있고, 또 몇 마디 책명(冊命)을 베껴 놓은 것(《甲2504》)도 있고, 그리고 일단(一段)의 '譜牒' 즉 족보(族譜)를 베껴 놓은 것(《粹1113》·《粹1114.》)도 있다. 심지어는 이미 사용한 골판을 톱으로 반을 잘라서 다른 용도로 사용한 경우도 있는데, 이 또한 우연히 볼 수 있는 것이다.

이상의 네 가지 경우 중에서 엄격하게 말하면 첫 번째가 가장 많고, 두 번째는 한 번 밖에 보이지 않고, 세 번째와 네 번째는 모두 적은 수에 불과하다. 갑골문자가 殷墟의 지하에 보존되어 있던 정황은 대체로 이와 같다.

라고 하였다. 이를 요약하면, 殷代 갑골편의 처리 방식은 존저(存儲) · 매장 · 산일(散佚) · 폐기 등 네 가지인데, 安陽의 小屯村에서 발견된 갑골은 대부분이 점복이 끝나고 그 내용을 각한 갑골편을 지하의 저장고에 보존 저장해 둔 것이라는 주장이다. 또한 董作賓의 주장에 의하면, 이 저장고를 '竇窖'라고 하며, 이 '竇窖'는 일반 신료들이 거처하였던 집이나 집무실로 사용되었던 일종의 움집인 '復穴'에 배속되어 있던 지하 창고였다.[1] 董作賓은 殷墟의 갑골편들은 이와 같이 殷나라의 역대 왕들이 자신들이 점복한 내용이나 그 결과 및 기타 여러 사항들을 기록한 다음, 이들을 지하에 만들어진 일정한 장소에 보존 저장해 두었던 것이라고 주장하였는데, 이는 학계의

---

1) 董作賓 前揭書《甲骨學五十年》pp.30~32를 참고.

정설이 되었다.

그렇다면 20세기에 임박하여 발견된 殷墟의 갑골편이 지하에 보존 저장된 시기는 그 갑골이 殷 왕실에 공납되어 점복에 쓰인 뒤이고, 이는 殷 왕실이 殷墟로 천도한 이후부터 帝辛 즉 紂王에 이르러 멸망할 때까지 273년 동안이 되는데, 그 후로 너무나 오랜 세월이 흐른 뒤에야 발견되었기 때문에 매장의 형태로 변한 것이라고 할 수 있다.

二. 발견 과정

갑골문의 발견 과정은 결론부터 말하자면 정말 우연이라고 할 수밖에 없지만, 그 과정은 크게 다음의 세 단계를 거쳐 이루어졌다. 첫째는, 갑골이 최초로 출토는 되었으나 아직 갑골문이 제대로 인식되지 못한 시기이고; 둘째는, 王懿榮이 처음으로 갑골문을 확인한 이후, 개인적인 발굴에 의해 출토된 시기이며; 셋째는, 공식적이고 과학적인 고고학 발굴에 의해 출토된 시기이다. 서술의 편의를 위해서 여기에서는 본격적인 고고학 발굴 이전까지만 서술하고, 본격적인 규모의 고고학 발굴에 대해서는 다음 항목에서 따로 서술하기로 하겠다.

甲. 최초의 발견

갑골이 단편적이거나 소량(少量)으로 최초로 발견된 것은 결코 최근 1백 년 전의 일이 아니다. 갑골이 최초로 출토된 시기가 언제인가를 밝혀 줄 명확한 자료가 없기 때문에, 이 문제는 계속 탐구해야 할 과제로 남아 있지만, 胡厚宣은 최초로 갑골이 출토된 시기를 전국시대일 것이라고 추정하였다. 그는 이 문제에 대해,

> 後來因爲封建社會喜歡厚葬, 隨著盜墓之風, 漸漸盛行起來, 因而翻動了埋藏著的甲骨文字[1]. 也許在戰國時代, 也許在漢朝, 或者宋朝, 當有大批的甲骨被掘出, 但因爲沒有人認識, 隨著就又把它毁棄了. 這樣又經過了很長的時期, 不知毁掉了多少寶貴的史料. 所以我們稱之爲破壞時期.[2] : 후대(後代)에 와서 봉건사회는 후(厚)한 장례를 선호했기 때문에, 이로 인해 분묘의 도굴이 점점 성행하게 되었고, 이에 따라 지하에 매장되어 있던 갑골문자도 파헤쳐지게 되었다. 아마 전국시대일 수도 있고, 아니면 漢代이거나, 아니면 宋代에 분명히 대량의 갑골이 발굴되었을 것이지만, 그때는 이를 제대로 아는 사람이 없었기 때문에, 발굴되자마자 파기 훼손되었을 것이다. 이런 식으로 또 다시 아주 긴 시간이 흘렀으니 얼마나 많은 귀중한 역사적

1) 여기에서의 '甲骨文字'라는 말은 '甲骨片'을 뜻한다.

2) 胡厚宣《五十年甲骨學論著目 · 序言》(中華書局 1983. 北京)

자료들이 훼손되고 파기되었는지 알 수가 없다. 그래서 우리는 이 시기를 갑골 파괴의 시기라고 하는 것이다.

라고 하여, 최초의 갑골 발굴 시기를 가장 이른 것으로는 전국시대로 추정하고, 이때부터 정식 발굴 이전까지의 시기를 '갑골 파괴 시기'라고 명명하기까지 하였다. 이런 胡厚宣의 주장은 許愼이 그의《說文解字 · 叙》에서 "郡國亦往往于山川得鼎彝, 其銘卽前代之古文. : 전국의 군현(郡縣)이나 제후국들에서도 왕왕 그 지방의 산악이나 하천들에서 각종 종정(鐘鼎) 이기(彝器)들을 얻었는데, 거기에 새겨진 명문(銘文)은 전대(前代)의 고문자이다."라고 한 것과 일맥상통하는 것이다. 그리고 이런 '갑골 파괴 시기'는 사실은 정식으로 갑골문이 발견된 1899년까지 계속되었다고 보는 것이 더 정확한 분석이다. 왜냐하면 1899년 갑골문이 공식적으로 발견되기 전까지 상당한 기간 동안 이 '甲骨'은, 중국의 전통 약재(藥材) 중의 하나로 전해져 내려온 '龍骨'로도 통용되었기 때문이다.

그런데 '龍骨'은 순수하게 사전적인 의미로 보면, 용(龍)의 뼈를 지칭하는 말이지만, 사실은 먼 옛날 코끼리나 물소 또는 '三趾馬'인 히파리온(Hipparion) 같은 포유동물의 뼈 화석(化石)을 말한다. 왜냐하면 '龍'이란 실존하는 동물이 아니라 상상 속의 동물이기 때문이다. 이 '龍骨'은 실제로는 화석이므로, 매우 오랜 기간에 걸쳐 형성된 것이다. 중국의 고대 약재의 경전이라고 할 수 있는《神農本草經》에 기록된 내용을 보면, '龍骨'은 기침 · 이질성 설사 · 혈변(血便) · 경기(驚氣)와 간질(癎疾) 등의 질병을 치유할 수 있다고 하고 있다.[1] 이 때문에 처음 발견되었을 때의 갑골은 약재상에게 '龍骨'로 판매되었는데, 그때는 여기에 각되어 있는 것이 갑골문이라는 사실을 몰랐기 때문이었고, 이런 현실은 결과적으로는 갑골을 '龍骨' 대신 복용한 셈이 되었다. 그 당시 판매된 '龍骨'에는 문자가 새겨져 있는 것과 없는 것 두 종류가 있었는데, 특히 문자가 새겨져 있는 갑골편은 오히려 '龍骨'로 인정받기가 어렵다는 등의 이유로 글자를 긁어내고 판매하였다. 이들 갑골편들은 처음에는 주로 가루로 갈아서 외상 상처 치료약으로 판매되었는데, 해당 지역의 주민들 가운데 어떤 사람들은 평생, 또는 몇 대(代)에 걸쳐서 '龍骨'로 생계를 유지하며 이를 가업으로 삼고 살았다.[2] 그런데 사람들이 정확하게 언제부터 갑골을 '龍骨' 대신 약재에 넣기 시작했는지는, 지금으로서는 정확하게 알 수가 없다. 이에 대해 劉征은, 唐代의《本草》에 '龍骨'에 대한 기록이 있는 것에 근거하여, 만약 "一年吃它一千片吧, 一千多年就是一百万片. 多少古史的珍贵资料在药鼎的蒸腾中化为乌有![3] : 일 년에 '龍骨' 1천 조각을 먹는다고 치면,

---

1) 傅維康〈中藥房裡的化石--龍骨〉,《化石》1980年 第3期.

2) 胡厚宣《殷墟發掘》(學習生活出版社 1955. 北京) pp.9~10을 참고.

3) 劉征〈有感於吃甲骨文〉,《光明日報》1983年 9月 24日字.

1천 여 년이면 1백 만 조각이 된다. 얼마나 많은 고대 역사의 진귀한 자료들이 약제 탕기 솥에서 증발해 없어져버린 것인가!"라고 탄식하였다. 이런 안타까운 일은 淸代 말엽(1899년)에 갑골문이 제대로 인식된 이후에야 비로소 멈추었다.

이렇게 갑골이 '龍骨'로 잘못 사용된 사실로 미루어 보면, 갑골은 매우 오래전에 이미 출토되었음을 짐작해서 알 수가 있다. 그러면 갑골문이 발견되기 직전의 상황은 어떠했을까? 이에 대해 가장 먼저 언급한 사람은 劉鶚이었다. 그는 1903년에 간행된 그의《鐵雲藏龜 · 自序》에서,

> 傳聞土人見地墳起掘之, 得骨片.[1] : 전해들은 바로는, 그 지역 토착민들이 땅이 분묘처럼 솟아 있는 것만 보고 파면 뼈 조각을 습득하였다고 하였다.

라고 간략하게 단편적으로 말하였다. 이에 비해 직접 安陽 현지를 방문 조사한 羅振常은 보고서 성격의〈洹洛訪古游記〉에서,

> 此地埋藏龜骨前三十餘年已發現, 不自今日始也. 謂某年某姓犁田, 忽有數骨片隨土翻起, 視之, 上有刻畫, 且有作殷色者(卽塗朱者), 不知爲何物. 北方土中, 埋藏物多, 每耕耘, 或見稍奇之物, 隨卽其処掘之, 往往得銅器 · 古泉 · 古鏡等得善價. 是人得骨以爲異, 乃更深掘, 又得多數, 姑取藏之, 然無過問者. 其極大甲骨, 近代無此獸類, 土人因目之爲龍骨, 携以視藥鋪. 藥物中因有龍骨、龍齒, 今世無龍, 每以古骨充之, 不論人畜. 且古骨研末, 又愈刀創. 故藥鋪購之, 一斤才得數錢. 骨之堅者, 或又購以刻物. 鄕人農暇, 隨地發掘, 所得甚夥, 檢大者售之. 購者或不取刻文, 則以鏟削之而售. 其小塊及字多不易去者, 悉以塡枯井.[2] : 이 지역에 매장된 갑골은 30여 년 전에 이미 발견되었으며, 오늘부터 시작된 것이 아니다. 말하자면, 어느 해에 어떤 성씨의 사람이 밭을 갈다가 문득 여러 개의 뼈 조각을 발견하고는, 여기저기 흙을 파헤쳐서 살펴보니 필획이 새겨져 있었는데, 어떤 것은 殷나라의 색인 붉은 색이 칠해진 것도 있었으나, 이것이 어떤 물건인지 몰랐었다는 것이다. 이 지역 북쪽의 흙 속에 매장물이 많았는데, 경작을 할 때마다 어쩌다 조금 기이한 물건이 보이면 바로 그곳을 파헤쳤으며, 종종 동기(銅器)나 고대의 화폐 또는 고대의 거울 등을 습득하면 좋은 가격을 받았다. 이 사람은 이렇게 해서 뼈 조각을 얻게 되어 매우 이상하게 생각하고는, 더 깊이 팠더니 더 많은 뼈 조각이 나왔으며, 이 뼈 조각들을 가져다 보관했으나 이에 대해 관심을 갖고 묻는 사람이 없었다. 그 중에서 아주 큰 갑골은, 근대에는 이런 동물이 없었기 때문에 토박이들은 이를 보자 '龍骨'이라고 생각하여 약재 점포에 가지고 가서 보였다. 약물 중에 '龍骨'과 '龍齒'가 있었는데, 지금 세상에 '龍'이 없으므로 매번 고대의 뼈를 가지고 이를 대신하였는데, 사람의 뼈나 짐승의 뼈를 가리지 않았다. 더구나 이런

1) 劉鶚《鐵雲藏龜 · 自序》, 嚴一萍《鐵雲藏龜新編》(藝文印書館 1975. 臺北) p.19에서 재인용.

2) 羅振常〈洹洛訪古游記〉, 胡厚宣 前揭書《殷墟發掘》p.10에서 재인용.

고대의 뼈를 갈아 만든 분말은 또 칼로 생긴 상처를 잘 아물게 하였으므로, 약재 점포에서 이들 갑골을 구입은 하였으나, 한 근(斤)에 겨우 몇 전을 받을 수 있을 뿐이었다. 뼈가 아주 견고한 것은 간혹 구입하여 그 위에 각을 하는 물건으로 삼기도 하였다. 시골사람들은 농한기가 되면 여기저기를 발굴하여 습득한 갑골이 매우 많았으며, 그 중에서 큰 것을 골라 팔았다. 구입자 가운데는 간혹 문자가 각된 것은 가져가지 않았으므로, 대패로 글자들을 깎아내고서 팔았다. 그리고 자잘한 조각이거나 글자가 많아 깎아내기가 쉽지 않은 것은 모두 구덩이에 내버렸다.

라고 비교적 상세하게 설명하였다. 이상에서 인용한 자료를 통해서 갑골은 농민들이 농사를 짓는 과정에서 우연히 발견되었다는 사실을 알 수 있다. 다만 이 당시에는 귀갑과 수골에 새겨진 문자가 갑골문이라는 사실은 아직 제대로 인식하지 못했을 뿐이었다.

그렇다면 安陽의 殷墟에서 갑골문이 발견된 시점은 정확하게 언제일까? 갑골이 출토된 시점은 위에서 인용한 胡厚宣의 주장처럼, 가장 이르게는 전국시대일지도 모르겠으나, 이는 추측일 뿐이다. 그리고 위에서 인용한 羅振常의 〈洹洛訪古游記〉에서는, "이곳에 매장된 귀갑과 수골들은 30여 년 전에 이미 발견되었다."라고 했는데, 羅振常의 이 주장이 나온 때가 1911년이므로, 여기에서의 '30여 년 전'이란 1881년(光緖 7년) 이전이 되는 셈이다. 그렇지만 이 시기에 출토된 갑골은 아직까지 누구도 실물을 증거로 제시하지 않고 있기 때문에, 이 역시 안타깝게도 그냥 전해지는 일설(一說)에 불과하다. 安陽의 殷墟에서 최초로 갑골문이 발견된 일에 대해서, 중국에서 가장 먼저 갑골을 수집하고 소장하기 시작한 劉鶚은 1903년에 출간된 그의 《鐵雲藏龜 · 自序》에서, "龜版, 己亥歲出土. : 귀판(龜版)은 기해년(己亥年)에 출토되었다."라고 하여, 갑골은 '己亥年' 즉 淸 光緖 25년에 출토되었다고 주장하였고; 羅振玉도 "至光緖己亥而古龜 · 古骨迺出焉.[1] : 光緖 기해년이 되어서야 귀갑과 수골이 출토되었다."이라고 하면서, "光緖二十有五年, 歲在己亥, 實爲洹陽出龜之年.[2] : 光緖 25년 기해년이 실제로 洹水 북쪽 땅에서 귀갑이 출토된 해이다."라고 강조하여 말하였다. 이처럼 이들 두 사람 모두 淸 光緖 25년(1899) 기해년이 갑골이 출토된 해라고 주장하였다. 그리고 1937년에 출간된 董作賓 · 胡厚宣 合編의 《甲骨年表》[3]에도 기해년에 갑골문이 발견되었다고 하고 있다. 또 陳夢家도 1956년에 출간된 《殷虛卜辭綜述》에서 갑골문의 최초의 발견 시점에 대해 淸 光緖 24년(1898)과 25년(1899)이라는 두 가지 설(說)을 제시한 다음, "我們還是採取己亥(1899)說."[4]이라고 하여 기해년(1899년) 설을 채택하였다. 이에 대해

---

1) 羅振玉 〈鐵雲藏龜 · 序〉, 嚴一萍 前揭書 《鐵雲藏龜新編》에서 재인용.

2) 羅振玉 《殷虛書契前編 · 自序》(集古遺文第一影印本 1913.) p.1.

3) 董作賓 · 胡厚宣 合編 《甲骨年表》(中央硏究院 歷史語言硏究所 1937. 北京), 이는 董作賓이 1930年에 출판한 同名의 《甲骨年表》의 增訂本이다.

4) 陳夢家 《殷虛卜辭綜述》(中華書局 1988. 北京) p.3.

1987년에 胡厚宣은,

> 不過1899年所得, 爲數較多, 故大家都以此年爲甲骨發現之年而已.[1] : 그렇지만 1899년(즉 光緖 己亥年)에 획득한 갑골의 숫자가 비교적 많았기 때문에, 모두들 이 해를 갑골 발견의 해라고 여길 따름이다.

라고 하였는데, 이후로 갑골학계에서는 모두 갑골문 발견의 해는 1899년임을 공식적인 정설로 인정하고 있다.

乙. 최초의 발견자

갑골문이 1899년에 발견되었다면, 그러면 이 갑골문의 최초 발견자는 누구인가를 알아보자. 戴家祥의 기록에 의하면[2], 清朝 말엽에 갑골문이 출토되고 나서, 몇몇 골동품 상인들이 갑골을 판매했는데, 山東 濰縣의 范壽軒 · 范維卿 · 趙執齋 등이 당시에 활발하게 이런 골동품을 매매한 인물들이다. 이들은 北京과 天津 등지로 가서 갑골을 판매하고, 골동품을 매입하는 일을 하면서, 관료들과 지주들 사이를 왕래하였다. 이 때 范維卿은 자신과 동향(同鄕)이며, 王懿榮의 스승인 山東 濰縣의 陳介祺(簠齋)를 통해서, 王懿榮이 금석(金石)에 대해 높은 안목을 지닌 인물이라는 사실을 알았고, 1899년 가을에 몇 편의 갑골을 北京에서 王懿榮에게 판매하였다고 한다. 이것이 곧 王懿榮이 골동품 상인에게서 처음으로 갑골을 매입하여 입수한 계기가 된다. 王懿榮은 이런 과정을 통해서 이것이 갑골문자임을 인식하게 되었고, 또한 이것이 殷商 시기의 복사라는 것도 알아내었다. 이리하여 王懿榮은 清朝 光緖25년(1899) 기해년에 갑골문을 발견 · 수장(收藏) · 인식해낸 최초의 사람으로 인정받게 되었다.

王懿榮은 네 차례에 걸쳐 비밀리에 甲骨을 수집하였는데, 훗날 胡厚宣의 기록에 의하면[3], 그 과정은 다음과 같다. 제1차는, 1899년 가을에 范維卿으로부터 北京에서 갑골 12편을 구입하였는데, 이때 한 편의 가격은 은(銀) 2량(兩)이었다고 한다. 제2차는, 1900년 봄에 다시 范維卿으로부터 1백여 편의 갑골을 역시 北京에서 구입하였다. 제3차는, 같은 해인 1900년에 또다시 范維卿으로부터 北京에서 8~9백 편의 갑골을 '二百金'이라는 높은 가격에 매입하였는데, 그 중에는

---

1) 胡厚宣 〈釋王懿榮早期所獲牛龜腹甲卜辭〉, 安陽師範學院 《殷都學刊》 第1期 1987年.

2) 戴家祥 〈甲骨文的發現及其學術意義〉, 華東師範大學 《歷史教學問題》 1957年 第3期.

3) 胡厚宣 〈釋王懿榮早期所獲牛龜腹甲卜辭〉, 前揭書 《殷都學刊》 1987年 第1期, 그리고 胡厚宣 《殷墟發掘》(學習生活出版社 1955. 北京) p.13을 참조.

52개의 글자가 새겨진 온전한 귀갑이 하나 포함되어 있었다고 한다. 마지막 제4차는, 趙執齋가 수백 편의 갑골을 北京으로 가지고 갔으며, 王懿榮은 '百餘金'을 들여서 이 갑골들을 전부 매입하였다고 한다. 이렇게 해서 王懿榮은 1899년 가을부터 1900년까지 모두 약 1,500편의 갑골편을 모아 소장하게 되었다.

王懿榮이 갑골문을 인식하고 발견하게 된 과정에 대해서는 董作賓 · 胡厚宣 合編의《甲骨年表》중의 光緒 25년의 '紀事'에 다음과 같이 서술하고 있는데, 이 사실은 王懿榮이 갑골문을 인식해낸 이후 32년이 지난 1931년에 汐翁이라는 필명을 가진 인물이 〈龜甲文〉이라는 글을 北京의《華北日報 · 華北畫刊》제89기에 등재한 것이다. 여기에는,

> 是年丹徒劉鶚鐵雲客游京師, 寓福山王懿榮正儒私第. 正儒病店, 服藥用龜版, 購自菜市口達仁堂. 鐵雲見龜版有契刻篆文, 以示正儒, 相與驚訝. 正儒故治金文, 知爲古物, 至藥肆詢其來歷, 言河南湯陰 · 安陽居民搰地得之.[1] : 이 해(1899년) 丹徒 鐵雲 劉鶚이 北京을 여행하면서, 福山 正儒 王懿榮의 사저에 머물렀다. 이 때 王懿榮이 학질에 걸려서 약으로 쓸 귀판(龜版)을 야채 시장 입구에 있는 '達仁堂'에서 구입하였다. 鐵雲이 귀판에 전문(篆文)이 새겨져 있는 것을 발견하고 이를 王懿榮에게 보였는데, 두 사람은 서로 크게 놀랐다. 王懿榮은 예전에 금문(金文)을 배워 이것이 고대의 물건임을 알고, 약방에 가서 이 귀판의 내력을 캐물었더니 河南의 湯陰과 安陽에 사는 주민들이 땅에서 파낸 것이라고 하였다.

라고 기록되어 있다. 王懿榮이 갑골문자를 처음 발견했다는 것을 인정하게 되는 주요 근거는, 그 당시와 그 후에 그와 학술적인 왕래가 있었던 몇몇 학자들의 저작물들에 서술된 기록들인데, 이를 시간적인 선후에 따라 열거하면 다음과 같다.

劉鶚은 그의《鐵雲藏龜 · 序》에서,

> 龜版, 己亥歲, 出土在河南湯陰縣屬之古牖里城. …… 爲山左賈人所得, 咸寶藏之, 冀獲善價. 庚子歲, 有范姓客挾百餘片, 走京師, 福山王文敏公懿榮見之, 狂喜, 以厚値留之. 後有濰縣趙君執齋得數百片, 亦售歸文敏.[2] : 귀판(龜版)은 기해년에 河南 湯陰縣(사실은 安陽縣임--필자주)에 속해 있는 옛 牖里城에서 출토되었다. …… 太行山의 동쪽 지방인 山東의 상인이 이를 획득하여 보물처럼 보관하면서 높은 가격을 받기를 바라고 있었다. 이듬해인 경자년(庚子年; 1900년)에 范씨 성을 가진 사람이 1백 여 편을 가지고 北京으로 갔는데, 福山 文敏公 王懿榮이 이를

1) 董作賓 · 胡厚宣 合編 前揭書《甲骨年表》를 참고. 이 내용은 또 胡厚宣《殷墟發掘》(學習生活出版社 1955. 北京) p.13에도 수록되어 있다.

2) 劉鶚《鐵雲藏龜 · 自序》, 嚴一萍 前揭書《鐵雲藏龜新編》p.19에서 재인용.

보고는 뛸 듯이 기뻐하며, 후한 가격에 사들였다. 그 후 濰縣의 趙執齋가 수백 편을 입수하였는데, 이것들 역시 모두 王懿榮에게 판매하였다.

라고 했다. 吳昌綬 역시 《鐵雲藏龜》의 〈序〉에서,

文敏導其先馬, 先生備其大觀, 中間多象形字, 復有祖乙、祖辛諸偁, 審爲殷人之遺, 證諭顯然, 致足矜異.[1] : 文敏公 王懿榮 선생이 선구자적 입장에서 앞장서서 길을 인도함으로써, 이를 집대성할 자료들을 비축하였는데, 그중에는 상형자(象形字)가 많고, 또한 祖乙이나 祖辛과 같은 여러 가지 호칭이 있었기에, 이를 자세히 살펴서 이들이 殷나라 사람들의 유물임을 명확하게 증명하였으니, 참으로 대단한 발견이라 할 수 있는 일이다.

라고 하였다. 또 羅振玉은 《殷墟貞卜文字考 · 序》에서,

光緖己亥, 予聞河南之湯陰發現龜甲獸骨, 其上皆有刻辭, 爲福山王文敏公所得, 恨不得遽見也.[2] : 光緖 기해년에 내가 소문을 듣기를, 河南의 湯陰(사실은 安陽임)에서 귀갑과 수골을 발견했는데, 거기에는 모두 다 복사가 새겨져 있으며, 福山 文敏公 王懿榮이 이를 획득했다고 하였는데, 그것들을 즉각 볼 수 없어 한스럽다.

라고 하고 있다. 또 王國維는 《戩壽堂所藏殷墟文字 · 序》에서,

土人得龜甲牛骨, 上有古文字. 估客携至京師, 爲福山王文敏公懿榮所得. 庚子秋, 文敏殉國難, 其所藏, 悉歸丹徒劉鐵雲觀察鶚.[3] : 토착민들이 귀갑과 우골(牛骨)을 획득했는데, 거기에는 고문자가 새겨져 있었다. 장사꾼이 이를 北京으로 가지고 왔는데, 모두 福山 文敏公 王懿榮이 구입하였다. 경자년(庚子年) 가을에 文敏公이 국난으로 순국하자, 그의 소장품들은 모두 관찰사 丹徒人 鐵雲 劉鶚에게 귀속되었다.

라고 했다. 그리고 王襄은 《簠室殷契類纂 · 自序》에서,

---

1) 吳昌綬 《鐵雲藏龜 · 序》, 嚴一萍 上揭書 p.15에서 재인용.

2) 羅振玉 《殷墟貞卜文字考 · 序》, 玉簡齋印本 1910. p.19.

3) 王國維 《戩壽堂所藏殷墟文字 · 序》, 石印本 1917. p.1.

又有大邑商, 入于商之語, 識者[1]定爲殷代遺物.[2] : (갑골편에) 또 '大邑商'이란 말과 '入于商'이라는 말이 있는데, '識者' 즉 王懿榮이 이것들을 殷代의 유물이라고 단정하였다.

라고 하였다. 또 王懿榮의 아들 王漢章은,

先公索閱, 細爲考訂, 始知爲商代卜骨, 至其文字, 則確在篆籀之前.[3] : 선친이 탐색 교열하고 자세히 고정(考訂)함으로써 비로소 이들이 商代의 복골이며, 거기에 각된 문자는 전서(篆書)나 주문(籀文) 이전의 것이 확실함을 알게 되었다.

라고 했다.

위에서 열거한 증거와 사실들로 미루어 보아, 王懿榮이 갑골문을 발견한 것은 1899년 清 光緒 25년의 가을이었고, 그가 가장 먼저 갑골을 수집 소장하였으며, 또 그가 처음으로 이 갑골이 商代의 복골임을 알아보았고, 여기에 각된 문자가 商代의 갑골문자라는 것도 알아내었음을 알 수 있다.

그런데 후에 갑골문을 최초로 발견한 사람이 王襄과 孟定生이며, 그 시점 또한 清 光緒 24년(1898)이라는 주장이 제기되기도 했다.[4] 그리고 王襄 본인이 1925년에 저술한《簠室殷契徵文》에서 1899년에 山東 濰縣의 골동품 상인 范壽軒이 王襄과 孟定生에게 갑골을 판매했다고 기록하고 있다. 하지만 王襄 본인의 저술[5]에서도 "識者 즉 王懿榮이 殷代의 유물이라고 단정했다."·"세인들이 殷契가 있다는 것을 인지했다."라고 기술한 것으로 보면, 王襄은 자신보다 앞서서 이미 갑골문자를 인식해 낸 사람이 王懿榮임을 인정하고 있었음을 알 수 있다. 그리고 王襄과 孟定生이 갑골문을 최초로 발견한 사람이라는 주장은 갑골문이 발견된 후 오랜 시간이 지난 뒤에 제기된 것인데다가 이를 명확하게 증명할 수 있는 증거가 없기 때문에, 지금 현존하는 자료로는 王襄과 孟定生은 갑골문자를 최초로 인식해낸 유일한 인물이라고 인정받지 못하고 있다.

---

1) 여기에서의 '識者'는 위에서 인용한 劉鶚·吳昌綬·羅振玉·王國維 등 4人의 증언에 의하면, 王懿榮을 지칭함을 알 수 있다.

2) 王襄《簠室殷契類纂·自序》(河北第一博物院 1920. 天津) p.2.

3) 王漢章〈古董錄〉, 李若暉〈甲骨文发现者和发现年代质疑〉(湖南文理學院《武陵學刊》1996年 4期)에서 재인용.

4) 李先登〈也談甲骨文的發現〉,《光明日報》1983年 11月 5日字 및〈關於甲骨文最初發現情況之辨正〉,《天津師範大學學報》1984年 第5期 등을 참고.

5) 王襄《簠室殷契徵文·自序》(天津博物院 1925. 天津)을 참고.

丙. 발견 지점

다음으로 검토해야 할 것은 갑골의 출토 지점에 대한 문제이다. 1899년에 王懿榮이 갑골을 고대의 유물(遺物)임을 식별해낸 후에, 이 사실이 세상에 알려지자, 골동품 상인들은 출토지역에서 갑골들을 싼 가격에 대대적으로 구입하여 외지(外地)로 갖고 가서 비싼 가격에 팔게 되었다. 이들 상인들은 갑골의 발굴을 계속 독점하기 위해서, 출토 지점을 속이거나 감추었는데, 劉鶚이 갑골을 수집하여 소장하게 된 것도 골동품 상인 范維卿에게서 구입함으로서 비롯된 것이다. 당시 劉鶚이 范維卿에게 갑골의 출토 지역을 물었을 때, 范維卿은 河南 湯陰縣에서 출토된 것이라고 거짓으로 대답하였는데, 劉鶚은 이 말을 진실이라고 믿고서, 1903년에 간행한 자신의《鐵雲藏龜 · 自序》에서 그대로 기록하였다. 그는,

> 龜版, 己亥歲, 出土在河南湯陰縣屬之古牖里城.[1] : 귀판(龜版)은 기해년에 河南省 湯陰縣에 속해 있는 옛 牖里城에서 출토되었다.

라고 하였다. 羅振玉도 처음에는 이 말을 믿고서,

> 光緒己亥, 予聞河南之湯陰發現龜甲獸骨, 其上皆有刻辭.[2] : 光緒 기해년에 내가 듣기를, 河南省의 湯陰縣에서 귀갑과 수골이 발견되었는데, 거기에는 모두 다 글이 새겨져 있다고 하였다.

라고 하였다. 羅振玉은 또 자신의《五十日夢痕錄》에서도 이 일을 기록하였는데,

> 龜甲獸骨, 濰縣范姓估人始得之, 亡友劉君鐵雲問所自出, 則詭言得之湯陰.[3] : 귀갑과 수골은 濰縣의 范씨 성을 가진 사람이 처음 획득하였는데, 이제는 고인이 된 친구 劉鐵雲이 그 출처를 물었을 때, 거짓말로 湯陰에서 획득했다고 했다.

라고 하였다. 또 日本의 林泰輔는〈清國河南湯陰發現之龜甲獸骨〉이라는 논문 제목에서 보는 바와 같이 아예 '湯陰'에서 발견된 귀갑과 수골이라고 썼는데, 이 역시 골동품 상인의 속임수에 넘어간 셈이다.[4]

---

1) 劉鶚《鐵雲藏龜 · 自序》, 嚴一萍 前揭書《鐵雲藏龜新編》p.19.

2) 羅振玉 前揭書《殷商貞卜文字考 · 序》p.1.

3) 羅振玉《五十日夢痕錄》(《雪堂叢刻》本, 北京圖書館 2000. 北京), p.22.

4) 吳浩坤 · 潘悠《中國甲骨學史》(上海人民出版社 1987. 上海) p.6을 참고.

이 이후 羅振玉이 여러 해 동안 다방면으로 수소문하면서 范維卿을 계속 추궁하고서야 갑골이 출토된 지역이 河南省 安陽縣 洹水 물가의 小屯村임을 비로소 제대로 밝혀 알게 되었다. 이 일에 대해 羅振玉은,

> 光緒戊申，予旣訪知貞卜文字出土之地爲洹濱之小屯，是語實得之山左估人范某.[1] : 光緒 무신년에 내가 탐방하고서 정복(貞卜)문자의 출토지가 洹水 물가의 小屯村임을 알게 되었는데, 이 말을 사실은 山東의 골동품 상인 范某에게서 들었다.

라고 기록하였다. 그리고 羅振玉은《殷商貞卜文字考 · 序》에서 한 걸음 더 나아가서,

> 並詢知發現之地, 乃在安陽縣西五里之小屯, 而非湯陰, 其地爲武乙之墟. 又於刻辭中得殷帝王名謚十餘, 乃恍然悟此卜辭者, 實爲殷室王朝之遺物.[2] : 아울러 갑골의 발견 지역이 湯陰이 아니라 安陽縣 서쪽 5리 떨어진 곳에 있는 小屯이라는 것을 물어서 알게 되었는데, 이 지역은 武乙의 유적지이다. 또 갑골에 새겨진 글 가운데에서 殷나라 제왕(帝王)의 이름과 시호(謚號) 10여 개를 알게 되었고, 이를 통해 이들 복사가 사실은 殷나라 왕실의 유물이라는 것을 깨닫게 되었다.

라고 하였다. 이상에서 인용한 기록들을 종합하면, 商代 갑골의 출토 지점은 河南省 安陽縣 서쪽으로 5리 떨어져 있는 小屯村 일대임을 알 수 있다.

丁. 殷墟의 역사

이 小屯村 洹水 부근의 殷墟에 대한 문헌상의 기록들을 살펴보면, 다음과 같다. 물론 이 '殷墟'란 말의 뜻은 殷나라 옛 도읍지라는 뜻이다.

현재 남아 있는 사서(史書) 가운데 가장 먼저 '殷墟'가 언급된 것은《春秋左氏傳》이다. 定公 4년 조(條)에 "命以康誥而封于殷墟"라고 하고 있는데, 이 '殷墟'를 杜預는 '朝歌'라고 주(注)하였다. 그런데《竹書紀年》에는,

> 自盤庚徙殷, 至紂之滅二百七十三年, 更不徙都, 紂時稍大其邑, 南距朝歌, 北據邯鄲 及沙丘, 皆爲離宮別館.[3] : 盤庚이 殷으로 도읍을 옮기고부터 紂에 이르러 멸망하기까지 273년 동안

---

1) 羅振玉《殷虛古器物圖錄 · 序》1916年 影印本.

2) 羅振玉《殷商貞卜文字考 · 序》, 玉簡齋印本, 1910年版.

3) 이는 司馬遷의《史記 · 殷本紀》中의 "沙丘"에 대한《史記定義》의 인용을 재인용한 것이다.

다시 옮기지는 않았으나, 紂王 때에 도읍지를 약간 넓혀 남으로는 朝歌에 이르고 북으로는 邯鄲과 沙丘에까지 이르게 되었는데, 이들 지역 모두에 이궁(離宮) 별관을 두었다.

라고 하고 있는데, 이는 '殷墟'가 바로 朝歌는 아니라는 주장이다. 이에 대해서는 또 '朝歌'가 바로 '殷墟'라는 주장도 있다. 《括地志》에는,

紂都朝歌, 在衛州東北七十三里朝歌故城, 是也. 本妹邑, 殷王武丁始都之. 帝王世紀云 : 帝乙復濟河北, 徙朝歌, 其子紂仍都焉.[1] : 紂王의 도읍지는 朝歌인데, 衛州 동북쪽 73리에 있는 朝歌 고도(古都)가 바로 이곳이다. 본래는 妹邑이었는데, 殷王 武丁이 처음 도읍지로 하였다. 《帝王世紀》에는 "帝乙이 濟河 이북을 회복하고서 朝歌로 옮겼는데, 그의 아들 紂王이 이곳을 계속 도읍지로 하였다."라고 하고 있다.

라고 하고 있다. 이는 후대의 '殷墟'란 바로 '朝歌'를 지칭한다는 주장이다. 그런데 이 두 기록을 자세히 살펴보면 이들 두 가지 주장이 모두 틀린 말이 아님을 알 수 있다. 위에 인용된《竹書紀年》 중의 "更不徙都, 紂時稍大其邑, 南距朝歌, 北據邯鄲及沙丘, 皆爲離宮別館."이라는 말에 진실이 모두 함축되어 있다. 이 말은, 紂王 때에 도읍지는 옮기지 않았으나 그 구역을 약간 확대하였는데, 그 결과로 남쪽으로는 朝歌에까지 이르게 되었다는 말이고, 그곳에 이궁(離宮) 별관을 두었으니까 朝歌 역시 도읍지에 포함되게 되었다는 것이다. 그리고 또《括地志》에는,

相州安陽本盤庚所都, 卽北蒙殷墟, 南去朝歌城百四十六里. 竹書紀年云 : 盤庚自奄遷于北蒙, 曰殷墟, 南去鄴四十里. 是舊都. 城西南二十里有洹水, 南岸三里有安陽城, 西有城名殷墟, 所謂北蒙者也.[2] : 相州의 安陽은 본래 盤庚이 도읍하였던 곳으로, 바로 北蒙 殷墟인데, 남쪽으로 朝歌城에서 146리 떨어져 있다.《竹書紀年》에, "盤庚이 奄으로부터 北蒙으로 천도하였는데, 이를 殷墟라 하고, 남쪽으로 鄴에서 40리 떨어진 곳에 위치하고 있다."라고 하고 있다. 이는 옛 도읍지이다. 성(城)의 서남쪽 20리 거리에 洹水가 있고, 洹水 남안 3리 거리에 安陽城이 있으며, 安陽城 서쪽에 이름을 殷墟라고 하는 성(城)이 있는데, 이곳이 소위 '北蒙'이라고 하는 곳이다.

라고 하고 있다. 이로써 지금 우리가 '殷墟'라고 하는 이 지역을 殷商 왕조에서는 '北蒙'이라 하였음을 알 수 있다. 그리고《春秋左氏傳》閔公 2년 조(條)와《史記 · 秦本紀》에 의거하면,

---

1) 李泰 主編《括地志》, 司馬遷 上揭書 p.123의《史記定義》의 인용을 재인용.

2) 李泰 主編《括地志》, 司馬遷 上揭書 p.91의《史記定義》의 인용을 재인용.

이 殷墟 지역은 西周 초기에는 衛나라에 배속되었고, 전국시대 말엽에는 魏나라의 영토였다가 秦 昭襄王 50년(B.C.257)에 '寧新中'이라는 명칭에서 '安陽'으로 명칭을 바꾸었다. 그런데《史記》에서 직접 '殷墟'라는 말을 두 번 쓰고 있는데, 한 번은 〈項羽本紀〉에서이고, 또 한 번은 〈宋微子世家〉에서이다. 〈項羽本紀〉에서는 項羽가 章邯과 약속한 일을 기록하면서 "項羽乃與期洹水南, 殷墟上."이라 하고 있는데, 여기에서의 '殷墟'에 대해 裵駰은《史記集解》에서,

> 應劭日 : 洹水在湯陰界. 殷墟, 故殷都也. 瓚日 : 洹水在今安陽縣北, 去朝歌殷都一百五十里. 然則此殷墟非朝歌也. 汲冢古文日 : 盤庚遷于此.《汲冢》日 : 殷墟南去鄴三十里. 是舊殷墟, 然則朝歌非盤庚所遷者. : 應劭가 이르길,『洹水는 湯陰縣 경계에 있다. '殷墟'는 옛 殷나라 도읍지이다. 瓚이 이르길,「洹水는 지금의 安陽縣 북쪽에 있으며, 殷의 도읍지 朝歌에서 150리 떨어져 있다.」라고 하였는데, 그렇다면 이 '殷墟'는 '朝歌'가 아니다.《汲冢古文》에,「盤庚이 이곳으로 천도하였다.」라고 하고 있는데 대해,《汲冢》에는,「'殷墟' 남쪽으로 鄴城이 40리 떨어져 있다. 이는 옛 殷墟이다.」라고 하고 있는데, 그렇다면 朝歌는 盤庚이 천도한 곳이 아니다.』라고 하였다.

라고 상세히 주해(註解)하였다. 그리고 또 하나는 〈宋微子世家〉에서 "箕子朝周, 過故殷墟. : 箕子가 周나라 왕을 알현하러 가면서 옛 殷墟를 거쳤다."라고 언급하고 있는 것이다. 이 이외에《水經 · 洹水注》에도, "洹水出山東, 逕殷墟北.[1] : 洹水는 山東에서 출원하여 殷墟 북쪽을 지난다."라고 하고 있다.

이런 기록들을 종합하면, 여기에서의 '殷墟'는 바로 지금의 河南省 安陽市의 小屯村을 말하며, 이 小屯村은 갑골뿐만이 아니라 殷代의 귀중한 유물들이 많이 발굴된 점으로 미루어 증명할 수 있듯이 殷나라 왕실의 소재지로서 바로 殷나라의 도읍지였음을 알 수 있다. 물론 여기서 말하는 '殷墟'의 범위는 정확하게 경계 구역을 나누기는 어렵지만 결코 지금의 小屯村에 국한되지 않고, 이 小屯村을 포함한 부근의 洹水 양안을 비롯하여 殷代의 유적이 있는 모든 지역을 아우르는 넓은 지역이라고 생각된다.

그리고 이 殷나라는 원래, 갑골문에 '大乙' · '唐' · '成' 등으로 표기된 湯王이 건국한 商 왕조가 盤庚에 이르러 이곳 '殷墟'로 천도한 뒤부터 국명(國名)을 '殷'이라고 하게 된 왕조이다. 이 殷나라는 그 당시 통일된 대제국(大帝國)으로, 31명의 왕이 약 600년 동안 통치한 나라였다. 그런데 어떻게 해서 紂王 즉 帝辛에 이르러 조그만 제후(諸侯)의 나라였던 周와 牧野에서의 일전(一戰)에서 패하여 멸망하게 되었을까? 그리고 정말 이 紂王은 周代의 여러 기록들처럼 그렇게 포학무도하여 망국(亡國)에 이르렀을까?

---

1) 酈道元《水經注》(時代文藝出版社 2001. 北京) p.80.

이에 대해 董作賓은 10년에 걸친 발굴 작업과 20년에 걸친 갑골학 연구에 종사한 경험에 근거하여 다음과 같이 평(評)하였다.[1] 즉 殷의 紂王은 영민하고 용맹하며 현명한 殷代 최후의 군왕(君王)이었다. 그는 그의 부친 帝乙과 함께 혁신적인 정치를 펼쳤고, 즉위 10~11년 사이에는 東夷를 정벌하여 평정하였고, 12개월에 걸친 순행(巡行)에는 齊魯 각지에까지 이르렀는데, 군사력을 전혀 동원하지 않았음에도 모든 제후들이 복속(服屬)하였다. 그리고 이 당시의 小屯村은 273년 동안이나 殷나라 도읍지였기에 큰 건물들이 좌우 대칭으로 질서 정연하게 늘어선 대도시였다. 또한 금(金)과 옥(玉)을 비롯한 귀금속으로 장식한 수레와 마구(馬具)들을 위시한 의장(儀仗) 용품들의 호화로움은 그들의 의식주의 생활이 얼마나 사치스럽고 부유했는지를 알게 해준다. 그리고 郭沫若도 갑골문에 근거하여,

> 周武王之所以能夠報仇雪恨把殷朝的王室顚覆了的, 倒並不是因爲殷紂王(帝辛)怎樣暴虐, 失掉了民心, 而實在是有另外的一段歷史因緣的. 這段古史的眞相也因卜辭的發現才得大白於世.
>
> 殷末在帝乙帝辛兩代, 曾長期和東南夷發生戰爭. 據卜辭所載, 帝乙十年及二十年屢次征討夷方, …… 終於是把東南夷平定了, 故爾他能'有億兆夷人'作他的'臣'—— 就是奴隸. 俘虜能有億兆, 戰爭可見猛烈, 殷將士的損失也必定不在少數. 就在這樣的情形下邊周人乘虛而入, 殷紂王用俘虜兵對敵, 卒致'前徒倒戈', 遭了失敗.[2] : 周 武王이 殷나라 왕실을 전복시켜 한(恨)을 풀고 복수할 수 있었던 까닭은 결코 殷의 紂王 즉 帝辛이 말할 수 없이 포학하고 민심을 잃었기 때문이 아니라, 사실은 다른 일단의 역사적 원인과 연고가 있었기 때문이다. 이 일단의 고대 역사의 진상 또한 갑골복사의 발견으로 말미암아 비로소 세상에 대대적으로 밝혀지게 되었다.
>
> 殷代 말의 帝乙과 帝辛 2대(代)에는 일찍이 동남쪽의 東夷族과 장기간에 걸친 전쟁이 발발하였다. 복사의 기록에 의하면, 帝乙은 그의 재위 10년에서 20년 사이에 여러 차례 東夷族의 나라를 정벌하였는데, …… 끝내는 이 동남 지역의 東夷族을 평정하였고, 이에 따라 헤아릴 수 없을 정도로 많은 東夷 사람들을 그의 '臣' 즉 노예로 소유할 수 있었다. 이처럼 헤아릴 수 없을 정도로 많은 포로를 소유할 수 있었다는 사실로 미루어보아, 이 전쟁이 얼마나 치열했는지를 알 수 있는데, 그 이면에는 殷나라 장졸들의 손실 또한 결코 적지 않았을 것이 틀림없다. 바로 이런 정황에서 周나라 사람들이 殷의 허점을 틈타서 침입하자 殷의 紂王은 포로들로 구성된 군대로 대적할 수밖에 없었고, 끝내는 이들이 창끝을 되돌려 겨냥하는 배반을 당하게 되어 패배하고 만 것이었다.

라고 분석 설명하였다. 이는 殷 帝乙과 帝辛은 2대에 걸쳐 東南夷와 장기간에 걸친 여러 차례의 전쟁에서 포로의 수가 셀 수도 없었다고 표현할 정도로 크나큰 승리를 거두고 殷의 동남 지역을

---

1) 이상의 내용은 董作賓의 前揭書《甲骨學五十年》pp.21~22를 참고.

2) 郭沫若《十批判書 · 古代研究的自我批判》(科學出版社 1956. 北京) p.10.

평정하였으나, 殷나라 역시 이로 인해 막대한 군사적 손실을 입었을 것이며; 周 武王이 이런 상황을 틈타 전쟁을 도발하였을 때, 殷의 帝辛은 이들 포로들로 구성된 군사들로 싸울 수밖에 없었고, 결국은 이들 포로로 구성된 군대의 배반으로 결정적인 패배를 하고 말았다는 내용이다.

그러면 그 후부터 갑골이 발견되기 전까지의 小屯村은 어떤 모습이었을까? 이 小屯村을 둘러싸고 있는 강 이름 '洹水'는 갑골문에도 보이므로, 이 '洹水'라는 이름은 최소한 3,000년 이상의 역사를 가지고 있는데 비해, 이 '小屯村'이란 명칭은 그 역사가 400년에도 미치지 못한다. '小屯村'이라는 지명에 대해 董作賓은,

> 小屯村的歷史不到四百年. 明朝初年, 朱氏家廟的碑記還不曾有小屯村一名, 到萬曆四年(1576)的墓磚地券上纔見小屯村. 在建立小屯村以前, 上迄隋唐, 這一帶是叢葬之區, 荒墳壘壘, 一千年間(從西曆第六世紀到十五世紀), 完全屬於鬼世界.[1] : 小屯村의 역사는 400년이 되지 못한다. 明朝 초년(初年)에 朱氏 가묘(家廟)의 비석 기록에는 아직 小屯村이라는 이름이 존재하지 않았고, 萬曆 4년(1576)에 이르러 묘지의 소유권 문서에 비로소 小屯村이라는 이름이 나타난다. 小屯村 건립 이전에 위로 隋·唐代로 거슬러 올라가면 이 일대는 '叢葬' 즉 많은 시체를 무더기로 한 곳에 매장하는 구역이어서 황량한 분묘가 즐비했던 곳으로, 서기 6세기부터 15세기까지 1,000년 간 완전히 귀신의 세계에 속해 있었다.

라고 하였다. 이로써 이 지역을 小屯村이라고 하게 된 것은 최소한 明나라 萬曆 4년부터이고, 위로 隋·唐 이후부터 약 1,000여 년 동안은 분묘가 즐비했던 황량한 지역이었음을 알 수 있다. 아마 그 이후 淸代 어느 시기부터 이 지역은 농경지로 변하였고, 농민들이 경작을 하는 사이에 갑골이 발견되기도 하였겠으나 그 가치를 모르고 깊이 되묻어버리거나 아니면 아무렇게나 그냥 내버렸다가, 이 갑골이 殷代의 귀중한 유물임이 확인되고부터 유명한 역사 문화 유적지로 거듭 태어나게 되었다고 할 수 있다.

三. 갑골의 발굴

지금의 河南省 安陽市 小屯村에서 1899년 갑골편이 발견된 이후, 갑골편의 발굴 과정은 일반적으로 다음의 4가지 시기로 나누어 서술한다. 제1시기는 1899년~1928년이고, 제2시기는 1928년~1937년이며, 제3시기는 1937년~1949년이고, 제4시기는 1949년~1977년이다. 이 중에서 제1시기는 사적(私的) 발굴 시기라고 하고, 제2시기는 공식적인 발굴 시기라고 한다. 왜냐하면,

---

1) 董作賓 上揭書《甲骨學五十年》p.20.

제2시기에 해당하는 1928년부터 1937년까지의 15차에 걸친 발굴 작업은 고고학이나 역사학을 전공하는 학자들에 의해 국가 기관의 주관으로 진행되었으나, 그 이전에는 개인적으로 비공식적인 발굴이 행해졌기 때문이다.

甲. 사적(私的) 발굴 시기

위에서 살펴본 바와 같이, 1899년에 갑골문이 발견되자 학계와 민간 사회에서는 대단히 높은 관심을 나타내었다. 우선 민간 사회에서는, 일반인들이 '龍骨'이라고 생각했던 갑골이 상고시대의 유물로 바뀌자, 경제적으로 그 가치가 급격하게 치솟게 되면서 갑골을 판매하는 상인들은 급속도로 흥기하게 되었고; 학계에서는 갑골문의 발견이 고고학과 밀접하게 연계되어 있고, 또 여러 분야의 학문 연구에 직·간접적으로 이용됨으로써 그 학술적 가치가 얼마나 높은지를 가늠조차 할 수 없을 정도로 중요하다는 점을 인식하게 되었다. 이에 따라 安陽 殷墟에서의 갑골 발굴 작업은 매우 신속하고 강력하게 전개되었다.

그러나 그 당시 중국의 상황은 淸나라 말기로, 국내외적으로 정치·사회·경제·문화·군사 등 모든 방면에서 격렬하게 변화하고 있었고, 서구 제국의 동양 침탈이 본격적으로 진행되고 있던 시기였기 때문에 이러한 중요한 역사 문화유산에 대한 발굴과 보호 보존이 제대로 이뤄질 수가 없었다. 이런 상태에서 1928년 가을에 당시 中央硏究院 주관의 본격적인 정식 발굴이 이루어지기 전까지 약 30년 동안 安陽의 殷墟에서는 모두 9차례에 걸쳐 민간에 의한 사적(私的)인 발굴이 있었다. 이를 요약하여 기술하면 다음과 같다.

첫 번째는 1899년에서 1900년 사이로, 王懿榮에 의해 갑골문이 확인 된 뒤에 安陽의 小屯村 주민들이 마을의 동북쪽에 위치한 劉氏 소유의 20무(畝)의 토지에서 약 1,500편 가량을 발굴하였는데, 이 갑골편들은 골동품 상인들을 통하여 대부분 王懿榮에게 판매되었고, 몇몇은 端方과 王襄의 소유가 되었다.[1)]

두 번째는 1904년으로, 小屯村의 지주(地主)인 朱坤이 劉氏 집안 소유의 토지 북단에서 갑골을 발굴하였는데, 이때 획득한 갑골편의 수량은 여러 수레가 될 정도로 많았다. 이때 발굴된 갑골편들은 후에 羅振玉·黃濬·徐枋 그리고 미국의 Chalfant, Frank. H.('方法斂'으로 中譯)과 영국의 Couling, Rev. Samuel('考齡'으로 中譯) 및 Hopkins, L. C.('金璋'으로 中譯) 등이 구입하였다.

세 번째는 1909년으로, 小屯村의 농민들이 마을 앞에 있는 張學獻 소유의 밭에서 경작을 하다가 상당히 많은 수량의 갑골을 발견하였는데, 이 중에서 일부분은 羅振玉이 구입하였다.

---

1) 陳煒湛《甲骨文簡論》(上海古籍出版社 1987. 上海) p.3을 참고.

네 번째는 1920년이다. 이 해에 華北 지방에 큰 가뭄으로 인한 기근이 들었는데, 이재민들이 이를 극복하기 위해서 小屯村의 북쪽 강변에서 발굴 작업을 하여 상당량의 갑골을 획득하였다.

다섯 번째는 1923년으로, 小屯村의 張學獻이 자신의 밭에서 큰 귀갑 2판(版)을 발굴하였는데, 후에 캐나다人 Menzies, James Mellon('明義士'로 中譯)에게 팔았다.

여섯 번째는 1924년으로, 마을 주민들이 담을 쌓다가 갑골을 발견하였는데, 이 역시 Menzies, James Mellon에게 팔렸다.[1)]

일곱 번째는 1925년으로, 마을 주민들이 마을의 남쪽 대로변에서 여러 바구니 분량의 갑골을 발굴하였는데, 그중 일부는 劉禮智에게 팔렸다.

여덟 번째는 1926년으로, 마을 주민들이 張學獻의 채소밭을 갈다가 매우 많은 분량의 갑골을 획득했는데, 이것 역시 Menzies, James Mellon이 구입하였다.

아홉 번째는 1928년 봄이다. 이 해에는 북벌군의 安陽 주둔으로 마을 주민들의 경작이 불가능하였는데, 4월에 전쟁이 종결되자, 이곳 농민들이 생활고를 극복하기 위해 마을 앞 도로변과 타작마당의 수풀 속에서 갑골편을 발굴하여, 上海와 開封의 상인들에게 판매하였다.[2)]

이처럼 9차례의 발굴에서 얻은 갑골편의 수가 정확하게 얼마나 되는지는 알 수가 없으나, 대략 10만 여 편이라고 하는데,[3)] 이들 갑골편들을 王懿榮이 약 1천 5백 편, 孟定生 · 王襄이 약 4천 5백 편, 劉鶚이 약 5천 편, 羅振玉이 약 3만 편, 方法斂(Chalfant, Frank. H.) · 考齡(Couling, Rev. Samuel)이 약 5천 편, 日本人 林泰輔가 약 1만 5천 편, 캐나다人 明義士(Menzies, James Mellon)가 약 3만 5천 편, 기타 인물들이 약 4천 편을 구입하였다.

그리고 이들 갑골편들이 수록 출판된 상황을 살펴보면, 1903년 劉鶚의《鐵雲藏龜》에 1,058편, 1913년 羅振玉의《殷虛書契前編》에 2,229편, 1915년 羅振玉의《殷虛書契菁華》에 68편, 1915년 羅振玉의《鐵雲藏龜之餘》에 40편, 1916년 羅振玉의《殷虛書契後編》에 1,104편, 1916년 羅振玉의《殷虛古器物圖錄》에 4편, 1917년 明義士의《殷虛卜辭》에 2,369편, 1917년 姬佛陀의《戩壽堂所藏殷墟文字》에 655편, 1921년 林泰輔의《龜甲獸骨文字》에 1,023편, 1925년 王襄의《簠室殷契徵文》에 1,125편, 1925년 葉玉森의《鐵雲藏龜拾遺》에 240편, 1928년 羅福成의《傳古別錄第二集》에 4편이 수록되어 있다. 이들 12종의 저록에 수록된 갑골편은 총 9,919편인데, 갑골문 연구 초기에 이들 저록들은 매우 중요하고 큰 역할을 했다.[4)]

---

1) 胡厚宣 <關於劉禮智 · 羅振玉·明義士三家舊藏甲骨現狀的說明>, 前揭書《殷都學刊》1985年 第1期를 참고.

2) 吳浩坤 · 潘悠 共著 前揭書 pp.17~18 및 陳煒湛 前揭書 pp.3~4를 참고.

3) 이에 대해 胡厚宣은 12萬 편이 넘는다고 하였으나, 董作賓은 前揭書《甲骨學六十年》pp.127~128에서 이 數字는 정확한 것이 아니라고 주장하였다.

4) 胡厚宣 前揭書《殷墟發掘》pp.36~37을 참고.

그런데 王懿榮의 사후(死後)에 그가 소장했던 갑골편들은 대략 4차례에 나누어 다른 사람의 손으로 흩어졌다. 첫 번째는 1902년 王懿榮의 2남 王漢甫가 빚을 갚기 위해 소장 갑골문 대부분을 劉鶚에게 판매했고; 두 번째는 남은 일부분을 天津의 新學書院에 기증하였는데, 미국인 方法斂(Chalfant, Frank. H.)이 이를 모사(模寫)하여《甲骨卜辭七集》에 편입(編入)시켜 1938년에 출판하였으며; 세 번째는 나머지 일부분인 108편이 唐蘭에 의해서《天壤閣甲骨文存》으로 편찬되어, 1933년 4월 北京의 輔仁大學에서 출판되었고; 네 번째는 王懿榮의 손녀가 100여 편을 보존하고 있었는데, 이 가운데 2편을 方豪에게 기증했다고 한다.[1)]

乙. 공식적인 발굴 시기

여기에서 말하는 '공식적인 발굴'이란 河南省 安陽에 위치한 殷墟에 대해서 국가 기관이 처음으로 시행한 과학적인 발굴이라는 뜻이다. 시행 기간은 10년에 불과하지만 학문적인 의의와 발굴 성과 등이 이 이전의 사적(私的)인 발굴과는 크게 다르기 때문에 중요한 의미를 갖는다. 1928년 5월에 中央研究院이 설립되었는데, 이는 당시 中國 최고의 연구기관이었다. 이 中央研究院에는 몇 개의 자연과학과 인문과학 관련 '研究所'가 설치되었는데, 그 가운데 하나인 歷史語言研究所는 1928년 10월에 설치되었고, 연구소의 소장(所長)은 당시 廣州의 中山大學校 인문대학의 傅斯年이 맡았으며, 中山大學校 교수로 근무 중이던 34세의 董作賓이 이 연구소의 편집원으로 초빙되었다. 그런데 殷墟에 대한 발굴 계획은 1928년 5월 이 中央研究院에 歷史語言研究所籌備處가 설립되면서부터 시작되었다. 이 이전 30년 동안에 사적으로 갑골이 발굴되면서 야기된 문화유산의 손실과 파괴 및 해외 유출 등등의 폐단으로 인해 殷墟 유지에 대한 과학적이고 공식적인 대규모의 발굴 작업이 절실히 필요했기 때문이다. 이에 따라 1928년 8월에 董作賓 등을 파견하여 발굴에 앞선 사전 조사 작업을 진행함으로써, 충분한 준비 작업을 하고 난 후에 殷墟에 대한 과학적인 발굴을 시작할 수 있었다.

1928년 8월 12일 董作賓은 安陽에 도착하여, 현지의 발굴 경험자와 지식인 및 그 때까지 갑골을 수집 판매하거나 알선한 사람들을 만나고 발굴 현장을 방문하는 등등의 현지 조사를 진행한 결과를,

> 甲骨旣尙有留遺, 而近年之出土者又源源不絕, 長此以往, 關係吾國古代文化至巨之瑰寶, 將爲無知之土人私掘盜賣以盡, 遲之一日, 卽遺一日之損失, 是則由國家學術機關以科學方法發

---

1) 胡厚宣 上揭書《殷墟發掘》pp.13~14를 참고.

掘之, 實爲刻不容緩之圖.[1] : 갑골은 아직도 유지(遺址)에 남아 있는 것도 있고, 또 근년에 출토된 것들도 끊임없이 나오고 있어, 앞으로 장기간 이렇게 나아간다면, 우리나라 고대 문화와 관계되는 지극히 진귀한 보물이 무지한 토착민들의 사사로운 발굴과 암거래로 다 없어져버릴 것인 바, 하루가 늦어지면 곧 그 하루만큼의 손실이 생길 것이므로, 이 때문에 국가의 학술기관에서 과학적인 방법으로 이를 발굴하기 위한 대책은 실로 한 순간도 늦출 수가 없었다.

라고 보고하였다. 이렇게 하여 국가의 학술기관에 의해 安陽의 殷墟에 대한 공식적인 발굴이 시작되었고, 향후 10년 동안 15차례에 걸친 발굴 작업이 진행되었는데, 발굴 후에 나온 각종 발굴 보고서와 갑골 저록들을 근거로 하여 이들 15차례의 발굴 작업을 3단계로 나누어 소개하면 다음과 같다.

1. 제1단계

1928년부터 1934년까지 7년 동안 9차례의 발굴 작업이 진행되었는데, 이를 간략히 소개하면 다음과 같다.

제1차 발굴 작업 : 1928년 10월 13일부터 30일까지 진행되었다. 처음에는 이 발굴을 '試掘'이라고 했는데, 董作賓의 주관 아래 郭寶鈞 · 王湘 · 張錫晉 · 李春昱 · 趙芝庭 등 5명이 참가하여, 小屯村의 북쪽과 동북쪽 그리고 마을 내부 등 세 구역으로 나누어 작업을 진행하여 글자가 새겨진 귀갑 555편과 소 견갑골 299편, 합계 854편[2]을 발굴하였다.

제2차 발굴 작업 : 이 발굴은 李濟가 歷史語言硏究所의 考古組 주임을 맡은 이후 시행한 첫 발굴 작업으로, 1929년 3월 7일부터 5월 10일까지 진행되었다. 李濟의 주관 하에 董作賓 · 裵文中 · 王湘 · 王慶昌 · 董光忠 등 5명이 참가하여, 小屯村의 북쪽과 남쪽 그리고 마을 내부에서 작업을 진행하여, 귀갑 55편과 수골 685편, 합계 740편을 발굴하였다.

제3차 발굴 작업 : 1929년 10월 7일부터 21일, 그리고 11월 15일부터 12월 12일까지 진행되었다. 李濟의 주관 아래 董作賓 · 張蔚然 · 王湘 · 董光忠 등 4명이 참가하여 小屯村의 북쪽과 서북

---

1) 董作賓 <民國十七年十月試掘安陽小屯報告書>, 《安陽發掘報告》 第一期(中央硏究院歷史語言硏究所 1929.)

2) 董作賓은 이 숫자를 前揭書 《甲骨學五十年》 p.31에서 "龜甲五五五片, 牛胛骨二二九片, 合計七八四片"이라고 하였으나, 嚴一萍은 《甲骨學》(藝文印書館 1978. 臺北) p.147의 表와 王宇信의 《甲骨學一百年》(社會科學文獻出版社 1999. 北京) p.44를 비롯한 다른 기록에 모두 "龜甲五五五片, 牛胛骨二九九片, 合計八五四片"이라고 하고 있어, 後者를 따랐다.

쪽에서 작업을 진행한 결과, 북쪽에서 대귀(大龜) 4판(版)을 발굴한 것을 비롯하여 글자가 새겨진 귀갑 2,050편과 수골 962편, 합계 3,012편을 발굴하였다.

第4차 발굴 작업 : 1931년 3월 21일부터 5월 11일까지 진행되었다. 李濟의 주관 하에 董作賓·梁思永·郭寶鈞·李光宇·王湘·石璋如·劉嶼霞·周英學·馬元材·關伯益·許敬參·馮進賢·劉耀 등 13명이 참가하여 小屯村의 북쪽과 마을 뒤쪽 언덕 그리고 四盤磨 등에서 작업을 진행한 결과, 글자가 새겨진 귀갑 751편과 수골 31편, 合計 782편을 발굴하였다.

第5차 발굴 작업 : 1931년 11월 7일부터 12월 19일까지 진행되었다. 董作賓의 주관 하에 梁思永·郭寶鈞·王湘·石璋如·劉嶼霞·馬元材·李伯英·張善·劉耀 등 10명이 참가하여, 小屯村의 북쪽과 마을 내부 및 마을 뒤쪽의 언덕에서 작업을 진행한 결과, 글자가 새겨진 귀갑 275편과 수골 106편, 合計 381편을 발굴하였다.

第6차 발굴 작업 : 1932년 4월 1일부터 5월 31일까지 진행되었다. 李濟의 주관 하에 董作賓·吳金鼎·王湘·石璋如·劉嶼霞·馬元材·李光宇·周學英 등 8명이 참가하여, 小屯村의 북쪽과 侯씨의 莊園·高井台子·王裕口·霍씨의 小莊園 등의 지역에서 작업을 진행하였으나, 글자가 새겨진 수골(獸骨) 1편을 발굴했을 뿐이다.

第7차 발굴 작업 : 1932년 10월 19일부터 12월 15일까지 진행되었다. 董作賓의 주관 아래 石璋如·馬元材·李光宇 등 4명이 참가하여, 小屯村의 북쪽에서 글자가 새져진 귀갑 23편과 수골 6편, 합계 29편을 발굴하였다.

第8차 발굴 작업 : 1933년 10월 20일부터 12월 25일까지 진행되었다. 郭寶鈞의 주관 하에 石璋如·馬元材·李光宇·李景聃·劉耀 등 5명이 참가하여, 小屯村의 북쪽과 四盤磨 그리고 마을 뒤의 언덕에서 작업을 진행한 결과, 글자가 있는 귀갑 256편과 수골 1편, 합계 257편을 발굴하였다.

第9차 발굴 작업 : 1934년 3월 9일부터 5월 31일까지 진행되었다. 董作賓의 주관 하에 石璋如·李景聃·尹煥章·馮進賢·劉耀·祁延霈 등 6명이 참가하여, 小屯村의 북쪽과 侯家莊의 남쪽 농지·마을 뒤의 언덕·南霸台 등에서 작업을 진행한 결과, 대귀(大龜) 7판(版)을 포함하여 글자가 새겨진 귀갑 446편과 수골 11편, 합계 457편을 발굴하였다.

이상의 9차례에 걸친 발굴 작업은, 董作賓이 주관한 것이 네 차례(제1·제5·제7·제9차), 李濟가 주관한 것이 네 차례(제2·제3·제4·제6차), 郭寶鈞이 주관한 것이 한 차례(제8차)였고, 참가 인원은 모두 61명이며, 그 결과 글자가 새겨진 갑골 6,513편을 발굴하였다. 이들 갑골편들은 董作賓이 《小屯殷墟文字甲編》(略稱 《甲編》)에 수록하였는데, 편집 번호는 0001번부터 3942번까지이며, 1948년 4월에 商務印書館에서 영인본(影印本) 1책(冊)으로 출간하였다.

2. 제2단계

제2단계는 1934년부터 1935년까지의 1년 동안으로, 이 기간 중 3차례의 발굴 작업이 진행되었는데, 이를 간략히 소개하면 다음과 같다.1)

제10차 발굴 작업 : 1934년 10월 3일부터 12월 30일까지 진행되었다. 梁思永의 주관 하에 石璋如 · 胡厚宣 · 馬元材 · 尹煥章 · 劉耀 · 祁延霈 등 6명이 참가했으며, 侯家莊의 서북쪽 언덕과 同樂寨에서 작업을 진행한 결과, 殷代의 규모가 큰 분묘를 발견하였는데, 이로써 이곳이 殷代 역대 왕릉(王陵)의 소재지임을 증명하였지만, 글자가 새겨진 갑골을 발견하지는 못하였다.

제11차 발굴 작업 : 1935년 3월 15일부터 6월 15일까지 진행되었다. 梁思永의 주관 하에 石璋如 · 王湘 · 李光宇 · 胡厚宣 · 馬元材 · 尹煥章 · 劉耀 · 祁延霈 · 夏鼐 등 9명이 참가했으며, 侯家莊의 서북쪽 언덕에서 작업을 진행한 결과, 103호 대묘(大墓) 서쪽의 묘도(墓道) 북쪽 벽에서 12개의 명문(銘文)이 새겨진 '石簋' 즉 돌로 만든 제기(祭器) 하나를 발견하였으나, 글자가 새겨진 갑골은 출토되지 않았다.

제12차 발굴 작업 : 1935년 9월 5일부터 12월 6일까지 진행되었다. 梁思永의 주관 하에 石璋如 · 李光宇 · 李景聃 · 尹煥章 · 劉耀 · 祁延霈 · 高去尋 · 潘慤 · 王建勛 · 董培憲 · 李春岩 등 11명이 참가했으며, 侯家莊의 서북쪽 언덕 · 大司空村 · 范家莊 등에서 작업을 진행한 결과, 동기(銅器)만을 발견하였을 뿐이고, 갑골은 발견하지 못하였다.

---

1) 이 제2단계의 제10차와 12차 발굴 작업 기간을 董作賓은 《甲骨學五十年》 p.42와 p.45, 그리고 《甲骨學六十年》 p.32와 p.33에 꼭 같이 "1934년 3월 9일부터 5월 31일까지", "1935년 8월 31일부터 12월 18일까지"라고 하고 있는데, 제10차의 발굴 작업 기간이 제9차와 꼭 같게 되어 있다. 그런데 馬如森의 《殷墟甲骨文引論》 p.19와 p.20에서 제10차는 "1934년 10월 3일부터 12월 30일까지"로, 제12차는 "1935년 9월 5일부터 12월 6일까지"라고 하고 있다. 董作賓은 이에 대해 스스로 "根據參與工作的石璋如君所發表的記錄和我自己的見聞寫出一個概略來. : 발굴 작업에 직접 참여한 石璋如 군이 발표한 기록과 내 스스로의 見聞에 근거하여 그 개략적인 보고서를 쓰고자 한다."라고 밝히고 있으므로, 비록 馬如森이 근거를 제시하지는 않았지만 나름의 근거도 있을 것이고, 제시한 작업 일시가 董作賓의 것 보다 합리적이므로, 여기에서는 잠정적으로 馬如森의 기록을 따르기로 한다.

이상의 3차례에 걸친 발굴 작업에서는 갑골을 발견하지 못하였다.

3. 제3단계

제3단계는 1936년부터 1937년까지의 1년으로, 이 기간 동안 3차례의 발굴 작업이 진행되었는데, 이를 간략히 소개하면 다음과 같다.

제13차 발굴 작업 : 1936년 3월 18일부터 6월 24일까지 진행되었다. 石璋如와 郭寶鈞의 공동 주관 하에 李景聃·王湘·尹煥章·祁延霈·高去尋·潘慤·孫文菁 등 7명이 참가하여, 小屯村 북쪽을 발굴하였다. 이 발굴에는 YH127갱(坑)이 포함되어 있었는데, 글자가 새겨진 귀갑 17,756편과 수골 48편, 합계 17,804편을 발굴하였다.

제14차 발굴 작업 : 1936년 9월 20일부터 12월 31일까지 진행되었다. 梁思永과 石璋如의 공동 주관 하에 王湘·高去尋·王建勛·石偉·尹煥章·魏鴻純·李永淦·王思睿 등 8명이 참가했으며, 글자가 새겨진 귀갑 2편을 발견하였다.

제15차 발굴 작업 : 1937년 3월 16일부터 6월 19일까지 진행되었다. 石璋如의 주관 하에 王湘·尹煥章·高去尋·潘慤·王建勛·石偉·魏鴻純·李永淦·張光毅 등 9명이 참가했으며, 小屯村 북쪽을 발굴하여, 글자가 새겨진 귀갑 549편과 수골 50편, 합계 599片을 발굴하였다.

이에서 보는 바와 같이 제13차에서 제15차까지 마지막 3차례의 발굴 작업에서는 제13차 발굴에서 획득한 갑골편이 가장 많다. 제13차의 YH127갱은 출토된 귀갑의 숫자도 가장 많을 뿐만 아니라, 이곳이 완전무결한 갑골편을 지하에 저장해 두는 저장고인 '竇窖'라는 것이 밝혀짐으로써, 殷商 왕실의 갑골편 저장에 대한 연구와 왕궁의 구조를 탐구할 수 있는 귀중한 자료가 되기 때문에 이 제13차의 발굴은 대서특필할만한 성과로 평가되고 있다.

그리고 이들 세 차례에 걸친 발굴 작업에서는 글자가 새겨진 갑골 18,405편을 발굴하였으며, 董作賓은 이들을 선별하여《小屯殷墟文字乙編》上·中·下 3冊(略稱《乙編》)으로 편집하였고, 편집 번호 0001번부터 9105번까지 탁본으로 수록하여 1948년에 國立中央研究院 歷史語言研究所에서 출판하였다.

이상에서 살펴본 바와 같이, 10년 동안 15차례에 걸쳐 小屯 殷墟에서 진행한 공식적인 발굴 작업을 통해서 갑골 24,918편을 획득하였고, 이들을 선별 탁본하여《甲編》과《乙編》에 수록하였는데, 이는 항일(抗日)전쟁이 시작되기 전의 공적(公的)인 발굴 작업을 통해 출토된 갑골의 집대성이라 할 수 있다.[1]

丙. 제3 발굴 시기

1928년부터 1937년까지 10년 동안 中央研究院 歷史語言研究所 주관으로 이루어진 15차례에 걸친 공식적인 발굴 이후에도 발굴 작업은 계속되었으나, 정치 군사적인 이유로 발굴 작업이 본격적으로 이루어지지는 못하였다. 흔히들 갑골 발굴 과정 분류에서 1937년부터 1949년까지를 제3시기라고 하는데, 이 기간은 1937년 7월 7일 日本이 中國에 대한 침략 전쟁을 일으킴으로서 시작된 항일 전쟁과 그 이후의 국공(國共) 내전으로 인하여 정상적인 발굴 작업을 진행할 수가 없었다. 특히 이 시기에 특기할 사항은 일본군의 安陽 점령을 틈탄 일본인들에 의한 殷墟 발굴이다. 이에 대해 吳浩坤 등은,

> 抗战期间, 日本人组织所谓"调查团"和"研究班"在华北 · 东北一带考古, 大量掠奪我國的珍貴文物. 其中, 专在河南考古的, 则有华北综合调查研究所等机關. 私人的调查探察更爲频繁. 据胡厚宣先生统计: 1938年春, 庆应义塾大学文学部组织了北支学术调查团, 曾由大山柏率领来安阳考古; 同年秋, 东方文化研究所水野清一[2] · 岩间德也等人曾来安阳侯家庄考察发掘; 1940年至1941年, 东京帝国大学考古学教室曾来安阳发掘; 1942年至1943年, 驻河南的日本军队也曾利用奸匪大事盗掘, 出土古物不少, 都运往日本去了.[3] : 항일 전쟁 기간에 일본인들은 소위 "調査團"과 "研究班"을 조직하여 華北 · 東北 지방 일대에서 고고학 활동을 전개하여 우리나라(중국)의 진귀한 문물을 대량 약탈하였다. 그 가운데 전적으로 河南省 일대에서 고고학 활동을 전개한 것으로는 "華北綜合調査研究所" 등의 기관이 있었으며, 개인적인 조사 · 탐구는 더욱 다양하고 빈번하였다. 胡厚宣의 통계에 의거하면, 1938년 봄에는 慶應義塾大學 文學部에서 "北中國學術調査團"을 조직하였고, 일찍이 大山柏의 인솔 아래 安陽 지역에서 고고학 활동을 전개하였으며; 같은 해 가을에는 "東方文化研究所"의 水野清一 · 岩间德也 등이 일찍이 安陽의 侯家莊에 와서 조사 발굴 작업을 하였으며; 1940년에서 1941년 사이에는 東京帝國大學 考古學 敎室에서 安陽에 와서 발굴 작업을 하였고; 1942년에서 1943년 사이에는 河南省에 주둔하고 있던 일본 군대조차도 간악한 비적들을 이용하여 대대적으로 도굴을 감행하여, 출토한 고대 문물이 매우 많았는데, 모두 일본으로 운반해 갔다.

---

1) 胡厚宣 前揭書《殷墟發掘》pp.43~111과 陳夢家 前揭書《殷虛卜辭綜述》pp.36~38 및 吳浩坤 · 潘悠 前揭書《中國甲骨學史》pp.23~32를 참고.

2) 上揭書 原文에는 '一'자가 탈루되어 있는 것을 보충하였다.

3) 上揭書 p.33.

라고 설명하였다. 이에 의하면, 항일전쟁이 폭발한 후, 安陽 지역은 일본군의 수중에 들어가게 되고, 殷墟 발굴 작업도 이로 인해 중지되었으며, 이 틈을 이용하여 일본인들은 대학을 비롯한 학술 연구 기관과 군대까지 동원하여 安陽의 유적지를 발굴하고, 출토된 모든 문물들을 일본으로 운송해 갔음을 알 수 있다.

그리고 이 기간 동안 일본인들 이외에 小屯村과 그 주변 지역의 주민들도 기회가 있을 때마다 생계를 위해 小屯村 주위의 殷墟 유적지에서 갑골편들을 발굴하였는데, 그 동안에 발굴된 갑골편이 얼마나 되는지는 아직도 정확하게 알 수가 없다. 지금까지의 갑골편 발굴에 대한 통계 숫자는 어떤 기관이나 개인이 갑골편을 구입한 후에 이를 다시 공공 기관에 전매(轉賣)한 숫자에 근거한 것이기 때문이다. 더구나 이들 갑골편들 가운데 일부는 아직도 집안의 보물로 소장되고 있는 것도 있고, 또 갑골자료 저작물 중에는 중복 수록된 것도 적지 않다. 이는 李濟가,

> 在安阳, 虽然研究所的发掘由于当地政府的保护毫无阻碍地进行着, 但非法猎宝和盗墓也时有发生.[1) : 安阳에서는, 비록 (中央研究院) 歷史語言研究所의 발굴이 현지 정부의 보호로 아무런 장애도 없이 진행되었지만, 그러나 불법적인 보물 수집과 분묘 도굴 또한 수시로 발생하였다.

라고 한 주장을 통해서도 충분히 알 수 있다. 이 때문에 어느 시기에 사적으로 진행된 발굴이나 도굴에 의해 출토된 갑골편의 통계 숫자는 정확하게 밝혀낼 수가 없다.

이런 환경에서 항일전쟁이 끝나고 1949년 中華人民共和國이 건국되기까지의 4～5년 동안에도, 비록 공식적인 성격의 학술적 발굴은 이루어지지 못하였지만 도굴에 가까운 발굴 작업은 계속되었을 것이다. 이 기간 동안 胡厚宣은 北京과 天津에서 매우 많은 갑골을 조사 수집하였는데, 그는 1946년 가을에 山東의 濟南과 上海 그리고 南京 등지에서 거액을 투입하여 다방면으로 수천(數千) 편의 갑골편을 수집 또는 구입하였고, 이들을 정리하여 출판하였다. 1946년에 출판된 《元嘉造象室所藏甲骨文字》에 270편, 《頌齋所藏甲骨文字》에 13편, 《雙劍誃所藏甲骨文字》에 254편을 수록하였고; 1951년에 출판된 《戰後寧滬新獲甲骨集》에 1,145편, 《戰後南北所見甲骨錄》에 3,276편을 수록하였으며; 1954년에 출판된 《戰後京津新獲甲骨集》에는 5,642편을 수록하였는데, 이상의 6부(部)의 저록에 수록된 갑골 총수는 모두 10,600편에 달한다.[2)]

---

1) 李濟 前揭書 p.60.

2) 吳浩坤 · 潘悠 前揭書 pp.33～34를 참조.

丁. 제4 발굴 시기

1949년 中華人民共和國 건국 이후부터 1977년까지를 갑골학계에서는 갑골 발굴 제4시기라고 한다. 1949년 새로운 중국이 건국된 후, 중국 정부는 安陽 小屯 殷墟의 발굴 작업을 매우 중요시하였다. 이로 인해 1950년 5월부터 중국 정부는 '古文化遺址及古墓葬之調査發掘暫行辦法'[고대 문화 유적지 및 고묘(古墓) 조사 발굴 임시 시행 방법]과 같은 문화재 보호 관리에 관한 법령을 잇달아 반포 시행하여 귀중한 문화유산의 유실(流失)과 해외 반출을 방지하였다. 이와 함께 1950년에는 殷墟를 보호하기 위해 安陽의 小屯村에 '殷墟遺址保管所'[殷墟 유지 보호 관리소]를 설치하였고, 같은 해 8월에는 中國科學院 考古研究所가 설립되었다. 또 1958년에는 이 考古研究所에 '安陽工作隊'가 조직되었고, 1959년에는 考古研究所에 '安陽工作站'을 설치하였다. 이런 조치들은 모두 小屯村 부근의 殷墟 유적지를 체계적이고 과학적으로 발굴하기 위한 준비 작업들이었다.

이에 따라 1950년 4월 13일부터 동년(同年) 6월 10일까지 郭寶鈞의 주관 하에 安陽 小屯村 서쪽의 四盤磨村에서 발굴 작업을 진행하여, 글자가 새겨진 1편을 포함하여 갑골 4편을 발견하였고, 1953년에는 大司空村의 발굴에서 글자가 새겨진 갑골 2편을 획득했다. 그리고 1958년 8월18일부터 10월 23일까지 河南省文化局의 文物工作隊가 小屯村 남쪽에서 발굴 작업을 진행하여 많은 유물들이 출토되었는데, 대부분이 도기(陶器)였으며, 그 가운데 글자가 새겨진 1편을 포함하여 복골 9편이 출토되었다. 또 1958년부터 1959년까지 小屯村 인근 마을 11곳에서 발굴 작업을 진행하였는데, 이 때 점복에 사용된 갑골 648편이 출토되었고, 특히 大司空村에서는 글자가 새겨진 갑골 2편이 발견되었다. 이 시기의 발굴 작업을 통해 획득한 갑골 중에는 글자가 새겨진 것이 매우 적지만, 왕릉의 묘장(墓葬) 및 殷墟의 범위에 대한 발견이 새로운 수확이었다.

이런 상태에서 1964년까지는 간헐적으로 한 두 개의 갑골편이 발견되었을 뿐이었고, 1966년 6월 소위 "文化大革命"이 시작되자, 殷墟 발굴은 아예 중단되고 말았다. 이런 와중에 1971년 12월 8일, 小屯 서쪽 지역 1호(號) 탐사구(探査溝)에서 온전한 복골 21편이 발굴되었고, 이 중에서 글자가 새겨진 것은 10편인데, 여기에 각된 글자의 자형과 복사의 문례(文例)를 통해 이 복골들은 廩辛에서 文丁 사이의 것임이 밝혀졌다.[1)]

考古研究所 安陽工作隊는 또 1973년 3월 하순부터 8월 10일까지, 그리고 10월 4일부터 12월 4일까지 두 차례에 걸쳐 戴忠賢·劉一曼·曹定雲·王金龍·屈如忠·孫秉根 등의 고고학 전문가들이 참여하여 小屯村 남쪽 지역 21개 지점에서 발굴 작업을 진행한 결과, 글자가 새겨진 갑골 5,041편(이 중 귀갑은 70편임)을 획득하였는데, 이는 항일전쟁이 끝나고 새로운 중국 건립 후, 가장 많은 갑골을 획득한 발굴이다. 이때의 발굴 상황을 '安陽工作隊'는,

---

1) 郭沫若 <安陽新出土的牛胛骨及其刻辭>, 《考古》 1972年 第2期를 참고.

这次考古发掘主要的收获是出土了刻辞甲骨五千三百多片(经缀合为四千八百多片). 这是解放后甲骨出土数量最多的一次. 小屯南地发现的甲骨, 大多都有可靠的地层关系, 且与陶器共存, 这就为甲骨的分期提供了宝贵的资料.

小屯南地发现的殷代遗存, 以殷代中期以后的为主, 早期的较少. 小屯南地所出的甲骨刻辞其时代大多属康丁·武乙·文丁. 在解放后的发掘中, 村北主要出一期·五期卜辞, 村中·村南主要出康丁·武乙·文丁卜辞. 据此, 我们推测 : 在殷代中期以后, 卜事机关大概从村北移到村南.[1] : 이번 고고학 발굴의 주요 수확은 각사(刻辭)된 갑골 5,300여 편[철합(綴合)한 뒤엔 4,800여 편이 되었음]이 출토된 것인데, 이번 발굴은 해방 후 갑골의 출토 수량이 가장 많은 경우이다. 小屯 남쪽 지역에서 발견된 갑골은 그 대부분이 믿을 만한 지층 관계를 가지고 있었고, 또 도기와 함께 저장되어 있어서, 갑골의 분기(分期) 연구에 아주 진귀한 자료를 제공해 준다.

小屯 남쪽 지역에서 발견된 殷代의 유물들은 殷代 중기 이후의 것이 주를 이루고 있고, 殷代 초기의 것은 비교적 적다. 小屯 남쪽 지역에서 출토된 갑골 각사는 그 시대가 대부분 康丁·武乙·文丁 시대에 속하는 것이다. 또 해방 이후의 발굴에서는 小屯村 북쪽에서는 주로 제1기와 제5기의 복사들이 출토되었고, 小屯村 내부와 남쪽에서는 주로 康丁·武乙·文丁 시대의 복사들이 출토되었다. 이런 사실에 근거하면, 殷代 중기 이후에는 점복을 관장하는 기관이 아마도 小屯村 북쪽에서 남쪽으로 옮겨졌을 것으로 추측된다.

라고 기술하였다. 이에 따라 1975년에는 "小屯南地甲骨整理小組"가 구성되어, 이들 갑골을 선별하여《小屯南地甲骨》上册을 편집하였고, 1980년 10월에 中華書局에서 출판하였다.

四. 후속(後續) 발굴

제4 발굴 시기 이후 1991년 말까지 "中國科學院 考古研究所"에서 주관한 安陽의 殷墟 유지 갑골 발굴 상황을 간략하게 서술하면 다음과 같다. 앞의 제4시기에 해당하는 1967년에서 1977년 사이에 安陽의 小屯村에서 귀갑 4편과 수골 10편, 합계 14편을 발굴하였고; 1985년 가을에는 小屯村 서북쪽 殷墟에서 귀갑 2편을 발굴하였으며; 1986년 봄에는 小屯村 마을 안에서 수골 8片을 발굴하였고; 1989년 가을에도 小屯村 마을 안에서 귀갑 1편과 수골 293편, 합계 294편을 발굴하였으며; 1991년 10월에는 花園莊 동쪽 지역에서 귀갑 574편과 수골 5편, 합계 579편을 발굴하였다. 이 이후 지금까지 安陽의 殷墟에서 殷代의 갑골편이 간헐적으로 한두 편 발견된 경우는 있을지 모르겠지만, 본격적이면서 대규모로 발견된 사례는 아직 없는 것 같다.

---

1) 中國科學院 考古研究所 安陽工作隊《1973年小屯南地發掘報告》,《考古學集刊》第9集(中國社會科學出版社 1995. 北京).

그리고 安陽 殷墟 이외에, 河南省 輝縣 · 鄭州 二里岡 · 偃師 · 洛陽 · 陜縣, 河北省 藁城과 山東省 등지에서도 모두 商代 유적지가 발견되었고, 아울러 갑골문도 출토되었지만,[1] 그 수는 극히 적다.

또한 출토된 갑골에 대해서는 지금은 1982년 11월 19일 공포 시행된 '中華人民共和國文物保護法'[중화인민공화국 문물보호법]에 통합되어 보호 관리되고 있다. 참고로 殷墟 유적지 분포도를 예시(例示)하면 다음과 같다.

1) 裘錫圭 <解放以來古文字資料的發現和整理>, 《文物》 1979年 第10期 그리고 李學勤 <談安陽小屯以外出土的有字甲骨>, 《文物參考資料》 1956年 第11期를 참조.

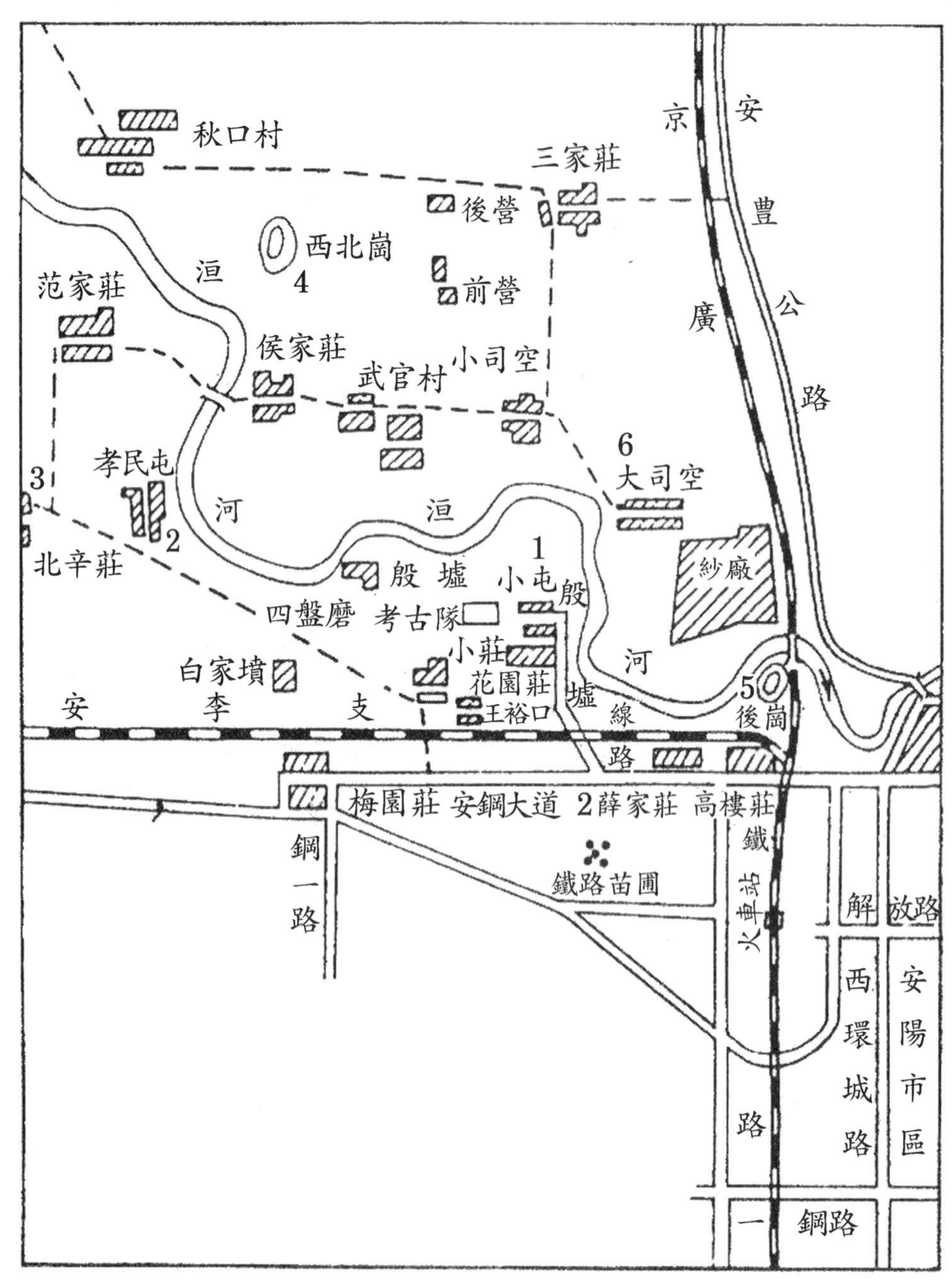

보기 : 1. 왕궁 구역. 2. 銅 주조 유적지. 3. 골편 제조 유적지. 4. 왕릉 구역.
5. 귀족 분묘 구역. 6. 분묘 구역.

제4절 갑골편의 수집 소장(所藏)과 저록(著錄) 및 철합(綴合)과 복원

一. 갑골편의 수집과 소장

앞에서 소개한 바와 같이, 河南省 安陽 小屯村의 殷墟 유지에서 갑골이 출토된 초기에는 시장에서 상품으로 유통되었는데, 맨 처음에는 '龍骨'로 간주되어 약재 시장에서 판매되었고, 그 다음에는 골동품으로 인식되어 北京과 天津을 비롯한 대도시로 운반되어 높은 가격에 거래되었다. 이렇게 상품으로 유통된 갑골편들은 모두 사적(私的)으로 발굴된 것들이며, 그 수량은 공공기관에서 공식적으로 발굴한 규모와 비교하여도 결코 적지 않으리라고 생각된다. 이처럼 사적으로 발굴된 갑골편들은 거의 대부분이 매매를 통해 소장자들이나 갑골학 연구자들의 소유가 되었으며, 그 중의 또 일부분은 갑골편 소장자들이나 갑골학 연구자들에게 상품으로 재차 판매되기도 하였다. 비록 시간의 흐름에 따라 그 규모가 점점 작아지기는 하였지만, 이런 현상은 5~60년대까지 계속되었다. 그러다가 역사문물 보호와 관련된 법령들이 제정 공포되면서 安陽의 殷墟 유적지에 대한 무분별한 사적 발굴은 없어지게 되었다. 그렇지만 발굴된 갑골편들은 상품으로 유통되는 과정에서 또다시 쪼개지거나 부서지는 것을 피할 수 없었기 때문에 갑골편의 총수는 더 늘어나게 되었다. 그리고 몇몇 갑골학 연구자의 경우는 자신이 구입한 갑골편을 저록으로 편집 출판하고 나서 해당 갑골편들을 다시 전매(轉賣)하기도 하였는데, 이 때문에 일부 갑골편들은 또다시 다른 사람의 저록에 중복 수록되는 경우도 발생하였다. 또한 이들 갑골편 중의 일부분은 철합(綴合)을 통해 복원(復原)된 뒤에 다시 저록에 수록되어 출판되는 경우도 있었다. 따라서 갑골편의 수량에 대해서는 상당한 변화와 차이가 있을 수밖에 없는 것이 현실이고, 정확한 통계 숫자를 밝히기가 대단히 어렵다. 이런 문제들에 대해 董作賓은,

講到甲骨文字[1]的數量, 五十年來所出土的, 號稱十萬片. 一片的大可以大到是完整的龜腹甲·背甲或牛胛骨; 小可以小到像指甲様子一塊碎片; 有半個字算是一片; 有幾十段卜辭·幾百個字, 也算是一片. 一個大片, 打破之後立刻變爲幾十片, 而一百個碎片, 往往還湊不够一個完整的龜甲或牛骨. 所以十萬片的數字, 只是'數'而已, '量'却不可捉摸, 因爲你不能想象這大槪可能有若干完整的甲同骨.[2] : 갑골편의 수량에 대해 얘기하자면, 50년 동안 출토된 것이 10만 편이라고 한다. 한 편의 크기가 큰 것은 온전한 거북의 복갑(腹甲)이나 배갑 또는 소의 견갑골의 크기이고, 작은 것은 손톱 크기만큼 작게 깨진 한 조각일 수도 있다. 글자가 반쪽만 있어도 한 편으로 계산되고, 몇 십 단락의 복사나 몇 백 개의 글자가 있는 것도 역시 한 편으로

1) 여기에서의 '甲骨文字'는 엄격히 말하면 '甲骨片'이라는 뜻으로 사용되었다.

2) 董作賓 前揭書《甲骨學六十年》pp.11~12.

계산된다. 그리고 크기가 큰 한 편이 부서지면 바로 수 십 개의 조각으로 변하고, 100개의 깨진 조각들을 모아도 하나의 온전한 귀갑이나 우골(牛骨)로 복원하기에는 부족한 경우도 종종 있다. 그래서 10만 편이라는 숫자는 그저 '數'에 불과할 뿐이고, 그 '量'은 추측할 수도 없는데, 그 이유는 여기에 온전한 귀갑과 수골이 대강 얼마나 있을지를 상상할 수 없기 때문이다.

라고 하였다. 이는 각사된 갑골의 단위는 '편'으로 계산되지만, 계산이 가능한 것은 그 대략의 수(數)일 뿐이라는 것이다. 그 이유는 갑골이 출토된 이후에 쉽게 쪼개지거나 부서져서 여러 片으로 나뉠 가능성이 매우 높을 뿐만 아니라, 중복 저록되어 출판되기도 하지만 이와는 반대로 철합되어 복원되면 수 십 편이 하나로 줄어들 수도 있기 때문이다.

이런 상황에서도 초기의 갑골학 연구자들은 대부분 출토된 갑골편의 수량에 대한 관심이 매우 높았는데, 그 가운데 董作賓·胡厚宣·陳夢家·嚴一萍 등이 殷墟에서 출토된 갑골편의 소장과 함께 그 총수(總數)를 조사 연구하여 발표하였다. 이 중에서 갑골편의 발굴과 총수 통계에 가장 많은 업적을 남긴 사람은 胡厚宣이다. 그는 1934년에 北京大學을 졸업한 후 곧바로 中央研究院 歷史語言研究所에 임용되어, 1934년과 1935년에 진행된 歷史語言研究所의 殷墟 발굴 작업에 직접 참가하였고, 董作賓을 도와 출토된 갑골문 자료들을 정리하였다.[1] 갑골문 발견 50주년을 기하여 董作賓과 胡厚宣은 각기 50년 동안의 갑골학 발전을 회고 총결하면서 殷墟에서 출토된 갑골편의 총수에 대해서 언급하였는데, 董作賓은 그의 저서《甲骨學五十年》에서 胡厚宣의 통계를 인용하여 109,617편이라고 하였다.[2] 그리고 胡厚宣은 이에 대해,

綜上已經著錄過的材料, 七一種四一〇八七片. 尚未經過著錄的材料, 在國內機關採集的三一處, 二〇九七一片; 私人收藏的七六家, 九三六二五片. 在國外機關採集的九處, 五三八一片; 私人收藏六家, 八二五片. 總共一九三種, 一六一九八九片. 所以, 五十年來, 出土的甲骨材料, 共有多少片呢? 我們现在的回答是, 大約有十六萬多片.[3] : 이상을 종합하면, 이미 저록된 재료는 71종으로 41,087편이다. 아직 저록되지 않은 재료는, 국내에서는 기관 31곳에서 20,971편을 채집하였고; 개인 소장자 76명이 93,625편을 소장하고 있다. 해외에서는 기관 9곳에서 5,381편을 채집하였고; 개인 소장자 6명이 825편을 소장하고 있다. 모두 다 합쳐서 193곳 161,989편이다. 그렇다면 50년 동안 출토된 갑골 재료는 모두 몇 편일까? 지금 현재의 대답은 대략 16만 여 편이라고 할 수 있다.

---

1) 李濟 前揭書 p.87을 참고.

2) 董作賓 前揭書《甲骨學五十年》p.16.

3) 胡厚宣《五十年甲骨文發現的總結》(商務印書館 1951. 北京) pp.42~43.

라고 하였다. 그런데 董作賓은 10년 뒤에도 여전히 이런 胡厚宣의 통계 숫자에 대해 회의적인 의견을 내놓았다. 董作賓은 갑골편 총수에 대해,

> 我的結論, 甲骨總數, 是九六一一八片, 不足十萬片. 但是仍然可以說是十萬片. 因爲, 這是給劉晦之 · 羅振玉 · 名義士三家殘存甲骨的估計, 留下幾千片的面子.[1] : 나의 결론은, 갑골편의 총수는 96,118편으로 10만 편이 되지 않는다. 그러나 여전히 10만 片이라고 할 수 있다. 왜냐하면, 이는 劉晦之 · 羅振玉 · 名義士(Menzies, James Mellon이며, '明義士'로도 씀) 3인의 잔존 갑골편에 대한 대략적인 통계에다 수천(數千) 편의 여유를 남겨 둔 것이기 때문이다.

라고 하였다. 이 갑골편의 총수에 대해서는 陳夢家도 숫자를 제시하였는데, 그는《殷虛卜辭綜述》제20장 부록에서 中國 국내에 소장되어 있는 총수를 약 8만 편이라고 하고; 해외에 소장되어 있는 총 15,669편에다, 庫壽齡(Couling, Rev. Samuel을 지칭하며, '考齡'으로도 씀) · 方法斂(Chalfant, Frank. H.)에게 판매된 2,720편을 합쳐서 모두 18,389편이라고 하면서, 국내외의 것을 모두 합치면 약 98,389편이라고 밝혔다.[2] 이에 의하면 董作賓과 陳夢家의 주장은 서로 비슷하지만, 이를 胡厚宣의 주장과 비교하면, 약 6~7만 편의 차이가 난다. 이에 대해서는 董作賓과 胡厚宣의 주장에 동의하는 학자들 두 부류로 나뉘어져 있어 아직 정론(定論)이 없는 실정이다.

결론적으로 말하면, 현재까지 安陽의 殷墟에서 출토된 갑골편 가운데 문자가 각된 갑골편의 총수 문제는, 지금까지의 연구 조사의 결과로는 그 정확한 숫자를 알 수가 없는데, 이 문제는 앞으로도 정확하게 밝혀내기가 매우 힘들 것으로 생각된다. 그렇다 하더라도, 갑골편이 출토된 후에 이를 보관하는 과정에서 끊임없이 파편(破片)이 늘어날 수밖에 없는 현실을 고려하여 현재 존재하는 갑골편의 총수는 대략 10만 여 편이라고 말하는 것이 지금으로서는 가장 정확한 표현이라고 생각된다.

二. 저록(著錄)

갑골편이 출토된 이후, 이들 귀갑과 수골에 새겨진 문자 즉 갑골문들을 연구 자료로 만들어서 연구자들에게 보편적으로 두루 제공하기 위해서는 이 문자들을 종이에 옮겨 책으로 출간해야 한다. 그런데 지금으로부터 1세기 이전인 그 당시 인류 문명의 발전 수준으로는 갑골편 하나하나에 새겨진 각사를 종이에 일일이 모사(摹寫)를 하든지 아니면 먹과 종이를 사용하여 탁본으로 찍어낼

1) 董作賓 前揭書《甲骨學六十年》p.149.
2) 陳夢家 前揭書 pp.655~657을 참고.

수밖에 없었다. 이렇게 먹을 사용하여 갑골편에 각된 문자를 종이에 찍어낸 것을 '拓墨' 혹은 '拓片'이라고 하는데, 깨지기 쉬운 갑골편의 재질로 인해서 고도의 기술과 기교를 갖추어야만 선명한 글자본을 찍어낼 수가 있었다. 이렇게 찍어낸 '拓片'들을 편집 인쇄하여 책으로 만들어 출간한 것을 '著錄'이라고 한다.

갑골문의 저록은 처음에는 오로지 탁본에만 의존하여 출간하였으나, 인쇄술이 점차 발전함에 따라 사진으로 출판하기도 하였다. 갑골문 저록의 탁본에 대해 嚴一萍은,

> 甲骨的傳拓可說是由劉鐵雲才開始的. …… 劉鐵雲的自序最後說："龜版文字極淺細, 又脆薄易碎, 拓墨極難. 友人聞予獲此異品, 多向索拓本, 苦無以應. 然斯實三代眞古文, 亟當廣謨其傳, 故竭半載之力, 精拓千片, 付諸石印, 以公同好. 任是役者, 直隸王瑞卿也." …… 羅振玉在《殷虛書契前編 · 序》裏說："余始於丹徒劉君許見墨本." 這是他看見了王瑞卿所拓的甲骨墨本.[1] : 갑골문의 탁본 전래는 劉鐵雲으로부터 처음 시작되었다고 할 수 있다. …… 劉鐵雲의《鐵雲藏龜 · 自序》맨 끝에 "귀판(龜版)의 문자는 (그 새김이) 매우 얕고 가늘며, 또 얇고 약해서 부서지기 쉬운 탓에 탁본하기가 지극히 어렵다. 내가 이런 특이한 물품을 획득했다는 소식을 들은 친구들이 탁본을 위해 여러 방면으로 물색하였으나, 이에 응할 만한 사람이 없어 힘들었다. 그런데, 이는 실로 夏殷周 '三代'의 진귀한 고문(古文)이어서, 당연히 서둘러 세상에 널리 전해야 하기 때문에, 반년 동안 온 힘을 기울여서 1천 편을 정밀하게 탁본하고, 이를 석판 인쇄에 부쳐서 동호인들에게 공개하였는데, 이 노역을 담당한 사람은 直隸 즉 河北省 출신의 王瑞卿이다."라고 하고 있다. …… 羅振玉은《殷虛書契前編 · 序》에서, "내가 비로소 丹徒 劉鐵雲의 허락으로 (갑골의) 묵본(墨本)을 보게 되었다."라고 하였는데, 이는 그가 王瑞卿이 탁본한 갑골의 묵본을 보았다는 말이다.

라고 하였다. 이로써 1903년에 중국 최초의 갑골문 저록으로 간행된 劉鶚의《鐵雲藏龜》를 탁본한 사람이 王瑞卿임을 알 수 있다. 嚴一萍에 의하면,[2] 中央研究院 歷史語言研究所에서 출간한《殷虛文字甲編》의 대부분은 魏善臣이 탁본한 것이고,《殷虛文字乙編》의 일부분과《殷虛文字丙編》의 대부분은 劉淵臨이 탁본한 것이다. 이들 가운데 劉淵臨은 民國 30년 즉 1941년 2월에 中央研究院 歷史語言研究所에 임용되어 30년 동안 갑골의 탁묵(拓墨) 작업을 수행한 경험을 바탕으로, 1972년 12월에 臺北 國立編譯館 발행의《館刊》제1권 제4기에〈拓甲骨文的方法〉이라는 글을 발표하기도 하였다.

劉鶚의《鐵雲藏龜》가 간행된 이후에 출간된 갑골문 저록은, 中華民國 건국 후 羅振玉이

---

1) 嚴一萍《甲骨學》(藝文印書館 1978. 臺北) pp.251~253.

2) 嚴一萍 上揭書《甲骨學》pp.253~254.

직 · 간접으로 수집한 甲骨片을 선별하여 간행한《殷虛書契前編》·《殷虛書契菁華》·《殷虛書契後編》·《殷虛書契續編》등이 있다. 이들 저록들은 羅振玉 본인의 갑골문 연구는 물론이고 동시대 또는 그 후의 갑골학 연구에 크게 기여하였다.

이 밖의 중요 갑골문 저록들을 살펴보면, 1928년부터 1937년까지 中央研究院 歷史語言研究所 주관으로 15차에 걸친 공식적인 발굴 작업에 의해 획득한 甲骨文을 中央研究院 歷史語言研究所에서 정리하여 간행한《殷虛文字甲編》과《殷虛文字乙編》上 · 中 · 下輯 및《殷虛文字丙編》上 · 中 · 下輯 그리고《殷虛文字外編》이 있고, 胡厚宣이 1938년 이후 전국 각지에 산재한 갑골편들을 수집 정리하여 펴낸《戰後南北所見甲骨錄》·《戰後京津新獲甲骨集》과《甲骨續存》, 또 1950년대에 설립된 中國의 中國社會科學院 考古研究所에서 安陽 小屯村 남쪽 지역 발굴을 통해 획득한 갑골문을 정리하여 간행한《小屯南地甲骨》등이 있다. 그리고 해외로 유실(流失)된 갑골문의 저록으로는 美國의 Frank. H. Chalfant(方法斂)와 Roswell S. Britton(白瑞華) 합작의《庫方二氏藏甲骨卜辭》, 캐나다와 영국에 소장된 갑골문을 許進雄이 정리하여 펴낸《殷虛卜辭後編》·《明義士收藏甲骨》과《懷特氏等所藏甲骨文集》, 李學勤 · 齊文心 · 艾蘭 등이 펴낸《英國所藏甲骨集》, 日本의 貝塚茂樹가 펴낸《京都大學人文科學研究所藏甲骨文字》등이 있다. 또한 1980년대 이전의 갑골문을 집대성한 저록으로는 中國의 中國社會科學院이 주관하고, 郭沫若이 주편(主編)을 맡고 胡厚宣이 총편집(總編輯)을 맡아서 간행한《甲骨文合集》이 있다. 이《甲骨文合集》은 보조 자료로《甲骨文合集釋文》과《甲骨文合集補編》이 출판되었다. 참고로 지금까지 출간된 중요한 갑골문 저록과 저작을 대략적으로 소개하면 다음과 같다.

갑골 저록의 주요 서적 및 약칭

1)《鐵雲藏龜》(六册) 劉 鶚 1,058편 1903년《鐵》
2)《鐵雲藏龜之餘》羅振玉 40편 1925년《餘》
3)《鐵雲藏龜拾遺》葉玉森 240편 1925년《拾》
4)《鐵雲藏龜零拾》李旦丘 93편 1939년《零》
5)《鐵雲藏龜新編》嚴一萍 1975년《鐵新》
6)《殷虛書契前編》羅振玉 2,229편 1913년《前》
7)《殷虛書契菁華》羅振玉 68편 1914년《菁》
8)《殷虛書契後編》羅振玉 1,104편 1916년《後》
9)《殷虛古器物圖錄》羅振玉 4편 1916년《圖錄》
10)《殷虛書契續編》羅振玉 2,016편 1933년《續》

11) 《戩壽堂所藏殷墟文字》 姬佛陀 655편 1917년 《戩》

12) 《龜甲獸骨文字》 林泰輔 1,023편 1921년 《林》

13) 《簠室殷契徵文》 王　襄 1,125편 1925년 《簠》

14) 《天壤閣甲骨文存》 唐　蘭 108편 1939년 《天》

15) 《殷虛文字甲編》 董作賓 3,942편 1948년 《甲》

16) 《殷虛文字乙編》 上輯 董作賓 3,472편 1948년 《乙》

17) 《殷虛文字乙編》 中輯 董作賓 2,800편 1949년 《乙》

18) 《殷虛文字乙編》 下輯 董作賓 2,833편 1953년 《乙》(총9105片)

19) 《殷虛文字丙編》 上·中·下輯 張秉權 349판(版) 1957～1972년 《丙》

20) 《殷虛文字外編》 董作賓 464편 1956년 《外》

21) 《福氏所藏甲骨文字》 商承祚 37편 1933년 《福》

22) 《殷契佚存》 商承祚 1,000편 1933년 《佚》

23) 《卜辭通纂》 郭沫若 929편 1933년 《通》

24) 《殷契粹編》 郭沫若 1,595편 1937년 《粹》

25) 《殷契遺珠》 金祖同 1,459편 1939년 《珠》

26) 《殷契摭佚》 李旦丘 118편 1941년 《摭》

27) 《殷契摭佚續編》 李亞農 343편 1950년 《摭續》

28) 《鄴中片羽初集》 黃　濬 245편 1935년 《鄴初》

29) 《鄴中片羽二集》 黃　濬 93편 1937년 《鄴二》

30) 《鄴中片羽三集》 黃　濬 215편 1942년 《鄴三》

31) 《甲骨文錄》 孫海波 930편 1938년 《河》

32) 《甲骨六錄》 胡厚宣 659편 1945년 《六》

33) 《戰後平津新獲甲骨集》(摹本) 胡厚宣 538편 1946년 《平津》

34) 《戰後寧滬新獲甲骨集》(三卷)(摹本) 胡厚宣 1,145편 1951년 《寧滬》

35) 《戰後南北所見甲骨錄》(三卷)(摹本) 胡厚宣 3,276편 1951년 《南北》

36) 《戰後京津新獲甲骨集》(四卷) 胡厚宣 5,642편 1954년 《京津》

37) 《甲骨續存》(三册) 胡厚宣 3,753편(上編一 · 二册은 拓本 2,755편이고, 下編 三册은 摹本 998편임) 1955년 《存》

38) 《甲骨文零拾》 陳邦懷 160편 1959년 《陳》

39) 《殷虛文字綴合》 郭若愚 · 曾毅公 · 李學勤 1955년 《綴合》

40) 《殷契拾掇》(二編) 郭若愚 1951년 인쇄, 1953년 출판 《掇》

41) 《甲骨綴合編》(二册) 曾毅公 1950년《叕》

42) 《殷契卜辭》容 庚 · 瞿潤緡 874편 1933년《燕》

43) 《庫方二氏藏甲骨卜辭》(一册) 方法斂 摹 白瑞華 校 1,687片 1935년《庫》 白瑞華는 '1,687편'이라고 하였으나, 저록 중에 모회(摹繪)한 것은 1,989편이며, 또 132쪽에 4편이 있음)

44) 《殷虛卜辭後編》(二册) 明義士 許進雄 編輯 2,805편 1972년《明後》

45) 《明義士收藏甲骨》(一册) 許進雄 3,176편 1972년《明》

46) 《美國所藏甲骨錄》周鴻翔 681편 1976년《美錄》

47) 《懷特氏等所藏甲骨文集》許進雄 1,915편 1979년《懷特》

48) 《京都大學人文科學研究所藏甲骨文字》貝塚茂樹 3,246편 1959년《京都》

49) 《日本散見甲骨文字蒐匯》松丸道雄 484편 1959～1976년《散》

50) 《巴黎所見甲骨錄》饒宗頤 26편 1956년《巴》

51) 《英國所藏甲骨集》李學勤 · 齊文心 · 艾蘭 2,674편(上編 上册 1～1193편, 下册 1194～2674편임) 1985년《英藏》

52) 《小屯南地甲骨》中國社會科學院考古研究所編 4,589편(上册 第1分册은 1～2307편, 第2分册은 2308～4589편임) 1980년《屯南》

53) 《甲骨文合集》郭沫若主編 胡厚宣總編輯 41,956편 總十三册《合集》

第一册	0001～1139	第1期	1982년 10월
第二册	1140～4974	第1期	1978년 10월
第三册	4975～7771	第1期	1978년 12월
第四册	7772～11479	第1期	1979년 8월
第五册	11480～14821	第1期	1979년 10월
第六册	14822～19753	第1期	1979년 12월
第七册	19754～22536	第1期	1980년 8월
第八册	22537～26878	第2期	1981년 1월
第九册	26879～29695	第3期	1981년 6월
第十册	29696～31968	第3期	
	31969～32977	第4期	1981년 12월
第十一册	32978～35342	第4期	1982년 1월
第十二册	35343～39476	第5期	1983년 6월
第十三册	39477～41956	第1～5期(摹本)	1982년 3월

이상의 갑골문의 주요 저록들을 바탕으로 문자를 고석(考釋)하고, 그 내용을 분석 연구하여 집필한 전문적인 저서와 논문을 논저라고 한다. 劉鶚의《鐵雲藏龜》가 출간된 이후, 淸末의 孫詒讓은 이들 갑골문자가 매우 난해하다는 점을 발견하고서 곧바로 갑골문자의 고석 작업을 진행하였고, 그 결과《鐵雲藏龜》가 출판된 이듬해인 1904년에 중국 최초의 갑골문 고석에 관한 저작인《契文擧例》의 집필을 완성하였다. 이 이후에 출간된 구체적인 성과는 董作賓 · 胡厚宣 合編의《甲骨年表》(中央研究院 歷史語言硏究所 1937. 臺北), 董作賓의《甲骨學五十年》(藝文印書館 1974. 臺北), 胡厚宣의《五十年甲骨學論著目》(中華書局 1952. 北京), 王宇信의《建國以來甲骨文硏究》(中國社會科學出版社 1981. 北京)의 부록, 吳浩坤 · 潘悠 共著《中國甲骨學史》(上海人民出版社 1985. 上海)의 부록 등에 자세히 소개되어 있으므로, 여기에서는 편폭의 확대로 인한 편집상의 불편과 중복을 피하기 위해 생략한다.

三. 철합(綴合)과 복원

1899년 河南省 安陽의 小屯村 인근의 殷墟에서 발견된 갑골편 중에서 문자가 각된 것은 대부분 점복에 사용된 것이다. 그런데 귀갑이나 수골들을 사용하여 점복을 하기 위해서는 대부분 먼저 평평하게 깎고 다듬은 후에 찬착(鑽鑿)을 했다. 그런 다음에 비로소 점복에 사용하였는데, 점복은 찬착한 곳을 불로 지지는 초작(焦灼)으로 시작되며, 이 초작으로 인해 갑골에는 균열이 생긴다. 이 때 갑골에 생긴 균열된 금의 모양을 '卜兆'라고 하며, 이 복조에 근거하여 점을 쳐서 길흉을 판단하고, 그 점친 내용을 갑골판에다 갑골문자로 각을 하였다. 이로 말미암아 이들 갑골편들은 깎고 다듬는 과정에서 두께도 얇아졌을 뿐만 아니라, 찬착과 초작으로 인해 균열까지 생기고 또 여기에다 칼 등의 공구를 사용하여 글자를 새겼는데, 이런 과정들 모두가 바로 갑골판이 쉽게 부서진 가장 큰 원인이다. 그리고 또 갑골은 3천 여 년 동안이나 지하에 매장되어 있었기 때문에 부식(腐蝕)도 심하여 출토될 때 이미 대부분이 쪼개지고 부서진 상태였고, 출토된 뒤에도 상품으로 유통되는 과정에서 여러 사람의 손을 거치게 되었으며, 또 저록으로 간행되는 과정에서 여러 차례 탁묵(拓墨)을 했기 때문에 그 파손 정도가 더욱 심해졌다. 그 결과 파쇄된 갑골편들에 각된 갑골문 역시 온전한 문장(文章)이 될 수 없고, 낱개의 글자이거나 떨어져 나간 어휘 또는 구절(句節)로 된 것이 대부분이어서 그 전체적인 내용을 파악하기가 쉽지 않아 연구에 막대한 지장을 주고 있는 것이 사실이다. 이와 같은 문제들을 해결할 수 있는 가장 좋은 방법은 여러 조각으로 부서진 갑골편들을 원래의 모양대로 철합하여 복원하는 것이며, 이렇게 철합하여 복원된 갑골편을 '甲骨綴合片'이라고 한다.

갑골 철합의 원칙에 대해서 陳煒湛은 세 가지를 꼽았다. 첫째는 귀갑이나 수골의 부위가 서로 맞게 접합되고, 절단된 곳이 빈틈없이 봉합되어야 한다는 것이고; 둘째는 복사의 문례와 점복한 사류(事類)가 서로 일치해야 한다는 것이며; 셋째는 서체(書體)의 풍격이 서로 조화되어야 한다는 것이다.[1] 만약 이런 세 원칙에 부합되지 않는 철합편(綴合片)은 부정확하고 잘못된 것이다. 그러므로 철합된 갑골편을 연구에 이용하려 할 경우에는 이런 점에 특히 주의해야 한다.

그런데 현시점에서 갑골편의 철합은 두 가지 방법으로 진행할 수밖에 없는데, 하나는 갑골편 실물의 철합이고, 또 하나는 저록을 통한 철합이다. 첫 번째 방법인 갑골편 실물로의 철합이 가장 이상적이라고 할 수 있는데, 그 이유는 갑골편의 단절된 부위의 모양과 색깔 및 광택, 그리고 초작으로 인한 갈라진 금과 복사의 서체 및 점복 내용 등등을 직접 비교 대조할 수 있는 가장 쉽고 기본적인 방법이기 때문이다. 이 방법은 물론 두 번째 방법보다 철합 오류의 가능성을 크게 낮출 수는 있지만, 실물 갑골편을 접하기가 쉽지 않기 때문에 현실적으로는 극히 제한된 소수의 사람에게만 허용된다는 아쉬움이 있다. 이런 방법으로 갑골 자료를 철합한 사람은 臺灣의 中央研究院 歷史語言研究所의 張秉權이다. 그는 1936년 中央研究院 歷史語言研究所 주관으로 이루어진 安陽 殷墟에 대한 제13차 발굴 당시 소위 'YH127'갱에서 출토된 갑골편 실물이 臺灣의 中央研究院 歷史語言研究所에 소장되어 있는 이점을 적극 활용하였는데, 1957년부터 1972년까지 이들 실물 자료들로 모두 349판을 철합 복원하였고, 갑골문 저록으로 철합하지 못한 다른 자료들과 함께 묶어《殷虛文字丙編》上·中·下 3집(輯) 총 6책(册)을 펴냈다.

그리고 두 번째 방법인 저록을 통한 철합은 지금으로서는 가장 많이 쓰이는 방법인데, 이는 王國維에 의해 최초로 시도되었다. 王國維는 1917년에《戩壽堂所藏殷墟文字考釋》을 집필하고,《殷卜辭中所見先公先王考》를 집필 발표하였는데, 이 과정에서《戩壽堂所藏殷墟文字》제1쪽 제10편(片) 즉《戩1. 10》과《殷虛書契後編》上卷 제8쪽 제14편 즉《後上8. 14》의 각사의 뜻이 서로 이어질 뿐만 아니라, 저록에 나타난 갑골편의 잘린 흔적이 서로 연이어 붙일 수 있다는 점을 발견하고, 이 두 편을 철합 복원하였다. 그 구체적인 내용을 보면,《戩1. 10》에는 "品, 上甲十, 報乙三"['三'자의 아랫부분 가로획 하나가 잔결(殘缺)되고 없음], "壬"['壬'자의 상단 부분 한 획이 떨어져나가고 없음], "三, 示癸三, 甲十, 大"['大'자의 하반부가 떨어져나가고 없음]라고 각되어 있고;《後上8. 14》에는 "乙未, 酒, 系, 報丙三, 報丁三, 示, 大丁十, 大"라고 각되어 있다. 이 두 편의 갑골을 철합한 결과,《史記 · 殷本紀》와《史記 · 三代世表》그리고《漢書 · 古今人表》중의 商 왕실의 上甲부터 示癸까지의 선공(先公)의 세계(世系) 순서가 종래에 알려져 있던 上甲 · 報丁 · 報乙 · 報丙 · 示壬 · 示癸가 아니라 上甲 · 報乙 · 報丙 · 報丁 · 示壬 · 示癸임을 알게 되었다. 王國維가 처음 시도한 이 철합은, 갑골학 연구에 있어서 갑골편의 철합 복원이 얼마나

1) 陳煒湛 前揭書 P.185를 참고.

중요한지를 일깨워주는 계기가 되었음은 두말할 필요가 없다.

그리고 이후 董作賓도 《殷虛文字甲編》에 수록된 《甲1114》·《甲1156》·《甲1289》·《甲1749》·《甲1801》등 다섯 편을 철합하였는데, 철합한 이후 이들 5판(版)의 각사들은 모두 6개 조(條)의 복사가 되었다. 이 가운데 작은 글자로 이루어진 5개 조의 복사는 모두 1순(旬)의 안위를 점복한 '貞旬' 복사이다. 그 중에서 "癸未卜, 爭貞 : 旬亡禍? 二月."이라고 하고 있는 것과 "癸亥卜, 爭貞 : 旬亡禍? 一月."이라고 하고 있는 것은 완전한 상태의 복사이고, 나머지 3개의 복사는 잔결된 상태의 복사이다. 이 철합편이 중대한 의미를 갖는 것은, "癸未卜, 爭貞 : 旬亡禍? 三日乙酉夕, 月有食. 聞. 八月."이라고 하여, 商代 祖庚 2년에 있었던 한 차례의 월식(月食)을 기록하고 있다는 점이다. 이에 대해 陳煒湛은,

> 董作賓當初曾根據'聞'字大加發揮, '推想出許多問題', …… 諸片綴合, 就得到了一條完整的卜辭, 旣有月份(八月), 又有具體日期(乙酉), 這次月食記載得一淸二楚.[1)] : 董作賓은 당초에 '聞'자에 근거하여 크게 상상력을 발휘하여 많은 문제를 유추하고 제기하였으나, …… 여러 편을 철합하여 완전한 한 조(條)의 복사를 얻게 되었는데, 해당 월 즉 8월이 기재되어 있는데다가 또 구체적인 날짜 '乙酉'까지 기재되어 있으므로, 이 월식에 대한 기록은 대단히 분명한 것이다.

라고 평가하였다. 董作賓은 또 《殷契佚存》 제256편 즉 《佚256》편과 《甲2282》편을 철합하고, 이를 《佚986》으로 수록하였는데, 이에 대해 그는,

> 民國18年秋, 我們在張姓十八畝地中發掘'大連坑', …… 有一片編入本書拓本2282號, 是四組合成的. …… 這一片與《殷契佚存》的256一版可以相合, 《佚存》中又把合起來的全片, 列爲986號. 這版是第4期卜辭有'求雨自上甲·大乙·大丁·大甲·大庚·大戊·中丁·祖乙·祖辛·祖丁十示率牡'的記載, 這十示都是大宗.[2)] : 民國 18년(1929년) 가을에 우리는 張씨 소유의 18무(畝)되는 땅에서 '大連坑' 즉 연이어진 큰 갱을 발굴하였는데, …… 이 중에 한 편은 본서(本書)에 탁본 2282호(號)로 편입하였는데, 이는 4개의 조(組)가 합성된 것이다. …… 그리고 이 한 편은 《殷契佚存》의 제256판(版)과 서로 철합이 가능하였기 때문에, 《殷契佚存》 중에는 또한 이들을 함께 철합한 전편(全片)을 제986호로 배열하였다. 이 판(版)은 제4기 복사로서, '求雨自上甲·大乙·大丁·大甲·大庚·大戊·中丁·祖乙·祖辛·祖丁十示率牡'라는 내용이 기재되어 있는데, 이들 '十示'는 모두 다 '大宗'이다.

---

1) 陳煒湛 前揭書 p.185.

2) 董作賓 《小屯殷虛文字甲編·自序》(國立中央研究院 歷史語言研究所 1948. 臺北) p.8.

라고 하였다. 이로써 이 철합편은 商 왕실의 세계(世系)에 대한 고증과 갑골 각사의 단대(斷代) 등의 연구에 직·간접적으로 대단히 중요한 단서와 증거를 제공할 수 있음을 알 수 있다. 董作賓은 또《善齋所藏甲骨拓本》에 있는 제277편의 복사가 "大乙十·大庚七·小甲三"['大'자의 상반부가 잔결됨], "三祖乙"['三'자의 우반부(右半部)가 잔결됨]이라고 되어 있는 바, 이를 앞에서 소개한 王國維가 철합한 갑골편과 다시 철합하여 商 왕실 선왕(先王)의 호칭 수(數)를 증가시켰고, 嚴一萍은 여기에 또다시 잔결된 복사를 증보하였다. 이렇게 해서 선공(先公)과 선왕은 上甲부터 沃甲까지 모두 16명이라는 것이 검증되었고, 이는 商 왕실의 세계 연구에 중차대한 의미를 가진다.

이후 郭沫若도《卜辭通纂》의 저술 과정에서 약 40판(版)을 철합하였는데, 특히《殷契粹編》에 수록되어 있는 몇 판의 철합 중의 하나인《粹113》은 3편(片)의 갑골을 철합한 것이며, 이를 통해 王國維가 밝혀낸 上甲으로부터 示癸에 이르기까지의 세계를 확실히 증명하는 새로운 예증을 제시하였을 뿐만 아니라 上甲에서부터 大庚까지의 1년 주기(週期)로 거행되는 주제(週祭)의 순서에 대한 문제를 해결하는 중요한 자료로 쓰이기도 하였다. 郭沫若은 또《卜辭通纂》에서 연접부위가 완벽하게 부합되고, 복사의 서체 품격도 같고, 문례와 사류도 일치하는 소의 견갑골《林1. 21. 3》과《前6. 57. 7》및《後上32. 6》의 세 편을 철합하여, 제375편으로 수록하고는, 이를 고석(考釋)하면서,

> 右三片乃一片之折, 左下一小片折處雖不相連, 然由字跡及內容觀之, 固無疑也. 此乃一事五卜之例, 其文貫行書之, 當如次 :
>
> 癸卯卜, 今日雨. 其自西來雨?
> 其自東來雨?
> 其自北來雨?
> 其自南來雨?
>
> 一雨而問其東西南北之方向, 至可異.[1] : 오른쪽의 3편은 1편이 쪼개진 것으로, 왼쪽 아래의 작은 조각 하나는 그 쪼개진 부분이 비록 서로 연접되지는 않지만, 글자의 흔적과 내용으로 보면, 같은 조각임에 의문의 여지가 없다. 이는 한 가지 일에 대해서 다섯 번 占卜을 행한 예로서, 그 문장을 관례대로 쓰면, 다음과 같을 것이 틀림없다.
>
> 癸卯卜, 今日雨. 其自西來雨?
> 其自東來雨?
> 其自北來雨?
> 其自南來雨?
>
> 그런데, 한 번의 비에 대해서 동서남북 네 방향으로 복문(卜問)한 것은 극히 특이한 경우이다.

1) 郭沫若《卜辭通纂·天象》(朋友書店 1977. 京都), pp.338~339.

라고 하였다.

이들 이외에 또 胡厚宣 · 陳煒湛 · 嚴一萍 등이 모두《甲1654》편과《甲2032》편을 철합하였는데, 이 두 편은 거북의 좌우 복갑(腹甲)이었다. 철합 후의 복사는 완전한 좌우 대정(對貞) 복사가 되었는데, 이는 제1기 武丁 시기의 복사로서, 우측 복사는, "甲寅卜, 賓貞 : 王隹有壱? 六月."이고, 좌측 복사는, "甲寅卜, 賓貞 : 王亡壱? 六月."이다. 복사의 대의(大意)는, "갑인일(甲寅日)에 점복을 했는데, "貞人" 賓이 정문(貞問)하기를, '왕에게 이 1순(旬) 동안 무슨 재화(災禍)가 없겠습니까?'라고 하였다. 때는 6월이었다."이고; 또 "갑인일에 점복을 했는데, "貞人" 賓이 정문하기를, '왕에게 이 1순 동안 어떤 재화도 없겠지요?'라고 했다. 때는 6월이었다."라는 말이다.

이 이외에도 여러 갑골학 연구 학자들에 의해 철합 복원이 이루어졌는데, 철합 복원된 갑골판을 최초로 갑골문 저록으로 출간한 것은 曾毅公의《殷契綴存》이다. 이 저록은 1939년 齊魯大學 國學硏究所에서 출판했는데, 모두 75판으로 철합되었다. 曾毅公은 또한 1950년에《甲骨綴合編》을 편찬하여 修文堂書店에서 출판하였는데, 이 책에는 철합된 갑골 496판이 수록되어 있고, 容庚 · 陳夢家 등이 서문(序文)을 써서 철합의 중요성을 적극 피력하였다. 또 1955년에는 郭若愚 · 曾毅公 · 李學勤 등이 공동으로《殷虛文字綴合》을 北京의 科學出版社에서 출판하였는데, 이 책에는《小屯 殷虛文字甲編》과《小屯 殷虛文字乙編》 중의 갑골편을 철합한 482판이 수록되어 있다. 또한 1975년에는 嚴一萍이《小屯 殷虛文字甲編》 중의 갑골편과 다른 갑골문 저록에 수록된 갑골편을 철합 복원하여 藝文印書館에서《甲骨綴合新編》을 출간하였는데, 이 책에서 嚴一萍은 모두 705판을 철합하는 성과를 거두었다.

갑골편의 철합 복원은 역시《甲骨文合集》에서 집대성되었다고 할 수 있는데, 여기에는 총 2,500여 판의 철합 복원된 갑골 자료가 수록되어 있으며, 이전에 철합 복원된 것 이외에 桂瓊英의 주관으로 새로 철합 복원한 1천 여 판도 포함되어 있다.《甲骨文合集》은 1978년부터 출판되기 시작하였는데, 桂瓊英은 자신이 일생 동안 심혈을 기울여 철합 복원한 결실인《甲骨文合集》이 출판되기 직전인 1977년 2월에 많은 동료들의 존경과 안타까움을 뒤로 하고 세상을 떠나고 말았다.

王國維에 의해서 최초로 시작된 갑골편의 철합 복원 작업은 그 중요한 가치 및 연구의 필요성으로 볼 때, 갑골학의 연구가 계속되는 한 멈출 수 없는 일이다. 이 때문에 갑골학을 연구하는 많은 학자들이 아직도 끊임없이 갑골편의 철합 복원 작업을 계속하고 있다. 1999년에 출판된《甲骨文合集補編》에는 새롭게 철합 복원된 갑골편 500여 판이 수록되어 있다. 그런데 여러 분야의 학문적 연구에 중요한 의의를 지니는 갑골편의 철합 복원 작업은 반드시 갑골학을 전공하는 학자들이 직접 수행해내야 하는 과제이다. 왜냐하면 이 작업을 진행하기 위해서는 다음과 같이 여러 방면에 걸친 전문적인 안목이 요구되기 때문이다. 즉, 갑골문의 문례와 복사의 내용에 대한 지식은 말할 것도 없고, 商代 당시의 점복 제도와 복법(卜法) 등 갑골학에 대한 풍부한 지식을 갖춰야 하고; 갑골문 저록에 수록된 탁본이나 모본(摹本) 또는 사진이 귀갑인지 아니면 수골인지, 귀갑이면 복갑(腹甲)인지 배갑인지, 또 수골이면 무슨 동물의 어느 부위의 뼈인지 등을 판별하기 위해 갑골 재료의 종류와 그것을 손질하는 방법 등에 대한 다양한 지식이 필요하기 때문이다. 그리고 성공적인 철합 복원 작업을 위해서는 이러한 지식뿐만 아니라, 세심한 관찰력과 주의력 그리고 인내심과 함께 많은 시간과 끊임없는 정력도 요구된다. 10만이 넘는 방대한 양의 갑골편을 철합 복원하는데 쏟을 수 있는 갑골학 연구자들의 시간과 정력은 제한적일 수밖에 없기 때문에, 획기적인 성과를 낼 수 있는 효과적인 방법을 모색하는 일이 절실한데, 그 유일한 방법은 이미 보편화된 컴퓨터를 이용하는 방법뿐이라고 생각된다. 이를 위해서 모든 자료를 하루 빨리 전산화하고, 이를 기초로 갑골편 하나하나의 시대와 각사의 내용, 갑골 자료의 종류와 외연(外緣) 그리고 각사의 서체 등등을 면밀히 비교 분석하면 큰 성과를 기대할 수 있으리라 생각된다.

제2장

갑골판과 점복 및 각사와 진위 변별

제1절 갑골판과 점복 및 찬착

대략 4천 년에 가까운 세월 동안 지하에 묻혀 있던 갑골편들이 농부들에 의해 우연히 발견된 뒤, 중요한 학문 연구 자료로 인정받아 활발한 발굴과 전문적인 연구를 거치면서, 여러 방면으로 활용되고 있다. 그렇다면 점복에 사용된 이들 갑골들은 어떤 경로를 통해 공급되었고, 점복을 위해 어떤 과정을 거쳤는지를 살펴보자.

一. 갑골의 내원과 구조 및 분류

甲. 갑골의 내원(來源)

주지(周知)하는 바와 같이 商代에는 여러 종류의 일에 대하여 귀갑과 수골을 사용하여 점복을 하였고, 또한 그 내용을 기록하였다. 그런데 거북의 껍질이나 동물의 뼈에는 붓으로 글을 쓰기가 어려웠으므로 칼로 깎아서 새길 수밖에 없었다. 이렇게 뼈에다 새긴 문자를 '契文'이라고 일컫는다. 商代에는 점복이 매우 빈번하였기 때문에, 점복과 기사(記事)에 사용할 뼈도 대량으로 필요하였다. 따라서 이들 뼈를 어디서 공급받았는가 하는 내원(來源)의 문제가 제기된다. 복사의 기록에 의거하면, 商代에 사용한 복갑은 주로 제후국으로부터들의 공물(貢物)에 의존하였다. 복사 중에는, "來龜"·"氏龜" 등의 말들이 있는데, 이는 모두 공물로 들어온 '龜' 즉 거북을 의미한다. 예를 들면, 제1기에 속하는 武丁 시대의 복사에, "戊戌卜, 㱿, 貞: 斦祀, 六來龜"(《佚991》·《甲3353》)라고 하고 있는 것이 있는데, 이에 대해 陳煒湛은,

'六'爲地名.《春秋》文公五年: "秋, 楚人滅六." 杜注: "六國, 今廬江六縣." 案卽今安徽六安地, 在江淮之間, 距安陽約五百餘里.[1] : '六'은 지명이다.《春秋左氏傳》文公 5년 조(條)에, "가을에 楚나라 사람들이 '六'을 멸하였다."이라고 하고 있는데, 杜預는 이에 대해, "'六國'은 지금의 廬江 六縣이다."라고 주(注)하였다. 살펴보면, 이는 곧 지금의 安徽省 六安 지역으로, 長江과 淮水 사이에 있으며, 安陽과는 약 5백 여 리(里) 거리이다.

라고 해설하였다.

그리고 또 제1기에 속하는 武丁 시대의 복사에 "有來自南氏龜"(《乙6670》)라고 하고 있는 것에 대해서 趙誠은,

氏在這裡用爲致, 有攜物以至之義. 氏龜卽致龜, 送來的意思.. 商代的卜辭契刻在龜甲 · 獸骨之上, 需要大批生龜. 氏龜, 基本上就是爲了滿足這種需要.[2] : '氏'는 여기에서는 '致'의 뜻으로 쓰였는데, 공물(貢物)을 가지고 여기에 도착했다는 뜻이다. 따라서 '氏龜'는 곧 '致龜'로, '送來' 즉 보내왔다는 뜻이다. 商代의 복사는 귀갑과 수골에 새겼는데, 이 때문에 대량의 살아 있는 거북이 필요하였다. '氏龜'는 기본적으로 이런 수요를 만족시키기 위한 것이었다.

라고 풀이하였다. 이에 의하면, 이 복사는 "남방에서 商王에게 거북을 보내왔다."는 뜻이다. 이밖에 또 "我氏千"(《乙1053》)이라고 한 것이 있는데, 이 복사에는 '龜'자가 생략되었으며, '我'는 방국(方國) 이름이다. 이 복사는, "방국 '我'에서 1천 마리의 거북을 진공(進貢)하였다"는 뜻이다. 또 "雀入二百五十"(《乙978》)이라고 한 예도 있는데, 여기에서의 '雀'은 방국 이름이며, '入'은 '獻入' 또는 '進獻'의 뜻이므로, 이 복사는, "방국 雀에서 250마리의 거북을 진헌(進獻)하였다"는 뜻이다. 이런 복사들은 대량의 거북을 진공한 방국들이 있었음을 알게 해주는 예들이다.

그런데 商 왕실에서 사용한 이들 거북의 산지(産地)와 이를 진공한 나라나 지역에 대해 胡厚宣은,

殷代卜用之龜, 由甲骨文之數量及記龜甲來源之刻辭推之, 至少當在萬數以上. 而由卜辭每言'有來自南氏龜', '龜南氏', '西龜', '自西', 知殷代之卜龜, 蓋由南方, 西方之長江流域而來, 尤以來自南方者爲多. 又由專記龜甲來源之甲橋甲尾背甲諸刻辭, 每言 '某入''某來'知其由來之方式, 爲進貢[3]. : 殷代에 점복에 사용한 거북은, 갑골문의 수량과 귀갑의 내원을 기록한

1) 陳煒湛 전게서 p.38.

2) 趙誠《甲骨文簡明詞典》p.203.

3) 胡厚宣〈殷代卜龜之來源〉《甲骨學商史論叢》初集下(臺灣大通書局 1972. 臺北) pp.641~642.

각사를 바탕으로 추정해보면, 적어도 수 만 마리 이상임이 확실하다. 그런데, 복사에는 매번 "有來自南氏龜", "龜南氏", "西龜", "自西"라고들 한 것으로 보아, 殷代의 점복용 귀갑은, 남방이나 서방의 長江유역에서 왔으며, 특히 남방에서 온 것들이 많았음을 알 수 있다. 또한 전적(專的)으로 귀갑의 내원에 대해 기록해 놓은, 갑교(甲橋)·갑미(甲尾)·배갑(背甲) 등 여러 각사에, 매번 "某入"·"某來"라고 말한 것으로 보아, 그 유래 방식은 진공(進貢)을 통한 것임을 알 수 있다.

라고 하고는 또,

殷代與南方之長江流域或更以南, 必有繁盛之交通, …… 乃廣取龜甲而用. : 殷代에는 남방의 長江 유역이나 혹은 더 남쪽에 위치한 곳과도 빈번한 왕래와 교류가 행해졌음이 분명한데, …… 이로서 귀갑을 널리 취득하여 사용하였던 것이다.

라고 하였다. 이로써 商代 역시 거북이 생산되는 지역으로는 長江 유역이 가장 많았고, 이 지역에서 진공되었음을 알 수 있다.

그런데, 商代의 점복용 거북은 위에서 말한 남부와 서부의 長江 유역뿐만 아니라 서부의 黃河 유역 중상류 지역을 비롯한 여러 지역에서도 거북이 생산 진공되었던 것 같다. 이런 사실은 갑골 복사로도 증명이 된다. 예를 들면, 갑교(甲橋) 각사에 "竹入十"(《合集902反》)이라고 한 것이 있는데, 여기에서의 '竹'은 商 왕조 북방의 제후국으로서, 지금의 河北省 盧龍·撫寧縣 일대이다.[1] 또 다른 갑교 각사에 "唐來十"(《丙56反》) 및 "羌入五"(《合集13648反》)라고 하고 있는 것이 있는데, 여기에서의 '唐'과 '羌' 두 지역은 모두가 아는 바와 같이 지금의 山西省 중부 일대이며, 이로서 商나라 서북 지역에서도 거북을 진공했음을 알 수 있다. 또 다른 갑교 각사에 "畵入百"(《合集12102反》)이라고 하고 있는 것과 "帚好入五十"(《合集10133反》)·"奠來五"(《合集10345反》)·"臣大入一"(《丙33反》)이라고 하고 있는 것들이 있는데, 胡厚宣에 의하면,[2] 이 '畵'의 위치는 山東省 臨淄의 서북지역이고, '帚好'·'奠'·'臣大' 등은 그 영지(領地)가 왕기(王畿) 일대이므로, 이로써 동부 지역에서도 거북을 진공하였으며, 商 왕조의 직할구역 내에서도 거북이 산출되었음을 미루어 알 수 있다. 따라서 商 왕실에서 사용한 귀갑은 남방과 서방에서 진공된 것이 대부분이지만, 동방과 북방에서 진공한 것도 있음을 알 수 있다.

그리고 商 왕실에서 점복용으로 사용한 거북의 종류도 매우 많은데, 이에 대한 분류는 의학과

---

1) 嚴一萍《甲骨學》上册(藝文印書館 1978. 臺北) p.132~136을 참고.

2) 胡厚宣〈殷代封建制度〉前揭書《甲骨學商史論叢》初集第一册 p.6.

동물학에서의 분류법이 서로 다르다. 이들 거북의 종류에 대해 馬如森은 일반적으로 통용되는 동물학적인 분류법에 의거하여, '水龜' · '山龜' · '澤龜' · '呷蛇龜' · '綠毛龜' · '鴨龜' · '綠龜' · '錢龜' · '象龜' 등의 9종류로 분류하였는데,[1] 그 특징을 간략히 살펴보면 다음과 같다.

1) '水龜' : 몸길이 7.8촌(寸) 전후.
2) '山龜' : 산에서 생장하는 거북.
3) '澤龜' : 복갑(腹甲)이 상대적으로 큰 편임.
4) '呷蛇龜' : 복갑(腹甲)이 상대적으로 작은 편임.
5) '綠毛龜' : 배갑(背甲)에 잔털이 많음.
6) '鴨龜' : 몸길이가 2.3척(尺)으로 큰 편임.
7) '綠龜' : 몸길이 7.5촌이고, 산지(産地)는 廣東 · 臺灣임.
8) '錢龜' : 몸이 작고 둥글며 편평함.
9) '象龜' : 배갑(背甲)의 길이가 5척 전후로, 거북 가운데 가장 큰 종류임.

그리고 董作賓은 또 이런 여러 종류의 거북의 귀갑들에 대해,

> 卜用龜之應屬於水龜一類, 尙有積極之四證: 1. 體長五 · 六寸至七 · 八寸. 2. 腹甲共9枚. 3. 腹下之鱗片12. 4. 產於河湖池沼. …… 取現代藥用之水龜腹甲, 作爲'標準甲'.[2] : 점복용 거북은 의당 수귀류(水龜類)에 속하는 것이었을 텐데, 여기에는 다음과 같이 적극적인 네 가지 증거가 있다. 1. 몸길이가 5~6촌(寸)에서 7~8촌이고; 2. 복갑(腹甲)이 모두 9매(枚)이고; 3. 복부(腹部) 아래쪽의 인편(鱗片)이 12개이고; 4. 하천이나 호수 및 연못이나 늪에서 생산된다는 점 등이다. …… 현대에 약용(藥用)으로 취급되는 수귀(水龜)의 복갑(腹甲)을 '標準甲'으로 삼은 것이다.

라고 하였다. 이는 점복과 각사에 사용된 갑골 가운데 수귀(水龜)의 복갑(腹甲)이 가장 보편적으로 사용되었음을 밝힌 것이다.

殷墟에서 출토된 복갑들은 유지마다 그 수량과 크기가 서로 다르다. 예를 들면, 小屯村에서 출토된 복갑이 가장 많아 그 수가 1만 편에 달하며, 크기가 최대 44cm에 이르는 것도 있다. 侯家莊 남쪽 지역에서 나온 대귀(大龜) 7판(版)은 그 길이가 27~29cm이고, 花園莊 동쪽 지역의 H3갱에서는 150여 판이 출토되었는데, 그 중에는 아주 큰 귀갑도 적지 않다. 복갑의 크기가 이렇게

---

1) 馬如森 《殷墟甲骨文引論》(麗文文化公司 1997. 高雄) p.114를 참고.

2) 董作賓 〈商代龜卜之推測〉,《董作賓先生全集》甲編(藝文印書館 1977. 臺北) p.822.

다른 원인에 대해 劉一曼은 첫째, "卜甲的占卜主體的身份不同. : 복갑을 사용한 점복 주체(主體)의 신분상의 차이"때문이고, 둘째는 "與龜甲的來源有關. : 귀갑의 내원과 관계가 있기" 때문으로 보았다.[1] 商 왕실에서 점복에 사용한 거북은 대부분 각 지역에서 진공(進貢)된 것으로, 특히 크기가 큰 거북들인데, 이는 신분과 권력을 상징하는 일종의 표지(標識)로도 작용했을 것이다. 반면에 평민이나 귀족들은 일반적으로 해당 지역이나 그 인근 지역에서 산출된 비교적 크기가 작은 거북을 사용하였을 것이라고 생각된다.

귀갑 외에 商代 점복에 주로 사용된 재료는 우골(牛骨)인데, 그 가운데 견갑골이 대부분이다. 이 외에 양과 사슴의 견갑골도 사용되었고, 또 소의 늑골(肋骨)·거골(距骨)·두골(頭骨)과 사슴의 두골·각기(角器) 그리고 물소 뼈·호골(虎骨)·별갑(鱉甲)·코끼리의 견갑골 및 심지어 인두골(人頭骨) 등이 점복과 각사에 사용되었고, 小屯 南地에서는 돼지의 견갑골 복사 하나가 발견되기도 하였다. 이런 복골의 내원에 대해서 胡厚宣은, 殷나라 북방에는 소가 많았으며, 殷代 사람들은 이때에 이미 소를 농경(農耕)에 사용할 줄 알고 있었고, 또 조상에게 제사를 올릴 때에도 소를 희생으로 사용하였는데, 한 번의 제사에서 최다 1천(千) 마리의 소를 사용하기도 하였다. 이렇게 희생으로 사용된 수많은 소의 견갑골들은 점복에 사용하기 위해 비축 보존해 둔 것이라고 주장하였다.[2]

殷墟에서 출토된 복골로는, 사슴·돼지·양·소·코끼리 등의 여러 종류의 동물들의 견갑골이 있으나, 말[馬]의 복골은 발견된 것이 없다. 이런 복골로 사용된 동물들은 야생의 동물을 사냥한 것도 있겠지만, 그 대부분은 주로 사육을 통해서 안정적으로 공급되었으리라고 추정된다. 갑골문 가운데 "降𠭯千牛"(《合集1027》)라고 한 복사가 있는데, 이는 소를 우리에 넣어서 제사에 사용하도록 사육하였음을 말한다. 그리고 "禽見(獻)百牛"(《合集102》)라고 한 복사도 있는데, 이는 희생으로 사용할 소 100마리를 진공하였음을 말하는 것이다. 이로써 商 왕실에서 점복에 사용한 이런 복골의 소들은, 왕실에서 직접 사육하여 조달하기도 하고, 다른 지방에서 공납(貢納)되기도 했음을 알 수 있다. 복골의 내원이 이처럼 다양한 것은 복귀(卜龜)의 경우와 유사하다고 할 수 있다. 다만 복골의 주요 생산지는 중원(中原) 및 북방 지역이었고, 복귀의 생산지는 그 분포지역이 광대하여, 남방의 長江과 淮水 유역, 黃河 유역의 동·서부 지역 및 북방 지역, 심지어 남방의 長江 유역보다 훨씬 먼 곳의 해역(海域)에서 들어온 것도 있고, 安陽의 殷墟 주변 일대의 현지에서 생산한 거북도 적지 않았으리라고 추정된다.

---

1) 劉一曼 〈安陽殷墟甲骨出土地及其相關問題〉, 《考古》 1997年 第5期.

2) 胡厚宣 〈殷代卜龜之來源〉, 前揭書 《甲骨學商史論叢》 初集下 pp.624~625를 참고.

乙. 갑골판(甲骨版)의 구조

商代 갑골 각사에 사용한 골판(骨版)은 크게 두 종류로 나눌 수 있는데, 하나는 귀갑이고, 다른 하나는 거북 이외의 다른 동물의 뼈이다. 여기서는 앞에서 소개한 董作賓의 주장에 따라 수귀(水龜)의 복갑(腹甲)을 표준으로 삼아 귀갑의 구조를 분석함과 동시에, 商代 각사에 사용한 거북 이외의 기타 동물의 뼈의 구조도 간단히 살펴보고자 한다.

1. 귀갑판(龜甲版)의 구조

어떤 종류의 거북이라도 그 외부 껍질의 생리적 구조는 모두 두 부분으로 나눌 수 있는데, 하나는 배갑(背甲)이고, 또 하나는 복갑(腹甲)이다. 배갑과 복갑(腹甲)이 서로 연결된 곳, 곧 복갑(腹甲) 좌우 가장자리의 앞발과 뒷발 사이에 돌출되어 있는 부분이 있는데, 이것을 '甲橋'라고 한다. 중국 동물학의 태두(泰斗) 秉志는 河南省 安陽의 小屯村 殷墟의 발굴 작업에서 획득한 전귀(田龜)의 귀각(龜殼)을 바탕으로 거북의 생리적 구조를 자세하게 밝혔는데,[1] 이를 통해서 귀갑의 전체적인 구조를 알 수가 있다. 다음에 제시한 것은 安陽에서 발굴된 전귀(田龜)의 배갑도와 복갑도 및 전체 측면도이다.

A. 거북 배갑(背甲)의 구조

거북 배갑의 특징은 위로 완만하게 볼록한 돔(dome) 모양인데, 배갑에 복사를 새길 때에는, 이 배갑의 가운데를 중심으로 하여 양쪽으로 이등분하는데, 비늘무늬가 돌출해 있어서 표면이 울퉁불퉁하기 때문에, 초작(焦灼)하여 복조(卜兆)를 얻거나, 복사를 새기기에 불편하다. 이 때문에 商代 사람들이 거북의 배갑에다 각사한 경우는 매우 드물고, 출토된 것도 매우 적었다.

B. 거북 복갑(腹甲)의 구조

거북의 복갑 골판(骨版)은 외면(外面) 골판과 내면(內面) 골판으로 나뉜다.

1) 거북 복갑(腹甲)의 외면 골판에는, 골판의 표면에서 보면 '理紋'과 '縫紋'이 있다. 이들 가운데 중간에 있는 '理紋' 즉 '中理紋'은 복갑(腹甲)의 한가운데를 머리에서부터 꼬리까지 관통하는데, 이 무늬는 '千里路'라고도 하며, 복갑(腹甲)을 좌우로 이등분한다.

그리고 거북 복갑(腹甲)의 좌반부(左半部)는 6린(鱗)으로 나뉘는데, 여기에서의 6린(鱗)은 다

1) 秉志〈河南安陽之龜殼〉, 中央研究院歷史語言研究所《安陽發掘報告》第3期, 1931年.

시 '左一鱗'·'左二鱗'·'左三鱗'·'左四鱗'·'左五鱗'·'左六鱗'으로 나누어진다. 그리고 복갑(腹甲)의 우반부(右半部)도 6린(鱗)으로 나뉘는데, 이 6린(鱗) 역시 '右一鱗'·'右二鱗'·'右三鱗'·'右四鱗'·'右五鱗'·'右六鱗'으로 나누어진다.

그런데 '左四鱗'과 '右四鱗'의 돌출 부분을 각각 '左甲橋'와 '右甲橋'라고 하며, 左右一·二·三鱗의 중간 부분을 복갑(腹甲)의 '中甲'이라고 한다.

다음의 그림은 《乙3426》의 구조도(構造圖)로, 거북 복갑(腹甲)의 외면도(外面圖)이다.

2) 거북 복갑(腹甲)의 내면 골판은, 골판의 안쪽에서 보면, 그 '縫紋'이 분명하게 보인다. 가운데의 '千里路'를 중심으로 하여, 복갑(腹甲) 안쪽 표면은 아홉 조각으로 나누어진다. 다음의 그림에서 보는 바와 같이 이 아홉 조각은 '中甲'이 첫째 조각이 된다.

왼쪽 복갑(腹甲)은 4조각으로 나뉘는데, 제3·5·7·9조각이 그것이다. 이 가운데 셋째를 '首左甲'이라고 하고, 다섯째를 '前左甲', 일곱째를 '後左甲', 아홉째를 '尾左甲'이라고 한다.

오른쪽 복갑(腹甲)도 왼쪽과 마찬가지로 4조각으로 나뉘는데, 제2·4·6·8조각이 그것이다. 이 가운데 둘째를 '首右甲'이라고 하고, 넷째를 '前右甲', 여섯째를 '後右甲', 여덟째를 '尾右甲'이라고 한다. 다음의 그림은 《乙3426》과 《乙3427》인데, 이 두 그림은 동일 거북 복갑(腹甲)의 정면과 반면으로, 《乙3426》이 정면으로 외면(外面)이고, 《乙3427》은 이의 반면으로 내면(內面)이다. [도면의 좌우 표기는 갑골의 표면에서 본 것이므로, 본래 내면의 좌우가 아님.]

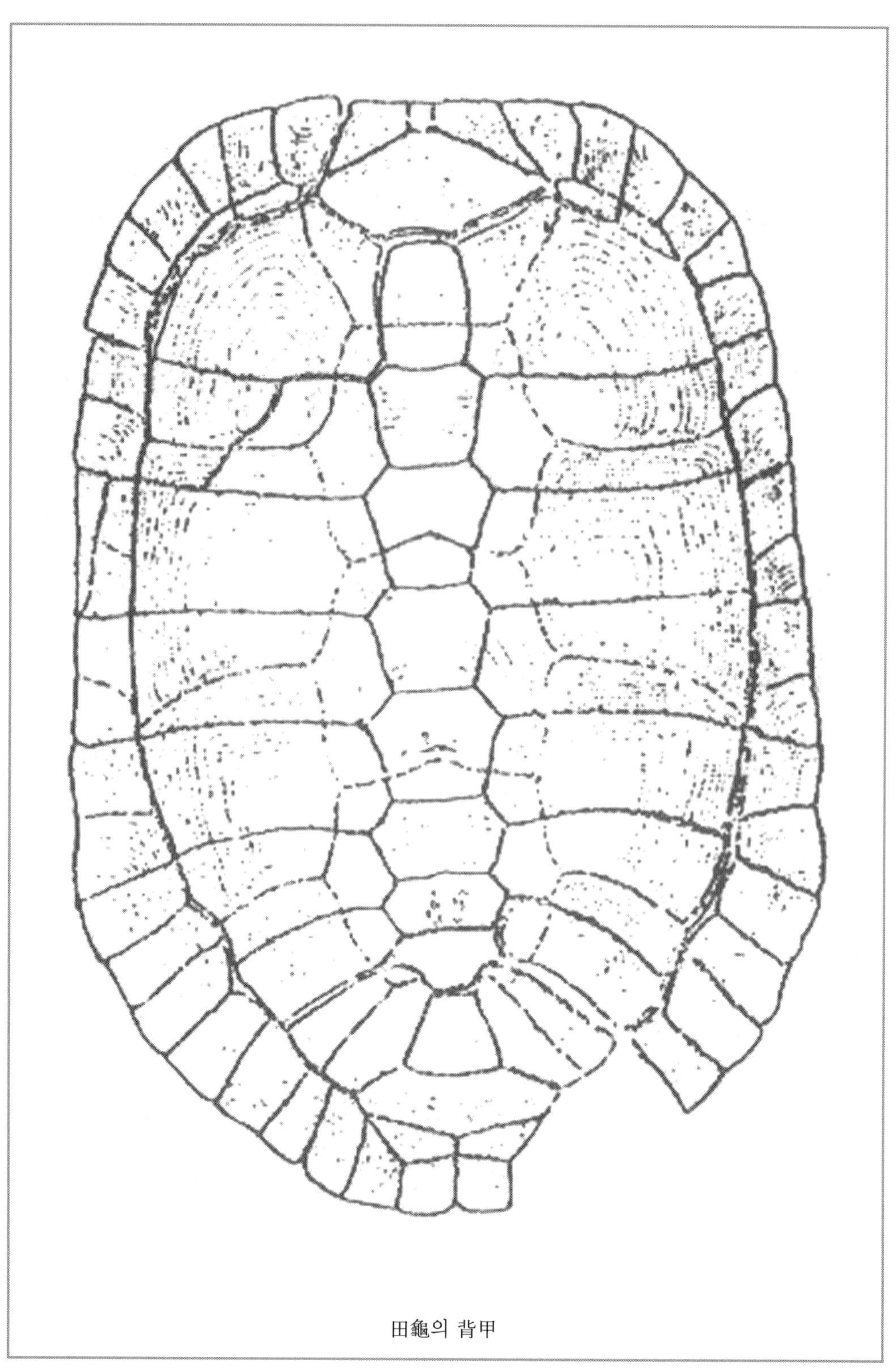

田龜의 背甲

田龜의 腹甲

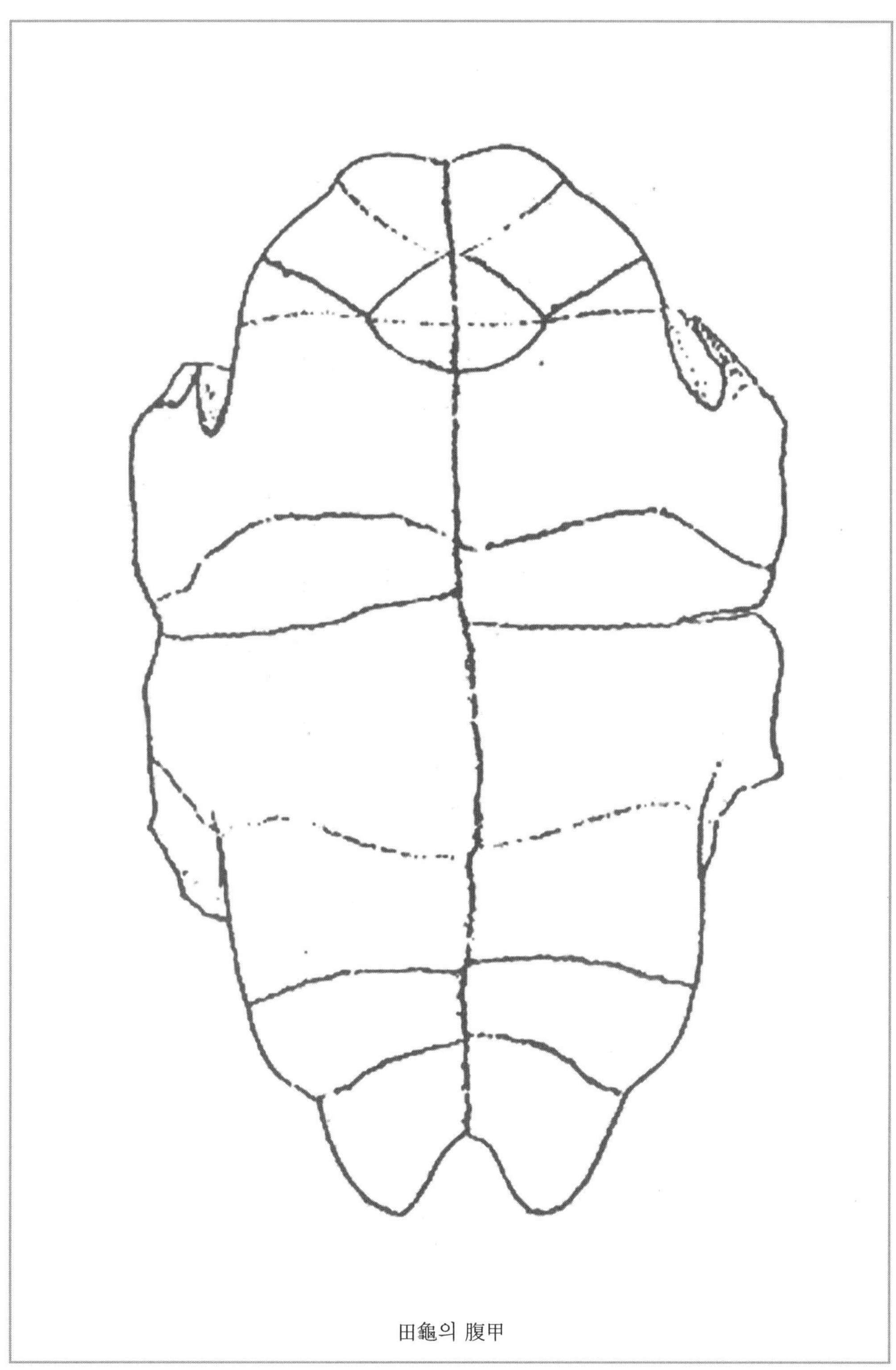

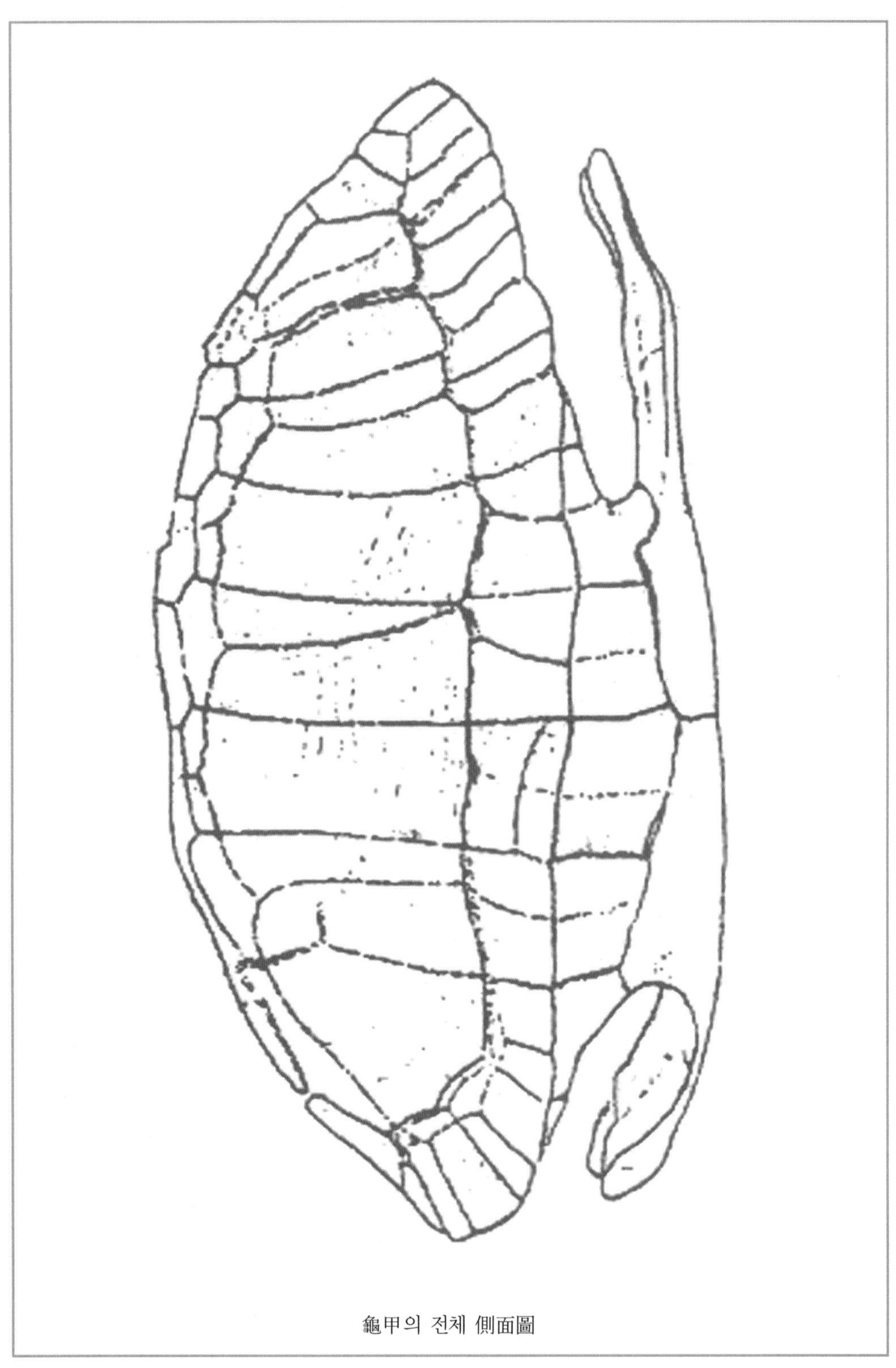

龜甲의 전체 側面圖

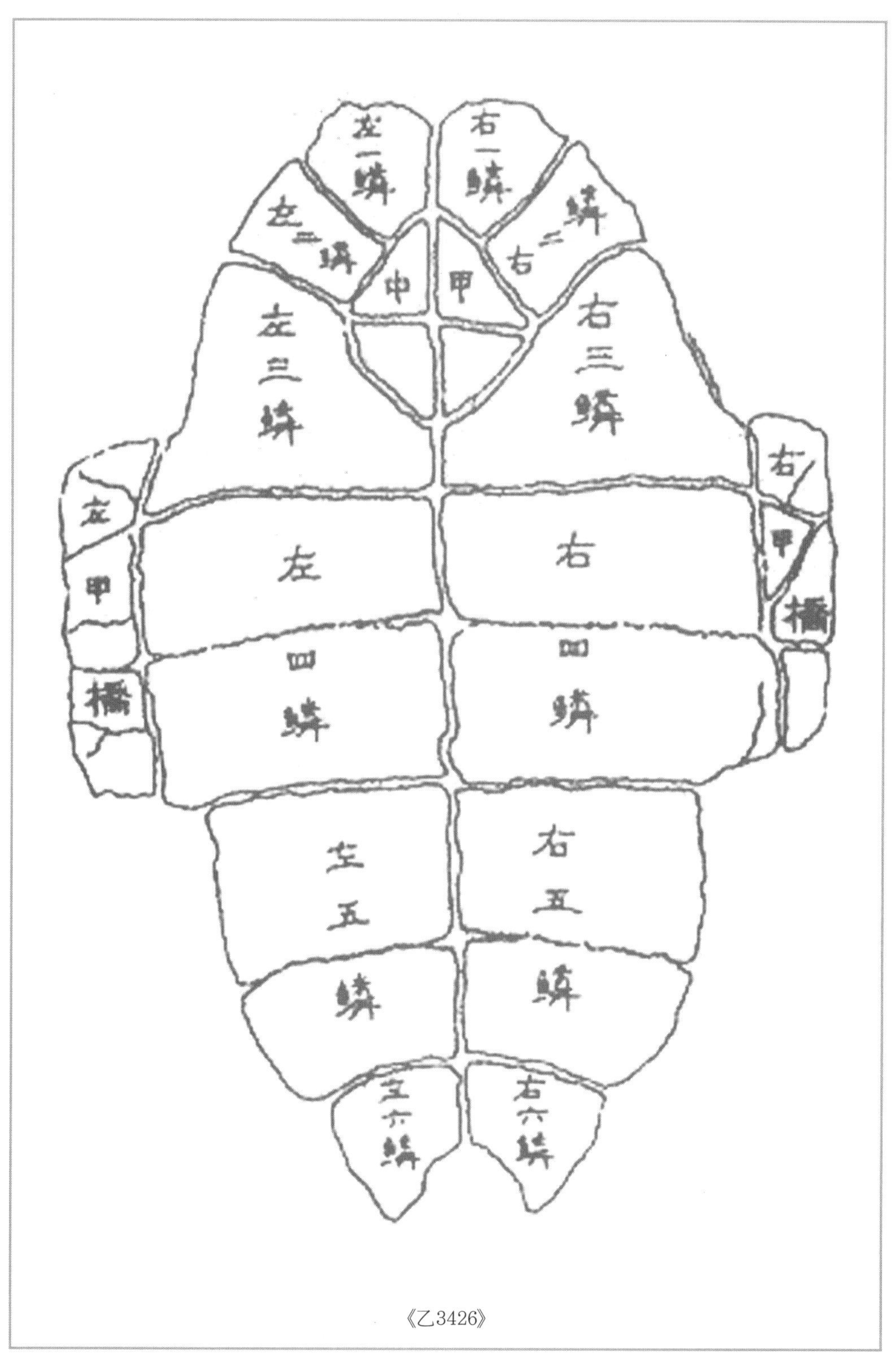

《乙3426》

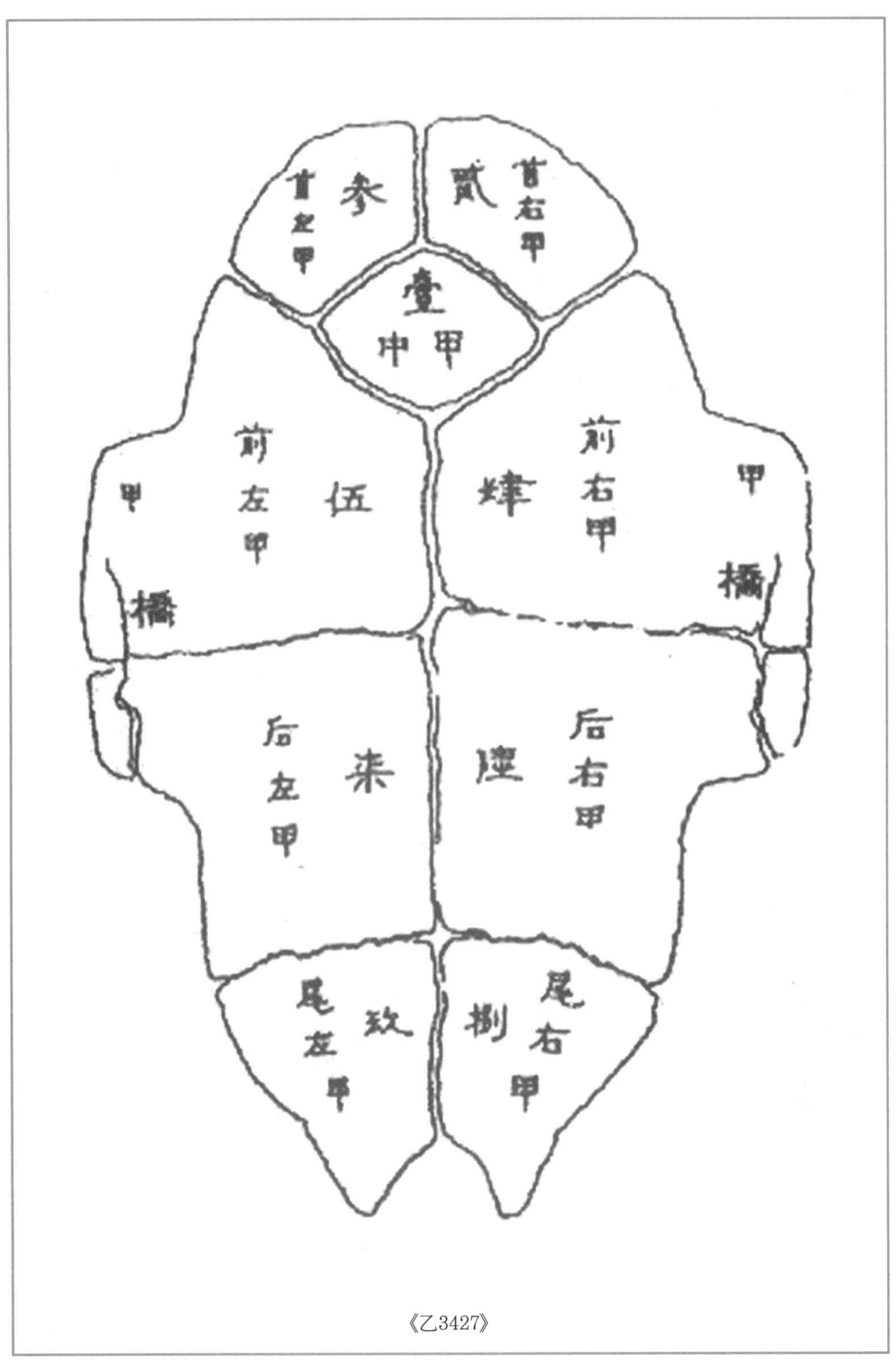

《乙3427》

《乙3426》

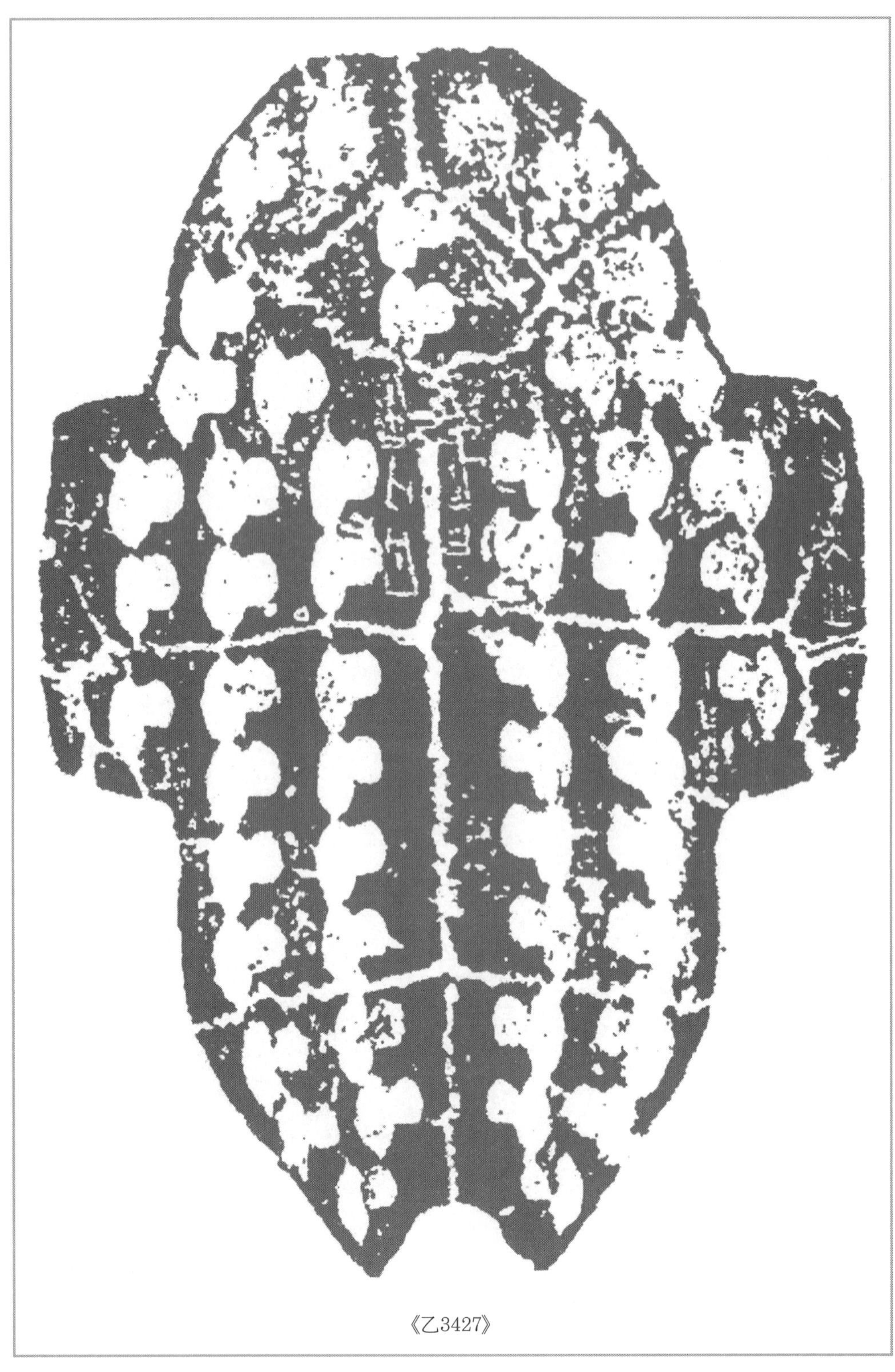

《乙3427》

이와 같이 완전한 복갑(腹甲)의 골판에 근거하여 이미 여러 조각으로 쪼개진 각 갑골편들의 원래의 부위 위치를 분별해낼 수가 있는데, 지금 복갑(腹甲)의 단편(斷片)들을 선별하여, 이들 골판의 부위가 어디에 해당되는지 도면으로 예시하면 다음과 같다.

(가) 《乙8719》는 '左 · 右首甲'이 '中甲' 골판과 서로 연이어진 예이다.
(나) 《乙7088》은 복갑(腹甲)의 '中甲' 골판이다.
(다) 《乙7919》는 복갑(腹甲)의 '首左甲' 골판이다.
(라) 《乙7473》은 복갑(腹甲)의 '首右甲' 골판으로, '中甲'의 우측과 연결되어 있다.
(마) 《乙7205》는 복갑(腹甲)의 '左甲橋' 골판이며,《乙7826》은 복갑(腹甲)의 '右甲橋' 골판이다.
(바) 《乙8364》는 복갑(腹甲)의 '尾左甲' 골판이고,《乙6530》은 복갑(腹甲)의 '尾右甲' 골판이다.
(사) 《乙8857》은 복갑(腹甲)의 '尾左右甲' 골판이다.

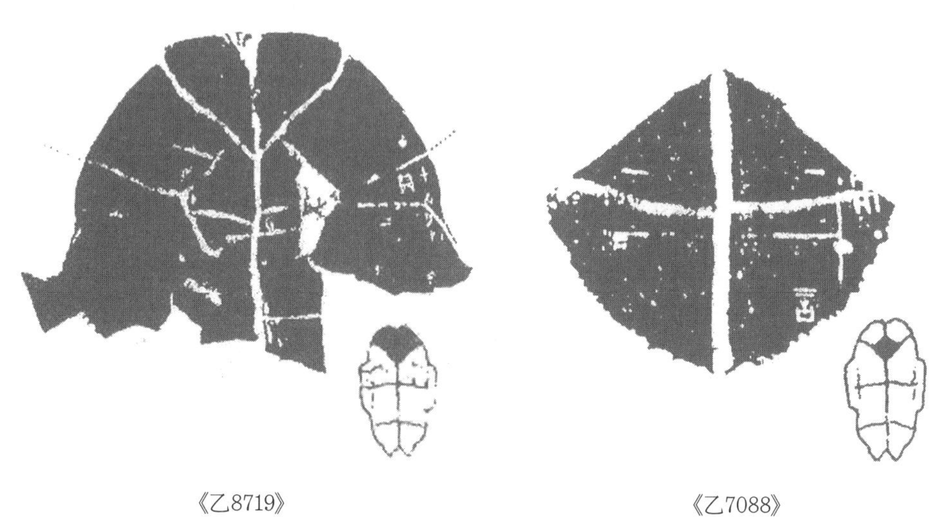

《乙8719》 《乙7088》

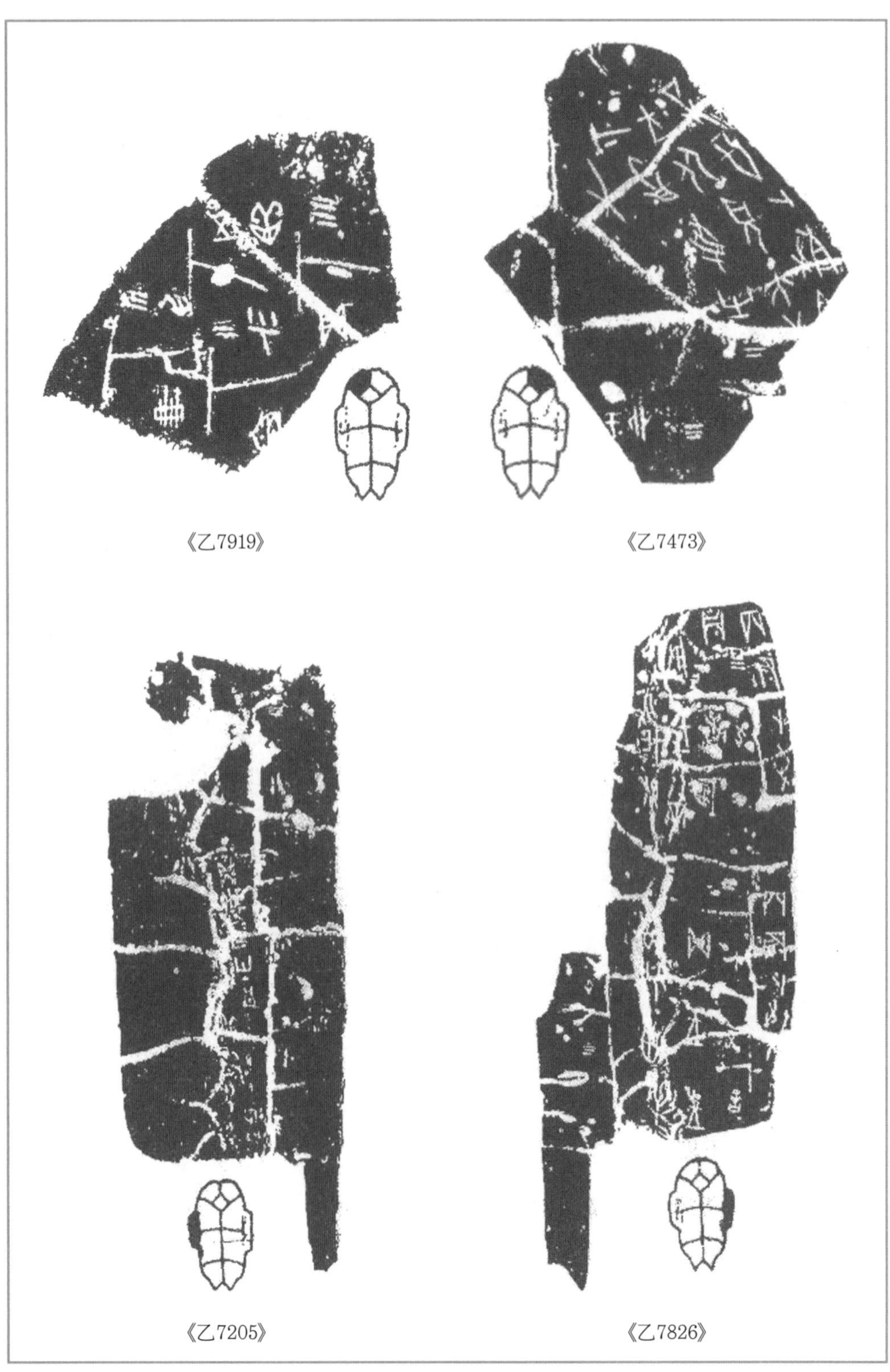

《乙7919》 《乙7473》

《乙7205》 《乙7826》

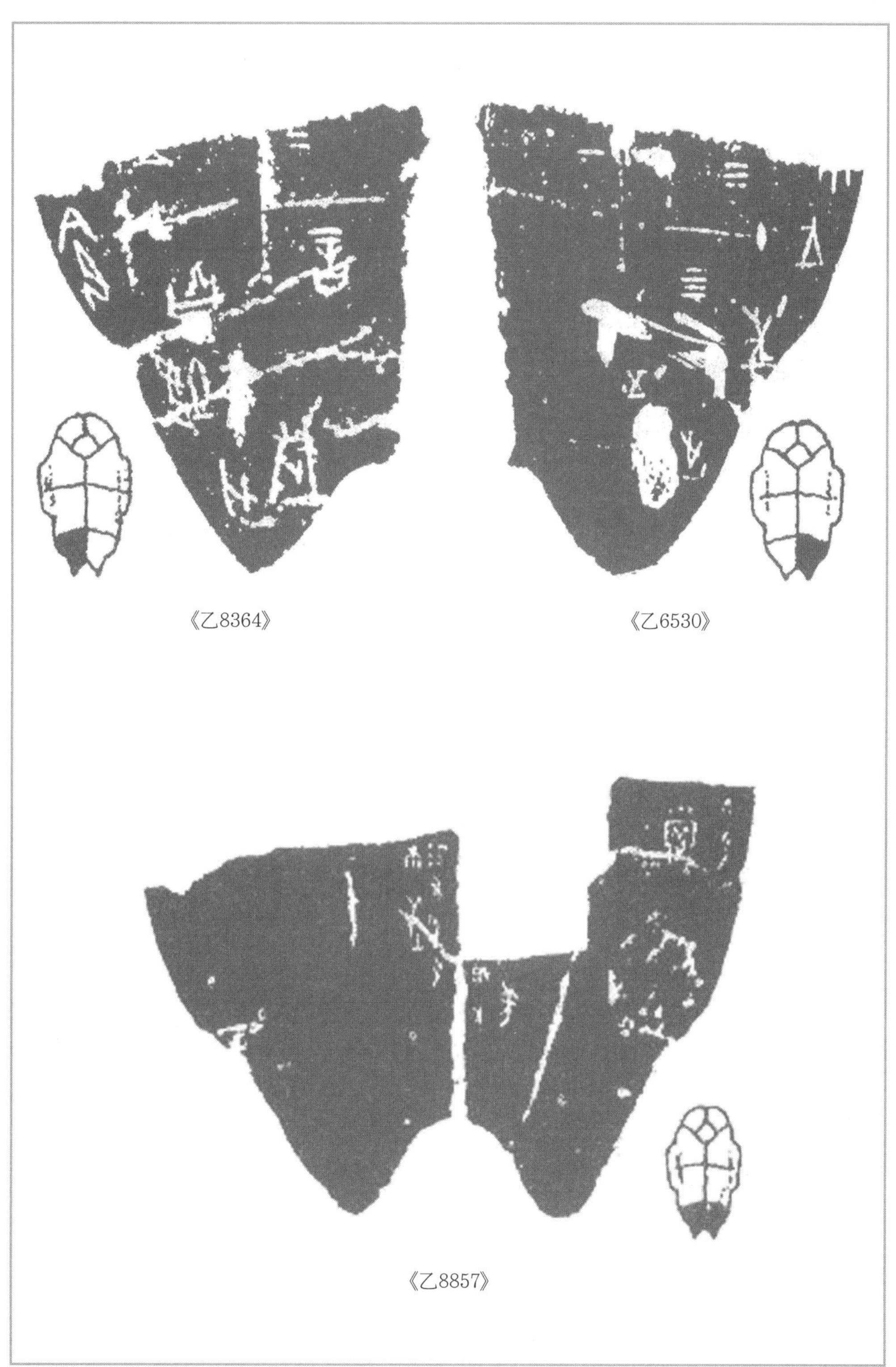

《乙8364》

《乙6530》

《乙8857》

이상의 자료들을 종합하면, 거북의 복갑(腹甲) 앞쪽 좌우 골판과 뒤쪽 좌우 골판의 절단된 부위에 대한 판정은, 서로 인접한 부위의 판별이 쉽지 않기 때문에, 절단된 부위에 대해 구체적으로 분석한 다음, 다시 다른 여러 정황을 종합적으로 검토하여 해당 부위가 어디인지를 판정해야 함을 알 수 있다.

2. 기타 동물의 골판 구조

갑골 각사(刻辭)에 사용된 거북 이외의 다른 동물의 골판은 가축의 뼈와 야생 동물의 뼈로 나눌 수 있다. 가축의 뼈로 만든 골판은 소나 양 등이 대부분이고, 그 다음이 돼지·개·고양이 등이다. 야생 동물의 뼈로는 호랑이·물소·사슴 등이 사용되었으며, 그밖에 인두골(人頭骨)도 사용되었다. 이들 동물의 뼈 가운데 가장 많이 쓰인 부위는 견갑골이고, 그 다음이 '腿骨' 즉 다리뼈와 '肋骨' 즉 갈비뼈이다. 嚴一萍의 분석에 의하면,[1] 견갑골의 구조는 '骨臼'·'莖塊'·'柱脊'·'後邊緣'·'前角'·'後角'과 '軟骨' 등으로 나뉘는데, '後邊緣'에서부터 '前角'과 '後角' 부분까지가 '骨扇'이고; 점복에 사용되는 견갑골은, 해당 뼈의 '柱脊' 즉 등심대를 제거하고, '骨臼' 부분을 깨끗이 정리한 후에 보관해 두었다가 사용한다고 하며; '骨扇' 부분은 판면(版面)이 평평하고 면적이 넓어, 홈을 파고 깎아서 작골(灼骨) 뒤의 복조(卜兆)를 통한 점복의 내용과 결과를 각사(刻辭)하는데 편리하기 때문에, 이 부분의 골판을 사용한 것이 가장 많다고 한다.

그리고 가축이나 야수(野獸)의 퇴골(腿骨)이나 늑골(肋骨)은 탁본한 모양이 모두 꼭 같이 길쭉하기만 하여 어떤 동물의 어느 부위의 뼈인지를 분별하기가 매우 어려운 것이 사실이다. 어떤 가축이나 야수의 뼈이든, 이들로 만든 점복용의 골판은 먼저 뼈를 깨끗하게 손질한 다음에 양끝의 요철(凹凸)부분을 제거하고 중간 부분만 남겨서, 홈을 파고 구멍을 뚫는 찬착 과정을 거친 것이다. 이렇게 만들어진 골판은 대부분이 점복에 사용되었으며, 일부분은 기사(記事) 각사용(刻辭用)으로 쓰이기도 하였다. 殷墟에서 발견된 글자가 각된 갑골편 가운데 가축이나 야수의 뼈로 만든 골판의 수는 그렇게 많지 않다. 그 가운데 예를 들면, 《佚400》과 《甲2255》·《甲2256》(《甲2255反》) 등이 있는데, 이 중의 《甲2256》의 골판에는 가장자리 부분에 아주 명확한 찬착의 흔적이 남아 있다.

---

1) 嚴一萍 前揭書《甲骨學》 p.56.

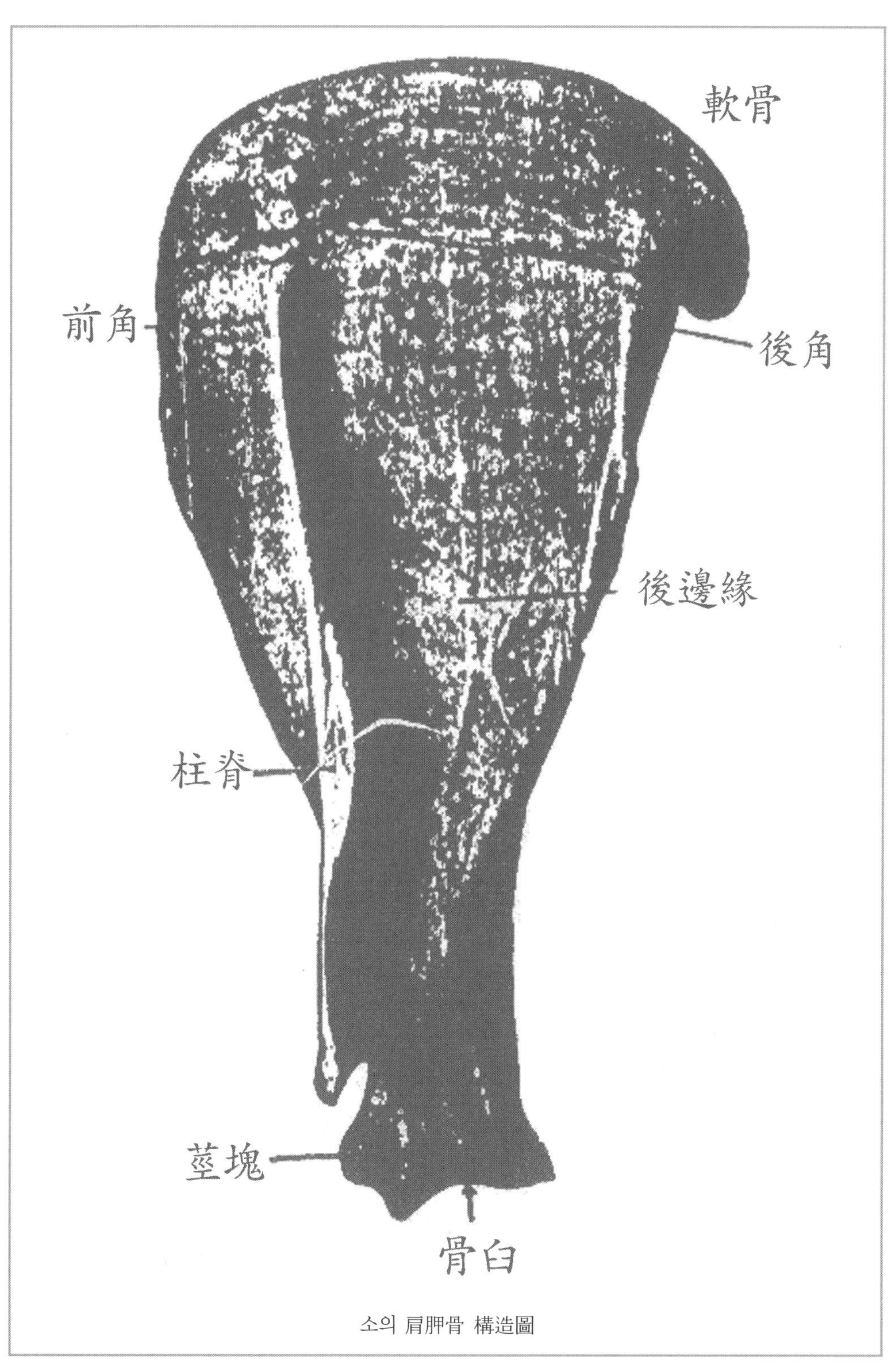

소의 肩胛骨 構造圖

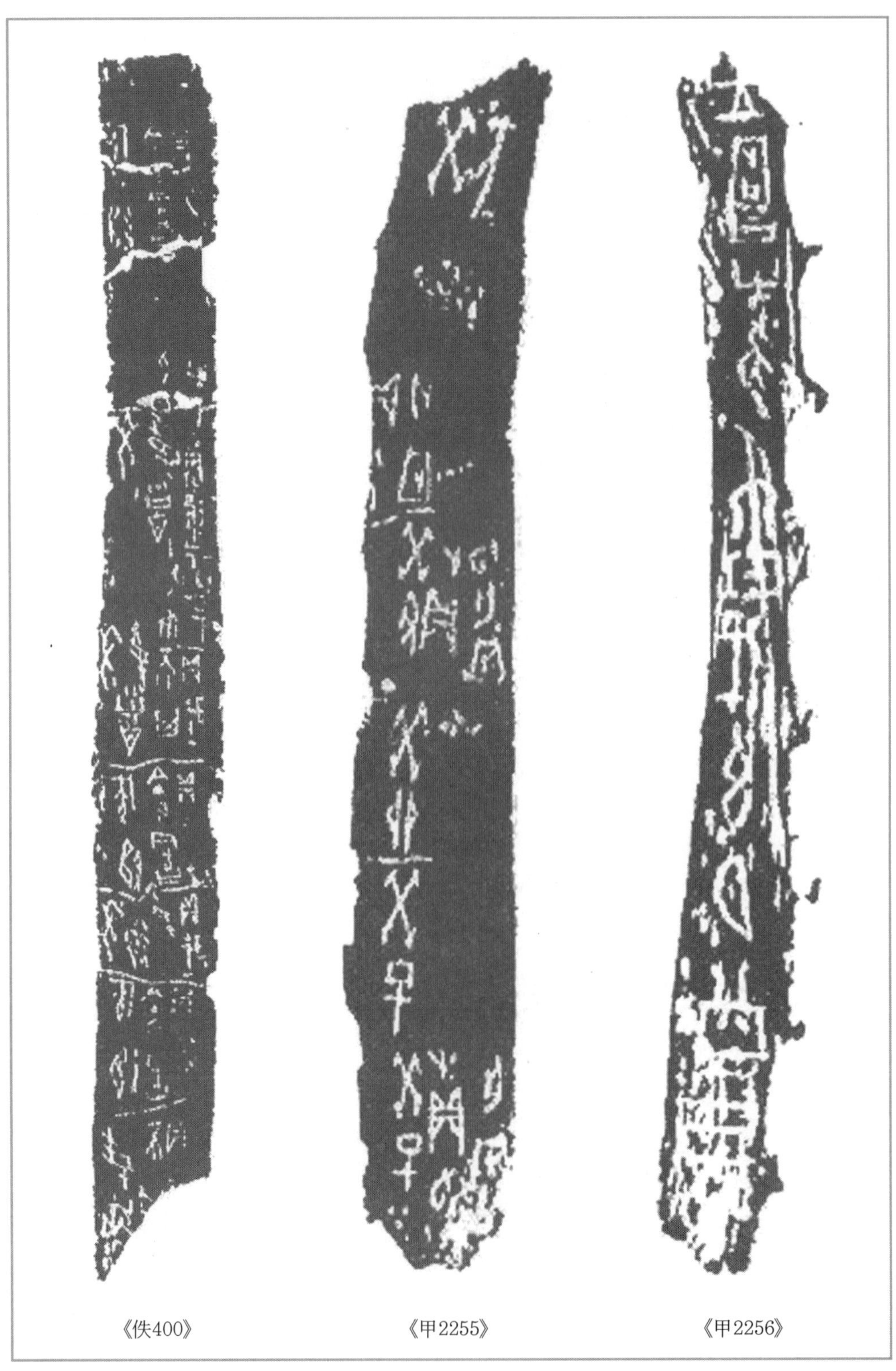

《佚400》 《甲2255》 《甲2256》

丙. 갑골판(甲骨版)의 분류

商代에 사용된 갑골 골판의 종류는 상당히 많은데, 각사(刻辭)를 할 수만 있다면 무슨 동물이든 모두 다 사용하였다고 할 수 있다. 이에 대해 王宇信과 楊升南은,

> 概言之, 殷墟出土的卜骨, 鹿 · 猪 · 羊 · 牛 · 象各種動物的胛骨都有, 而沒有馬卜骨發現, 其數量最多的則爲牛肩胛卜骨.[1] : 개괄적으로 말하면, 殷墟에서 출토된 복골은 사슴 · 돼지 · 양 · 소 · 코끼리 등 각종 동물의 견갑골이 다 있으나, 말의 복골은 발견된 것이 없으며, 그 수량이 가장 많은 것은 소의 견갑골이다.

라고 하여, 말의 견갑골을 점복의 재료로 사용한 예는 아직까지 발견되지 않았다고 하였다. 지금까지 小屯村 殷墟에서 발견된 복골 가운데 가장 많은 것은 거북의 복갑(腹甲)과 다른 동물의 견갑골이었다. 이에 대해 陳夢家는,

> 李濟總結小屯的前六次發掘說: "占卜以甲骨, 遺留下來的以無文字記載者爲多, 有文字者不過十分之一. 甲以腹甲爲多, 背甲參用; 骨以牛肩胛骨爲最多, 羊 · 鹿肩胛骨參用."[2] : 李濟는 小屯에 대한 전기(前期) 6차례의 발굴 작업을 총결하며, "점복에 사용된 갑골은 전해져 오는 것들은 문자가 기록되지 않은 것이 대부분이고, 문자가 있는 것은 10분의 1에 불과하다. 귀갑은 복갑(腹甲)이 대부분이고, 배갑은 간혹 섞여 사용되었으며; 동물의 뼈는 소의 견갑골이 가장 많고, 양이나 사슴의 견갑골은 간혹 섞여서 사용되었다"라고 하였다.

라고 하고 있다. 탁본한 골편을 살펴보면, 거북의 복갑(腹甲)과 배갑은 쉽게 판별이 된다. 그리고 동물의 견갑골은 그 형체만으로도 거북의 복갑(腹甲)과 분명하게 구분이 되고, 그 크기도 차이가 나서 구별이 가능하지만, 그것이 어떤 동물의 견갑골인지를 추정하기는 쉽지 않다. 小屯 南地에서 출토된 갑골은 견갑골의 숫자가 적지 않은데다가, 거대한 것은 정말 대단히 크기 때문에, 소와 같은 부류의 동물의 뼈일 것이라는데 의문의 여지가 없다. 고생물 전문가인 楊鐘健은 安陽에서 출토된 商代 수골(獸骨)에 대해 감정(鑑定)하고서,

> (1)用作占卜的肩胛骨, 各種動物都有: 如鹿(不同的鹿) · 馬 · 豬 · 羊 · 牛等. 不過肩胛骨一作占卜之用或刻上文字以後, 出土時往往殘缺, 不容易辨別它是屬於那一種動物的肩胛骨. 因之, 只能個別的判定.

---

1) 王宇信 · 楊升南 前揭書 p.235.

2) 陳夢家 前揭書《殷虛卜辭綜述》p.4.

(2)肋骨的使用除牛以外也用其它動物的, 如鹿等. 肋骨一經截斷成小節之後, 很難鑒定出它的屬別. 牛肋骨更不容易分別出是屬於那一種牛的.[1] : (1) 占卜에 사용된 견갑골은 각종 동물의 것이 다 있는데, 예를 들면, 사슴(여러 가지 다른 종류의 사슴들) · 말 · 돼지 · 양 · 소 등이다. 그렇지만 견갑골은 일단 점복용으로 제작되거나 문자를 새기고 난 이후에, 출토될 때는 종종 잔결된 상태여서 어떤 동물의 견갑골인지 판별하기가 쉽지 않다. 이 때문에 그저 개별적으로 나눠서 판정할 수밖에 없다. (2) 늑골(肋骨)의 경우는 소 이외에 사슴 등과 같은 다른 동물들의 것도 사용하였다. 늑골은 일단 작은 마디로 절단된 뒤에는 그것이 어느 동물에 속하는 것인지를 감정해 내기가 매우 어렵다. 더구나 소의 늑골은 그것이 어느 종류의 소에 속하는지 판별해내기가 더욱 어렵다.

라고 하였다. 이에 근거하면, 商代 갑골 각사에 사용된 골판 재료는 귀갑과 가축의 뼈와 야수의 뼈 그리고 기타 동물의 뼈 등 4종류로 간단히 나눌 수 있다. 이들 4종류의 갑골을 도면과 함께 간략하게 소개하면 다음과 같다.

1. 귀갑(龜甲)

귀갑 골판에 대해서는 앞에서 간략하게나마 이미 서술하였으므로, 여기에서는 중복을 피하기 위하여 생략하기로 한다. 다만 앞에서 제시한 탁본에는 점복을 위한 찬착의 흔적이 보이지 않은 점을 보완하기 위해 거북 복갑(腹甲)의 정면과 반면의 모습이 완전한 《乙3426》과 《乙3427》의 탁본을 예로 제시하는 것으로 대신하고자 한다.

1) 上揭書 p.5에서 再引用.

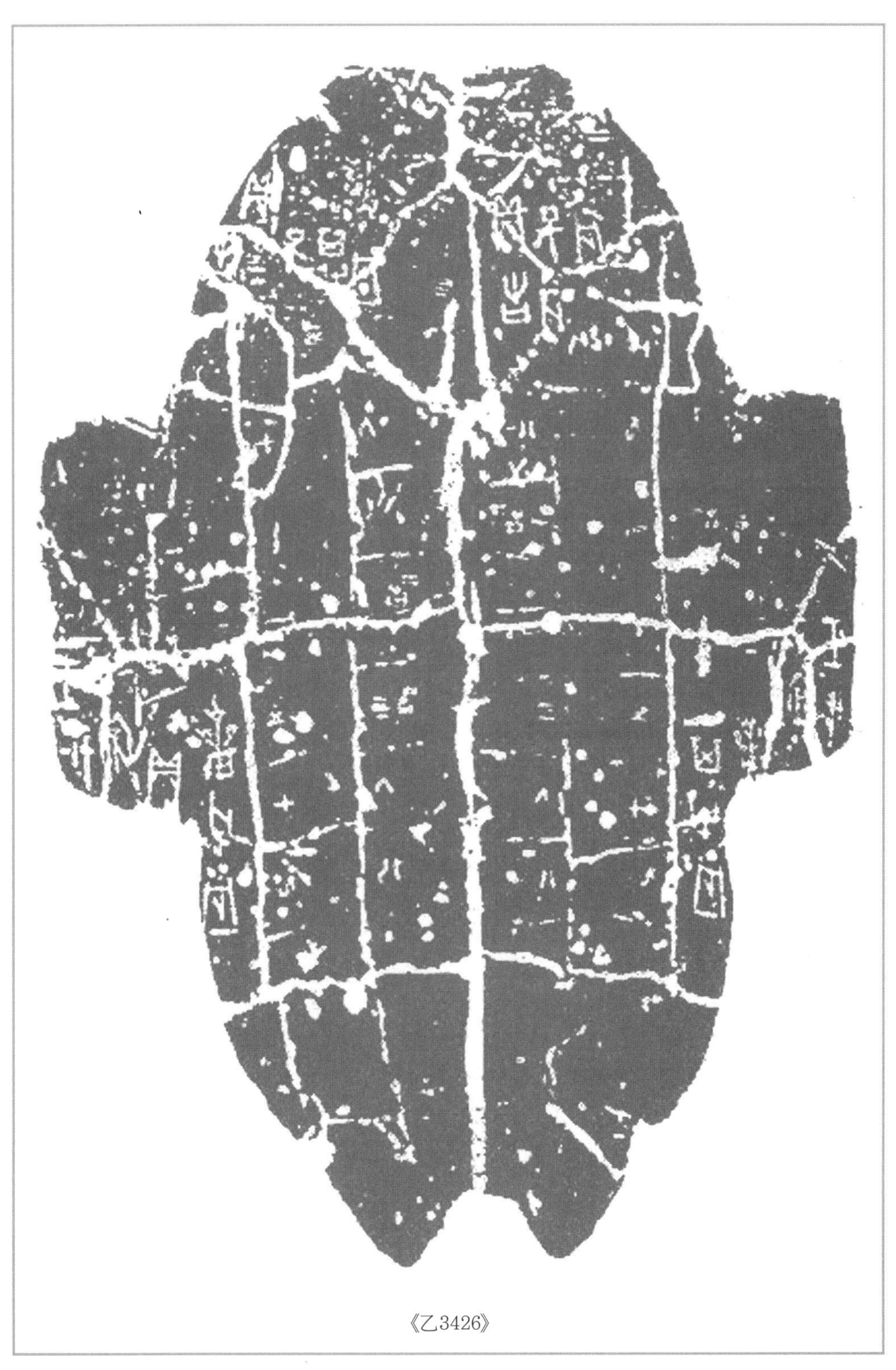

《乙3426》

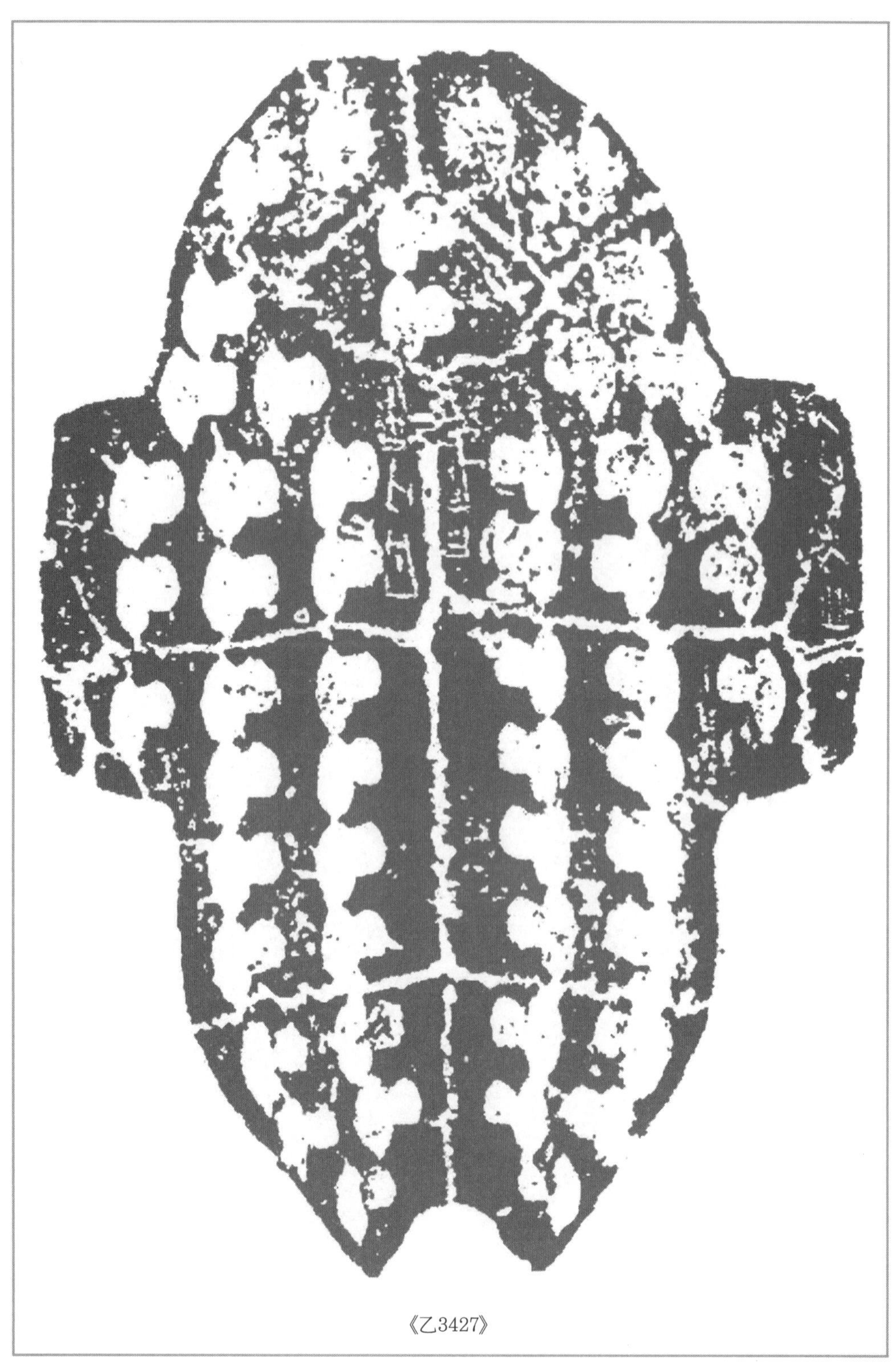

《乙3427》

2. 가축의 뼈

지금까지 발견된 가축의 뼈로 만든 점복용의 골판 가운데 현재 탁본을 통해 명확하게 알수 있는 것 중에 대부분을 차지하고 있는 것은 소[牛]이다. 현재까지 발견된 소의 뼈로 만든 골판으로는 절대적으로 많은 수를 차지하고 있는 것이 견갑골이며, 그 다음이 갈비뼈 즉 늑골(肋骨)이고, 심지어는 소의 머리뼈 즉 우두골도 있다. 위에 예시한《甲3939》는 드물게 보이는 우두골이며;《殷虛卜辭綜述》에 수록된 第4圖版 두 개가 소의 견갑골인데, 이는 河南省 鄭州 二里崗에서 출토된 것이며, 第15圖版(《善4551》으로 전재(轉載)됨)은 소의 늑골이고, 第16圖版은 우골(牛骨) 각사(刻辭)이다.

《甲3939》

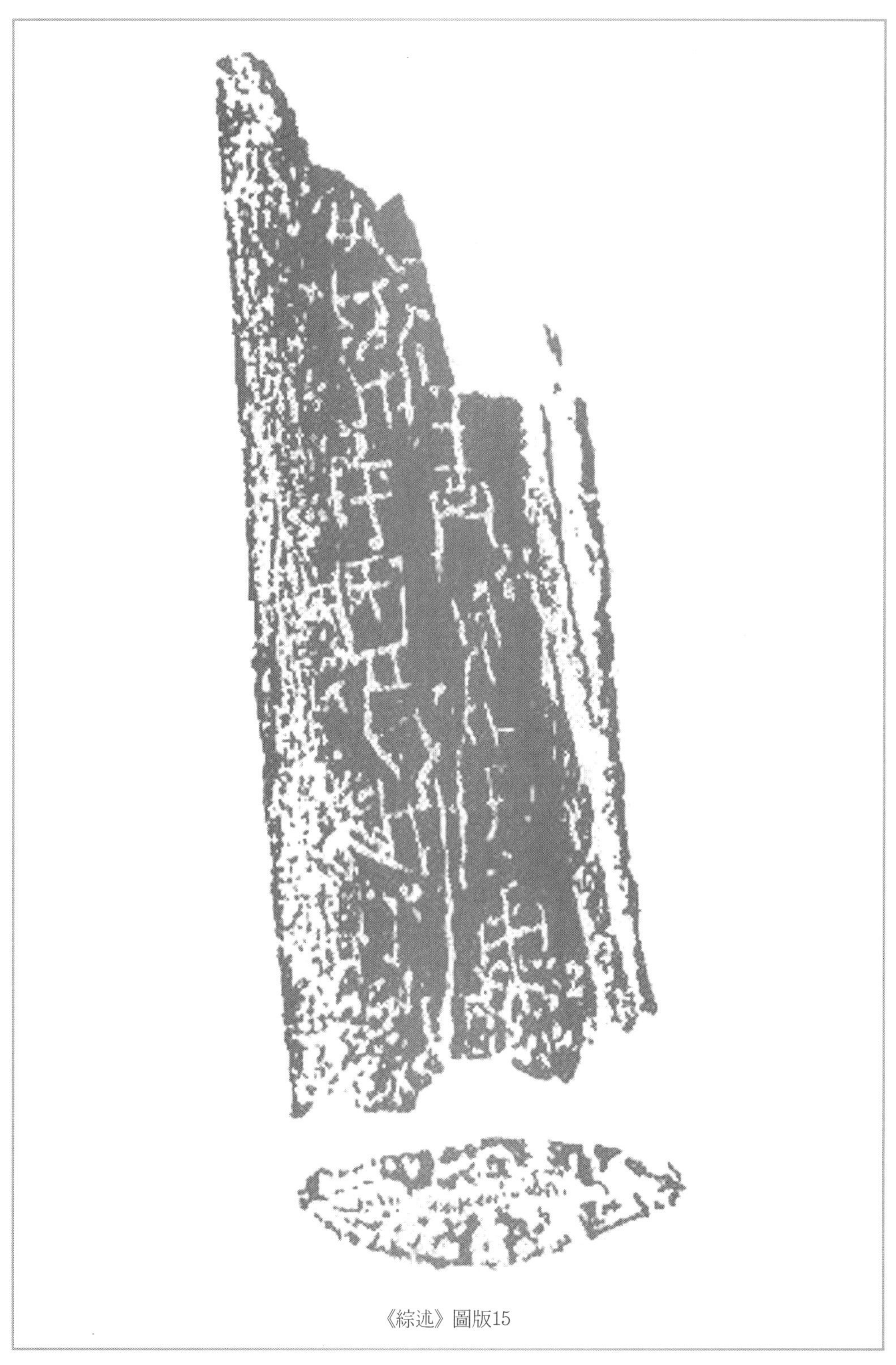

《綜述》圖版15

《綜述》圖版16

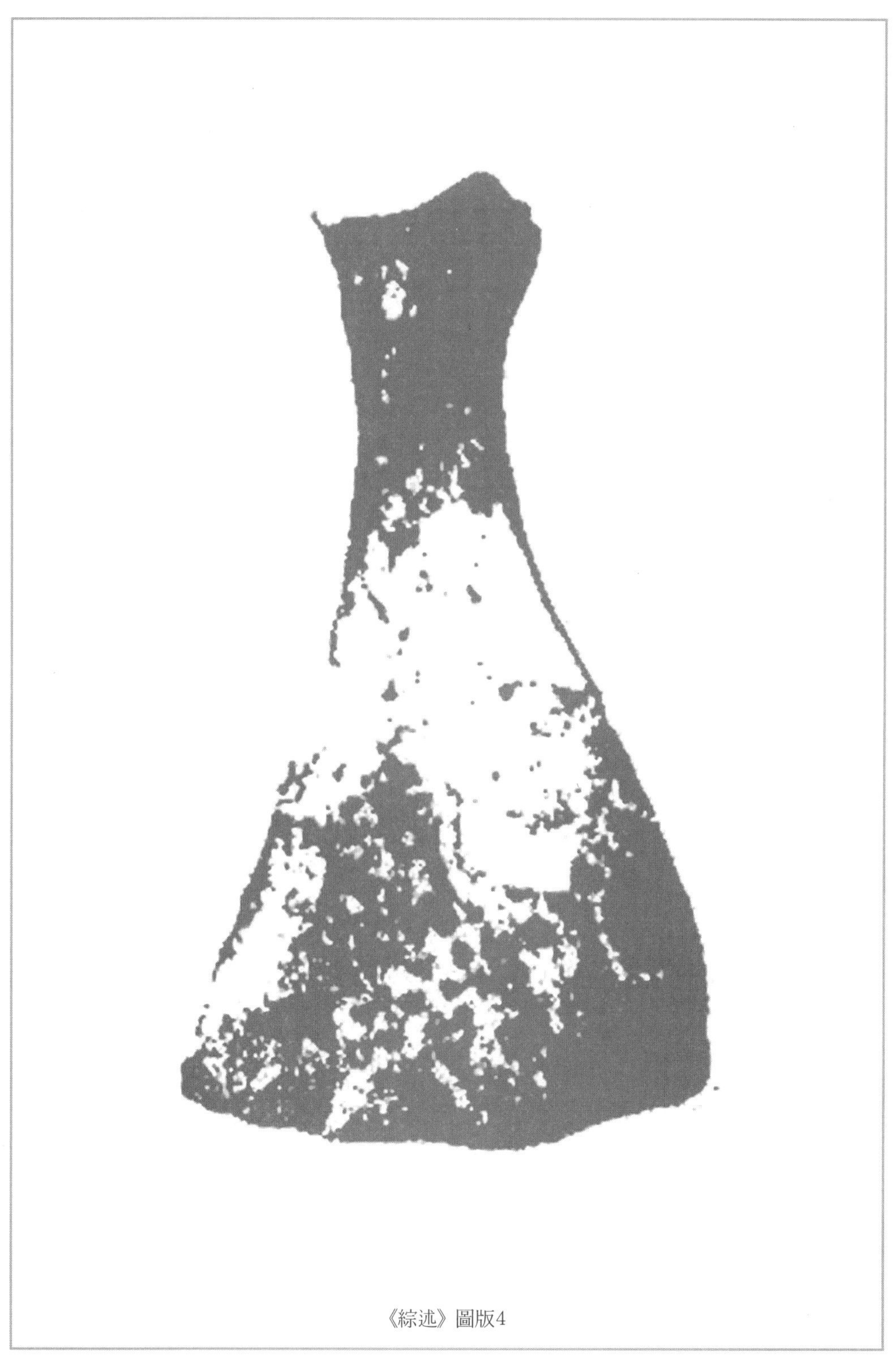

《綜述》圖版4

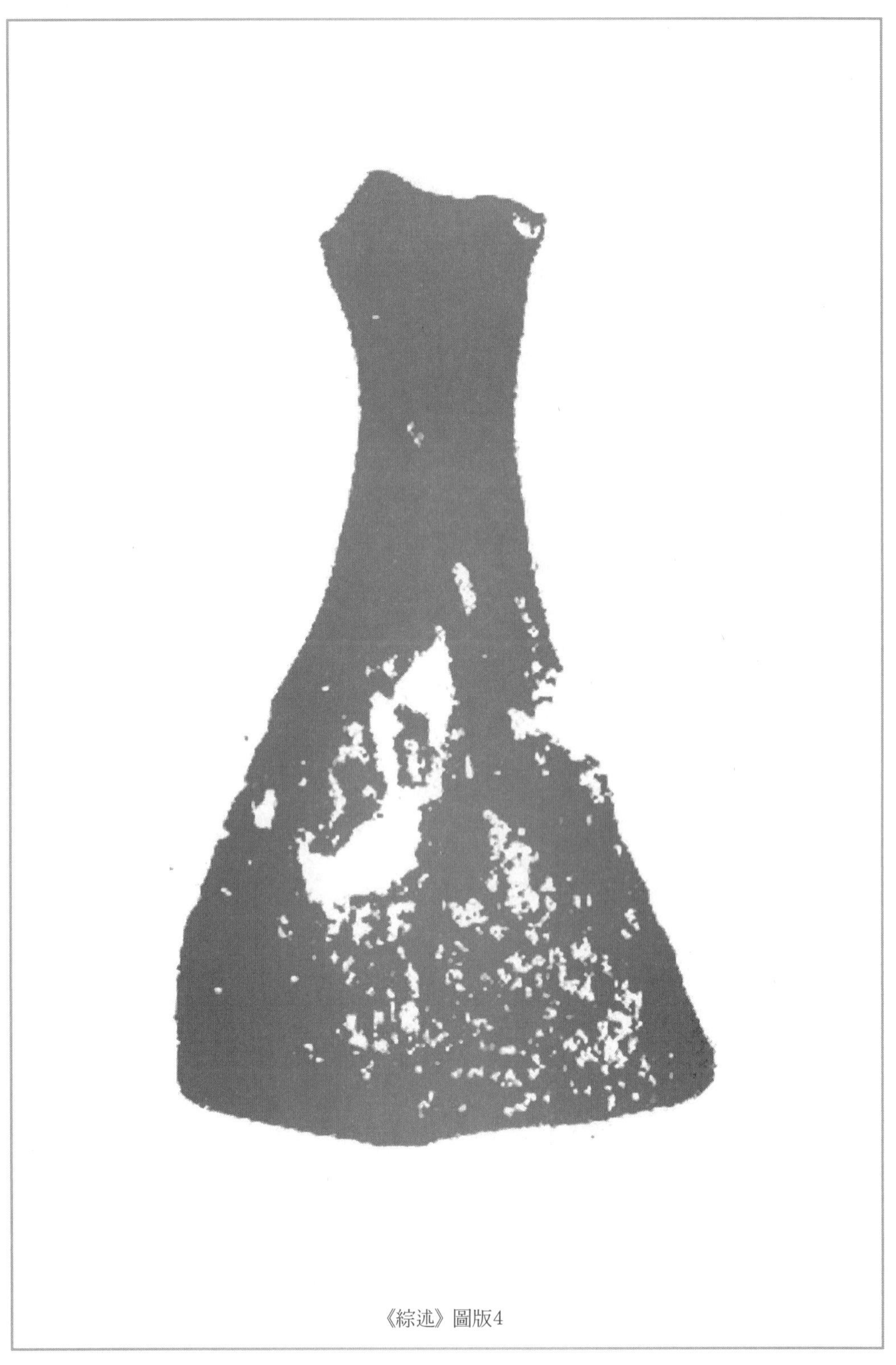

《綜述》圖版4

3. 야수(野獸)의 뼈

현재까지 탁편(拓片)을 통해 알 수 있는 야수의 뼈로는 녹골(鹿骨) 즉 사슴 뼈와 서우골(犀牛骨) 즉 물소 뼈 및 호골(虎骨) 등이 있다. 예시한《甲3940》은 뿔까지 함께 달린 사슴의 머리뼈 즉 녹두골(鹿頭骨)이며;《甲3941》역시 녹두골인데, 이는 사슴의 두개골이고;《甲3942》는 문자가 각된 녹각기 즉 사슴의 뿔로 만든 기물이다.

그리고 위에 例示한《佚427》은 犀牛의 肋骨 즉 물소의 갈비뼈이며;《佚518》은 물소의 갈비뼈 正面과 反面의 탁본이다. 이 가운데《佚427》에 대해 商承祚는, "此正面爲花紋嵌石.[1] : 이것의 正面은 무늬가 象嵌되어 있다."라고 설명하였고, 陳煒湛은, "獸肋骨刻辭, 佚存427片字中嵌松石, 疑此卽兕骨治以爲柶以旌田功非用具也.[2] : 짐승의 肋骨에 刻辭되어 있는《佚427》에는 글자 가운데 松石으로 象嵌한 것이 있는데, 이는 用具가 아니라 田獵의 功을 기리기 위해 兕骨(곧 犀牛骨) 즉 물소의 뼈를 다듬어서 만든 '柶' 즉 숟가락이 아닌가 생각된다."라고 하였다.

---

1) 商承祚《殷契佚存考釋》(金陵大学中国文化研究所 影印本 1933. 南京) p.63.

2) 陳煒湛 前揭書《甲骨文簡論》p.157.

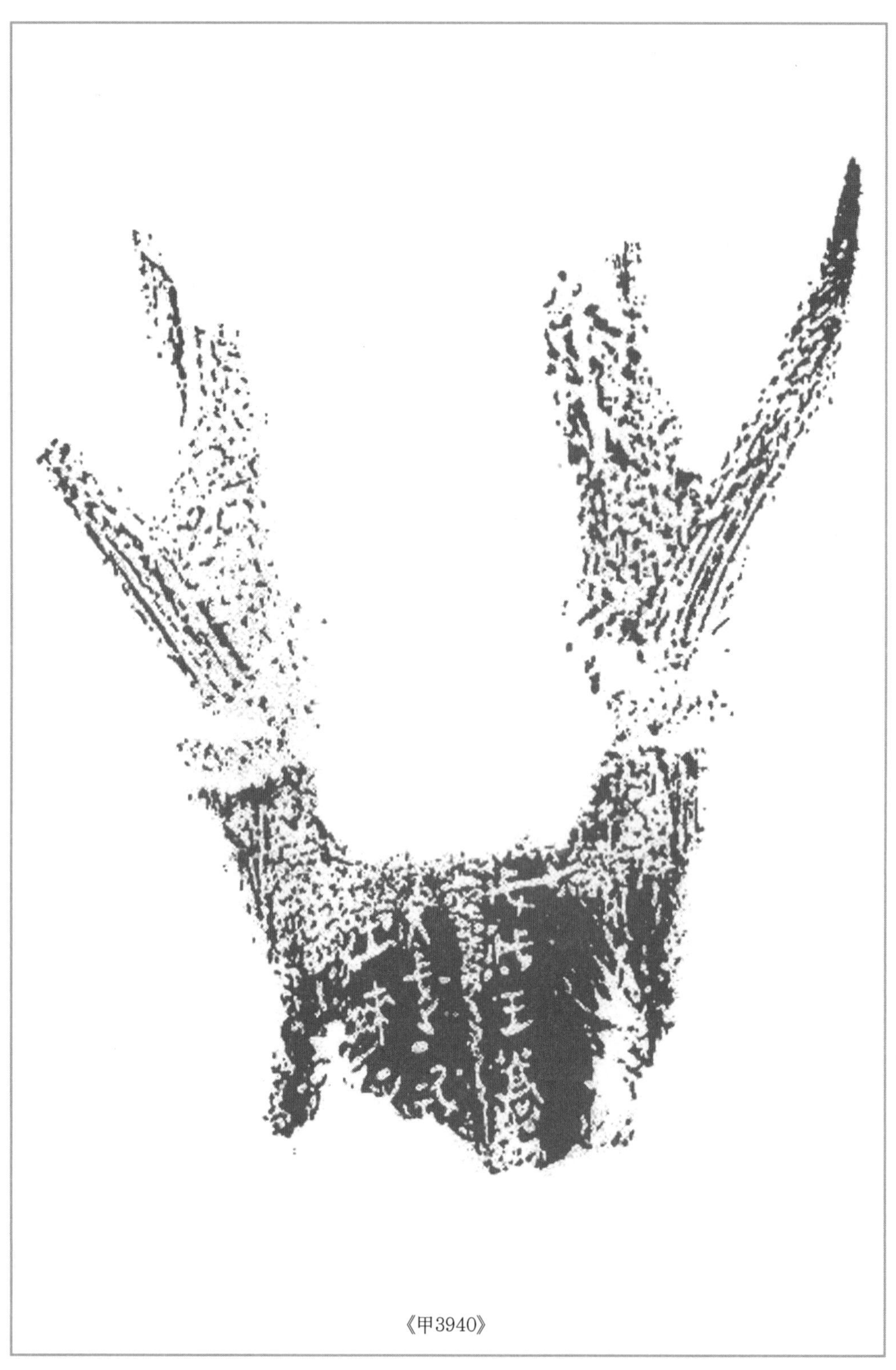

《甲3940》

《甲3941》

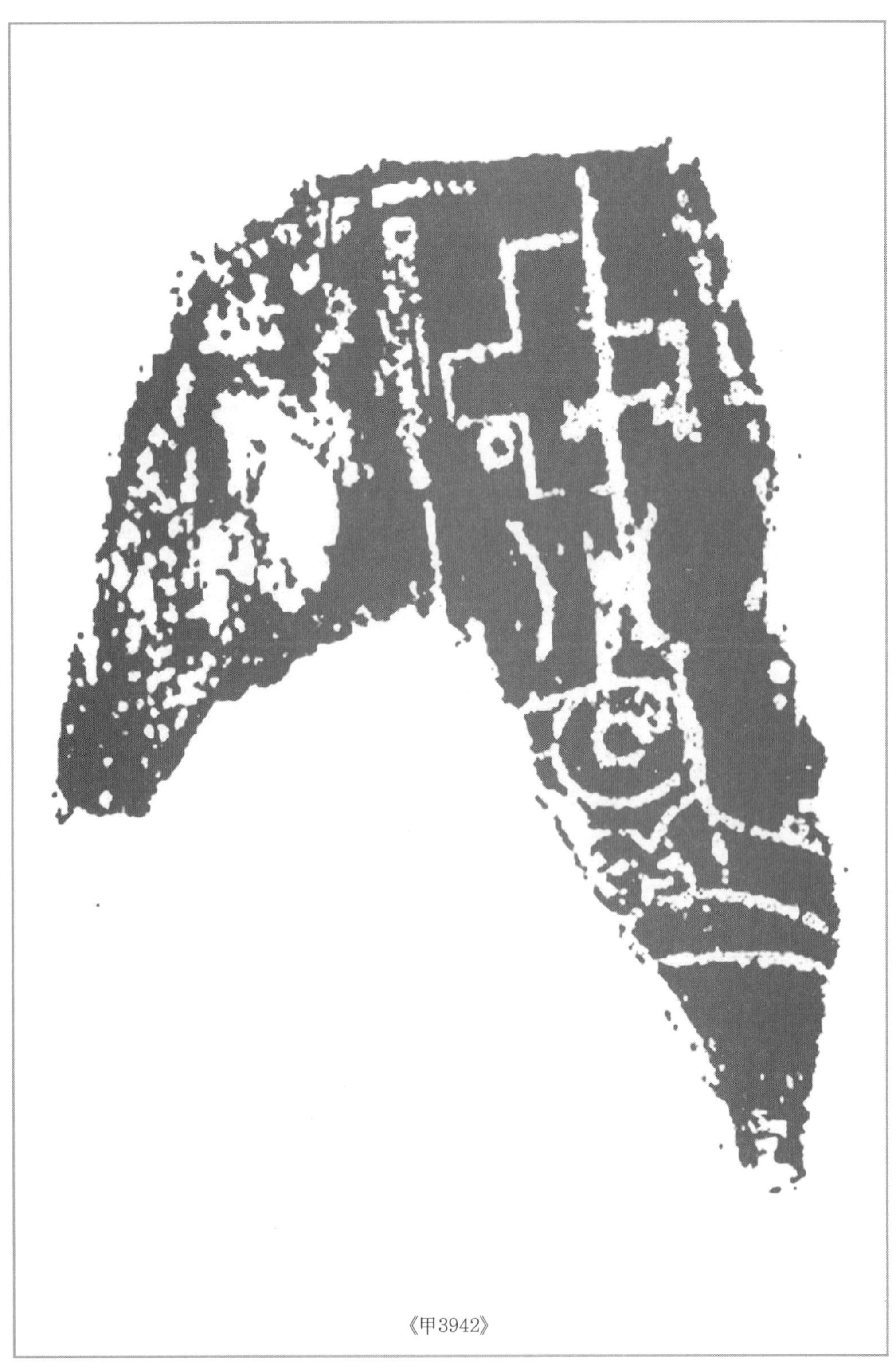

《甲3942》

《佚427》

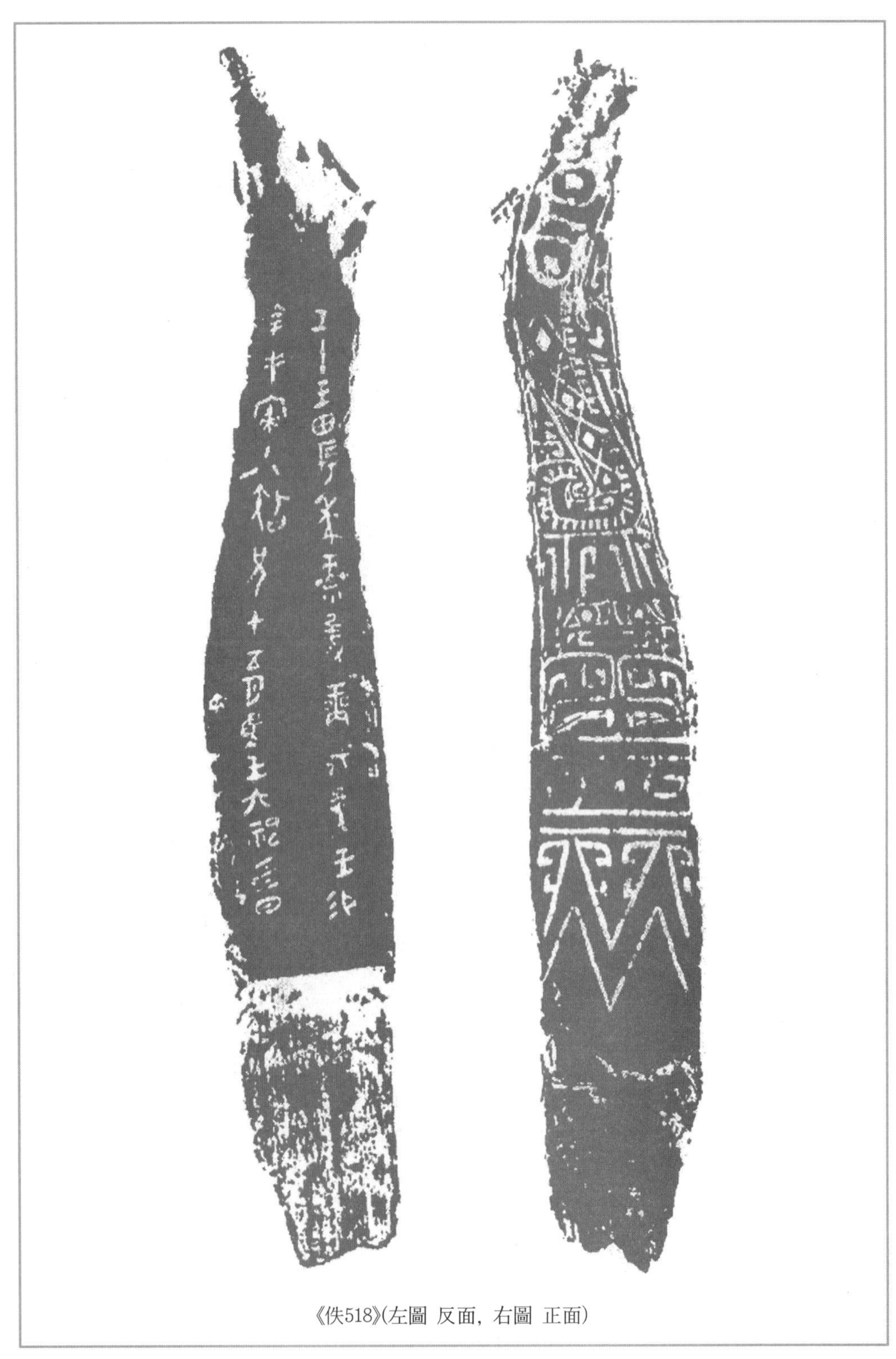

《佚518》(左圖 反面, 右圖 正面)

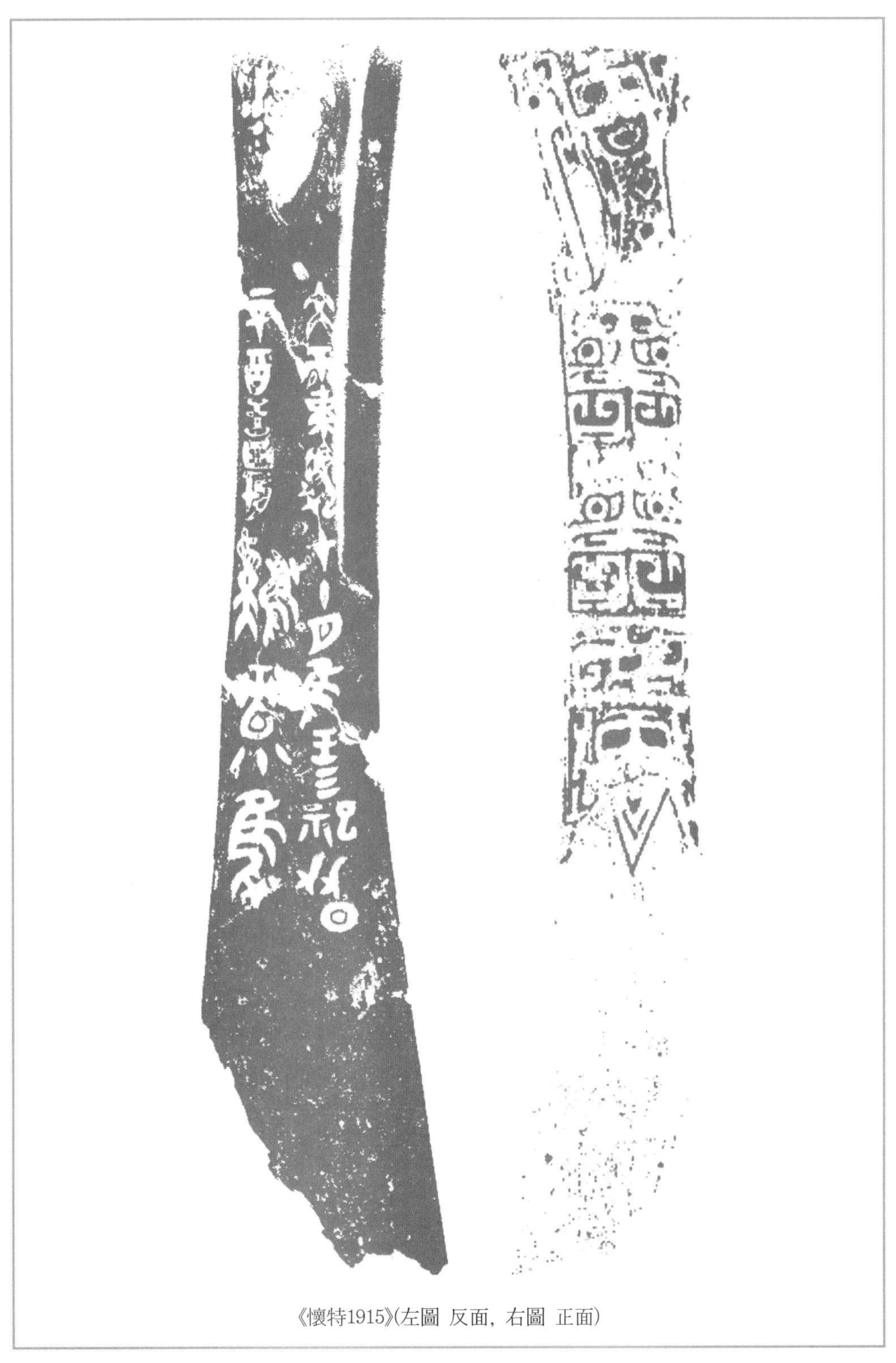
《懷特1915》(左圖 反面, 右圖 正面)

또 앞에 예시한《佚518》은 동일(同一) 골판의 정면과 반면을 각각 따로 탁본한 것인데, 정면은 무늬가 새겨져 있고, 뒷면에는 두 줄의 문자가 새겨져 있다. 商承祚는 이 골편에 대해, "由古生物學家定爲獸肋骨.[1] : 고생물학자에 의해서 짐승의 늑골(肋骨)로 판정되었다."라고 하였다. 그리고 또 陳煒湛은, "此亦兕(犀牛)肋骨.[2] : 이것 역시 '兕' 즉 서우(犀牛)[물소]의 늑골이다."라고 하였다.

그리고 예시한《懷特1915》는 호랑이의 우측 상박골(上膊骨)인데, 이에 대해 許進雄은《懷特氏等收藏甲骨文集 · 序言》에서 "B1915是迄今所見的唯一虎骨刻辭.[3] : B1915片은 지금까지 발견된 유일한 호골(虎骨) 각사이다."라고 하였다. 그리고《懷特1915》 골판과 이에 각된 글의 내용에 대해《懷特氏等收藏甲骨文集 · 釋文》에서 許進雄은, "虎骨"이라고 하고는,

> 此骨經鑑定爲老虎的右上膊骨, 是本館所藏許多雕刻美麗圖案的老虎骨中唯一有刻辭者, 其上鑲有綠松石, 當是帝辛獵獲老虎的珍貴紀念品, 卜辭所載的獵獲物中, 老虎算是難獲的野獸.[4] : 이 뼈는 감정 결과 호랑이의 오른쪽 상박골(上膊骨)로 밝혀졌으며, 본 박물관에 소장된 수많은 아름다운 도안을 조각한 호랑이 뼈들 가운데 유일하게 각사된 것으로, 윗부분이 녹송석(綠松石)으로 상감(象嵌)되어 있어, 帝辛이 사냥에서 획득한 호랑이로 진귀한 기념품임이 틀림없는데, 복사에 記載된 사냥에서의 노획물 가운데 호랑이는 얻기 어려운 야수로 간주되기 때문이다.

라고 하였다. 그리고 陳煒湛은 이에 대해,

> 虎骨刻辭,《懷特1915》, 此骨經鑒定爲虎之右上膊骨, 其上鑲有綠松石, 現藏加拿大皇家安大略博物館.[5] : 호랑이 뼈의 각사로,《懷特1915》편인데, 이 뼈는 호랑이의 우측 상박골로 감정되었고, 뼈에는 녹송석으로 상감되어 있으며, 현재 캐나다의 왕립 Ontario박물관에 소장되어 있다.

라고 소개하였다.

---

1) 商承祚 前揭署《殷契佚存考釋》p.71.

2) 陳煒湛 前揭書《甲骨文簡論》p.95.

3) Hsü Chin-hsiung(許進雄) Oracle Bones from the White and Other Collections(《懷特氏等收藏甲骨文集》)〈序言〉(1979, The Royal Ontario Museum, Toronto) p.11.

4) 許進雄 上揭書〈釋文〉 p.108.

5) 陳煒湛 前揭書《甲骨文簡論》p.159.

4. 기타 골류(骨類)

위에서 언급한 거북이나 가축 또는 일반 짐승을 제외한 기타 다른 골류로는 사람의 머리뼈 즉 인두골(人頭骨)이 있다. 현재까지 발견된 商代의 문자가 각된 인두골은 탁본으로 공개된 골판의 수가 매우 적은데, 지금 쉽게 찾아 볼 수 있는 것은 다음에 예시한 6편이다.

첫 번째는《懷特1914》인데, 이에 대해 許進雄은《懷特氏等收藏甲骨文集 · 序言》에서 "B1914是罕見的人頭骨刻辭.[1] : B1914편은 드물게 보이는 인두골 각사이다."라고 하였고, 그는 또 이들 골판과 이에 각된 글의 내용에 대해서는, "人頭蓋骨" 즉 사람의 두개골이라고 하고는 "此骨大概是取自敵酋以祭祀大甲者.[2] : 이 뼈는 아마 적의 두목의 머리를 취(取)하여 大甲에게 제사를 올린 것인 것 같다."라고 설명하였다.

두 번째와 세 번째는《殷虛卜辭綜述》의 圖版13에 수록된 위쪽에 있는 두 개의 인두골로, 왼쪽의 두 도면은 이 인두골의 사진이고, 오른쪽의 두 도면은 여기에 각된 문자의 탁본이다. 네 번째는 善齋 劉體智가 소장한 것을 전재(轉載)한《殷虛卜辭綜述》의 圖版14로, 위쪽 도면은 인두골 사진이고, 아래쪽 도면은 이 인두골에 각된 문자의 탁본이다. 그리고 다섯 번째와 여섯 번째는《京津5282》와 嚴一萍의《甲骨學》p.76의 圖30으로, 모두 인두골 각사의 탁본이다.

---

1) Hsü Chin-hsiung(許進雄) 前揭書《懷特氏等收藏甲骨文集》〈序言〉 p.11.

2) 許進雄 上揭書〈釋文〉 p.108.

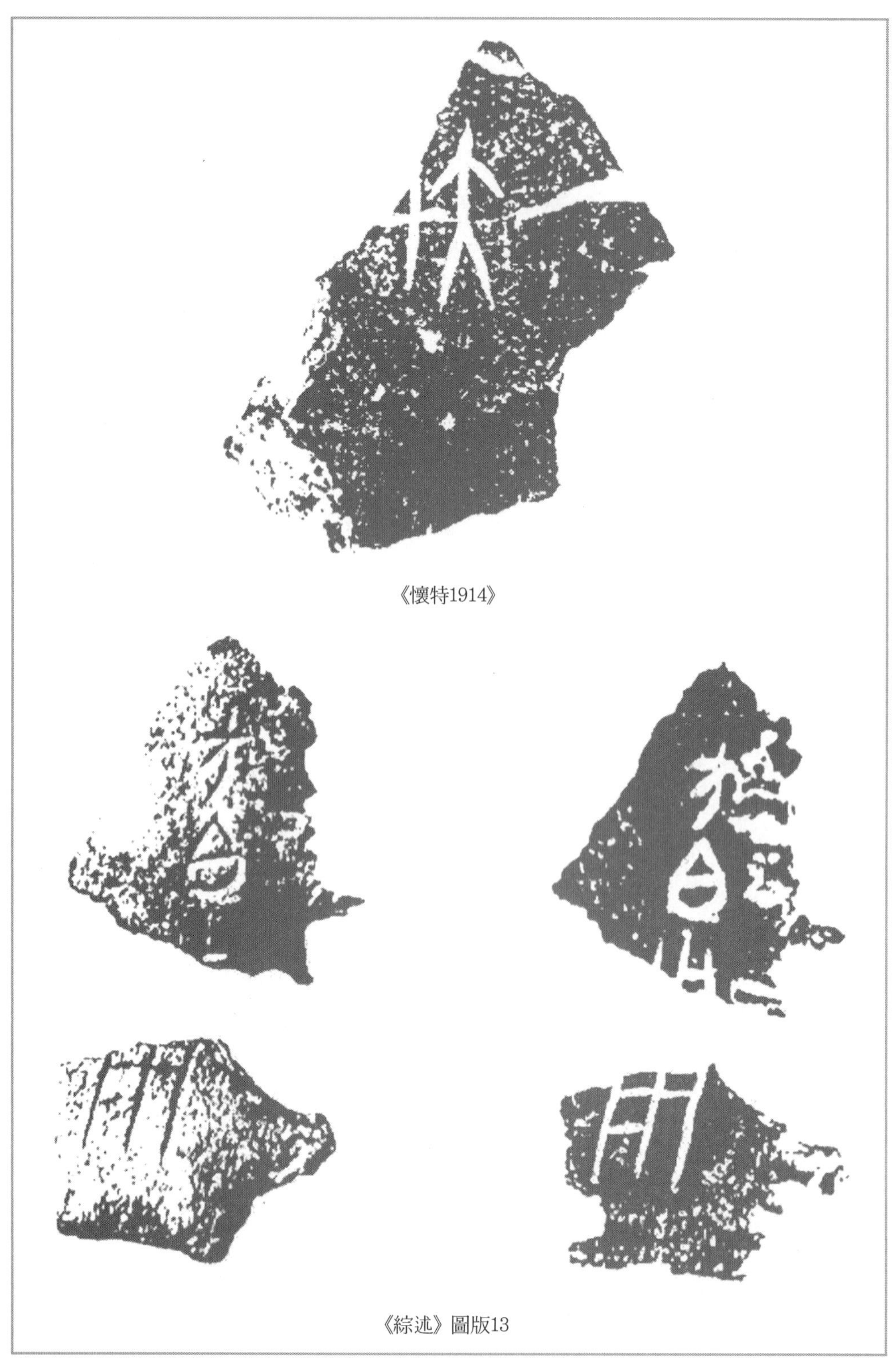

《懷特1914》

《綜述》圖版13

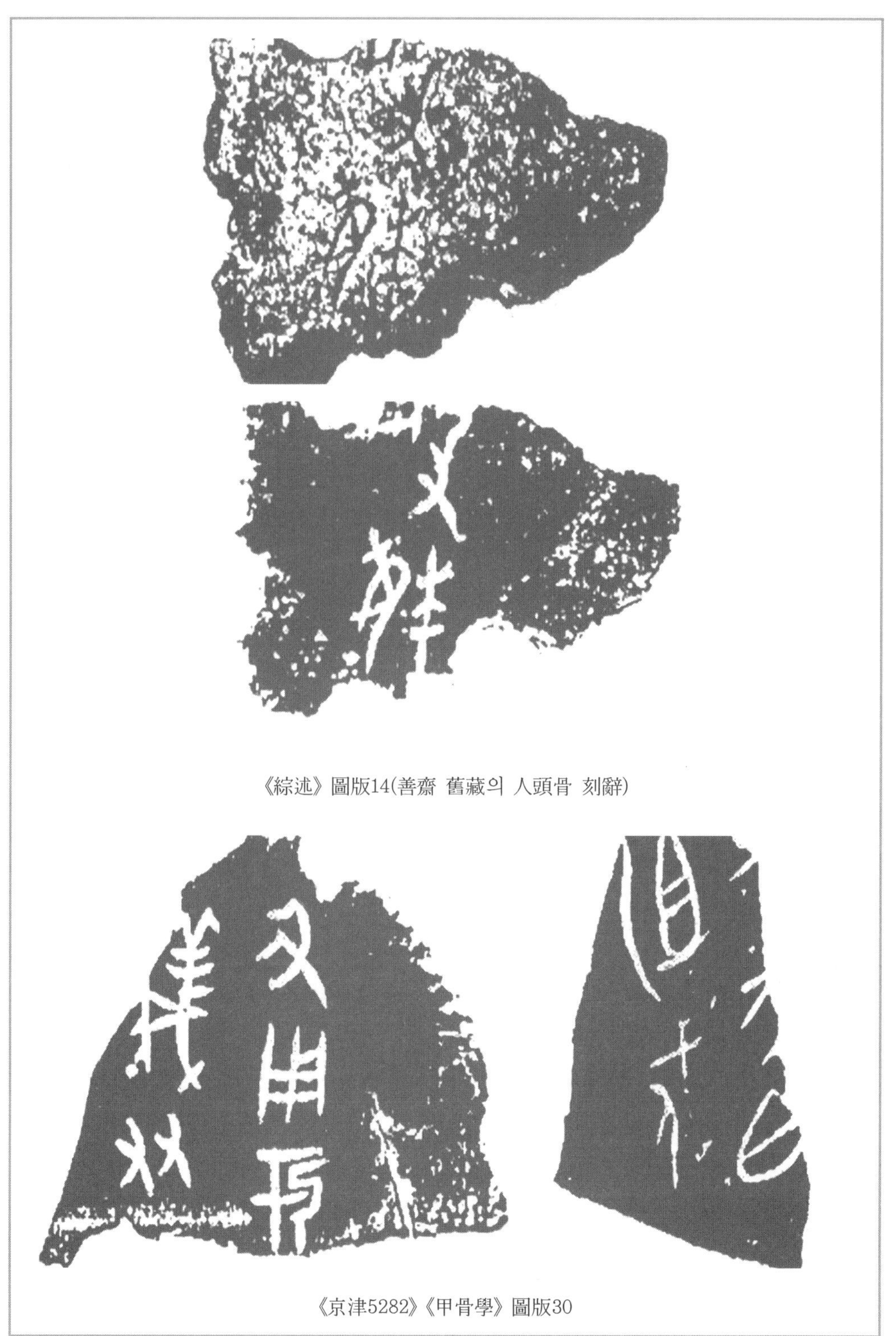

《綜述》圖版14(善齋 舊藏의 人頭骨 刻辭)

《京津5282》《甲骨學》圖版30

二. 찬착(鑽鑿)

점복에서 찬착(鑽鑿)과 초작(焦灼) 및 이를 통해 나타나는 복조(卜兆) 등은 갑골학 연구에서 매우 중요한 부분 중의 하나이다. 왜냐하면 주지하는 바와 같이 갑골문의 대부분은 점복의 내용을 기록한 복사이며, 이 점복의 과정이 바로 찬착과 초작을 통한 복조의 현시(顯示)이기 때문이다. 그러면 점복용의 갑골을 어떻게 마련하고 어떻게 찬착하는지를 살펴보자.

甲. 갑골의 정치(整治)

거북이나 가축 또는 기타 동물들의 뼈를 사용하는 점복에는 몇 가지 준비 단계가 필요한데, 우선 占卜에 사용할 재료를 채취 선정(選定)하고, 이를 깎아내거나 갈아내는 등의 작업으로 깨끗이 정치(整治)한 다음에 복조(卜兆)의 현시(顯示)를 쉽게 하기 위해 찬착하는 작업이다.

1. 복골(卜骨) 채취

점복에 사용할 귀갑과 동물의 뼈가 조달되는 내원에 대해서는 앞에서 이미 설명한 바와 같이, 살아있는 거북은 주로 공물(貢物)로 받거나 현지에서 생산하였고, 가축의 뼈나 기타 야생 동물의 뼈는 직접 사육하거나 수렵하는 등의 방법을 통해서 현지에서 수집하여 충당하였다.

점복용의 귀갑을 채취 선정하는 일은 계절에 맞춰서 진행되었다. 이에 대해서는 경전(經傳)에도 기록되어 있다.《周禮 · 春官 · 龜人》에, "凡取龜用秋時, 攻龜用春時. : 무릇 점복에 사용할 거북의 선정은 가을에 하고, 거북의 껍질을 손질하여 다듬는 일은 봄에 한다."라고 하고 있는데; 이 말에 대해 鄭玄은, "秋取龜, 及萬物成也. : 가을철에 점복용의 거북을 채취 선정하는 것은 만물이 완성되는 때에 이른 때문이다."라고 하고, 또 "攻, 治也. 治龜骨以春, 是時乾解, 不發傷也. : '攻'이란 '治' 즉 다듬다는 뜻이다. 거북의 껍질을 봄철에 손질하여 다듬는 것은, 이때가 해빙이 되고 건조하여 흠이 생기지 않기 때문이다."라고 주(注)하였다.

그리고 귀갑의 취재(取材)를 위해 거북을 죽이기 전에는 반드시 제사를 거행하였다.《周禮 · 春官 · 龜人》에, "上春釁龜, 祭祀先卜. : 맹춘 정월에 '釁祭'를 지내는데, 이는 복서(卜筮)를 발명한 사람에게 제사를 지내는 것이다."라고 하고 있다. 여기에서 말한 '釁祭'는 제사에 사용하는 희생(犧牲)의 피를 거북에 발라서 거행하는 제사이다.

이《周禮》의 기록은 물론 周代의 예법인데, 商代의 기록인 갑골 복사에도 거북에게 제사를 지낸 기록들이 있다. 예를 들면,《甲279》에, "…尞龜…. 一牛."라고 하고 있다. 이 복사의 뜻은, "거북에게 '尞祭'를 지냈는데, 소 한 마리를 희생으로 사용하였다."는 것이다. 그리고 또《佚234》

에는, "辛丑卜, 尞龜, 戋三牢."라고 하고 있는데, 이 복사는, "신축일(辛丑日)에, 「거북에게 '尞祭'를 지내는데, '三牢'를 희생으로 '戋'할까요?"라고 복문(卜問)하였다."라는 뜻이다. 이렇게 제사를 거행한 뒤에야 거북을 죽일 수가 있었는데, 한 번에 한두 마리가 아니라, 대량으로 죽였다. 거북을 죽인 이후에는 내장을 발라내고, 귀각(龜殼)은 가공과 정리를 위해 비축해 두었는데, 殷墟에서 동물의 견갑골과 함께 수많은 귀갑 재료들이 발굴된 것이 이를 뒷받침하는 것이다.

그리고 수골의 경우는 주로 제사에 희생으로 사용하였거나 사냥에서 획득하였거나 지역의 특산품으로 진상하였거나 전쟁에서의 승리에 의한 전리품으로 획득한 소를 비롯한 여러 종류의 다른 동물들의 뼈를 비축해 두었다가 사용하였다.

2. 복골(卜骨)의 정치(整治)

점복에 사용할 복골은 그 재료가 거북이든 아니면 가축을 비롯한 다른 동물이든 반드시 동물의 뼈를 잘 건조시킨 다음, 이를 다시 점복용에 알맞게 다듬어야 한다는 것은 상식이다. 이들 복골을 정치하는 목적은 복골의 초작(焦灼)을 효과적으로 시행하여 조탁(兆坼)과 조상(兆象)이 잘 나타나서 갑골 점복이 성공적으로 잘 이루어지게 하기 위함이다. 그러나 이렇게 다듬어진 복골이 모두 다 점복에 사용되지는 않았지만, 일반적으로 점복에 사용된 복골들은 모두 이런 정치와 시작(施灼) 및 정조(呈兆) 과정을 거친 것들이다.

董作賓은 《商代龜卜之推測》에서 귀갑의 정치 작업에 대해 설명하였는데[1], 그 내용을 간략하게 소개하면 다음과 같다. 商代 사람들은 귀갑을 다듬기 위해 톱·줄·칼·송곳·끌 등의 공구를 사용하였다. 이런 공구들을 사용하여 점복에 사용할 귀갑의 경우에는 첫 단계로, 배갑과 복갑(腹甲)이 서로 연결된 부위를 톱으로 절개하고; 둘째 단계로, 복갑(腹甲) 양쪽 옆에 있는 갑교(甲橋) 가장자리 아래위에 돌출된 부분을 톱으로 제거하고, 갑교 부분을 갈아내어 타원형이 되도록 하고; 셋째 단계로, 복갑(腹甲) 표피의 교질(膠質)로된 비늘 조각들을 제거하고; 넷째 단계로, 비늘 조각을 제거하고 남은 아래쪽의 갈라진 무늬들을 편평하게 깎아내어 조짐(兆朕)이 잘 드러나고 각사를 쉽게 할 수 있도록 하고; 다섯째 단계로, 두껍고 높은 부분을 갈아내어 전체 귀판(龜版)의 두께가 균등하고 편평하도록 하고; 마지막으로, 옴폭하게 파낸 부분을 다시 연마(鍊磨)하여 전체가 매끄럽고 편평하며 윤택이 나도록 하는 것이었다.

그리고 嚴一萍은 이 귀갑의 갑교(甲橋) 부분의 처리에 대해,

---

1) 董作賓 〈商代龜卜之推測〉, 前揭書 《董作賓先生全集》 甲編 pp.834~840을 참고.

在龜背甲與腹甲相連的地方, 我們叫它'甲橋', 它像橋一樣的介於背腹之間. 殷商人製作龜甲的時候, 先把背甲與腹甲割開, 這'甲橋'是連在腹甲上的. 但也有僅留一半'甲橋', 或沒有'甲橋', … 大體說來, 大龜是把甲橋全部切下的, 中龜把甲橋切一半, 愈小的龜, 甲橋就留得愈少, 或者近乎不留.[1] : 거북의 배갑과 복갑(腹甲)이 서로 연이어진 곳을 갑교(甲橋)라고 하는데, 이는 마치 다리처럼 배갑과 복갑(腹甲) 사이에 끼어 있어서이다. 商代의 사람들은 귀갑을 제작할 때에, 우선적으로 배갑과 복갑(腹甲)을 따로 잘라내어 분리하였는데, 이 갑교는 복갑(腹甲)에 붙여 두었다. 그런데 개중에는 갑교의 절반만 남긴 것도 있고, 갑교가 없는 것도 있는데, … 대체적으로 말하자면, 큰 거북은 갑교를 전부 남겨서 자르고, 중간 크기의 거북은 갑교를 반쯤만 남겨서 자르고, 크기가 작은 거북일수록 갑교를 적게 남기거나, 아니면 거의 남기지 않았다.

라고 설명하였다.

그리고 배갑이나 기타 동물의 뼈로 된 복골 재료에 대한 정치 작업도 이와 같거나 비슷한 과정을 거쳤는데, 이 역시 찬착 작업과 복조의 현시 및 각사 작업을 수월하도록 하기 위함이었다. 거북 배갑의 정치에 관해서 陳夢家는《殷虛卜辭綜述》에서,

一種是從中脊平分對剖爲二, 較大的背甲往往如此; 一種是對剖以後, 又鋸去近中脊處凹凸較甚的部分和首尾兩端, 使成爲鞋底形, 并于中間穿孔, 較小的背甲往往如此.[2] : 한 가지는 중간의 등뼈를 따라 이등분하였는데, 비교적 크기가 큰 배갑은 종종 이렇게 처리하였으며; 또 한 가지는 대칭이 되도록 자른 뒤에 다시 중간의 척추 근처의 凹凸이 비교적 심한 부분과 머리와 꼬리 양끝 부분을 잘라내고 신발바닥 모양이 되도록 만든 다음, 중간에다 구멍을 뚫었는데, 크기가 비교적 작은 배갑은 종종 이런 방식으로 만들었다.

라고 하였다. 이는 殷墟 小屯村에서 출토된 배갑은 주로 이 두 가지 방식으로 만들어졌다는 말이다. 아래에 예시된 그림은《乙4680反》으로, 배갑 가운데의 등뼈를 따라서 머리부터 꼬리까지를 절반으로 가르는 방법으로 정치한 것이다.

---

1) 嚴一萍《甲骨學》(藝文印書館 1978. 臺北) p.29.

2) 陳夢家 前揭書《殷虛卜辭綜述》p.10.

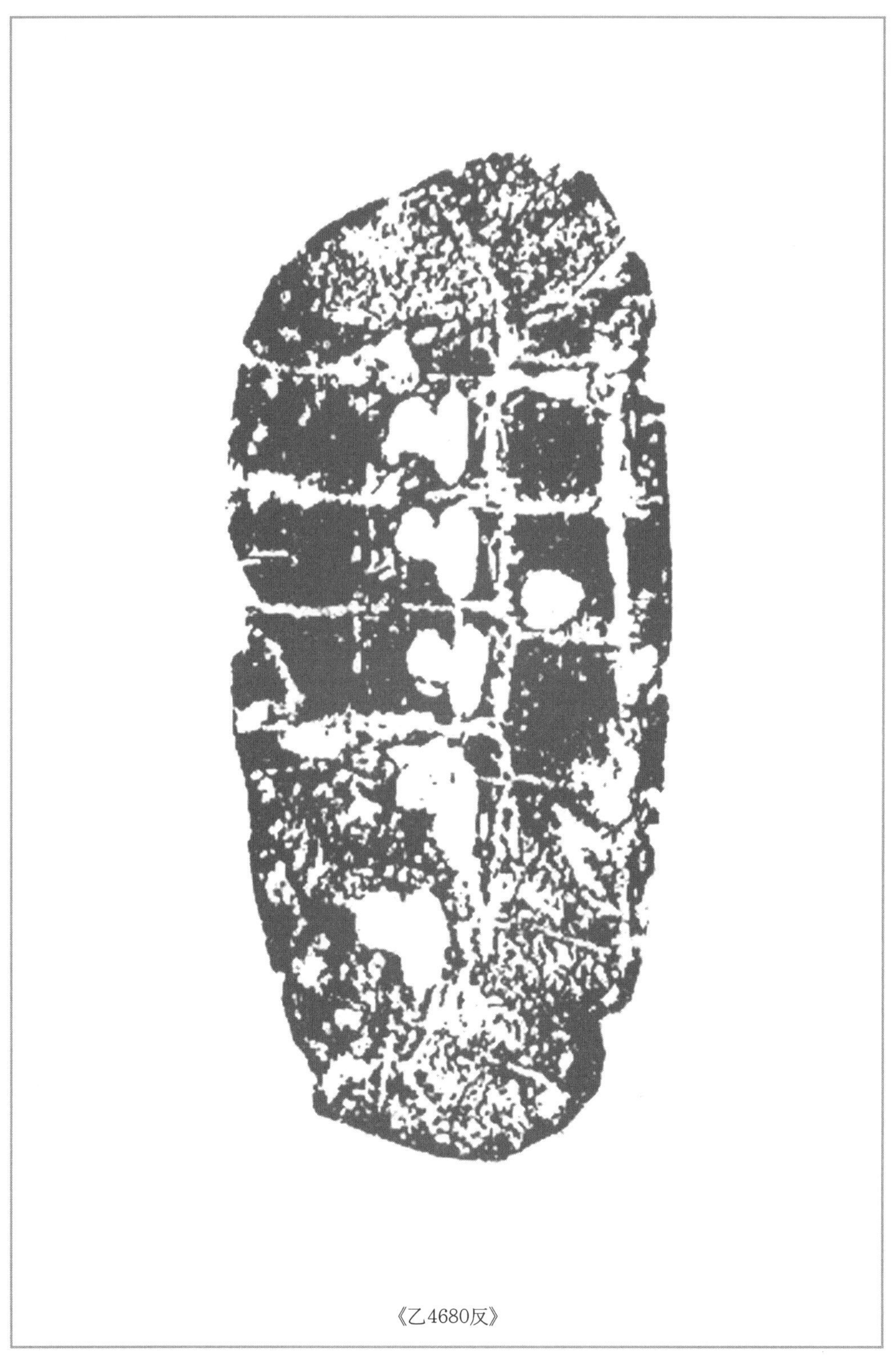

《乙4680反》

그리고 거북 이외의 다른 일반 동물의 복골 가운데 점복에 가장 많이 사용된 것은 소의 견갑골이다. 소의 견갑골은 앞다리의 가장 윗부분인데, 좌우로 한 쌍이다. 점복에 사용된 견갑골 각사의 정면은 원래 소의 몸에서는 뒷면이 된다. 소의 견갑골은 삶는 과정을 거쳐서 연골과 뼛속의 지방을 제거해야 하는데, 이는 시간이 지남에 따라 악취가 나는 것을 방지하기 위함이다. 다만 지금으로서는 商代 사람들이 견갑골의 탈지(脫脂)를 위해서 어떤 방법을 사용했는지는 자세히 알 수가 없다.

소의 견갑골은 그 형태가 부채꼴이기 때문에 '扇子骨'이라고도 하는데, 이 견갑골은 골구(骨臼)와 골선(骨扇) 두 부분으로 이루어져 있다. 골구는 관절 부위로서, 속칭 '馬蹄兒' 즉 '말굽'이라고도 하는데, 이 골구의 바닥은 계란 모양이고 오목하게 함몰되어 있다. 골구의 한 쪽에는 혹처럼 돌기한 '莖塊'가 있는데, 이를 '臼角'이라고 하며; 이 '臼角' 아래쪽을 조금 내려가면 골선(骨扇) 반대쪽의 한쪽 측면에 돌출한 '骨脊' 즉 등심대가 있는데, 이 등심대에 밀착된 가장자리가 내연(內緣)이 되고, 이것과 마주하는 가장자리가 외연(外緣)이 된다. 외연은 골면이 약간 융기한 모양으로, 내연보다 훨씬 두껍고 둥글다.

소의 견갑골이나 기타 다른 동물들의 견갑골은 모두 좌우로 각각 하나씩 나누어져 있다. 견갑골의 정치 작업은 '骨脊'과 '骨扇' 앞쪽 가장자리의 연골(軟骨)을 잘라내고, 골구(骨臼) 즉 관절 부분을 정치하는 과정을 거치게 되는데, '骨扇'에 '骨脊'이 없는 쪽이 정면이고, '骨脊'이 있는 쪽은 반면이다. 골판의 정면과 반면은 모두 다 숫돌로 갈아서 판면이 편평하고 광택이 나도록 한다.

소의 견갑골에 대한 정치는, 우선 골구의 가장 윗부분에서부터 시작하여 길게 횡선이 되게 톱질을 하고 나서, 다시 아래 방향으로 톱질을 하여 등심대와 뒤쪽 가장자리 전부를 잘라내되, 똑바르게 전각(前角)과 후각(後角)까지 자른다. 그 다음에 견갑골의 '莖塊' 부분을 잘라내고, 광택이 나도록 갈아내며, '骨扇' 하단 가장자리의 연골도 제거하여 편평하고 매끄럽게 연마한다. 손질한 견갑골이 좌우 어느 쪽의 것인지를 구분하는 방법은 두 가지가 있는데, 첫째는 골판을 편평하게 놓고 등심대를 깎아 없앤 면을 아래로 향하게 했을 때, '臼角'의 '莖塊'가 직각(直角)으로 잘려나간 부분이 오른쪽에 있으면 이것은 오른쪽 견갑골이고, 왼쪽에 있으면 왼쪽 견갑골이다. 둘째는, 견갑골의 가운데를 위에서 아래로 수직선을 그었을 때, 좌우 양쪽 가장자리의 오목한 정도가 차이가 나는데, 왼쪽 견갑골의 경우에는 좌측 가장자리의 움푹한 정도가 우측보다 더 심하고, 우변(右邊)은 좌변보다 비교적 곧다.

殷墟에서 출토된 소의 견갑골의 정치된 정황도 복귀(卜龜)의 경우와 마찬가지로 왕실과 왕실 이외의 경우에는 서로 차이가 있고, 상층의 권세를 가진 귀족과 일반 귀족 및 보통의 평민 계층 사이에도 약간의 차이가 있다.

乙. 찬착(鑽鑿)의 형식

골복(骨卜) 즉 뼈 점에 사용하는 갑골은 위에서 살펴본 바와 같이 모두 정치 과정을 거치는데, 이 정치 과정을 거친 다음의 점복 절차가 찬착이다. 고대의 문헌 자료에도 이 찬착이 언급되어 있다. 예를 들면, 《荀子 · 王制》에 "鑽龜陳卦. : 귀갑을 찬착하여 점괘를 펼쳐보았다."라고 하고 있고, 《韓非子 · 飾邪》에 "鑿龜數筴. : 귀갑을 찬착하고 시초(蓍草)를 계산하였다."라고 하고 있는 것 등이다.

그런데 殷墟에서 발굴된 갑골의 찬착에 대해서 嚴一萍은,

> 占卜是新石器時代以來, 人們的普遍信仰, 一直連續到西周晚期. 在山西洪趙縣坊堆遺址出土的甲骨屬於春秋時代, 可見這習俗時間之久. 最初是利用獸類的肩胛骨, 牛 · 羊 · 猪 · 鹿, 祇要取用方便, 都可使用, 用火焦灼, 見有裂紋, 就辨吉凶. 後來因爲肩胛骨厚的地方, 不容易見到裂紋, 進一步就發展爲刮治與鑽鑿.[1] : 점복은 신석기시대 이래로 인간의 보편적인 신앙이었으며, 西周 말기까지 줄곧 이어져 왔다. 山西省 洪趙縣 坊堆 유지에서 출토된 갑골은 춘추시대에 속하는 것으로, 이를 통해 이런 습속이 얼마나 오랫동안 지속되었는지 알 수가 있다. 최초에는 짐승의 견갑골을 이용하였는데, 소 · 양 · 돼지 · 사슴 등 구하기 쉬운 것이면 모두 사용하였으며, 불로 초작(焦灼)하여 갈라진 무늬를 보고 길흉을 판별하였다. 훗날에는, 견갑골 가운데 두께가 두꺼운 부분에는 (불에) 갈라터지는 무늬가 쉽게 나타나지 않기 때문에 여기에서 진일보하여 깎고 다듬고 찬착을 하는 단계로 발전하였다.

라고 하였다. 이로써 갑골에 대한 찬착의 목적은 점복용의 복골을 초작할 때 조탁(兆坼)이 쉽게 나타나도록 하기 위함이었음을 알 수 있다.

그런데 殷墟에서 발굴된 갑골을 자세히 살펴보면, 갑골의 '鑽'과 '鑿'은 갑골의 뒷면에 시행하는 것이 상례(上例)였음을 알 수 있다. 그리고 여기에서 말하는 '鑽'과 '鑿'의 구별은 패인 홈의 모양으로 구별하는데, 일반적으로 원형의 홈을 '鑽'이라고 하고, 대추씨 모양의 홈은 '鑿'이라고 한다. 이에 대해 董作賓은,

> 鑽處孔圓而較深, 多施于胛骨一邊之厚處(由正面看, 爲右胛骨之左, 左胛骨之右). 鑿處孔橢圓, 兩端作尖形如棗核, 中爲直槽, 多施于胛骨之薄處. 有鑿與鑽竝用者, 旣鑿, 復鑽于一旁, 與龜版上鑽鑿并施者相同, 作◖或◗形. 總之鑽 · 鑿, 與鑿而復鑽, 皆所以使龜骨之易于見兆, 又可使兆璺之縱橫皆整齊而已.[2] : '鑽'의 홈은 둥글고 비교적 깊은데, 대부분 견갑골의 한쪽의 두꺼

---

1) 嚴一萍 前揭書《甲骨學》p.503.

2) 董作賓〈骨文例〉, 前揭書《董作賓先生全集》第3冊 甲編 p.915.

운 부분(정면에서 볼 때, 우측 견갑골의 왼쪽이고, 좌측 견갑골의 오른쪽임)에 만들었다. '鑿'이 자리한 홈은 타원형이며, 양쪽 끝이 마치 대추씨처럼 뾰족하게 만들었고, 가운데는 직조(直槽)가 되도록 하였는데, 대부분 견갑골의 얇은 부분에 만들었다. '鑿'과 '鑽'을 병용하는 경우에는, '鑿'을 먼저 하고 다시 그 한쪽 옆에다 '鑽'을 하였는데, 귀판(龜版)에다 '鑽'과 '鑿'을 나란히 만든 경우와 같이 '[illegible]' 혹은 '[illegible]'와 같은 모양으로 하였다. 총괄해서 말하면, '鑽'과 '鑿' 그리고 '鑿'에다 다시 '鑽'을 한 것들은 모두 다 귀골(龜骨)에 복조(卜兆)가 쉽게 나타나도록 하기 위함인 동시에, 또한 복조의 가지가 종횡으로 가지런하도록 하기 위함일 따름이다.

라고 하였다. 그리고 이어서 董作賓은, 일반적인 정황에서는 반드시 '鑽'을 해놓은 곳에다 초작을 하므로, 오른쪽 견갑골에서는 '鑿'의 왼쪽에 초작을 하고, 정면에서 볼 때 복조는 모두 오른쪽 방향으로 'ㅏ'의 형태가 되며, 왼쪽 견갑골의 경우에는 이것과 정반대로 복조는 모두 왼쪽 방향으로 'ㅓ'의 형태가 되는데; 예외적으로 하나의 '鑿'에 대해서 좌우로 쌍작(雙灼)을 한 경우가 있으며, 이 경우의 초작의 형태는 '[illegible]'처럼 되고, 복조의 형태는 '[illegible]'처럼 된 것이 있고, 또 두 개의 '鑿'에다 좌우로 대칭되게 초작하였다고 하였다.

陳夢家도 역시 주장하기를[1], '鑿'은 항상 귀갑의 중봉(中縫)이나 중척(中脊) 혹은 골편(骨片)의 좌우 양쪽으로 평행이 되도록 하였고, 양쪽에서 비스듬하게 아래로 깎아서 깊은 바닥 쪽이 일직선이 되도록 하되, 골면(骨面)을 뚫지 않도록 하였으며, '鑿'을 파서 초작한 뒤에는 갑골 정면이 직행의 복조 기둥이 나타나는 곳이 되고; '鑽'과 '鑿'을 병행해서 시행한 경우에는 '鑽'은 반드시 '鑿'에 바싹 붙여서 하였기 때문에, '鑽'의 일부분이 '鑿'을 침범하게 되므로 완전한 원형이 되지 못하며, '鑽'을 한 곳의 갑골 정면은 복조 가지가 나타나는 곳이 되는데, '鑽'을 '鑿'의 왼쪽에 할 것인지 혹은 오른쪽에 할 것인지는 갑골 정면의 복조 가지의 방향에 따라 결정한다고 하였다.

董作賓과 陳夢家의 이런 주장은 다음에 예시된 京都大學 人文科學研究所 소장의 B3228의 정면과 반면 및 《拾掇 2. 186.》의 정면과 반면에서 충분히 확인할 수 있다.

1) 陳夢家 前揭書 《殷虛卜辭綜述》 pp.10~12를 참고.

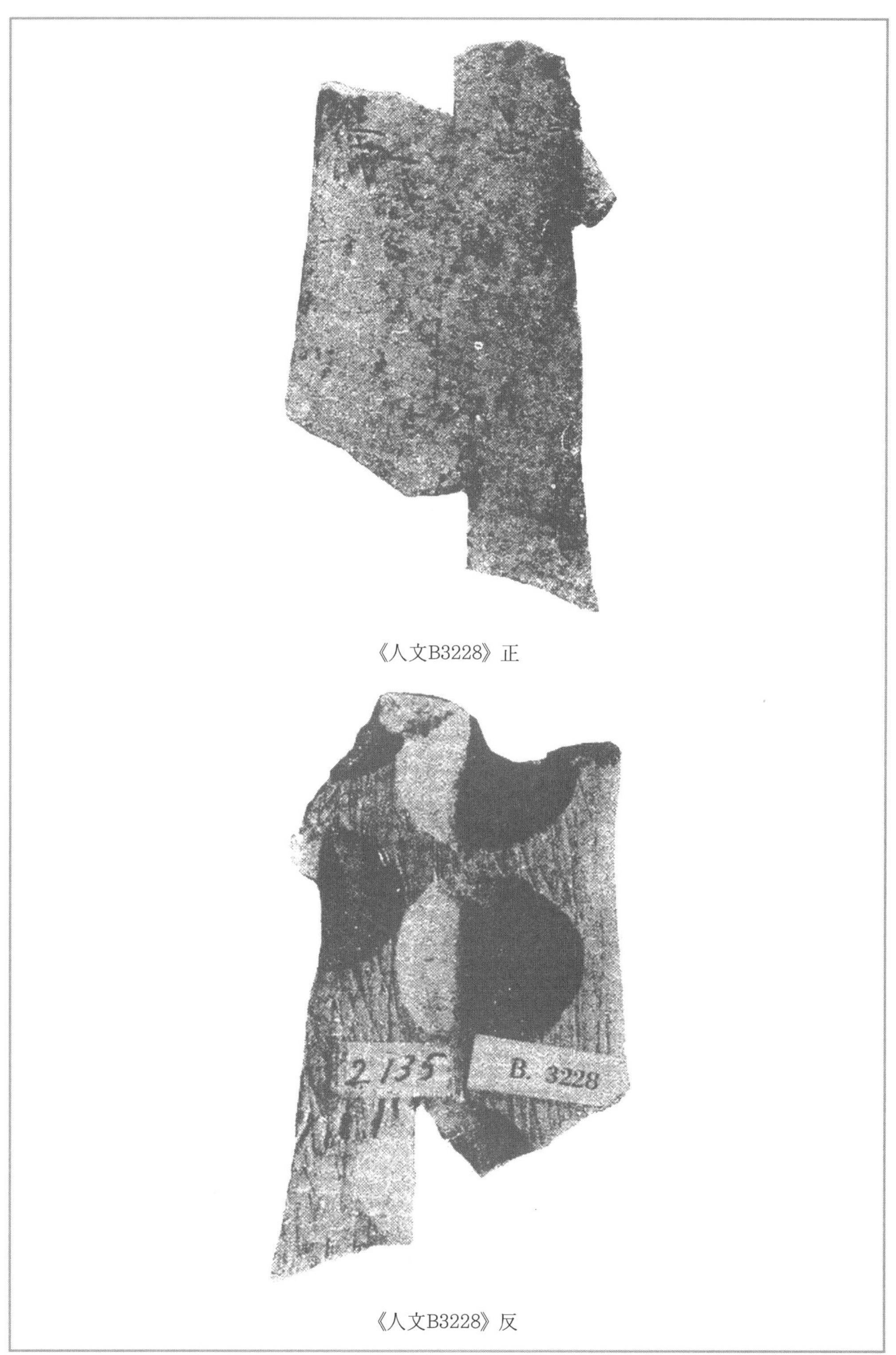

《人文B3228》正

《人文B3228》反

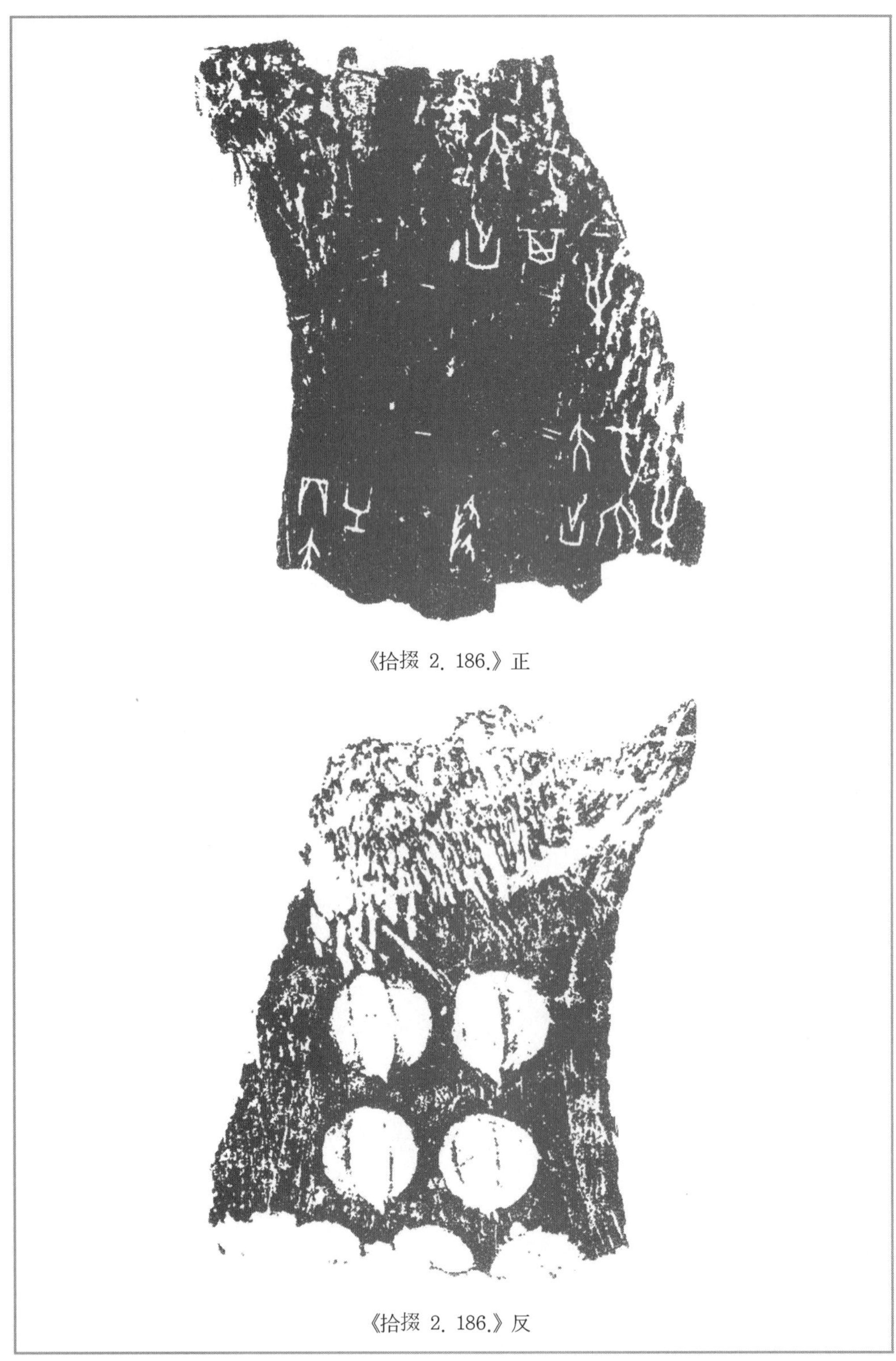

《拾掇 2. 186.》正

《拾掇 2. 186.》反

지금까지 발견된 殷墟 갑골에 나타난 가장 기본적인 찬착의 형태를 종합하면 대체로 7가지 방식이 있는데, 대다수를 차지하는 것은 ‘’와 ‘’로 되어 있고, ‘’과 같이 ‘鑽’만 하거나 ‘’처럼 ‘鑿’만 한 것[이른바 장방형의 ‘鑿’과 대추씨 모양의 ‘鑿’ 등등]도 있고, 소량(少量)의 ‘’[원형의 ‘鑽’ 내부에 ‘鑿’을 한 것으로《京人3228》·《合集39906》·《安明730》·《屯南4314》등이 있음]모양도 있고, 극소수로는 ‘’모양[두 개의 ‘鑿’이 서로 거의 맞붙어 있되, ‘鑽’은 서로 반대 방향인데, 예를 들면《甲2906》의 견갑골 뒷면과 歷史語言硏究所에 소장된 글자가 새겨져 있지 않은 무문자(無文字) 골편 3 · 3 · 0105의 왼쪽 견갑골에 보임] 및 ‘’모양[크고 작은 두 개의 ‘鑿’이 거의 맞붙어 있는데, 작은 ‘鑿’은 초작하였음. 예를 들면《屯南1002》의 좌측 두 번째 ‘鑿’]이 있다. 다만 앞에서 董作賓이 말한, 이른 바 ‘鑿’ 하나에 좌우 쌍으로 초작을 시행해서 초작의 모양은 ‘’이고 정면의 복조의 모양은 ‘’인 것은 殷墟의 갑골에서는 아직 발견되지 않고 있다.

鑽鑿의 제작에 대해서, 董作賓은《骨文例》에서 주장하기를, “鑽用鑽, 鑿用鑿, 工具不同, 用法亦異.[1] : ‘鑽’을 할 때는 공구 ‘鑽’ 즉 송곳을 사용하고, ‘鑿’을 할 때는 공구 ‘鑿’ 즉 끌을 사용하는데, 공구가 다르므로 용법도 역시 다르다.” 라고 했다. 이에 대해서 陳夢家는, 殷墟 小屯村의 각사 갑골들을 직접 눈으로 관찰한 결과, 절대 다수의 ‘鑽’과 ‘鑿’은 모두 공구 ‘鑿’을 사용하여 깎아내고 파내었으나, 다만 鄭州 二里崗에서 출토된 복골만 공구 ‘鑽’으로 ‘鑽’을 만들었는데, 河南省의 鄭州는 商代의 청동(靑銅) 공구 ‘鑽’이 출토된 곳이라고 주장하였다. 陳夢家는 이어서 갑골 실물을 관찰한 결과, 商代 사람들은 ‘鑽’을 하기 전에 칼을 사용하여 작은 동그라미를 그려 넣었고, ‘鑿’을 하기 전에도 칼을 사용하여 양쪽에 빗금무늬를 그려 넣었음을 발견하였다고 주장하였다.[2] 許進雄은 이에서 한걸음 더 나아가 陳夢家의 주장을 보충하며 주장하기를, ‘鑿’과 ‘鑽’은 파내고 깎아내는 공구가 다르고, 동시에 깎아낸 형태가 다름으로 인해서 생긴 명칭인데, ‘鑿’은 ‘V’자 모양의 청동 각도(刻刀)를 사용하여 갉아내고, 다시 곧은 날이나 둥근 날로 된 칼을 사용하여 양쪽 면을 갉아내고 다듬어서 만들었으며, 그 옆에 만든 반원형의 홈이 ‘鑽’인데, 이는 대부분의 경우에 갉아내는 방법으로 만들었다고 하였다.[3] 결론적으로 말하면, 殷墟 갑골에 보이는 ‘鑿’은 주로 갉아내서 만든 것이라는 점은 대부분의 학자들이 의견을 같이하며, ‘鑽’의 제작에 대해서는 의견이 조금씩 다른데, 모두 다 청동의 ‘鑽’으로 만든 것은 아니고, 극히 일부분은 공구 ‘鑽’을 사용하여 만들었으나 대부분은 청동의 칼을 사용하여 갉아내는 방법으로 만들었을 것으로 보고 있다.

---

1) 董作賓〈骨文例〉, 前揭書《董作賓先生全集》甲編 p.915.

2) 陳夢家 前揭書《殷虛卜辭綜述》pp.10~12 및 p.17.

3) 許進雄《甲骨上鑽鑿形態的硏究》(藝文印書館 1979. 臺北) pp.4~8을 참고.

이에 대해 董作賓은, "其鑽鑿之跡, 至爲明顯, 鑿之深處成一直線, 其鑿與鑿之間, 皆一線相連, 而鑽則分附於每一鑿之旁, 可知必先鑿而後鑽也.[1] : 찬착의 흔적은 매우 뚜렷한데, '鑿'이 깊은 곳은 일직선을 이루며, '鑿'과 '鑿' 사이는 모두 한 줄로 서로 연결되도록 했다. 그리고 '鑽'은 매번 하나의 '鑿' 옆에 일부분이 부착되도록 하였는데, 이로 미루어 볼 때 반드시 먼저 '鑿'을 하고 난 다음에 '鑽'을 했음을 알 수 있다."라고 하였다.

王宇信은 小屯 南地의 갑골에 나타난 바에 근거하여, 찬착은 한 번에 완성되지는 않았고, "多數是先輪開槽, 然後再用刀加工修整. 也有的用刀刻挖而成.[2] : 대다수는 우선 둥글게 윤곽을 홈으로 파고 난 뒤에, 다시 칼을 사용하여 수정(修整)작업을 가하였으며, 때로는 칼로 깎아내어 완성하기도 하였다."라고 하였다.

따라서 작업에 사용된 공구 '鑿'의 날 부분은 반(半) 평사형(平斜形)이고, '鑿'을 시작하기 전에 먼저 귀갑이나 골판에다 두 줄의 사선(斜線)을 새겨 넣거나, 혹은 타원형의 선을 새겨 넣어 홈을 파낼 곳에 표시를 해 두었는데, 이는 예시된 《乙6916反》의 그림과 같다.

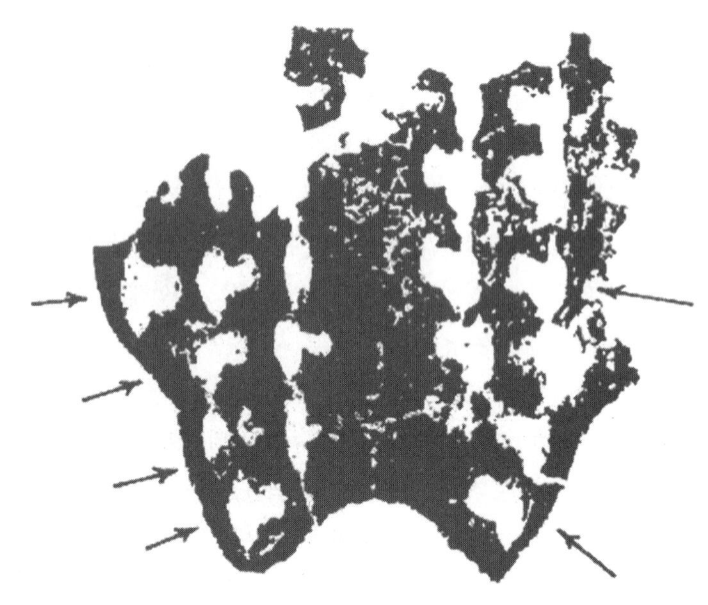

《乙6916反》

1) 董作賓 〈商代龜卜之推測〉, 前揭書 《董作賓先生全集》 甲編 pp.834~840을 참고.

2) 王宇信 《甲骨學通論》(中國社會科學出版社 1989. 北京) p.112.

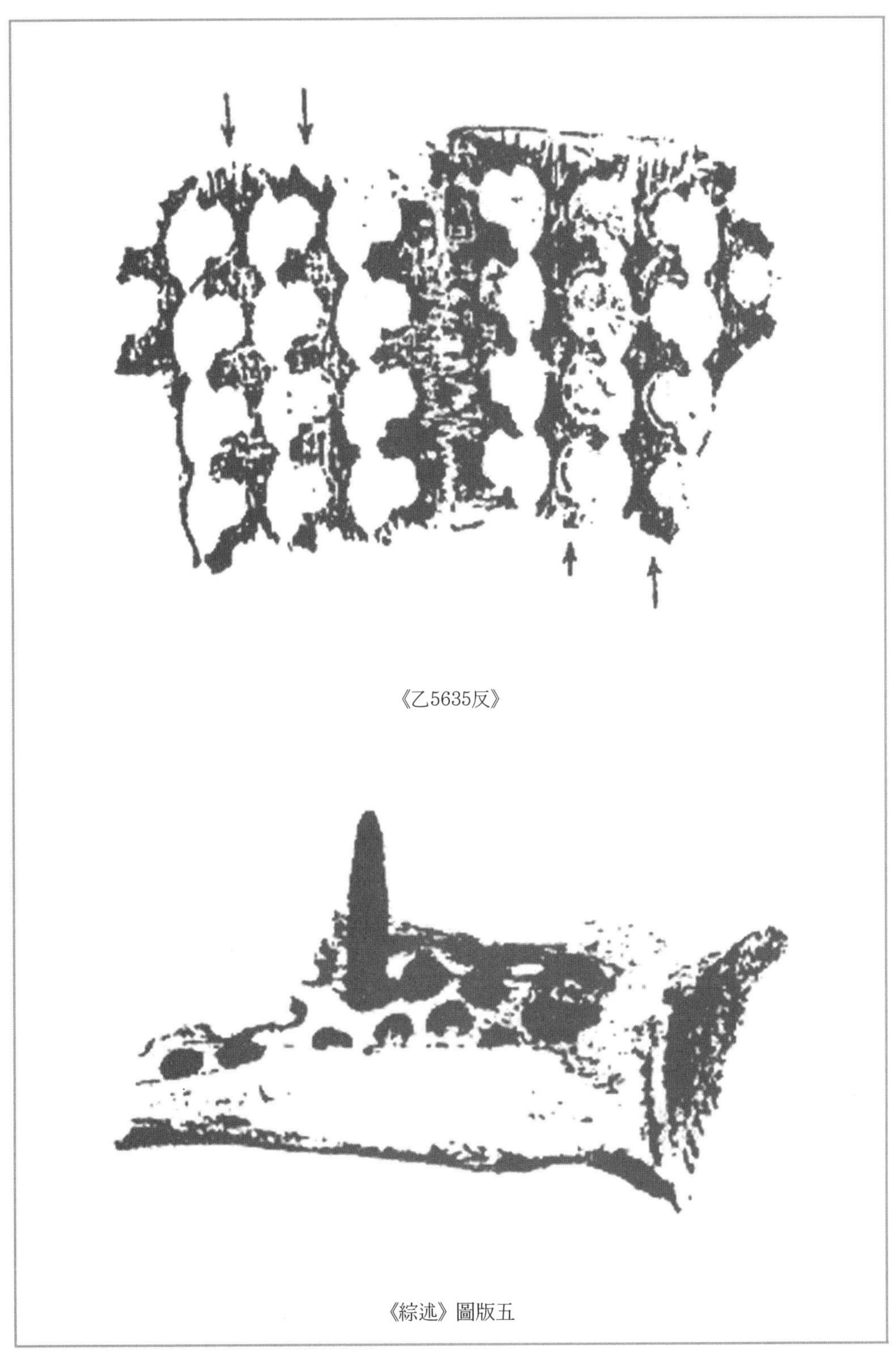

《乙5635反》

《綜述》圖版五

그 다음 작업은 양쪽 방향에서 위에서 아래로 비스듬하게 깎아서 파내었는데, 이렇게 파낸 홈의 흔적은 길쭉한 타원형이 되었으며, '鑿'을 완성한 후에는 홈의 바닥부분에 얇은 층을 남겨 두어, 정면에 '兆幹' 즉 복조(卜兆)의 기둥이 잘 나타나도록 하였다.

그리고 공구 '鑽'의 날은 호형(弧形)으로 둥글다. 예시한 陳夢家의 《殷虛卜辭綜述》의 圖版五는 鄭州 二里崗에서 출토된 복골에 청동으로 된 공구 '鑽'이 함께 있는 것이다.

또 '鑽'을 하는 방법은, 작업을 시작하기 전에 먼저 귀갑이나 골판에다 둥근 테두리를 그려서 표시를 하였는데, 앞에 예시한 《乙5635反》이 그 예이다.

그 다음 찬구(鑽具)를 아래쪽으로 향하도록 하고 힘껏 회전시킴으로써, '鑽'이 완성된 흔적이 원형의 움푹한 홈이 되도록 했는데, '鑽'이 완성된 홈의 바닥부분을 얇게 해 놓아 복조(卜兆)를 얻기 위한 초작을 준비해 둔 것이다.

그리고 '鑿'과 '鑽'을 병행하여 시행한 경우, '鑽'의 위치는 '鑿'이 만들어진 홈 중간의 한쪽 옆에 바싹 붙여 놓아 '鑽'의 일부분이 '鑿'에 의해 삭제되지만, 깊고 둥근 홈이 되도록 정확하게 작업을 해야 했을 것이다. 다만 그 바닥을 완전히 꿰뚫지 않고 얇게 해 둠으로써, 정면에 복조의 가지 금이 잘 나타나도록 해 둔 것이다.

이런 '鑿' · '鑽'의 흔적들을 도면으로 제시하면 다음과 같다.

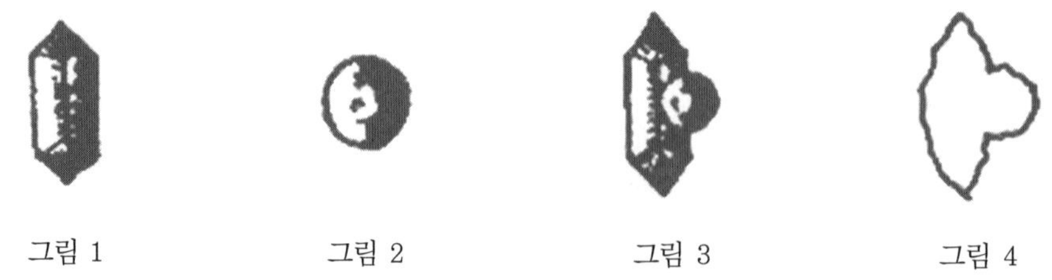

그림 1　　그림 2　　그림 3　　그림 4

[1. '鑿'의 흔적이 오목하게 패인 홈. 2. '鑽'의 흔적이 원형인 구멍. 3. '鑿'과 '鑽'을 병행 시행하여 홈과 구멍이 결합된 모양. 4. '鑿'과 '鑽'을 병행 시행한 것을 탁본하여 찍어낸 것.]

거북의 배갑에 '鑿'과 '鑽'을 병행한 것으로는, 다음의 《乙6667反》이 가장 뚜렷한데, 이는 완전한 형태의 거북 배갑의 좌반부(左半部)이며, 제13차 발굴에서 획득한 것이다. 거북의 복갑(腹甲)에 '鑿'과 '鑽'을 병행해서 시행한 골판(骨版)은 다음에 예시한 《乙6882反》인데, 탁본에 그 흔적이 뚜렷이 나타나 있으며, 모두 13곳이다. 또 아래에 예시한 《乙7749反》의 탁본에는 '鑿'의 흔적만 있고, '鑽'의 흔적은 없는데, 이런 상태의 거북 복갑(腹甲)은 商代 갑골의 찬착으로는 드물게 보이는 예이다.

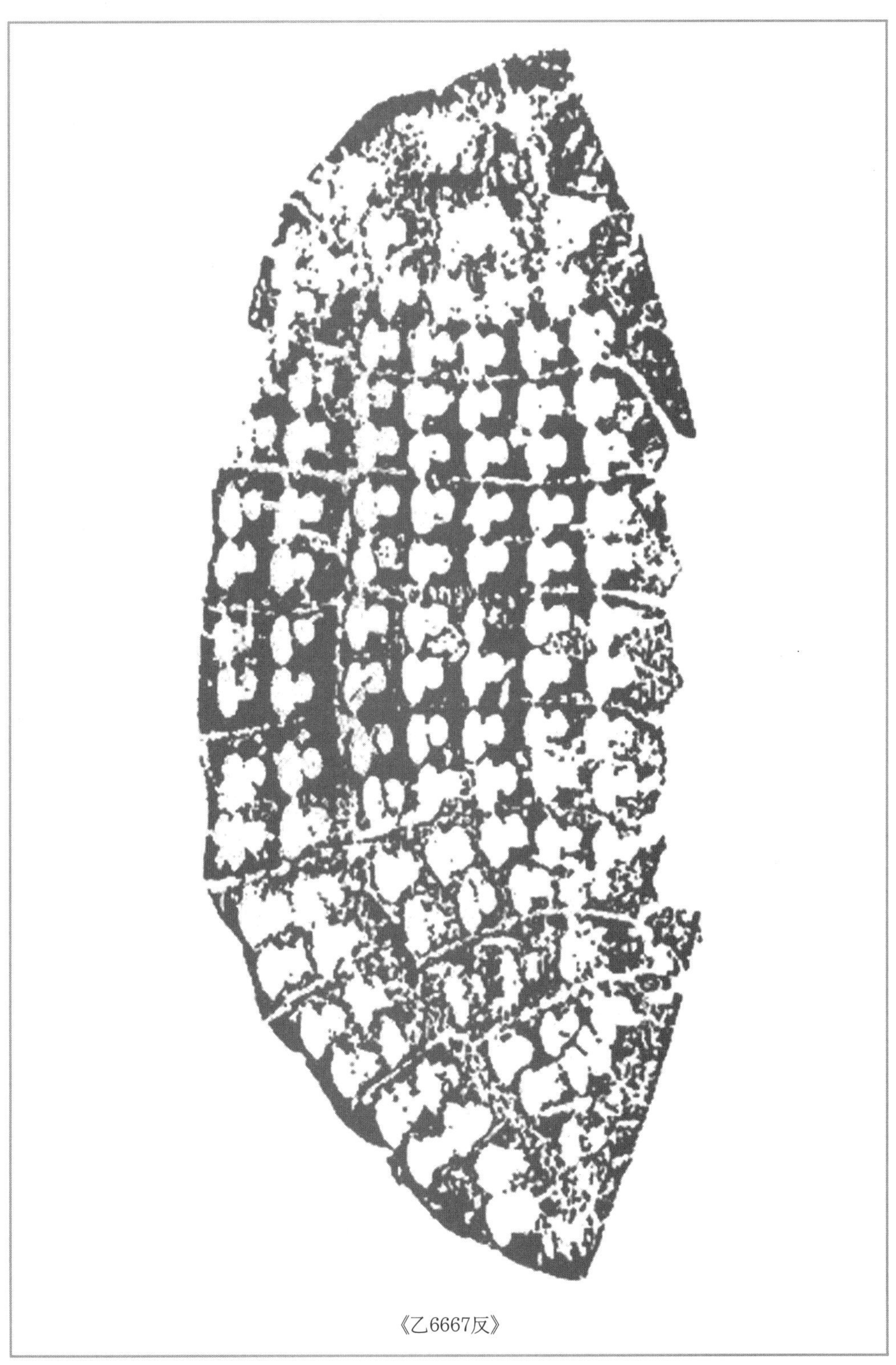

《乙6667反》

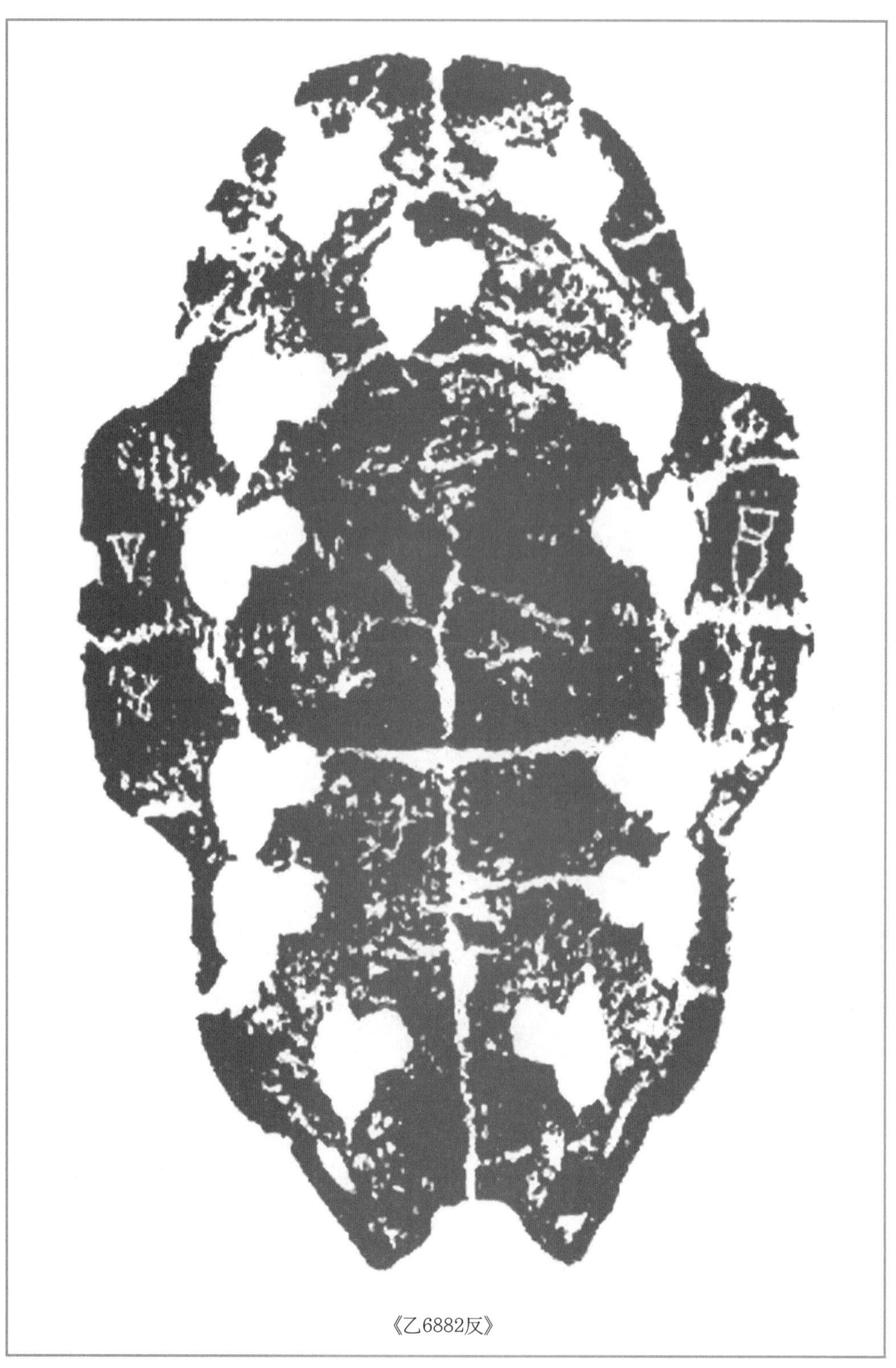

《乙6882反》

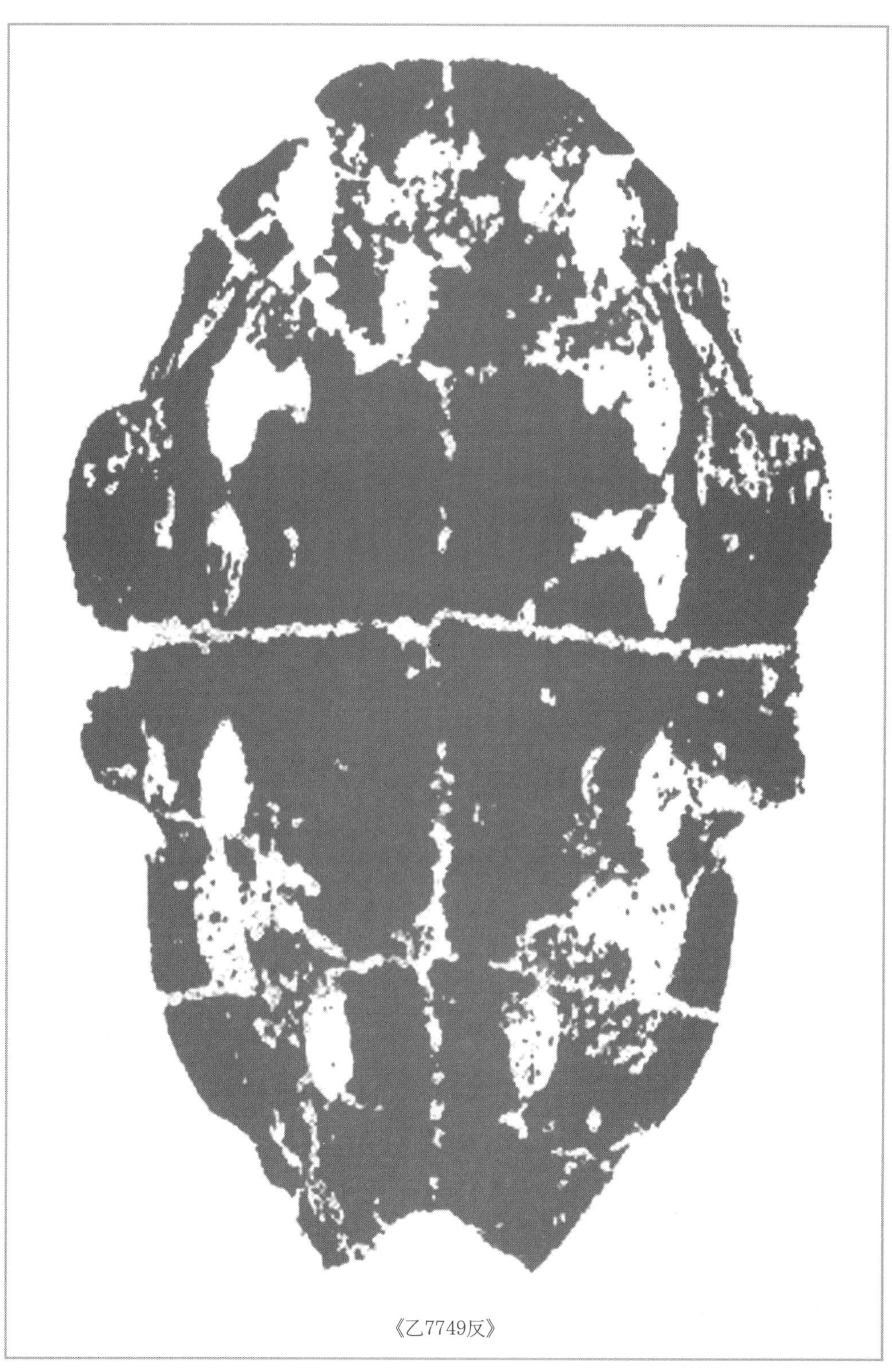

《乙7749反》

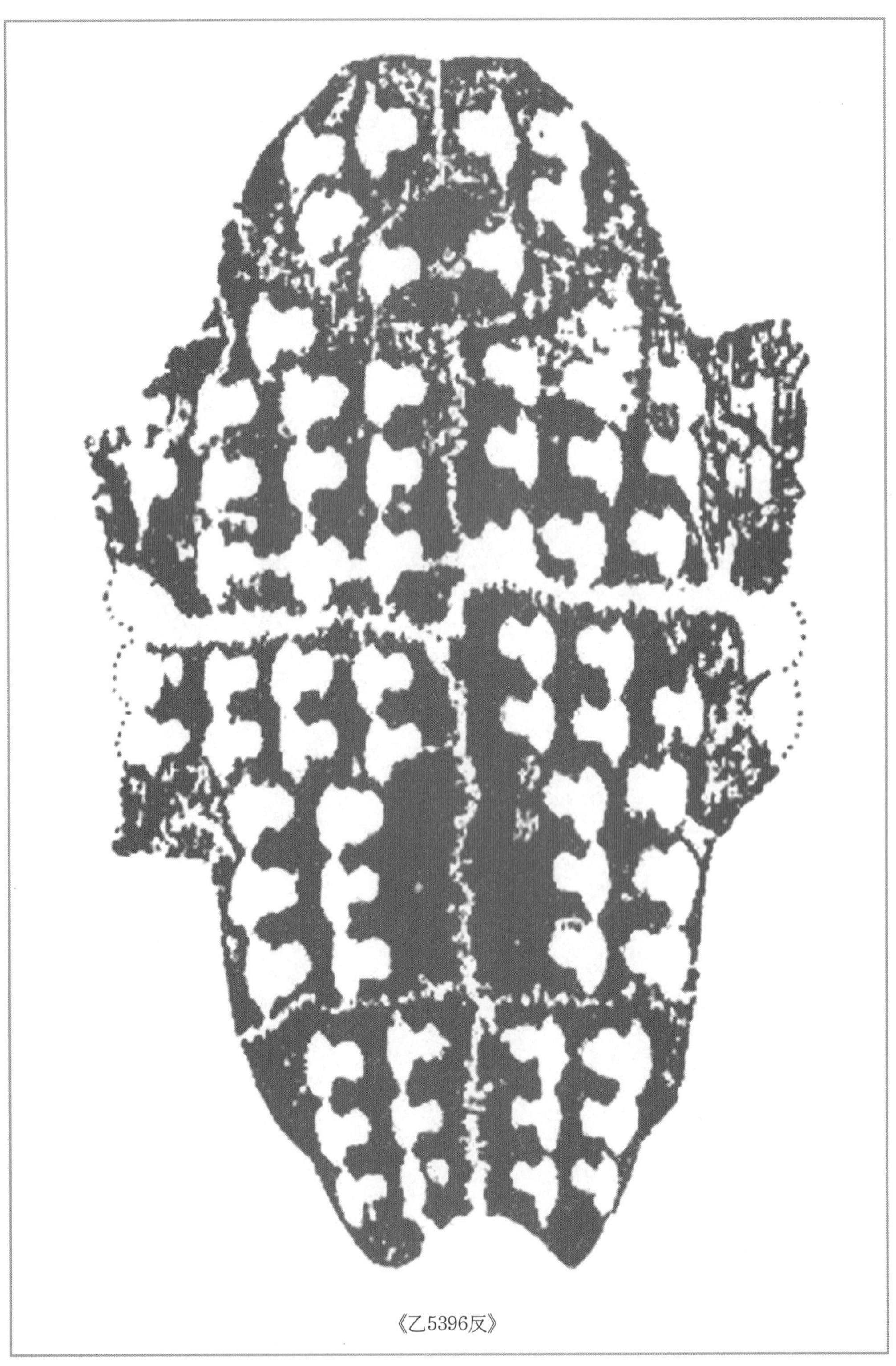

《乙5396反》

이 찬착에 대해서는 앞에서 인용한《荀子》와《韓非子》외에《莊子 · 外物篇》에도, "乃刳龜, 七十二鑽而無遺策. : 이에 거북의 껍질을 발라내고, 72번이나 '鑽'을 하고 점복을 했는데, 조금도 어긋나는 일이 없었다."라고 하고 있다. 이에 대해 董作賓은, "所謂'無遺策'者, 策, 卽册, 指龜版而言.[1] : 이른 바 '無遺策'이란 말 중의 '策'이란 곧 '册'이며, 이는 귀판(龜版)을 가리켜 말한 것이다."라고 하였다. 아울러 위에 예시한《乙5396反》에 대해서 설명을 덧붙이기를, 이 귀판이 바로 72곳에 찬착을 한 것이라고 하였는데, 이로 미루어보면, 전국시대의 점복도 商代의 점복 규칙과 절차를 계승했을 가능성이 크다고 생각된다.

그리고 거북 이외의 가축을 비롯한 다른 동물의 견갑골로 만든 골판에 시행한 찬착은 다음에 예시한《乙8671反》에 3줄의 찬착 흔적이 있는데, 이를 통해서 그 대강의 모양을 볼 수 있다.

그런데 殷墟에서 발굴된 갑골문을 연구하는 대부분의 학자들은 갑골 실물을 직접 접하기가 어려운 것이 사실이다. 이런 까닭으로 인하여 대부분의 학자들은 주로 탁본 형태로 저록된 갑골문 자료에 의거하여 연구를 진행하기 마련이었고, 그리고 초기에 저록 출판된 갑골학 자료들은 찬착은 되어 있으나 문자는 새겨져 있지 않은 뒷면은 탁본으로 편찬 수록하지 않은 경우가 많았다. 이는 갑골에 남아 있는 찬착 형태와 배열된 찬착의 분포 상태가 갑골 단대(斷代) 연구에 아주 중요한 자료임을 잘 몰랐었기 때문이었다. 그러다가 許進雄이 갑골의 찬착이 복사 단대 연구에 매우 중요함을 발견하고 갑골의 찬착 형태에 대한 전문적인 연구를 통해서 〈從長鑿的配置試分第三與第四期的卜骨〉이라는 논문을 발표하고, 더 나아가《卜骨上的鑽鑿形態》와《甲骨上鑽鑿形態的研究》를 저술함으로서, 갑골 단대 연구에 새로운 장을 열었다.[2] 그리고 嚴一萍 역시 殷墟 갑골의 각 분기(分期)별로 찬착 배열 형식을 귀납하여 소의 견갑골 10식(式), 거북의 배갑 5식, 복갑(腹甲) 48식으로 분류해내었는데, 그는 갑골에 새겨진 찬착의 배열은 한 줄에서부터 수십 줄까지에 이르며, 초기 갑골 중에는 거북의 복갑(腹甲) 및 배갑에 찬착의 총 숫자가 1백 개 이상이나 되는 것도 있고, 후기 갑골의 소의 견갑골 중에는 정면에 29개, 뒷면에 70개의 '鑿'이 있는 것도 있다고 하였다.[3] 또 北京圖書館의 于秀卿 · 賈雙喜 · 徐自强 등 세 사람은 공저 〈甲骨的鑽鑿形態與分期斷代研究〉[4]에서 갑골의 찬착 형태의 변화 및 그 배열 등이 갑골문의 분기와 단대의 표준이 될 수 있음을 밝혔다.

이상에서 보는 바와 같이, 갑골의 찬착 형태와 그 배열 방법 등도 갑골문의 분기와 단대의

---

1) 董作賓 〈商代龜卜之推測〉, 前揭書《董作賓先生全集》甲編 p.854.

2) 〈從長鑿的配置試分第三與第四期的卜骨〉은 臺灣大學文學院《中國文字》1973年 第48期에 발표하였고,《卜骨上的鑽鑿形態》는 1973年,《甲骨上鑽鑿形態的研究》는 1979년에 모두 藝文印書館에서 출판되었다.

3) 嚴一萍 前揭書《甲骨學》pp.554~692를 참고.

4) 中國古文字研究會《古文字研究》第6輯(中華書局 1981. 北京)에 발표.

한 표준이 될 수 있으므로, 이 찬착에 대한 연구 역시 갑골학 연구에 매우 중요한 의의를 가진다는 것을 알 수 있다.

《乙8671反》

제2절 商代의 점복(占卜)

'占'자의 자의(字義)에 대해 許愼은《說文解字》에서, "占, 視兆問也. : '占'자는 '卜兆'를 살펴보고 물어보다는 뜻이다."라고 풀이했다. 그리고 '卜'자의 자의에 대해서는 "卜, 灼剝龜也. : '卜'자는 발라낸 귀갑(龜甲)을 초작(焦灼)하다는 뜻이다."라고 하였다. 따라서 商代의 '占卜'이란 귀갑이나 수골을 불로 지져서 나타난 갈라진 무늬, 즉 '兆紋'을 통해서 신명(神明)의 뜻을 묻거나 길흉화복을 예측하는 것임을 알 수 있다.

인류의 문명과 생산 능력이 아직 발달하지 못하여, 생산력도 낮은데다가 자연계의 바람·비·천둥·번개 등이 야기하는 재해에 대해 극복하기가 매우 어려웠던 시기에, 인간은 이런 자연현상을 주재하는 신령(神靈)의 존재를 믿고 경외하였다. 商代 사람들이 생각했던 이런 신령이 바로 '上帝'였다. 이 때문에 그들은 생존을 영위하는 과정에서 나타나는 여러 종류의 천재(天災)와 화복(禍福)을 모두 '上帝'가 주도(主導)하는 것이라고 믿었다. 이 때문에 매번 어떤 일을 시작할 때마다 '上帝'께 은혜를 베풀어 주실 것을 기구해야만 했으며, 점복은 바로 이런 신령의 의도를 미리 알아서 대비하려는 의식의 하나였다. 이런 사실을《史記·龜策列傳》에는, "聞古五帝三王, 發動擧事, 必先決蓍龜. : 상고시대 '五帝'와 '三王'은 국가의 대사(大事)를 시작할 때면 반드시 먼저 시점(蓍占)과 귀복(龜卜)을 행하여서 결정하였다고 들었습니다."라고 기록하고 있다. 이는 아득히 먼 선사(先史)시대부터 국가의 대사 곧 전쟁과 제사에 대해서는 반드시 점복을 통하여 절대적인 주재자의 뜻과 그 길흉화복을 묻고 재앙을 물리치고 대길(大吉)과 홍복(洪福)을 기구하였음을 말해주는 것이다. 이런 점복 활동은, 인류의 지력(智力)과 의식이 역사적으로 일정한 단계까지 발전하고 진화하는 과정 중에 생기는 필연적인 산물이라고 할 수 있겠다. 따라서 安陽에서 발굴된 갑골문은 바로 商代 사람들이 우리들에게 남겨준 점복 기록으로, 세계적으로 유례를 찾아볼 수 없을 정도로 소중하고 귀중한 역사기록이다. 이에 대해 姚孝遂는,

> 通過深入的硏究, 人們就會發現, 卜辭有關卜雨的記載, 反映了當時人們在神秘的自然力量面前, 有著强烈不甘心屈服的願望. …… 不僅僅是單純的人類最早的氣象記錄, 而且是人類最早的氣象預報.[1] : 더욱 깊이 있는 연구를 통해서 비에 대한 점복과 관련된 복사의 기록은 당시 사람들이 신비한 자연의 힘 앞에 굴복하고 싶지 않은 강렬한 소원을 반영하고 있음을 발견할 수 있을 것이다. …… 그런데 이는 그저 단순한 인류 최초의 기상 기록일 뿐만 아니라, 인류 최초의 기상 예보이기도 하다.

---

1) 姚孝遂〈甲骨學的開拓與應用〉, 前揭書《殷都學刊》1990年 第4期.

라고 주장하였다. 이처럼 商代 복사에 기재된 대량의 역사적 사실은, 상고시대의 중국인들이 겪었던 자연과의 투쟁이나 생산을 위한 투쟁 등에 대한 진솔한 기록들인 동시에, 무엇과도 바꿀 수 없는 귀중한 인류 유산이라고 할 수 있다.

一. 고대(古代) 점복의 원류(源流)

점복 그 자체가 商代에 처음 시작된 것은 아니다. 점복은 신석기시대 이래로 인간의 보편적 신앙이었으며, 이 신앙은 西周 말기까지 이어져 내려왔다. 山西省 洪趙縣 坊堆 유지에서 출토된 갑골이 춘추시대의 것임이 이를 증명해준다. 安陽에서 발굴된 갑골문을 통해 알 수 있는 殷商 문화는 또한 龍山 문화를 이어 받았는데, 이는 尹達이,[1)]

> 小屯文化中有不少的因素吸取了龍山遺産, 並加以發展, 而成爲光輝燦爛的殷商文化構成的因素. : 安陽 小屯 문화 속의 많은 요소들은, 龍山 문화의 유산을 흡수하였고, 아울러 이를 더욱 발전시켜서 찬란히 빛나는 殷商 문화의 구성 요소가 되게 하였다.

라고 하고는 또,

> 龍山文化時代已知骨卜的使用; 小屯文化繼承了這一傳統, 並且加以發揮, 而成爲殷代'一切精神生活之所繫'的占卜習慣. : 龍山 문화 시대에 이미 骨卜을 사용할 줄 알았으며; 小屯 문화는 이런 전통을 계승하였고, 동시에 이를 더욱 발전시킴으로써, 殷代의 '모든 정신생활과 연계된' 점복의 습관을 형성하게 되었다.

라고 한 것에서도 알 수 있다.

그리고 점복에 사용된 갑골은 小屯 이외의 여러 지역에서도 출토되었고, 그 수량도 상당히 많은데, 이들 상호 간의 관계를 陳夢家는[2)] 대체로 다음의 4가지 부류로 나눌 수 있다고 하였다.

(1) 龍山式 : 城子涯 하층, 後岡 중층, 高井臺子와 大賚店의 龍山 문화층, 羊頭窪.
(2) 小屯式 : 小屯 북쪽 지역, 小屯의 사방 주위의 後岡 상층, 四盤磨 · 王裕口, 霍家小莊 · 南壩台 · 大司空村, 花園莊 · 鄭州 彭公祠, 濟南 大辛莊과 南郊.
(3) 豬卜式 : 二里岡, 琉璃閣.
(4) 殷末西周初 : 洛陽 東大寺, 邠縣, 坊堆, 客省莊.

---

1) 尹達《中國新石器時代》, 吳浩坤 潘悠 前揭書 p.73에서 재인용.
2) 陳夢家 前揭書《殷虛卜辭綜述》pp.28~29를 참고.

여기에서 말하는 '龍山式'은 殷代 이전의 것이라고 단정할 수 있는데, 城子涯 하층의 龍山 문화는 小屯의 殷商 문화와 비록 선후의 차이는 있지만, 부분적으로 서로 섞이고 중첩되었을 가능성도 있다. 그리고 '小屯式'은 盤庚(혹은 武丁)이후의 殷代에 해당되는데, 西周 초기까지 이어졌을 가능성도 있다. 二里岡과 琉璃閣에는 모두 돼지의 복골이 있으며, 여기에는 '鑽'은 되어 있으나 각사는 없는데, 이는 殷代의 조략(粗略)한 복골 형식에 속한다고 할 수 있다.

중국 고대의 문헌 중에는 변경 지역 소수 민족의 풍습에 대해 언급한 내용을 제외하면 점복에 대한 기록을 찾아보기 어렵다. 先秦 시기의《周禮》와 諸子書와 漢代 이후의 서적에 귀복(龜卜)에 대한 기록이 종종 나오지만, 이들 기록은 대부분이 매우 단편적이고 내용도 명확하지가 않은 것이 많다.

일반적으로 말하면, 점복은 원시신앙에서 기원한다고 할 수 있는데, 미래의 길흉화복을 예측하기 위한 점복에 사용한 도구와 점복 방법은 생존환경과 경제활동 여건에 따라 다를 수밖에 없다. 예를 들면,《周易 · 繫辭傳》에 선사(先史)시대 전설의 인물인 伏羲氏가 "始作八卦, 以通神明之德, 以類萬物之情. : 처음으로 팔괘를 만들어서 신묘하고 분명한 천지 만물의 덕성과 두루 통하고, 천지 만물의 정상(情狀)을 구별 분류하였다."라고 하고 있는데, 여기에서의 '八卦'에 대해 于省吾는〈伏羲氏與八卦的關係〉라는 글에서, 이 '八卦'는 원래 일종의 '八索占卜法' 즉 8가닥의 소의 털로 짠 노끈을 손에 쥐고서 이를 땅에 던져서 길흉을 점치는 것이라고 주장하였는데[1], 이는 원시 유목민족의 숫자점에서 유래한 것이다.

고대(古代)의 문헌에 보이는 점복에 대한 기록을 보면,《史記 · 太史公自序》에는, "三王不同龜, 四夷各異卜, 然各以決吉凶. : 夏 · 商 · 周 三代의 군왕들의 점복 방법이 서로 달랐고, 사방 만이(蠻夷)들의 복서(卜筮) 방법도 각기 서로 달랐으나, 모두 다 복서(卜筮)에 의거하여 길흉화복을 판단하였다."이라고 하고 있으며;《墨子 · 耕柱》에는 夏나라 君主 啓('開'로도 쓰며, 禹 임금의 아들)가 "使翁難雉乙卜於白若之龜. : 그의 신하 伯益로 하여금 꿩 한 마리를 잡아 그 피를 '白若' 지역의 거북 껍질에 발라 점복을 하게 하였다."라고 하였다고 하고 있고;《史記 · 龜策列傳》에는, "自三代之興, 各據禎祥. 塗山之兆從而夏啓世, 飛燕之卜順故殷興, 百穀之筮吉故周王. : 夏殷周 三代의 흥기(興起)는 모두가 각기 길상(吉祥)한 조짐에 의거한 것이었다. 禹 임금은 塗山에서 얻은 복조(卜兆)에 따른 결과로 夏 왕조가 시작되었고, 飛燕의 점복이 순응한 까닭에 殷 왕조가 이로 인해 흥기하였으며, 百穀의 복서에서 길조를 얻었기에 周 왕조가 천하를 다스리게 되었다."라고 하고 있는데, 이들 문헌들에서 말하는 '白若之龜' · '塗山之兆' · '飛燕之卜' · '百穀之筮' 등은 서로 다른 지역에 거주했던 夏 · 商 · 周 세 왕실이 사용했던 각기 다른

1) 于省吾 <伏羲氏與八卦的關係>,《紀念顧頡剛學術論文集》上册(巴蜀書社 1990. 成都)를 참고.

전설로 전해오는 점복 방법들로, 夏 · 商 · 周 세 왕실의 각기 다른 생존환경과 경제생활 여건에 바탕을 둔 것이었다. 물론 지역적으로 근접하거나 생활조건이 비슷하면 점복 방법도 서로 교류됨으로써 여러 가지 방법이 겸용되기도 했다.《禮記 · 表記》에 이런 현상을 거론하면서, "昔三代明王皆事天地之神明, 無非卜筮之用. : 옛날 夏商周 三代의 성명(聖明)한 천자들은 모두 천지 간의 여러 신명(神明)들에게 제사를 지냈는데, 이 모든 제사들은 '卜筮'로 결정하지 않은 것이 없었다." 라고 하고 있고,《史記 · 龜策列傳》에도 "夏殷欲卜者, 乃取蓍龜. : 夏代와 商代의 사람들은 점복을 하려 할 때는 시초(蓍草)와 귀갑을 사용하였다."라고 하고 있다. 물론 여기에서의 '卜筮'와 '蓍龜'에서의 '卜'과 '龜'는 귀갑이나 수골을 초작하여 그 갈라진 무늬가 나타내는 복조(卜兆)를 보고 길흉을 판단하는 것을 지칭하며, '筮'와 '蓍'는 시초(蓍草)를 손으로 집어서 그 수를 세고, 그 숫자의 배열에 의거하여 길흉을 예측하는 것을 지칭하는데, 이 두 가지는 고대(古代) 中國에서 가장 널리 유행했던 주요 점복 방법이었다.

다만 여기에서 거론된 복서(卜筮)나 시귀(蓍龜) 모두는 일찍이 西漢 전기에 그 정미(精微)하고 심묘한 방법이 이미 유실(遺失)되고 말았는데, 殷墟에서 갑골문이 발견되어 약 3천 8백 여 년 전의 갑골 점복의 실물을 눈으로 볼 수 있게 되고, 商代 귀복(龜卜)과 골복(骨卜)의 내용과 복법(卜法)의 오묘한 신비를 직접 관찰할 수 있게 됨으로써, 문헌상의 공백을 메울 수 있을 뿐만 아니라, 시야를 넓혀서 갑골 점복의 원류를 모색할 수 있게 되었다.

1928년에 容肇祖가《中央研究院歷史語言研究所集刊》第一本一分에 발표한 〈占卜的源流〉는 갑골 점복의 원류를 연구한 최초의 논문이었는데, 출토된 갑골이 殷墟에 한정되어 있는 등의 여건의 제약으로 말미암아 학술적으로 큰 진전을 보이지는 못했다. 그리고 日本의 貝塚茂樹가 1947년《東方學報》第14冊에 〈龜卜和筮〉를 발표하여, 商代의 귀복(龜卜)과 周代의 서점(筮占) 사이에 내재된 연변(演變) 관계를 밝혔다. 이미 알려진 바와 같이 周代에 성행(盛行)한 서점(筮占)은 商代에도 이미 시행되고 있었으며, 周代 사람들의 전유물이 아니었을 뿐만 아니라, 당시에는 없었던 새로운 자료들이 출토됨에 따라 연구도 새롭게 진행되었다.

그러나 30년대 중국 근대 고고학이 흥기하게 되어 젊은 세대의 고고학자들이 갑골 점복 원류를 활발하게 탐구하게 되었는데, 당시 中央研究院 歷史語言研究所의 考古組長 李濟는 1930~1931년 사이에 山東省 龍山鎭 城子涯의 선사시대 유적지에 대한 발굴을 주관하고 그 보고서의 서문(序文)에서,

> 城子涯最可注意之實物爲卜骨. 由此, 城子涯文化與殷虛文化得一最親切之聯絡. 下層兼用牛鹿肩胛骨, 上層只用牛肩胛骨, 故上下兩文化層雖屬兩個時期, 實在一個系統. …… 骨卜習俗之原始及其傳播在現代民俗學中仍爲一未解決之問題. 討論這個問題的, 大概都追溯到中國三

代的龜卜爲止. 但殷虛發掘已經證明中國的龜卜還是從骨卜演化出來的. …… 殷商時代這種(骨卜)習俗必具極長期之歷史背景. 這種歷史的背景在那中國北部及西北部分布極廣的石器時代仰韶文化遺址中, 毫無痕迹可尋. 但在城子涯, 却找出來了. …… 事實上證明殷商文化就建築在城子涯式的黑陶文化上. ……

現在我們可以知道這習俗的沿革最早的一段, 似與黑陶文化有分不開的關係. 最顯要的證據, 就是在我們現在所知道的黑陶文化遺址中, 都有卜骨的遺存. 黑都的遺址旣散布在山東及河南的東部; 中心地點大約總在山東一帶. …… 在殷虛所代表的中國最早期的歷史文化中, 據一切的經驗看來, 骨卜不但是那時一切精神生活之所係, 中國文字早期之演進大約骨卜的習慣有極大的推力. 城子涯的卜骨雖無文字, 然那時的陶片已有帶記號的; 可見下層的城子涯文化已經完全脫離了那'草昧'的時代了.[1] : 城子涯에서 가장 주의할만한 실물은 복골이다. 이를 통해서 城子涯 문화와 殷虛 문화는 가장 밀접한 연결점을 얻게 되었기 때문이다. 하층의 유물은 소와 사슴의 견갑골을 겸용하였고, 상층의 유물은 소의 견갑골만 사용하였기 때문에, 상하 두 개의 문화층은 비록 두 개의 시기에 속하는 것이지만 실제로는 동일 계통에 속한다. …… 골복(骨卜) 습속의 근원 및 그 전파는 현대 민속학에서 여전히 미해결의 문제로 남아 있다. 이 문제에 대한 토론에서는 대체로 중국 三代의 귀복(龜卜)까지 소급해 올라가는 것에서 멈추게 된다. 그러나 殷虛의 발굴은 중국의 귀복이 골복에서 진화해 나온 것임을 이미 증명해 주었다. …… 殷商시대의 이런 (骨卜) 습속은 아주 장기간의 역사적 배경을 갖고 있었음이 틀림없다. 이런 역사적 배경은 중국 북부 및 서북부에 걸쳐 매우 널리 분포되어 있는 석기시대 仰韶문화 유적지에서는 털끝만한 흔적도 찾을 수가 없다. 그러나 城子涯에서는 오히려 그 흔적을 찾아내었다. …… (이로써) 사실상 殷商 문화는 城子涯 식(式)의 흑도(黑陶) 문화 위에 건축된 것임이 증명된 셈이다. ……

지금 우리는 이런 습속의 연혁 중 가장 초기의 일단은 흑도 문화와 불가분의 관계에 있었음을 알 수 있는데, 가장 분명한 증거로는 바로 우리가 현재 알고 있는 흑도 문화 유적지에서는 모두 다 복골의 유물이 존재한다는 점이다. 흑도의 유적지는 山東省과 河南省의 동부에 분포되어 있는데, 중심 지점은 대략 山東 일대가 된다. …… 殷虛로 대표되는 중국의 가장 초기의 역사 문화 중에서 모든 경험을 근거로 해서 살펴보면, 골복은 그 당시 모든 정신생활과 연계되어 있을 뿐만 아니라, 중국 문자의 초기의 변화 발전에 있어서도 골복의 습관이 지대한 추진력을 발휘했을 것으로 보인다. 城子涯의 복골은 비록 문자가 새겨져 있지 않지만 그 당시의 도편(陶片)에는 이미 기호가 담긴 것도 있으므로, 하층에 있는 城子涯 문화는 이미 미개하고 몽매한 시대를 완전히 벗어났음을 알 수 있다.

라고 하였다. 이에서 알 수 있는 바와 같이 李濟는 城子涯라는 선사시대 유적지의 지하에서 출토된 16편의 점복용 소와 사슴의 견갑골 자료에 근거하여 골복(骨卜) 습속의 근원 및 그 전파에

1) 李濟《城子涯---山東歷城縣龍山鎭之黑陶文化遺址》(中央研究院歷史語言研究所 1934.) pp.XV~XVI.

대해서 여러 각도에서 뛰어난 추론을 펼쳤는데, 그는 중국의 귀복(龜卜)은 골복에서 변화 발전된 것이고, 商代의 골복 문화와 동부지역의 흑도(黑陶)문화(전형적인 龍山문화로 생각됨)는 가장 밀접한 관계에 있으며, 그 중심 지역은 山東 일대라고 인식하였다. 이런 견해는 당시의 확실한 고고 문물의 발견에 기초한 것이므로 대단한 매력을 가지고 있었고, 장기간 중국 학계의 주요 학설 중의 하나가 되었다. 귀복의 근원 및 그 전파에 대해서는 고고학 자료가 부족했던 탓으로 인해 李濟는 많은 추론을 하지 않았다.

1940년대에 胡厚宣은 〈關于殷代卜龜之來源〉이라는 논문을 통해서 李濟의 주장을 보충하였는데,[1] 그는 商代의 점복용 거북은 대체로 남방과 서방의 長江유역에서 왔고, 商代에는 남방의 長江유역이나 그보다 훨씬 이남 지역과도 교왕이 왕성했음이 틀림없다고 하였으며; 商 이전의 흑도(黑陶)시기에는 비록 占卜은 널리 알고 있었지만, 모두가 우골(牛骨)을 사용하고 거북은 절대 사용하지 않았으나, 殷나라 사람들이 동방의 흑도(黑陶)문화를 계승하여 점복을 행함에 이르러서는 크게 혁신을 하게 되었는데, 왜냐하면 남방과 이미 왕성한 교왕이 이뤄지고 있음으로 인하여 널리 귀갑을 얻어서 사용할 수 있었기 때문이라고 하였고; 이 이후로 '靈龜'이라는 관념도 생겨났다고 하였다. 胡厚宣은 이런 주장을 통해서 귀복(龜卜)의 기원에 대해 미흡했던 李濟의 연구를 보충하였으나, 다만 선사시대의 동방지역에서 "절대로 거북은 사용하지 않았다"는 주장과, 귀복이 商나라 사람들의 혁신적인 산물이라는 주장, 그리고 '靈龜'관념의 탄생이 商 이후라는 주장 등은 더 많은 고고학적 유물이 발견되어야 증명될 수 있을 것이다.

1950년대에 石璋如는《大陸雜誌》에 〈骨卜與龜卜的探源---黑陶與白陶的關係〉라는 논문을 발표하였는데, 당시 李濟와 胡厚宣의 여러 주장들에 대해,

> 骨卜與龜卜是殷人的創見呢? 還是承襲了其它文化? 回答這個問題可分爲兩部: 第一部卽甲骨上刻劃卜辭, 可能是殷人的創造; 第二部卽龜卜與骨卜的習慣, 可能學自它方. 學自什麽地方? 是不是一個來源呢?[2] : 골복(骨卜)과 귀복은 殷나라 사람들의 독창적 견해인가? 아니면 기타 다른 문화를 계승한 것인가? 이 문제에 대해서는 두 가지 부분으로 나누어 대답할 수가 있다. 첫 번째 부분은 갑골에 복사를 새겨 넣은 것은 아마도 殷나라 사람들의 창조일 것이라는 점이고; 둘째 부분은 귀복과 골복의 습관은 아마도 다른 곳에서 배웠을 것이라는 점이다. 그렇다면 어느 지방에서 배운 것인가? 그 내원은 하나인가?

1) 胡厚宣 <關于殷代卜龜之來源>, 前揭書《甲骨學商史論叢》初集下 pp.616~618을 참고.

2) 石璋如 <骨卜與龜卜的探源--黑陶與白陶的關係>,《大陸雜誌史學叢書》第1輯第2册(大陸雜誌社 1960. 臺北) p.161.

라고 질문하였다. 그러고는 그는 여러 고고학적 자료를 이용하여 복골과 복귀(卜龜)의 분포 및 이들 양자(兩者)의 관계에 대해,

> 龜是水產, 在北方的乾旱之區當然不會產龜的, 最初用龜的人, 也不能居住于北方的乾旱之區而無龜之地, 自以接近水的民族爲宜. …… 骨卜是東方的習慣, 很可能的是東夷的祖先黑陶文化的傳統. 龜卜是南方的習慣, 很可能的是淮夷的祖先拍紋陶文化的傳統. 骨卜與龜卜本是兩個系統, 互不相干, 因爲殷人承襲了黑陶文化, 所以他們把骨卜與龜卜同時竝用, 甚至也分不出何事應該用骨, 何事應該用龜了.[1] : 거북은 물에서 생산되므로, 북방의 건조한 지역에서는 당연히 거북이 생산될 수가 없고, 최초로 거북을 사용한 사람도 거북이 없는 북방의 건조한 지역에 거주했을 가능성은 없고, 물에 근접한 민족일 것이다. …… 골복(骨卜)은 동방의 습관이며, 東夷의 조상인 흑도(黑陶)문화의 전통일 가능성이 매우 높다. 귀복(龜卜)은 남방의 습관이며, 淮夷의 조상인 박문도(拍紋陶)문화의 전통일 가능성이 매우 크다. 골복과 귀복은 본래 두 개의 계통이며, 서로 상관이 없는데, 殷나라 사람들이 흑도문화를 계승하였기 때문에 골복과 귀복을 동시에 병용하였고, 심지어 어떤 일에는 반드시 수골을 사용하고, 어떤 일에는 반드시 거북을 사용해야 하는지도 구분하지 못하였다.

라고 추정하였다. 그리고 陳夢家[2] 역시 발굴된 점복용 갑골의 분포 정황에 대한 분석과 연구 끝에 小屯 이외의 여러 출토지점을, 분포지역에 따라 豫北 · 豫中 · 豫東 · 魯西 · 魯南과 陝西의 중부로 나눴는데, 가장 동쪽으로는 遼東까지 이르고, 가장 서쪽으로는 涇水 상류까지 이른다고 하였다. 그리고 시대에 따라서는 앞에서 설명한 바와 같이 龍山式 · 小屯式 · 猪卜式 · 殷末西周初 등의 네 부류로 크게 나눴다. 그리고 龍山式 복골은 직접 불에 지지는 방법과 비교적 거칠고 간단한 '鑽'을 하는 방법을 사용하였고, 小屯式의 특색은 '鑿'을 하고, 골구(骨臼)를 잘라내고 '臼角'을 제거하고 '脊骨'을 편평하게 깎아낸 것과 귀갑을 응용한 점들이라고 하면서, 小屯 북쪽 지역의 각사 복골과 小屯 사방의 무문자(無文字) 복골은 그 정치(整治) 정도에 차이가 있는데, 이는 왕실과 비왕실(非王室)의 구별에 기인하는 것이며, 비왕실의 일용 점복에는 작은 가축을 사용하고 비교적 거칠고 간단한 제작방식을 썼고, 비교적 원시적인 형식이 보존되었을 것이라고 추정하였다. 그리고 점복용 귀갑은 殷代에 이르러서야 비로소 사용되었다고 주장함으로써 石璋如와는 다른 의견을 제시하였으나, 귀갑이 출토된 安上村과 黑孤堆의 두 유적지를 龍山式에 포함시킴으로써 스스로 모순을 범하고 말았다.

1960년대와 70년대 이후로는 何聯奎의 〈龜的文化地位〉와 丁驌의 〈說契文龜字〉 및 凌純聲

---

1) 石璋如 上揭 論文 p.165.

2) 陳夢家 前揭書《殷虛卜辭綜述》pp.19~29를 참고.

의 〈中國古代的龜祭文化〉 등의 여러 논문이《中央研究院歷史語言研究所集刊》에 연달아 발표되었다. 이 당시 비교적 체계적으로 고고학 자료를 이용하여 갑골 점복 형태의 변화와 발전에 대해 고찰한 논문으로는, 張秉權이 1967년에《中央研究院歷史語言研究所集刊》에 발표한 〈甲骨文的發現與骨卜習慣的考證〉이 있으며, 1974년에는 劉淵臨이 같은 논문집에 선사시대부터 商周시대까지의 전국적인 복골 자료를 종합하여, 정치(整治) 기술이 변화 발전되어 온 과정을 고찰한 〈卜骨的攻治技術演進過程之探討〉를 발표하였는데, 이 논문은 후에 수정과 보충작업을 거쳐서《卜用甲骨上的攻治技術的痕迹之研究》라는 저서에 다시 수록되었다. 이 저서에서 劉淵臨은 복갑과 관련된 자료 중에서 최초의 것으로 安上村과 黑孤堆 두 곳을 제시하고, 이를 龍山期에 배열하였으며, 그 이후 시기들은 殷商早期 · 殷商晚期 · 西周期 등으로 나누었다. 그러나 골복과 귀복의 시작과 근원에 대해서는 고고학적인 자료 수집 등 여러 여건의 부족으로 인하여 그다지 큰 진전은 없었다.

1977년에 嚴一萍은《甲骨學》에서 殷墟 이외의 지역에서 발견된 복갑과 복골의 분포 상황에 대해 서술하였는데, 각각 신석기시대 · 殷商시대 · 兩周시기 및 연대(年代) 불명(不明) 등으로 구분하였다. 그러나 1988년 張秉權은《甲骨文與甲骨學》에서 골복 습속의 원래 시발 지점이 도대체 어디인지는 아직도 더 많은 자료를 찾아내야만 결론을 내릴 수 있을 것이라고 하였다.

1992년에 劉玉建은《中國古代龜卜文化》라는 저서에서 中國 고대의 귀복(龜卜) 문화의 발전 역사에 대해 체계적으로 연구하였는데, 귀복의 기원은 약 8천 년 전의 伏羲 시대라는 의견을 제시하면서, 夏商周의 귀복 · 춘추시대의 귀복의 대대적인 보급 · 전국시대 이후의 귀복의 쇠퇴 등의 내용으로 서술하였다.

지금까지 1920년대 이후 골복과 귀복의 원류에 대한 여러 방면의 탐색과 연구를 개괄하였다. 이를 총괄하면, 殷墟에서 과학적인 발굴 작업이 시행된 이후로 점복용 갑골은 河南 · 山東 · 江蘇 · 安徽 · 湖北 · 四川 · 陝西 · 山西 · 河北 · 遼寧 · 吉林 · 內蒙古 · 甘肅 · 寧夏 · 青海 · 北京 · 天津 등의 17개 성(省) · 시(市) · 자치구의 약 2백 여 곳에 달하는 고고 유적지에서 출토되었으며, 이르게는 초기 신석기시대의 말기에까지 해당되고, 夏 · 商 왕조 때에 가장 흥성하였으며, 춘추전국 이후에는 쇠퇴하였다. 초기에 사용했던 점복용 수골의 재료는 돼지 · 양 · 소 · 사슴 등의 견갑골과 귀갑 등 매우 다양했으며, 귀복은 주로 江淮지역과 동부의 해변 지역에서 출토되었고, 골복은 중원(中原) 지역과 북방 지역에서 주로 발견되었는데, 서북지역까지 분포되어 있다. 예를 들면, 青海省 樂都縣 雙二東坪의 辛店 문화 유적지에서 비교적 많은 수량의 돼지와 양의 견갑골 복골이 발견되었는데, 찬착 흔적도 있고, 중원의 商周 시대에 해당된다고 한다. 이들 점복 재료의 종류와 내원은 해당 동물의 생산지 및 주민들의 생활습관과 밀접한 관계가 있을 것이 분명하다.

지금까지 알려진 가장 초기의 복골 출토지점은 두 곳이다. 하나는 河南省 서남지역의 淅川縣

下王崗 유적지인데, 여기서 출토된 仰韶 문화 제3기의 양의 견갑골 복골은 정치(整治)를 하지 않았으나 초작의 흔적은 있으며, 사용 년대는 B.C.4070년 전후로, 지금부터 약 6천 년 전쯤으로 추정된다고 한다[1]. 또 하나는 甘肅省 武山縣 傅家門 유적지로서, 고고학 문화로는 馬家窯 문화의 石嶺下 유형에 속하는데, 출토된 복골은 6건이고, 그 중 5개는 장방형 반(半) 지혈식(地穴式) 주거용 유적지 한 곳에서 나왔으며, 양·돼지·소의 견갑골인데, 정치를 하지 않았으며 찬착은 하지 않고 초작만 했을 뿐이지만 "="·"|" 등의 부호가 음각(陰刻)으로 새겨져 있으며, 해당 년대는 B.C.3800년 전후로서 지금부터 약 5800년 전쯤으로 추정된다고 한다.[2] 이보다 조금 앞선 시기의 복귀(卜龜)는 山東省 泗水縣 尹家城 유적지 龍山 문화층에서 출토되었는데, 거북의 복갑(腹甲)이며 찬착은 없지만 불로 지진 흔적은 있으며, 지금부터 약 3900년 쯤 전의 것으로 추정된다고 한다[3]. 그리고 安徽省 蕭縣 花家寺 신석기시대 유적지에서 출토된 쪼개진 복귀 4편은 유일하게 연대를 알 수 없으며, 江蘇省 南京市 北陰陽營 유적지 제3층 문화층에서 복귀 7편이 발견되었는데, 배면(背面)에 불로 태운 자국이 있으며, 정면에는 탁문(坼紋)이 있고, 지금부터 약 3천여 년 전의 것으로서 商代 전기에 해당될 것으로 추정된다고 한다.[4] 이들 자료에 의하면, 지난날 선사시대 동방지역에서는 절대로 거북을 사용하지 않았다든지, 귀복(龜卜)은 商나라 사람들로부터 비롯된 혁신적인 산물이라든지, 영귀(靈龜) 관념의 생성은 殷 이후라는 등의 주장은 마땅히 수정되어야 한다.

이로서 보면 귀복(龜卜)의 기원은 매우 오래전일 것이 틀림없다. 비록 전설상으로는 伏羲氏가 처음 귀복을 만들었다는 주장을 믿을 수는 없다고 하더라도, 귀복의 시작은 선사시대까지 거슬러 올라갈 수 있다. 또 지금까지 발견된 고고학적 자료에 의하면, 가장 원시적인 귀복은 초작을 시행하지 않고 냉점복법(冷占卜法)을 사용한 것 같다. 아울러 河南省 중부 지역과 安徽省의 몇몇 묘지와 반지혈식 거주지에서는 귀각(龜殼)이 함께 묻혀있는 것이 발견되었는데, 이런 사실들은 약 8천 년 전에 淮水와 黃河 유역 일대에 거주한 선민(先民)들은 이미 영귀(靈龜) 관념을 가지고 있었으며, 이 관념은 당시의 사회생활에 크게 영향을 끼쳤을 뿐만 아니라 줄곧 이어져 내려왔음을 알게 해준다. 물론 여기에서의 영귀(靈龜) 관념은 거북이 인간과 신(神)을 연결하고 소통해주는 영성(靈性)을 지녔으며, 길흉을 판단해 줄 수 있다고 생각하는 것으로, 후대의 《博物誌》나 《淮南子·說林訓》이나 《論衡·卜筮》 및 《洛書》 등의 여러 문헌에서 언급되고 있다. 또 《禮記·禮運》에는 "麟鳳龜龍, 謂之四靈. : 기린·봉황·거북·용은 네 신령이라고 일컫는다."라고 하였는데, 이는

1) 河南省文物研究所長江流域規劃辦公室考古隊河南分隊 《淅川下王崗》(文物出版社 1989. 北京) p.200을 참고.

2) 中國社會科學院考古研究所甘青工作隊 <甘肅武山傅家門史前文化遺址發掘簡報>, 《考古》 1995年 第4期를 참고.

3) 于海廣 《泗水尹家城》(文物出版社 1990. 北京) 圖版69 : 1을 참고.

4) 南京博物院 《北陰陽營--新石器時代及商周時期遺址發掘報告》(文物出版社 1993. 北京) pp.157~158을 참고.

아마도 거북이 장생(長生)하는 동물인데다가, 여유롭고 배고픔도 즐겁게 인내하며 머리를 자유자재로 신축할 수 있고, 등판의 무늬 같은 여러 특성이 이런 영귀 관념을 탄생시킨 연유일 것이라고 생각된다.

지금부터 5, 6천 년 전 무렵에는 거북을 부장품으로 삼았던 풍습이 여러 지역에서 특수 계층에 유행했었는데, 묘의 주인은 생전에 거북을 사용한 냉점복(冷占卜)에 종사했을 가능성이 높다고 한다. 거북의 냉점복법은 후에 각 지역에서 비교적 유행했던 초작(焦灼) 점복법과 결합되었고, 갑골 점복은 두 가지를 함께 병행해도 서로 상충되지 않는 상고시대 점복 습속을 탄생시켰다. 예를 들면, 南京 北陰陽營 유적지에서는 골복과 귀복이 함께 발견되었는데, 복골은 정치(整治) 과정을 거쳤고, '鑽'을 했으며, 초작의 흔적도 있어서 비교적 성숙한 점복 형태가 분명하지만; 귀복은 오직 그을려져 있을 뿐이어서 비교적 원시적인데, 이는 귀복과 골복이 합류되던 초기 상태를 반영한 것이라고 할 수 있다. 지금부터 약 4천 년 전의 龍山 문화 시기에는 귀갑과 수골의 점복이 병행되었다. 다만 중원 지역은 골복이 성행하여 주로 소·돼지·양·사슴 등의 견갑골을 점복의 재료로 사용하였으며, 복골에는 일반적으로 깎거나 다듬는 정치 작업을 하지 않고 오직 그을려져 있을 뿐인데, 복골 재료의 두께에 따라서 복조의 갈라진 무늬가 나타나 있지 않은 것도 있고, 또 후세의 점복자(占卜者)들이 골편에 나타나는 조탁(兆坼)의 변화를 조정하기 위해 행했던 찬착 등의 기술적인 처리도 보이지 않는다.

夏代 점복에 사용된 수골의 재료들은 대부분 제사의 희생으로 사용한 가축인 생축(牲畜)의 견갑골인데, 면적이 넓고 얇아야 초작이 쉬운 까닭에 黃河 유역인 河南省 북쪽·河北省 남쪽과 山西省 중남부 지역에서는 주로 소·돼지·양 등의 견갑골을 사용하였고, 漢水와 淮水 상류 지역 및 동방 지역에서는 사슴의 견갑골이 많이 출토되었는데, 이는 각 지역의 자연 생태와 생산되는 동물의 종류 및 주민들의 생활상과 깊은 관계가 있는 바, 대체로 현지에서 가장 쉽게 획득할 수 있거나 목축이 가능한 동물들의 뼈를 점복용으로 채택하였을 것이다. 일반적으로 이 시기의 복골의 정치 상태는 아직은 매우 서툰 수준이었고, 龍山 시기 복골과 비교해도 큰 차이가 없는데, 초작이 주된 점복법이었다. 이는 후대에 이르러 商代 갑골에서 볼 수 있는 '刮'·'削'·'鋸'·'切'·'磨' 등의 정교한 기술의 정치와 '鑽'·'鑿'·'灼'을 동시에 시행했던 점과 비교하면, 현저하게 원시적인 면이 많다고 하겠다.

그렇지만, 이 시기 동방 지역의 점복 문화는 또한 중원 지역에 비해서 한층 더 우수하다는 점을 간과해서는 안 된다. 복골의 정치 정도와 점복 형태는 이미 당시로서는 가장 선진적인 지위를 차지하고 있었다. 그 외에도 이 지역 大汶口 시기의 영귀(靈龜) 관념을 전승하여 龍山 시기에 이미 중원지역 보다 앞서서 거북에 초작하여 복조를 살피는 새로운 점복 습속이 형성되었다. 이런 변화와 발전에 대해서는 山東省 泗水縣 尹家城 유적지의 발굴이 대표적이다. 이에 대해 于海廣은,

在龍山文化層, 出有完整的卜用龜腹甲, 焦灼透過龜版, 正面猶可見到灼焦痕. 在岳石文化層(相當夏代), 出有卜用牛 · 鹿肩胛骨, 經加工整治, 邊緣刮削過, 有鑽有灼. 在商代文化層, 出牛 · 鹿胛骨和龜腹甲, 牛 · 鹿骨經刮削粗磨, 有的加工較精, 骨脊削平, 周邊修平, 關節鋸除, 有鑽有灼, 鑽有單鑽 · 雙聯鑽 · 三聯鑽之分. 龜腹甲背部經刮削粗磨, 有大小鑽孔和灼, 正面有焦痕, 還有短直卜兆裂紋.[1] : 龍山 문화층에서는 완벽한 상태의 점복용의 거북 복갑(腹甲)이 출토되었는데, 초작이 귀판을 투과(透過)하여 정면에는 그을린 흔적을 지금도 볼 수 있다. 岳石 문화층[夏代에 해당됨]에서는 점복용의 소와 사슴의 견갑골이 출토되었는데, 가공과 정치 작업을 거쳤으며, 가장자리는 깎이었고, '鑽'과 초작을 하였다. 商代 문화층에서는 소와 사슴의 견갑골과 거북의 복갑(腹甲)이 출토되었는데, 소와 사슴의 뼈는 괄삭 및 대충의 연마(研磨) 작업을 거쳤으며, 어떤 것은 비교적 정교하게 가공하였는데, 뼈의 불룩한 부분은 편평하게 깎고 가장자리도 편평하게 손질을 했으며, 관절 부분은 잘라내고 '鑽'과 초작도 하였는데, '鑽'은 단찬(單鑽) · 쌍연찬(雙聯鑽) · 삼연찬(三聯鑽)으로 구분되어 있다. 그리고 거북의 복갑(腹甲)은 뒷면은 괄삭 및 대충의 연마 작업을 거쳐서 크고 작은 찬공(鑽孔)과 초작을 하였고, 정면은 불에 그을린 흔적도 있고, 또 짧고 곧은 복조와 갈라진 무늬도 있다.

라고 하고 있다. 이에서 볼 수 있듯이, 동방지역의 점복 문화는 동일 시기의 중원지역을 크게 앞섰고, 특히 주의할 점은, 귀복과 골복이 함께 거론되는 것은 동방 지역에서는 실제로 龍山 시기에 이미 시작되었다는 것이다. 다만 주목할 점은, 河南省 滎陽市 高村鄉 竪河 유적지의 二里頭 문화 제2기에서 거북의 복갑(腹甲)이 출토되었고, 제3기에서는 소의 견갑골 복골이 출토되었으며, 河南省 洛陽 東干溝 二里頭 문화 유적지에서는 복골과 귀갑이 함께 출토되었고, 河南省 鄭州市 南關 밖의 先商 문화층에서는 복골과 소량의 복귀(卜龜)가 함께 출토되었다. 이로서 중원 지역에서의 복귀의 출토가 비록 조금 뒤늦기는 하였지만, 시기적으로 이 역시 商 왕조 건립 이전에 해당되므로, 귀복(龜卜)이 商代 사람들의 혁신적인 산물이라는 인식은 잘못된 것이다.

그리고 河北省 磁縣 下七垣 유적지의 二里頭 문화층에서는 정치는 하지 않고 초작만 한 양의 견갑골이 출토되었을 뿐이지만, 조기(早期)의 商代 중기 문화층에 이르면 귀복과 골복이 나란히 거론되는 일이 갑자기 많아지며, 갑골의 정치 기술과 찬착과 초작을 병행해서 시행한 점복법이 동방지역과 거의 비슷할 정도로 많아진다. 이는 商代의 대외 교류가 활발해짐에 따라 동방문화적인 요소가 대량으로 중원 지역으로 유입되었음을 설명해주는 것이라 하겠다. 河北省 邢台市 曹演莊의 商代 유적지에서는 점복의 재료로 쓰인 소 · 양 · 사슴 · 돼지 등의 견갑골과 귀갑이 출토되었는데, 이들 가운데 소의 견갑골은 대부분 정치 작업을 하고 '鑽' 및 초작을 거쳤으며, 소의 두개골을 사용하여 점복한 것도 있다. 그리고 거북은 복갑(腹甲)과 배갑을 겸용하였는데, 찬착과 초작을

---

1) 于海廣 <泗水尹家城>, 王宇信 · 楊升南 前揭書《甲骨學一百年》p.229에서 재인용.

병행해서 시행하였다. 그런데 양·사슴·돼지의 견갑골은 모두 다 정치 작업을 하지 않았다. 그 밖에 조기에는 골류(骨類)가 많이 출토되었으며 돼지의 뼈 역시 조기에만 출현하였고, 만기에는 거북이 많이 출토되었다. 이로서 商代 점복용 갑골 재료는 점차 귀갑과 소의 견갑골로 제한되는 추세임을 알 수 있다.

商代 전기의 왕도(王都) 鄭州 商城의 고고 발굴에 근거하면, 점복용 갑골 재료 중에서 대부분을 차지하는 것은 소의 견갑골이고, 그 다음이 귀갑이며, 그 밖에 소량의 사슴·양·돼지·개 등의 견갑골이 사용되었다. 점복용 갑골의 형태는 세 가지로 분류되는데, 첫째는 초작만을 시행한 것으로서, 소와 돼지의 뼈가 대부분이고; 둘째는 '鑽'을 하고 나서 초작을 시행한 것으로서, 소의 뼈가 대부분이고 귀갑이 그 다음으로 많으며; 셋째는 찬착을 하고 나서 초작을 시행한 것으로서, 귀갑이 대부분을 차지하고 있다. 그리고 '鑽'은 단찬(單鑽)과 쌍연찬(雙聯鑽)이 있는데, 아주 깊고 조밀하게 되어 있다.

商 왕조 후기의 왕도였던 殷墟에서는 갑골 점복이 일시 크게 성행했는데, 점복용 갑골 재료는 주로 소의 견갑골과 귀갑을 채택하였고, 삭거(削鋸)·절착(切錯)·괄마(刮磨)·천공(穿孔) 등의 일련의 작업이 정치의 정례적인 작업 순서가 되었다. 그리고 찬착과 초작의 형태의 변화 발전은 또한 그에 상응하는 세대 변화의 특색을 보여 준다. 殷墟 갑골에 나타나는 모든 점복 단계별 과정은 매우 규범화되었고, 찬착과 초작의 솜씨가 능숙한 수준으로 향상되었고, 그 배열도 질서 정연하고 조합(組合)도 일정한 규격에 맞게 정돈되어 있고, 조탁(兆坼)도 대부분 '卜'자 모양을 하고 있어서, 원시 상태의 난잡하고 문란하거나 아니면 조상(兆象)이 없는 것과 같은 극단적인 현상은 이미 없어졌다.

《尙書·洪範》에는 夏代의 5종(種) 복골 조상(兆象)에 대해, "日雨·日霽·日蒙·日驛·日克.: 비의 형상·비가 그치고 구름이 남아있는 형상·안개의 형상·있는 듯 없는 듯한 부운(浮雲)의 형상·상호 침범하는 흉재(凶災)의 기색을 띤 형상"이 있다고 하고 있다. 만약 이를 殷墟의 복갑이나 복골에 나타난 조탁의 형태와 비교해 보면, 서로 일치하기는 어렵고, 오히려 龍山 시기나 二里頭 문화 시기의 갑골에 나타난 조탁과 갈라진 무늬가 혼잡스럽고 다변적인 모양과는 비슷한 점이 많다. 이런 종류의 조상은 원시적인 의미가 매우 농후하여 商代 사람들에게서 나왔을 것 같지는 않지만, 터무니없이 날조된 것 같지는 않고, 본래 夏代 사람들의 복조일 가능성이 매우 크다고 생각된다. 《春秋左氏傳》 哀公 18년 조(條)에 《夏書》를 인용하여, "官占唯能蔽志, 昆命于元龜.: 복서(卜筮)를 담당하는 관리는 우선 소원하는 바를 정한 후에 비로소 거북으로 점복을 한다."라고 하고 있는데, 귀갑을 이용한 점복은 夏代 동방지역의 점복 습속이었고, 商代에도 이를 이어받았다고 볼 수 있다. 그리고 관청의 점복은 우선 주관적인 소원을 정한 다음에 귀갑을 이용한 점복을 시행하였는데, 갑골 조상으로 길흉을 판단하는 과정에서 인간의 소원과 인식이 조착(兆坼)

의 변화에 인위적인 통제를 가할 가능성도 있지만 객관적 사물의 인과 관계에 따른 표상에 대해 비교적 이성적인 판단과 해석을 하는 일이, 적어도 商代 관방(官方)의 갑골 점복에는 이미 반영되었다고 볼 수 있다.

二. 商代 점복의 순서

殷墟에서 발견된 갑골에 나타난 商代의 점복 과정과 순서는 상당히 복잡하다. 재료가 거북인 경우의 점복의 과정과 순서는, 지금까지 발견된 여러 가지 복갑과 복골들을 살펴보면 대략 다음과 같이 크게 세 단계로 나누어 설명할 수 있을 것이다. 첫째는 우선 준비 과정으로, 거북의 입고와 취사 선택, 거삭과 괄마 등의 정치 작업, 그리고 찬착 과정을 순서대로 진행하였을 것이고; 둘째는 본격적인 점복의 과정으로, 명귀(命龜)·작귀(灼龜)·점귀(占龜)·각조(刻兆)·각사·도식(塗飾) 등의 작업이 순서대로 진행되었을 것이며; 셋째는 점복 뒤의 후속 조치로, '驗辭' 즉 증험(證驗) 내용의 기록·저장고 보관·수집 정리와 매장(埋藏) 등의 작업이 이뤄졌을 것이다. 그리고 이들 각 과정에는 이에 대한 일군(一群)의 전문가들이 이런 전례(典禮)에 종사하였을 것이 틀림없다. 갑골문에 "多卜"(《合集24144》)이라는 군칭(群稱)이 보이는데, 이로써도 商代에는 갑골 점복을 담당하는 일련의 복관(卜官) 제도가 있었음을 알 수 있다. 이런 사실은 周代의 이상적인 정부 관료 조직을 종합적으로 서술한 《周禮》에 점복과 관련한 귀인(龜人)·수씨(菙氏)·복사(卜師)·대복(大卜)·점인(占人) 등에 대한 서술에 참고가 되었을 것인 바, 이에 근거하여 商代 갑골 점복의 순서와 "多卜"의 분업을 개괄적으로 서술하면 다음과 같다.

귀인(龜人) : 거북의 입고(入庫)와 취사 선택, 거북 껍질을 발라내어 건조시킨 다음, 이의 거삭과 괄마 등의 정치 작업 등을 담당함.
수씨(菙氏) : 초작에 사용할 연료를 준비함.
복사(卜師) : 거북에 대한 찬착과 초작을 담당함.
대복(大卜) : 점복을 하려는 사실을 거북에게 고하는 일을 담당함.
점인(占人) : 조탁(兆坼)을 살펴서 길흉을 판정하고, 명귀(命龜)와 조짐(兆朕)을 책(策)에 기록하고 이를 거북에다 매다는 일을 담당함.

이와 같이 殷墟 갑골의 점복 순서는 취재(取材)·거삭·괄마·찬착·초작·각사·서사(書辭)·도사(塗辭)·각조(刻兆) 등의 순서로 진행되었을 것이다. 그런데 취재부터 찬착까지는 점복의 준비 단계에 해당되는데, 이에 대해서는 앞에서 이미 서술하였으므로, 여기에서는 본격적인 점복의 시작이라고 할 수 있는 초작 등의 중요 과정들을 살펴보기로 하겠다.

甲. 초작(焦灼)

점복의 재료인 귀갑이나 수골을 선별 취사하고 이를 다시 정치하여 잘 다듬고, 찬착 작업까지 마치면 점복 준비 작업은 끝나고, 이제 본격적인 점복을 시작하게 된다.

본격적인 점복은 귀갑이나 골판을 불로 지지는 초작으로부터 시작되는데, 이것은 점복에서 가장 중요한 복조(卜兆)를 얻기 위한 것이다. 이 초작의 절차에 대해 王宇信은,

> 在灼龜時, 一邊禱祝, 一邊述說所卜之事.[1] : 귀갑의 초작을 진행할 때, 한편으로는 축원하며 빌고, 한편으로는 점복하려는 일을 아뢴다.

라고 하였다. 이는 초작을 시행하기 전의 의식이다. 초작은 복조를 얻기 위해 복골이나 복갑의 '鑽'의 내부나 '鑿'의 옆에 불로 지지는 것을 말한다. 갑골에는 '鑽'은 되어 있으나 초작을 시행하지 않은 것도 있는 것으로 보아서, '鑽'을 먼저 하고난 뒤에 초작을 했음을 알 수 있다. 이 초작을 시행하면 복골이나 복갑이 불의 열에 의해 갈라 터져서 금이 생기는데, 이 무늬를 '兆紋'이라 하고, 점복에 채택된 조문(兆紋)을 '卜兆'라고 하며, 이 복조를 통해 점복의 결과를 판단하는 것이다. 이 조문(兆紋)과 작화점(灼火點)을 그림으로 표시하면 다음과 같다.

灼火點 兆紋圖

1) 王宇信 前揭書《甲骨學通論》p.114.

이 조문(兆紋)은 또 '兆幹'과 '兆枝'로 나누어진다. 끌 등의 '鑿具'로 파낸 홈 즉 '鑿槽'의 바닥 부분은 '鑿具'의 날이 아래를 향해 깎아낸 깊숙한 곳이 일직선 모양을 이루는데, 이곳이 바로 정면에 직행으로 불의 열에 의해 갈라 터져 나타나는 '兆幹'이며, '卜'자의 '丨'에 해당하는 직선 부분으로, '墨'이라고 일컫는다.《周禮 · 卜師》의 "揚火以作龜, 致其墨. : 맹렬히 센 불로 귀갑을 초작하여 '墨'이 분명하게 나타나도록 한다."라는 말 중의 '墨'이 바로 이것이다.

'鑽洞'은 '鑿'에 바짝 붙어 있기 때문에, '鑽洞'의 정면에는 바로 갈라 터져서 생긴 '兆枝'가 나타나는데, 이 또한 직행의 일단(一端)인 '橫枝' 즉 가로로 생긴 가지이고, '卜'자의 '㇏'에 해당하는 부분으로, 바로 '墨'의 옆가지이며, '坼[chè]'이라고도 하고, '璺[wèn]'이라고도 한다.

그리고 초작을 시행할 때 사용하는 불은 두 종류가 있는데, 하나는 불꽃이 있는 불이고, 또 하나는 가시나무의 가지를 불 위에다 놓고 활활 태워 시뻘건 숯으로 만든 것으로, 이를 찬착 속에 넣어 직접 지지는 방법이 있다. 小屯村에서 발굴된 갑골의 초작 부분은 연소하고 있는 불 위에서 직접 태우지 않고, 원주형(圓柱形)의 나뭇가지를 태워 만든 숯불의 뜨거운 열로 초작을 시행했기 때문에, 초작한 흔적이 거의 평원(平圓)에 가깝다. 찬공(鑽孔)이 둥근 까닭은 이렇게 나뭇가지의 끝부분이 홈 안에 들어갈 수 있도록 하여 뜨거운 열이 집중되고 폭렬(爆裂)하는 힘이 더욱 증강되도록 하기 위함이다.

그런데 이 초작의 위치에 대해 陳夢家는,

> 有鑽者, 灼於所鑽中處; 無鑽者, 通常灼於鑿的左或右, 但亦偶有灼於鑿之左右兩旁.[1] : '鑽'이 있는 것은 '鑽'의 한가운데에 초작하고; '鑽'이 없는 것은 통상 '鑿'의 왼쪽이나 오른쪽에 초작을 하지만, '鑿'의 좌우 양쪽 모두에 초작을 한 경우도 있다.

라고 하였다. 그리고 초작의 위치가 찬착의 왼쪽 방향인지 오른쪽 방향인지에 따라서, 정면의 조지(兆枝)의 방향이 결정되는데, 만약 배면(背面)의 '鑽'에 시행한 초작점(焦灼點)이 착조(鑿槽)의 좌측에 위치하게 되면, 정면의 조지는 오른쪽으로 향하게 되고; 만약 배면의 '鑽'에 시행한 초작점이 착조의 우측에 위치하게 되면, 정면의 조지는 왼쪽으로 향하게 된다. 그리고 귀갑과 수골의 조문(兆紋) 방향은 일정한 규율이 있는데, 거북 복갑(腹甲)의 갑판(甲版)은 좌반부(左半部)는 우측으로 향하고, 우반부는 좌측으로 향하며; 배갑의 갑판도 좌반부는 우측으로 향하고, 우반부는 좌측으로 향하도록 하고 있다. 다른 동물들의 견갑골 골판은 우골(右骨)은 우측으로 향하도록 하고, 좌골(左骨)은 좌측으로 향하도록 한다. 이를 자세히 살펴보면, 귀갑의 조문 방향의

1) 陳夢家 前揭書《殷虛卜辭綜述》p.13.

원칙은 다음과 같다. 거북의 복갑(腹甲)은 중봉(中縫)인 '千里路'를 중심선으로 하고, 배갑은 중척(中脊)을 중심선으로 하여, 좌갑(左甲)인지 우갑(右甲)인지에 따라서, 조문의 횡지(橫枝) 즉 '坼'이 일률적으로 중봉(中縫)이나 중척(中脊)을 향해 가지를 뻗도록 하였다. 여기에서 동일 복갑(腹甲)의 정면인《乙2139》와 이의 반면인《乙2140》을 예로 들어보면, 이는 귀수(龜首)의 좌우갑(左右甲)과 중골(中骨)이 서로 연접된 거북 복갑(腹甲)의 단편(斷片)인데, 뒷면인《乙2140》에 11개의 찬착 자국이 있고, 앞면인《乙2139》에 나타난 조문의 조지(兆枝) 역시 11개인데, 이 가운데 좌측의 조문은 5개이고, 이들 5개의 조지는 모두 다 중봉을 향해 뻗어 있다. 그리고 우측의 조문은 6개인데, 이들 6개 조지들도 또한 모두 다 중봉을 향해 뻗어 있음을 알 수 있다.

견갑골의 조지 방향은 좌측으로 향한 것은 모두 다 좌측으로 향하고 있고, 우측으로 향한 것은 모두 다 우측으로 향하고 있는 것은 예시한《乙8671反》과 같은데, 이는 찬착을 병행한 견갑골이다. 그런데 드물기는 하지만, 골판에 나타난 조문의 방향이 좌우 모두를 향해 있는 것도 있다.[1)]

이렇게 초작을 통하여 조문이 확실하게 나타나면, 이에 근거하여 점복을 주관하는 복관(卜官)은 이때 나타난 복조가 길조인지 아니면 흉조인지를 판단하였을 것이다. 이렇게 복관이 어떤 일의 길흉에 대해서 복문(卜問)하고 나면, 그 다음 단계로는 복문한 사항과 그 내용을 복갑이나 복골에 다 새겨서 기록하는 각사(刻辭) 작업을 시행하였다.

1) 中國社會科學院 考古研究所編《小屯南地甲骨》下册第三分册(中華書局 1983. 北京) 第1833片 "附1片"이 이 경우의 例임.

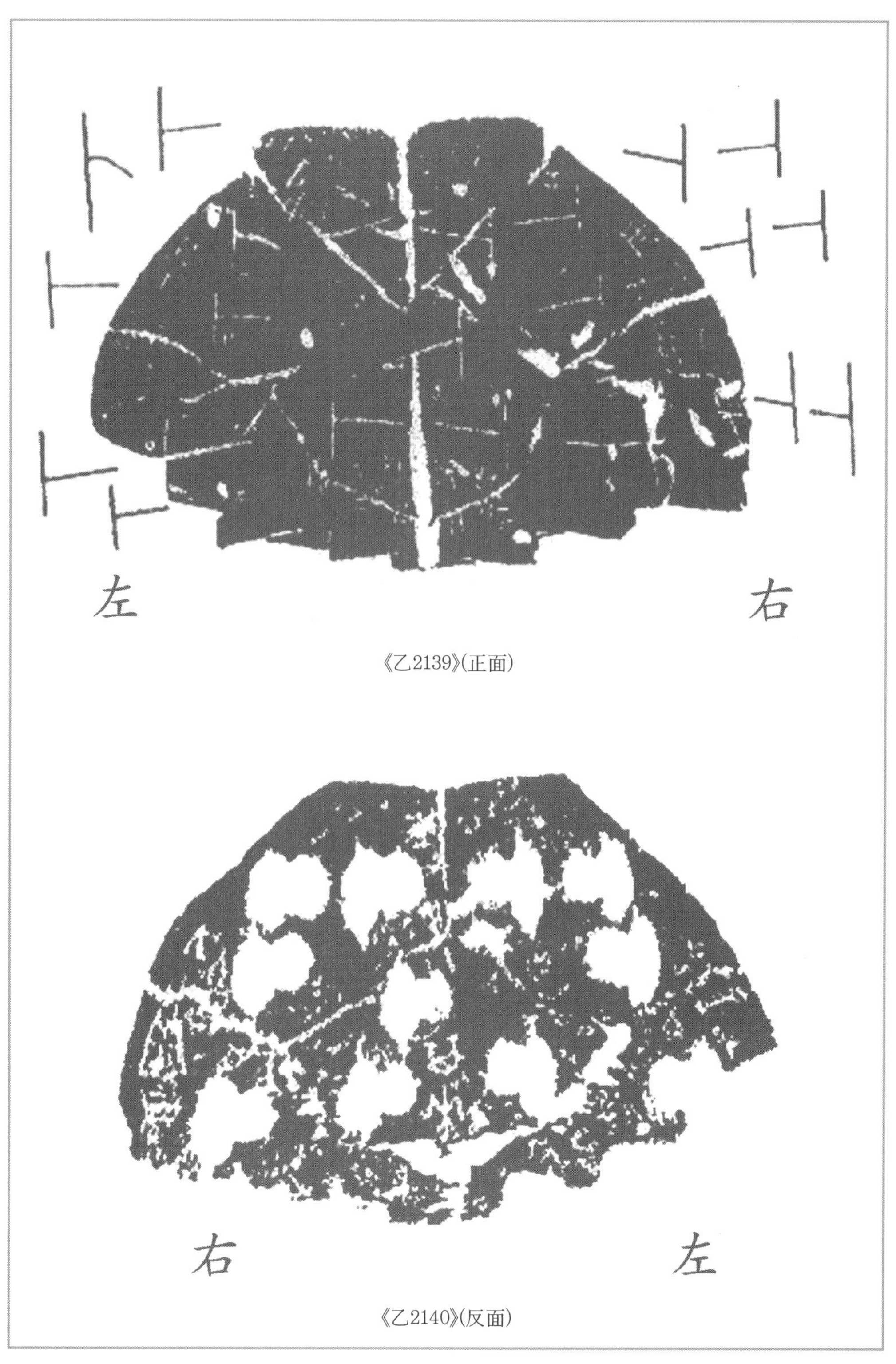
左
右
《乙2139》(正面)
右
左
《乙2140》(反面)

《乙8671反》

乙. 각사(刻辭)

갑골이 출토될 때 각사(刻辭)된 갑골과 함께 각사가 되어 있지 않은 갑골도 매우 많이 출토되었다. 이 각사된 글 가운데, 그 내용이 점복인 것을 특별히 '卜辭'라고 하는데, 갑골의 刻辭는 대부분이 이런 복사(卜辭)이다. 그리고 이 복사는 모두가 관련된 조문 부근에 새겼으며, 이 조문에 해당되는 복사들은 만약 조문이 좌측으로 향한 것이면, 복사 중의 '卜'자의 횡지(横枝) 역시 좌측으로 향하도록 새겼고, 그 반대이면 반대 방향 즉 우측으로 향하도록 하였다. 귀갑과 수골의 조문은 정면에 위치하는 것이 대부분이었기 때문에, 복사도 대부분 정면에 새겼으나, 배면에도 복사를 새긴 것이 있는데, 이런 종류는 武丁 때의 것이 가장 많고, 다른 시기에는 매우 드물다.

그런데 복사와 복사 이외의 다른 여러 사항을 기록한 기사(記事) 각사의 각사 부위(部位)는 다음과 같이 일정한 위치가 정해져 있었다. 기사 각사는 거북의 경우는 갑교(甲橋)와 배갑 그리고 좌 · 우미갑(左 · 右尾甲)이고, 다른 동물의 경우는 골구(骨臼)와 골면(骨面)이었다. 이에 따라 이들 부위에 각된 갑골문을 편의상 각각 '甲橋刻辭'[복갑(腹甲)의 좌우 가장자리에 있음] · '背甲刻辭'[배갑의 척갑(脊甲) 근처 가장자리 부분에 있음] · '左右尾甲刻辭'[복갑(腹甲) 우측 미갑(尾甲)의 앞면에 있음] · '骨臼刻辭'[견갑골의 골구(骨臼) 부위에 있음] · '骨面刻辭'[견갑골 앞면 아래쪽의 넓고 얇은 부분이나 뒷면의 가장자리 부분에 있음]라고 한다. 이들 가운데 갑교와 배갑 및 골구는 복조와 잇닿을 수 없는 곳이고, 미갑은 복조로부터 비교적 멀리 떨어진 곳이다. 胡厚宣의 〈武丁時五種記事刻辭考〉[1]에 의하면, 이런 종류의 기사 각사는 武丁 때에 가장 성행했고, 이 이후 武乙이나 廩辛 때의 갑골에도 보이는데, 廩辛 때의 거북의 '右尾刻辭'가 武丁 때의 것과 다른 점은 두 가지인데, 하나는 간혹 좌미갑에도 새겼다는 점이고, 또 하나는 복인(卜人)의 이름만을 새겼다는 점이다. 이에 비해 복사는 이들 기사(記事) 각사와는 달리 귀갑의 경우는 복갑(腹甲)과 배갑 앞면 전체에 새기고, 뒷면에도 새긴 것이 있지만 갑교에는 새기지 않으며; 수골의 경우에는 앞면에 새기되, 대부분 좌측 견갑골의 우측이나 우측 견갑골 좌측에 새기고, 뒷면에 새긴 것도 있다. 그리고 복사를 새긴 부위를 기준으로 보면 이와 상대되는 뒷면이 찬착과 초작을 시행한 부위이다.

그리고 점복을 주관한 "貞人"과 갑골문을 새긴 각사자(刻辭者)에 대해서 陳夢家는,

> 他(董作賓)以爲"貞人"不但是命龜者的卜人, 又是史官; 不但是刻卜辭的人, 並且是書寫卜辭的人. 這樣的引申, 就過分了.[2] : 董作賓은, "貞人"이란 거북에게 점복할 사항을 알리는 복인

---

1) 胡厚宣 <武丁時五種記事刻辭考>, 前揭書《甲骨學商史論叢》初集下 pp. 616~618을 참고.

2) 陳夢家 前揭書 p.15.

(卜人)일 뿐만 아니라 사관(史官)이기도 하며; 복사를 새기는 사람일 뿐만 아니라, 복사를 기록하는 사람이기도 하다고 생각하였는데, 이처럼 ("貞人"의 역할을) 확대하는 것은 지나친 것이다.

라고 하였다. 현재까지의 연구 결과를 종합하면, 陳夢家의 주장과 같이 商 왕실에서 시행한 점복은 결코 한 사람이 전담한 것이 아니고 여러 사람들이 분담하였으며, 동일 갑골판[1]에 복인의 서명의 필체가 서로 다른 점 등등의 예로 미루어 보더라도 점복의 주관자와 각사자자는 동일인이 아닌 것이 틀림없다.

丙. 서사(書辭)

殷墟에서 발견된 갑골에는 칼을 비롯한 도구로 새긴 각사(刻辭)도 있지만, 붓으로 글자를 쓴 것도 있는데, 주서(朱書) 또는 묵서(墨書)이며, 여기에는 두 가지 특징이 있다. 하나는 글자를 특별히 크고 거칠게 썼다는 점인데, 동일한 갑골판에 새긴 글자보다 훨씬 크다. 또 하나는 갑골의 뒷면에 쓴 것이 대부분이고, 정면에 쓴 것은 거의 없다는 점이다. 그리고 여러 자료들로 살펴보면, 武丁에서부터 帝辛까지는 점복용의 귀갑이나 수골에다 각사 이외에 붉은 색이나 검은 색으로 붓을 사용해서 갑골 뒷면에 글자를 써넣었다는 것을 알 수 있는데, 이때 쓴 내용은 복사이지만, 또한 복사 이외의 일을 갑교에 기록해 놓은 것도 있다. 그리고 이들 서사(書辭)의 예에서는 두 가지 현상이 눈에 띄는데, 하나는 서사를 한 정면은 일반적으로 습각(習刻)을 했다는 점이고, 또 하나는 정면의 각사와 정반대 방향, 즉 거꾸로 썼다는 점이다. 이렇게 글자를 거꾸로 쓴 예는 기사 각사에도 보이는데, 예를 들면 갑미각사인《甲3070》·《甲3073》과《甲3074》에서는 "某入"이라는 두 글자를 어떨 때는 '某'자는 바로 새기고 '入'자는 거꾸로 새겼으며, 또 어떨 때는 '某'자는 거꾸로 새기고 '入'자은 반대 방향으로 새기기도 했다. 이로 미루어 보아서 이 두 글자는 동시에 새긴 것이 아님을 알 수 있다. 따라서 서사와 각사도 동시에 하지 않았을 것으로 추정된다.

종합하면, 대다수의 복사는 갑골 정면에 각하였고, 또한 뒷면에 각한 것도 있다. 소수의 복사와 기사각사에 대한 기록은 뒷면에 써 놓은 것도 있다. 귀갑과 수골의 정면은 교질(膠質)과 자성(磁性)이 많아서 먹이 잘 묻지 않으므로, 정면에 붓으로 쓴 것은 드물 수밖에 없다. 그리고 붓으로 쓴 글자는 계각(契刻)한 것보다 거칠고 크며, 일반적으로 각사와 서로 도치되어 있는 점으로 보아서, 서사는 각사를 하기 위한 것이 아니며, 써 놓고서 계각하는 걸 잊은 것은 더더욱 아니다.

---

1) 中國社會科學院考古研究所《田野考古發掘報告》第一册(《考古學報》編輯部 1936. 北京), 附錄 第107片과 第113片.

丁. '塗辭'

갑골의 각사(刻辭) 중에는 주사(朱砂)나 묵(墨) 즉 먹으로 도색(塗色)된 것들이 있는데, 주로 武丁 시기의 각사에 많이 보인다. 董作賓은 이것을 단순히 미관을 위한 것이라고 했으나, 陳夢家는 주사와 먹은 각각 구별해서 도색한 것으로 보이며, 단지 미관을 위한 것만은 아니며, 어떤 규칙이 있었던 것으로 추정된다고 하였다. 이에 대해서는 다음 제3절의 각사(刻辭) 부분에서 자세히 소개하고자 한다.

戊. '刻兆'

'塗辭'의 경우처럼, '刻兆'도 역시 武丁 시대 특유의 것으로, 복조(卜兆)에다 다시 칼로 이를 새긴 것이다. 이 역시 中央硏究院의 殷墟 유지 제13차 발굴의 YH127갱에서 출토된 갑골편에 이 '刻兆'가 가장 많았는데, 이 '刻兆'에 대해 董作賓은,

> 這一坑裏却發現一種例外, 在卜兆之上, 再用刀加以刻劃. …… 刻劃卜兆這件事, 很明白是爲的美觀.[1] : 이 한 갱(YH127)에서는 일종의 예외적인 것을 발견했는데, 복조 위에 다시 칼로 획을 덧붙여 각을 한 것이었다. …… 복조에 획을 각한 이 일은 미관을 위한 것임이 명백하다.

라고 하였다. 이는 복조(卜兆) 위에 다시 획을 각한 이 '刻兆'는 명백히 미관을 위한 것이라는 주장이다. 이에 대해서는 胡厚宣도 "目的在使其顯赫, 以求美觀.[2] : 그 목적은 명확하게 드러나게 하는데 있고, 이는 미관을 추구한 것이다."라고 하여 董作賓과 같은 의견이었다. 그러나 陳夢家는 이 점에 대해서도 더 많은 고증과 관찰이 필요하다고 신중한 입장을 표명하였다.[3]

己. '刻驗辭'

商 왕실에서의 갑골을 이용한 복문(卜問)은 대단히 다양하고 많은 분야의 일들에 대해 이루어졌는데, 점복의 결과를 얻고 나서 일정한 시간이 지난 다음에 증험(證驗)의 결과들을 확인한 후에는 이들 증험의 결과를 점사(占辭)의 아래쪽에 다시 보충해서 새겨 넣었는데, 이것이 바로 '驗辭'이

---

1) 董作賓《殷虛文字乙編 · 序》(國立中央硏究院歷史語言硏究所 1948. 北京) p.4. 前揭書《董作賓先生全集》甲編 第3冊 p.1155.

2) 胡厚宣《甲骨六錄 · 釋雙劍誃所藏甲骨文字》, 陳夢家 前揭書《殷虛卜辭綜述》p.16에서 재인용.

3) 陳夢家 前揭書《殷虛卜辭綜述》p.16을 참고.

다. 이 '驗辭'를 새기는 작업을 완료한 때가 바로 점복의 전체 과정이 완성되는 시점이며, 또한 점복의 최종단계가 된다.

庚. 입고(入庫)

점복에 사용하고 난 뒤의 갑골과 기사 각사에 사용하고 난 뒤의 갑골은 모두 다 전문적인 처리과정을 거치거나, 혹은 이들 갑골을 저장하는 '檔案庫'에 넣었을 것이라고 추정된다.

三. 商代의 점복 제도

殷墟 갑골의 점복은 그 순서가 매우 번잡하지만, 그래도 앞뒤 차례가 질서 정연하였으며, 복인(卜人)들은 전문적으로 각각의 직책을 분담함으로써, 商代 점복 습속은 일찍부터 원시적인 단계에서 벗어나 성숙된 규범을 갖추었을 것이라고 추정된다. 그런데 이런 갑골 점복은 商 왕조의 왕권정치가 강화됨에 따라서 점점 제도화되었고, 더 나아가 한 시대의 고유한 예제(禮制)로 굳어졌을 것이다. 이에 따라 왕실에서 거행하는 점복과 왕실 이외의 귀족이나 일반 사람들의 점복에는 많은 차이가 있고 상당한 정도의 구별이 있었을 것으로 본다. 앞에서 살펴본 바와 같이 왕실에서 거행하는 점복은 복관(卜官)이 전문적으로 관장하는 전례(典禮)로써 상용하게 됨으로 말미암아, 점복용의 갑골에 대한 정교한 정치 작업에서부터 자료 보존의 기호를 준비하는 일까지, 모든 절차나 규모가 왕실이나 조정(朝廷) 또는 기타 관서 그리고 귀족이나 일반 평민과 같이 서로 다른 계급과 계층 사이에 확연히 구별되는 차별이 존재하였을 것으로 추정된다.

殷墟에서 출토된 갑골 복사의 내용에 의하면, 商 왕조의 통치자들은 생로병사 · 출입과 정벌 · '入邑'과 임관(任官) · 전렵(田獵)과 농작(農作) · 천문기상의 변환 · 혼인 · 조상을 비롯한 여러 신명(神明)들에 대한 제사 등등에 대하여 일의 대소에 상관없이 매번 정복(貞卜)[1]을 통하여 그 길흉을 묻고, 화복(禍福)을 예측하고, 결정을 내리지 못하고 유예하는 일에 대한 결단을 추구하고, 혐의를 단정함과 동시에 해당 사항의 진행 가능성을 알려고 하였음을 알 수 있다. 이에 따라 商 왕조의 통치자들은 이에 상응하는 복관(卜官) 제도를 확립함으로써 일련의 점복제도를 점차 확립하게 되었을 것이다. 商 왕조의 점복 제도는 대체로 정복(貞卜)으로 확정하는 '卜定制', 반복하여 복문(卜問)하는 '習卜制', 세 번 복문하는 '三卜制', '卜'과 '筮'를 병용하여 참조하고 연계하는 '卜筮並用制' 등 네 가지로 정리할 수 있다.

---

1) 甲骨 卜辭의 '前辭'는 거의 모두가 "甲子卜, 某貞"의 형식으로 되어 있고, 또 이 '貞'자에 '점쳐 묻다'는 뜻도 있으므로, 여기에서는 '貞卜'이라는 말과 '占卜'이라는 말을 필요에 따라 수시로 바꿔 쓰기로 함을 밝혀 둔다.

甲. '卜定制'

위에서 밝힌 바와 같이 점복의 목적은 알 수 없거나 의문이 있는 일에 대해 명확히 알거나 판단을 하기 위해서인데, 이 목적을 확실하게 달성하기 위해서 정한 제도가 바로 '卜定制'이다. 商 왕조의 복관(卜官)들은 이를 실천하기 위해 세 가지의 정복(貞卜) 형식을 고안(考案)하였는데, 첫째는 '正反對貞'이고, 둘째는 '同事異問'이며, 셋째는 '一事多卜'이다. 이는 동일 사안에 대해 동일 갑골판에서 정복(貞卜)을 하는 것으로, 이를 통해 반드시 결정을 내리거나 단정을 내리는 제도이다. 이를 실천하기 위한 商 왕실의 정복(貞卜) 형식을 차례로 살펴보면 다음과 같다.

1. '正反對貞'

여기에서 말하는 '正反對貞'이란 긍정과 이와 반대되는 부정(否定)의 내용으로 대(對)를 이루는 정복(貞卜)을 하는 것인데, 아래의 예와 같은 것들이다.

甲午卜, 賓, 貞 : 西土受年?
甲午卜, 賓, 貞 : 西土不其受年? 《乙3409》
戊辰卜, 爭, 貞 : 來乙亥, 其雨?
戊辰卜, 爭, 貞 : 來乙亥, 不其雨? 《前7. 27. 2》

위의《乙3409》의 복사는, 갑오일에 점복을 하였는데, '貞人' 賓이 서쪽의 토지에 풍년이 들 것인지 아닌지를 정문(貞問)하였다는 내용이고;《前7. 27. 2》의 복사는, 무진일에 점복을 하였는데, '貞人' 爭이 다가오는 을해일에 비가 내릴 것인지 아닌지를 정문하였다는 것이다. 이들 복사에는 "受年"과 "其雨"라고 긍정의 내용으로 정문을 하고 나서 다시 이를 더욱 확실하게 하기 위해 "不其受年"과 "不其雨"라고 부정(否定)의 형식(型式)으로 정문한 것이다. 殷墟에서 발견된 갑골문 가운데는 이렇게 긍정과 부정의 형식을 사용하여 동일 사안에 대해 정반(正反) 두 가지 내용으로 동일 갑골판에서 동시에 정문한 경우가 아주 많은데, 이것은 우연이 아니고 이미 왕실 점복의 전례(典禮)가 된 결과라고 생각된다.

2. '同事異問'

여기에서의 '同事異問'이란 동일 사안에 대해 다르게 정복(貞卜)하여 묻는 것을 말하는데, 아래의《丙63》과 같은 것들이다.

甲辰卜，㑪，貞：今日其雨? 一二三四五
甲辰卜，㑪，貞：今日不其雨? 一二三上吉四五
貞：翌乙巳不其雨? 一二三四
貞：翌丁未其雨? 一二三
貞：翌丁未不其雨? 一二三小吉 《丙63》

이는 연속한 3개 조(組)의 복사로서, 금일과 다음 을사일 및 다음 정미일에 비가 올 것인지에 대해서 정반(正反)의 형태로 정문(貞問)한 것인데, 모두 같은 날에 점복한 것으로, 비가 어느 날에 내릴 것인지를 여러 때로 나누어 정문한 '同事異問'에 속한다. 그리고《屯南2322》와 같은 경우는 네 복사가 같은 날 '𡆥禾'에 대해 정문하였는데, '𡆥禾'의 대상과 제법(祭法) 및 희생의 사용 등에 대해서 반복해서 점복하였다. 또《合集31678》은 같은 날 같은 시간에 동일 골판에서 '侑祭妣辛'이라는 동일 사안에 대해 복문(卜問)하고 있는데, 서로 다른 각도에서 7차례 이상 반복하여 복문하고 있는 바, 이 역시 '同事異問'에 속한다.

3. '一事多卜'

여기에서 말하는 '一事多卜'이란 한 가지 사안에 대해서 동일 갑골판에서 여러 차례 정복(貞卜)하는 것을 일컫는다. 그런데 위에서 예로 든《丙63》을 보면, 복사 뒤에 숫자가 덧붙여져 있는데, 이런 숫자를 '序數'라고 통칭하며, 초작을 행할 때의 점복 순서를 지칭한다. 이는 신령에게 반복해서 복문하고 계시를 기구한 것으로서, 한 가지 일에 대해서 여러 차례 복문하여, 결정하거나 판단하기 어려운 문제를 해결하거나 알려고 하는 일종의 점복 숭배 심리 때문이다. 이들 '序數'를 각한 시점(時點)은 복갑이나 복골을 초작하고 조문을 살피고 난 뒤인데, 초작을 한 번 할 때마다 '序數' 하나씩을 새김으로써 초작의 순서를 표시하였고, 한 가지 일에 대한 점복을 완성하고 난 뒤에 복사를 각하였다는 것이 정설(定說)이다.

복사보다 먼저 각한 '序數'의 위치는 조지(兆枝)가 좌측으로 향한 경우에는 일반적으로 좌측 상부(上部)에 새기고, 그 반대의 경우는 우측 상부에 새겼는데, 다만 조문(兆紋)의 세로 방향 꼭대기에다 새긴 것도 있으며, 드물게는 하단(下端)에 새긴 것도 있다. 胡厚宣의 연구에 의하면[1], 동일 갑골판에 있는 '序數'가 18번까지 기록된 것도 있는데, 다만 10차 이상의 '序數'는 새길 때 자리를 너무 많이 차지하기 때문에, 다시 '一'부터 시작한다고 했다. 그러나 극소수의 예외도

1) 胡厚宣 <卜辭同文例>, 中央研究院歷史語言研究所《中央研究院歷史語言研究所集刊》第九本(中央研究院歷史語言研究所 1947.)을 참고.

있는데,《合集22046》에는 거북의 동일 복갑판(腹甲版)에 좌우 대정복사(對貞卜辭)로, "壬申卜, 至日. 一二三四五六七八九十十一"·"壬申卜, 弜至日. 一二三四五六七八九十十一"이라고 각(刻)되어 있는데, 여기에는 10차 이상임에도 불구하고 다시 '一'부터 시작하지 않고, "十一"이라고 되어 있다.

그리고 이 '序數'의 배열은 귀갑의 경우에는 대부분 위에서 아래로, 안쪽에서 바깥쪽으로 하였고, 소의 견갑골의 경우에는 아래에서 위로 배열한 경우가 대부분이다. 이처럼 동일 갑골판에 한 가지 사항에 대해 여러 차례 복문한 순서를 기록한 이런 '序數'는 '卜數'['套數'라고도 함]와 구별해야 하는데, '卜數'는 동일 사항에 대해서 여러 개의 갑골을 사용하여 복문하고, 동일 차수(次數)의 복문에서 몇 번째 사용한 갑골인지를 기록한 것으로, 각각의 갑골에 통일된 숫자를 기록하고 있다.

동일 갑골판에 보이는 이상의 '正反對貞'·'同事異問'·'一事多卜' 등은 대부분 동일한 날 동일한 시간에 점복한 것이며, 그 목적은 갑골을 매개체로 이용하여 인간과 신(神)이 충분히 소통할 수 있도록 함으로써, 인간의 소원을 신(神)이 통찰하도록 하여, 신의 보우(保佑)와 허락을 확실하게 기구하려는 것이었다고 하겠다.

乙. '習卜制'

갑골 복사 가운데는 같은 날 같은 시간에 반복해서 복문(卜問)한 것 외에, 또 다른 날 다른 시각에 되풀이해서 점복한 예들도 있다.

庚申卜, 王, 貞：獲缶? 一
庚申卜, 王, 貞：雀弗其獲缶? 一
癸亥卜, 㱿, 貞：翌乙丑多臣𢦏缶? 一二
翌乙丑多臣弗其𢦏缶? 一二 《丙1》

이는 동일 갑골판의 거북 복갑(腹甲)에 경신일과 계해일의 4일 간격으로 동일 사안에 대해 점복한 것인데, 매번의 점복하는 날마다 긍정의 복문(卜問)과 부정의 복문을 하였고, 한 번에서부터 여러 번까지 복문한 것이다. 이런 부류의 복사는 商代 갑골의 각 분기마다 두루 보이는 점복 예제(禮制)인데, 이는 서로 다른 시기에 앞서 점복했던 일을 뒷날 이를 계속 이어 받아서 해당 사항을 다시 점복하는 것으로서, 商나라 사람들은 이를 '習卜'이라는 전용(專用) 명칭을 사용하였는데, 예를 들면, "習玆卜"(《合集31667》·"習龜卜"(《明715》)·"習元卜"(《京人2226》)이라고 한 것 등이다.

그런데 갑골학계에서 이 '習卜'을 商 왕조의 점복 제도로 인정하는 데는 장기간에 걸친 연구와 토론 과정이 필요하였다. 1933년 郭末若이, "三龜爲一習.[1] : 세 거북이 1습(習)이다."라고 한 것을 시작으로 하여 최근까지 '習卜'의 의미에 대해서 세 가지의 주장이 제기되어 왔다. 첫째는 매번의 점복에 3개의 귀판(龜版)이나 3개의 골판을 사용하는 것을 '一習'이라고 한다는 것이었고; 둘째는 '習卜'이란 조상(兆象)을 가리키는 조사(兆辭)라는 것이었고; 셋째는 '習卜'의 '習'을 '襲'과 같은 의미로 해독하고, 동일한 사안에 대해서 다른 방법으로 점복하는 것으로서, '習卜'은 골복과 귀복(龜卜)을 서로 연이어 한다는 주장이었다. 그러나 매번의 점복에 3개의 귀판이나 3개의 골판을 '一習'으로 사용했다는 첫 번째 주장은, 武丁 시기에 5개의 귀갑(龜甲)을 한 조(組)로 사용한 것도 있고, 골복에서는 9개를 사용한 것도 있어서 옳지 않은 해석으로 판명되었다. 두 번째로 '非吉'이나 '連吉'이라고 한 것과 같은 조사(兆辭)라는 주장에 대해 살펴보면, 갑골문의 조사는 갑골 점복으로 나타난 조상과 상관되는 술어를 지칭하는데, 이는 조탁(兆坼)을 살펴보고 길흉을 판정한 간단한 판정의 말이며, 보통 '吉'·'小吉'·'上吉'·'大吉'·'引吉'·'不吉' 등으로 나타내고, 대부분 갑골의 조탁 부근에 각되어 있다. 일반적으로 商代의 점복순서는 점복 준비 단계의 과정을 끝낸 뒤에, 우선 복문하려는 사안을 갑골에다 고하는데, 이를 '命龜'라고 한다. 그 다음에 '灼龜'와 '視兆' 과정을 거쳐, 조상에 의거하여 길흉을 판정하는데, 점복의 결과를 판정하는 말과 관련된 것이 바로 조사(兆辭)인 바, 이는 해당 사안의 이행 여부를 결정하는 근거가 되기 때문에 조사 뒤에는 또 '吉, 用' 또는 '大吉, 用'이라든가 '引吉, 不用'과 같은 말이 부기(附記)되어 있다. 따라서 조사는 '命龜'하는 말에 속하지 않으므로, '命辭'에 나타나지는 않으며, 상대적으로 독립적인 위치에 있고, 가끔 점사(占辭)에는 나타날 수도 있다. 그런데, '習卜'이란 말은 언제나 '命辭'에 출현하고, 오로지 '命龜'의 용어로만 쓰였을 뿐이고, 갑골 조탁에 대한 흉길(凶吉) 여부를 판단하는 데 쓰인 경우가 없으므로, 조사로서의 특징은 전혀 없다.

세 번째로 동일 사항에 대한 서로 다른 방법의 복문을 말하는지, 그리고 동일 사항에 대한 골복과 귀복의 상습(相襲)을 말하는 것인지를 살펴보자. 갑골문의 '習'자는 '襲'과 같은 의미이지만, 동일 사안에 대해서 골복과 귀복을 번갈아 가며 상습한다는 것은 사실과 다르다. '習卜'의 제도에서 '習'은 '襲'·'重'·'因'을 의미하며, 따라서 '習卜'이란 앞의 것을 이어받아 다시 점복을 하다는 뜻의 말이다. '習卜'이 앞의 점복을 이어 받아 중복(重卜)하는 것이라면, 반드시 그 나름의 특별한 이유가 있었을 것이다. 商 왕실에서 행한 점복 가운데 길하다는 결과를 얻었지만, 예를 들면, 악천후·발병(發病)·전쟁·인사상(人事上)의 우여곡절·준비부족 등으로 인해서 즉시 실

1) 郭沫若 前揭書《卜辭通纂》附錄一 p.13.

시할 필요가 없거나 실시할 수가 없거나 아니면 바로 그 때에 어떤 변고가 생겨서 실시하기가 어렵거나 불리한 경우가 있을 수 있는데, 이런 경우에는 어쩔 수 없이 뒷날 다시 점복해야 했을 것이다. 또한 이런 '習卜'은 앞서 행한 점복이 그다지 이상적이지 못하여 두 번 세 번 거듭 연이어 시행하여 인간과 신령 사이에 더욱 깊이 있는 소통을 이루어냄으로써 인간의 소원과 신(神)의 의지가 하나로 통일될 수 있도록 하려는 것이기도 했다. 그리고 '習卜'은 일반적으로 원래 앞서 점복했던 갑골에 시행했으며, 어쩌다 새로운 갑골에 한 경우도 있고, 소의 견갑골에 "習龜卜"이라고 해 놓은 것처럼, 앞서는 귀복을 하고 뒤에는 골복으로 고쳐서 한 경우도 있기는 하다. 이에서 보는 바와 같이 이 '習卜' 제도는, 서로 다른 시간에, 앞서 점복했던 사항을 계승하여 해당 사안을 계속 점복한 것으로서, 갑골 점복의 조상(兆象)이 보다 이상적인 결과로 나타나게 하기 위함이고, 주변 여건의 가변성에 더욱 잘 적응하기 위함이며, 商 왕실이 복잡한 여러 상황에 잘 적응하여, 점복에서 주관적이고 능동적인 요소를 제대로 발휘하기 위해 내놓은 노력의 소치라고 하겠다.

丙. '三卜制'

商 왕실의 갑골 점복은 동일 사안에 대해서 동일 귀판이나 동일 골판에 반복해서 정문(貞問)한 것 외에, 통상적으로 동시에 여러 개의 갑골판을 사용하여 동일 사안을 반복해서 점복하기도 하였다. 이런 경우에는 각각의 갑골판에 모두 다 동일한 숫자를 기록하였으며, 이를 '卜數'라고 하는데, 이는 동일 차수(次數)의 점복에 사용한 여러 갑골판 중에서 몇 번째에 속한다는 숫자이며, 앞에서 설명한 동일한 갑골판에서 점복한 순서를 기록한 '序數'와는 성격이 다르다. 이 '卜數'에 대해 饒宗頤는 《殷代貞卜人物通考》에서,

> 殷人行卜, 手續極爲繁複, 有同事同日同人所卜, 而用至五龜者, 其命辭皆同, 但識一二三四五等數字于不同龜版上以別之.[1] : 殷나라 사람들이 점복을 시행할 때는 그 수속이 극히 번잡하였는데, 동일한 사안에 대해서 동일한 날짜에 동일 인물이 복문하는데도 5개의 귀판까지 사용한 것도 있는데, 그 '命辭'는 모두 같지만, 다만 一二三四五 등의 숫자를 서로 다른 귀판에 표기하여 구별하였다.

라고 했는데, 여기에서의 숫자가 바로 이 '卜數'를 지칭하는 것이다. 殷墟의 갑골 복사에는 또 "一卜"·"二卜"·"三卜"·"四卜"·"五卜"·"六卜"이라고 기록한 것이 있는데, 이는 복문(卜問)에서 몇 개의 갑골편을 사용하였는지에 대한 숫자를 기록한 것이며, 이들 용어는 모두 '貞辭'나

---

1) 饒宗頤《殷代貞卜人物通考》(香港大學出版部 1959. 홍콩) p.66

'占辭'에 나와 있다. 예를 들면, 소의 견갑골로 만들어진 《懷特1621》의 복사는,

癸丑, 㞢, 貞 : 旬亡禍? 三卜.
癸亥, 㞢, 貞 : 旬亡禍? 三卜.
癸酉, 㞢, 貞 : 旬亡禍? 三卜.

라고 하고 있는데, 보는 바와 같이 세 줄로 된 이 복사의 점복 날짜는 전후 3순(旬) 동안 상습한 것이고, '貞辭'는 모두 '三卜' 한 가지 형식으로 되어 있다. '一卜'부터 '六卜'까지의 복사예 중에서 '三卜'이라고 한 것이 가장 많고, 또 후기로 갈수록 그 비율이 더 커지는데 비해서, '四卜' · '五卜' · '六卜'의 예는 '三卜'에 비해 현저히 적을 뿐만 아니라, 모두 다 제1기의 갑골에만 보인다. 이로 미루어 보아 商 왕실의 갑골 점복은 한 가지 사항에 대해서 여러 번 점복을 하되, 통상 한 개의 갑골판에서부터 몇 개의 갑골판을 동시에 사용하였으며, 사용한 갑골판의 숫자는 제1기 武丁 시대에는 동시에 '四卜' · '五卜' · '六卜'을 한 것도 있다. 그리고 앞에서 말한 것처럼 武丁 시대의 귀복(龜卜)은 5개의 귀판이 한 조(組)이고, 골복은 9개의 소의 견갑골이 한 조인 것도 있으나, 일반적인 경우에는 점복에 3개의 견갑골을 사용하는 것이 점점 상례화되어 갔다. 예를 들면, 한 조의 제4기 복사에,

辛酉, 貞 : 癸亥又父丁歲, 五牢? 不用. 一 《京津4068》
辛酉, 貞 : 癸亥又父丁歲, 五牢? 不用. 二 《屯南723》
辛酉, 貞 : 癸亥又父丁歲, 五牢? 不用. 三 《京津4067》

이라고 한 것들이 있는데, 이들은 3개의 골판을 사용하였고, 골판에 一 · 二 · 三의 복수(卜數)를 기록하여 첫째 · 둘째 · 셋째의 복골이라는 것을 각각 표시해 놓았으며, 각 골판의 복사도 완전 동일하다. 그러나 동일 사항에 대해 점복하였으나 복사의 문장이 동일하지 않은 것도 있는데, 제4기의 복사 가운데에,

壬戌卜, 用侯屯, 自上甲十示. 一
壬戌卜, 乙丑用侯屯. 一
癸亥卜, 乙丑用侯屯. 一
癸亥卜, 乙丑易日. 一 《合集32187》

라고 한 것이 있다. 이렇게 복사의 문장이 동일하지 않은 것은 '三卜制'와 '習卜' 및 '同事異問' · '一事多卜' 등의 제도가 서로 유기적으로 관계를 맺고 있는, 이른 바 '成套卜辭'로서, 동일 날짜에 동시에 복문한 것과 다른 날짜에 '習卜'한 것의 관계라든가, 아니면 제삿날의 날씨 변화 등등의 요소를 고려하여 서로 다른 각도에서 반복하여 동일 사안에 대해 복문한 경우에 해당된다. 다만 원래의 갑골에다 다시 점복을 시행했기에 복수(卜數)도 그대로 계승한 것으로 보인다.

'三卜制'가 분명하게 확립됨과 동시에 '習卜'도 훨씬 더 규범을 갖추고 제도화되어 갔는데, 이는 바꾸어 말하면, '習卜'제도가 '三卜制'로 하여금 점복 예제(禮制)에 있어서 한층 확고하게 운영되도록 촉진한 면도 있다는 말이다. 이는 결과적으로 '三卜制'와 '習卜'제도는 서로 보완관계를 이루면서 더욱 확고하게 자리 잡게 되었다는 말이다.

'三卜制'의 확립은 商 왕조의 복관(卜官) 제도의 확립과 상응하는데, 이는 아마도 제1기 武丁 시기에 형성되기 시작했을 것으로 보인다. 갑골문 가운데에,

庚申卜, 旅, 貞 : 惟元卜用.	《合集23390》(第2期)
己酉卜, 大, 貞 : 右卜用.	《合集25019》(第2期)
…… 王祼 …… 非, 左卜有祟 …….	《合集15836》(第1期)

라고 하고 있는 것들이 있는데, 여기에서의 '元卜' · '右卜' · '左卜'이라는 말은 '三卜制'의 3개 갑골판을 각각 지칭하는 것으로 생각된다. 이를 어떤 사람은 세 사람이 동시에 점복한 것이라고 생각하여 사람을 지칭하는 것으로 보기도 한다. 예를 들면, 《屯南930》[제3기]에 "□入商. 左卜占曰 : 弜入商. 甲申龕夕至, 宁, 用三大牢. ……"라고 하고 있는데, 여기에서의 '左卜占曰'이라는 말처럼 직책에 따른 호칭이라고 보는 것이다. '元'이란 '首'의 뜻으로 첫째나 으뜸 또는 우두머리라는 의미인데, 갑골문에서 매번 '王占'은 제일 중요한 위치를 차지하므로, '元卜'은 왕에 속하지 않을 수가 없다. 또한 商代 사람들이 '左右'를 언급할 때는 대부분 '右'가 먼저이고 '左'가 나중이므로, '右卜'은 두 번째 복문(卜問)이 되고, '左卜'은 세 번째 복문이 된다. 商 왕조의 갑골 점복 형태는 대개 왕의 '元卜'이 가운데에 위치하고, '右卜'과 '左卜'의 두 복관(卜官)은 보조역으로 각기 양쪽에 나누어 위치하였다. 이른바 '習元卜'이라고 한 것은 왕이 '元卜'한 것에 뒤이어서 다시 정문(貞問)한 예로서, '三卜制'와 '習卜'의 결합 형태라고 볼 수 있다.

'三卜制'가 구체적으로 실시될 때, 비교적 규범을 갖춘 형식은 복문에 3개의 복골을 사용하고, 한 번의 복문은 한 사람이 처음부터 끝까지 일관되게 시행하였었다. 그런데 商代 후반기에는 대부분의 경우에 그 당시의 왕과 '右卜' · '左卜'이 각각 따로 한 번씩 점복을 주관함으로써 중요한 점복의 전례(典禮)를 주재하였으며, 이 경우에는 늘 몇몇의 복관들이 보조 역할을 했는데, 이들

다수의 복관들을 ‘多卜’이라고 호칭하였다. 이런 예는《合集24144》에 보이는데, “□子, 王卜 …… 多卜曰 : …… 若暨 ……”라고 하고 있는 것으로 알 수 있다. 앞에서 陳夢家의 주장을 인용하면서《周禮》에 ‘龜人’·‘菙氏’·‘卜師’·‘大卜’·‘占人’ 등이 각각 직책을 분담했다고 했었는데, 대개 商代의 명귀(命龜)·찬착·초작·점탁(占坼)·조상(兆象)의 판별·효험의 기록 및 복사의 새김 등과 같은 일은 각기 그 직책을 분담하여 행하였던 것 같다.《禮記·玉藻》에 “卜人定龜, 史定墨, 君定體. : 복인이 적합한 귀갑을 선택 확정하여 초작하고, 태사(太史)가 초작에 의해 나타난 조문(兆紋)을 세밀히 살펴보고, 군왕이 점복의 길흉을 판정한다.”라고 하고 있고,《周禮·春官·占人》에는 “凡卜筮, 君占體, 大夫占色, 史占墨, 卜人占坼. : 무릇 복서(卜筮)를 함에 있어서는 군왕은 귀갑 전체의 조상(兆象)을 보고 占卜을 하고, 대부는 조기(兆氣)로 점복을 하고, 사관은 조간(兆幹)으로 점복을 하고, 복인은 조지(兆枝)로 점복을 한다.”라고 하고 있다. 여기에서 군왕[대부를 포함함]·사관·복인이 삼위일체를 이루는 점복 형태는 그 근원이 商代 후기의 ‘三卜制’에서 유래했을 것이라 여겨진다. 商代 후기 이후의 갑골 점복에는 ‘三卜制’가 변통된 예들도 적지 않은데, 왕과 ‘多卜’이 동일한 복사에 보이는 것이 그 증거이며, 이 경우에는 ‘貞辭’와 ‘占辭’ 및 ‘驗辭’의 기록 등 점복 각 단계의 일들을 이 ‘多卜’들이 분담했을 것이다.

商代 후기의 왕실의 갑골 점복에서 복인들이 시행한 점복에 대한 판단은 통상 ‘王卜’이나 ‘王占’의 내용과 호응함으로써, 결국 신(神)의 의도와 인간인 왕의 존엄 사이의 통일성을 의도적으로 유지 옹호하였고, 商代 후기의 왕은 점복 과정에서도 지존의 권위를 가졌을 것이다. 이는 ‘三卜制’가 신령을 신봉하고 왕에게 복종하는 사회 정치제도의 기초 위에서 건립된 것이며, 아울러 종교적 신앙을 빌려서 王에 대한 복종을 강요하고 王의 권력을 강화했음을 설명해 준다. ‘三卜制’는 인간인 왕을 신령과 동등한 위치로 격상하였을 가능성도 있지만, 점복을 시행하고 난 뒤의 효험이 어떠했는지는 왕의 실생활에서의 경험과 국가를 통치하는 정치적 재능에 달려있거나, 아니면 왕이 갑골 점복의 특수한 사유형식을 어떻게 교묘하게 운용하느냐에 달려 있었을 것이며, 객관적 사물의 인과 관계를 나타내는 표상(表象)에 대해 비교적 합리적 판단과 추측을 하는 것은 당연히 어느 정도의 위험을 동반할 수밖에 없었을 것이다. 왜냐면 잘못된 예측은 왕권의 확립에 영향을 미치고, 왕의 권위를 손상시킬 수도 있기 때문이다. 실제로 商代 후기의 복관(卜官) 집단은 여러 가지 보완 조치들을 채택하였는데, 왕의 점괘 판단에 대한 잘못된 예측을 숨기거나 희석시킬 대책을 마련하였다.

張秉權에 의하면[1], 商代 후기에는 이 ‘三’이라는 숫자는 전체를 대표한다는 관념이 형성되었

1) 張秉權 <甲骨文中所見的數>, 中央研究院歷史語言研究所《中央研究院歷史語言研究所集刊》第46本3分(中央研究院歷史語言研究所 1947. 臺北)을 참고.

는데, '三卜制' 역시 이런 의미를 갖추고 있었다고 한다. '三卜制'는 '元卜'·'右卜'·'左卜'의 삼위일체 형태의 점복을 통하여 인간과 신의 전반적인 소통이라는 의미를 함축하고 있다. 대개 商 왕조에서 '三卜制'가 형성된 것은 전체 통치 집단의 정치적 이익을 대표하는 점복 제도를 구축하겠다는 의도가 있었다. 그런데 '王卜'·'王占'은 전체에 중대한 영향을 미치는 중요한 위치에 있기 때문에, 복인(卜人)의 점복 결과 판단은 일반적으로 '王卜'·'王占'과 서로 호응하게 되었다. 다만 商 왕조 '三卜制'의 확립에 따라, '右卜'과 '左卜'의 양대(兩大) 복관 체계는 왕조 내에서 각자 상당한 권세를 가진 양대 체제를 형성하여, 왕권 정치 속에서 각자의 정치적 역할을 담당했을 가능성이 크고, 아울러 점복 방법에 대한 지식의 독점과 성직이라는 특성상 그 방대한 조직을 지휘하기 힘들기 때문에 점복에서 계속 양대 체제를 유지하게 되었다. 《春秋左氏傳》 成公 6년 조(條)에 《商書》를 인용하여, "三人占, 從二人. : 세 사람이 점복을 하여 두 사람의 점복 결과를 따른다."라고 하고 있고, 《尙書 · 洪範》에도, "三人占則從二人之言. : 세 사람이 점복을 하면, 두 사람의 점복 결과를 따른다."라고 하고 있는데, '右卜'과 '左卜'의 양대 복관체제는 晩商 시대 왕권 체제와 귀족정치생활에서 어느 정도 지배력을 가지고 있었을 것이라고 생각된다.

丁. 복서(卜筮) 병용제(竝用制)

商代 후기의 점복 제도는 동일 사안에 대해 여러 번 정복(貞卜)을 하는 '同事數貞'과 서로 다른 시기에 습복을 하는 '異時習卜' 그리고 '王占'을 핵심으로 하면서 우·좌 복관(卜官)을 설정한 '三卜制'를 그 중요 특징으로 하고 있는 것 이외에, 관방(官方)의 갑골 점복은 또한 중하층 사회에 오랫동안 유행하여 왔고, 그 절차가 간단한 서점(筮占)과 서로 보완관계에 있었는데, 골복과 서점을 병용함으로써 이 둘은 서로 연계를 이루며 참조하는 관계로 발전하였다.

그런데 '卜'과 '筮' 즉 골복과 서점은 두 가지 서로 다른 점복 방법이다. '卜'은 귀복(龜卜)과 골복을 말하는데, 갑골의 조상(兆象)을 살펴보고서 길흉을 판단하는 것이다. '筮'는 '數占' 즉 숫자로 치는 점이다. 《春秋左氏傳》 僖公 15년 조(條)에, "龜, 象也; 筮, 數也. : 귀복은 조상을 보고; 서점은 시초(蓍草)의 수를 본다."라고 하고 있다. 여기에서 알 수 있는 바와 같이 서점은 조상으로 길흉을 판단하는 갑골 점복과는 달리, 시초 묶음에서 얻은 숫자에 의거하여 길흉과 화복(禍福)을 판정하는데, 이는 원시사회의 간단한 숫자에 의거한 운산법(運算法)에서 기원하여 후대에 점복의 수단으로 변한 것임을 알려준다. 서점은 팔괘(八卦)와 동일한 근원에서 나온 것이며, 팔괘의 근원은 일종의 '八索'으로 하는 점복법에 속하는데, 이것은 원시 유목 씨족 부락의 숫자점에서 유래하였다.

상고시대부터 전해오는 기물이나 고고 유적에서 발굴된 자료 중에 고대의 서점(筮占) 수열(數

列) 부호가 출토된 예는 적지 않은데, 지역으로는 河南省 · 陝西省 · 山東省 · 湖北省 등지에서 두루 발견되었다. 그리고 그 시기를 보면 최초의 것으로는 신석기시대 후기까지 거슬러 올라가며, 후대로는 전국시대 이후 秦漢 교차기까지 이르지만, 특히 商代와 西周 때의 것이 많다. 商代 후기에 속하는 것으로는 殷墟를 제외하고도 山東省 平陰의 朱家橋 유적지에서도 출토되었다. 商代 후기의 서점 수열 부호가 발견되는 주요 물품으로는, 일용 도기(陶器) · 도범(陶范) · 마석(磨石) · 청동 예기(禮器) · 복갑과 복골 등등이다. 商代의 서점(筮占)에 나오는 숫자는 '一' · '五' · '六' · '七' · '八' · '九' · '十' 등이 있으며, 서수(筮數)의 형식은 3효(爻) 1조(組) · 4효(爻) 1조 · 5효(爻) 1조 · 6효(爻) 1조의 네 종류인데, 3효로 된 것을 '단괘(單卦)'라고 하며, 《周易》의 '경괘(經卦)'와 유사하고; 6효로 된 것은 '중괘(重卦)'라고 하는데, 《周易》의 '별괘(別卦)'와 유사하며; 4효(爻) 1조 및 5효(爻) 1조는 '호체괘(互體卦)'의 범주에 속한다.

殷墟 갑골에 새겨진 서수(筮數)의 자료는 겨우 6편에 보이는 11조(條)에 불과한데, 3효(爻)로 된 단괘와 4효로 된 호체괘는 제1기 武丁 시기에만 보이고, 이후에는 5효로 된 호체괘와 6효로 된 중괘로 변천해서 나타나는데, 만기(晩期)에 속하는 형식은 주로 6효인 바, 이는 서점(筮占)이 간단한 것에서 번잡한 것으로 발전해 가는 과정을 보여주는 것이라고 하겠다. 그리고 이들 서수가 기록된 골류(骨類)들은 모두 점복용 갑골인데, 어떤 것은 복사가 함께 기록된 것도 있는 것으로 보아서 골복이나 귀복이 서점과 결합되었음을 알 수 있다. 李學勤은 〈西周甲骨的幾點研究〉에서, 西周 갑골에 복조(卜兆) 옆에 기록된 서수(筮數)에 대한 분석을 통하여, 이들 서수는 모두 골복이나 귀복을 시행하기 전에 동일 사안에 대해 시초(蓍草)의 수를 셈한 결과이며, 이는 복조와 서로 참조하는 관계이지 조상(兆象)을 바탕으로 해서 나온 것은 아니라고 주장하였다.[1] 殷墟 갑골에 있는 서수는 비록 반드시 골복이나 귀복을 시행하기 전에 시초의 수를 셈한 결과가 아니고, 골복이나 귀복을 시행한 뒤에 시초의 수를 셈한 결과일 가능성도 있지만, 이들 서수와 갑골 점복과의 관계는 여전히 서로 참조하는 관계일 뿐이었을 것이다. 이런 의미로 볼 때, 골복이나 귀복과 서점은 서로 인습(因襲)하는 관계로 존재한 것이 아니며, 때로는 각기 따로 시행한 점복의 결과를 서로 참조하였을 것이라고 생각된다. 따라서 서점의 결과를 갑골 점복의 결과로 그대로 받아들일 수도 없고, 반대로 갑골 점복의 결과를 서점의 결과로 받아들일 수도 없다. 이른 바 '卜筮不相襲'이라는 것은, 점복법의 차이를 강조함과 동시에, 또한 점복 사항의 동일성을 강조하는 말이기도 하다. 《禮記 · 曲禮上》의 "卜筮不相襲. : 골복이나 귀복과 서점은 서로 계승 답습하지 않는다."라는 말에 대해서, 鄭玄은, "卜不吉則又筮, 筮不吉則又卜, 是瀆龜策. : 골복이나 귀복의 결과가 불길하면 다시 서점을 친다든가, 서점의 결과가 불길하면 다시 골복이나 귀복을 실시하는 것은 귀책(龜

1) 李學勤 <西周甲骨的幾點研究>, 《文物》 1981年 第9期를 참고.

策)을 욕되게 하는 것이다."라고 주(注)하였는데, 이로 미루어 보면 고대의 점복에 대한 관념에는 골복이나 귀복과 서점을 병용할 경우에는 나름의 금기가 있었던 것 같다. 《周禮 · 春官 · 筮人》에 "凡國之大事, 先筮而後卜. : 무릇 나라의 대사(大事)에는 먼저 서점을 한 다음에 골복이나 귀복을 을 한다."라고 하고 있는데, 鄭玄은 이에 대해, "當用卜者先筮之, 卽事有漸也. 于筮之凶, 則止不卜. : 골복이나 귀복을 사용할 경우에는 먼저 서점을 시행하여 그 결과가 흉한 것으로 나올 경우에는 바로 중지하고 골복이나 귀복을 행하지 않았다."라고 주(注)하였는데, 이로써 고대에는 골복이나 귀복과 서점을 병용할 경우에, 만약 먼저 서점을 행하고 그 다음에 골복이나 귀복을 하려면, 서점의 결과가 길한 경우에만 계속해서 골복이나 귀복을 시행하였고, 만약 서점의 결과가 불길한데도 다시 골복이나 귀복을 시행하는 것은 귀책(龜策)을 모독하는 것이라고 생각하였음을 알 수 있다. 그런데 한편으로는 골복이나 귀복을 먼저 행하고 서점을 뒤에 행할 경우에는 이런 금기는 없었던 것 같다. 예를 들면, 《春秋左氏傳》 僖公 4년 조(條)에, 晉 獻公이 驪姬를 아내로 맞아들이려고 하는 일에 대해서 귀복(龜卜)을 행하였는데 불길하다는 결과가 나왔었고, 다시 서점(筮占)을 행하였더니 길하다는 결과를 얻었는데, 복인(卜人)이 말하기를, "筮短龜長, 不如從長. : 서점은 영험하지 못하고 귀복은 늘 영험하였으니, 영험한 쪽을 따르는 것이 더 낫습니다."라고 한 기록이 있는 것으로 보아서, 골복이나 귀복이 不吉해도 계속해서 서점을 행하였으나, 일반적으로는 골복이나 귀복의 결과를 따라야 했음을 알 수 있다. 이런 금기는 틀림없이 귀복을 중시하고 서점을 경시한 '重龜輕筮'의 관념에서 나온 것일 것이다. 그리고 앞에 인용한 《禮記 · 曲禮上》의 "卜筮不相襲"이란 말에 대한 《疏》에서 孔穎達은 골복이나 귀복과 서점 두 가지 서로 다른 점복법의 관계를 분석하면서 양대(兩大) 금기 사항을 지적하였는데, 그는 "一則大事 · 小事各有所施, 不得因龜卜小事, 因蓍筮大事也; 二則筮不吉, 不可複卜, 卜不吉, 不可複筮也. : 첫 번째는 큰 일과 작은 일에는 각기 시행하는 점복이 따로 있었는데, 작은 일을 귀복에 의거해서는 안 되고, 큰 일을 시서(蓍筮)에 의거해서는 안 된다는 것이었다. 두 번째는 서점의 결과가 불길하다고 해서 귀복(龜卜)을 중복 시행해서도 안 되고, 귀복의 결과가 불길하다고 서점을 중복 시행해서도 안 된다는 것이었다."라고 하였다. 이는 商代의 복법(卜法) 제도를 고찰하는데 있어서 시사하는 바가 매우 크다고 생각된다. 서수(筮數)가 기록된 殷墟 갑골에 '吉'이라는 조사(兆辭)가 기록된 것도 있는데, 이를 서점과 서로 대조해 보면 商代 후기에는 이미 복점(卜占)이 길하여야 서점을 행하하거나 서점이 길하여야 복점을 행하는 등의 점복 예제(禮制)가 생성되었음을 알 수 있다.

商代 후기의 서점(筮占)은 3개의 중괘(重卦)가 한 조(組)를 이룬 예도 두 번 보이는데, 이는 《禮記 · 曲禮》에서 "卜筮不過三['卜'과 '筮'는 세 번을 넘지 않는다.]"라고 한 것과 부합된다. 특별한 점은 그 중 한 예는, 출토될 때 동일 갱에서 소의 견갑골 3개가 함께 나왔고, 또 한 예는 복귀(卜龜)에 새겨진 3개의 중괘가 자체(字體)와 각사(刻辭)의 품격이 동일하지 않다는 점인데,

세 사람에 의해서 이루어졌을 가능성이 있다. 이는 商代 후기에 복서(卜筮) 병용 제도가 생성됨에 따라 갑골 '三卜制' 역시 복서(卜筮) 3인(人)의 점복에 흡수되었음을 보여주는 것이라고 하겠다.

제3절 각사(刻辭)와 진위(眞僞) 판별

一. 각사(刻辭)

귀갑이나 수골에 갑골문을 각(刻)하는 刻辭작업은 그 부위와 방법 그리고 그 행관(行款)과 구획 등에 일정한 규율이 있었을 것인바, 이 문제를 제대로 밝히는 것도 갑골학 연구에 있어서 대단히 중요하고 기본적인 과제이다. 여기에서는 이들 문제들을 고찰해 보기로 하자.

甲. 각사(刻辭)의 부위

갑골판의 어떤 부위에 각사(刻辭)가 가능한지에 대한 문제는 이미 학자들의 연구에 의해 정론이 성립되었다. 정면 골판(骨版)에서는 각사의 부위를 선택할 때 두 가지 조건이 있었는데, 하나는 판면(版面)이 평평하고 윤이 나야 한다는 점이고, 또 하나는 조문(兆紋)이 나타난 곳에 각사를 하되, 새긴 글자가 조문과 중첩되지 않아야 한다는 점이었다. 그리고 반면의 골판에는 찬착(鑽鑿)을 하였으므로, 각사의 부위를 선택할 때는 찬착의 흔적이 없는 곳이어야 했음은 두말할 필요도 없다.

商代는 각사(刻辭)에 사용했던 갑골 재료의 종류가 비교적 많았는데, 거북의 복갑(腹甲)과 배갑을 비롯하여, 각종 동물의 견갑골·늑골(肋骨)·퇴골(腿骨) 그리고 사람의 두개골 등이 있었고, 이들 각각의 골면(骨面)은 나름대로의 특징이 있었기 때문에, 각사 부위의 선택 역시 재료의 종류에 따라 서로 달랐다. 이 중에서 거북의 복갑(腹甲)과 일반 동물의 견갑골의 각사 부위가 가장 대표적인데, 그 이유는 이들 두 종류가 차지하는 수량도 많고 내용도 풍부하기 때문이다.

1. 귀갑(龜甲)

갑골 각사의 부위는 귀갑의 경우는 거의 모두가 거북의 복갑(腹甲)이다. 거북 복갑의 구조는 앞에서 살펴 본 바와 같이 '中甲'·'首右甲'·'首左甲'·'前右甲'·'前左甲'·'後右甲'·'後左甲'·'尾右甲'·'尾左甲' 등의 9부분으로 되어 있는데, 이들 부분 모두에 각사(刻辭)를 할 수가 있으며, 각사의 행문(行文) 방향도 각각의 규율이 있었다. 초기에 출토된 갑골 중에는 완정(完整)한 형태의 거북 복갑(腹甲)의 각사를 찾아내기가 어려웠기 때문에, 갑골문 문례를 연구하는 학자들은 쪼개지고 부서진 갑골편들을 일일이 짜 맞추어 완정한 복갑(腹甲) 골판으로 복원하기도 하였다. 이 방면에서의 연구에 있어서도 董作賓이 먼저 시작하였는데, 그는 1929년《安陽發掘報告》 제1기에 〈商代龜卜之推測〉을 발표하면서 아래에 예시한 바와 같이 복갑(腹甲) 제1판과 복갑 제2판을 복원해내었다. 그리고 그는 1931년에는《安陽發掘報告》 제3기에 〈大龜四版考釋〉을 발표했는데, 그는 이 논문에서 대귀(大龜) 4판의 문례에 대한 고증을 통해서, 그 스스로가 복원해낸 〈商代龜卜之推測〉의 복갑 제1판과 복갑 제2판의 문례와 행관의 방향 및 각사 부위 등이 〈大龜四版考釋〉의 대귀(大龜) 4판과 동일하다는 것을 입증해냈다.[1] 여기에 〈大龜四版〉 가운데 제1판을 예시하면 다음과 같다.

1) 董作賓 <商代龜卜之推測>前揭書《董作賓先生全集》甲編 第3冊 pp.864~878을 참고.

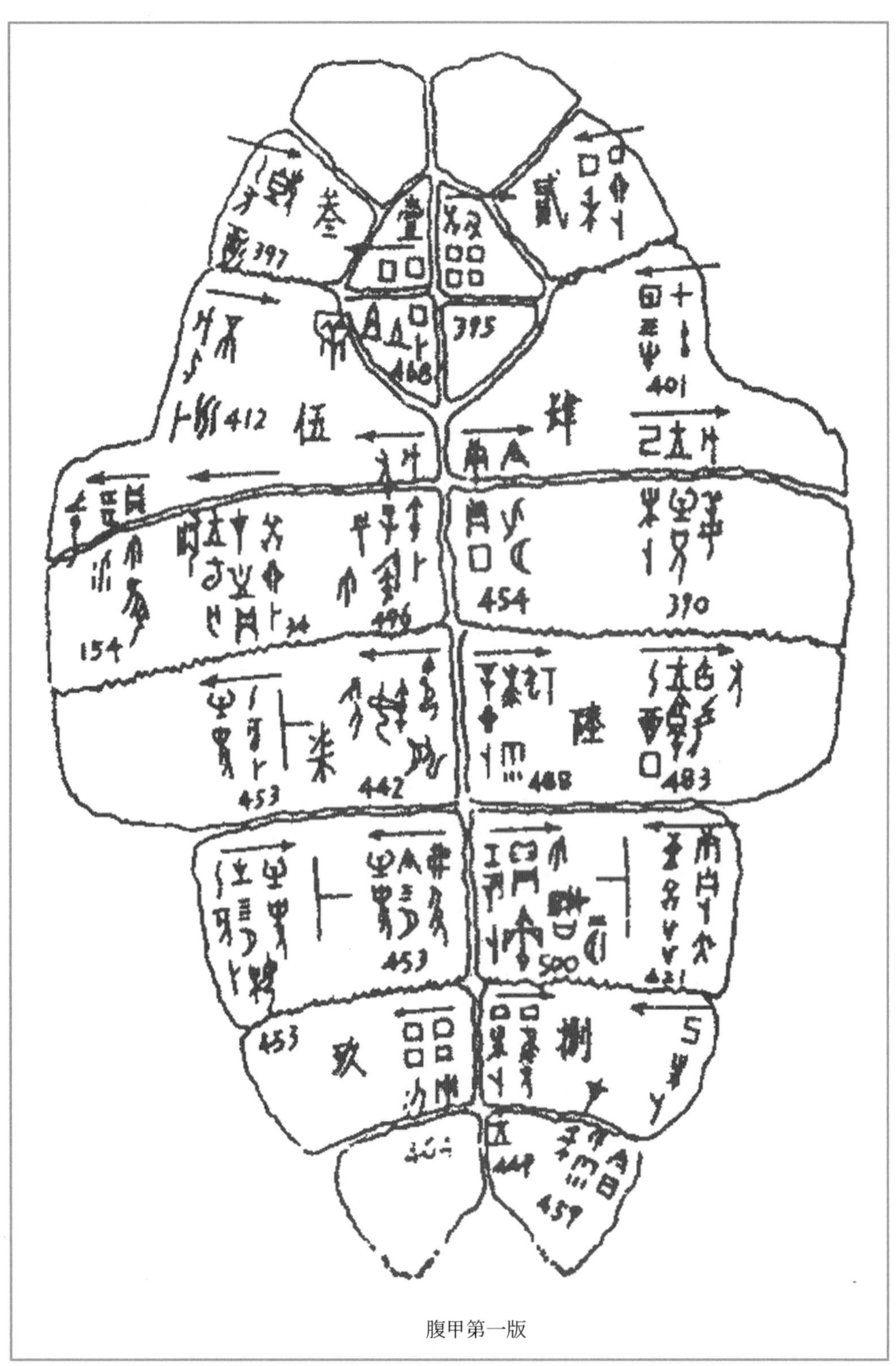
腹甲第一版

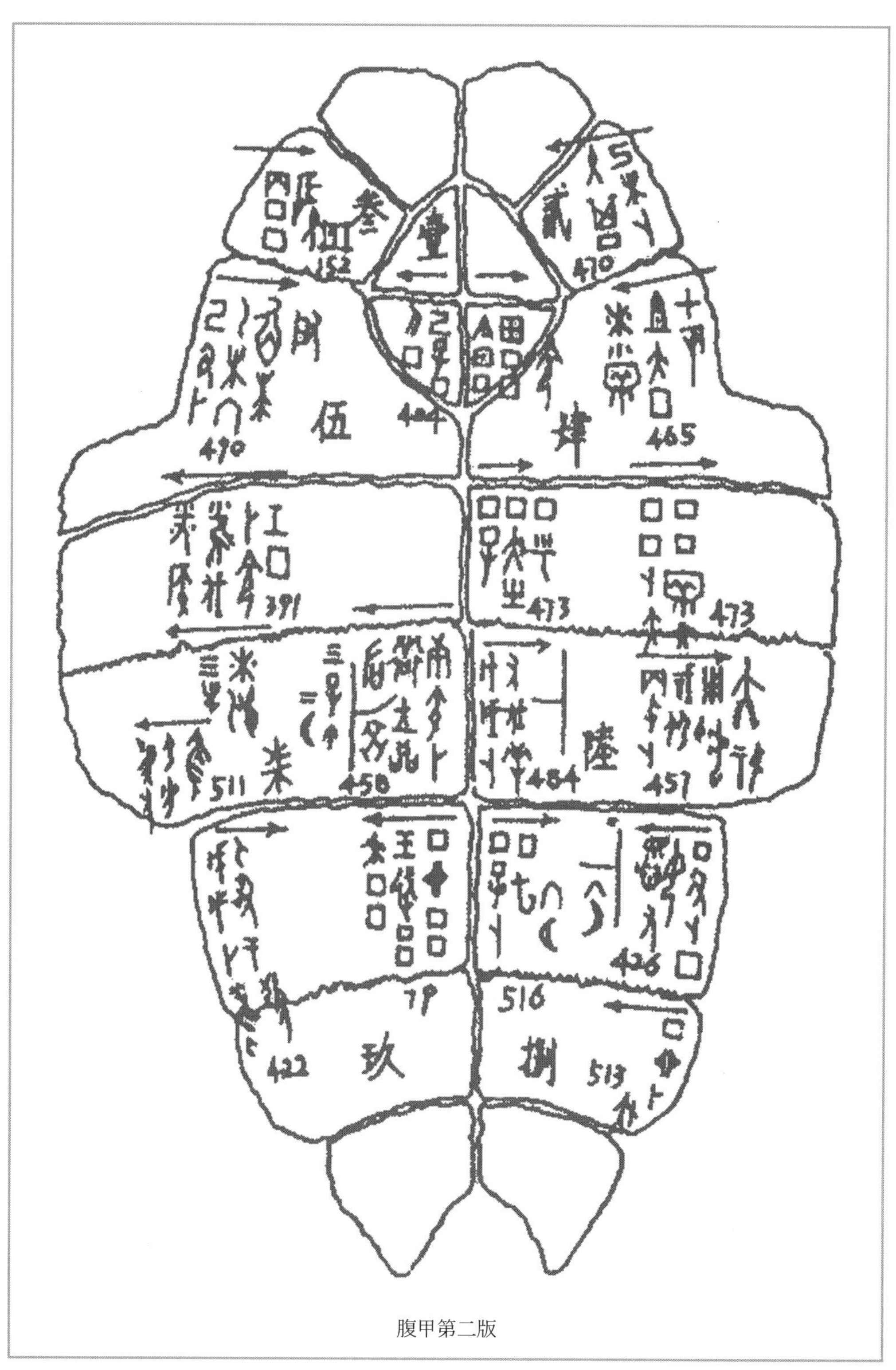

腹甲第二版

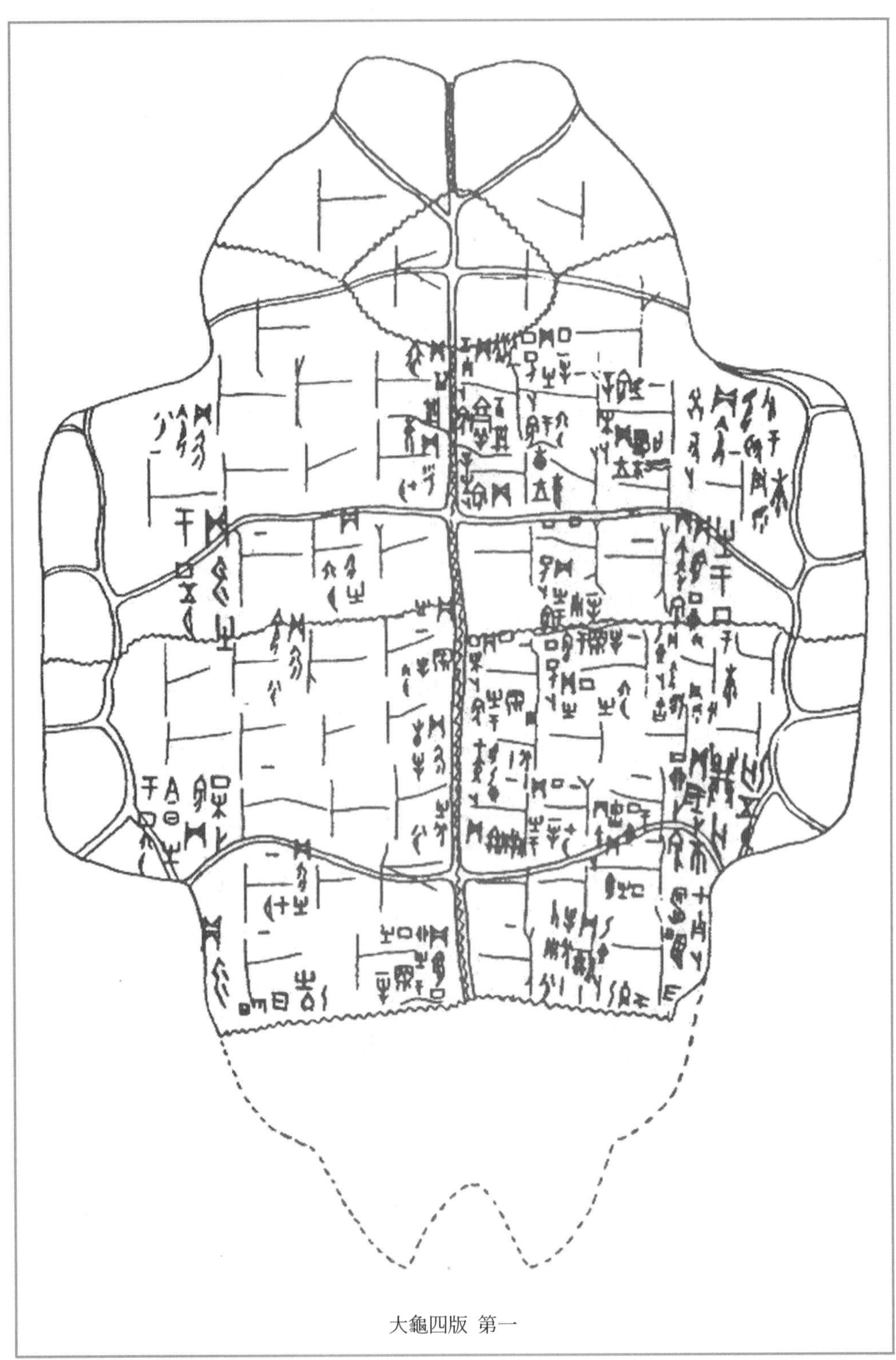

大龜四版 第一

그는 이런 연구를 통하여 거북의 복갑 각사 부위 및 그 문례의 규율에 대해 다음과 같은 결론을 내렸다.

① 中甲 : 중간의 '千里路' 중봉(中縫)을 경계로, 우측의 복사는 왼쪽에서 시작해서 오른쪽 방향으로 새기고, 좌측의 복사는 오른쪽에서 시작해서 왼쪽 방향으로 새긴다.
② 首右甲 : 오른쪽 가장자리에서 시작하여 왼쪽 방향으로 새긴다.
③ 首左甲 : 왼쪽 가장자리에서 시작하여 오른쪽 방향으로 새긴다.
④ 前右甲 : 앞발이 위치한 위쪽의 오른쪽 가장자리에서 시작한 것은 왼쪽으로 향하도록 한 것을 제외하고는, 나머지는 모두 왼쪽에서 오른쪽 방향으로 새긴다.
⑤ 前左甲 : 왼쪽 가장자리에서 시작한 것은 오른쪽으로 향하도록 한 것을 제외하고는, 나머지는 모두 오른쪽에서 왼쪽 방향으로 새긴다.
⑥ 後右甲 : 오른쪽 가장자리에서 시작한 것은 왼쪽으로 향하도록 한 것을 제외하고는, 나머지는 모두 왼쪽에서 오른쪽 방향으로 새긴다.
⑦ 後左甲 : 왼쪽 가장자리에서 시작한 것은 오른쪽으로 향하도록 한 것을 제외하고는, 나머지는 모두 오른쪽에서 왼쪽 방향으로 새긴다.
⑧ 尾右甲 : 오른쪽 가장자리에서 시작한 것은 왼쪽으로 향하도록 하고, 왼쪽에서 시작한 것은 오른쪽 방향으로 새긴다.
⑨ 尾左甲 : 오른쪽에서 시작한 것은 왼쪽 방향으로 새긴다.

이를 종합하면, 중봉(中縫)에 연이은 각사는 바깥쪽으로 향하도록 하였으므로, 오른쪽의 것은 오른쪽 방향으로, 왼쪽의 것은 왼쪽 방향으로 각(刻)하였다. '首甲'과 '尾甲'의 양쪽 각사는 안쪽으로 향하도록 하였으므로, 오른쪽의 것은 왼쪽 방향으로, 왼쪽의 것은 오른쪽 방향으로 새겼다.

그리고 갑교(甲橋)의 가장자리에는 商王에게 거북을 진공(進貢)한 내용의 각사가 기재되어 있는데, 이를 '甲橋刻辭'라고 한다.

2. 견갑골(肩胛骨)

商代의 갑골 각사는 귀갑(龜甲)을 제외하고는 그 사용량이 가장 많은 것이 일반 동물들의 견갑골이다. 《小屯南地甲骨》 上册 第1分册의 附册에 견갑골의 대판(大版) 47판이 저록되어 있는데, 여기에 새겨진 각사는 상태가 깨끗하고 행관(行款)도 명료하여 견갑골 골판(骨版) 각사 중에서 가장 훌륭한 것으로 꼽힌다. 견갑골의 각사 부위는 세 곳인데, 정면과 반면의 골판 각사 및 골구(骨

臼) 각사이다.

A. 골판(骨版) 정면

견갑골 정면의 각사 가운데 비교적 많은 수를 차지하는 것은, 좌우 가장자리 부분에 있는 각사인데, 이곳은 판면(版面)이 평평하고 매끈하며 면적도 넓기 때문이다. 그 다음으로 많은 것은 견갑골 중간 부위에 있는 각사이다. 우선 좌측 가장자리에 있는 각사의 예로는 아래에 예시한《綴合41》이 있는데, 이는《甲2484》와《甲2502》을 철합(綴合)한 것으로, 여기에는 7개 조(組)의 각사가 있으며, 모두 좌측 가장자리의 오른쪽에서 왼쪽 방향으로, 위에서 아래 방향으로 각하였다.

우측 가장자리에 있는 각사의 예로는 다음에 예시한《綴合38》이 있는데, 이는《甲2442》와《佚278》의 철합으로, 여기에는 5개 조의 각사가 있으며, 모두 우측 가장자리 근처에 있고, 왼쪽에서 시작해서 오른쪽 방향으로 각하였다.

그리고 또 아래에 예시한 것처럼 郭沫若이 철합한《通》제375와 같이 우측 가장자리에 있는 각사가 오른쪽에서 시작해서 왼쪽 방향으로 향하도록 한 것도 있다.

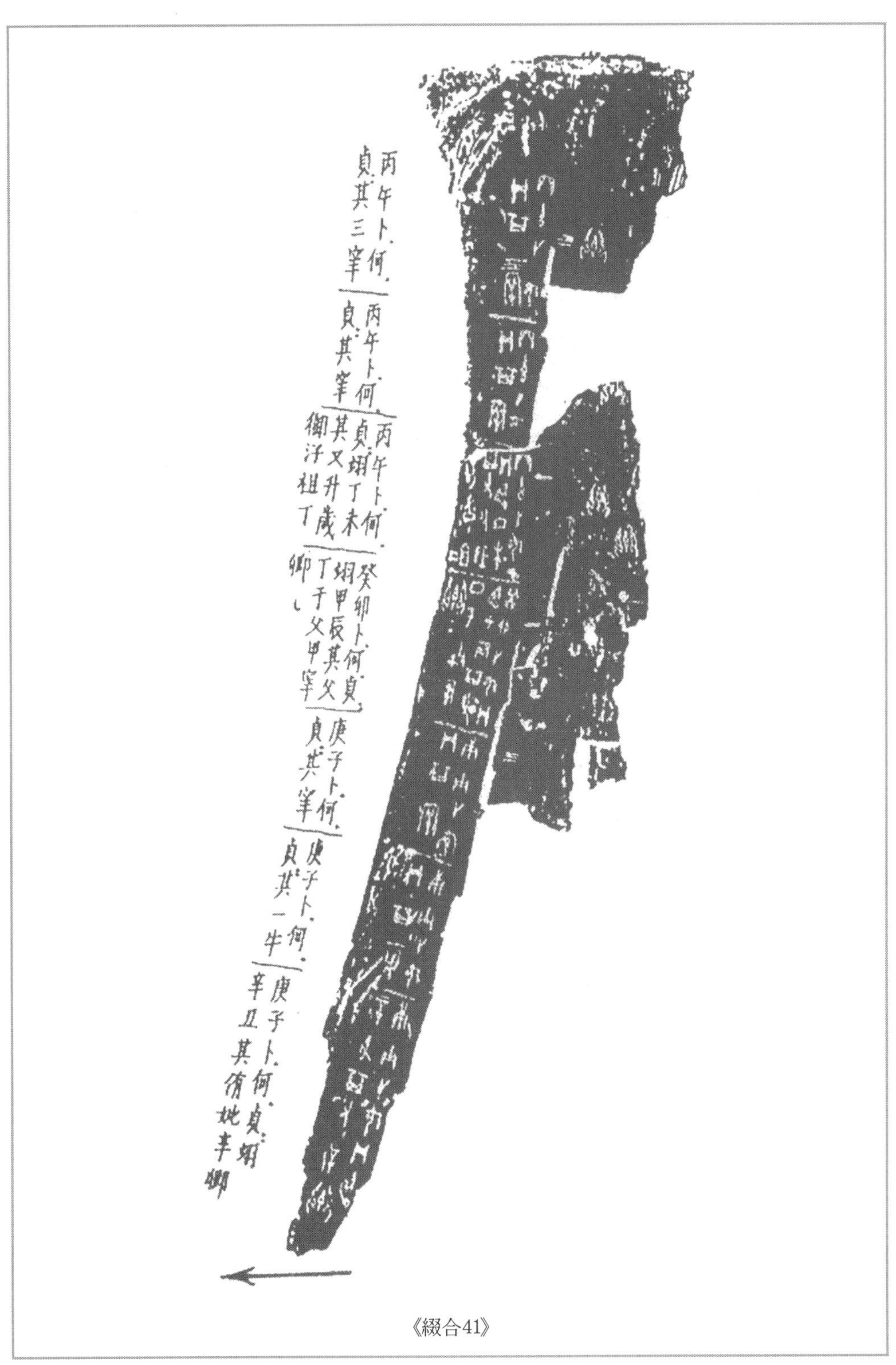
丙午卜何
貞其三宰
丙午卜何
貞其宰
丙午卜何
貞翊丁未
其又升歲
御汙祖丁
癸卯卜何貞
翊甲辰其父
丁于父甲宰
卿
庚子卜何
貞其宰
庚子卜何
貞其一牛
庚子卜何貞翊
辛丑其侑妣辛卿

《綴合41》

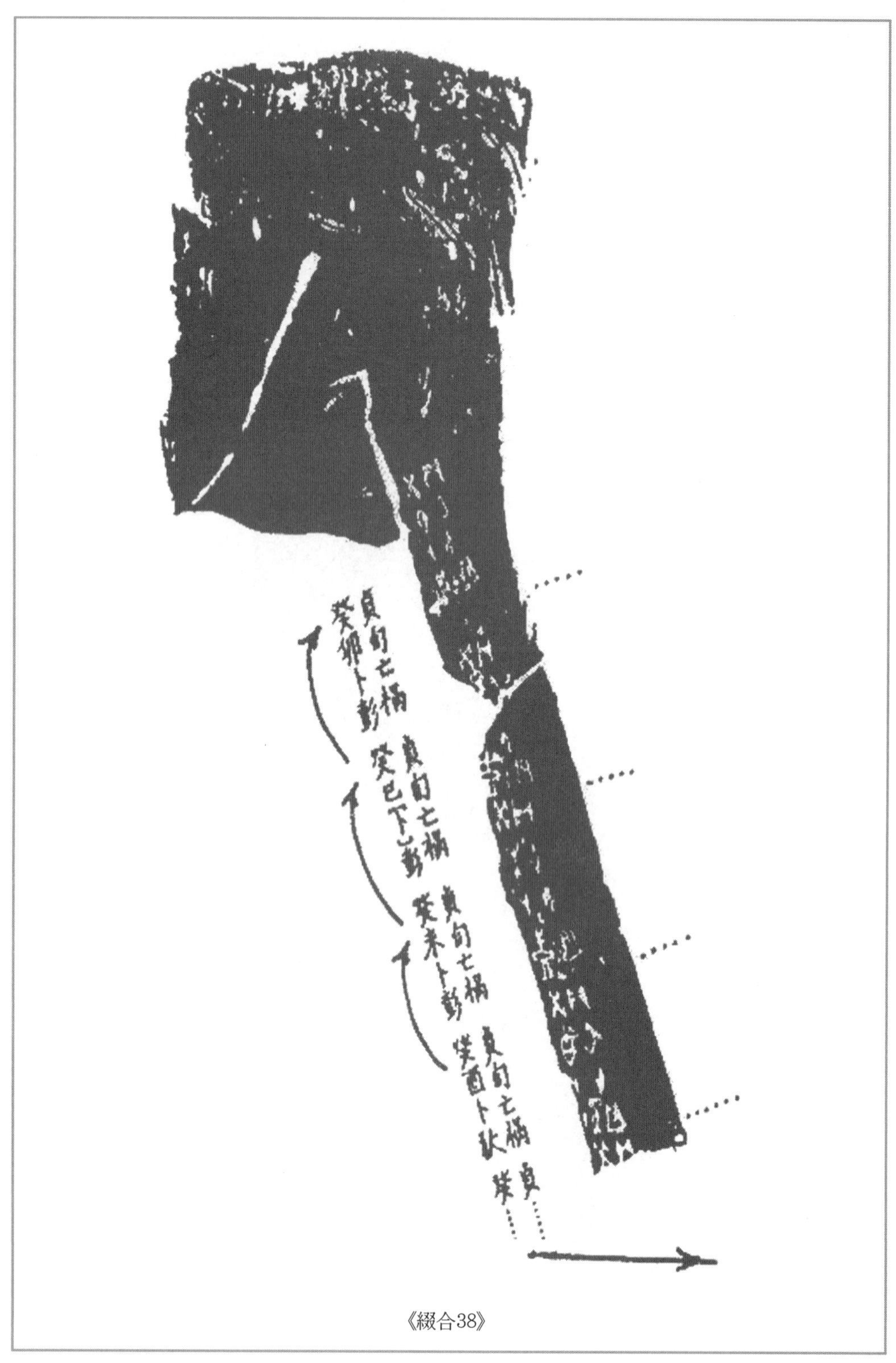

《綴合38》

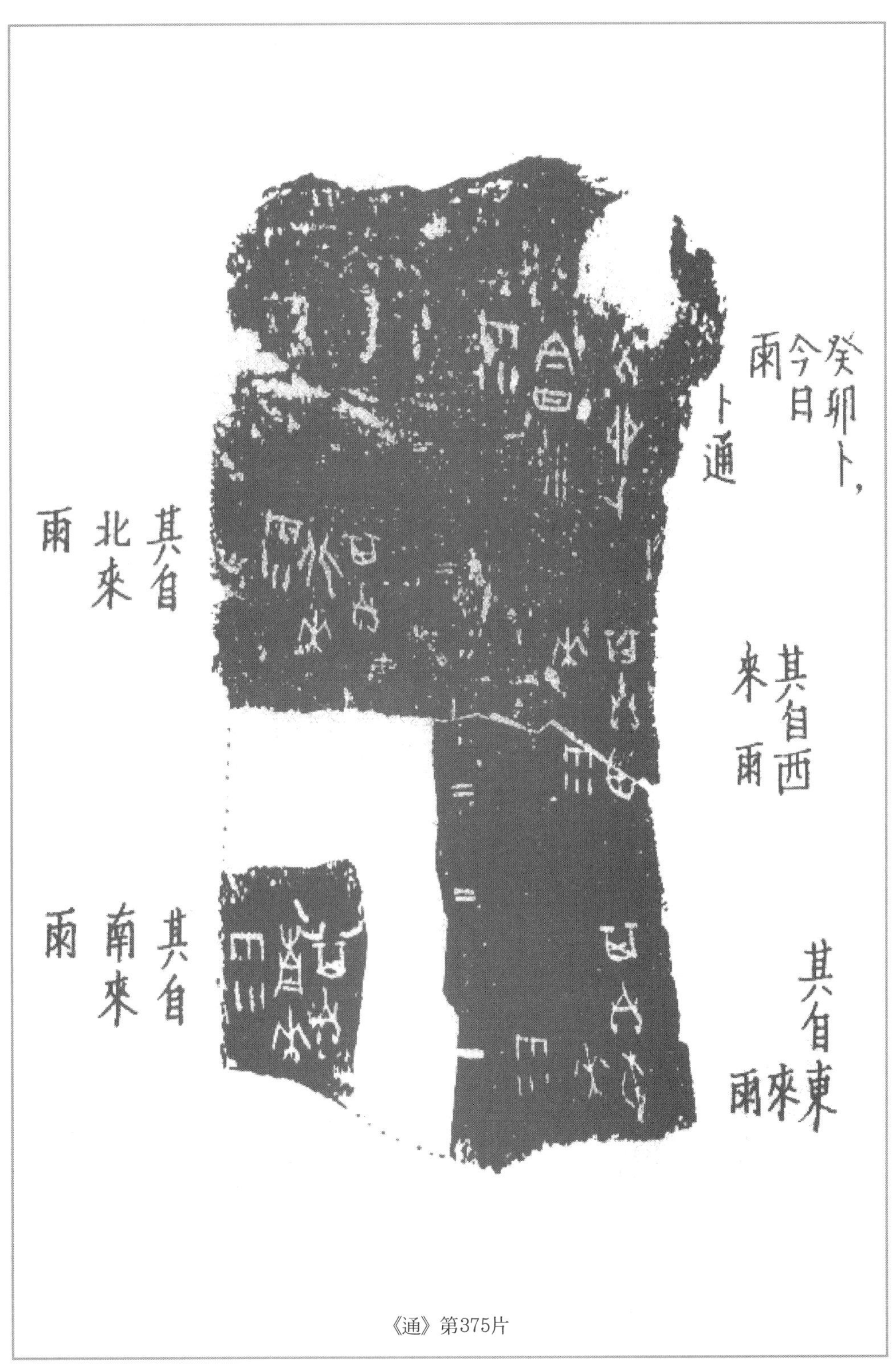

《通》第375片

B. 골판(骨版) 반면

견갑골 반면의 각사는《乙8671反》에 보이는데, 이는 찬착의 흔적이 없는 곳에 위치하고 있으며, 오른쪽에서 시작하여 왼쪽 방향으로 새긴 각사(刻辭)와 왼쪽에서 시작하여 오른쪽 방향으로 새긴 각사가 있다.

C. 골구(骨臼)

견갑골의 골구(骨臼) 각사는 대부분이 商 왕실에 복골(卜骨)을 공납한 내용을 기재하였는데, 오른쪽에서 왼쪽으로 각한 것도 있고, 왼쪽에서 오른쪽으로 각한 것도 있다.

董作賓은 수골 각사 487종류의 예를 비교 연구한 끝에 견갑골의 각사 부위에 대한 규율을 도출해 내고는, 그 행문(行文)과 행관의 방향에 대해 〈骨文例〉에서,

> 凡完全之胛骨, 無論左右, 緣近邊兩行之刻辭, 在左方, 皆爲下行而左, 間有下行及左行者. 在右方, 皆爲下行而右, 亦間有下行及右行者. 左胛骨中部如有刻辭, 則下行而右; 右胛骨中部反是, 但亦有下行而右者.[1] : 무릇 완전한 견갑골은 그것이 좌우 어느 쪽의 것이든 상관없이, 가장자리를 따라서 두 줄로 각사(刻辭)를 했는데, 좌측 견갑골에는 모두 하향 좌행으로 각사하였고, 간혹 하행 좌향인 것도 있다. 우측 견갑골에는 모두 하향 우행으로 각사하였고, 역시 간혹 하행 우향으로 된 것도 있다. 좌측 견갑골의 중간 부분에 각사가 있는 경우는 하향 우행으로 되어 있고, 우측 견갑골의 중간 부분 각사는 그 반대로 되어 있지만, 또한 하향 우행으로 된 것도 있다.

라고 하였는데, 그의 이런 주장은 정확한 관찰을 통한 연구의 결과이다.

3. 우두골(牛頭骨)

우두골(牛頭骨) 즉 소 두개골의 각사 부위는 소의 머리 앞이마 부위의 평평한 면을 골라서 각사를 하였는데,《甲3939》가 그 예이며, 오른쪽에서 시작해서 왼쪽 방향으로 각되어 있다.

4. 사슴 두개골

사슴 두개골의 앞이마 부위의 평평하고 매끈한 골면에 각사하였는데,《甲3940》이 그 예이며, 이마 뼈의 위쪽에는 여전히 한 쌍의 녹각(鹿角)이 남아 있고, 오른쪽에서 시작해서 왼쪽 방향으로

---

1) 董作賓 <骨文例>, 前揭書《董作賓先生全集》甲編 第3冊 p.919.

각사되어 있다. 그리고《甲3941》역시 사슴 두개골의 각사이고 그 부위도《甲3940》과 동일하며, 역시 오른쪽에서 시작해서 왼쪽 방향으로 각되어 있다.

5. 서우(犀牛) 늑골(肋骨)

서우(犀牛) 즉 무소 늑골의 편평하고 매끈한 부분에 각사를 하였는데,《佚427》이 이에 해당되며, 오른쪽에서 시작해서 왼쪽 방향으로 각되어 있다. 그리고《佚518》의 뒷면에 있는 각사는 무소의 늑골 각사로는 매우 유명한 것인데, '宰豊骨'이라고도 한다. 이 골판(骨版)의 정면에는 무늬가 새겨져 있으며 골판의 상태도 완벽하여 진보(珍寶)로 간주된다. 각사는 오른쪽에서 시작해서 왼쪽 방향으로 되어 있다.

6. 호골(虎骨)

지금까지의 저록에 보이는 호골(虎骨)은 호랑이의 오른쪽 상박골(上膊骨)인데, 현재 캐나다 왕립 온트리오(Ontrio) 박물관에 소장되어 있는 것으로,《懷特1915》에 수록되어 있다. 각사는 왼쪽에서 시작해서 오른쪽 방향으로 되어 있으며, 내용은 商王이 수렵에서 호랑이를 포획했다는 것이다.

7. 인두골(人頭骨)

현재로서는 인두골(人頭骨) 즉 사람의 두개골에 각된 각사가 어느 부위에 해당되는지를 설명해 줄 수 있는 자료는 없다. 商代에 인두골을 사용하여 각사를 한 이유에 대해 陳煒湛은,

> 在當時, 戰後紀功於敵酋之頭骨以示威武, 或許是一時風尙, 而並不覺其殘忍的.[1] : 당시에는 전쟁이 끝난 뒤에 적의 우두머리가 되는 사람의 두개골에 공적을 새겨서 위세와 용맹을 과시하였는데, 이는 어쩌면 그 당시의 풍조라서 그 잔인함을 지각하지 못하였을 것이다.

라고 설명하였다. 인두골 각사는 陳夢家의《殷虛卜辭綜述》圖版13에 탁본으로 2판(版)이 수록되어 있고, 326쪽과 327쪽에는 각사의 내용들이 수록되어 있다. 그리고《京津5282》의 인두골 각사는 오른쪽에서 시작해서 왼쪽 방향으로 되어 있고, 胡厚宣이〈甲骨文中的人祭卜辭〉에서 부록으로 첨부한 인두골 각사는[2] 왼쪽에서 시작해서 오른쪽 방향으로 되어 있다.

---

1) 陳煒湛 前揭書 p.96.

2) 嚴一萍 前揭書《甲骨學》p.75~76의 圖30에서 재인용.

8. 기타 부위

갑골에 각된 글은 대부분이 점복의 복사이지만, 비록 수량은 매우 적지만 복사가 아닌 다른 일들을 새긴 각사도 있다. 이들은 점복을 준비하거나 점복 각 단계의 점복과 관련 있는 여러 일들을 각한 복사(卜事) 각사와 점복과 관련 없는 일반적인 일을 기록한 기사(記事) 각사 및 표(表)나 보(譜)를 각한 표보(表譜) 각사 등 세 가지로 나눌 수 있는데, 이들 각각의 각사 부위를 살펴보면 다음과 같다.

A. 복사(卜事) 각사

갑골의 여러 부위에 새겼는데, 새긴 부위는 갑교(甲橋) · 배갑 · 갑미(甲尾) · 골구(骨臼) · 골면(骨面) 등으로 다양하다. 그리고 이런 각사들은 새긴 부위에 따라 명칭을 부여하기도 하는데, 이를 소개하면, 갑교 부위에 새긴 것은 '甲橋刻辭', 배갑의 반면에 새긴 것은 '背甲刻辭', 복갑(腹甲)의 우측 갑미(甲尾)에 새긴 것은 '甲尾刻辭', 우측 견갑골의 골구(骨臼)에 새긴 것은 '骨臼刻辭', 소의 견갑골의 넓고 얇은 골면의 일단(一端) 아래쪽에 새긴 것은 '骨面刻辭'라고 한다.

B. 기사(記事) 각사

복사(卜事)와 관계없는 일을 기록한 것을 말하는데, 갑교(甲橋)에 새긴 것도 있으나, 골면에 새긴 것이 대다수이며, 복사(卜辭)와 같은 면에 새긴 것도 많다. 그러나 통상 복사(卜辭)를 새기는 부위를 고의로 피해서 소의 견갑골의 좌측 하단에 새긴 것이 많다.

C. 표보(表譜) 각사

여기에서 말하는 '表譜'는 간지표(干支表)와 사보(祀譜) 및 가보(家譜) 등으로 분류할 수 있는데, '表譜刻辭'는 대부분이 소의 견갑골에 새겨져 있고, 귀갑에 새긴 것은 소수(少數)이다. 갑자표(甲子表)는 매우 많은데, 대부분이 습각(習刻)한 것들이다. 《劍213》(《綜述》 圖版16)의 간지표는 점복용이 아닌 우골(牛骨)의 한쪽 면에 새겼는데, 그 뒷면에는 정벌(征伐)에 관한 일이 각되어 있다.

이상의 3가지 각사들은 대부분 점복용 갑골에 새겼으며, 그 부위는 대체로 세 가지로 나눌 수 있다. 첫째는 《菁3》의 경우와 같이 복사(卜辭)의 중간에 새긴 것으로 극소수가 이에 속하며, 둘째는 비교적 편벽된 곳에 새긴 것으로 대다수가 이에 속하고, 셋째는 《庫1506》과 같이 폐기한 복골(卜骨)에 새긴 것으로 이런 예는 그다지 많지 않다.

이렇게 점복용 갑골에 각사한 것 외에, 기타 여러 재료에다 각사한 것으로, 복사(卜事)와는 상관없는 문사(文辭)들이 있는데, 이들 명사(銘辭)들은 인두골과 수골 · 골기(骨器) · 옥기(玉器) · 석기(石器) · 도기(陶器) 등에 새겨져 있다. 수골에는 우두골 · 우조골(牛雕骨) · 우골(牛骨) · 우거골(牛距骨) · 녹두골(鹿頭骨) · 녹각(鹿角) · 별갑(鼈甲) 등이 포함되며, 도기(陶器)에는 백도(白陶)와 회도(灰陶)가 있다.

乙. 각사(刻辭) 방법

갑골문자는 대체로 서사(書寫)한 것과 계각(契刻)한 것의 두 종류가 있는데, 계각한 것이 주를 이룬다. 갑골이란, 주지하는 바와 같이 견고하고 단단한 거북의 껍질과 짐승의 뼈인데, 여기에다 정교한 형태의 문자를 새긴 것으로 보면, 이 각사자(刻辭者)는 필시 문자의 조자(造字) 법칙과 계각의 도구를 운용하는 기술이 뛰어난 사람이었을 것으로 추정된다. 따라서 우선 살펴보아야 할 점은 각사에 사용한 공구와 갑골문자의 각사 방법이다. 여기에서는 먼저 계각에 사용한 공구에 대해서 살펴본 다음에, 각사 방법에서는 먼저 붓으로 쓰고 나서 칼 등으로 새긴 '先書後刻'인지 아니면 쓰지 않고 바로 새긴 '不書卽刻'인지, 아니면 두 가지를 겸용하였는지, 그리고 먼저 세로획을 새기고 난 뒤에 가로획을 새긴 '先直後橫'이 보편적인 규율이었는지, 또 '單鋒字'와 '雙鋒字'는 각기 무엇을 일컫는지, 자체(字體)의 형태는 어떤 특징이 있는지, 서사(書寫)의 행관(行款) 격식, 각 문사(文辭) 사이의 분계(分界), 도주(塗朱)와 도묵(塗墨) 등등에 대한 문제들을 살펴보기로 하겠다.

1. 계각(契刻)의 공구

商代는 비교적 견고한 기물(器物)로서 동기(銅器)와 옥기(玉器)를 제조하였는데, 그 중에는 각사(刻辭)의 도구로 쓰인 칼도 있었다. 이는 董作賓이,

> 在第三次發掘出大連坑附近大龜四版出土之地, 我們曾發現過一把小的銅刀, 甚似現世刻字者所用, 這大概就是殷人契刻文字的工具.[1] : 제3차 발굴 때 大連坑 부근의 대귀(大龜) 4판이 출토된 곳에서 작은 구리 칼 하나를 발견했는데, 지금 각자(刻字)하는 사람들이 사용하는 것과 매우 흡사했으며, 이는 아마도 殷代 사람들이 문자를 계각(契刻)할 때 사용한 공구일 것이다.

라고 한 것에서 충분히 알 수 있다. 비록 安陽에서 청동(青銅)의 각도(刻刀)와 벽옥(碧玉)의 각도가 차례로 출토되기는 하였으나, 갑골이 매우 딱딱하고 견고한데, 과연 이들 동도(銅刀)로써 글자

---

1) 董作賓 <甲骨文研究斷代例>, 前揭書《董作賓先生全集》甲編 第2册 p.458.

를 새길 수 있었을 지에 대해 어떤 사람들은 의문을 가지기도 하였다. 이 이후로 '青銅刻刀'와 '碧玉刻刀'에 대해서 학자들의 전문적인 연구가 진행되었는데, 郭沫若은《古代文字之辨證的發展》에서, "甲骨在契刻文字或其他削治手續之前, 必須是經過酸性溶液的泡製, 使之軟化的.[1] : 갑골에 문자를 계각하거나 기타 깎거나 다듬는 절차를 거치기 전에 반드시 산성(酸性) 용액에 담가서 연화(軟化)하는 과정을 거쳤을 것"이라고 주장했고, 뒤이어 周鴻翔이 〈殷代刻字刀的推測〉[2]을 발표하여, 연화 작업을 거치지 않더라도 동도(銅刀)와 옥도(玉刀)로 갑골문자를 계각하는 일이 충분히 가능하다고 주장했다. 다만 구리의 주조(鑄造) 기술이 상당히 발달하였고, 청동도(青銅刀)를 이용한 각자(刻字)의 여건이 완비된 상황에서, 옥도(玉刀)는 가공 작업의 난이도가 비교적 높고, 경질(硬質)의 옥 재료를 구하기가 쉽지 않았으므로, 청동도에 비해 주된 각자(刻字) 공구가 될 수는 없었을 것이다.

青銅刀

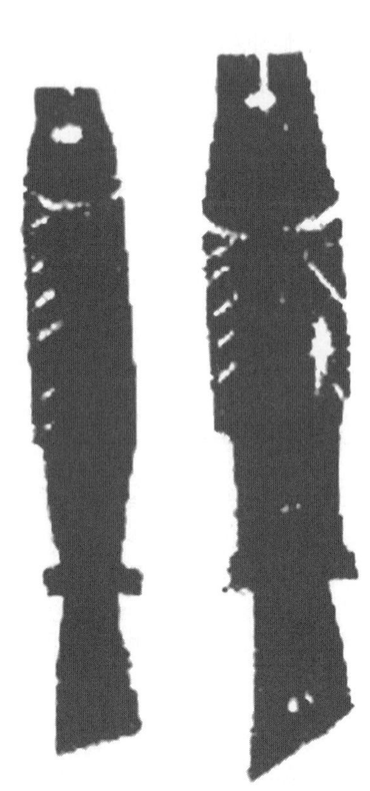
碧玉刀

1) 郭沫若《古代文字之辨證的發展》(人民出版社 1977. 北京) p.251.

2) 周鴻翔 <殷代刻字刀的推測>, 홍콩中文大學《聯合書院學報》第6期를 참고.

청동 각도(刻刀)에 대해서 王宇信은, "近年經過模似實驗表明, 無論是含水份較大的新鮮骨料, 還是已經乾硬的較陳骨料, 不經軟化處理完全可以用銅刀在上面刻字. : 근년에 모의 실험을 통해서, 수분을 비교적 많이 함유한 신선한 갑골 재료이든지 아니면 이미 딱딱하게 건조한 비교적 오래된 갑골 재료이든지를 막론하고, 연화(軟化) 처리를 거치지 않아도 동도(銅刀)를 사용하여 각자(刻字)하는 일이 충분히 가능하다는 것이 밝혀졌다."라고 하였다. 그리고 그는 벽옥(碧玉) 각도에 대해서도, "通過簡單的實驗, 認識到用玉料磨成鋒刃也可以刻劃甲骨. : 간단한 실험을 통해서 옥으로 된 재료를 갈아서 만든 칼끝으로 갑골에 계각하는 일이 가능하다는 것이 인정되었다."라고 하였는데, 실험을 거친 다음에 다시, "玉刀刻字, 刃並不易折斷, 只不過是容易將尖用鈍而已. 但玉質硬度大, 磨起來十分不容易. …… 可見學者推測安陽殷墟出土玉刀爲刻字工具的說法是有道理的. : 옥도(玉刀)를 사용하여 각자(刻字)할 경우, 칼날은 결코 쉽게 깨지지 않고, 칼끝이 쉽게 둔화되는 단점이 있을 뿐이었으며, 다만 옥의 경도(硬度)가 강해서 갈아서 칼을 만드는 일이 매우 어려웠다. …… 이로써 安陽의 殷墟에서 출토된 옥도가 글자를 각하는 도구였을 것이라는 학자들의 주장은 일리가 있다고 생각된다."[1]라고 하였다. 참고로 위에 예시한 그림은 艾蘭이 〈論甲骨的契刻〉에서 安陽의 殷墟 186호 분묘에서 출토된 용 모양의 청동 각도와 婦好墓에서 출토한 물고기 모양의 벽옥 각도를 수록해 놓은 것이다.

2. 각사(刻辭) 방법

A. '先書後刻' 여부(與否)

殷墟에서 발견된 갑골문은 먼저 글을 쓴 다음에 이를 각사(刻辭)하였는지, 아니면 먼저 글을 쓰는 과정을 거치지 않고 바로 각사를 하였는지, 아니면 이 두 가지 방식을 겸용하였는지에 대해 董作賓은, "我們還有直接的證據, 是在卜用的牛胛骨版上發現了寫而未刻的文字. : 우리는 직접적인 증거를 가지고 있는 바, 점복용 소의 견갑골 골판에 글을 쓰고는 미처 계각(契刻)하지 않은 문자가 발견되었다."라고 하고, 또 "卜辭有僅用毛筆書寫而未刻的, 又有全體僅刻直劃的, 可見是先寫後刻. : 갑골 복사에는 붓을 사용하여 써놓기만 하고 미처 계각은 하지 않은 것도 있고, 또한 전부 세로획만 계각해 놓은 것도 있는데, 이로 보아 먼저 붓으로 쓰고 나서 계각했음을 알 수 있다."라고 하고는, 이어서 "如果不寫而刻, 那末在每一個字的結構上, 稍繁的便不容刻, 何況每一筆劃, 又須刻兩面刀鋒.[2] : 만약 먼저 붓으로 쓰지 않고 새겼다면, 각 글자의 구조상 작고 번다한 글자는 새기기가 쉽지 않았을 것인데, 하물며 각각의 필획을 칼날 양면 끝으로 새겨야

1) 이상 王宇信의 말은 모두 前揭書 《甲骨學通論》 p.115~116에서 인용.

2) 이상 董作賓의 주장은 <甲骨文研究斷代例>, 前揭書 《董作賓先生全集》 甲編 p.457~459에서 인용.

했음에랴."라고 하였다. 그의 이 말은, 갑골문자는 '先書後刻', 즉 갑골판에 먼저 글을 쓴 다음에 계각한 것이며, 따라서 殷代에는 이미 모필(毛筆) 즉 붓을 사용하여 글을 쓴 것이 틀림없다고 단정한 것이다.

그런데 陳夢家는 이에 대해, "刻辭有如蠅頭的, 不容易先書後刻, 況且卜辭所常用的字並不多, 刻慣了自然先直後橫, 本無需乎先寫了作底子.[1] : 각사는 파리의 머리만큼 작은 것도 있는데, 먼저 붓으로 쓰고 나서 계각하기는 쉽지 않았을 것이며, 하물며 복사에 상용되는 글자가 결코 많은 것도 아니므로 계각에 익숙해지면 저절로 먼저 직각(直角)을 하고 횡각(橫刻)은 나중에 하게 될 것인 바, 먼저 붓으로 써서 저본(底本)으로 삼을 필요는 없었을 것이다."라고 하였는데, 이는 董作賓의 주장을 부정한 것이다. 이런 여러 설에 대해서 陳煒湛은, "筆者揣想, 當時恐怕大字是先書後刻, 小字則是直接刻的, 因爲刻辭確'有小如蠅頭的, 不容易先書後刻'. 蓋刻大字固難, 寫蠅頭小字亦難, 反不如直接施刻. 故前者先書後刻, 後者則不書而刻. 這就是爲什麽甲骨文中字越大刀筆味越少, 字越小刀筆味越重的緣故.[2] : 필자의 생각에는, 당시 큰 글자는 아마 먼저 붓으로 쓰고 난 뒤에 새기고, 작은 글자는 곧바로 직접 새겼다고 생각하는데, 그 이유는 각사에는 확실히 '파리의 머리만큼 작은 것도 있어서, 먼저 붓으로 쓰고 나서 새기기가 어려웠을 것'이기 때문이다. 아마도 큰 글자를 각(刻)하는 일도 어렵지만, 파리 머리 만큼 작은 글자를 쓰는 일도 역시 어려웠을 것이므로, 오히려 직접 새기는 것이 더 나았을 것이다. 그러므로 큰 글자는 먼저 붓으로 쓰고 나중에 계각하고, 작은 글자는 서사(書寫)하지 않고 곧바로 계각하였을 것이다. 이것이 바로 갑골문 중에서 글자의 크기가 클수록 칼질을 한 기미가 적게 느껴지고, 글자의 크기가 작을수록 칼질의 기미가 많이 느껴지는 이유이기도 하다."라고 하였다. 이는 객관적이고 논리적인 주장으로, 두 가지를 겸용하였다는 주장인데, 덧붙여말하자면, 칼끝 양면(兩面)으로 새겨야 하는 글자는 반드시 먼저 붓으로 쓰고 나서 새기도록 하였을 가능성이 크다고 본다. 특히 제1기 복사에는 크고 작은 글자가 동일 갑골판의 각사에 공존하는데, 다음에 예시한《乙6702》가 바로 이런 예에 속한다.

---

1) 陳夢家 前揭書《殷虛卜辭綜述》p.15.

2) 陳煒湛 前揭書 p.53.

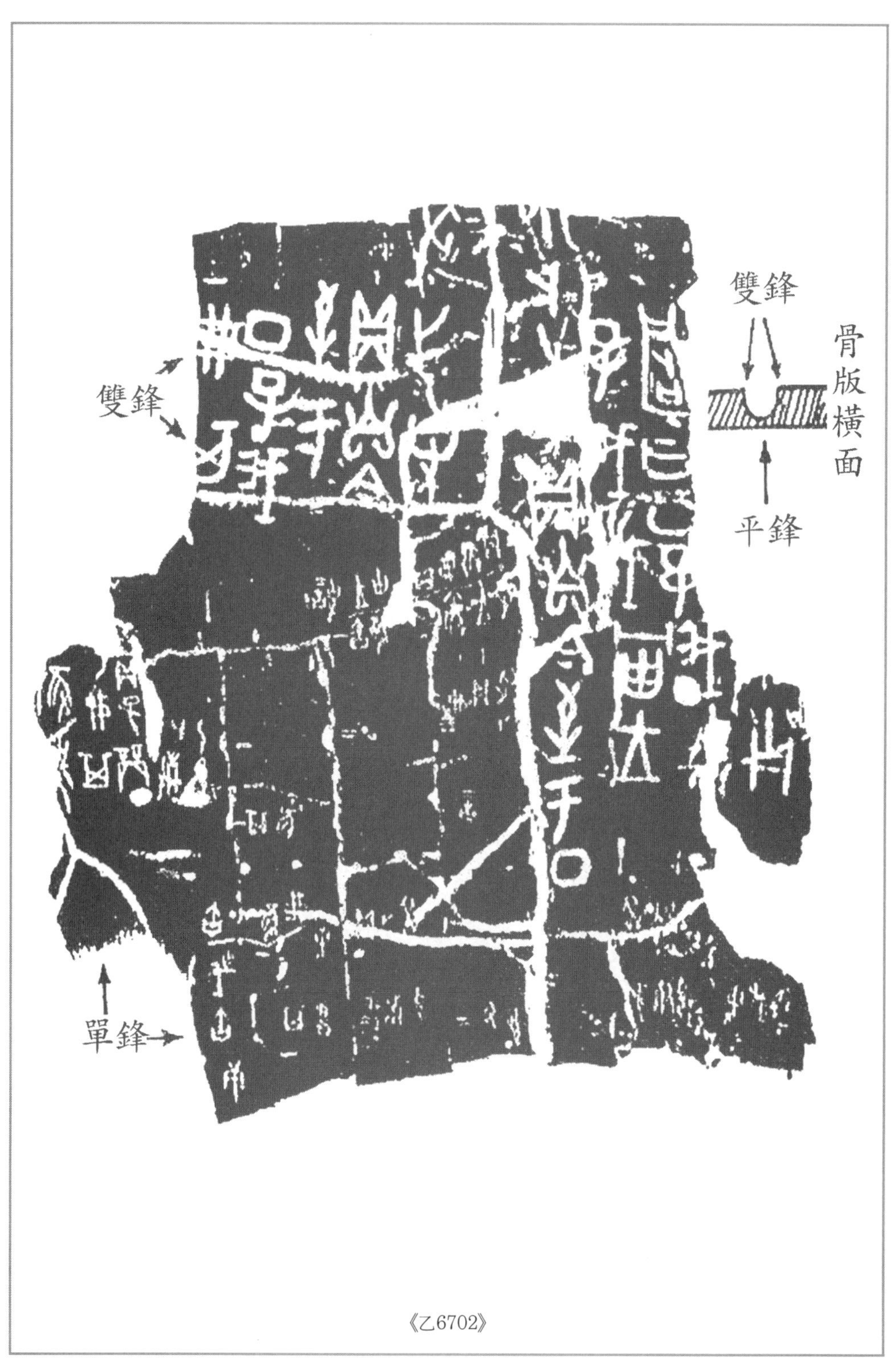

《乙6702》

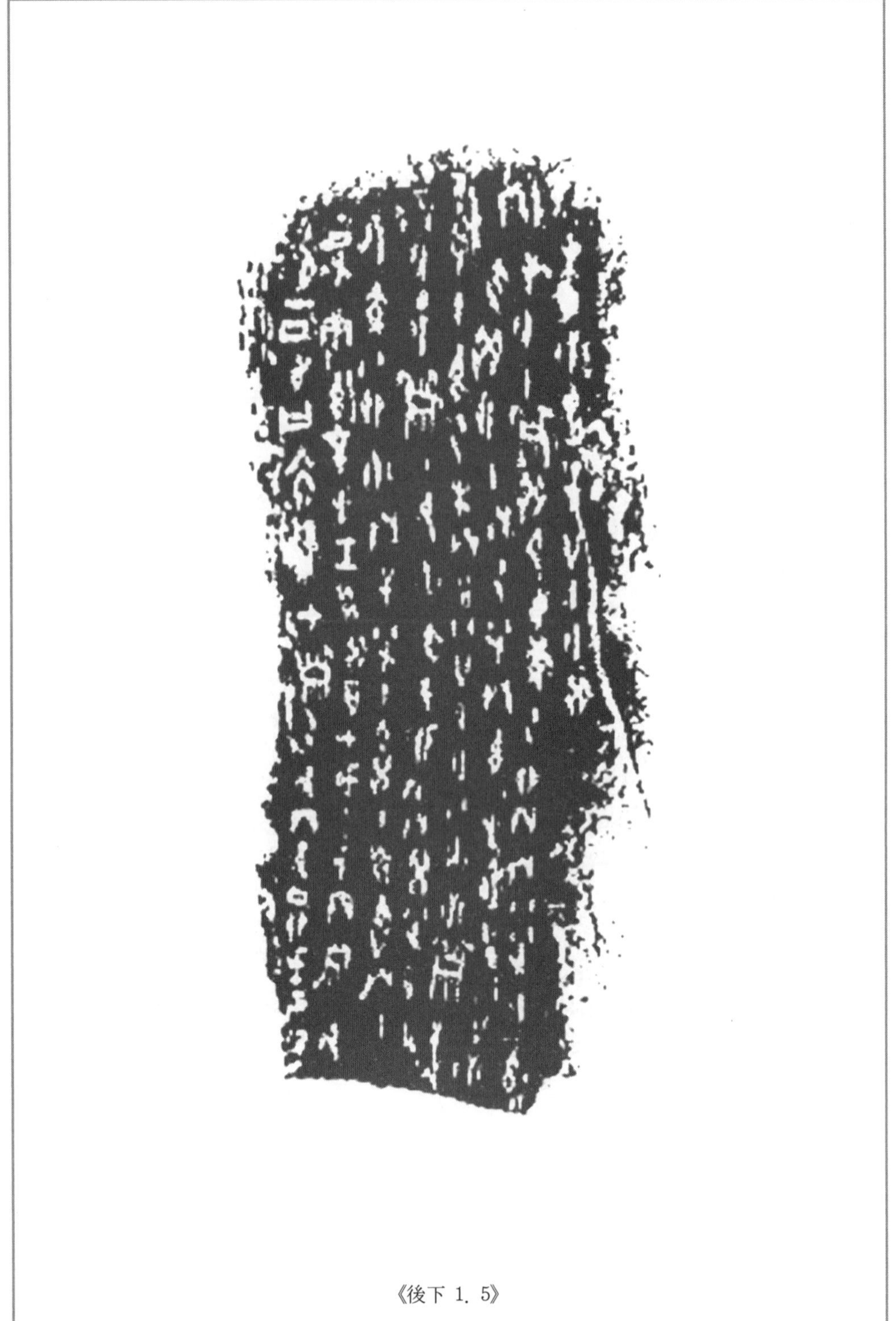

《後下 1. 5》

B. '先直後橫'의 대세 여부

갑골문의 계각(契刻)은 수직선을 먼저 각(刻)하고 횡선을 뒤에 했다는 계각 방법에 대해 董作賓은, 앞에 예시한《後下1. 5》의 갑자표(甲子表)에 보이는 글자들이 수직 방향의 획은 거의 모두 각되어 있지만, 가로 획은 극소수만 각되어 있는 점에 근거하여, "其筆順蓋先直而後橫, 而斜筆而同於直.[1] : 그 필순은 아마 먼저 수직 방향의 획을 새기고 나서 가로 방향의 획을 새겼으며, 사필(斜筆)은 직필(直筆)과 같이 하였다."라고 했는데, 이는 갑골문의 각사(刻辭)는 '先直後橫'이었다는 주장이다. 그리고서 그는 〈甲骨文斷代研究例〉에서 아래에 예시한《戩46. 14》와《後上16. 7》을 예로 들어 위의 결론을 보충하면서, "可以解釋甲骨文字中先刻直畫後刻橫畫之理.[2] : (위의 두 예로써) 갑골문자에서는 수직선의 획을 먼저 각하고 횡선의 획을 뒤에 각하는 이치를 해석할 수 있다."라고 하였는데, 이는 갑골문의 계각은 수직선을 먼저 각하고 횡선을 뒤에 했다는 것을 다시 한 번 단정한 것이다.

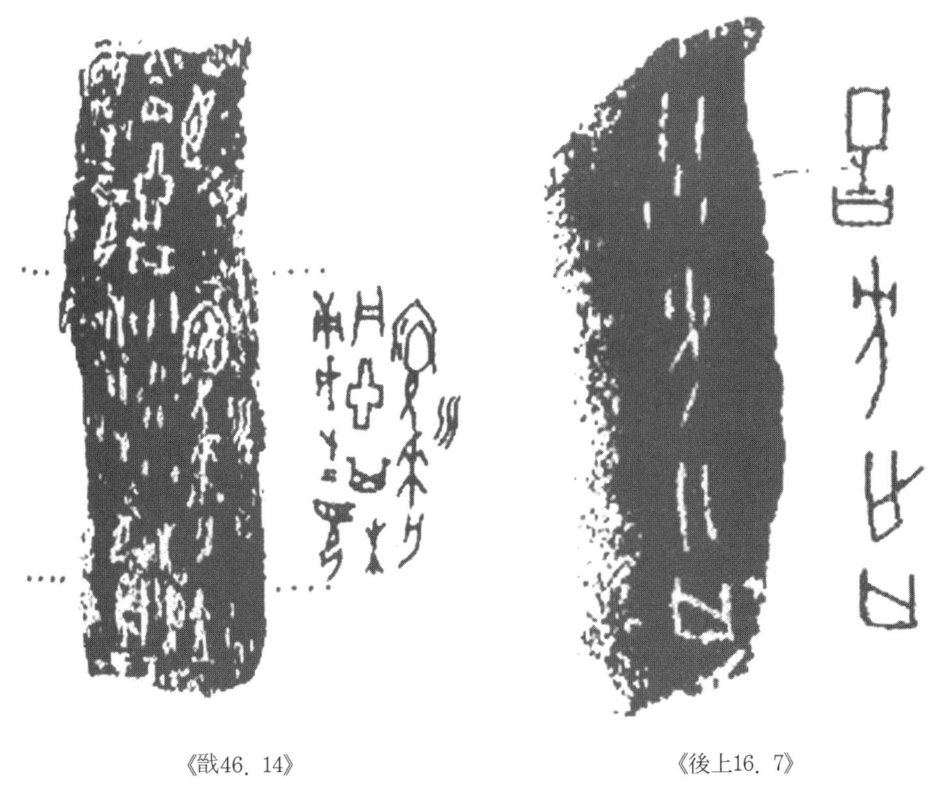

《戩46. 14》　　《後上16. 7》

1) 董作賓 <商代龜卜之推測>, 前揭書《董作賓先生全集》甲編 第3册 p.879.

2) 董作賓 <甲骨文斷代研究例>, 上揭書 p.458.

이처럼 '先直後橫'한 예로는 또《懷特897》이 있는데, 이 갑골판의 뒷면에 "癸亥卜, 爭"이라는 네 글자가 새겨져 있으며, 그 정면에 있는 세 번째 각사(刻辭)는 "⫝ᐱ"이고, 이는 "貞王"으로 考釋되는 두 글자인데, 가로획이 새겨지지 않았으며,《懷特997》에 있는 '翌庚'의 두 글자도 가로획이 새겨지지 않았다. 이처럼 '先直後橫'의 계각 방법은 각도(刻刀) 운용의 편리함과 계각 속도의 민첩함이라는 측면에서 볼 때, 매우 효과적이었다고 본다. 다만 이런 방법이 갑골문자를 계각하는 데 있어서 보편적인 규칙이었는지의 여부는 좀 더 고찰해볼 필요가 있겠다. 이에 대해 趙銓은, "卜辭刻字基本上應是一字刻完再刻一字, 而不是許多字先豎後橫地刻. 爲了減少轉動骨版的次數而採取通篇或通行先豎刻後橫刻的流水作業法, 不見得普遍規律.[1] : 복사의 각자(刻字)는 기본적으로 의당 하나의 글자를 완성하고 나서 다시 또 하나의 글자를 새겼음이 틀림없고, 여러 글자들을 세로획을 먼저 새긴 후에 가로획을 새긴 것은 아니다. 다만 골판을 이동시키는 횟수를 줄이기 위해서 한 편(篇) 전체나 한 행(行) 전체를 먼저 세로 획을 새기고 나중에 가로 획을 새기는 자연적인 작업 방법을 채택하였을 수는 있으나, 이것을 보편적인 규칙으로 볼 수는 없다." 라고 하였다. 이로써 먼저 세로 획을 새기고 나서 가로 획을 새기는 '先直後橫' 방법과 각 글자 하나하나를 새기는 두 가지 방법이 서로 결합된 것이 갑골문자를 새기는 보편적인 규칙이라고 할 수 있다.

C. 단봉자(單鋒字)와 쌍봉자(雙鋒字)

갑골문자의 각사(刻辭)에서는 종종 한 조각의 갑골판에 크기가 서로 다른 글자체가 보이는데, 큰 글자와 작은 글자의 각사(刻辭) 방법은 동일했는지의 여부를 살펴보자.

이 문제에 대해 董作賓은 〈商代龜卜之推測〉에서, 작은 글자에 대해서는 "有細纖如髮之字, 則似是所謂'單鋒', 以刀尖刻劃而成者.[2] : 머리카락처럼 섬세한 글자도 있는데, 이른 바 '單鋒'처럼 날카로운 칼끝으로 획을 새겨서 완성하였다."고 하고, 큰 글자에 대해서는 양쪽에 모두 획을 새긴 칼자국이 있고, 또한 어떤 큰 글자는 글자 획의 바닥 면이 편평하여 '鑿'과 비슷하게 완성된 것도 있는데, 董作賓은 이를 '平鋒'이라고 명명하였는데, 바로 '雙鋒'을 말한다. 앞에서 예시한 《乙6702》는 '單鋒字'와 '雙鋒字'의 표준이 되는 골판으로, 제1기 복사이다. 그리고 다음에 예시한 《乙7795》는《乙6702》와의 철합판(綴合版)인데, 胡厚宣은《甲骨續存》1 '附圖七'의 고석(考釋)에서, 武丁 시기의 대귀(大龜) 복갑(腹甲)에는 2개 조(條)의 큰 글씨의 각사(刻辭)가 있는데, 정벌에 관한 일을 점복한 복사이며, 한 번은 정면에다 점복하고, 한 번은 뒷면에다 점복하였으며,

---

1) 趙詮 <甲骨文字契刻初探>, 王宇信《甲骨學通論》p.117에서 재인용.

2) 董作賓 <商代龜卜之推測>, 前揭書《董作賓先生全集》甲編 p.878.

큰 글자는 붉은색으로 칠을 했는데, 이 일이 매우 엄중한 것이었음을 알 수 있다고 하였다. 뒷면에 점복한 복사 하나는 뒷부분이 잔결되고 없으나, 정면의 복사 하나는 완벽할 뿐만 아니라, '占辭'와 '驗辭'도 기록되어 있다. '驗辭'에는 전거(戰車)를 사용하여 승리를 거두었다고 기록하고 있는데, 이는 商代의 전쟁 역사에 관한 중요한 자료 중의 하나가 된다.

이처럼 대소(大小) 두 가지 크기의 글자가 동일 갑골판에 공존하는 갑골 각사(刻辭)는 제1기 복사에서의 특유한 형태이다.

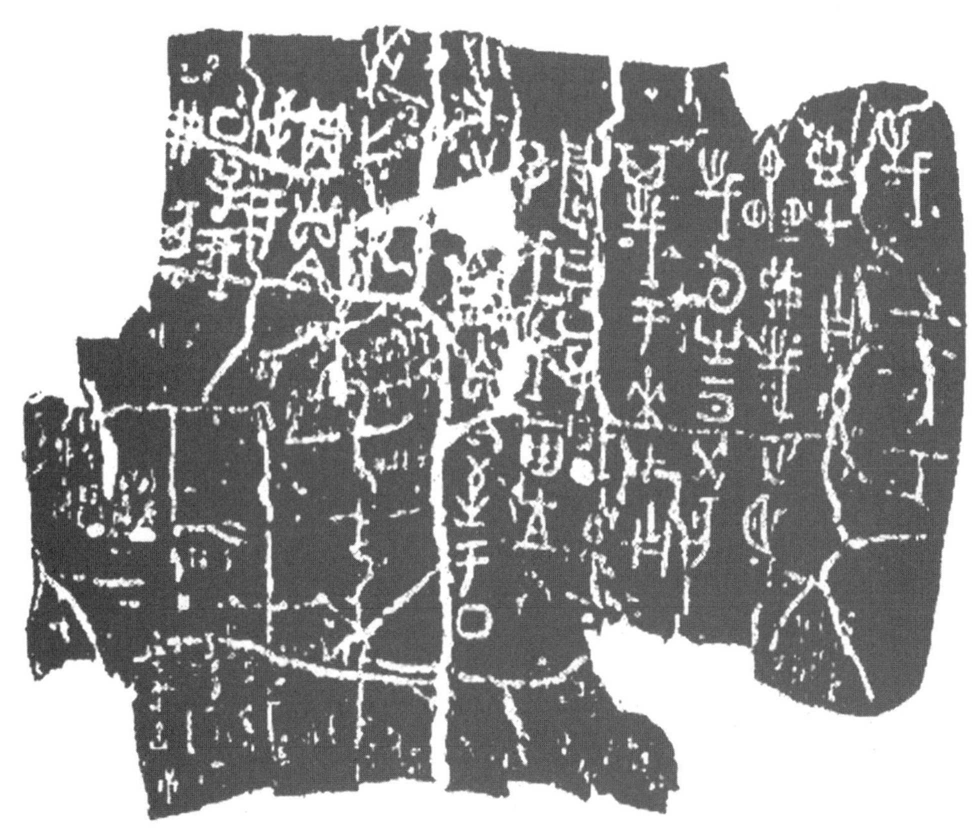

《乙7795》

D. 자체(字體)의 다양성

갑골문자의 각사는 武丁에서부터 帝辛에 이르기까지의 270여 년의 역사를 거친 것이므로 갑골문의 자체(字體)도 조기(早期)에서부터 만기에 이르기까지 다양하다. 갑골문자를 각사한 사람들에 대해서 董作賓은, "卜辭中書名的'貞人', 也就是這一個卜辭的書契者. 更由此我們可以看到許多史官的手筆, 以及他們各個人的作風.[1] : 복사 중에 이름을 적은 '貞人'은 바로 해당 복사의 서계자(書契者)이다. 더욱이 이런 점을 통해서 우리는 많은 사관(史官)들의 글 솜씨를 볼 수 있고 아울러 그들 각각의 작풍도 볼 수 있다."라고 하여, 사관인 '貞人'들이 각사(刻辭)하였다고 주장하고는, 자체(字體)가 변화 발전하여 이룬 차이에 근거하여 단대(斷代) 표준의 하나로 삼았다. 그런데 陳夢家는, "我們看到許多同版的卜辭, 同屬於一個卜人的卜辭, 其字形的結構與風格不同處, 正證明了卜人並不一定是刻者.[2] : 우리는 수많은 동일 갑골판의 복사들이 동일한 복인(卜人)에게 속하는 복사이지만, 그 자형(字形)의 구조와 품격이 서로 다른 점을 발견하게 되는데, 이는 바로 복인이 반드시 각사자(刻辭者)는 아님을 증명해 준다."라고 하여, 董作賓의 주장에 동의하지 않았다. 이에 대해서는 陳煒湛도《甲骨文簡論》에서 "王卜貞"이라고 하고 있는 복사에 대해서 언급하면서, "'王卜貞'之辭不會是王自己寫刻的, 必出自他人之手.[3] : '王卜貞'이라는 말은 왕이 스스로 서사(書寫)하여 계각한 것일 리가 없고, 이는 다른 사람의 손으로 새긴 것이 틀림없다."라고 하여, 정복(貞卜)을 주관한 왕이나 '貞人'이 바로 복사를 새긴 사람이라는 주장에 대해 이의(異議)를 제기하면서, 商代는 '貞人'이라는 집단 외에, 또 다른 사관(史官)들이 있어서 각사(刻辭)의 직분을 전담하고 있었을 것이라고 주장하고, 饒宗頤가 "當日鍥刻者乃別由史官任之, 與貞卜者異其職掌.[4] : 당일의 계각자(契刻者)는 또 다른 사관이 그 일을 맡았는데, 정복(貞卜)을 담당한 사람과는 그 직책이 달랐다."라고 한 말을 논거로 삼았다.

商代는 점복이 빈번했고, 복골에 각해야 할 양도 많았을 것인 바, 한 사람이 점복과 동시에 각사(刻辭)까지 하는 것은 '貞人'의 입장에서 볼 때, 점복의 횟수를 감당할 수 있는 상황에서는 董作賓의 주장이 성립할 수 있겠으나, 그렇지 않다면 다른 사관(史官)이 이를 담당했다는 주장이 사리에 합당하다고 생각된다. 그리고 각(刻)된 글자의 자체(字體) 형태도 각 시기에 따라 차이가 있는데, 이를 갑골의 5개 시기별로 나눠서 살펴보면 다음과 같다.

첫째, 갑골 제1기의 자체(字體)는 씩씩하고 웅대하며 장엄하다. 이 시기의 자체는 아래에 예시한《甲3339》의 복사에 잘 나타나는데, 이는 견갑골 상부에 해당하는 것으로, 여기에는 두 개 조(條)의

1) 董作賓 <甲骨文斷代研究例>, 上揭書 p.461.
2) 陳夢家 前揭書《殷虛卜辭綜述》p.16.
3) 陳煒湛 前揭書《甲骨文簡論》p.174.
4) 饒宗頤《殷代貞卜人物通考》(홍콩大學出版社 1959. 홍콩) p.1188.

복사가 있고, 큰 글자는 "辛酉卜, 韋, 貞 : 今月不其 ……"이고, 작은 글자는 "辛未卜, 亘, 貞 : 往逐豕獲."이다. 이는 武丁 시기의 것으로, 큰 글자와 작은 글자가 동일판에 병존하는 복사의 예다. '韋'와 '亘'은 둘 다 당시의 사관(史官)이며, '韋'의 필법은 제1기 서체의 장대하고 웅건함을 대표한다고 하겠다. 그리고 '亘'의 필법도 그 나름의 특징이 있는데, 자획(字劃)은 비록 가늘지만 정밀하면서도 힘이 있다. 이 둘은 비록 서체의 크기가 크고 작은 점에서 구별되기는 하지만, 제1기 복사 자체(字體)의 웅위(雄偉)한 특징은 그대로 드러내고 있다고 하겠다.

第1期《甲3339》　　第2期《粹1359》

둘째, 갑골 제2기의 자체(字體)는 신중하고 절도가 있다. 이 시기의 자체는 위에 예시한《粹1359》에 잘 나타나 있는데, 복사의 내용은 "庚辰卜, 行, 貞: 今夕亡禍."이다. 제2기의 祖庚 · 祖甲은 武丁에 비교하면 이미 이루어 놓은 바를 지켜내는 현군(賢君)에 속하는 셈인데, 이 시기에 각된 자체로 살펴보면, 그들은 삼가 신중하게 예의(禮儀)를 지키고자 했던 태도가 엿보인다. 사관 '行'

의 필법은 자체(字體)의 크기가 적당하고, 행관도 질서정연하며, 글자의 소밀(疏密)한 정도도 알맞아서 제2기의 특징인 근칙(謹飭)함을 그대로 드러내고 있다.

셋째, 갑골 제3기의 자체(字體)는 맥이 없고 위축되어 있다. 이 시기의 자체는 다음에 예시된 《甲2605》에 잘 나타나 있는데, 복사의 내용은, "辛丑卜, 狄, 貞: 今夕亡禍."이다. 이 제3기의 갑골문 자체(字體)에 대해 董作賓은 "廩辛康丁之世, 可以說是殷代文風凋敝之秋. 在這期, 雖然還有不少的工整書體, 但是篇段的錯落參差, 已不似前此的守規律, 而極幼稚柔弱纖細錯亂訛誤的文字, 又是數見不鮮的.[1) : 廩辛과 康丁 때는, 殷代 문풍(文風)이 시들고 피폐해지는 것이 절기(節氣)로는 가을이라고 할 수 있었다. 이 시기에는 비록 정교하게 뛰어난 서체도 적지 않았지만, 글의 단락의 나뉨이 어지럽고 들쭉날쭉하여, 이미 규율을 엄수하던 앞 시기와는 많이 달라져버렸고, 극히 유치하고 유약하며 가늘고 무질서한 서체에다가 잘못 쓴 글자들도 많고, 또한 선명하지 못한 것도 여럿 보인다."라고 하였다. 이 당시 사관 '狄'의 필체가 바로 이 시기의 특징을 그대로 드러내고 있다.

넷째, 갑골 제4기의 자체(字體)는 거세고 날카로운 것이 특색이다. 이 시기의 자체는 다음에 예시된《甲635》에 잘 나타나 있는데, 복사의 내용은, "丙子, 貞 : 丁丑侑父丁伐卅羌, 歲三牢, 茲用?"이다. 제4기 복사에는 각사자와 '貞人'의 이름이 기록되어 있지 않아서 이들 각사가 누구에 의해 시행되었는지 밝혀낼 수는 없으나, 이 시기의 서체에 대해 董作賓은, "較纖細的筆畫中而帶有十分剛勁的風格, 峭拔聳立, 有如銅筋鐵骨.[2) : 비교적 섬세한 필획 가운데서도 매우 강경(剛勁)한 풍격을 띠고 있으며, 힘차고 굳게 우뚝 솟은 기상이 강철 같은 느낌을 갖게 한다."라고 평하였다. 다만 祖甲 이후의 각사자들은, 제1기에 '[illegible]'으로 새겼던 '王'자에다 가로획을 하나 덧붙여서 '[illegible]'으로 썼는데, 이 시기 서체의 특징이다. 다만 文丁 시기의 각사자는 오히려 제1기 때의 '王'자로 복원시켜서 일률적으로 '[illegible]'으로 새겼다.

다섯째, 갑골 제5기의 자체(字體)는 엄정(嚴整)한 것이 특징이다. 이 시기의 자체는 다음에 예시한《燕165》에 잘 나타나 있는데, 여기에 기록된 각사의 내용은 帝乙 · 帝辛 시대의 간지(干支) 기시표(紀時表)이다. 이 시기의 서체는 행관의 배열이 질서정연하고, 자형도 고르고 반듯하며, 구조도 엄정하고, 이체자(異體字)가 감소하였으며, 자체(字體)가 점차 통일되어가고 있는 점이 특징이라고 할 수 있다.

이상의 갑골문의 각 기별 서체의 특징을 종합하면, 제1기와 제5기의 자체(字體)는 분명하게 구별이 되지만, 제1기와 제4기는 구별하기가 어려운데, 제4기의 것은 제1기와 근사(近似)하다.

---

1) 董作賓 <甲骨文斷代研究例>, 前揭書《董作賓先生全集》甲編 第2册 p.462.

2) 上同.

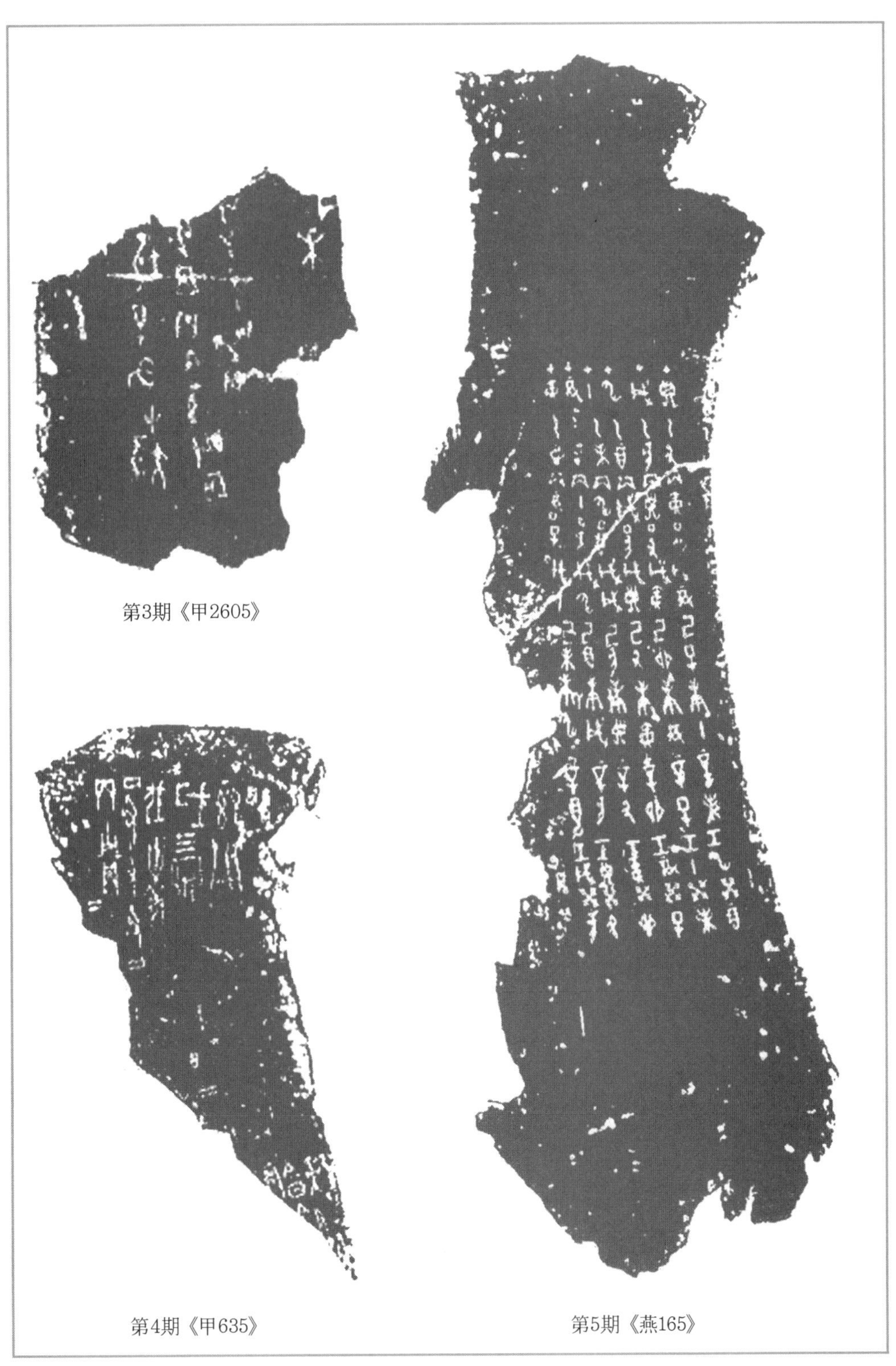

第3期《甲2605》

第4期《甲635》

第5期《燕165》

학자들의 연구 결과를 종합 반영하여《甲骨文合集》에서는 文武丁 시기의 복사를 武丁 시기 뒤에 다 분류하여 배열하였다. 그리고 제3기는 다른 분기의 것들과는 구별되는 독특한 특징을 가지고 있으며, 제2기와 제5기도 구별하기가 쉬운데, 제2기의 서체는 필획이 가늘고 작아서 크기는 거의 비슷하나, 제5기의 서체는 엄정(嚴整)하고 힘차다는 점에서 구별된다.

丙. 행관(行款)과 경계 획(劃)

갑골 복사의 행관은 대부분 서사(書寫)의 편의성을 고려하여 세로줄로 되어 있는데, 이 세로줄은 왼쪽에서 시작하면 오른쪽 방향으로 향하고, 오른쪽에서 시작하면 왼쪽 방향으로 향하였다. 앞에서 각사 부위를 설명할 때 이 점을 대략 서술한 바 있다. 그런데, 이밖에도 복사에는 횡서(橫書)로 된 것도 적지 않은데, 아래에 예시한《後下36. 1.》에서 보는 바와 같이 다섯 조(條)의 복사가 횡서로 되어 있다.

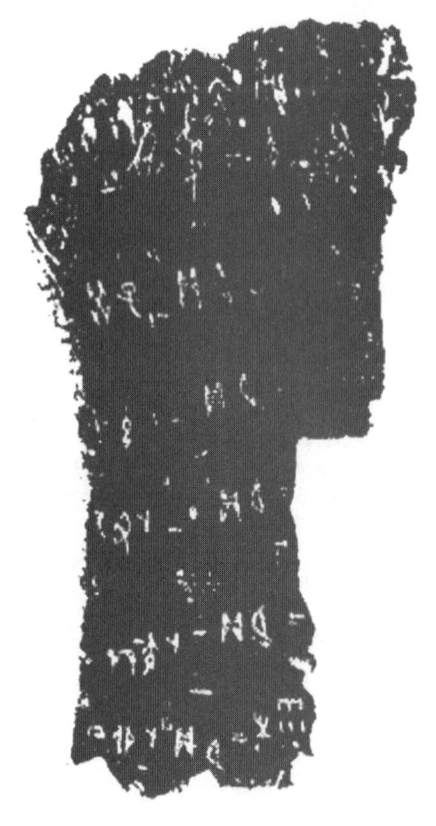

《後下36. 1.》

《前7. 29. 1》

癸巳卜, 貞 : 夕
甲午卜, 貞 : 夕
乙丑卜, 貞 : 夕
丙寅卜, 貞 : 夕
丁卯卜, 貞 : 夕, 之雨.

또 위에 예시한《前7. 29. 1》에는 7조(條)의 복사가 횡서로 되어 있다.

貞: 允來沚
方其于
不其來
方其來于沚
方不其來
其來
不其來.

복사의 순서와 행관(行款)은 둘 다 각자의 고석(考釋)과 독해(讀解) 방법이 있다. 복사의 순서는 정복(貞卜)의 순서와 일치하는데, 이는 복사 중의 정복(貞卜) 날짜를 나타내는 갑자(甲子)에 근거하여 탐구하면 그 순서를 알 수 있다. 대체로 아래에서 위로 읽어야 하며, 복사의 계각(契刻) 역시 이 원칙에서 벗어나지 않는다. 앞에 예시한《綴合38》과《粹1455》가 이에 대한 좋은 예이다.

다음으로 복사의 '界劃'에 대해 살펴보자. 갑골판에는 여러 개의 각사(刻辭)가 존재하는데, 상위(上位)에 있는 각사와 하위에 있는 각사, 그리고 좌측의 각사와 우측의 각사를 분명하게 구별하기 위해서 각사자(刻辭者)는 한 줄의 직선이나 곡선을 그어서 이들을 구분해 놓는데, 이 선을 갑골학에서는 '界劃' 즉 경계(境界) 획(劃)이라고 한다. 예를 들면, 앞에서 예시한《綴合41》의 견갑골 각사는 6개의 횡선으로 경계 획을 만들어 놓았고; 다음에 예시한《菁2》의 큰 골판에는 중간에 기다란 선 하나로 만든 경계 획과 오른쪽 모퉁이에 곡선 하나로 만든 경계 획이 있으며; 또 아래에 예시한《菁3》의 큰 골판에는 중간에 하나의 곡선으로 경계 획을 만들어 놓았.

이로서 갑골문을 연구할 때, 변별(辨別)이 어려울 경우에는 골판에 경계 획이 존재하는지의 여부를 살펴볼 필요가 있으며, 이 경계 획이야말로 갑골문의 독해에 크게 도움이 됨을 알 수 있다.

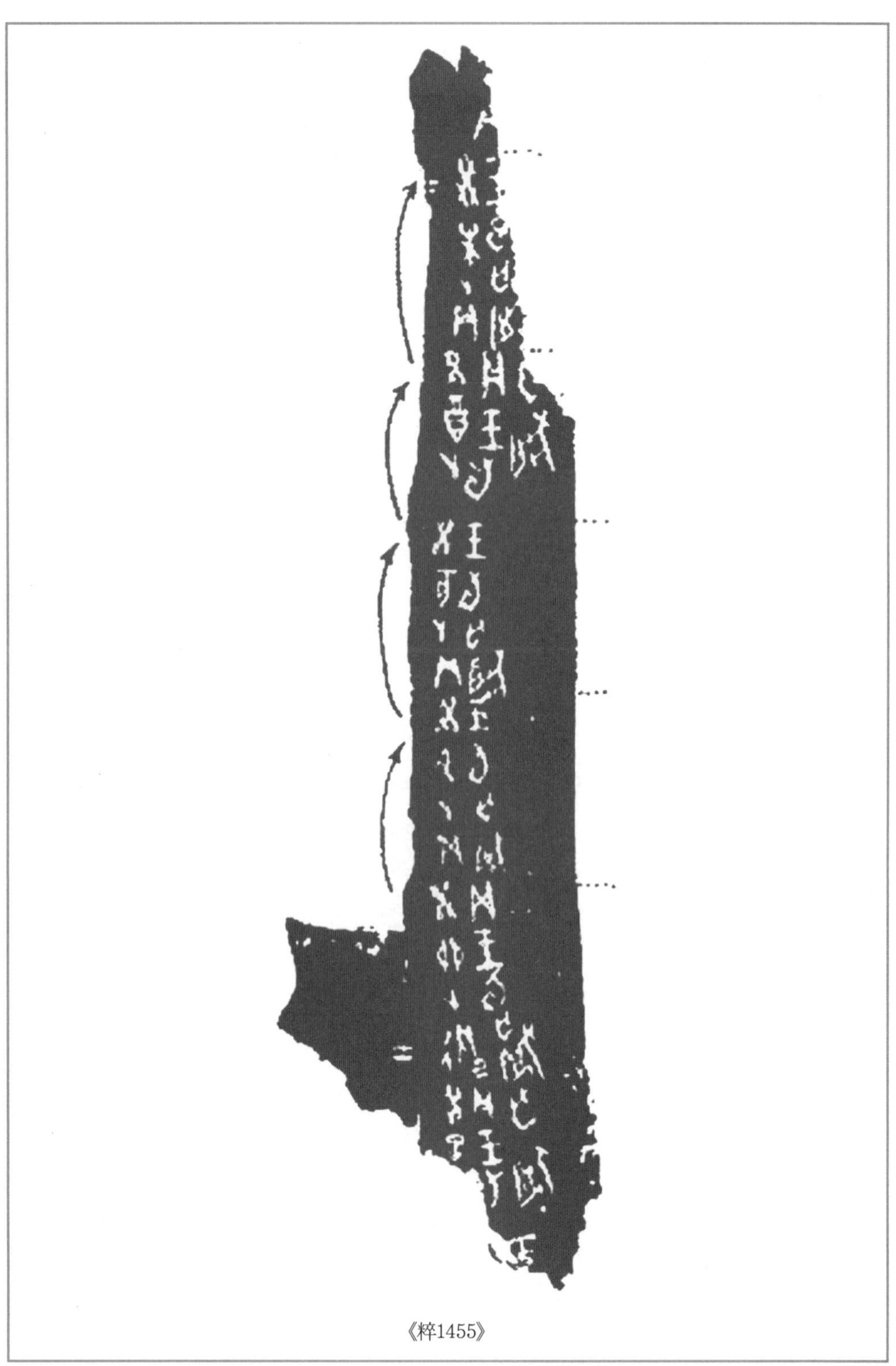

《粹1455》

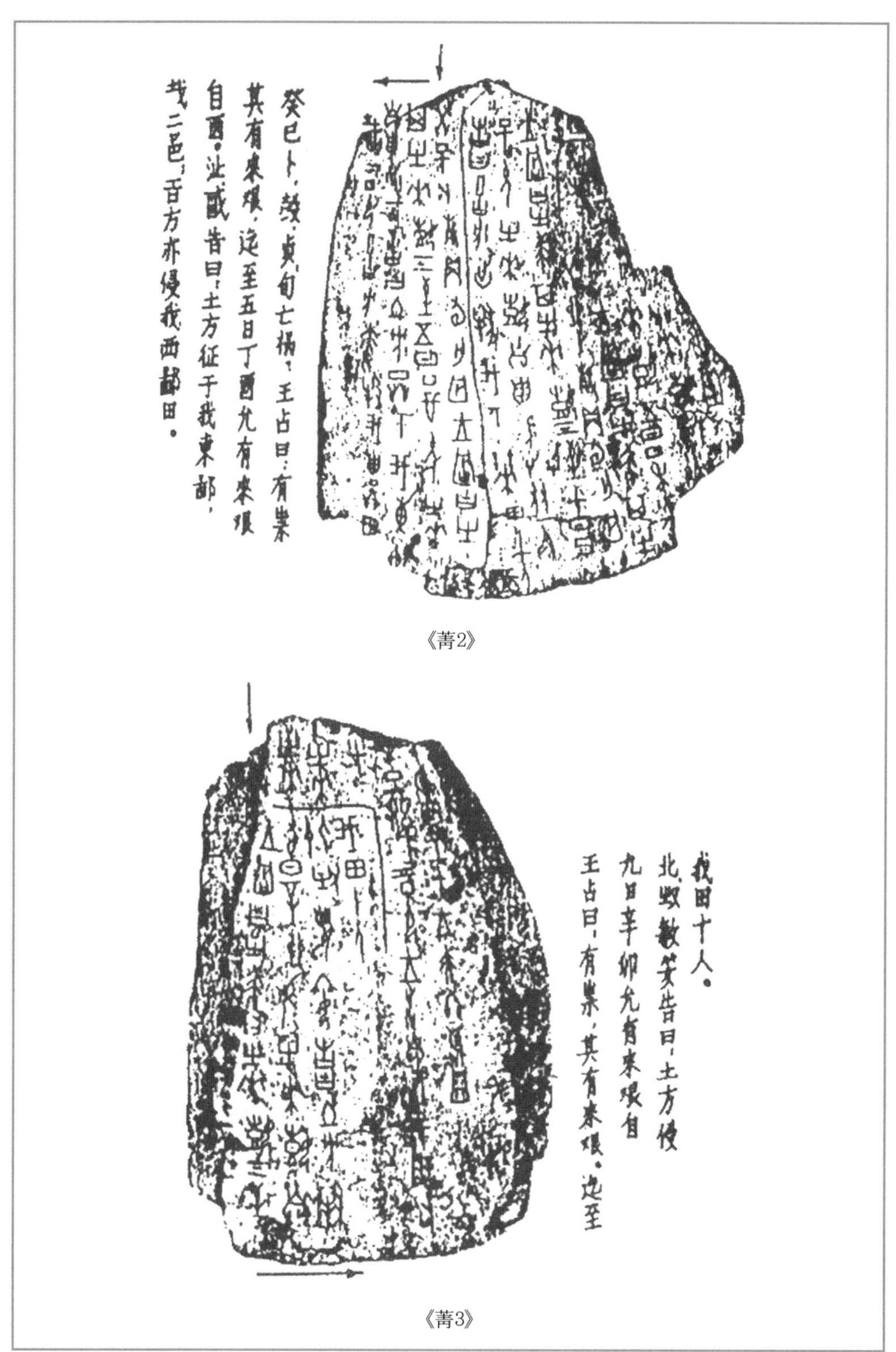
癸巳卜，殻貞：旬亡禍。王占曰：有祟
其有來艱。迄至五日丁酉允有來艱
自西。沚馘告曰：土方征于我東鄙，
𢦏二邑，𢀛方亦侵我西鄙田。

《菁2》

王占曰：有祟，其有來艱。迄至
九日辛卯允有來艱自
北。𢼄妻妾告曰：土方侵
我田十人。

《菁3》

丁. 기타

1. 도색(塗色)

갑골학에서 말하는 '塗墨'과 '塗朱'란 갑골에 각한 갑골문자에다 먹을 칠하거나 주사(朱砂)를 칠한 것을 지칭한다. 지금까지의 연구 결과를 종합하면, 이 '塗墨'과 '塗朱'는 일부의 갑골문자에만 행해졌으며, 武丁 시대에 가장 성행하였는데, 이는 복사의 내용과는 상관없이 단순히 글자의 미관을 위해서 한 것도 있고, 어떤 일의 중요성이나 공적 등을 강조하기 위한 것도 있었던 것 같다. 예를 들면, 앞에 예시한 《乙6667》의 뒷면은 큰 거북 배갑의 반쪽인데, 그 중에 붉은 색을 칠한 글자가 각되어 있으며; 앞에 예시한 《乙7795》에는 큰 글자에다 주사(朱砂)로 도색을 했는데, 복사의 내용이 武丁 시기에 있었던 한 차례의 전거(戰車)로 싸운 전쟁에서 승리한 일인 것으로 보아서, 이는 전승(戰勝)을 기념하고 그 공적을 강조하기 위한 것이라고 생각된다.

이렇게 주사(朱砂)나 먹으로 도색한 갑골문례를 살펴보면, 《乙6664》는 귀갑의 상반부 정면인데, 큰 글자는 주사를, 작은 글자는 먹을 칠하였으며; 《乙6665》는 《乙6664》의 뒷면인데, 이 역시 큰 글자는 주사, 작은 글자는 먹을 칠하였고; 《寧滬2. 25》와 《寧滬2. 26反》도 큰 글자는 주사를, 작은 글자 둘은 먹을 칠하였으며; 《寧滬2. 30》과 《寧滬2. 31反》은 정면은 먹을, 뒷면은 주사를 칠하였고; 《寧滬2. 28》과 《寧滬2. 29.》는 한 면은 주사, 한 면은 먹을 칠하였다. 이와 같이 동일 갑골판에서 큰 글자는 주사를 칠하고, 작은 글자는 먹을 칠한 것을 보면, 주사와 먹을 칠한 것에도 명확하게 증명된 것은 없지만 뭔가 나름대로의 구별이 있었던 것 같다.

그리고 복조(卜兆)에다 다시 각획(刻劃)을 하는 '刻兆' 역시 武丁 시대의 복사에서 발견되는데, 이는 제13차 발굴 작업 중의 'YH127'갱에서 출토된 귀갑에 나타난 것이 가장 많은 수를 차지한다. 이에 대해 董作賓은, 앞에서 인용한 《小屯殷虛文字乙編》의 서문(序文)에서 "這一坑裏却發現一種例外, 在卜兆之上再用刀加以刻劃. ...... 刻劃卜兆這件事, 很明白是爲的美觀. ...... 已刻劃的卜兆上, 也便塗以朱墨.[1] : 이 갱에서는 일종의 예외적인 것이 발견되었는데, 복조에다 다시 칼로 각획을 한 것이다. ...... 복조를 각획하는 이런 일은 미관을 위한 것임이 아주 명백하다. ...... 각획을 마친 복조에도 주사(朱砂)와 먹을 칠한 것이다."라고 하였고; 胡厚宣도 이 각조(刻兆)에 대해 거론하면서 앞에서 인용한대로, "目的在使其顯赫, 以求美觀.[2] : 목적은 이 복조(卜兆)를 혁혁하게 드러나게 하여 미관을 추구함에 있다."라고 주장하였다. 그러나 이런 일방적인 주장은 이를 입증할 증거가 부족하고, 명확한 당위성을 제시하지 못하고 있는 실정이다.

그런데 武丁 이후의 갑골에도 갈색에 가까운 붉은 색을 칠한 것이 있는데, 이것은 오랜 세월이

1) 董作賓《殷虛文字乙編 · 序》前揭書《董作賓先生全集》甲編 第3册 p.1155.

2) 胡厚宣《甲骨六錄 · 釋雙劍誃所藏甲骨文字》, 陳夢家 前揭書《殷虛卜辭綜述》p.16에서 재인용.

경과함으로써 어쩔 수 없이 나타나는 퇴색으로 보이며, 그 진실은 제대로 밝혀지지 않은 상태로 지나쳐버린 것이다.

2. 습각(習刻)

商代 사람들은 일반적으로 폐기한 갑골 재료나 아니면 점복에 이미 사용한 갑골을 이용하여 습각(習刻)을 했는데, 현재까지 밝혀진 습각 문자의 내용은 일정하게 정해져 있지는 않은데, 복사·기사(記事)·간지 등등을 두루 망라하고 있다. 갑골에 습각한 문자들을 살펴보면, 대체적으로 자체(字體)가 비뚤어져 있고 서체는 경박하며, 자형 구조는 엉성하고 크기도 들쑥날쑥 제멋대로이며, 문장도 완성되지 않고 행관(行款)도 문란하며, 각도(刻刀)의 운용도 매우 서툴고 전체 골판의 구도는 서툰 형태가 더더욱 말할 수 없을 정도이다. 물론 모든 습각들이 다 이런 것은 아닌데, 劉一曼은[1] 殷墟에서 출토된 습각 갑골문을 문자 습각·문사(文辭) 습각·시범 습각의 세 부류로 귀납 분류하였으며, 위에서 말한 것과 같은 단점들은 주로 문자 습각에서 보인다고 했다. 예를 들면,《殷虛卜辭綜述》의 圖版15의 아래쪽 그림《善齋4551》은 늑골(肋骨)의 문자 습각이고,《屯南2661》·《屯南2662》는 소 견갑골의 문자 습각인데, 이들은 대체로 초학자들이 되풀이해서 각자(刻字) 연습을 한 것들이다.

그런데 문사(文辭) 습각의 경우는 이와는 약간 다르다. 이 문사 습각은 주로 복사를 모방하여 새기는 것이어서, 이미 만들어져 있는 복사를 저본으로 삼았기 때문에, 설사 가끔씩 행관이 정연하지 못하고, 글씨가 유치할지라도 문장이 성립되지 않는 것과 같은 폐단은 발견할 수 없다. 예를 들면《甲622》, 즉《合集33208》이 그러한데, 각사(刻辭) 내용은 다음과 같다.

> 甲子卜, 王比東戈乎侯𢦏.
> 乙丑卜, 王比南戈乎侯𢦏.
> 丙申卜, 王比西戈乎侯𢦏.
> 丁卯卜, 王比北戈乎侯𢦏.
> ☐辰卜, ……
> 弜☐糸羌. 兕 兕 兕

이 소의 견갑골 골판의 정면에는 조문(兆璺)이 없고, 뒷면에 불로 지진 흔적도 없는데, 屈萬里는 이들 각사(刻辭)는 모두 습각자(習刻者)가 새긴 것이라고 하면서, "原有乎侯𢦏之卜辭, 習刻者仿

---

1) 劉一曼 <殷墟獸骨刻辭初探>,《殷墟博物苑苑刊》創刊號(中國社會科學出版社 1989. 北京)을 참고.

其文自擬干支以重複刻之耳.[1] : 원래는 '乎侯𢦏'에 관한 복사가 있었는데, 습각자가 그 문장을 모방하면서 간지(干支)를 자기 마음대로 유추하여 중복해서 새긴 것일 뿐이다."라고 하였다. 복사 중의 동남서북 네 '𢦏'는 다른 갑골문에도 보이는데, 복사 문례 역시 이상한 점이 전혀 없는 점으로 보아, 습각자는 초학자는 아니고 그가 복사를 모방하여 새긴 것도 그저 저본을 모방하는 수준에만 머물지 않고 자신이 이미 지니고 있는 일정한 복사의 문법 지식과 누적된 계각(契刻) 관련 기법(技法)까지 발휘한 것으로 보인다. 같은 갑골판에 나온 3개의 '兕'자는 중복해서 연습한 것으로, 이는 문사 습각이 아니라 문자 습각에 해당되며, 아마도 이 습각자는 여전히 서체의 구조미(構造美)와 각도(刻刀) 운용법을 반복 연습한 것으로 보인다.

마지막으로 시범 습각의 자체(字體)는 비교적 정교하고 아름다우며, 통상 습각한 문자와 모방하여 계각한 복사들 사이에 뒤섞여 있다. 郭末若은《粹1468》에서 습각한 간지표를 발견하고는, 이에 대해,

> 內容乃將甲子至癸酉之十日, 刻而又刻者. 中第四行, 字細而精美整齊, 蓋先生刻之以爲範本. 其餘歪斜刺劣者, 蓋學刻者所爲. 此與今世兒童習字之法無殊, 足徵三千年前教育狀況, 甚有意味. 又學刻者諸行中, 亦間有精美之字, 與範本無殊者, 蓋亦先生從旁執刀爲之.[2] : 내용은 갑자일에서 계유일까지의 10일을 반복해서 계각하고 또 계각한 것이다. 중간의 제4행은 글자가 가늘고 정교하며 아름답고 가지런한 것이 아마도 스승이 계각한 것을 범본(範本)으로 삼게 한 것 같다. 그 나머지 비뚤비뚤하고 가늘며 서툰 것은 아마도 계각을 배우는 사람이 각(刻)한 것 같다. 이것은 지금 아동들이 익히는 습자법과 비교해도 크게 다른 점이 없으니, 3천 년 전의 교육 상황을 충분히 증명해준다는 점에서 그 의미가 매우 크다고 하겠다. 또한 계각을 배우는 사람들이 새긴 것 중에서도 간혹 저본과 거의 차이가 나지 않는 정교하고 아름다운 글자들이 있는데, 아마도 스승이 곁에서 각도(刻刀)를 잡아 새긴 것 같다.

라고 하였다. 劉一曼은[3], 시범으로 각한 것 가운데 어떤 복사는 단독으로 골판 위쪽에 새겨져 있는 것을 발견했는데, 예를 들면《屯南2576》과《屯南4403》의 문사 습각과 같은 것으로, 이는 아마도《屯南2633》의 시범용 복사를 참조하여 계각한 것일 가능성이 높다. 이는 과거에는 소홀히 취급했는데, 그 까닭은 시범용 복사가 종종 정상 복사와 똑 같았기 때문이다. 이 둘을 구별하기 위한 조건은 두 가지인데, 하나는 각사된 갑골의 뒷면에 찬착 및 초작의 흔적이 없다는 점이고, 또 하나는 점복의 기록이 아니라는 점이다. 특히 어떤 점복용 갑골 가장자리에 있는 정상적인

---

1) 屈萬里《殷虛文字甲編考釋》(中央研究院歷史語言研究所 1961. 臺北) p.97.

2) 郭沫若《殷契粹編考釋》(科學出版社 1965. 北京) p.734.

3) 劉一曼 <殷墟獸骨刻辭初探>,《殷墟博物苑苑刊》創刊號(中國社會科學出版社 1989. 北京)을 참고.

복사의 내용이 골면 각사와 서로 대응되지 못하거나, 골면 각사에 대응되는 찬착과 초작의 흔적이 없으면, 골면에는 시범용 복사가 있을 가능성이 크다고 보아야 한다는 것이다.

二. 진위(眞僞) 판별

1899년 갑골문이 安陽의 殷墟에서 발견된 뒤 상당히 오랜 시간 동안 이 갑골편들이 골동품으로 높은 가격으로 거래되면서 많은 양의 위작(僞作品)들이 제작 유통되어 갑골학 실물 자료로까지 출판 보급됨으로써 갑골학 연구에 엄청난 파문을 초래하고 많은 문제를 야기하여, 이의 변별이 시급히 해결해야 할 과제가 된지 오래다. 여기에서는 이 문제에 대해 살펴보기로 하겠다.

甲. 저록(著錄) 중의 위작(僞作)

갑골문의 위작(僞作)을 판별하는 '辨僞'와 탁본 · 모본(摹本) · 사진 등에서 중복된 내용을 교열하는 '校重', 그리고 부서진 갑골편을 원래대로 복원하는 '綴合', 이 세 가지는 갑골문을 정리하는 데 가장 기초적인 작업이자, 갑골학 연구의 세 가지 기본 업적이라고 할 수 있다. 만약 갑골에 각(刻)된 문자의 진위(眞僞)를 변별해내지 못한다면, 가짜를 진짜로 간주하여 잘못된 결론을 도출해내게 될 것이기 때문이다. 갑골편 또는 갑골문의 위작은 일반적으로 계각(契刻) · 철합(綴合) · 탁본 · 석문(釋文) 등 네 가지의 경우로 나누어 볼 수 있다.

殷墟에서 출토된 商代의 갑골문은 수장가(收藏家)들이 서로 다투어 고가(高價)에 구입함에 따라 골동품 상인들에겐 많은 이윤을 남길 수 있는 물건이 되었다. 이에 진품을 모방한 가짜가 출현하였는데, 심지어는 새겨진 글자 수에 따라 가격을 매기기까지 하였고, 위각(僞刻)을 생업으로 하는 사람까지도 출현하게 되었다. 위작품을 만든 사람들은 갑골문에 대해서는 문외한이었고, 더욱이 갑골 각사의 규율조차 이해하지 못했는데, 최초의 위각은 小屯村에서 출토된 무문자 갑골에다 제멋대로 글자를 새긴 다음에 마치 처음부터 문자가 있었던 갑골처럼 위조하여 진품 갑골과 함께 섞어서 판매한 것들이었다. 갑골학 역사에서 첫 번째 저록으로 꼽히는《鐵雲藏龜》에는 5개의 위각된 갑골편이 섞여 있는데,《鐵57. 1》·《鐵84. 1》·《鐵130. 1》·《鐵254. 1》·《鐵256. 1》등이다. 앞의 3편은 새긴 솜씨가 조악(粗惡)하고 자귀(字句)도 성립되지 않을 정도이며,《鐵256. 1》에는 "甲子卜貞王. 今夕亡貞王."이라는 두 줄의 각사(刻辭)가 있는데, 이 위작의 최대 맹점은 '卜夕'의 내용이 불완전하고, 또한 두 개의 '王'자를 조기(早期)와 만기의 두 가지 자형으로 동일 갑골편에 새긴 점이다.

비록 劉鐵雲과 王懿榮은 금석(金石) 분야 수장가(收藏家)로서 넓은 의미의 한자학(漢字學)에도 정통하였지만, 商代 갑골문은 그들로서도 이전에 본 적이 없는 새로운 문물이었기 때문에 갑골문을 수집하고 구입한 초창기에는 가짜 물품을 구별하기가 쉽지 않았던 것이다.

董作賓은《甲骨年表》淸 光緖 26년(1900~1901) 조(條)에서, 캐나다인 선교사 明義士(James Mellon Menzies)의《甲骨硏究講義》를 인용하여, "此時以甲骨文字見重于時, 遂漸有僞刻出現. : 이 시기에 갑골문자가 중시됨에 따라 점차 위각(僞刻)이 출현하게 되었다."라고 했는데, 이때가 바로 王懿榮 등이 고가(高價)에 갑골문을 구입했던 이듬해이므로, 위각된 갑골이 얼마나 일찍부터 등장했는지 알 수 있다. 이로부터 3년 뒤인 光緖 30년(1904)에는 庫壽齡(Samuel Couling)과 方法斂(Frank H. Chalfant)이 연합하여 山東省 濰縣에서 갑골문을 수집·구매했는데, 그 중에도 적지 않은 위각과 위조품이 있었다. 이 濰縣 지역은 明淸 시대에는 고동기(古銅器)·고서화(古書畵)·고인장(古印章) 및 각종 공예품들의 모조품을 제작하기도 한 역사가 있는 곳이어서, 安陽 小屯村에서 濰縣까지 갑골문 행상을 하면서 모조품을 제조하거나 위조품을 만드는 일은, 가짜 골동품 제조의 전통을 가진 이들 골동품 상인들에겐 결코 어려운 일이 아니었다. 그러므로 미국인 목사 方法斂(Chalfant)이 모사(摹寫)하고, 白瑞華(Britton)가 교열한 모본(摹本)《庫方二氏所藏甲骨卜辭》(1935년 출판)에는 모두 1,687편의 갑골이 수록되어 있는데, 그 중에서 전체를 위각한 것과 일부분을 위각한 것을 합치면 무려 100~120여 편이나 된다. 위각된 갑골은《庫方二氏所藏甲骨卜辭》를 비롯하여 方法斂이 모사한 3권의 저록에 가장 많은데, 나머지 둘은《甲骨卜辭七集》(1937년 印行)과《金璋所藏甲骨卜辭》(1938년 印行)이다.《庫方二氏所藏甲骨卜辭》를 간행할 당시에 白瑞華는 수록된 갑골편의 진위를 일일이 확언할 수 없다고 솔직하게 고백할 정도로 위작이 많이 포함되었으며, 그 후의 두 권은 明義士에게 부탁하여 위작을 일일이 주석(註釋)하여 골라 놓았다.

캐나다의 明義士는 초기에 갑골을 수집·구매한 외국인 중의 한 사람으로, 수 만 편의 殷墟 갑골을 수집했을 뿐만 아니라, 10여 편(篇)의 갑골문에 대한 연구 논문과 모본(摹本) 저록《殷虛卜辭》를 간행하였다. 갑골문 수집을 위해서 그는 여러 차례 직접 小屯村을 방문 조사하였고, 아울러《殷虛卜辭》의〈序言〉과《甲骨硏究講義》에서 그 내용을 서술하였는데, 董作賓은《甲骨年表》에서 여러 차례 이 두 논문을 인용하였다. 그는 위작의 변별을 위해 적지 않은 노력을 기울였고, 결국 갑골문 진위 변별의 전문가로 꼽히게 되었다. 明義士는 1914년 이전에 安陽에서 갑골문을 구입할 당시에, 커다랗고 새로운 우골(牛骨)에다 '文字'를 새겨서 위작을 만든 것을 속아서 산 일이 있었는데,《殷虛卜辭》의〈序言〉에서 그 경험을 털어놓았다. 그는 자신이 최초로 구입했던 큰 골판은 소장한지 얼마 되지도 않아 썩는 냄새가 진동했으며, 그 이후로는 오로지 작은 갑골편을 구입하는데 힘을 기울이면서 진위 변별을 위한 탐구를 계속하여 마침내 진위를 구별할 줄 아는 능력을 갖추게 되었다고 했다.

갑골문을 발견하고 이를 인지한 20여 년 후에는 위각과 위조품이 彰德과 小屯村 등지에 가득했음을 알 수 있는데, 지금 되돌아보면 당시 가짜 갑골문을 제작하는 일은 이미 전문 업종이 되어 있었던 것 같다.

董作賓은《甲骨學六十年》에서 전기(前期)의 갑골학 연구에 강력한 위협이 된 두 인물로 이른바 '國學大師'인 章太炎과 '無名小卒'인 藍葆光을 들었는데, 章太炎(炳麟)은 학계에서 유일하게 갑골문자를 인정하지 않고 그 연구를 반대했던 인물이고, 藍葆光은 당시 위각에 가장 뛰어났던 인물이었다. 董作賓은 이 藍葆光에 대해,

> 僞刻之多, 到處皆是, 數量着實驚人. 作僞的人自然不止一個. 但成績最好的要數藍葆光. 藍葆光是河北省人, 我在民國十七年秋季第一次發掘殷虛時見過他. 那時候他也不過三十多歲, 像一個文弱書生. 他是心靈手巧的, 可惜自幼染上抽大煙的惡習, 不務正業, 流浪彰德府已經多年. 據他談起, 他起初造假古董是鬧着玩的, 他會在沒字的銅器上 · 甲骨版上或鹿角 · 箭頭上刻些甲骨文字, 古董商人們利用他, 就造出了許多假古董, 欺騙平津京滬的同行, 同行又去欺騙洋人, 他却樂得把自己手藝換些錢吸白面. 他從小就仿刻'字骨頭', 曾把作品給我看. 原來古董商把殷虛出土沒有字的龜甲和牛胛骨(卜用過, 無字的甲骨, 比有文字者爲多) · 鹿角 · 獸骨之類廉價買了來, 請他刻字, 材料是舊的, 文字是新的, 他又造出許許多多奇形怪狀的東西, 雕上花紋或刻上甲骨文, 銷路非常好, 因此古董商人們都很捧他. 自從劉鐵雲搜求甲骨起, 就羼入了贋品, 直到民國十七年, 還在不斷的大量出貨. 藍君有一個册子, 臨摹許多甲骨文字, 劉氏羅氏出版各書, 他都抄過, 但是他始終却一個字也不認識. 他從碎片上抄些單字, 抄的時候放置顚倒了, 就寫一個倒文, 甚至全片都可以寫倒. 刻的時候看着册子抄, 抄熟之後, 想起那一個就刻那一個, 刻的工夫也不錯, 於是乎外行人看起來, 每一片 · 每一字, 都像甲骨文. 後來更進步了, 只抄完整的片子, 又刻的工細, 簡直可以亂眞; 因爲這樣是等于翻版, 他曾送我一個完整的龜腹甲, 背面鑽灼都是原來的, 他在正面很工整刻着幾段卜辭, 確切和出土的差不多, 那時, 我知道他不懂文例, 刻辭的地位和左行右行都不合, 但不能告訴他, 據我所見的僞品, 在民國初年和光緖末年所作的, 大部分不成句讀, 雜亂無章, 中間還有倒字, 這是一種作風; 後來就有人造出似通不通的句子, 最後又變爲全文的倣刻.[1] : 위각(僞刻)은 참으로 많아서 도처에 존재하였고 그 수량도 놀라울 정도였으며, 위작을 일삼는 사람도 자연히 한둘이 아니었는데, 그 중에서 성적이 가장 좋다고 손꼽히는 사람이 藍葆光이었다. 藍葆光은 河北省 사람인데, 나는 民國 17년(1928) 가을 제1차 殷虛 발굴 작업 때에 그를 본 적이 있다. 그때는 불과 30세 정도였고, 문약(文弱)한 서생(書生)같았다. 그는 영리하고 손재주도 뛰어났으나 안타깝게도 어려서부터 아편을 피우는 나쁜 습관에 물들어서 정당한 직업에 종사하지 못하고 彰德府를 유랑한 지가 이미 여러 해 되었었다. 그의 말에 의하면, 자신이 처음에 가짜 골동품을 만든 것은 장난삼아 했던 것으로,

1) 董作賓 前揭書《甲骨學六十年》pp.60～61.

글자가 없는 동기(銅器)와 갑골판, 녹각(鹿角)과 화살촉 등에 갑골문자들을 새길 수 있었는데, 골동품 상인들이 그를 이용하여 가짜 골동품을 많이 만들게 하고는 北京·天津·南京·上海 등지의 동업자들을 속이고, 이들 동업자들은 또 서양인들을 속였는데, 그는 자기 손으로 만든 물건들을 돈으로 바꾸어 아편 피우기를 즐겼다. 藍葆光은 어려서부터 글자가 새겨진 뼈들을 모방해서 새겼는데, 자신이 만든 작품을 나에게 보여준 적도 있었다. 원래 골동품 상인들은 殷虛에서 출토된, 글자가 없는 귀갑과 소의 견갑골(점복에 사용했던 것으로, 글자가 없는 갑골이 글자가 있는 것보다 많음), 녹각(鹿角)과 수골 등을 싼 값에 구입하여 그에게 글자를 새겨달라고 부탁했었다. 결국 재료는 옛 것이지만 (새겨진) 문자는 새 것인 셈이다. 그는 또 괴상한 모양의 물건들을 많이 만들어 내었고, 무늬를 조각하거나 갑골문을 새겨 넣었는데, 그 판로(販路)도 매우 좋아서 골동품 상인들이 모두 그를 떠받들 정도였다. 劉鐵雲이 갑골을 수집할 때부터 가짜가 섞여들었는데, 民國 17년(1928)에 이르러서는 대량의 가짜 물품들이 끊임없이 쏟아져 나왔다. 藍葆光은 수많은 갑골문자를 베낀 책자 한 권을 가지고 있었고, 劉鐵雲과 羅振玉이 출판한 서적들도 모두 베꼈지만, 내내 글자 하나도 제대로 알지 못했고, 깨진 조각들에 하나씩 남아 있는 글자들을 베낄 때는, 그 조각을 거꾸로 놓고 베끼는 통에 뒤집힌 글자를 쓰기도 하였고, 심지어는 전체 조각 모두를 거꾸로 쓰기도 했다. 계각할 때는 책자(册子)를 보면서 베껴 썼는데, 베끼는 데 익숙해지고 나서는 어떤 글자가 생각나면 바로 그 글자를 새길 정도로 솜씨가 좋았으며, 문외한들이 보면 각각의 갑골편에 새겨진 글자 하나하나가 모두 갑골문 같아 보였다. 이후로 더욱 진보하여 완전한 갑골편만 베끼고 계각하는 솜씨도 정교하여 진품과 혼동될 정도였는데, 복제판(複製版)과 같았다. 그가 완전한 거북의 복갑(腹甲) 하나를 나에게 보내왔는데, 뒷면에 찬(鑽)을 하고 초작한 것은 모두 원래의 것이었으며, 정면에는 그가 매우 정교하고 깔끔하게 몇 단(段)의 복사를 새겨 넣은 것이 정말로 출토된 진품과 차이가 없었다. 그 당시 나는 그가 문례를 이해하지 못한다는 것을 알았는데, 각사한 위치와 좌행 우행이 모두 맞지 않았다. 그러나 그에게는 이를 말할 수가 없었다. 내가 보았던 위작들에 의거하면, 民國 초년(初年)과 光緖 말년에 만든 것은 대부분 문장이 성립되지 않고 해독이 안 되며, 난잡하여 뒤죽박죽인데다가 중간에는 거꾸로 쓴 글자도 있는데, 이는 일종의 작풍이었다. 그 후로 어떤 사람은 통하는 것 같아 보이지만 실제는 통하지 않는 구절을 만들기도 했으며, 마지막에는 전문(全文)을 모방하여 계각하는 단계로 변화했다.

라고 하였다. 그는 이어서 "甲骨學也需要先做'辨僞'的工夫. : 갑골학은 또한 우선 먼저 이런 위작들을 변별해내는 '辨僞'작업을 해야 한다."라고 강조하면서, 그저 금전적인 욕심 때문에 만든 이런 위작들이 중국과 외국 학자들을 기만하고, 동시에 殷商 시대의 중요한 사료(史料)들을 혼란에 빠뜨렸으니 그 부작용이 너무 크다고 하였다.

이처럼 고의로 위작을 만든 것 외에, 갑골 조각들을 철합하는 과정에서의 오류로 인해 잘못 복원된 갑골판이 수록된 저록들도 있는데, 嚴一萍의 《甲骨學》 上册에는, 曾毅公의 《殷虛文字綴

合》에 수록된 제三338판은 《甲959》와 《甲963》을 철합한 것이지만, 이는 《甲959》·《甲962》·《甲963》·《甲964》·《甲2942》의 5판을 철합해야 한다고 주장했다.[1] 이어서 그는 《殷虛文字綴合》의 제340판과 제355판도 잘못된 철합이라고 하고 바로 잡았으며, 또한 《殷虛文字甲編考釋》의 부록에 수록된 제005판도 잘못된 철합이라고 하고 정정하였다.

嚴一萍은 또, 갑골 저록 중에는 탁본에도 위작이 있는데, 탁본의 부위를 잘못 인식한 예로는, 吳其昌의 《殷虛書契解詁》와 唐蘭[嚴一萍은 편의상 '唐立厂'으로 표기함]의 《天壤閣甲骨文存》(1939년 출판)을 들었다. 그리고 劉體智 소장의 갑골 《粹154》·《粹665》·《粹1359》도 모두 잘못된 것이라고 지적하고 바로 잡았다. 그 밖에도 석문(釋文)이나 인용의 잘못으로 야기된 위작도 더러 있다고 했다.

乙. 판별 방법

갑골문의 진위는 어떻게 판별하는가? 지금까지의 갑골학 연구 성과와 기본적인 상식 등으로 종합하여 총체적으로 말하면, 우선 갑골학에 대한 기본적인 지식을 갖추어야 하고, 귀갑과 우골(牛骨)의 사용 부위, 각사의 위치, 찬착과 각사의 관계, 복조 · 조서(兆序) · 문례, 분기와 단대 등에 대해서 전면적인 이해를 할 수 있어야 비로소 분석과 감정이 가능하다고 하겠다. 위작의 판별은 갑골 실물과 탁본 · 모본(摹本) · 사진 등 여러 종류의 자료를 이용하여야 하며, 실물에 대한 위작 판별은 크기가 작은 갑골편들을 제외하면, 일반적으로 비교적 쉽게 식별이 된다. 탁본 · 모본 · 사진 등은 대부분 이미 저록된 상태이기 때문에, 판별할 때 일반적으로 문자의 자형 · 행관(行款) · 사례(辭例) 등의 분석 외에 가장 좋은 방법은 동문(同文)의 진품 갑골편을 찾아내어 비교하는 것이다. 판별이 가장 어려운 것은 갑골문을 모방하여 새긴 방각(倣刻)인데, 여기다가 탁인(拓印)조차 깨끗하지 못하다든가, 사진이 불분명하다면 판별하기가 매우 곤란해진다. 모본(摹本)은 탁본이나 사진에 비해서 판별이 쉬운 편이다. 조기(早期)에 행해진 방각(倣刻)에는 몇 가지 특징이 있는데, 글자에 의거하여 가치를 따졌기 때문에 크기가 큰 글자가 대부분이고 우골(牛骨)에 새긴 것이 비교적 많다는 점이다. 그리고 실물을 직접 놓고 대조하여 보면, 방각(倣刻)은 모두 정면의 각사를 모방하였기 때문에 쉽게 식별이 된다. 무릇 방각의 저본으로 사용된 갑골편은 큰 글자가 많은 진품의 갑골편이며, 이들은 모두 이미 저록되어 있기 때문에 저록된 서적에서 진품 갑골편을 찾아내어서 비교하기만 하면 그것이 모방한 물건임을 바로 식별해낼 수가 있다.

결론적으로 말하면, 갑골문의 진위 판별은 실물을 얼마나 많이 접촉했는지, 탁본을 얼마나 많이

---

1) 嚴一萍 前揭書 《甲骨學》 pp.424~425.

살펴보았는지에 달렸다고 할 수 있으며, 아울러 더욱 중요한 것은 갑골학 지식과 실제 경험의 누적 정도에 의해 좌우된다고 하겠다. 위각(僞刻)을 판별하는 문제뿐만 아니라 철합이나 탁본 및 고석(考釋)의 오류로 인한 위작들 역시 위와 같은 여건을 갖추어야 판별이 가능함은 자명(自明)한 일이다. 각종 저록에서 안내하고 있는 여러 방법들은 모두 다 개인적인 경험에 의거한 것이므로, 가장 좋은 것은 이런 방법들을 참고하여 실천에 옮기면 그 과정에서 스스로 진위를 가려낼 수 있는 능력이 생기게 될 것이다.

제3장

갑골문자의 고석(考釋)과 문장 해독

제1절 갑골문자의 고석

갑골문자의 해독(解讀)은 갑골학과 商代 역사 연구의 가장 중요한 작업임은 의문의 여지가 없다. 특히 殷墟 갑골문의 발견으로 인해서 전통적인 중국문자학(中國文字學) 즉 한자학(漢字學)은 크게 충격을 받을 수밖에 없었다. 그 까닭은 갑골문이 발견되기 전까지는 東漢의 許慎이 저술한《說文解字》를 중국문자 즉 한자(漢字) 연구의 금과옥조(金科玉條)나 신성불가침(神聖不可侵)의 경전(經典)으로 삼았으나, 갑골문의 발견으로 말미암아 한자(漢字)의 사용 시기가 약1,500여 년 앞당겨지게 되었기 때문이다. 이에 대해 胡厚宣은《五十年甲骨文發現的總結》에서,

> 由于甲骨文的發現和研究, 使我們曉得,《說文解字》一書, 至少有十分之二三, 應該加以訂正. ...... 在今天, 要想作科學的中國文字學的研究, 沒問題, 甲骨文應該是最基本而重要的資料.[1] : 갑골문의 발견과 연구로 말미암아 우리는 적어도《說文解字》라는 책의 20~30%는 마땅히 정정(訂正)해야 함을 깨닫게 되었다. ...... 오늘날 중국문자학을 과학적으로 연구하겠다고 생각한다면, 아무 문제없이 당연히 갑골문이 가장 기본적이고 중요한 자료가 되어야 할 것이다.

라고 하였다.

그러나 이 갑골문자의 해독은 결코 쉬운 일이 아니었는데, 劉鐵雲은《鐵雲藏龜》〈自序〉에서 몇 줄의 복사에 대한 해독을 시도하였고, 그가 해독한 40여 글자 가운데 34개의 글자가 바르게

1) 胡厚宣《五十年甲骨文發現的總結》(商務印書館 1951. 北京) p.2.

해독되긴 했지만, 여기에는 19개의 간지(干支)와 2개의 숫자가 포함되어 있었으므로 실제 해독한 글자는 몇 개 되지 않는다. 이듬해에 孫詒讓이 劉鐵雲의 석인(石印) 탁본에 근거하여《契文擧例》(1904년 출판)를 집필 출판하였는데, 이것을 갑골문 고석(考釋)의 첫 저작으로 꼽는다. 갑골문의 발견에서부터 羅振玉의《殷虛書契考釋》이 출간된 1914년까지를 갑골문자 고석의 초창기로 간주하는데, 이 기간에 갑골문자에 대한 인식과 해독에 가장 영향을 크게 미친 인물로는 孫詒讓과 羅振玉을 비롯한 몇 명의 晩淸 학자들이며, 대표적인 저작은《契文擧例》와《殷虛書契考釋》을 꼽는다.

이렇게 갑골문자의 고석 작업이 틀을 잡아가기 시작하여 1백 년이 지난 오늘날까지도 이 작업은 계속 이어지고 있는데, 이제부터 이 지난(至難)한 고석 작업의 방법과 성과에 대해서 살펴보자.

一. 갑골문자의 형체(形體)

중국문자 즉 한자(漢字)의 탄생은 기나긴 역사적 단계를 거쳐서 점진적으로 이루어졌다. 사회가 일정한 수준으로 발전하게 되면 기록에 대한 필요를 느끼게 되고, 이에 따라서 문자에 대한 요구가 생겨난다. 그렇지만 문자에 대한 요구가 생긴다고 해서 바로 문자를 만들어 낼 수는 없고, 중간에 각종 형식의 시도를 거쳐서 마침내 문자를 창조해내게 된다. 이런 시도는 반드시, 문자와 비슷하지만 아직 문자라고는 할 수 없는 단계, 혹은 문자의 요소를 갖추었거나 문자가 탄생할 조건을 갖춘 모종(某種)의 부호와 같은 단계를 거치게 된다. 그리고 한자(漢字)는 도화(圖畵)문자라는, 한자 자체(自體)의 발전과정에 필수적인 시도를 거쳐야 했다. 이런 복잡한 시도들이 언제 끝났는지에 대해 裘錫圭는, "漢字形成完整的文字體系, 很可能也就在夏商之際.[1] : 한자(漢字)가 완전한 문자의 체계를 형성한 것은 아마도 夏代와 商代 사이쯤일 것이다."라고 추정하였다. 이에 의하면, 商代의 갑골문은 이미 상당히 성숙한 단계의 문자라고 할 수 있고, 문자 형성의 초기 과정을 이미 벗어났으며, 스스로의 문자 체계를 확립한 것이다. 지금 한자의 근원에 대한 연구는 1백 여 년에 걸친 고고 발굴에서 증명된 바와 같이, 오로지 殷墟의 갑골문만으로 가능하며, 그 시기는 3,600여 년 전이 된다.

그런데 한자(漢字)에 대한 본격적인 연구는 漢代에 시작되었고, 당시의 역사적 배경과 사회적인 수요에 의해 저작된 許愼의《說文解字》는 한자학의 집대성이며 총화이다. 지금으로부터 약 2,000년 전에 개별적인 한자(漢字) 하나하나의 본래의 자의(字義)와 자형(字形) 및 자음(字音)을 밝힌 것으로, 이는 어떤 측면으로 보면 사전(詞典)이라고도 할 수 있는 중국 최초의 종합적인

1) 裘錫圭《文字學概要》(商務印書館 1988. 北京) p.25.

자전(字典)이다. 許慎은 이《說文解字》의 표제자(標題字)로 소전체(小篆體)를 선정하고, 정문(正文) 9,353자(字)와 중문(重文) 1,163자, 도합 10,516자를 수록하여 당시에 통용되는 거의 모든 한자(漢字)를 망라하였다. 그리고 한자의 자형 구조를 분석 정리하여 부수(部首)를 창안하였으며, 1만 여 자의 한자를 540개의 부수로 나누어 배열함으로써 체계적인 편방(偏旁) 편자법(編字法)을 창안하였고, 또 최초로 한자의 조자(造字) 법칙을 정의(定義)하여 한자학의 이론 체계를 확립하였다. 이로 인해 이《說文解字》는 후대의 한자학 연구에 기초를 마련해줬을 뿐만 아니라 지대한 영향력으로 말미암아 한자학의 경전으로 간주되어 왔었다. 그리고 한자(漢字)의 본래의 자형·자음·자의에 대한 수준 높은 해설로 인해 후대에 발견된 先秦시대의 문자를 대표하는 금문(金文) 연구의 가교 역할을 하였을 뿐만 아니라 1세기 전에 발견된 殷墟의 갑골문의 고석(考釋)과 해독에도 없어서는 안 되는 길잡이가 되었음은 주지의 사실이다. 비록 許慎 당시에 참고할 수 있는 자료가 제한되어 있고, 본격적인 한자학 연구 성과가 없는 상태에서 처음으로 시도한 연구이고, 또 그 당시 사회적으로 대단히 성행한 비과학적인 음양오행설(陰陽五行說)의 영향을 받은 등등의 이유로, 많지는 않지만 몇몇 글자들에 대한 해설이 잘못되었음이 갑골문에 의해 밝혀지는 경우도 있지만, 이로 인해 이《說文解字》의 가치와 영향이 조금도 낮아지거나 약해지지는 않는다.

여기에서 갑골문자의 자형에는 어떤 특징이 있는지를《說文解字》를 참고하여 조자법(造字法) '六書'의 개념과 자형의 연변(演變)이라는 관점으로 살펴보기로 하겠다.

甲. 상형성(象形性)

갑골문자의 특징 가운데 가장 먼저 꼽을 수 있는 것이 상형성(象形性)이라는 것은 너무나 당연한 것이다. 왜냐 하면, 사람의 언어를 대신하여 의사를 전달하고 표현하는 좁은 의미의 문자에 대한 정의에 입각하여 한자(漢字)는 전 세계에서 현재 사용되고 있는 문자 가운데 유일한 표의문자이고, 그 기원이 도화(圖畵) 즉 그림인데, 이 갑골문자는 이런 한자 가운데 그림의 성격이 가장 많이 남아 있는, 현재까지 발견된 최고(最古)의 문자이기 때문이다. 모두가 다 아는 바와 같이 이렇게 도화에서 기원한 한자의 가장 기초적인 조자(造字) 방법은 사물을 형상화(形象化)하여 글자를 만드는 넓은 의미의 상형(象形)이다. 갑골문 가운데 이런 상형의 방법으로 만들어진 글자는 크게 상물자(象物字)와 상사자(象事字) 및 상의자(象意字)로 나누어 볼 수 있다.

여기에서 말하는 상물자란 형체를 가진 개체로 정태(靜態)인 사물을 선(線)으로 그려 묘사하는 방법으로 만든 글자를 말한다. 갑골문자 가운데는 이런 상물자가 아주 많은데, 예를 들면 '牛'·'羊'·'齒'·'月'·'山' 등의 글자들이다. '牛'자와 '羊'자의 경우, '牛'자는 갑골문으로는 '[illegible]'로 쓰고, '羊'자는 '[illegible]'·'[illegible]' 등으로 쓰는데, 이 두 글자의 자형은 각기 소와 양의 머리 모양만을 사실적으로 묘사한 것으로, 쉽게 알아볼 수 있는 몸의 일부분인 얼굴과 뿔의 형체로 전체를 개괄하여 형상화한 것이고; ‘齒’자는 ‘’ · ‘’ 등으로 쓰는데, 이는 입 안에 있는 치아(齒牙)의 모양을 형상화한 것이며; ‘月’자는 ‘’ · ‘’ · ‘’ · ‘’ 등으로 쓰는데, 이는 다른 글자들과의 변별성을 고려하여 달의 특징을 나타낼 수 있는 모양을 형상화하여 만든 것이고; ‘山’자는 갑골문으로는 ‘’으로 쓰는데, 이는 세 개의 산봉우리를 연이은 연산(連山)의 기복(起伏)으로 완전한 산 모양을 형상화한 것이다.

다음으로 상사자(象事字)란 사물의 동태(動態)를 그려 묘사하는 방법으로 만든 글자를 말한다. 이렇게 만든 상사자들은 사람과 사람, 사람과 사물, 사물과 사물 사이에 발생하는 여러 가지 일이나 관계를 나타내는 경우가 많다. 그리고 이런 상사자의 자형 특징은 독립된 개체를 특징으로 하는 것이 아니라, 2개 이상의 자형 구성 요소를 도형(圖形)으로 합쳐서 만든 것이다. 이런 상사자의 예로는 ‘鬥’ · ‘飲’ · ‘涉’ · ‘聞’ 등의 글자가 있다. ‘鬥’자는 갑골문으로 ‘’ · ‘’ 등으로 쓰는데, 이는 두 사람이 서로 대치하여 두 손으로 치고받으며 싸우고 있는 모양을 형상화한 것으로, 두 사람의 관계가 조화로울 수 없음을 나타내며; ‘飲’자는 ‘’ · ‘’ 등으로 쓰는데, 사람이 머리를 숙이고 두 손으로 술 단지를 받쳐 들고 벌컥벌컥 마시는 모습을 형상화한 것이고; ‘涉’자는 ‘’ · ‘’ · ‘’ 등으로 쓰는데, 한 사람의 두 발이 물속에 있는 모양을 형상화한 것인데, 이는 물속에서 걸어가는 모양으로 ‘渡河’ 즉 강을 건너다는 뜻을 나타내며; ‘聞’자는 ‘’ · ‘’ 등으로 쓰는데, 이 글자의 자형은 돌출된 사람의 귀와 입으로 구성함으로써 다른 사람이 하는 말을 귀로 듣는다는 뜻을 나타낸 것이다.

또 여기에서 말하는 상의자(象意字)는 고유(固有)의 뜻을 가진 두 개 이상의 도형을 조합하여 또 다른 의미를 나타내는 방법으로 만든 글자인데, 이런 방법으로 만들어진 갑골문자는 주로 추상적인 생각, 사물의 성질과 상태, 시간과 공간적 개념 또는 방위적 개념 등을 나타내는 글자들이다. 이에 해당되는 글자로는 ‘春’ · ‘羴’ · ‘盡’ · ‘晶’ 등이 있다. ‘春’자는 갑골문으로는 ‘’ · ‘’ 등으로 쓰는데, 이는 ‘日’[태양]과 ‘草’[풀] 혹은 ‘木’[나무] 등으로 구성하여, 햇빛이 따뜻하게 비치는 봄의 태양과 초목의 총생(叢生)을 통해서 봄을 상징하는 방법으로 만든 글자이고; ‘羴’자는 갑골문으로는 ‘’ · ‘’ · ‘’ 등으로 쓰는데, 이는 두 마리에서 네 마리까지의 ‘羊’자를 중첩하여 만든 것으로, 다수의 양을 퇴적(堆積)한 모양에서 양의 전미(羶味) 즉 누린내를 나타내도록 한 것이며; ‘盡’자는 갑골문으로는 ‘’ · ‘’ 등으로 쓰는데, 이는 기물(器物) 속의 음식을 다 비우고, 취사 도구를 사용하여 기명(器皿)을 깨끗하게 씻어내는 것을 형상화한 것으로, 그릇이 깨끗하게 비어 있는 상태를 나타내고; ‘晶’자는 갑골문으로는 ‘’ · ‘’ · ‘’ 등으로 쓰는데, 이는 ‘星’의 고자(古字)로, 별빛이 밝게 반짝이는 것을 특징으로 하며, 후에 ‘日’에다 ‘生’의 성부(聲符)를 덧붙인 형성자(形聲字)가 되었다가, 다시 성부 '生'을 생략하여 '晶'자가 된 것이다.

乙. 부호(符號) 표시성(標示性)

갑골문자 가운데 나타내고자 하는 말이 의미하는 사물의 형태나 나타내고자 하는 말의 성음(聲音) 또는 나타내고자 하는 말의 의미 어느 것과도 아무런 연관도 없이 오로지 강제 또는 선험적(先驗的)인 약정(約定)에 의한 부호나 기호로 만들어진 글자가 있다. 갑골문 가운데 '一'·'五'·'六'·'七'·'八'·'九'·'十'자 등이 부호(符號) 표시성(標示性)이 두드러지는 글자들이다. 이렇게 만들어진 글자들이 바로 조자법(造字法) '六書' 중의 지사(指事)인데, 이런 글자들이 갑골문에 존재한다는 사실은 참으로 경이롭다. 종래의 중국문자학 즉 한자학(漢字學)에서 가장 이설(異說)이 분분한 것이 이 '指事'에 대한 정의였는데, 이런 글자들은 경매장에서 손짓으로 숫자를 표시하는 방법을 연상하면 쉽게 이해할 수 있으리라 생각된다.

丙. 기존 문자의 부호화(符號化)

갑골문 가운데는 이미 만들어져 사용되고 있는 기존의 문자의 성음(聲音)만 빌려 와서 독음(讀音)이 꼭 같거나 비슷한 말을 나타내는 부호 즉 문자로 사용한 경우도 있고, 또 이미 만들어져 사용되고 있는 기존의 문자를 새로운 다른 글자를 만들면서 성부(聲符)로 사용한 경우도 있는데, 전자(前者)의 경우는 종래의 한자(漢字)의 조자법 '六書' 가운데 가차(假借)에 해당되고, 후자의 경우는 형성(形聲)에 해당된다. 갑골문자에 가차자(假借字)와 형성자(形聲字)가 있다는 것은 조자 법칙이라는 관점에서 보더라도 갑골문자가 결코 한자의 맹아기(萌芽期)의 글자가 아님을 알 수 있다.

구체적인 예를 들어보면, 갑골문자 가운데 '槀'·'杞'·'棊'·'杜'·'宋'·'柏'·'柄' 등의 글자들은 모두 '木'을 의부(義符)로 하고, 각기 이미 널리 사용되고 있던 기존의 '高'·'己'·'其'·'土'·'亡'·'白'·'丙' 등의 글자들을 독음(讀音)을 나타내는 부호 즉 성부(聲符)로 삼아 만든 글자들이며; '淡'·'洛'·'沐'·'汝'·'油'·'沖'·'河' 등의 글자들은 모두 '水'를 의부(義符)로 하고, 각기 이미 사용되고 있던 기존의 '炎'·'各'·'木'·'女'·'由'·'中'·'可' 등의 글자들을 독음을 나타내는 부호 즉 성부로 삼아 만든 글자들이다.

丁. 편방(偏旁)의 통용(通用)

갑골문에는 또 자의(字義)가 비슷하거나 넓은 의미로 동일 부류로 분류할 수 있는 합체자(合體字)의 편방(偏旁)들을 통용한 경우가 있는데, 이 역시 갑골문자가 한자(漢字)의 역사에서 결코 초창기 원시 수준의 문자가 아니라 이미 고도로 발달되고 세련된 문자임을 말해주는 문자 현상이다. 이런 편방 통용 현상은 두 가지로 나눌 수 있는데, 하나는, 자의(字義)가 서로 비슷한 편방을 통용하는 경우이고, 또 하나는 동일 부류로 분류할 수 있는 편방을 통용하는 경우이다.

전자(前者)의 예로는 '辵'과 '止', '辵'과 '彳'의 통용이 있고; 후자(後者)의 예로는 희생으로 사용된 동물을 뜻하는 글자의 편방 통용과 동물의 암수를 구별하여 나타내는 글자의 편방 통용 두 가지가 있다. 먼저 '辵'과 '止'의 경우를 살펴보면, '途'·'進'·'逐'·'追' 등의 글자들을 갑골문으로는 각각 '[illegible]'·'[illegible]'·'[illegible]'·'[illegible]'로도 쓰는데, 이는 편방 '止'로 '辵'을 대신한 예이다. 또 '達'·'逹'·'通'·'還' 등의 글자들을 갑골문으로는 각각 '[illegible]'·'[illegible]'·'[illegible]'·'[illegible]'으로도 쓰는데, 이는 편방 '彳'으로 '辵'을 대신한 예이다.

그리고 후자의 현상은 제사의 희생으로 사용된 경우와 동물의 성별을 나타내는 경우의 두 가지가 있다. 갑골문에서 '馬'·'牛'·'羊' 세 글자는 모두 상형(象形)의 글자로, 각기 해당 짐승을 대표하는 명칭이고, 각각의 성격도 매우 분명하여 서로 뒤섞일 수도 없다. 그러나 이 동물들이 특수한 형태의 제사의 희생으로 사용될 때에는 '宀'과 '牛'를 구성 요소로 하는 '[illegible]'(《甲392》) 즉 '牢'자와 자의(字義)가 같거나 이와 특별히 밀접하게 관계되는 뜻을 나타내는 것으로 '[illegible]'(《後上 26. 6》)·'[illegible]'(《寧滬 1. 522》) 즉 '宰'·'寓'자로 쓰고 있는 것이 있는데, 이것도 편방의 통용 현상의 하나로 간주될 수 있다고 생각된다. 그리고 동물의 성별을 나타내는 갑골문으로 '[illegible]'(《前 1. 29. 5》)·'[illegible]'(《粹396》)·'[illegible]'(《乙9037》)·'[illegible]'(《前 7. 17. 4》) 등으로 쓴 것이 있는데, 이들은 모두 수컷을 상징하는 '丄'와 각기 다른 동물의 명칭인 '牛'·'羊'·'豕'·'鹿'으로 구성되어 있다. 또한 '[illegible]'(《戩 23. 10》)·'[illegible]'(《前 5. 43. 6》)·'[illegible]'(《乙5589》)·'[illegible]'(《前 4. 21. 5》) 등으로 쓴 것이 있는데, 이 글자들은 암컷을 상징하는 '匕'와 각기 다른 동물의 명칭인 '牛'·'羊'·'虎'·'豕'로 구성되어 있다. 이들 동물의 암수 성별을 나타내는 글자들은 갑골문에서 각각 해당 동물의 성별을 나타내기 보다는 동물의 성별을 일반적으로 나타내는 경우에 해당되고, 이 역시 편방의 통용으로 볼 수 있다.

戊. 자형(字形)의 방향 전환

갑골문자의 상형자(象形字)는 나타내고자 하는 사물의 측면도(側面圖)의 모양으로 그 사물의 개념을 표현하는 경우가 많다. 즉, 사물을 옆에서 본 구조와 모양이 그 사물의 특징을 가장 잘 나타낸 글자가 많은데, 이 경우에 그 글자가 독체자(獨體字)이든 합체자(合體字)이든 상관없이 구조가 같은 자형(字形)이라도 어떤 것은 방향이 우향(右向)이고, 어떤 것은 좌향(左向)으로 되어 있다. 비록 글자의 방향이 다르게 되어 있더라도 글자의 뜻은 바뀌지 않는데, 그 예로 다음과 같은 것들이 있다. '義'자는 '我'와 '羊'으로 구성된 글자인데, 이 글자를《後下135》에서는 '[illegible]'로, 《甲3445》에서는 '[illegible]'로 쓰고 있는데, 편방 '我'의 방향이 서로 상반되어 있으며,《說文解字》에서는 자의(字義)를 "善也"라고 풀이하고 있으나, 갑골문에서는 인명 또는 지명으로 쓰이고 있다. 또 '安'자는《拾10. 17》에서는 '[illegible]'으로,《乙6432》에서는 '[illegible]'으로 쓰고 있어 서로 방향이 상반되는데, 이는 한 여인이 집안에 안거(安居)하고 있는 모습을 형상화한 것이다. 그리고 '若'자는《前4. 11. 3》에서는 '[illegible]'으로,《甲2905》에서는 '[illegible]'으로 서로 방향이 상반되게 쓰고 있는데, 이는 한 사람이 두 손을 위로 들어 올려 머리를 다듬는 모양을 형상화한 것이다.

己. 편방(偏旁)의 위치 이동

한자(漢字)의 자형 구조가 합체자인 경우, 각 글자의 구성 요소로 쓰인 편방의 위치는 현재 사용하고 있는 해서체(楷書體)와 마찬가지로 좌우 · 상하 · 내외의 구조로 나눌 수 있다. 이들 편방의 위치는 글자 상호 간의 변별성(辨別性)을 제고(提高)하기 위해 후대로 내려올수록 고정되는 경향이 많아져서, '匯 · 滙', '裏 · 裡', '群 · 羣' 등의 글자들과 같이 특별히 제한된 몇몇 경우를 제외하고는 편방의 위치가 다르면 자의가 완전히 다른 별개의 글자가 된다. 그런데 갑골문에서는 편방의 위치가 바뀌어도 자의가 변하지 않고 같은 글자로 통용되는 경우가 많은데, 예를 들면 다음과 같은 글자들이 있다. '旣'자의 경우《佚695》에서는 '[illegible]'로 썼으나,《鐵161. 1》에서는 방향을 반대로 바꾸어 '[illegible]'로 쓰고 있으며; '事'자의 경우도《乙2766》에서는 '[illegible]'로 썼으나,《續5. 2. 2》에서는 '[illegible]'로 반대 방향으로 쓰고 있고; '媿'자는《乙424》에서는 '[illegible]'로 쓰고 있으나,《乙8000》에서는 이와는 상반되게 '[illegible]'로 쓰고 있으며; '牡'자는《前1. 29. 5》에서는 '[illegible]'로 써서 웅성(雄性)을 나타내는 부호 '⊥'가 '牛'의 우측에 있으나,《甲636》에서는 '[illegible]'로 써서 부호 '⊥'가 '牛'의 좌측에 있다. 위에서 살펴본 예들은 갑골문 합체자의 편방 좌우 위치 이동이었다. 그리고 갑골문 가운데 '員'자는《前8. 5. 7》에서는 '[illegible]'으로 쓰고 있는데,《後下1. 11》에서는 '[illegible]'으로 쓰고 있고; '買'자를《佚462》에서 '[illegible]'로 쓰고 있는데,《甲276》에서는 '[illegible]'로 쓰고 있으며; '雇'자는《佚756》

에서는 해서체의 경우와 같이 '戶'를 위에, '隹'를 아래에 배치하여 '’로 쓰고 있는데,《後上13. 2》에서는 이들 편방을 아래위로 바꾸어 '’로 쓰고 있다. 이 세 글자의 경우는 편방을 아래위로 이동한 동자(同字)의 예이다. 또 '農'자는《前5. 47. 6》에서는 '’으로 쓰고 있는데,《乙5329》에서는 '辰'을 두 개의 '木' 즉 나무 사이에 배치하여 '’으로 쓰고 있고; '侯'자는《甲2293》에서는 '’로 쓰고 있는데,《鐵46. 3》에서는 좌우의 방향을 바꾸어 '’로 쓰고 있고, 또《乙4055》에서는 이를 아래로 뒤집어 '’로 쓰고 있으며; '韋'자의 경우에는《鐵77. 4》에서는 '’로 쓰고 있는데,《甲3339》에서는 좌우의 방향을 바꾸어 '’로 쓰고 있고, 또《乙2485》에서는 이를 아예 눕혀서 '’로 쓰고 있으며; 또 '相'자는《前5. 25. 5》에서는 해서체와 같이 '木'을 왼쪽, '目'을 오른쪽에 배치하여 '’으로 쓰고 있는데,《乙4057》에서는 이를 상하 구조로 바꾸어 '木'을 위에, '目'을 아래에 배치하여 '’으로 쓰고 있고, 또《前7. 37. 1》에서는 이를 다시 뒤집어 '目'을 위에, '木'을 아래로 배치하여 '’으로 쓰고 있다. 이런 예들은 편방의 위치 이동을 좌우와 상하 뿐만 아니라 가로로 눕히거나 아래위로 뒤집기도 하고 또 몇 가지 이동 방법을 겹쳐서 하기도 한 경우들인데, 이런 현상은 지금보다는 자형의 고정 정도가 상당히 낮은 초기 한자(漢字)의 자형 현상이다.

庚. 번체(繁體)와 간체(簡體)의 병존

모두가 다 아는 바와 같이 한자(漢字)는 한 사람에 의해서 일시(一時)에 창조된 것이 아니라, 중국의 넓고 넓은 광활한 지역에서 장구한 세월에 걸쳐 수없이 많은 사람들에 의해 여러 가지 원칙과 원리에 기초하여 만들어졌으며, 현재 전 세계에서 사용되고 있는 유일한 표의문자로, 그림에서 기원하여 상형(象形)을 기본으로 하는 문자이다.

殷墟에서 발견된 갑골문자는 이런 배경과 성격을 가진 한자(漢字)의 초기 단계의 문자이고, 商代 그 당시에는 자형이 아직 완전히 규범화되지 못했기 때문에, 자형의 운용에 있어서 자연히 동일(同一) 글자가 필획의 수가 많고 자형 구조가 번잡한 번체(繁體)와, 이에 비해 상대적으로 필획의 수가 적고 자형 구조가 간편한 간체(簡體)가 동시에 만들어져 병행 사용되는 것은 어쩔 수 없는 현상이었다. 예를 들면 '春'자의 경우,《菁10. 7》에는 '’으로 쓰고 있는데, 이를 전서체(篆書體)로 필획을 계산하면 23획인데 비해,《粹1151》에 쓰인 '’자는 겨우 12획에 지나지 않으며; 갑골문 '漁'자의 경우,《前6. 50. 7》에서는 '’로 쓰고 있는데, 이는 8획이나 되는 물 '水'와 네 마리의 물고기 '魚'로 구성되어 있는데 비해,《前5. 44. 2》에는 세 획으로 된 물 '水'와 한 마리의 물고기 '魚'로 구성된 '’로 쓰고 있는 것들이다. 결국 商代의 갑골문자의 자형은 번체(繁體)와 간체(簡體)가 병용되었으며, 이런 문자는 도화문자(圖畫文字)의 요소가 잔존하는 상형문자

(象形文字)로서의 성격을 띠고 있음을 설명해준다고 하겠다.

辛. 합문(合文)

여기에서 말하는 합문(合文)이란 독립된 별개의 서로 다른 2개 이상의 글자들을 합쳐서 한 글자로 만든 글자를 일컫는다. '二'와 '十'을 합친 '廿'자, '三'과 '十'을 합친 '卅' 등이 이런 합문의 예이다. 이런 합문의 조자(造字)는 행관(行款)의 배열에 있어, 좌우·상하 어디든 오로지 글자 하나만큼의 위치를 차지하는데, 商代의 갑골문에 보이는 합문은 대체로 선공(先公)과 선왕(先王)의 호칭과 숫자 및 성어(成語) 등 세 종류로 나눌 수 있다.

선공과 선왕의 호칭으로는 '上甲'을 '田'·'[illegible]'으로, '報乙'을 '[illegible]'로, '報丙'을 '[illegible]'으로, '報丁'을 '[illegible]'으로 쓰는 것 등이고; 숫자로는 '十二月'을 '[illegible]'(《粹1193》)로, '五千'을 '[illegible]'(《後下39. 1》)으로 쓰는 것 등이며; 성어(成語)로는 '大吉'을 '[illegible]'(《甲1786》)로 쓰는 것 등이다.

二. 갑골문자의 자형(字形) 변화 현상

殷墟에서 발견된 갑골문자의 자형 변화 현상은, 일반적인 한자(漢字)의 자형 변화 현상으로서의 갑골문자의 자형 변화와 갑골문자의 이자(異字) 동형(同形) 현상 두 가지로 나누어 살펴보기로 하겠다.

甲. 갑골문자의 일반적 자형 변화

표의문자인 갑골문자 역시 일정한 역사적 조건 아래에서, 사회 발전과 새로운 사물의 출현 등등의 요인들에 의해서 새로운 글자의 생성과 그 변화에 영향을 받을 수밖에 없었다. 이는 한자(漢字)의 발전과 변화의 필연적인 객관적 규율이다.

이런 영향으로 말미암아 갑골문자의 자형도 전기(前期)와 후기가 확연히 다르다. 전체적인 추세로만 보면, 번잡한 형체에서 간략한 형체로 바뀌었으나, 현실적인 문자 사용에 있어서는 번체와 간체가 병존한 상태였다. 다섯 분기(分期)로 나누어지는 갑골문은 각 분기에 따라 자형이 변화하게 되었고, 이렇게 달라진 글자들이 있음을 발견한 董作賓은 갑골문의 단대(斷代) 연구에서 갑골문의 자형을 갑골문 분기 단대의 한 표준으로 삼았다.

갑골문자의 자형 변화를 탐구하는 일은 복사의 단대(斷代)에 대한 확실하고 중요한 지침이 될 수가 있다. 만약 각 분기 마다의 서로 다른 자형을 정확하게 파악할 수 있다면, 이를 이용한 단대 작업은 매우 수월할 뿐만 아니라, 매우 중요한 단대 표준이 될 수도 있기 때문이다. 실제로 갑골문 단대의 표준으로 삼을 수 있는 자형의 변화를 보여주는 글자들을 예로 들면, ‘賓’·‘羌’·‘自’·‘冓’·‘災’·‘雚’·‘酉’자 등은 자형 결구(結構)가 변하였고; ‘王’·‘其’·‘雨’·‘來’자 등은 필획의 수가 증가하였으며; ‘鳳’·‘鷄’자 등은 상형자에서 형성자로 변하였고; 武丁과 文丁 시기에는 ‘月’을 ‘☽’로, ‘夕’을 ‘☾’으로 썼으나; 帝乙·帝辛 시기에는 이와 반대로 ‘月’을 ‘☾’로, ‘夕’을 ‘☽’으로 쓴 것 등이다.

그리고 갑골복사에서는 날짜를 숫자로 표기하지 않고 일률적으로 간지(干支)로 표기하였기 때문에 천간(天干) 10개 글자와 지지(地支) 12개 글자는 거의 모든 갑골판에서 볼 수 있으며 이는 복사의 해독에 있어서 대단히 중요한 사실이므로, 필히 주의해야 하는 부분이다. 董作賓은 이에 대해,

> 如第五期的甲子表, 便和第一期的迥然不同, 由此我們可以確定了每一時期的甲子字形, 而拿它斷定時代. 這在甲骨文字斷代硏究上佔著重要的地位.[1] : 제5기의 갑자표가 제1기의 것과 현저히 다르다면, 이를 바탕으로 각 시기의 갑자(甲子)를 나타내는 천간 지지의 자형을 확정할 수 있고, 이를 통하여 그 시대를 단정할 수 있다. 이것은 갑골문자의 단대 연구에서 중요한 위치를 차지하고 있다.

라고 주장하였다. 그런데 董作賓의 이 말은 간지(干支)의 글자 모두가 갑골문 각 분기에 따라 명백한 변화와 차이를 보인다는 것은 아니다. 예를 들면, 천간(天干)의 ‘甲’·‘乙’·‘丁’·‘己’ 등의 글자와 지지(地支)의 ‘卯’·‘辰’·‘申’·‘戌’·‘亥’ 등의 글자는 자형의 변화가 그다지 두드러지지 않는다. 그러면 여기에서 분기에 따라 자형이 비교적 큰 변화를 보이는 ‘庚’·‘癸’·‘子’·‘寅’·‘午’·‘未’ 등의 간지자(干支字)와 이들 간지자들 만큼 자주 쓰이면서 분기에 따라 자형의 변화도 비교적 뚜렷하게 보여주는 ‘王’자를 예로 들어 갑골문 분기에 따른 자형의 변화를 분석해 보자. 이들 가운데 전기(前期)에는 자형이 간략하고 후기에는 복잡해지는 글자는 ‘庚’·‘癸’·‘子’·‘寅’·‘未’자 등이고, 반대로 전기에는 복잡하고 후기에는 간략해지는 글자는 ‘午’자이다. 그리고 ‘王’자의 자형은 각 분기의 자형 구조가 비슷하여 복잡함과 간략함에 차이가 별로 없다. 갑골문자의 각 분기별 자형 변화 판별을 알아 볼 수 있도록 이들 7개 글자의 자형 변화를 표로 만들면 다음과 같다.

---

1) 董作賓 <甲骨文斷代硏究例>, 前揭書《董作賓先生全集》甲編 第2册 p.449.

甲骨 字形 變化表

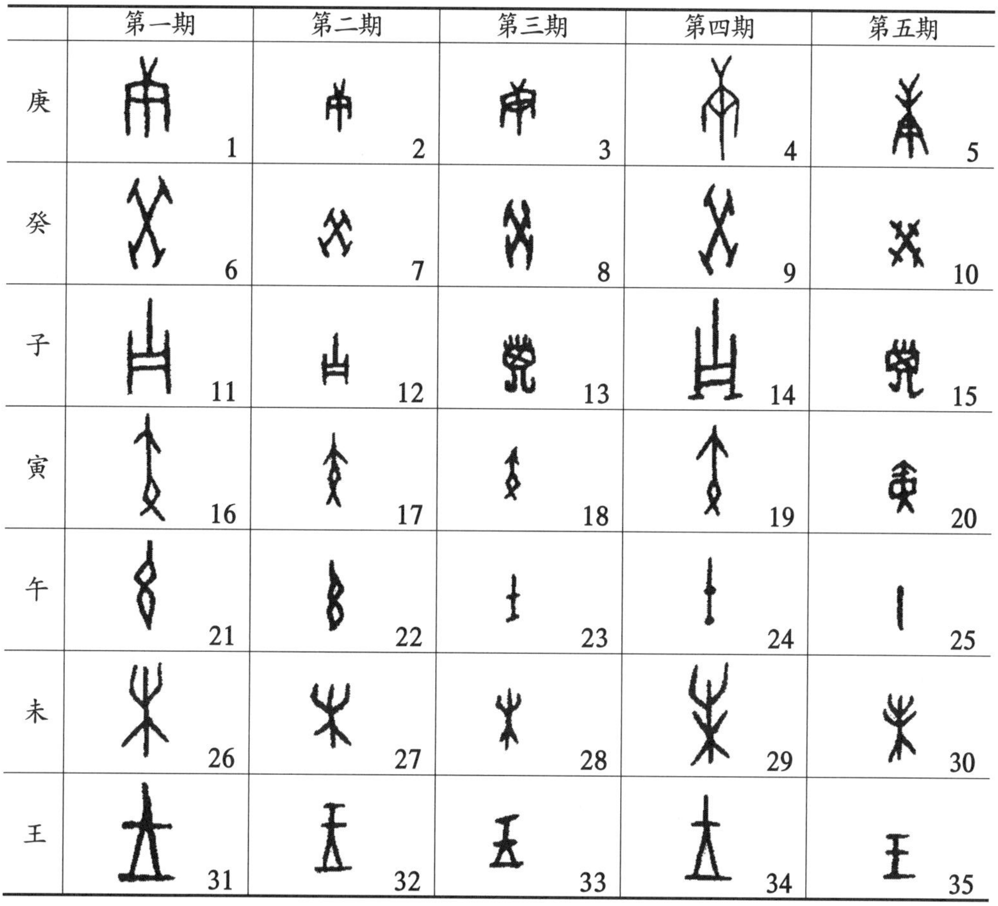

	第一期	第二期	第三期	第四期	第五期
庚	1	2	3	4	5
癸	6	7	8	9	10
子	11	12	13	14	15
寅	16	17	18	19	20
午	21	22	23	24	25
未	26	27	28	29	30
王	31	32	33	34	35

참고로 이 자형 변화표의 35개 격자(格子) 오른쪽 아래에 표시된 숫자는 이들 자형의 출처를 밝히기 위해 각 글자들에 편의적으로 부여한 것이며, 이 글자들의 출처는 다음과 같다.

1. 《前7. 2. 3》 2. 《合集23183》 3. 《甲2698》 4. 《合集32313》 5. 《燕165》 6. 《前7. 35. 1》 7. 《合集24027》 8. 《甲2499》 9. 《合集32103》 10. 《燕165》 11. 《前7. 35. 1》 12. 《合集23868》 13. 《甲1861》 14. 《合集32773》 15. 《燕165》 16. 《後上31. 10》 17. 《合集23277》 18. 《合集31640》 19. 《合集32099》 20. 《燕165》 21. 《前7. 29. 4》 22. 《合集22846》 23. 《合集29864》 24. 《合集32225》 25. 《燕165》 26. 《前7. 22. 2》 27. 《合集23599》 28. 《甲2495》 29. 《合集32473》 30. 《燕165》 31. 《前7. 21. 1》 32. 《合集23967》 33. 《合集31429》 34. 《合集32829》35. 《前2. 4. 1》

乙. 甲骨文字의 ‘異字 同形’ 현상

여기에서 확실하게 밝혀 두어야 할 것은 ‘異字同形’과 ‘一字異形’은 확연히 다른 두 가지 개념이다. ‘一字異形’이란 이체자(異體字)를 지칭하는 것인데 반해서, ‘異字同形’이란 하나의 갑골문 자형이 두 개 혹은 그 이상의 서로 다른 글자를 나타내는 것을 말한다. 이는 갑골문 특유의 문자 현상이다. 아래에 식별 가능한 몇 가지 글자들 중에서 ‘異字同形’의 예에 해당되는 11글자를 선정하였는데, 이 중에서 동일한 자형으로 두 가지 글자를 나타내는 것은 8개이고, 동일한 자형으로 세 가지 글자를 나타내는 것은 둘이며, 동일한 자형으로 네 가지 글자를 나타내는 것은 하나이다.

먼저 동일 자형이 두 글자로 쓰인 경우의 예를 들면, ‘毎’와 晦’는 ‘ ’로, ‘玆’와 丝’는 ‘ ’로, ‘必’과 升’은 ‘ ’으로, ‘正’과 足’은 ‘ ’으로, ‘商’과 賞’은 ‘ ’으로, ‘訊’과 如’는 ‘ ’로, ‘尸’와 夷’는 ‘ ’로, ‘冬’과 終’은 ‘ ’으로 쓴 것 등이다. 그리고 동일 자형이 세 글자로 쓰인 경우의 예를 들면, ‘吏’와 ‘事’와 ‘使’는 모두 ‘ ’로, ‘葡’와 ‘副’와 ‘箙’은 모두 ‘ ’으로 쓴 것 등이다. 마지막으로 동일 자형이 네 글자로 쓰인 경우의 예를 들면, ‘祐’와 ‘又’와 ‘有’와 ‘姷’를 모두 ‘ ’로 쓴 것이다.

그런데, 이런 ‘異字同形’의 글자들이 갑골문에 나타나는 까닭은, 그 당시의 조자(造字) 기능이 새롭게 나타나는 사물의 수요를 제대로 반영하지 못했기 때문이고, 또한 문자 부호가 아직 복잡한 객관적 사물을 제대로 표현해내지 못했기 때문이다. 이런 이유 등으로 하나의 글자로 다른 글자를 대체할 수밖에 없었고, 이렇게 해서 ‘一字多能’ 즉 한 글자로 여러 기능을 하는 현상이 나타난 것이다.

三. 갑골문자의 고석(考釋) 방법

殷墟에서 발견된 商代의 갑골문자의 총수(總數)는 대략 4000여 자(字)가 되는데, 그 중에서 식별이 가능한 글자들은 어떻게 인식해 내었을까? 바로 이런 글자들을 인식해내는 방법을 총괄한 것이 이른바 갑골문자의 고석(考釋) 방법이다. 물론, 갑골문자를 고석하는 목적은, 갑골문의 내용을 해독하여 다양한 학문 영역에서 제대로 이용되도록 하기 위함이다.

갑골문이 출토된 초기에는 갑골문자들을 정확하게 인식하는 것이 매우 어려웠다. 전반적인 의미에서 갑골문을 고석한 최초의 인물은 孫詒讓인데, 그의《契文擧例》는 이 이 분야 최초의 저작이다. 이에 뒤이어서 王國維의《戩壽堂所藏殷墟文字考釋》과 羅振玉의《殷虛書契考釋》, 郭沫若의《卜辭通纂考釋》과《殷契粹編考釋》, 于省吾의《甲骨文字釋林》, 商承祚의《殷墟文字類編》, 唐蘭의《殷墟文字記》 등등이 저작되었고, 그 이후 지금까지도 많은 학자들에 의해 고석 작업이 진행되고 있다.

경학(經學)에도 조예가 깊었던 고문자학자로서, 고문자와 고문헌 방면의 지식이 풍부했던 孫詒讓은 갑골문자의 고석에 고문자 자형 비교법과 편방 분석법을 이용하였고; 羅振玉은 許愼의 《說文解字》로부터 금문(金文)을 소급해 탐구하고, 다시 금문으로부터 갑골문자를 규명하는 역추법(逆推法)을 이용하였는데, 그는 이로부터 다시 여러 갑골문의 문례에 근거하여 商 왕조의 왕실 세계(世系) · 도읍지와 지방 도시 · 제사 의례(儀禮) · 점복법 · 관제(官制) 등을 비롯한 商代의 역사와 문화를 탐구하였다.

이렇게 孫詒讓과 羅振玉 등이 개척하고 선도하여 확립한 갑골문자의 고석 분야는 이후 갑골문이 끊임없이 출토되고 전파됨에 따라, 수많은 저록과 연구 자료의 증가 및 풍부한 연구 인력에 힘입어, 고석 방법과 갑골문 연구 방법론도 동시에 발전해 나갔으며, 갑골문의 해독과 함께 이를 다시 고대의 문헌 기록과 유기적으로 결합시킴으로써 새로운 경지를 개척해 나아가게 되었다. 이 이후로 갑골문 연구는 商代의 정확한 역사 기록 자료에 대한 검증과 밀접하게 결합되고, 아울러 중국문자 즉 한자의 기원 · 구조 · 변화 · 성격 등의 고문자학 과제에 대한 탐구를 선도하게 되었다.

이의 선도자는 王國維인데, 그는 갑골문자의 고석에서 단순히 문자의 고증에만 편중하지 않고, 정상(情狀) · 당시의 예제(禮制) · 가차 관계 · 자형의 변화 등에 주의할 것을 강조하였다. 갑골문자는 구체적인 역사 언어 환경 속에서 응용되었기 때문에, 자형 · 자음 · 자의의 분화(分化) 변천 과정을 세밀하게 관찰하고, 모든 사례(辭例)들을 유기적으로 결합하여 고석하고 해독하려면, 시대 상황과 그에 따른 문자의 변화에 세심한 주의를 기울여야 하는 것인데, 그는 이를 '二重證據法'이라고 명명하였다.

이 이후에 郭沫若을 거쳐서 唐蘭과 于省吾에 이르러 갑골문자의 고석이 상당히 체계적으로 이루어짐에 따라 그 방법도 점차 성숙해져 갔는데, 唐蘭은 갑골문자의 고석과 해독을 고문자학의 영역으로 끌어들인 최초의 학자라고 할 수 있다.

또 于省吾는 갑골문자 고석의 이론화 및 방법론에 크게 공헌하였다. 그는 전인(前人)들이 미처 식별해내지 못했거나 잘못 고석한 글자, 그리고 고석해내긴 했어도 그 본의(本義)를 밝혀내지 못했던 약 300자 정도의 갑골문자를 고석해냈는데, 이는 그가 선인(先人)들의 학설을 충분히 받아들여서 고문자 고석 이론 및 방법을 총괄한 것과 관계가 깊다고 하겠다.

于省吾는 갑골문자를 연구할 때엔 먼저 각 글자의 형(形) · 음(音) · 의(義) 세 방면의 상호 관계에 주의를 기울여야 하고, 또 각 글자가 동일 시기의 다른 글자와 이루고 있는 횡적인 관계, 그리고 각 글자들이 서로 다른 시대에까지 발전 변화한 종적(縱的)인 관계에 주의를 기울여야 하는데, 특히 고문자의 고석에서는 자형에 대한 자세하고 엄격한 관찰에서 출발하여 본래의 자형과 자의에 주의하고, 고문자의 변화 규칙을 철저히 탐구해야 한다고 주장하였다.[1] 그의 이런 생각은 그가

1) 于省吾 《甲骨文字釋林 · 序》(中華書局 1979. 北京)을 참고.

갑골문자 고석에 있어서 깊이와 폭 그리고 난도(難度)에 있어 다른 학자들을 초월하는 원인 중의 하나였다.

이상에서 서술한 내용은 갑골문자 고석의 전반기 50년에 해당되는 기간의 고석 방법인데, 이이후 지금까지의 고석 방법은 크게 두 가지 입장으로 나누어 볼 수 있다. 하나는 역사고고학적인 입장으로 역사학의 범주에 속하는 것이고, 또 하나는 언어문자학적인 입장으로 언어학의 범주에 속하는 것이다.

갑골문자의 고석은 한자(漢字)가 가진 세 가지 요소인 자형·자음·자의의 세 방면에서 진행하게 되는데, 이들 세 요소는 서로 긴밀하게 결합되어 있어서 어느 한 가지 요소도 따로 떼어낼 수는 없다. 정확한 고석을 위한 첫걸음은 자형을 정확하게 판별하고 그 구조를 정확하게 분석하여, 고금의 자형 변화의 큰 흐름 속에서 개별 글자의 자형 변화를 밝혀내되, 형체상의 구조에만 국한하지 않고 자음과 자의의 변화까지 포괄해야 하며; 그 다음 단계로는 고석한 글자가 원문의 문장 속에서 앞뒤 내용을 관통하는지의 여부를 점검해야 한다. 물론 고문자학 연구는 언어문자학의 연구 방법 외에, 문헌학과 고고학 등의 연구 방법도 응용해야 한다.

고문자의 고석 방법에 대해 高明은 크게 네 가지로 개괄하였는데,1) 이를 요약하면 다음과 같다. 첫째는 인습(因襲) 비교법으로, 고금의 자체(字體)를 인습 관계에서 종합적으로 비교하여, 그 가운데에서 공통의 자원(字源)과 특징을 찾아냄으로써 고문자를 판별 인식해내는 방법인데, 여기에는 한자(漢字)의 여러 특징과 형방(形旁)의 역사적인 변화 및 자의(字義)가 비슷한 형방의 호용(互用) 관계 및 한자의 와변(訛變) 등등에 대한 충분한 지식이 요구되며; 둘째는 사례(辭例)를 조사 대조하여 고문자를 고석하는 '辭例推勘法'으로, 문헌 중의 성어(成語)에 의거한 조사 대조와 갑골문 원문의 문사(文辭) 자체의 내용에 의거한 조사 대조의 두 가지 방법이 있고; 셋째는 편방(偏旁) 분석법으로, 문자의 편방을 분석하는 방법을 이용하여 고문자를 고석하는 방법이며; 넷째는 역사상의 풍속과 예악(禮樂)·법률 등의 제도를 바탕으로 고문자를 고석하는 방법이다.

여기에서는 여러 학자들의 그 동안의 연구 성과들을 종합하여 총괄적으로 갑골문자의 고석 방법을 크게 자형 비교법·문례 조사 대조법 및 예제(禮制) 탐구법 등 세 가지로 나누어 살펴보고자 한다.

甲. 자형 비교법

한자(漢字)의 자형 구조는 역사적으로 계승 답습의 관계에 있기 때문에, 자형의 변별은 두

---

1) 高明《中國古文字學通論》(文物出版社 1987. 北京) p.189를 참고.

가지 측면에서 진행할 수가 있는데, 하나는 자형 전체를 비교하는 것이고, 또 하나는 글자의 편방을 분석 비교하는 것이다. 자형 전체를 비교하는 방법은 한마디로《說文解字》를 이용하는 것이다. 許愼의《說文解字》는 고문자를 고석하는데 있어서 필수적인 공구서(工具書)라고 할 수 있는데,《說文解字》에서의 자형 결구(結構) 분석은 기본적으로 정확한 것이라는 사실이 이미 공인되었기 때문이다. 이 때문에 고문자의 고석 작업에는《說文解字》를 반드시 곁에 두어야 하는데, 이는 中國 국내외 학자들이 가장 통용하는 기본적인 방법이고, 지금까지도 여전히 사용하는 방법이다.《說文解字》에 수록된 주문(籒文)과 '古文'[1]의 자형은 소전(小篆)과도 다르고 금문(金文)과도 다르기 때문에 이런 글자들의 자형과 비교하거나, 심지어 이들과는 또 다른 석각(石刻) · 도문(陶文) · 간서(簡書) 등의 자형을 이용하여 갑골문자를 판별해낼 수도 있다.

그리고 편방을 분석 비교하는 방법은 편방의 역사적인 변화 및 의미가 비슷한 형방(形旁)의 호용(互用) 관계를 통한 고석 방법이다. 한자의 어떤 편방들은 하나의 독립된 글자이기도 한데, 이것을 다른 문자의 구성 요소와 조합하면, 또 다른 하나의 글자가 된다. 그 때문에 갑골문자의 고석에서 하나의 편방을 인식해내면, 바로 다른 여러 개의 갑골문자를 인식해낼 수가 있게 된다. 예를 들면, 일반적으로 '[illegible]'로 쓰는 '止'자는 본래 하나의 독립된 글자이면서, 또한 글자를 구성하는 편방이기도 하기 때문에 '武' · '步' · '涉' 등의 글자의 구성 요소로 쓰이기도 하고; 이 '止'자를 거꾸로 쓴 것이 '[illegible]'인데, 이는 또 '各' · '夅' · '降' 등의 편방으로 쓰이기도 하였다.

乙. 문례(文例) 조사 대조법

갑골문의 어떤 글자들은 문례(文例)의 조사 대조를 통해서 인식해낼 수 있다. 예를 들면, 간지(干支) 중의 '甲子' · '甲戌' · '甲申' 등의 '甲'자와 선왕(先王) 중의 '羌甲'의 '甲'자를 통해 갑골문에서는 '甲'자를 '十'으로 썼음을 알 수 있다. 또 갑골문의 '巳'자와 다른 글자의 편방으로 쓰인 '子'자는 모두 '[illegible]'로 썼는데, 어느 것이 '子'이고, 어느 것이 '巳'인지는 복사의 문례를 이용하여 판단해야 한다. 예를 들면,《前5. 44. 2》에 이 '[illegible]'자가 있는데, 이 경우에는 이 글자 다음에 '漁'자가 연이어 있는 것에 착안하고, 다시 商王 武丁에게 '子漁'라는 아들이 있음에 근거하여, '子'자임을 고석해낼 수 있고; 또《鐵23. 2》에도 이 '[illegible]'자가 쓰였는데, 이 경우에는 이 글자 앞에 '己'자가 있음에 근거하여, 여기에서의 이 글자는 지지(地支) '巳'자임을 고석해낼 수 있다.

---

1) 여기에서의 '古文'은 일반 명사가 아니라, 孔子의 생가 벽 속에서 나왔다는 이른 바 '壁中書'에 사용된 字體에 대한 專用 명사이다. 이에 따라 이 이후부터는 일반 명사와의 구별을 위해 이를 '古文'으로 표기한다.

丙. 예제(禮制) 탐구법

고대(古代)로부터 전해오는 문헌 기록 등을 통하여 알 수 있는 풍속이나 예악(禮樂) 그리고 법률 등의 각종 제도에 근거하여 갑골문자를 비롯한 고문자를 고석하는 것도 대단히 정확하고 매우 바람직한 고석 방법 중의 하나이다. 예를 들면,《粹1223》에는 '肉'과 '刀'를 구성 요소로 하고 있는 '[illegible]'자가 있고,《前6. 55. 5》에는 '鋸'·'人'·'足'·'手'를 구성 요소로 하고 있는 '[illegible]'자가 있는데, 이에 대해 朱駿聲은, "周禮司刑刖罪五百. 注 : 斷足也. 周改臏作刖.[1] :《周禮·司刑》에,『'刖刑'에 처해야 하는 죄목 500조항이 있다.』라고 하고 있는데, 鄭玄은『'刖刑'이란 '斷足' 즉 발목을 자르는 것이다. 周代에 '臏'자를 '刖'자로 고쳤다.』라고 주(注)하였다."이라고 했다. 이를 통해 이 두 갑골문자는 '刖'자로 고석해낼 수 있는데, 이는 그 당시의 형법(刑法) 제도에 근거하여 만든 글자임을 유추할 수 있다.

이에서도 알 수 있는 바와 같이, 갑골문자를 고석하려면 고대의 문헌 자료들을 널리 참고해야 하는데, 이에 대해 李學勤은,

> 我國古代有許多典籍流傳至今, 其著作時代和古文字材料是同時的. 這些文獻通過歷代數以千計的學者鑽硏注釋, 有很多內容在硏究古文字時應當吸取參考.[2] : 우리나라 중국에는 고대로부터 수많은 전적들이 지금까지 전해져 내려오고 있는데, 이들의 저작 시대는 고문자 재료들과 동시대의 것이다. 이들 문헌들은 역대에 걸쳐 수없이 많은 학자들의 각고의 연구와 주석(註釋)을 거친 것으로, 여기에는 고문자를 연구할 때 참고해야 할 수많은 내용들이 내포되어 있다.

라고 주장했는데, 위에 예로 든 '刖'자의 경우가 이를 증명한다.

이상으로 갑골문자의 고석 방법에 대해 간략하게 살펴보았는데, 이런 고문자에 대한 고석의 중요성을 깊이 인식한 唐蘭은《古文字學導論》에서 고문자학 연구의 계율 여섯 가지를 제시하였다. 이에 전적으로 공감한 李學勤은《古文字學初階》에서, "這一番話眞是語重心長, 値得我們每一個人反覆吟味. : 이 말은 참으로 간곡하고 의미심장하여, 우리들 한 사람 한 사람 모두가 반복해서 음미할만하다."라고 하고는, 이를 모두 인용하였는데, 여기에서도 우리들의 마음을 추스르기 위해 이를 재인용한다.[3]

---

1) 朱駿聲《說文通訓定聲》(中華書局 1998. 北京) p.696.

2) 李學勤《古文字學初階》(中華書局 2003. 北京) p.70.

3) 上揭書 p.74.

(一). 戒硬充內行. : 凡學有專門. 有一等人專喜玩票式的來幹一下, 學不到三兩個月, 就自謂全知全能, 便可著書立說. 又有一等人, 自己喜歡涉獵, 一無專長, 但最不佩服專家, 常想用十天半月東翻西檢的工夫做一兩篇論文來壓倒一切的專家. 這種做學問, 決不會有所成就. : 전문가 행세를 경계(警戒)하라. : 무릇 학문에는 전문(專門)이 있다. 어떤 부류의 사람들은 취미삼아 한번 해보는데, 배운지 2~3개월도 안되어서 스스로를 전지전능(全知全能)하다고 자평(自評)하며 학설을 정립하여 저서를 낼 수 있다고 한다. 그리고 또 어떤 이들은 스스로 이것저것 섭렵하기를 좋아하는데, 정통한 분야가 하나도 없지만 전문가에게 탄복하기를 가장 싫어하면서, 항상 며칠도 되지 않는 짧은 기간 동안 여기저기 뒤지며 검색하여 한두 편의 논문을 써서는 모든 전문가들을 압도하겠다고 생각한다. 이렇게 하는 학문으로는 결코 어떤 성과도 거둘 수가 없다.

(二). 戒廢棄根本. : 研究古文字必須有種種基礎知識, 並且還要不斷地研究, 尤其要緊的是文字學和古器物銘學. 有些人除了認識若干文字, 記誦一些前人的陳說外, 便束書不觀, 這是不會有進步的. : 근본의 폐기를 경계하라. : 고문자의 연구에는 반드시 여러 가지 기초 지식이 있어야 하고, 동시에 끊임없이 연구해야 하는데, 특히 중요한 것은 문자학과 고대 기물의 명문(銘文)에 대한 학문이다. 어떤 이들은 약간의 문자를 인식하고, 전인(前人)들의 몇몇 진부한 학설들은 암송하는 것을 제외하고는 다른 서책은 전혀 들여다보지도 않는데, 이렇게 해서는 절대로 학문의 발전이 있을 수가 없는 것이다.

(三). 戒任意猜測. : 有些人沒有認清文字的筆劃, 有些人沒有根據精確的材料, 有些人不講求方法, 有些人不顧歷史, 他們先有了主觀的見解, 隨便找些材料來附會, 這種研究一定要失敗的. : 임의의 추측을 경계하라. : 어떤 이들은 문자의 필획을 분명하게 인식하지도 않고, 또 어떤 이들은 정확한 자료에 근거하지도 않고, 또 어떤 이들은 방법을 강구하지도 않고, 또 어떤 이들은 역사를 되돌아보지도 않는다. 이런 부류의 사람들은 우선 먼저 주관적인 견해를 가지고는 아무렇게나 몇몇 자료를 찾아서 억지로 갖다 붙이는데, 이런 연구는 반드시 실패하고 말 것이다.

(四). 戒苟且浮躁. : 有些人拿住問題, 就要明白. 因爲不能完全明白, 就不惜穿鑿附會. 因爲穿鑿得似乎可通, 就自覺新奇可喜. 因爲新奇可喜, 就照樣去解決別的問題. 久而久之, 就構成一個系統. 外面望去, 雖似七寶樓臺, 實在卻是空中樓閣. 最初, 有些假說, 連自己也不敢相信, 後來成了系統, 就居之不疑. 這種研究是愈學愈糊塗. : 구차함과 경박함을 경계하라. : 어떤 이들은 문제를 붙잡으면 명백하게 이해하려고는 한다. 그런데 완전하게 이해할 수 없기 때문에 견강부회하는 것도 마다하지 않는다. 그리고 견강부회가 통할 것 같기 때문에 스스로 신기하게 여기면서 만족스러워한다. 신기하고 만족스러워하기 때문에 다른 문제들도 같은 방법으로 해결하려고 한다. 이렇게 오랜 동안 계속하면 하나의 체계가 만들어진다. 외형상으로 바라보면, 마치 온갖 값진 보물로 건축한 칠보 누대(樓臺) 같지만, 실재로는 공중누각일 뿐이다. 최초에는

어떤 가설들은 자기 자신조차도 믿을 수가 없었지만, 뒤에 체계를 형성하게 되면, 거기에 안주하여 의심하지 않게 된다. 이런 방식의 연구는 학문을 하면 할수록 뒤죽박죽이 되어버린다.

(五). 戒偏守固執. : 有些人從一個問題的討論, 牽涉到別的問題, 因而發生些見解, 這種見解本不一定可靠, 但他們卻守住了不再容納別說. 有些人死守住前人成說, 有些(人)回護自己舊說的短處. 這種成見, 可以阻止學問的進步. : 한쪽에 치우친 고집을 경계하라. : 어떤 이들은, 한 가지 문제에 대한 토론이 다른 문제와 관련이 되게 되면, 이로 인해 어느 정도의 견해가 생기게 되는데, 이런 견해는 본래 꼭 믿을만한 것이 아닌데도, 그들은 이 견해만을 고집하며 다른 주장을 다시는 용납하지 않는다. 또 어떤 이들은 전인(前人)들의 주장만을 사수하기도 하고, 어떤 이들은 자신이 과거에 했던 주장의 단점을 비호하기도 한다. 이런 선입견은 학문의 발전을 저지할 수 있다.

(六). 戒駁雜糾纏. : 有些人用一種方法, 不能徹底, 有時精密, 有時疏闊, 這是駁雜. 有些人缺乏系統知識, 常覺無處入手, 研究一個問題時, 常兼採各種說法, 連自己也沒明瞭, 這是糾纏. 這種雖是較小的毛病, 也應該力求擺脫. : 뒤죽박죽 뒤엉킴을 경계하라. : 어떤 이들은 한 가지 방법을 사용함에 있어 철저하지 못하고, 어떤 때는 정밀하다가 어떤 때는 소홀하며 거친 데, 이것이 뒤죽박죽인 것이다. 어떤 이들은 체계적인 지식이 부족하여 항상 손댈 곳이 없다고 느끼고서, 한 가지 문제를 연구할 때 언제나 각종 견해를 함께 채택하여 자기 스스로도 명료하지 못한데, 이것이 뒤엉킴이다. 이런 것들은 비록 비교적 작은 결점이지만 탈피하도록 열심히 노력하여야 한다.

四. 갑골문자의 고석(考釋) 성과

주지하는 바와 같이 최초로 갑골문자를 인식해낸 사람은 劉鶚이고, 1903년에 발표한 그의 《鐵雲藏龜·序》에는 인식 가능한 40여 글자를 수록하였는데, 그 중에서 정확한 것이 34자였으나, 대부분은 간지자(19개)와 숫자(2개)였다. 그리고 이듬해인 1904년에 孫詒讓은 《契文擧例》를 저술하였는데, 이것은 갑골문자 고석(考釋)의 첫 번째 저작으로 꼽힌다. 이렇게 시작된 갑골문자의 고석은 분명히 갑골학과 商代 역사 연구에 있어서 중요한 기초가 됨과 동시에 중국문자학 연구에 새로운 활력을 불어넣은 일이었다. 갑골문이 발견된 후 지난 1백 여 년 동안 여러 학자들의 각고의 노력으로 갑골문자의 고석은 괄목할만한 성과를 거두었는데, 갑골문자 고석의 역사는 대체로 1899년 갑골문의 발견부터 1949년까지를 전기(前期), 1950년 이후부터 지금까지를 후기로 크게 나눈다.

甲. 전기(前期)

갑골문자 고석의 전기 가운데 1899년부터 1914년까지를 갑골문자 고석의 초창기라고 하는데, 이 기간 중에 가장 두드러진 업적을 남긴 학자로는 孫詒讓(1848~1908)과 羅振玉(1866~1940)을 비롯한 몇몇 학자들이며, 대표적인 저작은 孫詒讓의《契文擧例》와 羅振玉의《殷虛書契考釋》을 꼽을 수 있다.

孫詒讓은 1903년에 석인(石印) 탁본으로 출간된 劉鶚의《鐵雲藏龜》에 근거하여 그 이듬해인 1904년에 최초의 갑골문자 고석의 전문 저작으로 꼽히는《契文擧例》를 저술하였는데, 이 책은 상하 두 권 10편(篇)으로 구성되어 있다. 이 책의 상권은 일월(日月)·정복(貞卜)·복사(卜事)·귀신·복인(卜人)·관씨(官氏)·방국(方國)·전례(典禮) 등의 8편(篇), 하권은 문자(文字)·잡례(雜例) 등 2편(篇)으로 구성되어 있는데, 이 가운데 〈文字〉편이 전체의 대부분을 차지할 정도이고, 여기에 고석한 글자 180여 자(字)를 수록하였다. 孫詒讓은 금문(金文)에 정통하고 그 기초가 튼튼했기 때문에 금문과 비교하여 고석해낸 것이 가장 많고, 석고문(石鼓文)과《說文解字》중의 주문(籀文)·'古文' 등과 비교한 것도 있는데, 그 중에서 정확하게 해독해낸 '貞'·'乘'·'射'·'羌'·'去'·'省'·'若'·'亙'·'兆'·'禽'·'周'·'毌'·'叀'·'散'·'㝵'·'易'자 등은 모두 고석의 난도(難度)가 매우 높은 글자들이다.

孫詒讓의 이《契文擧例》는 비록 부족한 재료와 잔궐(殘闕)된 상태의 복사(卜辭) 때문에, 제한된 개별 글자만 고석하여 완정(完整)한 갑골문에서 그 뜻이 통하는지를 검증할 수 없었고, 자형의 분석에도 힘썼지만 잘못된 고석을 면할 수 없었다는 아쉬움이 있지만, 갑골문자의 인식과 해독 및 갑골학 연구에서 창시적인 저작이라는 점에서 충분한 평가를 받아 마땅하다.

《契文擧例》다음으로 손꼽을 수 있는 저작으로는 1915년에 출판된 羅振玉의《殷虛書契考釋》이다. 羅振玉이 갑골문자를 최초로 접한 것은 1901년 劉鶚의 거처에서였으며, 그는 이 이후에 劉鶚이 소장했던 갑골 1,061편의 묵탁(墨拓)을 진행하고 1903년《鐵雲藏龜》의 간행(刊行)을 도왔다. 羅振玉은 孫詒讓의 저서가 간행된 뒤에야 비로소 고석을 시작하였고, 10년 후인 49세 때에《殷虛書契考釋》을 출간하였다. 이때는 갑골문이 발견되고 17년이 지난 때였는데, 이 17년 사이에 日本의 林泰輔와 富岡謙藏, 미국의 方法斂(Frank H. Chalfant), 영국의 赫布金(L. C. Hopkins)과 考齡(Samuel Couling), 프랑스의 沙畹(Edward Chavannes), 독일의 勃可第(Anns Bernkardi)와 穆勒(H. Mueller) 등의 여러 외국 학자들이 이 분야의 연구에 많은 노력을 기울이고 있었으나, 中國에서 殷虛文字를 연구한 사람은 羅振玉이 유일했다고 董作賓은《甲骨學六十年》에서 밝히고 있다.[1)]

1) 董作賓《甲骨學六十年》(藝文印書館 1974. 臺北) pp.48~49를 참고.

羅振玉은 이《殷虛書契前編》에서 갑골문자를 세밀하게 고석하여 安陽의 小屯이 바로 殷虛임을 확인하였고, 또 商 왕실의 역대 왕들의 명호(名號)를 밝혀내었는데, 이는 매우 큰 공헌으로 꼽을 수 있다. 羅振玉의 갑골문자 고석 방법에 대해 董作賓은,

> 羅氏考釋文字的方法是由許書以上溯金文, 由金文以上窺卜辭. 據他研究的結果, 甲骨文字與許書篆文合者十三四, 且有合於許書之或體字焉. 有合于今隸者焉, 顧與許書所出之古籀則不合者十八九. 其僅合者又與籀文合者多而與古文合者盖寡. 以是知大篆者, 蓋因商周文字之舊, 小篆者, 又因大篆之舊, 非大篆刱於史籀, 小篆刱於相斯也.[1] : 羅振玉의 문자 고석 방법은 許愼의《說文解字》에 기초하여 위로 금문을 소급해서 살피고, 금문에 근거하여 위로 복사를 규명해내는 것이다. 그의 연구 결과에 의하면, 갑골문자가 許愼의《說文解字》 중의 전문(篆文)과 부합되는 것이 3~4할인데,《說文解字》의 혹체자와 부합되는 것도 있다. 금예(今隸)와 부합되는 것도 있는데,《說文解字》에 나오는 '古文'이나 주문(籀文)과는 부합되지 않는 것이 8~9할이나 된다. 그리고 겨우 부합되는 것들 중에도 주문과 부합되는 것은 많으나 '古文'과 부합되는 것은 적다. 이로써 대전(大篆)이란 것은 商周 시대 문자의 원래의 자형에 근거하였고, 소전(小篆)은 또 대전의 원래의 자형에 기초한 것이지, 대전이 사주(史籀)에서 비롯된 것이 아니며, 소전도 승상 李斯에게서 비롯된 것이 아님을 알 수 있다.

라고 했다.

羅振玉은 일찍이 갑골의 수집에 힘쓰다가 문자의 인식과 해독을 시작한 것은 그의 나이 45세 되던 1910년부터였다. 羅振玉이 갑골문 고석에서 제대로 성과를 이룬 것은 신해혁명이 일어나고, 가족들과 함께 일본으로 갔던 1911년 10월 이후부터 1919년 5월까지의 9년 동안이라고 할 수 있다. 이 9년 동안 그는《殷商貞卜文字考》·《殷商貞卜文字》·《殷虛書契考釋》·《殷虛書契待問編》 등의 갑골문자에 관한 전문 저작을 집필하였다. 그리고 1927년에는 증정본(增訂本)《殷虛書契考釋》 3권을 석인본(石印本)으로 출간하였다.

앞의 두 저작은 출국하기 1년 전인 1910년에 출판한《殷商貞卜文字考》에 대한 수정(修訂)작업이기도 하며, 또한 새로 대량으로 늘어난 갑골문 자료의 기초 위에서 그가 인식해낸 글자들에 대한 분류와 배열작업이라고 할 수 있다.《殷商貞卜文字考》는 '考史' · '正名' · '卜法' · '餘說' 등 4개의 장(章)으로 구성되어 있으며, '正名'에 중점을 두고 2~3백 여 개의 갑골문자에 대한 고석을 시도하였는데, 책의 각 쪽 위의 여백에 수정(修正)을 위한 여러 의견들을 기록해 놓았다. 그리고 수고본(手稿本)인《殷商貞卜文字》 卷上은 '名篇' · '物篇' · '事篇'의 세 편(篇)으로 나누

---

1) 上揭書 p.49.

어 갑골문자를 분류 배열하였는데, '名篇' 중의 인명과 지명을 계산에서 제외하고, 또한 앞의 책에서 자신이 잘못 고석했다고 생각한 글자들을 삭제하고, 모두 473자를 고석해냈는데, 글자의 수와 실질에 있어서 큰 진전을 이루었다.

《殷虛書契考釋》 초인본(初印本)은 상하권으로 나누지 않고, '都邑'·'帝王'·'人名'·'地名'·'文字'·'卜辭'·'禮制'·'卜法' 등의 8장(章)으로 나누었는데; '帝王'장(章)에서는 선왕(先王)·선비(先妣) 45명을 열거하였고; '人名'장에서는 78명의 이름을 열거했으며; '地名'장에서는 193개의 지명을 열거하였고; '卜辭'장에서는 8종류로 통석(通釋)한 갑골복사 655조(條)를 분류해 놓았다. '文字'장은 세 부분으로 나누었는데, 형(形)·성(聲)·의(義)를 고석하여 모두 알 수 있는 485자와, 형(形)과 의(義)만 알 수 있는 56자, 그리고 형(形)·성(聲)·의(義)는 모두 알 수 없으나 고대의 이기(彝器)와 관지(款識)[새겨진 글자]의 글자와 동일한 25자를 수록하였다. 이 중에서 형·성·의를 모두 알 수 있다는 485자는 수고본(手稿本)에서 고석한 473자 중에서 선정한 409자와 새로 보충한 76자로 되어 있고, 나머지 두 부분에 속하는 글자들은 나중의 증정본(增訂本)에서는 모두 삭제하였다. 羅振玉 자신도 고석의 성과에 대해 불만족스러워 했으며, 1916년에 《殷虛書契後編》을 편찬한 후에, 같은 해에 다시 형·음·의를 알 수 없는 글자들을 편집하여 《殷虛書契待問編》을 출간하였다.

《殷虛書契考釋》 초인본은 日本에 함께 머물고 있었던 王國維의 교정과 수사(手寫) 작업을 통한 원고를 영인(影印)한 것이며, 그로부터 12년 후인 1927년 2월에는 그 증정본(增訂本)을 간행했는데, 이는 초인본의 증보이지만, 갑골문 고석에 있어 羅振玉의 대표작에 해당된다. 羅振玉은 자신의 저서에서 王國維의 설(說)을 인용한 곳에는 "王氏國維日"이라고 표기하였는데, 예를 들면, '唐'·'土'·'季'·'王亥'·'王亙'·'上甲' 등의 여섯 조목(條目)에 대한 고석과 '邦'·'旬'·'祐'·'毓' 등의 네 조목에 대한 고석이 이에 해당된다. 그리고 사이사이에 자신의 견해를 첨부한 것에는 "玉案"이라고 덧붙여 놓았는데, 이는 이 저서가 羅振玉의 저술임을 충분히 증명해주는 것이며, 王國維의 저작이라는 주장은 무고(誣告)에 가까운 것이라고 董作賓은 주장했다.[1)]

《殷虛書契考釋》 증정본(增訂本)은 상중하 3권 2책(冊)으로 나누어져 있는데, 권상(卷上)은 '都邑'·'帝王'·'人名'·'地名'으로 되어 있고; 권중(卷中)은 '文字'로 되어 있으며; 권하(卷下)는 '卜辭'와 '禮制'로 구성되어 있다. 羅琨과 張永山의 통계에 의하면, '帝王'과 '人名' 부분은 그 양이 증가하였으며; '地名'은 17류(類) 230개로 늘어났고; 고석하여 형·음·의를 모두 알게 된 글자는 560자이고; 지금의 해서(楷書)로 써서 통독(通讀) 가능한 복사가 1196조(條)에 이르는데, 초인본에 비하면 40%이상 증가하였고, 또한 갑골학 연구에서의 王國維의 공헌을 최대한

---

1) 上揭書 pp.50~51을 참고.

수용하였다고 평가하였다.

이처럼 孫詒讓과 羅振玉 등이 처음 시도한 갑골문자의 고석은, 갑골문의 계속적인 출토와 전파 및 저록을 통해 연구 자료가 나날이 충실해짐에 따라 연구의 이론과 고석의 방법도 동시에 발전해 나가게 되어, 1915년 羅振玉의《殷虛書契考釋》이 출간된 이후부터 갑골문자 고석의 본격적인 발전기(發展期)로 접어들게 된다. 1914년에서 1928년까지는 갑골문자 고석 분야에 견문이 넓고 관심이 많았던 외국 학자들이 갑골이 출토된 이후부터 활발한 연구를 진행하고, 세계 저명 학술지에 그들의 저작이 발표되어 국제 학계에 새로운 지식으로 관심을 끌었다. 그리고 中國 국내에서는 갑골문 저록을 출간하면서 저록 뒤에 갑골문자의 고석을 덧붙이는 체례(體例)가 대세였다. 1917년 上海 倉聖 明智大學에서 간행한《戩壽堂所藏殷虛文字》에는 갑골문 653편(片)이 저록되어 있고, 뒷부분에 王國維의 고석이 첨부되어 있으며; 1925년 天津博物院에서 석인본(石印本)으로 간행한《簠室殷契徵文》에는 갑골문 1125편이 저록되어 있고, 王襄의 고석이 첨부되어 있는데, 王壤은 1920년에 갑골 자휘서(字彙書)에 해당되는《簠室殷契類纂》도 출판하였다. 또 1925년에 석인본으로 간행된《鐵雲藏龜拾遺》에는 갑골문 240편이 저록되어 있고, 葉玉森의 고석이 1책(册)으로 덧붙여져 있다.

갑골문자의 고석에 있어서 갑골문 저록을 이용하고 그 성과를 뒤에 덧붙여 수록하는 방식은 이후에도 계속되어 갑골학계에서 관행이 되었다. 1928년 安陽의 殷墟에서 본격적인 발굴이 시작된 이후에 간행된 갑골문자 고석의 중요 著作으로는, 鮑鼎의《鐵雲藏龜釋文》(1931), 郭末若의《卜辭通纂考釋》(1933)과《殷契粹編考釋》(1937), 許敬參의《殷虛文字存眞考釋》(1933), 商承祚의《福氏所藏甲骨文字考釋》(1933)과《殷契佚存考釋》(1933), 容庚의《殷契卜辭釋文》(1933), 吳其昌의《殷虛書契解詁》(1934), 캐나다 明義士(James Mellon Menzies)의《栢根氏舊藏甲骨文字考釋》(1935), 孫海波의《甲骨文錄釋文》(1938)과《誠齋殷墟文字考釋》(1940), 唐蘭의《北京大學所藏甲骨刻辭考釋》(1934)과《天壤閣甲骨文存考釋》(1939), 李亞農의《殷契摭佚考釋》(1941), 胡厚宣의《厦門大學所藏甲骨文字釋文》(1944)과《甲骨六錄釋文》(1955) 등등이 있다.

이 시기의 걸출한 업적을 남긴 학자들 가운데 觀堂 王國維(1877~1927)는 羅振玉(雪堂)·董作賓(彦堂)·郭沫若(鼎堂)과 더불어 갑골학 연구의 '四堂' 중의 한 사람으로 꼽힌다. 그는 1911년 신해혁명 후에 羅振玉과 함께 일본에서 거주하게 되었는데, 이때부터 羅振玉을 도와 갑골을 정리하면서 갑골문에 대한 연구를 시작하였다. 羅振玉은 그의 초인본《殷虛書契考釋》에서 문자의 전석(詮釋) 부분에서 이미 王國維의 주장을 인용한 바 있으며; 증정본(增訂本)에 이르러서는 '卷中'의 '文字'장에서 王國維의 설을 훨씬 더 많이 인용했을 뿐만 아니라, '卷上'·'卷下'에서도 적지 않게 인용을 했다. 이로 미루어 보아, 王國維의 역사와 문자의 고증에 대한 공헌을 아주 적극적으로 대부분 수용했음을 알 수 있다. 王國維가 연구 과정과 저작에서 羅振玉과 다른 점은,

羅振玉은 복사 사구(辭句)의 통독과 분류에 있어서는 孫詒讓을 능가했지만, 王國維는 이런 사구의 통독과 분류에서 한걸음 더 나아가 갑골복사를 商代의 역사와 지리 및 예제(禮制)와 결합하여 역사적인 고증을 했다는 점이다. 羅振玉이 《殷商貞卜文字考 · 序》에서 거론한 '考史' · '正名' · '卜法'의 세 가지 목표 가운데 羅振玉 자신은 '正名'의 기초는 세웠으나, '卜法'의 연구는 과학적인 발굴이 이루어진 이후에야 비로소 시작되었으며, '考史'의 항목은 王國維가 처음으로 근간을 세웠다고 할 수 있다.

'正名'과 '考史'의 연계는 문헌 사료(史料)를 바탕으로 갑골복사와 서로 실증(實證)하는 작업으로서, 이는 王國維가 특별히 중시했던 분야이다. 그는 문헌상의 殷商 왕도(王都)의 소재지를 연구한 후에 복사 중의 '商' · '亳' · '雇'의 소재를 고정(考訂)해내었고; 《世本》 · 《楚辭 · 天問》 · 《呂氏春秋》 · 《史記 · 殷本紀》 · 《三代世表》 · 《漢書 · 古今人表》등의 문헌상에 기록된 '胲' · '核' · '該' · '王冰' · '振'과 '垓'가 사실은 동일 인물이며, 王亥는 商 왕실의 帝嚳의 8대(代) 선공(先公)이 확실하며, 복사 중의 王恒도 商의 선공임을 고정(考訂)해내었고; 《史記 · 殷本紀》의 商代 세표(世表)의 '報丁' · '報乙' · '報丙'의 순서가 사실과 다르며, '報乙' · '報丙' · '報丁'이 옳다고 했으며; 문헌상의 '殷祀' 혹은 '衣祀'를 인용하여 서술하였는데, 후에 복사 중의 '衣'祀는 합제(合祭)임을 고정(考訂)해내었다. 무릇 이런 예들은 모두 하나의 고문자가 지닌 의미를 정확하게 이해하기 위해서는 반드시 고대사회에 대한 충분한 지식이 우선되어야 한다는 점을 확인시켜주는 것으로, 하나의 고문자는 그것이 사용된 당시의 시대와 사회적 정황 하에서 정해진 뜻으로 사용된 부호임을 말해주는 것이다. 王國維는 문자의 전석(詮釋)만을 위한 전석은 거의 하지 않았고, 《尙書》 · 고대 지리 · 예의(禮儀) 제도 · 선공(先公) 선왕(先王) 등등의 제목으로 토론하면서, 여러 제목을 해결할 관건의 소재를 찾기 위해 문자를 전석하였다. 그가 고석한 문자의 수는 비록 많지 않아 겨우 10여 자에 지나지 않지만, 갑골학 연구에 기여한 공로는 대단히 크다. 우선 무엇보다 그가 갑골학 연구 초기에 '王'자를 고석해냄으로써 복사 전체를 해독하는데 크게 기여하였으며, 또 '旬'자와 '昱'자를 인식해낸 덕분에 복사에서 매우 많은 부분을 차지하는 복순(卜旬) 복사에 대한 문제를 해결하였다. 그리고 '土'자를 인식해냄과 아울러 이 '土'자는 '社'자의 가차(假借)라고 주장함으로써, 고대의 예속(禮俗)에 대한 새로운 재료를 제공하였고, 복사 중의 '亳社'를 발견해내게 되었다. 王國維는 또 복사 중의 '又'자는 '祐' · '侑' · '有' 등의 서로 다른 용법이 있음을 밝혀내었고; 본의(本義)와 가차의(假借義)의 분별에 대해서도 설명하였는데, 예를 들면 '我'자는 본래 병기(兵器)를 형상화한 것이었으나, 인칭으로 가차해서 쓰였다는 것이다. 이런 사실들은 그의 문자학 연구의 깊이와 정밀성을 보여주는 것이다.

王國維는 1917년에 《戩壽堂所藏殷虛文字》를 간행하면서 이에 대한 고석을 동시에 진행했고, 같은 해에 〈殷卜辭中所見先公先王考〉 및 〈殷卜辭中所見先公先王續考〉와 〈殷周制度論〉 등

고대사연구에 지대(至大)한 의미를 가지는 학술논문들을 발표하였다. 이와 같이 王國維는 갑골문자의 고석을 단순히 글자 자체의 의미만을 밝혀내는데 국한하지 않고, 이른바 '二重證據法'을 이용하여 고문자 고석의 성과를 역사적인 고증에까지 적용함으로써 갑골학의 연구 범위를 넓히는 역할을 하였다.

다음으로 郭沫若(1892~1978) 역시 갑골학 연구 '四堂' 중의 한 사람으로 꼽히는데, 그가 일본에 머물렀던 1928년부터 1937년까지 10년 동안 발표한 일련의 연구 성과들은《卜辭中之古代社會》(1930)·《甲骨文字研究》(1931)·《殷契餘論》(1933)·《卜辭通纂》(1933)·《殷契粹編》(1937) 등의 논저로 대표된다. 그가 갑골문 연구를 시작한 이유는, 中國 사회의 기원에 대한 연구가 궁극의 목표였지만, 문자 역시 사회 문화의 반영이므로 문자에 대한 인식이 그 첫걸음이라고 생각했기 때문이었다. 이에 대한 성과가《甲骨文字研究》라는 저서다. 그의 또 다른 저서인《中國古代社會研究》의 제3편(編)이 바로《卜辭中之古代社會》인데, 여기서 그는 대량의 복사 자료를 이용하여 商代 사회의 산업상태를 상세하게 서술하였는데, 여기에서 그는 商代에 금석(金石) 병용의 시대가 시작되었고, 산업은 이미 왕성한 목축시기로 발전하였으며, 농업도 이미 상당히 발달하기 시작하였고, 상업도 이미 존재했으며, 아울러 실물과 화폐의 교역도 존재했다는 결론을 도출해내었는데, 이후《卜辭通纂》에서 일부 이론을 수정(修正)하였고, 다시《古代研究的自我批判》에서 다시 일부를 수정하였다.

郭沫若이 1933년에 출판한《卜辭通纂》과 1937년에 출판한《殷契粹編》은 갑골문 연구에 중대한 영향을 끼친 저작들로 꼽힌다. 그의 갑골학 연구는 분기 단대(斷代)·단편(斷片) 철합(綴合)·'殘辭互補'·복법(卜法) 문례(文例) 등 여러 방면의 연구에서 적지 않은 공헌을 했을 뿐만 아니라, 여러 방면에서 독특한 견해를 보였는데, 그 중에서 商代의 세계(世系)에 대한 연구를 예로 들면, '戔甲'을 '河亶甲'으로, '羌甲'을 '沃甲'으로, '口象 甲'을 '陽甲'으로 고석함으로써 商王의 세계(世系) 연구에 큰 도움을 주었다.《殷契粹編》은 羅振玉 이후의 갑골문 수집과 소장 방면에서 대가(大家)로 꼽히는 劉體智가 수집한 갑골 2만 여 편(片)에 대해서, 金祖同이 그 탁본을 일본으로 가져가서 郭沫若에게 선인(選印)을 부탁하였고, 郭沫若은 그 중에서 1,595편(片)을 선정하여《殷契粹編》으로 편찬하였는데, 탁본과 고석의 두 부분으로 나누어서, 갑골문자를 각 조목으로 나누어 수록하고 고석을 덧붙였다. 郭沫若의 이 저작은 초학자들에게 많은 편의를 제공하였을 뿐만 아니라, 전문 연구자들에게도 매우 중요한 참고자료가 되었다.

그리고 그는《甲骨文合集》의 주편(主編)을 맡아 편집 작업을 진행하였으나, 완간은 그의 사후(死後)에 이루어졌다. 이와 같이 그는 갑골문자의 연구를 근간으로 하여, 문자의 고석에서부터 출발하여 역사적 자료의 고증을 거쳐 마침내 종합적으로 역사를 논술함으로써, 중국사회의 기원을 탐색하려고 하였고, 철학 사상을 고고학과 갑골학 및 역사학 연구에 운용한 중국 최초의 학자

중의 한 사람으로 꼽힌다. 그는 복사의 해석이나 중국문자의 기원 및 殷代 사회에 대한 인식 등에서 자신이 범한 오류를 언제나 용감하게 인정하고 끊임없이 연구하고 발전시켜서 정확한 결론을 도출해내려는 연구 태도를 견지하였다.

彦堂 董作賓(1895~1963) 역시 갑골학 연구 '四堂' 중의 한 사람으로, 1928년 殷墟 고고발굴 조사 작업에 참가한 것을 시작으로 해서 1932년까지 총 8차례에 걸쳐 발굴 작업에 참가하였고, 1928년부터 1934년까지 9차례의 발굴에서 출토된 갑골 3,942편(片)을 선별하여 탁본 편집(編輯)한《小屯殷虛文字甲編》과 1936년부터 1937년까지 3차례의 발굴에서 출토된 갑골 9,105편을 선별 탁본한《小屯殷虛文字乙編》上 · 中 · 下집(輯)을 펴냈는데, 이 거대한 갑골문 저록은 갑골학 연구에 대규모의 진귀한 자료를 제공하는 지대(至大)한 공헌을 했다.

董作賓은 갑골문의 분기(分期) 단대(斷代)를 맨 처음 제기하여 확립하였는데, 1929년 李濟가 주도(主導)한 小屯村의 제3차 발굴 작업에서 출토된 대귀(大龜) 4판(版)에 대해서 쓴〈大龜四版考釋〉(1931)을《安陽發掘報告》제3기에 발표하였다. 이 논문에서 그는 갑골학 연구에서 처음으로 복사 중의 '卜'자와 '貞'자 사이에 기록된 글자가 모두 인명이고, 이들은 갑골 점복을 주관하는 사관(史官)임을 밝혀내고, 이들을 '貞人'이라고 명명하였다. 또 갑골문 연구에서의 '卜法' · '事類' · '文例' · '時代' · '種屬' 등 다섯 가지 고증(考證)의 필요성과 당위성을 제시함과 동시에, '時代'장(章)에서 단대(斷代) 연구의 방법과 함께 분기(分期) 단대를 위한 8종(種)의 표준으로 '坑層' · '同出器物' · '貞卜事類' · '所祀帝王' · '貞人' · '文體' · '用字' · '書法' 등을 제시함으로써, 갑골학 연구의 일대 전기를 마련하였다. 그리고 1933년에는 이〈大龜四版考釋〉의 기초 위에서 획기적인 의미를 가지는 학술논문〈甲骨文斷代硏究例〉를 발표하였는데, 여기에서 그는 다시 갑골문 단대(斷代)의 10종(種)의 표준과 오분기설(五分期說)을 제시하여 갑골문을 이용한 商代 역사 연구에 크나큰 진전을 이룩하였다.

董作賓의 갑골학 연구에 대한 또 하나의 중요한 공헌은 商代의 역법(曆法)을 상세히 고증하여 1945년에《殷曆譜》上下를 편찬함으로써 中國 고대 역법(曆法)의 연구에 빼놓을 수 없는 중요한 참고 자료를 제공한 점이다. 총괄하면, 董作賓의 갑골학 연구 업적은, 갑골학을 하나의 학문으로 승화시킨 일등 공신(功臣)이라는 한 마디 말로 요약할 수 있다.

위에서 살펴본 바와 같이 갑골문자에 대한 고석이 진행될수록, 과학적인 갑골문자 고석에 대한 이론(理論) 정립(定立)의 필요성이 커지게 되었다. 이에 따라 갑골문자의 연구를 통해서 중국문자의 기원을 소급해내고, 문자의 자형 변화 발전에 대한 규율과 그 구성 원리를 탐색해내고, 中國文字의 발전 궤적을 탐구해냄으로써 전통적인《說文解字》연구의 기초 위에 완전히 새로운 고문자학이 확립되기에 이르렀다. 갑골문자 고석의 이론화(理論化)는 엄격히 말하면, 唐蘭과 于省吾가 체계적인 뼈대를 수립했고, 방법론에 있어서도 이때부터 성숙하였다고 할 수 있다.

唐蘭(1900～1979)은 갑골학사상 처음으로 갑골문자 고석과 해독을 고문자학의 영역으로 끌어들이고, 더 나아가 체계적인 연구와 아울러 이론의 수준을 높인 학자로 꼽히는데, 그는 고문자학을 진정한 의미의 학문으로 간주하고, 오랫동안 꾸준히 탐구 작업을 진행한 결과, 약 1백 여 자(字)에 이르는 갑골문자를 고석해냈을 뿐만 아니라, 갑골문자 고석의 이론과 방법을 총결하기도 하였다.

그는《殷虛文字記》(1934)와《天壤閣甲骨文存考釋》(1939) 등에서 고문자의 자형 연구 방법을 강조하였고;《古文字學導論》(1935)에서 그는 고문자의 자형을 탐구하는 것이야말로 고문자학 연구에 있어 출발점이라고 강조하면서, 연구 방법으로 대조법 · 추감법(推勘法) · 편방 분석법 · 역사 고증법 등의 4가지를 제시하였다.

그는 또《說文解字》에 기초한 전통적인 문자학 이론(理論)으로 전해오던 '六書說'에 대해, 상형 · 지사 · 회의(會意) · 전주 · 가차 · 형성 등은 때로 분명하게 분석되지 않는 단점이 있다고 지적하면서, 상형(象形) · 상의(象意) · 형성(形聲)의 세 요소로 이를 대신할 '新文字學條例'를《古文字學導論》에서 제시하였는데, 이것이 나중에 그가《中國文字學》(1949)에서 천명한 '三書說'이다. 이 '三書說'은 종래의 '六書說'을 타파하고 고문자학으로써 중국문자의 구조 법칙을 새롭게 정의하려고 한 시도인데, 비록 완전하진 못하지만 전통의 '六書說'에 맞선 것은 당시로서는 매우 용감하고 가치 있는 일로 평가받는다.

于省吾(1896～1984) 역시 갑골문자 고석의 이론화 및 방법론을 확립한 인물 중의 한 사람이다. 그의 갑골문 연구 저작으로는《雙劍誃殷契駢枝初編》(1940) ·《雙劍誃殷契駢枝二編》(1941) ·《雙劍誃殷契駢枝三編》(1944) ·《殷契駢枝》(1945)와《甲骨文字釋林》(1979) 등이 있다. '雙劍誃'는 그의 서재(書齋) 이름이며, 스스로의 별호(別號)를 '雙劍誃主人'이라고 하였는데, 그 연유는 자신이 획득한 商代 갑골 수 백 여 편(片) 가운데, 商周의 고대 기물이 2백 여 점이나 되었고, 그 중에서 정품(精品)들은 대부분 융기(戎器)에 속하는 것이었기 때문이라고 한다. 그는 고문자 연구에 40여 년 종사했지만 자신이 새롭게 고석한 것과 이미 인식해낸 글자들의 음독(音讀)과 의훈(義訓)의 오류를 정정(訂正)하고 새로운 해석을 제시한 것을 모두 합쳐도 3백 자가 되지 못한다고 겸손하게 표현했으나,[1] 그는 갑골문자의 고석과 해독(解讀) 방면에서 선인(先人)들이 미처 인식해내지 못했거나, 혹은 잘못 고석했거나, 혹은 이미 인식했었어도 그 조자(造字)의 본의(本義)가 밝혀지지 않은 갑골문자 300여 자를 고석하였기 때문에 결코 그 성과가 작다고는 할 수 없다. 그의 이런 성과는 그가 선인들의 학설을 충분히 받아들여서 일련의 고문자학 고석 이론과 방법을 총괄해낸 것과 관계가 있다.

그는 1949년 이전에 발표했던 갑골문자 고석들을 수정하고, 그 이후에 집필한 고석들을 한데

---

1) 于省吾《甲骨文字釋林》(中華書局 1979. 北京) p.1.

모아서 총 190편(篇)에 이르는 일생의 대저작인《甲骨文字釋林》을 1979년에 출판하였는데, 그 서문(序文)에서 그가 고문자를 연구한 주요 목적은 中國 상고사를 탐구하기 위해서라고 밝혔다. 그는 고문자 중의 어떤 상형자와 회의자들은, 그 자체에 고대사회의 실제 생활모습이 반영되어 있기 때문에, 문자 자체(自體)가 진귀한 사료가 되기도 한다고 주장하였다. 그는 또 이 저서에서 많은 고문자의 형방(形旁)이 호용(互用)되었음을 밝히고, 약간의 어법 현상을 귀납해내기도 하였다.

이밖에도 于省吾는 고문자 연구를 고대 전적을 교감(校勘)하는데 이용함으로써, 中國 훈고학 연구에도 크게 공헌했는데, 王國維의 '二重證據法'을 경전(經典)의 훈석(訓釋)으로 발전시켰다. 그가 완성한 양대(兩大) '新證'인《群經新證》[《易經新證》·《尙書新證》·《詩經新證》]과《諸子新證》[《管子新證》·《晏子春秋新證》·《墨子新證》·《荀子新證》·《老子新證》·《莊子新證》·《韓非子新證》·《呂氏春秋新證》·《淮南子新證》·《法言新證》·《列子新證》]은 독특한 견해를 표현한 것으로서, 교감 방면의 새로운 내용을 충실하게 반영한 것으로 평가되고 있다.

乙. 후기(後期)

1949년 중화인민공화국이 수립되고부터 지금까지를 갑골문자 고석의 후기로 분류한다. 1950년부터 갑골문자 고석의 연구 성과들은 각종 정기(定期) 간행물이나 논문집의 형태 및 개인적인 저작으로 中國 국내외에 걸쳐서 왕성하게 발표되었다. 1950년대와 1960년대의 갑골문자 고석에 대한 논저들은 대체로 臺灣에서 많이 발표되었고, 1970년대 말기 이후는 중국 대륙에서 그 숫자가 급격히 증가하였다. 또 갑골문과 고문자학 통론(通論) 분야에서도 陳夢家의《殷虛卜辭綜述》을 비롯하여, 대만과 일본, 미국 등에서 수많은 전문 저서들이 출판되었는데, 이는 갑골문자 연구가 고문자학 영역에서 연구 열기가 대단히 높았음을 방증하는 것이며, 또한 한자학 연구 역사에서 중요한 위치에 있음을 충분히 나타내주는 것이다. 이 갑골학 후기 연구의 특색을 개괄적으로 요약하면 다음과 같다.

갑골문자 고석의 후기에는 갑골문을 위주로 한 고문자의 구조(構造) 원리 및 그 연구 방법과 이론의 탐구가 전통의 '六書' 이론을 바탕으로 진화 발전하여 고문자학의 중요한 분야 중의 하나가 되었다. 1930년대 唐蘭이 주장한 상형 · 상의(象意) · 형성의 '三書說' 이후, 대표적인 수정 학설들로는 陳夢家의 상형 · 가차 · 형성 또는 裘錫圭의 표의(表意) · 가차 · 형성과 같은 '三書說'과 高明의 상형 · 회의 · 형성의 '三書說', 그리고 林澐이 주장한 '以形表義'['六書' 중의 '象形 · 指事 · 會意'가 이에 해당한다고 주장함] · '借形記音'['六書'중의 '假借'가 이에 해당한다고 주장함] · '兼及音義'['六書'중의 '形聲'이 이에 해당한다고 주장함]'의 '三類法', 陳煒湛의 상형 · 지사(指事) · 회의 · 형성의 '四書說' 등등이 있는데, '六書'에 대한 이해가 서로 달라서 의견의 일치에 도달하기는 어렵지만, 분명한 공통점은 전통적인 '六書' 이론이 고문자 연구에 여전히 생명력을 가지고 있었다는 점이다. 따라서 이후에 요구되는 바는, 고문자 자료에 대한 구체적인 분석과 이론적인 측면에서의 전체적인 귀납 및 충실한 보완을 통해서 고문자의 구조 원리에 대한 연구 방법을 도출해내되, 전형적인 문자 고석의 예들에 국한하지 않고, 일반화된 상례(常例)를 바탕으로 일반적인 법칙을 찾아내야 하는 것이다. 여기에서는 특히 한 가지 측면으로 전체를 개괄한다든가, 부분이 전체를 대표한다든가, 특별한 예를 가지고 상례로 삼는 등의 일은 특히 주의해야 한다. 물론 갑골문자의 자형 구조상의 특징에 대한 분석과 고문자 형체학(形體學)의 확립이 수반되어야 함은 두말할 필요가 없을 것이다.

그리고 이 후기에는 갑골문자 고석 방법이 총결되고 어려운 글자의 해독과 이미 고석한 글자에 대한 재고석이 대대적으로 이루어졌다. 갑골 연구의 전기 50년 동안 갑골문자의 고석 방법은, 孫詒讓이 처음으로 고문자 자형 비교법과 편방 분석법을 창시하였고, 羅振玉이 《說文解字》를 바탕으로 한 갑골문 역추법(逆推法)을, 王國維가 편방 합문(合文) · 자생자(孳生字) 분석 · 자형 변화 현상 및 비교 발범(發凡)을, 唐蘭이 비교법 · 추감법(推勘法) · 편방 분석법 · 역사 고증법 등으로 된 고문자 형체 판명을 위한 방법을 체계적으로 귀납해내었다. 후기 50년 동안에도 이 방면에 대한 연구가 계속되었는데, 陳煒湛은 과거의 갑골문 연구가 실제로 두 가지 갈래 즉 역사학의 범주에 속하는 역사고고학의 길과 어언학의 범주에 속하는 언어문자학의 길에서 이루어졌는데, 전자에 비해서 후자의 성과가 부족하다고 인식하였다. 후기 50년 동안은 楊樹達 · 李學勤 · 林澐 · 裘錫圭 · 高明 · 張秉權 등의 여러 학자들이 특히 언어문자학의 각도에서 고석 방법을 총결하여 괄목할 성과를 이루어냈는데, 이들의 구체적인 고석 방법에 대해서는 앞에서 간략하게 설명하였다. 결국 이들 여러 학자들이 도출해낸 과거의 고석 방법에 대한 총결은, 각종 방법을 융합하고 상호 보충해야 한다는 점이며, 이는 갑골문자 고석의 과학성과 정확성을 갖추도록 하여 그 수준을 향상시키는 데 도움이 된다는 것이다.

또 이 후기에는 갑골문자의 고석을 통하여 중국문자의 기원에 대한 탐구를 새삼 이끌어내기도 하였다. 일찍이 1930년대에 唐蘭은 갑골문에서 흥미가 유발되어 한자(漢字)의 기원을 연구하기 시작했는데, 그는 한자(漢字)는 炎帝와 黃帝 때에 도화(圖畵)에서 비롯되었고, 한자의 조자법 가운데 '象形'과 '象意'는 모두 도회법(圖繪法)을 사용한 것이며, 중국문자는 6~7천 년 전에 기원되었다고 주장함과 동시에 원시 문자설을 제기하였다.[1] 1960년대에 西安 半坡에서 부호가 각(刻)된 1백 여 개의 仰韶文化 도기(陶器)가 발견되자, 1970년대 초에 郭沫若은 6천 여 년 전의 半坡 유적지와 그 후에 해당하는 龍山文化 시기의 채색 및 흑색 도기(陶器)의 부호들은

---

1) 唐蘭《古文字學導論》(齊魯書社 1981. 濟南) pp.394~406을 참고.

한자(漢字)의 원시 단계에 해당함이 틀림없다고 주장했고,[1] 于省吾는 半坡의 仰韶文化 도기에 새겨진 부호가 바로 '간단한 文字'라고 주장하였다.[2] 이 방면에 대해서는 여러 학자들이 각자 서로 다른 의견들을 제시하였는데, 裘錫圭는 한자(漢字)가 중국의 원시사회 후기에 출현한 상형 부호를 기반으로 하고, 당시 유행했던 몇몇 기호를 흡수하여 발전한 것이라고 주장하면서, 기호와 상형 부호는 같은 계통이 아니어서, 한자의 형성과 관계되는 이들 두 가지 고고학적 재료 중에서 한 가지는 원시사회 후기의 仰韶·馬家窯·龍山 등의 문화에 속하는 기하학적 형태의 기호이고, 또 한 가지는 원시사회 후기의 大汶口 문화에 속하는 실물의 형체를 형상화한 상형 부호인데, 후자는 원시문자의 선구에 속한다고 보았다.[3] 高明도 裘錫圭와 마찬가지로 기원(紀元) 전의 도기에 각된 부호를 두 종류로 분류하였는데, 하나는 '陶符'로서, 도공(陶工)이 모종(某種)의 용도로 임시로 만든 기호이며, 이는 언어로서의 기초가 없으므로, 언어를 대표하지 못하는 것이고; 또 하나는 '陶文'으로서, 의미와 독음을 가지고 있는데, 大汶口 도기(陶器)에 각된 부호는 그 자체의 도형(圖形)으로 의미를 표현하지만, 아직은 언어를 대표하는 서면(書面)의 형태는 갖추지 못하였으며, 이런 '陶文'은 비교적 원시적인 한자(漢字)의 형체로서 그 구조는 조기(早期)의 한자와 동일한 체계에 속한다고 보았다.[4] 1980년대 이후로 중국에는 전국 규모의 기원전 각화(刻畵) 부호들이 대량으로 발견되었고, 이들 대부분은 도기에 각화되어 있고, 일부는 귀갑이나 골기(骨器)에 각화되어 있으며, 출토 지점은 광범위하게 퍼져 있었고, 그 시기도 이르게는 지금으로부터 8천 년 전의 것부터 6천 여 년 전까지에 이르는데, 이들의 발견으로 인하여 전문적이고 상세한 연구와 여러 학설들이 제기되기도 하였다. 그러나 중국문자의 기원을 탐구하는 방법에 대해서는 늘 몇 가지 의문점이 상존(尙存)하므로, 이 분야 연구의 과학성과 연구 방법의 엄밀성을 강화해야 할 것이라 생각된다. 이에 대해 李學勤은,

以新發現考古材料, 主要是史前陶器上面刻劃或繪寫的符號爲依據, 來探討中國文字的起源, 參與討論的各家, 意見盡管不同, 所運用的方法基本上都是與商周時期的甲骨文相對比. 這是因爲甲骨金文是迄今大家能够確定的最早的文字, 學者試圖從之上溯, 推求文字的淵源, 是順理成章的, 不過史前陶器及其他文物的符號, 年代同最早的甲骨金文相距每每有千年, 甚至幾千年, 用甲骨金文硏究積累的知識來推斷, 實在是非常危險的. 史前符號究竟和甲骨金文那些文字有沒有相承的聯繫也無法證實.[5] : 새로 발견되는 고고 재료들, 그중에서 선사시대의

1) 郭沫若 <古代文字之辨證的發展>, 《考古學報》 1972年 第1期.

2) 于省吾 <關于古文字硏究的若干問題>, 《文物》 1973年 第7期.

3) 裘錫圭 《漢字的起源和演變>(北京大學出判社 1989. 北京) pp.128~139를 참고.

4) 高明 <論陶符兼談漢字的起源>, 《北京大學學報》 <哲史> 1984年 第6期.

5) 李學勤 <中國和古埃及文字的起源--比較文明史一例>, 《文物》 1987年 第12期.

도기(陶器)에 각획(刻劃)하거나 그려 넣은 부호들에 주로 의거하여 중국문자의 기원을 탐구함에 있어서, 토론에 참여하는 각 전문가들의 의견이 아무리 다르다하더라도, 이들이 운용한 방법은 기본적으로 모두가 商周시기의 갑골문과 서로 대비된다. 이는 지금까지 모두가 갑골문과 금문(金文)이 최초의 문자들이라고 확정하였기 때문에, 학자들도 여기서부터 소급하여 문자의 연원(淵源)을 추구하려고 시도하는 것이 이치에 맞고 논리전개도 순조롭다. 그러나 선사시대의 도기 및 기타 문물에 새겨진 부호들은 그 연대가 가장 이른 시기의 갑골문이나 금문보다 천년, 심지어 수 천 년 앞선 것이므로, 갑골문과 금문 연구로 누적된 지식을 이용하여 이를 추단(推斷)하는 일은 실로 대단히 위험한 것이다. 선사시대의 부호들이 결국 갑골문이나 금문 같은 문자들과 상승(相承)되는 연계를 갖는지의 여부도 아직은 증명할 방법이 없다.

라고 했다. 이 분야에 대해서는 발견되는 재료가 계속 증가하고 연구도 더 활발해지고 깊이를 더해 감에 따라 새로운 이론과 방법이 계속 제기될 것이므로, 가까운 장래에 획기적인 진전이 이뤄질 것이라고 생각된다.

참고로 그 동안의 갑골문자 고석 주요 성과만 나열하면 다음과 같다.

1. 《殷虛書契考釋》 羅振玉 撰, 1915년(初印) 1927년(增訂)
2. 《簠室殷契類纂》 王襄 編, 1920년(初印) 1929년(重訂)
3. 《殷虛文字類編》 商承祚 排列, 羅振玉 考釋, 1923년(初刻) 1927년(刪校)
4. 《甲骨學文字篇》 朱芳圃 編, 1933--1934년
5. 《甲骨文編》 孫海波 集, 商承祚 校, 1934년
6. 《契文例》 于省吾 編, 曾毅公 助理 稿本(1940--43)

위에서 열거한 저록들에 근거하여 갑골문 중에서 인식해낸 글자와 인식해내지 못한 글자의 숫자를 통계하기란 곤란한 점이 많다. 그 이유는 첫째는 각 자휘(字彙)에서 채택한 재료들이 대략 1941년 이전에 출판된 것에 국한된다는 점, 둘째는 자휘 중에는 왕왕 파생자(派生字)[이는 '重文'인데, 예를 들면 '又'자를 '又'와 '右' 두 가지로 사용하는 경우]를 여러 글자로 계산하거나, 여러 글자로 나누어야 할 글자를 한 글자로 합병하기도 하고, 한 글자로 정해야 할 것을 여러 글자로 나눈 경우들이 있다는 점, 셋째는 고유명사가 큰 부분을 차지하는데, 이들 고유명사의 거듭된 검증이 매우 번잡하다는 점, 넷째는 이미 인식해낸 자형의 편방을 근거로 해서, 아직 인식해내지 못한 글자이면서, 《說文解字》에 수록되지 않은 글자를 예정(隸定)했던 일도 역시 다시 검증해야 한다는 점, 다섯째 《說文解字》에 수록되지 않았다고 분류된 어떤 갑골문은, 《說文解字》의 해당 글자와 자형에서는 차이가 있다하더라도, 역사적으로 인습(因襲) 관계에 있을 가능성이 있는 글자

도 있으며; 《說文解字》에 수록되어 있다고 분류된 어떤 갑골문은, 《說文解字》의 해당 글자와 오직 자형 구조가 서로 동일하거나 비슷할 뿐, 아무런 관계가 없을 가능성이 있다는 점들 때문이다.

그럼에도 대략의 통계를 내어보면, 갑골문자의 총수(總數)는 약 3천 5백~4천 자(字) 정도이고, 이미 고석된 것은 1천 여 자에 불과하며, 아직까지 인식해내지 못한 글자가 약 2천 5백 여 자인데, 이미 고석한 1천 여 자 중에서도 정확하게 고석한 것이 얼마인지는 계산하기가 쉽지 않다.

제2절 갑골문의 해독(解讀)

一. 갑골문의 성격과 내용

甲. 갑골문의 성격

殷墟에서 발굴된 갑골의 각사(刻辭)는 그 내용과 역할에 따라서 크게 점복(占卜) 각사와 비점복(非占卜) 각사로 대별(大別)되는데, 점복 각사는 줄여서 복사(卜辭)라고 하고, 비점복 각사는 일반(一般) 각사라고 한다. 그리고 이들 殷墟의 갑골문은 그 성격을 기준으로, 기본적으로 다섯 종류로 나눈다. 첫째는 복사로서, 일반적으로 일정한 공문 형식으로 갑골에 각(刻)한 점복 각사이고; 둘째는 점복과 관련된 기사(記事) 각사로서, 갑골의 내원과 정치(整治) 및 검시자(檢視者) 등에 대한 기록이며; 셋째는 점복과 무관한 특수 기사 각사와 일반 기사 각사인데, 전자는 공적(功績)의 기록이나 사업의 공표나 증빙을 위한 서각(書刻) 문자이고, 후자는 일상생활의 행사를 기록한 것이고; 넷째는 표보(表譜) 각사인데, 간지표(干支表)와 가보(家譜) 각사 등이 있고, 비람용(備覽用)이며; 다섯째는 습각(習刻)으로, 모방하여 습작한 것이다. 복사는 殷墟 갑골의 주체이므로, 그 점유율이 약99%에 이르며, 나머지 4종류는 다 합쳐도 1%정도밖에 되지 않는데, 그 중에서도 셋째에 해당되는 것이 제일 적다.

1. 복사(卜辭)

갑골복사의 내용은 대부분이 商 왕조의 점복 활동이 주를 이루는데, 간혹 몇몇 귀족 가문(家門)의 점복도 포함된다. 복사는 통상 '貞人'이 작귀(灼龜)와 명복(命卜)을 행한 후에 일정한 공문 형식을 갖추어서 갑골에다 각(刻)한 것이다.

殷墟의 갑골 각사 중에서 무릇 '卜'자 혹은 '貞'자가 보이는 각사는 모두 점복 각사 혹은 복사(卜辭)라고 할 수 있다. 한 줄의 완정한 복사는 '敍辭'·'命辭'·'占辭'·'驗辭' 등의 네 부분이 한 조(組)를 이루는데, 이를 좀 더 구체적으로 정의(定義)하면 다음과 같다.

(1) ‘敍辭’ : ‘述辭’ 혹은 ‘前辭’라고도 하는데, 복일(卜日)[때로는 점복 지점도 기술(記述)]과 ‘貞人’[복인(卜人)]의 이름을 기술한 것이다.

(2) ‘命辭’ : ‘命龜之辭’의 준말로, 항상 ‘貞’자로 시작하기 때문에 ‘貞辭’라고도 하는데, 점복에서 질문하려는 내용을 기술한 것으로서, 복사의 핵심 내용이다.

(3) ‘占辭’ : 商 왕실의 왕이나 점복자(占卜者)가 조문(兆紋)을 보고난 뒤에 길흉을 판정하고서 점복한 일의 시행 여부를 판단하고 예측한 것을 기술한 것으로, 점복의 결론 부분에 해당되는 것인데, 조사(兆辭)와 구별되는 점은, 조사의 어휘는 ‘一告’·‘吉’·‘大吉’·‘不吉’ 등등의 일정한 표현이 정해져 있으나, ‘占辭’는 조사를 직접 인용하기도 하지만, 항상 점복한 일의 장래를 예측하는 말로 되어 있다는 점이다.

(4) ‘驗辭’ : 占卜을 시행한 뒤에 시일이 지나서 응험(應驗)한 사실을 추가하여 기록한 것으로, 점복 결과에 대한 구체적인 답이라고 할 수 있는데, 이는 점복 당시에 각한 것이 아니므로, ‘追刻卜辭’라고도 한다.

이렇게 네 부분으로 구성된 복사의 1개 조(組)는, 복사에 특유한 4개의 사격(辭格)을 구성하는데, 이는 한 번의 점복 순서와 두 번의 각사 단계를 거쳐서 완성된다. 첫 번째의 각사(刻辭) 단계에서는, 점복을 하고 나서 우선 ‘敍辭’·‘命辭’·‘占辭’를 각하고, 두 번째의 각사 단계에서는, 일정한 시간이 경과하고 나서 점사(占辭)에 대해 응험하는 결과가 나온 후에 다시 험사(驗辭)를 보충해서 새겨 넣는다. 이런 격식(格式)의 점복 기록에 사용되는 언어는 갑골 각사의 특유한 표현 방식이다.

이제 구체적인 예로서, 羅振玉의 《殷虛書契菁華》의 제2판을 살펴보자. 이 골판은 특별히 큰 견갑골 골판으로, 제1기 武丁 시기의 점복 각사로서 왼쪽 부분에 이들 네 부분을 모두 갖춘 완전한 각사가 있는데, 이에는 “癸巳卜, 㱿, 貞 : 旬亡禍? 王占曰 : 有祟其有來艱. 迄至五日丁酉允有來艱自西, 沚戛[1]告曰 : 土方征於我東鄙, 𢦏二邑; 工方亦侵我西鄙田.”이라고 되어 있다. 이 복사의 서사(敍辭)는 “癸巳卜, 㱿”인데, 점복의 시점은 계사일이고, ‘貞人’은 ‘㱿’이라는 말이다. 명사(命辭)는 “貞 : 旬亡禍?”인데, 이는 미래의 10일 동안에 재화(災禍)가 발생할 것인지의 여부를 정문(貞問)하였다는 말이다. 점사(占辭)는 “王占曰 : 有祟其有來艱.”인데, 이는 왕이 조문(兆紋)을 보고난 뒤에 예측할 수 없는 재화의 발생 가능성이 있다고 판단한 말이다. 험사(驗辭)는 “迄至五日丁酉允有來艱自西, 沚戛告曰 : 土方征於我東鄙, 𢦏二邑; 工方亦侵我西鄙田.”인데, 이는 계사일로부터 정유일까지 꼭 5일 뒤에 과연 왕이 판단한 바와 같이 응험하는 재화가 발생하였는데, 서방으로부터 재화가 발생했다는 사실을 沚戛가 보고하며 말하기를, 土方이 동쪽 변방을 침범해

1) ‘戛’는 董作賓의 考釋으로, 前揭論文 <甲骨文斷代研究例> p.403에 보인다.

서 두 개의 성읍(城邑)이 재난을 입었으며; 工方도 서쪽 변경의 전지(田地)를 침범했다는 말이다. 이 험사는 5일 지나서 응험이 있은 다음에 점사(占辭) 아래에 보각(補刻)한 것인데, 이로써 점복 과정은 전부 끝나게 된다.

그렇지만 殷墟 복사 중에서 이처럼 완정(完整)한 사격(辭格)을 갖춘 복사는 그다지 많지 않고, 안타깝게도 생략되었거나 잔결(殘缺)된 것이 대부분이다.

商代 왕실의 전책(典册)은 틀림없이 대나무나 나무 조각에 기록하였을 것이지만, 지금 전해지는 것이 없다. 그러나 점복용 갑골에 새겨진 복사를 포함하여 모든 각사(刻辭)들은 왕실의 문서 기록임이 확실하다. 복사가 왕실의 '檔案' 즉 공문서인 이유는 다음의 4가지 사실 때문이다.

첫째는 商代 사회는 왕과 '貞人'이 정치의 대권을 장악하고, 점복의 주재자였으므로, 복사 역시 정사(政事)의 결정에 대한 기록으로 간주할 수 있다는 점이며; 둘째는 복사가 집중적으로 출토된 곳이 殷의 수도(首都)인 安陽이고, 복사에 기록된 점복 장소는 종종 殷의 수도 이외의 곳도 있는데, 이로써 이들 외지에서 점복을 하고 난 갑골들을 殷의 수도로 옮겨 보존하였음을 알 수 있다는 점이고; 셋째는 殷의 수도에 보관된 갑골들은 대부분이 한 곳에 쌓아 두었는데, 이곳은 당시의 문서 저장 장소였을 가능성이 크다는 점이며; 넷째는 복사가 아닌 일반 각사들은, 갑골의 내력과 정치(整治)에 대해 기술한 것 외에도, 관리(管理)를 맡은 복관(卜官)의 이름이 기록되어 있는데, 이로써 당시에 이들 공문서들을 관리하는 사람이 따로 있었음을 알 수 있다는 점이다.

그리고 복사는 갑골의 배면(背面)에 각(刻)한 것들도 있지만, 정면에 각(刻)한 것이 대부분이며, 관련된 복조(卜兆) 근처에 새겼기 때문에 '守兆'라고 일컫는다. 또한 조지(兆枝)가 횡(橫)으로 뻗어 나온 조탁(兆坼)의 방향과 역영(逆迎)이 되도록 새겼는데, 이를 영조(迎兆) 복사라고 하고, 조탁과 동일 방향으로 각(刻)한 것은 순조(順兆) 복사라고 한다. 그리고 복사의 서각(書刻)은 대체로 복조를 침범하지 않도록 하였으나, 어떤 경우에는 복조를 피하지도 않고, 가끔은 조탁을 뛰어 넘기도 했는데, 이를 '犯兆'라고 한다.

2. 일반 각사(刻辭)

갑골 각사는 거의 대부분이 점복의 복사이지만, 소수의 비점복 각사도 있는데, 이는 점복 기사(記事) 각사 · 비점복 기사 각사 · 보표(表譜) 각사 · 습각(習刻) 등의 네 종류로 나눌 수 있다.

A. 점복 기사(記事) 각사

여기에서 말하는 점복 기사 각사는 점복용 갑골 재료의 준비에 관한 일을 기록한 것으로서, 예를 들면, 점복 재료의 내원 · 갑골의 공납(貢納) · 정치(整治) 및 검시자 · 서명한 사람 등등을 기록하고 있다. 이런 종류의 각사는 董作賓이 〈商代龜卜之推測〉이란 논문에서, 최초로 거북 복갑(腹甲)의 갑미(甲尾)에 새겨진 "冊入" 등의 기사 각사를 발견하고서 탐구하기 시작하였는데, 해당 갑골의 내력과 공납(貢納), 사관(史官)의 수납과 관리, 그리고 책임자의 서명 등과 관계가 있다.

일반적으로 이런 기사 각사는 각된 부위에 따라, 복갑(腹甲)의 갑교(甲橋)에 새긴 갑교 각사, 복갑(腹甲)의 우미(右尾)에 새긴 갑미 각사, 배갑의 뒷면에 새긴 배갑 각사, 소의 견갑골 골면(骨面)의 넓고 얇은 하단에 새긴 골면 각사, 소의 견갑골의 골구(骨臼)에 새긴 골구 각사 등 다섯 종류로 나눈다. 이런 5종(種)의 기사 각사에 기록된 내용을 차지하는 것은 대부분이 다음의 두 가지인데, 하나는 갑골의 내원이고, 다른 하나는 갑골 그 자체(自體)에 대한 제사이다. 전자는 귀갑에만 해당되는 진공(進貢)과 갑골에 모두 해당되는 채집의 두 가지 내원이 있었는데, 귀갑은 채집한 것이 적고, 우골(牛骨)은 대부분 채집한 것이었을 것이다. 그리고 후자는 점복에 사용되는 갑골에 대해서는 점복에 사용하기에 앞서서 반드시 이런 전례(典禮)를 거치는 것이다.

그리고 이들 5종의 기사 각사에 새겨진 구체적인 내용들을 간략하게 살펴보면 다음과 같다. 첫째, 갑교 각사의 내용은 대부분이 점복용 귀갑이 어디서 공납(貢納)된 것인지를 기록한 것이다. 일반적으로 '入'·'來'·'挈'·'乞'·'取' 등의 각사(刻辭)는 주로 오른쪽 갑교에 새기고, 왼쪽 갑교에는 예외로 몇이 있을 뿐이며; 각사 앞부분의 인명에는 대체로 '臣'·'子'·'帚' 등의 호칭을 붙이지 않았고, '示' 즉 검시자에 대한 각사는 주로 왼쪽 갑교에 새기고, 오른쪽 갑교에는 예외로 몇이 있는데, 앞에 대부분 '帚某'자를 덧붙이고 있다. 서명(書名)은 左왼쪽 갑교 하단에 했는데, 대부분이 '貞人'의 이름으로 되어 있다. "某入" 다음에 숫자를 기록하지 않은 것은 '一'을 생략한 것이고, 한 조(組)를 이루는 복갑(腹甲)의 갑교에 기록된 숫자들은 동일 차수(次數)에 입공(入貢)한 거북의 숫자이므로, 중복 계산하면 안 된다. 그리고 갑교 각사에는 주서(朱書)한 것들도 발견된다.

둘째, 갑미(甲尾) 각사의 주요 사례(辭例)는 "某入"과 "某來"로 되어 있고, 극히 드물기는 하지만 입공(入貢)한 거북의 숫자를 기록한 것도 있으며, 그 내용이 극히 간략한데, 그 이유는 아마 갑미는 공간이 매우 좁은데다가 복갑(腹甲)의 복사와 혼동될 것을 염려한 때문이었을 것이다. 이 갑미 각사는 일반적으로 모두 거북의 우측 미갑(尾甲)에 새긴 까닭에 '尾右甲 刻辭'라고도 한다. 그리고 갑미 각사에 기록된 최대의 숫자는 《合集9334》의 "㢨入二百卅五"이다.

셋째, 배갑 각사의 내용은 '某人'이 일정 수량의 거북을 입공(入貢)하러 왔다는 내용을 기록한 것이 대부분이며, 문장은 번잡한 것도 있고 간략한 것도 있는데, 소재지를 기록한 것도 있고, '某人'이 몇몇 '屯'[온전한 복귀 배갑을 중봉(中縫)을 중심으로 잘라낸 한 쌍 또는 견갑골 한 쌍의 묶음을 지칭하는 단위사(單位詞)]을 검시(檢視)했음을 기록한 내용도 있으며, 복인(卜人)의 서명도 있다. 商 왕실에서 사용한 거북의 배갑은 정치(整治)할 때 왕왕 중봉을 따라서 좌우 두 편(片)으로 양분하는데, 배갑 각사는 잘라낸 중봉의 가장자리 배면 아래쪽에 통상적으로 단행(單行) 수직 방향으로 각하였다.

넷째, 골면 각사의 내용 역시 대부분이 어느 날 어떤 사람이 얼마의 견갑골들을 어디에서 수취(收取)했다는 것인데, 견갑골의 수량은 골구 각사 보다 훨씬 많으며, 50부(副)에 이르는 것도 있다. 때로는 검시자와 서명자를 함께 기록한 것도 있으며, 문장은 상세한 것과 간략한 것이 다 있다. "帚井來"라는 예는 갑미 각사의 '某來'와 일치하는데, 역시 견갑골을 입공(入貢)하러 왔음을 기록한 것으로, 골면 각사에는 드문 예에 속한다. 《合集9400》에 기록된 '十二月'이란 내용도 5종 기사 각사에서는 보기 드문 기록이다. 이 골면 각사는 견갑골의 정면 골선(骨扇) 아래쪽의 넓고 얇은 부위나 배면의 가장자리 근처에 새겨져 있다.

다섯째, 골구 각사의 내용은 대부분 모일(某日)에 모인(某人)이 몇 '屯'을 수취(收取)하였거나 검시했다거나, 해당 골판의 내력과 서명자를 함께 기록하기도 했는데, 이 문장에도 번잡한 것과 간략한 것이 있는데, 간략한 것으로는 '示'자 하나만을 새겨서 검시했음을 기록하기도 하고, 서명자의 이름만 있는 것도 있다.

B. 비점복 기사 각사(刻辭)

비점복 기사(記事) 각사란 점복과는 아무런 관련이 없는 기사 각사를 말하는데, 대체로 공적을 기리거나 신표(信標)를 발급하는 등의 특수한 일을 기록한 특수 기사 각사와 일상적인 사회생활 중의 행사를 기록한 일반 기사 각사가 있다.

1) 특수 기사 각사

여기에서 말하는 특수 기사 각사는 일반적으로 갑골 점복과는 전혀 관련이 없고, 대체로 공적을 기록하거나 어떤 임무 부여나 신표를 하사하는 등의 특수한 내용을, 주로 인두골 · 호골 · 시골(兕骨) · 시두골(兕頭骨)이나 우두골 · 녹두골(鹿頭骨) · 우거골(牛距骨) · 우갑골(牛胛骨) · 골부(骨符) 등에 새긴 것을 말한다. 이런 특수 기사 각사를 사용한 재료에 따라 분류하여 그 내용을 살펴보면 다음과 같다.

(1) 인두골 각사 : 지금까지 발견된 인두골 각사는 모두 15편(片)인데, 각사의 내용은 매우 간략하여, '夷方伯' · '盧' 등과 같이 적국(敵國) 방백(方伯)의 이름만 기록한 것도 있고, 또 '大甲' · '且乙' 등과 같이 제사의 대상이 되는 商 왕실의 선왕의 묘호(廟號)만 기록한

것도 있다. 이 가운데 적국 방백의 이름이 각된 것은, 대개 전쟁에서 적국의 수장을 포로로 잡은 일과 그를 제사의 희생으로 사용한 일을 기록한 것일 것이고; 商 왕실의 선왕의 묘호를 기록한 것은 조상께 보답하고 조상들이 도와주신 공로를 선양하기 위한 것인 것 같다. 이로 미루어 보아 인두골 각사는 완전히 제전(祭典)을 위한 것이었음을 알 수 있다.

(2) 호골 각사 : 殷墟에서 출토된 것이 유일한데, 이는 호랑이의 우측 상박골(上膊骨)로 만든 무늬가 새겨진 골사(骨柶)로, 현재 캐나다 토론토의 황실박물관에 소장되어 있다. 여기에 한 조(條)의 각사가 있는데, 許進雄의 《懷特1915》에 탁본이 있으며, 그 내용은 "辛酉王田於雞彔, 獲大霥虎, 在十月, 隹王三祀劦日."이다. 여기에서의 '雞'는 산명(山名)이고, '彔'은 '麓'의 뜻이다. 이는 帝乙 3년 10월 신유일에 雞山 기슭에서 수렵을 하여 아주 큰 맹호(猛虎)를 포획했으며, 이 호골을 사용하여 음식을 먹을 때 사용하는 찬구(餐具) 골사(骨柶) 즉 뼈 숟가락을 만들었고, 또한 이 호골에 각사하여 그 공(功)을 기록하고 기념한 것이다.

(3) 시골(兕骨) 각사 : '兕骨' 즉 무소의 뼈를 조각하여 만든 뼈 숟가락에 각사한 것인데, 공로를 기려 새긴 신물(信物)로, 위의 호골 각사와 성격이 비슷하다. 이런 시골 각사로는 《佚存518》과 《佚存426》 및 《佚存427》이 있는데, 《佚存518》이 바로 널리 알려진 '宰豊骨'각사이다. 그 내용은, "壬午, 王田於麥彔, 獲商戠兕, 王賜宰豊寢小矢旨 具兄 , 在五月, 隹王六祀肜日."이라고 각되어 있는데, 이는 帝乙 6년 5월 '肜祭' 제일(祭日)인 임오일에 商王 帝乙이 麥山 기슭으로 전렵을 나가, 商지역에서 적황색의 무소를 포획하여 빈객들을 접대하면서 왕이 宰豊에게 창고에 저장해 둔 지주(旨酒) 곧 미주(美酒)를 청동 굉(觥)[술잔의 일종]으로 하사하였다는 뜻이다. 이 《佚存518》은 완정(完整)한 각사인데 비해, 《佚存426》은 잔결된 골사(骨柶) 각사로서 《佚存518》의 '宰豊骨'각사와 동일한 문장 형식으로 한 쌍을 이룬다. 그리고 《佚存427》도 위의 두 예와 그 의미가 비슷한데, 사냥에서 포획한 것이 위의 것은 '戠兕' 즉 적황색의 '兕'인데 비해, 여기에는 '白兕'라고 하고 있다.

(4) 시두골(兕頭骨) 각사 : 《甲3939》에 보이는데, 두 줄의 각사가 남아 있다. 각사의 성격은 위의 호골 각사와 비슷하며, 帝乙 10년 2월에 盂方伯을 정벌하는 도중에 사냥으로 백시(白兕)를 포획한 일을 찬양하여 기록한 것인데, 일설에는 우두골(牛頭骨) 각사라는 주장도 있다.

(5) 녹두골(鹿頭骨) 각사 : 《甲3940》과 《甲3941》두 갑골편에 보이는데, 모두 武乙이 적국을 정벌하는 도중에 야생 사슴을 사냥했다는 기사 각사이다.

(6) 우거골(牛距骨) 각사 : 소의 거골(距骨) 즉 복사뼈에 각된 기사 각사가 하나 있는데, 바로 《乙8688》이다. 이는 宰豊이 商王의 말을 기록한 것으로, 선왕(先王) 大乙에 대한 '刞祭'에 관한 일을 언급한 것이다. 각사의 문례는 위에서 아래로, 그리고 우측에서 좌측 방향으로

3행(行)이 각되어 있는데, 이는 후대의 전통적인 서사(書寫) 격식의 선구라고 할 수 있다.

(7) 우갑골(牛胛骨) 각사 : 陳夢家의《殷虛卜辭綜述》圖版16에는 帝乙 시기의 우갑골 기사 각사의 잔결된 형태의 사진과 탁본이 수록되어 있는데, 뒷면에는 6순(旬) 간지표의 하반부가 남아 있고, 정면에는 기사 각사가 있으며,《合集36481》에도 이 도판(圖版)의 앞뒷면이 수록되어 있다. 각사의 문례 격식은 역시 위에서 아래로, 우측에서 좌측으로, 직행의 5행(行)이 남아 있고, 상단이 잔결되었으며, 뒷면의 60간지(干支)로 추산하면, 전체 문장은 약150에서 200자(字) 정도가 될 것 같고, 내용은 危方을 정벌하여 몇몇 수장(首長)을 포로로 잡고, 대규모의 전마·전거(戰車)·전통(箙箇)·방패·화살 등의 전리품을 획득하였기에, 선왕들께 이들 전쟁포로들을 제물로 바치는 제사를 지낸 공적과 경전(慶典)을 기록한 것이다.

(8) 골부(骨符) 각사 :《合集20505》에 "庚戌, 王令伐旅帚. 五月."라고 각되어 있다. 각사의 행관(行款)은 5행으로 되어 있고, 우행(右行)으로 직서(直書)하였는데, 각 행은 두 글자로 되어 있으며, 앞에서 예로 든 몇몇 각사들이 좌행(左行)으로 직서한 것과는 문례 격식이 다르다. 이 골판은 뼈의 형태로 보아 우측 절반은 왕에게 있고, 좌측 절반은 명(命)을 받은 사람이 지니는 골부(骨符)로 보이는데, 이것이 사실이라면, 이는 지금까지 발견된 유일한 군사용 신물(信物)이다.

이상의 8종류의 기사 각사들은 모두 帝乙 시기에 속하는 것으로, 복사와는 전혀 관계가 없고, 한 가지 경우를 제외하고는 점복용의 갑골이 아닌 곳에 각사하였고, 내용은 당시 중대한 군사 및 정치적인 의미를 지닌다고 판단되는 사건을 기념하고 이를 공포하기 위한 것이다. 더구나 대부분이 관련된 수골에 공적을 새긴 것으로서, 특수한 신물이나 증빙 부절(符節)로 삼았거나, 제품(祭品)으로 헌상한 것 같다.

2) 일반 기사 각사(刻辭)

여기에서 말하는 일반 기사 각사는 갑골 점복과는 전혀 관계없는 일상생활의 여러 사항들에 대한 기록으로, 이를 각(刻)한 재료에 따라 녹각기(鹿角器)·골계(骨笄)·골도(骨刀)·골비(骨匕) 등의 각사를 명명하기도 하나, 여기에서는 녹각기·골기(骨器)·기타(其他) 각사로 나누어 살펴보기로 하였다.

(1) 녹각기 각사 :《甲3942》가 유일하며, '亞雀'이란 두 글자만 남아 있는데, 글자 모양이 도안문자와 비슷한 것으로 매우 진귀한 예이다.

(2) 골기 각사 : 골계·골도·골비 등의 골기에 각한 것으로, 侯家莊 M1001호 대묘(大墓)에서

출토된 골계는 상단에 '眲入二'라는 세 글자가 각되어 있는데, 이는 '眲侯'가 2계(笄)를 입공(入貢)하였다는 말이다. 또《明685》는 골도 각사인데, 여기에는 숫자 '五'자만 각되어 있고; 小屯에서 출토된 골기 각사에는 '三' 등의 숫자가 각되어 있다. 또 侯家莊 M1001호 대묘에서 출토된 4건(件)의 골비에는 모두 '大牛'라는 두 글자가 새겨져 있는데, 아마도 이런 생활 찬구(餐具)의 제작 재료가 '大牛' 즉 큰 소의 뼈였다는 사실을 기록한 듯하다.

(3) 기타 각사 : 이는 찬착을 하지 않은 복갑이나 복골의 편벽(偏僻)된 위치에 각한 것으로, 그 내용은 대체로 복갑이나 복골의 내원이나 그 제례(祭禮) 등을 나타낸 것이다. 각(刻)된 부위는 세 곳인데, 첫째는《菁3》과 같이 복사의 중간에 새긴 것으로, 대단히 드물며; 둘째는 비교적 편벽된 곳에 새긴 것으로, 가장 많으며; 셋째는《庫1506》과 같이 폐기한 복골에 새긴 것으로, 이런 예는 비교적 적다.

이상에서 살펴본 바와 같이 점복의 일과는 전혀 관계없는 많은 문사(文辭)들이 기타 여러 재료에서도 자주 발견되는데, 이들 명사(銘辭)들은 복사와의 비교 연구에 사용할 수 있다. 이런 명사들은 각기 수골(獸骨)[우두골(牛頭骨), 녹두골, 녹각, 별갑(鼈甲), 우골(牛骨), 우조골(牛雕骨), 우거골(牛距骨) · 시골(兕骨) 등] · 골기(骨器)[골계, 골도 등] · 옥기(玉器)[옥관(玉管), 어패(魚佩) 등] · 석기(石器)[석비(石碑), 석경(石磬)] · 도기(陶器)[백도(白陶), 회도(灰陶)] · 동기(銅器) 등에까지 새겨져 있다. 이들 명사(銘辭)들은 갑골과 몇몇 소수의 명사를 제외하고는 대부분이 商代 후기에 속하며, 비교적 길게 쓴 것도 많은데, 이는 매우 짧게 몇 글자로 된 '記名'의 명사들과 동(同)시대의 것이 대부분이다. 기명(記名)의 명사들은 그 내용이 숫자와 종족명, 관명(官名), 인명 등으로 되어 있다.

3. 표보(表譜) 각사(刻辭)

표보(表譜) 각사에는 주로 간지표(干支表) · 사보(祀譜) · 가보(家譜) 각사 등이 있는데, 비치용으로 만든 것이다. 이들 표보 각사의 체제는 하나의 수골이나 하나의 귀갑에 단독으로 각한 것도 있고, 이미 점복에 사용했거나 폐기한 갑골에 각한 것도 있으며, 또 갑골복사 사이사이에 각한 것도 있는데, 뒤의 두 종류는 대부분 습각(習刻) 또는 방각(倣刻)한 것이다.

A. 간지표(干支表)

商代에는 날짜를 간지(干支)로 기록하였는데, '干'은 천간(天干)으로, '十干'이라고도 하며, 甲 · 乙 · 丙 · 丁 · 戊 · 己 · 庚 · 辛 · 壬 · 癸를 말하고; '支'는 지지(地支)로, '十二支'라고도 하며,

子·丑·寅·卯·辰·巳·午·未·申·酉·戌·亥를 말한다. 이들 천간과 지지를 서로 순서대로 배합하여, '甲子'부터 '癸亥'까지 한 번 순환하면 6순(旬) 즉 60일이 되며, 이를 '六十甲子'라고 하는데, 중국에서는 속칭 '一甲子'라고도 한다. 60일의 마지막 날인 '癸亥' 이후에는 다시 '甲子'부터 시작하므로 끝없이 순환할 수가 있다. 간지가 존재하고부터 대대로 이를 기시(紀時)에 사용하였고, 또한 기년(紀年)에도 사용하였는데, 그 역사는 4천 년이 넘었다. 앞에서 예시한《燕165》는 容庚의《殷契卜辭》제165판의 것으로, 제5기 帝乙과 帝辛 시기의 것인데, 간지 기시의 전표(全表)로서 매우 소중한 자료이다.

간지표는 1순식(旬式)(《粹1479》)·2순식(《英藏2571》)·3순식(《英藏2570》)·4순식(《英藏2569》)·5순식(《續補1. 99. 1》)·6순식(《粹1476》)과 3순을 주기로 다시 시작하는 방식(《前3. 2. 4》) 등으로 되어 있는데, 商代 사람들은 간지로 날짜를 기록하는 일이 매우 많아서 이렇게 여러 종류의 간지표들이 존재하는 것이다. 골면에 새겨진 간지표들은 더러는 각사 연습생들이 새겼다고 추정되는 것들도 있고, 또 더러는 아주 엄정하고 질서정연하여, 분명히 비망용(備忘用) 일력(日曆)의 용도로 만든 것이라고 생각되는 것들도 있다. 그 형식은 수직행(垂直行)인 것도 있고, 횡행(橫行)인 것도 있으며, 1행(行) 뿐인 것도 있고, 여러 행으로 된 것도 있는 등 각종 형식이 다 있는데, 당연히 6행 육갑(六甲)이 정상적인 행식(行式)이다.

B. 사보(祀譜)

여기에서 말하는 사보(祀譜)란 전적으로 商 왕실의 선왕 선비(先妣)에 대한 주제(週祭)의 전례(典禮) 순서를 기록한 것인데, 이 역시 참고 비치용(備置用)의 보첩(譜牒) 역할을 하는 것이라고 생각된다. 예를 들면,《粹113》과《契20》을 철합한 각사에, "甲戌翌上甲·乙亥翌匚乙·丙子翌匚丙·[丁丑翌]匚丁·壬午翌示壬·癸未翌示癸·乙酉翌大乙 ·丁亥翌]大丁·甲午翌[大甲·丙申翌外丙·庚子翌]大庚·...... 翌 ...."이라고 하고 있는데, 이들은 모두 복사가 아니고 사보 각사이다.

C. 가보(家譜)

집안의 가계보(家系譜)를 각한 것으로,《英藏2674》에는 12대(代) 세차(世次)에 이르는 자손의 이름을 기록하고 있는데, 이 골편(骨片)의 진위에 대해 의문을 제기하는 학자들이 많아 아직은 학계로부터 가보(家譜)로 공인을 받지 못하고 있다. 이밖에《合集14925》도 가보 각사의 잔편(殘片)이다.

4. 습각(習刻)

습각에 대해서는 앞에서 여러 번 언급한 바와 같이, 商代 사람들은 일반적으로 폐기된 갑골 재료나 점복에 사용되고 난 뒤의 갑골을 습각에 이용하였는데, 습각한 문자와 내용은 일정하지 않아서, 복사·기사·간지표 등이 다 포함되어 있다. 습각한 작품들은 보통 자체(字體)가 똑바르지 않고, 서체(書體)도 경박하며, 구조도 느슨하고, 크기도 일정하지 않으며, 문장도 이루어지지 않고, 행관(行款)도 문란하다. 물론 모든 습각이 다 그런 것은 아닌데, 습자용(習字用)과 습사용(習辭用) 및 시범용 세 종류 가운데 이런 병폐는 습자용에 주로 나타난다. 예를 들면, 《善齋4551》과 《屯南2661》과 《屯南2662》등은 모두 초학자들이 각자(刻字)를 연습한 것들이다. 습사용의 경우는 조금 차이가 있는데, 이런 종류의 연습은 주로 방각(倣刻) 복사에서 이루어지며, 늘 이미 완성된 복사를 저본으로 하기 때문에 비록 가끔은 행관이 문란하고 글씨도 유치하지만, 문장이 이루어지지 않는 등의 병폐는 보기 힘들다. 예를 들면, 《甲622》(《合集33208》)이 이에 해당된다. 시범용의 경우는, 자체가 비교적 정교하고 아름다우며, 보통은 습각한 문자나 방각한 복사 사이사이에 뒤섞여 있다. 郭沫若은 《粹1468》의 간지표가 습각한 것임을 발견해냈는데, 중간에 정교하고 가지런하며 아름다운 글자들은 가르치는 사람이 시범용으로 각한 것이고, 자체가 비뚤고 각사 수준이 낮은 글자들은 배우는 사람의 솜씨인데, 이는 지금 아동들에게 습자(習字)를 가르치는 방법과 차이가 없다. 그리고 습각한 글자 사이사이에 정미(精美)한 글자들이 섞여 있는데, 이는 가르치는 사람이 곁에서 칼을 잡고 모범을 보인 것으로 생각된다. 시범용 각사가 정상(正常) 각사와 구별되는 점이 두 가지인데, 하나는 각사한 갑골의 배면에 찬착과 초작의 흔적이 없는 것이고, 또 하나는 점복에 대한 기록이 아니라는 것이다. 특히 갑골 가장자리에 있는 정상적인 복사의 내용이 갑골 정면에 있는 각사와 서로 대응되지 않거나, 갑골 정면의 각사에 대응되는 찬착 및 초작 흔적이 없으면, 이 갑골 정면에 있는 각사는 시범용 복사일 가능성이 크다고 하겠다.

5. 조서(兆序) 각사

商代 사람들은 점복을 할 때, 한 가지 일에 대해서 여러 차례 점복하는 일이 많았다는 사실은 앞에서 살펴본 바와 같다. 이렇게 여러 차례 점복한 그 횟수를 복문(卜問)한 뒤의 조지(兆枝) 위쪽에 기록하였는데, 이 숫자는 복문 즉시 새긴 것이다. 이처럼 占卜의 횟수를 나타내는 숫자가 바로 '兆序'이다.

거북 복갑(腹甲)의 조서(兆序)는 정면의 조지(兆枝) 위쪽에 새겼고, 소의 견갑골에 있는 조서 역시 골판 정면의 조지 위쪽에 새겼다. 조서를 나타내는 숫자는 '一'·'二'·'三'·'四'·'五'·'六'·'七'·'八'·'九'·'十' 등이며, '十' 이후의 숫자는 다시 '一'부터 시작하되, '十一'·'十二'

등의 합문(合文)으로 오인하지 않도록 하기 위해서 '第十一卜' · '第十二卜' 등으로 표시하였는데, 많게는 '十八卜'까지 한 것도 있으며, 조서를 새긴 다음에 복사를 새겼다. 조서 각사의 배열 순서는 대부분 위에서 아래로 새겼는데, 《乙6422》의 정면은 거북 복갑의 조서 각사의 예로서, 4개 조의 조서 각사가 새겨져 있으며, 좌우 가장자리 부분에는 대정(對貞) 복사가 각되어 있다.

6. 조기(兆記) 각사

商代의 갑골에 나타나는 복조(卜兆)는 여러 가지 정황이 있는데, 이런 복조의 정황을 전문 술어로 기록한 것을 조기(兆記) 각사라고 한다. 이 조기 각사는 조지 아래쪽에 새겼는데, 조문의 선명성 정도나 길흉 여부, 채용 가능 여부 등을 밝힌 것이다. 이런 조기 각사는 사용된 짧은 어휘들에 의거하여 편의상 다음과 같이 분류한다.

A. 고사(告辭) : 제1기 · 제2기 갑골 각사 중에 "二告"라고 한 것이 있는데, 《乙7088》과 《乙3409》의 왼쪽 두 곳 및 《乙6422》의 왼쪽 아래의 한 곳 등이다. 그리고 "三告"(《京津3163》), "四告"(《存上1430》), "小告"(《粹774》) 등도 역시 이런 종류의 각사인데, 고사(告辭)의 작용이 무엇인지는 아직 분명하게 밝혀지지 않고 있다.

B. 길사(吉辭) : 갑골판에 자주 나타나는 "吉", "大吉", "弘吉" 등은 모두 길사(吉辭)인데, 이는 길조를 표시하는 각사이다.

C. 조사(兆辭) : 세 글자로 된 성어로, "不午黽" 또는 "不玄冥"이라고 하고 있는데, 이는 모호하지 않다는 뜻으로, 조상(兆象)이 선명함을 기록한 것이라는 것이 중론이다.

D. 용사(用辭) : 때로는 갑골판에 "用", "吉用", "不用", "兹用", "兹不用", "兹毋用", "兹御" 등의 각사가 발견되는데, 이는 점복의 결과에 대한 실행 여부나 채용 여부를 대략적으로 기록한 용사(用辭)들이다.

이상에서 살펴본 바와 같이, 갑골 각사는 크게 두 부류로 나눌 수가 있는데, 하나는 점복 각사로서, 바로 복사를 말하며; 또 하나는 비점복 각사로서, 점복과 유관한 기사 각사 및 점복과 무관한 기사 각사 등으로 대별된다. 물론, 점복 각사가 갑골 각사의 주체이고, 비점복 각사는 점복 각사와 내용상 밀접한 관계를 가지고 보조 작용을 하는 것이라고 하겠다. 그리고 이들과는 또 다른 성격의 각사들로 습각 각사와 조서 각사 및 조기 각사 등이 있음을 살펴보았다.

乙. 갑골 각사의 내용

갑골 각사의 내용 연구는 갑골학 연구의 시작이자 최소한의 목표이기 때문에, 갑골학 연구 학자들에게는 갑골문자의 고석과 동시라고 할 만큼 일찍 시작된 연구 과제였다. 갑골 각사의 대부분을 차지하는 갑골복사의 내용 분류를 가장 먼저 체계적으로 시도한 사람은 羅振玉이다. 그는 1915년《殷虛書契考釋》에서, 정복(貞卜) 사류(事類)를 '祭'·'告'·'亯'·'出入'·'田獵'·'征伐'·'年'·'風雨' 및 '雜卜' 등 아홉 항목으로 분류하였는데, 그 중에서 '亯'에 해당되는 복사는 겨우 여섯 조(條)에 불과하고 그 내용도 정벌에 속하는 것이다. 그 후 1925년에 王襄은《簠室殷契徵文》에서 '天象'·'地望'·'帝系'·'人名'·'歲時'·'干支'·'貞類'·'典禮'·'征伐'·'游田'·'雜事'·'文字' 등 12항목으로 분류하였다. 董作賓은 처음에는 羅振玉의 주장을 채택하였으나, 후에《殷曆譜》에서 '祭祀'·'征伐'·'田狩'·'游'·'亯'·'行止'·'旬'·'夕'·'告'·'匄'·'求年'·'受年'·'日月蝕'·'有子'·'娩'·'夢'·'疾'·'死'·'求雨'·'求啓' 등의 20항목으로 분류하였고, 胡厚宣은 1954년에《戰後京津新獲甲骨集》에서 '來源'·'氣象'·'農産'·'祭祀'·'神明'·'征伐'·'田獵'·'芻魚'·'行止'·'卜占'·'營建'·'夢幻'·'疾病'·'死亡'·'吉凶'·'災害'·'諸婦'·'多子'·'家族'·'臣庶'·'命喚'·'成語'·'紀數'·'雜項' 등의 24항목으로 분류하였는데, 董作賓과 胡厚宣의 분류는 너무 번잡한데다가 굳이 나눌 필요도 없는 항목도 있다. 郭沫若은《卜辭通纂》(1933)에서 간지와 숫자외에 '世系'·'天象'·'食貨'·'征伐'·'畋遊' 등의 5종류로 나누었고, 陳夢家는《殷虛卜辭綜述》(1956)에서 '祭祀'·'天時'['風'·'雨'·'啓'·'水'·'天變' 등]·'年成'['農事'·'收穫']·'征伐'·'王事'['田獵'·'遊止'·'疾病'·'生子' 등]·'旬夕'[저녁과 1순의 안위] 등 6종류로 나누었다. 그리고 갑골학 자료의 집대성이라고 할 수 있는《甲骨文合集》(1978~1982)에는 먼저 '계급과 국가'·'사회생산'·'과학문화'·'기타'의 네 부류로 크게 나누고, 다시 '노예와 평민'·'노예주 귀족'·'관리(官吏)'·'군대와 형벌 및 감옥'·'전쟁'·'방역(方域)'·'공납(貢納)'·'농업'·'어렵과 축목'·'수공업'·'상업과 교통'·'천문과 역법(曆法)'·'기상(氣象)'·'건축'·'질병'·'생육'·'귀신숭배'·'제사'·'길흉몽환'·'복법(卜法)'·'문자'·'기타' 등의 22개 항목으로 세분하고 있다. 이 문제는 갑골학에 대한 연구 수준에 따라 분류 항목이 많아지고 더욱 체계화되는 것이므로 누구의 주장이 옳고 그르다고 평가할 수 있는 문제가 아니다. 앞에서 소개한 여러 학자들의 주장을 종합하여, 지금의 대부분의 학자들은 갑골 각사의 내용을 크게 '祭祀'·'征伐'·'田獵'·'年成'·'天象'·'紀時' 등 여섯 부류로 나누는 것이 일반적이다.

殷墟에서 발굴된 갑골은 거의 모두가 商 왕실의 것이므로, 여기에 각된 복사의 내용은 자연히 商 왕조 각 시기의 왕이 중심이 된다. 따라서 복사에 나타난 점복의 내용 또한 국경의 안전이라든가 한 해 농사의 수확과 왕의 일락(逸樂) 그리고 조상(祖上)과 자연에 대한 숭배 등과 같은 당시

왕의 소원을 반영한 것이라고 할 수 있다. 그리고 왕실이 중심이 된 복사이기 때문에 그 내용은 자연히 商代의 정치·경제·사회·문화·군사 등 각 방면의 당시 상황이 반영되어 있을 수밖에 없다.

그런데 商代 사회는 인류의 문명이 아직 고도로 발달한 사회가 아니라 인간사의 대부분을 신이 주재한다고 믿고 있었던 사회였기 때문에 商代 사람들에게는 신에 대한 제사가 국가 최고의 대사(大事)일 수밖에 없었다. 따라서 商代의 제사는 갑골복사의 가장 중요한 내용이고, 여기에는 商代 사회 각 방면의 여러 가지 일들이 매우 광범위하게 포함되어 있다. 商代 사람들이 제사를 중시한 원인은, 자연계에서 생존의 자료를 구해야 했던 인간으로서는 생존과 직결된 천재(天災)와 화복(禍福)을 주도하는 신령(神靈)인 '上帝'에 대해 매사(每事)에 은혜를 기구해야 했는데, 점복과 제사는 이런 기구 방식의 하나였기 때문이다. 商代 사람들의 제사는 상제(上帝)·일신(日神)·월신(月神) 등의 천신(天神)과 산신·토신·하신(河神) 등의 지기(地祇) 및 선공·선왕 등의 인귀(人鬼)를 대상으로 각종 제사를 거행하였다. 商代 사람들은 이런 제사에 대해 복문(卜問)했을 뿐만 아니라 '征伐'·'田獵'·'年成'·'天氣'·'雨'·'陰晴'·'旬日'·'出入'·'疾病'·'夢幻'·'生育'·'死亡' 등등에 대해서도 점복을 시행하였다. 商 왕실에서 거행한 제사의 종류와 대상, 그리고 향사(享祀)의 대상이 되는 여러 신들의 권능과 제사 거행의 시간과 장소 및 사용된 제품(祭品) 등에 대해서는 아래의 제5장에서 상세히 서술하기로 하겠다.

二. 갑골문 문례(文例)

갑골문의 문례는 크게 대부분을 차지하는 복사 문례와 비복사 문례 두 종류로 나눌 수 있다. 이 가운데 비복사 문례는 그 수량도 적고 문구도 매우 간단하여, 대체로 단행(單行)의 수직서(垂直書)와 다행(多行)의 좌향(左向) 수직서 및 다행의 우향(右向) 수직서의 3가지 격식을 벗어나지 않는데, 이중에서 좌향의 수직서가 상례(常例)이다. 비복사 문례에 대해서는 앞의 갑골문의 성격에서 이미 언급하였으므로 여기에는 복사의 문례만 다루기로 하겠다.

복사의 문례란 복사가 점복용 갑골에 새겨져 있는 사례(辭例) 형식과 위치 및 행관(行款) 방향의 습관적인 격식과 분포 규칙 등등을 지칭한다. 商代 사람들은 점복에서, 점복 사항을 공문(公文)과 유사한 매우 간단한 문자를 이용하여 관련 복조(卜兆) 근처에 각함으로써 비람(備覽)에 편리하도록 했는데, 이런 복사의 문례들을 연구하는 목적은, 갑골복사의 정확한 해독 및 당시의 복법(卜法) 연구와 商 왕조의 점복 제도 연구에 도움이 되도록 하기 위해서이다.

1928년에 胡光煒는《甲骨文例》라는 저서를 출판했는데, 최초의 복사의 문례를 연구한 전문 서적으로 꼽히며, 이후 부단히 증정(增訂)되었다. 이 책은 두 부분으로 구성되어 있는데, 상권(上

卷)의 '形式篇'[1]에서는 복사의 행문(行文)과 행관(行款)을 다루었는데, 오류가 많아서, 후에 董作賓이 수정 보충하였고; 하권(下卷)의 '辭例篇'에서는 대부분 복사의 문법을 다루었는데, 복사에서 상용되는 20개의 허자(虛字)의 용법도 언급하였으나, 매우 간략하고 오류도 많다. 허사(虛詞)를 통해서 복사를 이해하는 것도 하나의 방법이기는 하지만, 갑골문 연구에서는 그 성과가 많지 않아, 이 이후 이 방면의 연구는 많지 않았다.

董作賓은 〈商代龜卜之推測〉이란 논문에서 胡光煒의 이 저서가 부족한 자료와 정밀하지 못한 방법 때문에 복갑(腹甲)의 좌우도 관습과 다르게 해석하는 오류를 범했다고 주장했는데, 일반적으로 복갑(腹甲)의 좌우는 사람이 복갑을 마주했을 때의 좌우로 정해야 함에도 胡光煒는 그 반대로 이해했다는 것이다. 董作賓은 복갑의 '縫'['齒紋'과 '千里路']·'兆'·'緣'[복귀(卜龜)의 가장자리]·'理'[순문(盾紋)]등을 자세히 관찰하고서 복사가 위치한 갑골 부위에 의거하여 문례를 추감(推勘)하는 '정위(定位) 연구법'을 제기하였는데, 발굴된 귀판(龜版) 중에서 부위를 확실히 알 수 있는 복사 약 70편(片)에 근거하여 다음과 같이 정리하였다.[2]

○ '中甲' 각사(刻辭)는 중봉(中縫)의 우측에 위치한 것은 우행(右行), 좌측에 위치한 것은 좌행(左行)이다.
○ '首右甲' 각사는 우변에서 시작해서 좌행이다.
○ '首左甲' 각사는 좌변에서 시작해서 우행이다.
○ '前右甲' 각사는 앞발과 만나는 상부는 우변에서 시작하여 좌행하는 것을 제외하고, 그 나머지 각 복사는 일률적으로 우행이다.
○ '後右甲' 각사는 뒷발과 만나는 하부는 우변에서 시작하여 좌행하는 경우를 제외하고, 그 나머지 각 복사는 일률적으로 우행이다.
○ '尾右甲' 각사는 우변에서 시작하여 좌행이지만, '尾甲'에는 각사하지 않은 것이 대부분이다.
○ '前·後左甲'의 각사는 우측과 대칭을 이루며, 그 좌행과 우행도 상반된다.
○ 총괄하면, 중봉(中縫)을 따라서 각사한 것은 바깥쪽을 향하도록 하였는데, 우측 각사는 우행, 좌측 각사는 좌행이며; 머리와 꼬리 부분의 두 변(邊)을 따라서 각사한 것은 안쪽을 향하도록 하였는데, 우측 각사는 좌행, 좌측 각사는 우행이다.
○ 복사의 문례는 아래로 써내려가는 하행이 주를 이루었고, 단락을 나누어야 하는 경우에는 좌우 방향으로 쓸 수밖에 없었기 때문에 하행이면서 우향과 좌향의 구분이 있는 것이다. 단행(單行)이면서도 완전히 좌향 또는 우향인 것은 변례(變例)일 뿐이다.

---

1) 이후의 增訂本에서는 '行式篇'으로 고쳤다.

2) 卜辭 文例에 관한 董作賓의 주장은 前揭書 《董作賓先生全集》 甲編 第3册 중의 <商代龜卜之推測>을 참고하여 정리한 것이다.

이상과 같은 董作賓의 결론은 복사의 문례를 총결한 것으로서, 귀갑에 새겨진 복사의 행문(行文) 격식의 특징을 밝혀낸 것인데, 학계의 정설이 되었다.

이 이후 董作賓은 또 安陽의 殷墟 유지 제3차 발굴에서 출토된 골판의 복사에 근거하여 1936년《中央研究院歷史語言研究所集刊》第7本 1分册에 〈骨文例〉라는 논문을 발표하였는데, 여기에서 다시 소의 견갑골에 각된 복사의 행문의 통례(通例)를 밝혔다.[1] 이렇게 하여 그는 귀갑과 소의 견갑골에 각된 복사의 행문 격식의 통례를 모두 밝혀내었다.

일반적인 복사의 서각(書刻)에서 통용되는 정례(定例)는, 대체로 일부분의 특수한 경우를 제외하고는 모두 각사의 방향이 복조와 영·역(迎逆)의 형태로 한다는 것이다. 예를 들면, 거북 배갑의 우측 반쪽의 경우는, 복조가 좌향이므로 복사는 우행이고; 그 좌측 반쪽의 경우는, 복조가 우향이므로 복사는 좌행이다. 거북 복갑(腹甲)의 우측 반쪽의 경우는, 복조가 좌향이므로 복사는 우행이고; 좌측 반쪽의 경우는, 복조가 우향이므로 복사는 좌행이다. 다만 머리와 꼬리 및 좌우 양쪽 다리가 있는 가장자리의 복사는, 항상 밖에서 안으로 향하도록 각하므로, 우측 복사는 좌행이고, 좌측 복사는 우행으로 되어 있어서 배갑의 경우와는 정반대이다. 소의 견갑골의 경우에는, 좌골(左骨)은 복조가 우향이므로 복사는 좌행이며; 우골(右骨)은 복조가 좌향이므로 복사는 우행이다. 다만 골구(骨臼) 부근에는 종종 두 개의 복사가 새겨져 있고, 하나는 좌행이고 하나는 우행인데, 앞의 관례에 구애받지 않은 것 같다. 그리고 거북의 복갑(腹甲)과 배갑 그리고 소의 견갑골은, 글자 수가 많거나 글자의 크기가 큰 경우에는 종종 이런 문례와 부합되지 않는 경우가 있는데, 이는 복사가 차지하는 자리가 큰 탓이라고 생각된다.

1970년대 중반에 嚴一萍은《丙編》과《甲骨綴合新編》에 근거하여, 董作賓이 밝혀낸 복사의 행문(行文) 격식에 대해 다시 구체적인 논증을 통하여 견갑골 행문 형식 56식(式)과 귀갑 행문 형식 34식 도합 90식을 도출하였는데,[2] 이 90식은 당시까지 밝혀진 복사의 문례와 행문 관례의 집대성이라고 할 수 있다.

그리고 胡厚宣은 위에서 설명한 바와 같이 董作賓이 밝힌 갑골복사의 문례에 기초하여 1939년《卜辭雜例》를《中央研究院歷史語言研究所集刊》에 발표했는데, 여기에서 그는 대량의 복사 자료에 근거하여 복사 사례(辭例)의 각종 형식과 특별한 서각(書刻) 풍습과 형태를 조사 분석하여 28사례(事例)를 귀납해내었다.[3] 胡厚宣은, 현재까지 발견된 갑골복사 가운데는 각사에 세심한 주의를 기울이지 못한 것도 있고, 교정 작업도 부족하여 탈자(奪字)·연자(衍字)·오자(誤字)가

---

1) 董作賓 <骨文例>, 前揭書《董作賓先生全集》甲編 第3册 pp.913~921을 참고.

2) 嚴一萍 前揭書《甲骨學》下册 pp.983~1085를 참고.

3) 胡厚宣 <卜辭雜例>, 前揭書《中央研究院歷史語言研究所集刊》第8本 3分册을 참고.

자주 발견되며, 또한 잘못된 곳에는 삭제하고 다시 각한 것들이 각 분기의 복사에서 많이 발견된다고 하였다. 여기에 그 대강의 예들을 함께 소개하면 다음과 같다.

《誠齋35》의 "貞旬禍"에서는 '旬' 다음에 '亡'자가, 《京津414》의 "貞日雨"에서는 '日' 앞에 '今'자가 누락되었는데, 이는 탈자(奪字)의 예이고; 《甲1261》의 "癸卯卜貞旬亡亡禍"에서는 '亡'자가 중복되었고, 《京津3696》의 "癸丑卜卜王"에서는 '卜'자가 중복됐는데, 이는 연자(衍字)의 예이며; 《粹275》의 "甲卯卜"에서의 '卯'자는 육갑에 '甲卯'는 없으므로 오자(誤字)이고, 《佚883》 "癸未貞：今乙酉又父歲于且乙, 五豕. 玆用."에서의 '父'자는 '升'자의 잘못인데, 이들은 오자(誤字)의 예이고; 《合集32385》의 "☐未卜, 桒自上甲·大乙·大丁……"에서의 '自'자는 누락했다가 수직행(垂直行)의 문장에서 '桒'자 왼쪽 옆에 보충하여 새겨 넣었고, 또 '自'자 옆에 첨자(添字) 부호 '夊'를 표시해 놓았는데, 이는 첨자의 예이며; 《合集21445》의 "癸盅甲"에서는 '癸'자에다 둥근 테를 둘러 제거했는데, 이는 산자(刪字)의 예이고; 《合集24347》의 가운데 복사 조(條)에 "癸卯卜, 行, 貞王步亡災, 在八月, 在𠂤雇卜"이라고 한 것 가운데, '步'자 다음의 '亡'자를 깎아내고, 다시 왼쪽 옆에 "自雇于☐亡"이라는 다섯 글자를 한 줄로 보충하였는데, 이는 산자(刪字) 후에 첨자(添字)한 예이며; 《合集475》의 '賓組' 복사의 '帝', 《合集32435》의 '貞人' 이름 '彭', 《甲2436》의 "辛酉"의 '辛'자와 두 개의 '王'자 등은 글자를 거꾸로 쓴 예이고; 《合集3318》 "大甲", 《合集7784》 "庚申", 《合集3318》과 《合集8354》의 "亡災" 등은 글자를 도치한 예이다.

복사 문례에는 胡厚宣이 분류한 위와 같은 예들 외에도, 글자를 생략한 경우도 있고, 필획을 생략하거나 편방을 생략한 경우도 있고, 동일 복사인데도 자체(字體)의 크기가 다른 것 등이 있는데, 이를 소개하면 다음과 같다.

필획을 생략한 예는 《粹816》의 "玆雨"의 '玆'자는 반쪽 필획을 생략하고 '幺'로 쓴 것이다. 그리고 《屯南673》의 "王受又大雨"는 "王受又, 又大雨", 《摭佚113》 "辛卯卜, 妣壬癸小宰"의 '妣壬癸'는 '妣壬妣癸', 《合集22258》 "丁亥卜, 酒御妣庚寅宰"의 '妣庚寅'은 '妣庚庚寅', 《合集32054》 "辛卯卜, 又且乙未"의 '又且乙未'는 '又且乙乙未', 《屯南2953》 "癸卯, 貞酒升歲于大甲辰五牢"의 '大甲辰'은 '大甲甲辰'의 생략형으로, 중복되는 글자를 생략한 예이다. 또 《屯南1055》 "其酉于父甲父庚叀且丁用"의 '父庚'은 '父庚庸'의 合文에서 중복된 편방을 생략한 것이다. 그리고 《合集30345》의 "☐☐卜, 彭, 貞：其☐登粱, ………… ☐父庚·父甲家"라는 13개의 글자 가운데 앞의 8개 글자는 크기도 비교적 크고, 필획도 거칠고 깊게 각하였으나, '父庚' 뒤의 5개 글자는 크기가 비교적 작고, 필획도 가늘고 얕은데, 屈萬里는 이에 대해서, 다른 사람이 각한 것 같다고 설명하였다.[1)]

---

1) 屈萬里 《殷虛文字甲編考釋》(中央硏究院歷史語言硏究所 1961. 臺北) p.355.

이밖에도, 胡厚宣이 언급하지 않은 문례 가운데, 동일 갑골판에 새겨진 여러 조(條)의 복사들 상호 간의 관계에 있어서, 동일 갑골판의 복사를 총망라하는 복사의 사례(辭例)도 있다. 이는 동일 갑골판에 있는 여러 조의 복사들이 동일 사안에 대해 동시에 점복한 경우에, 그 중에서 소수(少數)의 1조 혹은 몇몇 조의 복사만 문례가 완전한데, 마치 전체를 총망라하듯이 눈에 가장 잘 띄는 곳에다 각사하였으며, 나머지 사례(辭例)들은 매우 간략하게 하거나, 긍정 혹은 부정으로 대정(對貞)하거나, 아래에서 위로 서로 뒤섞어서 각사하고, 대부분 가장자리 부분에다 위치하도록 하고 있다.

1947년에 胡厚宣은 또 〈卜辭同文例〉를 발표하였는데, 이는 앞의 동일 갑골판에 있는 갑골 문례 연구에서 진일보하여, 서로 다른 갑골판에 있는 동문(同文)의 복사 문례에 대한 연구이다. 그는, 商代 사람들은 한 가지 사안에 대한 여러 차례의 점복을 각기 다른 갑골판에 시행하고는, 동일한 복사를 그 각각의 갑골판에 각한 것을 '卜辭同文'이라고 규정하고, 이들 '卜辭同文'의 상호관계를 전반적으로 정리하여 '一～六辭同文'·'八辭同文'·'多辭同文'·'同文異史'·'同文反正' 등 10종으로 귀납했는데,[1] 요약하면 다음과 같다.

(ㄱ) '一～六辭同文'·'八辭同文' : 서로 다른 갑골판에다 1～6 또는 8가지 사안을 점복한 것으로, 복사의 문구는 모두 같고, 복수(卜數) 즉 점복의 횟수만 다르다.
(ㄴ) '多辭同文' : 서로 다른 갑골판에 모두 여러 조의 복사가 있는데, 각 판의 각사는 모두 일치한다.
(ㄷ) '辭同序同' : 서로 다른 갑골판에 함께 점복한 것으로, 복사의 문구도 같고 서수(序數)도 같은 것이다.
(ㅁ) '同文異史' : 서로 다른 갑골판에다 동일 사안 하나를 함께 점복하되 '貞人'이 각각 다른 것이다.
(ㅂ) '同文反正' : 서로 다른 갑골판에다 동일 사안 하나를 함께 점복하되, 어떤 갑골의 복사는 긍정으로 복문(卜問)하고, 어떤 갑골의 복사는 부정으로 복문한 것이다.

胡厚宣의 이 논문은 갑골의 복수(卜數)와 서수(序數)의 관계를 통해서, 복사 문례의 연구를 이판(異版) 동문 복사의 관계까지 확대시킨 것이다.

동문 복사의 문례 정리는 잔결되어 불완전해진 수많은 복사들을 완전하게 보완할 수 있게 하고,

---

1) 胡厚宣 <卜辭同文例>, 前揭書《中央研究院歷史語言研究所集刊》第9本(中央研究院歷史語言研究所 1947. 北京)을 참고.

갑골복사 상호 간의 연계 관계와 갑골복사의 자료 정리 및 정위(定位) 복원 그리고 商代의 복법(卜法) 제도 연구 등을 가능하게 하는 일이다. 張秉權이 1960년에 발표한 〈論成套卜辭〉라는 논문이 바로 이 방면의 연구에서 진일보한 성과를 거둔 것인데,[1] 이는 그가 1950년대에 《殷虛文字乙編》의 갑골 자료들을 정리하고 철합하는 과정에서 얻은 수확이라고 할 수 있다. 그는 '成套卜辭'와 '同文卜辭'라는 두 종류의 복사는 비록 서로 밀접한 관계는 있지만, 동문복사는 될 수 있는 한 서로 동일하기를 요구하는데 비해, 성투복사는 서수(序數)로 연계되어 도출된 것이므로 완전히 서로 동일하기를 추구할 필요는 없고, 오히려 동일한 가운데서 차이를 추구한다는, 기본 관념에서 확연히 다른 점이 있음을 밝혀내었다. 그리고 이들 복사들의 '成套' 관계와 복사 서수의 상호 연접 관계를 찾아내는 것이 주요 관건인데, 서로 연접되는 서수가 없으면 근본적으로 성투복사가 되지 않는다고 주장하였다.

張秉權이 제시한 성투복사란 갑골복사 여러 조(條)가 결합하여 한 조(組)를 이루는 복사를 지칭하는데, 동일한 날짜에 동일 사안을 여러 번 점복한 것에서부터 정반 대정한 것을 연속으로 새겨서 갑골에서의 서수가 서로 연속되는 것, 그리고 복사의 뜻이 서로 같거나, 생략된 약간의 복사가 한 조(組)를 이루는 것 등이 있다. 한 조(組) 또는 몇몇 조의 복사가 크기가 비슷한 몇 개 갑골의 동일 부위에 각되어 있다면, 이것이 바로 이른 바 '成套甲骨'인데, 성투복갑(腹甲)·성투견갑골 같은 것이 그렇다. 바꾸어 말하면, '成套卜辭'는 동일 갑골판에 있을 수도 있고, 서로 다른 갑골판에 있을 수도 있는데, 서로 다른 갑골판에 있는 것은 '成套甲骨'이라고 명명하기도 한다. 武丁 시기의 성투복갑(腹甲)의 예로는 통상 5판(版)의 거북 복갑(腹甲)이 한 조(組)를 이루고 있는, 《丙12》·《丙14》·《丙16》·《丙18》·《丙20》 등이 있는데, 각 판(版)은 5조(條)의 복사로 되어 있고, 전부가 서로 일치한다. 다만 서수(序數)[복수(卜數)나 '套數'라고 하는 것이 옳겠지만]는 서로 연계되는데, 만약 '同文卜辭'의 개념으로 본다면 '五辭同文例'에 해당되겠지만, '成套卜辭'로 보면, 실제로 5판 1조(組)의 성투복갑(腹甲)이 된다. 가장 많은 수의 성투 우갑골(牛胛骨)은 9판(版)이 1조(組)인데, 武丁 시기의 것이다. 武丁 이후에는 대부분 3판이 1조(組)로 숫자가 줄어드는데, 이런 성투복사의 '貞人'은 한 사람에 그치지 않고, 2인 또는 3인의 공동 정문(貞問)이 보통이다.

분명한 것은 성투복사를 명확하게 알면 복사 문례의 깊이 있는 연구에 크게 도움이 된다는 사실이다. 張秉權이 지적했듯이, 성투복사는 서로 다른 복사의 문구를 교감(校勘)할 수 있게 한다. 예를 들면, 《丙71》의 "貞我舞雨"와 《丙73》의 "貞戌舞雨"는 성투복사인 것에 근거하면, 자형이

---

1) 張秉權 <論成套卜辭>, 前揭書《中央研究院歷史語言研究所集刊》外編 第4種 上册 (中央研究院歷史語言研究所 1960. 臺北) pp.197~238을 참고.

비슷하여 '我'자를 '戊'자로 잘못 새긴 것임을 알 수 있다. 갑골에는 수많은 복사가 있는데, 때로는 그 장구(章句)를 구별하기가 매우 어렵지만, 동일 갑골판에 몇 조(組)의 복사가 있는지를 식별함으로써 이런 어려운 문제들을 해결할 수도 있다. 그리고 몇몇 뜻이 분명하지 않은 복사는 단독으로 보면 그 정확한 뜻을 이해하기가 쉽지 않지만, 일단 성투복사의 관계를 찾아내면, 상황은 바로 바뀌게 된다. 그리고 성투복사에 의거하면 필획이 결여된 부분도 판명해낼 수가 있는데, 張秉權은 《乙3389》에서 수직 방향의 필획만 있고, 가로 획과 비스듬한 방향의 필획이 없는, '貞'·'㠯'·'其' 등의 세 글자를 인식해내기도 하였다.

張秉權의 갑골 철합 성과를 직접 이용하여 복사의 문례를 연구한 저서로는 李達良의《龜版文例研究》(1972)가 있는데,[1] 〈方位篇〉과 〈文例篇〉으로 나뉘어져 있다. 〈方位篇〉은 과거 복사 문례 정위(定位) 연구 방법에 대한 전체적인 새로운 해설이고, 〈文例篇〉은 성투복사에 대한 인식에 기초하여 매우 세밀한 논리와 새로운 인식을 담고 있다.

1960년대 이래로 대정(對貞) 복사에 기초하여 갑골문 문례를 전문적으로 연구한 저서로는, 周鴻翔의《對貞卜辭述例》(1969)와 朱歧祥의《殷墟卜辭句法論稿》(1990)를 꼽을 수 있는데, 전자는 대량의 대정 복사의 사례(辭例)들을 수집하고 이를 갑골 정위(定位) 분석법과 결합시켜서 행문(行文) 격식을 포함한 체계적인 고찰을 진행하였고; 후자는 복사 대정(對貞) 구법(句法)의 차이를 고찰하고, 문법과 용어 규율(規律)을 함께 언급함으로써 복사 구형(句型)의 특징을 밝혔다.

복사 문례의 연구는 대체로 초기의 갑골 정위 분석법에서 출발하여, 동판(同版) 대정(對貞)과 서로 상관관계가 있고, '一事多卜'의 사례(辭例)로 아래에서 위로 연속적으로 복문(卜問)한 '相間卜辭'의 관계에 대한 연구로 발전하였고, 이어서 '異版同文'의 복사에서 성투갑골의 관계로까지 발전하게 되었다. 그리고 복사의 문법에 대한 연구가 활발해짐에 따라, 복사 문례와 복사 문법의 두 분야가 유기적으로 결합하게 됨으로써 복사의 문례에 대한 연구는 앞으로 더욱 활발해질 것으로 기대된다.

三. 갑골문 문법

지금 여기에서 어법이라는 말 대신 문법이라는 말을 사용하는 이유는 연구 대상이 갑골문이기 때문인데, 만약 殷墟에서 발견된 이 갑골문이 商代 당시의 일반인들이 일상에서 사용한 백화(白話)라면 당연히 어법이라는 말을 써야 하겠지만, 이 갑골문은 백화문(白話文)이라기 보다는 문언문(文言文)으로 간주하는 것이 더 합리적이기 때문이다.

---

1) 李達良《龜版文例研究》,《聯合書院文史叢刊》乙種之二(홍콩中文大學 1972. 홍콩).

그리고 중국에서는 비록《荀子 · 正名篇》과 같은 선진시대의 제자서(諸子書)들에 오늘날의 학문적 시각으로 보아도 언어와 그 개념에 대한 놀라운 수준의 언급이나 서술이 있지만, 그로부터 2천 3,4백 여 년이라는 오랜 기간 동안 품사론(品詞論)이나 구문론(構文論)을 갖춘 어문법(語文法) 연구는 학문으로 형성 발전하지 못하였고, 중국 특유의 명칭인 허사(虛詞) 하나하나의 용법에 대한 개별적인 연구가 진행되어 왔을 뿐이다. 이에 따라 오늘날의 학문적 시각에 비추어 볼 때 어법을 연구한 중국 최초의 저작은 淸代 말엽인 1898년에 간행된 馬建忠의《馬氏文通》을 꼽을 수 있다. 그러나 이는 서양의 어법 이론과 관점을 비판이나 검증 없이 한어(漢語) 즉 중국어 어법에 과도하게 적용한 단점이 있는데다가, 이 책이 막 출판될 때쯤에야 갑골이 출토되기 시작한 까닭에 그가 사용한 문헌은 西周 시대까지 거슬러 올라가다 멈추었고, 그 이전의 殷墟 갑골 각사(刻辭)에 나타난 초기 중국어 어법 규칙은 다룰 수가 없었다.

그런데 갑골문의 내용은 거의 전부라고 할 만큼 복사가 대부분인데, 복사는 주지하는 바와 같이 商 왕실에서 점복한 내용을 기록한 문자이고 기록된 내용은 제한되어 있으며 그 격식도 규격화되어 있는데다가 대부분이 의문문이거나 사후(事後)의 응험(應驗)을 기록한 것들이다. 그러므로 갑골복사를 통한 商代 일반인들의 보편적인 언어에 대한 총체적인 어법 탐구는 불가능하고, 갑골문 문법의 일부만을 알 수 있을 뿐이다. 그리고 갑골문이 발견된 이후로 많은 학자들이 개별적인 갑골문자 하나하나에 대한 고석 작업에는 많은 노력을 기울였지만, 갑골문 문법에 대한 연구는 상대적으로 소홀하였던 것이 사실이다. 그러나 갑골문의 경우도 문법을 도외시 하여서는 개별적인 문자도 정확하게 인식해낼 수 없을 뿐만 아니라, 인식해낸 개별적인 문자가 정확한 것인지의 여부도 검증할 수가 없다. 갑골문의 개별적인 문자의 인식과 전체 문장의 해독은 문법이라는 교량을 통하지 않고는 불가능한 일이다.

이런 상황에서 갑골문 문법 연구는 何定生의 〈漢以前文法研究〉(1928)[1]에서 비롯되었고, 거의 동시(同時)에 나온 胡光煒의 〈甲骨文例〉[2]는 복사의 문례를 정리한 저서이긴 하지만 문법도 함께 다루었으며, 하권(下卷)의 〈辭例篇〉에서는 16가지 형식의 갑골문 사례(辭例)를 제시하고, '之' · '其' · '于' · '在' · '乎' · '曰' · '隹' · '自' · '今' · '眔' · '亦' · '乍' · '乃' · '允' · '亡' · '不' · '弗' · '勿' · '毋' 등 20여 개의 상용 허사(虛詞)의 용법을 탐구했는데, 적지 않은 오류가 있긴 하지만, 문례(文例)와 문법 두 분야를 결합하여 갑골문을 이해한 최초의 전문 저작으로 꼽을 수 있다. 1930년대 초에 董作賓은 〈甲骨文斷代研究例〉를 발표하면서, 복사는 정복(貞卜)의 문사(文辭)를 전문적으로 기재하였기 때문에, 서술에서는 명석(明晳)함만 추구했고, 문법은 매우 간단

---

1) 何定生dml <漢以前文法研究>는《中山大學語言歷史學研究所週刊》第3集 第31~33期(中山大學語言歷史學研究所 1928. 廣州)에 게재되었다.

2) 胡光煒 <甲骨文例>,《胡小石論文集三編》(上海古籍出版社 1995. 上海) pp.1~88.

히 취급하였으나, 이 문법은 시대에 따라 변천하므로 해당 시기를 구획 짓는 표준이 될 수 있다고 주장했다. 그는 편단(篇段)과 문법 및 용사(用辭) 등에 대해 간단하게 분석하고 그 예를 들기도 하였다. 그리고 郭青萍과 郭勝强은 〈卜辭句法結構硏究芻議〉[1]에서, 商代부터 지금까지의 3천여 년 동안, 한어(漢語) 문법의 구조는 매우 느리게 변화하고 발전해왔기 때문에 당시의 문법이 기본적으로는 지금과 거의 동일하며, 이는 바로 어법이 안정되어 있음을 말해 주는데, 수많은 자료들이 이런 점을 설명해준다고 했다. 高明 역시 현대 한어 어법 중의 몇몇 기본 특징은 商代 갑골문에서 이미 형성되었고, 각종 품사의 문장 속 작용과 위치도 기본적으로는 지금과 동일하다고 주장하였다.

殷商 갑골문 문법에 대해서 앞선 학자들의 업적을 이어 받아서 전반적으로 체계적인 분석을 하고, 이후의 연구에 기초를 건립한 이는 管燮初와 陳夢家를 꼽을 수 있다. 管燮初는 1953년에 출간한《殷虛甲骨刻辭的語法研究》[2]에서, 문법과 사류(詞類) 두 방면에서 갑골문 어법 현상을 고찰하였는데, 그의 기본적인 인식은 갑골문이 殷墟 당시의 구어(口語)를 기초로 한 서면(書面) 언어라는 것이었고, 문법은 대부분의 문장 구조가 현대어법과 많은 차이가 없다는 것이었다. 그는 전반적인 殷商 갑골문의 어법 규칙을 총괄하였는데, 결론적으로 조자법(造字法)·용자법(用字法)·사류(詞類)와 문장 형식 등이 현대 한어와 비슷한 점이 많다는 것이었다. 그는 갑골문의 조자 방법은 상형·상의(象意)·회의(會意)·형성 등이 있고, 용자(用字) 방법은 본의(本義)·인신(引伸)·가차(假借) 등이 있는 바, 가차자(假借字)는 대개 문자가 없는 어음(語音)을 동음자(同音字)로 기록한 것인데, 각사(刻辭) 중에는 가차자가 매우 많으며, 이런 현상은 갑골 각사가 구어를 기초로 한 殷墟의 서면 언어임을 반영한다고 주장하였다. 이어서 그는 갑골 각사 중의 사류(詞類)를 의의(意義)·성질·공용에 의거하여 명사·대명사·수사(數詞)·양사·시지사(時地詞)·동사·계사(繫詞)·형용사·부사·접속사·개사(介詞)·감탄사 등 12종류로 나누었다. 그리고 문장 구조에 대해서는, 다음의 4종류로 분류하였다.

첫째, 문형(文型) 즉 문장 형식으로는 주술문(主述文)이거나 주어가 생략된 단문(單文)과 함께 비교적 복잡한 문형(文型)으로, 목적어가 둘인 '雙賓式', 둘 이상의 동사가 연이어진 '連動式', 앞 문형의 목적어가 뒤 문형의 주어가 되는 '兼語式', 완전한 한 문형을 주어나 목적어로 사용한 복문(複文), 두 개로 나뉜 문장 사이에 접속사를 붙이지 않고 병렬시킨 '竝列式', '兼語式'에다 '兼語式'을 덧붙인 '雙重兼語式' 등의 6가지가 있다.

둘째, 문장의 어순(語順)은 보통 주어를 앞에, 술어를 뒤에 놓는데, 술어 중의 동사나 계사(繫詞)

1) 郭青萍·郭勝强 <卜辭句法結構研究芻議>,《殷都學刊》1986年 第3期(安陽師範學院 1986. 安陽).

2) 管燮初《殷虛甲骨刻辭的語法研究》(中国科学院 1953. 北京) p.1~56을 참고.

는 '賓語' 즉 목적어 앞에 놓는다. 다만 '代詞' 즉 대명사를 목적어로 사용한 문장과 술어 가운데 부정사가 수식어로 쓰인 문장에서는 대명사를 반드시 동사 앞에 놓아야 한다.

셋째, 어순 변형의 예들 가운데서 가장 빈번하게 나타나는 것은, 목적어가 동사 앞에 놓이는 경우이다. 목적어가 타동사 앞에 놓이는 경우에는, 목적어 앞에 언제나 '隹' 혹은 '叀'이라는 개사(介詞)가 표기(標記)되어 있다. 목적어가 관계되는 자동사 앞에 놓이는 경우에는, 목적어 앞에 개사가 있을 수도 있고, 또 없을 수도 있다.

넷째, 의문문은 (ㄱ) 어조(語調)로써 의문을 표시하는 방법, (ㄴ) 의문부사의 수식 작용을 이용하여 의문을 표시하는 방법, (ㄷ) 몇 개의 문장들을 열거하되 동사는 동일하고, 주어와 목적어 또는 수식어는 서로 다른 문장으로 의문을 표시하는 방법, (ㄹ) 한 문장에 긍정과 부정을 동시에 열거하여 의문을 표시하는 방법 등 네 가지가 있다.

그리고 陳夢家는 管燮初와는 조금 다른 견해를 보였는데, 그의 주장에 의하면,[1] 복사의 문장 구조는 주로 '주어-동사-목적어'의 형식으로 되어 있는데, 이는 현대 한어의 어법과 기본적으로 같다. 다만 목적어가 동사 앞에 위치하는 예들도 자주 보이는데, 예를 들면, "畵鹿禽"(《粹953》)은 '畵擒鹿'의 의미이고, "勿隹土方征"(《粹1106》)은 '征土方'을 말한 것으로, 모두 다 목적어가 앞에 놓여 있다. 무릇 목적어가 앞에 놓일 때는 개사(介詞) '叀'·'隹'가 필요한데, 이 둘은 구별해서 사용되었으며, '叀'는 정면 즉 긍정으로 사용되었고, 이것의 반면 즉 부정은 '勿隹'였다. 그리고 극소수의 주어는 동사와 목적어 뒤에 위치하고 있는데, 예를 들면, "辛卯卜, 扶, 受年商"(《合集20651》)과 "戊申卜, 亙, 貞 : 受年王"(《合集40088》)에서의 '受年商'과 '受年王'은 '受年于商'과 '受年于王'이라는 뜻이다.

陳夢家의 복사 문형(文型)에 대한 분석도 管燮初와는 조금 다른데, 陳夢家의 주장에 의하면, 완정(完整)한 복사에서 동사는 불가결의 성분이므로 여러 형식의 복사에 포함된 동사를 근거로 각종 복사의 문장 형식을 (1)'簡單式', (2)'條件式', (3)'竝立式', (4)'母子式', (5)'主從式' 등 다섯 가지로 나누었다. 이들 가운데 (1)·(2)식(式)은 비교적 간단한 '주어-동사-목적어'의 형식이고, 동사도 하나뿐이며, '條件式'은 조건을 문장 속에 부가(附加)하여 동작의 장소와 대상 혹은 주어의 인물을 제한한다. 그리고 비교적 복잡한 나머지 3가지 형식은, 하나의 복사에 동사가 하나에 그치지 않는데, '竝立式'은 상관되는 동작이 연계되거나 연속되어 있다. '母子式'은 통상 '乎'·'令' 등과 같은 모문(母文)의 동사가 반드시 있어야 하며, 인용문 중의 자문(子文)은 모문 동사의 목적어인데, 자문은 단문(單文)일 수도 있고 복문(複文)일 수도 있으며, 자문 중의 주어는 모문의 주어나 동사 앞으로 옮겨 놓을 수도 있다. '主從式'은 인과(因果) 관계이거나 조건이 있는 '竝立

1) 陳夢家 前揭書《殷虛卜辭綜述》pp.85~134를 참고.

文'인데, 종속문(從屬文)이 주문(主文) 동사의 직접 목적어가 되기도 한다.

管燮初와 陳夢家는 갑골문 문법 연구에 있어서 각기 그 나름의 특색을 지니고 있는데, 복사 중의 사류(詞類) · 사성(詞性) · 구사법(構詞法) · 구형(句型) · 구법(句法) · 어순 · 어법 · 최초의 수사(修辭) 현상에서부터 복사 언어학의 기능과 어의(語意) 환경 등에 이르기까지, 일련의 기초적이고 전문적인 제재(題材)에 대한 깊이 있는 분석과 함께, 갑골문 문법 연구의 총체적인 틀을 만들었으며, 갑골문 문법 연구가 이후의 갑골학의 한 학문 분야가 될 수 있도록 하는 의미 있는 기초를 다졌다고 할 수 있다.

이후로 갑골문 문법에 대한 연구는 갑골 자료의 전면적인 정리와 공개, 특히《甲骨文合集》의 출판으로 인해, 활기를 띠게 되고 시간이 지날수록 갑골학 영역에서 각광을 받는 분야가 되었다. 그 이유는 갑골문이 현재 이용 가능한 최고(最古)의 한어(漢語) 자료이며, 고대한어(古代漢語) 속의 수많은 어법 현상들에 대한 최고(最古)의 예는 갑골문에서 모두 찾아낼 수 있기 때문이다.

그런데 지금까지의 여러 논저들을 통해서 알 수 있는 바와 같이, 갑골문의 문법 연구는 사류(詞類) · 사성(詞性) · 구사법(構詞法) 등의 분석이 대종(大宗)을 이루는데, 최근에는 특히 갑골문 문법과 어순에 대한 연구가 갈수록 왕성해지고 정밀해지고 있으며, 이는 아마도 갑골문 문례(文例) 정위(定位) 연구에 대한 인식이 깊어지는 것과 무관하지 않다고 생각된다. 바꾸어 말하면, 갑골문 문법은 갑골학의 일부분에 속하고, 이 분야의 연구는 갑골학의 전반적인 지식을 요구하게 되는데, 이는 고대한어 어법에 대한 단순한 전문지식만으로는 이 연구를 진행하기가 어렵고, 여러 분야의 광범위하면서 깊이 있는 연구를 통해서만 가능한 것이기 때문이라고 생각된다.

四. 갑골문의 품사(品詞)

商代 갑골문의 품사 분류에 대해서는 그 동안의 여러 학자들의 연구 성과를 종합하여 명사 · 대명사 · 수사(數詞) · 양사 · 동사 · 조동사 · 형용사 · 부사 · 접속사 · 개사 등 10가지로 나누어 살펴보고자 한다.

甲. 명사

갑골복사에서의 명사도 현대 어법에서와 마찬가지로 크게 보통명사와 고유명사 두 가지로 분류되며, 문장에서의 역할도 크게 차이가 나지 않는다.

1. 보통명사

갑골복사에서의 보통명사는 다음 몇 가지로 구분된다.

A. 사물명(事物名) : '人'·'馬'·'日'·'雨'·'牝'·'鷄'·'河'·'室' 등등.

B. 시기명(時期名) : 12시간 이상의 시간을 표시하는 것으로는 '祀'·'歲'·'旬'·'月'·'日'·'夕' 등이 있고, 이들 앞에는 늘 과거['昔'·'之']·현재['今'·'玆']·미래['羽'·'來'·'生']의 세 시제(時制)를 나타내는 단어가 덧붙여지며; 12시간 이하의 시간을 표시하는 것으로는 '暮'·'朝'·'明'·'旦'·'昏'·'兮'·'食' 등이 있으며, 이들 앞에서는 시제를 나타내는 단어를 쓰지 않는다.

C. 구역명(區域名)과 방위명(方位名) : '鄙'·'麓'·'邑'·'土'·'方'·'東'·'南'·'西'·'北' 등등.

D. 신분명(身分名) : 권위(權位)를 나타내는 것으로는 '王'·'后'·'君'·'田'·'白' 등이 있고, 직위를 나타내는 것으로는 '尹'·'工'·'卜'·'史' 등이 있으며, 친속관계를 나타내는 것으로는 '公'·'祖'·'妣'·'父'·'母'·'兄'·'弟' 등이 있다.

E. 집체명(集體名) : 집단을 나타내는 것으로는 '族'·'𠂤'·'衆' 등이 있다.

2. 고유명사

고유명사는 다음의 몇 가지로 구분된다.

A. 인명 : 개인 이름·묘명(廟名)·신명(神名) 등으로 세분할 수 있으며, 개인 이름으로는 '成'·'唐'·'王亥'['高祖亥']·'王恒'·'子漁'·'子某'·'卜冉'·'侯虎' 등이 있는데, 복인명(卜人名)에서는 관명(官名) '卜'자를 자주 생략하여 '卜冉'을 '冉'으로만 호칭하기도 한다. 묘명(廟名)에는 '大乙'·'祖甲'·'大甲'·'武丁' 등과 같이 반드시 천간(天干) 하나가 사용되는 특징이 있다.

B. 방국명(方國名)·부족명(部族名) : 방국(方國)과 부족(部族)의 이름을 말하는데, 부족명(部族名)인 '羌'과 방국명(方國名)인 '羌方'과 같은 것들이다.

C. 지명 : 하천(河川)·산(山)·구릉(丘陵) 등의 이름을 말한다.

D. 날짜 : 천간(天干)과 지지(地支)로 구성된 60갑자(甲子)를 말한다.

갑골복사에서는 '三牛'·'十祀'·'四方'·'四兄'·'三𠂤' 등과 같이 보통명사에는 일반적으로 수사(數詞)를 덧붙일 수 있으나, 고유명사와 대명사에는 수사를 덧붙일 수 없다. 다만 일부의 보통명사와 고유명사에는 일정하지 않은 다수를 표시하는 '多'자를 덧붙일 수 있는데, 다음과 같은 경우들이다.

(1) 신분(身分)을 표시하는 '多祖'·'多妣'·'多父'·'多母'·'多君'·'多臣' 등.
(2) 방국(方國)을 표시하는 '多犬'·'多羌'·'多馬'·'多方' 등.

그리고 명사와 명사의 결합은 다음의 두 가지 형식이 있다.

(1) 동격(同格) 방식의 결합으로, '余ˇ一人'(《金124》), '今日ˇ癸'(《粹761》), '大邑ˇ商'(《前 7. 27. 6》) 등.
(2) 소유격 방식의 결합으로, '帚姪ˇ子'(《前1. 26. 3》), '今日ˇ夕'(《庫505》), (《甲3083》) 등이 있는데, 지금도 구어(口語)에 존재하는 예를 보면, 동격의 '我個人'·'我陳某某'·'昨天初三'·'首都北京' 등등이 있고, 소유격에 해당하는 예로는, '的'자를 덧붙일 수 있는 '老張的兒子'·'今天的下午' 등이 있는데, 이 '的'자는 생략할 수도 있다. 그리고 소유격과 명사 사이에 '之'자를 덧붙여 '某某之孫'처럼 쓴 예는 춘추시대 금문(金文)에서 비로소 나타나는 현상이다.

乙. 대명사

갑골문의 대명사에도 현대 한어(漢語)와 마찬가지로 인칭대명사와 지시대명사가 있다.

1. 인칭대명사

갑골복사의 인칭대명사는 다음의 여러 가지가 있다.

첫째, 제일인칭 대명사로는 '我'·'余'·'朕' 등이 있는데, "我伐馬方"(《乙5408》), "甲戌卜, 王 : 余令角帚載朕事"(《粹1244》) 등과 같이 쓰였다. 왕이 직접 점복한 복사에서는 '余'와 '朕'은 왕의 자칭(自稱)이다. '余'는 주격과 목적격은 되지만 소유격은 될 수 없고, '我'는 이 세 가지 격(格)이 모두 가능하다. 그리고 '余'와 '朕'은 당시 왕의 자칭이므로 단수(單數)이고, '我'는 집합 명사이다. 따라서 복사 중의 "我受年"은 '商受年'의 뜻이며, "受余又"는 '受王佑'의 뜻이고, "受我又"는 '受商佑'의 뜻이므로 서로 다른 의미이다.

둘째, 제이인칭 대명사는 복사에 보이는 것이 매우 적은데, 주격과 목적격인 '女'와 소유격인 '乃'가 있다. 그 예를 보면, "王曰: 侯虎, 余其敗女使, 受."(《菁7》), "乙卯卜, 賓, 貞 : 曰氏乃邑"

(《燕173》) 등이 있는데, 《菁7》의 '女'는 단수인지 복수(複數)인지 알 수가 없다.

셋째, 제삼인칭 대명사는 복사 내용의 해독(解讀) 등의 제한으로 인해서 아직 발견되지 않았다. 다만 "貞我受邛方又 貞弗其受㞢又"(《燕77》)에서 '㞢'가 '邛方'을 지칭하는 경우처럼, '㞢'의 용법에 명사를 대체하는 작용이 있음을 알 수 있을 뿐이다.

이상에서 살펴본 바를 요약하면, 복사의 인칭대명사에서 제일인칭에는 단수와 다수의 구분이 있었는데, 주격과 목적격의 단수에는 '余'를, 다수에는 '我'를 사용하고 있고, 소유격의 단수에는 '朕'을, 다수에는 '我'를 사용하고 있다. 제이인칭에는 주격과 목적격에는 단수와 다수의 구분이 없이 모두 '女'를 사용했고, 소유격에는 '乃'를 사용했다. 그리고 '㞢'는 제삼인칭일 가능성이 있다. 따라서 복사의 인칭대명사에는 두 가지 특색이 있는데, 하나는 수(數)의 구분이 있다는 점이고, 또 하나는 소유격은 주격이나 목적격과 구분이 있었으나, 주격과 목적격은 구분이 없다는 점이다.

2. 지시대명사

갑골복사에서의 지시대명사로는 '玆'와 '之'가 있는데, 예를 들면, "王占曰: 乃玆亦㞢希若偁"(《菁3》), "日若玆晦, 隹年禍"(《前5. 17. 5》), "王祭于之, 若, 又正"(《粹542》) 등의 경우와 같다. 여기에서의 '玆'는 '此'의 뜻이며, '若玆'는 '如此'의 뜻이다. 지시대명사 '玆'의 앞에는 항상 개사(介詞) '若'·'自'·'才' 등이 쓰인다.

商代에는, "大吉. 玆用. 不雨."(《粹710》), "玆夕又大雨? 玆御. 夕雨."(《後下18. 13》), "辛未又于出日? 玆不用."(《佚86》), "己卯卜王 玆毋用."(《甲3688》)이라고 하고 있는 것 등의 복사에서 보는 바와 같이, 한 가지 일에 대해서 여러 번 점복을 하고, 점복의 결과대로 시행할 수 있는 경우에는 점사(占辭) "吉"과 함께 "玆用"이나 "玆御"라는 말을 첨부하였으며, 시행할 수 없는 경우에는 "玆不用"이나 "玆毋用"이라는 말을 덧붙여 놓았다.

그리고 이런 "玆用"이나 "玆不用"은 점사의 뒤에 놓이기도 하고, 때로는 명사(命辭) 뒤에, 때로는 전사(前辭) 뒤에, 때로는 험사(驗辭) 뒤에 놓이기도 한다. 또한 '止'와 '之'는 서로 통용되었으며, 모두 개사(介詞) '于'의 뒤에 위치했다. 그러므로 지시대명사는 항상 개사의 뒤에 놓였다고 할 수 있다.

丙. 수사(數詞)

갑골복사에 보이는 숫자는 가장 큰 수가 '三萬'이고, 가장 작은 수가 '一'이며, '一' 보다 작은 숫자는 아직은 발견되지 않았다. 갑골복사에 보이는 일반적인 숫자는 지금 우리가 사용하고 있는 것과 마찬가지로 '一'·'二'·'三'·'四'·'五'·'六'·'七'·'八'·'九'·'十'·'廿'·'卅'·'百'·'千'·'萬' 등이 쓰였는데, 이들 모두는《說文解字》에도 수록되어 있다. 그리고 商代의 숫자는 10진법(進法)으로 되어 있어서, 1척(尺)은 10촌(寸)으로 나뉘어져 있고, 1순(旬)은 10일이다. 1년은 12개월 또는 13개월로 되어 있는데, 복사에서는 "十月又一"과 "十月又二"라고 하고 있으므로 10월이 기초가 된다. 또 복사에는 비록 "十犬又五犬"(《佚194》)과 "百𠤑㞢十𠤑"(《鐵141·4》)이라고 하고 있는 것처럼, '정수(整數)-명사-접속사-영수(零數)-명사'의 순서로 쓴 것들도 있으나, "十羌又五"(《粹75》)나 "十年㞢五"(《續1. 44. 5》)라고 하고 있는 것과 같이, 명사는 주로 정수(整數) '十' 뒤에 위치하고 있고, 그 순서는 '정수-명사-접속사-영수'의 순서로 쓰고 있다. 다만 '又'·'㞢' 등의 접속사는 "十五羊"이나 "五十五牢"처럼 생략할 수도 있었다.

또 갑골복사에서는 명사는 수사조(數詞組) 앞뒤 어디나 위치할 수 있었지만, 접속사가 있는 경우에는 명사 앞에 놓이는 것이 허용되지 않았다. 예를 들면, "羌十人又五"(《粹593》), "十羌又五"(《金191》), "羌十又五"(《粹75》) 등의 말은 보이지만, "十又五羌"이라는 형식의 말은 보이지 않는다.

그리고 "羌十人"의 '人'은 '單位詞' 즉 양사(量詞)인데, 이 양사와 숫자의 결합은 '명사-수사-양사'의 형식이 가장 보편적이었는데, 이는 후대의 '一匹馬'의 경우와 같이 '수사-양사-명사'의 형식과는 다르다. 복사 중의 양사는 많지 않으며, 대부분은 "十牛"·"五羌"처럼 '수사-명사'의 형식이거나, "牛一"·"羌十"처럼 '명사-수사'의 형식으로 되어 있는데, 전자는 희생의 숫자에 많이 보이고, 후자는 수렵과 관계된 기록에서 많이 보인다.

수사와 형용사는 둘 다 명사에 덧붙여서 해당 명사의 성질과 상태를 제한하는 작용을 하지만, 그 관계는 형용사가 수사보다 강한데, 이 때문에 형용사는 항상 명사 앞에 긴밀하게 붙어 있으나, 수사는 형용사 앞에 놓이거나 명사 뒤에 놓이며, 형용사와 명사 사이에 놓이는 일은 거의 없다. 예를 들면, "三白牛"(《後上28. 1》), "三小𡨦"(《前7. 25. 3》)등은, '수사 - 형용사 - 명사'의 형태로 형용사 앞에 놓인 경우이고, "白牡三"(《粹235》), "白豕九"(《粹79》)등은, '형용사 - 명사 - 수사'의 형태로 명사 뒤에 놓인 경우이다. 그러나 "大三牢"(《甲903》)처럼 형용사와 명사 사이에 위치하는 경우는 극소수의 예외에 속한다.

또 복사의 숫자는 차례를 나타낼 수도 있다. 上甲은 사보(祀譜)에서 가장 앞에 놓이는 선왕이므로, '元示'(《前3. 22. 5》)라고 칭(稱)하기도 하고, '一宗上甲'(《甲521》)으로 칭하기도 하였다. '元'·'一'·'二' 등으로 차례를 나타낸 예들을 보면, "元卜用"(《續1. 39. 9》), "習一卜"(《佚220》), "習二卜"(《佚220》), "三卜用"(《前8. 12. 6》), "其用四卜"(《粹1256》), "用五卜"(《甲268》), "用六卜"(《乙5399》)이라고 한 것 등이 있는데, 차례를 나타내는 숫자는 반드시 명사['卜'] 앞에 쓰였다. 이밖에 묘호(廟號) 앞에도 숫자를 사용한 것이 있는데, "四且丁"과 같은 예는, '大丁'·'中

丁'·'小丁' 이후의 '네 번째 祖丁'을 지칭하며, '大'·'中'·'小'는 모두 순서를 나타낸다. 이 외에도 묘호 앞에 덧붙인 '高'·'后'·'亞' 등의 글자들도 이와 같은 부류에 속한다.

그리고 복사에 기록된 숫자로 당시의 사회적인 상황도 짐작할 수 있는 부분도 있는데, '五十' 이상의 숫자가 표시한 내용들은, 정벌에 나선 인원수, 죽인 羌人의 인원수, 제사의 희생의 수, 포획한 금수(禽獸)의 수, 입공(入貢)된 귀갑의 수, 일수(日數), 기타 사물의 수(數) 등이다.

商代 사람들은 '十'을 단위로 하고, 그 절반인 '五'를 소단위(小單位)의 수(數)로 사용했는데, 복사에서 '十' 이상의 배수(倍數)는 모두 합문(合文)으로 되어 있으며, '十'의 배수와 '五'를 합문으로 표기한 것은 '十五'가 유일하고, '廿五' 이상은 모두 합문으로 쓰지 않았다.

丁. 양사(量詞)

양사(量詞)를 중국에서는 '單位詞'라고도 하는데, 복사에는 소수(少數)의 예가 있을 뿐이다. 예를 들면, '貝'의 단위는 '朋'이고, '馬'와 '車'의 단위는 '丙'이며, '鬯'의 단위는 '卣'와 '斗'이고, '人'의 단위는 '人' 등이다. 그 예를 보면, "貝十朋"(《甲777》), "馬五十丙"(《續1. 29. 4》), "車二丙"(《劍212》), "鬯十卣"(《金》 731), "羌十人"(《甲2124》), "人十㞢六人"(《菁6》) 등과 같은 것들이다.

복사에서 양사와 숫자의 결합은 그 순서가 두 가지인데, 하나는 '명사 - 수사 - 양사'의 형태로, 위에서 예로 든 '貝幾朋' 등과 같다. 다른 하나는 '수사 - 명사'의 형태로, '幾牛'나 '幾人' 등과 같은 것이다. 이는 오늘날의 구어(口語)에서 사용하는 '수사 - 양사 - 명사'의 형태인 '一張畵'라는 말의 구조와 다르다.

그리고 '貝'의 단위로 쓰인 '朋'은 "五貝一系, 二系一朋"이라는 말에서 보는 바와 같이 '十貝'가 '一朋'이다. '車'와 '馬'의 단위로 쓰인 '丙'은 《詩經》의 '乘'과 동일하지만, 몇 필의 말이 1'乘'을 구성하는지는 아직 확실하지 않으며, '卣'과 '斗'는 용기(容器)이다.

戊. 동사(動詞)

갑골복사에서의 동사도 지금과 마찬가지로 크게 타동사와 자동사로 나눌 수 있는데, 예를 들면, "王伐土方"(《續3. 9. 1》)의 경우는 '伐'이 타동사이고 '土方'이 목적어이며; "王出"(《續3. 35. 5》)의 경우는 목적어가 필요 없는 자동사이다. 그리고 타동사든 자동사든 상관없이 이들 동사가 주어와 목적어 사이에 위치하는 것은 원칙적으로 지금의 중국어 어법과 마찬가지이다.

갑골복사에서의 동사는 몇 개의 글자가 한 조(組)를 이루는 것도 있는데, "王往伐邛方" (《粹1095》)의 '往伐'과 같은 경우이다. 그리고 동사의 목적어는 단문(短文)의 형태일 수도 있는데,

"于大甲告邛方出" (《後上29. 4》)의 '邛方出'은 주어와 동사로 이루어진 문장이면서, 동사 '告'의 내용인 직접 목적어이고, '大甲'은 '告'의 대상인 간접 목적어이다. 그리고 목적어는 통상 동사 뒤에 놓이지만, 동사 앞에 놓일 수도 있으며, 사물은 일반적으로 직접 목적어가 되고, 사람과 귀신은 일반적으로 간접 목적어가 되는데, 이 간접 목적어 앞에는 개사 '于'가 놓이는 것이 상례(常例)이다. 간접 목적어이든 직접 목적어이든 상관없이 목적어가 동사 앞에 놓일 수도 있는데, 이는 무엇을 더 중요시했는가와 관련이 있다.

복사에서의 동사는 그 숫자가 명사에 비해서 훨씬 적지만, 많은 수가 제사와 관련된 동사들인데, "王賓小乙羽日"(《林1. 13. 5》)처럼 '王' - '賓' - 묘호(廟號) - 제명(祭名)'의 형식이거나, "羽日于父丁"(《林1. 21. 5》)처럼 '羽日'·'彡日'·'劦日' 등에서와 같이 어떤 제명(祭名)의 제사를 지낸다는 동사로 사용된 형식으로 쓰인 경우에는, 제사의 대상만 있고 직접 목적어에 해당되는 희생은 보이지 않는다. 또 한 가지 제사와 관련된 예는 희생을 직접 목적어로 사용한 경우인데, "桒于王亥九牛"(《金624》)라고 한 것과 같다.

ㄹ. 조동사

현대중국어에서는 조동사(助動詞)를 일반적으로 '能願動詞'라고 하며, 서양의 영향을 받아 조동사라고도 한다. 서양 언어에서의 어떤 조동사는 중국어에는 존재하지 않는 것도 있다. 이 때문에 중국어에서의 조동사에 대한 정의(定義)가 완전하게 통일되어 있지는 않지만, 일반적으로 조동사를 "보조(輔助) 성격의 동사"라고 정의한다. 이런 정의에서 알 수 있는 바와 같이 이 조동사는 동사와의 연계 정도가 가장 높은 품사이다.

그런데 갑골복사에서는 근본적으로 동사의 수(數)가 명사와는 비교를 할 수 없을 만큼 적은 것이 사실이고, 이에 따라 동사를 돕는 역할을 하는 조동사도 많을 수가 없다. 이런 환경에서 갑골복사에서 조동사 역할을 하는 것은 명령이나 기원(祈願)의 뜻을 나타내는 문장에 쓰일 때의 '毋'·'勿'·'不'·'弗' 등의 몇몇 부정사와 '其'와 같은 부정사(不定詞)[1] 그리고 '允'·'㞢'와 같은 긍정의 뜻을 나타내는 어기사(語氣詞)들이며, 전문적이고 독립적인 조동사 역할을 수행하는 단어는 찾아내기가 매우 어렵다.

1) 이 이후로 편폭과 혼동을 고려하여 '否定'과 '否定詞'의 경우에는 한글로 '부정'과 '부정사'로 표기하고, '不定'과 '不定詞'의 경우에만 '부정(不定)'과 '부정사(不定詞)'로 표기하여 구분하기로 한다.

庚. 형용사

형용사는 직접 명사 앞에 놓여서 명사를 수식하거나 상태를 형용하는 말이다. 갑골복사에 자주 보이는 형용사로는 '大'·'小'·'多'·'少'·'白'·'黃'·'赤'·'新'·'舊'·'終' 등이 있다. 형용사는 "大牛"의 '大'와 "多臣"의 '多'처럼 항상 명사 앞에 놓이지만, 만약 수사(數詞)가 있으면 "三大牢"처럼 반드시 수사 뒤에 놓이는데, "大三牢"(《甲903》)처럼 아주 극소수의 예외가 있기도 하다. 그리고 하나의 명사 앞에 "我家舊老臣"처럼 여러 개의 부가사(附加詞)를 쓸 수도 있는데, 이런 사조(詞組)로 이루어진 부가사도 단자(單字)의 경우와 마찬가지로, 그것이 형용하거나 제한하는 명사 앞에 놓이고 도치(倒置)될 수가 없으며, 둘의 관계는 소유격과 피소유격의 관계로서 결코 동격일 수가 없다. 복사에서는 "大乙奭妣丙"(《後上1. 1. 12》)과 "妣丙大乙奭"(《甲1642》)처럼, 동격(同格)이 되는 명사조(名詞組)도 있는데, 이런 경우에는 도치도 가능하다. 참고로 '奭'은 '配'의 뜻이다.

辛. 부사(副詞)

중국어에서의 부사에 대한 정의(定義)는 일반적으로 동사나 형용사 또는 문장 전체를 수식하는 품사로, 시간·장소·정도·방식 등의 개념을 설명한다고 하고 있다. 그런데 갑골복사에서는 이런 정의에 부합되는 부사로는 '不'·'弗'·'勿'·'毋'·'隹'·'弘'·'大'·'弜'·'亦'·'又'·'乎' 등이 있는데, 이들 대부분은 부정 또는 긍정의 의미를 나타내며, '乎'와 같이 어기(語氣)를 나타내기도 하고, '隹'·'亦'·'又' 등과 같이 문장 전체를 수식하기도 한다. 이들 가운데 '大'와 '弘'은 원래는 형용사인데, "大吉. 玆用. 不雨."(《粹710》)에서처럼 '大吉'이나 '弘吉' 등의 점사(占辭)에서는 형용사 '吉'을 수식하는 부사로 쓰였다.

갑골복사에서 동사 '出' 앞에 부가사(附加詞)가 덧붙여진 조동사의 예를 들면, "不出"(《珠173》), "允出"(《前1. 28. 6》), "允其出"(《菁9》), "弗其出"(《後上16. 7》), "不允出"(《庫1616》), "弗允出"(《續3. 6. 8》), "其亦出"(《珠173》), "不亦出"(《林2. 3. 15》), "其㞢出"(《鐵62. 2》), "其大出"(《前5. 28. 6》), "不大出"(《前5. 28. 6》)이라고 한 것 등이 있다. 이 중에서, '不'과 '弗'은 부정의 어기를 표시하고, '其'는 부정(不定)의 어기를 나타내며, '允'과 '㞢'는 긍정의 어기를 나타낸다. 하나의 동사조(動詞組)에 만약 부정사가 있는 경우에는 "不允出"·"弗其出" 등에서와 같이 그 부정사가 맨 앞에 위치하며, "允其出"·"弗允出"·"其㞢出" 등에서와 같이 부정사(不定詞)와 긍정사는 부정사와 동사 사이에 개입(介入)한다. 그리고 만약 긍정사와 부정사(不定詞)가 하나의 동사조(動詞組)에 함께 있을 경우에는 "允其出"과 같이 긍정사가 부정사(不定詞)의 앞에 위치하고, 만약 형용성(形容性)을 띤 '大'나 '亦'이 같은 동사조에 함께 있으면, "不亦出"·"其大出" 등에서와 같이 부정사나 부정사(不定詞)가 반드시 '大'나 '亦'의 앞에 놓인다. 따라서 이들 세 가지 어기를 대표하는 것들의 순서는, '부정-긍정-부정(不定)'이 된다.

복사는 자주 정반(正反) 정복(貞卜)으로 되어 있으므로, 부정사의 응용이 대단히 빈번한데, '亡'은 '又'와 대비되는 말로서, 그 뜻은 '無' 혹은 '沒有' 즉 '없다'이며, 동사이다. 복사에 보이는 부정사로는 '不'·'弗'·'勿'·'毋' 등이 있는데, 이들 넷은 그 뜻과 어기가 다르다. 앞에서 본 '不'과 '弗'는 '(무엇이) 아니다'는 뜻이고, '毋'와 '勿'는 명령과 기망(祈望)의 의미를 내포하고 있으며, 상대방이 '(무엇을) 하지 않기'를 희망하는 것이므로 서로 구별된다. '毋'와 '勿'의 예를 보면, "羽戊申毋其星(晴)"(《柏43》), "毋其㞢"(《珠1047》), "邛方其來, 王勿逆伐"(《前4. 24. 1》), "王其勿告于且乙"(《續3. 4. 1》) 등이 있다. 여기에서 예로 든 '勿'의 기망(祈望) 대상은 모두 왕이다. 그리고 각 예에서, '不其'·'弗其'·'毋其'의 결합은 부정사가 부정사(不定詞) '其' 앞에 위치하며, '勿其'라고 한 예는 매우 적은데, 오히려 '其勿'의 형태로 결합한 것이 있다는 점에 주의할 필요가 있다.

복사에서 '不'과 '弗'는 서로 너무 비슷하여 아예 서로 교체해서 쓴 예들도 많은데, "弗受禾"(《粹900》), "不受禾"(《粹901》), "我弗受年"(《粹874》), "我不受年"(《粹865》) 등과 같다. 그러나 복사에서 '不'과 '弗'이 하나의 복사 속에 함께 쓰인 경우도 있지만, 이 둘은 그런 가운데에서도 구분하여 사용되었는데, 예를 들면 복사에는 "不雨"와 "不遘雨"는 있지만, "弗雨"나 "弗遘雨"는 없으며, "下上弗若"는 있지만, "下上不若"은 없다. 또 "弗若"과 "不若"을 비교하면, 전자는 부정사와 동사의 결합이고, 후자는 부정사와 명사의 결합인데, 그 예를 들면, "下上弗若, 不我其受又"(《前5. 22. 2》), "今夕亡不若"(《前5. 20. 6》) 등에서의 '弗若'의 '若'은 동사이고, '不若'은 앞 동사의 목적어이다.

또 '不'과 '弗'의 차이는 대략 다음의 몇 가지로 요약된다. 첫째, '不'은 '若'과 결합하여 하나의 명사가 될 수 있다. 둘째, '不'과 '我'는 결합하여 부정의 선치(先置) 목적어가 될 수 있다. 셋째, '不'은 항상 천상(天象)이나 기후와 관련된 자동사 '雨'·'㱿'·'風'·'易日' 등과 서로 결합한다. 넷째, '不'과 결합하는 동사의 범위는 비교적 넓다. 다섯째, '不'은 이미 일어난 일을 나타낼 수 있다.

그런데 복사에서의 부정사에 대해서는 두 가지 사항을 알아 두어야 한다. 첫째는, 명사(命辭) 중의 부정사는 긍정에 대한 부정이 아니라 반면의 부정인데, 예를 들면 '不雨'란 '不下雨罷' 즉 '비가 오지 않겠지요?'라는 뜻이고; 오직 험사(驗辭) 중의 부정만이 반면의 긍정인데, 예를 들면 '允不雨' 혹은 '不雨'는 '비가 오지 않았다'는 사실을 추술(追述)한 것이라는 점이다. 둘째는, 명사(命辭) 중의 부정사는 해당 문장의 동사를 부정할 뿐만 아니라, 때로는 전체 명사(命辭)를 부정하기도 하며, “其又于母辛---毋又于且辛于母辛”(《續1. 42. 5》), “于母己御---勿于母己御”(《鐵106. 1》), “我受又---不我其受又”(《鐵244. 2》) 등에서 보는 바와 같이 이런 경우의 부정사는 문장의 맨 앞에 위치하는데, 여기에 사용된 부정사들은 ‘不’·‘勿’·‘毋’ 등이며, ‘弗’은 없다. 그리고 이들 부정사들은 문장 맨 앞에 위치할 뿐만 아니라, 주어보다 앞에 놓일 수도 있다.

그리고 武丁 만기의 ‘自’組 복사 중에는 “丁未卜扶, 㞢咸戊, 學戊乎?·丁未卜扶, 㞢咸戊牛不?”(《粹425》), “丙子卜, 今日雨不?”(《乙435》)라고 하고 있는 것 등과 같이 간혹 문장 끝에 ‘乎’·‘不’ 등의 어기사(語氣詞)를 쓰기도 하였다.

壬. 접속사(接續詞)

접속사를 중국어에서는 ‘連詞’라고 하는데, 접속사란 단어와 단어, 구(句)와 구(句), 문장과 문장을 연이어주는 역할을 하는 단어를 말한다. 그런데 갑골문에서의 이런 접속사는 대부분이 명사와 명사를 연계하는 것인데, 예를 들면 다음과 같은 예들이 있다.

“告于妣己眔妣庚”(《乙3297》)
“毘一百㞢九㞢九”(《乙764》)
“允禽三百又卌八”(《後下41. 12》)
“其告水入于上甲兄大乙一牛”(《粹148》)
“雀及子䖒徒基方, 克.”(《乙5582》)
“乎网目兕河氐夏𢿋洹”(《寧滬3. 40》)

위에 예시한 복사들 가운데 ‘眔’·‘㞢’·‘又’·‘于’·‘及’ 등이 접속사인데, 이 가운데 ‘㞢’와 ‘又’는 뜻이 꼭 같다. 이 이외에 ‘及’·‘氐’·‘兄’ 등은 그 예가 극히 적은데, 좀 더 연구가 필요하다.

癸. 개사(介詞)

중국어에서 ‘介詞’는 우리말로는 ‘전치사’에 해당되는데, 중국에서도 아주 드물게 ‘前置詞’라고 하는 사람도 있다. 중국어에서의 개사(介詞)란 단어와 단어, 단어와 구(句) 또는 문장 상호간의 관계를 나타내는 단어이며, 일반적으로는 명사나 대명사 또는 명사에 상당하는 다른 단어나 구(句) 또는 문장 앞에 놓여서 이들을 목적어로 수반한다. 중국어에서의 접속사와 개사는 둘 다 동사나 명사와 연계(連繫)를 이루는데, 그 연계 관계가 조건의 성격을 띤다는 점에서, 명사와 명사를 대등한 관계에서 연접(連接)해주는 접속사와 구별된다.

갑골복사에서의 개사는 '自'·'至于'·'于'·'才'·'从'·'隹'·'叀' 등이 있는데, 그 매개하는 사물에 따라 인물 관계·시간 조건·공간 조건 등의 세 가지 개사구로 나눌 수 있다. 예를 들면, "自上甲衣至于多后"(《粹856》), "王于父丁告"(《粹367》), "才小宗又歲自上甲"(《後下42. 15》), "从向歸"(《粹1067》) 등과 같은 것들이 있다. 여기에서 예로 든 세 가지 개사구에서, 인물·시간·공간에 모두 공통으로 쓰이는 것은, '于'·'至于'·'自'이고, 시간과 공간에 두루 쓰이는 것은 '才'이며, 공간에만 특별히 쓰이는 것은 '从'이다.

그리고 갑골복사에서의 접속사 '及'·'眔'·'于'·'㞢'·'又' 등과 개사 '于'·'至'·'自' 등은 동사로 쓰이기도 하는데, 특히 '至于某'의 '至'가 그런 예에 해당된다.

제4장

갑골문 단대(斷代) 연구

제1절 총론

一. 갑골문의 분기(分期) 단대

대략 B.C.1751년에 成湯이 夏나라를 멸망시키고 商 왕조를 건립한 이후, B.C.1112년 紂王에 이르러 멸망할 때까지 640년을 이어온 商나라의 역사는 두 단계로 나누어진다. 첫째 단계는, 성탕의 商 왕조 건국으로부터 盤庚의 殷으로의 천도(遷都) 전까지이다. 상 왕조는 이 기간 동안 여러 차례 천도를 하였으나 盤庚에 이르러 지금의 河南省 安陽 지역의 殷으로 천도한 것이 마지막인데, 이때가 대략 B.C.1385년이므로, 대략 367년 동안의 이 시기를 중국 역사에서는 이 이후의 시기와 구별하여 '商'이라고 한다. 이 기간 동안에는 20명의 왕이 즉위하였는데, 成湯은 13년 동안 재위하였고, 그 후로 재위 기간이 가장 길었던 왕은 大戊로서 75년 동안 집정하였다.

둘째 단계는, 盤庚이 殷으로 천도한 이후부터 紂王에 이르러 멸망하기까지의 273년 동안으로, 역사에서는 이를 '商'이라고 하는 것이 합당한데도 '殷' 또는 '殷商'으로 속칭(俗稱)하여 구분한다.[1] 이 기간 동안에는 12명의 왕이 즉위하였는데, 갑골문의 분기 단대는 바로 이 역사 단계를 대상으로 진행하는 것이다.

商 왕조의 시작과 끝에 대해서는, 학자들의 의견이 비교적 일치한다. 그러나, 陳夢家는, 商 왕조의 건국은 B.C.1627년이고, 盤庚이 殷으로 천도한 것은 B.C.1300년이며, 紂王은 B.C.1028년

1) 본 과제의 서술에서는 고유명사나 원문 인용 그리고 특별히 구분하여야 할 경우를 제외하고는 모두 '商'으로 통칭함을 밝혀 둔다.

에 멸망하였다고 고증하였다.[1] 이는 董作賓의 추론과 약 80여 년 차이가 난다.

董作賓의《殷曆譜》에 의거하여 商代 각 왕의 재위기간[개별 기간은 약간의 변동이 있을 수 있음]을 추산하여〈商代紀年表〉를 작성하면 아래와 같다.

殷商王朝(640년)

商(367년)			殷(273년)
夏亡		盤庚 遷殷	盤庚 14년(B.C.1385~1371년)
成湯 元年(B.C.1751년)			小辛 21년(B.C.1370~1350년)
天乙 13년	中丁 11년		小乙 10년(B.C.1349~1340년)
太丁	卜壬 15년		武丁 59년(B.C.1339~1281년)
外丙 2년	戔甲 9년		祖庚 7년(B.C.1280~1274년)
中壬 4년	祖乙 20년		祖甲 33년(B.C.1273~1241년)
大甲 12년	祖辛 16년		廩辛 6년(B.C.1240~1235년)
沃丁 29년	沃甲 25년		康丁 8년(B.C.1234~1227년)
大庚 25년	祖丁 32년		武乙 4년(B.C.1226~1223년)
小甲 17년	南庚 25년		太丁 13년(B.C.1222~1210년)
雍己 12년	陽甲 17년		帝乙 35년(B.C.1209~1175년)
大戊 75년	盤庚 14년		帝辛(紂) 63년(B.C.1174~1112년)
			殷亡 西周 元年(B.C.1112년)

갑골학 연구에서 가장 기본적이고 중요한 작업 중의 하나는 갑골편 각각의 년대를 고증하여 그 정확한 시기를 밝혀내는 일이다. 현재까지 발굴된 갑골 가운데 복사(卜辭)가 새겨져 있는 것은 거의 대부분이 安陽에서 출토된 것이며, 이 갑골들이 생성된 시기는 盤庚이 殷으로 천도한 때로부터 商 왕조가 멸망할 때까지로, B.C.1385년부터 B.C.1112년까지의 273년 동안이다. 이들 갑골이 商 왕조의 유물로 확정되기까지는 1899년 처음 갑골이 발견되고 나서 1911년까지 약 13년이라는 세월을 필요로 하였다. 갑골이 출토되었지만, 고대의 전적들에 이에 관한 기록이 없어서, 이 유물이 도대체 어느 시대의 것인지를 짐작하기가 어려워 여러 주장들이 제기되었었는데, 1903년 劉鶚이《鐵雲藏龜》를 출판할 때, 갑골문은 "殷人刀筆文字" 즉 殷나라 사람들이 칼로 쓴 문자임을 인지하였고, 孫詒讓도 이에 동조하였다. 이에 대해 羅振玉은《鐵雲藏龜·序》에서, 이 귀갑들을 "夏代와 殷代의 거북"이라고 했다가, 1910년 갑골문의 발견 지점이 安陽의 小屯村임이 확인되고, 복사(卜

1) 陳夢家 前揭書《殷虛卜辭綜述》p.209를 참고.

辭)에서 商 왕조의 왕들의 명칭과 시호(諡號) 10여 개가 발견되자, 이 갑골들이 商 왕실의 유물이라는 사실을 깨닫고, 劉鶚과 孫詒讓의 주장에 동조하였다.

이들 갑골이 商代 후기의 유물이라는 것이 사실로 확인된 이후, 학자들은 다시 이들 갑골편들이 각각 어느 왕 시대에 속하는 것인지에 대해 탐구하기 시작하였는데, 이것이 바로 분기(分期) 단대(斷代) 연구의 시작이었다. 이 분기 단대라는 말은 사실은 만상(晚商) 273년 동안을 일정 기간의 '期'로 나누는 일과, 盤庚이 殷으로 천도하고 紂王에 이르러 멸망한 8세(世) 12왕(王)의 대(代)를 단정(斷定)하는 것을 뜻한다. 갑골문이 商 왕실의 유물이라면, 갑골문이 출토된 安陽 小屯村이 商 왕조에서 차지하는 역사적 위치를 규명해내는 일이 그 후의 과제였다. 羅振玉은《殷商貞卜文字考》에서는 商나라의 도성(都城)에 대해 연구하였고, 1914년에 출간한《殷虛書契考釋 · 序》에서는 安陽 小屯村이 商 왕조 후기의 도읍지임을 밝혀냄으로써, 갑골문의 시대 확정에 크게 기여하였다. 羅振玉은 갑골문이 商代의 정복문자(貞卜文字)라는 점과 그 출토 지점이 殷墟임을 밝혀낸 이후로, 자신이 출판한 여러 권의 갑골문 연구서의 책 이름 앞에 '殷虛'라는 말을 덧붙이기도 하였다. 이처럼 갑골문이 商 왕조의 유물임이 증명됨으로써, 갑골문은 고대의 역사에 기록된 오류와 유실된 부분을 바로 잡고, '小學' 즉 넓은 의미의 한자학(漢字學)의 원류를 고증해내고, 고대의 복법(卜法)을 탐구할 수 있도록 하는 등, 학술적으로 그 가치를 크게 제고(提高)하였다. 이런 과정에서 갑골문의 시대 탐구에 대한 공헌뿐만 아니라, 갑골문 출토 지점에 대한 고증 작업 등은, 여러 학자들로부터 羅振玉이 이룩한 중요한 성과들로 인정받는다.

일찍이 漢代의 司馬遷은《史記 · 殷本紀》에서 매우 중요한 商代의 세계(世系)를 자세하게 기록함으로써, 갑골문 분기와 단대(斷代)에 대한 연구에 확고한 기초를 다져 놓았다고 할 수 있다. 최초로 갑골 단대 연구를 언급한 인물은 王國維인데, 그는 殷代와 周代의 예제(禮制)와 도읍 지리 등에 대한 발견뿐만 아니라, 갑골문 중의 商 왕실의 선공(先公) · 선왕(先王)의 명칭에 대한 고증을 통해서《史記 · 殷本紀》에 기록된 내용의 정확성을 증명함과 아울러《史記》에 기록된 商 왕조의 개별 왕들의 세계(世系)에 대한 오류를 바로 잡았다. 그 때까지만 하더라도 갑골의 단대 연구는 대체적인 시기만 알 수 있을 뿐이었고, 商代 후기의 사회발전과 갑골문 자체의 규율과 변화에 대한 연구는 매우 제한적이었기 때문에, 갑골편 각각의 시기 확정을 위한 본격적인 탐구는 이때부터 시작되었다.

이런 작업은, 王國維가 1917년에 발표한〈殷卜辭中所見先公先王考〉라는 저명한 논문에서 호칭을 이용하여 갑골의 년대를 확정한 것이 시초인데, 그는《後上25. 9》가 武丁 시대의 것이라고 주장하면서 특별히 '羅參事說' 즉 '羅振玉의 주장'이라고 표기하여, 羅振玉의 견해도 동일함을 밝혔다. 王國維는 '父' · '兄'이란 호칭을 통해서 갑골문의 구체적인 시대를 판정했는데,《後上25. 9》의 "父甲一牡, 父庚一牡, 父辛一牡"이라고 하고 있는 것에 대해, "此當爲武丁時所卜, 父

甲 · 父庚 · 父辛卽陽甲 · 盤庚 · 小辛, 皆小乙之兄, 而武丁之諸父也.(羅參事說).[1] : 이는 당연히 武丁 시기에 점복한 것으로, '父甲' · '父庚' · '父辛'은 차례대로 '陽甲' · '盤庚' · '小辛'을 지칭하며, 모두 다 '小乙'의 형들이고, '武丁'의 부친 항렬의 사람들이다.(羅振玉의 주장)"이라고 정확하게 해설하였다. 이어서 그는 "이 갑골편은 확실히 武丁 시기에 점복한 것으로, 지금 우리가 말하는 갑골문 제1기에 해당한다."라고 주장했다. 그가 여기에다 '羅參事說'이라고 특별히 밝힌 것으로 보아 羅振玉이 王國維 보다 앞서 이를 밝혀냈을 수도 있는데, 우연이긴 하지만 결국 羅振玉과 王國維는 이 이후 갑골 단대 연구의 10개 표준 중의 하나가 될 호칭을 가장 먼저 이용한 선구자가 되는 셈이다. 王國維는 또 〈殷卜辭中所見先公先王續考〉에서 복사에 의거하여 《史記》 중의 商 왕실 세보(世譜)의 오류를 바로 잡았다.

한편, 캐나다의 Menzies James Mellon은 1917년에 간행한 《殷虛卜辭》에 수록하지 않고 자신이 소장하고 있던 갑골 1천 여 판(版)의 탁본(拓本)을 許進雄이 정리하여 1972년에 출판한 《殷虛卜辭後編》에 대한 〈叙言〉에서, 1924년 겨울 小屯村에서 출토된 3백 여 편(片)의 갑골을 분류하면서 '稱謂' 곧 호칭과 자체(字體)로써 갑골의 년대를 판단하고자 하였다.[2] 비록 그가 '康丁' · '武乙' · '文丁' 3왕 시기의 복사 중의 '父丁'을 '武丁', '父乙'을 '小乙'이라고 오인하여 그의 갑골 단대가 모두 잘못되긴 하였지만, 어떻든 '稱謂'와 '字體'를 갑골의 시대 판정의 근거로 삼은 점은 높이 평가할 만하다.

1928년 10월에 中央研究院에서 제1차 殷墟에 대한 과학적인 발굴 작업을 시작하고, 董作賓이 이를 주관하게 됨으로써 그는 현지에서 갑골을 직접 고찰할 기회를 갖게 되었다. 그리고 1929년 가을의 제3차 발굴에서 3,012편의 갑골과 함께 온전한 대귀(大龜) 4판(版)이 출토되었는데, 董作賓은 이 네 판에 근거하여 최초로 '貞人'설을 제기하여 갑골 분기 단대 문제 해결의 단서를 제시하였다. 이른바 '大龜四版'의 연구를 통해서 董作賓은 다음의 두 가지 점에서 갑골학 연구에 크나큰 공적을 세웠는데, 하나는 복사의 '卜'자 뒤 '貞'자 앞에 있는 글자는 '王'자를 제외하고는 모두가 인명(人名)이며, 이 사람이 바로 점복(占卜)을 주관한 '貞人'임을 확정한 것이고; 또 하나는 이 '貞人'을 근거로 갑골의 시대를 단정한 것이다. 그는 1931년 6월에 〈大龜四版考釋〉을 발표하면서, 갱층(坑層) · 함께 출토된 기물 · 정복(貞卜) 사류(事類) · 향사(享祀)된 제왕(帝王) · '貞人' · 문체(文體) · 용자(用字) · 서법(書法) 등 8항목의 단대 표준을 제시하였고, 1933년 1월에는 〈甲骨文斷代研究例〉를 발표하였는데, 앞서의 '大龜四版'에 대한 고석(考釋)의 기초 위에서 다시 10개 항목의 단대 표준을 제시하면서, 殷墟의 갑골문을 5기(期)로 나누었는데, 이는 갑골학 연구 역사에

1) 王宇信 前揭書 《甲骨學通論》 p.157에서 재인용.

2) 이 <叙言>은 1928년에 쓴 것으로, 《殷虛卜辭後編》에는 수록되지 않았는데, 李學勤이 《文物》 1981년 第5期에 <小屯南地甲骨与甲骨分期>를 발표하면서 덧붙임으로서 공개되었다.

서 획기적인 큰 공헌으로 평가된다. 이 부분에 대해서는 이 다음의 〈二. 董作賓의 단대 연구〉에서 다시 논(論)하기로 하겠다.

董作賓이 〈甲骨文斷代硏究例〉를 발표한 것과 거의 동시에, 일본에 거주하고 있던 郭沫若은 《卜辭通纂》을 1933년 1월에 발간하였는데, 이 당시에 그 역시 갑골의 단대를 연구하고 있었으며, 이미 〈甲骨文斷代硏究例〉의 삼교(三校)에 해당하는 원고를 이미 보았던 터라, "已反覆誦讀數遍; 旣感紉其高誼, 復驚佩其卓識, 如是有系統之綜合硏究, 實自甲骨文出土以來所未有.[1] : 이미 반복해서 여러 차례 송독(誦讀)하였는데; 그 뛰어난 안목에 감탄했고, 또 탁월한 식견에 경탄했으며, 이처럼 체계적이고 종합적인 연구는 실로 갑골문이 출토된 이래로 아직 없었던 바이다."라고 《卜辭通纂 · 後記》에 기록하였다. 그리고 《卜辭通纂》에 첨부하려고 했던 〈卜辭斷代表〉의 구상을 취소하였다. 董作賓과 郭沫若은 비록 주장이 서로 다르고 지역적으로 서로 멀리 떨어져 있었지만, 갑골 단대 연구에 대한 견해에서는 일치하는 부분이 많았다. 그리고 董作賓이 미처 발견하지 못한 것을 郭沫若이 보충하면서,

> …… 此中旅 · 卽 · 行三名與余所見同, 其它就余所能覆核者, 均確無可易. 別有名尹者, 董氏未能考定, 今據其例知亦祖庚祖甲時人, 其用字與文例與行 · 卽相同.[2] : 이 중에서 '旅' · '卽' · '行'이라는 세 이름에 대해서는 나와 견해가 같고, 기타 내가 대조할 수 있는 인물은 모두 다 확실하여 바꿀 것은 없다. 별도로 '尹'이란 이름을 가진 인물에 대해서 董作賓은 고구(考究)하여 확정하지 못했는데, 지금 그 용례에 의거하면 이 역시 '祖庚' · '祖甲' 시대의 인물임을 알 수 있다. 그리고 용자(用字)와 문례(文例)도 '行' · '卽'의 경우와 같다.

라고 했는데, 이로 보아 郭沫若도 갑골 단대 연구에 힘썼음을 알 수 있다. 董作賓의 단대 '5期'설(說)이 발표된 이래 갑골학계에서는 대단한 반향(反響)이 일어났는데, 이런 학설의 기초 위에서 어떤 학자들은 다른 견해를 제시하기도 했다. 胡厚宣은 1946년에 《甲骨六錄》을 출판한 것을 시작으로 하여, 갑골을 먼저 기별(期別)로 나눈 다음에 다시 사류(事類)에 따라 분류하는 방법으로 정리하여 편집하는 저록 체제를 시도하였으며, 계속해서 《戰後南北所見甲骨錄》 · 《戰後寧滬新獲甲骨集》 · 《戰後京津新獲甲骨集》 · 《甲骨續存》 등을 잇달아 출판하였는데, 이들 네 저록에 수록된 갑골의 양은 모두 13,814편(片)에 이르며, 이는 殷墟에서 출토된 전체 10만 여 편(片)에 이르는 갑골의 10분의 1을 상회한다. 그는 갑골 탁본이나 모본(摹本)의 출판을 통해서 이를 널리 전파했을 뿐만 아니라, 갑골 저록과 편찬에 있어 새로운 체제를 창조함으로써, 이후 갑골문 저록의

---

1) 郭沫若 《卜辭通纂 · 後記》(朋友書店 1977. 京都) p.1.

2) 上同

과학적인 편집에 모범이 되었다.

胡厚宣은 갑골 '4期'설을 주장하였는데, 제3기에 해당하는 '廩辛'·'康丁'·'武乙'·'文丁'의 3세(世) 4왕은 실제로는 董作賓의 '5期'설 중의 제3·4기를 병합한 것이다. 그 이유를 王宇信은, "除了有一部分根據貞人和呼稱可以直接分在第三期中第四期外, 還有一部分甲骨在分期實踐中較難處理.[1] : '貞人'과 호칭에 근거하여 제3기 중에서 제4기를 직접 분류해 낼 수 있는 일부분의 갑골을 제외하고는, 분기 작업 중에 비교적 처리하기 어려운 갑골도 일부분 있었던 때문"이라고 설명하였다. 胡厚宣의 '4期'설이란 바로,

제1기 : '盤庚'·'小辛'·'小乙'·'武丁' 시기.
제2기 : '祖庚'·'祖甲' 시기.
제3기 : '廩辛'·'康丁'·'武乙'·'文丁' 시기.
제4기 : '帝乙'·'帝辛' 시기.

로 나눈 것이다.

이 이후에 陳夢家는 董作賓의 10개 항목의 단대(斷代) 표준과 '5期'설의 기초 위에서, 董作賓의 주장에 대해 수정을 가하여, 3개 표준과 '9期'설을 주장하였다.[2] 그의 이른 바 3개 표준이란,

(1) 제1표준 : '世系'·'呼稱'·'占卜者'.
(2) 제2표준 : '字體'·'詞匯'·'文例'.
(3) 제3표준 : '卜辭事類'('祭祀'·'天象'·'年成'·'征伐'·'王事'·'卜旬').

이다. 그가 제1표준을 단대의 가장 중요한 조건으로 내세운 이유는, 대부분의 복사에서 조상(祖上)의 세계(世系)와 점복 당시 인물의 조상에 대한 호칭 및 점복자(占卜者)의 이름이 발견되기 때문이다. 세계(世系)를 통해서 각 왕들 사이의 친속(親屬) 관계, 즉 위차(位次)와 세차(世次) 및 직계·방계(傍系)를 알 수가 있다. 그리고 호칭을 통해서 점복 당시의 왕과 그 조상과의 관계 즉 친속관계를 알 수가 있다. 또한 점복자의 년대는 호칭을 통해서 판정할 수 있는데, 점복자와 당시의 왕은 동시대에 존재한 인물들이기 때문이다. 이 세 요소 중에서는 점복자가 특히 중요하다고 했는데, 그 까닭은 복사의 점복자는 당시의 왕과 복인(卜人) 뿐이기 때문이라고 했다.

---

1) 王宇信 前揭書《甲骨學通論》p.180.
2) 陳夢家 前揭書 pp.137~139를 참고.

제2표준에 대해서는, 시대가 명확한 갑골편을 정리하는 과정에서 서로 다른 시대에 속하는 자체(字體)·어휘·문례(文例) 등의 특징과 변화를 연구함으로써, 이런 특징을 이용하여 복인이 기록되지 않은 복사의 년대를 판정할 수 있기 때문이라고 하였다.

제3표준은, 위에서 설명한 두 가지 표준을 이용하여 모든 갑골 각사(刻辭)를 그 내용에 따라 여러 가지 사류(事類)로 분류하여 연구함으로써, 각 시기의 사전(祀典)·역법·사실(史實)·기타 제도 등을 종합하고, 각종 제도의 차이를 시대 판별에 이용하기 때문이라고 했다.

그는 이런 3개 표준에 의거하여 은허의 갑골문을 9기로 분류하였는데, 그 9기는 다음과 같다.

(1) 武丁 복사(卜辭)		1	一世	早期
(2) 庚·甲 복사	祖庚 복사	2	二世	
	祖甲 복사	3		
(3) 廩·康 복사	廩辛 복사	4	三世	
	康丁 복사	5	中期	
(4) 武·文 복사	武乙 복사	6	四世	
	文丁 복사	7	五世	
(5) 乙·辛 복사	帝乙 복사	8	六世	晚期
	帝辛 복사	9	七世	

갑골문 연구가 깊이를 더해감에 따라서 단대 연구도 성과를 더하게 되었는데, 1970년 9월에 許進雄은《中國文字》第37册에〈鑽鑿對卜辭斷代的重要性〉을 발표하고, 1981년 11월에는 于秀卿·賈雙喜·徐自强이《古文字研究》第6輯에〈甲骨的鑽鑿形態與分期斷代研究〉를 발표함으로써, 서로 다른 각도에서 갑골 단대를 연구하여 새롭게 보충하였다.

갑골문의 분기 단대 연구는 아직까지도 완전히 끝이 난 것이 아니다. 武丁은 59년 동안 재위했는데, 董作賓의 주장에 의하면 이 시기의 갑골문은 제1기로 분류된다. 그런데 董作賓은〈甲骨文斷代研究例〉에서 "在五十九年間的史實, 也當然有個先後; 關於這些精密的分劃, 皆有待於將來.[1] : 59년 동안의 역사적 사실에는 당연히 선후가 있어야 마땅한데, 이런 정밀한 분기 획정에 대해서는 장래를 기다릴 수밖에 없다."라고 했다. 지금도 어느 것이 '先'이고 어느 것이 '後'인가 하는 문제는 해결되지 않았다. 그리고 '5期'설 가운데 이른 바 '文武丁卜辭'에 대해서는 오래도록 논쟁이 계속되어 왔는데, 그 이유는 '文武丁卜辭'라고 추정할 수 있는 특징을 갖추고 있는 복사들

1) 董作賓 前揭論文 <甲骨文斷代研究例> p.365.

이 제1기의 복사에도 보이고, 또 제4기에도 보이기 때문이다. 그러다가 상당히 오랜 기간 동안 이 문제에 대해 열띤 토론 과정을 거친 결과, 현재는 이들 복사들의 분기는 마땅히 제1기 武丁 시대로 앞당겨야 한다는 것으로 의견이 일치되고 있다. 胡厚宣이 주편(主編)한《甲骨文合集》은 '5期'설에 의거하여 편찬되었으며, 그《序》에서 胡厚宣은 명확하게 주장하기를, "'文武丁時代之謎'的那部分甲骨. …… 把它們集中附在武丁期的後邊. : '文武丁 시대의 수수께끼'에 해당하는 그 부분의 갑골들은 …… 그것들을 모아서 武丁 시기의 뒷부분에 덧붙여 놓았다."라고 했다. 다만 갑골문의 분기 단대에는 또한 새로운 문제 하나가 제기되었는데, 그것은 곧 武乙 · 文丁 복사를 다시 세분(細分)하는 문제로서, 어느 것이 武乙 복사이고, 어느 것이 文丁 복사인지에 대한 문제는 아직까지 해결하지 못하고 있다.

二. 董作賓의 단대 연구

董作賓은 갑골문 분기 단대에 대한 주장을 가장 먼저 제시함으로써 수만 편(片)에 이르는 갑골문의 풀지 못한 수수께끼들을 풀 수 있게 하였다. 1929년에 李濟가 주관하여 小屯村에서 진행한 제3차 殷墟 발굴 작업 중 '大連坑'의 남쪽 자락에서 온전하고 대단히 큰 귀갑(龜甲) 4판(版)이 출토되었는데, 董作賓은 1931년에 이를 고석(考釋)하여 〈大龜四版考釋〉이라는 제목의 글을《安陽發掘報告》第3期에 발표하였다. 이 논문에서 그는 복법(卜法) · 사류(事類) · 문례(文例) · 시대 · 종속(種屬) 등 '五考'로 나누어 이 '大龜四版'에 각(刻)된 복사의 내용을 분석 연구하였다. 이른 바 이 '大龜四版'에 대한 연구를 진행하면서 董作賓은 나름대로의 계시(啓示)를 얻게 되었고, 그는 〈時代考〉에서 갱층(坑層) · 함께 출토된 기물 · 정복(貞卜) 사류(事類) · 향사(享祀)된 제왕(帝王) · '貞人' · 문체(文體) · 용자(用字) · 서법(書法) 등 8개 항의 단대 표준을 제시하였다. 董作賓이 '貞人'을 단대(斷代) 표준으로 제시한 것은 이 대귀(大龜) 4판(版)의 계시에 의한 것임은 잘 알려진 사실이다. 이렇게 그가 처음으로 단대 '貞人'설을 제시함으로써, 갑골문 단대 연구에 기초를 다졌다.

董作賓은 〈大龜四版考釋〉의 기초 위에 1933년에 다시 〈甲骨文斷代研究例〉를《慶祝蔡元培先生六十五歲論文集》에 게재하였는데, 이는 획기적 의미를 지니는 논문으로 꼽힌다. 그는 여기서 갑골문 단대의 10가지 표준과 '5분기'설을 제기하였다. 10가지 표준은, 세계(世系) · 호칭 · '貞人' · 갱위(坑位) · 방국(方國) · 인물 · 사류(事類) · 문법 · 자형 · 서체(書體)이며, 이 중에서 세 번째의 '貞人'들에 근거하면 각 복사의 해당 시대를 단정할 수 있고, 더구나 제사를 지낸 선조들에 대한 호칭을 근거로 해서 이들 다수의 '貞人'들이 어느 왕 시대의 사람들인지 단정할 수도 있었다.

董作賓은 殷墟의 갑골문을 5기(期)로 구분하였는데, 盤庚이 殷으로 천도한 이후부터 紂王의 멸망까지의 273년 8세 12왕에 해당하는 갑골문을 5개 역사 시기로 나눈 것으로, 바로 갑골문의 분기 단대 '5期'설이다. 그 5기(期)를 요약하면 다음과 같다.

제1기 : 武丁 및 그 이전(盤庚 · 小辛 · 小乙) 시기.
제2기 : 祖庚, 祖甲 시기.
제3기 : 廩辛, 康丁 시기.
제4기 : 武乙, 文丁 시기.
제5기 : 帝乙, 帝辛 시기.

董作賓의 '5期'설이 발표되고 난 뒤에 갑골학 연구는 더욱 활기를 띠며 계속 심화되어, 이 학설에 대한 내실을 다지는 동시에, 새로운 견해의 제시가 이어졌다. 갑골학계에서 '文武丁 시대의 수수께끼'에 대한 열띤 토론이 전개된 이래로, 갑골문 분기설(分期說)은 학계에서 아직 의견이 일치되지 못하고 있던 상황에서, 갑골문을 집대성한《甲骨文合集》은 董作賓의 '5期'설을 채택하였는데, 胡厚宣은《甲骨文合集》〈序文〉에서 밝히기를,[1] 여러 번 반복된 토론을 거쳐서 결국 견해의 차이가 비교적 작은 董作賓의 5분기(分期) 설(說)을 잠시 채택하기로 했으며, 다만 董作賓이 제4기에 속한다고 생각한, 이른 바 '文武丁 시대의 수수께끼'의 갑골들은 (중략) 조기(早期)에 속하는 것이 마땅하다고 생각하지만, 이 조기(早期)를 어느 시대까지로 해야 할 지에 대해서는 학계의 의견이 일치되지 않고 있으므로, 이들 갑골들을 武丁 시기의 뒷부분에 첨부하여 학자들의 집중적인 토론과 연구가 진행되도록 하였다고 밝혔다.

董作賓이 1933년에 발표한 〈甲骨文斷代研究例〉는 획기적인 의미를 지니는 거작(巨作)이었으며, 이 이후에 발표된 갑골문 단대를 연구한 논저들은 거의 대부분이 그가 제시한 10개 항목의 단대(斷代) 표준과 5분기(分期) 설(說)을 기초로 한 것이었다. 지금까지도 그의 이런 주장들은 갑골문 연구에 보편적으로 응용되고 있으므로, 이는 현재까지의 殷墟 갑골문 분기 단대의 결론이라고 볼 수 있다. 이제 5분기(分期)를 결정하는 10개 항의 단대 표준에 대해 살펴보자.

甲. 세계(世系)

여기에서 말하는 세계(世系)란, 商 왕조의 각 왕들의 세차(世次)를 말한다. 과거에는 한 사람의 왕이 죽으면 다음 왕이 왕위(王位)를 계승하는 한 번의 과정을 '一世'라고 하였는데, 복사(卜辭)에

1) 胡厚宣 <甲骨文合集 · 序>, 中國社會科學院歷史研究所編《甲骨文合集》(中華書局 1982. 北京) p.4.

서는 이를 '一示'라고 하고 있다. 商 왕실의 선공(先公)과 선왕(先王)의 선후(先後) 위차(位次)를 명확히 규명하는 것이야말로 갑골 단대(斷代) 연구의 첫걸음이고, 商 왕실의 세계(世系)를 확정하는 것이다. 그리고 이 세계(世系)가 확정되어야 비로소 분기(分期) 획정(劃定)이 가능해진다.《史記·殷本紀》에는 14선공과 31선왕이 기록되어 있다. 司馬遷이 제공한 이 중요한 사료(史料)는, 王國維가 報丁·報乙·報丙의 위차(位次) 오류를 바로 잡은 것을 제외하고는, 갑골문을 통해서 대체로 틀림이 없다는 것이 검증되었다. 그러므로 董作賓은 단대의 구체적인 사례(事例)들을 고증하기 전에, 우선 司馬遷의 商 왕실의 선공·선왕의 세수(世數)를 인용하고, 이를 표(表)로 나열하여 설명한 다음에 다시 上甲 微로부터 武乙에 이르기까지의 商代 세계(世系)를 3단(段)으로 나누었다.

제1단은 微로부터 主癸까지의 '六示'이다. 王國維는 〈殷卜辭中所見先公先王考〉에서《戩1. 10》과《後上8. 4》의 두 갑골편을 결합하여 '六示' 선공(先公)의 위차(位次)를 증명했는데, 이 복사의 내용은, "乙未酒, 𢆶品, 上甲十, 報乙三, 報丙三, 報丁三, 示壬三, 示癸三, …… 大丁十, 大甲十, ……"로 되어 있다. 이 가운데 '示壬'과 '示癸'는 바로 〈殷本紀〉의 '主壬'과 '主癸'이다. 董作賓은 이들 '六示'의 세계(世系)를 '上甲(上甲微)--報乙--報丙--報丁--示壬--示癸'로 확정하였다.

제2단은 大乙로부터 祖甲까지의 '九示'이다. 복사에는 '大乙'로 기록되어 있고, 〈殷本紀〉에는 '天乙'로 기록되어 있는데, 이가 곧 成湯이며, 복사에는 '唐'으로도 기록되어 있다. 이들 '九示'의 복사는 董作賓이 제3차 발굴에서 획득한 골판(骨版)을 정리할 때, 네 곳에 흩어져 있던 복사 한 조(組)를 발견하고 이를 철합(綴合)하여 해독(解讀)함으로써, 商代 사람들이 말하는 '十示'의 세차(世次)를 밝혀낸 것이다[여기에는 上甲 微가 포함됨]. 이 갑골편은《甲2282》에 편입(編入)되었고,《佚256》과 철합(綴合)되어《佚986》으로 저록되었다. 董作賓은 이 갑골편을《甲2282》에 근거하여, 제1행(우측에서 좌측 방향으로)과 제4행이 정확하게 합쳐지는 것을 확인하고는, '[윗부분이 잔결됨]求雨自上甲'에서 시작하여 '祖丁十示, 率牡'에서 끝난다고 해석하였다.《佚986》의 제4행의 상단(上端)부터 끝까지가 바로 '十示'인데, 복사에는 "☐未卜, 求上甲·大乙·大丁·大甲·大庚·大戊·中丁·祖乙·祖辛·祖丁, 十示, 率牢."라고 하고 있다. 이들 '十示'의 각 선왕에 대한 글자의 흔적은 매우 뚜렷하다. 결론적으로, '上甲'은 제1단에 속하는 점을 제외하고 大乙에서부터 祖丁까지의 세차(世次)의 순서를 나열하면, 그 세계(世系)는 '大乙(天乙) - 大丁 - 大甲 - 大庚 - 大戊 - 中丁 - 祖乙 - 祖辛 - 祖丁'이다. 이들 '九示'의 배열은 정제(整齊)되고 엄밀하며, 〈殷本紀〉에 기재된 이 세보(世譜)에 전혀 오류가 없음을 증명해준다.

제3단은 小乙로부터 武乙까지의 '五示'이다.《後上20·5》에는 "甲辰卜, 貞: 王賓, 求祖乙·祖丁·祖甲·康祖丁·武乙衣, 亡尤."라고 기록되어 있는데, 王國維는 이에 대해,

案, 武乙以前四世有小乙·武丁·祖甲·康丁, 則祖乙卽小乙, 祖丁卽武丁, 非河亶甲之子祖乙, 亦非祖辛之子祖丁也. 又此五世之中, 名丁者有二, 故於康丁云康祖丁以別之, 否則亦但云'祖'而已.[1] : 살펴보면, 武乙 이전의 4세(世)로는 小乙·武丁·祖甲·康丁이 있는데, (복사의) '祖乙'은 곧 '小乙'이고, '祖丁'은 곧 '武丁'인바, 이는 '河亶甲'의 아들 '祖乙'이 아니고, 또한 '祖辛'의 아들 '祖丁'이 아니다. 또 이들 5세 중에는 '丁'이란 이름을 가진 이가 둘이기 때문에, '康丁'을 '康祖丁'이라고 일컬어서 구별하였으며, 그렇지 않으면 '祖'자로만 일컬었을 것이다.

라고 하였다. 또《粹250》에는, "己丑卜, 大, 貞: 於五示告, 丁·祖乙·祖丁·羌甲·祖辛."이라고 하고 있는데, 여기에서 말한 '五示'의 '丁'은 '父丁(武丁)'이고, '祖乙'은 '小乙'이며, '祖丁'과 '祖辛' 사이에 '羌甲' 즉 '陽甲'을 배열하였는데, 이는 순서가 조금 다르다. '祖甲' 시기엔 '父乙'과 '祖乙'의 복사가 많이 보이는데, 이 갑골판에서는 '祖乙'과 '祖丁'을 연달아 호칭하였으므로, 여기에서의 '祖丁'은 '小乙'을 직접 계승한 '祖丁'임을 알 수 있으며, 제2단의 세차(世次)와 서로 부합된다. 결론적으로 제3단의 '五示'의 세계(世系)는 '小乙--武丁--祖甲--康丁--武乙'이다.

董作賓은 이 3단(段)의 세차(世次)를 통해서, 上甲부터 武乙까지 商代 사람들이 '大示'·'元示'·'大宗'이라고 호칭한 인물은 모두 일세(一世)에 한 사람씩으로, 모두 20세 20명인데, 이는 〈殷本紀〉에 기록된 세수(世數)와 꼭 부합된다. 董作賓의 주장에 의하면, 商代에는 '大示'·'元示'·'大宗'이란 말을 사용하였고, 당시의 제사(祭祀)는 각 세대마다 한 사람만 종묘에 올렸으므로, 적장자로 계승한 직계일 경우에는 모두 '大示'(武丁 때에는 '大示', 祖甲 때에는 '元示'라고 함)라고 했고, 또한 '大宗'이라고도 했다. 동생이 형의 왕위를 계승한 방계(傍系)일 경우에는 모두 '小示'로 칭하고, 또 '小宗'으로 칭하기도 하였다.

商代는 원조(遠祖) 帝嚳으로부터 시작해서 帝辛에서 끝나는데, 모두 45위(位)이며, 이들에 대한 호칭은 대부분 복사에 보이지만, 帝乙과 帝辛은 복사에 보이지 않는다. 그 까닭은 제5기의 갑골복사에서 최후로 제사를 주관한 사람은 帝辛이였기 때문일 것이다.

역사적으로 商이라고 지칭하는 시기는 大乙(天乙·成湯)로부터 帝辛까지로서, 동생이 형의 왕위를 계승한 경우까지 포함하여 모두 17대(代) 31세(世) 즉 31왕이고, 640년 동안이다. 商왕조를 건국한 商湯(大乙·唐) 이전까지를 '선공(先公) 시기'라고 하는데, 이 중에서 嚳부터 振까지의 각 조상을 '선공 원조(遠祖)', 上甲 微부터 主癸(示癸)까지를 '선공 근조(近祖)'라고 한다. 그리고 商湯 이후부터 帝辛까지를 '선왕(先王) 시기'라고 하는데, 이 중에서 商湯부터 祖丁까지를 후세에는 '선왕 전기(前期)'라고 하고, 盤庚부터 帝辛까지를 '선왕 후기(後期)'라고 일컫는다.

세계(世系)가 명확해졌기 때문에, 殷墟 갑골문의 분기 단대도 비로소 표기가 가능해졌다. 제1기

1) 王國維《古史新證》(淸華大學出版社 1994. 北京), 董作賓 前揭論文<甲骨文斷代硏究例> p.369에서 재인용.

는 武丁에서 시작하여 위로 盤庚 · 小辛 · 小乙까지이고, 제2기는 祖庚에서부터 祖甲까지이고, 제3기는 廩辛에서부터 康丁까지이고, 제4기는 武乙에서부터 文丁까지이고, 제5기는 帝乙에서부터 帝辛까지이다.

乙. 호칭(呼稱)

商 왕실에서 거행되는 제사의 주재자 즉 제주(祭主)는 당연히 왕인데, 간혹 사관(史官)이 왕을 대신해서 어떤 일에 대해 복문(卜問)하기도 하였다. 제사의 대상은 필연적으로 제주와 친소(親疏) 원근의 어떤 관계가 있을 것이므로, 이런 관계를 표시하는 것이 바로 호칭이며, 이 호칭은 칭위(稱謂) · 칭호(稱號)라고도 한다.

갑골복사에서는 상호 간의 호칭 관계에 따라 4가지 정황이 나타난다. 첫째, 형제 관계에서 형에 대한 호칭은 "兄某"라고 하고; 둘째, 부자(父子)나 모자(母子) 관계에서 부친에 대한 호칭은 "父某"라고 하고, 모친에 대한 호칭은 "母某"라고 하며; 셋째, 조손(祖孫) 관계에서 조부에 대한 호칭은 "祖某"라고 하며, 조모에 대한 호칭은 "妣某"라고 하고; 넷째, 조부 항렬 이전의 비교적 먼 조상에 대해서는 시호(諡號)를 썼다. 이처럼 제주 자신과의 관계로 호칭을 정하는 일은, 복사에 매우 분명하게 반영되어 있다. 그러므로 이런 호칭은 복사 단대 연구의 정확한 표준이 될 수 있다.

1. 형에 대한 호칭

《前1. 40. 5》에는 "己丑卜, 行, 貞 : 王賓兄己歲, 亡尤."라고 하고 있는데, 이 복사에서의 '行'은 '貞人' 이름이고, '兄己'란 祖甲이 그의 형 祖己를 지칭한 것이다. 祖己는 〈殷本紀〉에 '孝己'로 되어 있는데, 왕위에 오르지 못하고 세상을 떠났었다. 이 복사에서의 왕은 祖甲을 지칭하며, 또한 '行'은 제2기의 '貞人'이므로, 이 복사는 제2기 祖甲 시대의 복사임을 알 수 있다.

또《粹310》에는 "己卯卜, 行, 貞: 王[賓]兄己歲, [亡]尤.", "☐☐卜, 行, [貞]: 王[賓]兄庚, [亡]尤."라고 하고 있는데, 郭沫若은 이 복사에서의 '兄己'와 '兄庚'에 대해, "兄己者孝己, 兄庚者祖庚. 此祖甲時所卜.[1] : '兄己'는 '孝己'이고, '兄庚'은 '祖庚'이다. 이는 祖甲 때에 점복한 것이다."라고 했다. 따라서 이는 제2기 祖甲 때의 복사이다.

1) 郭沫若 前揭書《殷契粹編 · 續考》p.50.

2. 부친에 대한 호칭

《前1. 25. 1》에 "貞: 疾齒, 御於父乙."이라고 하고 있는데, 商代 복사에서 '父乙'이라고 칭할 수 있는 경우는, '武丁'이 그의 부친 '小乙'에 대해서, 그리고 '文丁'이 그의 부친 '武乙'에 대해서, 모두 '父乙'이라고 호칭할 수 있다. 그런데다 이 복사의 서체(書體)의 풍격이 武丁 시기의 특색을 가지고 있고, 武丁의 부친이 小乙임을 감안하면 이 복사의 '父乙'은 '小乙'이고, 따라서 이 복사는 제1기 武丁 시대의 것임을 알 수 있다.

3. 모친에 대한 호칭

《前1. 29. 1》에는 "貞: [侑]於母庚, 二牛."라고 하고 있는데, '武丁'의 부친 '小乙'의 부인 즉 배비(配妃)로 '妣庚'이 있으므로, '妣庚'은 곧 '武丁'의 모친이기 때문에 '武丁'은 '妣庚'을 '母庚'으로 호칭할 수 있다. 따라서 이는 제1기 武丁 시기의 복사이다.

또《前5. 48. 1》에 "己酉卜, 卽, 貞: 告於母辛, 叀農, 十月."이라고 하고 있는데, '祖甲'의 부친 '武丁'의 배비(配妃)로 '妣辛'이 있고, '妣辛'은 '祖甲'의 모친이기 때문에 '祖甲'은 '妣辛'을 '母辛'이라 호칭한 것이다. 이는 제2기 祖甲 시대의 복사이다.

4. 조부(祖父)에 대한 호칭

《粹1》에는 "叀高祖夒, 祝用王受又."라고 하고 있는데, 商代에는 원조(遠祖)를 '高祖'라고 호칭하였다. 王國維는 '夒'를 商 왕실의 원조(遠祖)인 '帝嚳'으로 고증하였는데, 자체(字體)에 의거하면 제3기 祖甲 시기의 복사임을 알 수 있다.

그리고《後上21 · 13》에는 "癸卯卜, 貞: 弜□高祖王亥, 於叀□."라고 하고 있는데, 이 복사는 서체(書體)로 보아 제4기의 것으로 보이며, '王亥'는 '王恆'이라고도 한다.

또《後上9 · 10》에는 "貞: [侑]於王恆."이라고 하고 있는데, 이 복사와 동일 판(版)에 있는 좌측 복사에 '貞人' '殻'이 있으므로, 이는 제1기 武丁 시기의 복사로 추정된다.

이런 예(例)들에서 보는 바와 같이 복사의 분기를 추정할 때는, 기타 다른 단대 표준의 도움을 받아야만 추정이 가능한데, 그 까닭은 각 선왕들이 모두 원조(遠祖)에게 제사를 지낼 수 있고, 그 때마다 해당 원조에 대한 호칭이 같기 때문이다. 위에서 인용한 두 복사는 원조에 대한 호칭이 시호(諡號)임을 증명해주는 예인데, '高祖夒'와 '高祖王亥'라고 한 것이 그렇다.

《前1 · 21 · 1》에는 또 "丙辰卜, 貞: 康祖丁, 丁, 其牢, 兹用."이라고 하고 있는데, 여기에서의 '康祖丁'은 '康丁'이고, '帝乙'이 '康丁'을 '祖'로 호칭한 것이다. 이는 제5기 帝乙 · 帝辛 시기의 복사이다.

5. 조모(祖母)에 대한 호칭

《卜69》에는 "庚子卜, 旅, 貞: 王賓妣庚, 歲, 亡尤, 在九月."라고 하고 있는데, '祖甲'의 祖父는 '小乙'이고, '小乙'의 배비(配妃)는 '妣庚'이므로, '妣庚'은 '祖甲'의 조모이다. '旅'는 '祖甲' 시기의 '貞人'이므로, 이는 제2기 祖甲 시기의 복사이다.

복사 가운데 "戊辰卜, 其於妣己叀小牢."[1]라고 한 것이 있는데, 여기에서의 '妣己'는 '祖丁'의 배비이며, '武丁'의 조모이다. '祖乙' 이상의 각 조상의 배비에도 '妣己'가 있는데, 董作賓은 이를 武丁의 조모라고 하고, 이 복사를 제1기 武丁 시기의 것이라고 추정했다.

丙. '貞人'

董作賓의 〈大龜四版考釋〉이 발표되기 전에는 갑골복사 중의 '貞'자 앞에 덧붙여져 있는 글자에 대해서, 지명이나 관명(官名) 혹은 사류(事類)일 것이라고 추정한 사람들도 있었다. 그러나 董作賓이 이에 대해 정확하게 고증할 수 있었던 것은 '大龜四版'을 통해서 얻은 계시 덕분인데, '貞'자 앞에 있는 글자가 각기 서로 다른 경우에는 '賓'·'爭'·'亢'·'古'·'品'·'[illegible]' 등의 여섯 글자나 되는 경우도 있었고, 더구나 네 번째 귀갑(龜甲)의 복사는 모두 '卜旬' 복사였다. 董作賓은 이에 대한 분석을 통해서,

> 可知其決爲卜問命龜之人, 有時此人名甚似官名, 則因古人多有以官爲名者. 又卜辭多'某某卜王貞'及'王卜貞'之例, 可知貞卜命龜之辭, 有時王親爲之, 有時使史臣爲之, 其爲書貞卜的人名, 則無足疑.[2] : 이는 그들이 '卜問'과 '命龜'를 한 사람임을 알 수 있는데, 어떤 때는 이들 인명이 관명(官名)과 매우 흡사하기도 하는데, 그 이유는 상고시대 사람들은 관명을 자기의 이름으로 삼은 경우가 많았기 때문이다. 또 복사에는 "某某卜王貞"이나 "王卜貞"이라고 한 것도 많은데, 이로 미루어 보아 정복(貞卜)과 명귀(命龜)를 한 복사는 때로는 왕이 친히 그것을 시행하기도 하고, 때로는 사관(史官)을 시켜서 시행하기도 했음을 알 수 있는 바, 이는 정복(貞卜)을 시행한 사람의 이름을 쓴 것임은 의심의 여지가 없다.

라고 하였다. 이로써 '貞人'을 지명이나 관명 등이라고 한 주장들은 잘못된 것임이 밝혀졌고, 이들 '貞人'에 근거하여 그 복사가 만들어진 시대를 판정할 수 있게 되었다. 郭沫若은《卜辭通纂·序》에서, "某日卜某貞某事"와 같은 예에서 '卜'과 '貞' 사이에 있는 글자의 뜻을 밝히지

---

1) 董作賓 前揭論文 <甲骨文斷代研究例> p.378의 卜辭 第83例.

2) 董作賓 前揭論文 <大龜四版考釋> p.614.

못했었는데, 董作賓이 이를 '貞人'의 이름임을 밝혀냄으로써 혼란을 잠재우고 앞으로의 연구에 서광을 비추게 했다고 높이 평가하였다.[1)]

그러나, 모든 복사에 '貞人'의 이름이 다 기록되어 있는 것은 아니고, 시대에 따라 달랐는데, '貞人'의 이름이 기록되어 있는 것은 제1기 武丁 시기에 가장 많았고, 제4기 武乙과 文丁 시기는 董作賓이 지칭한 것처럼 "不錄貞人的時期('貞人'을 기록하지 않은 시기)"[2)]여서 지금까지 겨우 한 사람만 발견될 뿐이고, 대부분은 왕이 직접 점복한 것이었다. 이 때문에 '貞人'에만 근거한 갑골의 단대 분기는 제한이 있을 수밖에 없으므로, 이 이외에 자구(字句)·서체·문법·갱위(坑位) 등의 다른 표준에 의거하여 그 시기를 추정해야 함은 자명한 사실이다.

商代에 제사를 관장한 관리를 '史'라고 하였는데, 이 때문에 '貞人'을 사관이라고도 하였다. 만약 이들 동시대의 '貞人'들을 함께 모으면 바로 그 시대의 '貞人' 집단이 될 것인데, 董作賓은 〈甲骨文斷代硏究例〉에서 복사에 나타나는 '貞人'들을 분류하여 각 기별 '貞人' 집단의 인원수를 제1기 武丁 시기 12명, 제2기 祖庚과 祖甲 시기 7명, 제3기 廩辛과 康丁 시기 9명, 제4기 武乙과 文丁 시기는 '貞人'을 기록하지 않았으며, 제5기 帝乙과 帝辛 시기 2명이라고 하였다.[3)] 이에서 보는 바와 같이 사실 제4기와 제5기는 '집단'이라고 할 수 없다. 그러나 〈甲骨文斷代硏究例〉에서 정리해 놓은 '貞人'은, 동일 갑골판이나 서로 관련이 있는 '貞人'들에 국한되었고, 사용된 자료도 한정되어 있어서 그 숫자가 그다지 많지 않았다. 이 이후에 董作賓은 더욱 많은 갑골복사 정리 작업을 통해서, 각 기별 '貞人'의 수(數)를 제1기 25명, 제2기 18명, 제3기 12명, 제4기 14명, 제5기 4명 등 모두 73명[4)]으로 보충하였다.

董作賓이 이렇게 "貞人是分期硏究的堅實基礎.[5)] : '貞人'은 분기 연구의 견실한 기초이다."라고 주장하면서 이른 바 '貞人'설이 제시되고부터, 여러 학자들이 '貞人'에 의거한 갑골 단대 연구를 끊임없이 진행하였는데, 陳夢家는 '貞人'의 숫자에 대해,

> "比較二十年前董氏《斷代例》中所錄的增加4倍, 比較董氏後來在《殷代文化槪論》第二章所錄的增加幾乎一倍.[6)] : 20년 전 董作賓의 《甲骨文斷代硏究例》에 수록된 것과 비교하면 4배가 증가되었고, 그 후 董作賓의 《殷代文化槪論》 제2장에 수록된 것과 비교하여도 거의 배가 증가되었다.

---

1) 郭沫若 前揭書 《卜辭通纂》 p.5.
2) 董作賓 前揭論文 <甲骨文斷代硏究例> p.389.
3) 董作賓 上揭論文 <甲骨文斷代硏究例> pp.413~414.
4) 董作賓 前揭書 《甲骨學六十年》 pp.79~86.
5) 董作賓 上揭書 p.86.
6) 陳夢家 前揭書 《殷虛卜辭綜述》 p.202.

라고 하고는 '貞人斷代總表'를 작성하였는데, 이 통계에는 제1기 73명, 제2기 22명, 제3기 18명, 제4기 1명, 제5기 6명으로, 총 120명의 정인이 소개되었다.

이후 島邦男은 董作賓과 陳夢家가 확정한 '貞人'에 대한 보충과 고정(考訂)을 거쳐서, 제1기 36명, 제2기 24명, 제3기 24명, 武乙 시기에 5명, 文武丁 시기에 19명, 제5기에 6명 등 모두 115명으로 정리하였는데,[1] 이 중에서 武乙과 文丁 시기에 동일인이 3명이고, 帝乙과 帝辛 시기에 동일인이 2명이어서 실제로는 110명이다. 그리고 饒宗頤는 갑골문 중의 '貞人' 자료에 대한 철저한 정리를 통해서, 모두 142명의 '貞人'을 발견하였고, 아울러 이 '貞人'들이 참여한 각종 항목의 활동을 18개 항목으로 분석하였는데, 가장 많이 등장하는 '貞人'은 '爭'이라고 했다.[2]

이처럼 갑골문을 체계적으로 정리하고 그 시대를 판단하는 일에 있어서 모든 학자들의 견해가 일치하지는 않고 있다. 이에 孟世凱는 董作賓 · 島邦男 · 陳夢家 · 饒宗頤 등 여러 선배 학자들이 열거한 '貞人'들 중에서 120명을 선정하고, 서로 다른 여러 견해들을 모아서 〈各家所定甲骨文卜辭貞人時期表〉를 작성하여 자신의 《殷墟甲骨文簡述》에 부록으로 덧붙였으며, 그 후 다시 123명으로 증보하여 《甲骨學小辭典》의 뒷부분에 첨부하였다.[3]

丁. 갱위(坑位)

갱위(坑位)에 근거하여 갑골문의 시기를 판정하기 위해서는 직접 고고 발굴에 참여하지 않고서는 불가능하다. 董作賓은 1928년부터 殷墟 小屯村의 다섯 지역에서 진행한 5차례의 갑골 발굴 작업에 직접 참가하였다. 갑골이 지하에 묻혀있는 정황은 의도적으로 저장해놓은 것처럼 보이고, 층별로 배열되어 있었다. 갑골의 배열 상태가 전후로 서로 맞물려 연결된 것도 있고, 또 어떤 갑골편은 떨어져 나가고 없는 것도 있고, 또 마치 폐지(廢紙)처럼 각사(刻辭)를 연습하는데 사용한 것도 있는 등, 그 정황이 비교적 복잡하였다.

갱위는 실제로 갑골이 출토된 곳을 말하는데, 이는 小屯村과 그 북쪽 지역으로, 董作賓은 다음과 같이 다섯 구역으로 나누어 설명하였다.[4]

제1구역은 小屯村 북쪽, 洹河 남안(南岸)에 면한 곳으로, 제1 · 2 · 4차 발굴이 진행되었던 곳인데, 이 구역은 제5기 帝乙과 帝辛 시기의 복사로서, 바로 帝乙과 帝辛의 대본영(大本營)이었으며,

---

1) 島邦男《殷虛卜辭研究》溫天河 · 李壽林 中譯本(鼎文書局 1975. 臺北) pp.11~32를 참고.

2) 饒宗頤 前揭書《殷代貞卜人物通考》(홍콩大學出版社 1959. 홍콩)를 概括.

3) 孟世凱《殷墟甲骨文簡述》(文物出版社 1980. 北京) pp.123~125; 孟世凱《甲骨學小辭典》(上海辭書出版社 1987. 上海) pp.217~230.

4) 董作賓 前揭論文 <甲骨文斷代研究例> pp.392~400을 참고.

함께 출토된 것 가운데는 또 제1기와 제2기의 복사도 있었다.

제2구역은 서쪽으로 제4구역의 동쪽 지역과 서로 연접해 있으며, 이 구역은 갑골이 최초로 출토된 곳이다. 제1·3·4차 발굴이 진행되었던 곳인데, 출토된 갑골은 제1기와 제2기의 것이었다.

제3구역은 小屯村 중앙과 마을 앞 지역으로, 제1·2·5차 발굴이 진행되었던 곳이며, 이 구역은 제3기 廩辛과 康丁 시기의 소량의 갑골을 제외하면, 모두 다 제4기 武乙과 文丁 시기에 속하는 갑골들이었다.

제4구역은 그 당시 성씨(姓氏)가 장씨(張氏; 이름은 모름)인 사람 소유의 18무(畝) 토지 가운데에 연이어진 큰 갱(坑) 주변 구역인데, 제2·3·4차 발굴이 진행되었던 곳으로, 갑골은 제3기의 것이 가장 많고, 제1기와 제2기의 것은 많지 않았다.

제5구역은 小屯村 북쪽 지역으로, 제1구역과 동남으로 서로 연접되어 있다. 이 갱위는 둥근 우물 모양인데, 제4·5차 발굴이 진행되었던 곳이며, 이 구역의 갑골은 제1기와 제2기의 것인데, 제1기 갑골이 가장 많이 출토된 지역이다.

이상에서 기술한 각 구역에서 출토된 갑골의 시대를 판단하는 주요 방법은, 호칭과 '貞人' 두 가지를 이용하는 것인데, 호칭을 근거로 시대를 추정한 예로는, 제3구역의 갑골에 대해서, "有卜辭中父己, 父庚, 父甲, 三種呼稱可證. 稱祖己, 祖庚, 祖甲爲父, 這當然要在康丁之世.[1] : 복사 중에 '父己'·'父庚'·'父甲'의 세 가지 호칭이 있는 것으로 증명이 가능하다. '祖己'·'祖庚'·'祖甲'에 대해서 '父'로 호칭하였는데, 이는 당연히 康丁 시대였을 것이다."라고 한 것이다. 그런데 제2·4구역에서 출토된 갑골은 3,196편(片)이나 되는데, 여기에 '貞人'의 이름이 있는 복사가 299조(條)이고, 또 제4구역에서 출토된 복사에 보이는 '貞人' 가운데 제3기에 속하는 '貞人'이 보이는 복사가 모두 229조(條)나 된다고 董作賓은 밝혔다.[2]

갱위로써 갑골의 시기를 추정하는데 대해서는 다른 견해를 제기하는 사람들도 있다. 갑골이 출토될 때, 많은 갱위들의 경우에 같은 시기에 속하는 복사들이 꼭 하나의 갱(坑)에서만 출토되지는 않았고, 다른 시기의 것들도 함께 있기도 했는데, 어떤 갱의 갑골이 어느 시기에 속하는가에 대해서 陳夢家는,

> 必須根據了卜辭本身的斷代標準, 如卜人·呼稱·字體·文例等等. ………… 坑位只能供給我們以有限度的斷代啓示, 而在應用它斷代時需要十分的謹愼.[3] : 복인(卜人)·호칭·자체(字體)·문례 등등과 같은, 반드시 복사 자체(自體)의 단대 표준에 근거해야 한다. ………… 갱위는

---

1) 董作賓 上揭論文 p.396.

2) 董作賓 上揭論文 p.398과 400.

3) 陳夢家 前揭書 pp.140~141.

단대에 대해서 그저 어느 정도의 제한된 계시를 제공할 수 있을 뿐이므로, 이를 단대에 응용할 경우에는 매우 조심하고 신중해야 할 필요가 있다.

라고 주장하였다. 상술한 세계(世系) · 호칭 · '貞人' · 갱위 네 요소를 董作賓은 직접적인 표준이라고 했으나, 이 중에서 갱위는 원래 고고학에서 말하는 회갱(灰坑)이나 지층 등의 과학적인 표지(標識)에 의한 개념이 아니어서, 매우 제한된 정보만을 제공해줄 뿐이므로, 세계(世系) · 호칭 · '貞人'의 삼위일체(三位一體)를 갑골문 분기 단대의 기초로 삼아야 한다고 보고, 이 셋을 분기 단대의 제1 표준이라고 주장하는 학자들이 많다. 그리고 이 중에서도 '貞人'이 가장 중요하다고 본다. 제1 표준에 의거하면 갑골의 시대를 비교적 명확하게 판정할 수 있는데, 여기에는 호칭에 의거하여 해당 시기를 결정한 갑골문[그다지 많지는 않음]도 포함되고, 또한 '貞人'에 의거하여 시기를 결정한 갑골도 포함된다. 그리고 더 나아가 이런 표준 갑골편에 대한 정리와 귀납 작업을 통해서 기타 각 항목의 표준, 즉 제2 표준인 방국(方國) · 인물 · 사류(事類) · 문법 · 자형 · 서체 등이 파생해 나올 수가 있다.

戊. 방국(方國)

'方國'[1]이 단대(斷代)의 표준이 될 수 있는 까닭은, 商代는 '方國'과의 관계로써 매 시기마다의 특이점을 찾아낼 수 있기 때문이다.[2] 그 객관적인 근거는, 商代에 무공(武功)이 가장 성행했던 시기는 武丁 시기라고 할 수 있는데, 이 때문에 武丁 시기에는 상(商) 왕국(王國)이 정벌했던 '方國'이 특별히 많았다는 점과, 각 시기마다 각 '方國'과의 관계가 서로 달랐다는 점을 꼽을 수 있다. 각 시기의 '方國'은, '第一標準'에 의거하여 이미 명확하게 확정된 갑골문 중에서 귀납해 내었다. 따라서 각 시기의 갑골에 자주 출현하는 '方國'의 이름을 표준으로 삼아서 갑골의 해당 시기를 추정할 수가 있게 된다.

商代에는 서로 이웃하고 있었던 '方國'들이 적지 않았는데, 그중에서도 서북의 '工方'과 '土方', 그리고 동방의 '人方'('東夷'라고도 부름)과의 정벌과 침공의 전쟁이 특히 많이 발생하였다. '土方'은 '工方'에 비해서 더 강대(强大)하였기 때문에, 어떤 때에는 상(商) 왕실에서 5천 명의 병력을 동원하여 '土方'을 정벌하러 나가기도 했다. 武丁 시기에 '土方'과 '工方'을 정벌하고, 帝乙이 '人方'을 정벌한 것으로 보면, 武丁과 帝乙 시기는 전쟁의 횟수가 비교적 많았던 두 시기에 해당된다. 그 예를 보면, 다음과 같다.

---

1) 여기에서의 '方國'이란 商代에 존재했던 일종의 部族國家를 지칭하는 뜻으로 사용되었다.

2) 董作賓 前揭論文 <甲骨文斷代研究例> p.403을 참고.

《後上31. 5》에 "丁酉卜, 㱿, 貞: 今春王共人五千, 征土方, 受[有]又[祐], 三月."이라고 하고 있는데, 이 복사의 '㱿'은 제1기의 '貞人'이고, '王'은 武丁이며, 武丁의 5천 명의 병력이 '土方'을 정벌하러 간다는 내용으로, 제1기 武丁 시기의 복사이다.

《前7. 2. 3》에 "庚子卜, 賓, 貞: 勿登人三千乎[伐]工方, 弗受[有]又."라고 하고 있는데, 여기에서의 '賓'은 제1기의 '貞人'이므로, 武丁 때에 '工方'과의 전쟁이 일어났음을 알 수 있고, 이 역시 제1기 武丁 시기의 복사이다.

《前2. 6. 6》에는, "癸亥卜, 黃, 貞: 王旬亡禍, 在九月, 征人方, 在雇, 彝."라고 하고 있는데, 이 복사에서의 '黃'은 제5기의 貞人이므로, '王'은 '帝乙'이며, 帝乙이 '人方'을 정벌하는 내용이다. 이는 제5기 帝乙과 帝辛 시기의 복사이다.

위에서 인용한 복사들로 알 수 있듯이, 갑골문에 나타나는 '方國'을 이용하여 갑골복사의 시대를 추정할 수도 있지만, '方國'이라는 표준 한 가지만 가지고 복사의 시기를 추정한다면, 한계가 있게 마련이다. 예를 들어서, 武乙과 文丁 시기에도 역시 "惟人方受又"라는 복사가 있듯이, '人方'은 제1기 복사에도 있을 뿐만 아니라, 제4기 복사에도 보인다. 그러므로 '方國'이라는 표준을 사용할 경우에는 '第一標準'의 도움을 받아야 해당 복사의 시기를 훨씬 정확하게 추정할 수가 있다.

ㄹ. 인물(人物)

殷墟에서 발견된 갑골복사에는 많은 인명(人名)들이 나타나는데, 그들은 서로 다른 신분으로 왕과 모종(某種)의 관계에 있음을 나타낸다. 서로 다른 시기에 존재했던 인물들은 각기 그 특이점이 있기 때문에, 인물(人物) 역시 갑골문 분기 단대를 판정할 수 있는 하나의 항목이 될 수가 있다. 단대를 결정하는 인물에는 대체로 다음의 6부류의 사람들이 있다.

1. 사관(史官)

사관(史官)은 곧 '貞人'이다. 이 사람들은 점복(占卜)의 일로 왕을 위한 일을 처리하는데, 각 기(期)에 모두 서로 다른 명칭과 시호(諡號)가 있으므로, 이에 의거하여 갑골문의 분기를 밝힐 수가 있는 것이다. 자세한 내용은 앞의 〈丙. '貞人'〉을 참고하기 바란다.

2. 제후(諸侯)

복사에 나타나는 제후(諸侯) 역시 갑골문 단대 분기의 표준이 될 수 있다. 예를 들면,《菁7》에

"戊戌卜, 㱿, 貞: 王曰: 侯虎毋歸, 御."라고 하고 있는데, 董作賓에 의하면,[1] 이 복사에서의 '㱿'은 제1기의 '貞人'이고, '王'은 '武丁'이며, 제후(諸侯) '侯虎'는 武丁 시기의 인물이므로, 이 복사는 제1기 武丁 시기의 것으로 추정할 수 있는 것이다. 또 "癸卯卜, 黃, 貞: 王旬亡禍, 在正月, 王來征人方. 於攸侯喜鄙, 永."[2]이라는 복사가 있는데, 여기에서의 '黃'은 제5기의 '貞人'이고, '攸侯喜'는 帝乙 시기의 제후이므로, 이는 제5기 帝乙 시기의 복사라고 추정할 수 있는 것이다.

3. '小臣'

'小臣'의 이름 역시 단대 분기의 표준이 된다. 例를 들면, 《前4. 27. 6》의 " …… 子, 小臣中"이라고 한 복사에 새겨진 '子'자의 자형(字形)으로 판단할 때, 이는 제1기 武丁 시기의 복사이며, 이에 따라 '小臣 中'으로 기록되거나 서명(署名)된 복사는 제1기 武丁 시기의 것이라고 추정할 수 있는 것이다. 또, 《前4. 27. 3》의 " …… 小臣吉"이라고 한 복사에는 '貞人'을 기록하지 않고 있으나, 자체(字體)의 모양과 풍격(風格)으로 판단할 때, 제5기 帝乙과 帝辛 시기의 복사로 보이는데, 이에 의하여 '小臣 吉'로 기록되거나 서명된 복사는 제5기 帝乙과 帝辛 시기의 것이라고 추정할 수 있는 것이다.

4. 현신(賢臣)

후세(後世)의 문헌 기록에 나타나는 商代의 현신(賢臣)이 갑골복사에 나타나는 경우, 이 현신 역시 갑골문의 단대 분기의 표준이 되는 것은 두말할 필요가 없을 것이다. 이런 경우의 예(例)를 들면, 《鐵24 · 3》에 "命𠂤般"이라고 하고 있는데, 여기에서의 '𠂤般'에 대해 董作賓은[3], '𠂤'는 '師'의 본자(本字)이고, '般'은 '盤'의 본자(本字)이므로, '𠂤般'은 곧 '師盤'이며, 이 '師盤'은 《漢書 · 古今人表》 중의 '甘盤'이라고 주장하였다. 이 복사에는 '貞人'을 기록하지 않았지만, 글자 자체(字體)의 작풍(作風)으로 보아 제1기 武丁 시기의 복사임을 알 수 있다. 또 《後上11 · 16》의 복사에, "戊辰卜, 賓, 貞: 乎師盤祭, 於[大]"라고 하고 있는데, 여기에는 제1기의 '貞人' '賓'이 기록되어 있고, 또 '師盤'은 武丁 때의 현신(賢臣)이므로, 이는 제1기의 복사라는 것이 증명된다.

또 《菁6》에는 "癸丑卜, 爭, 貞: 旬亡禍, 王占曰: '[有]求[侑]夢父.' …… "라고 하고 있는데, 武丁이 현신(賢臣)을 구함에, 밤에 현신 '傅說'의 꿈을 꾸었다는 전설이 있다. 이에 대해 董作賓은,

---

1) 董作賓 前揭論文 <甲骨文斷代研究例> p.414.

2) 董作賓 上揭論文 p.410 第210辭.

3) 董作賓 上揭論文 p.416.

"傅說之來, 由於一夢, 所以呼爲夢傅. 是夢父之稱, 在武丁時代, 舍傅說別無他人.[1] : '傅說'의 유래가 꿈에서 비롯되었으므로, 그래서 '夢傅'라고 부른다. 이 '夢父'라는 호칭은 武丁 시대에는 이 '傅說'을 제외하고는 다른 인물은 없다."라고 했다. 이 복사 중의 '爭'은 제1기의 '貞人'이고, '夢父'는 곧 '傅說'로, 武丁의 현신(賢臣)이므로, 이는 제1기 武丁 시기의 복사이다.

5. 선왕(先王)의 처(妻)

《菁2》에 "王占曰: [有]祟, 其有來艱. 迄至九日辛卯, 允有來艱自北㞢叉 , 妻姘告曰 : 土方牧我田, 十人."이라고 한 복사(卜辭)가 있는데, 董作賓은 여기에서의 '妻'와 '姘'에 대해 각각 "各家多認爲'敏', 葉玉森先生獨釋爲妻.[2] : 여러 사람들이 '敏'으로 인식하였으나, 葉玉森선생만 홀로 '妻'로 해석하였다."라고 하고, 또 "妻姘, 乃武丁之妻, 或因爲姘國之女故名曰姘.[3] : '妻姘'은 곧 武丁의 처(妻)인데, 혹시는 '姘國' 출신의 여자였기 때문에 '姘'이라고 이름 붙였을 것 같기도 하다."라고 하였다. 이 복사에는 '貞人'을 기록하지 않았으나, 서체(書體)와 자형으로 보아서 제1기 武丁 시기의 복사임을 알 수 있다. 武丁의 처(妻)로서 복사에 보이는 사람들로는, '妣辛'·'妣戊'·'妣癸'·'婦好' 등이 있는데, 특히 '婦好'가 많이 보이며, 이들 이름이 각(刻)된 복사는 제1기 武丁 시기의 것으로 추정할 수 있다.

6. 선왕(先王)의 아들

복사(卜辭)에 많이 나타나는 '子漁'·'子夾'·'子戠'·'子晋'·'子豊'·'子㚿'·'子吉'·'子定' 등등의 20여 명은 武丁의 아들들로 보인다. 예(例)를 들면,《鐵184. 1》에, "壬申卜, 賓貞 : 乎子漁㞢于⍰⍰?"라고 하고 있는데, '賓'은 제1기의 '貞人'이고, '子漁'는 武丁의 아들이므로, 이는 제1기 武丁 시기의 복사라고 추정할 수 있는 것이다. 또《鐵196. 1》에는, "乙卯福, 亙, 貞: 今日王至於[敦], 夕酒, 子央[侑]於父乙."이라고 하고 있는데, '亙'는 제1기의 '貞人'이고, '子央'이 '父乙'로 호칭한 인물은 '小乙'이다. '子央'은 武丁의 아들이므로, 이 역시 제1기 武丁 시기의 복사라고 추정할 수 있는 것이다.

그리고 이와 같은 예들에서 보는 바와 같이, 인물을 근거로 갑골복사의 시기를 추정하려면, 역시 '第一標準'의 도움을 받아야만 정확을 기할 수 있음을 확인할 수 있다.

---

1) 董作賓 上揭論文 p.417.

2) 董作賓 上揭論文 p.418.

3) 董作賓 上揭論文 p.419.

庚. 사류(事類)

여기에서의 사류(事類)란 점복(占卜)의 구체적인 내용을 말하는데, 10만 여 편(片)에 달하는 갑골에는 많은 종류의 사류들의 내용이 기재되어 있는데, 각 분기(分期)에 따라 복사의 사류 또한 각기 차이가 있고 서로 다른 특징을 가지고 있기 때문에, 이 서로 다른 사류들 또한 갑골 단대의 표준이 될 수가 있다.

武乙 시기의 전렵(田獵)에 관해 기록한 복사도 小屯村에서 출토되었는데, 이런 갑골은 겨우 이런 사류를 분석할 수 있는 일부분의 재료에 불과하다. 그 중에서 전렵을 점복한 문례는 42번, 유락(遊樂)을 점복한 문례는 19번, 전렵과 유락의 장소를 점복하기 위한 복문(卜問)은 39번이었다. 전렵과 유락의 장소로는 '並'·'梌'·'噩'·'盂'·'宮'·'溫' 등이 기록되어 있는데, 이들 지역은 대부분 黃河 이북과 그 부근이었다.

帝辛 시기의 전렵을 기록한 복사는 제1차 발굴에서 제1구역의 제9갱에서 출토되었다.《殷虛書契考釋》의 저록과《殷契徵文》의 저록에 보이는 일부의 자료에 의거하면, 帝辛 시기의 유락을 점복한 복사는 139차례, 전렵을 점복한 복사는 170차례나 되고, 놀이를 위해 가본 곳이 무릇 51곳이고, 전렵의 장소가 36곳에 이르며, 기내(畿內)에도 전렵과 유락을 위한 장소가 8곳이나 있었다고 한다. 또 董作賓은 帝辛의 전렵과 유락 장소가 武乙과 동일한 곳이 '盂'·'噩'·'宮'·'盛'·'牢'·'溫'·'向'·'梌'·'敦'·'斆' 등의 10곳이라고 주장하였다.[1)]

董作賓의 이런 주장은, 대단히 많은 자료에 근거하고 그리고 대단히 정밀한 고증의 결과로 얻은 결론이다. 武乙과 帝辛의 전렵은 그 횟수가 전대(前代)의 여러 기(期)에 걸친 횟수를 훨씬 초과할 정도로 많을 뿐만 아니라, 다른 분기(分期)와는 다른 특색이 있다. 이 때문에 이런 사류가 武乙과 帝辛 시기인 제4기와 제5기 복사를 판정하는 하나의 단대 표준이 될 수가 있는 것이다.

陳煒湛은 또 다른 사류를 이용하여 단대를 연구했는데, 그는 '奉年'·'奉禾'와 '受年'·'受禾'에 관한 점복 내용이 각 시기마다 다른 정황에 주의하여 이와 관련된 복사 문례를 열거하고 분석하였다. 그는,

> 以時代論之, '奉年'多屬早期, '奉禾'爲中期卜辭; '受年'習見於武丁時期, 祖庚祖甲以後則不多見, '受禾'則爲中晩期卜辭. 以文義觀之, 奉年與奉禾, 受年與受禾都是同一個意思, 卽祈求有一個好的收成; 從年歲說, '奉年'希望豊收, '受年'得到好收成; 從莊稼說, '奉禾', 希望莊稼長的好, '受禾'得到好的莊稼. 二者意義是可通的. 與此相聯繫的, 稱'它年'者亦多爲武丁卜辭, 稱'它禾'者則多爲武乙文丁卜辭.[2)] : 시대로 논하면, '奉年'은 대부분 조기(早期)에 속하고, '奉禾'는

1) 董作賓 上揭論文 p.442.

2) 陳煒湛 前揭書 p.173.

중기의 복사에 보인다. '受年'은 武丁 시기에 자주 보이고, 祖庚과 祖甲 이후에는 그다지 자주 보이지는 않으며, '受禾'는 중기와 만기(晚期)의 복사에 보인다. 문의(文意)를 살펴보면, '𠦪年'과 '𠦪禾', '受年'과 '受禾'는 모두 같은 뜻으로, 한 해의 훌륭한 수확을 기구하는 것이다. 한 해의 작황으로 말하자면, '𠦪年'은 풍성한 수확을 희망하는 것이고, '受年'은 풍작을 거두는 것을 말한다. 그리고 농작물로 말하자면, '𠦪禾'는 농작물이 잘 자라기를 희망하는 것이고, '受禾'는 좋은 농작물을 획득하는 것을 말한다. 양자(兩者)의 의미는 서로 통용될 수 있다. 이것과 서로 연계되는 것으로, '它年'이라고 칭한 것은 역시 武丁 시기의 복사에 많고, '它禾'라고 칭한 것은 武乙과 文丁 시기의 복사에 많다.

라고 하였는데, 이는 복사의 또 다른 사류에 근거하여 갑골의 분기를 연구한 훌륭한 예이다. 이런 사류로 단대를 연구하는 것에 대해 董作賓은,

由貞卜事類可以分期的, 無如祭祀, 每一時代的祭法和所祭的祖先神祇, 都有不同, 如父, 祖, 母, 妣的呼稱; 如'六旬', '四方'的祀典, 將來都可逐一列擧, 分期硏究. 其次如征伐(已略見方國章), 如卜旬(將詳文法章), 如帚矛的記載(別詳帚矛說), 皆可爲分期硏究的標準.[1] : 정복(貞卜) 사류로서 분기를 결정할 수 있는 것으로는 제사만한 것이 없는데, 각 시대마다 제법(祭法)이 다르고, 제사의 대상인 조상과 천신(天神)·지기(地祇)에 따라 모두 다른 바, '父'·'祖'·'母'·'妣' 등의 호칭이 그러하다. 그리고 '六旬'과 '四方'에 대한 사전(祀典) 등은 장차 하나하나 열거하면서 분기에 대한 연구를 진행할 예정이다. 그 다음으로 '征伐'['方國'에서 이미 대략 살펴보았음]과 '卜旬'[다음의 '文法'에 상세히 설명함], '帚矛'[다음에 별도로 이에 대해 상세히 살펴볼 예정임] 등도 모두 분기 연구의 표준으로 삼을 수 있다.

라고 하여, 단대 분기 연구에 사류가 하나의 표준이 됨을 총괄하였다.

辛. 문법(文法)

복사의 문법을 단대 표준으로 설정하는 것에 대해 董作賓은,

文法極爲單簡, 然由文法的隨時變易上, 也可爲劃定時期的標準.[2] : 문법은 매우 간단하지만, 문법이 수시로 변화하는 것에 근거하여, (복사의) 시기를 나누는 표준으로 삼을 수가 있다.

1) 董作賓 前揭論文 <甲骨文斷代硏究例> p.429.

2) 董作賓 上揭論文 p.442.

라고 하였다. 다만, 그가 논문에서 열거한 사례(事例)들에 대해 陳煒湛은, "分篇段和詞句[1]兩部分論述. 但篇段部分所談實際上是一段卜辭所含內容的多寡, 篇幅的大小, 句子的長短問題, 並不屬於文法結構的問題. : 편단(篇段)과 사구(詞句)의 두 부분으로 나누어 논술하였는데, 다만 편단 부분에서 이야기한 내용은 실제로, 일단(一段)의 복사에 포함된 내용의 많고 적음이나 편폭의 크기, 문장의 장단(長短) 등에 관한 것으로, 이는 문법 구조에 속하는 문제가 아니다."라고 하고는 또 "這一大段文章頗有些文不對題. : 이 큰 단락의 문장은 많은 것이 논제(論題)와 맞지 않는다."[2]라고 주장하였다. 중국어 어법 구조의 발전과 변화는 매우 완만해서, 복사에서부터 현대 중국어까지 3천 여 년이 경과했음에도 불구하고 그 문법 구조는 기본적으로 동일하다. 만약 盤庚으로부터 紂王까지의 270여 년 동안의 복사 문법의 변화와 차이가 이처럼 미미하다면, 이런 문법을 각 분기별 복사의 단대 표준으로 삼는 것은 확실히 문제가 있다.

그러나 董作賓은 商代 2백 여 년 동안 끊임없이 보이는 '貞旬' 즉 1순(旬)의 안위를 정복(貞卜)한 복사들의 문례들이 각 분기에 따라 차이점이 있음을 발견하고, 이를 이용하면 갑골문 단대를 추정할 수 있는 하나의 훌륭한 계시가 될 수 있다고 했다. 이제 董作賓의 연구를 기초로 해서 대략의 내용을 요약하면 다음과 같다.[3] 제1기에, "癸亥卜, 古, 貞: 旬亡禍, 二月."(《後下33. 9》), "癸酉卜, 賓, 貞: 旬亡禍."(《甲2122》), "癸酉卜, 爭, 貞: 旬亡禍, 十月."(《甲2122》)이라고 한 것 등의 복사가 있는데, 이들 복사에서 보는 바와 같이 이 시기에는 모두 '貞人'의 이름을 기록하였고, 점복을 행한 달을 연계해서 기록한 것도 있고, 연계하지 않은 것도 있다. 그리고 어떤 복사에는 '卜旬' 즉 1순(旬)의 안위를 복문(卜問)한 내용 다음에 다시 어떤 일에 대해 복문한 내용을 기록한 것도 있다.

제2기의 복사는, "癸巳卜, 兄, 貞: 旬亡禍."(《佚399》), "癸巳卜, 行, 貞: 旬亡禍, 在八月."(《遺珠1228》)라고 한 것 등의 복사에서 보는 바와 같이 제1기와 그다지 구별되는 점이 없는데, 다른 점이 있다면 '貞人'의 이름이 바뀌어서 구별이 가능하다는 점뿐이다.

제3기의 복사는, "癸巳卜, 口, 貞: 旬亡禍."(《甲1277》), "癸未卜, 貞: 旬亡禍."(《甲1816》), "癸亥卜, 敎, 貞: 旬亡禍."(《甲2649》), "癸未卜, 彭, 貞: 旬亡禍."(《佚278》)라고 한 것 등에서 보는 바와 같이 문례는 제1기와 제2기와 동일하지만, '貞人'의 이름이 달라서 구별될 뿐이며, 대다수가 점복을 행한 달을 기록하지 않았으며, 소수의 복사에서는 '貞人'을 기록하지 않았다.

---

1) '篇段'이나 '詞句'라는 단어가 없는데, 여기에서는 명확한 개념 정의가 없는 상태에서 편의적으로 하나의 갑골편(甲骨片)에 각(刻)된 전체 복사(卜辭)를 '篇', 그 '篇'의 한 단락을 '段'이라고 하고; 하나의 단어를 '詞', 하나의 문장을 '句'라고 한 것이라고 생각된다.

2) 陳煒湛 前揭書 p.173.

3) 董作賓 前揭論文 <甲骨文斷代硏究例> pp.442~449를 참고.

제4기의 복사는 "癸丑貞: 旬亡禍."(《粹1417》), "癸卯貞: 旬亡禍."(《粹1428)라고 한 것 등에서 보는 바와 같이 '貞人'을 기록하지 않았고, '卜'자도 생략하였는데, 이는 이 시기의 '卜旬' 복사의 특징이라고 할 수 있다. 이 때문에 董作賓은 이 시기의 복사에 대해, "專靠著字形, 坑位, 同出的卜辭的時期而定的.[1] : 오로지 자형과 갱위 및 함께 출토된 다른 복사의 시기 등에 의거하여 판정한다."라고 설명하였다.

제5기의 복사로는, "癸亥卜, 黃, 貞: 王旬亡禍. 在九月, 征人方, 在雇."(《前2. 6. 6》), "癸巳, 王卜, 在麥貞: 旬亡禍. 王乩日: 吉."(《前2.10. 3》), "癸丑卜, 在上⍁貞: 王旬亡禍. 在二月."(《前2. 14. 2》), "癸酉卜, 在攸, 派, 貞: 王旬亡禍. 王來征人方."(《前2. 16. 6》), "癸酉, 王卜貞: 旬亡禍. 王乩日: 大吉, 在九月, 甲辰, 翊, 戔甲."(《前4. 6. 5》), "癸卯卜, 貞: 王旬亡禍. 在九月.", "癸巳卜, 貞: 王旬亡禍."(《存下964》)라고 한 것 등이 있다. 이 시기의 '貞旬' 복사는 때로는 '貞人'과 점복을 행한 지역과 달을 기록하고, 더욱이 모든 복사에 '王'자를 써서 "王卜貞"이라고 하거나 아니면 "王旬亡禍"라고 하였다. 왕은 언제나 친히 이를 행함으로써 '貞旬'을 중시하였음을 나타내었는데, 이는 제5기 '卜旬' 복사의 하나의 큰 특징이다.

이상에서 살펴본 각 분기의 '貞旬' 복사의 비교를 통해서, '貞旬' 복사 중의 몇몇 문례들이 갑골의 단대를 판정하는 하나의 보조적인 표준이 될 수 있음을 어느 정도는 설명되었다고 생각된다. 그리고 이들 '貞旬' 복사들은 보조적인 표준으로 사용할 수 있음을 보여줄 뿐만 아니라, 각 분기의 복사에 기록된 특수한 용어들이 각 분기의 복사의 특색을 나타내주기도 하는데, 이들도 역시 단대의 보조적인 표준으로 삼을 수 있다. 이들 특수 용어들에 대해서 陳煒湛이 총 정리한 내용을 간단히 소개하면 다음과 같다.[2]

제1기 武丁 시기에는 '二告'['上吉'로 해석하기도 함] · '三告' · '不玄黽' · '娩妫' · '有子' · '王耵(聽)' · '下上弗若' · '共人' · '登人' · '古王事'('古朕事') 등등의 용어가 보인다. 제2기 祖庚과 祖甲 시기의 복사에는 '在正月' · '王曰貞' 등의 말이 쓰였다. 제3기와 제4기 廩辛과 康丁에서 武乙과 文丁까지의 시기에는 '湄日' · '𠦪禾' · '受禾' · '弗每' · '其每' · '大吉' · '大吉茲用' · '王受祐又' · '罕雨' · '多嬖臣' · '多方小子小臣' · '又羌' 등의 용어들이 사용되었다. 그리고 제5기 帝乙과 帝辛 시기의 복사에는 '寧' · '王乩(占)曰大吉' · '王[占]曰弘吉' · '亡壱在[禍]' · '其牢茲用' 등의 용어들이 보인다.

만약 어떤 복사에 위에 인용된 특수 용어가 나온다면, 그 복사의 년대(年代)는 대체로 위의 시기에 속한다는 추정이 가능하다.

---

1) 董作賓 上揭論文 p.444.

2) 陳煒湛 前揭書《甲骨文簡論》p.173.

壬. 자형(字形)

갑골문자의 자형은 전기와 후기가 확연히 다른데, 이에 대해서는 앞의 〈제2장〉 '갑골문의 자형 변화' 부분에서 이미 소개한 바와 같이, 전체적인 추세는 번잡함에서 간결함으로 변화하였다. 다만 문자의 사용에 있어서는 번체(繁體)와 간체(簡體)가 병존하였다. 갑골문자의 자형은 각 분기(分期)에 따라 차이가 있기 때문에, 董作賓은 〈甲骨文斷代硏究例〉에서 이를 갑골문 분기 단대의 한 가지 표준으로 포함시켰다. 그는 갑자표(甲子表) · 자주 보이는 글자의 자형 변화 · 상형과 가차가 형성으로 변화 · '月'과 '夕'의 바뀜 등 네 부분으로 나누어 갑골문자의 자형 변화를 설명하였다.

자주 보이는 글자의 변화를 열거한 글자로는, '災' · '冓' · '賓' · '雚' · '羌' 등이 있고; 필획이 증가한 것으로는, '其' · '來' · '雨' · '王' 등이 있으며; 필순(筆順)이 잘못된 것으로는, '自' · '酉' 등이 있고; 상형이 형성으로 변화한 것으로는, '雞' · '鳳' 등이 있으며; '月'과 '夕'을 서로 바꾼 것으로는, 武丁에서 文丁까지의 전기(前期)에는 '☽'은 '月'이고, '☽'은 '夕'의 뜻으로 사용했으나, 帝乙에서 帝辛까지의 후기에는 이와는 완전히 반대로 사용하였는데, 즉 '☽'을 '夕'으로, '☽'을 '月'로 사용했다는 것인데, 이는 문자사용을 서로 뒤바꾼 현상으로서, 문자 형체의 변화는 아니다.

갑골문자의 자형 변화 탐구는, 복사의 단대에 대단히 중요한 단서를 제공할 수가 있는데, 만약 각 분기마다 서로 다른 자형에 대한 충분한 지식을 가지고 있다면 이를 단대 판정에 대단히 편리할 뿐만 아니라, 한 가지 중요한 단대 표준이 될 것이다.

특히 갑자표는 단대 연구에 중요한 위치를 차지하는데, 그 이유는 간지(干支)의 글자들은 갑골 복사의 특수한 문장형식으로 인하여 거의 모든 갑골에 반드시 존재하기 때문이며, 이 간지의 글자들을 정밀하게 분석하면 각 분기의 자형의 특색을 구별해낼 수가 있고, 이는 더 없이 훌륭한 단대 표준으로 삼을 수 있기 때문이다. 이 갑자표에 대해 董作賓은,

> 如第五期的甲子表, 便和第一期的迥然不同, 由此我們可以確定了每一時期的甲子字形, 而拿它斷定時代. 這在甲骨文字斷代研究上佔著重要的地位.[1] : 예를 들면, 제5기의 '甲子表'는 제1기의 것과 크게 다른데, 이런 현상에 근거하여 각 시기의 갑자(甲子)의 자형을 확정할 수가 있고, 이를 통해서 시대를 단정할 수가 있다. 이는 갑골문자의 단대 연구에 중요한 위치를 차지한다.

라고 하였다.

---

1) 董作賓 前揭論文 <甲骨文斷代硏究例> p.449.

그러나 이는 모든 간지의 글자들 모두가 다 시기에 따라 자형이 뚜렷한 변화를 나타낸다는 말은 아니다. 예를 들면, '甲'·'乙'·'丁'·'己' 등의 글자는 변화가 그다지 뚜렷하지 않으나, '庚'·'癸'·'子'·'寅'·'午'·'未' 등의 여섯 글자는 자형의 변화가 비교적 큰 편이다. 이렇게 자형의 변화가 비교적 큰 글자들 가운데 '庚'·'癸'·'子'·'寅'·'未' 등은, 전기(前期)에는 간단하던 자형이 후기에는 번잡하게 변화한데 반해, 유독 '午'자는 전기에는 번잡하다가 후기에는 간단해졌다. 이 밖에 '王'자가 각 분기마다 필획의 과다에 의한 번·간(繁簡)에는 그다지 뚜렷한 변화가 없었지만, 형체와 구조에는 차이가 있기 때문에 특별히 주의 대상의 글자에 포함된다.

癸. 서체(書體)

갑골 각사(刻辭)는 武丁부터 帝辛까지의 약 270여 년 동안에 이루어졌으므로, 갑골문의 서체도 조기(早期)에서부터 만기로 가면서 차이가 날 수 밖에 없다(이 서체의 변화에 대해서는 〈제2장〉에서 이미 자세히 다루었음). 갑골문자의 각사 작업은 사관(史官)인 '貞人'에 의해 완성되었을 것이라고 董作賓은 주장하였는데, 그는,

> 卜辭中書名的貞人, 也就是這一個卜辭的書契者. 更由此我們可以看到許多史官的手筆, 以及他們各個人的作風.[1] : 복사에 이름을 쓴 '貞人'은 또한 해당 복사를 계각(契刻)[2]한 사람이기도 하다. 더욱이 이를 통해서 우리는 수많은 사관의 글씨를 볼 수도 있고, 아울러 그들 각 개인의 작풍도 알 수가 있다.

라고 했다. 董作賓은 이처럼 서체의 변화를 단대를 판정하는 표준의 하나로 삼았다.

그러나 앞에서 이미 설명했듯이, 이에 대해 陳夢家는, "我們看到許多同版的卜辭, 同屬於一個卜人的卜辭, 其字形的結構與風格不同處, 正證明了卜人並不一定是刻者.[3] : 우리는 수많은 동일 갑골판의 복사들이 동일 복인(卜人)에게 속하는 복사이지만, 그 자형 구조와 풍격이 다른 점을 발견하게 되는데, 이는 바로 복인이 반드시 이를 각(刻)한 사람은 아님을 증명해준다."라고 주장하였다. 그리고 陳煒湛도 복사 가운데 "王卜貞"이라고 하고 있는 것을 예로 들고는, 이 복사의 경우는 이를 왕이 직접 새겼다고 볼 수는 없고 반드시 다른 사람이 새겼을 것이라고 주장하면서, 사관인 '貞人'이 곧 복사를 새긴 사람이라는 주장에 이의를 제기하고, 商代에는 '貞人' 집단

---

1) 上揭書 p.461.

2) 여기에서의 '契'자는 '栔'자와 통용된다.

3) 陳夢家 前揭書 p.16.

외에 각사(刻辭)를 전담하는 사관들이 따로 있었을 것이라고 주장하였다.[1] 이에 대해서는 饒宗頤도 “當日鍥刻者乃別由史官任之, 與貞卜者異其職掌.[2] : 그 당시에 복사를 새기는 사람은 별도로 다른 사관이 그 일을 담당하였을 것이고, 정복(貞卜)을 관장하는 사람과는 담당 직무가 달랐을 것이다.”라고 하였다. 종합하면, 점복이 빈번했던 商代에는 복사를 새겨야 할 복갑과 복골(卜骨)의 수량이 대단히 많았을 것이므로, 한 사람이 점복도 주관하고 또 동시에 이를 갑골(甲骨)에 새기기까지 하는 일은, 점복의 횟수가 제한되어 수량이 얼마 되지 않는 정황에서는 董作賓의 주장이 성립될 것이지만, 이와 다른 정황이라면 따로 다른 사관들이 계각(契刻)을 전담했다고 하는 것이 사리에 맞는 주장이라고 생각된다.

다시 본론으로 돌아와서, 서체가 갑골 단대의 표준 가운데 하나가 되는 것에 대한 董作賓의 주장을 요약하면 다음과 같다.[3] 그는 서체에 대해, “從各時期文字書法的不同上, 可以看出殷代二百餘年間文風的盛衰. : 각 시기의 글자 필법의 차이로부터 殷代 2백여 년 동안의 문풍(文風)의 성쇠를 알아낼 수가 있다.”라고 하고, 각 분기(分期) ‘貞人’의 글씨 필법의 작풍을 관찰하기 위해서는, “便應該摩挲原版, 才可以欣賞到書寫與契刻的藝術, 不得已而看影片, 其次拓本. 摹寫之本, 只能存其形態, 已失去原作品的本來面目了. : 의당 원판(原版)을 직접 손으로 만져봐야 비로소 서사(書寫)와 계각(契刻)의 예술성을 감상할 수 있는데, 부득이한 경우에는 사진을 보는 것이고, 그 다음은 탁본을 보는 것이다. 그런데 베껴 쓴 모사본(摹寫本)은 그저 그 형태만 보존할 수 있을 뿐이고, 이미 원작품의 본래의 면목은 사라지고 없는 것이다.”라고 했다. 이는 글씨의 필법이 갑골의 각 분기에 따라 다름을 찾아내기 위해서는 반드시 갑골문 원판을 통해야만 가능함을 강조한 것이다. 이런 원칙에 따라서 그는 갑골 단대의 ‘제1표준’에 의거하여 시대가 확정된 복사를 관찰하여 각 분기별 서법(書法)의 특징을, 제1기는 웅위(雄偉)하고, 제2기는 신중하고 절도가 있으며, 제3기는 기세가 미약하고, 제4기는 강하고 날카로우며, 제5기는 엄정하고 정연하다고 분석 개괄했다. 자세한 내용은 이 책 제2장 제3절의 해당 부분을 참고하기 바란다.

董作賓은 〈甲骨文斷代研究例〉를 발표하고 나서 20년 후에 출간한 《甲骨學五十年》에서, 이들 10개 항 표준의 앞부분 세계(世系)·호칭·‘貞人’·갱위(坑位) 등 4개 항목은 단대의 직접 표준으로, 기타 방국(方國)·인물·사류(事類)·문법·자형·서체 등 6개 항목은 간접 표준으로 나누었다. 王宇信은[4] 또한 이 직접 표준 중의 세계(世系)·호칭·‘貞人’을 삼위일체라고 지적하고, 이는 갑골문 분기 단대의 기초라고 주장하였다.

---

1) 陳煒湛 前揭書 《甲骨文簡論》 p.174를 참고.

2) 饒宗頤 前揭書 《殷代貞卜人物通考》 pp.1188～1189.

3) 이 아래의 인용문과 서술 내용은 董作賓 前揭論文 <甲骨文斷代研究例> pp.460～463에서 인용하고 참고 요약하였다.

4) 王宇信 前揭書 《甲骨學通論》 p.169.

三. 단대(斷代) 연구의 진전

董作賓이 '貞人'의 존재를 발견하고, 이로부터 단대(斷代) 연구의 10개 표준을 확립한 것에 이르기까지 갑골학 연구에 공헌한 바는 실로 지대(至大)하다고 할만하다. 董作賓의 이런 단대 연구는, 羅振玉과 王國維 이래로 갑골편에 각(刻)된 혼돈 상태의 商代 사료들을 5개의 서로 다른 시기로 구분할 수 있게 하였고; 갑골문으로 기록된 사실(史實)·예제(禮制)·문례(文例) 등의 변화 발전을 탐색할 수 있게 함으로써, 商代 만기(晩期) 각 시기의 여러 분야의 역사 연구에 과학적인 기초를 확립할 수 있게 해주었다. 그러므로 그가 발표한 〈甲骨文斷代研究例〉라는 논문은 갑골학 연구에서 하나의 획기적인 일이었다.

1899년에 殷墟에서 갑골문이 출토된 이후부터 1928년에 中央研究院에서 이 지역에 대한 과학적인 발굴 작업을 시작하기 전까지는, 갑골문에 대한 연구는 기본적으로 아직은 금석학(金石學)의 부용(附庸) 수준에 머물러 있었다. 이에 대해서 그는,

> 自卜辭出世, 迄于今茲, 研究者率致力于文字, 而文字之考訂, 又一依拓本爲之, 未能加意于實物之觀察, 且亦緣實物之甚不易見耳.[1] : 복사가 세상에 나오고서부터 지금에 이르기까지 연구자들은 갑골문자에다 힘을 쏟았는데, 문자의 고정(考訂)은 또 줄곧 탁본에만 의거하고 실물의 관찰에는 주의를 기울일 수가 없었는데, 이는 또한 실물을 보기가 매우 어려웠기 때문이었을 뿐이었다.

라고 설명하였다. 그러나 1928년 中央研究院에 의한 본격적인 발굴이 진행된 이후부터 상황은 근본적으로 변화하기 시작하였다. 이때의 殷墟 발굴은 단지 고고학적으로 하나의 중요한 작업이었을 뿐만이 아니라, 갑골문 연구 방법에서도 대단한 진전을 일으키게 되었다. 그 첫 번째의 성과가 바로 〈甲骨文斷代研究例〉에서 제시한 10개 항목의 표준과 이에 의한 5기 분기법(分期法)이었다. 갑골학계에서는 이 때문에 董作賓이 발표한 〈甲骨文斷代研究例〉라는 논문에 대해,

> 近代考古學方法的引入, 使在金石文字之學影響下形成的甲骨學發生了一場深刻的變革, 卽〈甲骨文斷代研究例〉把甲骨學研究納入了歷史考古學範疇, 從而使甲骨學由金石學的附庸, 成爲中國考古學的一門分支學科.[2] : 근대의 고고학 연구 방법의 도입은 금석(金石) 문자학의 영향 아래에서 형성된 갑골학에 심각한 변혁을 일으켰는데, 바로 〈甲骨文斷代研究例〉가 갑골학 연구를 역사 고고학의 범주로 끌어넣었고, 이로부터 갑골학을 금석학의 부용(附庸)에서

---

1) 董作賓 前揭書《甲骨學六十年》p.63.

2) 張豈之 主編《中國近代史學學術史》(中國社會科學出版社 1996. 北京) p.514.

벗어나서 중국 고고학의 한 분야의 학문이 되게 하였다.

라고 평가하게 되었다. 이처럼 1928년에 시작된 殷墟에 대한 과학적인 발굴은, 갑골문의 새로운 정리 방법을 발굴해냈을 뿐만 아니라, 갑골문 연구의 수많은 문제들도 발굴해낸 셈이다. 이때까지의 중국 고문자(古文字)를 연구하는 학자들은 하나하나의 글자에 주의를 기울일 뿐이고, 전체적인 체계를 살피는 것에는 소홀하였으나, 이후의 연구는 더 이상 고립된 상태가 아니라, 전체적인 문제를 염두에 두고 그 범위를 확대해 나가게 되었다. 따라서 갑골 탁편(拓片)에 나타난 문자의 연구에서 귀갑과 수골(獸骨)의 실물에 대한 관찰로 발전하였고; 실물에 대한 관찰에서 다시 갑골이 출토된 지층으로 주의를 기울이게 되었으며; 함께 출토된 기타의 다른 기물이나 유물을 참고하고 고증하는 데까지 주의를 기울이게 되었고; 중국 국외의 재료들에도 주의를 기울이게 되었다. 주지하는 바와 같이 갑골학의 내용은 협의(狹義)와 광의(廣義)로 구분할 수 있는데, 협의의 갑골학은 갑골 및 그 문자 자체의 연구를 지칭하는 것이고, 광의의 갑골학은 갑골문을 재료로 이용하여 역사와 문화를 논술하는 모든 내용이 포함된다.

董作賓이 1932년에 완성한 〈甲骨文斷代研究例〉는 하나의 개척 성격의 논저라고 할 수 있는데, 그가 제시한 5분기법(分期法)과 10개 항목의 표준은 근대 고고학 연구 방법을 갑골학 연구 영역에 도입함으로써, 만상(晩商) 273년 동안의 갑골문을 혼돈(混沌)상태에서 벗어나게 함과 동시에, 갑골학 연구를 완전히 새로운 단계로 유도하였다고 평가받는다. 학자들은 시대가 명확해진 갑골문 자료에 대한 분야별 정리와 연구를 통해서, 〈甲骨文斷代研究例〉에서 제시한 규율을 다시 보충하고 수정할 수 있게 되었을 뿐만 아니라, 갑골학이 당면한 과제에 대해서도 논증을 계속함과 동시에 연구 과정에서 새로운 문제를 계속 발견해 낼 수도 있게 되었다. 이처럼 새로 발견해낸 내용들이 첨가되어 갑골학의 내용은 더욱 풍부해질 수 있었다. 지난 70여 년 동안에 걸친 여러 학자들의 연구를 통해서 어떤 문제들은 이미 해결되거나 보충작업을 통해서 더욱 풍부해졌고, 어떤 문제들은 아직도 탐색 중이어서 일치된 견해에 도달하지 못하고 있고, 또 어떤 문제들은 董作賓의 시대에 이미 제시했지만 관심을 갖는 사람이 적어서 아직도 취약한 점으로 남아 있는 것들도 있다.

董作賓도 〈甲骨文斷代研究例〉의 끝 부분에서 이 점에 대해서, "這不是斷代研究成功後的一篇結論. : 이는 단대 연구가 성공한 뒤의 결론이 아니다."라고 피력하고, 아울러 "希望治此學者, 平心靜氣來批評這方案是否可用? 是否完備? : 이 분야에 종사하는 學者들이 감정에 사로잡히지 않고 침착하게 이 방안이 쓸 만한 것인지, 완벽한 것인지를 비평해주기 바란다."[1]라고 했다.

1) 董作賓 前揭論文 <甲骨文斷代研究例> p.464.

그 후 약 70여 년 동안 갑골학 자료의 계속된 저록과 함께 과학적인 발굴 작업에 의한 끊임없는 갑골의 출토 등으로 말미암아, 새로운 증거와 새로운 발견이 이루어지고, 이는 연구 시야의 확대 및 연구 방법의 정밀함을 더욱 촉진시켰다. 이 때문에 董作賓이 〈甲骨文斷代研究例〉에서 제시한 일련의 견해는 보충과 수정이 가해지고, 정밀함과 과학성이 더해졌고, 단대 연구는 그 깊이를 더해 갔다. 1933년에 〈甲骨文斷代研究例〉에서 여러 가지 방안이 처음 제시되었을 때는 몇몇 소수의 학자들만이 이런 방법에 찬성하였고, 이를 응용하여 바로 《殷曆譜》를 집필한 뒤에 胡厚宣도 역시 董作賓의 이런 분기 방법을 이용하여 《甲骨學商史論叢》을 간행하고 난 후에는 더 이상 이런 방법에 대해 의문을 품는 사람이 없을 것으로 생각했다고 董作賓은 고백하였다.[1)]

앞에서 설명했듯이, 가장 먼저 〈甲骨文斷代研究例〉를 지지하고 찬성한 인물은 郭沫若이었다. 그는 당시 일본에서 《卜辭通纂》을 편찬하고 있었는데, 1931년에 董作賓의 《大龜四版考釋》이란 논문을 보고 나서 '貞人'설(說)의 발명에 대해 "鑿破鴻濛 : 천지개벽 이전의 혼돈 상태를 타파하여 명확하게 꿰뚫어 밝힌 것"과 같다고 높이 평가하고, 자신의 《卜辭通纂》 뒷부분에 〈卜辭斷代表〉를 덧붙이려고 했던 계획을 취소할 정도였다.[2)] 郭沫若은 董作賓의 〈甲骨文斷代研究例〉에서 처음으로 제시한 분기 단대 표준과 방법에 대해 매우 찬성하는 입장이었을 뿐만 아니라, 祖庚·祖甲 시기의 '貞人'으로서, 용자(用字) 및 문례(文例) 등에서 '貞人' '行' 및 '卽'과 동일한 '貞人' '尹'을 보충하기도 하였다.

董作賓은 殷墟 발굴을 현장에서 직접 주관한 경험을 갖고 있었기 때문에 郭沫若보다 앞서서 갑골문 단대 연구의 체계를 완성했다고 볼 수 있다. 그러나 郭沫若은 일본에서 갑골문 정리와 함께 단대 연구를 진행함으로써, 殷墟에 대한 고고학적인 발굴의 진전을 매우 중시하고, 비교적 일찍 서양 고고학의 영향을 받았기 때문에, 분기 단대에도 공헌할 수가 있었던 것으로 보인다. 결국 두 사람은 경로와 방법은 달라도 도달하는 목표는 같아서, 약속한 듯이 갑골문 분기 단대에 대해 창의적인 연구를 진행하였는데, 《卜辭通纂》 역시 분기 이론에 입각하여 갑골문을 정리한 최초의 저작으로 꼽을 수 있다. 董作賓이 〈甲骨文斷代研究例〉에서 제시한 10개 항의 표준은 董作賓 자신의 표현대로, 단대 연구가 성공한 후의 결론이 아니라 단대 연구에서 시도할 수 있는 몇 가지 예라고 할 수 있으므로, 하나하나 정밀하게 연구해나갈 필요가 있었다. 그 중에서 가장 주요한 표준의 하나인 '貞人'의 경우, 당시에는 자료가 제한적이었기 때문에 겨우 25명 정도를 발견해냈을 뿐이었으나, 지금은 이미 123명 이상이나 발견하였다. 이밖에도 董作賓은, 갑골문이 제4기 武乙·文丁 時期 이르러서는 '貞人'을 기록하지 않았다고 해서, "不錄貞人的時期"라고

---

1) 董作賓 前揭書 《殷虛文字甲編·自序》(中央研究院歷史語言研究所 1976. 臺北) p.5를 참고.

2) 郭沫若 前揭書 《卜辭通纂》 pp.10~11.

지칭하였으나, 《殷虛文字乙編 · 序》에서는, "因當時注意的只限於武乙時代的卜辭, 所擧第四期之例, 也只限於武乙之世.[1] : 당시에 주의를 기울였던 것은 오로지 武乙 시대의 복사뿐이었기 때문에 제4기의 예로 든 것들도 역시 武乙에만 한정되어 있었다."라고 했지만, 어느 것이 武乙 시대의 복사이고, 어느 것이 文丁 시대의 복사인지에 대한 상세한 분석은 하지 않았다. 그리고 1945년에 《殷曆譜》에서 '文武丁 시대의 복사'에 대한 문제를 제기한 이후, 그가 '謎' 즉 수수께끼라고 했던 문제의 진정한 풀이는 30여년이 지난 후에야 비로소 해결되었고, 이로 인해서 단대의 체계는 훨씬 치밀해졌으며, 단대 연구도 발전하게 되었다.

〈甲骨文斷代研究例〉가 발표된 것은 갑골학이 형성되었음을 알리는 표시라고 할 수 있으며, 이후 갑골학 연구는 전문적인 연구 대상과 풍부한 연구 자료를 갖추게 되어 완전히 새로운 단계로 접어들게 되었고, 아울러 비교적 엄밀한 규율과 수많은 연구 과제를 내포한 새로운 학문으로 자리 잡게 되었다. 특히 탐구 과제의 체계적인 연구 해결과 새로운 문제의 제시로 인해서, 갑골학은 스스로 훨씬 더 체계적이고 엄밀한 규율을 갖추게 된 것이다.

앞에서 설명한 대로, 陳夢家는 董作賓의 10개 항의 표준과 5분기설(分期說)의 기초 위에서, 이에 대한 나름대로의 수정을 가하여 분기 단대의 3개 표준과 9분기설을 제시하였다.[2] 이른바 3개 표준 중의 제1표준은 세계(世系) · 호칭 · 점복자(占卜者)라고 주장하고, 이를 갑골 단대에서 가장 중요한 표준으로 꼽았으며, 이들 셋 중에서도 점복자가 특히 중요하다고 했다. 제2표준은 서로 다른 시대의 갑골편들에 나타난 자체(字體) · 어휘 · 문례(文例)로, 이들의 특징과 변화를 연구하여 복사의 년대(年代)를 판정하는데 이용한다는 것이다. 제3표준은 위의 두 가지 표준을 이용하여 모든 갑골 각사를 그 내용에 따라 각종 사류(事類)로 분별하고 연구할 수 있게 한 것이다. 복사의 내용은 제사 · 천상(天象) · 수확 · 정벌 · '王事' · '卜旬' 등의 6종류로 대별(大別)하고, 아울러 각 사류(事類)를 분기(分期)에 따라 연구 분류하여 각 시기의 사전(祀典) · 역법(曆法) · 사실(史實) · 기타 제도 등으로 종합함으로써, 각종 제도의 차이를 시대 판별의 용도로 사용할 수 있게 하였으므로 이를 제3표준이라고 명명하였다.

陳夢家가 제1표준으로 삼은 세계(世系) · 호칭 · '貞人'은, 董作賓의 이른 바 직접 표준인 세계(世系) · 호칭 · '貞人' · 갱위(坑位)를 수정한 것인데, 陳夢家의 견해로는 갱위는 갑골의 단대에 대한 작용이 제한적이고, 이를 단대에 응용하려면 매우 신중해야 한다고 주장하였다.[3] 그리고 陳夢家가 제2표준으로 삼은 자체(字體)[자형의 구조와 서법(書法) · 풍격 등이 포함됨] · 어휘[상

1) 董作賓 前揭書《殷虛文字乙編 · 序》p.11.

2) 陳夢家 前揭書《殷虛卜辭綜述》pp.137~138을 참고.

3) 陳夢家 上揭書 pp.139~141을 참고.

용어 · 술어 · 합문(合文) 등이 포함됨] · 문례[행관(行款) · 복사 형식 · 문법 등이 포함됨] 등은 실제로 董作賓의 10개 항목 표준 중의 문자 · 서체 · 문법 등의 항목에 해당된다. 그러나 陳夢家는 단대 연구의 용도에 있어서 이들 세 요소를 董作賓 보다 훨씬 중요시하였는데, 그 까닭은 이들 요소들과 관련된 각 시기마다의 특징과 차이를 확정하고 나면, 호칭 · 세계(世系) · '貞人' · 사류 등이 불명확한 복사들에 대해서도 단대를 판정할 수가 있을 뿐만 아니라, 매우 편리한 표준이 될 수 있기 때문이라고 했다. 왜냐하면, 복사는 문자로 기록된 것이 틀림없으므로 이 제2표준은 언제나 사용이 가능하기 때문이라고 했다. 陳夢家의 제3표준은 董作賓의 10개 항목 표준 중의 방국(方國) · 인물 · 사류 등의 항목에 해당되는데, 董作賓은 10개 표준 중의 세계(世系) · 호칭 · '貞人' · 갱위 등의 직접 표준을 제외한 나머지 각 항목은 간접 표준이라고 간주하였다. 陳夢家는 董作賓의 간접 표준 중에서 제2표준을 분리해내고는, 이들의 단대에서의 용도를 강조하였는데, 이는 갑골문 자체(自體)의 객관적이고 실제적인 면과 부합되는 것으로서, 복사 정리의 수준이 높아지고 단대 연구가 진일보한 것을 말해 준다.

陳夢家는 이상에서 설명한 3종류의 표준에 의거하여 殷墟 갑골문을 9기(期)로 나누었는데, 陳夢家가 단대를 이처럼 한 것은 董作賓이 〈甲骨文斷代硏究例〉에서 말한 "本應以每一個帝王爲一代.[1] : 본래는 매 제왕을 모두 일대(一代)로 삼아야 한다."는 주장과 부합되기도 하기 때문이고 할 수 있다. 그러나 陳夢家도 역시 복사 전체를 정리하면서 이 복사들을 商代의 매 왕들 하나하나의 시대로 분류하려고 해도 불가능한 점이 있다는 것을 발견하였으며, 이 때문에 9분기설은 5분기설보다 약간 진보한 것이긴 해도, 사실상 '貞人'의 이름이 없거나 호칭과 사류가 불분명한 많은 갑골들은, 근본적으로 각 왕들의 시대로 정확하게 세분(細分)하기가 불가능하였다. 따라서 陳夢家는 9분기설의 기초 위에 다시 조기(早期) · 중기 · 만기(晩期)의 3기로 대략적으로 분기하는 방법을 제시함으로써, 董作賓의 5분기법을 유지하였는데, 세분이 가능할 경우에는 최대한 9분기법을 이용하고, 세분이 곤란할 경우에는 5분기 심지어 3분기법을 사용하도록 하자고 주장했다. 그러나 이 점에 대해서 王宇信은,

> 董氏的'五期'分法已包括了在可以細分的情況下, 將卜辭分在九個商王名下的'九期'說. 而陳夢家所謂的'三期'說, 則大可不必. 因爲'五期'說可以劃分全部卜辭, 還沒有哪些卜辭不能被'五期'說所範圍, 而需要採取更加籠統的'三期'說的.[2] : 董作賓의 5분기법은 세분이 가능한 상황 하에서 복사를 9명의 商代 왕의 명칭 아래로 구분한 9분기설을 이미 포괄하고 있으므로, 陳夢家의 이른 바 3기설은 불필요한 것이다. 왜냐면 5분기설로 전체 복사를 구분할 수 있고,

1) 董作賓 前揭論文 <甲骨文斷代硏究例> p.365.

2) 王宇信 前揭書《甲骨學通論》p.13.

또 더 이상 5분기설의 범위 내로 포괄할 수 없는 복사가 없는데도, 훨씬 두리뭉실하게 만든 3분기설을 필요로 하는 그런 복사는 없기 때문이다.

라고 주장하였다.

그리고 胡厚宣은 갑골문 저록과 편찬에 새로운 체제를 정립하였는데, 1946년《甲骨六錄》의 출판을 시작으로,《戰後南北所見甲骨錄》·《戰後寧滬新獲甲骨集》·《戰後京津新獲甲骨集》·《甲骨續存》등을 잇달아 출판하였다. 그는 갑골에 대해 먼저 단대 분기 후 사류에 따라 분류하는 방식으로 정리 작업을 진행하면서 4분기법을 채택하였다.[1] 그는 董作賓의 5분기설 중의 제3기와 제4기를 합병하여 제3기에다 廩辛·康丁·武乙·文丁의 '3世 4王'을 포함시켰는데, 그 까닭은 호칭과 '貞人'에 근거하여 제3기와 제4기를 명확히 구분할 수 있는 일부분의 복사들을 제외하고, 대부분의 갑골들은 분기 정리가 어려웠기 때문이었을 것이며, 이는 해결하기 까다로운 문제를 풀기 위한 일종의 편법이며, 변통(變通)이다. 이에 대해 陳夢家는, "所分的第三期包容了三世四王, 究竟太長. …… 他將董氏的三·四兩期合併爲一, 是不妥當的.[2] : 제3기로 분기한 것에는 '3世 4王'이 포함되는데, 결국은 너무 긴 기간이다. …… 胡厚宣이 董作賓의 제3기와 제4기를 하나로 합병한 것은 타당하지 않다."라고 지적하면서, 董作賓이 분기한 제3기 廩辛과 康丁 시대의 복사와 제4기 武乙과 文丁 시대의 복사의 차이는 오히려 쉽게 구별할 수 있지만, 武乙과 文丁 시대의 복사는 서로 구분하기가 어렵다고 주장하였다.

이 문제에 대해서는 이후 1973년 '小屯南地'에서의 갑골 발견으로 인해서, 이들 갑골의 단대에 신뢰할 만한 증거들을 찾게 되었을 뿐만 아니라, 학자들도 이들 복사들로부터 이전의 갑골학 연구 보다 진일보한 특징들을 찾아내어 정리하였다. 그 특징들 가운데 첫째의 가장 분명한 특징은 복사에 '貞人'이 기록되어 있지 않은 것이며, '前辭'의 형식도 매우 간략해졌다는 점이다. 둘째는 康丁 시대의 복사는 자체(字體)에서 이전의 복사와 비교해서 매우 큰 변화가 보이는데, 자형 구조의 변화가 크다는 점이다. 특히 康丁 시대의 자체는 武乙 시대의 자체와 밀접한 관계가 있으며, 일부 武乙 시대의 자체는 호칭을 근거로 하지 않을 경우에는 康丁 시대의 자체와 거의 구분할 수가 없을 정도이다. 셋째는 康丁 시대의 복사의 '兆辭'는 주로 '吉'·'大吉'·'引吉'·'馭嫠' 등이고, 소수의 갑골에는 '玆用'이라고 한 것도 있고, 때로는 '吉'과 '玆用'을 연이어서 '吉用'이라고 한 것도 있다는 점이다. 넷째는 康丁 시대에도 기사(記事) 각사가 있는데, 그 형식은 매우 간단하여 간지(干支)만을 기록한 것도 있다는 점 등등이다. 결론적으로 말해서 갑골의 단대 연구

1) 胡厚宣《戰後寧滬新獲甲骨集》(來熏閣書占 1951. 北京) <述例>를 참고.

2) 陳夢家 前揭書《殷虛卜辭綜述》p.139.

에서, ‘貞人’의 이름이 기록되어 있지 않아서 처리가 힘든 갑골들도 깊이 있는 연구를 통해서 더 이상 두루뭉실하게 처리하지 않아도 될 정도로 발전하였고, 명확하게 康丁 시대의 복사라고 지칭할 수 있게 되었다.

董作賓이 〈甲骨文斷代研究例〉를 발표한 이후로, 이런 여러 가지 과정을 거치면서 학자들이 10개 항목의 표준과 5분기법에 대해서 적지 않은 보충과 수정을 가하여 왔다. 예를 들면, 董作賓의 文武丁 시대 복사의 시기에 대한 견해도 크게 조정되었고, 시대 구분이 쉽지 않았던 ‘無名組’ 즉 ‘貞人’의 이름이 없는 ‘卜辭組’[1]의 복사들도 康丁 시대의 것으로 확인되어, 단대가 훨씬 정확하고 정밀해졌다. 10개 항목의 표준에서 ‘貞人’과 같은 경우는, 훨씬 풍부하게 보충되어서 더욱 체계화되고 이론화되어 갑골 정리 작업이 매우 편리하게 되었다. 이처럼 단대 연구의 심화 및 분기 작업의 정밀함은 100여 년 동안의 갑골학 연구가 거둔 중대 성과이다.

제2절 기타의 단대(斷代) 연구

一. 文武丁 시대의 복사

갑골학(甲骨學)에서 복사의 단대 분기를 연구할 때, 이른 바 文武丁 시대의 복사[2] · 帝乙 시대의 ‘非王卜辭’[3] · ‘多子族卜辭’와 ‘王族卜辭’[4] 등은, 비록 명칭은 다르지만 이들이 실제로 지칭하는 것은, 《甲骨文合集》 제7책에 집중적으로 수록된 제1기에 덧붙여진 ‘甲’ · ‘乙’ · ‘丙’ 3조(組)의 복사들이다. 陳夢家는 《殷虛卜辭綜述》에서 이들을 ‘子組’ · ‘午組’ · ‘自組’ 복사라고 명명(命名)하였다.

이들 복사는 1936년 제13차 殷墟 발굴 작업 이전에 획득한 것은 많지 않기 때문에, 董作賓이 갑골문 단대 연구를 진행할 당시에는 그다지 큰 주의를 기울이지 않았다. 더구나 그 당시는 아직 단대(斷代) 연구의 초기 단계여서, 董作賓은 ‘貞人’이라는 항목의 단대 표준을 지나치게 절대화한 탓에, “沒有注意到那些在卜字之下記有貞人而省去貞字之例.[5] : ‘卜’자 다음에 ‘貞人’을 기록하고서 ‘貞’자를 생략한 예들에 대해서 주의를 기울이지 않았다.”라고 고백하면서 아울러, “到了

---

1) 李學勤 <小屯南地甲骨與甲骨分期>, 《文物》 1981年 第5期를 참고.

2) 董作賓 <殷虛文字乙編序>, 前揭書 《董作賓先生全集》 甲編 第三冊 pp.1164~1177에서 이 말을 사용.

3) 李學勤 <帝乙時代的非王卜辭>, 《考古學報》 1958年 第1期에서 사용한 말인데, 商王과는 전혀 관련이 없는 卜辭를 지칭한다.

4) 貝塚茂樹 《京都大學人文科學研究所藏甲骨文字》(京都大學人文科學研究所 1959. 京都), <序論>第二章에서 이 말을 사용.

5) 董作賓 <殷虛文字乙編序>, 前揭書 《董作賓先生全集》 甲編 第三冊 p.1164.

第四期, 武乙·文武丁之世, 便整個不錄貞人了. : 제4기 武乙과 文武丁 시기에 이르러서는 모든 복사에 '貞人'을 기록하지 않았다."라고 하고는, 제4기를 '貞人'을 기록하지 않은 시기라고 단정하였다. 이 제13차 발굴로 小屯村에서 출토된 갑골은 董作賓이 〈甲骨文斷代硏究例〉에서 제4기 武乙·文武丁 시대의 복사를 '貞人'을 기록하지 않은 시기라고 판정하는 자료로 이용되었다. 그러나 董作賓은 이 논문에서 비록 제4기는 武乙·文武丁 시대임이 틀림없다고 주장하였으나, 그 당시에 주의를 기울인 것은 오로지 武乙 시대의 복사에만 국한하였고, 제4기라고 예를 든 것들도 오로지 武乙 시대에만 국한되었다. 어떤 것이 文武丁 시대의 복사인지에 대해서는 세밀하게 탐구하지 않고 소홀히 넘겨 버렸는데, 이 때문에 본래 소수의 갑골만 출토되었거나 아니면 이전에 저록된 이런 부류의 복사들은 모두 제1기 武丁 시대로 분류하였는데, 예를 들면 '𠂤組' 복사 중의 '貞人'의 이름 '扶'가 그렇다.

殷墟의 과학적인 발굴 작업에 의해서 이런 부류의 복사들이 누차 발견되었는데, 특히 제13차 발굴의 B구역 119갱(坑)에서 갑골 296판(版)이 무더기로 출토됨으로 말미암아 이런 부류의 갑골에 대한 전반적인 인식과 연구의 가능성을 제공하게 되었다. 만약 董作賓의 단대 표준에서 절대적인 요소인 호칭과 '貞人'에 의거하여 분기 단대의 연구를 진행할 때, 복사에 보이는 호칭이 '父乙'·'母庚'(《甲2907》)이라면, 이 '扶'는 제1기 武丁 시대의 '貞人'으로 판정하는 것이 옳다. 비록 여기에서의 '扶'자의 자체(字體)가 제1기의 것과는 다르긴 해도, '母庚'은 武丁의 부친인 小乙의 배우자인 '妣庚'을 武丁 시대에는 '母庚'으로 호칭할 것이 틀림없기 때문이다. 다만 '父乙'은 제4기 文丁이 그의 부친 '武乙'을 호칭한 것일 수도 있다. 동기(銅器) 〈戊辰彝〉에 "武乙奭妣戊"라는 기록이 있는데, 文武丁의 모친은 '母戊'이지 '母庚'이 아니다. 이에서 바로 해결 불가능한 모순이 나타난 것이다. 董作賓은 '貞人' '扶'를 제1기의 인물로 한 때 분류한 적이 있는데, 이 때문에 '扶'와 동일 시기의 인물들을 文丁 시기보다 80~90년 앞당겨 놓았다. 이렇게 해서 '文武丁 복사의 수수께끼'가 출현하게 된 것이다.

항일 전쟁 중에는 殷墟에 대한 발굴이 잠시 중단되었는데, 董作賓은 10여 년 동안 갑골복사의 전반적인 정리에 온 힘을 쏟아서 《殷曆譜》를 저작하였는데, 《殷曆譜》의 저작 과정에서 董作賓은 갑골문 중에 신·구파 간의 사전(祀典)의 차이점을 발견함으로써, 文武丁 시대 복사의 수수께끼를 푸는데 큰 계시를 얻게 되었다. 즉 구파(舊派) 중에서 武丁과 祖庚 시대에는 '大乙'을 '唐'으로 호칭하는 것에 절대 예외(例外)가 없었으나, 祖甲 시대가 되면 사전(祀典)을 개혁하는 소위(所謂) 신파(新派)가 등장하여, '唐'의 이름을 '大乙'로 정(定)하였는데, 이 이후 각 왕들은 모두 '大乙'이라고 호칭하고 더 이상 '唐'이란 호칭을 쓰지 않은 점을 확실하게 밝혀낸 것이다. 그런데 文武丁은 복고(復古)를 주장하여, 기일법(記日法)·월명(月名)·사전(祀典) 등 각 방면에서 구파의 제도를 회복하였으나, 오직 한 가지 '唐'이라는 명칭은 부활시키지 않고 그대로 '大乙'이라고 했는데,

이는 매우 강력하고 유일한 증거가 되는 것이다. 이와 동시에 董作賓은 1947년 미국 시카고대학 객좌교수로 가기 전에 高景成의 〈甲骨文斷代研究管見〉이라는 논문에서, 武乙과 文丁은 두 기(期)로 나눌 수 있으며, '自'·'彵'·'子' 등은 마땅히 文武丁 시기의 '貞人'으로 분류해야 한다고 주장한 것을 보았다. 그리고 이런 여러 학자들의 다양한 의견 제시와 董作賓 자신의 여러 해에 걸친 연구와 심사숙고를 거쳐서 그가 줄곧 곤혹스러워했던 '文武丁 복사의 수수께끼'를 마침내 풀 수 있게 되었는데, 이 文武丁 복사의 수수께끼는 원래 '貞人' '扶'로부터 시작되었고, 다시 '扶'로 되돌아가서 이 문제가 해결된 셈이다. 그는《甲2356》과《甲2907》의 두 갑골판에 있는 '貞人' '扶'의 복사에서 '父乙'과 '母庚'·'兄丁'·'大乙' 등의 호칭을 발견하였는데, 董作賓은 〈殷虛文字乙編序〉에서,[1] 만약에 과거에 '父乙'·'母庚'·'兄丁'이라는 말과, '王'자를 '太'으로 쓴 것을 보기만 하면, 바로 武丁 시기의 것으로 단정(斷定)했을 테지만, 지금 주의해 볼 것은 '大乙'이라는 칭호인데, '唐'을 '大乙'로 호칭한 것으로 미루어 보면 이는 절대로 武丁 시기의 것이 아니라고 단정할 수 있다고 하였다. 다시 되짚어 보면, 여기서의 '父乙'은 바로 '武乙'이고, 따라서 이는 文武丁 시기의 복사로 단정할 수 있으며, 이로 미루어 文武丁에게도 역시 '母庚'과 '兄丁'이 있었을 가능성이 있고, '王'자는 고체(古體)를 복원한 것이라고 할 수 있다. 그리고 그는 또 '貞人' '扶'를 기점(基點)으로 하여 '扶'와 동시대의 한 무리의 '貞人'들을 찾아냈는데, 이들은 곧 '勹'·'自'·'余'·'我'·'子'·'彵'·'㱃'·'車'·'史'·'万'·'幸' 등이다. 이렇게 文武丁 시기의 한 무리의 '貞人'들을 찾아냄에 따라서, 원래 제4기를 '貞人'을 기록하지 않은 시기라고 했던 주장은 자연히 사실에 근거하여 수정을 해야 했다. 제13차의 과학적 발굴 작업으로 획득한 갑골은 YH127갱(坑) 뿐만 아니라, 거의 완전히 文武丁 시기의 복사인 B119갱의 298판(版)의 갑골과 YH006갱의 207판의 갑골들인데, 이들은《殷虛文字乙編》에 집중적으로 저록되었다. 여기에다 다시 다른 갱들에 흩어져서 발견된 총 13판의 갑골들도 董作賓이 '文武丁 시대 복사의 수수께끼'를 해결하는데 풍부한 자료를 제공하였다.

董作賓은 이런 부류의 복사를 주의 깊게 연구한 결과로 다음과 같은 몇 가지 사실들을 발견하였다. 첫째는, 文武丁이 구제(舊制)를 복원했는데, 이 사실은 문자·역법·사전(祀典) 등에서 주로 표현되었다는 점이다. 둘째는 文武丁 시대에도 많은 수의 '貞人'들이 있었는데, '扶'·'子'·'余' 등을 비롯하여 모두 17명이나 되었다는 점이다. 셋째는 文武丁 시대의 복사에서는 '貞'자와 '卜'자의 사용에 원칙이 없었고, 사례(辭例)가 복잡하여 형식이 다양하고 혼란해졌다는 점이다. 넷째는 文武丁 시기 정복(貞卜)의 사류(事類)는 대체로 武丁 시대의 범위를 회복하였다는 점이다. 예를

1) 이하의 董作賓의 주장은, 그의 <殷虛文字乙編序>, 前揭書《董作賓先生全集》甲編 第三册 pp.1165~1166을 참고한 것임.

들면, 신파에서는 정복(貞卜)에 절대로 보이지 않는 내용인 질병이나 죽음에 관한 일들이 文武丁 시대에는 보인다는 것이다. 다섯째는 文武丁 시대 복사에서의 호칭 체계는 商代의 전통적인 대종(大宗) · 소종(小宗)의 칭위와 부합되지 않는 부분이 많다는 점이다. 이 때문에 董作賓은 文武丁 시대의 복사임을 증명하는 또 하나의 방법으로 대종 · 소종의 세계(世系) 이외의 호칭 문제를 제시하기도 하였다.

董作賓은 이처럼 여러 측면에서의 고찰을 거쳐서 스스로 文武丁 시대 복사의 수수께끼를 풀었다고 생각했으며, 과거에 80~90년을 거슬러 올라가 武丁 시기로 분류하였던 복사들을 다시 文丁 시기인 갑골문 제4기로 옮겨놓았는데, 이로 인해서 武丁 시대에 존재했던 서체 · 자형 · 문법 · 사류(事類) · 방국(方國) · 인물 등등의 여러 가지 모순들도 함께 해결되기에 이르렀다.

그러나, 董作賓은 이 文武丁 시대 복사의 수수께끼를 완벽하게 해결한 것은 아니었다. 이로 인해 중국 국내외의 여러 학자들이 이들 갑골에 근거하여 세밀하고 심도 있는 분석 정리를 진행함과 동시에 그 시대 문제에 대해서 열띤 토론을 전개하기에 이르렀다. 일본의 貝塚茂樹는 중국 국외에서는 맨 처음으로 이 문제를 탐구하여, '多子族 卜辭'와 '王族 卜辭'를 분류해내고 이를 武丁 시기에 속한다고 주장하였다. 胡厚宣도 역시 일찍이 필획이 때로는 섬세하고, 때로는 넓적하고, 때로는 날카로운 자체(字體)의 복사에 주의를 기울이고, 또 복사에 '父丁' · '子庚'의 호칭이 있는 것에 근거하여 '父丁'은 '祖丁'이고, '子庚'은 '盤庚'이며, 이들 모두 다 武丁 이전의 것임을 밝히고, 이를 1983년에 출판한《甲骨文合集》에서 이 복사들을 제1기의 부속으로 분류함으로써, 이를 文武丁 시대 복사로 인정하지 않는 듯한 태도를 보였다.

陳夢家는 갑골 단대 문제에 대해서 비교적 체계적이고 전반적인 연구를 통하여 비교적 초기에 文武丁 시대 복사의 수수께끼에 대해 주의를 기울였는데, 1949년에 저술한 4편(篇)의〈甲骨斷代學〉이라는 논문을 1951년의《燕京學報》第40期 및 1951년에서 1954년까지의《考古學報》第5 · 6 · 8期에 연달아 발표하였다. 그 후 이 논문을 부분적으로 삭제하거나 개정하여 1956년 출판한《殷虛卜辭綜述》의〈第四章 斷代上〉과〈第五章 斷代下〉에 수록하였는데, 그는 이른바 '文武丁 시대의 수수께끼'라고 했던 이들 복사들을 '𠂤組' · '子組' · '午組'의 세 조(組)로 나누고 다음과 같이 고찰하였다.

'𠂤組' 복사의 '貞人'으로는 '𠂤' · '扶' · '勹' 등 3명이 있으며, 이 복사들은 殷墟에 대한 제1 · 2 · 3 · 4 · 5 · 8 · 13차 발굴에서 모두 출토되었고, 이들 3명의 복인(卜人)들은 자주 같은 갑골판에서 함께 발견되었는데, 예를 들면,《佚9》에는 '𠂤' · '扶' · '勹'이,《鐵54. 2》와《後下24. 10》및《南無156》에는 '扶' · '勹'이,《甲3045》에는 '𠂤' · '勹' · '王'이,《佚586》에는 '𠂤' · '王' · '扶'가,《乙409》와《前8. 8. 1》에는 '扶' · '王'이 함께 점복자로 기록되어 있는 것 등이다. '𠂤組' 복사에 나타나는 호칭을 비교하면, 武丁 시기의 '賓組' 복사와 같은 것도 있고, '子組' · '午組'

복사와 같은 것도 있다. 그리고 호칭뿐만 아니라, 자체(字體)에 있어서도 '𠂤組' 복사는 한편으로는 '賓組'의 구법(舊法)을 준수하고, 또 한편으로는 새로운 형식을 만들어내기도 하였다. '𠂤組'의 시간 표기법은 '賓組'와 대동소이하며, '𠂤組'의 어떤 복사 형식은 때로 '賓組'와 동일하거나, 때로는 '𠂤組' 특유의 형식이거나, 때로는 祖甲의 복사를 이어 받아서 자체(字體)가 비슷하기도 한데, 이런 점들로 미루어 보아 '𠂤組'는 武丁 시대 말기에 해당되고, 다음 세대를 여는 새로운 형식을 나타내고 있다고 주장하였다. 그리고 '𠂤組'의 제례(祭禮)가 '賓組'에서도 보이고, '㞢'와 '又'가 통용된 것 역시 두 시기의 제도가 공존했던 흔적을 나타내는 것이라고 하였다. 칭호에서는 때로는 武丁 시기의 구제(舊制)를 지킨 것도 있고, 때로는 大乙 · 上甲 등과 같이 새로운 예를 개척한 것도 있는데, 이 때문에 陳夢家는,

> 𠂤組大部分和賓組發生重疊的關係, 小部與下一代重疊, 它正是武丁和祖庚卜辭的過渡.[1] : '𠂤組' 복사의 대부분은 '賓組' 복사와 중첩되는 관계에 있고, 작은 부분은 다음 세대와 중첩되는데, 이는 바로 武丁과 祖庚 복사의 과도기에 해당된다.

라고 하였다.

'子組' 복사의 '貞人'으로는 '子' · '余' · '我' · '彳卌' · '帚' · '史' 등이 있는데, 《乙4758》에는 '貞人' '我' · '余' · '彳卌'이, 《乙4949》에는 '子' · '余' · '我' 등이, 《後下42. 5》와 《乙4856》에는 '子'와 '彳卌'이 함께 보인다. 비록 '貞人', '帚'은 다른 복인과 연계된 관계에서 보이지는 않지만, 그 자체(字體) · 문례 · 내용 등이 일치함에 근거하여 분석하면, '子組' '貞人'임이 분명하다. '子組' 복사의 자체(字體)와 문례의 특색은, 첫째는 '貞'자를 평각(平脚)으로 하고 있고; 둘째는 항상 글자를 작게 썼으며; 셋째는 '𠂤組'의 경우와 같이 '于'자를 '于弓 '로 쓰고, '丁'자는 때로 둥글게 테두리를 두르기도 했고, 그리고 '隹'자를 새의 모양으로 썼고; 넷째는 '子' · '丑' · '未' · '午' · '庚' 등과 같은 간지(干支)의 글자를 '𠂤組'처럼 만기(晩期)의 자형으로 썼고; 다섯째는 '又史' · '某歸' · '至某(地)' 등의 내용이 자주 보이고; 여섯째는 제법(祭法)에서 '御'와 '酒'를 상용(常用)하였고, 간혹 '又' · 'ネナ ' 등의 글자를 쓰기도 하였다는 점이다.

'子組' 복사는 그 독특한 작풍외에도, 호칭 방면에서 주요한 것들이 '賓組' · '𠂤組'와 같은데, 특별히 '子組' 복사에 나타나는 '子䊮'(《綴合編》 附圖13)에 대해서 陳夢家는 "似屬於武丁之晩世.[2] : 武丁 말기에 속하는 인물 같다"고 했는데, 이런 이유로 해서 '子組' 복사도 역시 이 시기의 것이라고 주장하였다.

---

1) 陳夢家 前揭書《殷虛卜辭綜述》p.153.

2) 陳夢家 上揭書 p.161.

이밖에도, '子組' 복사가 출토된 갱위(坑位) 역시 일찍이 그가 이들 '㠯組'와 '子組' 복사를 武丁 시대의 복사라고 판정할 수 있는 근거가 되었는데, 《乙編》에 수록된 복사 중에 B119와 YH006 두 갱(坑)에서 출토된 복사는 '㠯組'와 '子組'가 혼합되어 있는데다가, 약간의 '賓組' 복사도 섞여 있다. 그리고 E16갱에서 출토된 복사는 '㠯組'와 '賓組'가 혼합되어 있고, YH127갱의 복사는 '子組'와 '賓組'가 혼합되어 있다. 그런데 E16과 B119 두 갱에는 또한 '㠯組'와 동시대 '貞人' '徣'의 복사도 출토되었다. 이 때문에 陳夢家는, '子組'와 '㠯組'는 자주 '賓組'와 동일 갱에서 출토되었고, 이들 두 갱 중에는 武丁 이후[祖庚일 가능성이 있음]의 복사가 매우 적은 것으로 보아, '子組'와 '㠯組'는 武丁 시대의 복사임이 틀림없을 것이며, 이에 따라 YH127갱에서 출토된 '午組' 및 기타 소수의 복사들도 역시 이 武丁 시대의 것이라고 주장하였다.[1]

'午組' 복사의 '貞人'으로 '午'와 '㓝' 두 사람이 있는데, 이들은 서로 연계 관계가 없다. 다만 이들 복사의 자체(字體)는 '賓'·'㠯'·'子' 3조(組)의 것과는 다른데, 대부분 날카로운 사필(斜筆)을 사용하여 武乙과 文丁 시기의 서체가 굳세고 강한 기풍과는 상당한 차이가 있다. 그리고 조상들에 대한 호칭은 '賓組'·'子組'·'㠯組'와 서로 같은 것도 있고, 또 별도의 체계를 이루는 것도 있는데, 그 중에서 '下乙'이란 칭호는 '午組'가 武丁 시대에 속한다는 것을 충분히 증명해준다고 陳夢家는 주장하였다.[2] 여기에서 별도의 체계를 이룬 호칭이라고 한 것은, 약간의 특수한 호칭들이 몇몇 갑골판에서 서로 연계 관계를 가지고 나타나는 것을 지칭한 것이다.

그런데 島邦男은, 貝塚茂樹와 陳夢家 등이 이른 바 文武丁 시대 복사를 제1기 武丁 시기의 복사로 보아야 한다고 주장한 것에 대해서, 관련된 호칭·갱위·사례(辭例) 등의 측면에서 검토한 결과 두 사람이 제1기의 것이라고 주장한 것은 그들이 내세운 증거가 하나도 성립되지 않는다고 반박하고서, 한 걸음 더 나아가 董作賓이 열거한 文武丁 시대의 '貞人' 17명에 대한 고정(考訂) 작업을 진행하였는데, 그는 '㠯'·'扶'·'勹'은 모두 武乙 시기의 '貞人'이지만, '貞'자의 사용과 호칭으로 보아 文武丁 시기까지도 해당된다고 하여, 결론적으로 董作賓의 주장이 옳다고 주장하였다.[3]

李學勤 역시 비교적 일찍부터 이들 복사들에 대해 주의를 기울였는데, 그는 〈帝乙時代的非王卜辭〉란 논문에서 다음과 같이 주장하였다. 殷墟 제15차 발굴 중 YH251과 YH330갱에서 출토된, 자체(字體)가 통일되어 있으면서 특수한 복사들은, 그 내용이 대부분 부녀와 관련된 일이고, 때로 부인과 아들의 질병과 재화(災禍) 등에 관해 복문(卜問)한 것이므로, 복문한 사람이 여성일 것이라고 주장하였다. 그리고 그 사전(祀典)이 간략하고 제사의 대상인 친속 역시 대부분 여성이며, 그 호칭 체계가 商 왕조의 것과 부합되지 않는 점 등을 고려할 때, 복문한 부녀는 商 왕의 후비(后

1) 陳夢家 上揭書 p.158을 참고.

2) 陳夢家 上揭書 p.164를 참고.

3) 島邦男 著 溫天河·李壽林 中譯《殷墟卜辭硏究》(鼎文書局 1975. 臺北) pp.3~11을 참고.

妃)나 직계 친속이 아님이 확실하며, 이런 부류의 '婦女卜辭'는 '非王卜辭'임이 분명하다고 하였다. 그런데 제13차 발굴 중의 YH127갱에서 출토된 거의 대부분의 복사가 武丁 시기의 것이지만, 이밖에 5종류의 '非王卜辭'가 그 속에 섞여 있는데, 李學勤은 그 중의 한 종류는 '子'가 중심이 되고, '余'·'我'·'㣇'·'帚' 등의 5명의 '貞人'이 점복을 주관한 복사라고 하고, 이를 '子卜辭'라고 칭하였다. 그가 분석한 '非王卜辭'의 특징은, 첫째는 占卜을 제기한 사람은 商 왕이 아니며; 둘째는 당시의 왕이 주관한 점복이 없으며, 복사에도 왕을 거론하지 않았고; 셋째는 선왕의 명호(名號)는 없으나 별도의 선조의 명호는 있으며; 넷째는 商 왕조의 친속 호칭 체계에는 부합되지 않으나, 별도의 친속 호칭 체계가 있었다는 것 등이다.[1)]

이처럼 갑골학을 연구하는 학자들은, 董作賓이 1945년《殷曆譜》에서 '文武丁 시대 복사의 수수께끼'를 제기한 이후로 이 복사들이 武丁 시기에 속하는지 아니면 文武丁 시대에 속하는지에 대해서 열띤 토론을 전개하였는데, 서로 근거로 삼은 복사는 기본적으로 동일한 것이고, 참고로 삼은 갱위도 기본적으로 일치하지만, 다만 결론은 첨예하게 대립하였고, 복사가 속하는 시간의 조만(早晚)에도 큰 차이가 있다. 이런 현상은, 한편으로는 단대(斷代) 연구의 깊이가 더해감에 따라서 복사에 대한 정리도 한층 엄밀해지고 체계적이 된다는 것을 설명해주며, 또 한편으로는 '文武丁 시대 복사의 수수께끼'에 대한 해답이 진정으로 풀리지 않고 있으며, 여전히 깊이 있는 연구가 필요하다는 것을 설명해준다 하겠다. 다만 논쟁 중에 있는 문제가 이처럼 집중적이고 교착된 상태에 있다는 것은, 새로운 자료와 새로운 증거가 출현하기만 한다면 어느 쪽이든 그 논거에 대한 인증이 가능하고 논전은 끝이 남과 동시에 '文武丁 시대 복사의 수수께끼'도 풀리게 될 것임을 말해준다 하겠다.

董作賓의《殷曆譜》 출간 이후에 陳夢家는 '子組'·'午組'·'𠂤組' 복사를 武丁 시대의 것이라고 논증하였고, 이에 대한 새로운 증거들이 끊임없이 발견됨에 따라서 검증과 보충 작업이 계속되었다. 1963년 姚孝遂는 〈吉林大學所藏甲骨選釋〉이란 논문을 발표하였는데,[2)] 이 논문에서 그는 《前3. 14. 2》 편(片)의 상단(上端)에 '貞人' '爭'의 복사가 있고, 그 아래 부분에 전형적인 '子組' 복사의 간지표가 있음을 발견하고는, 이에 근거하여 '子組' 복사가 '賓組' 복사의 '貞人'인 '爭'과 동일한 갑골판에 있다는 것은, 시기적으로 '貞人' '爭'과 동일 시기임을 설명해주는 것이므로, 이런 '子組' 복사는 武丁 시기인 제1기에 해당하는 것이 확실하다고 주장했다.

1973년 小屯村 남쪽 지역에서 발견된 갑골들은 연구자들의 전면적인 정리를 거쳐서, 1980년 《小屯南地甲骨》 上册一·二에 저록되어 출판되었다. 특히 이 책에 수록된 과학적인 지층의 증거

1) 이상의 李学勤의 주장은《考古学报》1958年01期(中国社会科学院考古研究所 1958. 北京)의 그의 <帝乙时代的非王卜辞>를 요약 정리한 것이다.

2) 姚孝遂 <吉林大學所藏甲骨選釋>,《吉林大學社會科學學報》(吉林大學社會科學院 1963. 長春)

가 되는 '午組' 복사 15편은, 단대 연구에 새로운 증거를 첨가하였다. '午組' 복사는 대부분 小屯村 남쪽 지역의 초기 회갱(灰坑) H102처럼, 조기(早期) 지층과 회갱에서 출토되었으며, 이밖에도 조기 회갱 H107에서는 '午組'와 '自組' 복사가 함께 출토되었다. 따라서 이들 두 조(組)의 복사가 속하는 시대는 의당 '賓組'와 근접할 것이며, 대략 武丁 전후가 될 것으로 추측된다. 아울러 '午組' 복사가 출토된 회갱(灰坑) H102가 T53(4A)를 파괴한 점으로 볼 때, '午組' 복사는 '自組' 복사보다 늦은 시기의 것일 가능성이 있다고 肖楠은 주장하였다.1)

1980년대 이후에 갑골학 연구자들이 이들 10여 편의 '午組' 복사를 연구하여, 과거의 학자들이 밝혀낸 특징들 외에 다음과 같은 새로운 특징을 찾아내었다.2) 첫째는 '午組' 복사에는 한 조(組)의 독특한 호칭이 있는데, 이는 다른 복사의 호칭과 그다지 연계가 되지 않고, 그 나름의 체계를 이룬 것이다. 새로 발견된 호칭으로는, '祖癸'(《屯南2771》) · '南庚'(《屯南2118》) · '毋庚'(《屯南2673》) 등이 있다. 둘째는 내용이 간단하고 범위는 협소하며, 주로 제사에 관한 것이다. 제사의 대상은 때로는 문복자(問卜者)의 선조이고, 때로는 문복자가 자신의 안위를 위해서 '钔祭'를 거행하였는데, 이 '钔祭'는 '午組' 복사에 가장 자주 보이는 제명(祭名)이고, 그 다음은 '歲祭'와 '㞢祭'이다. 셋째는 '午組' 복사에는 왕의 활동에 대한 기록이 없는데, 점복을 제기한 사람은 왕이 아님이 분명하다. '午組' 복사의 내용에 언급된 것은 전체 商 왕조가 아니라 한 가족이며, 거행된 주요 제사 '钔祭'는 가족의 성원(成員), 특히 가족장(家族長)의 안위를 위해서 거행한 것이다. 이 때문에 '午組' 복사에서 점복을 제기한 사람의 자칭(自稱)은 '余'이고, 이는 또한 이 한 가족의 수장(首長)이다. 따라서 '午組' 복사는 商 왕실의 정통 복사는 아니라고 생각된다.

1945년에 董作賓이 《殷曆譜》에서 文武丁 시대 복사에 대한 수수께끼를 제기하고부터, 1949년 《小屯殷虛文字乙編 · 序》에서 이 수수께끼를 풀었다고 선언한 이후로, 많은 연구자들이 이들 복사에 대해 전방위적인 탐구를 진행하였는데, 제1기 武丁보다 조금 더 앞선, 盤庚 · 小辛 · 小乙 시기라는 주장부터, 제5기 帝乙 시기라는 주장까지, 그 시간적인 차이는 전체 만상(晩商) 시기인 273년에 두루 이를 만큼 의견이 다른데, 이들 복사에 대한 정리는, 전통적인 10개 항목의 표준 외에도, 신 · 구파(新 · 舊派)의 방법 등이 있는 바, 다각도로 이들 복사의 특징과 내용을 개괄 분석하였다고 할 수 있으며, 아울러 제1기의 '賓組'와 제4기의 '歷組' 심지어 제5기의 帝乙 · 帝辛 시대의 복사에 이르기까지 서로 다른 시기의 표준 복사와의 비교 연구도 진행되었다.

비록 여러 학자들의 의견이 분분하지만, 객관적이고 실제적인 시기와 비교적 가깝게 접근한 것은 오직 하나일 뿐이다. 그리고 학자들은 이들 복사 자체에 대한 깊이 있는 정리와 연구를

1) 肖楠 <安陽小屯南地發現的"自組卜甲">, 《考古》 1976年 第4期(中國社會科學院考古研究所 1976. 北京)를 참고.

2) 中國社會科學院考古研究所 《小屯南地甲骨 · 前言》 上册(中華書局 1980. 北京)을 참고.

거쳐서, 특별히 1973년에 출토된 과학적인 지층과 갱위에 의거하여, '𠂤組'·'午組' 복사를 고찰함으로써, 문제 해결에 믿을만한 새로운 증거를 제공하게 되었다. 따라서 갑골 단대 연구의 깊이와 함께 새로운 증거가 계속 증가함으로써, 현재 중국 국내 학계에서는 이들 갑골의 분기에 대한 의견이 점차 일치되는 추세에 있는 바, 기본적으로는 이른바 '文武丁 시대 복사'·'비왕(非王) 복사'·'왕족 복사'·'다자족(多子族) 복사'·'𠂤組 복사'·'子組 복사'·'午組 복사' 등의 여러 가지 복잡한 명칭을 가진 이들 갑골 시대가, 제4기의 文武丁 시대가 아니라, 제1기의 武丁 시대로 앞당겨져야 마땅하다고 인식되고 있으며, 이는 지금에야 비로소 진정으로 '文武丁 시대 복사의 수수께끼'를 푼 것이라고 말할 수 있다.

二. '歷組' 복사

1976년 중국의 社會科學院 考古硏究所의 安陽工作隊가 河南 安陽 小屯村 서북쪽 지역 殷墟 宮殿區 서남쪽에서 중대한 발견을 하였는데, 이는 殷墟 발굴 역사에서 드물게도 도굴되지 않은 왕실의 중형(中型)의 묘(墓) M5였다. 비록 규모는 크지 않았지만, 매장품은 풍부하였는데, 그 중에는 청동기(靑銅器)가 440건(件), 옥기(玉器)도 590여 건, 또한 석기(石器)와 골기(骨器) 및 상아기(象牙器) 등을 합쳐서 모두 1,600여 건이나 되어, 殷墟 묘장(墓葬)의 분기와 商代 청동기의 단대 연구에 중요한 자료를 제공하였다.[1] 이 발굴이 특히 의미가 있는 까닭은, 해당 묘에서 출토된 많은 동기(銅器)에 각(刻)된 명문(銘文)인데, '婦好'조(組)의 동기만해도 60여 건이나 된다. 해당 묘(墓)의 묘주(墓主)는 갑골문에 기재된 제1기 武丁의 처(妻) '婦好'라는 주장이 나왔다.[2] 이 때문에 학자들은 이 묘를 '婦好墓'라고 칭하기도 하였다.[3]

이렇게 중요한 묘장의 발견은 학자들의 관심을 끌기에 충분했고, 열렬한 토론이 전개되었다. '婦好墓'의 시대를 추단(推斷)하는 데 있어 가장 중요한 근거는 지층·동기(銅器)·도기(陶器) 이외에, 바로 갑골문 제1기와 제4기에 모두 기재된 '婦好'였다. 통계에 의하면, 제1기에는 '婦好'와 유관한 복사가 250조(條)인데 비해, 제4기에는 해당 복사가 5~6조(條)뿐인데다가, 殷墟 5호(號) 묘(墓)의 연구자들은, 이 묘에서 출토된 도기와 동기에 만상(晩商) 전기(前期)의 특징들이 있고, 이 5호 묘에서 또 부녀자들이 사용하는, 골제(骨製)와 석제(石製)의 비녀와 빗, 그리고 무기(武器)와 예기(禮器) 등이 함께 출토된 점들은 묘주가 상당히 높은 지위에 있었던 여성일 것이

---

1) 中國社會科學院考古研究所安陽工作隊《安陽殷墟五號墓的發掘》,《考古學報》1977年 第2期.

2) 王宇信、张永山、楊升南 <試論殷墟五號墓的婦好>,《考古學報》1977年 第2期(中國社會科學院考古研究所 1977. 北京)을 참고.

3) 中國社會科學院考古研究所《殷墟婦好墓》(文物出版社 1980. 北京)

분명하다는 것이었다. 그리고 이런 사실에 의거하여 판단하면, 이 여성은 갑골문 제1기의 武丁과 밀접한 관계에 있고 왕비 지위의 '婦好'가 이에 어울리는 인물이며, 제4기에 기재된 '婦好'는 신분과 지위가 5호 묘의 묘주로는 부족하므로, 5호 묘의 묘주는 갑골문 제1기의 '婦好'임이 틀림없다고 주장하였다.[1)]

李學勤은 '婦好'에 대해서, 복골(卜骨)《甲688》에 "辛丑獻祀婦好"라고 한 것은 신축일에 '婦好'에게 제사를 올렸다는 내용이므로, 이 '婦好'는 武丁의 배비(配妃) '妣辛'일 것이라고 주장하면서, 청동기에 "后母辛"이라고 칭한 것도, 武丁의 아들 대(代)의 인물이 '婦好'에 대해 사용한 호칭라고 주장하였다.[2)] 비록 그도 '婦好墓'가 武丁 만기(晩期)의 왕실 묘장이라고 생각했지만, 그가 근거로 삼은 갑골문은 시기적으로는 완전히 다르다. 전통적인 제4기의 갑골인, 小屯村 중앙에서 출토된 복골에도 '婦好'가 있는데, 이런 복골의 글자들은 크기가 크면서도 가늘고 날카로우며, 복인(卜人)은 오직 '歷' 한 사람뿐이므로, 이 복사를 '歷組' 복사라고 한다. 그런데 5분기법에 의하면, 이 '歷組' 복사는 제4기 武乙·文丁 시기에 속하는 것으로 간주되는데, 새로 출토된 각종 청동기 및 옥기와 석기에 새겨진 문자들은, 그 자체(字體)가 '歷組' 복사와 매우 비슷하다. 그러나 만약 이 묘의 시대를 武乙·文丁 시기로까지 뒤로 이동한다면, 이는 또 함께 출토된 조기(早期)의 도기와 청동기의 특징과는 서로 부합되지 않는다. 이 때문에 李學勤은, 이와 같은 모순이 생기는 것은 5분기법에서 '歷組' 복사의 시대를 잘못 판정했기 때문이며, 董作賓이 제4기라고 지칭한 복사가 바로 이 '歷組' 복사로서, 복사에 나타나는 인명과 사류에서부터 자체(字體)의 결구에 이르기까지 모두 다 조기의 갑골문의 특징을 지니고 있다고 주장하였다. 이런 여러 현상들은 '歷組' 복사의 연대(年代)를 앞으로 이동시켜야 하는 문제를 야기하게 되었는데, 이 때문에 1976년 殷墟에서의 '婦好墓'의 발견을 계기로, 李學勤은 단호하게 "歷組卜辭的時代也非前移不可.[3)] : '歷組' 복사의 시대는 앞으로 이동하지 않으면 안 된다."는 믿음을 피력하고, '歷組' 복사의 수수께끼들을 다음과 같이 풀었다.

첫째, 자체(字體)의 변화 발전으로 고찰하면, '歷組' 복사는 조기의 복사에 속한다. 예를 들면, 武丁 시기의 '王'자 윗부분에는 가로획 하나가 결여된 '𠀀'으로 쓰는데, 속칭 "不戴帽" 즉 모자를 쓰지 않은 모양이라고 한다. 그런데 祖甲 시기에 이르면 '王'자의 윗부분에 이미 가로획 하나가 덧붙여져 '王'으로 쓰게 되는데, 이는 '王'자가 속칭 '戴帽' 즉 모자를 쓴 것이다. '歷組' 복사의 '王'자 윗부분은 '不戴帽'로서, 武丁 시기와 일치한다. 이밖에도 많은 상용 글자들, 예를 들면

---

1) 王宇信《建國以來甲骨文研究》(中國社會科學出版社 1981. 北京) p.87을 참고.

2) 李學勤 <論"婦好"墓的年代及有關問題>, 《文物》 1977年11期(文物出版社 1977. 北京)을 참고.

3) 李學勤 <小屯南地甲骨與甲骨分期>, 《文物》 1981年05期(文物出版社 1981. 北京)을 참고.

간지의 글자들과 '貞'자의 서법(書法) 등도 '歷組' 복사의 서법이 武丁 시기의 것과 아주 비슷하다. 한편, 董作賓은 이에 대해 文武丁 시기에 있었던 문자의 복고(復古)라고 설명하였다.

둘째, 복사의 문례로 고찰하면, '歷組' 복사 역시 조기(早期)에 속한다고 했는데, 武丁 시기에는 공납(貢納)한 갑골을 정제(整齊)한 다음에 서명(署名)을 각(刻)한 것이 많으며, 이는 줄곧 이어져서 祖庚 시기 '出組' 복사에까지도 남아 있다. 그런데 '歷組' 복골에는 서명이 각된 것이 적지 않고, 그 문례도 武丁부터 祖庚까지의 갑골과 비슷하다. 이밖에도, 武丁 시기 갑골은 대부분 복조(卜兆) 옆에 조서(兆序)를 새겼으며, '二告' · '小告' · '不玄冥' 등의 조사(兆辭)가 있는데, '歷組' 복사에도 역시 '二告' · '弜玄' 등의 말이 보인다. 대신 廩辛 · 康丁 시기의 복사에는 조사(兆辭)가 대부분 '吉' · '大吉' · '弜吉' · '習一卜' 등으로 되어 있어서 '歷組' 복사의 것과는 그 차이가 크다.

셋째, '歷組' 복사에 출현하는 인명은 武丁 · 祖庚 시기의 복사와 서로 같은 경우가 많다. 예를 들면, '歷組' 복사 중의 '婦好' · '子漁' · '子畵' · '婦井' · '子戠' · '婦女' 등등은 모두 다 제1기 武丁의 복사에도 보이며, '歷組' 복사 중에 보이는 몇몇 중요 인물 '望乘' · '沚或' 등은 武丁 시기 '賓組' 복사 중의 중요 인물 '望乘' · '沚䤋'이 분명하다. 이밖에 '歷組' 복사와 祖庚 시기의 '出組' 복사에는 몇몇 인물들이 공동으로 출현하는데, '𠂤' · '夫' · '并' · '由' · '自般' · '犬祉' 등이고, 이상의 여러 인물들은 武丁 시기 복사에도 적지 않게 보인다.

넷째, '歷組' 복사의 몇몇 사안들은 武丁 시기의 '賓組' 복사나 祖庚 시기의 '出組' 복사에서 점복한 사안과 서로 같은데, 이는 '歷組' 복사가 '賓組' 및 '出組' 복사와 동시(同時)의 것임을 증명한다.

다섯째, '歷組' 복사 중의 호칭은 그 시대를 명확하게 나타낸다고 할 수 있는데, '歷組' 복사의 호칭에는 '父乙'이 중심이 되는 호칭과 '父丁'이 중심이 되는 호칭의 두 종류가 보인다. '父乙'은 '母庚'과 동일 갑골판(《明613》)에 보이기도 하고, '兄丁' · '子戠'와 동일 갑골판에 보이기도 하는데, '子戠'는 武丁 시기의 복사(《續編4. 12. 5》와 《乙4856》)에도 보이므로, 분명히 武丁 시기의 호칭으로서, '小乙'을 지칭하며, '母庚'은 '小乙'의 배비(配妃)이다. 그리고 '父丁'이 중심이 되는 경우는 그 수(數)가 좀 더 많은데, 《綴合15》에 " ...... 大乙 · 大丁 · 大甲 · 祖乙 · 小乙 · 父丁"이라고 하고 있는 것과 《南明477》을 근거하면, '父丁'의 세차(世次)는 '小乙' 다음이므로 '武丁'이 분명하며, '歷組' 복사는 武丁 시기의 것임이 틀림없다.

그리고 1980년 《小屯南地甲骨》의 출판은 李學勤의 주장에 새로운 증거를 제공해준 셈인데, 李學勤은 1981년에 〈小屯南地甲骨與甲骨分期〉[1]라는 논문을 《文物》에 발표할 때, 새로 발견된

---

1) 上同.

자료들을 인용하면서 '歷組' 복사는 시기적으로 앞당기는 것이 옳다고 했던 자신의 주장을 더욱 보강하였다. 그는 이 논문에서 《屯南777》·《屯南2366》·《屯南4015》 등의 내용과, H57갱에서 출토된 《屯南2342》의 "□丑貞 : 王祝伊尹, 取自魚伐, 告于父丁·小乙·祖丁·羌甲·祖辛"이란 복사와, '出組' 복사 《粹250》의 "己丑卜, 大貞 : 于五示告 : 丁·祖乙·祖丁·羌甲·祖辛."을 비교하면, 제사의 대상인 선왕 '五示'를 모두 거꾸로 헤아렸고, 여기에서의 '丁'과 '父丁'은 '武丁'이 분명하다고 주장했다. 그리고 또 《屯南2384》에는 '歷組' 복사와 '出組' 복사가 동판(同版)에 함께 각되어 있으므로, 이 두 복사는 같은 시기에 함께 존재한 예증(例證)이 된다고 했다.

이상의 직접적인 증거 외에, 간접적인 증거로는 '歷組' 복사에 "自上甲卄示"라는 말이 있다는 것인데, 전통적인 해석은 上甲으로부터 직계 선왕 20명을 지칭하는 것으로, 武乙까지 정확하게 셈이 맞으며, 이는 곧 '歷組' 복사가 文丁 시기의 것이라는 주장을 뒷받침하는 확고한 증거가 된다고들 하였다. 그러나 李學勤은 이런 주장에 대해서도 이의를 제기하였다. 이처럼 '歷組' 복사가 제4기 武乙·文丁 시기의 것이라는 董作賓의 주장에 대해 武丁 시기로 앞당겨야 한다는 논증은 매우 의미 있는 일이라고 할 수 있다. 왜냐하면, 이를 계기로 많은 사람들이 이 문제의 토론에 참가하여 각기 자기의 의견을 제시함으로서 '歷組' 복사에 대해 한 차례 총 정리를 할 수 있었을 뿐만 아니라 갑골학 연구도 깊이를 더하게 되었고, 분기 단대(斷代) 문제도 진전을 보게 되었기 때문이다.

비록 '歷組' 복사의 시기 문제에 대한 논쟁은 아직도 완전히 일치된 견해를 도출하지 못하고 있지만, 논쟁을 통하여 연구의 수준은 훨씬 더 체계적이고 논리적으로 발전하게 되었다. '歷組' 복사의 시기를 武丁 시기로 앞당겨야 한다고 주장하는 李學勤의 의견에 동조하는 사람들은, 갑골문의 변화 발전을 두 가지 계열로 나누는 이른 바 '兩系說'[1]이라는 방향으로 의견을 새롭게 정리하게 되었고; 董作賓의 주장대로 이 '歷組' 복사를 여전히 갑골 제4기의 것이라고 주장하는 사람들은 武乙·文丁 시대의 복사를 자세히 구분하여 원래의 '5분기설'을 더욱 엄밀하고 체계적인 논리를 갖춘 단대 연구의 기본 원칙이 되도록 발전시키는 성과를 거두었다.

이처럼 1977년 李學勤이 갑골문 분기 단대에 있어서 풀어야 할 수수께끼의 하나로 꼽히는 이른바 '歷組' 복사에 대해서 전통적으로 분류되던 제4기 武乙·文丁 시기의 것이 아니라, 武丁 만년(晚年)에서 祖庚 사이의 복사[2]라고 주장한 이후, 학계에서는 강렬한 반향이 일어나 많은

1) 李學勤과 彭裕商 등이 각각 《殷墟甲骨分期研究》와 《殷墟甲骨斷代》에서 주장한 것으로, 甲骨文은 小屯村 北地와 南地의 두 系列로 나뉘는데, 北地는 '𠂤賓間組'·'賓組'·'出組'·'何組'·'黃組'로 이어지고, 南地는 '𠂤歷間組'·'歷組'·'無名組'·'無名黃間類'·'黃組'로 이어지며, '𠂤組'卜辭는 두 계열의 공동 起源이 되고, '黃組' 복사는 공동 歸結이 된다는 주장이다.

2) 李學勤 前揭論文 <論"婦好"墓的年代及有關問題>를 참고.

사람들이 자신의 의견을 발표하였는데, 이 문제에 대해 裘錫圭 · 李先登 · 彭裕商 · 林澐 등은 李學勤의 주장을 지지하였고, 肖楠 · 方述鑫 · 羅琨 · 謝濟 · 曹定雲 · 陳煒湛 등은 반대하였다.

裘錫圭는 〈"历组卜辞"的时代〉에서, 우선 '歷組' 복사의 문례와 자체(字體)의 특징을 정리한 다음, 복사에 보이는 인명 · 사류(事類) · 호칭 등에 대해 집중적으로 연구하여, 李學勤의 주장을 보충하였다. 그의 주장을 요약하면 다음과 같다.1) '歷組' 복사에 보이는 '父' · '母' · '兄'은 그 숫자가 매우 적으며, '父乙'과 동일 갑골판에 보이는 '母'는 '母庚'뿐이고, '父乙'과 함께 보이는 '兄'은 '兄丁'뿐인데, '武丁'의 부친 '小乙'에 대한 주제(週祭) 중의 법정(法定) 배우자는 '妣庚'이다. 그래서 武丁 시기의 '賓組'와 '自組' 복사에서 가장 자주 보이고, 가장 중요한 부친은 '父乙'이고, 모친은 '母庚'이며, 형은 '兄丁'인데, 정황으로 볼 때 '歷組' 복사에서 '父乙'이라고 칭한 복사와 완전히 부합된다. 그리고 '賓組'와 '出組' 복사에도 보이고, '歷組' 복사에도 보이는 인명으로 대조표를 작성한 결과 50여 명이나 되고, 두 조(組)의 복사에 함께 보이는 인명도 적지 않은 점으로 보아 이들 복사들이 동일 시기의 것일 가능성이 매우 크다. 그리고 '歷組' 복사에는 '賓組'나 '出組' 복사와 동일한 점복 사안이 허다하고, 심지어는 한 가지 일에 대해서 동시에 점복했을 가능성이 있는 것도 보이는데, 이는 '歷組' 복사가 '賓組'나 '出組' 복사와 서로 같은 시대일 것으로 추정되는 가장 유력한 증거라고 할 수 있다.

그러나 '歷組' 복사의 시기를 앞당겨야 한다는 李學勤의 견해에 반대하고, 이 '歷組' 복사는 전통적인 제4기 武乙 · 文丁 시기의 것이라는 주장을 견지하는 학자들 중에서 대표되는 사람은 肖楠인데, 그가 내세우는 이유를 요약하면 다음과 같다.2)

첫째, 武乙 · 文丁 복사에는 기본적으로 '貞人'이 없고, 武丁 · 祖庚 시대의 복사에는 '貞人'이 있는 것이 대량(大量)이라는 점이다.

둘째, 武乙 복사의 '前辭' 형식은 康丁 복사와 같은 면이 있는데, 이는 조기의 복사[廩辛 복사와 특히 武丁 복사를 지칭함]만큼 그렇게 복잡하지 않으며 주된 형식은 "干支貞"으로 되어 있으며, 소량(少量)의 복사에서는 "干支卜" 또는 "干支卜貞"으로 되어 있는 것도 있고, '貞人' '歷'을 덧붙여서 "干支歷貞" 혹은 "干支貞歷"의 형식으로 되어 있는 것도 있다는 점이다.

셋째, 조사(兆辭)가 武乙 · 文丁 복사에는 '玆用' · '不用' 등의 표현이 자주 보이는데, 武丁 복사에는 '二告' · '小告' · '不玄冥' 등의 말이 자주 보인다는 점이다.

넷째, 자체(字體)를 종합해 보면, 武乙 복사는 자체(字體)가 비교적 크고 필체도 강경(剛勁)하고 힘이 있으며, 자형 결구는 康丁 시기의 복사와 비슷한 면이 많고, 조기의 복사와는 크게 구별된

1) 이 다음의 裘锡圭의 주장은 모두 그의 <"歷組卜辭"的時代>, 《古文字研究》 第6辑(中華局書 1981. 北京)을 참고.

2) 肖楠 <論武乙 · 文丁卜辭> , 《古文字研究》 第3輯(中華書局 1982. 北京)과 《小屯南地甲骨 · 前言》(中華書局 1980. 北京)을 참고.

다는 점과; 文丁 복사도 비교적 복잡하며, 武乙의 특징을 갖춘 글자와 文丁의 특징을 갖춘 글자가 때때로 교차해서 출현하는 현상이 발견되는데, 이는 두 시대가 서로 인접한 까닭에 생기는 현상이라는 점이다.

다섯째, 호칭에 있어서 武乙 복사에 가장 자주 보이는 아버지 대(代)의 인물은 '父丁'이며, 이따금 '父辛'이란 호칭도 보이는데, 이들은 의당 武乙의 여러 아버지 항렬인 '廩辛'과 '康丁'이 분명하다. 그런데《屯南2281》중의 "自中宗祖丁 · 祖甲 · [至於]父辛"에서의 '中宗祖丁'은 '武丁'을 지칭할 가능성이 크며, '祖甲'은 '武丁'의 아들이며 '祖庚'의 동생인 '祖甲'일 것이고, '父辛'은 '廩辛'일 것이다. 그리고《屯南4331》에는 '父丁'에 대한 제사를 점복한 것과 '上甲'부터 '十示又三'이라고 한 것이 있는데, 이는 바로 '三報' · '二示' · '父王'(康丁) 이외의 전체 직계 선왕들로서, 上甲 · 大乙에서 祖甲까지이다. 이런 부류의 복사에 나오는 '父乙'은 의당 '文丁'의 부친 '武乙'을 지칭하는데, 주의해야 할 것은 武丁 복사 중의 아버지 대에 대한 호칭은 '父乙' 외에도 '父甲' · '父庚' · '父辛'도 있지만, 文丁 복사 중의 아버지 대에 대한 호칭은 '父乙' 하나뿐이라는 것이 확정적이다. 이밖에도 복사 가운데에서 무릇 '合祭 大示'는 武丁 시기에는 '9大示'를 초과한 적이 없는데, '合祭 大示'에 대한 자료가 가장 많은 것은 武乙 시기의 복사이고, '10示' 이상의 '合祭 大示'도 있다(《續存1. 785》). 文丁 시기의 복사에서 '合祭 大示'의 숫자가 가장 큰 것은 "上甲廿示"(《鐵884》와《粹221》)인데, 이 '上甲廿示'는 上甲에서 武乙까지의 20명의 직계 선왕을 지칭하는 것이라는 점이다.

여섯째, 동명(同名) 현상은 복사에 보편적으로 나타나는 것으로서, 武乙 · 文丁과 武丁 · 祖庚 사이의 복사에만 존재하는 것이 아니고, 기타 각 기(期)의 복사에도 정도의 차이는 있지만 줄곧 나타나는데, 이렇게 방국명(方國名)이나 지명(地名)과 일치하는 인명들은 사적(私的)인 이름이 아니라, 씨명(氏名)일 것이라는 점이다.

물론, 복사의 분기 단대 연구는 조별(組別)로 나누어 연구할 필요는 있지만, 그 경계는 반드시 과학적으로 정해야 하는데, 만약 '歷組' 복사가 어떤 것인지를 명확하게 구명하려면 "歷貞"이라고 한 복사들의 특징을 귀납적으로 찾아낸 다음에, 이를 '歷組' 복사라고 판단할 척도로 삼아야 한다. 그리고 복사의 발전 순서에 입각하여 살펴보면, '歷組' 복사는 갑골 만기(晩期)의 특징들을 많이 가지고 있으며, 武丁부터 祖庚 · 祖甲까지는 시간적인 거리가 비교적 먼데다가, 비록 서로 근사한 점이 있다고 하더라도 이는 계승관계의 표현일 뿐이고 동시대라는 증거는 될 수가 없는 것이다. 게다가 '歷組'와 '賓組' 복사에 기재된 전쟁의 대상이 서로 다른 점도 이 둘이 동시대의 것이 아님을 나타내 주는 것이므로, '歷組' 복사의 시대는 武丁에서 祖庚까지일 수가 없는 것이다. 그 밖에도 선왕에 대한 사전(祀典)에서, '歷組' 복사는 아버지 대에 대한 제사가 융숭해지기 시작했는데, 이는 아버지 대에 대한 제사에 사용된 희생의 수량에서 나타날 뿐만 아니라, 기원하는 일의 종류가 증가한 것에서도 나타난다. '歷組' 복사의 아버지 대에 대한 제사가 전대(前代) 보다 융숭하게 된 것은, 商 왕조의 왕위 계승 관습이 '兄終弟及' 즉 형이 사망하면 아우가 계승하는 제도에서 '父死子繼' 즉 부친 사후에는 바로 아들이 계승하는 제도로 전변(轉變)되는 것과 일치하는 것이다. 武乙 이후에는 더 이상 왕위 계승에서 아우가 형의 뒤를 잇는 경우가 없었고, 이 때문에 자연스레 武乙의 父丁에 대한 제사가 특별히 융숭했을 것이라고 한다. 이는 또한 '歷組' 복사 중의 '父丁'이 '武丁'이 아니고 '康丁'임을 증명해주는 것이다. 이로 인해 張永山 등은 복사에 보이는 동일한 명호들을 비교 고찰한 후에,

> 不同時期的人和不同身份的人都是以同一名號相稱, 而這種名號在商代的金文中最初可能作爲人名或族名, 晚期則作爲族徽, 一直延續到西周初期. 這一切都說明甲骨文中的人名, 往往也是族名. : 서로 다른 시기의 인물과 서로 다른 신분의 인물을 모두 동일한 명호로 호칭하였는데, 이런 종류의 명호는 商代의 금문(金文)에서는 최초에는 인명이나 종족의 이름으로 쓰였을 가능성이 있으며, 만기(晚期)에는 종족의 휘장으로 쓰였고, 西周 초기까지 계속 이어졌을 것이다. 이런 모든 현상은 갑골문에서의 인명은 종종 '族名' 즉 종족의 이름이 되기도 한다는 점을 말해주는 것이다.

라고 지적하고는 다시,

> 就不能把同一名號都看成是一個人, 而把人名作爲重要的分期標準, 勢必會導致卜辭分期的混亂. : 동일한 명호를 모두 다 한 개인으로 간주할 수는 없는데, 이런 인명(人名)을 중요한 분기의 표준으로 삼는 것은 복사 분기에 혼란을 야기할 수밖에 없을 것이다.

라고 주장하였다.[1)]

그리고 謝濟는 '賓組' 복사와 '歷組' 복사의 간지자(干支字)·상용자(常用字) 등의 자체(字體)와 조사(兆辭)를 서로 비교하고, 다시 '序辭'와 '署辭'·사류(事類)와 용어·세계(世系)와 호칭·갑골의 출토 구역·동일 명호 등의 여러 측면에서 전면적으로 비교 검증한 다음에, "歷組卜辭不是武丁祖庚卜辭, 而是武乙文丁卜辭. : '歷組' 복사는 武丁·祖庚 시대의 것이 아니라, 武乙·文丁 시대의 것이다."[2)]라고 결론지었다.

이와 같이 많은 연구자들이 '歷組' 복사를 제4기 武乙·文丁 시기의 것이라고 다시 주장하면서

---

1) 张永山·罗琨 <论历组卜辞的时代>,《古文字研究》1980年第3辑(中华书局 1980. 北京)

2) 谢济 <试论历组卜辞的分期>,《甲骨探史录》(生活·读书·新知三联书店 1982. 北京) pp.87~111.

이에 대한 연구는 더욱 심화되고 체계화되었으며, 이를 바탕으로 이 제4기의 복사에 대한 인식도 그 깊이와 폭이 훨씬 커지게 되었다. 비록 '歷組' 복사의 시대에 대한 양측의 견해는 아직까지는 근접한 결론을 도출해내지 못하고 있지만, 陳煒湛이 1985년에 발표한 〈"歷組卜辭"的討論與甲骨文斷代研究〉[1]라는 논문은 토론 쌍방의 주의를 끌기에 충분했다. 그는 '歷組' 복사의 시대에 대한 지금까지의 토론 내용을 종합 정리하고, 토론에서 있었던 제일 큰 문제점을, "雙方盡管爭論得很激烈, 但很少具體討論'歷組卜辭'的核心--眞正有貞人歷的卜辭. 有的文章干脆把它們抛在一邊, 却大談'歷組卜辭'的各種特點, 與賓組·出組的異同等等. : 토론의 쌍방은 비록 매우 격렬하게 토론하였으나, '歷組' 복사의 핵심--정말로 '貞人' '歷'이 있는 복사에 대한 구체적인 토론은 매우 적다. 어떤 논문은 아예 이 부분은 한쪽으로 던져놓은 채, 오히려 '歷組' 복사의 각종 특징들과 '賓組'·'出組'와의 차이점 등등에 대해서만 떠들고 있었던 것"이라고 지적하면서, 구체적으로 '歷貞' 복사를 분석하고 작은 범위 안에서 비교적 일치된 의견을 도출해내는 것이 필요하다고 주장하였다. 그가 말한 작은 범위란, 10만 여 편의 갑골 가운데 '貞人'이 '歷'으로 확인된 복사는 모두 12편에 불과하며, 여기에 '歷'이 정문(貞問)하였거나 '歷'과 관련된 복사가 확실하다고 할 수 있는 것까지 합쳐서도 겨우 23편뿐이라는 말이다. 그리고 비교 분석하기 편리하도록, 그는 이들 복사와 그 모본(摹本)을 논문에 모두 게재하고, 아울러 이들 복사의 특징들을 열거하였는데, 이를 요약하면 다음과 같다.

첫째는, '前辭'에서는 모두 '卜'자를 생략하여, 武丁부터 廩辛 시기까지의 복사에 사용된 "干支卜某貞"과 같은 완전한 형식은 결코 보이지 않으며; 둘째는, 복사에 기록된 사류(事類)의 수(數)가 적고, '貞旬' 위주로 되어 있으며, 이 '貞旬' 복사 또한 매우 간단하여 "王占曰"과 같은 '占辭'도 없고, 武丁 시대의 '賓組' 복사에 기재된 1순(旬) 동안의 대사(大事) 형식의 '驗辭'도 보이지 않고, 조사(兆辭) 각사(刻辭)도 보이지 않고; 셋째는, 참고할 만한 호칭도 없고 증거로 참고할 만한 인물도 없으며; 넷째는, 찬착(鑽鑿) 형태에 있어서도 23편 가운데 겨우《懷特1621》편(片)만이 참고할 만한데, 許進雄은 이를 제4기 文武丁 시기라고 판정하였고; 다섯째는 자형으로 보아 특징이 있는 글자가 제법 있는데, 어떤 것은 武丁·祖庚·祖甲에서 廩辛·康丁 시기까지에도 자주 보이는 것도 있지만, 주의할 것은 武丁 시기의 '賓組'와 祖庚 시기의 '出組'로 확인된 복사에는 보이지 않거나 극히 보기 힘든 것들이어서, 일부 학자들이 조기의 것이라거나 武丁 시기에 근접한 것이라고 한 주장과는 반대로, 오히려 康丁 및 帝乙·帝辛 시기에 근접한 것으로서 중기(中期)나 만기의 갑골임이 분명하고; 여섯째는, 서체가 대체로 일치되고, 필체가 강경하고

---

1) 이 아래는 陳煒湛 <"歷組卜辭"的討論與甲骨文斷代研究>,《出土文献研究》(文物出版社 1985. 北京)pp.1~21을 인용 참고하고 요약한 것이다.

힘이 있으며, 균형 잡힌 구조에다 크기도 적당하여, 한 사람이 동시에 각(刻)한 것이 틀림없어 보인다는 것이다.

이와 같이, '歷組' 복사의 시대에 대한 논란은, '文武丁 복사의 수수께끼'에 대한 장기간의 논쟁이 기본적으로 해결되고 비교적 일치된 견해가 형성된 이후에 다시 훨씬 큰 규모의 논쟁으로 발전하였다. '歷組' 복사의 시기를 앞당겨야 한다는 주장[신파(新派)라고 지칭함]이든, 아니면 종래의 주장대로 武乙·文丁 시대를 견지하는 주장[구파(舊派)라고 지칭함)이든지를 막론하고, 이는 273년이라는 갑골문 시대 전체 구조와 연계된 문제이고, 갑골의 연구와 정리 과정에서는 이런 근본적인 문제와 직면할 수밖에 없기 때문에, 광범위하고 깊이 있는 논쟁은 갑골의 단대 연구를 전면적으로 발전시키는 원동력이 되었다.

이른바 '歷組' 복사의 토론에서는, 신파든 구파든 관계없이 모두들 수단과 방법을 모두 동원하여 자료를 구하였고, 다방면으로 유력한 예증(例證)을 동원하여 할 수 있는 모든 주장과 쓸 수 있는 자료는 다 동원했다고 할 수 있다. 따라서 1985년 이후에는 '文武丁 복사의 수수께끼'에 대한 토론 때에 나타났던 정황과 마찬가지로, 연구가 교착상태에 빠져버렸는데, 비록 표면상으로는 한바탕 격렬했던 토론이 잦아든 것 같았지만, 의문은 진정으로 해결된 것이 아니었다. 토론의 쌍방은 더 유력한 증거와 자료를 찾고 있거나, 아니면 자신의 이론을 더 체계화하는 작업을 진행 중인 것이다. 따라서 쌍방은 '子組'·'𠂤組' 복사를 武丁 시기로 앞당겼던 일치된 인식의 기초 위에서, 또다시 '歷組' 복사에 대한 서로 다른 인식을 바탕으로 두 계파로 나뉘었다. 신파에 속하는 李學勤은 앞 단계에서 진행된 토론의 기초 위에서, "殷墟甲骨的發展可劃分爲兩個系統. ...... 𠂤組可能是兩系的共同起源, 黃組可能是兩系的共同歸宿.[1] : 殷墟 갑골의 발전은 두 계통으로 나눌 수가 있는데, ... '𠂤組'는 두 계파의 공동 기원이 될 수 있고, '黃組'는 두 계파의 공동 귀결점이 될 수 있다."라고 했다. 李學勤의 《殷墟甲骨分期研究》, 彭裕商의 《殷墟甲骨斷代》, 그리고 黃天樹의 《殷墟王卜辭研究分類與斷代》 등과 같은 서적의 출판은 이 논쟁에서 신파의 주장을 체계적으로 총결(總結)한 것이고, 아울러 두 계파의 이론을 탐색하는 방향으로 나아간 것이다.

이와 동시에 또 다른 계파인 구파 학자들은 논쟁 과정에서 董作賓의 제4기 武乙·文丁 시기 복사의 재구분(再區分) 작업을 완성하여, 5기(期) 단대 연구법을 더욱 치밀하고 실천성이 있도록 만들었다. 方述鑫의 《殷墟卜辭斷代研究》의 출판은 구파 학자들의 주장을 전면적으로 총결한 것으로서, 董作賓의 5분기법이 새로운 자료의 기초 위에서 수정 보완되고 더 치밀해지도록 함으로써 董作賓의 단대 학설이 더욱 활기를 띠도록 했다.

---

1) 李學勤 <殷墟甲骨兩系說與歷組卜辭>, 《李學勤集》(黑龍江敎育出版社 1989. 哈爾濱) pp.98~99.

끝으로 1973년 小屯村 남쪽 지역 발굴에서 획득한 '小屯南地'의 조기 · 중기 · 만기 3기(期)의 복사를 安陽 殷墟의 고고학 자료에 근거하여 분석하면, '小屯南地'의 조기 복사는 '大司空' 1기(期)에 상당하고, '小屯南地' 중기 복사는 '大司空' 3기에 상당하며, '小屯南地' 만기(晚期)는 '大司空' 4기 전반기 무렵에 상당한다. '小屯南地'의 조기 지층과 회갱(灰坑)에서 출토된 갑골은 많지 않으며, 주로 '𠂤組' · '午組' · '賓組'의 복갑인데, 이는 조기 지층의 시대가 武丁 전후임을 분명하게 설명해준다. 그런데 '小屯南地'의 만기 지층과 회갱(灰坑)에서 출토된 복사는 조기와 중기에서 출토된 것과 서로 같은 것 외에도, 소량의 帝乙 · 帝辛 시대 갑골도 출토되었는데, 이는 만기 지층이 帝乙 · 帝辛 시대임이 분명함을 증명해준다. 주의해야 할 점은, '小屯南地' 중기 지층과 회갱에서 출토된 갑골문인데, '小屯南地' 중기 지층과 회갱에서 출토된 도기(陶器)에 대한 분석에 근거하여 살펴보면, '小屯南地' 중기는 시간적인 순서로 대략 3개 조(組)로 나눌 수 있으며, 각 조(組)의 지층과 회갱에서 출토된 갑골을 정리하면, 대략 다음의 3 가지로 분류할 수가 있다.

첫째 부류의 특징은 필획이 섬세하고 자체(字體)는 수려(秀麗)하고 반듯하다. 주요 호칭으로는 '父甲' · '父庚' · '父己' 등이 있는데, 이에 대해서는 앞서 '小屯南地' 갑골에 대한 설명에서 언급한 바 있으며; 둘째 부류의 갑골은 일반적으로 자체(字體)가 비교적 크고, 필획은 비교적 거칠고, 풍격은 강경하고 힘이 있으며, 주요 호칭은 '父丁' 등이 있는데, 전형적인 표본은《屯南2056》·《屯南2079》·《屯南2058》·《屯南4331》등이고; 셋째 부류의 갑골은 둘째 부류의 갑골과 비교하면, 자체(字體)가 비교적 작고, 필획의 풍격이 부드럽고 매끄러우며, 주요 호칭은 '父乙' 등이 있는데, 전형적인 표본은《屯南2100》·《屯南2126》·《屯南2601》 및《屯南751》등이다.

이 세 부류의 복사 자체(自體)의 특징에서 그 시대적 차이가 나타나는데, 둘째 부류의 복사에는 '父丁'이란 호칭이 있고, 간혹 '父辛'이란 호칭도 있으며, 자체(字體)의 풍격 역시 첫째 부류와 구별된다. 지층 관계와 아버지 대에 대한 호칭은 武乙 시기의 복사라는 것을 증명해준다. 그런데 셋째 부류의 복사는 지층 관계로 살펴보면, 첫째 부류와 둘째 부류의 복사보다 늦은 것이 분명하므로, 이는 康丁과 武乙 시기의 복사보다 후기(後期)의 것이다. 그리고 그 내용에도 '父乙'이란 호칭이 있으므로, 이는 文丁이 그의 부친인 武乙을 칭한 것이며, 이 때문에 그 시대는 명확하게 文丁 시기라고 해야 한다.

이렇게 해서, 1973년 小屯村 남쪽 지역에서의 갑골편의 발견은, 武乙 복사와 文丁 복사의 구분을 분명하게 해준 지층의 과학적인 근거를 제공하였을 뿐만 아니라, '歷組' 복사의 시기에 대한 논쟁이 계기가 되어서 구파에서는 武乙 복사와 文丁 복사의 관계를 해결하게 되었고, 〈甲骨文斷代研究例〉에서 '貞人'이 없는 시기라고 했던 제4기의 단대를 더욱 정밀하게 할 수 있었으며, 董作賓의 단대 5분기설에 진전을 가져왔다고 할 수 있다. 方述鑫의《殷墟卜辭斷代研究》는 신 · 구 양파가 文武丁 복사의 수수께끼와 연관된 일련의 문제들에 대해 토론한 성과와 함께,

'歷組' 복사에 대한 논쟁이 제기된 이후부터 나온 구파 학설의 총결이라고 할 수 있다. 이 저작은 3장(章)으로 구성되어 있는데, 제1장에서는 '非王卜辭'를 논하였고, 제2장에서는 '𠂤組' 복사의 단대(斷代) 연구를, 제3장에서는 '歷組' 복사와 武乙·文丁 복사를 다루었다. 그는 각 복사의 출토 갱위와 지층을 갑골문의 자형·문례·인명·지명·방국(方國)·사류(事類)·친속 호칭·동판(同版) 관계·복조(卜兆)와 찬착 형식 등과 연계하여 고찰 논증하여 정리하였다. 그는 이른바 '非王卜辭'인 '子組'·'午組' 복사 1천여 편(片)의 갑골이 商 왕실의 것이 아니라는 주장은 정확하지 않은 것이며, 이 복사들 역시 武丁 시기의 왕실 복사가 틀림없다고 단정하였다. 그 근거로, 이들 복사가 각된 갑골편들이 '賓組'·'𠂤組' 복사가 각된 갑골편들과 동일 갱에서 중첩되어 쌓여 있고, 동일 갑골판에 동일한 자체(字體)와 문례, 그리고 동일한 인명과 지명, 친속에 대한 동일한 호칭이 새겨져 있고, 아울러 어떤 복사에는 商 왕의 활동내용까지 기록된 점 등을 증거로 들었다. 그리고 갑골복사 중의 '子'는 商의 왕자(王子)이고, '多子族'은 여러 왕자로서, 商 왕의 아들과 왕의 형제 항렬의 가족들로 구성된 씨족이며, '多生(姓)族'은 商 왕실과 혼인관계가 있는 이성(異姓) 씨족이라고 했다. 따라서 이들 복사에는 商 왕의 활동은 그다지 많이 보이지 않고, 복문(卜問)의 내용이 주로 '多子族'의 여러 상황들과 유관한 것들이다. 그리고 복사에 보이는 제사의 대상들을 보면, 이는 왕실의 복인(卜人)이 왕을 대신하여 복문(卜問)한 것임을 밝혔다.

그는 '歷組' 복사와 武乙·文丁 복사에 대해서 전면적으로 정리하였는데, 여기서의 '歷組' 복사는 '貞人' '歷'이 기록되어 있는 27조(條)의 진정한 '歷'복사를 말한다. 그리고 武乙·文丁 복사란, '貞人' '歷'은 없지만 자체(字體)가 '貞人' '歷'의 복사와 같은 것과, 아버지 대(代)가 명확한 복사와 비교 연계하여 얻은 일련의 복사 및 저자 자신은 '貞人' '歷'의 복사의 자체(字體)와 완전히 같다고는 생각하지 않는 武乙·文丁 복사를 포괄한다. 그리고 여러 해에 걸쳐 출토된 '歷組' 복사에 대한 정리 작업을 통해서, 이 '歷組' 복사가 각된 갑골이 대량으로 출토되고, 그 갱위가 명확하게 기재된 것은 주로 小屯村 중앙과 남쪽 지역이고, 북쪽 지역은 극소량이 우연히 출토되었을 뿐이며, 조기의 지층이나 회갱(灰坑)에서는 한 조각의 '歷組' 복사도 출토되지 않았다고 했다. 또한 세계(世系)·친속 호칭·인물과 사류(事類)·문례)·자형·찬착 형태 등등에 대한 고찰을 통하여 '歷組' 복사는 당연히 武乙·文丁 시대에 속하며, 武丁·祖庚 시대로 앞당길 수 없음을 증명하였다. 이처럼 方述鑫의《殷墟卜辭斷代研究》는 앞서 전개되었던 文武丁 시대 복사의 수수께끼에 대한 토론의 총 결론이라고 할 수 있을 뿐만 아니라, '歷組' 복사의 시대에 대한 논쟁에서 구파의 입장을 견지한 기본적인 개설서(概說書)라고 할 수 있다. 이 때문에 方述鑫의 이 저작은 董作賓이 개창한 갑골문 단대 연구 체계의 발전과 함께 이 체계가 어떻게 더 풍성하게 발전하였는가 하는 점을 보여줌과 동시에, 고고(考古) 발굴의 새로운 기초 위에서 갑골 단대 연구를 한 단계 더 발전시켰다는 점에서 매우 높은 평가를 받고 있다.

이와 같이 '歷組' 복사의 시기에 대한 견해 차이로 촉발된 신파와 구파의 치열한 논쟁은, 비록 여전히 일치된 견해를 도출하지는 못하였지만, 많은 학자들의 연구 의지를 북돋우는 계기가 되었고, 갑골 단대 연구뿐만 아니라 갑골학 연구의 전반적인 발전에 크게 기여하는 결과를 낳았다.

제5장

商代의 제사(祭祀)

아직 문명이 발달하지 못했던 中國 상고시대 사람들은 다른 민족과 마찬가지로 자연계의 모든 변화와 인간 사회의 모든 일들이 신(神)의 주재 아래에 일어난다고 생각하였다. 이로 인하여 삶을 위협하는 자연계의 여러 현상이나 고통을 수반하는 갖가지 일들에 봉착하게 되는 경우, 그들은 이러한 일들을 관장한다고 생각되는 신들의 뜻을 점복(占卜)을 통하여 알고자 하였고, 또 제사(祭祀)라는 의식을 통하여 문제의 해결을 기구(祈求)하였다. 이러한 인식은《春秋左氏傳》成公 13년 조(條)에 "國之大事, 在祀與戎. : 국가의 대사는 제사와 전쟁에 있다."라고 한 것으로도 알 수 있다. 이는 제사를 국가 보위의 최대 관건인 전쟁과 동일한 수준의 국가 대사로 규정한 것이다. 또《禮記 · 祭統》에는 "凡治人之道, 莫急於禮; 禮有五經, 莫重於祭. : 무릇 백성을 다스리는 법도 가운데 '禮'보다 더 급한 것은 없으며; '禮'에는 다섯 종류가 있는데, 제사보다 더 중요한 것은 없다."라고 하고 있다. 이는 백성을 다스리는 방법 가운데 '禮'가 최우선적인 것이고, 이 '禮' 가운데 제사가 가장 중요하다고 한 것이다.

여기에서 살펴본 기록은 周代 사람들의 제사에 대한 시각인데, 이는 아마 商代 사람들의 관념을 이어받은 것 같다. 왜냐하면 갑골(甲骨) 복사(卜辭)의 대다수가 바로 제사(祭祀)와 관련된 일을 기록한 것이기 때문이다. 이에 商代의 제사를 입체적으로 이해하기 위해 殷墟에서 발굴된 갑골복사에 나타난 제사의 종류와 대상 · 향사(享祀)된 여러 신들의 권능 · 제사 거행의 시간과 장소 그리고 제사에 사용된 희생(犧牲) 등을 살펴보고자 한다.

제1절 제사(祭祀)의 종류

商代에는 어떤 종류의 제사가 봉행(奉行)되었는가를 알아보기 위해, 먼저 商나라를 바로 이은 왕조인 周代에 거행된 제사의 종류에 대한 기록을 보기로 하자. 《周禮 · 春官 · 大宗伯》에,

> 大宗伯之職, 掌建邦之天神 · 人鬼 · 地示之禮, 以佐王建保邦國. 以吉禮事邦國之鬼神示. 以禋祀祀昊天上帝, 以實柴祀日月星辰, 以槱燎祀司中 · 司命 · 飌師 · 雨師, 以血祭祭社稷 · 五祀 · 五嶽, 以貍沈祭山林川澤, 以疈辜祭四方百物, 以肆獻祼享先王, 以饋食享先王, 以祠春享先王, 以禴夏享先王, 以嘗秋享先王, 以蒸冬享先王. : '大宗伯'의 직분은 왕과 제후들이 천신 · 인귀 · 지기 등의 신들에게 거행하는 제사에 관한 예제를 확립하고, 왕을 보좌하여 천하를 잘 다스려 안정시키는 일을 관장하는 것이다. 길례(吉禮)로 제후국의 천신 · 인귀 · 지기 등의 신들에게 제사를 올리고, 폐백(幣帛)을 장작더미 위에 올려놓고 불살라 연기를 피워 지내는 '禋祀'로 하늘의 상제(上帝)에게 제사를 지내고, 비단과 산 희생을 장작더미에 나누어 올려놓고 불살라 연기를 피워 일월성신에게 제사지내고, 산 희생을 장작더미에 나누어 올려놓고 불살라 연기를 피워 '司中' · '司命' · '風師' · '雨師'에게 제사지내며, '血祭'로 '社稷' · '五祀' · '五嶽'의 신들에게 제사를 올리고, 산 희생과 옥폐(玉幣)를 땅에 묻거나 물에 빠뜨려 산림천택의 신들에게 제사지내고, 크게 썬 희생의 고기로 산림 · 천곡(川谷) · 구릉 및 백물(百物)의 작은 신들에게 제사지내며, 찢은 희생의 고기를 올리고 단술과 도살한 희생 등을 올리고 울창주를 땅에 부어 선왕(先王)에게 제사를 지내고, 익힌 음식을 올려 선왕에게 제사지내고, 봄에는 '祠祭'로 선왕에게 제사지내고, 여름에는 '禴祭'로 선왕에게 제사지내고, 가을에는 '嘗祭'로 선왕에게 제사지내고, 겨울에는 '烝祭'로 선왕에게 제사지내는 것 등이다.

라고 하여 周代의 제사의 종류를 개괄적으로 요약하고 있다. 이에 의하면, 하늘에 존재하고 있다고 생각한 천신(天神)에 대해서는 '禋祀' · '實柴' · '槱燎' 등의 제사를 봉행하며, 지상(地上)에 존재한다고 생각한 '地示' 즉 지기(地祇)에 대해서는 '血祭' · '貍沈' · '疈辜' 등의 제사를 거행하고, 왕실의 선왕 즉 인귀(人鬼)에 대해서는 '祠' · '禴' · '嘗' · '烝' 등의 제사를 거행하였음을 알 수 있다.

그런데 商代의 제사의 종류는 지금까지 남아 있는 문헌상의 기록에 보이는 것으로는, 《尙書 · 高宗肜日》에 '肜祭'에 대한 기록이 있고, 《禮記 · 祭法》에 '禘' · '郊' · '祖' · '宗' 등의 제사가 기록되어 있으며, 《詩經 · 商頌 · 那》에는 '烝' · '嘗' 등의 제사가 기록되어 있다. 그러나 이런 기록들은 단편적인 것에 불과하여 商代에 어떤 종류의 제사들이 있었는지에 대해서 전체적으로 파악할 수가 없다.

그러면 갑골복사에는 어떤 종류의 제사들이 있는지 살펴보자. 이 문제에 대해 총체적이고 체계

적으로 연구한 사람으로는 陳夢家와 島邦男 두 사람이 있는데, 이들 두 사람의 주장은 크게 달라 陳夢家는 40종(種)의 제사가 있다고 주장하였으나,[1] 島邦男은 8종의 제사가 있을 뿐이라고 주장하였다.[2]

그러나 필자가 살펴 본 바에 의하면, 갑골복사에 나타난 제사의 종류는 50종을 상회하며, 각기 그 성격에 따라 '五種祭祀'·시제(時祭)·헌물(獻物) 제사·제법(祭法) 제사·기고(祈告) 제사·악무(樂舞) 제사·특수 제사 등 일곱 가지로 분류할 수 있다. 이를 차례로 살펴보면 다음과 같다.

一. '五種祭祀'

갑골복사에 나타나는 오종제사는 '彡'·'翌'·'祭'·'**壴**'·'**𦎫**'이다. 이 '五種祭祀'라는 말과 뜻이 같은 것으로 해석될 수도 있는 것으로 '五祀'라는 말이 있다. 그런데 고서(古書)에서의 이 '五祀'라는 말은 앞에서 인용한《周禮·大宗伯》그리고《春秋左氏傳》昭公 29년 조(條)와《禮記·祭法》에서는 다섯 종류의 제사의 대상을 말하는 것이고, 다섯 가지의 제사의 종류를 말하는 것으로는《國語》의 기록이 있다.《國語·魯語上》에, "禘郊祖宗報, 此五者, 國之典祀也. : '禘'·'郊'·'祖'·'宗'·'報', 이 5종 제사는 국가 제사의 전장(典章)이다."라고 하고 있다. 이는 나라에서 거행하는 다섯 가지의 중요한 제사를 말한 것이다. 그러나 여기에서의 이 다섯 가지의 제사는 왕실과 시대 그리고 제도의 다름으로 인하여 갑골복사에 나타나는 '彡'·'翌'·'祭'·'**壴**'·'**𦎫**' 등의 '五種祭祀'와는 완전히 별개의 것이다. 갑골복사에서의 이 '五種祭祀'는 그 조직이 매우 엄밀하고 체계적인 商 왕실의 조상들에 대한 제사로서, 위에서 인용한《國語》에 기록된 바와 같이 나라를 지켜주는 신들에 대한 거국적인 제사와는 전혀 다르다.

그러면 갑골복사에 나타나는 이 '五種祭祀'를 순서대로 살펴보자. 먼저 '彡祀에 대해 董作賓은,

> '彡'之義殆爲鼓聲, 此可於彭字證之. '彭'在卜辭爲地名及貞人名, 字作 '𢒠'·'𢒠', 左爲鼓形, 右象其聲, 卽'彡'字也. 彭之初誼, 殆擬鼓聲之彭彭, 故伐鼓而祭, 卽謂之彡矣.[3] : '彡'의 뜻은 북소리인 것 같은데, 이는 '彭'자로 증명할 수 있다. '彭'자는 복사에서는 지명과 '貞人'의 이름이며, 갑골문자로는 '𢒠'·'𢒠' 등으로 쓰는데, 왼쪽은 북 모양이고, 오른쪽은 그 소리를 형상화한 것인데, 바로 '彡'자이다. '彭'자의 애초의 뜻은 "둥둥"하는 북소리를 나타낸 것으로 생각되며, 이로 인해 북을 치며 지내는 제사를 '彡'이라고 했을 것이다.

1) 陳夢家 <古文字中之商周祭祀>,《燕京學報》1936年第19期 pp.101~113을 참고.

2) 島邦男 前揭書《殷虛卜辭硏究》p.52를 참고.

3) 董作賓 前揭書《董作賓先生全集》第6册 p.100.

라고 하였다. 이는 '彡'자(字)의 자의(字義)는 북소리라는 뜻이며, 제명(祭名)으로는 북을 치며 거행하는 제사라는 것이다. 董作賓의 이런 주장은 복사에 '彡龠'·'彡鼓' 등의 말이 있는 것이 이를 뒷받침하기 때문에 학계의 정설(定說)이 되었다. 그런데 복사에서 이 '彡祀는 3일 동안 연속해서 거행하고 있는데, 복사에 "彡日"이라고 한 것은 '彡祀' 당일(當日)에 지내는 것이며, "彡夕"은 '彡祀 하루 앞에 거행하는 것이고, "彡龠"은 '彡祀 다음 날에 거행하는 것임을 알 수 있다.

그리고 '翌祀에 대해서는 董作賓은 깃털을 가지고 춤을 추며 거행하는 제사로서, 이는 춘추시대의 '佾'과 漢代의 '溢'과 같은 것이라고 고석(考釋)하였다.[1] 董作賓의 이 주장은 '佾'·'溢' 그리고 '翌' 세 글자의 상고시대의 성운(聲韻) 관계로 살펴보더라도 성모(聲母)가 같고 그리고 모두가 입성자(入聲字)이므로 설득력이 있다.

또 '祭'라는 제사는 董作賓의 주장에 의하면 '肉' 즉 고기를 사용하여 거행하는 제사인데,[2] 이는 이 '祭'자를 '[illegible]'·'[illegible]' 등의 모양으로 쓴 자형(字形)으로도 쉽게 수긍할 수 있다. 즉 '[illegible]'는 '肉'자이고, '∵'은 '肉汁'을 나타낸 것이며, '[illegible]'는 '手'자이기 때문이다.

그리고 '[illegible]사(祀)에 대해서는 于省吾가 王國維의 주장과 금문(金文)의 예(例)를 이용하여 갑골복사에서 '[illegible]'·'[illegible]' 등의 모양으로 써서 제사 이름으로 사용된 이 글자를 '𩚬'자라고 밝혀내고, 이는 음식을 진설하여 놓고 거행하는 제사임을 고석하여[3] 정설이 되었다.

또 '[illegible]사(祀)에 대해서는 董作賓·屈萬里 등 대부분의 갑골학 연구자들이 모두 이를 '五種祭祀' 가운데 맨 나중에 거행하는 일종의 합제(合祭)라고 주장하였다.[4]

이상의 내용을 종합하면, '彡祀는 북을 치며 거행하는 제사이며, '翌祀는 우무(羽舞)로 거행하는 제사이고, '祭祀는 술과 고기를 헌상하며 지내는 제사이며, '[illegible]祀는 음식을 진설하여 놓고 거행하는 제사이고, '[illegible]祀는 '五種祭祀' 최후의 대합제(大合祭)이다.

그리고 이 '五種祭祀'는 갑골복사에 나타나는 제사들 가운데 가장 체계적이고 조직적인 것으로서, 商 왕실의 조상들에 대해 거행된 제사이다. 지금까지의 연구 결과를 종합하면 이 '五種祭祀'는 원칙의 적용이 가장 엄격했던 제5기 즉 帝乙·帝辛 시대의 갑골복사를 통해서 다음의 세 가지 원칙에 따라 거행되었음을 알 수 있다.

---

1) 上同.

2) 上同.

3) 于省吾《雙劍誃殷契駢枝》(石印本 1940.) pp.44~45를 참고.

4) 董作賓 前揭書《董作賓先生全集》第6册 p.102와 屈萬里 前揭書《小屯殷虛文字甲編考釋》p.10을 참고.

첫째, 商 왕실의 조상에 대한 '五種祭祀'의 거행 날짜는 각 조상의 묘호(廟號)에 나타난 천간(天干)의 날에 거행한다.

둘째, '五種祭祀'를 향사(享祀)할 수 있는 자격은 왕에 즉위(卽位)하였거나 즉위는 못했어도 태자로 책봉(册封)된 적이 있는 조상(祖上) 그리고 왕에 즉위했거나 태자로 책봉된 적이 있는 아들을 둔 선비(先妣)에 국한한다.

셋째, 향사(享祀)의 순서는 선왕의 경우 그 세계(世系)의 순서에 따르며, 선비의 경우는 배필이 되는 선왕이 향사한 다음, 세계의 순서에 따른다.

이상의 이 세 가지 원칙은《春秋左氏傳》文公 2년 조(條)의 "子雖齊聖, 不先父食. : 아들이 비록 성인(聖人)의 수준이 되어도 부친보다 먼저 제사 음식을 먹지 않는 법이다."이란 말과《周易 · 小過》효사(爻辭)의 "過其祖, 遇其妣. : 조부를 지난 다음에 조모를 뵌다."라는 말과 서로 일치되는 것이다.

이 '五種祭祀'의 또 다른 특징은 '彡祀와 '翌祀는 각기 독자적으로 거행하지만, '祭' · '壹' · '𠬪'의 세 제사는 연합하여 하나의 사조(祀組)를 이루어서 거행하되, 각 제사 사이에는 1순(旬)을 격(隔)하여 중첩 거행하였다. 따라서 이 '五種祭祀'는 실제로는 세 개의 사조를 이루어 연속 · 순환적으로 거행한 것이다. 그리고 이 세 개의 사조가 완전히 끝나는 1주기(週期)를 '一祀'라고 하는데, 이 '一祀'의 소요 시간이 1년이 걸렸기 때문에 商代에는 1년을 '一祀'라고 하였다.[1]

그리고 이 '五種祭祀'의 또 하나의 특징은 '彡' · '翌' · '祭'의 각 사조(祀組)의 제사를 거행하기 전(前) 1순(旬)의 '甲干日' 즉 간지(干支)로 날짜를 표기할 때 '甲'자가 천간으로 쓰인 날에 '工典'이라는 의식(儀式)을 거행하였다는 점이다. 이 '工典'이란 의식은 각 사조의 제사를 거행하기 전에 그 각 사조의 제사에 관계되는 여러 가지 사항을 기록한 '祀典'을 신에게 바치고 고(告)하는 의식이다.

그러면 이 '五種祭辭'는 어느 제사가 가장 먼저 거행하는 사수(祀首)인가 하는 문제가 남는다. 이에 대해서는 아직 정론이 없는 상태이다. 董作賓은 '彡祀를 사수(祀首)라고 주장하였고,[2] 島邦男은 '祭祀를,[3] 許進雄은 '翌祀를 주장하고 있으나,[4] 모두가 확정적인 증거를 제시하지 못하고 있다. 이 문제는 앞으로의 과제로 남겨둘 수밖에 없다.

---

1) 《爾雅 · 釋天》에, "載, 歲也. 夏曰歲, 商曰祀, 周曰年, 唐虞曰載."라고 하고 있다.

2) 董作賓 前揭書《董作賓先生全集》第6册 pp.102~103을 참고.

3) 島邦男 前揭書 pp.114~115를 참고.

4) 許進雄 前揭書《殷卜辭中五種祭祀的硏究》p.71을 참고.

二. 시제(時祭)

여기서 말하는 시제(時祭)란 갑골복사에서 시간을 나타내는 명칭이 제사의 이름으로 사용된 제사를 말한다. 이와 같은 제사로는 다음과 같은 것들이 있다.

甲. ‘歲’

갑골복사에서 ‘歲’자는 ‘[illegible]’·‘[illegible]’·‘[illegible]’·‘[illegible]’ 등으로 쓴다. 이 ‘歲’자가 제명(祭名)으로 쓰인 복사의 예는 매우 많으나, 몇 가지만 예로 들면 다음과 같다.

1) 丙午貞 : 酒升歲于中丁, 三牢 ; 祖丁, 三牢? 㱿貞. 《甲556》
2) 丁丑貞 : 其又升歲于大戊, 三牢? 玆用. 《甲903》
3) 己亥卜, 行貞 : 王賓父丁歲, [illegible], 亡尤? 丙壴. 《甲2869》
4) 在申貞 : 丁酋升歲 于大丁, 五牢? 玆用. 《粹188》

위에 예로 든 복사 중의 ‘歲’자가 제명(祭名)이라는 것은 이론(異論)의 여지가 없으나, 이 ‘歲’라는 제사의 뜻에 대해서는 아직 정론(定論)이 없다. 이에 대해 郭沫若은, “祭名曰歲者, 殆因一歲擧行一次而然.[1] : 제사 이름을 ‘歲’라고 하는 것은 아마 1년에 한 번씩 거행하기 때문에 그런 것 같다.”라고 하였다. 그러나 이는 ‘歲’자의 뜻에 의한 추측일 뿐이고 갑골복사에서 1년에 한 번 거행한다는 예증(例證)을 찾을 수가 없다. 그리고 일본의 島邦男은 이 ‘歲’자의 뜻을 ‘싣다’는 의미의 ‘載’자로 풀이하였으나,[2] 이는《爾雅 · 釋天》에, “載, 歲也.”라고 한 말을 잘못 이해한 해설이다.

그런데《尙書 · 洛誥》에 “祭歲”라는 말이 있는데, 屈萬里는 이에 대해, “祭歲, 祈年也.[3] : ‘祭歲’란 풍년을 기원하다는 뜻이다.”라고 해설하였다. 그리고《墨子 · 明鬼》의 “歲於祖考”라는 말에 대해 孫詒讓은, “言薦歲事於祖及考也.[4] : 조부와 부친에게 일년 동안의 일을 고해 올리다는 말이다.”라고 풀이하였다. 또《儀禮 · 小牢饋食禮》의 “薦歲事”라는 말에 대해 鄭玄은, “薦, 進也. 進歲時之祭事也. : ‘薦’은 올리다는 뜻이다. 1년 동안의 일을 고(告)하며 제사를 올리는 것이다.”

---

1) 郭沫若 前揭書《甲骨文字研究 · 釋歲》p.8.
2) 島邦男 前揭書 p.261을 참고.
3) 屈萬里 前揭書《尙書釋義》p.102.
4) 孫詒讓 前揭書《墨子閒詁 · 明鬼下》p.22.

라고 풀이하였다. 이러한 고서(古書)의 기록으로 미루어 보아 이 '歲'는 한 해를 보내며 다음 해의 풍년을 기원하는 제사일 것이라 짐작할 수 있겠다.

乙. '旬'

갑골복사 가운데 '[illegible]'·'[illegible]' 등의 모양으로 쓴 글자가 있는데, 王國維가 이를 '旬'자라고 고석(考釋)하여[1] 학계의 정설이 되었다. 이 '旬'자가 갑골복사에서 10일이라는 뜻 이외에 제명(祭名)으로 쓰인 것으로 볼 수 있는 복사의 예로는 다음과 같은 것들이 있다.

1) 甲寅卜, 卽貞 : 王賓旬, 亡禍? 《戩21. 5》
2) 丙辰卜, 賓貞 : 旬于報, 十牛十羊? 七月. 《前1. 53. 3》
3) 丙子卜, 賓貞 : 旬于祖乙? 《乙5783》
4) 戊子卜, 于多父旬? 《鐵151. 2》
5) 壬辰卜, 王貞 : 旬于多子? 《林1. 14. 5》
6) 庚戌卜, 賓(貞) : 翌辛□酒旬□? 《甲402》

위의 복사들 중의 '旬'자가 제사 이름으로 쓰인 것으로 볼 수 있다면, 이 글자가 본래 10일이라는 뜻이므로 '旬'이란 10일에 한 번씩 거행하는 제사일 것이라고 추정된다. 그러나 이 '旬'자가 정말 제명(祭名)으로 쓰인 것이라고 생각되는 복사의 예가 많지 않아 함부로 단정하기가 어렵고, 또 만약 이 '旬'자가 정말 제사 이름으로 쓰인 것이라면, 이는 또 어떤 제사인지 아직은 명확하게 밝혀진 것이 없는 실정이다.

丙. '夕'

갑골복사 가운데 '夕'자가 제사의 이름으로 쓰인 경우는, '彡夕'과 같은 것으로, 이는 '五種祭祀'에서 이미 언급한 바와 같이 '彡祀' 하루 전의 제의(祭儀)이다. 그런데 島邦男이《殷虛卜辭綜類》에서 '夕'자가 제사 이름으로 쓰인 복사의 예로 제시한 것 가운데 '夕'자가 단독으로 쓰여 제명(祭名)으로 볼 수 있는 것으로는 다음에 예시한 세 개의 복사가 있다.[2] 이를 보면,

---

1) 王國維 前揭書《觀堂集林 · 釋旬》pp.285~286을 참고.

2) 島邦男 前揭書《殷虛卜辭綜類》p.161.

1) 丙辰卜, 尹貞 : 其夕父丁, 三宰? 《遺725》

2) 丙寅卜, 貞 : 其夕于父丁? 《前1. 26. 3》

3) 丙子卜, 貞 : 其夕于父丁? 《戩6. 1》

등이다. 그러나 이 세 편(片)의 실물 갑골 도판(圖版)을 자세히 살펴보면 이 세 편 모두가 완전하지 못한 잔편(殘片)이고, 또 '夕'자 아래와 위에 다른 글자가 각(刻)되어 있을 가능성이 많다. 그러므로 이 세 편의 복사를 근거로 '夕'자를 제명으로 보기는 어렵다고 하겠다. 陳夢家도 이 '夕'자를 제명으로 보고, 이를 '夕拜'라고 해석하였으나,[1] '夕'자가 제사 복사에 사용된 예는 모두가 향사(享祀)되는 왕의 묘호(廟號)의 천간일(天干日) 하루 앞날에 점복한 사실로 미루어보면, 이 '夕'자는 '前夕' 즉 전날 저녁이란 뜻으로, 시간을 나타내는 말이라고 생각된다.

三. 헌물(獻物) 제사(祭祀)

여기에서 말하는 헌물(獻物) 제사란 갑골복사에 나타나는 제사 가운데 어떤 물품을 신명(神明)에게 바치며 거행하는 제사를 말한다. 이러한 종류의 제사로는 다음과 같은 것들이 있다.

甲. '奠'

갑골복사에 '[illegible]'·'[illegible]'·'[illegible]'·'[illegible]' 등의 모양으로 쓴 글자가 있는데, 先師 金 祥恒 교수는 이를 '奠'으로 고석(考釋)하여[2] 정설(定說)이 되었다. '奠'이 제명(祭名)으로 쓰인 복사의 예로는 다음과 같은 것들이 있다.

1) 辛亥卜, 貞 : 其衣, 翌日其征, 奠于室? 《續2. 1. 1》

2) 甲寅貞 : 來丁巳奠鼎于父丁, 宜州牛? 《後上27. 10》

3) 癸丑卜, 叀貞 : 其奠鼓告于唐, 囗牛? 《佚870》

4) 升歲鬻奠, 王受于? 《甲849》

5) 丙戌卜 : 戊亞, 其奠其禮? 《明443》

6) 乙酉卜 : 叀祖乙熹用?
乙酉卜 : 叀宜熹用?

---

1) 陳夢家 前揭論文 <古文字中之商周祭祀> p.102를 참고.

2) 金祥恒 <釋[illegible]·[illegible]·[illegible]·[illegible]>, 前揭書 《中國文學》 第23册을 참고.

丙戌卜 : 叀新醴用?

　　　　　亩舊醴新?

丁亥卜 : 鐫(?)其奠歲, 三牢? 《粹232》

7) 乙巳卜, 賓貞 : 翌丁未酒䵼歲于報, 奠有玉? 《前5. 4. 7》

8) 貞 : 帝弗其奠, 王 …… ? 《通372》

이 '奠'이라는 제사에 대해 許愼은《說文解字》에서, "奠, 置祭也. : '奠'이란 신명(神明)에게 주식(酒食)을 올려놓고 거행하는 제사라는 뜻이다."라고 하였다. 그런데 위에서 예로 든 갑골복사에서 보는 바와 같이 '奠'이라는 제사에 '鼎' · '鼓' · '酒' · '玉' · '醴' 그리고 희생 등의 제물(祭物)이 사용되고 있는 것으로 보아, 商代의 이 '奠'이라는 제사는 周代에까지 이어진 것으로 생각된다. 그리고 앞에서 예로 든 '奠'자의 갑골문 자형을 살펴보면 술을 두 손으로 바치고 있는 모양인데, 이는 술을 이 제사에 사용되는 제물(祭物)의 대표로 간주했기 때문인 것 같고, 갑골복사에 나타나는 헌물(獻物) 제사는 이 '奠祭가 대표적인 것이라고 생각된다.

乙. '酒'

갑골복사에는 '[갑골문자]' · '[갑골문자]' · '[갑골문자]' · '[갑골문자]' 등의 모양으로 쓴 글자가 있는데, 이는 '酒'자라는 것이 학계의 정설이다. 이 '酒'자가 제명(祭名)으로 쓰인 갑골복사의 예는 다음과 같다.

1) 貞 : 酒于河, 十牛? 《乙7645》

2) 貞 : 來辛酉酒王亥? 《粹76》

3) 亩九𡨦, 酒大甲?

　　亩十𡨦有五, 酒大甲? 《前1. 5. 5》

4) 辛巳卜 : 酒于妣丁? 《乙4064》

이상의 예문에서 보이듯이 이 '酒'라는 제사는 신명(神明)에게 술을 헌상하며 거행하는 제사임이 틀림없다.

丙. '醮'

갑골복사에 '[갑골문자]' · '[갑골문자]' · '[갑골문자]' 등의 모양으로 쓰고 있는 글자들이 있는데, 이를 陳邦懷는《說文解

字》 중의 '古文' '醮'자라고 고석하였는데,[1] 학계의 정설이 되었다. 이 '醮'자가 제명으로 쓰인 갑골복사의 예를 보면 다음과 같다.

1) 貞 : 翌乙丑亦醮于唐? 《乙754》
2) 丁亥卜, 賓貞 : 取祖乙醮?
   壬辰卜, 賓貞 : 王取祖乙醮? 《陳31》
3) 乙未卜, 貞 : 王賓武丁醮, 亡尤? 《後上19.13》
4) 癸酉卜, 貞 : 王賓祖甲醮, 亡尤? 《前1. 20. 1》
5) 癸卯卜, 貞 : 酒醮祖乙 : 二牛? 《通163》

陳邦懷는 이 글자를《儀禮》와《說文解字》의 기록에 근거하여 고대(古代)의 관례(冠禮)와 혼례에 '雁' 즉 기러기를 신명(神明)에게 바치며 거행하는 '冠娶禮'의 제사라고 해석하였다. 위에 예로 든 갑골문 '醮'자의 자형이 두 손으로 새를 신명에게 바치는 모양으로 되어 있는 것으로 미루어 보면 陳邦懷의 이 글자에 대한 해석이 틀리지 않음을 알 수 있다.

丁. '[illegible]'

갑골복사 가운데 '[illegible]'·'[illegible]'·'[illegible]' 등의 자형으로 쓴 글자들이 있는데, 이를 陳夢家는 '[illegible]'로 잠정적으로 예정(隷定)하였다. 여기서도 이 글자를 陳夢家의 주장대로 '[illegible]'로 쓰기로 하고, 우선 이 글자가 제명으로 사용된 복사의 예를 보면 다음과 같다.

1) 丁巳卜, 貞 : 王賓大丁[illegible], 亡尤? 《前1. 4. 6》
2) ☐☐卜, 貞 : 王賓大乙[illegible], 亡尤? 在四月. 《前1. 3 .8》
3) 丁亥卜, 貞 : 王賓祖丁[illegible], 亡尤? 《續1. 21. 1》
4) 甲戌卜, 貞 : 王賓祖甲[illegible], 亡尤? 《後下33. 2》

이상의 복사의 예에서 보는 바와 같이 이 글자는 제명이 틀림이 없다. 그런데 이 글자의 자형을 살펴보면 두 손으로 짐승의 머리를 받침대 위에 올려놓은 모양인데, 이 '[illegible]'자에 대해서는 아직 정확한 고석(考釋)이 없는 실정이므로, 陳夢家의 주장을 따를 수밖에 없다고 생각된다. 그러면

---

1) 陳邦懷 前揭書《甲骨文零拾考釋》pp.10~11를 참고.

이 제사는 어떤 제사인가? 陳夢家는 이에 대해, “象特牲首(象鹿首), 丁案上以祭.[1] : 희생의 머리(사슴의 머리 같음)를 들어 ‘丁’자 형 탁자 위에 올려놓고 제사를 지내는 모양을 형상화한 것이다.”라고 하였다. 그리고 羅振玉도, “‘[illegible]’·‘[illegible]’·‘[illegible]’亦祭名, 誼不可知, 以字形考之, 爲薦牲首之祭矣.[2] : ‘[illegible]’·‘[illegible]’·‘[illegible]’ 등으로 쓴 글자들 역시 제사 이름인데, 뜻은 알 수 없으나, 자형으로 고찰하면 희생의 머리를 바치며 지내는 제사인 것 같다.”라고 하여 어떤 글자인지는 밝히지 않았으나 陳夢家와 같은 주장을 하였다. 그런데 고서(古書)에 짐승의 머리를 바치며 거행하는 제사에 대한 기록이 보인다. 《周禮·夏官·小子》에 “掌珥于社稷”이라고 하고 있는 말에 대해, 鄭衆은 “珥社稷, 以牲頭祭也. : 사직에 대한 ‘珥’라는 제사는 희생의 머리로 제사를 지내는 것이다.”라 주(注)하였고, 또 《周禮·夏官·羊人》에도 “祭祀割羊牲登其首. : 산 양의 머리를 잘라 올려놓고 제사를 지낸다.”라고 하고 있다. 이로 미루어 보면 周代에는 희생의 머리로 거행하는 제사를 ‘珥’라고 하였음을 알 수 있다. 《周禮》에서의 ‘珥’가 바로 위 복사 중의 이 ‘[illegible]’자와 뜻이 같은 것으로 보아, ‘[illegible]’는 이 ‘珥’자의 가차자(假借字)가 아닌가 생각된다.

戊. ‘登’

갑골복사에서의 ‘登’자는 ‘[illegible]’·‘[illegible]’·‘[illegible]’ 등의 모양으로 쓴다. 이 ‘登’자가 제명으로 사용된 복사의 예는 다음과 같다.

1) 癸未卜 : 登禾于二示?	《庫1061》
2) 癸卯卜 : 登禾祖乙?	《粹908》
3) 辛未卜 : 酒禾登祖乙乙亥?	《甲899》
4) 癸亥卜, 荷貞 : 其登鬯于祖乙, 叀翌乙丑?	《甲2407》
5) 其登新鬯, 二牛用卯. 畵牢用.	《粹910》
6) 庚辰卜, 御貞 : 王賓兄庚登眔歲, 亡尤?	《庫1021》
7) 癸巳貞 : 乙未王其登米 ...... ?	《粹909》
8) 癸卯卜, 貞 : 王賓祼登禾, 亡尤?	《前4. 20. 6》
9) 辛酉卜, 貞 : 王賓登禾, 亡尤?	《前4. 20. 7》
10) 甲申卜, 貞 : 王賓登麥祖甲 亡尤?	《續1. 26. 3》

---

1) 陳夢家 前揭論文 <古文字中之商周祭祀> p.104.

2) 羅振玉 前揭書 《增訂殷虛書契考釋》 卷下 p.8.

이상의 갑골복사의 예에서 보는 바와 같이 '登'이라는 제사는 '奠祭와 마찬가지로 여러 가지의 제품(祭品)을 신명에게 바치며 거행하는 제사이다. 위의 복사 예의 내용에 의하면 '登'이라는 제사에는 '酒' · '鬯' · '牛' · '禾' · '米' · '麥' 등의 제품이 사용되었음을 알 수 있다.

己. '鬻'

갑골복사에는 '[illegible]' · '[illegible]' · '[illegible]' 등의 모양으로 쓰는 글자들이 있다. 이런 글자들에 대해 羅振玉은,

> 《說文解字》: 鬻, 五味盉鬻也. 从䰜从羔. 此从匕从肉, 有湆汁在皿中, 當卽字. 从皿與从鬲同, 鬻字篆文从鬲, 叔夜鼎从皿, 其例矣. 許書之鬻, 疑是後起之字.[1)] : 《說文解字》에 "'鬻'은 다섯 가지 맛이 조화가 된 진한 국이라는 뜻이다. '䰜'을 구성 요소로 하고 있고, '羔'를 구성 요소로 하고 있다."라고 하고 있다. 이 글자는 '匕'를 구성 요소로 하고 있고, '肉'을 구성 요소로 하고 있고, 그릇에 고기 국물이 남아 있는 모양인데, 바로 이 글자이다. '皿'을 구성 요소로 하는 것과 '鬲'을 구성 요소로 하는 것은 같은 뜻인데, '鬻'자의 소전(小篆)은 '鬲'을 구성 요소로 하고 있고, <叔夜鼎> 에서는 '皿'을 구성 요소로 하고 있는 것이 그 예이다. 許愼의 책 즉 《說文解字》의 '鬻'자는 후기자(後起字)인 것 같다.

라고 하여, 이 글자를 《說文解字》에 수록된 '鬻'자라고 하면서 '羹'자의 후기자라고 주장하였다. 앞에서 인용한 이 글자의 자형들을 보면, 이 글자는 그릇('皿' 또는 '鬲')에 고깃국이 담겨 있는 모양으로 되어 있어 羅振玉의 이런 주장은 정확한 해석이라고 생각된다. 그러면 이 글자가 제명(祭名)으로 쓰인 갑골복사의 예를 보자.

1) 貞 : 王賓鬻, 亡尤? 《後下5. 2》
2) 貞 : 王賓鬻, 亡尤? 《前6. 42. 3》

여기에서의 '鬻'자는 분명히 제사 이름으로 쓰였다. 그렇다면 이 '鬻'이라는 제사는 어떤 제사일까? 위에서 살펴본 이 글자의 자형으로 보아서, 그리고 상고시대에는 제사의 종류도 많았지만 제품(祭品) 또한 많았음을 감안하면, '鬻祭는 고깃국을 신명에게 바치며 거행한 제사가 아닌가 생각된다. 왜냐하면 周代에도 이러한 제사가 있었기 때문이다. 《禮記 · 曲禮下》에 "犬曰羹獻"이라고 하고 있는데, 이에 대해 孔穎撻은, "犬曰羹獻者, 人將所食羹餘以與犬, 犬得食之肥, 肥可

---

1) 羅振玉 上揭書 卷中 p.26.

以獻祭於鬼神, 故日羹獻也. : '犬日羹獻'이란 말은 사람이 먹고 남은 고깃국을 개에게 주고, 개가 이를 먹고 살이 찌는데, 살이 쪄야 귀신에게 헌상하며 제사를 지낼 수 있는 것이기 때문에 '羹獻'이라고 하는 것이다."라고 풀이하고 있다. 이는 곧 고깃국을 신명에게 바쳐 제사를 거행한다는 말이다.

庚. '鬳'

갑골복사에는 또 '[甲骨文]'·'[甲骨文]'·'[甲骨文]'·'[甲骨文]' 등의 모양으로 쓴 글자들이 있다. 이 글자들을 嚴一萍이 '鬳'자라고 고석(考釋)하였는데, 학계의 정설이 되었다. 이 글자가 제명(祭名)으로 쓰인 복사의 예를 들면 다음과 같다.

1) 父丁鬳, 三兕?	《甲840》
2) 升歲鬳奠, 王受又?	《甲849》
3) 丙辰卜, 大(貞) : 其鬳, 兕三?	《甲1633》
4) 甲子卜 : 祭祖乙, 又鬳, 王受又?	《寧1. 1》
5) 于祖丁用鬳?	《寧1.193》
6) 癸丑卜, (貞) : 唐升▨鬳?	《甲2102》

이상의 복사에서 '鬳'자는 제사 이름으로 쓰인 것이 틀림없는데, 그러면 이 '鬳'이라는 제사는 어떤 제사인가? 위에서 인용한 이 글자의 자형을 보면, '匕' 즉 숟가락과 '肉' 즉 고기 또는 '爿' 즉 나무판이 제기(祭器)로 쓰인 '鼎'에 담겨 있는 모양이다. 이로 보아 이 '鬳'은 王國維[1]와 屈萬里[2]의 주장과 같이 신명에게 고기를 바치며 거행하는 제사라고 생각된다.

辛. '盤'

갑골복사 가운데에는 '[甲骨文]'·'[甲骨文]'·'[甲骨文]'·'[甲骨文]' 등의 모양으로 쓴 글자들이 있다. 이런 글자들에 대해서는 于省吾가 '盤'자로 예정(隷定)하였는데, 여기에서도 그의 주장에 따라 '盤'로 쓰기로 한다. 이 글자가 제명(祭名)으로 사용된 갑골복사의 예를 들면 다음과 같은 것들이 있다.

---

1) 李孝定 前揭書《甲骨文字集釋》卷7, pp.2337~2338에서 인용한 王國維의 주장을 참고.

2) 屈萬里 前揭書《小屯殷虛文字甲編考釋》p.132를 참고.

1) 乙亥貞 : 又升伐自上甲釁至父丁, 于乙酉? 《甲690》
2) 丙寅卜 : 賓貞 : 侑來羌, 來甲戌釁用? 《前6. 67. 4》
3) 己亥卜 : 賓貞 : 釁, 用來羌? 《甲59》
4) 丁酉卜 : 自上甲釁, 用人? 《明525》
5) 辛酉其若, 亦釁伐? 《甲896》

위의 복사들에서 이 '釁'자는 제명으로 사용되었음이 틀림없다. 그러면 이 '釁'는 어떤 제사인가? 이에 대해 于省吾는 앞에서 인용한 자형들 가운데 몇 개의 점들은 피[血]를 나타내는 것이고, 그 아래 부분은 '几'자 즉 탁상이라고 보아, 이를《說文解字》에 수록된 '釁'자로 고석함과 동시에 이 글자의 뜻도《說文解字》의 해석과 같이 '血祭라고 주장하였다.[1] 于省吾의 이러한 주장은 매우 타당한 것으로서, 경전(經傳)들에 기록된 '幾'·'刉'·'祈' 등의 글자들과 자음(字音)으로도 동일하고 자의(字義)로도 짐승이나 사람의 피를 사용하여 거행하는 제사라는 사실과 부합되는 것이 그의 주장이 옳음을 증명해준다고 하겠다.

壬. '戠'

갑골복사 가운데는 '[illegible]'·'[illegible]'·'[illegible]' 등의 모양으로 쓴 글자들이 있는데, 이를 羅振玉이 이 글자의 자형 구조에 근거하여 '戠'자라고 고석(考釋)하여[2] 학계의 정설이 되었다. 이 글자가 제사 이름으로 쓰인 복사의 예를 보면 다음과 같다.

1) 戊寅卜, 旅貞 : 王賓大戊戠, 亡禍? 《粹211》
2) 辛巳卜, ▯貞 : 王賓祖辛戠, 一牛, 亡尤? 《佚173》
3) 丁巳卜, 旅貞 : 王賓戠, 亡禍? 《寧3. 195》
4) 辛丑貞 : 大乙 戠, 一牢? 《甲747》
5) 癸亦卜, 王貞 : 勿酒翌▯于黃尹戠 三月. 《柏8》
6) 癸未卜 : 弜戠日? 《甲3631》

이상의 갑골복사에서의 '戠'자는 제명으로 쓰인 것이 틀림없는데, 그러면 이 '戠'는 어떤 제사일

1) 于省吾《雙劍誃殷契駢枝續編》(石印本 1941.) pp.24~27을 참고.
2) 羅振玉 前揭書《增訂殷虛書契考釋》卷中 p.59를 참조.

까? 결론부터 먼저 말한다면, 이는 육포(肉脯)를 헌상하며 지내는 제사가 아닌가 생각된다. 《儀禮 · 鄉射禮》에 "祭半膱"이라고 하고 있는데, 이에 대해 鄭玄은 "古文膱爲胾. : 고대(古代)에는 '膱'자를 '胾'로 썼다."라고 주(注)하여, '胾'자를 '膱'자의 고자(古字)라고 하였다. 그런데 《說文解字》 '肉'부에는 '膱'자는 수록되어 있지 않고 '胾'자는 수록되어 있는데, '胾'자에 대해 "胾, 大臠也. 从肉, 𢦏聲. : '胾'은 크게 저민 고기라는 뜻이다. '肉'을 의부(義符), '𢦏'를 성부(聲符)로 구성되어 있다."이라고 하였고, 段玉裁는 이에 대해 위에 인용한 《儀禮 · 鄉射禮》에 대한 鄭玄의 주(注)를 인용하고서, "戠聲 · 𢦏聲同也. : '戠'의 자음(字音)과 '𢦏'의 자음은 같다."라고 주(注)하였는데, 이는 '戠' · '胾' · '膱' 세 글자는 자음(字音)도 같아 서로 통용할 수 있음을 밝힌 것이다. 이로 미루어 보면 이 '戠'란 육포(肉脯)를 진설하여 거행하는 제사가 아닌가 생각된다.

癸. '餗'

갑골복사에 '[illegible]' · '[illegible]' · '[illegible]' · '[illegible]' · '[illegible]' · '[illegible]' 등의 모양으로 쓴 글자들이 있는데, 王國維가 이를 '鬻'자의 혹체자(或體字) '餗'자라고 고석(考釋)하였다.[1] 이는 위에서 인용한 자형 결구(結構)로 보아도 쉽게 수긍할 수 있다. 이 글자들의 왼쪽 부분은 '食'자 또는 '豆'자로 구성되어 있는데, '食'자는 말할 필요도 없고, '豆' 역시 음식을 담는 그릇이므로, 어느 경우든 음식물을 지칭하며; 오른쪽 부분은 어떤 물건을 묶은 모양의 '束'자이고, 이는 또한 이 글자의 성부(聲符)이기도 하다. 그럼 먼저 이 '餗'자가 제사 이름으로 사용된 복사의 예를 보기로 하자.

1) 叀丁巳酒餗?	《京4209》
2) 貞: 來乙亥▢其餗, 王若? 九月.	《甲2905》
3) 丁亥貞 : 餗, 不冓雨?	《寧1. 94》
4) 王其又大乙, 叀餗?	《粹138》
5) 甲申卜 : 餗, 歲牢? 弜牢?	《粹468》
6) ▢亥其餗自祖乙至多后?	《明5. 72》

이상의 복사에서 제명(祭名)으로 사용된 '餗'은 어떤 제사인가? 이 글자의 자형으로 보면, 두 손으로 어떤 물건을 바치는 모양의 글자도 있는데, 이로서 이 '餗'은 신명에게 음식을 바치며 거행하는 제사임이 분명한데, 어떤 음식을 헌상하여 봉행하는 제사인지는 아직 밝혀지지 않았다.

1) 李孝定 前揭書 《甲骨文字集釋》 p.859에 인용한 王國維의 주장을 참고.

子. '取'

갑골복사 가운데에는 '[oracle-bone glyph]'·'[oracle-bone glyph]' 등의 모양으로 쓴 글자가 있는데, 商承祖가 이를 '取'자라고 고석(考釋)한[1] 후 학계의 정설(定說)이 되었다. '取'자가 제명으로 사용된 복사의 예로는 다음과 같은 것들이 있다.

1) 庚申卜, 㱿貞 : 取河, 侑从雨?	《粹57》
2) 己卯卜 : 取岳, 雨?	《後下36. 3》
3) 乙巳卜, 㱿貞 : 王其取唐𧝓續?	《續1. 6. 6》
4) 己卯卜, 賓貞 : 取岳?	《粹36》
5) 貞 : 王侑取, 若?	
貞 : 王侑取, 不若?	《合139》

이상의 복사에서 제사 이름으로 쓰인 이 '取'는 어떤 제사인가? '取'자에 대해 《說文解字》 '又'부에는, "取, 捕取也. 从又耳. 《周禮》: 獲者取左耳. 司馬法曰 : 載獻聝. 聝者, 耳也. : '取'는 포획하다는 뜻이다. '又'와 '耳'를 구성 요소로 하고 있다. 《周禮》에 「포획된 짐승은 왼쪽 귀를 자른다.」라고 하고 있다. 《司馬法》에는 「'聝'을 헌상한다.」라고 하고 있는데, '聝'은 베어낸 귀라는 뜻이다."라고 하고 있다. 이는 '取'자가 포획하다는 뜻에서 인신(引伸)을 거듭하여 왼쪽 귀를 벤다는 의미로도 쓰임을 밝힌 것인데, 갑골문자 '取'자의 자형은 앞에서 살펴본 것에서도 알 수 있는 바와 같이 왼쪽 귀와 오른쪽 귀를 구별하지 않고 있다. 그런데 중국 고서(古書)에 상고시대에는 전쟁에서 적군을 죽인 다음 적군의 귀를 베어 전공(戰功)을 기리는 습속이 있었다는 기록이 있다. 《春秋左氏傳》 宣公 12년 조(條)의 "折馘執俘而還."이라는 말 중의 '折馘'에 대해 杜預는, "折馘, 斷耳. : '折馘'이란 귀를 자르다는 뜻이다."라고 주(注)하였고, 또 《詩經 · 大雅 · 皇矣》의 "攸馘安安."이라는 말 중의 '馘'에 대해 鄭玄은, "馘, 獲也, 不服者, 殺而獻其左耳曰馘. : '馘'은 획득하다는 뜻인데, 불복(不服)하는 자를 죽여서 그의 귀를 잘라 헌상하는 것을 '馘'이라고 한다." 라고 하였고; 또 《詩經 · 魯頌 · 泮水》의 "在泮獻馘"라는 말 중의 '馘'에 대해서 鄭玄은, "馘, 所格者之左耳. : '馘'이란 항거하는 자의 왼쪽 귀라는 뜻이다."라고 주(注)하였다. 이상의 기록들은 모두 周代에 전쟁터에서 적군의 왼쪽 귀를 베는 습속이 있었음을 입증해주는 자료이다. 이로서 복사에 나타난 이 '取'는 전쟁터에서 적군을 죽인 다음, 적군의 귀를 베어 이를 조상이나 산천의 신명(神明)에게 바치며 거행하는 제사일 것으로 유추할 수 있다.

---

1) 商承祚 前揭書 《殷契佚存考釋》 p.16 참고.

丑. ‘旣’

갑골복사 가운데에는 또 ‘[illegible]’·‘[illegible]’·‘[illegible]’ 등의 모양으로 쓴 글자들이 있는데, 이를 羅振玉이 ‘旣’자라고 고석하여[1] 학계의 정설이 되었다. 이 ‘旣’자가 제사의 이름으로 쓰인 것으로 보이는 복사의 예로는 다음과 같은 것들이 있다.

1) 丁丑卜 : 翌戊寅旣, 雨? 《乙5278》
2) 癸巳貞 : 旣尞于河于于岳? 《粹33》
3) 旣侑王亥告? 《甲174》
4) 庚寅雨, 中日旣? 《人324》

그런데 이 ‘旣’자의 자의(字義)에 대해서는 아직 정설(定說)이 없다. 郭沫若은 이를 ‘餼’자의 이체자(異體字) ‘槩’로 보아 ‘生物’을 바치다는 뜻으로 해석하였고,[2] 李孝定은 이를 ‘끝내다’·‘다 하다’·‘이미’ 등의 뜻으로 해석하였다.[3] 그러나 위에서 예로 든《乙5278》의 복사에서의 이 ‘旣’자는 제명(祭名)으로 쓰인 것이 확실하다. 왜냐 하면 이 복사의 내용이 정축일(丁丑日)에 그 다음 날인 무인일(戊寅日)에 비가 내릴 것인지를 복문(卜問)한 것이기 때문에 이 ‘旣’자의 뜻을 ‘끝내다’·‘다 하다’·‘이미’ 등의 뜻으로는 해석이 불가능하기 때문이다. 그러면 이 ‘旣’라는 제사는 어떤 제사인가? 위에 인용된 글자들의 자형(字形)을 보면, ‘食’ 또는 제기(祭器)의 일종인 ‘豆’와 꿇어앉아 있는 사람의 모습으로 구성되어 있다. 이로 미루어 이 ‘旣’ 역시 무슨 음식인지는 알 수 없으나 음식을 바치며 거행하는 제사일 것이라고 생각된다.

寅. ‘品’

‘品’자를 갑골문자로는 ‘[illegible]’·‘[illegible]’ 등의 모양으로 쓴다. 이 ‘品’자가 제사의 이름으로 쓰인 것으로 보이는 복사의 예로는 다음과 같은 것들이 있다.

1) 己未卜, 貞 : 王賓品, 亡尤? 《前5. 35. 2》
2) 辛酉卜, 貞 : 王賓品, 亡尤? 《前5. 35. 4》

---

1) 羅振玉 前揭書《增訂殷虛書契考釋》卷中 p.55를 참고.
2) 郭沫若 前揭書《殷契粹編考釋》p.10을 참고.
3) 李孝定 前揭書《甲骨文字集釋》卷五 pp.1751~1752를 참고.

3) 己卯卜，貞：王賓祖己翌品，亡尤?　《前1. 23. 3》

4) 丁酉卜，兄貞：其品司，在玆?

貞：其品司于王出?　《後下9. 13》

5) 庚寅卜，衎(貞)：王品司，癸巳不? 二月.　《甲241》

이상의 복사에서의 '品'자는 제명(祭名)으로 쓰인 것이 틀림없다. 이 '品'이라는 제사에 대해 陳直은,

> 卜辭有品祭, 於古無徵. 案禮記郊特性云：鼎俎奇而籩豆偶, 陰陽之義也. 籩豆之實, 水土之品也. 不敢用褻味而貴多品, 所以交於神明也.[1] 又曰：籩豆之薦, 水土之品也. 不敢用常褻味而貴多品, 所以交於神明之義也. 卜辭品祭, 疑爲籩豆之祭.[2]：복사에 '品'이라는 제사가 있는데, 고대에 이를 증명할 자료가 없었다. 살펴보면,《禮記 · 郊特牲》에「희생을 담는 '鼎'과 '俎'는 항상 홀수로 사용하고, 효찬(餚饌)을 담는 '籩'과 '豆'는 짝수로 쓰는데, 이는 음양의 변화에 따르는 것이다. '籩'과 '豆' 속의 음식은 모두가 수산물과 육상의 동식물이고, 여기에는 아주 맛있게 조리한 음식을 담아서는 안 되고, 서로 다른 여러 종류의 보통 음식만 담아야 하는데, 이런 음식을 헌상하는 의미가 신명(神明)과 교감하는 데 있기 때문이다.」라고 하고 있다. 또「종묘의 제사에 사용하는 '籩'과 '豆'에 담는 식품은 모두 물과 땅에서 나는 것들로, 사람들의 입맛에 맞도록 조리한 요리를 사용하지 못하고 종류만 많게 할 뿐인데, 이는 신명과 직접 교감하는 데 뜻이 있기 때문이다.」라고 하고 있다. 복사의 '品祭는 이 '籩豆'를 바치며 지내는 제사가 아닌가 생각된다.

라고 하여 '品'이라는 제사를《禮記》에서 말하는 이른 바 '籩豆之祭'라고 주장하였다. 그러나 갑골복사의 문례(文例)나 '品'자의 자형에서 이를 뒷받침할 수 있는 아무런 증거가 없으므로 '品'이 어떤 제사인가 하는 문제는 잠시 보류해 두고 뒷날의 연구를 기다릴 수밖에 없다고 여겨진다.

四. 제법(祭法) 제사

여기에서 말하는 '제법(祭法) 제사'란 제사를 거행하는 방법을 제사의 이름으로 삼은 것을 말한다. 이 때문에 이런 종류의 제사는 희생(犧牲)을 사용하는 방법이 제명(祭名)으로 사용된 경우가

---

1) "交於神明也"라는 말을 十三經注疏本 前揭書《禮記 · 郊特牲》p.484의 原文에는 "交於旦明之義也"라고 되어 있다.

2) 陳直《殷契賸義》p.2, 李孝定 上揭書 p.643에서 재인용.

많다. 이 부류로 분류되는 제사로는 다음과 같은 것들이 있다.

甲. '寮'

갑골복사 가운데에는 '𤇾'·'𤇾'·'𤇾'·'𤇾' 등의 모양으로 쓴 글자들이 있는데, 羅振玉이 이 글자의 자형 결구를 분석하여 나무 묶음이 불 위에 있고 화염의 모양을 점으로 표시한 것에 착안하여 이를 '寮'자라고 고석하여[1] 학계의 정설(定說)이 되었다. 이 '寮'자가 제사 이름으로 사용된 복사의 예는 대단히 많은데, 그 가운데 몇 가지만 골라보면 다음과 같다.

1) 甲辰卜 : 王翌乙巳寮于成, 一羊? 《佚849》
2) 貞 : 寮于王亥母, 豕?
 貞 : 勿寮于王亥母? 《乙6404》
3) 貞 : 寮于上甲·于河, 十牛? 《乙685》
4) ☐戌卜, 㱿貞 : 寮于岳, 小宰? 《續1. 49. 3》
5) 丙寅卜 : 其寮于岳, 雨? 《寧1. 90》
6) 己丑卜, 爭貞 : 亦乎雀寮于雲, 犬? 《乙5317》
7) 貞 : 寮于帝, 雲? 《續2. 4. 11》
8) 己酉卜, 㱿貞 : 寮于東母, 九牛? 《續1. 53. 2》

이상의 복사에서의 '寮'자는 제명(祭名)으로 쓰인 것이 틀림없다. 그러면 이 '寮'는 어떤 제사일까? 위에서 인용한 갑골문자 '寮'자의 자형이 나무 묶음을 태우는 모양으로 되어 있는 것으로 미루어보아, 불을 질러 거행하는 제사임을 짐작할 수 있다. 그런데 《說文解字》에는 이 글자에 대해, "寮, 柴祭天也. 从火昚. 昚, 古文愼字, 祭天所以愼也. : '寮'는 섶을 태워 하늘에 제사를 올리다는 뜻이다. '火'와 '昚'를 구성 요소로 하고 있다. '昚'는 '古文' '愼'자인데, 하늘에 제사를 올리는 것은 신중하게 해야 하기 때문이다."라고 하여 '寮'는 하늘 즉 상제(上帝)에 대해 거행하는 제사라고 하고 있다. 그러나 위에서 예로 든 갑골복사들을 보면 '寮祭의 대상으로는 물론 상제도 있지만 산천의 신(神)들과 조상(祖上)들도 있음을 알 수 있다. 이로서 보면 商代의 '寮祭'는 그 대상이 商 왕실의 선왕·선공 그리고 천신(天神)과 지기(地祇)의 자연신(自然神)들이었는데, 周代에서는 하늘 즉 상제에 국한된 것임을 짐작할 수 있다.

---

1) 羅振玉 前揭書 《增訂殷虛書契考釋》 卷中 p.15를 참고.

그리고 갑골복사에는 또 '□'·'□'·'□'·'□'·'□'·'□'·'□' 등의 자형으로 쓴 글자들이 있는데, 이를 갑골학계에서는 '□'자로 예정(隸定)하여 쓰는 것이 정설로 되어 있다. 복사에서는 이 글자도 제사의 이름으로 쓰이고 있는데, 복사의 예를 들면 다음과 같다.

1) 癸巳卜, 行貞 : 王賓□, 亡尤? 在以目卜.	《文472》
2) 庚辰卜, 貞 : 王賓妣庚日□, 亡尤?	《後上7. 8》
3) 辛卯卜, 卽貞 : 王賓□, 不雨?	《人1591》
4) □亥貞 : 咸旣□, 王其往田, 亡𡆥?	《甲553》
5) 貞 : 王賓父己歲□?	《京4063》
6) 于妣己□酒?	《乙8860》

그리고 또 갑골복사에는 '□'·'□' 등의 모양으로 쓴 글자들이 있다. 嚴一萍은 이 글자들의 자형 결구를 작은 나뭇가지 묶음을 신전(神前)에서 불태우는 모양으로 되어 있다고 분석하고, 이 글자를 '祡'자와 '柴'자의 초문(初文)이라고 하였는데,[1] 학계의 정설이 되었다. 이 '祡'자가 제명(祭名)으로 쓰인 복사의 예를 들면 다음과 같은 것들이 있다.

1) 貞 : 勿祡祖之? 十月.	《文288》
2) 庚辰卜, 大貞 : 來丁丁亥其祡報于大室, 勿報西鄉?	《前1. 36. 3》
3) □□□, 出貞 : 來□王其祡報 …… ?	《卜29》
4) 丁亥卜, 出貞 : 來□其祡報𢇍自辛 新?	《續2. 9. 8》

그런데 先師 金 祥恒 교수는 위에서 살펴본 갑골문 '尞'·'□'·'祡' 세 글자는 모두 동자(同字)임을 밝혀냈다. 그는 위의 세 글자의 자형을 분석하여 나무를 태우는 모습만을 나타낸 글자를 '尞'자라고 하고, 이에서 '示'자와 하나 또는 두 개의 '手'자를 덧붙이면서 화염을 상징하는 점(點)들을 생략한 글자를 '□'자라고 하고, 또 '□'자에서 나무 묶음을 나타내는 부분을 생략하고 화염을 나타내는 점을 덧붙인 글자를 '祡'자라고 하여, 이 세 글자는 모두 동자(同字)로서 '尞'자라고 주장하였다. 그러면서 그는, "尞爲放火也, □爲手持木於示前, 祡爲束薪於示前, 均係古代表示燔燎以祭神·祭天或祭祖先也.[2] : '尞'자는 불을 놓는 모양이고, '□'자는 손으로 나무를 들고

---

1) 嚴一萍 <釋□>, 前揭書《中國文字》第十二期.

2) 金祥恒 <釋「□·□·□·□·□·□·□」>, 上揭書《中國文字》第十七期를 참고.

신명(神明) 앞에 있는 모양이며, ‘祟’자는 신명 앞에 나무 묶음을 놓아 둔 모양인데, 세 글자 모두 고대(古代)에 불을 태워 천신(天神)과 하늘 그리고 조상신에게 제사를 올리는 뜻을 나타내는 것이다.”라고 하였다. 그런데 앞에서 인용한 복사의 예를 살펴보면, ‘寮祭’의 대상으로는 천신(天神) · 지기(地祇) · 인귀(人鬼)가 다 포함되는데 반하여 ‘[illegible]’자와 ‘祟’자로 쓴 복사에서의 제사의 대상은 모두 조상신에게만 국한되어 있음을 알 수 있다. 이는 단지 商 왕실의 신 · 구 두 파(派)의 예제(禮制)의 차이에서 유래한 것이라 생각된다.

乙. ‘血’

갑골복사 가운데에는 또 ‘[illegible]’ · ‘[illegible]’ · ‘[illegible]’ · ‘[illegible]’ 등의 모양으로 쓴 글자들이 있는데, 이들을 羅振玉이 ‘血’자라고 고석하여[1] 학계의 정설(定說)이 되었다. 이 ‘血’자가 제사의 이름으로 사용된 복사의 예를 보면 다음과 같은 것들이 있다.

1) 貞 : 王賓祖乙血歲, 亡尤? 《南2. 230》
2) ☐巳卜, 卽貞 : 血祀, 歲牡? 《後下30. 17》
3) 甲辰貞 : 其大御, 王自上甲血, 用白豭九, 下示䜌 …… ? 《粹79》
4) 戊寅卜 : 血牛于妣庚? 《庫1988》
5) 己巳卜, 兄貞 : 尊告血室, 其 …… ? 《前4. 33. 2》
6) 戊寅卜, 貞三卜, 用血三宰, 冊伐三十鬯三十牢三十艮三多于妣庚? 《通781》
7) 貞 : 酒報于血室, 亡尤? 《鐵50》
8) 貞 : 翌辛未其侑于血室, 三大宰? 九月. 《鐵176》

그러면 이 ‘血’이라는 제사는 어떤 제사일까? 《說文解字》에, “血, 祭所薦牲血也. : ‘血’이란 희생의 피를 헌상하며 지내는 제사라는 뜻이다.”라고 하고 있다. 이로 미루어 보면 周代에도 ‘血祭’가 있었음을 알 수 있다. 그리고 위에서 예로 든 《後下30. 17》의 복사 가운데 ‘血祀’라는 말이 있는 것으로 보아 商代에도 ‘血祀’가 있었음이 분명하다. 또 위에 제시한 예 5) · 7) · 8)의 복사에 ‘血室’이라는 말이 있는데, 이는 태묘(太廟)에 있는 ‘血祭室’이란 뜻이며, 예 6)의 ‘用血’이란 ‘血祭’를 거행하였다는 뜻이다. 그런데 商代의 ‘血祭’는 어떻게 거행하는 제사인가 하는 문제는 갑골복사의 자료가 부족하여 명확하게 알기는 어려우나, 위에서 인용한 갑골문 ‘血’자의 자형으

---

1) 羅振玉 前揭書 《增訂殷虛書契考釋》 卷中 p.31.

로 보면《說文解字》의 해석과 마찬가지로 희생(犧牲)의 피를 신명(神明)에게 바치며 거행하는 제사가 아닌가 생각된다.

丙. '灌'

갑골복사 가운데에는 '[illegible]'·'[illegible]' 등으로 쓴 글자들이 있는데, 羅振玉은 이를 '雚'자라고 고석하고는 '觀'자의 가차자(假借字)라고 하였으나,[1] 先師 金 祥恒 교수는 羅振玉이 이를 '雚'자라고 한 것에는 동의하나 '觀'자의 가차(假借)라고 한 것에는 반대하면서 '灌'자의 가차라고 주장하였다. 교수님은 이에 대해, "卜辭之[illegible][illegible], 當釋雚, 卽說文之萑. 鴟屬, 借雚爲禘灌之灌.[2] : 복사의 '[illegible]'·'[illegible]'은 당연히 '雚'자로 고석하여야 하는데, 이는 곧《說文解字》의 '萑'자이다. 이는 '鴟' 즉 솔개 속(屬)인데, '雚'을 가차하여 '禘灌'의 '灌'의 뜻으로 쓰였다."이라고 풀이하였다. 이 글자가 제명(祭名)으로 사용된 복사의 예를 보면 다음과 같다.

1) 癸亥卜 : 酒灌?	《粹434》
2) 乙未卜, 爭貞 : 來辛亥酒灌, 報于祖辛?	《乙2728》
3) 庚子卜, 貞 : 王其灌耤, 叀往? 十二月.	《後下28. 16》
4) 己亥卜, 貞 : 王往灌耤, 征往?	《甲3420》
5) 貞 : 王灌河, 若?	《文366》
6) 酒灌, 至御父庚□?	《續1. 33. 4》
7) □子卜, 㱿貞 : 王往灌埋?	《續5. 19. 7》

이상의 복사에서의 '灌'자는 문례(文例)로 보아 제명(祭名)임이 틀림없다. 그러면 갑골복사에서의 '灌祭'는 어떤 제사일까?《論語 · 八佾》제10장의 "禘自旣灌而往者"라는 말 중의 '灌'에 대해 何晏은, "灌者, 酌鬱鬯. : '灌'이란 울창주를 올리다는 뜻이다."이라고 하였고,《禮記 · 郊特牲》에는 "灌用鬯臭. : '灌祭는 울창주로 냄새를 맡는 것이다."라고 하고 있다. 이러한 것은 모두 周代의 '灌'이라는 제사에 대한 기록으로서 모두 술[酒]을 사용하고 있음을 알 수 있다. 그런데 위에서 인용한 갑골복사에서도 '酒灌'이라는 말이 자주 쓰이므로 商代의 이 '灌'祭도 金 교수님의 주장과 같이 周代의 제사인 '禘灌'의 '灌'의 의미와 같다고 생각된다.

---

1) 羅振玉 上揭書 卷中 p.33.

2) 金詳恒 <釋[illegible][illegible]>, 前揭書《中國文字》第二十四期를 참고.

丁. '𤒦'

갑골복사 가운데 '𤒦'·'𤒦'·'𤒦' 등의 모양으로 쓴 글자들이 있는데, 이를 魯實先이 '𤒦'자로 고석하여[1] 학계의 정설(定說)이 되었다. 이 글자가 제사의 이름으로 사용된 복사의 예로는 다음과 같은 것들이 있다.

1) 貞 : 𤒦于王亥, 十牛? 《乙7161》
2) 貞 : 𤒦于成? 《乙4309》
3) 貞 : 𤒦于王吳? 《前1. 45. 3》
4) 勿𤒦于大甲? 《粹158》
5) 翌庚申𤒦于黃奭? 《丙66》
6) 戊戌卜, 內, 乎雀𤒦于出日·于入日, 宰? 《丙162》
7) 貞 : 𤒦于南? 勿𤒦于南?
貞 : 𤒦于西北? 勿𤒦于西北?
𤒦于東? 勿𤒦于東? 《乙4733》
8) 己丑卜, 殸貞 : 𤒦于丘商? 四月.
貞 : 勿𤒦于丘商? 《乙5265》

이상의 복사에서의 '𤒦'자는 제명(祭名)으로 사용되었음이 분명하고, 이 '𤒦祭의 대상은 商 왕실의 선왕·선공 그리고 해[日]와 '四方神' 등의 자연신(自然神)이다. 그러면 이 '𤒦'라는 제사는 어떤 제사일까? 이에 대해 魯實先은 '振'자와의 성운(聲韻) 관계에 착안하여 '𤒦祭는 '除惡' 즉 불상(不祥)한 일을 제거하여 주도록 기원하는 제사라고 하면서, 위에서 예로 든《乙5265》의 복사 "貞 : 勿戍東 于丘商?"이라고 한 것을 그 증거로 들었다.[2] 그러나 魯實先이 증거로 삼은 《乙5265》의 복사는 '對貞'으로서 그 앞의 '占辭' "𤒦于丘商"과 대(對)가 되는 것이므로, 결코 魯實先의 해석과 같이 불상(不祥)한 일이 있어 '丘商'이라는 곳에서 '𤒦祭를 거행한다는 뜻이 아니라 '丘商'에서 '𤒦'제를 거행하지 않는데 대한 신(神)의 뜻을 묻는 내용이다. 그리고 위에서 예로 든 복사 가운데 이 '𤒦'제가 '除惡'을 위한 제사임을 나타내 주는 증거가 될 만한 말조차 전혀 없다. 그러므로 商代의 이 '𤒦'제의 의미는 앞으로의 연구 결과를 기다릴 수밖에 없다. 그런데 이 글자는 복사에서 희생을 사용하는 방법으로도 쓰이기 때문에 '제법(祭法) 제사'로 분류

1) 魯實先《殷契新詮之六》(臺灣師大國文研究所 1963. 臺北) pp.21~22를 참고.

2) 魯實先 上揭書 p.26을 참고.

하였다.

戊. '冒'

갑골복사 가운데에는 '[oracle-bone glyph]'·'[oracle-bone glyph]'·'[oracle-bone glyph]'·'[oracle-bone glyph]'·'[oracle-bone glyph]' 등의 모양으로 쓴 글자들이 있는데, 이를 葉玉森이 '冒'자로 고석하여[1] 정설이 되었다. '冒'자가 제명(祭名)으로 사용된 복사의 예를 들면 다음과 같다.

1) 癸酉王卜, 貞 : 旬亡禍? 王占曰 : 吉. 在十月又一.
甲戌𢦏工典其冒, 隹王三祀.
癸未王卜, 貞 : 旬亡禍? 王占曰 : 吉. 在月又二.
甲申冒酒祭上甲. 《續1. 5. 1》
2) 癸未卜, 貞 : 王旬亡禍? 在十月又二. 甲申冒酒祭上甲. 《後上20. 13》
3) 癸巳王卜, 貞 : 旬己禍? 在十二月. 甲午冒祭上甲. 《明789》

이상 세 편(片)의 복사에서 '冒'자는 제사의 이름으로 쓰인 것이 틀림없고, '冒'祭의 대상은 上甲이다. 그러면 이 '冒'라는 제사는 어떠한 제사인가? 于省吾는 이 '冒'제를 성운(聲韻) 관계에 근거하여《詩經·魯頌·閟宮》에서의 '毛炰胾羹'의 '毛' 즉 '髦'의 뜻이라고 주장하였다.[2] 葉玉森의 이 주장에 의하면 '冒'제는 털[毛]도 손대지 않고 통째로 구운 돼지를 사용하는 제사라는 것이다. 그런데 周代의 이런 제사가 商代의 제사 방법이 그대로 이어진 것인지는 알 수 없다. 그런데 이 '冒'제는 위에서 인용한 갑골복사에서 보는 바와 같이 '五種祭祀'의 하나인 '祭'라는 제사와 늘 함께 거행되고 있다. 이 '祭'라는 제사가 신명(神明)에게 고기[肉]를 헌상하며 거행하는 제사임을 고려한다면, 葉玉森의 주장이 전혀 근거 없는 것은 아니라고 생각된다.

己. '伐'

갑골복사 가운데에는 또 '[oracle-bone glyph]'·'[oracle-bone glyph]'·'[oracle-bone glyph]' 등의 모양으로 쓴 글자들이 있는데, 이는 '伐'자임이 밝혀진지가 오래이다. 이 '伐'자가 제명(祭名)으로 사용된 복사의 예로는 다음과 같은 것들이 있다.

---

1) 葉玉森 前揭書《殷虛書契前編集釋》卷四 p.61을 참고.
2) 于省吾 前揭書《雙劍誃殷栔駢枝續編》(石印本 1941.) pp.18~19를 참고.

1) 己巳卜，行貞：翌庚午其又升伐于妣庚，羌三十，其卯三宰？ 《存1. 1516》

2) 甲長貞：來甲寅又伐上甲，羌五，卯牛一？

甲長貞：又伐于上甲，九羌，卯牛七？ 《後上21. 31》

3) 己巳貞：王又升伐于祖乙，其十羌又五？ 《粹75》

4) 庚寅貞：酒升伐自上甲六示羌三牛，六示二羌二牛，小示一羌一牛？《存1. 1786》

5) 丙辰卜，貞：王賓武乙升伐，亡尤？ 《前1. 22. 1》

6) 辛丑卜：王其又升伐大叀舊嗣，用十五人？ 《存1. 1793》

7) 甲午卜，貞：王賓祖甲升伐，亡尤？ 《存2. 873》

8) 乙未卜，貞：王賓 武乙升伐，亡尤？ 《前2. 25. 5》

9) 己丑卜，貞：王賓伐，亡尤？ 《後下7. 5》

10) 辛酉卜，貞：王賓伐，亡尤？

癸丑卜，貞：王賓伐，亡尤？ 《佚182》

11) 丁酉卜，貞：王賓伐卯，亡尤？ 《後上21. 9》

이상의 복사에서 보는 바와 같이 여기에서의 '伐'자는 제사 이름으로 사용된 것이 분명하다. 그러면 이 '伐'이라는 제사는 어떤 제사일까? 이에 대해서는 두 가지의 주장이 있다. 즉 하나는 '武舞'로 거행되는 제사라는 것이고, 또 하나는 사람을 죽여 거행하는 제사라는 것이다. 전자는 羅振玉[1]과 董作賓[2]의 주장으로, 《禮記 · 樂記》와 《詩經 · 皇矣》 · 《山海經 · 海外西經》등에서의 '伐'자의 뜻을 그 증거로 삼고 있다. 그리고 후자는 唐蘭[3]과 李孝定[4]의 주장으로, 갑골문자 '伐'자의 자형 결구(結構)를 그 증거로 삼고 있다. 그러나 이 '伐祭를 '武舞'로 거행하는 제사라는 주장에서 증거로 삼고 있는 문헌의 기록은 모두가 周代의 것일 뿐이고, 갑골복사에서는 이를 입증할 수 있는 증거를 제시하지 못하고 있다. 그리고 위에서 인용한 갑골복사에서 보는 바와 같이 '伐'제에는 사람을 제품(祭品)으로 사용하는 것도 있으므로, 이 '伐'제는 사람을 죽여 거행하는 제사라는 주장이 더 설득력이 있어 보인다.

---

1) 羅振玉 前揭書 《增訂殷虛書契考釋》 卷下 p.12를 참고.

2) 董作賓 前揭書 《董作賓先生全集》 甲編 第二冊 <獲白麟解> pp.593～594를 참고.

3) 唐蘭 《天壤閣甲骨文存並考釋》(輔仁大學 1939. 北京)第29片의 考釋에서 "伐者, 伐人以祭也."라고 하였다.

4) 李孝定 前揭書 《甲骨文字集釋》 卷八 pp.2661～2662를 참고.

庚. '卯'

갑골복사에서의 '卯'자는 일반적으로 '[illegible]'로 쓰고 있다. 이 '卯'자는 복사에서 세 가지의 뜻으로 쓰이고 있다. 하나는 12지지(地支)의 하나로, 또 하나는 희생의 사용법으로, 그리고 또 하나는 제명(祭名)으로 쓰인다. 이 글자가 제명으로 쓰인 복사의 예로는 다음과 같은 것들이 있다.

1) 癸丑貞 : 其又報于上甲, 其卯于大乙? 《遺633》
2) 丁亥貞, ☒酒卯于大☒? 《甲543》
3) 求年來, 其卯上甲右受年?
其卯于示士, 弜受年? 《甲3578》
4) 壬子卜, 貞 : 叀今日酒卯 ? 四月. 《前5. 25. 1》
5) 叀甲年酒卯于上甲? 《明478》
6) 于父丁卯? 《摭續111》

이상의 복사에서 보는 바와 같이 이 '卯'자는 제명(祭名)으로 쓰인 것이 분명하다. 그러면 이 '卯'는 어떠한 제사일까? 이에 대해 王國維는 '卯'자와 '劉'자가 상고음(上古音)에서 운부(韻部)가 동일하다는 사실에 근거하여 '卯'자를 '劉'로 읽어 '죽이다[殺]'는 뜻으로 풀이하였다.[1] 그리고 복사에서 이 '卯'자가 희생의 사용 방법으로 쓰이는 것으로 미루어 보면, 이 '卯'제는 짐승을 죽여 거행하는 제사일 것이라고 여겨진다.

辛. '組'

갑골복사 중에는 '[illegible]'·'[illegible]'·'[illegible]'·'[illegible]' 등의 모양으로 쓴 글자들이 있는데, 이를 商承祚가 '組'자로 예정(隸定)하였다.[2] 여기에서도 잠정적으로 '組'자로 쓰기로 하고, 이 글자가 제사의 이름으로 사용된 복사의 예를 들면 다음과 같다.

1) 癸丑卜, 徜貞 : 王旬亡禍? 在四月. 甲寅彡日戔甲, 組祖乙禚? 《前1. 42. 1.》
2) 勿組 ...... ? 《甲728》
3) 乙酉卜 : 其組父甲禚? 在茲先咸?

---

1) 王國維 前揭書《戩壽堂所藏殷虛文字考釋》pp.5~6을 참고.

2) 商承祚《殷虛文字類編》(決定不移軒 自印木刻本 1923. 南京)卷14 p.2를 참고.

于亥俎父甲禘? 《佚891》

4) 丁酉貞 : 其俎祖乙禘?

甲辰貞 : 叀壬子俎祖乙☐? 《寧1. 178.》

이상의 복사에서 보는 바와 같이 '俎'자는 제명(祭名)으로 쓰인 것이 분명한데, 그러면 이는 어떤 제사인가? 아직은 학계에 정론(定論)이 없는 실정이다. 단지 이 글자의 자형으로 유추하면, 도마 위에 고기를 썰어 올려놓고 거행하는 제사가 아닌가 생각될 뿐이다.

壬. '剮'

갑골복사 중에 '☐'·'☐'·'☐' 등의 모양으로 쓴 글자들이 있는데, 이를 李孝定은 '剮'자로 예정(隸定)하였다.[1] 여기서도 李孝定의 주장을 따라 이를 '剮'자로 쓰기로 하고, 우선 먼저 이 '剮'자가 제명(祭名)으로 쓰인 복사의 예를 찾아보면 다음과 같다.

1) 壬申剮于伊奭? 《後上22. 4》

2) 辛酉卜 : 剮于父乙? 《粹1039》

3) 貞 : 其剮父乙? 《京765》

4) 丁卯貞 : 令☐剮于高☐? 《存2. 846》

이상의 복사에서의 '剮'자는 제사의 이름으로 쓰인 것이 틀림없다. 그러면 이 '剮'은 어떤 제사인가? 아직까지 이에 대한 정론(定論)은 없다. 다만 이 글자가 복사에서 제사에 소용되는 희생(犧牲)을 사용하는 방법으로 쓰인 것으로 미루어, 희생을 죽여 거행하는 제사일 것이라고 추측할 수 있을 뿐이다.

癸. '㐌攴'

갑골복사 가운데에 '☐'·'☐'·'☐'·'☐' 등의 모양으로 쓴 글자들이 있다. 이 글자에 대해 于省吾는 이 글자의 자형이 뱀을 때려잡는 모양이라는 점에 착안하여 이를 '㐌攴' 즉《說文解字》에 수록된 '攺'자라고 예정(隸定)하고 '施'로 읽어야 한다고 주장하였다.[2] 于省吾의 이런 주장은

1) 李孝定 前揭書《甲骨文字集釋》卷四 p.1523을 참고.

2) 于省吾 前揭書《雙劍誃殷契駢枝續編》p.46을 참고.

위에서 인용한 자형(字形)으로 보아 타당한 것으로 생각되어 여기서도 그의 주장대로 이 글자를 잠정적으로 ‘𢻫’자로 쓰기로 한다. 이 글자가 제명(祭名)으로 쓰인 복사의 예를 보면 다음과 같다.

1) 戊辰卜, 爭貞 : 𢻫羌自妣庚?
　　　　　貞 : 𢻫羌自高妣己?
　　　　　貞 : 𢻫妣庚? 《乙6746》
2) 庚申卜, 旅貞 : 往妣庚宗歲𢻫? 在十二月. 《文447》
3) 庚寅卜 : 父乙歲眔𢻫? 《存2. 764》
4) 翌丁未𩰫𢻫于□, 三牛? 《後上28. 4》
5) 貞 : 今癸卯𢻫娥, 小宰? 《合124》
6) 貞 : 至于庚寅𢻫娥旣, 若?
　　　勿至于庚寅𢻫, 不若? 《丙76》

이상의 복사에서 보는 바와 같이 이 ‘𢻫’자는 제명(祭名)으로 쓰였다. 그러면 이는 어떤 제사인가? 이 글자의 뜻이 于省吾의 주장에 의하면[1] ‘割殺’ 즉 찢어 죽인다는 뜻이고, 또 희생(犧牲)의 사용 방법으로도 쓰이므로, 이 ‘𢻫’라는 제사는 희생을 ‘割殺’하여 거행하는 제사가 아닌가 생각된다.

子. ‘盧’

갑골복사 가운데에는 또 ‘[illegible]’·‘[illegible]’·‘[illegible]’·‘[illegible]’·‘[illegible]’ 등의 모양으로 쓴 글자들이 있다. 郭沫若이 周 恭王 때의 〈趞曹鼎〉에 새겨진 “王射于盧”라는 금문(金文)의 자형에 의거하여 이를 ‘盧’자로 고석하여[2] 정설(定說)이 되었다. 이 ‘盧’자가 제사의 이름으로 쓰인 복사의 예를 들면, 다음과 같다.

1) 庚申卜, 盧翌酒? 甲子□? 《甲886》
2) 庚辰卜, 盧翌日甲申? 《鄴3. 41. 9》
3) 盧彡力自上甲? 《粹109》
4) 盧[illegible]……二田噩孟, 又大雨? 《粹968》

---

1) 上同.

2) 郭沫若《殷契粹編考釋》(朋友書店 1977. 京都) p.20을 참고.

이상의 복사에서의 '盧'자는 제명(祭名)으로 사용되었다. 이 '盧'라는 제사에 대하여 于省吾는 성운(聲韻) 관계에 근거하여 周代의 '旅祭'라고 주장하였다.[1] 그러나 주대의 '旅祭'는 제품(祭品)을 진설하여 거행하는 제사인데, 갑골복사에 이 '盧祭를 거행함에 있어 제품을 진설한 증거가 없고, 또 이를 뒷받침할 문헌 자료도 없으므로, 于省吾의 이 주장을 따르기는 어렵다. 다만 이 '盧'자가 희생(犧牲)의 사용 방법으로도 쓰이고 있어 '제법(祭法) 제사'에 분류하였을 뿐이고, '盧祭'가 어떤 제사인가에 대해서는 앞으로의 연구 과제로 미루기로 하겠다.

五. 기고(祈告) 제사

여기에서 말하는 기고(祈告) 제사란 신명(神明)에게 어떤 일을 기구(祈求)하거나 보고하여 복(福)을 구하고 화(禍)를 면하기 위한 제사를 말한다. 이 부류에 분류될 수 있는 제사로는 다음과 같은 것들이 있다.

甲. '告'

갑골복사에서의 '告'자는 '[illegible]'·'[illegible]'·'[illegible]' 등의 모양으로 쓴다. 이 '告'자가 제명(祭名)으로 쓰인 복사의 예를 들면 다음과 같은 것들이 있다.

1) 癸巳卜, 㱿貞 : 子漁疾目, 祼告于父乙? 《續1. 28. 6》
2) 貞 : 告疾于祖丁? 《前1. 12. 5》
3) 庚子卜, 賓(貞) : 翌辛丑侑告麥? 《前4. 40. 7》
4) 甲申卜, 賓貞 : 告[illegible]于河? 《佚525》
5) 日又戠, 夕告于上申, 九牛? 《甲755》
6) 其告于高祖王亥, 三牛? 《掇1. 455》
7) 癸未卜, 貞 : 告于妣己眔妣庚?
貞 : 勿告于妣己眔妣庚? 《乙3297》
8) 癸丑卜, 吏貞 : 其尊鼓告于唐, 牛? 《佚870》
9) 王其田, 其告妣辛, 王受又? 《存2. 769》

---

1) 于省吾 前揭書《雙劍誃殷契騈枝續編》pp.20~23을 참고.

이상의 복사의 예들에서 보는 바와 같이 이들 ‘告’자는 제명(祭名)으로 사용되었다. 그러면 이 ‘告祭’는 어떤 제사일까?《尙書 · 洛誥》의 “惟告周公其後”라는 말 중의 ‘告’에 대해 屈萬里는, “告, 告於文武之神也.[1] : ‘告’란 문무(文武)의 신들에게 고해 올리다는 뜻이다.”라고 해석하였다. 이는 ‘告祭’란 신명(神明)에게 어떤 일을 아뢰며 축원을 드리는 제사라는 주장이다. 위에서 인용한 복사의 예에서도 어떤 구체적인 일을 아뢰며 축원(祝願)을 드리는 예가 있으므로 屈萬里의 이 주장은 옳다고 생각한다.

乙. ‘𣍘’

갑골복사 가운데는 또 ‘[illegible]’ · ‘[illegible]’ · ‘[illegible]’ · ‘[illegible]’ 등의 모양으로 쓴 글자들이 있는데, 이를 羅振玉이《說文解字》중의 ‘𣍘’자라고 고석하여[2] 정설(定說)이 되었다. 먼저 이 글자가 제사의 이름으로 사용된 복사의 예를 보면 다음과 같다.

1) 乙酉卜, 貞 : 王又𣍘于祖乙? 《粹230》
2) 貞 : 弜祖乙𣍘, 用于止若? 《甲1343》
3) 叀妣辛𣍘用?(《甲726》)
4) 辛亥卜, 王貞 : 𣍘父乙, 百宰? 十一月. 《乙5408》
5) 𣍘祖丁, 十伐十宰?
勿𣍘祖丁? 《丙29》
6) 壬寅卜, 爭貞 : 𣍘妣庚? 十及? 《存2. 181》

이상의 복사들에 보이는 ‘𣍘’자는 주지하는 바와 같이 분명 제명(祭名)으로 쓰였다. 그러면 이 ‘𣍘’제는 어떤 제사인가? 이 글자에 대해《說文解字》에는, “𣍘, 告也. 从曰, 从冊[册]; 冊亦聲. : ‘𣍘’이란 간책(簡冊)으로 일러 훈계하다는 뜻이다. ‘曰’을 구성 요소로 하고 있고, ‘冊’을 구성 요소로 하고 있는데, ‘冊’은 또한 성부(聲符)이기도 하다.”이라고 하고 있는데, 복사의 자형과 비교하면 ‘口’자와 ‘曰’자의 차이가 있다. ‘口’자가 의미하는 바와 ‘曰’자의 의미는 서로 상통(相通)할 수 있다. 그런데 段玉裁는《說文解字》의 이 글자에 대한 해설에 대해, “按, 下云从曰册, 會意, 則當作‘册告也’三字. 簡牘曰册, 以簡告誡曰𣍘. 册行而𣍘廢矣. : 살펴보면, 아래에 ‘从曰

1) 屈萬里 前揭書《尙書釋義》pp.101~102.
2) 羅振玉 前揭書《增訂殷虛書契考釋》卷中 p.58을 참고.

冊’이라고 하였으므로 회의자(會意字)이며, 그렇다면 마땅히 자의(字義) 해설을 ‘冊告也’ 세 글자로 써야 한다. 간독(簡牘)을 ‘冊’이라 하며, 이 간독으로 일러 훈계하는 것을 ‘酉’이라고 한다. ‘冊’자는 통용되고 ‘酉’자는 폐기되었다.”라고 주(注)하여, ‘酉’자의 본의(本義)를 밝혔다. 이로 미루어 보면 이 ‘酉祭’는 간독(簡牘)을 신명(神明)에게 바쳐 고하며 거행하는 제사임을 알 수 있다.

丙. ‘禱’

갑골복사 가운데 ‘’·‘’·‘’·‘’·‘’ 등의 모양으로 쓴 글자들이 있는데, 이를 郭沫若[1]과 羅振玉[2]이 ‘禱’자로 고석하여 정설이 되었다. 먼저 이 글자가 제사의 이름으로 사용된 복사의 예를 보면 다음과 같다.

1) 甲子卜, (貞) : 禱翌日□于祖乙?	《甲2124》
2) □□卜, 貞告 : …… 禱于河?	《遺840》
3) □亥卜 : 叀祖丁三日, 禱, 又正? 吉.	《甲3652》
4) 叀祖乙三日, 禱 …… ?	《粹243》
5) 叀小乙日禱 , 王受□?	《粹285》
6) 紫兄癸, 叀又禱, 王受又?	《後上7. 12》

이상의 복사에서 보는 바와 같이 ‘禱’자는 제명(祭名)으로 쓰인 것이 분명하다. 그러면 이 ‘禱’제는 어떤 제사인가? 《說文解字》 ‘示’부에 “禱, 告事求福也. 从示壽聲. 禂, 禱或省. 𥜊, 籀文禱. : ‘禱’란 신명(神明)에게 일을 고하고 복을 구하다는 뜻이다. ‘示’를 의부(義符), ‘壽’를 성부(聲符)로 구성되었다. ‘禂’는 ‘禱’의 혹체자(或體字)로 필획이 생략되었다. ‘𥜊’는 주문(籀文) ‘禱’자이다.”라고 하고 있다. 이로써 보면《說文解字》 중의 혹체자와 주문(籀文)의 자형이 위에 인용한 갑골문의 자형과 비슷함을 알 수 있다. 이를 통해 이 ‘禱’제는《說文解字》의 풀이와 같이 기구(祈求)하는 일을 고(告)하고 복을 구하는 제사임을 알 수 있다.

丁. ‘祝’

갑골복사 가운데에는 또 ‘’·‘’·‘’·‘’·‘’ 등의 모양으로 쓴 글자들이 있는데, 이는

---

1) 郭沫若 前揭書《殷契粹編考釋》p.40을 참고.

2) 羅振玉 前揭書《增訂殷虛書契考釋》卷中 p.8을 참고.

주지하는 바와 같이 ‘祝’자이다. 우선 이 ‘祝’자가 제사의 이름으로 사용된 복사의 예를 보면 다음과 같다.

1) 辛酉卜 : 王祝于妣己 , 迺取祖丁?
辛酉卜 : 王勿祝于妣己? 《甲3045》
2) 甲子卜 : 王自大乙到祖乙祝? 《戩2. 7》
3) 辛亥卜, 貞: 其祝, 一羌, 王受又? 《甲2082》
4) 癸卯卜, 狄貞 : 弜祀祝? 《甲3915》
5) 丁丑卜, 狄貞 : 其求禾于河, 叀祖丁祝用?
貞 : 叀父甲祝用?
貞 : 叀祖丁祝用, 王受又? 《甲3916》
6) 其求年岳, 叀用祝? 叀兹祝用? 《粹852》
7) 其祝求年, 又大雨? 《粹859》
8) 翌丁亥亩上甲祝用? 《前7. 31. 1》
9) 己丑貞 : 叀王祝? 《前4. 18. 8》

이상의 복사에서의 ‘祝’자는 제사의 이름으로 쓰인 것이 분명하다. 그러면 이 ‘祝’은 어떤 제사인가? 《說文解字》 ‘示’부(部)에, “祝, 祭主贊詞者. : ‘祝’은 제사 때에 신령(神靈)에게 일을 고(告)하고 기원하는 사람이라는 뜻이다.”라고 풀이하고 있다. 이는 漢代 말엽(末葉)의 해설로서 복사와 부합되지 않는다. 위에서 인용한 갑골문 ‘祝’자의 자형을 보면 사람이 신(神) 앞에 꿇어 앉아 기도하는 모양이다. 이로써 유추하면 이 ‘祝’은 기도를 드리며 거행하는 제사가 아닌가 생각된다.

戊. ‘祜’

갑골복사 가운데 ‘[illegible]’ · ‘[illegible]’ · ‘[illegible]’ · ‘[illegible]’ 등의 모양으로 쓴 글자들이 있는데, 이 글자는 ‘祜’자로 고석된지가 오래다. 이 ‘祜’자가 제명(祭名)으로 사용된 복사의 예로는 다음과 같은 것이 있다.

1) 祜大乙? 《甲1207》
2) 祭父□祜, 二牢, 王受又? 《甲1596》
3) 癸丑卜 : 其又亳土, 叀祜? 《甲1640》
4) 貞 : 庚祖宗祜, 王受又? 《存2. 876》

5) 貞：祜祖乙叀魚至，又正?

貞：祜祖乙☒，五牢? 《粹233》

6) 叀小乙祜用? 《寧1. 195》

7) 祜母戊? 《人1826》

8) ☒☒卜：劦日祖甲，祜羌(甲) …… ? 《京4046》

이상의 복사에서의 '祜'자는 분명히 제사의 이름으로 사용되었다. 그러면 이 '祜'라는 제사는 어떤 제사인가?《說文解字》에는 이 글자가 漢 恭宗의 이름이었기 때문에 문자 해설이 '闕如'로 처리되어 있다.《爾雅 · 釋詁》에 "祜, 福也. : '祜'는 복이라는 뜻이다."라고 하고 있는데, 이로써 유추하면 이 '祜'는 복을 구하기 위한 제사가 아닌가 생각된다.

ㄹ. '桒'

갑골복사 중에는 '□' · '□' · '□' · '□' 등의 모양으로 쓴 글자들이 있는데, 이는《說文解字》에 수록되어 있는 '桒'자임이 밝혀진지 오래이다. 이 글자가 제명(祭名)으로 사용된 복사의 예는 다음과 같다.

1) 甲長卜，王賓桒祖乙 · 祖丁 · 祖甲 · 康祖丁 · 武乙衣，亡尤? 《後上20. 5》

2) 乙未貞：其桒自上甲十示又，三牛，小示羊?

乙未貞：于大甲桒? 《後上28. 8》

3) 乙酉卜，賓貞：翌丁亥桒于報? 十一月. 《前7. 34. 2》

4) 乙亥卜，爭貞：桒于成，十牛? 《前1. 44. 2》

5) ☒☒卜，王貞：桒大甲，四牛? 《鐵175. 4》)

6) 辛丑卜，貞：桒于大庚，一牛? 一月. 《戩3. 1》

7) 貞：于王亥桒? 《金624》

8) 弜桒于伊尹，亡雨? 《寧1. 114》

9) 貞：桒于黃尹?

貞：勿桒于黃尹? 《存1. 226》

10) 癸未卜，爭貞：桒于土，桒于岳? 《乙7779》

이상의 복사에서 '桒'자는 제사 이름으로 쓰인 것이 분명하다. 그러면 이 '桒'은 어떤 제사인가?

이에 대해 陳夢家는, “甲文桒, 象麥 · 來形 , 故與賁臨之賁互通, 金文饙或从賁, 桒之初義爲祈其來臨.[1] : 갑골문 ‘桒’자는 자형이 ‘麥’자나 ‘來’자와 비슷하기 때문에 ‘賁臨’의 ‘賁’자와 서로 통용되며, 금문(金文) ‘饙’자의 혹체자는 ‘賁’을 구성 요소로 하기도 하는데, ‘桒’자의 애초의 뜻은 빨리 와주기를 기구(祈求)하다는 뜻이다.”이라고 하였다. 陳夢家의 이런 주장에 근거하여 유추하면, 이 ‘桒’제는 신명(神明)의 내림(來臨)을 기원하는 제사일 것이라고 생각된다.

庚. ‘索’

갑골복사 가운데에는 또 ‘’ · ‘’ · ‘’ · ‘’ 등의 자형으로 쓰인 글자들이 있는데, 于省吾가 이를 ‘索’자로 고석하여 정설이 되었다. 우선 먼저 이 ‘索’자가 제사의 이름으로 사용된 복사의 예들을 보자.

1) 丙年卜, 貞 : 索于大甲, 于易于祜 , 三宰? 《續1. 10. 5》
2) ▨巳卜, (貞) : 索于▨甲, 于 …… 十牢? 《續2. 16. 3》
3) 己亥貞 : 其索于祖乙?
己亥貞 : 其索 …… ? 《金375》
4) 己卯貞 : 丁巳其索 …… ? 《甲770》
5) 索于祖乙? 《明503》
6) 辛丑貞 : 王其▨, 十羌又五?
▨子酒索? 《粹500》

이상의 복사에서의 ‘索’자는 제사 이름으로 쓰인 것이 분명하다. 그러면 이 ‘索’은 어떤 제사인가? 이에 대해 于省吾는,

索本象繩索形, 其上端或上下端岐出者, 象束端之餘. …… 禮記郊特牲 : “索祭祝于祊, 不知神之所在, 於彼乎, 於此乎, 或諸遠人乎? 祭于祊, 尙曰求諸遠者與.” 注 : “索, 求神也.” 周禮大司徒 : “十有一日索鬼神.” 黨正 : “國索鬼神而祭祀.” 凡此均索祭之可徵諸載籍者. …… 其言“索于大甲, 于亦于□”者, ‘亦’與‘祊’, 卽亦門 · 祊門之省語, 言用索神之祭於大甲, 在亦門及祊門也. 蓋不知神之定處, 故於‘亦’又於‘祊’也.[2] : ‘索’자는 본래 끈의 모양을 형상화한 것인데, 그 상단

---

1) 陳夢家 前揭論文 <古文字中之商周祭祀>p.109.

2) 于省吾《雙劍誃殷栔駢枝三編》(石印本 1943.) pp.34~35.

> 이나 하단이 갈라진 것은 끝을 묶은 나머지를 형상화한 것이다. ……《禮記 · 郊特牲》에 “‘索祭는 ‘祊’ 즉 종묘의 문에서 축원을 하는 제사인데, 귀신의 소재가 저기 있는지, 여기 있는지, 아니면 사람에게서 멀리 떨어져 있는지를 모르기 때문이다. ‘祊’에서 제사를 지내는 것은 멀리 있는 귀신을 찾는다고 하는 것이 아니겠는가?”라고 하고 있다. 鄭玄은 “‘索’은 귀신을 찾는다는 뜻이다.”라고 주(注)하였다.《周禮 · 大司徒》에 “11번째는 ‘索鬼神’ 즉 귀신을 찾는 제사를 지낸다고 한다.”라고 하고 있다.《周禮 · 黨正》에는 “나라에서 귀신을 찾아 제사를 지낸다.”라고 하고 있다. 무릇 이런 것 모두가 고대 전적(典籍)에 ‘索’제를 밝혀줄 증거를 기록한 것들이다. …… 갑골복사에 “索于大甲, 于亦于□”이라고 한 말 가운데 ‘亦’과 ‘□’은 곧 각각 ‘亦門’과 ‘祊門’의 생략된 말인데, 이는 ‘亦門’과 ‘祊門’에서 大甲에게 신을 찾는 제사를 올린다는 말이다. 아마 신의 정처(定處)를 모르기 때문에 ‘亦門’에서, 또 ‘祊門’에서 거행하였을 것이다.

라고 하였다. 이에서 보는 바와 같이 于省吾는 이 ‘索’자의 갑골문 자형을 금문(金文)과 비교 분석하여 이 글자가 ‘索’자임을 밝혀내고, 이 글자가 제사 이름으로 쓰인《續1. 10. 5》을 예로 들어 이를 고적(古籍)의 기록들과 비교하여 해석함으로써 이 ‘索’제는 제사를 지내고자 하는 신의 정처(定處)를 알지 못하여 그 신(神)을 찾는 제사임을 밝혔다. 그리고 위에 인용한 복사의 예에서 보는 바와 같이 이 ‘索’제는 그 대상이 조상(祖上)의 신(神)에 국한 되어 있는데, ‘索’제의 이런 특징은 周代에까지 계속 이어졌음을 알 수 있다.

六. 악무(樂舞) 제사(祭祀)

여기에서 말하는 ‘악무(樂舞) 제사’란 음악과 춤을 사용하여 거행하는 제사를 말한다. 이 부류에 속하는 제사는 엄격하게 분류하면 ‘제법(祭法) 제사’에 귀속시켜야 하지만, 고대(古代)의 제사에서는 음악과 춤을 매우 중요시 하였을 뿐만 아니라 그 수(數) 또한 많으므로 따로 한 종류로 독립시켰다. 악무(樂舞)의 제사에 속하는 제사는 다음과 같다.

甲. ‘舞’

갑골복사 가운데에는 ‘’ · ‘’ · ‘’ · ‘’ · ‘’ 등의 모양으로 쓴 글자들이 있는데, 이는 ‘舞’자임이 밝혀진지가 오래이다. 이 글자가 제사의 이름으로 사용된 복사의 예로는 다음과 같은 것들이 있다.

1) 庚寅卜 : 辛卯奏舞, 雨? 《甲3069》

2) 丁卯卜，𣪘貞：我舞妣丁，自父庚 …… ？ 《乙1787》

3) 貞：勿舞河，亡其雨? 《乙6857》

4) 貞：翌丁卯奏舞，有雨? 《乙7233》

5) ☐☐卜：今日☐舞河衆岳，从雨? 《粹51》

6) 玆舞，㞢从雨? 《粹813》

7) 乙未卜：今月奏舞，㞢从雨? 《前3. 20. 4》

8) 壬申卜，𣪊(貞)：舞岳? 《前6. 20. 2》

위에서 인용한 복사들 중의 '舞'자의 자형을 보면, 손에 어떤 물건을 들고 춤을 추는 모양이며, 이들 '舞'자는 제명(祭名)으로 쓰인 것이 틀림없다. 그런데 위에서 인용한 복사의 예들은 그 내용이 대부분 비[雨]를 기구(祈求)하는 것이다. 이로써 '舞祭'는 비를 기구하기 위하여 춤을 추며 거행하는 제사임을 알 수 있다.

그리고 갑골복사 중에는 또 '[glyph]'·'[glyph]'·'[glyph]' 등의 자형으로 쓴 글자들이 있는데, 이를 '䨏'자로 고석하는 데 대해 이론(異論)을 제기하는 사람이 없다. 이 글자가 제명(祭名)으로 쓰인 복사로는 다음과 같은 예들이 있다.

1) 翌日庚其𠂤乃䨏，壬卩 至來庚，亡大雨.
   來庚副𠂤乃䨏，亡大雨. 《粹845》

2) 弜乎䨏，亡大雨. 《粹846》

3) 于翌日丙䨏，有大雨? 《粹848》

4) 乙酉卜：䨏 …… ?
   乙酉卜：弜䨏有雨? 《人2370》

이상의 복사의 내용으로 보면, 이 '䨏' 역시 '舞'자와 마찬가지로 비를 기구(祈求)하는 제사임이 분명하다.

그리고 또 갑골복사에는 '雩'자로 고석되는 '[glyph]'·'[glyph]' 등의 모양으로 쓴 글자가 있다. 이 글자는 대부분이 인명(人名)으로 사용되지만, 그 가운데는 제명(祭名)으로 사용된 것으로 보이는 것도 있는데, 이런 복사의 예는 다음의 두 편(片)이 있다.

1) 貞 : 其升舞侯以雩丁, 卯二牛? 《前5. 39. 6》

2) 甲申卜, 賓貞 : 雩丁, 亡貝?

　　貞 : 雩丁, 其㞢貝? 《丙57》

이 두 편(片)의 복사에서 보는 바와 같이 지금 우리가 기우제(祈雨祭)의 의미로 쓰고 있는 '雩'자는 갑골복사에서는 결코 비를 기원하는 제사가 아님을 알 수 있다. 《說文解字》 '舛'부에 '舞'자에 대해, "舞, 樂也. 用足相背. 从舛, 無聲. 翌, 古文舞从羽亡. : '舞'는 음악의 표현 형식의 하나인 춤이라는 뜻이다. 두 발을 서로 배치되게 한다. '舛'을 의부(義符), '無'를 성부(聲符)로 구성되었다. '翌'는 '古文' '舞'자로, '羽'를 의부, '亡'를 성부로 구성되었다."라고 하고 있고; 또 '雨'부의 '雩'자에 대해서는, "雩, 夏祭. 樂於赤帝以祈甘雨也. 从雨, 亏聲. 雩, 雩或从羽. 雩, 舞羽也. : '雩'는 여름 제사로, '赤帝'에게 음악의 표현 형식인 춤을 추어서 단비를 기구하다는 뜻이다. '雨'를 의부, '亏'를 성부로 구성되었다. '翌'는 '雩'의 혹체자로 '羽'를 구성 요소로 하고 있다. '雩'는 깃털로 추는 춤이다."라고 하고 있다. 이로 미루어 보면, '雩'에는 '舞'의 뜻이 있음을 알 수 있다. 이에 근거하여 陳夢家가 갑골복사 중의 '舞'자와 '[illegible]'자는 동자(同字)이고, 이는 또한 《說文解字》의 '雩'자로, 기우제라는 뜻이라고 주장한 것은[1] 정확한 고석이다.

乙. '濩'

갑골복사 가운데 '[illegible]'·'[illegible]' 등의 자형으로 쓴 글자가 있는데, 羅振玉이 이를 '濩'자로 고석(考釋)하여[2] 정설이 되었다. 이 글자가 제명(祭名)으로 사용된 복사의 예를 보면 다음과 같다.

1) 乙丑卜, 貞 : 王賓大乙濩, 亡尤? 《前1. 3. 5》

2) 乙卯卜, 貞 : 王賓大丁濩, 亡□? 《林2. 16. 21》

3) 庚寅卜, 旅貞 : 翌辛卯其濩于報? 《佚912》

4) 乙卯卜, 貞 : 王賓祖乙濩? 《佚918》

이상의 복사에서 보는 바와 같이 이 '濩'자는 제명(祭名)으로 사용된 것이 분명하다. 그러면 이 '濩祭는 어떤 제사인가? 《竹書紀年 · 殷商成湯》에 "二十五年作大濩樂. : 25년에 〈大濩樂〉을

---

1) 陳夢家 前揭書 《殷墟卜辭綜述》 pp.600~601을 참고.

2) 羅振玉 前揭書 《增訂殷虛書契考釋》 卷中 p.68을 참고.

만들었다."이라고 한 데 대해, "呂氏春秋 · 高樂篇: 湯乃命伊尹作爲大濩.[1] :《呂氏春秋 · 高樂篇》에 「湯임금이 이에 伊尹에게 〈大濩〉를 만들라고 명(命)하였다.」라고 하고 있다."라고 주(注)하였다. 또《春秋左氏傳》 襄公 29년 조(條)에 "見舞韶濩者"라고 한 말 중의 '濩'에 대해 孔穎達은, "鄭玄云 : 大濩, 湯樂也. : 鄭玄이, 「'大濩'란 湯임금의 음악이다.」라고 하였다."라고 해설하였다. 이로 미루어 보면 '濩'는 곧 '大濩'이고, 이는 주지하는 바와 같이 湯임금의 음악임을 알 수 있다. 이에 따라 이 '濩'라는 제사는 〈大濩〉를 연주하며 거행하는 제사일 것이라고 추정할 수 있겠다.

丙. '龠'

갑골복사 가운데 '[glyph]' · '[glyph]' 등의 모양으로 쓴 글자가 있는데, 郭沫若이 이를 '龠'자라고 고석하여,[2] 학계의 정설이 되었다. 이 글자가 제사의 이름으로 쓰인 복사의 예로는 다음과 같은 것들이 있다.

1) ☐子卜, 旅貞 : 王賓龠, 亡禍? 《前5. 19. 2》
2) 乙丑卜, 貞 : 王賓龠, 亡禍? 《前5. 19. 4》
3) 壬申卜, 大貞 : 王賓龠[glyph], 亡尤? 《文478》
4) 乙酉卜, 卽貞 : 王賓龠, 亡禍? 《人1557》
5) 之卯卜, 出貞 : 王賓龠, 不冓雨? 《掇2. 122》

이상의 복사에서의 龠'자는 제사의 이름으로 쓰인 것이 분명하다. 그러면 이 '龠'이라는 제사는 어떤 제사인가? 郭沫若은 이에 대해,

> 字在卜辭乃祭名, 當卽禴祭之禴. 禴字古說頗參差, 爾雅 · 公羊以爲夏祭, 王制與祭統以爲春祭, 易萃卦釋文及注又以爲殷之春祭. 萃卦及升卦干注, 則謂非時而祭曰禴. 今觀卜辭有于十一月擧行者, 則知干注是, 而春夏祭之設皆非矣.[3] : 이 글자는 복사에서는 제사 이름인데, 바로 '禴祭'의 '禴'임이 틀림없다. '禴'자에 대한 고대(古代)의 해설은 상당히 서로 다른데,《爾雅》와《春秋公羊傳》에는 여름 제사,《禮記 · 王制》와《禮記 · 祭統》에는 봄 제사,《經典釋文 · 周易 ·

---

1) 王國維《竹書紀年》(藝文印書館 1974. 臺北) p.69.
2) 郭沫若 前揭書《甲骨文字硏究》pp.89~100을 참고.
3) 上同.

萃卦》와《周易注》에는 또 殷의 봄 제사라고 하고 있다.《周易》'萃卦'와 '升卦'에 대한 干寶의《周易注》에는「때맞추어 지내지 않는 제사를 '禴'이라고 한다.」라고 하고 있다. 지금 복사에 11월에 거행한 것이 있는 것을 보면 干寶의《周易注》가 옳고, 봄·여름 제사라는 주장은 모두 틀렸음을 알 수 있다.

라고 하여, 이 '龠祭'는 곧 경전(經傳)의 '禴祭'이지만, 경전 해설에서와 같은 시제(時祭)가 아니라 일정한 때를 정해 두지 않고 거행하는 제사라고 주장하였다. 그러나 董作賓은 이에 대해,

祖甲時彡祭, 前一日之祭曰彡夕, 後一日之祭曰彡龠. 彡祭用鼓龠卽管籥, 皆用樂以祭也.[1] : 祖甲 때의 '彡祭'는 그 하루 전 날의 제사를 '彡夕', 그 다음 날의 제사를 '彡龠'이라고 하였다. '彡祭'에는 북과 '龠' 즉 피리를 사용하였는데, 모두가 음악으로 제사를 지내는 것이다.

라고 하여, '龠祭'는 관약(管籥)으로 음악을 연주하며 거행하는 제사라고 주장하였다. 郭沫若과 董作賓 두 사람의 주장에 따르면, 이 '龠祭'는 정(定)해진 때에 거행하는 시제(時祭)가 아니라 필요할 때에 거행하되 관약(管籥) 즉 피리로 음악을 연주하며 올리는 제사임을 알 수 있다.

丁. '奏'

갑골복사 가운데에는 또 '[illegible]'·'[illegible]' 등의 모양으로 쓴 글자들이 있는데, 屈萬里가 이를 '奏'자로 고석하고서부터[2] 학계의 정설이 되었다. 이 '奏'자가 제명(祭名)으로 사용된 복사의 예를 보면 다음과 같다.

1)	貞 : 帝示若, 今我奏祀? 三月.	《庫353》
2)	貞 : 勿奏岳?	《庫1803》
3)	☐☐卜, 尹貞 : (王)賓上甲☐大之奏 ...... ?	《佚557》
4)	庚寅卜 : 辛卯奏舞, 雨?	《甲3069》
5)	丁巳卜, 賓貞 : 奏系于東?	
	貞 : 勿奏系于東?	《乙6708》
6)	貞 : 翌丁卯奏舞, 有雨?	《乙7233》

1) 董作賓 前揭書《董作賓先生全集》第六冊 p.318.

2) 屈萬里 前揭書《小屯殷虛文字甲編考釋》p.36을 참고.

7) 乙未卜 : 今月奏舞, 有从雨? 《前3. 20. 4》

8) 甲年王卜, 貞 : 其于西宗奏示? 王占日弘吉. 《前4. 18. 1》

이상의 복사에서 보는 바와 같이 여기에서의 '奏'자는 제사의 이름으로 쓰인 것이 분명하다. 그러면 이 '奏'는 어떤 제사인가? 《說文解字》 '夲'부의 '皋'자 아래에는 "登歌日奏"라고 하고 있는데, 이에 대해 段玉裁는, "登歌, 堂上歌也. 禮經或言歌, 或言樂, 或言奏, 實皆奏也. : '登歌'란 당상(堂上)에서 노래하다는 뜻이다. 《禮經》에는 어떤 경우에는 '歌'라고 하기도 하고, 어떤 경우에는 '樂'이라고 하기도 하고, 어떤 경우에는 '奏'라고 하기도 하는데, 사실은 모두가 '奏'이다."라고 하였다. 이로써 유추(類推)하면 이 '奏'는 종묘의 당상(堂上)에서 노래를 헌상하며 거행하는 제사였을 것이라고 짐작된다.

戊. '亍'

갑골복사 中에는 또 '亍'의 모양으로 쓴 글자가 있는데, 이에 대해서는 아직 정설(定說)이 없다. 이 글자가 복사에서 제사의 이름으로 쓰인 것으로 생각되는 복사의 예로는 다음과 같은 것들이 있다.

1) 壬午卜 : 亍帝?

亍帝, 一犬一豕? 《人3221》

2) 庚戌卜 : 亍帝, 一羊一犬? 《寧1. 76》

3) 癸酉卜 : 亍寧風? 《後下42. 4》

4) 辛酉卜 : 寧風亍, 九豕? 《庫112.》

이상의 복사에서 보이는 '亍'자의 자형(字形)이 무엇을 의미하는지, 또 이 제사가 어떤 것인지에 대해서는 아직 정설이 없는데, 唐蘭이 이를 '巫'자라고 주장하였기에,[1] 우선 이를 이 악무(樂舞) 제사의 하나로 분류하고, 다음의 연구로 미루기로 하겠다.

---

1) 唐蘭 《古文字導論》(河洛圖書出版 1980. 臺北)下編 p.18上을 참고.

己. ‘姬’

갑골복사 가운데 ‘[illegible]’·‘[illegible]’·‘[illegible]’·‘[illegible]’·‘[illegible]’ 등의 모양으로 쓴 글자들이 있다. 孫海波가 이를 ‘姬’자라고 고석하였는데,[1] 학계의 정설이 되었다. 이 ‘姬’자가 제명(祭名)으로 사용된 복사의 예로는 다음과 같은 것들이 있다.

1) 癸酉卜, 貞 : 王賓母癸姬, 亡尤? 《前1. 31. 2》
2) 其又姬于妣辛? 《粹386》
3) 庚子卜, 貞 : 王賓妣庚姬, 亡尤? 《人2584》
4) 壬午卜, 貞 : 王賓武□□妣癸姬[illegible]𣪘, 卯 …… 亡(尤)? 《續1. 25. 2》
5) 庚午卜, …… 姬妣庚 …… 𣪘二 …… 二牢? 《前1. 35. 6》
6) 己卯卜, 貞 : 王賓祖乙奭妣己姬, [illegible]二人𣪘二人卯二牢, 亡尤?
甲申卜, 貞 : 王賓祖甲奭妣甲姬, [illegible]二人𣪘二人卯二牢, 亡尤? 《京5080》

이상의 복사 중의 ‘姬’자는 ‘王賓’복사의 통례(通例)로 보아 제명(祭名)임이 분명하다. 그런데 ‘姬’가 어떤 제사인지에 대한 정설은 아직 없다. 다만 島邦男이 ‘姬’라는 제사의 대상이 모두 선비(先妣)에 국한되어 있는 점에 착안하여 여성의 악무(樂舞) 즉 음악과 춤으로 거행된 제사일 것으로 추측하였기[2] 때문에 이를 잠정적으로 ‘악무(樂舞) 제사’에 분류하고, 앞으로의 연구를 기다리기로 하겠다.

七. 특수(特殊) 제사

여기에서 말하는 ‘특수(特殊) 제사’란 제사의 목적이나 대상 또는 성격이나 방법에 있어서 여타(餘他)의 제사와는 다른 특수성을 가진 제사를 말한다. 예를 들면 ‘報’는 보덕(報德)의 제사로서, 그 목적에 특수성이 있고, 또 이 제사의 대상은 商代의 현능(賢能)하고 공적이 뛰어난 선왕에 국한되므로 이는 그 대상에서도 특수성을 가진 제사이다. 갑골복사에 나타나는 특수 제사로는 다음과 같은 것들이 있다.

---

1) 孫海波《誠齋殷墟文字考釋》(修文堂出版 1938. 北京) p.161을 참고.

2) 島邦男 前揭書《殷墟卜辭硏究》p.322를 참고.

甲. ‘帝’

갑골복사 가운데 ‘□’·‘□’·‘□’·‘□’ 등의 자형으로 쓴 글자가 ‘帝’자임은 주지의 사실이다. 그런데 갑골복사에서의 ‘帝’자는 세 가지 의미로 쓰인다. 하나는 상제(上帝)라는 의미이고, 또 하나는 제사의 이름이며, 또 다른 하나는 황제(皇帝)라는 뜻이다. 제사의 이름으로 쓰인 경우의 복사의 예를 보면 다음과 같다.

1) 癸未卜: 帝下乙?	《乙4549》
2) 帝于河?	《乙5707》
3) 甲長卜 : 以帝于東? 九月.	《遺612》
4) 丙長卜, 品貞 : 帝于岳?	《遺846》
5) 戊戌□ : 帝(于)黃奭, 二犬?	《前6. 21. 3》
6) 乙酉帝伐自上甲?	《明520》
7) 貞 : 帝于王亥?	《後上19. 1》

이상의 복사에서의 ‘帝’자는 주지하는 바와 같이 제사의 이름으로 사용되었고, 그 대상은 商 왕실의 선왕은 물론이고 선공(先公)·선신(先臣) 그리고 자연신(自然神)도 포함되어 있다. 그러면 이 ‘帝’는 어떤 제사인가? 갑골복사의 자료가 많지 않아 상세한 것은 알 수 없지만, 많은 사람들이 이를 고서(古書) 중의 ‘禘祭라고 주장한다.[1] 이 ‘禘’제에 대하여는《說文解字》‘示’부(部)에, “禘, 諦祭也. 从示帝聲. 周禮曰 : 五歲一禘. : ‘禘’는 세밀히 살피는 제사이다. ‘示’를 의부(義符), ‘帝’를 성부(聲符)로 구성되었다. 周代의 예제(禮制)로는「5년에 한 번 ‘禘祭’를 지낸다.」라고 하고 있다.”라고 해설하였다. 또《春秋左氏傳》僖公 8년 조(條)에, “秋七月, 禘于太廟禘. : 가을 7월에 태묘(太廟)에서 哀姜의 위패를 모시고 ‘禘’제를 올렸다.”라고 하고 있는데, 杜預는 이 ‘禘’제에 대해, “禘, 三年大祭之名. : ‘禘’제는 3년에 한 번 거행하는 대제(大祭)의 이름이다.”라고 주(注)하였다. 이들 기록에 의하면 ‘禘’는 조상신(祖上神)에 대해 3년 또는 5년에 한 번씩 거행하는 대제(大祭)이다. 그러나 갑골복사에서는 조상신뿐만 아니라 자연신에게도 이 제사를 지내고 있고, 또 3년 또는 5년에 한 번씩 거행하는 대제(大祭)라는 흔적은 보이지 않는다.

---

1) 李孝定 前揭書《甲骨文字集釋》pp.25~31을 참고.

乙. '報'

갑골복사 가운데 '⊏'·'⊐'·'凵'·'匚'·'コ' 등의 모양으로 쓴 글자가 있는데, 王國維가 이를 '報'자라고 고석하여[1] 정설이 되었다. 이 글자가 제사의 이름으로 사용된 복사의 예를 보면, 다음과 같다.

1) 㞢報于河?
   勿㞢報于河? 《乙6409》
2) 庚子卜, 貞 : 㞢報于南室? 《甲2123》
3) 貞 : 酒報于血室, 亡尤? 《鐵50. 1》
4) 辛未卜, 㱿(貞) : 王叀㞢報于王亥? 《合309》
5) 癸丑貞 : 其又報于上甲, 其卯于大乙 ...... ? 《遺633》
6) ...... 酒報于上甲, 不構雨? 《粹812》
7) 癸酉卜, 爭貞 :來甲申酒大報自上甲? 五月. 《陳21》
8) 庚子卜, 㱿貞 : 王出報于高妣己·妣庚·母☐? 《存2. 55》

이상의 복사에서의 '報'자가 제명(祭名)으로 사용된 것임은 의심의 여지가 없다. 또 갑골복사 가운데에는 '□'의 모양으로 쓴 글자가 있는데, 이 글자도 제명(祭名)으로 쓰이고 있다. 그 예를 보면 다음과 같다.

1) 丙午卜, 貞 : 武丁□, 其牢? 《續1. 25. 8》
2) 癸巳卜, 貞 : 祖甲□, 其牢? 玆用. 《前1. 19. 6》
3) 丙長卜, 貞 : 康祖丁□, 其牢? 玆用.
   甲寅卜, 貞 : 武乙□, 其牢? 玆用.
   甲子卜, 貞 : 武乙□, 其牢? 玆用. 《前1. 21. 1》
4) 丙午卜, 貞 : 文武丁祼□, 其牢? 《前1. 18. 1》
5) 壬寅卜, 貞 : 母癸□, 叀羊? 玆用. 《續1. 43. 4》

이상의 복사에서의 '□'자는 제명(祭名)으로 쓰인 것이 분명하다. 그런데 吳其昌이 이 글자 역시 '報'자임을 밝혀[2] 정설이 되었다. 그러면 이 '報'는 어떤 제사인가? 《國語·魯語上》에 "上甲

---

1) 王國維 前揭書 《觀堂集林》 pp.422~423을 참고.

2) 吳其昌 <卜辭中所見先公先王三續考>, 《燕京學報》(燕京大學 1933. 北京) 第14期 pp.48~49를 참고.

微能師契者也, 商人報焉. : 上甲 微가 閼伯 契의 모든 업적을 계승할 수 있는 사람이어서 商나라 사람들이 '報祭를 올렸다."이라고 하고 있는데, 韋昭는 이에 대해, "報, 報德謂祭也. : '報'란 덕(德)에 보답하는 제사를 말한다."라고 주(注)하였다. 이에 의하면 '報'제란 '報德之祭' 즉 덕에 보답하는 제사임을 알 수 있다. 이는 '報'자의 자의와 위에 인용한 복사의 예에서 보는 바와 같이 이 제사를 향사(享祀)받는 선왕들이 모두 商代의 영명(英明)하고 공적이 뛰어난 조상들이라는 사실에서도 알 수 있다.

丙. '烄'

갑골복사 중에는 또 '[illegible]'·'[illegible]'·'[illegible]'·'[illegible]' 등의 모양으로 쓴 글자들이 있는데, 羅振玉이 이를 '烄'자로 고석하여[1] 정설이 되었다. 이 '烄'자가 제명(祭名)으로 사용된 복사의 예로는 다음과 같은 것들이 있다.

1) 戊戌卜 : 烄, 雨?	
於舟烄, 雨?	《甲637》
2) 癸巳卜 : 今日烄?	《甲895》
3) 貞 : 烄, 有从雨?	
貞 : 勿烄, 亡其从雨?	《前5. 33. 2》
4) 勿隹烄, 亡其雨?	《乙5836》
5) 甲子卜, 貞 : 烄于見, 有从雨?	《存1. 109》
6) 戊甲卜 : 其烄派每雨?	《存1. 1886》
7) 乙未□ : 於見烄旅, 雨?	《粹10》

이상의 복사에서의 '烄'자는 제명(祭名)으로 쓰인 것이 분명하다. 그러면 이 '烄'祀란 어떤 제사인가? 이에 대해 葉玉森은, "尸子日 : 湯之救旱也, 素車白馬, 布衣身嬰白茅, 以身牲. 是殷初祈雨以人代犧之證, 後世變而加厲, 乃投罪人于火, 示驅魃意.[2] : 《尸子》에 「湯임금이 한재(旱災)를 극복하기 위해 백마(白馬)가 끄는 소거(素車)를 타고, 몸에는 삼베옷을 걸치고, 흰 띠로 허리를 졸라매고 자기 몸을 희생으로 바쳤다.」라고 하고 있다. 이는 殷代 초기에 비를 기구함에

1) 羅振玉 前揭書《增訂殷虛書契考釋》卷中 p.50을 참고.

2) 葉玉森 前揭書《殷虛書契前編集釋》卷5 p.36.

사람으로 희생을 대신한 증거인데, 후세에는 더욱 가혹하게 변하여서 죄인을 불에 던져 한발(旱魃)의 신을 몰아내게 되었다."라고 하였다. 이는《尸子》의 기록을 인용하여, '烄'란 비[雨]를 기구하는 제사 즉 기우제(祈雨祭)의 하나라고 주장한 것인데, 위에 인용한 복사의 예들로 증명이 된다.

丁. '御'

갑골복사 가운데에는 '[illegible]'·'[illegible]'·'[illegible]'·'[illegible]'·'[illegible]'·'[illegible]' 등의 자형(字形)으로 쓴 글자들이 있는데, 이는 羅振玉에 의하여 '御'자임이 밝혀졌다.[1] 이 글자가 제명(祭名)으로 사용된 복사의 예를 보면 다음과 같다.

1) 乙亥卜, 賓貞 : 乍大御自上甲?	《後下6. 12》
2) 貞 : 疾齒御于父乙?	《前1. 25. 1》
3) 貞 : 疾足御于妣己?	《庫92》
4) 疾身御于妣己眔妣庚?	《庫283》
5) 壬戌卜, 㱿貞 : 御疾腹妣癸?	
御疾腹妣癸?	《乙4540》
6) 貞 : 疾口御于妣甲?	《合123》
7) 己巳卜, 彭貞 : 御于河, 羌三十人? 在十月又二, 卜.	《甲2491》
8) 壬辰卜 : 御于土?	
癸巳卜 : 御于土?	《續91.》
9) 貞 : 御自唐大甲大丁祖乙, 一百羌一𡨦?	《寧1. 107》
10) 癸卯子卜 : 御龍甲?	《乙4507》

이상의 복사 중의 '御'자는 제명(祭名)임이 분명하다. 그러면 이 '御'는 어떤 제사인가? 王國維는 이에 대해, "蓋假爲禦字. 說文: 禦, 祭也.[2] : 아마 '禦'자로 가차된 것 같다.《說文解字》에는「'禦'는 (災禍를 막아주는) 제사라는 뜻이다.」라고 하고 있다."라고 하여, 이를《說文解字》중의 '禦祭'라고 주장하였다. 그리고 段玉裁는《說文解字》'示'부의 '禦'자 아래에, "古只用御字. : 고대에는 '御'자로만 썼다."라고 주(注)하여 이를 더욱 뒷받침하였다. 이 글자의 자의(字義)와

---

1) 羅振玉 前揭書《增訂殷虛書契考釋》卷中 p.70을 참고.

2) 王國維 前揭書《戩壽堂所藏殷墟文字考釋》p.12.

위에 인용한 복사로 유추하면 이 '御'는 재앙을 없애주고 복을 내려주기를 희구하는 제사로 추정된다.

戊. '衣'

갑골복사 중에 '𠆣'의 모양으로 쓴 글자가 있는데, 이는 '衣'자임이 밝혀진지 오래이다. 이 '衣'자가 제명(祭名)으로 사용된 복사의 예를 보면 다음과 같다.

1) 甲辰卜, 貞 : 王賓求祖乙·祖丁·祖甲·康祖丁·武乙衣, 亡尤? 《後上20. 5》
2) □□卜, 貞 : 王賓 ……自武丁至于武乙衣, 亡尤? 《後上20. 6》
3) 辛亥卜, 涿貞 : 王賓翌日衩, 自上甲衣至于毓, 亡尤? 《金119》
4) 翌日于祖辛衣, 亡壱? 在四月. 《存2. 618》
5) 丙長卜, 旅貞 : 翌丁巳[illegible]于中丁衣, 亡壱? 在八月. 《粹224》
6) 辛亥卜, 貞 : 其衣翌日, 其廷奠于室? 《戩26. 3》

이상의 복사에서의 '衣'자는 제명(祭名)임이 분명하다. 그러면 이 '衣'는 어떤 제사인가? 이에 대해 王國維는,

> 衣爲祭名, 未見古書. 惟濰縣陳氏所藏大豐敦云 : "王衣祀於丕顯考文王." 案, 衣祀疑卽殷祀. 殷本㐆聲, 讀與衣同. 故書康誥: "殪戎殷." 中庸作 "壹戎衣", 鄭注 : "齊人言殷聲如衣." 呂氏春秋愼大覽: "親郼如夏." 高注 : "郼讀如衣." 今兗州人謂殷氏皆曰衣. 然則卜辭與大豐敦之衣, 殆皆借爲殷字. 惟卜辭爲合祭之名, 大豐敦則爲專祭之名, 此其異也.[1] : '衣'가 제사 이름인 경우는 고서(古書)에는 보이지 않는다. 다만 濰縣의 陳氏가 소장하고 있는 〈大豐敦〉에 "王衣祀於丕顯考文王"이라는 말이 있을 뿐이다. 살펴보면, 여기에서의 '衣祀란 바로 '殷'사가 아닌가 생각된다. '殷'자는 본래 '㐆'가 성부(聲符)로, 독음이 '衣'와 같다. 그래서 《尙書·康誥》의 "殪戎殷"을 《中庸》에는 "壹戎衣"로 쓰고 있고, 이에 대해 鄭玄은, 齊나라 지역 사람들은 '殷'자를 '衣'와 같이 발음한다.」라고 주(注)하였다. 《呂氏春秋·愼大覽》의 "親郼如夏"라는 말 중의 '郼'에 대해 高誘는 「'郼'는 독음이 '衣'와 같다.」라고 주(注)하였다. 지금 兗州 사람들은 '殷'씨를 '衣'라고 발음한다. 그런 즉 복사와 〈大豐敦〉의 '衣'는 모두 '殷'자의 뜻으로 가차(假借)된 것인 것 같다. 다만 복사에서는 합제(合祭)의 이름인데 비해 〈大豐敦〉에서는 전용(專用) 제명(祭名)인 것이 다른 점이다.

---

1) 王國維 《海寧王靜安先生遺書》(臺灣商務印書館 1940. 臺北)第24冊 <殷禮微文> p.3054.

라고 하였다. 이에 의하면, 王國維는 '衣'자와 '殷'자의 성운(聲韻) 관계에 착안하여 '衣'자가 '殷'자의 가차자(假借字)임을 밝혀내고, 복사 중의 '衣'는 합제(合祭)의 이름으로서 고서(古書) 중의 '殷祭'임을 밝힌 것이다. 王國維의 이 고석은 금문(金文)과 고서의 기록을 바탕으로 정확한 성운(聲韻) 관계의 분석으로 이루어진 것으로서, 학계의 정설로 받아들여지고 있다.

ㄹ. '宜'

갑골복사 중에 '[illegible]' · '[illegible]' · '[illegible]' 등의 모양으로 쓴 글자들이 있다. 이 글자에 대해 羅振玉은 '俎'자라고 주장하였고[1], 郭沫若은 '宜'자라고 고석하였고,[2] 또 容庚은 '宜'자와 '俎'자는 본래 동자(同字)였다고 주장하였다.[3] 그러나 자형의 결구(結構)로만 보면, 위의 세 가지 주장이 모두 일리가 있는 것이지만, 《說文解字》에 수록된 '宜'자의 둘째 '古文'의 자형이 위에 인용된 갑골문의 자형과 비슷하고, 또 갑골복사에서 이 글자는 제사의 이름으로 쓰였는데, 고대의 문헌에도 이 '宜'자는 제명(祭名)으로도 쓰이는 글자이므로 여기서는 '宜'자라는 주장을 택하기로 한다. 먼저 이 글자가 제사의 이름으로 쓰인 복사의 예를 보면 다음과 같은 것들이 있다.

1) 貞 : 翌辛亥乎[illegible]宜于義京? 《戩10. 1》
2) 己未宜(于)義京, 羌(三)人卯十牛? 左. 《前6. 2. 2》
3) 己未宜于義京, 羌三卯十牛? 中. 《前6. 2. 3》
4) 癸酉宜于義京, 羌三人卯十牛? 右. 《續1. 52. 2》
5) 丙辰卜, 骨貞 : 其宜于妣辛, 一牛? 《後上19. 15》
6) 甲辰卜, 貞 : 翌日乙王其賓宜于䨭衣, 不遘雨? 《後上20. 1》
7) 己丑卜, 殸貞 : 翌庚寅其宜, 不其易日? 《簠810》

위에 예시된 복사에서의 '衣'자는 제명(祭名)임이 틀림없다. 이 '宜'에 대해서는 필자의 졸고(拙稿) 〈서울大學校所藏 甲骨片 研究〉[4]에서 밝힌 바와 같이 군사 행동과 관계되는 제사로서, 좌(左) · 중(中) · 우(右)의 3개 조(組)로 나누어 거행하는 특수한 제사이다.

---

1) 羅振玉 前揭書 《增訂殷虛書契考釋》 卷中 p.38을 참고.

2) 郭沫若 前揭書 《殷契粹編考釋》 p.8을 참고.

3) 容庚 前揭書 《金文編》 卷七 p.25를 참고.

4) 拙稿 <서울大學校所藏甲骨片 研究> , 《中國學報》 第21輯(韓國中國學會 1980. 서울) pp.75~76을 참고.

庚. '侑'

갑골복사 중에 '㞢' 또는 '𠂇' 등의 모양으로 쓴 글자들이 있다. 이 글자들은 일반적으로 '有'·'佑'·'又' 등으로 해석되지만, 제명(祭名)으로 쓰일 때는 '侑'로 해석된다. 이 '侑'자가 제사의 이름으로 사용된 복사의 예로는 다음과 같은 것들이 있다.

1) 甲午卜 : 其侑于小乙, 王受又? 《寧1. 196》
2) 丁未卜 : 侑于岳求禾? 《寧1. 76》
3) 辛未卜 : 侑于出日? 《粹597》
4) 丁巳復 : 侑出日?
丁巳卜 : 侑入日? 《佚407》
5) 辛丑卜 : 王夕侑示壬母妣庚, 犬? 不用. 《甲460》
6) 癸巳卜, 卽貞 : 翌乙未其侑于小祖乙? 《戩5. 10》

이상의 복사에서 보는 바와 같이 '侑'자는 제사의 이름으로 쓰인 것이 분명하다. 그러면 이 '侑'는 어떤 제사인가? 董作賓은 《詩·小雅·楚茨》의 "以妥以侑"라는 말 중의 '侑'자에 대해 毛亨이 《詩傳》에서 "侑, 勸也. : '侑'는 권하다는 뜻이다."라고 한 해설에 근거하여, 이 '侑'는 周代에 음식을 권하는 제사라고 주장하였다.[1] 그러나 이 글자가 비록 복사에서 제사 이름으로 쓰이고 또 고서(古書) 중의 '侑'자와 동음(同音)이기 때문에 서로 가차될 수 있는 것은 사실이라 하더라도, 이 제사가 바로 周代의 '勸食之祭' 즉 음식을 권하는 제사인지를 증명할 뚜렷한 근거는 제시하지 못하고 있으므로 훗날의 연구를 기다려야 할 것 같다.

辛. 기타(其他)

이상에서 살펴본 여러 종류의 제사들 이외에 갑골문의 문례(文例)로 보아 제명(祭名)이라고 단정할 수는 있으나, 자형(字形)·자음(字音)·자의(字義)에 대해 전혀 알 수 없는 글자들이 몇 자가 있는데, 이를 복사와 함께 예시하면 다음과 같다.

1) 甲子卜, 貞 : 王賓[illegible], 亡尤? (《前6. 61. 1》)
2) 庚申卜, 貞 : 王賓[illegible], 亡尤? (《後上9. 4》)

---

1) 李孝定 前揭書《甲骨文字集釋》卷3 p.891에서 再引用.

3) 貞 : 王賓[illegible]延[illegible], 亡尤? (《前6. 12. 3》)

4) 王賓[illegible]延[illegible], 亡尤? (《續2. 1. 7》)

5) 乙未卜, 貞 : 王賓武乙[illegible]伐, 亡尤? (《續1. 27. 3》)

6) 丁酉卜, 貞 : 王賓[illegible]自上甲至于武乙衣, ...亡尤? (《後上20. 3》)

7) 壬寅卜, 貞 : 王賓武丁奭妣癸姬[illegible]卽卯, 亡尤? (《續1. 25. 2》)

8) 叀[illegible]王受又? (《寧1. 231》)

이상의 복사에서의 '[illegible]'·'[illegible]'·'[illegible]'·'[illegible]'·'[illegible]' 등의 글자들은 갑골 문례(文例)로 보아 제명(祭名)임은 분명한데, 어떤 제사인지는 앞으로의 연구를 기다릴 수밖에 없다.

제2절 商代 제사의 대상(對象)

중국 상고시대 商代에는 위에서 살펴본 바와 같이 50여 종의 제사들이 거행되었다. 그렇다면 이들 제사들의 구체적인 대상(對象)은 어떤 신(神)들인지를 갑골 제사 복사를 중심으로, 중국 고대의 문헌기록과 그 간의 갑골학 연구 성과들을 참고하여 구명(究明)하되, 《周禮 · 大宗伯》의 기록에 의거하여 천신(天神) · 지기(地祇) · 인귀(人鬼)의 세 부류로 나누어 고찰하기로 하겠다.

一. 천신(天神)

여기에서 말하는 천신(天神)이란, 《尙書 · 高宗肜日》의 "惟天監下民, 典厥義, 降年有永有不永. : 하늘은 아래의 백성들을 감시하여 그들의 옳은 행사(行事)를 칭찬하고, 사람들에게 수명의 장단(長短)을 조정하여 내린다."이라는 말과 "天旣浮命正厥德. : 하늘이 벌써 그들의 품덕(品德)을 바로잡으라고 명령하였다."이라는 말, 또 《尙書 · 西伯戡黎》의 "天旣訖我殷命, 格人元龜. : 하늘이 우리 은상(殷商)의 국운을 멈추게 하여 현인(賢人)과 신귀(神龜) 모두 길조(吉兆)를 내보이질 않는다."라는 말과, 《尙書 · 微子》의 "天毒降災荒殷邦. : 하늘이 큰 재앙을 내려 우리 殷나라를 쓸어버리는구나."이라는 말 중의 '天'을 신격화(神格化)한 것으로, 《史記 · 禮書》의 "故禮, 上事天, 下事地. : 그래서 예(禮)를 지켜 위로 천신(天神)을 모시고, 아래로 지기(地祇)를 모시는 것이다."라는 내용 중의 '地'에 상대(相對)되는 개념으로서의 '天', 즉 하늘에 있는 자연물(自然物)과 천상(天象) 가운데 신격화된 신명(神明)을 지칭한다. 갑골복사에 보이는 이런 천신(天神)을 살펴보면, 다음과 같은 신(神)들이 있다.

甲. ‘帝’

갑골복사에서의 ‘帝’자는 ‘ ’ · ‘ ’ · ‘ ’ · ‘ ’ 등의 모양으로 쓴다. 이런 갑골문자 ‘帝’자의 자형을 島邦男은 ‘ ’와 ‘ ’의 두 종류로 나누고; 전자는 신명(神名)으로, 후자는 제명(祭名)으로 쓰였다고 주장하였다.[1] 그러나 島邦男의 이런 주장은 갑골복사에서 ‘方帝’의 ‘帝’자를 ‘ ’(《乙2639》 · 《甲216》)와 ‘ ’(《甲3432》 · 《拾1. 1》)로 쓰기도 하는 것으로 보아 타당성이 없으므로, 이는 단지 동일한 ‘帝’자이고, 자형이 다를 뿐이다. 그리고 이 ‘帝’자는 갑골복사에서는 세 가지의 의미로 쓰인다. 첫째는 신명(神名), 둘째는 제명(祭名), 셋째는 관명(官名) 즉 ‘皇帝’의 의미로 쓰인다. 이 중에서 祭名으로 쓰인 예는 앞의 ‘제사의 종류’ 부분에서 이미 소개하였다. 그런데 신명(神名)으로서의 ‘帝’ 즉 ‘上帝’가 복사에서 제사의 대상이 되는지의 여부(與否)에 대해 胡厚宣은,

> 甲骨文大半爲卜祭先祖之辭, 其祭帝者, 則絕未之有. 蓋以帝之至上獨尊, 不受人間之享祭, 故不能以事祖先之禮事之也.[2] : 갑골문은 태반(太半)이 선조에 대한 제사 복사인데, ‘帝’를 제사지낸 것은 아직은 절대로 없었다. 아마 이 ‘帝’는 가장 높은 독존(獨尊)의 지위이기 때문에 인간의 제향(祭享)을 받지 않았던 것 같고, 그러기 때문에 조상을 섬기는 예제(禮制)로 섬길 수가 없었을 것 같다.

라고 하였다. 이에 대해서는 董作賓도, “卜辭中全不見祭祀上帝的紀錄.[3] : 卜辭 전체에 ‘上帝’를 제사지낸 기록은 보이지 않는다.”이라 하였으며; 陳夢家 역시, “絕無上帝享祭的卜辭.[4] : ‘上帝’가 享祀한 卜辭는 절대로 없다.”라고 하고 또, “上帝 …… 不享受生物或奴隸的犧牲, 不是求雨 · 求年的對象.[5] : ‘上帝’는 …… 생물이나 노예를 희생으로 받지 않았고, 비를 기구(祈求)하거나 풍년을 추구하는 대상이 아니었다.”이라고 하였다. 이로 미루어 보면 대부분의 학자들이 ‘帝’ 즉 ‘上帝’는 갑골복사에서 제사의 대상이 아니라고 생각하였음을 알 수 있다.

그러나 갑골복사 가운데는 ‘帝’ 즉 ‘上帝’가 제사의 대상이 되었음을 분명하게 말해주는 복사들이 있다. 예를 들면,

---

1) 島邦男 前揭書《殷墟卜辭研究》p.186.을 참고.

2) 胡厚宣 前揭書《甲骨學商史論叢》初集上 p.292.

3) 董作賓 前揭書《董作賓先生全集》第八册 <古代文化的認識> p.341.

4) 陳夢家 <商代的神話與巫術>, 前揭書《燕京學報》第20期 p.527.

5) 陳夢家 前揭書《殷墟卜辭綜述》p.580.

1) 貞 : 寮于帝, 云(雲)? 《續2. 4. 11》

2) 王又歲于帝五臣正, 隹亡雨?

⧄⧄[illegible]又于帝五臣, 又大雨? 《粹13》

3) 庚戌卜 : 十帝, 一羊一犬? 《寧1. 76》

4) 壬午卜 : 十帝?

十帝, 一犬一豕? 《人3221》

등이 있다. 이들 복사 가운데 "帝五臣"이라고 한 것에 대해, 郭沫若은 "帝, 五臣"으로 읽어야 하며, 여기서의 '帝'는 '上帝'임에 틀림없으나, '五臣'은 모르겠다고 하였다.[1] 그리고 복사의 문례(文例)로 보아 위 복사에서의 '寮'·'又'·'歲' 등은 모두 제명(祭名)이며, 이들 제사의 대상은 모두 '帝' 즉 '上帝' 임에 틀림없다.

그리고 위에 예시된 3), 4)의 복사 중의 '十'자가 비록 무슨 뜻인지는 알 수 없으나, 그 다음에 '一羊一犬'·' 一犬一豕'라는 희생의 종류와 수(數)를 나타낸 말이 있음을 미루어 보면 이 '十' 역시 제사의 이름이고, 그 대상이 '帝'임을 알 수 있다.

또 다음과 같은 복사도 있다.

1) 甲辰卜, 𣪊貞 : 翌乙巳㞢于父乙宰用?

貞 : 成賓于帝?

貞 : 成不賓于帝?

貞 : 大甲賓于成?

貞 : 大甲不賓于(成)?

甲辰卜, 𣪊貞 : 下乙賓成?

貞 : 下乙不賓于成?

貞 : 大(甲)賓于帝?

貞 : 大甲不賓于帝?

貞 : 下乙(賓)于帝?

貞 : 下乙不賓于帝? 《丙36》

2) 癸丑卜 : 上甲歲伊賓? 《南明513》

3) 父乙賓于祖乙?

---

1) 郭沫若 前揭書《殷契粹編考釋》p.6.

父乙不賓于祖乙?　　《乙2977》

위에 예시한《丙36》은 온전한 상태의 거북의 복갑(腹甲)으로, 여기에서의 '成'은 다른 복사에서는 '大乙' 또는 '唐'이라고도 하는데,《史記 · 殷本紀》에서 말한 '天乙' 즉 '成湯'이고; '大甲'은《史記 · 殷本紀》 중의 太甲이며; '下乙'은《史記 · 殷本紀》 중의 祖乙이다. 그리고 이 복사는 武丁 시대의 것[1]이므로, 여기서의 '父乙'은《史記 · 殷本紀》 중의 小乙이다. 그리고 여기서의 '賓'은《南明513》과《乙2977》에서 보는 바와 같이, '배석(陪席)시키다'는 뜻이므로,《丙36》의 복사의 뜻은 '帝' 즉 '上帝'에게 제사를 지내되, 商 왕실의 조상(祖上)인 '成' · '大甲' · '下乙'을 함께 모시는 데 대한 가부(可否)를 점복(占卜)으로 물은 것이다. 이런 까닭에 張秉權은, "在殷代, 帝, 亦卽上帝, 已經是祭祀的對象, 應該沒有問題的了.[2] : 殷代에 '帝'는 바로 '上帝'이기도 한데, 이미 제사의 대상이었음에 문제가 없는 것이 틀림없다."라고 하여, 商代에 '帝' 즉 '上帝'는 제사의 대상이었다고 단정하였다. 이로써 비록 복사의 예가 그렇게 많지는 않지만, '帝' 즉 '上帝'는 商代에 제사의 대상이 되었음은 물론이고, 商 왕실의 선공 · 선왕들 보다 높은 지위를 가졌음과 동시에 이들과 함께 향사(享祀)되기도 하였음을 알 수 있다.

乙. '日'

갑골복사 가운데 '日' 즉 태양(太陽)에 대해 제사를 거행한 예로는 다음과 같은 것들이 있다.

1) 丙子卜, 卽貞 : 王賓日𣪊, 亡尤?　　《南明338》
2) 壬午卜, 賓貞 : 御𠂤子日?　　《甲2121》
3) 戊戌卜, 內[貞] : 乎雀𢧀于出日于入日, 宰?　　《丙162》
4) 辛未又于出日, 兹不明.　　《佚86》
5) 丁巳卜 : 又出日?
   丁巳卜 : 又入日?　　《佚407》
6) 出 · 入日歲, 三牛.　　《粹17》
7) 辛未卜 : 又于出日?　　《粹597》
8) 御各日, 王受又?　　《粹1278》

---

1) 張秉權《殷墟文字丙編考釋》(中央研究院歷史語言硏究所 1975. 臺北) p.68을 참고.

2) 張秉權 <殷代的祭祀與巫術>,《歷史語言硏究所集刊》第49本 第三分(中央研究院歷史語言硏究所 1977. 臺北) p.527.

위에 예시한 복사들은 각각 '日'·'出日'·'入日'·'各日' 즉 '落日'에 대해 제사를 거행한 것들이다. 여기서의 '日'이란 태양 즉 해를 말하며, '出日'이란 뜨는 해 즉 아침 해, '入日'과 '落日'은 지는 해 즉 저녁 해를 뜻한다. 그리고 예시된 복사에서의 '𢼄'·'御'·'𠦪'·'𢧵'·'又'·'歲' 등은 모두 제사 이름이다. 그러므로 이러한 갑골복사의 예로 미루어, 상대인(商代人)들은 '日' 즉 태양에 대해 제사를 거행하였음이 틀림없다.

그런데 일본의 島邦男은 위에 예시한 복사에서의 '日'·'出日'·'入日'·'落日' 등을 목적어로 보지 않고, 시간을 나타내는 부사로 보아 '日' 즉 태양은 제사의 대상이 아니라고 주장하였다.[1)]

위에 예시한 갑골복사 중의 '日'·'出日'·'入日'·'落日'을 목적어로 보든 아니면 시간사(時間詞)로 보든 모두 해석이 가능한데다가, 현재 보존되어 있는 갑골편이 조각조각 부서진 것이 대부분이고 완벽한 형태로의 철합(綴合)이 부분적으로만 이루어진 상태에서 島邦男의 이런 주장이 틀린 것이라고 단정하기는 어렵다. 그러나《史記·封禪書》에 "八神將自古而有之, 或曰太公以來作之, …… 七曰 : 日主, 祠成山. 成山斗入海. 最居齊東北隅, 以迎日出云.[2)] : 8신(神)의 이름은 고대에서부터 있었던 것이라고도 하고, 또 어떤 사람은 齊나라 姜太公 이래로 만들어진 것이라고도 한다. …… 일곱째를 '日主' 즉 태양신이라고 하는데, '成山'에서 제사를 올렸다. 이 '成山'은 절벽을 굽어 돌아 바다로 들어가는데, 齊나라 동북 지방의 가장 변경지역으로, 일출을 맞이하는 곳이라고들 한다."라고 하고 있다. 여기서의 姜太公은 周나라 초기(初期) 사람이므로 이 기록에 의하면, 周나라 초기에 '日' 즉 태양에게 제사를 지냈음을 알 수 있는데, 그렇다면 周代 보다 제사가 더 많고 성(盛)했던 바로 앞 왕조인 商代에도 '日' 즉 태양에게 제사를 지냈을 가능성은 대단히 크다고 하겠다. 그리고 무엇보다 위에 예시한 갑골복사가 비록 島邦男의 주장과 같이 '日'·'出日'·'入日'·'各日'·'落日'을 시간사(時間詞)로 보아도 문맥은 통하지만, 갑골 제사 복사의 문례로 보아서는 이들을 목적어 즉 제사의 대상으로 보는 것이 더욱 타당하다고 생각된다.

丙. '月'

《禮記·祭法》에 "夜明祭月也."라는 기록이 있는데, 이에 대해 鄭玄은, "夜明, 月壇也. : '夜明'이란 달을 제사지내는 단(壇)의 이름이다."라고 하였으며, 이에 대해 다시 孔穎達은, "明月於夜, 故其壇曰夜明. : 밤에 달이 밝기 때문에 그 단(壇)을 '夜明'이라고 한다."이라고 해설하였다. 《禮記·祭義》에는, "祭日於壇, 祭月於坎. : 해에게는 단(壇)에서 제사를 지내고, 달에게는 구덩이에서 제사를 지낸다."라고 하였고, 또 "祭日於東, 祭月於西. : 해에게는 동쪽에서 제사를 지내고,

1) 島邦男 前揭書《殷墟卜辭硏究》p.229~231을 참고.

2) 司馬遷 前揭書《史記·封禪書》p.1367.

달에게는 서쪽에서 제사를 지낸다.”라고 하였다. 그리고, 《史記 · 封禪書》에는, “六日 : 月主, 祠之萊山. : 여섯째는 ‘月主’ 즉 월신(月神)이라 하는데, ‘萊山’에서 제사를 올렸다.”라는 내용이 있다. 이런 문헌 기록들은 모두 周代에는 ‘月’ 즉 달에게 제사를 지냈음을 알 수 있게 해주는 것들이다. 그러나 갑골복사 중에는 월신(月神)에게 제사를 지낸 예가 아직은 발견되지 않고 있다. 이에 따라 胡厚宣은, 갑골복사 가운데에 월식(月蝕) 현상을 재앙으로 표기한 것을 근거로, 비록 ‘月’ 즉 달에게 제사를 지낸 갑골복사의 예는 없지만, 商代 사람들은 달을 신명화(神明化)하였을 것이며, 이 월신(月神)은 인간의 화복(禍福)에 관계하였음이 틀림없다고 주장하였다.[1] 그리고 陳夢家도, “卜辭無明文祭月之事, 惟祭名有夕與夙, 可知必有夕月之禮.[2] : 복사에는 달에게 제사를 지낸 일을 기록한 명문(明文)은 없으나, 복사의 제명(祭名) 가운데 ‘夕’과 ‘夙’이 있는 것으로 보아 ‘夕月’의 제례(祭禮)가 틀림없이 있었음을 알 수 있다.”라고 하였다. 胡厚宣과 陳夢家 두 사람의 추정과 같이 商代 사람들도 ‘月’ 즉 달에게 제사를 지냈을 가능성은 충분히 있지만, 지금까지 발견된 복사에는 그러한 기록이 없으므로, 商代에 달이 제사의 대상이었는지의 여부에 대한 판단은 아직은 유보할 수밖에 없다.

丁. ‘星’

복사에서 ‘星’ 즉 별이 제사의 대상이었는지의 여부에 대해, 島邦男은 복사의 예가 불충분하다는 이유로 들어 제사의 대상이 아니라고 주장하였고,[3] 胡厚宣은 제사의 대상이라고 주장하였다.[4] 胡厚宣이 증거로 내세운 갑골복사의 예는 다음과 같다.

1) 辛未, 㞢酘, 新星. 《前7. 14. 1》

2) 七日己巳, 夕䇂☐㞢新大竝火. 《後上9. 1》

3) 丙申卜, 㱿貞 : 來乙巳酒下乙. 王占曰 : 酒隹(則)㞢希, 其㞢酘.
乙巳酒雨, 伐既(穊)雨, 咸伐亦雨, 攺卯鳥星. 乙巳夕㞢酘于西. 《乙6664》

4) 丙申卜, 㱿[貞] : [來乙]巳酒下乙. 王占曰 : 酒隹(則)[㞢]希, 其㞢酘.
乙巳明雨, 伐既(穊)雨, 咸伐亦雨, 攺卯鳥星. 乙巳夕,
㞢酘于西. 《乙6672》

---

1) 胡厚宣 <殷代天神崇拜>, 前揭書《甲骨學商史論叢》初集上 p.304~306을 참고.

2) 陳夢家 前揭論文 <古文字中之商周祭祀>, 前揭書《燕京學報》19期 p.122.

3) 島邦男 前揭書《殷墟卜辭研究》p.233을 참고.

4) 胡厚宣 <殷代天神崇拜>, 前揭書《甲骨學商史論叢》初集上 p.306~315를 참고.

5) 从又于大歲萃.　　《庫1023》

胡厚宣은 위에 예로 든 복사들 중의 '㞢'·'新'·'竝'·'㪅'·'卯' 등은 모두 제명(祭名)이며, '火'·'鳥'·'歲'는 모두 별의 이름으로서 제사의 대상이라고 주장하였다. 그러나 胡厚宣이 제사의 이름이라고 한《後上9. 1》의 '㞢'는 '有'의 뜻으로 해석할 수도 있으며, 동일편(同一片)의 '新'과 '竝'도 지금 우리가 사용하는 의미의 형용사나 부사로 볼 수도 있다. 그리고《庫1023》의 '歲'자의 용법에 대해서는 복사의 문장이 너무 간략하여 단정할 수는 없으나, 일반적으로는 제명(祭名) 또는 지금의 '年'의 뜻으로도 쓰인다. 그러므로 별이 제사의 대상인지 아닌지의 여부는《乙6664》와《乙6672》에서의 '鳥'와《後上9. 1》에서의 '火'는 胡厚宣의 말대로 별의 이름이므로, 예시된 복사 중의 '㪅'와 '卯'가 제사의 이름이냐의 여부에 달려 있다. 앞에서 살펴본 바와 같이, 이 '㪅'와 '卯'는 희생의 사용 방법을 제사 이름으로 삼은 제사의 이름임이 틀림없으므로, 商代에 '星' 즉 별은 제사의 대상이 되었다고 할 수 있다. 그리고《爾雅·釋天》에, "祭星曰布. : 제단을 만들어 별에게 제사를 지내는 것을 '布'라고 한다."라고 하고 있고; 또《禮記·祭法》에, "幽宗, 祭星也. : 제단을 만들어서 별에게 제사를 지낸다."라고 하고 있다. 이런 기록들은 周代에 별에게 제사를 거행하였음을 말해 준다. 이로써 보면, 비록 島邦男의 주장과 같이 복사의 예가 많지 않은 것은 사실이지만, 商代에도 별에게 제사를 지냈으리라고 추정할 수 있다.

戊. '東母'와 '西母'

복사 가운데 '東母'와 '西母'에게 제사를 거행한 예로는 다음과 같은 것들이 있다.

1) 尞于東母, 豕三犬三?　　《鐵142. 2》)
2) 貞 : 尞于東母, 三牛?　　《後上23. 7》
3) 壬申卜, 貞 : 㞢于東母·西母, 若?　　《後上28. 5》
4) 貞 : 㞢于東母?　　《粹77》
5) 乙酉貞 : 又歲于伊·西母?　　《粹195》
6) 己酉卜, 㱿貞 : 尞于東母, 九牛?　　《續1. 53. 2》
7) 貞 : 尞于東母, 三豕?　　《卜12》
8) 貞 : 于東母㞢 ...... ?　　《林1. 22. 2》
9) 㞢于東母?　　《前7. 11. 1》

위에 예로 든 복사 중의 '東母'와 '西母'에 대해 陳夢家는, "東母 · 西母可能是日 · 月之神而天帝的配偶.[1] : '東母'와 '西母'는 각기 일신(日神)과 월신(月神)으로, '上帝'의 배우자일 가능성이 높다."라고 주장하였다. 위에 예시된 복사의 문례를 보면, 陳夢家의 주장대로 '東母'와 '西母'가 각각 일신(日神)과 월신(月神)으로서 '上帝'의 배우자인지는 단정할 수는 없지만, 그들이 제사의 대상이 됨은 의심의 여지가 없다. 그러나 島邦男은 이 '東母'와 '西母'에 대해, 위에 예시한《後上 28. 5》에서의 '若'은 '上帝'에게만 쓰이는 말이며, '東母'와 '西母'의 '母'자와 제명(祭名)으로 쓰이는 '十' 즉 '䰜'자는 자음(字音)이 같아 서로 가차됨과 동시에, 위에 인용한 복사에 나타난 희생이 '十'祭의 것과 비슷하다는 이유로 '東母'와 '西母'를 제사의 대상으로 해석하지 않고, 동방(東方)과 서방(西方)에서 '十'祭를 지낸다는 뜻으로 해석하였다.

그러나 島邦男의 이런 주장은 문제가 있다. 첫째, 갑골복사에서의 '若'자가 반드시 '上帝'에게만 사용되는 것은 아니다. 이 '若'자가 다른 신명(神明)에게 사용된 복사의 예를 들면 다음과 같다.

1) 庚子貞 : 父丁若? 《粹364》
2) …… 求河若? 《乙1531》
3) 貞 : 組丁不若?
   組丁若? 《乙3422》
4) 唐若? 《乙3664》
5) 貞 : 王藋, 河若? 《文366》
6) 丙午卜, 賓 …… 河不若? 《遺1426》
7) …… 告, 河若? 《鐵6. 2》
8) 辛巳卜, 爭貞 : 組乙若? 《掇1. 183》

위의 예들에서 보는 바와 같이 '許諾'의 의미로 쓰인 '若'자는 商 왕실의 선왕들과 '黃河'의 신(神)에게도 쓰였음을 알 수 있다. 둘째, 비록 '十'와 '母' 두 글자의 상고시대의 자음(字音)이 비슷하여 서로 가차될 수 있다 하더라도 갑골복사의 문례에서는 전혀 이런 사실을 찾아낼 수가 없다. 셋째, 앞에 예시된 복사에 나타난 희생(犧牲)이 '十'祭를 기록한 복사에 나타난 희생과 비슷하다는 것은 우연일 뿐이며, 결코 이것이 '母'와 '十'가 서로 가차할 수 있는 이유는 될 수가 없다. 그러므로 島邦男의 이런 주장은 성립되지 않는다. 앞에서 예시한 복사에서의 '寮' · '㞢' · '歲' 등은 모두 제명(祭名)이며, 이들 제사의 대상은 '東母'와 '西母'임이 분명하다.

---

1) 陳夢家 前揭書《殷虛卜辭綜述》p.574.

그렇다면 이 '東母'와 '西母'는 어떤 신(神)인가? 陳夢家는 앞에서 인용한 바와 같이 '日神'과 '月神'으로서 '上帝'의 배우자일 것이라고 하였으나, 갑골복사에서는 그런 증거를 찾을 수가 없다. 다만 고서(古書)에 이와 비슷한 신명(神名)으로 '西王母'가 있을 뿐인데, '西王母'에 대한 기록은 다음과 같다.《爾雅 · 釋地》에, "觚竹 · 北戸 · 西王母 · 日不, 謂之四荒. : 觚竹 · 北戸 · 西王母 · 日下를 四荒이라고 한다."이라고 하고 있고;《竹書紀年》穆王 17년 조(條)에, "西征崑崙邱, 見西王母.[1] : 서쪽으로 '崑崙邱'를 정벌하여 '西王母'를 뵈었다."라고 하고 있으며;《列子 · 周穆王篇》에는, "遂賓于西王母, 觴于謠池之上. : 마침내 '西王母'의 손님이 되어 요지(瑤池) 위에서 술잔을 나누었다."이라고 하고 있고;《穆天子傳》卷三 1쪽에는, "吉日甲子, 天子賓于西王母. : 갑자 길일에 천자가 '西王母'를 방문하였다."라고 하고 있다. 이들 고서(古書)에 기록된 '西王母'가 갑골복사에 나타난 '西母'인지의 여부는 알 수 없으나, 참고할 가치는 있다고 여겨진다.

己. '風'

'風神' 즉 바람의 신에게 제사를 지낸 갑골복사의 예로는 다음과 같은 것들이 있다.

1) 貞 : 勿㞢于風? 《佚464》
2) 癸酉卜 : 十, 寧風? 《後下42. 4》
3) 辛未卜 : 帝風, 不用, 雨?
　　　　 㝵風, 不用, 雨? 《佚227》
4) 丁巳卜, 貞 : 帝風?
　　　　 貞 : 帝風, 三羊三豕三犬? 《前4. 17. 5》

위에 예시한 복사 중의 '㞢' · '十' · '帝' · '㝵'는 모두 제명(祭名)이며, 이런 제사들을 향사(享祀)한 신(神)은 '風' 즉 바람임이 틀림없다. 그러나 이에 대해 島邦男은,

> '寧風'乃是祈求風的停息的意思, 而不是祭風. 又'帝史風'也并不是如胡氏所說的以風神屬於帝, 其事實也已如前述(上帝的祭祀). 祀風之法, 陳氏認爲是'㝵風'(《佚227》); 胡氏則說是'帝風', 兩個說法都對, 只是'帝風'的意思并不是如胡氏所謂的以'帝'禮祭風, 其事實亦已如前述. 所以右邊二氏所擧沒有一個是祀風之例, 風沒有被神格化.[2] : '寧風'이란 바람이 멎기를 기구

1) 王國維 輯校 前揭書《竹書紀年》p.14.
2) 島邦男 前揭書《殷墟卜辭研究》p.231.

하다는 뜻이지 바람에 대해 제사를 지내다는 뜻이 아니다. 또 '帝史風'이란 말도 胡厚宣이 말한 것과 같이 '風神'이 '上帝'에 예속된 것이 결코 아닌데, 그 사실 역시 전술(前述)한 바['上帝'의 제사]와 같다. '風神'에 대한 제법(祭法)은, 陳夢家는 '寮風'(《佚227》)이라고 하였고, 胡厚宣은 '帝風'이라고 하였는데, 두 주장 모두 옳다. 다만 '帝風'의 뜻은 결코 胡厚宣이 말한 바와 같이 '帝'라는 제례(祭禮)로 풍신을 제사지내는 것이 아닌데, 그 사실 역시 전술(前述)한 바와 같다. 그래서 우측에 두 사람이 예로 든 복사들 중에 '風神'에게 제사를 지낸 예는 하나도 없으며, 바람은 신격화 되지 않았다.

라고 하여, '風' 즉 바람은 제사의 대상이 아니라고 주장하였다. 여기서 島邦男은 胡厚宣과 陳夢家 두 사람이 예로 든 복사만을 근거로 하여, '寧風' 즉 '寧風'을 '바람을 멎게 하다'는 뜻으로 풀이한 것은 옳다. 그러나 胡厚宣과 陳夢家 두 사람이 예시하지 않은 복사 즉 위에 예시한《佚464》와《前4. 17. 6》에 대해서는 검토도 하지 않았으며, 또《佚227》의 '帝'와 '寮'가 제명(祭名)임이 틀림없는 갑골 문례라는 사실을 고려하지 않고, 오로지 복사의 예가 많지 않다는 이유로 '風'이 제사의 대상이 아니라고 주장한 것은 옳지 않다고 생각된다.

또 복사 가운데는 '사방(四方)'의 이름과 '사방'의 '風名'을 기록한 것도 있는데, 예를 들면 다음과 같다.

(1) 辛未卜, 內貞: 帝于北方曰□, 風曰𠋾, 求年?
辛亥卜, 內貞: 帝于南方曰㞷, 風夷, 求年? 一月.
貞: 帝于東方曰析, 風曰劦, 求年?
貞: 帝于西方曰彝, 風曰乇, 求年? 《丙201》

(2) 辛亥卜, 內貞: 帝于北方曰[illegible], 風曰㱿, 求□?
辛亥卜, 內貞: 帝于南方曰㞷, ... ?
貞: 帝于東方曰析, 風曰劦, 求□?
貞: 帝于西方曰彝, 風曰 ...... ? 《合261》

위에 예시된 복사에 '求年'이라는 말이 있는 것으로 보아, '風神'은 농사의 풍년과 관계가 있음을 알 수 있다. 張秉權은 이 두 복사 중《丙201》을 예로 들어 '風' 즉 바람은 제사의 대상이라고 주장하였다.[1] 그리고 고대의 전적(典籍)에도 '風神'에게 제사를 지낸 기록이 있다. 즉《爾雅·釋天》에, "祭風曰磔. : 바람에게 제사를 지내는 것을 '磔'이라고 한다."라고 하고 있는 것에 대해

1) 張秉權 前揭論文 <殷代的祭祀與巫術> p.449.

郭璞은, "今俗當大道中磔狗云以止風. : 지금 세속에서는 큰길에서 개[狗]의 사지(四肢)를 찢으면 바람이 멎는다고 한다."이라고 하였다. 이런 기록들은 周代에도 '風'은 제사의 대상이 되었을 뿐만 아니라, 앞에 예시한 복사 중의 개[犬]가 희생으로 상용(常用)된 것과 상응하는 것으로, 商代의 습속이 周代에까지 남아 있었음을 알게 해준다.

庚. '雲'

'雲' 즉 구름에게 제사를 지낸 갑골복사의 예로는 다음과 같은 것들이 있다.

1) 尞于雲. 《遺451》
2) 己丑卜, 爭貞 : 亦乎雀尞于雲, 犬?
貞 : 勿乎雀尞于雲, 犬? 《乙5317》
3) 貞 : 尞于帝雲? 《續2. 4. 1》
4) 尞雲, 不雨? 《人3081》

이상의 복사들은 '雲神'에게 '尞祭를 거행한 예들이다. 그러나 島邦男은 갑골문 '[illegible]'(旬)자와 '[illegible]'(雲)자의 자형이 비슷하여 이를 동자(同字)로 잘못 인식하고는 '雲' 즉 구름이 제사의 대상(對象)인지에 대해 회의적인 입장을 취하였다.[1] 위에 예시한 복사에 의거하면 商代에 '雲' 즉 구름이 제사의 대상이었음은 틀림이 없다. 다만 갑골복사에 비[雨]에 대해서는 제사를 지낸 예는 보이지 않는데 비해, 구름에 대해서는 제사를 지낸 것이 확실한데, 이는 농업에 대단히 중요한 비는 구름이 있어야 내린다는 인식 때문이 아닌가 생각된다.

辛. '雨'

商代에 '雨' 즉 비가 제사의 대상이었는지의 여부에 대해, 陳夢家는 다음과 같은 복사의 예를 제시하였다.

1) 罙雨. 《存2. 742》
2) 勿罙雨. 《遺1161》

1) 島邦男 前揭書《殷墟卜辭硏究》p.230~231을 참고.

3) 乎竹, 雨.

勿竹, 不其雨. 《乙2019》

4) 叀茭衩雨. 《粹814》

5) 罒雨于畓, 叀. 《前5. 18. 4》

6) 罒雨于上. 《後上19. 7》

7) 其罒雨于方. 《粹1545A》

그리고는 이 문제에 대해 그는,

> '罒雨'卽止雨. '罒雨於畓 · 土 · 方'和'罒雨於方 · 土 · 四方'是相同的. 祭雨以衩, 同於祭日.[1] : '罒雨'는 곧 비를 멈추게 하다는 뜻이다. '罒雨於畓 · 土 · 方'과 '罒雨於方 · 土 · 四方'은 같은 말이다. 비에 대해 '衩祭를 지낸 것은 해에게 제사를 지내는 것과 같다.

이라고 하여, 비[雨]에게 '衩祭를 지냈으므로 비가 제사의 대상이었다고 주장하였다.

그런데 陳夢家가 예시한《乙2019》의 복사를 보면 "貞 : 乎竹, 雨."로 되어 있는데, 갑골복사에서의 '乎'는 '呼'의 뜻으로 쓰이므로 여기서의 '竹'는 제명(祭名)이 아니라 인명(人名)이다. 또 예시된《粹814》의 복사는 원래 "甲申卜, 中貞 : 叀茭衩雨? 九月."이라고 되어 있는데, 여기서의 '衩'자는 '祋'로 쓰고 있으며, 이는《乙2019》에 '竹'로 쓴 것과 동자(同字)이고, 상고시대에는 지명(地名)과 성씨(姓氏)는 혼용되는 경우가 많으므로《粹814》의 '茭衩'라는 말은 제명(祭名)이 아니라 지명일 가능성이 높다. 그러므로 陳夢家가 '罒雨'를 '止雨'로 해석한 것은 옳으나, '雨' 즉 비가 제사의 대상이며, 비에 대해 거행한 제사가 '衩'祭라고 한 것은 아직은 확실한 증거의 제시가 없으므로 믿을 수 없다고 생각된다.

壬. '雪'

'雪' 즉 눈이 제사의 대상이었느냐의 여부에 대해 陳夢家는, 다음과 같은 복사들을 예로 들었다.

(1) 其𡧊于雪, 又大雨. 弜𡧊于閃, 止雨. 《金189》

(2) 其𠦪閃, 又大雨. 《甲1259》

---

1) 陳夢家 前揭書《殷虛卜辭綜述》p.576.

(3) 閃奠, 叀小宰. 《粹192》

그리고 이에 대해, "此祭於雪神以求雨. 閃當是與雨雪有關的神.[1] : 이는 '雪神'에게 제사를 지내어 비를 기구(祈求)한 것이다. '閃'은 비와 눈과 관계가 있는 신(神)임이 틀림없다."이라고 하였다. 그런데 위에 예시한 복사 가운데《金189》를 살펴보면, 눈[雪]이 제사의 대상이었는지의 여부는 '閃'자가 신명(神明)으로 쓰였는지의 여부에 달려 있다. 왜냐하면 이 복사에서의 '奠'는 제명(祭名)이 틀림없으므로, 일반적인 갑골 문례로 보아 여기에서의 '閃'은 신명(神名)이 아니면 지명(地名)인데다가, '閃'이 신명이면 '雪'도 신명이고, '閃'이 지명이면 '雪'도 지명이기 때문이다. 그런데《粹192》를 보면 위에 예시된 복사 외에 또 "大甲陲, 叀大牢"라는 말이 더 있는데, 이에 대해 郭沫若은 이 편(片)을 고석(考釋)하면서 "閃與大甲同例, 所祭之神名.[2] : '閃'은 大甲과 같은 예로 제사를 지낸 신명(神名)이다."라고 하였다. 이러한 갑골 문례들로 보면 郭沫若의 말대로 '閃'자는 지명이 아니라 신명(神名)으로 쓰인 것이 틀림없어 보이고, 따라서 위에 예시한《金189》의 '雪'은 '奠祭의 대상임이 분명하다. 그러나 '雪'자가 제사의 대상 곧 신명(神名)으로 쓰인 복사의 예가 이《金189》하나뿐인데다가 여기서의 '閃'자와 예시되지 않은《粹192》의 각사(刻辭) 중의 '陲'자가 무슨 뜻인지가 밝혀지지 않았으므로, 아직은 '雪' 즉 눈이 商代에 제사의 대상이었다고 단정(斷定)하기는 어렵다.

癸. '虹'

'月' 즉 달의 경우와 마찬가지로 '虹' 즉 무지개에 대해 제사를 지낸 복사의 예라고 단정할 수 있는 복사가 아직까지는 발견되지 않았으나, 무지개와 관계되는 복사로는 다음과 같은 것들이 있다.

(1) 王占曰 : 㞢希. 八月庚戌㞢各雲, 自東[illegible]母, 昃亦㞢出虹, 自北飮于河. 《菁4》

(2) …… 㞢酘虹于西 …… 吉其 ……. 《前7. 7. 1》

위의《菁4》의 복사는 商代 사람들은 무지개가 출현하면 재화(災禍)가 있게 된다고 생각했음을

1) 陳夢家 上揭書 p.576~577.

2) 郭沫若 前揭書《殷契粹編考釋》p.32.

알 수 있게 해준다. 이런 습속은 周代에도 있었던 듯하다. 《詩經 · 鄘風 · 蝃蝀》의 "蝃蝀在東, 莫之敢之."라는 시구(詩句)에 대해 屈萬里는, "今北俗戒小兒指虹云 : '指虹則爛手指.' 或云 : '指虹令人手歪.'[1] : 지금 중국 북쪽 민간에서는 어린 아이가 무지개를 손가락질하는 것을 경계하여, '무지개를 손가락질하면 손가락이 문드러진다.'고 하거나, '무지개를 손가락질하면 손을 비틀어지게 한다.'라고 하고 있다."라고 하였다. 이로써 周代 사람들도 무지개를 불상(不祥)한 것으로 생각하였음을 알 수 있으며, 이는 商代부터 이어진 유속(遺俗)인 듯하다. 다만 무지개가 제사의 대상이었는지 여부에 대해서는 좀 더 자세한 고찰이 요구된다고 하겠다.

이상으로 商代의 천신(天神)들을 간략히 살펴보았는데, 이 가운데 제사의 대상으로서 향사(享祀)된 천신으로는 '帝' 즉 '上帝' · '日' · '星' · '東母'와 '西母' · '風' 및 '雲' 등의 신(神)이 있고, '雪'에 대해서는 판단을 유보할 수밖에 없으며, '月'에 대해서는 제사를 거행했을 가능성은 높으나 복사 중에 그 예가 아직은 없고, '雨'와 '虹'에 대해서도 좀 더 연구가 필요하다 하겠다. 그런데 이들 천신 상호간의 관계와 '帝' 즉 '上帝'와 나머지 천신들과의 관계가 어떤 것인지에 대해서, 陳夢家는 商代 사람들은 '帝' 즉 '上帝'는 천상(天象)을 비롯한 모든 자연 현상을 주재하였으며, 아울러 여러 직무를 분담한 '日' · '月' · '風' · '雨' 등의 신(神)들을 신하로 하는 제정(帝政)이 있음을 믿고 있었다고 주장하였다.[2] 그러나 그의 이런 주장은 周代의 기록에 근거한 추측일 뿐이며, 이를 증명해 줄 수 있는 직접적인 증거를 제시하지 못하고 있으므로, 아직은 규명하지 못한 과제로 남겨 둘 수밖에 없다고 생각된다.

二. 지기(地祇)

여기에서 말하는 '지기(地祇)'란 천신(天神)과 상대되는 것으로, 지상(地上)의 자연물(自然物) 가운데 신격화(神格化)되어 향사(享祀)된 신명(神明)을 지칭한다.

甲. '土'

갑골복사에서의 '土'자는 세 가지 의미로 쓰인다. 첫째는 토지라는 뜻이며, 둘째는 방국(方國)의 의미이며, 셋째는 신명(神名)의 뜻으로 쓰인다. 여기서 검토하고자 하는 것은 제사(祭祀)의 대상이 되는 세 번째의 의미이다. 이 '土'라는 신명(神明)에게 제사를 지낸 복사의 예로는 다음과 같은 것들이 있다.

---

1) 屈萬里 前揭書《詩經釋義》p.39

2) 陳夢家 前揭書《殷虛卜辭綜述》p.580.

1) 壬申卜 : 奏四土于羌? 《掇2》)

2) 壬午卜 : 寮土? 《人3221》

3) 寮土. 《乙2877》

4) 寮于土, 宰? 《甲3422》

5) 壬辰卜 : 御于土?

癸巳卜 : 御于土? 《摭續91》

6) 貞 : 王告土? 《摭續43》

위에 예시된 복사에서의 '奏'·'寮'·'御'·'告'는 모두 제사 이름이며, 이런 제사들을 향사(享祀)받은 신명(神明)은 '土'이므로, '土'가 商代에 제사의 대상이었음은 의심의 여지가 없다. 그런데 이 '土'는 구체적으로 어떤 신(神)을 지칭하는지에 대해서는 두 가지 주장이 있다. 하나는 商 왕실의 선공(先公) '相土'라는 주장이고, 다른 하나는 토지의 주신(主神) '社'라는 주장이다. 王國維는 이에 대해,

> 卜辭之土, 當卽相土. …… 卜辭中, 殷之先公有季, 有王亥, 有王恒, 又自上甲至於主癸, 無一不見於卜辭, 則此土當相土, 而非社矣.[1] : 복사에서의 '土'는 (殷 왕실의 선공) '相土'임이 틀림없다. …… 복사에 殷의 선공(先公)으로 '季'도 있고, '王亥'도 있고, '王恒'도 있고, 그리고 '上甲'에서부터 '主癸'에 이르기까지 복사에 보이지 않는 선공이 없으므로 여기에서의 '土'는 '相土'가 틀림없고 결코 '社'가 아니다.

라 하여, 복사 중의 '土'는 商 왕실의 선공 '相土'임이 틀림없다고 주장하였다. 그리고서 그는 또,

> 按, [illegible]卽[illegible], 今隸土字, 卜辭假爲社字. 詩大雅: "乃立冢土." 傳云 : "冢土, 大社也." 商頌: "宅殷土茫茫." 史記三代世表引作"殷社茫茫". 公羊僖二十一年傳: "諸侯祭土." 何注: "土謂社也." 是古固以土爲社矣.[2] : 살펴보면, '[illegible]'는 곧 '[illegible]'인데, 지금 '土'자로 예정(隸定)한다. 복사에서는 '社'자의 뜻으로 가차(假借)되었다. 《詩經·大雅·緜》의 "乃立冢土"라는 말에 대해 《詩毛傳》에는 「'冢土'란 위대한 토지신(土地神)이란 뜻이다.」라고 풀이하고 있다. 《詩經·商頌·玄鳥》의 "宅殷土茫茫"을 《史記·三代世表》에서는 이를 인용하면서 "殷社茫茫"이라고 쓰고 있다. 또

1) 王國維 前揭書《戩壽當所藏殷墟文字考釋》p.1.

2) 王國維《海寧王靜安先生遺書》(商務印書館 1940. 北京) 第24冊《殷禮徵文》p.7.

《春秋公羊傳》僖公 21년 조(條)의 "諸侯祭土"라는 말에 대해 何休는, 「'土'란 '社'를 말한다.」라고 주(注)하였다. 이로써 고대(古代)에는 '土'를 '社'로 여겼음이 확실하다.

라고 하였다. 王國維가 이렇게 두 가지의 다른 주장을 하게 된 것은, 처음에는 戩壽堂 소장(所藏)의 갑골편만 보았고, 또 복사 중에《史記 · 殷本紀》중의 殷 왕실의 선공 '相土'가 쉽게 보이지 않았기 때문이었을 것으로 생각된다. 그러나 王國維의 나중 주장대로 복사 중의 '土'는 신명(神名)으로 후대(後代)의 '社'임을 알 수 있다. 그리고 또 복사 중에는 '某土'의 형식으로 기록된 것이 있다.

1) 其又𡨦亳土, 有雨? 《佚928》
2) 癸丑卜 : 其又亳土, 叀祜? 《甲1640》
3) 戊子卜 : 其又歲于亳土, 三小□? 《京3950》
4) 于亳土御? 《粹20》
5) 其又亳土? 《粹22》
6) 于[illegible]土𡨦? 《簠文68》
7) …… 在[illegible]土御? 《京4359》
8) 貞 : 勿求年于邦土? 《前4. 17. 3》

위에 예시한 복사들 중의 '[illegible]' · '[illegible]' 두 글자가 무슨 글자인지는 아직 고석이 되지 않았으나, 이들은 '亳'나 '邦'과 같이 모두 지명이며, '𡨦' · '歲' · '又' · '御' 등이 모두 제명(祭名)이므로, 여기서의 '亳土' · '邦土' · '[illegible]土' · '[illegible]土' 등은 각기 '亳' 지역의 토지신 · '邦' 지역의 토지신 · '[illegible]' 지역의 토지신 · '[illegible]' 지역의 토지신이란 뜻의 '亳社' · '邦社' · '[illegible]社' · '[illegible]社'임이 틀림없다고 생각된다.

乙. '四方神'

갑골복사 중에 동서남북의 사방신(四方神)에 대해 제사를 지낸 예로는 다음과 같은 것들이 있다.

1) 辛卯卜 : 𢦏彡酒, 其又于四方? 《南明681》
2) 辛酉酒四方. 《存1. 1829》

3) 辛巳卜，賓貞：燎于東?	《存1. 442》
4) 甲申卜，賓貞：燎于東，三豕三羊，宜犬卯黃牛?	《續1. 53. 1》
5) 甲申卜：𠂤帝于東? 九月.	《遺612》
6) 㡭于東?	
勿㡭于東?	《乙4733》
7) 燎于西，牛?	《乙7061》
8) 己巳卜，賓貞：帝于西?	《乙2282》
9) 㡭于西 · 南帝介卯?	
勿㡭西 · 南?	《丙44》
10) 貞：燎于西?	《後上24. 5》
11) 貞：燎于南?	《戩25. 8》
12) 貞：燎東 · 西 · 南，卯黃牛?	《合278》
13) 貞：㡭于南，豕?	
勿㡭于南?	《乙4733》
14) ⍁⍁卜，爭貞：㞢南?	《前4. 44. 4》
15) 癸丑卜：帝南?	《京4349》
16) 貞：燎于北?	《遺464》
17) 貞：㡭于西 · 北?	
勿㡭于西 · 北?	《乙4733》
18) 帝于北，二犬，卯⍁?	《存2. 245》

위에 예시된 1)과 2)는 '四方', 3)~6)은 '東', 7)~10)의 예는 '西', 11)~15)는 '南', 16)~18)의 예는 '北'방의 신(神)에게 제사를 지낸 것이다. 그리고 이들 '東' · '西' · '南' · '北' 그리고 '四方'의 신(神)에게는 '酒' · '燎' · '㡭' · '帝' · '㞢' 등의 제사를 지냈음을 알 수 있다. 그런데 복사 중에는 '四方'의 신명(神名)과 '四方'의 풍명(風名)을 기록한 것도 있는데, 예시하면 다음과 같다.

1) 辛亥卜，內貞：帝于北方曰[illegible]，風曰[illegible]，求⍁?	
辛亥卜，內貞：帝于南方曰[illegible]，…….	
貞：帝于東方曰析，風曰劦，求⍁?	
貞：帝于西方曰彝，風曰…….	《合261》

2) 東方曰析, 風曰劦.

南方曰[illegible], 風曰[illegible].

西方曰[illegible], 風曰彝.

北方曰[illegible], 風曰[illegible]. 《掇2. 158》

3) 辛亥卜, 內貞 : 帝于北方曰[illegible], 風曰[illegible], 求年?

辛亥卜, 內貞 : 帝于南方曰[illegible], 風曰夷, 求年? 一月.

貞 : 帝于東方曰析, 風曰劦, 求年?

貞 : 帝于西方曰彝. 風曰[illegible], 求年? 《丙201》

그런데 고서(古書)에 사방의 신명(神名)과 풍명(風名)을 기록한 것으로는《尙書 · 堯典》[1]과《山海經》[2] 등이 있는데, 이들과 위에 예시한《合261》·《掇2. 158》·《丙201》의 복사의 기록을 종합해서 비교하면 다음과 같다.

'東方'에 대해 복사는 '析'이라 하였고,《尙書》에서도 '析'이라 하였으며,《山海經》에서는 '折'이라 하였는데, 이는 자형이 비슷하여 생긴 착오인 듯하다. '西方'에 대한 복사의 '[illegible]'자를 胡厚宣은 '彝'자로,[3] 楊樹達은 '夷'자로[4] 고석하였는데,《尙書》와《山海經》의 기록을 참고하면 '夷'가 옳음을 알 수 있다. '南方'에 대해《尙書》와《山海經》에는 '因'이라고 하였으나 갑골복사의 이 신명(神名)에 대해, 楊樹達은 '莢'자로 고석하고는 '因'자와 '莢'자가 다 같이 '大'자를 구성 요소로 한 점을 들어 서로 연관시켰고,[5] 張秉權은 이를 '[illegible]'자라고 하였다.[6] '北方'에 대해서는《尙書》에는 '隩',《山海經》에는 '鳧'이라고 하고 있고, 복사에는 '[illegible]'으로 썼는데, 이에 대해 楊樹達은 명확한 증거는 제시하지 못하고, 胡厚宣이 이 글자를《山海經》의 기록에 근거하여 '宛'자라고 주장한 것에 동의하고 있을 뿐이다.[7]

---

1) 前揭書《尙書 · 堯典》p.21에, "分命羲仲, 宅嵎夷, 曰暘谷. 寅賓出日, 平秩東作. 日中, 星鳥, 以殷仲春. 厥民析, 鳥獸孶尾. 申命羲叔, 宅南交, 曰明都. 平秩南訛, 敬致. 日永, 星火, 以正仲夏. 厥民因, 鳥獸希革. 分命和仲, 宅西, 曰昧谷. 寅餞納日, 平秩西成. 宵中, 星虛, 以殷仲秋. 厥民夷, 鳥獸毛毨. 申命和叔, 宅朔方, 曰幽都. 平在朔易. 日短, 星昴, 以正仲冬, 厥民隩, 鳥獸氄毛."라고 하고 있다.

2) 郭璞注 懿行箋疏《山海經箋疏》의 관련 기록은 <大荒東經>p.4에 "(有人)名曰折丹, 東方曰折, 來風曰俊, 處東極以出入風.", p.6에 "有人名曰鳧, 北方曰鳧, 來之風曰狻, 是處東極隅以正日月, 使無相間出沒, 司其短長."이라고 하고 있고; <大荒南經>p.2에 "有神名曰因, 因乎南方曰因, 乎夸風曰乎民, 處南極以出入風."이라고 하고 있으며; <大荒西經>p.1에 "有人名曰石夷, 來風曰韋, 處西北隅以司日月之長短."이라고 하고 있다.

3) 胡厚宣 <甲骨文字方風名考>, 前揭書《甲骨學商史論叢》初集 pp.369～370.

4) 楊樹達 前揭書《積微居甲文說》劵下 <風名與神名> p.55.

5) 上同.

6) 張秉權은 前揭論文 <殷代的祭祀與巫術> p.449에서《丙201》을 인용하면서 '[illegible]'자로 썼다.

7) 楊樹達 前揭書《積微居甲文說》劵下 <風名與神名> p.55를 참고.

그리고 동서남북 '四方'의 풍명(風名)에 대해서는《山海經》에는 언급이 되어 있으나《尙書》에는 언급되어 있지 않으며, 이것과 복사 중의 '四方'의 풍명(風名)과의 관계가 어떤지에 대해서는 아직은 밝혀지지 않았으므로 앞으로의 연구를 기다릴 수밖에 없다.

丙. '山'

산신(山神)에게 제사를 지낸 갑골복사의 예로는 다음과 같은 것들이 있다.

1) 山歲酒, 三月. 《甲3389》
2) 其盧取二山, 有大雨. 《後下23. 10》
3) 丁丑卜 : 又于五山, 在隹, 二月 卜. 《粹72》
4) 辛▨貞 : 𡨦于十山? 《掇1. 376》

이들 복사에서의 '歲'·'酒'·'盧'·'取'·'又'·'𡨦' 등은 모두 제사 이름들이며, 이런 제사를 거행한 대상은 '山'이다. 그런데 위 복사에서의 '二山'·'五山'·'十山' 등이 어느 산들을 지칭하는지에 대해서는 아직 밝혀낼 수 없으나,《爾雅·釋山》에, "泰山爲東嶽, 華山爲西嶽, 藿山爲南嶽, 恒山爲北嶽, 嵩山爲中嶽. : '泰山'은 동악(東嶽), '華山'은 서악(西嶽), '藿山'은 남악(南嶽), '恒山'은 북악(北嶽), '嵩山'은 중악(中嶽)이다."이라고 하고 있다. 이는 周代의 '五嶽'으로 동서남북과 중앙으로 나눈 것이나, 商代의 '五山'과 일치하는지의 여부는 알 수가 없다.

그리고 산신(山神)에 대해 제사를 지낸 복사의 예로는 다음과 같은 것들도 더 있다.

1) 己丑卜, 㱿貞 : 𤈦于丘商? 四月.
   貞 : 勿𤈦于丘商? 《乙5265》
2) 癸巳貞 : 其𡨦玉山, 雨? 《甲3642》
3) 甲▨卜, 㱿貞 : 舞岳? 《前6. 20. 2》
4) 取岳? 《前5. 42. 4》
5) 癸酉卜 : 其取岳, 雨? 《粹28》
6) 貞 : 奏岳? 《拾2. 10》
7) 貞 : 勿奏岳? 《庫1803》
8) 辛巳卜, 貞 : 祀岳求麥, 歲受年? 《乙6881》
9) 甲年卜, 品貞 : 㞢于岳? 《鐵234. 1》

10) 丙辰[卜], 品貞 ： 帝于岳? 《遺846》

11) 丁未卜 ： 又于岳, 求禾?

庚戌卜 ： 又于岳, 求禾? 《寧1. 76》

12) 癸亥卜, 貞 ： 翌辛未酒岳, 三小宰, 卯三牛? 《存2. 49》

13) 丙子卜, 貞 ： 酒岳, 三小宰, 卯三宰? 《前7. 25. 6》

14) 壬午卜 ： 求牛, 尞[illegible]? 《存2. 133》

15) 尞[illegible]? 尞岳? 《佚708》

이들 복사들 중의 '丘商' · '玉山' · '岳' · '[illegible]' · '[illegible]' 등은 '煉' · '尞' · '舞' · '取' · '奏' · '又' · '㞢' · '帝' · '酒' 등의 제사를 향사(享祀)받은 신(神)들이다. 그렇다면 이 산들은 어떤 산인가? '丘商'이란 《春秋左氏傳》 襄公 9년 조(條)의 '商丘'이며, '岳'은 屈萬里에 의해 '太岳山'임이[1] 밝혀졌다. 그러나 '玉山'에 대하여는 비록 《山海經》에, "玉山, 是西王母所居也. : '玉山'은 西王母가 거처하는 산이다."라고 하고 있고, 이에 대해 郭璞이, "此山多玉石, 因以名云, 穆天子傳謂之群玉之山.[2] : 이 산에 옥돌이 많아 붙여진 이름이며, 《穆天子傳》에는 '群玉之山'이라고 한다." 이라고 한 기록이 있으나, 주지하는 바와 같이 《山海經》의 내용이 신화에 속하는 것이므로 구체적으로 어느 산을 지칭하는지는 알 수가 없다. 그리고 '[illegible]' · '[illegible]' 두 글자는 산의 뜻을 가진 동자(同字)일 것이라고 추측할 수 있을 뿐이며, 무슨 글자인지 고석이 되지 않았으므로 앞으로의 연구를 기대한다.

丁. '川'

하천(河川)에 대해 제사를 거행한 갑골복사의 예로는 다음과 같은 것들이 있다.

1) 尞于㞢水, 叀犬? 《後下3. 4》

2) 戊子貞 ： 其尞于洹泉, 大三牢, 宜牢?

戊子貞 ： 其尞于洹泉, 三牢, 宜牢? 《甲903》

3) 壬申卜, 賓貞 ： 尞于河?

貞 ： 勿尞于河? 《甲2998》

4) 貞 ： 勿告河? 《甲3518》

---

1) 屈萬里 <岳義稽古>, 《清華學報》 新2卷 1期 p.62～67.

2) 前揭書 《山海經》 p.19.

5) 御𡨦于河? 《乙5446》

6) 帝于河? 《乙5707》

7) 㞢報于河? 勿㞢報于河? 《乙6409》

8) 貞 : 勿舞河, 亡其雨? 《乙6875》

9) 貞 : 勿血㞢于河? 《乙8077》

10) 戊戌卜 : 御于河? 《粹49》

11) 庚申卜, 㱿貞 : 取洹, 㞢从雨? 《粹57》

12) 丁巳卜, 㱿貞 : 㞢于河? 《存1. 203》

13) 癸亥卜, 爭貞 : 翌辛未王其酒河? 不雨. 《鐵2. 195》

위에 예로 든 이들 복사 중의 '㞢水' · '洹泉' · '河'는 모두 하천의 이름이며, '𡨦' · '告' · '㞢' · '報' · '御' · '舞' · '血' · '帝' · '取' · '酒' 등은 모두 이런 하천에 대해 거행한 제사의 이름이다. 여기서의 '洹泉'이란 고대 문헌 중의 '洹水'로 추정된다. 《史記 · 項羽本紀》와 이에 대한 《史記集解》에 의하면, 이 '洹水'는 湯陰 경계의 옛 殷의 도읍지 殷虛에 있고, 이는 殷나라 도읍지 朝歌에서 150리 떨어진 지금의 安陽縣 북쪽에 있다. 이는 갑골편이 발견된 지금의 河南省 安陽縣 小屯村 북쪽에 있는 하천이다. 또 '河'는 陳夢家가 지금의 '黃河'라고 고석하여,[1] 정설이 되었다. 그러나 '㞢水'에 대해서는 아직 고증이 되지 않았다.

그런데 산천에 대해 제사를 지낸 고서(古書)의 기록으로는 다음과 같은 것들이 있다. 《禮記 · 王制》에는, "天子祭天下名山大川. : 천자는 천하의 명산대천에 대해 제사를 지낸다."라고 하고 있고, 《禮記 · 曲禮》에도 "祭山川. : 산천에 대해 제사를 지낸다."라고 하고 있으며, 《禮記 · 月令》에는 "祀山林川澤. : 산림과 천택에 대해 제사를 지낸다."라고 하고 있고, 《儀禮 · 覲禮》에는 "祭山丘陵升, 祭川沈, 祭地瘞. : 산과 구릉에 대해서는 '升'祭를 지내고, 하천에 대해서는 '沈'제를 지내며, 토지 신에 대해서는 '瘞'제를 지낸다."라고 하고 있으며, 《爾雅 · 釋天》에는 "祭山曰庪縣, 祭川曰浮沈. : 산에 대해 제사를 지내는 것을 '庪縣'이라 하고, 하천에 대해 제사를 지내는 것을 '浮沈'이라고 한다."라고 하고 있고, 또 《國語 · 周語》에는 "供上帝山川百神之祀. : '上帝'와 산천의 모든 신(神)들에 대한 제사의 제품(祭品) 공급을 편리하게 하였다."라고 하고 있다. 이런 기록들로부터 周代에도 산천의 신(神)들에게 제사를 지냈음을 알 수 있다. 그런데 위에 인용한 《儀禮》와 《爾雅》의 기록에 의하면, 주대에는 산천의 신들에 대한 제법(祭法)으로 '沈'과 '瘞' 즉 '薶'가 사용되었는데 반(反)하여, 복사에 나타난 商代의 산천(山川)에 대한 제법(祭法)은 앞에서 본 바와

1) 陳夢家 前揭論文 <古文字中之商周祭祀>, 《燕京學報》 第19期 p.129.

같이 매우 다양하였음을 알 수 있다. 그리고 복사에서의 '沈'과 '塵'는 제명(祭名)이 아니라 희생의 사용법으로 쓰인 것을 알 수 있다.

戊. '[illegible]示'

갑골복사에 '[illegible]'로 쓴 글자가 있는데, 이 글자의 자형을 살펴보면 위쪽에 두 손이 마주하고 아래쪽은 '龜'로 구성되어 있으므로, 잠정적으로 '[illegible]'로 예정(隸定)하여 쓰고 있다. 이 '[illegible]'가 제사의 대상으로 쓰인 것으로 간주되는 복사를 예시하면 다음과 같다.

1) 乙卯貞 : 升伐[illegible]示, 五羌三牢? 《南明495》
2) 于[illegible]示又? 《南明496》
3) 丙寅貞 : 叀乎巳羌衆鬵于[illegible]示? 用.
貞 : 來丁丑歲于伊[illegible]示? 《南明497》

이들 복사에서의 '伐'·'又'·'歲' 등은 모두 제명(祭名)이며, 이들 제사의 대상은 '[illegible]示'이다. 그런데 이 '[illegible]示'가 구체적으로 어떤 신(神)인지에 대해서는 알 수가 없어 앞으로의 연구과제로 남겨 둘 수밖에 없다.

己. 기타(其他)

이상에서 살펴 본 지기(地祇) 이외에 제사의 대상으로 여겨지는 복사의 예로는 다음과 같은 것들이 있다.

1) 門示若. 《鄴3. 40. 11》
2) 辛酉卜, 賓[貞] : ☐子酉彡 求年 …… 牛, 鬵 …… 至 …… 《前6. 66. 3》)
3) ☐☐☐, 大貞 : …… 十宰, [illegible]五宰, 鬵示三宰? 八月. 《後上28. 6》
4) 乙卯卜, 散貞 : 于[illegible]示𡆥? 《存2. 18. 4》
5) 貞 : 于[illegible]示𡆥 …… ? 《明518》

이들 복사에서의 '門'·'鬵'·'[illegible]' 등은 '示'자와 연이어 사용된 것으로 보아 제사의 대상이라고 생각되지만, 이들이 구체적으로 무슨 뜻인지를 알 수가 없고, 또《後上28. 6》과 같이 희생(犧牲)의 사용 방법으로도 쓰인 경우도 있으므로, 앞으로의 고석과 연구 과제로 미루어 둘 수밖에 없다.

이상으로 간략히 갑골복사에서 향사(享祀)된 지기(地祇)를 살펴보았다. 이로써 商代에 향사(享祀)된 지기(地祇)로는 '土' 즉 '社'·'亳社'·'邦社'·'屮社'·'[illegible]社'와 '東'·'西'·'南'·'北'의 '四方神' 및 '山'·'商丘'·'岳'·'玉山'·'水'·'屮水'·'洹水'·'河'·'[illegible]示' 등이 있고, 앞으로 더 연구해야 할 것으로는 '門示'·'[illegible]示'·'蠶示' 등이 있음을 알 수 있다.

三. 인귀(人鬼)

여기에서 말하는 인귀(人鬼)는 주지하는 바와 같이 죽은 사람을 말한다. 갑골복사에 나타난 바에 의하면, 商 왕실에서 제사를 올린 인귀(人鬼)는 크게 商 왕실의 선공·선왕과 그들의 선비(先妣)는 물론이고 商 왕실에 공적(功績)이 큰 선현(先賢)과 공신(功臣)들까지 포함되었다. 이들 향사(享祀)된 인귀들 가운데 商 왕실의 역대 왕들에 대해서는《史記·殷本紀》에 기술(記述)된 내용을 바탕으로 하고, 갑골복사에 나타난 역대 왕들을 비교하면서, 다른 문헌 자료들도 참고하여 商 왕실의 세계(世系)를 추정하되, 이들을 원조(遠祖) 선공(先公)·근조(近祖) 선공·전기(前期) 선왕(先王)·후기 선왕 및 기타 조상과 선현 공신 등으로 나누어 서술하고자 한다.

甲. 원조(遠祖) 선공

먼저《史記·殷本紀》에 기록된 원조(遠祖) 선공의 세계(世系)를 보면, "帝嚳 - 契 - 昭明 - 相土 - 昌若 - 曹圉 - 冥 - 振"으로 되어 있으나,《史記·三代世表》에는 "高辛 - 卨 - 昭明 - 相土 - 昌若 - 曹圉 - 冥 - 振"으로 되어 있다. 이를 서로 비교해 보면 商 왕실의 시조(始祖)와 그 다음 대(代) 2대의 이름이 서로 다르고, 나머지는 모두 동일하다. 그런데《史記·五帝本紀》에, "帝嚳高辛氏者, 黃帝之曾孫也. : 帝嚳 高辛氏는 黃帝의 증손(曾孫)이다."라고 되어 있다. 이로써 〈殷本紀〉의 '帝嚳'과 〈三代世表〉의 '高辛'은 동일인(同一人)임을 알 수 있다. 그리고《說文解字》'厹'부의 '卨'자에 대해 段玉裁는, "卨, 殷元王以爲名, 見漢書, 俗改用偰·契字. : '卨'자는 殷 元王의 이름으로, 이는《漢書》에 보이는데, 세속에서는 이를 '偰'이나 '契'로 바꿔 쓰고 있다." 라고 주(注)하였다. 이로써 〈殷本紀〉의 '契'와 〈三代世表〉의 '卨' 역시 동일인임을 알 수 있다. 이로써《史記》의 〈殷本紀〉와 〈三代世表〉의 이 두 문제는 해결되었다. 그러면 갑골복사에는 商 왕실의 원조 선공들은 어떤 사람들인가 살펴보자.

1. 帝嚳

갑골복사 중에 '[oracle-bone glyph]'·'[oracle-bone glyph]'·'[oracle-bone glyph]'·'[oracle-bone glyph]' 등의 모양으로 쓴 글자들이 있는데, 王國維가 이 글자들의 자형(字形)이 사람의 머리와 손발을 형상화한 것에 착안하여 이를 금문(金文)의 '羞'·'柔' 등의 자형과 비교하여 이 글자가 '夒'자임을 고석해 내고, 동시에 성류(聲類) 관계에 근거하여 이 '夒'를 商 왕실의 선조(先祖) 帝嚳이라고 해석하였다.[1] 王國維의 이러한 고석과 해석은 정확한 것으로 이미 갑골학계의 정론이 되었다. 그러면 이 '夒'가 제사의 대상이 되는 복사의 예를 살펴보자.

1) 尞于夒?	《前6. 18. 4》
2) 甲子卜, 爭貞 : 求年夒𡆥, 六牛?	《甲3512》
3) 丙午卜, 旅貞 : 翌丁未夒尞告又☐?	《存2. 599》
4) 壬戌王......夒報, 牛? 一月.	《庫1298》
5) 甶高祖夒祝用, 王受又.	《粹1》
6) 侑于夒?	《後下14. 5》

위에 예로 든 복사들 가운데 '尞'·'報'·'侑' 등은 모두 제사 이름이며, 이들 제사는 이에 사용된 제품(祭品) 즉 희생(犧牲)의 수량으로 보면 상당히 융숭(隆崇)하게 거행되었음을 알 수 있다. 그리고 이들 복사를 통해서 이러한 제사를 받은 사람은 바로 '夒' 즉 〈殷本紀〉 중의 帝嚳임을 알 수 있다.

2. 契

갑골복사 가운데에 또 '[oracle-bone glyph]'·'[oracle-bone glyph]' 등의 모양으로 쓴 것이 있다. 이 글자를 羅振玉은《說文解字》'𦥑'[2]부의 '𦥑'자의 '古文' '兕'자라고 고석하여 이미 학계의 정설이 되었다. 그러면 갑골 제사 복사 가운데 이 '兕'가 제사의 대상으로 사용된 예를 보자.

1) 己巳卜, 亘貞 : 尞于兕?	《存2. 176》
2) 己未貞 : 尞于兕, 大豕?	《粹69》
3) 丙寅貞 : 叀丁卯酒于兕?	
丙寅貞 : 于庚午酒于兕?	

1) 王國維《觀堂集林》(河洛圖書出版社 1975. 臺北) p.411~412를 참고.

2) 지금 속자(俗字)로는 '㲋' 또는 '㲋'로 쓴다.

丁卯貞 : 于庚午酒𡧊于兕?

己巳貞 : 庚午酒𡧊于兕? 《通259》

4) 貞 : 侑于兕? 勿侑于兕? 《乙5318》

5) 丙寅卜 : 酒伐于兕? 《掇2. 50》

6) 于兕御? 《粹20》

위의 복사들에서의 ‘𡧊’ · ‘酒’ · ‘侑’ · ‘伐’ · ‘御’ 등은 모두 제사 이름이며, 이들 제사의 대상은 ‘兕’이다. 그러면 이 兕는 누구인가? 이에 대해 董作賓은, 위에 예시한 갑골문과《說文解字》 중의 ‘兕’ 즉 ‘𤉡’자의 자형을 비교하고 ‘契’ · ‘兕’ · ‘卨’ 세 글자의 음운(音韻)에 근거하여 복사에서의 이 ‘兕’를 商 왕실의 선조(先祖) ‘契’임을 밝혀내었다.[1]

그리고 일본의 島邦男은 한걸음 더 나아가 董作賓을 비롯한 여러 학자들의 주장을 종합하면서, 자형 구조를 분석하여 복사 중의 ‘ ’자는 ‘兕’자임을 밝히고, 이 ‘兕’가 신명(神明)으로 쓰일 때는 곧 商 왕실의 선조(先祖) ‘契’라고 주장하였다.[2] 이로서 복사에서의 ‘ ’ · ‘ ’ 등은 ‘兕’자이고, 이는 商 왕실의 원조(遠祖) 선공 ‘契’ 즉 ‘卨’이라는 주장은 갑골학계의 정론이 되었다.

3. 昭明

갑골복사 중에는 ‘ ’ · ‘ ’ · ‘ ’ 등의 모양으로 쓴 것이 있다. 이 두 개의 글자 중 앞의 글자를 ‘王’자로 고석하는 것에는 이론(異論)의 여지가 없지만, 뒤의 글자에 대해서는 이설(異說)이 많다. 羅振玉은 이를 ‘夨’자라고 하였고,[3] 郭沫若은 이를 ‘吳’자라고 하면서, ‘王吳’는 곧 〈殷本紀〉의 ‘曹圉’라고 해석하였다.[4] 그런데 郭沫若의 고석을 따르면서도 해석은 달리한 사람도 있다. 바로 丁山인데, 그는 〈新殷本紀〉에서 이를 ‘王吳’라고 하면서, 이 ‘王吳’는 바로 ‘昭明’을 지칭하는 것이라고 주장하였다. 그러면 먼저 이 ‘王吳’가 제사의 대상으로 쓰인 복사의 例를 보자.

1) 侑王吳, 伐三卯宰? 侑王吳, 伐一卯宰? 侑王吳, 伐五卯宰?

貞 : 于王吳?

---

1) 董作賓 前揭書《董作賓先生全集》第二册 p.371을 참고.

2) 島邦男 前揭書《殷墟卜辭研究》p.235를 참고.

3) 羅振玉 前揭書《增訂殷虛書契考釋》卷中 p.55의 考釋을 참고.

4) 郭沫若 前揭書《卜辭通纂》p.68의 考釋을 참고.

壬辰卜, 㱿貞 : 于王吳?　　《乙5317》

2) 貞 : [戊+柬]于王吳, 宰?

貞 : 勿[戊+柬](于)王吳, 三宰?　　《前1. 45. 3》

3) 侑于王吳, 二犬?　　《後下4. 14》

이들 복사 중의 ‘侑’ · ‘[戊+柬]’ 등은 제사의 이름이며, 이들 제사의 대상은 ‘王吳’이다. 그러나 郭沫若의 주장과 같이 이 두 글자가 ‘王吳’가 틀림없다고 하더라도 ‘王吳’가 〈殷本紀〉 중의 어느 사람을 지칭하는지를 확실하게 알 수 있는 증거 자료가 아직은 없다. 그래서 여기서는 우선 ‘昭明’이라고 풀이한 丁山의 주장을 따르기로 하고, 더욱 정확한 연구 결과를 기다리기로 하겠다.

4. 相土

갑골복사 가운데 ‘’ · ‘’ · ‘’ · ‘’ · ‘’ 등의 모양으로 쓴 것이 있는데, 이를 ‘土’자로 고석하는 것에 대해서는 학계의 이론(異論)이 없다. 복사 가운데 이 ‘土’가 신명(神名)으로 쓰인 예를 들면 다음과 같다.

1) 貞 : 寮于土, 三小宰 · 卯一牛?　　《前1. 24. 3》

2) 貞 : 求年于土, 九牛?　　《藏26》

3) 貞 : 勿寮于土?　　《藏228》

4) 貞 : 寮于土, 三小宰卯一牛沈十牛?　　《存2. 182》

이들 복사에서의 ‘寮’는 제사 이름이며, 이 제사를 향사(享祀)받은 신(神)은 ‘土’이다. 《藏26》의 경우는 이 신명(神明) ‘土’에게 9마리의 소[牛]를 제품(祭品)으로 헌상하며 제사를 지내면서 풍년을 빌고 있다. 그러면 이 신명(神明) ‘土’는 어떻게 해석해야 하는가? 이에 대해 王國維는 앞의 〈지기(地祇)〉의 ‘土’를 검토하면서 인용 설명한 바와 같이, 이 ‘土’자를 ‘相土’의 약칭(略稱)으로 보고 옛 문헌 가운데에서 그 예를 찾아내고, 또 이 ‘土’를 ‘社’의 가차(假借)로 보는 주장에 동의하지 않았다.[1] 그러나 陳夢家는 王國維의 이런 주장을 반박하면서, “然旣名相土, 何以不稱相而稱土?[2] : 그런데 기왕 ‘相土’라고 명명(命名)하면서 어째서 ‘相’이라고 칭하지 않고 ‘土’라고 칭하는가?”라고 하였다.

---

1) 王國維 前揭書《觀堂集林》卷九 p.413~414를 참고.

2) 陳夢家 前揭論文 <古文字中之商周祭祀> p.117.

갑골복사에 나타난 '土'자의 용법은, 첫째는 방국명(方國名)으로 쓰인 것, 둘째는 토지의 의미로 쓰인 것, 셋째는 신명(神明)으로 쓰인 것 등 셋으로 나눌 수 있다. 이 가운데 신명(神明)으로 쓰일 때에는 또 두 가지로 나눌 수 있는데, 하나는 '社' 즉 상고시대 '祀社'의 제례(祭禮)이며, 또 하나는 곧 〈殷本紀〉의 '相土'이다. 여기서 예로 든 '土'는 바로 '相土'를 가리키는 것이고, 王國維가 말 한대로 '[glyph]'는 '邦土' 즉 '邦社'로, 이때의 '土'는 곧 '社'의 가차(假借)로 보는 것이 타당하다.

5. 昌若

갑골복사에서 〈殷本紀〉 중의 '昌若'에 해당하는 예는 아직 발견되지 않았다. 비록 吳其昌이,

> 世本帝繫篇 · 史記殷本紀, 皆以'相土'之後爲'昌若', 而'昌若'卜辭中無之. 今考, 卜辭中之'若', 卽'昌若'也. …… '若'者, '土'之子也. '土', 土之神也; '若', 海之神也. '相土'生'昌若', 卽父爲土之神, 子爲海之神之謂也.[1] :《世本 · 帝繫篇》과《史記 · 殷本紀》 모두 '相土'의 후임은 '昌若'이라고 하고 있는데, '昌若'은 복사에는 보이지 않는다. 지금 살펴보면, 복사 중의 '若'이 바로 '昌若'이다. …… '若'은 '土'의 아들이다. 또 '土'는 토지신이고; '若'은 바다의 신(神)이다. '相土'가 '昌若'을 낳았는데, 부친은 토신(土神)이되고, 아들은 해신(海神)이 되었다는 말이다.

라고 하여 복사 중의 '若'이 곧 〈殷本紀〉 중의 '昌若'이라고 하였지만, 그의 이런 주장에는 아무런 증거가 없으며, 또 복사 중에 '若'자가 신명(神明)으로 쓰인 예도 전혀 없으므로, 이런 주장은 믿기가 어렵다.

6. 曹圉

갑골복사 가운데 '[glyph]' · '[glyph]' 등의 모양으로 쓰고 있는 글자들이 있는데, 이를 于省吾는 '朱司'의 '合文'[2]이라고 고석하고, 다시 이를《史記 · 殷本紀》 중의 '曹圉'라고 주장하였다.[3] 于省吾는 이 글자의 결구(結構)를 '[glyph]'와 '[glyph]'로 나누고, 이를 각각 '朱'자와 '司'자라고 하면서, 옛 전적(典籍)에 이를 '曹' 혹은 '糧', 그리고 '圉' 혹은 '國'으로 한 것은 완전히 와전(訛傳)된 것이라고 하였다. 그러나 于省吾가 이 글자를 '朱司'로 고석한 것은 수긍이 가지만, 이가 곧 〈殷本紀〉 중의 '曹圉'로 와전되었다고 주장하는 데에는 근거 제시가 미흡하다. 그러면 갑골복사 중의 예를 보자.

---

1) 吳其昌 上揭書 第十四期 <卜辭所見殷先公王三續考> p.31~32.

2) 두 개 이상의 글자를 한 글자처럼 쓴 글자를 지칭하는 中國文字學 즉 漢字學 전문 용어이다.

3) 于省吾 前揭書《殷契駢枝續編》p.23.

1) 貞 : 侑于㭬司? 《後上5. 9》

2) 貞 : 㭬司 ...... ? 《前6. 24. 5》

3) ...... 侑...... 㭬司 ...... ? 《前6. 56. 2》

이 글자가 각(刻)된 복사는 전체 갑골편 가운데 위에 예로 든 세 편(片)밖에 없고, 또 이 '㭬司'가 분명히 제사의 대상인 것은《後上5. 9》 하나뿐이다. 그러므로 于省吾의 위와 같은 주장을 그대로 받아들이기는 어렵다. 또 앞에서 언급한 바와 같이 郭沫若은 복사 중의 '王吳'를 〈殷本紀〉 중의 '曹圉'라고 하였으나, 이 주장 역시 뚜렷한 근거가 없는 것이어서, 갑골복사에서는 〈殷本紀〉 중의 '曹圉'는 아직 찾지 못했다고 할 수밖에 없다.

7. 冥

갑골복사 가운데에는 또 '[甲骨文]'의 모양으로 쓴 것이 있는데, 이를 '季'자로 고석하는 데에는 이론(異論)이 없다. 그러면 '季'가 제사의 대상이 되어 있는 복사의 예를 보자.

1) 貞 : 侑于季? 《後上9. 6》

2) 勿侑于季? 《金638》

3) ☐☐卜, 亘(貞) : 侑伐于季, ... 三卯六牡? 《乙3684》

4) 貞 : 侑犬于季? 《粹74》

5) 壬午卜, 旅貞 : 季歲王其賓? 《存2. 600》

6) 壬辰卜, 旅貞 : 季歲, 牡? 在☐月. 《海2. 6》

위에 예로 든 복사 중의 '侑' · '伐' · '歲' 등은 모두 제명(祭名)이고, 이들 제사의 대상은 '季'이다. 이 '季'는 누구인가에 대해 王國維는《楚辭》〈天問篇〉의 기록에 의거하여 '季'가 곧 《史記 · 殷本紀》 중의 '冥'임을 증명하였다.[1] 그는《史記 · 殷本紀》에서는 '冥'이 '王亥'의 부친이고,《楚辭》〈天問篇〉에서는 '季'가 '王亥'의 부친인 것에 의거하여《史記 · 殷本紀》의 '冥'과 《楚辭》〈天問篇〉의 '季'가 동일인(同一人)임을 증명함으로써 결국 복사 중의 '季'가《史記 · 殷本紀》 중의 '冥'임을 밝혔다. 王國維의 이 고증(考證)은 갑골학계의 정설이 된지 오래다.

---

1) 王國維 前掲書《觀堂集林》p.414~415를 참고.

8. 振

갑골복사 중에는 '' · '' · '' · '' · '' · '' 등의 모양으로 쓴 것들이 있다. 이들에 대해 王國維는《史記 · 殷本紀》 중의 '振'에 대한《史記索隱》에 '振'자를《世本》에는 '核'으로 쓰고 있는 것과,《漢書 · 古今人表》에는 이 '振'자를 '垓'자로 쓰고 있는 것에 착안하여,《山海經 · 大荒東經》과 이에 대한 郭璞의 주(注)에서 인용한《古本竹書紀年》과《今本竹書紀年》을 근거로 하여 '王亥'가《史記 · 殷本紀》 중의 '微' 즉 '上甲'의 부친임을 밝혀내어서 이 '王亥'가 바로《史記 · 殷本紀》 중의 '振'임을 증명하고는,《史記 · 殷本紀》에서 이를 '振'으로 기록한 것은 '核' 또는 '垓'와 자형(字形)이 비슷한 것 때문에 와전(訛傳)된 것이라고 단정하였다.[1]

王國維의 이 고석은 매우 상세하고 정확하다. 갑골복사에 보이는 '王亥'의 번체(繁體) '亥'자인 '' · '' · '' 등의 글자는 王國維가 인용한《山海經 · 大荒東經》에서 말한 것과 같이 두 손으로 새를 잡고 있는 '王亥'의 모양임도 알 수 있어 더욱 그의 고증(考證)의 정확성을 실감나게 해 준다. 그러면 '王亥'에 대한 제사 복사의 예를 살펴보자.

1) 貞 : 告子王亥, 五牛? 《續2. 180》
2) 貞 : 禘于王亥? 《後上19. 1》
3) 貞 : 戊 東 王亥? 《乙7161》
4) 甲申卜, 㱿貞 : 來辛亥尞于王亥, 三十牛? 《後上23. 16》
5) 貞 : 侑于王亥, 叀三百牛? 《後上28. 1》
6) 貞 : 來辛酉酒王亥? 侑伐于王亥, 十羌? 《粹76》
7) 辛未卜, 㱿貞 : 王叀侑報酒于王亥? 酒王亥? 《合309》
8) 貞 : 侑報于王亥? 《天33》
9) 貞 : 登王亥, 羌? 《後上26. 5》
10) 貞 : 陟大御于高祖王(亥) ...... ? 《摭續7》
11) 其告于高祖王亥, 三牛? 《掇1. 455》
12) 辛巳卜, 貞 : 王亥上甲微于河? 《佚888》
13) ...... 王(貞) : 其尞(于)上甲父王(亥)? 《明738》

위에 예로 든 복사에서 보는 바와 같이《明738》에는 '上甲父王亥'로, 또《佚888》에서는 '王亥'가 '上甲微'의 부친이 됨을 증명할 수 있어, 王國維의 고석이 틀림없음을 알 수 있다. 그리고

1) 王國維 上揭書 p.415~416을 참고.

위의 이들 복사 중의 '告'·'侑'·'賓'·'報'·'伐'·'禘'·'酒'·'登'·'御' 등은 모두 제명(祭名)이며, 이들 제사의 대상은 곧 '王亥'이다. 또한 이로써 우리는 商 왕실의 王亥에 대한 제사의 방식이 매우 다양할 뿐만 아니라, 또 매우 융숭하게 제사를 거행하였음을 알 수 있다. 위에 예로 든 복사에 나오는 제사의 종류만 하더라도 갑골복사에 나타나는 중요한 제사는 대부분 모두 망라(網羅)되어 있으며, 또 제사에 사용된 희생(犧牲)의 수량도 가장 많게는 3백 마리의 소를 잡고 있다. 이렇게 융숭한 대접은 다른 선공이나 선왕에게서는 보기 드문 예이다.

이상으로 간략하게 商 왕실의 원조(遠祖) 선공에 대해서 살펴보았는데, 갑골복사에 나타난 것으로는 아직도 완벽하지 못한 점은 앞으로의 연구로 미루고, 지금까지의 연구 결과를《史記·殷本紀》의 세계(世系)와 표(表)로 비교하여 나타내면 다음과 같다.

<殷本紀> : 帝嚳 — 契 — 昭明 — 相土 — 昌若 — 曹圉 — 冥 — 振

甲骨 卜辭 : 夒 — 兕 — 王吳 — (相)土? — ○ — 朱司? — 季 — 王亥

乙. 근조(近祖) 선공(先公)

여기에서 말하는 근조(近祖) 선공이란《史記·殷本紀》중의 세계(世系) 중에서 '上甲微'에서부터 '主癸'까지의 商 왕실의 선조(先祖)를 지칭한다. 商 왕실의 근조 선공에 대해서는〈殷本紀〉중의 '微'에서부터 '報丙'까지와 '主壬'과 '主癸'의 두 부분으로 나누어서 살펴보기로 하겠다.

1. 報甲·報乙·報丙·報丁

商 왕실의 이들 근조(近祖) 선공이 갑골복사에 보이는 자형(字形)은 '報甲'의 경우와 나머지 세 왕들의 것이 다르다. '報甲'은 갑골복사에서 '⊞'·'亩'·'亩' 등의 모양으로 쓰고 있고, '報乙'·'報丙'·'報丁'은 각각 '冚'·'冚'·'冚' 혹은 '㔔'·'㔔'·'㔔' 등의 모양으로 쓰고 있다. 이들 자형 중의 '十'은 '甲'자, '㇉'은 '乙'자, '冂'은 '丙'자, '口'은 '丁'자가 됨은 이미 갑골학계의 정설이므로, 여기서 다시 재론(再論)할 필요는 없다고 생각된다. 따라서 여기에서는 단지 이들 '甲'·'乙'·'丙'·'丁'을 둘러싸고 있는 '口'·'匚' 혹은 '㔾'에 대해서만 검토하고자 한다. 갑골복사를 통한 商 왕실의 선공 선왕에 대한 연구에서는 많은 학자들 가운데 王國維의 공헌이 가장 크다. 王國維는 그의〈殷卜辭中所見先公先王考〉라는 논문에서, 갑골복사 중에 '甲'·'乙'·'丙'·'丁'자를 둘러싸고 있는 '口'·'匚' 혹은 '㔾'은 같은 뜻이며, '⊞'·'亩' 등으로 쓴 글자는《國語·魯語》에 나오는 '上甲微' 즉〈殷本紀〉중의 '微'임을 밝히고 이를 '上甲'으로 읽었다.[1)]

1) 上揭書 p.422~423을 참고.

그러나 '□'·'匚' 혹은 '⊐' 등이 구체적으로 무슨 글자인지는 밝히지 않았었다. 복사 가운데에는 '匚' 혹은 '⊐'가 단독으로 신명(神明)이 되어 제사를 받은 예는 없고 '□'는 단독으로 신명(神明)이 되어 제사의 대상이 된 예가 있다. 위에 인용한 王國維의 논문에서 우리는 '□·'匚' 혹은 '⊐'가 같은 뜻임을 보았으므로 이 '□'가 무슨 글자인지를 밝히면 된다고 생각된다. 그러면 먼저 이 '□'가 제사의 대상이 된 복사의 예를 보자.

1) 貞 : 尞于□, 五牛? 《前1. 46. 5》
2) 己丑卜, 大貞 : 于五示告, □·祖乙·祖丁·羌甲·祖辛? 《粹250》
3) 丙午卜, ☐貞 : 告·報于□, 二牛? 《甲2127》
4) 丙寅貞 : 翌丁卯兄並其侑羽□, 牢? 《前5. 25. 1》

위에 예시한 복사 중의 '尞'·'告'·'報'·'侑' 등은 모두 제명(祭名)이며, 이들 제사의 대상은 '□'이다. 이 글자가 복사에서 신명(神明)으로 쓰인 것에 대해 先師 金祥恒 교수는,

□與甲乙丙丁之丁無別, 於是人皆誤釋爲'丁'字, '□宗'非丁宗. 己酉方彝銘日 : '其☐祊宗'作'□宗'. 王國維謂 : '上甲之甲字在□中, 報乙·報丙·報丁之乙丙丁在匚或⊐中, 自是一例, 意壇墠或郊宗石室之制, 殷人已有行之者與!' □·匚, 說文 : '匚, 受物之器也. 讀若方. 匚, 籒文匚.' 太史公將田·㔯·㔭·㔬釋爲報甲·報乙·報丙·報丁, 將□釋爲報, 以漢讀若例言之, 報, 報恩也, 其音讀□若報也. 魯語 : '上甲微能帥契者, 殷人報焉.' 卜辭有'□示': "貞 : 勿氏□示?(《新781》)", "庚辰貞 : 其桒□示于☐?(《粹530》)", "貞 : 不隹, □示它, 禽, 十月.(《粹1265》)". '□示'非丁示, 爲祊示也, 祊示卽祊宗, 祊宗指報上甲與三報也.[1] : '□'는 '甲乙丙丁'의 '丁'과 구별이 없다. 이에 사람들이 '丁'자로 잘못 해석하는데, '□宗'은 '丁宗'이 아니다. 《己酉方彝》의 명문(銘文)에 '其☐祊宗'이라고 한 말 중의 '祊宗'을 '□宗'이라고 쓰고 있다. 王國維는 「'上甲'의 '甲'자가 '□' 속에 있고, '報乙'·'報丙'·'報丁'의 '乙'·'丙'·'丁'은 '匚' 또는 '⊐' 속에 있는데, 이것이 일례(一例)이면, 이는 '壇墠'이나 '郊宗石室'의 예제(禮制)를 殷나라 사람들이 이미 시행하고 있었음을 의미하는 것이 아닌가!」라고 하였다. '□'과 '匚'에 대해, 《說文解字》에 「'匚'은 (方形으로,) 물건을 담는 기물이라는 뜻이다. '方'자처럼 읽는다. '匚'은 '籒文' '匚'자이다.」라고 하고 있다. 太史公 즉 司馬遷이 '田'·'㔯'·'㔭'·'㔬'을 각각 '報甲'·'報乙'·'報丙'·'報丁'으로 해석하였는데, 이는 '□'을 '報'자로 해석한 것이다. 漢代의 '讀若'의 통례(通例)로 말하면, 이 '報'자는 '報恩하다'는 뜻이며, 그 독음(讀音)도 '□'는 '報'자처럼 읽는다. 《國語·魯語》에, 「上

1) 金祥恒 <卜辭中所見殷商宗廟及殷祭考(上)>, 《大陸雜誌》(大陸雜誌社 1975. 臺北) 史學叢書第一輯第三册 先秦史研究論集(下) p.46.

甲 微가 閼伯 契의 모든 업적을 계승할 수 있는 사람이어서 商나라 사람들이 '報祭를 올렸다.」라고 하고 있다. 복사에 '□示'라고 한 예로는, "貞 : 勿氏□示?(《新781》)", "庚辰貞 : 其桒□示于☐(《粹530》)", "貞 : 不隹, □示?, 禽, 十月.(《粹1265》)" 등이 있다. 이 '□示'는 '丁示'가 아니라, '祊示'인데, 이 '祊示'는 곧 '祊宗'이고, '祊宗'은 上甲과 '三報' 즉 '報乙'·'報丙'·'報丁'을 지칭한다.

라고 하였다. 이에서 보는 바와 같이 金 교수는 갑골복사 중의 '□'·'匚' 혹은 '⊐'은 '報'자이며, '□示'일 때는 '祊宗'으로 '報(上)甲'·'報乙'·'報丙'·'報丁'을 가리킨다고 했다. 그의 이 주장은《史記·殷本紀》에서 이들을 증명하고 있어 갑골학계의 정설이 되었다.

그런데 商 왕실 근조(近祖) 선공의 세계(世系)와 매우 관계가 깊은 다음과 같은 갑골복사가 있다. 즉,

1) 乙未酒𢆶品報甲十·報乙三·報丙三·報丁三·示壬·示癸三·
大乙十·大丁十·大甲十· 大庚七·𠂤三 ...... 三·祖之 ...... 《粹112》
2) 甲戌翌報(上)甲·乙亥翌報乙·丙子翌報丙·(丁丑翌)報丁·
壬午翌示壬·癸未翌示癸·(乙酉翌大乙)·(丁亥)翌大丁·
甲午翌(大甲)·(庚子)翌大庚. 《粹113》
3) 甲寅報甲翌·乙卯報乙翌·丙辰 ...... 《粹114》

등이 바로 그것이다.《粹112》에서의 '酒'는 제명(祭名)이며, 商 왕실 선공 선왕의 이름 다음의 숫자는 제사에 사용된 희생(犧牲)의 숫자이다. 그리고《粹113》와《粹114》의 '翌'은 제명(祭名)으로 商 왕실의 '五種祭祀' 중의 하나이며, 이들 '五種祭祀'는 제사의 대상이 되는 조상(祖上)의 묘호(廟號)의 천간일(天干日)에 해당되는 날에 지내는 것이 그 특징의 하나이다.[1] 그리고 이들 세 편(片)의 갑골복사에 나타난 商 왕실 선공 선왕의 묘호는 모두 그 세계(世系)의 순서에 따라 기록하고 있다. 그런데 이를〈殷本紀〉중의 세계(世系)와 비교해보면 '報乙'·'報丙'·'報丁'의 순서를 제외한 나머지는 모두 그 세계의 순서와 같은데, 이 세 선공의 순서만 뒤바뀌었다. 이 부분에 대해서는 갑골복사가 殷代에 왕실에서 직접 기록한 것이므로, 이 보다 약 8~9백년 뒤인 漢나라 초기에 쓴《史記》보다는 신빙성이 훨씬 더 클 것이다. 그래서 이 부분의《史記》의 기록은

1) 許進雄의 논문 <殷卜辭中五種祭祀的研究>에서 상세하게 고증되어 학계의 정설이 되었다.

이들 갑골복사의 기록을 근거로 하여 '報乙'·'報丙'·'報丁'의 순서로 수정해야 한다고 생각한다.

2. 示壬·示癸

《史記·殷本紀》에는 商 왕실 근조(近祖) 선공의 마지막 두 세계(世系)를 '主壬'·'主癸'로 기록하고 있다. 그런데 위에서 예로 든《粹112》·《粹113》에는 이를 모두 '示壬'·'示癸'로 기록되어 있다. 이와 같은 예를 더 들어 보자.

1) 壬申卜, ☑貞 : 示壬歲其征于示癸? 《庫1220》
2) 壬戌 …… 貞 : 示壬翌歲, 翌癸亥其征于示癸? 《前1. 1. 7》
3) …… 于報甲·示壬·示癸 …… 大甲·祖乙 …… 十一月? 《存2. 601》
4) 貞 : …… 示壬羊土 …… 于示癸羊土 十, 六月? 《文263》
5) 己卯貞 : 求年于示壬, 三牢? 《甲329》
6) 癸卯卜 : 求雨于示壬? 《京3959》
7) 庚辰卜, 貞 : 王賓示壬奭妣庚翌日, 亡尤? 《後上1. 7》
8) 甲戌卜, 貞 : 王賓示壬奭妣甲翌日, 亡尤? 《前1. 2. 4》
9) 癸亥卜, 爭貞 : 侑于示癸? 《京657》
10) 癸酉卜, 大貞 : 王賓示癸肜, 亡尤? 在十月. 《前1. 2. 2》

위에 든 예들에서 보는 바와 같이 모두 '示壬'·'示癸'로 적고 있다. 그리고 앞에서 예로 든《粹112》와《粹113》에 기록된 복사의 선공(先公)들의 순서로 보면, 이 '示壬'·'示癸'는 〈殷本紀〉 중의 '主壬'·'主癸'에 해당됨이 틀림없다. 그런데 갑골복사의 '示'는 '宗'의 뜻이며, 이 '宗'은 또 '主'로 해석되는 경우가 많다. 그러므로 갑골복사 중의 '示壬'·'示癸'는 곧《史記·殷本紀》중의 '主壬'·'主癸'임이 분명하다.

이상에서 살펴본 바에 근거하여 〈殷本紀〉 중의 근조 선공의 세계(世系)와 갑골복사에 나타난 商 왕실의 근조 선공의 세계를 표로 비교하면 다음과 같다.

<殷本紀> : 微 —— 報丁 — 報乙 — 報丙 — 主壬 — 主癸
甲骨 卜辭 : 報甲 — 報乙 — 報丙 — 報丁 — 示壬 — 示癸

이에서 보는 바와 같이 〈殷本紀〉 중의 '微'에서 '報丙'까지의 호칭과 세계(世系) 순서가 갑골복사와 서로 다르고, 또 '主壬' · '主癸'의 호칭도 다름을 알 수 있다.

丙. 전기(前期) 선왕

여기에서 말하는 '전기(前期) 선왕'이란《史記 · 殷本紀》중의 商 왕실 세계(世系) 가운데 '天乙'에서부터 '南庚'에 이르기까지의 商 왕실의 선왕(先王)을 지칭한다. 이들의 세계(世系)는 갑골복사에서 어떻게 나타나고 있는지 하나하나 살펴보자.

1. 天乙

《史記 · 殷本紀》중의 '天乙'의 성명(姓名)에 대해 梁玉繩은, '湯'이라는 이름은《尙書 · 商書》에 처음 나타나고, 성(姓)은 '子'이고, 본명은 '履'이고, 또 '天乙'이라고도 한다고 하고는, '商侯履' · '子履' · '成商' · '成湯' · '武湯' · '武王' · '烈祖' · '神后' · '高后' · '高祖' · '后帝' · '殷湯' · '商湯' · '黑帝'라는 이름들을 소개하였는데,[1] 이는 고대로부터 전해 내려오는 전적(典籍)에 나타나는 '天乙'의 이름을 거의 망라한 것이라 하겠다.

그러나 갑골복사에는 '天乙'이라는 이름은 보이지 않고, '唐' · '大乙' · '成' 등으로 기록되어 있다. 陳夢家는 이에 대해,《鐵214 · 4》의 "卜 …… 報甲 · 唐 · 大丁 · 大甲."《乙5303》의 "求報甲 · 成 · 大丁 · 大甲 · 下乙",《佚986》의 "卜: 求雨自報甲 · 大乙 · 大丁 · 大甲 · 大庚 · 大戊 · 中丁 · 祖乙 · 祖辛 · 祖丁十示灌羊土 ?" 등 3편(片)의 복사를 예로 들어서 이를 서로 비교하고는 '大乙' · '唐' · '成' 등 세 사람은 동일인(同一人)이며, 이가 바로 '湯'임금이라고 하였는데, 이는 매우 정확하게 본 것이다.

그리고 王國維는, 복사에서 인명이나 지명으로 쓰인 '大'자를《世本》·《荀子》·《史記》등에서 '天'으로 쓴 것을 예로 들어 복사의 '大乙'이《史記 · 殷本紀》중의 '天乙'이며; 또 복사의 '唐'자에 대해서는《說文解字》'啺'자 조(條)에서 이 '啺'자의 '古文'이 바로 '唐'자임을 찾아내고,《博古圖 · 齊侯鎛鐘》의 명문(銘文)과《太平御覽》권82 · 912에 인용된《歸藏》에 근거하여 복사 중의 '唐'이 바로 '湯'임금임을 증명하였다.[2]

王國維의 이런 고석(考釋)은 '大'자와 '天'자는 자형(字形)이 비슷한 데에서 생긴 와변(訛變)에 근거하고, '唐'자는 글자의 파생 관계에 근거한 것으로, 갑골학계의 정설이 된지 오래다.

---

1) 李壽林《史記殷本紀疏證》(鼎文書局 1975. 臺北) p.16에서 재인용.

2) 王國維 前揭書《觀堂集林》p.427~429을 참고.

2. 太丁 · 外丙 · 中壬 · 太甲

商의 전기(前期) 선왕 '太丁' · '外丙' · '中壬' · '太甲'에 대해 司馬遷은《史記 · 殷本紀》에서,

> 湯崩, 太子太丁未立而卒; 於是迺立太丁弟外丙, 是爲帝外丙. 外丙卽位二年崩, 立外丙之弟中壬, 是爲帝中壬. 帝中壬卽位四年崩, 伊尹迺立太丁之子太甲. 太甲, 成湯嫡長孫也, 是爲帝太甲. …… 帝太甲旣立三年, 不明, 暴虐 ; 不遵湯法, 亂德. 於是伊尹放之於桐宮, 三年. 伊尹攝行政當國, 以朝諸侯. 太甲居桐宮三年, 悔過自責 · 反善, 於是伊尹迺迎帝太甲而授之政. 帝太甲修德, 諸侯咸歸殷, 百姓以寧. 伊尹嘉之, 迺作太甲訓三篇; 褒帝太甲, 稱太宗. : 湯임금이 붕어하자, 太丁은 황태자로 봉(封)해졌으나 즉위하기 전에 세상을 떠났기에, 太丁의 아우 外丙이 즉위하였는데, 이가 帝外丙이다. 外丙도 즉위한지 2년이 되어 붕어하니 그의 아우 中壬이 즉위하였는데, 이가 帝中壬이다. 帝中壬이 즉위한지 4년이 되어 붕어하니, 이번에는 伊尹이 太丁의 아들 太甲을 즉위시켰다. 이 太甲은 湯임금의 장손(長孫)으로, 바로 帝太甲이다. …… 帝太甲이 즉위한지 3년이 되었는데, 정사(政事)에 어둡고 포학하며, 湯임금의 법도를 준수하지 않고 도덕을 어지럽혔다. 이에 伊尹이 그를 '桐宮'에 감금하고 스스로 3년 동안 섭정을 하였더니, 제후들이 모두 조현(朝見)을 하였다. 太甲이 '桐宮'에 거처하면서 자신의 잘못을 후회하고 자책하며 뉘우쳐서 바른 사람이 되었기에, 이에 伊尹이 다시 그를 복위(復位)시켜 정치를 맡겼다. 帝太甲이 덕정(德政)을 베풀자, 제후들이 모두 殷나라에 귀순하고 백성들이 평안하게 살게 되었다. 伊尹이 이를 가상하게 여겨《太甲訓》3편(篇)을 저술하고, 帝太甲을 기려 '太宗'이라 칭하였다.

이라고 기술하였다. 이《史記》의 기록에 의하면 太丁 · 外丙 · 中壬은 서로 형제 사이이며, 太丁은 왕위에 오르지 못하고 세상을 떠났다. 그리고《孟子 · 萬章上篇》에도 이와 같은 내용이 기록되어 있는데, '中壬'을 '仲壬'으로 쓰고 있는 것만 다르다.

그런데《尙書》에 "成湯旣沒, 太甲元年."이라고 하고 있는데, 이에 대해 孔穎達의《尙書正義》에는,

> 孔安國傳云 : 太甲, 太丁子 · 湯孫也. 太丁未立而卒, 及湯沒而太甲立稱元年. 正義曰 : 成湯旣沒, 其歲卽太甲元年. : 孔安國의《尙書傳》에 "太甲은 太丁의 아들이자 湯임금의 손자이다. 太丁이 왕위에 오르지 못하고 세상을 떠났는데, 湯임금이 붕어하자 太甲이 즉위하여 '元年'이라 칭하였다."라고 하고 있다.《尙書正義》에, "成湯이 붕어하였으므로, 그 해가 바로 太甲 '元年'이다."라고 하고 있다.

라고 되어 있다. 그리고 위에 인용한《史記 · 殷本紀》의 太甲에 대한 기록에 대해《史記正義》에는,

尙書孔氏序云 : 成湯旣沒, 太甲元年. 不言有外丙 · 仲壬, 而太史公採世本, 有外丙 · 仲壬. 二書不同, 當是信則傳信, 疑則傳疑. :《尙書 · 孔氏序》에, "成湯이 붕어하자, (그 해가) 太甲 '元年' 이다."라고 하고 있다. 여기에는 '外丙'과 '仲壬'이 있었다고 말하지 않았는데도 太史公은《世本》을 채택하여 '外丙'과 '仲壬'이 있었다고 하고 있다. 두 책의 다름에 대해서는, 믿어도《尙書傳》을 믿고, 의심하여도《尙書傳》을 의심해야 한다.

라고 하고 있다. 이들 기록은, 成湯이 붕어하자 成湯의 손자 太甲이 바로 즉위하였다는 것이다. 그렇다면 이 문제에 대한 사실은 어떠한가? 商代 당시의 실물 자료인 갑골복사를 보기로 하자. 우선 이 문제와 관계되는 갑골복사를 예를 보자.

1) 乙未酒絲 : 報甲十 · 報乙三 · 報丙三 · 報丁三 · 示壬三 · 示癸三 · 太乙十 · 太丁十 · 太甲十 · 太庚十 · 𡧊三 …… 《粹112》
2) 甲戌翌報甲, 乙亥翌報乙, 丙子翌報丙, (丁丑翌)報丁, 壬午翌示壬, 癸未翌示癸, (乙酉翌大乙), (丁亥)翌大丁, 甲午翌(大甲, 丙申翌外丙, 庚子)翌大庚. 《粹113》
3) ☐未卜, 求雨自報甲 · 太乙 · 太丁 · 太甲 · 太庚 · (太)戊 · 中丁 · 祖乙 · 祖辛 · 祖丁十示率羊土. 《佚986》
4) 丙申卜, 行貞 : 王賓外丙𧶠, 亡尤? 在八月. 《後上2. 7》
5) 甲申卜, 貞 : 王賓太甲𡧊, 亡尤?
乙酉卜, 貞 : 王賓外丙彡夕, 亡尤? 《前1. 5. 1》
6) 丙辰卜, 貞 : 王賓外丙祭, 亡尤? 《粹179》

위에서 예로 든《前1. 5. 1》의 복사에는 太甲과 外丙이 동시에 기록되어 있고, 이들은 다 같이 '五種祭祀'를 향사(享祀)하고 있는데, 그 순서가 위에서 인용한《史記》와《孟子》의 기록과는 달리 太甲이 外丙보다 앞 순위이다. 이는 제사를 지낸 날짜가 太甲이 갑신일(甲申日), 外丙이 병술일(丙戌日)임을 보아도 알 수 있다. 그리고 또 한 가지는 갑골복사에는 仲壬이라는 商 왕실의 선왕이 보이지 않는다. 이런 문제들에 대하여 陳夢家는 두 가지 가능성을 제시하였다.[1] 하나는《史記》나《孟子》에 기록된 것과 같이 太甲이 湯임금의 법도를 준수하지 않아 쫓겨났을 가능성이고; 다른 하나는 太丁이 湯임금보다 먼저 세상을 떠났기 때문에 湯임금이 붕어하자 太丁의 아들인 太甲을 왕위에 옹립하니까, 太甲의 숙부이자 太丁의 아우들인 外丙과 中壬이 왕위를 다투었는데,

1) 陳夢家 前揭書《殷虛卜辭綜述》p.376을 참고.

이로 인하여 太甲이 왕위에서 쫓겨나는 일이 생겼으나, 太丁의 아우들이 즉위한 뒤에 이들이 차례로 붕어하자 太甲이 다시 왕위에 즉위했을 가능성이다. 그러나 어느 가정(假定)이 사실이든 간에 갑골복사에 나타난 제사의 순서가 太甲이 外丙의 앞이므로 太甲이 실제로 外丙보다 앞서 왕위에 즉위한 것이 틀림없다는 것이다. 그런데 실제로 中壬이 존재했는지의 여부는 현재까지 발굴된 자료로는 정확하게 밝혀낼 수가 없다. 그러나 위에서 인용한 갑골복사의 예로 보면 外丙이 왕위에 즉위한 것은 틀림없고, 太甲과의 제사 순서가 《史記》나 《孟子》에 기록된 것과는 달리 太甲이 外丙보다 앞선다는 것이 밝혀졌으므로 商 왕조의 왕들의 즉위순서도 당연히 갑골복사의 순서대로 고치는 것이 순리라고 여겨진다.

3. 沃丁

司馬遷은 《史記 · 殷本紀》에서 沃丁에 대해,

> 太宗崩, 子沃丁立. 帝沃丁之時, 伊尹卒. 卽葬伊尹於亳, 咎單遂訓伊尹事, 作沃丁. : '太宗' 즉 太甲이 붕어하자 그의 아들 沃丁이 즉위하였다. 帝沃丁이 재위하고 있을 때에 伊尹이 별세하였다. 바로 伊尹을 亳에 안장(安葬)하고, 咎單이 이에 伊尹의 일을 해설하여 《沃丁》을 저술하였다.

이라고 기술하고 있다. 이 '沃丁'에 대한 기록은 다른 중국의 경전(經傳)을 비롯한 고서(古書)에도 많이 보이고, 그 내용도 모두가 이 《史記》의 기록과 대동소이하여 정말로 商 왕실의 선왕 '沃丁'은 실존했던 인물인 것 같다. 그러나 그 때의 실물 자료인 갑골복사에는 '沃丁'이라는 이름이 아직까지는 발견되지 않고 있다. 그런데 복사 가운데 '⍰□'이라는 말이 있는데, 처음에는 이를 '沃丁'이라고 읽기도 하였다. 그러나 이 말이 기록된 갑골편은 모두 1만 여 편(片) 가운데 겨우 《通309》와 《前5. 8. 5》둘 뿐인데다가, 《通309》의 복사는 '父丁'을 잘못 고석한 것으로, 이는 '康丁'을 지칭한 것이며[1]; 《前5. 8. 5》는 '丁⍰羌⍰'의 오독(誤讀)임이 원편(原片)의 조사 결과로 확인되었다. 또 董作賓의 殷 왕실의 사전(祀典)에도 '沃丁'은 없으며, 日本의 島邦男은 갑골복사에 '祖丁'을 '四祖丁'이라고 호칭하고 있는데, 이는 '丁'자를 이름으로 하고 있는 선왕은 세차(世次) 순서대로 '報丁' · '太丁' · '中丁' · '祖丁'의 넷뿐이어서 '祖丁'을 '四祖丁'이라고 한 것인데, 만약 '沃丁'이 정말로 왕위에 올랐다면 '祖丁'은 반드시 '五祖丁'이라고 칭해야 함에 착안하여 '沃丁'은 왕으로 즉위하지 않았다고 단정하였다.

---

1) 于省吾는 그의 《殷契餘論》에서 이미 이를 정정(訂正)하였다.

지금까지 발견된 갑골복사에는 '沃丁'이라는 선왕은 제사의 대상으로든 아니면 선왕의 묘호(廟號)로든 전혀 보이지 않는다. 이에 따라 갑골복사가 商代의 실물 자료인 점에 근거하면, 비록 전해져 오는 고서(古書)나 전설에 의하면 '沃丁'이 실존 인물인 것 같지만, 그가 왕위에 즉위하지 않은 것 또한 틀림없는 사실인 것 같다.

4. 太庚 · 小甲

司馬遷의 《史記 · 殷本紀》에는,

> 沃丁崩, 弟太庚立, 是爲帝太庚庚, 帝太庚崩, 子帝小甲立. : 沃丁이 붕어하자 아우 太庚이 즉위하였는데, 이가 帝太庚이다. 帝太庚이 붕어하자 아들 帝小甲이 즉위하였다.

라고 기록되어 있다. 이에 의하면 太庚은 沃丁에 뒤이어 즉위한 것이다. 그러나 앞에서 본 바와 같이 갑골복사에서는 '沃丁'이라는 선왕은 아예 찾아볼 수차 없으며, 또 外丙보다는 太甲이 먼저 즉위하였으므로, 太庚은 外丙에 뒤이어 즉위하였을 것이다. 太庚과 小甲과의 관계가 부자(父子) 사이임은 갑골복사에서도 마찬가지이므로 더 이상 논할 필요가 없다.

5. 雍己 · 太戊

다시 《史記 · 殷本紀》를 보자.

> 帝小甲崩, 弟雍己立, 是爲帝雍己. 殷道衰, 諸侯或不至. 帝雍己崩, 弟大戊立, 是爲帝大戊. : 帝小甲이 붕어하자 아우 雍己가 즉위하였는데, 이가 帝雍己이다. 殷나라의 국력이 쇠약해져 조현(朝見)하러 오지 않는 제후도 있었다. 帝雍己가 붕어하자 아우 太戊가 즉위하였는데, 이가 帝太戊이다.

라고 되어 있다. 이에 의하면 小甲 · 雍己 · 大戊는 兄弟 사이이며, 雍己가 가운데이고 大戊가 막내이다. 그러나 雍己 · 大戊 두 선왕의 즉위 순서는 갑골복사에는 뒤바뀌어 있어, 《史記》의 이 기록 역시 고쳐져야 할 것 같다. 이에 대해 許進雄은 《粹302》와 《前1. 8. 5》의 복사가 바로 雍己와 大戊에 대해 '五種祭祀'를 지낸 것임을 밝혀내고, 이에 다시 이 '五種祭祀'의 특성인 선왕 묘호(廟號)의 천간일(天干日)에 그 선왕을 제사지내고 또 그 순서의 배열이 즉위 순서와 일치한다는 점을 이용하여 大戊가 雍己보다 먼저 왕위에 즉위하였음을 증명하였다.[1] 그의 이 논증은 아주 정확한 것으로 이론(異論)의 여지가 없으므로, 이에 대한 《史記》의 기록도 재고(再考)되어야 한다고 생각한다.

6. 仲丁 · 外壬 · 河亶甲 · 祖乙

商 왕실의 전기(前期) 선왕 仲丁 · 外壬 · 河亶甲 · 祖乙에 대해《史記 · 殷本紀》에는,

> 中宗崩, 子帝仲丁立. …… 帝仲丁崩, 弟外壬立, …… 帝外壬崩, 弟河亶甲立, …… 河亶甲崩, 子帝祖乙立. : 中宗 즉 太戊가 붕어하자 아들 帝仲丁이 즉위하였다. …… 帝仲丁이 붕어하자, 아우 外壬이 즉위하였는데, 이가 帝外壬이다. …… 帝外壬이 붕어하자, 아우 河亶甲이 즉위하였다. …… 河亶甲이 붕어하자 아들 帝祖乙이 즉위하였다.

이라고 기록되어 있다. 이에 의하면 大戊가 붕어하자 그의 아들 3형제 仲丁 · 外壬 · 河亶甲이 차례로 왕위에 즉위하고, 河亶甲이 붕어하자 그의 아들 祖乙이 즉위하였다는 것이다.

그런데 갑골복사에 나타난 이들 선왕들 가운데 仲丁과 外壬은《史記》와 세계(世系)가 동일하므로 다시 논할 필요가 없다. 그러나 河亶甲과 祖乙의 관계는《史記》의 세계와 같지 않다.《史記》에는 祖乙은 河亶甲의 아들이라고 되어 있으나, 갑골복사에는 祖乙은 仲丁의 아들이고 河亶甲은 祖乙의 형이라는 것이다. 이는 許進雄의 주장으로,[1] 이를 정리하면 다음과 같다. 첫째, 선왕의 배비(配妃)가 '五種祭祀'를 향사(享祀)할 수 있는 자격은, 선왕이 직계 즉 왕위에 즉위는 못했더라도 太子로 책봉되었거나 왕위에 즉위한 아들이 있는 경우이어야 하는데, 仲丁에게는 이 '五種祭祀'를 향사(享祀)한 배비(配妃)가 2명이나 있으므로, 그는 틀림없이 왕위를 계승한 아들이 있었을 것이라는 점이고; 둘째, 仲丁은 직계 선왕을 열거한 복사에도 함께 나열되어 있다는 점이며; 셋째,《漢書 · 古今人表》에 河亶甲은 祖乙의 형으로 기록되어 있다는 사실이다. 이런 점으로 미루어보면 祖乙은《史記》의 기록과 같이 河亶甲의 아들이 아니라 仲丁의 아들임이 틀림없고, 또 즉위한 순서에 의거하면《漢書 · 古今人表》의 기록대로 河亶甲은 祖乙의 형이거나, 아니면 곧 仲丁의 아우 즉 祖乙의 숙부임이 틀림없다. 이 주장은 정확한 것으로 더 이상 이론(異論)을 제기할 여지가 없다.

그리고 여기서 한 가지 덧붙이고 싶은 것은 〈殷本紀〉에서는 太戊를 '中宗'이라고 칭하고 있는데, 이것도 잘못되었다는 것이다. 왜냐하면 갑골복사에는 "中宗祖乙"이라는 명칭이 많이 나온다. 예를 들면《存1. 175》,《?3. 4》,《甲1264》,《甲1481》,《存1. 1802》 등이다. 이 "中宗祖乙"이란

---

1) 許進雄 前揭書《殷卜辭中五種祭祀的研究》p.43~44를 참고.

1) 上揭書 p.26~27을 참고.

두말할 필요 없이 祖乙을 '中宗'이라고 칭한 것이므로《史記》의 이 부분도 정정(訂正)되어야 한다고 생각한다.

7. 祖辛 · 沃甲 · 祖丁 · 南庚

이들 네 명의 商 왕실의 전기(前期) 선왕들에 대한《史記 · 殷本紀》의 기록을 보면,

> 祖乙崩, 子帝祖辛立. 帝祖辛崩, 弟沃甲立, 是爲帝沃甲, 帝沃甲崩, 立沃甲兄祖辛之子祖丁, 是爲帝祖丁. 帝祖丁崩, 立弟沃甲之子南庚, 是爲帝南庚. : 祖乙이 붕어하자, 아들 帝祖辛이 즉위하였다. 帝祖辛이 붕어하자, 아우 沃甲이 즉위하였는데, 이가 帝沃甲이다. 帝沃甲이 붕어하자, 沃甲의 형 祖辛의 아들 祖丁을 옹립하였는데, 이가 帝祖丁이다. 帝祖丁이 붕어하자 아우 沃甲의 아들 南庚을 옹립하였는데, 이가 帝南庚이다.

라고 되어 있다. 이에 의하면 祖乙의 두 아들 祖辛과 沃甲이 모두 왕위에 즉위하였고, 아우인 沃甲이 붕어한 뒤엔 祖辛의 아들 祖丁이 왕위에 올랐으며, 祖丁이 붕어하자 이 번에는 沃甲의 아들 南庚이 왕위에 올랐다. 그러므로 祖辛과 沃甲은 형제이면서도 또 모두가 이른 바 직계 대종(大宗)이 되어 주기적인 제사 '五種祭祀'의 향사 대상이 되었다. 그래서 갑골복사에서도 沃甲이 祖辛과 함께 대종의 선왕으로 기록되어 있는 것이다. 예를 들면, "王占曰 : (不吉). 南庚壱, 祖丁(壱), 大宗祖乙 · 祖辛 · 羌甲(沃甲을 가리킴)壱."(《丙395》) · "己丑卜, 大貞 : 于五示告? (⍁)丁 · 祖乙 · 祖丁 · 羌甲 · 祖辛."(《粹250》) 등이다. 여기에서의 羌甲이 바로 沃甲임은 한자(漢字) 자형의 연역(演繹) 변화 법칙에 의거하여 于省吾가 정확히 고석하였으므로[1] 여기서 다시 부연할 필요는 없겠다. 그리고《粹250》의 선왕들의 묘호(廟號)는 근조(近祖)에서 원조(遠祖)의 순서로 역방향으로 기록한 것으로, 여기에서의 '丁'이란 후기(後期) 선왕 '武丁'을, '祖乙'은 '小乙'을 지칭하는 것이다.

이상에서 갑골복사를 통해 살펴본 商 왕실의 전기(前期) 선왕의 세계(世系)를《史記 · 殷本紀》의 기록과 표로 비교하면 다음과 같다.

---

1) 于省吾 前揭書《殷契駢枝》p.53 '釋羌甲'을 참고.

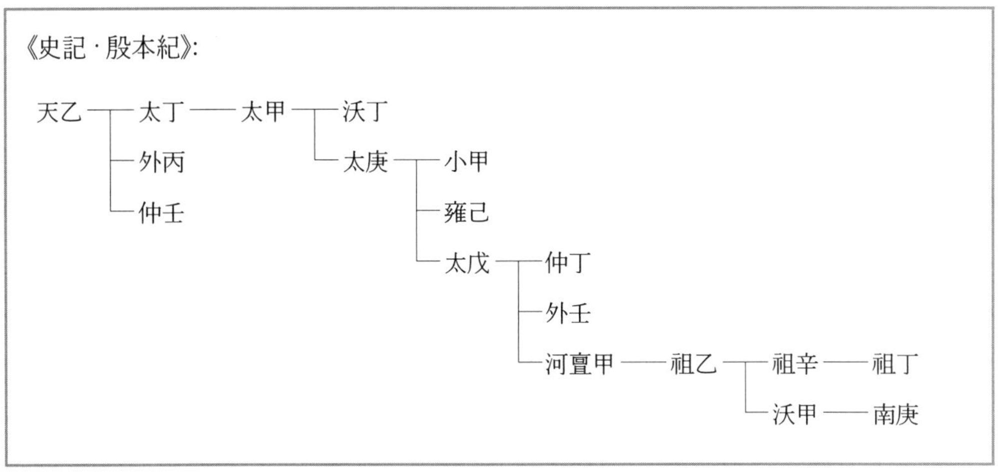

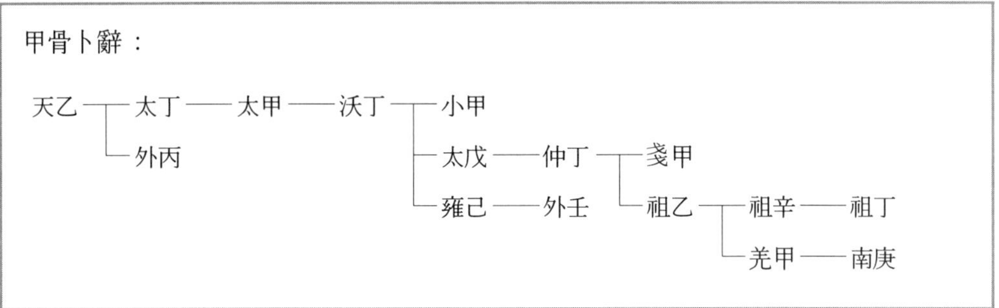

丁. 후기(後期) 선왕

여기에서 말하는 '후기(後期) 선왕'이란《史記 · 殷本紀》에 기록된 商 왕실의 세계(世系) 중의 陽甲에서부터 商 왕조 최후의 왕 帝辛 즉 경전(經傳)에서 폭군(暴君)의 대명사처럼 불리는 紂王에 이르기까지의 선왕들을 지칭한다.

서술의 편의를 위해 지금까지의 갑골학 연구 결과로 밝혀진 商 왕실 후기 선왕의 세계(世系)를《史記 · 殷本紀》의 기록과 표로 비교하면 다음과 같다.

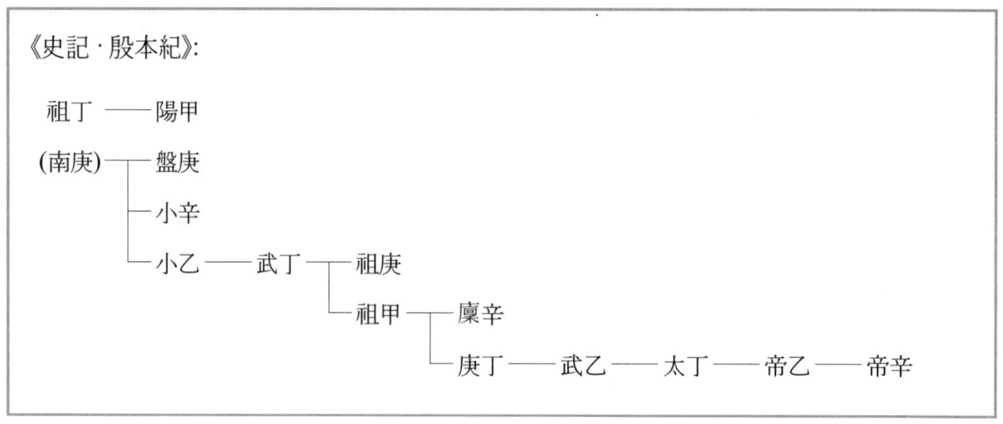

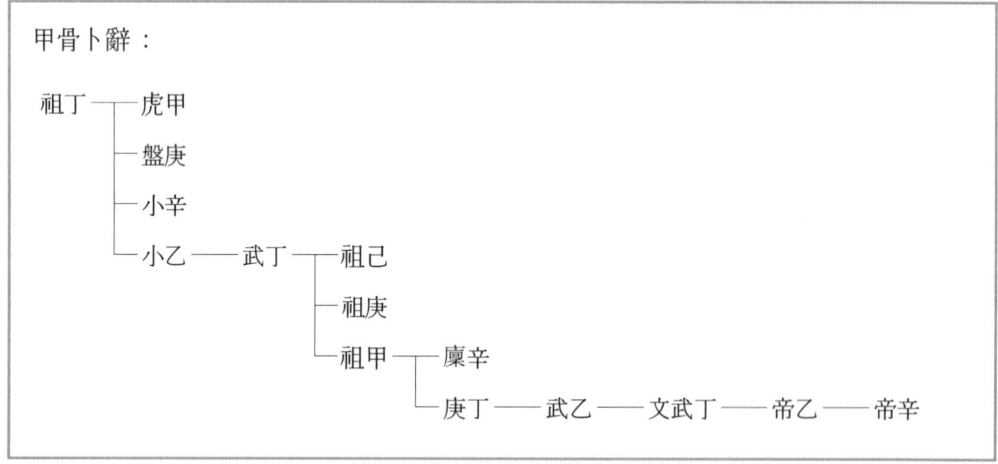

商代 각 분야의 연구에 더 할 나위 없이 훌륭한 자료로 사용되고 있는 殷墟에서 발굴된 갑골은 모두가 이 시기의 것이다. 그래서 갑골복사에 나타난 선왕들의 이름에 '父' · '祖' · '兄' 등의 말이 덧붙은 경우가 많아 商 왕실 후기 선왕의 세계는 어느 시기의 것보다 정확히 연구할 수 있기 때문에, 이 부분에 대해서는 이미 거의 모두 정론(定論)이 성립되어 있으므로, 여기에서는 《史記 · 殷本紀》에 기술된 商 왕실의 후기 선왕의 세계와 복사에 나타난 세계를 비교하여 문제가 있는 부분만 기술하고자 한다.

위에 작성한 두 표를 서로 비교해보면 우선 명칭에서 서로 다른 것이 있다. 즉 〈殷本紀〉에서의 '陽甲' · '盤庚' · '庚丁' · '太丁'을 갑골복사에서는 차례대로 '虎甲' · '般庚' · '廩丁' · '文武丁'이라고 하고 있다. 이에 대해서는 이미 여러 갑골학 연구 학자들의 노력으로 정확히 밝혀졌으므로 다시 여기에서 논할 필요는 없다고 생각한다. 이 이외에 〈殷本紀〉와 갑골복사 에 나타나는 세계에서 주의해야 할 점이 두 가지이다. 즉 하나는 〈殷本紀〉에는 武丁의 아들로 두 왕만 기록되어 있는데, 복사에서는 祖己라는 아들이 하나 더 기록되어 있다는 점이며, 또 하나는 갑골복사에서는 帝辛이 보이지 않는다는 점이다. 이 가운데 후자의 문제는 간단히 설명될 수 있다. 즉 帝辛은 商 왕조 최후의 왕이므로 자연히 제사의 대상이 되지 않았다는 점이다.

그 다음 祖己의 문제를 살펴보자. 위에서 언급한대로 갑골복사에서 '五種祭祀'를 향사(享祀)하는 선조(先祖)는 왕위에 즉위하였거나 또는 太子에 책봉(冊封)된 적이 있는 경우이다. 그리고 다음에 예로 든 복사에서 보는 바와 같이 祖己는 이 '五種祭祀'에 향사되고 있다.

1) 己巳卜, 貞 : 王賓祖己壴, 亡尤?
   庚午卜, 貞 : 王賓祖庚壴, 亡尤? 《前10. 19. 1》
2) ☐戌卜, 貞 : 王賓祖己夕肜 ...... ? 《京5046》
3) 己卯卜, 貞 : 王賓祖己翌日, 亡尤? 《前1. 23. 3》
5) 己丑卜, 貞 : 王賓祖己祭, 亡尤? 《摭續45》
6) ☐☐卜, 貞 : 王賓祖己魯, ... ? 《簠帝44》

위에 든 복사의 예들에서 보는 바와 같이 祖己는 분명히 '五種祭祀'의 대상이며, 그 서열은 祖庚 앞이다. 그런데《尙書大傳 · 正義》와《史記 · 殷本紀》 및《漢書 · 古今人表》 등에서는 祖己를 武丁 때의 현신(賢臣)이라고 하고 있고, 태자로 봉해졌거나 왕위에 오른 武丁의 아들이라고는 하지 않고 있다. 그러나 다른 고적(古籍)에는 武丁의 태자 '孝己'에 대한 다음과 같은 기록들이 있다. 즉《莊子 · 外物編》의 "孝己憂而曾參慘悲"라는 말 중의 '孝己'에 대해 成玄英은 "孝己殷高宗之太子也. : 孝己는 殷 高宗의 태자였다."라고 주(注)하고 있고;《戰國策 · 秦策一》의 "孝己愛其親"라는 말 중의 '孝己'에 대해 高誘는 "孝己, 殷王高宗武丁之也. : 孝己는 殷王 高宗 武丁의 아들이었다."라고 주(注)하고 있으며;《昭明文選》에 수록된 馬融의 〈長笛賦〉의 "彭胥 · 伯奇 · 哀姜 · 孝己"라는 구절 중의 '孝己'에 대해 李善은《帝王世紀》를 인용하여 "高宗에게는 현명한 아들 '孝己'가 있었다."라고 주(注)하였고;《荀子 · 性惡篇》의 "天非私曾 · 騫 · 孝己而外衆人也."라는 말 중의 '孝己'에 대해 楊倞은 "殷高宗之太子. : 殷 高宗의 태자였다."라고 주(注)하였다. 이런 기록들을 통하여 武丁의 아들 가운데 태자로 봉(封)해진 효자 '孝己'가 있었음을 알 수 있다. 이런 문헌 기록들의 내용을 갑골복사에서 확인할 수 있으므로,《史記 · 殷本紀》 중의 '祖己'에 대해《史記集解》에서 孔安國의 말을 인용하여 "祖己, 賢臣也."라고 풀이한 것은 잘못된 내용임을 알 수 있다.

戊. 기타의 조상(祖上)

여기에서 말하는 '기타의 조상'이란 갑골복사에서 제사의 대상으로 향사(享祀)는 되었으나 구체적으로 누구인지 아직 밝혀지지 않은 商 왕실의 조상으로 보이는 인물들을 지칭한다.

1. 王恒

王恒이 향사된 복사의 예로는 다음과 같은 것들이 있다.

1) 貞 : 㞢于王恒?	《鐵199. 3》
2) 貞 : 勿㞢于王恒?	《後下7. 8》
3) 貞 : 于王恒㞢?	《粹78》
4) 貞 : 王恒昜 …… ?	《前7. 11. 2》

위에 예시된 복사 중의 '㞢'는 제명(祭名)이며, 이 제사의 대상은 王恒이다. 이 王恒이 누구인지에 대해 王國維는, 《楚辭 · 天問篇》과 郭璞의 《山海經注》그리고 《竹書紀年》의 기록에 근거하여 《楚辭 · 天問篇》의 '該'가 복사 중의 '王亥'이고, '恒'이 '王恒'이며, 이 '王恒'은 '王亥'로서, 《史記 · 殷本紀》 중 '振'과 上甲 微 사이의 시기에 존재했던, 殷 왕실 원조(遠祖) 선공의 한 사람임을 밝혀내었다.[1] 王國維의 이 주장은 이미 갑골학계의 정설(定說)이 되었다.

2. 夒

갑골복사 가운데에는 '[illegible]'의 모양으로 쓴 글자가 있는데, 이를 郭沫若이 '夒'이라고 고석하였다. 이 '夒'이 제사의 대상으로 되어 있는 복사를 예시(例示)하면 다음과 같다.

1) 辛酉卜, 賓貞 : 㚇于夒, 百牛? 二月.	《人 1》
2) 壬辰卜 : 其求年于夒㚇又羌? 茲用.	《續1. 51. 5》
3) 其求年夒, 叀酒又, 大雨.	《粹16》
4) 㞢于夒?	《金404》
5) 己亥貞 : 酒㚇于夒?	《甲562》
6) 于夒宗酒, 又雨?	《甲779》

1) 王國維 前揭書 《觀堂集林》 p.418~421을 참고.

이상의 복사들에서의 '𢦏'이 제사의 대상임은 의심할 여지가 없다. 이 글자에 대해 郭沫若은,

> 𢦏字, 像一人倒執斧鉞之形, 舊釋伐不確. 此蓋人名, 乃殷之先公.[1] : '𢦏'자는 한 사람이 도끼를 거꾸로 잡고 있는 것 같은 모양을 형상화하고 있는데, 과거에 '伐'자로 해석하였으나 정확하지 않다. 이는 아마 인명(人名)으로, 殷 왕실의 선공인 것 같다.

이라고 하였다. 郭沫若은 이 글자를 '𢦏'자로 고석하고는 그저 막연하게 殷 왕실의 선공일 것이라고만 추측하였다. 그런데 이 글자에 대한 고석은 아직은 이설(異說)이 분분하여 정설이 없는 실정이다. 李孝定의 《甲骨文字集釋》에 의하면,[2] 이 글자를 羅振玉은 '伐'자(字); 吳其昌은 '𢦏'자; 葉玉森은 처음에는 '頗'자, 나중에는 '鉏'자; 唐蘭은 '𩕾'자; 于省吾는 '戛'자; 饒宗頤는 '擭'자; 魯實先은 '𢧢'자; 高鴻縉은 '夔'자 등으로 고석하였다. 이 때문에 우선 잠정적으로 이 글자를 郭沫若의 주장대로 '𢦏'로 예정(隸定)하여 쓰기로 하는데, 아직까지는 商 왕실의 선공일 것으로 추정만 할 뿐, 구체적으로 누구인지에 대해서는 앞으로의 과제로 남겨 둘 수밖에 없다.

3. 𣅀

갑골복사 가운데 '目'자와 '口'자로 구성된 글자가 있는데, 이를 잠정적으로 '𣅀'로 예정(隸定)하여 쓰고 있다. 먼저 이 글자가 제사의 대상으로 쓰인 복사의 예를 들면 다음과 같다.

1) 㞶于𣅀?	《前1. 49. 7》
2) 貞 :于𣅀㞶? 八月.	《粹70》
3) 于𣅀酒☐?	《佚491》
4) 勿㞶帝于𣅀?	《乙4915》
5) 貞 : 㞢于𣅀, 十人?	
㞢于𣅀, 三十人?	《乙5317》
6) 求年于𣅀?	《續1. 50. 4》

이상의 복사들에서의 '㞶'·'㞢'·'酒'·'帝' 등은 모두 제사 이름이며, 이들 제사의 대상은 '𣅀'인데, 《續1. 50. 4》의 복사에서 보는 바와 같이 이 '𣅀'은 또한 풍년을 기구(祈求)하는 대상이었음을

---

1) 郭沫若 前揭書 《殷契粹編考釋》 p.6.

2) 李孝定 前揭書 《甲骨文字集釋》 券九 p.2839~2847을 참고.

알 수 있다. 이 글자의 자의(字義)에 대해 王國維는 인명일 것이라고 추측하였고,[1] 陳夢家는 이를 '目'자의 번체자(繁體字)로 보고 商 왕실의 원조(遠祖) 선공 相土일 것으로 추측하였고,[2] 饒宗頤는 〈殷本紀〉 중의 曹圉일 것이라고 추정하였다.[3] 그러나 이들 학자들의 주장은 모두 추측에 불과하고 명확한 증거를 제시하지 못하고 있어 신빙성이 없으므로, 앞으로의 연구 과제로 남겨 둘 수밖에 없다.

4. 龍甲

갑골 제사 복사에서 龍甲이 향사(享祀)된 예로는 다음과 같은 것들이 있다.

1) 甲午卜, 行貞 : 王賓龍甲升伐羌二人, 卯宰, 亡尤? 《粹272》
2) 癸卯子卜 : 御龍甲? 《乙4507》
3) 甲申卜 : 衍又龍甲? 《佚907》
4) ......祼于龍甲? 《乙1463》
5) 貞 : 㞢于龍甲? 《南南1. 3》
6) 于龍甲御?
既𠕁龍甲? 《乙3252》

위의 복사들에서의 '升'·'伐'·'御'·'祼'·'㞢'·'𠕁' 등은 모두 제사의 이름이며, 이들 제사들의 대상은 龍甲이다. 이 龍甲에 대해 饒宗頤는, "卜辭之龍甲爲和甲卽爲陽甲.[4] : 복사의 龍甲은 '和甲'으로, 바로 '陽甲'이다."이라 하였다. 이는 아무런 증거의 제시도 없는 추측에 불과하며, 《史記·殷本紀》 중의 陽甲을 복사에서는 '虎甲'이라 함이 于省吾에 의하여 밝혀진[5] 다음, 학계의 정설이 되었으므로, 饒宗頤의 이 주장은 참고가치밖에 없다. 이에 따라 복사에서의 이 '龍甲'이 商 왕실의 조상(祖上) 중 누구인지에 대해서는 앞으로의 연구 과제로 미룰 수밖에 없겠다.

5. 娥

갑골문자 가운데 '女'와 '我'로 구성되어 있어 '娥'자로 고석되면서 인명(人名)으로 쓰인 글자

---

1) 王國維 前揭書《戩壽堂所藏殷虛文字考釋》p.9를 참고.

2) 陳夢家 前揭論文 <古文字中之商周祭祀> p.116을 참고.

3) 饒宗頤 <𣅀爲根圉說>,《賁善半月刊》(齊魯大學國學硏究所 1940. 成都)1卷 13期를 참고.

4) 饒宗頤 <商殷帝王本紀·序>, 周鴻翔《商殷帝王本紀》(향항출판사 1958. 홍콩) p.4.

5) 于省吾 前揭序《雙劍誃殷契駢枝》p.53을 참고.

가 있는데, 먼저 이 '娥'가 향사(享祀)된 복사의 예를 보면 다음과 같다.

1) 癸未卜, 㱿貞 : 子漁㞢御于娥? 《續3. 48. 3》
2) ☐酉[卜], ☐貞 : ☐子漁㞢𠭯于娥酒? 《鐵264. 1》
3) 貞 : 勿于娥告? 《通358》
4) 于娥御, 豕? 《存1. 410》
5) 癸丑卜, 爭貞 : 㞢犬于娥翌𫠣正? 《遺790》
6) 貞 : 㞢犬于娥卯㲋? 《前4. 52. 2》
7) 貞 : 今癸卯𢼄娥, 小宰? 《合124》

위에 예시된 복사에서의 '㞢'·'御'·'𠭯'·'酒'·'告'·'𢼄' 등은 모두 제사 이름이며, 이들 제사의 대상은 '娥'임이 틀림없다. 이 글자의 자의(字義)에 대하여 郭沫若은 복사 중의 이 '娥'는 堯임금의 딸로서 舜임금의 아내가 된 娥皇임이 틀림없다고 단정하였다.[1] 그러나 이는 '娥皇'의 '娥'자와 글자가 같다는 점 이외에는 다른 증거가 없고, 복사에 堯임금과 舜임금에 대한 제사가 전혀 보이지 않는 점으로 미루어 보면, 郭沫若의 이런 주장에는 동의할 수가 없다. 따라서 이 문제 역시 앞으로의 연구 과제로 남겨 둘 수밖에 없다.

6. 其他

이상에서 살펴 본 商 왕실의 선공이나 선왕 이외에, 비록 복사의 예가 적은 수량이기도 하고 또 구체적으로 누구인지도 모르는 商 왕실의 조상(祖上)으로 보이면서 향사된 제사의 대상이 더 있다. 張秉權은 이들을 통괄(統括)하여,

> 如卜辭中的龍甲·龍母·入䢅后·母專·夫甲·妣丹·𡆥父壬·母虎·祖萑·母萑·父良·父𠀠娥·蚰等等, 或因世系未詳, 或無典籍可稽, 均未列入表中.[2] : 복사 중의 '龍甲'·'龍母'·'入䢅后'·'母專'·'夫甲'·'妣丹'·'𡆥父壬'·'母虎'·'祖萑'·'母萑'·'父良'·'父𠀠娥'·'蚰' 등등은 왕실의 세계(世系)에서 누구인지 알 수 없거나, 고서(古書)에서도 증거가 없는 사람들이어서 표에 넣지 못하였다.

1) 郭沫若 前揭序《甲骨文字研究》p.6을 참고.

2) 張秉權 前揭論文 <殷代的祭祀與巫術> p.457~458.

이라고 하였다. 張秉權이 열거한 신명(神名) 가운데, '龍甲'·'娥'·'蚰' 등의 세 신명(神名)은 앞에서 이미 검토하였거나 아래에 검토할 예정인데, '龍母'는 '龍甲'의, '母虎'는 '虎甲'의, '母萑'는 '祖萑'의 배우자가 아닌가 생각되며, 그 나머지에 대해서는 모두 훗날의 연구로 미루기로 하겠다.

ㄹ. 선현(先賢) 공신(功臣)

여기에서 말하는 '선현 공신'이란 갑골복사에서 제사의 대상으로 향사(享祀)된 인물들로서, 商 왕조에 공적이 큰 현인(賢人)들과 신하들을 지칭한다.

1. 伊尹

商代 최고의 공신이자 현인으로 추앙된 伊尹에게 제사를 지낸 복사의 예로는 다음과 같은 것들이 있다.

1)丙寅貞 : 又升歲于伊尹, 二牢? 《後上22. 3》
2)癸丑卜 : 又于伊尹? 《粹194》
3)丁巳卜, 貞 : 酒升歲于伊尹? 《掇60》

위에 예시된 복사들에서의 '又'·'升'·'歲'·'酒' 등은 모두 제사 이름이며, 이들 제사의 대상은 伊尹이다. 伊尹은 湯 즉 天乙의 현신(賢臣)이자 商나라의 개국 공신이므로 향사된 것이라고 생각된다.

2. 黃尹

黃尹이 향사된 복사로는 다음과 같은 예들이 있다.

1) 貞 : 㞢于黃尹? 《甲2865》
2) 癸丑卜, 賓貞 : 㞢于黃尹? 二月. 《前1. 51. 6》
3) 王占曰 : 其于黃尹告. 《前7. 32. 3》
4) 告于黃尹. 《卜26》
5) 貞 : 酒黃尹? 《乙5305》

위에 예시된 복사들에서의 ‘㞢’·‘告’·‘酒’ 등은 모두 제명(祭名)이며 이들 제사의 대상은 ‘黃尹’임에 틀림없다. 그런데 이 ‘黃尹’에 대해서는 갑골복사에서 ‘黃’자와 ‘寅’자의 자형이 명확하게 구별되지 않아서, 학자들의 의견이 두 가지로 나누어져 있다. 王國維와 董作賓 등은 ‘寅尹’으로 쓰고 있고,[1] 唐蘭과 陳夢家 등은 ‘黃尹’으로 쓰고 있는데,[2] 여기에서는 인명(人名)과 지기(地祇)를 구분하는 의미에서 ‘黃尹’으로 쓰기로 한다.

그런데 이 ‘黃尹’에 대해 위의 네 사람은 모두 伊尹일 것이라고 추측하였다. 그러나 갑골문자의 자형에 이체자가 아무리 많다 하더라도 동일인(同一人)에 대해 완전히 다른 글자를 쓸 이유는 없으므로, 아직은 이 ‘黃尹’을 伊尹이라고 단정할 수는 없다고 생각된다. 따라서 이 ‘黃尹’이 구체적으로 누구인지에 대한 문제는 앞으로의 연구로 미룰 수밖에 없다고 생각된다.

3. 蚰

먼저 갑골복사에서 ‘蚰’이 향사된 예를 살펴보면 다음과 같은 것들이 있다.

1) 壬辰卜 : 翌甲午𡵂于蚰, 羊㞢豖?
   辛卯卜 : 𡵂于蚰? 《前4. 52. 4》
2) 今日𡵂于蚰, 豖? 《前4. 55. 3》
3) 𡵂于蚰, 叀羊㞢啄?
   𡵂于蚰, 啄? 《乙4733》
4) 貞 : 古河, 𡵂于蚰, 㞢雨?
   貞 : 乎舞于蚰? 《乙5272》

위에 예시된 복사들에서 ‘蚰’은 ‘𡵂’·‘舞’ 등의 제사를 향사받고 있다. 이 ‘蚰’에 대해 陳邦福은 ‘蚰’과 ‘虫’은 자형의 번체(繁體)와 간체이고,《說文解字》에 ‘虫’자의 자의(字義)를 일명 ‘蝮’[살무사]이라고 한 것에 착안하고,《爾雅》에 ‘蝮虫’의 ‘虫’자를 ‘虺’자로 쓰고 있다고 한 段玉裁의《說文解字注》와《史記·殷本紀》의 ‘中䨓’의 ‘䨓’자를《尚書》에서는 ‘虺’로 썼다고 한《史記索隱》을 인용하여, 복사 중의 ‘蚰’은 湯임금의 신하인 ‘仲虺’라고 주장하였다.[3] 그러나 이는 그가 ‘虫’자와 ‘蚰’자의 관계를, 상고시대의 문자에서 흔히 보이는 독체자(獨體字)의 중첩을 단순한

---

1) 王國維의《古史新證》(清華大學出版社 1994. 北京) p.51 및 董作賓 <甲骨文斷代研究例>,《慶祝蔡元培先生六十五歲論文集》中央研究院 歷史語言研究所集刊外編 (中央研究院歷史語言研究所 1933. 北京) p.411을 참고

2) 唐蘭 前揭書《天壤閣甲骨文存并考釋》p.39와 陳夢家 前揭書《殷墟卜辭綜述》p.363을 참고.

3) 陳邦福《殷契說存》(自印本 1929.) p.3을 참고.

필획의 번간(繁簡)으로 보고 이 두 글자를 동자(同字)로 간주한 전제(前提)에 기초한 고석인데, '木'자와 '林'자처럼 그렇지 않은 경우도 많기 때문에 좀 더 확실한 고증이 필요하다고 생각된다.

4. 蔑

먼저 '蔑'이 향사된 복사의 예로는 다음과 같은 것들이 있다.

1) 辛酉卜, 賓貞 : 㞢于蔑? 《遺1. 51. 4》
2) 㞢于蔑? 《遺1. 51. 7》
3) 其又蔑衆伊尹? 《甲883》
4) 貞 : 王㞢報于蔑, 隹止 ...... ? 《乙7799》
5) 貞 : 勿𠕋蔑? 《前1. 44. 7》
6) 己亥卜, 㱿貞 : 㞢伐于黃尹, 亦㞢于蔑? 《前1. 52. 3》
7) 辛酉卜 : 王賓于蔑? 《前6. 7. 5》

위에 예시된 복사들에서의 '㞢'·'又'·'報'·'𠕋'·'伐'·'賓' 등은 모두 제사의 이름들이며, 이들 제사의 대상은 '蔑'이다. 이 '蔑'에 대해 陳夢家는 예시된 《甲883》과 《前1. 52. 3》의 복사에서 보는 바와 같이 伊尹 또는 黃尹과 동일(同一) 갑골편에 나타나는 것에 근거하여 伊尹과 마찬가지로 殷 왕실의 옛 신하라고 주장하였다.[1] 李孝定도 이런 陳夢家의 주장에 동의하였다.[2] 그러나 陳夢家와 李孝定 두 사람은 이 '蔑'이 구체적으로 누구를 지칭하는지는 밝혀내지 못하고 있다.

5. 咸戊

咸戊에게 제사를 지낸 복사의 예로는 다음과 같은 것들이 있다.

1) 貞 : 㞢于咸戊? 《前1. 43. 5》
2) 貞 : 勿㞢于咸戊? 《掇1. 201》
3) 貞 : 㷉于咸戊? 《乙4309》

위에 예시된 복사들에서의 '㞢'·'㷉'은 모두 제사 이름이며, 이들 제사의 대상은 咸戊이다.

---

1) 陳夢家 前揭書 《殷虛卜辭綜述》 p.366.

2) 李孝定 前揭書 《甲骨文字集釋》 卷四 p.1308.

이 咸戊는 주지하는 바와 같이 商代 太戊 시대의 현신(賢臣)이다.

6. 伊奭 · 黃奭

갑골복사에서 '伊奭'과 '黃奭'이 신명(神明)으로 제사의 대상으로 쓰인 예를 살펴보면 다음과 같다.

1) 乙丑貞 : 寧風于伊奭? 《甲828》

2) 丙申卜, 爭[貞] : 翌戊戌𤎩黃奭?
戊戌帝黃奭, 二犬?
帝黃奭, 三犬? 《前6. 21. 3》

3) 翌庚申𤎩于黃奭? 《丙66》

4) 丙申卜, 爭[貞] : 翌戊戌𤎩黃奭?
翌戊戌勿𤎩于黃奭? 《丙68》

5) 甲午卜 : 今日𡨦于黃奭, 二犬二豕?
今日用二犬二豕黃奭. 《金639》

위에 예시된 복사에서 보는 바와 같이 '伊奭'과 '黃奭'은 신명(神明)으로 쓰인 것이 틀림없다. 그런데 이에 대한 해석은 두 가지로 나누어져 있다. 唐蘭은, '黃奭'은 '黃尹', '伊奭'은 伊尹 즉 保衡 또는 阿衡이라고 주장하였고;[1] 郭沫若은 '伊奭'과 '黃奭'은 伊尹과 黃尹의 배우자라고 주장하였다.[2] 그리고 陳夢家는 이들 두 가지 주장을 모두 긍정하였다.[3] 그러나 이 문제는 관계되는 자료의 부족에 그 원인이 있다고 생각된다. 왜냐하면 갑골복사에 동일인(同一人)에 대한 명칭이 두 개 이상이 나타나지만, 후대의 문헌에 이에 대한 기록이 나타나지 않아서 唐蘭의 주장이 입증되지 못한 경우도 있을 수 있고; 복사의 문례로는 '奭'자는 배우자를 나타낼 때 쓰이지만, 그 때는 '奭'자 다음에 '妣某'라는 말이 연이어지는데, 예시된 갑골편이 잔편(殘片)이어서 연이어진 부분이 없어졌거나, 선공 · 선왕과 선현(先賢) · 공신들에 대한 어법(語法)이 다름을 입증할 만한 자료가 없어서 郭沫若의 주장이 입증되지 못한 경우도 있을 수 있기 때문이다. 따라서 이 역시 앞으로의 연구과제로 남겨둘 수밖에 없다고 생각된다.

---

1) 前揭書《天壤閣甲骨文存并考釋》1939.P.36을 참고.

2) 前揭書《殷契粹編考釋》p.561_562를 참고.

3) 前揭書《殷虛卜辭綜述》p.364를 참고.

7. 學戊

갑골복사에서 '學戊'가 향사(享祀)된 복사의 예로는 다음과 같은 것들이 있다.

1) 貞 : 虫于學戊? 《後下4. 11》

2) 貞 : 虫于學戊?

勿䎽虫于學戊? 《合 194》

3) 貞 : 虫于學戊? 《乙2105》)

위에 예시한 복사 중의 '虫'는 제명(祭名)이며, 이 제사의 대상은 '學戊'임이 틀림없다. 그러나 이 '學戊'가 누구인지는 문헌 자료와 갑골복사의 자료가 부족하여 아직 밝혀지지 않고 있어, 앞으로의 연구를 기다려야 할 수밖에 없다.

8. 기타 인물

이상에서 살펴 본 선현(先賢) 공신 이외에 갑골복사에서 또 다음과 같은 사람들에게 제사를 지낸 예들이 있다.

1) 貞 : 虫于盡戊? 《前1. 44. 7》

2) 盡戊不希王.

盡戊希王. 《合245》

3) 戊辰虫伐于陟, 卯宰庚示妾. 《金481》

4) 貞 : 令巳般 …… ? 《前1. 49. 1》

위에 예시된 복사들에서의 '盡戊'·'陟'·'巳般' 등은 모두 인명(人名)임에 틀림없다. 그러면 이들은 누구인가? '盡戊'에 대해서는 그가 누구인지에 대해 언급한 사람이 없으며; '陟'에 대해서 陳夢家는《史記·殷本紀》중의 太戊 때의 '伊陟'이라고 주장하였으며;[1] '巳般'에 대해서는 董作賓이 武丁 때의 '甘盤'이라고 주장하였다.[2] 그러나 이들 주장은 이와 관련된 자료가 너무나 부족한 상태에서 명확한 증거 제시가 없는 탓에 매우 막연한 추측에 불과하므로, 모두 앞으로의 연구 과제로 남겨 둘 수밖에 없다.

---

1) 陳夢家 前揭書《殷虛卜辭綜述》p.365를 참고.

2) 董作賓 前揭書《甲骨學六十年》p.91.

이상으로 商 왕실에서 향사된 인귀(人鬼)에 대해 살펴보았다. 《史記 · 殷本紀》에 언급된 商 왕실의 선공 · 선왕과 선비(先妣) 이외에 갑골복사에서 제사의 대상이 된 인물은, 선공 · 선왕이나 선비로 보이는 사람으로는 '王恒' · '夏戊' · '昌' · '龍甲' · '龍母' · '娥' · '入龔后' · '母專' · '夫甲' · '妣丹' · '𡧊父壬' · '母虎' · '祖萑' · '母萑' · '父良' · '父𠯑' 등이 있는데, 이들이 누구인지에 대해서는 '王恒'에 대해서만 밝혀졌을 뿐이고, 나머지에 대해서는 앞으로의 연구 과제로 남겨 둘 수밖에 없다. 그리고 선현(先賢) · 공신으로는 '伊尹' · '黃尹' · '伊奭' · '黃奭' · '蚰' · '咸戊' · '蔑' · '學戊' · '盡戊' · '陟' 등이 갑골복사에서 제사의 대상이 되었음을 알 수 있으나, '伊尹'과 '咸戊'에 대해서만 누구인지를 알 수 있고, 나머지는 아직 누구인지 확실하게 밝혀지지 않고 있어 앞으로의 연구를 기다릴 수밖에 없다.

그리고 商 왕실의 선비(先妣)에 대해서는 구체적으로 논증을 하지 않았는데, 이는 앞에서 살펴본 '五種祭祀'가 거행될 때 배필이 되는 왕과 함께 향사(享祀)되었을 뿐이고, 갑골복사 이외의 고대의 문헌 자료로는 확인하고 증명할 자료와 방법이 없을 뿐만 아니라 이 '五種祭祀'의 향사 원칙과 자격 그리고 사보(祀譜) 작성의 과정에서 이미 정설로 구명이 되었기 때문에 아래에 제시한 商 왕실의 세계표(世系表)에 배필이 되는 왕의 묘호(廟號) 아래에 병기하는 것으로 대신하고자 한다.

그리고 商 왕실의 조상들에 대한 제사 횟수의 빈번함과 정성(精誠)의 융숭(隆崇)함은 중국 역대 왕조 가운데 단연 으뜸을 차지한다. 이들 商 왕실의 선공 · 선왕 및 선비(先妣)에 대한 제사 가운데 '彡' · '翌' · '祭' · '𠷎' · '𢍰' 등의 '五種祭祀卜辭'와 이른바 '王賓卜辭'는 그 자체가 엄밀한 조직 체계를 갖추고 있기 때문에 商 왕실의 세계(世系)와 사서(祀序) 및 商의 예제(禮制)를 연구하는 데 더할 나위 없이 중요한 자료가 되고 있다.

그리고 董作賓의 연구 결과에 의하면,[1] 商代의 예제에는 武丁을 대표로 하는 구파와 祖甲을 대표로 하는 신파의 구별이 있었다. 盤庚 · 小辛 · 小乙 · 武丁 · 祖庚 · 武乙 · 文武丁 등의 王이 속한 구파의 예제로는, 제사의 대상으로 上甲 윗대의 경우에는 高祖夒 · 王亥 · 王恒 · 季 등의 원조(遠祖) 선공도 포함시켰으며; 上甲 이후의 선공과 선왕에 대해서는 대종(大宗)의 조상에게는 제사를 지냈으나 소종(小宗)의 조상에게는 제사를 지내지 않았고; 선비(先妣)에 대해서는 대종의 배우자인 경우에만 제사를 지내되, 5대조(代祖)까지의 선비로 국한하였으며; 선공 · 선왕 및 선비 이외에 伊尹 · 黃伊 · 學戊 · 咸戊 등의 선현 · 공신과 '河' · '岳' · '社' 등의 산천(山川)과 사직지신(社稷之神)에게까지도 제사를 지냈다. 한편, 祖甲 · 廩辛 · 康丁 · 帝乙 · 帝辛 등의 왕이 속한 신파의 예제로는 제사의 대상에 上甲 윗대의 원조(遠祖) 선공과 선현 · 공신은 포함되지 않았으며;

1) 董作賓 上揭書 p.102~118을 참조.

上甲 이후의 선조(先祖)에 대해서는 上甲부터 1세대에 1인을 대종(大宗)으로 하여 제사를 지내며, 대종의 배우자는 示壬의 배비(配妃) 妣庚에서부터 시작하여 왕위에 즉위한 아들이 있는 선비에게는 모두 제사를 지냈고; 소종에 대해서는 祖己의 경우처럼 왕위에 즉위하지는 못하였으나 일찍이 태자에 책립(冊立)된 조상을 포함하여 세계(世系)의 선후에 의거하여 모두 제사를 지냈다. 그리고 구파에 속하는 갑골복사는 점복 당시의 연월(年月)을 기록하지 않았고, 여러 조각으로 손상된 갑골편이 많은데다가 비교적 완전한 갑골편의 복사는 다른 내용의 복사와 함께 뒤섞여 있기 때문에 구파의 제례(祭禮)에 대한 예제는 체계적으로 규명하기가 어렵다. 이에 반(反)하여 신파의 복사는 대부분이 점복 당시의 연월이 기록되어 있고, 복사의 내용이 사류(事類)에 따라 집중되어 있어서 제사의 원칙과 조직 체계를 비교적 쉽게 유추해낼 수 있다. 董作賓의 이러한 연구 결과는 이미 갑골학계의 정설이 되었을 뿐만 아니라 이후의 연구자들에게 훌륭한 길잡이가 되고 있다.

참고로 《史記 · 殷本紀》와 갑골복사에 나타난 商 왕실의 세계(世系)를 비교할 수 있도록 표로 소개하면 다음과 같다.

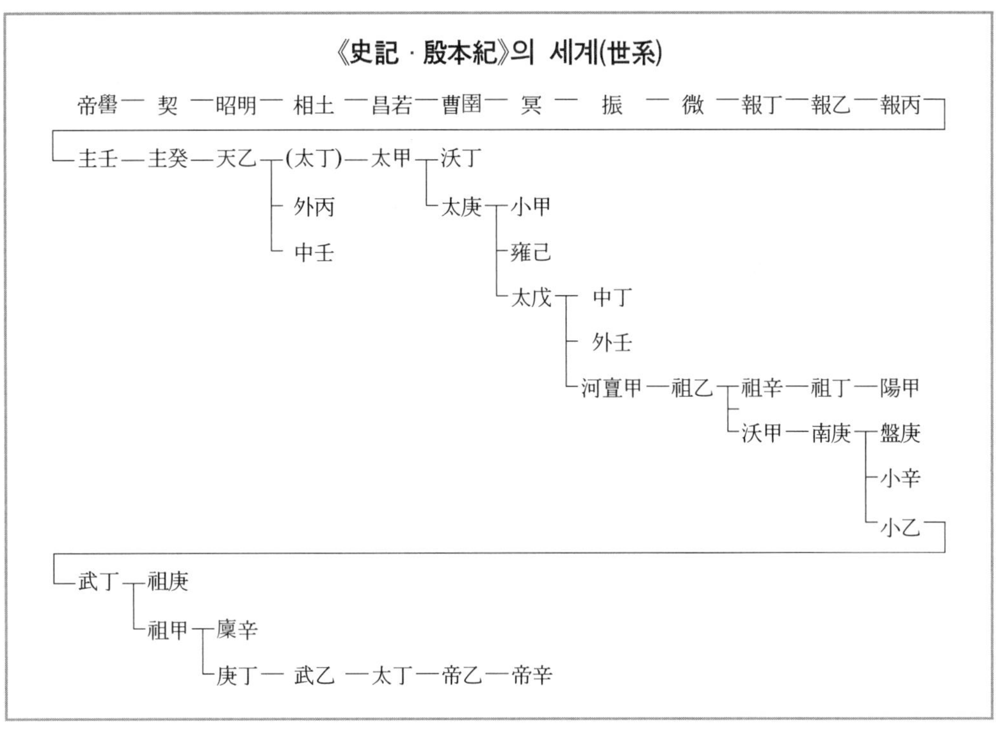
《史記 · 殷本紀》의 세계(世系)
帝嚳 契 昭明 相土 昌若 曹圉 冥 振 微 報丁 報乙 報丙
主壬 主癸 天乙 (太丁) 太甲 沃丁
外丙
中壬
太庚 小甲
雍己
太戊 中丁
外壬
河亶甲 祖乙 祖辛 祖丁 陽甲
沃甲 南庚 盤庚
小辛
小乙
武丁 祖庚
祖甲 廩辛
庚丁 武乙 太丁 帝乙 帝辛

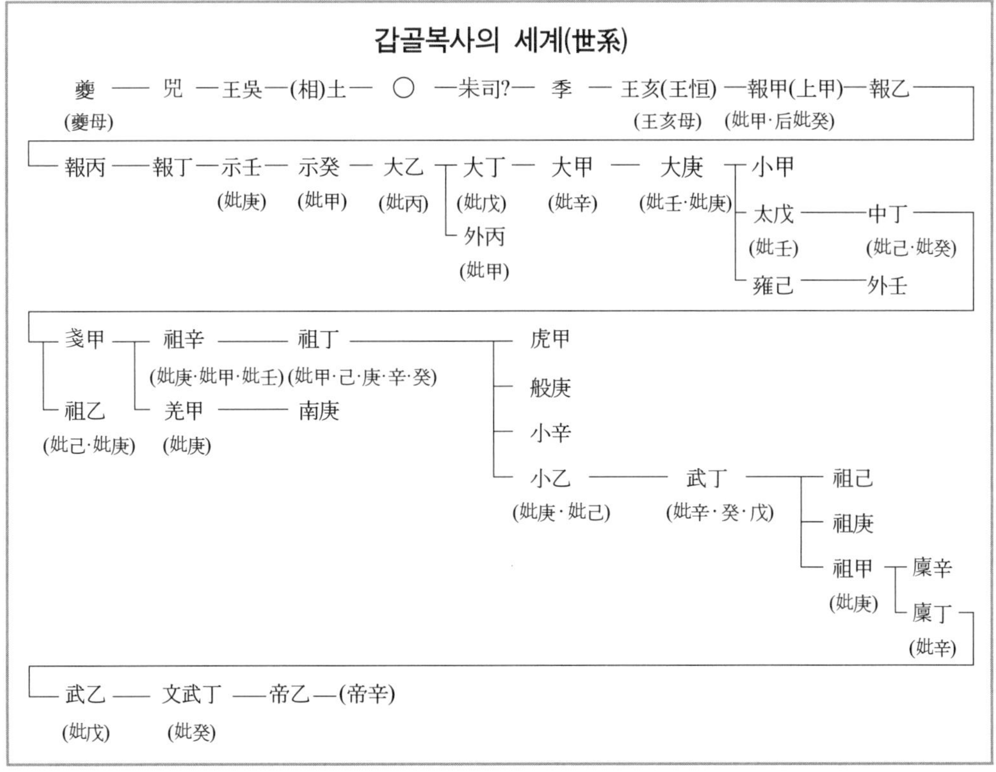
갑골복사의 세계(世系)
夒 (夒母) 兕 王吳 (相)土 ○ 朱司? 季 王亥(王恒) (王亥母) 報甲(上甲) (妣甲·后妣癸) 報乙
報丙 報丁 示壬 (妣庚) 示癸 (妣甲) 大乙 (妣丙) 大丁 (妣戊) 大甲 (妣辛) 大庚 (妣壬·妣庚)
外丙 (妣甲)
小甲
太戊 (妣壬) 中丁 (妣己·妣癸)
雍己 外壬
戔甲 祖辛 (妣庚·妣甲·妣壬) 祖丁 (妣甲·己·庚·辛·癸) 虎甲
祖乙 (妣己·妣庚) 羌甲 (妣庚) 南庚
般庚
小辛
小乙 (妣庚·妣己) 武丁 (妣辛·癸·戊) 祖己
祖庚
祖甲 (妣庚) 廩辛
廩丁 (妣辛)
武乙 (妣戊) 文武丁 (妣癸) 帝乙 (帝辛)

제3절　제신(諸神)의 권능(權能)

여기에서는 갑골 제사 복사를 통해서 商 왕실에서 거행한 제사의 대상이 되었던 여러 신(神)들이 어떠한 권능을 가지고 있었는가를 고찰하고자 한다. 그리고 이 신들을 중국 고래(古來)의 분류 방법에 따라 천신(天神) · 지기(地祇) · 인귀(人鬼)의 세 부류로 나누고, 필요한 경우에는 갑골문자의 고석(考釋)은 물론 중국 고대의 전적(典籍) 및 그 동안의 갑골학 연구 성과를 참고하여 서술하고자 한다.

一. 천신(天神)

甲. 상제(上帝)

갑골복사 중에는 '帝'자가 신명(神明)으로 사용된 것이 많은데, 이때의 '帝'자는 인간 세상의 통치자인 황제(皇帝)라는 의미의 '帝'가 아니라 하늘 곧 '天'으로 대표되는 상제(上帝)의 뜻이다. 그러면 이 상제(上帝)가 갑골복사에서 어떤 권능을 갖고 있는지를 살펴보자. 먼저 아래에 예시한 복사를 보자.

1) 今三月帝令多雨?　《前3. 18. 5》
2) 貞 : 今十一月帝不令雨?　《乙4828》

여기에서의 "帝令多雨"란 "상제께서 많은 비가 내리도록 명령하다"는 뜻이며, "帝不令雨"란 반대로 "상제께서 비가 내리도록 명령하지 않다"는 뜻이다. 이들 복사는 上帝가 비를 내리도록 명령하거나 내리지 않도록 명령할 수 있는 권능을 가지고 있음을 나타낸다.

또 다음의 갑골복사를 보자.

1) 翌癸卯帝不令風?　《乙2452》
2) 貞 : 翌癸卯帝其令風?　《乙3094》

여기에서의 "令風" 이란 "바람이 불도록 명령하다"는 뜻이다. 그러므로 이들 복사들은 상제(上帝)는 바람이 불도록 명령하거나 하지 않을 권능도 가졌음을 말해 준다.

또 다른 예를 보자.

1) 貞 : 帝其及今十三月令電?

帝其于生一月令電? 《乙3282》

2) 帝其令電? 《鄴3. 34. 5》

여기에서의 "令電"이란 "번개를(치도록) 명령하다"의 뜻이다. 그런데 번개가 일어나면 반드시 뇌성(雷聲)이 뒤따르므로, "令電"이란 "번개와 뇌성이 일어나도록 명령하다"는 뜻이 된다. 이 복사들은 상제는 번개와 뇌성을 명령할 권한도 가지고 있음을 나타내는 예들이다.

또 다른 복사의 예를 보자.

1) 戊甲卜, ☐貞 : 帝其降我暵? 一月.

戊甲卜, 爭貞 : 帝不我降暵? 《丙63》

2) 庚戌卜, 貞 : 帝其降暵? 《前3. 24. 4》

3) 貞 : 帝不降大暵? 九月. 《綜圖22. 7》

여기에서의 "降暵"이란 "한재(旱災)를 내리다"[1]는 뜻이다. 이로써 商代 사람들은 상제에 대해 한재를 내리거나 내리지 않을 권능을 가지고 있다고 믿고 있었음을 알 수 있다.

그리고 이와 관련이 있는 갑골복사로는 다음과 같은 것들도 있다.

1) 貞 : 佳帝巷我年? 二月.

貞 : 不佳帝巷我年? 《乙7456》

2) 王占曰 : 不佳帝巷. 《乙7457》

3) …… 不雨, 帝受我年? 二月. 《掇1. 464》

여기에서의 '巷'자는 사고 또는 재해(災害)의 뜻으로 쓰였으며, '年'자는 곡식의 수확이 좋다는 풍년의 의미이며, '受'자는 '授'의 가차자(假借字)이다. 이로써 商代 사람들은 상제는 풍년이 들게 하거나 흉년이 들게 할 수 있는 권능도 가지고 있다고 생각하였음을 알 수 있다.

그리고 또 다음의 갑골복사를 보자.

---

1) 甲骨文 '暵'자는 '[甲骨文]'·'[甲骨文]' 등으로 쓰는데, 이를 '饉' 또는 '艱'자의 假借로 보기도 한다. 唐蘭의 《殷虛文字記》(筆寫本 1934. 北京) p.64를 참고.

1) 甲辰卜, 爭貞 : 我伐馬方, 帝受我又? 一月. 《乙5408》

2) 貞 : 勿伐𢀛, 帝不我其受又? 《前6. 58. 4》

3) 貞 : 帝不我其受又? 《存1. 479》

여기에서의 '又'자는 '佑'자와 같은 의미로 '보우(保佑)하다'는 뜻이다. 예시된《存1. 479》의 복사는 완전하지 못하여 어떤 일에 대해 '上帝'의 보우 여부를 묻는 것인지 알 수 없지만,《乙5408》과《前6. 58. 4》의 복사는 '馬'라는 방국(方國)과 '𢀛'이란 방국을 정벌하는데 대해 '上帝'의 보호와 도움이 있을 것인지를 묻는 내용이다. 이로써 商代 사람들은 상제는 다른 나라의 정벌에 대해 보우할 수 있는 권능을 가졌다고 믿었음을 알 수 있다.

또 다른 갑골복사를 보기로 하자.

(1) 貞 : 帝弗其降禍? 十月. 《佚63》

(2) 貞 : 方𢦏𦎫, 隹帝令乍我禍? 三月. 《金496》

(3) 帝弗乍王禍. 《乙1707》

(4) 帝其乍王禍. 《乙4861》

여기에서의 '乍'자는 '作'자의 본자(本字)이므로 '作禍'나 '降禍'는 서로 비슷한 뜻으로 '화(禍)를 일으키거나 화를 내리다'는 의미가 된다. 이로써 商代 사람들은 상제에 대해 보우를 베풀 권능도 가졌을 뿐만 아니라 화를 내릴 권한도 가지고 있다고 믿었음을 알 수 있다.

또 다음의 갑골복사를 살펴보자.

(1) 貞 : 我勿祀賓, 乍帝降不若?

貞 : 我其祀賓, 乍帝降若? 《粹1113》

(2) 貞 : 王乍邑帝若? 《後下16. 17》

(3) 癸丑卜, 爭貞 : 勿乍邑帝若? 《乙7307》

(4) 貞 : 舞㞢雨, 帝有若? 《乙1937》

여기에서의 '祀賓'이란 '配祀' 즉 제사에 함께 모시다는 뜻이며, '若'이란 '許諾'의 '諾'자의 뜻이므로, 여기에 예로 든 복사들은 '配祀'나 '作邑' 즉 새로운 '邑'의 책정(册定) 그리고 '雩舞' 즉 기우제(祈雨祭) 등에 대해 상제의 허락 여부를 묻는 내용이다.

또 다른 갑골복사를 보자.

1) 貞 : 帝不隹降𢦔?
　貞 : 帝隹降𢦔? 《續5. 2. 1》
2) 貞 : 帝不降𢦔? 《存2. 68》

위에 예시한 복사 중의 '𢦔'자는 갑골문으로 '' · '' · '' 등의 모양으로 쓰고 있다. 胡厚宣은 이에 대해, "𢦔字見廣韵, 曰 : '土成切, 音饞. 鳥𢦔物也.' 當爲一災之字也.[1] : '𢦔'자는 《廣韻》에 보이는데, 「'土成'의 '反切'로, 讀音이 '饞'인데, '鳥𢦔物' 즉 까마귀가 물체를 쪼다는 뜻이다.」라고 하고 있다. 재화(災禍)의 뜻을 가진 한 글자임이 틀림없다."라고 하였다. 이로써 보면 商代 사람들은 상제는 재앙을 내릴 수 있는 권한을 갖고 있는 것으로 여겼음을 알 수 있다.

다시 다음의 갑골복사들을 보기로 하자.

(1) 丙辰卜, 𣪊貞 : 帝隹其冬茲邑?
　　　　貞 : 帝弗冬茲邑? 二月.
　　　　貞 : 帝隹其冬茲邑?
　　　　貞 : 帝弗冬茲邑? 《丙66》, 《丙67》

위에 예시된 복사에서의 '冬'은 '終'의 본자(本字)이므로, 여기에서의 "冬茲邑"이란 "이 읍을 없애 버리다"는 뜻이다. 이 복사로써 商代 사람들은 상제는 한 '邑'의 운명을 움켜쥐고 있다고 믿었음을 알 수 있다. 이런 관념은 周代에 이르러서는 한 왕조의 존망의 운명까지도 상제가 가지고 있는 것으로 확대되어, 《尙書 · 召誥》에는 "天旣終大邦殷之命.", 《尙書 · 多士》에는 "勑殷命終於帝."이라고 하게 되었다고 생각된다.

다시 다음과 같은 갑골복사를 보기로 하자.

1) 貞 : 帝孜茲邑? 《乙3170》
2) 貞 : 帝弗孜唐邑?
　帝孜唐邑? 《乙700》

---

1) 胡厚宣 前揭書《甲骨學商史論業初集》卷上 <殷代之天神崇拜> p.290.

위에 예로 든 복사에서의 '孜'자는 갑골문으로는 '𢼸' 모양으로 쓰고 있는데, 자형 결구(結構)는 '子'와 '攴'로 구성되어 있어 '孜'자로 예정(隸定)하여 쓰고 있다. 이 글자에 대해 羅振玉은 환고(患苦)의 뜻을 가진 글자라고 주장하였다.[1] 羅振玉의 주장을 따르면 이 복사는 상제는 어떤 지역이나 국가에 대해 고통을 가할 수 있는 권능을 가졌음을 나타내는 것이다.

또 다른 갑골복사를 보자.

1) 庚戌▢, 爭貞 : 不其雨帝異? 《續4. 21. 7》

2) 庚戌▢, 爭貞 : ▢雨, 帝不我異? 《鐵35. 3》

3) …… ▢雨, 帝異, 降茲邑禍? 《庫134》

여기에서의 '異'자는 이변(異變)의 뜻으로 쓰였으므로, 이 복사는 상제는 자연계의 이변도 일으킬 수 있는 권능을 가졌음을 나타내고 있다.

이상에서 살펴 본 바를 종합하면, 갑골복사에 나타난 상제(上帝)의 권능은 크게 세 가지로 나눌 수 있다. 첫째 상제는 자연계의 여러 현상들을 조종할 수 있는 권능을 가지고 있다는 것이다. 예를 들면 비를 내리게 하거나 내리지 않도록 하여 한재(旱災)를 내릴 수도 있고, 또 바람을 불게 하거나 불지 않도록 할 수도 있으며, 번개나 뇌성을 치게 할 수도 있는 것 등이다. 그리고 둘째는 상제는 인간에 대한 재화(災禍)를 내리거나 보우(保佑)를 베풀 수 있는 권능도 가지고 있다는 점이다. 예를 들면 왕에 대한 보호를 베풀거나 재앙을 내릴 수도 있으며, 풍년이 들게 할 수도 있고, 또 어떤 일에 대한 허락을 내릴 수 있는 권능도 가지고 있다는 것이다. 그리고 셋째로는 국가나 지역의 운명을 좌우할 수 있는 권능을 가지고 있다는 점이다. 예를 들면 전쟁이나 정벌에 대해 보우를 베풀 수도 있고, 또 어떤 지역이나 국가에 고통을 가할 수도 있으며, 한 걸음 더 나아가 읍(邑)이나 방국(方國)을 없애버릴 수도 있다는 것이다.

이와 같이 商代의 실물 자료인 갑골복사에 나타난 '上帝' 즉 하느님은 인간 사회나 자연계에 대해 거의 절대에 가까운 권능을 가진 자연신(自然神)으로서, 周代 사람들의 '天' 관념과 비슷하다. 이로 말미암아 陳夢家는 복사 중의 '上帝'는 인간 세계의 왕과 마찬가지로 상제 자신의 조정(朝廷)을 갖추고 있음과 동시에 그의 신하와 사자(使者)들도 거느리고 있다고 주장하면서,《春秋左氏傳》·《楚辭》·《周禮》·《淮南子》·《史記》등의 기록등과 연관시키고 있다.[2] 그러나 '上帝'와 관계된 갑골복사의 내용과 陳夢家가 예시한 고서(古書) 중의 '帝' 또는 '天'과 관계된 기록들

1) 羅振玉 前揭書《增訂殷虛書契考釋》卷中 p.74를 참고.

2) 陳夢家 前揭書《殷虛卜辭綜述》p.572~573을 참고.

사이에는 명확하고 구체적인 실례(實例)가 발견되지 않고 있기 때문에 그의 이러한 주장은 아직은 그대로 믿기가 어렵다.

乙. 태양[日]

'日' 즉 해에 대해 제사를 거행한 갑골복사의 예를 살펴보자.

1) 壬午卜，賓貞：御御于日? 《甲2121》
2) 丙子卜，卽貞：王賓日𣪘亡尤? 《明338》
3) 丁巳卜，侑出日?
丁巳卜，侑入日? 《佚407》
4) 辛未卜：侑于出日? 《粹597》
5) 御各日，王受又? 《粹1278》

위에 예시한 복사들 가운데 '御'·'𣪘'·'侑' 등은 모두 제명(祭名)이므로, '日' 즉 해 곧 태양에 대해 제사를 거행했다는 사실은 분명히 밝혀졌다. 그러나 이 가운데 태양의 신(神)이 가지고 있는 권능은 어떤 것인지에 대한 문제는 아직 제대로 밝혀지지 못하고 있다. 왜냐하면 태양의 권능을 알아볼 수 있는 복사는《明338》과《粹1278》 두 편(片) 뿐인데, 이 가운데《明338》의 "王賓日𣪘亡尤?"란 "왕이 직접 태양을 제사지내는 '𣪘祭에 참석하여도 화(禍)가 없겠습니까?"라는 뜻이므로, 이는 태양의 권능을 묻는 점복이 아니다. 그러므로 태양의 권능을 알아볼 수 있는 복사는《粹1278》 하나뿐이다. 이 복사의 내용은 "'落日' 즉 지는 해에게 '御'제를 지내면 왕이 보우(保佑)를 받겠습니까?"라는 뜻이다. 이로 미루어보면 태양은 왕을 보우할 수 있는 권능을 가졌다고 볼 수 있지만, 복사의 예가 이것 하나뿐이므로 태양의 권능은 더욱 정확하고 많은 자료가 발견되어야만 규명될 수 있겠다.

丙. 달[月]

현재까지 발견된 복사의 자료에서는 '月' 즉 달에 대해 제사를 거행한 기록이 없어 달의 권능을 알아볼 수가 없는 상황이다.

丁. 별[星]

'星' 즉 별에 대해 제사를 거행한 기록으로 여겨지는 갑골복사로는《乙6664》와《乙6672》둘 뿐이므로, 별의 권능에 대해서도 더 많은 자료가 발견되기를 기대할 수밖에 없다.

戊. '東母'와 '西母'

갑골복사 가운데 먼저 '東母'와 '西母'에 대해 제사를 거행한 복사의 예를 보면 다음과 같은 것들이 있다.

1) 貞 : 尞于東母, 三牢? 《後上23. 7》
2) 壬申卜, 貞 : 侑于東母西母, 若? 《後上28. 5》

'東母'와 '西母'에 대해 제사를 거행한 복사의 예는 많지만, '東母'와 '西母'의 권능을 알아볼 수 있다고 여겨지는 복사는 위에 예시한《後上28. 5》하나뿐인데다가, 복사의 내용이 "'東母'와 '西母'에게 '侑祭'를 지내면 허락 하겠습니까?" 라는 뜻이어서 무엇을 허락하여 달라는 것인지를 알 수가 없다. 그러므로 '東母'와 '西母'의 권능에 대한 고찰도 후일로 미룰 수밖에 없는 상황이다.

己. 바람[風]

'風' 즉 바람에 대해 제사를 거행한 복사의 예를 들면 다음과 같은 것들이 있다.

1) 辛未卜 : 帝風, ☐用, 雨? 《佚227》
2) 貞 : 勿侑于風? 《佚464》
3) 辛未卜 : 內貞 : 帝于北方日☐, 風日䧕, 求年?
辛亥卜 : 內貞 : 帝于南方日完, 風夷, 求年? 一月.
貞 : 帝于東方日析, 風日劦, 求年?
貞 : 帝于西方日彝, 風日乇, 求年? 《丙201》

위에 예시한 갑골복사에서의 '侑'·'帝' 등은 제사 이름이 분명하므로, '風' 즉 바람이 제사의 대상이 분명하다는 점은 앞에서 이미 설명하였다. 그런데《丙201》에 나타난 복사의 내용은 풍신(風神)에게 풍년을 기구(祈求)하는 것이어서, 이 풍신의 권능은 풍년이 들 수 있도록 하는 영향력을 가졌다고 할 수 있고, 또《佚227》의 복사는 풍신에게 제사를 지내면서 비가 내리기를 기원하는 것이므로, 이 풍신은 비를 내리게 할 수 있는 권능도 가졌다고 볼 수 있다.

庚. 구름[雲]

'雲' 즉 구름 신(神)에게 제사를 거행한 복사를 예를 들면, 다음과 같은 것들이 있다.

1) 𡧊于雲? 《遺451》

2) 己丑卜, 爭貞 : 亦乎雀𡧊于雲, 犬?

貞 : 勿乎雀𡧊于雲, 犬? 《乙5317》

3) 𡧊雲, 不雨. 《人3081》

위에 예시된 복사를 보면 '雲' 즉 구름 신(神)에게는 '𡧊祭'를 지냄을 알 수 있으나, 이 '雲神'의 권능에 대해서는 비[雨]와 관련이 있다는 것만 알 수 있을 뿐이고, 그 이외에는 고찰할만한 자료가 없다.

辛. 기타(其他)

상고시대에 천신(天神)으로 생각됨직한 자연물(自然物)로는 위에서 검토한 상제(上帝) · 태양[日] · 달[月] · 별[星] · '東母'와 '西母' · 바람[風] · 구름[雲] 이외에 비[雨]와 눈[雪] 그리고 무지개[虹] 등이 있다. 그러나 지금까지의 갑골복사에 대한 연구 결과로는 이들 비 · 눈 · 무지개 등에 대해서 제사를 거행했다는 확실한 자료를 찾아내지 못하고 있는 실정이어서, 이들의 권능에 대한 고찰은 앞으로의 연구로 미룰 수밖에 없다.

二. 지기(地祇)

지상(地上)에 존재하는 자연물 가운데 신격화되어서 향사(享祀)되는 지기(地祇)의 권능도 천신(天神)의 경우와 마찬가지로 갑골복사에 나타나는 지상의 자연물에 국한하여 살펴보기로 하겠다.

甲. '土'

갑골복사에 나타나는 '土'자의 의미는 세 가지가 있는데, 하나는 토지라는 뜻이고, 또 하나는 방국(方國)의 의미이며, 또 하나는 신명(神明)으로 '社'자로 고석되는 것이다. 여기에서 검토대상이 되는 것은 신명으로서의 '土'로, '社' 곧 토지의 신(神)이다. '土神'의 권능에 관계되는 갑골복사로는 다음과 같은 것들이 있다.

1) 己未卜 : 求雨于土? 《後上19. 7》
2) 丙辰卜 : ☐于土, 寧風? 《摭續3》
3) ☐午卜 : 方帝三豕有犬, 卯于土, 牢, 求雨? 四月. 《續1. 1. 3》
4) 其侑㚇亳土, 有雨? 《佚928》
5) 貞 : 勿求年于邦土? 《前4. 17. 3》

위에 예로 든 갑골복사들에 의하면 '土神'은 바람을 잠재울 수 있고, 또 비를 내리게도 할 수 있으며, 풍년이 들게 할 수도 있는 권능을 가졌음을 알 수 있다.

그런데 갑골복사에는 '土神'의 범주에 속한다고 볼 수 있는 동서남북 네 방위의 신(神)에게도 제사를 거행한 예들이 있는데, 다음과 같다.

1) 辛巳卜, 賓貞 : 㚇于東? 《存1. 442》
2) 己巳卜, 賓貞 : 帝于西? 《乙2282》
3) 貞 : 㚇于南? 《戩25. 8》
4) 貞 : 㚇于北? 《遺464》
5) 辛卯卜 : 𢦏彡酒, 其侑于西方? 《明681》

등이다. 그러나 이들 복사에는 네 방위 신(神)의 권능을 알아볼 수 있는 말이 없다. 이 때문에 네 방위 신의 권능에 대한 고찰은 앞으로의 연구로 미룰 수밖에 없다.

乙. 산(山)

산의 신 즉 산신(山神)에 대해서 제사를 거행한 갑골복사로는 다음과 같은 예들이 있다.

1) 丁丑卜 : 侑于五山? 在𨸏, 二月卜. 《粹32》

2) 辛▨貞 : 𡆥于十山? 《掇1. 376》

3) 癸巳貞 : 其𡆥玉山, 雨? 《甲3642》

4) 癸酉卜 : 其取岳. 雨? 《粹28》

5) 辛巳卜 : 亘貞 : 祀岳求麥, 歲受年? 《乙6881》

6) 丁巳卜 : 侑于岳, 求禾?

庚戌卜 : 侑于岳, 求禾? 《寧1. 76》

7) 庚戌卜, 爭貞 : 岳不我𡆥?

庚戌卜, 爭貞 : 岳𡆥我? 《乙5271》

8) 壬申卜, 貞 : 岳𡆥年? 《人142》

9) 岳眔河酒, 王受又? 《後上20. 10》

위에 예시한 갑골복사에서의 '岳' 역시 산을 지칭하는데, 혹시는《尙書 · 禹貢》에 기록된 '太岳山'[1]을 지칭하는 고유명사일 가능성도 있다고 생각된다. 그리고 '玉山'은 지금의 어느 산을 지칭하는지는 모르지만 商代 사람들은 매우 영험(靈驗)이 있는 산이라고 생각했던 것 같다. 또《粹32》의 '五山'과《掇1. 376》의 '十山'은 어느 어느 산을 지칭하는 5대(大) 산이며 10대 산인지는 비록 알 수 없으나 商代 당시의 중요한 다섯 산과 열 개의 산이었을 것이다. 이들 갑골복사의 내용에 의하면 산신은《甲3642》와《粹28》에서는 비를 내리게 할 수 있는 권능을 가진 경우이고,《乙6881》는 보리의 수확을 좋게 하고 풍년이 들게 할 수 있는 권능을 가진 경우이며,《寧1. 76》은 벼농사가 잘 되게 할 수 있는 권능을 가진 경우이고,《乙5271》은 점복(占卜) 그 당시의 왕에게 화(禍)를 입힐 수 있는 권능을 가진 경우이며,《人142》은 풍년을 저해할 수 있는 권능을 가진 경우이고,《後上20. 10》은 당시의 왕을 보우할 수 있는 권능을 가진 경우이다. 이러한 산신의 권능은 앞에서 살펴 본 상제(上帝)의 권능과 비견될만하다고 하겠다.

丙. '河'

商代 사람들은 '河'에 대해서도 제사를 지냈는데, 이 신명(神明)으로서의 '河'는 어떤 권능을 가졌는지를 갑골복사를 통하여 살펴보자.

---

1) 《尙書 · 禹貢》에 "壺口雷首至于太岳"이라고 하고 있는데, 孔安國은 이 '太岳'에 대해 "上黨西 : 上黨郡 서쪽에 있다."라고 주(注)하였는데, 이를 후세에는 '霍太山'이라 하였다.

1) 壬寅卜, 㱿貞 : 河弗壱王?

壬寅卜, 㱿貞 : 河壱王? 《乙5265》

2) 貞 : 河亡叉? 《乙3343》

3) 升☐于河, 三牢, 王受又? 《明488》

4) 貞 : 翌甲戌河不令雨?

貞 : 翌甲戌河其令雨?

王占曰 : 河其令雨? 《乙3121》

5) 庚申卜, 永貞 : 河壱雨?

貞 : 河弗壱雨? 《乙920》

6) 戊午卜 : 于河求雨, 𡨦? 《乙8689》

7) 壬午卜, 賓貞 : 河我祟? 《掇1. 179》

8) 河祟我, 不我祟. 《乙5406》

9) 辛酉卜, 賓貞 : 求年于河? 《鐵216. 1》

10) 甲子求于河, 受禾? 《甲651》

11) 己亥貞 : 求于河, 受禾? 《續4. 17. 6》

위에 예시한 갑골복사들에서 보는 바와 같이 하천(河川)의 신명(神明)은 '河'밖에 없다. 그런데 갑골복사에서의 '河'자는 세 가지 뜻으로 사용되는데, 하나는 '貞人'의 이름이고, 또 하나는 강 이름으로 지금의 黃河를 지칭하며, 나머지 하나는 신명(神名)이다. 이 가운데 신명으로서의 '河'는 물론 자연신 黃河의 수신(水神)이다. 위에 예로 든 갑골복사 중의 '河'는 물론 이 黃河의 신을 지칭하는 것이다. 이 복사들에 의하면, 商代 사람들은 黃河의 신은《乙5265》의 복사와 같이 당시의 왕에게 화(禍)를 입힐 수 있는 권능을 가지고 있고, 또 반대로《乙3343》과《明488》에서와 같이 당시의 왕을 보우할 수 있는 권능도 가지고 있으며,《乙3121》·《乙920》·《乙8689》에서와 같이 비가 내리도록 명령하거나 비가 내리는 것을 방해할 수 있는 권능도 가지고 있고, 또《掇1. 179》와《乙5406》에서와 같이 풍년이 되게 할 수 있는 권능도 가지고 있으며,《甲651》과《續4. 17. 6》에서와 같이 벼농사가 잘 되게 할 수 있는 권능도 가지고 있다고 믿었음을 알 수 있다. 이로서 이 '河神' 즉 黃河의 신 역시 상제(上帝)에 비견될 만큼의 많은 권능을 가지고 있음을 알 수 있다.

丁. 기타

위에서 검토한 '土' · '山' · '河' 이외에 지기(地祇)로 간주될 수 있는 신(神)으로서 갑골복사에 나타나는 것으로는 '蠶示' · '門示' · '龜示' · '[illegible]示' 등이 있다. 이 가운데 '蠶示'만이 양잠(養蠶)과 관계있는 신(神)일 것이라고 추측해 볼 수 있을 뿐이고, 나머지는 구체적으로 어떤 신인지조차 알 수가 없을 뿐만 아니라, 갑골복사에도 극히 드물게 한두 편(片)에 나타날 뿐이다. 이 때문에 이들이 가지고 있을 것이라고 추측할 수 있는 지기(地祇)로서의 권능도 현재로서는 고찰할 수가 없으므로 후일의 연구로 미룰 수밖에 없는 실정이다.

三. 인귀(人鬼)

여기에서 말하는 인귀(人鬼)란 죽은 사람의 영혼이란 뜻이다. 갑골복사에서 제사를 지낸 인귀는 商 왕실의 조상(祖上)이 대부분이고, 그 이외에 商 왕실에 혁혁한 공(功)을 세운 商 왕조의 신하들에게도 제사를 지내고 그들에게 도움을 기구(祈求)하고 있는데, 여기에서는 이들의 권능을 갑골복사에 나타난 商 왕실의 세계(世系)[1]와 선비(先妣) · 선신(先臣)의 순서로 살펴보기로 하겠다.

甲. 원조(遠祖) 선공

1. 夒

갑골복사에서의 夒는 帝嚳을 지칭하는데, 그의 권능을 나타내주는 복사의 예를 보면 다음과 같다.

1) 庚寅卜 : 隹夒壱禾? 《粹11》
2) 丙午卜 : 隹岳壱雨? 隹夒壱(雨)? 《金201》

이는 夒가 벼농사를 방해하고 비를 방해할 수 있는 권능을 가지고 있음을 말해 준다.
또 다른 복사를 보면,

1) 拙稿 <甲骨卜辭에 나타난 殷王室의 世系考>, 《人文論叢》 第8集(漢陽大學校人文科學大學 1984. 서울) pp.27~62를 참고.

1) 壬申貞 : 求禾于夒? 《後上23. 4》

2) 貞 : 𠦪于夒, 受禾? 《甲651》

3) 甲子卜, 爭貞 : 求年于夒, 燎, 六牛? 《甲3512》

라고 했는데, 이는 夒가 풍년이 되게 할 수도 있고 또 이와 연관된 벼농사가 잘 되게 할 수 있는 권능을 가지고 있음을 말해주는 것이다.

또 다른 복사의 예를 보자.

1) 貞 : 往于夒出从雨? 《遺19》

2) 御又宗夒有雨? 《存1. 1759》

3) 貞 : 翌辛卯▯, 求雨▯夒, ▯雨? 《佚519》

위의 복사들은 '夒'가 비를 내릴 수 있게 할 수 있는 권능을 가지고 있음을 나타내주는 것이다. 또 다음의 복사를 보자.

1) 叀高祖夒祝用, 王受又? 《粹1》

2) 其求年于夒, 五▯五▯, 王受又? 《粹5》

이 복사들은 夒가 당시의 왕을 보우할 수 있는 권능도 가지고 있음을 나타내 주는 것이다.

2. 兕

갑골 문자에서 商 왕실의 조상(祖上)으로서의 兕는《史記 · 殷本紀》중의 契를 지칭한다. 이 兕의 권능은 어떠한지를 알아보자.

1) 貞 : 寧𡆥于兕? 《粹607》

2) 于兕寧𡆥? 《拾2. 13》

위의 복사는 兕가 고통을 멈추게 할 수 있는 권능을 가지고 있음을 말해주는 것이다.

또 다음의 복사를 보도록 하자.

1) 貞 : 于兕求年? 《摭續116》

2) ☐未卜 : 求雨于兕? 《明420》

위의 복사는 兕가 풍년이 들게 할 수 있는 권능과 비를 내리게 할 수 있는 권능을 가지고 있음을 나타내고 있다.

3. 季

갑골복사 중의 商 왕실의 조상으로서의 季는《史記·殷本紀》중의 원조(遠祖) 선공 冥을 지칭한다. 갑골복사에서 이 季의 권능은 어떠한지를 알아보기 위해 우선 복사의 예를 보기로 하자.

1) 季弗壱王. 《乙2893》

2) 辛未卜, 品貞 : 季祟王? 《前5. 40. 3》

季의 권능을 알아볼 수 있는 갑골복사는 위에 든 이 두 편(片) 뿐이다. 이 로써 商代 사람들은 季는 당시의 왕에게 재앙을 내릴 수도 있고, 방해를 할 수도 있는 권능을 가지고 있다고 믿었음을 알 수 있다.

4. 王亥

갑골복사에서의 商 왕실의 원조(遠祖) 선공 王亥는《史記·殷本紀》중의 振을 지칭한다. 王亥의 권능을 알아볼 수 있는 복사로는 다음과 같은 것들이 있다.

1) 隹王亥壱雨? 《粹75》

2) ☐于王亥祟我? 《乙7889》

3) 己未卜, 爭貞 : 王亥祟我?

貞 : 王亥祟我? 《粹75》

4) 庚☐☐, 殸貞 : 于王亥求年? 《戩1. 3》

5) 貞 : 于王亥求年? 《後上1. 1》

위에서 예로 든 복사들을 살펴보면,《粹75》는 王亥가 비를 방해할 수 있는 권능을 가지고 있음을 나타내고 있으며,《乙7889》와《粹75》는 당시의 왕에게 재앙을 내릴 수 있는 권능을 가지고 있음을 나타내 주는 것이며, 《戩1. 3》과 《後上1. 1》은 풍년이 들게 할 수 있는 권능을 가지고 있음을 나타내 주고 있다.

5. 夒

갑골복사에서 商 왕실의 제사의 대상 가운데 夒로 고석되고 있는 商 왕실의 원조(遠祖) 선공이 구체적으로 《史記 · 殷本紀》 중의 어느 선공을 지칭하는 지는 아직 밝혀지지 않았지만, 그의 권능을 알아볼 수 있는 복사로는 다음과 같은 예들이 있다.

1) 壬辰卜 : 其求年于夒㚇又羌, 茲用?	《續1. 51. 5》
2) 其求雨于夒㚇, 九牢?	《粹15》
3) 其求年夒叀酒, 又大雨?	《粹16》
4) ◻◻卜 : 其求禾于夒㚇, 二牛?	《後上24. 9》
5) 癸未貞 : 求禾于夒?	《鄴1. 35. 3》
6) 于夒宗酒, 又雨?	《甲779》

위에 예로 든 갑골복사들로, 商代 사람들은 商 왕실의 선공 '夒'은 풍년이 되게 할 수도 있고, 또 이와 연관이 있는 벼농사를 잘 되게 할 수도 있으며, 비를 내리게 할 수도 있는 권능을 가지고 있다고 믿었음을 알 수 있다.

6. 娥

갑골복사에서 향사(享祀)되고 있는 娥가 商 왕실 조상(祖上) 가운데 누구를 지칭하는지에 대해서는 아직 정론이 없지만, 娥의 권능과 관계되는 복사로는 다음과 같은 것들이 있다.

1) 貞 : 娥不壱王?	
娥其壱王?	《乙5313》
2) 不隹娥壱子賓?	
隹娥壱子賓?	《乙1379》
3) 貞 : 娥壱多◻?	(《鐵66. 1》)
4) 甲子卜, 賓貞 : 于岳求雨娥?	《存2. 132》
5) 貞 : (王)疾, 娥不隹禍?	《鄴3. 35. 6》
6) ◻卯卜, 㱿貞 : 求年娥于河?	《林1. 21. 14》

7) 甲申卜，貞：于娥求年? 《佚143》

8) 貞：于▨求年娥? 《佚153》

9) 甲子卜，賓貞：䄃求雨娥于河? 《佚389》

이상의 갑골복사의 내용으로 娥의 권능을 살펴보면, 娥는 풍년이 되게 할 수 있는 권능을 가지고 있고, 이와 연관이 있는 사항으로서 비를 내리게 할 수 있는 권능도 가지고 있으며, 또 당시의 왕에게 재앙이나 화(禍)를 내릴 수 있는 권능도 가지고 있음을 알 수 있다. 이처럼 娥의 권능이 상당히 큰 것으로 미루어 본다면, 그의 생존 당시의 공로가 작지 않았을 것임을 짐작하게 해 준다.

7. '𣅀'

갑골복사에 '𣅀'의 모양으로 쓴 글자가 있는데, 이 글자의 자형 결구가 '目'과 '口'로 이루어져 있어 잠정적으로 '𣅀'로 예정(隸定)하여 쓰고 있다. 그런데 이 '𣅀'자에 대해서는 앞에서 살펴본 바와 같이 陳夢家는 이를 '目'자의 번체(繁體)라고 인식하고는 商 왕실의 선공(先公) '相土'로 보았고,[1] 饒宗頤는《史記 · 殷本紀》중의 '曹圉'로 보았으며,[2] 島邦男은 이를 지명이라고 주장하였다.[3] 島邦男이 이를 지명으로 본 것은 갑골 문례로 보아 신빙성이 없고, 다른 모든 갑골학 연구자들은 이를 商 왕실의 선공으로 보는 것이 일치된 견해이나, 구체적으로 누구를 지칭하느냐 하는 문제에 있어서는 각기 다른 주장을 하고 있어 현재로는 정론이 없는 상태이다.

어떻든 갑골복사에서 이 '𣅀'에게 '燎' · '侑' · '酒' 등의 제사를 거행하고 있는 것은 분명하므로,[4] '𣅀'은 어떤 권능을 가졌는지를 알아보자.

(1) 求年于𣅀? 《續1. 50. 4》

(2) 求年于𣅀夕羊燎小宰，卯一牛? 《佚153》·《續1. 141. 6》

위의 복사에서 나타난 '𣅀'은 풍년을 기구(祈求)하는 대상이므로, 商代 사람들은 이 '𣅀'은 풍년이 되게 할 수 있는 권능을 가졌다고 믿었음을 알 수 있다.

---

1) 陳夢家 前揭論文 <古文字中之商周祭祀>, 前揭書《燕京學報》第19期 p.116을 참고.

2) 饒宗頤 前揭論文 <𣅀爲根圉說>, 前揭書《賽善半月刊》1卷 13期를 참고.

3) 島邦男 前揭書《殷虛卜辭研究》p.244를 참고.

4) '𣅀'에게 祭祀를 거행한 것이 확인되는 복사로는《前1. 49. 7》·《粹70》·《佚491》·《乙4915》·《乙5317》등이 있다.

8. 기타(其他)

갑골복사에는 위에서 살펴 본 商 왕실의 원조(遠祖) 선공 이외에 제사의 대상이 되는, 선공임이 밝혀졌거나 또는 선공으로 생각되는 사람으로는 '王恒'·'蔑'·'蚰'·'王吳'·'朱司'·'龍甲'·'[illegible]' 등이 있다고 앞에서 설명하였다. 그러나 이들에게 제사를 거행한 내용의 복사는 그 수(數)가 너무 적거나, 설령 제사를 거행한 복사의 수는 많다고 하더라도 그 중에 이들의 권능을 알아볼 수 있는 내용이 전혀 없거나, 있더라도 그 양(量)이 너무 적다. 그리고 이들에 대한 복사의 내용이 명확하지 않은 경우도 많다. 이 때문에 이들의 권능에 대한 고찰은 확실한 자료가 갖춰질 후일로 미룰 수밖에 없는 실정이다.

乙. 근조(近祖) 선공

1. 上甲

갑골복사에서의 上甲은《史記·殷本紀》중의 微를 지칭한다. 우선 上甲의 권능을 알아볼 수 있는 갑골복사를 보기로 하자.

1) 上甲壱王? 《乙3189》

2) 貞 : 上甲祟王? 《林2. 3. 15》

3) 上甲祟王?
上甲弗祟? 《乙7021》

4) 辛巳卜, 貞 : 其告水入于上甲, 祝大乙二牛, 王受又? 《粹148》

5) 貞 : 求于上甲, 受我又? 《乙3325》

6) 翌上甲其遘又升, 王受又? 《粹108》

7) 乙卯卜, 貞 : 求禾自上甲六示牛, 小示㲋羊? 《甲712》

8) 戊辰貞 : 求禾自上甲㞢?
癸亥貞 : 其求禾自上甲□? 《人2363》

9) 丁丑卜, 賓貞 : 求年于上甲, 煑三宰, 卯三牛? 三月. 《續1. 3. 1》

10) □未卜, □求雨自上甲·大乙·大丁·大甲·大庚·大戊·中丁·
祖乙·祖辛·祖丁十示率羊土? 《佚986》

11) 乙卯卜, 貞 : 求雨上甲, 宰? 《遺923》

12) 求雨于上甲, 宰? 《乙2508》

13) 隹上甲𢀛雨? 《乙6299》

이상의 갑골복사의 내용으로 上甲의 권능을 살펴보면, 《乙3189》는 당시의 왕에게 불행한 일이 일어나게 할 수 있음을 나타내며, 《林2. 3. 15》와 《乙7021》에서의 '祟'자는 《說文解字》 '示'부에, "祟, 神禍也. : 신(神)이 내리는 재화(災禍)라는 뜻이다."라고 하고 있으므로, 이는 당시의 왕에게 재화를 내릴 수 있는 권능을 가졌음을 나타내는 것이고, 《乙3325》와 《粹108》·《粹148》에서의 上甲은 당시의 왕을 보우할 수 있는 권능을 가졌음을 나타내며, 《甲712》와 《人2363》은 벼농사가 잘 되게 할 수 있는 권능을 가졌음을 나타내 주는 것이고, 이와 관련해서 《續1. 3. 1》은 풍년이 되게 할 수 있는 권능을 가졌음을 나타내 주는 것이다. 그리고 《佚986》과 《遺923》·《乙2508》 등의 복사는 上甲이 비를 내리게 할 수 있는 권능을 가졌음을 나타내 주는 것이며, 《乙6299》는 上甲은 순조로운 강우(降雨)를 방해할 수 있는 권능도 가졌음을 나타내 주는 것이다. 이로써 보면 上甲의 권능은 자연신 상제(上帝)의 권능과 맞먹을 만큼 크다는 것을 알 수 있다. 이는 다음에 살펴볼 다른 근조(近祖) 선공과는 전혀 다른 현상이다. 이렇게 된 원인은 아마 上甲이 '五種祭祀'를 향사(享祀)받는 근조 선공의 제1대조(第一代祖)이기 때문이 아닌가 생각된다.

2. 報乙 · 報丙 · 報丁

갑골복사에 나타난 이 報乙·報丙·報丁에 대한 기록은 그들에게 제사를 거행한 것은 있으나, 이들의 권능을 알아볼 수 있는 것은 보이지 않는다. 이는 아마도 이들 세 근조(近祖) 선공의 공적이 혁혁(赫赫)하지 못했기 때문에 나타나는 현상이 아닌가 생각된다.

3. 示壬 · 示癸

갑골복사에서의 示壬과 示癸는 《史記·殷本紀》의 主壬과 主癸를 지칭한다. 우선 이들의 권능을 알아볼 수 있는 갑골복사를 보면 다음과 같은 것들이 있다.

1) 己卯貞 : 求禾于示壬, 三牢? 《甲329》
2) 壬寅卜 : 其求禾于示壬舞眔酒, 兹用? 《佚892》
3) 癸卯卜 : 求雨于示壬? 《鄴1. 32. 8》
4) 貞 : 求年于示壬? 《外18》
5) 貞 : 于示壬求年? 《京516》

위에 예시한 복사로 살펴보면, 示壬은 벼농사가 잘 되게 할 수 있고, 비를 내리게 할 수도 있으며, 또 풍년이 되게 할 수도 있는 권능을 가졌음을 알 수 있다. 그런데 示癸는 報乙·報丙·報丁과 같이 제사의 대상이기는 하지만 그의 권능을 알아볼 수 있는 복사는 아직 발견되지 않고 있어서, 示癸의 권능에 대한 탐구는 후일(後日)로 미룰 수밖에 없다.

丙. 전기(前期) 선왕

1. 大乙

商 왕조의 개국 시조 湯임금을 갑골복사에서는 大乙·成·唐 등으로 호칭하고 있는데,《史記·殷本紀》에서는 天乙로 표기(表記)하고 있다. 여기에서는 갑골복사의 명칭에 따라 大乙로 표기하기로 한다. 大乙의 권능을 알아볼 수 있는 복사로는 다음과 같은 것들이 있다.

1) 貞 : 成若王?	《人29》
2) 唐若?	《乙2922》·《乙3664》·《乙3978》
3) …… 侑大乙, 王受又?	《粹141》
4) 辛巳卜 : 其告水入于上甲, 祝大乙, 二牛, 王受又?	《粹148》
5) 大乙先酒, 王受又?	《佚417》
6) 戊(午)卜 : 庚戌余莽于成允若?	《粹426》
7) 王疾不隹成?	《合460》
8) 甲子王卜曰 : 翌乙丑其酒翌唐, 不雨?	《存1. 1489》
9) 乙丑卜 : 于大乙求雨? 十二月.	《金523》
10) 大乙求禾?	《遺668》
11) 于大乙·祖乙叀求年, 王受?	《戩2. 8》

위에서 예로 든 갑골복사를 보면, 商 왕실의 개국 시조 大乙은 다음과 같은 권능을 가졌다고 간주되었다. 즉, ①왕실이나 왕의 어떤 계획이나 일에 대해 윤허할 수 있는 권능(예 1)에서 3)), ②점복 당시의 왕을 보우할 수 있는 권능(예 4)~6)), ③당시의 왕의 질병에 대한 권능(예 7)), ④비를 내리게 할 수 있는 권능(예 8)과 9)), ⑤벼농사가 잘 되게 할 수 있는 권능(예 10)), ⑥풍년이 되게 할 수 있는 권능(예 11)) 등이다. 이와 같은 大乙의 권능은 천신(天神) 상제(上帝)의 권능과 견줄만한데, 이는 아마 大乙이 商 왕조의 개국 시조인 까닭이라고 생각된다. 심지어 大乙은 上帝와 배사(配祀)되기도 한 사실이 이를 증명한다고 하겠다.

2. 大丁

大丁의 권능을 알아볼 수 있는 갑골복사를 보자.

1) ▯未卜 : 求雨自上甲, 大乙 · 大丁 · 大甲 · 大庚 · 大戊 · 中丁 · 祖乙 · 祖辛 · 祖丁十示率羊土? 《佚986》

2) 大丁壱我?
大丁不壱我? 《合405》

3) 丁卯貞 : 大丁彡, 亡壱? 《明435》

4) …… 祼…… 歲迺攺 …… 大丁升伐, 王受又? 《甲1902》

위에서 예로 든 갑골복사의 내용을 보면, 大丁은《佚986》에서 보는 바와 같이 비를 내리게 할 수 있는 권능을 가졌으며,《合405》와《明435》에서 보는 바와 같이 당시의 왕에게 화(禍)를 내릴 수 있는 권능을 가졌음을 알 수 있고,《甲1902》에서 보는 바와 같이 당시의 왕을 보우할 수 있는 권능도 가졌음을 알 수 있다. 그런데《佚986》의 복사를 보면 上甲 · 大乙 · 大丁 · 大甲 · 大庚 · 大戊 · 中丁 · 祖乙 · 祖辛 · 祖丁 등의 선왕(先王)들은 모두 비를 내리게 할 수 있는 권능을 가졌음을 알 수 있는데, 이들 10명의 선왕들은 모두가 왕위에 즉위한 아들을 가진 商 왕실의 대종(大宗)이다. 이로써 보면 商 왕실의 대종은 모두가 비를 내리게 할 수 있는 권능을 가졌음을 알 수 있다.

3. 大甲

大甲의 권능을 알아볼 수 있는 갑골복사를 보면 다음과 같다.

1) 癸丑卜, 殼貞 : 求年于大甲十宰, 祖乙十宰? 《後上27. 6》

2) 貞 : 王疾不隹大甲? 《合219》

3) 乙▯(卜), 賓(貞) : …… 大甲若王? 《合446》

4) 燎大甲其壱我?
燎▯▯不壱子我? 《文272》

5) 貞 : 王疾隹大甲? 《乙6638》

6) 貞 : 大甲, 受㞢又? 《乙7513》

7) 貞 : 㞢于大甲求年? 《明47》

8) 于大甲桒, 王受年? 《京3895》

위에 예로 든 갑골복사에 의거하면, 大甲은 예 1)에서와 같이 당시의 왕에게 어떤 일에 대해 허락을 할 수 있는 권능을 가지고 있으며, 예 2), 3)에서와 같이 당시의 왕으로 하여금 질병에 걸리게 할 수도 있는 권능도 가지고 있었고, 예 4)에서와 같이 당시의 왕에게 화(禍)를 입힐 수 있는 권능도 가졌으며, 예 5)에서와 같이 당시의 왕을 보우할 수 있는 권능도 가졌고, 또 예 6)~8)과 같이 풍년이 들게 할 수 있는 권능을 가지고 있었음을 알 수 있다. 이와 같이 大甲의 권능이 천신 상제과도 견줄 수 있을 만큼 큰 이유는 아마도 그가 商 왕실의 대종(大宗)일 뿐만 아니라 그가 생전에 쌓은 공적이 탁월한 현왕(賢王)이었기 때문이라고 생각된다. 이로 미루어 보면 商 왕실의 선왕들의 권능은 그들이 생전에 쌓은 공적의 대소(大小)에 의하여 결정되어지는 게 아닌가 생각된다.

4. 外丙

갑골복사에서의 外丙의 권능을 알아볼 수 있는 복사의 예로는 "貞 : 外丙弗耂王? …… 外丙耂王?"(《乙6715》)라고 기록된 것이 있을 뿐이다. 이로 미루어보면 商 왕실의 소종(小宗)인 外丙은 당시의 왕에게 화(禍)를 끼칠 수 있는 권능 이외의 다른 권능은 갑골복사에 나타나지 않고 있다.

5. 大庚

大庚의 권능을 알아볼 수 있는 갑골복사의 예는 앞에서 예시한《佚986》이외에 또 "乙亥貞 : 隹大庚作耂? 大庚不作耂?"(《後上22. 5》)라고 한 것이 있다. 이런 복사들에 근거하면, 商 왕실의 대종(大宗)인 大庚은 앞에 예시한《佚986》에서 보는 바와 같이 비를 내리게 할 수 있는 권능 이외에 여기에서 예로 든《後上22. 5》에서 보는 같이 당시의 왕에게 화(禍)를 끼칠 수 있는 권능을 가지고 있었음을 알 수 있다.

6. 小甲

商 왕실의 소종(小宗)인 小甲은 갑골복사에서는 별다른 권능을 보이지 않는다. 아마 이는 小甲이 商 왕실의 소종일 뿐만 아니라 그의 생전의 공적이 그렇게 뛰어나지 않았기 때문인 것 같다.

7. 大戊

大戊의 권능을 알아볼 수 있는 갑골복사 역시 大庚의 경우와 마찬가지로 앞에 예시한《佚986》

이외에, "☐己卜, 殸(貞) : 大戊祟王?(《林1. 12. 10》)"라고 한 것이 있다. 이로써 商 왕실의 대종인 大戊는 비를 내릴 수 있는 권능과 당시의 왕에게 재화(災禍)를 내릴 수 있는 권능을 가지고 있었음을 알 수 있다.

8. 雍己

雍己는 小甲과 마찬가지로 商 왕실의 소종인 동시에 또한 별다른 공적도 없기 때문인지 갑골복사에는 그의 권능을 알아볼 수 있는 예가 보이지 않는다.

9. 中丁

中丁은 商 왕실의 대종이므로 앞에서 예로 든《佚986》에서 본 바와 같이 비를 내릴 수 있는 권능을 가졌지만, 이 이외의 권능은 갑골복사에는 나타나지 않고 있다.

10. 外壬 · 戔甲

外壬과 戔甲도 小甲과 마찬가지로 商 왕실의 소종이고 또 뛰어난 공적을 남기지 않아서인지 그들의 권능을 알아볼 수 있는 갑골복사를 찾아볼 수가 없다.

11. 祖乙

祖乙의 권능을 알아볼 수 있는 갑골복사로는 다음의 것들이 있다.

1) 辛己卜, 殸貞 : 祖乙若? 《掇1. 183》
2) 自祖乙祼, 若? 《後下22. 10》
3) 王其取祖乙槱, 若? 《乙6373》
4) 貞 : 祖乙其壱王? 《乙3186》
5) 貞 : 祖乙弗壱王? 《卜253》
6) 貞 : 有疾, 勿告于祖乙? 《南2. 52》
7) 貞 : 告疾于祖乙? 《京1650》
8) 己丑卜 , 殸貞 : 王疾隹祖乙?
貞 : 王疾不隹祖乙? 《乙5265》
9) 貞 : 王疾不隹祖乙? 《乙6190》
10) 甲子卜 : 祭祖乙又鬻, 王受又? 《寧1. 1》

11) 辛酉卜：其古嶄祖乙，王受又? 《寧1. 180》

12) 其又升祖乙，宰又一牛，王受又? 《戩3. 9》

13) 癸丑卜，㱿貞：求年于大甲十宰，祖乙十宰? 《乙3094》

14) 貞：日于祖乙其作豐? 《粹236》

위에 예시한 갑골복사의 내용으로 祖乙의 권능을 살펴보면, 예 1)~3)은 당시의 왕의 어떤 일에 대해 허락할 수 있는 권능을 가졌음을 나타내며, 예 4)와 5)는 당시의 왕에게 화(禍)를 입힐 수 있는 권능을 가졌음을 나타내고, 예 6)~9)는 당시의 왕에게 질병을 줄 수도 있는 권능을 가졌음을 나타내며, 예 10)~12)는 당시의 왕을 보우할 수 있는 권능도 가졌음을 나타고, 예 13)과 14)는 풍년이 되게 할 수 있는 권능도 가졌음을 나타낸다. 그리고 앞에서 예시한《佚986》에서 본 바와 같이 祖乙은 대종이기에 비를 내리게 할 수도 있는 권능을 가졌음은 물론이다. 이로써 보면 祖乙은 大甲과 마찬가지로 아주 훌륭한 현왕(賢王)이 아니었나 생각된다.

12. 祖辛

祖辛도 역시 商 왕실의 대종이므로 비를 내리게 할 수 있는 권능을 가졌음은 말할 필요가 없다. 이 이외에 祖辛은 또 어떤 권능을 가졌는지 갑골복사를 보자.

1) 貞：祖辛不我巷?
   貞：祖辛巷我? 《前1. 11. 5》

2) 㞢祖辛，巷王? 《乙2307》

3) 癸丑卜，㱿貞：隹祖辛巷王禍? 《乙4593》

4) 貞：祖辛祟王? 《乙902》

5) 貞：祖辛弗祟王? 《乙7928》

6) 其又祖辛，王受又? 《明576》

7) 王𢦏我家祖辛又王?
   王𢦏我家祖辛不又王? 《合132》

위에 예시한 갑골복사를 통하여 祖辛의 권능을 살펴보면, 예 1)~3)은 당시의 왕에게 화(禍)를 끼칠 수 있는 권능을 나타내며, 예 4)와 5)는 당시의 왕에게 재앙을 내릴 수 있는 권능을 나타내고, 예 6)과 (7)은 당시의 왕을 보우할 수 있는 권능을 나타내 준다. 이로써 보면 祖辛의 권능이

祖乙 보다는 크지 않음을 알 수 있다.

13. 羌甲

羌甲 역시 대종이므로 비를 내리게 할 수 있는 권능을 가졌음은 물론이다. 이 이외에 羌甲은 어떤 권능을 가졌다고 인식되었는지 갑골복사를 보면 다음과 같다.

1) 貞：羌甲不壱王?	《後上3. 15》
2) 甲子卜，貞：羌甲壱王? 三月.	《後上3. 17》
3) 羌甲壱王?	《乙2496》
4) 羌甲祟王?	《合268》
5) 羌甲祟余?	《京1146》
6) 㞢其征羌甲，王受又?	《甲1599》·《佚394》·《粹256》

위에서 인용한 갑골복사의 내용으로 羌甲의 권능을 살펴보면, 예 1)～3)은 당시의 왕에게 화(禍)를 끼칠 수 있는 권능을 가졌음을 나타내고 있으며, 예 4)와 5)는 당시의 왕에게 재앙을 내릴 수 있는 권능을 가지고 있었음을 나타내고, 예 6)은 羌甲 역시 당시의 왕을 보우할 수 있는 권능을 가졌음을 나타낸다.

14. 祖丁

祖丁도 역시 商 왕실의 대종이므로 비를 내리게 할 수 있는 권능을 가졌음은 물론이다. 祖丁은 이 이외에 또 어떤 권능을 가졌는지 갑골복사를 통해 알아보자.

1) 貞：祖壱丁王?	《乙4385》
2) 貞：不隹祖丁壱王?	《乙3187》·《續1. 6. 5》
3) 祖丁壱王?	《乙1912》
4) 祖丁弗祟王?	《續2. 46. 2》
5) 貞：祖丁隹徂若于王?	
祖丁隹徂若于王	《乙3321》
6) 貞：祖丁若小子盃?	
祖丁弗若小子盃?	《乙3422》·《乙4590》)

7) 貞 : 告疾于祖丁?(《前1. 12.5》)

8) 癸巳卜, 大貞 : 其至祖丁祝, 王受又? 《甲1655》

9) 乙亥卜 : 登鬯三祖丁牢, 王受又? 《寧1. 194》·《掇1. 457》

위에서 인용한 갑골복사를 통하여 살펴본 祖丁의 권능은, 예 1)~3)에서와 같이 당시의 왕에게 화(禍)를 끼칠 수 있으며, 예 4)에서와 같이 당시의 왕에게 재앙(災殃)을 내릴 수 있고, 또 예 5)와 6)에서와 같이 商 왕실의 어떤 일에 대해 허락을 할 수도 있으며, 예 7)에서와 같이 질병을 내릴 수도 있으며, 예 8)과 9)에서와 같이 당시의 왕을 보우할 수도 있었음을 알 수 있다. 이로써 보면 祖丁의 권능은 祖乙과 같이 많은 권능을 가졌음을 알 수 있고, 그도 역시 생전에 공적을 크게 쌓은 현왕(賢王)이었음을 짐작할 수 있다.

15. 南庚

南庚은 어떤 권능을 가졌는지 갑골복사를 보기로 하자.

1) 貞 : 南庚不𡆥?
   貞 : 南庚𡆥? 《前1. 13. 8》

2) 隹南庚𡆥王?
   不隹南庚𡆥王? 《乙2135》

이상의 갑골복사에서 보는 바와 같이 南庚은 당시의 왕에게 화(禍)를 끼칠 수 있는 권능을 가지고 있었음은 확인할 수 있으나, 이 이외에는 별다른 권능을 가지고 있었음을 확인할 수 있는 복사의 예가 보이지 않는다. 이는 아마 南庚이 商 왕실의 소종이며 또 전기(前期) 선왕의 마지막 왕인데다가 공적 또한 두드러지지 않았기 때문이라 짐작된다.

丁. 후기(後期) 선왕

商 왕실의 후기 선왕은 殷虛에서 발견된 갑골편이 실제로 제작된 년대에 해당되므로 이들 선왕들 자신이 점복의 당사자이다. 이런 이유로 갑골복사에 이들에게 어떤 일을 물어보거나 기구(祈求)하는 경우는 전기(前期)의 선왕들에 비하여 그 횟수가 아주 적을 뿐만 아니라 그 내용도 매우 제한되어 있음은 극히 자연적인 현상이다. 이 때문에 실제로 갑골복사에서 후기 선왕들의 권능에 대한 기록은 小乙과 武乙이 당시의 왕을 보우할 수 있는 권능을 가졌음을 알 수 있을

뿐이고, 그 나머지의 선왕들의 권능을 알아볼 수 있는 갑골복사는 거의 찾아볼 수가 없는 형편이다. 그러므로 여기서도 小乙과 武乙의 권능을 알아볼 수 있는 갑골복사만 살펴보고 그 나머지 후기 선왕들의 권능에 대한 고찰은 생략하고 후일로 미루기로 한다.

小乙과 武乙의 권능을 알아볼 수 있는 갑골복사의 예를 들면 다음과 같은 것들이 있다.

1) 王其又于小乙羌五人, 王受又? 《甲379》
2) 癸酉卜, 貞 : 翌日乙亥王其侑升于武乙祼正, 王受又? 《前1. 20. 7》

위에 예시한 복사는 小乙과 武乙이 점복 당시의 왕을 보우할 수 있는 권능을 가졌음을 나타내 주는 것이다. 이 이외에는 商 왕실의 후기 선왕들의 권능을 알 수 있는 복사의 예는 거의 발견되지 않는데, 다만 갑골복사에서는 '虎甲'으로 표기되는 陽甲이 점복 당시의 왕에게 화(禍)를 내릴 수 있는 권능을 가졌음을 나타내 주는 복사가 있긴 있으나, 갑골편 자체가 잔편(殘片)인데다가 갑골문의 각사(刻辭) 상태가 분명하지 못하여 여기에 옮기지 않음을 덧붙여 둔다.

戊. 선비(先妣)

여기서의 선비(先妣)란 태자로 봉(封)해졌거나 왕위에 즉위한 아들을 둔 商 왕실의 여러 선왕들의 배필을 말한다. 이들 선비들의 권능을 알아볼 수 있는 갑골복사들로는 다음과 같은 것들이 있다.

1) 庚辰貞 : 其求生于妣庚 · 妣丙? 在祖乙宗卜.
   辛巳貞 : 其求生于妣庚 · 妣丙, 牡羊白豕? 《拾1. 10》
2) 辛巳貞 : 其求生于妣庚 · 妣庚 · 妣丙, 牡𤘲白豕?
   貞 : 求生于(妣)庚 · 妣丙, 牝豭? 《粹396》
3) 乙巳貞 : 丙午酒求生于妣丙, 牡𤘲...... ? 《人2300》
4) 癸未貞 : 其求生于高妣丙? 《佚169》·《前1. 33. 3》
5) ▨辰貞 : 其求生於祖丁母妣己? 《後上2. 66》

갑골복사에 나타난 商 왕실의 선비(先妣)들의 권능은 여기에 예로 든 것 이외에 점복 당시의 왕에게 화(禍)를 내린다든가 질병에 관계한다든가 또는 당시의 왕에게 벌(罰)을 내린다든가, 반대로 당시의 왕을 보우한다든가 할 수 있는 권능들을 가진 것은 商 왕실의 선왕들의 권능과 별다른 차이가 없다. 그런데 특별히 선왕들과 다른 차이가 있는 것은 바로 위에 예로 든 복사에서 보는 바와 같이 '求生'의 대상이 된다는 것뿐이다. '求生'의 대상은 모두가 이들 선비(先妣)이므로, 이 '求生'의 뜻은 자녀들을 낳게 해달라는 뜻임이 틀림없다. 그러므로 商 왕실의 선비들은 선왕들이 가진 일반적인 권능 이외에 아이를 낳게 해 줄 수 있는 권능을 가진 것이 특별한 차이라고 할 수 있겠다.

ㄹ. 선현(先賢)

갑골복사에는 商 왕실의 조상(祖上) 즉 선왕과 선비(先妣)에 대해서만 제사를 올리고 어떤 일을 기구(祈求)한 것이 아니라 商 왕실에 공이 크고 많은 현신(賢臣)들에 대해서도 제사를 지내며 어떤 일에 대해 물어보고 있음은 주지의 사실이다. 그러면 이들 현신들은 어떤 권능을 가졌는지 살펴보기로 하자.

1. 伊尹

갑골복사에는 '伊尹'·'黃尹'·'伊奭' 등으로 호칭되는 제사의 대상이 나타나는데, 이를 張秉權은 동일인으로 보면서 湯임금의 신하인 伊尹이라고 주장하였다.[1] 여기서는 張秉權의 주장을 따라 이들을 모두 伊尹으로 보고 그의 권능을 살펴보기로 하자. 이 伊尹의 권능을 알아볼 수 있는 갑골복사로는 다음의 것들이 있다.

1) 己未卜, 爭貞 : 黃尹弗壱王?
   己未卜, 爭貞 : 黃尹壱王? 《合302》
2) 貞 : 黃尹不壱?
   貞 : 黃尹壱我? 《前1. 52. 1》
3) 貞 : 黃尹弗祟王?
   貞 : 黃尹祟王? 《乙6263》
4) 貞 : 黃尹祟我? 《戩22. 15》
5) 貞 : 黃尹不祟? 《續1. 47. 6》
6) ▨未卜, 㱿貞 : 有疾, 隹黃尹? 《存2. 384》
7) 弜求于伊尹亡雨? 《寧1. 11. 4》

1) 張秉權 前揭書《小屯殷虛文字丙編考釋》p.104를 참고.

8) 其求雨于伊奭? 《明422》

9) 丁未卜 : 隹伊壱雨? 《後下38. 6》

10) 貞 : 其作豐于伊廻? 《粹540》

11) 寧風伊奭, 一小牢? 《粹828》

12) 乙丑貞 : 寧風于伊奭? 《甲828》

13) 乙巳貞 : 其求禾于伊? 《掇2. 404》

14) 鬻叀伊, 受又? 《明504》

위에 예로 든 갑골복사의 내용으로 살펴보면, 伊尹은 점복 당시의 왕에게 재화(災禍)를 내릴 수 있고, 왕의 어떤 일을 방해할 수도 있으며, 또 비를 내리게 할 수도 있고, 심지어는 바람을 멈추게 할 수 있으며, 풍년이 되게 할 수도 있고, 더불어 벼농사가 잘 되게 할 수도 있으며, 점복 당시의 왕을 보우할 수도 있는 권능을 가졌음을 알 수 있다. 이러한 방대한 권능은 商 왕실의 선왕이나 자연신 상제(上帝)와 비교하여도 손색이 없는 것이다. 伊尹의 권능이 이렇게 큰 이유는, 그가 商 왕실에 막대한 공훈이 있는 현신(賢臣)이었음과 동시에 생전의 그의 공적이 매우 컸기 때문이 아닌가 생각한다.

2. 기타 선현(先賢)

위에서 살펴 본 伊尹 이외에도 商 왕실에서 제사를 거행한 사실이 확인되는 선신(先臣)으로는 '咸戊'·'咸'·'盡戊'·'學戊' 등이 있으나, '咸戊'['咸'으로도 표기함]만이 大戊 때의 현신(賢臣)임이 확인될 뿐 나머지는 구체적으로 누구를 지칭하는지 알 수가 없고 학자들의 견해도 일치되지 않고 있다. 그러므로 이들이 구체적으로 누구인가에 대한 고찰은 후일로 미루기로 하고, 여기서는 이들의 권능을 알아볼 수 있는 갑골복사를 살펴보기로 하겠다.

1) 貞 : 咸戊不壱? 《南坊1. 1》

2) 盡戊祟王?

盡戊弗祟王? 《乙3853》·《遺522》

伊尹 이외의 先臣들의 권능을 알아 볼 수 있는 갑골복사는 위의 두 편(片)밖에 없다. 이 두 편의 복사 내용으로 보면, '咸戊'나 '盡戊'는 점복 당시의 왕에게 어떤 일에 대해 방해를 하거나 재화(災禍)를 내릴 수 있는 권능을 가졌음을 알 수 있다. 이들의 권능이나 이들에 대한 점복의

횟수는 伊尹과는 큰 차이가 있음은 역시 생전의 공적의 크기에 따른 차이가 아닌가 생각된다.

제4절 商代 제사의 시간과 장소

여기에서는 商代 사람들은 50여 종류[1]나 되는 많은 제사를 언제 어떤 순서로 거행하였으며, 또 어떤 장소에서 거행하였는지를 갑골 제사 복사를 중심으로 지금까지 남아 있는 중국 상고시대의 문헌 자료와 그 동안의 갑골학 연구 성과를 참고하여 규명해 보고자 한다.

一. 시간

갑골복사를 통해 商代 사람들이 어떤 제사(祭祀)를 어떤 순서에 따라서 언제 거행하였는가 하는 문제를 규명하기 위해서는 우선 갑골복사에 나타나는 모든 제사 복사들을 제사의 종류별로 나누어 살펴보아야 한다. 그런데 지금까지의 연구 결과에 의하면, 갑골복사에는 '朝'·'旦'·'日明'·'妹旦'·'明'·'昃'·'日'·'中日'·'大食'·'小食'·'大采'·'小采'·'盖中'·'郭'·'兮'·'郭兮'·'暮'·'昏'·'落日'·'夕'·'旬'·'月'·'春'·'夏'·'春'·'秋'·'冬'·'歲'·'祀' 등등의 시간을 나타내는 말들이 있기는 하지만, 이러한 어휘들이 어떤 특정한 제사의 고정된 시간을 나타내는 경우는 거의 없다.

다만 본(本) 장(章) 제1절에서 살펴본 바와 같이 갑골복사에 나타나는 그렇게 다양하고 많은 제사들 가운데 '五種祭祀'만이 유일하게 일정한 원칙 아래 제사 거행의 순서를 밝히는 사보(祀譜)를 작성할 수 있을 뿐이다. 이 이외에는 오로지 '歲祭'와 '旬祭'만이 그 의미로 보아 각각 연말(年末)과 10일에 한 번씩 거행했던 제사가 아닌가 하고 유추를 할 수 있을 뿐이고, 나머지 제사들에 대해서는 구체적으로 언제 거행되었는지를 밝혀낼 수 있는 근거가 없는 실정이다. 이렇게 된 원인은 갑골복사의 서술 내용이 너무 간략하고 또 갑골편 자체(自體)가 조각조각으로 부서져서 온전한 상태로 보존되어 있지 못한데다가 대부분의 제사가 원래부터 고정된 시간에 의거하여 거행된 것이 아니라 가뭄이 들 때에 기우제를 지내는 것처럼 그 때 그 때의 상황과 필요에 따라 거행되었기 때문이라고 생각된다. 이에 따라 여기에서는 商 왕실의 조상에 대해 거행했던 '五種祭祀'의 정확한 사보(祀譜)를 작성하는 것으로 만족할 수밖에 없다고 하겠다.

이 '五種祭祀'를 다시 간략하게 설명하면, 이 '五種祭祀'는 '彡'·'翌'·'祭'·'壴'·'劦' 등의

---

1) 拙稿 <甲骨卜辭에 나타난 殷商代祭祀의 種類>, 《中國學報》(韓國中國學會 1988. 서울)第28輯 pp.41~86을 참고.

다섯 가지 제사를 말하는데, '彡祀'란 북을 울리며 거행하는 제사이고, '翌祀'란 우무(羽舞)로 거행하는 제사이며, '祭祀'란 술과 고기를 바치며 거행하는 제사이고, '𡧊祀'란 서직(黍稷)을 봉상(捧上)하며 거행하는 제사이며, '𠭯祀'란 후대의 합제(合祭)와 같은 것이다.[1] 이 '五種祭祀'는 商 왕실이 그들의 조상에 대해 봉행했던 제사로서 이 가운데 '祭'·'𡧊'·'𠭯' 등의 세 가지 제사는 하나의 사조(祀組)로 묶어서 1순(旬)의 간격을 두고 중첩·순환하는 방식으로 거행하였고, '彡祀'와 '翌祀'는 단독으로 각각 하나의 사조(祀組)를 이루어 연속적으로 거행하였는데, 전체적으로 보면 세 개의 사조로 이뤄져서 순환 방식으로 연속하여 거행되었다. 이렇게 거행된 '五種祭祀'의 주기(週期)는 지금까지의 연구 결과를 종합하면 36순(旬)을 통례(通例)로 하는데, '彡祀'에 12순, '翌祀'에 11순, '祭祀'에 13순이 소요되었으며, 어떤 상황을 조정하거나 이에 대응하기 위하여 경우에 따라서는 37순을 한 주기로 삼기도 하였다.[2] 이 때문에 갑골복사에서는 이 '五種祭祀'의 한 주기를 '一祀'라고 함과 동시에 때로는 1년을 '一祀'라고 하기도 하였다. 이는《爾雅·釋天》에, "夏曰歲, 商曰祀, 周曰年. : (1년을) 夏代에는 '歲', 商代에는 '祀', 周代에는 '年'이라고 한다."이라고 하고 있는 것과 완전히 부합된다.

그렇다면 이들 세 가지 사조(祀組) 가운데서 어느 제사가 가장 먼저 거행된 제사 즉 사수(祀首)인가 하는 것이 문제가 된다. 이에 대해 董作賓은, 이 '五種祭祀'는 '彡'·'翌'·'祭'·'𡧊'·'𠭯'의 순서로 거행된다고 주장하면서, 그 이유로 첫째 제사 거행의 원리가 '先疏後密'이므로 여기에 바로 부합되고, 둘째 우선 먼저 춤과 음악으로 조상을 즐겁게 해드린 다음 술과 음식을 대접하고 마지막으로 총합제(總合祭)인 '𠭯祀'를 거행하는 것이 사리(事理)에 맞기 때문이라고 하였다.[3]

그러나 島邦男은 이에 대해, '彡祀'가 3일간 연속적으로 거행되었음을 이유로 내세워 董作賓이 제시한 '先疏後密'이라는 원칙에 맞지 않는다고 주장함과 동시에 '祭'자가 제사의 총칭(總稱)으로 사용된다는 사실을 방증(傍證)으로 삼아 '祭祀'를 '五種祭祀'의 사수(祀首)라고 주장하였다.[4]

그리고 許進雄은 이에 대해, 島邦男이 주장한 이유 가운데 '彡祀'가 島邦男의 말대로 연속해서 3일 간 거행되는 제사라면 이는 '翌祀'로 명명됨이 마땅하다고 주장하면서,《史記·殷本紀》중의 "作高宗肜日"이라는 말에 대해《史記集解》에 孔安國의 말을 인용하여 "祭之明日又祭, 殷曰肜. : 제사를 올린 그 다음날 다시 제사를 올리는 것을 殷代에는 '肜'이라고 하였다."이라고 한 말을 그 예로 들었으며; 또 '祭'자가 제사의 총칭(總稱)으로 사용된 것은 평상시의 제사에서는 음악과

1) 董作賓《董作賓先生全集》(藝文印書館 1977. 臺北)第六册 pp.99~102, 참고.

2) 許進雄《殷卜辭中五種祭祀的研究》(臺灣大學文學院 1968. 臺北) p.72를 참고.

3) 董作賓《殷曆譜》, 前揭書《董作賓先生全集》第6册 pp.102~103을 참고.

4) 島邦男 前揭書《殷虛卜辭研究》pp.114~115를 참고.

춤을 사용하지 않고 술과 고기 등의 음식만으로 제사를 거행했기 때문이지 殷代 당시에는 '祭'자를 제사의 총칭으로 사용하지 않았음을 이유로 들면서 島邦男의 주장을 반박하였고; 또 세 사조(祀組) 각각의 '工典祭' 거행 시간에 차이가 있음에 착안하여, 전체의 제사가 다 끝난 후 1순(旬) 동안에는 휴식을 취한다는 가정 아래 祖甲에 대해 '彡祀'를 거행한 후 '翌祀'의 '工典祭' 사이에 이 휴식의 1순이 있음을 찾아내어 董作賓의 주장에도 반대하고 '翌祀'가 사수(祀首)라고 주장하였다.[1)]

이상에서 알 수 있는 바와 같이 許進雄의 주장이, 비록 근거로 내세운 증거가 많지 않을 뿐만 아니라 일부분은 확실하게 증명되지 않은 상태의 가정(假定) 아래에 이루어진 것이어서 아직은 확실하다고 단정하기는 어렵지만, 그래도 가장 설득력이 있다고 생각된다.

그러면 이 '五種祭祀'는 어떤 원칙에 따라 거행되었을까? 지금까지의 연구 결과를 종합하면 이 '五種祭祀'는 다음과 같은 세 가지의 원칙에 따라 거행되었다.

첫째, 이 '五種祭祀'의 거행시간은 향사되는 商 왕실의 선왕과 선비(先妣)의 묘호(廟號)가 가지고 있는 천간(天干)의 날에 거행되며; 둘째, 이 '五種祭祀'의 대상은 선왕에 대해서는 왕위에 즉위하였거나 또는 왕위에 즉위하지는 못했어도 일찍이 태자에 책봉되었던 조상(祖上)에 국한되며, 선비(先妣)에 대해서는 이 '五種祭祀'를 향사받는 선왕을 낳은 선비, 즉 왕위에 즉위하였거나 또는 왕위에 즉위하지는 못했지만 태자에 책봉된 아들을 둔 선비에 국한되며; 셋째, 선왕의 경우에는 세계(世系)의 순서에 따라 거행하고, 선비의 경우에는 그 배우자인 선왕이 향사된 다음에 세계의 순서에 따라 거행한다는 것 등이다.[2)]

그러면 여기에서 위에 든 세 가지 원칙에 따라 商 왕실의 모든 조상을 망라할 수 있는 제5기 갑골복사로써 36순(旬)을 통례(通例)로 하여 商 왕실의 선왕과 선비에 대한 '五種祭祀'의 사보(祀譜)를 작성하면 〈表1〉과 같은데, 이를 다시 董作賓 · 陳夢家 · 島邦男 · 許進雄 등 네 사람이 작성한 사보와 비교하면[3)] 다음과 같다.

---

1) 許進雄 前揭書 《殷卜辭五種祭祀的研究》 pp.56~72를 참고.

2) 許進雄 上揭書 《殷卜辭中五種祭祀的研究》 pp.39~54와 陳夢家 前揭書 《殷虛卜辭綜述》 pp.386~392, 그리고 島邦男 前揭書 《殷虛卜辭研究》 pp.65~66와 pp.97~101, 또 董作賓 《殷曆譜》, 前揭書 《董作賓先生全集》 第6冊 pp.80~90을 참고.

3) 董作賓 上揭書 《董作賓先生全集》 第6冊 pp.81~87 및 陳夢家 上揭書 《殷虛卜辭綜述》 pp.386~388, 그리고 島邦男 上揭書 《殷虛卜辭研究》 pp.97~101, 또 許進雄 上揭書 《殷卜辭五種祭祀的研究》 pp.39~54를 참고.

〈表 1〉

	第一旬	第二旬	第三旬	第四旬	第五旬	第六旬	第七旬	第八旬	第九旬	第十旬	第十一旬
甲	上甲		大甲 示癸 妣甲	小甲		戔甲	羌甲 祖辛 妣甲	虎甲 *祖丁 甲		祖甲	
乙	報乙	大乙				祖乙			小乙		武乙
丙	報丙		卜丙 大乙 妣丙								
丁	報丁	大丁			中丁		祖丁		武丁	康丁	文丁
戊			大丁 妣戊	大戊						武丁 妣戊 *祖甲 妣戊	*武乙 妣戊
己				雍己	中丁 妣己	祖乙 妣己		*祖丁 妣己	祖己 *小乙 妣己		
庚		示壬 妣庚	大庚			*祖乙 妣庚	南庚 *羌甲 妣庚	般庚 *祖丁 妣庚	祖庚 小乙 妣庚		
辛			大甲 妣辛			祖辛	*祖丁 妣辛	小辛	武丁 妣辛	*庚丁 妣辛	
壬	示壬		大庚 妣壬	大戊 妣壬	卜壬	*祖辛 妣壬					
癸	示癸				中丁 妣癸			祖丁 妣癸	武丁 妣癸		*文丁 妣癸

1. 위에서 설명한 '五種祭祀'의 원칙에 의하면 商 왕조의 마지막 왕 帝幸 즉 폭군으로 유명한 紂王의 재위기간 중에 그의 부친 帝乙이 반드시 향사(享祀)되어야 함이 마땅한 일인데도 불구하고 董作賓 · 陳夢家 · 島邦男 · 許進雄 등이 작성한 사보(祀譜) 가운데 어디에도 帝乙이 나열되어 있지 않다. 이는 제5기의 '五種祭祀'의 복사 가운데 父乙 또는 帝乙에 대한 기록이 아직까지는 보이지 않고, 또 매 사조(祀組)의 주기가 '工典祭'를 제외하고 나면 11순(旬)밖에 없기 때문이겠지만, 이렇게 된 까닭은 帝幸 즉 紂王은 전해 오는 바와 같은 폭군이었기 때문에 이런 전통적인 제례(祭禮)를 폐기한 데 그 원인이 있거나, 아니면 그의 부친 帝乙에 대해서는 따로 어떤 방식의 안배를 했기 때문이 아닌가 생각된다.

2. 祖乙의 배비(配妃) 妣庚을 위의 원칙에 의하여 제6순의 '庚'일(日)에 배열하였다. 董作賓과 島邦男의 사보(祀譜)에는 祖乙의 배비로는 妣己만 배열되어 있으나《史記 · 殷本紀》[1]의 기록이나 갑골복사에 나타나는 세계표(世系表)[2]를 보면 祖乙의 아들 祖辛과 沃甲은 둘 다 왕위에 즉위하였으므로 '五種祭祀'를 향사받는 祖乙의 배비가 갑골복사에 두 사람이 있다면 이들 두 사람은 각각 어머니가 다른 형제임에 틀림없고 또 사보에도 배열하여야 마땅하다. 祖乙의 배비 妣己에 대해서는 이론(異論)이 없으므로 여기서 妣庚이 '五種祭祀'를 향사받는 복사의 예를 셋만 들면 다음과 같다.

(1) 庚午卜, 貞 : 王賓小乙奭妣庚𦎫日, 亡尤? 《後上4. 6》

(2) 庚戌卜, 貞 : 王賓小乙奭妣庚彡日, 亡尤? 《前1. 17. 2》

(3) 庚戌卜, 貞 : 王賓小乙奭妣庚翌日, 亡☐? 《存1. 1513》

위에 예시한 복사들 이외에도 妣庚이 '五種祭祀'를 향사된 예가 많은데, 여기서의 小乙은 仲丁의 아들 祖乙을 지칭한다. 이에서 보는 바와 같이 갑골복사 가운데 구체적인 증거가 있고, 또 그 아들이 왕위에 즉위하였으므로 祖乙이 향사받은 후 '庚'일(日)에 祖乙의 배비 妣庚도 사보에 나열되어야 한다.

3. 董作賓 · 陳夢家 · 島邦男의 사보에는 祖辛의 배비 妣壬을 제6순에 배열하고 또 다른 祖辛의 배비 妣甲을 제7순에 배열하였으나, 祖辛에게는 왕위에 즉위한 아들이 하나 밖에 없고 또 妣壬이 '五種祭祀'를 향사받았다는 사실을 입증해 줄 수 있는 복사의 예는 없고, 祖甲의 '歲祭'를 점복한 복사에서만 나타나기 때문에 사보에 祖辛의 배비 妣壬을 배열한 것은 옳지 않다고 생각한다.

4. 董作賓의 사보에는 제7순과 제8순에 각각 祖丁의 두 배비 妣辛과 妣癸를 배열하고 있는데, 이는 武丁의 두 배비 妣辛과 妣癸를 祖丁의 두 배비로 오인(誤認)한 것이므로 삭제해야 한다. 왜냐하면 제5기의 복사 가운데 祖丁의 배비를 나타낼 경우에는 반드시 "祖丁"을 "四祖丁"이라고 기록하기 때문이다.

5. 島邦男은《續1. 35. 1》에 근거하여 그의 사보 제8순에 祖丁의 배비 妣甲을 배열하고 있다. 그러나 그가 근거로 하고 있는《續1. 35. 1》의 복사는 "于祖丁母妣甲御出𢼄?"라고 되어 있는데, 이는 '五種祭祀'에 대한 복사가 아니라 '御祭'에 관한 복사이며, 배비를 표기할 때 쓰이는 '奭'자

1) 司馬遷 前揭書《史記》p.101.

2) 拙稿 <甲骨卜辭에 나타난 殷王室의 世系考>,《人文論業》第8輯(漢陽大學校人大科學文學 1984. 서울) pp.52~54를 참조.

도 표기하지 않았으므로, 祖丁의 배비 妣甲을 '五種祭祀'의 사보에 배열한 것은 잘못이라고 생각된다.

6. 島邦男은 《後上3. 4》의 " …… 貞 : …… 祖辛 ……. 己巳卜, 行貞 : 王賓祖乙奭妣己𧷴, (亡尤)?"라는 복사 중의 "祖乙奭妣己"를 小乙의 배비 妣己로 해석하여 이를 제9순에 배열하였다. 이는 그가, 이 복사의 점복 당시의 선왕은 祖辛이고, '王賓' 복사의 통례(通例)로 보아 祖辛 다음에 '乙'자로 호칭되는 선왕은 당연히 小乙이 되는 것으로 판단한 때문이라고 생각된다. 그러나 제5기의 복사에서는 小乙의 배비는 "祖乙奭妣某"라고 기록하지 않고 모두 "小乙奭妣某"로 기록함과 동시에 小乙에게는 왕위에 즉위한 아들이 하나뿐인데, 그에게는 이미 배비 妣庚이 있으므로 小乙 배비 妣己는 사보에서 당연히 제외되어야 한다고 생각된다.

7. 許進雄은 위에서 말한 '五種祭祀'의 세 가지 원칙에 의거하면 사보(祀譜) 작성이 불가능하다는 이유로 제11순에 羌甲의 배비 妣庚을 사보에 배열하지 않으면서,

> 羌甲配妣庚都沒有排入. 但是第二期的卜祀辭已有貞問, 也有子南庚即位爲王, 不論自那一點看, 都是應該入祀的. 但是祭譜却安置不了他的位置. 放在第六旬則早於羌甲, 放在第七旬則晚於祖丁奭妣己. 俱不合五種周祭的致祭次序規則, 故皆以爲不是直系之配妣而不入祀.[1] : 羌甲의 배비 妣庚을 모두들 (사보에) 배열해 넣지 않고 있다. 그러나 제2기의 제사 복사에 '貞問' 즉 점쳐 물은 예가 있고, 또 아들 南庚이 즉위하여 왕이 되었으므로, 어느 점으로 보아도 마땅히 사보에 올려야 한다. 그러나 사보에는 그녀의 위치를 안배해 놓을 수가 없다. 제6순에 올려놓으면 부군(夫君) 羌甲 보다 빠르게 되고, 제7순에 놓으면 祖丁의 배비 妣己 보다 늦게 된다. 이런 사실 모두가 주제(週祭) '五種祭祀' 거행의 순서 원칙에 부합되지 않기 때문에, 그래서 모두들 羌甲의 배비 妣庚은 직계의 배비가 아니라고 생각하여 사보에 배열해 넣지 않았다.

라고 말했다. 그의 말대로 羌甲의 배비 妣庚을 제6순에 배열하는 경우에는 羌甲 보다 먼저 향사하기 때문에 '五種祭祀' 거행의 원칙에 어긋나고, 제7순에 배열하면 祖丁의 배비 妣己 뒤에 향사하게 되기 때문에 이 역시 '五種祭祀' 거행의 원칙에 어긋나므로, 제6순과 제7순 모두에 羌甲의 배비 妣庚을 배열할 수가 없다. 그러나 許進雄은 羌甲의 배비를 제7순에 배열하고 祖丁의 두 배비를 제8순에 배열하는 방법은 생각하지 못했던 것 같다. 이 때문에 그는 羌甲의 배비 妣庚을 제7순에 배열하면 祖丁의 배비 妣己보다 뒤에 향사하게 되어 '五種祭祀'의 원칙에 맞지 않다고 주장한 것이다. 그러나 羌甲의 아들 南庚이 왕위에 즉위하였으므로 그의 배비가 이 '五種祭祀'를 향사받을 자격이 충분할 뿐만 아니라 갑골복사에도 羌甲의 배비 妣庚이 '五種祭祀'를 향사받은

---

1) 許進雄 前揭書 《殷卜辭五種祭祀的研究》 p.54.

에가 있으므로[1] 당연히 사보에 배열하여야 한다. 許進雄이 말한 사보 배열상의 문제는 羌甲의 배비 妣庚을 제7순에 배열하고 祖丁의 배비 妣己와 妣庚을 제8순에 배열하면 전혀 문제될 것이 없고, '五種祭祀' 거행의 세 가지 원칙에도 완전히 부합된다.

8. 董作賓과 陳夢家는 祖甲의 배비 妣戊와 康丁의 배비 妣辛을 제11순에 배열하였는데, 이에 비해 島邦男과 許進雄은 제10순에 배열해 놓았다. 그런데 제5기 갑골복사에서의 '五種祭祀'의 주기(週期)는 11순뿐인데 만약 이 두 배비를 陳夢家와 같이 제11순에 배열하면 '五種祭祀'의 원칙으로는 武乙의 배비 妣戊를 제12순에 배열해야 한다. 이렇게 되면 첫째로는 한 사조(祀組)의 주기가 '工典祭' 1순을 더하여 13순이 되어 '五種祭祀'를 모두 다 거행하는데 39순 또는 40순이 필요하게 되므로, 1년에 해당되는 36순 또는 37순을 초과하게 되고, 둘째로는 만약 '工典祭'를 포함하여 12순이라는 원칙을 고수하게 되면 武乙과 文丁의 배비는 그 다음 사조(祀組)의 제1순에 배열할 수밖에 없어 갑골복사에 기록된 사실과 부합되지 않게 된다. 그러므로 祖甲과 康丁의 배비는 島邦男과 許進雄의 주장대로 제10순에 배열하여야 한다. 그런데 이렇게 되면 祖甲의 배비 妣戊와 武丁의 배비 妣戊는 같은 날에 향사받게 된다. 그러나 아직까지는 선·후대(代)의 선비(先妣)에 대한 '五種祭祀'가 같은 날에 거행될 수 있는지의 여부를 밝혀줄만한 자료를 찾아내지 못하고 있는 실정이므로 여기에 대한 문제는 앞으로의 연구를 기다리는 길밖에 없다.

9. 董作賓과 陳夢家 두 사람은 武乙의 배비 妣戊와 文丁의 배비 妣癸를 제12순에 배열하였으나 이 또한 祖甲과 康丁의 배비의 경우와 마찬가지의 이유로 제11순에 배열하여야 한다.

이상으로 '五種祭祀'라는 商 왕실의 조상에 대한 특수한 제사의 사보(祀譜)를 작성하여 보았으나 武丁의 배비 妣戊와 祖甲의 배비 妣戊가 실제로 같은 날에 향사되었느냐 하는 문제가 미해결로 남아있고 그 나머지의 문제는 모두 해결되었다고 생각된다.

二. 장소

지금의 제사(祭祀)도 마찬가지지만, 갑골복사에 나타나는 다양하고 많은 종류의 제사가 거행되는 장소로는 크게 실내와 실외 두 가지로 나누어 볼 수 있으므로 여기에서도 이 기준에 따라 고찰하기로 하겠다.

---

1) 妣庚이 '五種祭祀'를 享祀된 例는 島邦男의 《殷虛甲骨卜辭總類》와 會毅公의 《哲庵甲骨文存》 그리고 陳夢家의 《殷虛卜辭綜述》 p.380을 참고.

甲. 실내

갑골복사에 나타나는 실내의 제사 거행 장소로는 다음과 같은 곳들이 이용되었다.

1. '宗'

'宗'자가 제사 거행 장소로 사용된 갑골복사의 예로는 다음과 같은 것들이 있다.

1) 甲申卜, 卽貞 : 其侑于兄壬于母辛宗? 《後上7. 11》
2) 貞 : 于宗酒, 三十小宰? 九月. 《後上20. 8》
3) 貞 : 勿于新宗酒? 八月. 《文371》
4) 庚申卜, 旅貞 : 往妣庚宗歲攺? 在十二月. 《文447》
5) 于岳宗酒, 有雨?
   于戫宗酒, 有雨? 《甲779》
6) 貞 : 旣于又宗, 有雨? 《粹16》
7) 丁卯卜 : 其酒𡆥于父丁宗? 《粹527》
8) 登在中丁宗, 在三月. 《續1. 12. 6》

위에 예시(例示)한 갑골복사들 가운데 '侑'·'酒'·'𡆥'·'登'·'歲'·'攺'·'旣' 등은 모두 제사 이름이며,[1] 제사 거행 장소는 '宗'이다. 이 '宗'자에 대해 許愼의《說文解字》'宀'부(部)에는, "宗, 尊祖廟也, 从宀示. : '宗'자는 조상을 받드는 종묘라는 뜻이다. '宀'과 '示'를 구성 요소로 하고 있다."라고 해설하고 있는데, 갑골복사 중의 '宗'자도 오늘날의 종묘(宗廟)를 지칭하는 것으로 생각된다. 갑골복사 가운데에는 위의 1), 4), 7), 8) 등의 복사의 예와 같이 商 왕실의 조상의 이름 다음에 이 '宗'자를 연이어 기록한 경우 이외에도 '大宗', '小宗', '中宗', '亞宗', '新宗', '舊宗', '北宗', '西宗', '祊宗', '又宗' 등의 말이 있는데, 이 가운데 '大宗', '小宗', '中宗'을 제외한 나머지는 모두 '宗廟'라는 의미로 사용된 것이다.[2]

2. '室'

'室'자가 제사를 거행한 장소로 사용된 갑골복사의 예로는 다음과 같은 것들이 있다.

---

1) 前揭論文, 拙稿,<甲骨卜辭에 나타난 殷商代 祭祀의 種類>, pp.41~86 참고.

2) 張秉權 <殷代的祭祀與巫術>,《歷史語言研究所集刊》第49本(中央研究院歷史語言研究所 1978. 臺北) p.477을 참고.

1) 庚辰卜，大貞 : 來丁亥其祟報于大室? 《前1. 36. 3》
2) 丁巳卜 : 叀小臣剌以匄于中室?
丁巳卜 : 叀小臣口以匄于中室? 玆用. 《甲624》
3) 庚子卜，貞 : 侑報于南室? 《甲2123》
4) 乙酉卜，兄貞 : 甴今夕告于南室? 《前3. 33. 7》
5) 貞 : 翌辛未其侑于血室，三大牢? 九月. 《鐵176. 4》
6) 貞 : 酒報于血室，亡尤? 《鐵50. 1》
7) 辛亥卜，貞 : 其衣翌日，其延奠于室? 《戩26. 3》·《續2. 1. 1》

위에 예(例)로 든 복사들 가운데 '報'·'侑'·'告'·'酒'·'奠' 등은 제사 이름이고, 예 2)의 '匄'는 '기구(祈求)하다'는 뜻이므로, 이들 제사의 거행 장소는 '大室'·'中室'·'南室'·'血室'·'室' 등임을 알 수 있다. '室'자에 대해《說文解字》'宀'부(部)에는, "室, 實也. 从宀至聲. 室·屋皆从至. 至, 所止也. : '室'자는 '내실(內室)'이라는 뜻이다. '宀'을 의부(義符), '至'를 성부(聲符)로 구성되어 있다. '室'자와 '屋'자 모두 '至'를 구성 요소로 하고 있는데, '至'는 머무는 곳이라는 뜻이다."라고 해설되어 있다. 이는 자형 결구(結構)로 보아 갑골문이나 금문(金文)과도 부합되며, 여기에서는 건축물의 한 실내 공간을 지칭하는데, 위에서 예로 든 복사에 나타난 여러 가지 명칭의 '室'은 종묘의 여러 실내 공간에 대해 각각 붙여진 이름이라고 생각된다. 왜냐하면 갑골복사 가운데에는 위에 예로 든 명칭 이외에, '祖丁室'·'大甲室' 등과 같이 商 왕실의 조상의 이름으로 명명된 '室'도 있기 때문이다.[1]

3. '家'

갑골복사에서 '家'자가 제사를 거행하는 장소로 쓰인 예로 보이는 것으로는 다음과 같은 것들이 있다.

1) ☐午卜，☐貞 : 其 …… 報于上甲家，其 …… ? 《拾1. 7》
2) 丁未其𠦪于家盧子母出☐若? 《零89》
3) 丙午卜，爭貞 : ☐兄魚女不囚在口家出子? 《明378》

1) 張秉權 前揭論文 <殷代的祭祀與巫術>, 前揭書《歷史語言研究所集刊》第49本 p.477을 참고.

이들 가운데 예 3)의 경우는 '家'자가 제사 거행의 장소로 사용된 것인지의 여부에 대해 단정해서 말하기는 어렵지만 예 1)과 2)의 경우는 '報'와 '𠦪'가 모두 제사 이름이므로 '家'가 제사의 장소로 사용된 것이 틀림없다. 그렇다면 여기에서의 '家'의 의미는 무엇일까? 구체적으로 어떤 공간을 지칭하는지는 정확하게 밝혀낼 수는 없지만, 복사의 예 1)에서 商 왕실 선왕의 이름과 함께 사용하여 "上甲家"라고 한 것으로 미루어 보아, 上甲에게 제사를 봉행하기 위하여 만들어진 장소인 것만은 틀림이 없다고 하겠다.

4. '⿱宀⿰耳口'

갑골복사 가운데에는 '□' 또는 '□' 등의 모양으로 새겨진 글자가 있는데, 잠정적으로 '⿱宀⿰耳口'으로 예정(隸定)하여 쓰고 있다. 이 글자에 대해 于省吾는,

> ⿱宀⿰耳口, 古廷字. 契文以耶爲聽聞 · 聽洽之聽, 以⿱宀⿰耳口爲廣廷之廷, 亦省作耶.[1] : '⿱宀⿰耳口'자는 고대(古代)의 '廷'자이다. '契文' 즉 갑골문에는 '耶'자를 '聽聞' · '聽洽'의 '聽'자로 간주하고, '⿱宀⿰耳口'자를 '廣廷'의 '廷'자로 간주하며, 이는 또 필획을 생략하여 '耶'으로 쓰기도 한다.

라고 하였다. 여기에서 보는 바와 같이 于省吾는 이 글자의 성부(聲符)에 해당하는 글자 '耶'을 '聽'자라고 하고, 이를 성운(聲韻) 관계로 연관시켜 이 글자를 '廷'의 고자(古字)라고 주장하였다. 이 글자가 제사의 장소로 사용된 복사의 예로는 다음과 같은 것들이 있다.

1) 貞 : 叀多子鄉于⿱宀⿰耳口? 《甲1634》
2) 乙酉卜, 爭貞 : □小乙于⿱宀⿰耳口, 羌三人? 《粹281》
3) 曰貞 : 祝于⿱宀⿰耳口? 茲不用. 《文555》

여기서의 '鄉'은 '饗'의 의미이며, 예 3)의 '祝'은 제사 이름이고, 예 2)의 '□'부분은 복사의 문례(文例)로 보면, 제사 이름이 기록될 곳이지만, 잔편(殘片)으로 떨어져 나간 부분이어서 어떤 제사인지는 알 수가 없다.

---

1) 于省吾《雙劍誃殷契駢枝三編》(藝文印書館 1975. 臺北) pp.19~20.

5. '亞'

갑골복사에서 '亞'가 제사 거행의 장소로 쓰인 예로는 다음과 같은 것들이 있다.

1) 侑于亞? 《合206》

2) 今夕苒[illegible]文取大妣壬亞? 《陳48》

3) 甲午卜 : 王[illegible]·[illegible]·[illegible]其御于父甲亞? 《文312》

여기에서의 이 '亞'에 대해 孫海波는,

> 亞, 亦訓宮室. 卜辭或言某亞, 猶言某某宮也.[1] : '亞'자 역시 '宮室'이라고 뜻풀이를 한다. 복사에서는 어떤 경우에는 '某亞'라고 하기도 하는데, 이는 '某某'의 '宮'이라고 하는 것과 같다.

라고 하였다. 그리고 屈萬里는,

> 綜述(479頁)謂亞乃宗廟中藏主之所, 其說或可信.[2] : (陳夢家는) 《殷虛卜辭綜述》(p.479)에서 '亞'란 종묘 가운데 신주(神主)를 보관하는 장소라고 하였는데, 그 주장이 믿을 만한 것 같다.

이라고 하였다. 여기에서 보는 바와 같이 孫海波는 '亞'란 궁실(宮室)이라고 주장하였고, 屈萬里는 陳夢家가 '亞'란 종묘 안의 신주(神主)를 보관하는 장소라고 한데 대해 긍정적인 의견을 표시하였다. 陳夢家의 주장처럼 '亞'가 신주를 모신 곳인지의 여부는 명확히 알 수 없으나, 어쨌든 위에 든 갑골복사의 예에서 보는 바와 같이 '侑'·'取'·'御' 등이 모두 제사의 이름이므로, '亞'가 이들 제사들을 거행한 장소임이 분명하며, 孫海波의 말과 같이 복사 가운데에는 商 왕실의 선왕의 이름과 함께 쓰인 경우도 있으므로, 종묘 안의 한 내부 공간이 아닌가 생각되기도 한다.

6. '宮'

'宮'이 제사를 거행한 장소로 쓰인 갑골복사의 예로는 다음과 같은 것들이 있다.

---

1) 孫海波《甲骨文錄考釋》(河南通知館 1938. 鄭州) p.23.

2) 屈萬里《小屯殷虛文字甲編考釋》(中央研究院歷史語言研究所 1961. 臺北) p.395.

1) 其尞于宮? 《戩11. 9》

2) 甲午卜 : 在獄天邑商皿宮衣, 亡禍? 寧. 《前4. 15. 2》

3) 癸巳卜, 貞 : 在獄(天)邑商公宮衣, 玆夕亡禍? 寧.
壬戌卜, 貞 : 在獄(天)邑商公宮衣, 玆夕亡禍? 寧.
辛卯卜, 貞 : 在獄(天)邑商公宮衣, 玆夕亡禍? 寧.
辛酉卜, 貞 : 在獄(天)邑商公宮衣, 玆夕亡禍? 寧.
辛卯卜, 貞 : 在獄(天)邑商公宮衣, 玆夕亡禍? 寧.
辛酉卜, 貞 : 在獄(天)邑商▨獄宮衣, 玆夕亡禍? 寧.
甲午卜, 貞 : 在獄(天)邑商皿宮衣, 玆夕亡禍? 寧.
乙丑卜, 貞 : 在獄(天)邑商公宮衣, 玆夕亡禍? 寧在九月. 《掇182》

위에 예로 든 복사들에서의 '尞'와 '衣'는 제사 이름이며, '宮'은 이들 제사를 거행한 장소이다. 그런데 이 '宮'은 그냥 '宮'으로 표기한 것 이외에 '皿宮'·'公宮'이라고 한 것이 있는 것으로 보아 용도에 따른 구분이 있었음을 알 수 있다. 여기서의 '宮'은 아주 넓은 범위의 궁전(宮殿)을 의미하는 것이 아니라 종묘 내부의 한 공간을 의미하는 것이다. 이는《說文解字》'宀'부(部)에 "宮, 室也. : '宮'이란 '宮室'이라는 뜻이다."라고 하고 있고,《詩經·召南·采蘩》의 '公候之宮'의 '宮'에 대해《詩毛傳》에는 "宮, 廟也. : '宮'은 '宗廟'라는 뜻이다."라고 해설하고 있으며, 또《詩經·大雅·雲漢》의 '自郊徂宮'의 '宮'에 대해서도《詩毛傳》에는 "宮, 廟也. : '宮'은 '宗廟'라는 뜻이다."라고 해설한 것으로 보아, 갑골복사에서의 '宮'도 종묘 내부의 한 공간을 의미한다고 여겨진다.

7. '戶'

'戶'가 제사 거행의 장소로 사용된 갑골복사의 예로는 다음과 같은 것들이 있다.

1) 貞 : 報宗戶盛亡匄? 《後下24. 3》

2) 壬申卜, 出貞 : 祊宗戶盛亡匄? 《坎9. 6》

3) 己巳卜 : 其啓宂西戶祝于妣辛? 《鄴3. 41. 6》

이상의 복사들에서의 '報'·'祊'·'祝' 등은 제사 이름이며, 이들 제사의 거행 장소는 '戶'인데, 이 '戶'자의 본의(本義)는 '외짝 문'이고, 복사에 '宗戶'·'西戶' 등의 구별이 있는 것으로 보아,

제사 장소로서의 '戶'는 종묘의 대문(大門) 옆이나 서문(西門) 옆의 외짝 문을 지칭하며, 여기에서도 제사를 거행하였음을 알 수 있다.

8. '門'

갑골복사에서 '門'이 제사의 장소로 사용된 예로는 다음과 같은 예들이 있다.

1) 辛丑卜，貞：䵼以羌五王于門? 《後9. 4》
2) 又𡆥其𢓊祭父甲門? 《寧1. 20. 1》

위에 예시된 복사들에서의 '䵼'·'祭' 등은 제사 이름이며, 이들 제사의 거행 장소는 '門'인데, 예 2)와 같이 商 왕실의 선왕의 이름과 함께 쓰인 '門'도 있는 것으로 보아, 이 '門' 역시 종묘 내부의 각 선왕을 모신 공간의 문에서도 제사를 거행하였음을 알 수 있다.

乙. 실외(室外)

갑골복사 가운데 실외(室外)의 제사 거행 장소가 나타나는 복사의 예로는 다음과 같은 것들이 있다.

1) 祀在山? 《後下8. 18》
2) ☐☐卜：侑于五山，在齊? ☐月卜. 《粹72 》
3) 丁丑卜：侑于五山，在隹，二月卜. 《鄴3. 40. 10》
4) 乙酉卜，賓貞：使人于河，沈三牛，𠕋三牛? 三月. 《粹36》
5) 王其𡦨于滴，在又石𡦨，有雨? 《寧1. 25》·《掇1. 385》
6) 庚午𡦨于岳，有从? 在雨. 《後上23. 4》
7) 𡦨于㞢水，叀犬? 《乙1577》
8) 戊子貞：其𡦨于洹泉，三㝱，宜，㝱? 《甲903》
9) 戊戌卜：烄，雨?
于舟烄，雨? 《甲637》
10) 甲子卜，貞：烄于見，有从雨? 《續存1. 109》
11) 于血見 烄? 《佚932》

12) 其烄于周? 《後下15. 2》

13) 丁巳卜 : 其𡨦于河, 牢, 沈𡚬? 《後上23. 4》

14) 丙辰卜 : 于庚申酒𡆥? 用在商. 《人2984》

15) 乙未宜于義京, 羌三, 卯十牛? 中. 《前6. 2. 3》

16) 乙丑卜, 𣪊貞 : 𤆍于丘商? 四月.

貞 : 勿𤆍于丘商? 《乙5265》

17) 貞 : 𤆍于西北?

勿𤆍于西北? 《乙4733》

18) 于亳土御? 《粹20》

위에 예시된 복사들 가운데 예 1)의 '祀'는 동사로 '제사를 지내다'는 뜻이며, '侑' · '𡨦' · '𤆍' · '烄' · '酒' · '宜' · '御' 등은 모두 제사 이름이고, 이들 제사들은 각각 '山' · '河' · '滳' · '岳' · '㞢水' · '洹泉' · '舟' · '𧢲' · '周' · '義京' · '商' · '丘商' · '西北' · '亳' 등과 같은 실외(室外)의 장소에서 거행되었음을 알 수 있다. 그런데 갑골복사에 나타나는 실외의 제사 거행 장소는 제사 복사 중의 지명(地名) · 하천명(河川名) · 산명(山名) 등과 밀접한 관계가 있고, 또 지명 · 신명(神名) · 국명(國名) 등과 뒤섞여 있는 경우가 많아 실외의 제사 거행 장소와 향사(享祀)받는 신명(神名)을 명확하게 가려내기가 여간 어렵지 않다. 제사 복사에 "𡨦于岳" · "𡨦于河" · "帝于西"(《丙201》) · "帝于南方"(《合261》) 등과 같은 형식의 말이 많은데, 이 경우 이것이 '𡨦' · '帝' 등의 제사를 '岳' · '河' · '西' · '南方' 등의 장소에서 거행함을 말하는지, 아니면 '𡨦' · '帝' 등의 제사를 '岳神' · '河神' · '西方神' · '南方神' 등의 신들에게 봉사(奉祀)하는 것인지를 명확하게 판단하기가 어렵다. 그러나 이와 같은 애매모호한 점이 없는 것은 아니지만, 실외의 제사 거행 장소는 대체로 하천의 신(神)에게 제사를 지낼 때는 하천에서 거행하고, 산악의 신을 제사의 대상으로 삼을 때는 산악에서 거행하며, 풍년을 기원하는 제사는 들에서 거행한 것이 아닌가 하고 생각되며, 그 이상의 자세한 내용은 지금까지의 자료와 연구 성과로는 밝혀내기가 어려운 실정이다.

제5절 商代 제사의 제품(祭品)

여기에서 사용되는 제품(祭品)이라는 말은 제사(祭祀)에 사용되는 모든 물건들을 통칭하는 말이다. 그런데 갑골복사에 나타나는 제품(祭品)은 크게 희생(犧牲)과 희생을 제외한 일반 제수(祭需) 두 가지로 나눌 수 있다. 이에 따라 여기에서는 희생(犧牲)과 희생 이외의 기타의 제품(祭品)

두 가지로 나누어 살펴보기로 하겠다.

一. 희생(犧牲)

《春秋左氏傳》成公 13년 조(條)에는 "國之大事, 在祀與戍. : 국가의 대사는 제사와 전쟁이다." 라는 기록이 있고,《禮記 · 祭統》에 "凡治人之道, 莫急於禮; 禮有五經, 莫重於祭. : 무릇 백성을 다스림에 있어서 '禮'보다 시급한 것이 없고, '五禮' 가운데 제사보다 더 중요한 것이 없다."라는 기록이 있는 것으로 보아, 중국 상고시대에도 제사를 국가 대사 가운데 가장 중요한 일 중의 하나로 간주함과 동시에 모든 '禮'들 가운데에서도 '祭禮'를 가장 중요시하였음을 알 수 있다. 제사를 이처럼 중요시한 것으로 보면 제사에 사용된 희생(犧牲)도 마찬가지로 중시하였을 것이 틀림없다.《禮記 · 祭義》에,

> 古者, 天子諸侯必有養獸之官, 及歲時, 齊戒沐浴而躬朝之, 犧牷祭牲, 必於是取之, 敬之至也. 君召牛, 納而視之, 擇其毛而卜之, 吉, 然後養之. : 고대에 천자와 제후는 모두 반드시 가축을 전문으로 사육하는 관리를 두었고, 매년 정해진 시간에 천자와 제후는 모두 목욕재계하고 친히 직접 가축 사육장을 순시하였으며, 순색(純色)의 소 · 털색이 순전(純全)하면서 몸체가 온전한 산 가축과 제사에 사용할 소 · 양 · 돼지 등은 모두 반드시 이곳에서 선택하였는데, 이는 최고의 경의(敬意)이다. 나라의 임금은 사육하고자 하는 소를 가지고 오면, 임금이 직접 이 소를 끌며 관찰하여 그 가운데 털색이 순전한 놈을 골라 제사 3일 전에 점을 쳐서 길조(吉兆)를 얻은 것만 사육하게 하였다.

라고 기록하고 있다. 이로써, 周代 사람들이 제사에 사용되는 희생에 대해 매우 중시하고 성의(誠意)를 쏟았음을 알 수 있겠다.

그러므로 周代 사람들 보다 제사를 더 중시한 商代 사람들은 제사에 사용되는 희생에 대해서 더욱 많은 정성을 쏟았을 것은 쉽게 짐작할 수 있다. 그러면 현재까지의 연구에서 밝혀진 여러 가지 자료를 토대로 商代에는 제사에 어떤 희생(犧牲)들이 어떻게 얼마만큼 사용되었는지를 살펴보자.

甲. 소[牛]

먼저 갑골문에서 '牛' 즉 소가 희생으로 사용되고 있는 갑골복사의 예를 보면 다음과 같다.

1) 丙寅卜, 𣪕貞 : 翌丁卯父丁歲, 黎牛? 十月. 《續1. 30. 5》

2) 㞢于示壬, 二牛? 《粹123》

3) 乙巳卜, 爭貞 : 𡆥于河, 五牛沈十牛? 一月. 《前2. 9. 3》

4) 貞 : 酒于河十牛? 二十牛? 《丙425》

5) 貞 : 𠦪年于祊𠁁三黎牛𠕋三十黎牛? 九月. 《續1. 45. 4》

6) 貞 : 㞢于王亥, 四十牛, 辛亥用? 《前4. 8. 3》

7) 貞 : 勿乎雀酒于河五十牛? 《丙431》

8) 貞 : 今𡆥百牛于唐㞢青? 《乙3336》

9) 貞 : 御亩牛三百?(《續1. 10. 7》)

10) 丁巳卜, 爭貞 : 降𠕋千牛?(《丙124》)

11) 貞 : 來庚戌㞢于示壬妾妣牝 · 羊匕 · 豕匕?(《續1. 6. 1》)

12) 貞 : 毓祖乙召黎牛? 三月.

丁酉卜, 𣪕貞 : 毓祖乙召牡? 四月.(《續1. 16. 2》)

13) 甲申卜, 賓貞 : 𡆥于東, 三豕三羊𡇒犬卯黃牛?(《續1. 53. 1》)

14) 亩白牛?(《粹548》)

위에 예시된 갑골복사들 가운데 간지(干支)와 '貞'자 사이의 '𣪕' · '爭' · '賓' 등은 '貞人'의 이름이며, '歲' · '𡆥' · '酒' · '㞢' · '御' 등은 모두 제사 이름이다. 이들 제사에 사용된 소[牛]의 수량은 적게는 한 마리에서 열 마리까지, 그 다음이 20, 30, 40, 50마리이고, 많게는 100, 300마리, 심지어는 1,000마리까지에 이르고 있다. 이로써 보아도 商代 사람들이 제사를 얼마만큼 성대(盛大)하게 거행하였는지를 짐작할 수 있다. 위에서 예로 든 복사들 가운데는 소의 털 색깔을 구분한 것도 볼 수 있는데, 이 소털의 색깔 구분이 어떤 의미를 갖는지는 아직 밝혀지지 않고 있다.[1] 또 복사의 예 11)과 12)에서는 '牡' · '牝' 즉 암수로 소의 성별(性別)도 구분하고 있는데, 이 성별 구분의 의의도 명확하게 알 수가 없으나, 대개 남성의 신(神)에게는 모우(牡牛)를, 여성의 신에게는 빈우(牝牛)를 쓴 것 같지만, 여성 신에게 모우(牡牛)를 사용한 경우도 있어서 단정적으로 말하기는 곤란하다.[2] 그리고, 갑골복사 중에는 소의 연령을 구분한 것도 있는데, 먼저 복사의 예를 보면 다음과 같다.

---

1) 예시된 복사 1) · 10) · 16) 중의 '黎牛'를 張秉權은 털의 색깔이 잡색 혹은 흑색인 '犂田'의 '水牛' 즉 물소라고 하였으며, 복사 중의 '幽牛'는 흑색의 소라고 했다.(中央研究院歷史語言研究所集刊第三十八本 p.187을 참고.)

2) 예를 들면 《丙205》에 "貞 : 㞢于示壬妻妣庚宰, 亩黎牡?"으로 되어 있다. 이 中 '㞢'는 祭名이며 示壬의 배비(配妃) 妣庚이 제사의 대상으로 여성 신(神)인데, 검은 '牡牛'를 희생으로 사용하고 있기 때문이다.

1) 貞 : 𠦪于河𠂤𢀛?(《乙7284》)

2) ☐☐☐, 王貞 : 𠂤其十𢀛?(《前5. 46. 1》)

3) 㞢犬于黃奭印𢀛? 叀啄卯𢀛?(《合248》)

4) 貞 : 于王吳乎雀用𢀛二牛?(《乙5317》)

이상의 갑골복사에 '𢀛'·'𢀛'·'𢀛' 등으로 쓴 것이 있는데, 이들을 嚴一萍은 각각 '一歲牛'·'二歲牛'·'三歲牛'라고 풀이하고《說文解字》'牛'부(部)의 '犕'·'犙' 등의 글자와《爾雅·釋畜》의 '𢀛'자와 연결시켰다.[1] 이렇게 나이까지 따진 이유가 어디에 있는지는 아직까지 구명해내지 못하고 있으나, 嚴一萍의 이 주장은 이미 학계에서 정설로 되어 있다.

이상으로 간단히 소를 제사의 희생으로 사용한 경우를 살펴보았는데, 이로써 商代 사람들이 소를 얼마나 신성시하였는가를 엿볼 수 있으며, 또 이 소가 제사 의식에 있어서 아주 중요한 희생의 하나였음을 알 수 있다. 이는 갑골편의 많은 분량이 '牛骨' 즉 소의 뼈라는 사실로서도 증명이 된다.

乙. 양(羊)

양(羊)을 희생으로 사용한 갑골복사의 예를 보면 다음과 같은 것들이 있다.

1) 辛未卜, 內貞 : 曰叀羊? 六月.	《丙116》
2) 貞 : 告㞢旣一羊?	《丙393》
3) 彡夕二羊二豕宜? 彡夕一羊一豕☐?	《丙117》
4) 癸未卜, 賓貞 : 㸑犬卯三豕三羊?	《續1. 53. 1》
5) ☐☐☐, 㱿貞 : 㸑于東五犬五羊五☐?	《續1. 52. 6》
6) 癸酉卜, 又㸑于六云五豕五羊?	《後上22. 3》
7) 丙辰卜, 賓貞 : 旬于祊十牛十羊? 九月.	《前1. 53. 3》
8) 二十犬? 二十羊? 二十豚? 五十犬? 五十羊? 二十豚?	《前3. 23. 6》
9) 貞 : 𠂤祊用百羊百犬百豚? 十一月.	《甲3518》
10) 貞 : 來庚戌㞢于示壬妾妣牝牝豕?	《續1. 6. 1》

1) 嚴一萍 <說文犕犙牭犗四字辨源>,《中國文字》(國立臺灣大學文學院古文字硏究室 1966. 臺北) 第二冊 을 참고.

11) 乙丑卜，其又歲于二祠一靯? 《甲875》
12) 己未，五十靯? 《凡將11. 2》
13) 叀白羊用? 《續2. 20. 7》

위에 예시한 복사의 예들을 살펴보면 양(羊)을 적게는 한 마리에서 많게는 100마리까지 제사의 희생으로 사용하고 있음을 볼 수 있다. 소의 경우와 마찬가지로 성별(性別)을 특별히 표시한 것도 있으나, 그렇게 해야 하는 구체적인 이유에 대해서는 아직은 밝혀지지 않고 있고, 소의 경우와 같은 유추만 할 수 있을 뿐이다. 그리고 털 색깔에 대해서는 백색만 특별히 보이는 것으로 보아 대부분이 흑색의 양을 희생으로 사용하다가 특별히 백색의 양을 사용할 때만 그 색깔에 대한 구분을 표시한 것 같으나, 이 같은 색깔 구분에 어떤 특별한 의미가 있는지는 아직 밝혀내지 못하고 있다.

丙. 돼지

갑골문에서 돼지를 제사의 희생으로 사용한 갑골복사의 예를 들면 아래와 같다.

1) 壬辰卜：翌甲午竟于蚰羊㞢豕? 《前4. 52. 4》
2) 己亥卜，貞：方帝一豕一犬一羊? 二月. 《甲3432》
3) 癸巳卜：竟上甲九牛卯三豕十𠤳? 《庫1171》
4) 癸巳卜：御于妣辛豕五? 《丙92》
5) 丁酉卜：王▢?
十五犬，十五羊，十五豚?
二十犬，二十羊，二十豚?
三十犬，三十羊，三十豚?
五十犬，五十羊，五十豚? 《前3. 23. 6》
6) 貞：[illegible]祊用百羊百犬百豚? 十一月. 《甲3518》
7) 己巳卜，㱿貞：▢竟四羊四口豕 卯四牛四▢ ▢? 《續2. 17. 8》
8) 貞：㞢犬于▢卯㲋? 《前4. 52. 2》
9) 丙戌卜，貞：叀犬㞢豼帝? 《前7. 1. 2》
10) 貞：來庚戌㞢于示壬妾妣牝靯豝? 《佚99》
11) 丙午卜，賓貞：㞢于祖乙十白豼? 《前7. 29. 2》

이상의 갑골복사들에서 보는 바와 같이 돼지를 희생으로 사용하는 경우, 소나 양(羊)과 마찬가지로 적게는 1～6마리에서 부터 10, 15, 20, 30, 50마리, 많을 때는 100마리나 된다. 또한 사용된 돼지에 대한 명칭에 '豕'·'豚'·'口豕 '·'彘' 등이 보이는데, 각각 어떤 다른 뜻을 가지고 있는지 정확히 알 수는 없지만 대개 돼지의 통칭으로는 '豕'를, 어린 돼지는 '豚'으로, 돼지의 머리 부분을 '㕑'로, 멧돼지를 '彘'라고 칭한 것 같다. 그리고 돼지를 성별로 구분한 것도 보이고, 또 털 색깔에 대해서는 백색만 보이는데, 이런 것들이 어떤 의미를 가지는지는 아직은 분명하게 밝혀지지 않았다.

丁. '牢'와 '宰'

갑골복사 가운데는 '牢'와 '宰'로 쓴 글자들이 제사의 희생으로 사용된 경우가 아주 많은데, 그 예를 보면 다음과 같다.

1) 貞：翌庚子㞢于母庚牢? 求年于昌夕羊寮小宰卯牛?	《續1. 41. 6》
2) 己卯卜：翌庚辰㞢于大庚至于中丁一宰?	《後下40. 11》
3) 丙午卜：祼杏一牢?	《前4. 16. 3》
4) 丁亥卜：㞢于河二牛二宰?	《續1. 36. 2》
5) 丁丑卜，貞：王賓武丁伐十人卯三牢𠧟，亡尤?	《前1. 18. 4》
6) 丁巳卜：王，戠四宰?	《乙6878》
7) 癸巳卜：牢五不用? 癸巳卜：㞢歲于祖戊牢三?	《丙114》
8) 貞：其㞢于妣庚五宰? 十一月.	《前1. 35. 7》
9) 丁酉卜，貞：王賓文武丁伐十人卯六牢𠧟六卣，亡尤?	《前1. 18. 4》
10) 妣庚用三宰? 妣庚宰六?	《乙8711》
11) 貞：甶九牢酒大甲?	《前1. 5. 5》
12) 貞：㞢于祖辛十宰?	《前1. 11. 6》)
13) 壬午卜，㱿貞：㞢伐于上甲十有五卯十宰?	
㞢伐于上甲十有五卯十宰五?	《乙3411》
14) 丙午卜：丁未又歲中丁二十宰易日?	《甲668》
15) 壬申卜，㞢大甲三十牢甲戌?	《甲453》
16) 癸巳貞：御于父丁其五十小宰?	《粹20》

17) 貞 : 御自唐 · 大甲 · 大丁 · 祖乙百羌百𡨦? 《續1. 10. 7》

18) 丁亥卜 : 𣪊貞 : 昔(?)乙酉箙旋御☐☐☐大甲 · 祖乙, 百鬯百羌卯三百𡨦?

《後上28. 3》 · 《佚543》

19) 其牢又一牛? 小牢王受佑? 《前6. 4. 5》

20) 貞 : 翌辛未其㞢于血室三大𡨦? 九月. 《鐵176. 4》

21) 貞 : 三小𡨦卯三牛?

癸酉卜, 貞 : 𡴆于岳三小𡨦卯三𡨦?

丙子卜, 貞 : 酒岳三小𡨦卯三𡨦? 《前7. 26. 1》

22) 三牢, 亦三羊?

二牢, 亦三羊? 《續2. 22. 5》

위에 예시한 갑골복사들을 살펴보면, '牢' 또는 '𡨦'는 대 · 소(大小)로 구분하기도 하나 소 · 양(羊) · 돼지의 경우와 같이 성별이나 털 색깔을 구분한 것은 보이지 않는다. 그리고 희생으로 사용된 수량은 적게는 1마리에서부터 10마리까지, 그리고 15, 20, 30, 40, 50마리까지이며, 많게는 100, 200, 300마리에까지 이른다. 그러나 여기서 문제가 되는 것은 '牢' 혹은 '𡨦'자를 어떻게 해석해야 하는가이다. 여기서 우선 중국 고대(古代)의 문헌 기록에 나타나는 '牢'자에 대한 해석을 살펴보자. 《儀禮 · 少牢饋食禮》의 "少牢饋食之禮"라는 말 중의 '小牢'에 대해 鄭玄은 "禮將祭祀, 必先擇牲, 繫于牢而芻之, 羊豕曰少牢, 卿大夫祭宗廟之牲. : '禮'에 맞게 제사를 거행하려면 먼저 희생을 선택하여 우리에 매어놓고 꼴을 먹이는데, 양과 돼지를 '小牢'라고 하며, 경대부가 종묘에서 제사를 지낼 때 사용되는 희생이다."라고 주(注)하였다. 또 《儀禮 · 少牢饋食禮》의 "佐食上利升牢"라는 말 중의 '牢'에 대해 鄭玄은, "牢, 羊豕也. : '牢'란 양과 돼지라는 뜻이다."라고 주(注)하였다. 그리고 《周禮 · 天官 · 宰失》의 "以牢禮之灋"이란 말 중의 '牢'에 대해 鄭玄은, "三牲牛羊豕具爲一牢. : 세 종류의 희생 즉 소 · 양 · 돼지를 모두 갖춘 것이 '1牢'이다."라고 주(注)하였고; 《國語 · 周語》의 "饋九牢"라는 말 중의 '牢'에 대해 韋昭는, "牛羊豕爲一牢. : 소 · 양 · 돼지가 '1牢'이다."라고 주(注)하였으며; 《國語 · 越語》의 "天子擧以大牢"라는 말 중의 '大牢'에 대해 韋昭는, "大牢, 牛羊豕也. : '大牢'란 소 · 양 · 돼지이다."라고 주(注)하였고; 《淮南子 · 修務訓》의 "如饗大牢"라는 말 중의 '大牢'에 대해 高誘는, "三牲具曰大牢. : 세 종류의 희생을 모두 갖춘 것을 '大牢'라고 한다."라고 주(注)하였다. 이에서 보는 바와 같이 고대의 문헌 기록으로 보면, 일반적으로 제사에 사용되는 희생으로 소 · 양 · 돼지가 다 갖추어진 것을 '大牢'라 하고, 양과 돼지 두 희생을 갖춘 것을 '少牢'라고 하고 있음을 알 수 있다. 그러면 商代의 실물 자료인 갑골복사에 나타나는 '牢' 혹은 '宰'자는 어떻게 해석하여야 하는가? 이에 대해 여러 주장이 있으나 胡厚宣의 주장을 대표로 들어 살펴보자. 그는 〈釋牢〉라는 論文에서,

'大牢一牛'與'一牢一牛', 其'又'字皆省, 言'大牢'者, 與'牢'同. 蓋卜辭通例. 牛稱'牢', 又稱'大牢'; 羊稱'宰', 又稱'小宰'. '牢'上不必盡冠以'大'字, 而凡戴有'大'字者, 必作'牢'. '宰'上不必盡冠以'小'字, 而凡戴有'小'字者, 必作'宰'. 與大戴記'牛日大牢', '羊日少宰'之說合. 知'牢'·'宰'有別, 而'牢'與'大牢'皆謂牛, 義實不異.[1] : '大牢一牛'와 '一牢一牛'는 모두 '又'자를 생략하였고, '大牢'라고 하는 것은 '牢'와 같다. 이는 아마 복사의 통례(通例)일 것이다. 소는 '牢'라고 하고 또 '大牢'라고도 하며; 羊은 '宰'이라고 하고 또 '小宰'이라고도 한다. '牢'자 위에는 반드시 모두 '大'자를 덧붙일 필요는 없는데, '大'자가 덧붙여져 있는 것은 반드시 '牢'로 쓴다. '宰'자 위에도 모두 반드시 '小'자를 덧붙일 필요는 없는데, '小'자가 덧붙여져 있는 것은 반드시 '宰'으로 쓴다. 이는《大戴記》에 '牛' 즉 소를 '大牢'라고 하고, '羊'을 '少宰'라고 한다고 한 설(說)과 부합된다. 이로써 '牢'와 '宰'에는 차이가 있으나, '牢'와 '大牢'는 모두 '牛' 즉 소를 말하는 것으로, 실제의 뜻은 다르지 않음을 알 수 있다.

라고 하고는 다시 한 걸음 더 나아가,

'牢'字舊注或以爲牛羊豕, …… 今案, 其說皆秦漢以來之禮制, 非朔義也. 卜辭言"牢又一牛", 絕無言"牢又一羊"或"牢又一豕"者, 則'牢'者必爲牛也可知. 且卜辭言"牢又一牛", 又言"大牢一牛", '牢'與'大牢'之義同, 字從牛, 舊籍謂"牛日大牢", 亦可證其必爲牛之專稱. 又卜辭只言"牢又一牛", 絕無言"牢又二牛"者, 則'牢'者決不能過於二牛. 又卜辭特言"牢又一牛", 而不稱之爲'二牢'或'二牛', 則'牢'者亦決不能卽爲一牛. 國語·晉語曰 : "子爲我具特羊之饗." 韋注曰 : "凡牲一爲特, 二爲牢." 以二牲爲'牢', 於卜辭査可通. 疑其說必有依據而言者. …… 然武乙·文丁時卜辭又曰 : "其昇新鬯二牛用, 卯." "叀牢用."(粹910). 以'牢'與'二牛'對擧, 則兩者仍當有別. 疑'牢'者當專指一牡牛與一牝牛而言, 故與普通之二牛異也.[2] : '牢'자를 옛날에는 소와 양과 돼지를 다 갖춘 것이라고 주(注)하였다. …… 지금 살펴보면, 이는 모두 秦漢 이래의 예제(禮制)를 말한 것이지 결코 애당초의 뜻이 아니다. 복사에 "牢又一牛"라고 말하지, 절대로 "牢又一羊" 또는 "牢又一豕"이라고 말한 것이 없으므로, '牢'란 '牛' 즉 소임이 틀림없음을 알 수 있고; 또 복사에는 "牢又一牛" 또 "大牢一牛"라고 하고 있으므로, '牢'와 '大牢'는 뜻이 같고, 글자도 '牛'를 구성 요소로 하고 있으며, 옛 전적에서도 "牛日大牢"라고 하였으므로, 이 역시 '牛' 즉 소에 대한 전용(專用) 호칭임을 증명해 준다. 또 복사에는 "牢又一牛"라고만 말하지, "牢又二

1) 胡厚宣 <釋牢>,《中央研究院歷史語言研究所集刊》(中央研究院 1939. 北京) 第八本 第二冊 p.155.

2) 上揭論文 pp.155~157.

牛"라고 말한 것이 결코 없으므로, '牢'란 결코 소 두 마리를 초과할 수 없는 것이다. 또 복사에서는 특별히 "牢又一牛"라고 하고, '二牢' 또는 '二牛'라고는 하지 않았는데, 이는 '牢'란 결코 소 한 마리만일 수는 없는 것이다. 《國語 · 晉語》에 "子爲我具特羊之饗"이라고 한 말에 대해 韋昭는 "희생의 종류가 하나인 것이 '特'이고, 둘인 것이 '牢'이다."라고 주(注)하였다. 두 종류의 희생을 '牢'라고 하는 것은 복사에서도 통할 수 있는데, 韋昭의 주장은 반드시 근거한 바가 있어서 말한 것인 것 같다. …… 그런데 武乙과 文丁 때의 복사에 "其𢍰新𩰤二牛用, 卯." · "叀牢用."(《粹910》)라고 한 것이 있는데, 여기에서는 '牢'와 '二牛'가 대칭으로 거론되고 있으므로, 이 두 가지 표현은 서로 구별됨이 틀림없다. 이로 보면 '牢'란 '암수 각 한 마리의 소'를 지칭하는 전용어(專用語)이고, 그래서 보통의 '두 마리 소'라는 말과는 다른 것이 아닌가 생각된다.

라고 하였다. 胡厚宣이 '牢'를 소에 대한 전용(專用) 호칭이라고 본 것은 탁견이라고 할 수 있지만 위에 인용한 그의 주장에는 많은 문제가 있다. 첫째 胡厚宣은 '大牢'와 '牢', 그리고 '宰'와 '小宰'를 각각 같은 뜻의 말이라고 해석하고 있는데, 위에 예시한 《前6. 4. 5》에는 '小牢'라는 말이, 또 《鐵176. 4》에는 '大宰'이라는 말이 사용되었고; 《前7. 26. 1》에는 또 '宰'과 '小宰'이라는 말이 동일(同一) 복사에 함께 쓰이고 있는데, 이를 어떻게 설명할지 의문이다. 둘째, 胡厚宣은 복사에는 "牢又一羊" 또는 "牢又二牛"라고 한 경우가 절대로 없다고 하였으나, 《續1. 36. 2》에 "二牛二宰"이라는 말이 있고, 또 《續2. 22. 5》에는 "二牢亦三羊"과 "三牢亦二羊" 등의 말이 사용되고 있으므로, 胡厚宣의 이런 주장은 성립되기 어렵다. 셋째, 胡厚宣은 '牢'를 두 마리의 소 그것도 암 · 수 두 마리의 소라고 주장하였으나, 이를 뒷받침할 이론이나 증거가 너무 부족하다. 앞에서 인용된 《國語》의 韋昭의 주(注)는 하나같이 소 · 양(羊) · 돼지 모두가 갖추어진 것을 '牢'라고 하고 있는데, 胡厚宣이 예로 든 《國語 · 晉語》에 대한 韋昭의 주(注)에만 두 종류의 희생을 '牢'라고 했다. 이는 동일인의 동일 글자에 대한 주해(註解)가 서로 다른 경우인데, 명확한 증거의 제시도 없이 어느 한 쪽만을 취하는 것은 논리적으로 설득력이 약하다고 하겠다. 그리고 '牢'를 암 · 수 한 쌍의 소라고 한 것은 그야말로 증거의 제시 없이 추측에 가까운 주장이라 할 수 있겠다. 왜냐하면 胡厚宣이 《粹910》의 복사 하나만을 그 증거로 삼아, '二牛'와 '牢'를 수량으로 대칭이 된다고 추측하여 갑골문의 '牢'자를 해석하였기 때문이다.

그러면 秦漢 이래로 소 · 양 · 돼지를 '大牢'라고 하고, 양과 돼지를 '小牢'라고 한 해석은 어떠한지 살펴보자. 이것도 복사에 비춰보면 역시 문제가 있다. 위에서 예로 든 《續1. 6. 1》과 《續1. 10. 7》의 복사에 소 · 양 · 돼지가 동일한 수량으로 동일 복사에 나타나지만, '大牢'나 '牢'라고 하지 않고 있으며, 또한 위에 예시된 《丙117》과 《後上22. 3》의 복사에 양(羊)과 돼지가 역시 동일한 수량으로 동일 복사에 보이지만, '小牢'라고 하지 않고 있기 때문이다. 뿐만 아니라, 秦漢

이후로 '牢'자에 대한 주해가 위에서 본 바와 같이 여러 학자들의 주장이 서로 다르며 동일인의 주해에서조차도 곳에 따라 다르므로, 어느 주장이 옳은지를 단정하기가 어렵다.

그렇다면 갑골문의 이 '牢'자는 어떻게 해석해야 하는지 살펴보자. 이에 대해 張秉權은,

從字形上看, 牢字从牛, 宰字从羊, 它們的原始意義, '牢'是牢中養著的牛, '宰'是牢中養著的羊, 應該是沒有問題的. 但甲骨文和造字時代, 已經有了一段距離, 而且, 這二個字的用法, 雖則大致上還有分別, 不過在有些地方, 也不免相混了. 譬如丙編416, 卽以'一牛'和'宰'對貞, 在斯二條對貞卜辭之中, 自'有'字以下, 除了一作'一牛'; 一作'宰'以外, 其餘的文字, 完全相同. 這似乎顯出'宰'的意義, 已經和'一牛'相當的了, 很可能這個'宰'字, 已經和那個'牢'字混用了. 因這二個字, 在甲骨文時代, 已經有了相互混用的現象, 所以才有'大'和'小'的形容詞來指定它們. 此外, 如'宰'和'小宰'二名同見於一辭之中, 那個'宰'字, 恐怕也與'牢'字相混了, 它和'小宰'應該是有分別的, 並非一般人所說的'宰'就是'小宰'之省. 不過從一般的情形看來, '牢'指牛, '宰'指羊, 大致上還是可以說得過去的. 至於'牢'和'牛', '宰'和'羊'的分別, 恐怕不在於數目上, 或種類上的不同, 而是牢或'宰'中特意護養著的牛或羊, 是事門爲了供作祭祀之用的, 所以稱之爲'牢'或'宰'. 而卜辭中稱爲'牛'或'羊'的那些, 可能並不是專門爲了祭祀之用, 而經過一番特意護養著的牛羊, 它們可能就是普通牧放中的牛羊, 也可能是臨時徵收來的. 不過有些學者, 還是相信傳統的舊說, 以牛羊豕三牲爲大牢; 以羊豕二牲爲小牢.[1] : 자형으로 보면, '牢'자는 '牛'를 구성 요소로 하고 있고, '宰'자는 '羊'을 구성 요소로 하고 있어서, 이 두 글자의 원래의 뜻은 '牢'는 우리에서 사육되고 있는 소이고, '宰'은 우리에서 사육되고 있는 양이라고 하면 틀림없이 아무 문제없을 것이다. 그러나 갑골문은 한자(漢字)가 처음 창조된 시기와는 이미 일단의 거리가 있고, 그리고 이 두 글자의 용법은 대체적으로 여전히 차이가 있지만, 어떤 부분에서는 어쩔 수 없이 서로 혼용이 되었을 것이다.《丙416》을 예로 들면, '一牛'와 '宰'에 대해 대정(對貞)을 하고 있는데, 이 두 개 조(條)의 대정(對貞) 복사에는 '有'자 다음에 하나는 '一牛'로 쓰고 하나는 '宰'이라 쓴 것 이외의 나머지 글자들은 완전히 꼭 같다. 이는 이미 '宰'의 뜻이 '一牛'와 같아졌고, 이 '宰'자는 이미 '牢'자와 혼용되었을 가능성을 드러내는 것이다. 이 두 글자가 갑골문시대에 이미 혼용되는 현상이 나타났기 때문에 '大'와 '小'라는 형용사로써 이들을 지정해야 했던 것이다. 이 이외에 '宰'와 '小宰' 두 명칭이 동일 복사에 함께 나타나는데, 이 '宰'자는 '牢'자와는 서로 혼용되고 있을지 모르지만, '小宰'과는 분명히 분별되었을 것인바, 결코 일반인들이 말하는 바와 같이 '宰'이 곧 '小宰'의 준말은 아니다. 그러나 일반적인 상황으로 보면, '牢'는 소를 지칭하고, '宰'는 양을 지칭한다는 것은 대체로 수긍이 가는 말이다. '牢'와 '牛', 그리고 '宰'과 '羊'의 구별은, 숫자나 종류의 다름에 있는 것이 아니라, 소 우리와 양 우리에서 특별히 보호받으

---

1) 張秉權 <殷代的祭祀與巫術>, 前揭書《歷史語言硏究所集刊》第四十九本 第三分, pp.475~476.

며 사육되어 전적(專的)으로 제사 용도로 제공되기 때문에 이를 '牢' 또는 '宰'라고 칭하게 된 것이다. 그런데 복사에서 '牛' 또는 '羊'이라고 칭하는 것들은, 결코 전적(專的)으로 제사 용도를 위한 것이 아니고, 한 번 특별히 보호 사육되었던 적이 있는 소나 양이거나 아니면 보통으로 방목 중인 소나 양이거나 아니면 임시로 징수되어 온 것일 것이다. 그런데도 어떤 학자들은 여전히 전통적인 구설(舊說)을 믿어 소·양·돼지의 세 희생을 '大牢', 양과 돼지 두 희생을 '小牢'라고 생각하고 있다.

라고 하였다. 그리고 현대 중국 '禮學'의 태두(泰斗) 孔德成 교수의 견해를 살펴보자. 그는 이 문제에 대해,

…… 以契文曰'牢'曰'宰', 固爲牛·羊之牲. 然又曰'大牢', 曰'小(少)宰', 其名不同, 其實應異. 是否對言, 則牢又曰'太', 宰又曰'小(少)', 而有繁簡之稱? 或另有不同之故? 文獻無徵, 不敢定矣. 然漢儒者之釋'太牢'爲牛·羊·豕, '少牢'爲羊·豕, 亦非創註. 儀禮聘禮篇'飪一牢'下云 : "牛羊豕……"; '腥二牢'下云 : "牛以西羊豕, 豕南牛, 以東羊豕."; '餼二牢'下云 : "牛以西羊豕, 豕西牛羊豕." 是以牛羊豕爲'一牢'也. 少牢饋食禮 : "司馬刲羊, 司士擊豕", 下文又有'羊'·'豕'·'羊右胖……'·'豕右胖……'; 而下文云 : "佐食上利升牢心舌"·"上佐食擧尸牢肺正脊以授尸"等, 其'牢'皆指羊豕, 是以羊豕爲'一牢(宰)'也. 則牛羊豕爲'太牢', 羊豕爲'少牢(宰)', 其制先秦亦自. 抑又有進者, 契文中牢與牛迥然不同, 庫一八九八 : "其牢又一牛."(例多不枚擧.) 卽稱曰'牢', 又稱曰'牛', 則其別顯然. 其分別安在? 按, 說文 : "牢, 閑, 養牛馬圈也."; 詩 : "執豕於牢." 以字形論之, 許說是也. 上引甲·金·文獻之文, 皆指牲言. 養牲之所曰'牢', 養於其中之牲亦可曰'牢'. …… 牛何必養之於牢? 蓋恐其傷也. 春秋宣公三年經 : "郊牛之口傷, 改卜牛." 又成公七年經 : "鼷鼠食郊牛角, 改卜牛." 又見定公十五年, 左哀·公哀元年, 成七年, 穀哀元年經. 是牛傷則弗用, 故必在牢(滌)三月, 養而後以祭. 用在牢之牛, 故曰牢也. 言牛者, 卽不必特別在牢(滌)飼養, 卽取而用之. 郊特牲云 : "稷牛惟具." 曲禮云 : "大夫以索牛." 此則牢·牛·宰·羊之別也.[1] : …… 갑골문으로 '牢'라고 하고 '宰'이라고 하는 것은 확실히 소와 양의 희생이다. 그런데 또 '大牢'라고도 하고 '小宰'이라고 하는데, 그 명칭이 다르므로 그 내용도 다를 것이 틀림없다. 대언(對言)이 아니라면 '牢'는 또 '太'라고도 하고 '宰'는 '小'라고도 하는데, 이는 번간(繁簡)의 명칭인가? 아니면 달리 다른 이유가 있는 것인가? 문헌에 증거가 없어 감히 단정은 못하겠다. 그러나 漢代의 학자들은 '太牢'는 소·양·돼지로, '少牢'는 양과 돼지로 해석하였는데 이 역시 새로운 해설은 아니다.《儀禮·聘禮篇》의 '飪一牢'라는 말 다음에 "소·양·돼지 …… "라고 하고 있고; 또 '腥二牢'라는 말 다음에는 "쇠고기 국 서쪽에는 양고기 국과 돼지고기 국을, 돼지고기 국의 남쪽에는 다시 쇠고기 국을 놓고, 다시 동쪽으로 양고기 국과 돼지고기

1) 孔德成 <釋牢宰>,《文史哲學報》(臺灣大學校文學院 1966. 臺北) 第15期 pp.183~185를 참고.

국을 놓는다."라고 하고 있으며; '餼二牢'라는 말 다음에는 "살아있는 희생의 소의 서쪽은 양과 돼지를, 돼지의 서쪽은 다시 소·양·돼지를 진설한다."라고 하고 있다. 이는 소·양·돼지를 '一牢'라고 생각한 것이다. 《儀禮·少牢饋食禮》에 "司馬刲羊, 司士擊豕"라는 말 다음에 또 양·돼지·양의 우측 갈비 …… 돼지의 우측 갈비 …… 등의 말이 있고, 또 그 아래에는 "상좌식(上佐食)은 양과 돼지의 심장과 혀를 '鼎'에서 꺼내어 올린다."·"상좌식(上佐食)은 제사용의 양과 돼지의 온전한 허파와 앞쪽 갈비를 시동(尸童)에게 바친다."는 등의 말이 있는데, 여기에서의 '牢'는 모두 양과 돼지를 가리키며, 이는 양과 돼지를 '一牢(宰)'라고 간주한 것이다. 그런즉 소·양·돼지를 '太牢', 양·돼지를 '少牢(宰)'라고 하는 것인데, 이 예제(禮制)는 先秦시대부터 그랬다. 그리고 또 더 나아가 갑골문에서는 '牢'와 '牛'는 크게 다르다. 《庫1898》에 "其牢又一牛"[헤아릴 수 없을 정도로 많음]라고 하고 있다. '牢'라고 했으면서 또 '牛'라고 하였으므로 두드러지게 다를 것인데, 어떻게 다른가? 살펴보면, 《說文解字》에 "'牢'는 우리로, 마소를 기르는 우리라는 뜻이다."라고 하고 있고; 《詩經·大雅·公劉》에 "돼지 우리에서 돼지를 잡아내네." 라고 하고 있다. 자형으로 논하면 許愼의 주장이 옳다. 위에 인용한 갑골문과 금문(金文) 그리고 문헌 기록은 모두 희생을 말한다. 제사의 희생을 키우는 곳을 '牢'라고 하고, 그곳에서 키우는 제사의 희생도 '牢'라고 할 수 있다. …… 그렇다면 왜 소는 반드시 우리에서 키워야 하는가? 아마 상처를 입을까 두려워했기 때문이었을 것이다. 《春秋經·宣公·三年》에 "하늘에 지낼 제사의 희생으로 쓰일 소가 입에 상처가 생겨 점복용의 소를 바꾸었다."는 기록이 있다. 또 《春秋經·成公·七年》에는 "생쥐가 하늘에 지낼 제사의 희생으로 쓰일 소의 뿔을 갉아먹어 점복용의 소를 바꾸었다."라고 하고 있는데, 이런 기록은 또 《春秋經·定公·十五年》·《春秋左氏傳·哀公·元年經文》·《春秋公羊傳·哀公·元年經文》·《春秋公羊傳·成公·七年經文》·《春秋穀梁傳·哀公·元年經文》에도 보인다. 이들은 소가 상처를 입으면 제사에 사용되지 않기 때문에 반드시 3개월 동안 우리에서 깨끗하게 요양하여야 하고, 요양된 이후에야 제사에 사용되는 것이다. 우리에서 있었던 소이기 때문에 '牢'라고 하는 것이다. 그냥 '牛'라고 하는 것은 특별히 우리에서 사육할 필요 없이 곧바로 취하여 사용하는 것이다. 《禮記·郊特牲》에는 "后稷에 대한 제사에 사용되는 소는 오로지 소의 몸체와 털이 온전한지에 주의를 기울인다."라고 하고 있고; 《禮記·曲禮》에는 "(제사용으로) 대부는 보통의 소를 구한다."라고 하고 있다. 이런 기록의 내용들이 '牢'·'牛'·'宰'·'羊' 등이 구별되는 점이다.

라고 하였다. 張秉權과 孔德成 두 사람은 모두 '牢'와 '牛', 그리고 '宰'와 '羊'을 서로 구별함과 동시에, '牢'와 '宰'을 전적(專的)으로 제사에 사용하기 위해 우리(牢) 안에서 특별히 보호하여 키운 소와 양이라고 한 점에서 서로 같은 견해를 보이고 있다. 다만 張秉權이 갑골문을 주된 근거로 한 반면, 孔德成은 문헌 자료를 주된 근거로 이용한 점이 약간 다를 뿐이다. 갑골문의 자형을 보면, '牢'자는 '宀'과 '牛'를, '宰'자는 '宀'과 '羊'을 구성 요소로 하고 있다. 자형으로 보아도 '牢'는 소, '宰'는 양을 가리키는 것이 틀림없고, 張秉權과 孔德成 두 사람이 제시하지는 않았지만 문헌의 기록도 보인다. 즉《詩經·小雅·魚藻之什·瓠葉篇·序》에 "大夫刺幽主也. 上棄禮而不能行, 雖有牲牢饔餼, 不肯用也. : 대부가 幽王을 풍자한 것이다. 임금이 '禮'를 폐기하여서 실행할 수가 없으므로, 설사 익히거나 생으로 쓸 제사용의 희생이 우리에 매여 있더라도 이를 사용할 수가 없었다."라고 하고 있는데, 여기에서의 '牢'에 대해 鄭玄의《詩箋》에는 "繫養者曰牢. : (가축을) 매어놓고 사육하는 것을 '牢'라고 한다."라고 하고 있는 것이 그 예이다. 그리고 이 앞에서 인용한《禮記·祭義篇》을 보면, 周代의 왕실이나 제후들은 제사에 사용될 희생을 특별히 사육하는 관리까지 두고 있음을 알 수 있는데, 주대보다 제사를 더욱 중시한 商代에는 제사에 사용될 희생을 보호하고 사육하는 데에도 더욱 정성을 들였을 것은 충분히 짐작할 수 있다.

그런데 張秉權은 갑골복사 중의 '宰'과 '小宰'이 동일(同一) 복사에 나타나는 것을 보고 분명히 이 두 말은 뜻이 구별된다고 보았음에도 불구하고, 그것을 왜 '宰'을 '牢'와의 혼용이라고 생각하여, '大'·'小'의 '牢'나 '宰'을 '牢'나 '宰'과의 혼용이라는 가정(假定)으로 돌려버렸는지 모를 일이다. 그가 예로 든《丙416》에 '一牛'와 '宰'에 대해 대정(對貞)한 것은 분명히 '一牛'를 희생으로 사용할 것인지, 아니면 '宰'를 사용할 것인지를 점복한 것인데도, 이를 '宰'과 '牢'의 혼용이라고 하였는데, 그렇다면 갑골복사에 그렇게 많이 나타나는, '牢'와 대정(對貞)된 '宰'·'大宰'·'小宰' 등의 '宰'자를, 전부 '宰'과 '牢'의 혼용 현상으로 보아야 하는데, 이는 수긍하기 어려운 주장이다. 이는 아마 추측이기는 하지만, 후대에 와서 '宰'자가 폐기된 것과 관련지어 생각한 때문이 아닌가 한다. 갑골문의 '牢'와 '羊'의 자형이 앞에서 본 바와 같이 서로 쉽게 구분할 수 있는 점으로 보아, '牢'자와 '宰'자를 구태여 오각(誤刻)으로 인한 혼용으로 볼 필요도 없거니와, 두 글자가 동일 시대에 이미 서로 다른 뜻으로 사용된 것이 사실이므로, 혼용으로 볼 수는 없다고 생각된다. 갑골복사에 엄연히 '大牢'·'小牢'·'牛', 그리고 '大宰'·'小宰'·'羊' 등이 빈번히 사용되고 있으므로 마땅히 이들 사이에는 의미하는 바에 차이나 구별이 있었으리라고 생각된다. 그런데 갑골문의 '小'자는 대개 세 개의 점으로 이루어져 있어 자형 자체(自體)에 이미 '작다' 혹은 '적다'는 뜻이 나타나 있고, 그리고 이 '大'와 '小' 두 글자는 지금까지도 그 뜻이 변함없이 그대로 쓰이고 있다. 그러므로 갑골문자가 지금까지 발견된 한자(漢字) 가운데서는 가장 원시적이며 최고(最古)의 문자이므로 갑골문의 단어에 어떤 또 다른 의미를 억지로 덧붙일 필요가 없이, 전래(傳來)의 뜻 그대로 해석했을 때 문장의 뜻이 통할 수 있다면, 그 뜻 그대로 해석하는 것이 좋다고 생각된다. 그래서 '小牢'·'小宰'은 우리[牢]에서 특별히 제사에 사용하기 위해 길러진, 아직 덜 자란 작은 소와 양으로 보고, '大牢'·'大宰'는 제사용으로 우리에서 특별히 길러진 다 큰 소와 양으로 보는 것이 옳다고 생각한다. 이렇게 보면 갑골복사에 나타나는 '大'·'小'의 '牢'와 '宰'에 대한 모든 문제들이 다 해결될 수 있을 것이다.

戊. 개[犬]

갑골복사에서 '犬' 즉 개가 제사의 희생으로 사용된 예를 보자.

1) 癸卯卜, 亘貞 : 㞢于⊠甲犬?
   貞 : 㞢于父庚犬? 《1. 26. 6》
2) 己亥卜, 貞 : 方帝一羌一犬一羊? 二月. 《甲3432》
3) 辛巳卜, 品貞 : 埋三犬尞五犬五豭卯四牛? 一月. 《前7. 3. 3》
4) 兮四犬? 《甲2384》
5) 五犬于母庚? 五犬勿㞢? 六犬? 七犬? 《乙581》
6) 八犬八羊? 《乙4516》
7) ⊠未卜, 又母辛⊠十犬十兹用? 《甲397》
8) 貞 : ⊠祊用百羊百犬百豚? 十一月. 《甲3518》
9) ⊠子卜, 亡沈𢾕二犾二豭? 《乙4544》

위에 예시된 복사들로 살펴보면, 商代 사람들이 개를 제사의 희생으로 사용할 때는, 개의 털 색깔을 구분하지는 않았으나, 성별은 구분하기도 하였음을 알 수 있는데, 어떤 경우에 성별 구분을 하였는지는 확인할 수가 없다. 사용된 수량은 다른 희생들과 마찬가지로 적게는 한 마리에서 열 마리 그리고 15, 20, 30, 50마리, 많게는 100마리까지 사용하였음을 알 수 있다.

己. '靑'

'靑'자는 갑골복사에서 두 가지 뜻으로 쓰이는데, 하나는 방위의 이름으로 남쪽을 뜻하고, 또 하나는 제사(祭祀)에 희생으로 사용된 동물의 이름이다. 그러나 동물 이름으로 사용될 때의 뜻은 아직 정설이 없다. 우선 '靑'자가 제사의 희생으로 사용된 복사의 예를 들면 다음과 같다.

1) 甲申卜, 貞 : 翌乙酉㞢于祖乙宰有一宰有靑? 《前1. 10. 2》
2) ⊠卯⊠三靑⊠羊⊠? 《後下41. 5》
3) ⊠十羊十豕五靑乎尞? 《菁8》

4) 㞢于祖辛八青? 九青于祖辛?	《通159》
5) 來庚寅𡆥一牛妣庚𠕋十𠬝十宰十青?	《丙324》

위에 예로 든 복사들에서의 '青'이라는 동물은 소나 양 · 돼지 등과는 달리 성(性)의 구별이나 색깔의 구분도 없으며, 또한 사용된 수량도 10이하이다.

이 '青'자에 대해 孫詒讓 · 羅振玉 등은 '南'자라고 고석(考釋)하였고, 唐蘭은 새끼 가축의 통칭이라고 하였으며 또한 郭沫若은 '小豚' 즉 새끼돼지라고 하였다.[1)]

그런데 이 '青'자의 본의(本義)에 대해서는 아직 정설이 없는데다가 갑골문의 자형으로도 그 뜻을 추출해 낼 수가 없으나, 복사의 문례(文例)로 보면 동물 이름임이 틀림없으므로 우선 唐蘭의 주장에 따라 '青'로 예정(隸定)하여 쓰기로만 하고 나머지 문제에 대해서는 앞으로의 연구 과제로 미룰 수밖에 없다.

庚. 사람

갑골복사에 사람을 제사의 희생으로 사용한 경우가 자주 발견되는데, 먼저 복사의 예를 보면 다음과 같다.

1) 貞 : 九羌卯九牛? 貞 : 登王亥羌?	《續1. 2. 1》
2) 甲午卜, 爭貞 : 翌乙未用羌? 用.	《丙106》
3) 貞 : 方帝一羌二犬卯一牛?	《丙122》
4) 庚辰卜, 貞 : 王賓祖庚伐二人卯二牢𢀛卣亡尤?	《前1. 18. 4》
5) (丙)寅卜, 爭貞 : 㞢于黃奭二羌?	《續2. 19. 1》
6) 乙巳卜, 賓貞 : 三羌用于祖乙?	《前1. 9. 6》
7) 癸酉宜于義京羌三人卯十牛, 右.	《續1. 52. 2》
8) 貞 : 四𠬝于祖辛? 勿四𠬝于祖辛?	《丙334》
9) 㞢于妣甲十𠬝? 五𠬝? 六𠬝?	《丙187》
10) 貞 : 勿御自上甲? 用六羌卯宰?	《前3. 23. 5》
11) 勿䇂羌? 羌七?	《丙361》
12) 來甲戌㞢伐上甲八?	

---

1) 李孝定 前揭書《甲骨文字集釋》卷六 pp.2079~2098을 참고.

來甲戌㞢伐上甲十? 《丙233》

13) 甲午卜, 貞 : 翌乙未㞢于(祖乙)羌十人卯宰一有一牛?

甲午卜, 貞 : 翌乙未㞢于祖乙羌十有五卯宰有一牛? 《續1. 12. 8》

14) 乙丑卜, 酒御于妣庚伐二十㱿三十? 《前1. 35. 5》

15) 貞 : 用四十羌? 勿用. 《乙1262》

16) 丁丑貞 : 其五十羌卯三牢? 《粹505》

17) 貞 : 御自唐大甲大丁祖乙百羌百宰? 《續1. 10. 7》

18) 三百羌用于礿? 《續2. 16. 3》

19) 不其降冊千牛千人? 《丙124》

20) 戊辰卜 : 又及妣己一女, 妣庚一女? 《粹720》

이상으로 사람이 제사에서 희생으로 사용된 갑골복사의 예를 간략히 살펴보았다. 희생으로 사용한 사람의 수(數)도 적게는 한 사람에서부터 열 사람, 그리고 15, 20, 30, 40, 50명, 많게는 100명, 300명 심지어 1천명에까지 이르고 있다. 성별에 대해서는 거의 구분한 것 같지 않은데, 위에 예로 든《粹720》에 희생으로 '一女'를 사용한 것이 예외로 보일뿐이다. 이는 제사의 희생으로 사용된 사람의 대부분이 전쟁에서 잡혀온 포로들이기 때문에, 굳이 남·여를 구별할 필요가 없는 데에서 연유한 자연적인 현상이 아닌가 생각한다. 위에 예로 든 복사들 중의 '羌人'은 모두 商代 당시 방국(方國)의 하나인 '羌方'의 포로들로서 제사의 희생으로 사용된 예이다.[1] 참고로 周代에 사람을 제사의 희생으로 사용한 예를《春秋左氏傳》의 기록으로만 몇 가지 들면, 昭公 10년 조(條)에 "秋, 七月, 平子伐莒, 取郠, 獻俘, 始用人亳社. : 가을 7월에 平子가 '莒'를 토벌하여 '郠邑'을 점령하고 포로와 죄인들을 헌상하였는데, 처음으로 사람을 희생으로 사용하여 '亳社'에서 제사를 지냈다."라고 하고 있고; 昭公 11년 조(條)에는 "冬, 十一月, 楚子滅蔡用隱太子于岡山. : 겨울 11월에 楚나라의 군대가 蔡나라를 멸하고, 岡山에서 태자를 희생으로 사용하였다."이라고 하고 있으며; 僖公 19년 조(條)에는 "夏, 宋公使邾文公, 用鄫子于次睢之社, 欲以屬東夷. : 여름에 宋 襄公이 邾 文公을 '次睢之社'에 파견하여 鄫子를 희생으로 사용하여 제사를 거행하게 하였는데, 이는 이를 통해 '東夷'를 제압하고자 한 것이다."라고 하고 있다. 이런 기록들에 대해 杜預는 모두 사람을 죽여 제사의 희생으로 사용된 것이라고 주(注)하였다. 이로 보면 周代에도 사람을 제사의 희생으로 사용하였음을 알 수 있다.

---

1) 陳夢家 前揭書《殷墟卜辭綜述》pp.216~281을 참고.

辛. 기타

이상으로 商 왕실의 실물 자료인 갑골의 제사 복사를 통해서 소·양·돼지·'牢' 혹은 '宰'·개·'靑'·사람 등이 제사의 희생으로 상용되었음을 간략히 살펴보았는데, 이들 이외에도 무소[兕]·거북[龜]·코끼리[象]·큰사슴[麋]·말[馬]·호랑이[虎] 등을 제사의 희생으로 사용한 것처럼 보이는 갑골복사들이 있다. 그러나 문례가 극히 적고 복사의 해독에도 문제가 있어 이들이 제사의 희생으로 사용되었다고 단정하기가 힘들므로 이후의 연구를 기다리기로 하고 여기에서는 생략하기로 한다.

二. 기타의 제품(祭品)

제사를 거행할 때에 사용되는 제품(祭品)으로는 위에서 살펴본 가축을 비롯한 동물뿐만 아니라 이들 외에 곡물을 비롯한 식품과 기물도 사용되었는데, 이를 살펴보면 다음과 같다.

甲. 식품

갑골복사에서 식품을 제품(祭品)으로 사용한 것으로는 술과 곡물 그리고 음식 등이 있다.

1. 술[酒]

앞에서 살펴본 바와 같이 술을 의미하는 '酒'자는 갑골복사에서 제사의 이름으로도 사용되고 있는데, 제명(祭名)으로서의 '酒'는 술을 헌상하며 지내는 제사이다. 이로 보면 이 '酒' 즉 술 역시 제품(祭品)의 하나임이 틀림없다. 이 술이 제품으로 사용된 복사의 예를 보면 다음과 같다.

1) 乙丑卜 : 酒御于妣寅伐廿鬯卅? 《前1. 35. 5》
2) 貞 : 于之七月, 勿㞢酒五伐? 《丙312》
3) 壬寅卜 : 其求禾于示壬舞眔酒? 玆用. 《佚892》
4) 于父己·父庚, 既𣪊鬯酒? 《南明634》
5) 庚辰卜 : 王祀父辛, 羊豕鬯酒?(《人3014》)
6) 于祖乙𠦪既𣪊鬯酒, 王受又?(《寧1. 179》)

위에 예시된 복사들을 통하여 술이 제품으로 사용된 사실은 알 수 있는데, 술의 종류를 알 수 있는 것은 '鬯酒'라는 말뿐이고, 《前1. 35. 5》에서의 '酒'는 제명(祭名)으로 사용된 것이다.

2. 쌀[米]

갑골복사에서 '米' 즉 쌀이 제품으로 사용된 복사의 예를 들면 다음과 같은 것들이 있다.

1) 己巳貞 : 王米囧, 其登丁且乙?
   己巳丁 : 王其登靑囧米, 叀乙亥? 《甲903》
2) 癸巳貞 : 乙未王其登米 …… ? 《粹909》
3) ☐巳丁 : 王其登靑囧米, 叀乙亥? 《後下29. 15》

여기에 예시(例示)된 복사들은 쌀 그 자체(自體)를 제품으로 사용한 예(例)이다. 그리고 쌀을 제품으로 사용하여 거행한 제사는 '登'이라는 것인데, 이는 앞에서 살펴본 바와 같이 그 해에 첫 수확한 햇곡을 헌상하여 거행하는 천신(薦新)의 제사이다.

3. 기장[黍]

'黍' 즉 기장을 제품으로 사용한 갑골복사의 예로는 다음과 같은 것들이 있다.

1) ☐☐卜, 彭貞 : 其祉登黍? 《甲2778》
2) 叀登黍祉于南庚? 兹用. 《粹269》
3) 甲辰貞 : 其登黍? 《甲353》

여기에서 예로 든 복사들은 기장 그 자체(自體)를 제품으로 사용한 것들이고, 거행된 제사 역시 '登祭'라는 천신(薦新)의 제사이다.

4. 보리[麥]

갑골복사에서 '麥' 즉 보리를 제품으로 사용한 예를 살펴보면 다음과 같은 것들이 있다.

1) 甲辰卜 : 酒麥, 登祖乙? 《庫995》
2) 辛未卜 : 酒麥, 乙亥登且乙? 《甲899》
3) 辛丑卜 : 于一月辛酉酒麥登? 十二月.
   辛丑卜 : 衍麥登辛亥? 十二月. 《合64》

위에 예시한 복사들은 '麥' 즉 보리를 제품(祭品)으로 사용한 것인데, 이 역시 보리를 천신(薦新)하는 '登'이라는 제사를 거행한 복사이다.

5. 울창주[鬯]

갑골복사 가운데 '鬯' 즉 울창주를 헌상하며 제사를 거행한 예를 보면 다음과 같은 것들이 있다.

1) 癸亥卜，骨貞：其登鬯?
　　　　貞：其登鬯其在祖乙? 《存1. 1497》
2) 其登新鬯，二牛? 用. 《粹910》
3) 癸亥卜，荷貞：其登鬯于祖乙叀翌乙丑? 《甲2407》

위에 예시된 복사들에서의 '鬯'은 무엇일까? 《說文解字》 '鬯'부(部)에,

> 鬯, 巳𩰪釀鬱艸, 芬芳攸服, 巳降神也. 从凵; 凵, 器也. 中象米. 匕, 所巳扱之. 易日 : 不喪匕鬯. 凡鬯之屬皆从鬯. : '鬯'은, 검은 기장을 울금초와 섞어 술을 빚으면 향기가 멀리 퍼지는데, 이를 강신(降神)에 사용한다. '凵'를 구성요소로 하고 있는데, '凵'는 '밥그릇'이라는 뜻이다. '凵' 속에 있는 것은 쌀을 형상화 한 것이다. '匕'는 음식을 뜨는데 소용되는 숟가락이다. 《周易 · 震卦 · 卦辭》에, "종묘(宗廟)에서의 제사를 멈추어서는 아니 된다."라고 하고 있다. 무릇 '鬯'부(部)에 속하는 글자는 모두 '鬯'을 구성 요소로 하고 있다.

라고 하고 있다. 이에 의하면 이 '鬯'이란 검은 기장에 향초 울금(鬱金) 즉 심황을 섞어 빚은 술로, 제사의 강신에 쓰이는 술이다. 그리고 여기에서의 "登鬯"이라는 말에 대해 屈萬里는,

> 登, 猶獻也. 登鬯, 蓋謂獻新釀之黑黍酒也.[1)] : '登'은 '獻'과 같은 뜻으로, 헌상하다는 뜻이다. '登鬯'이란 아마 검정 기장으로 갓 빚은 울창주를 헌상하는 것을 말하는 것 같다.

라고 설명하였다. 이로서 商 왕실에서 검정 기장과 울금을 섞어 빚은 울창주를 제품(祭品)으로 사용하여 제사를 지냈음을 알 수 있다.

---

1) 屈萬里《小屯殷虛文字甲編考釋》(中央硏究院歷史語言硏究所 1961. 臺北) p.104.

6. 기타 음식

갑골 제사 복사 가운데에는 위에서 살펴본 술 종류나 곡물 이외에 조리한 음식을 제품(祭品)으로 사용한 복사의 예도 보이는데, 이런 복사로는 다음과 같은 것들이 있다.

1) 癸巳卜, 荷貞 : 翌甲午登于父甲饗? 《佚266》
2) 甲申卜, 荷貞 : 翌乙酉其登祖乙饗?
   甲申卜, 荷貞 : 翌乙酉小乙登其眔 ...... ? 《京4002》

위에 예시한 복사들 중의 '饗'자는 갑골문으로 '[illegible]'으로 쓰는데, 이는 두 사람이 마주 앉아 음식을 먹는 모양을 형상화한 것이다. 이런 자형으로 보면, 이 글자의 본의(本義)는 음식을 먹고 마시다는 뜻임을 알 수 있다. 이로써 商代 사람들 역시 제사를 거행할 때 음식을 제품(祭品)으로 사용하였음을 알 수 있다. 다만 이 때 사용한 음식이 구체적으로 어떤 음식들인지는 아직 밝혀지지 않았다. 또 다음과 같은 예를 보자.

1) 貞 : 王賓鬻, 亡尤? 《前6. 42. 3》
2) 貞 : 王賓鬻, 网尤? 《後下5. 2》
3) □□□, 㞢貞 : 來乙亥[illegible]其餗, 王若? 九月. 《甲2905》
4) 甲申卜 : 餗歲牢? 弜牢? 《粹468》

위에 예시된 복사들 중의 '鬻'·'餗' 두 글자는 앞에서 살펴본 〈제사의 종류〉에서 음식물을 헌상하며 지내는 제사임이 확인되었다. 따라서 위의 복사들은 구체적으로 무슨 음식인지는 알 수 없지만 조리한 음식을 제품(祭品)으로 사용한 예들임이 틀림없고, 자형 결구(結構)로 보아 이런 음식을 '皿'·'鼎'·'鬲' 등에 담아 헌상하였을 것으로 추정된다.

乙. 기물(器物)

갑골 제사 복사의 내용을 살펴보면, 제사에서 제품(祭品)으로 사용된 것으로는 위에서 살펴본 희생(犧牲)과 음식물 이외에 귀중하게 여겨진 기물도 포함되었던 것 같다. 제품으로 헌상된 귀중품은 다음과 같다.

1. '鼎'

갑골복사에서 '鼎' 즉 세발솥이 제품(祭品)으로 사용된 복사의 예를 들면 다음과 같은 것들이 있다.

1) 甲寅貞 : 來丁巳奠鼎于父丁, 宜三十牛?

弜羌 · 叀牛?

乙卯貞 : 其奠鼎, 又羌? 《後上27. 10》

2) 甲寅貞 : 來丁巳奠鼎于父丁, 宜三十牛? 《京2291》

앞의 〈제사의 종류〉에서 살펴본 바와 같이 위에 예시된 복사들 중의 '奠'은 물건을 진설하여 거행하는 제사이다. 그리고 여기에서의 '鼎'이란 주지하는 바와 같이 음식을 담는 식기의 하나이다. 따라서 여기에서의 '奠鼎'이란 '鼎'을 제품(祭品)으로 진설하여 놓고 제사를 거행하다는 말임이 틀림없다. '鼎'을 진설하는 일은《儀禮 · 士喪禮》와《儀禮 · 旣夕禮》 등에도 기록되어 있는데, 이는 아마 商代로부터 이어져온 유속(遺俗)인 것 같다.

2. '鼓'

'鼓' 즉 북을 제사의 제품으로 사용한 갑골복사의 예를 들면 다음과 같다.

1) 丁酉卜, 大貞 : 告其鼓于唐, 衣, 亡〼? 九月. 《後下39. 4》

2) 癸丑卜, 吏貞 : 其奠鼓, 告于唐, 〼牛? 《佚870》

3) 癸丑卜 : 翌奠新鼓, 示? 《前5. 4. 4》

위에 예시한 복사에서의 '奠鼓'와 '告鼓'는 앞에서의 '奠鼎'의 경우와 마찬가지로 '鼓' 즉 북을 진설하여 놓고 '奠祭'와 '告祭'를 거행하다는 뜻의 말이다.

3. '玉'

갑골 제사 복사 가운데 '玉'을 제품(祭品)으로 사용한 복사의 예를 보면 다음과 같은 것들이 있다.

1) 乙巳卜，賓貞：翌丁未酒，☐歲于祊，奠㞢玉? 《前5. 4. 7》

2) 其鬳，用三玉，犬·羊? 《佚783》

3) 二玨五人卯十牛? 《乙8354》

위에 예시한 복사의 예들은 '玉'과 '玨' 즉 쌍옥을 제품(祭品)으로 진설하여 놓고 제사를 거행한 것들이다.

이상으로 商代 사람들이 제사에 사용한 제품(祭品)을 총체적으로 살펴보았는데, 가장 일반적으로는 가축을 비롯한 동물과 사람 등 다양한 종류의 희생을 사용하였고, 술을 비롯한 조리한 음식과 곡물 등을 사용하였는데, 기물로는 '貞'과 '鼓' 그리고 '玉' 세 가지가 사용되었음을 알 수 있었다.

제6장

商代의 정치

商代의 정치에 대해서는, 갑골복사를 통하여 구명(究明)할 수 있는 한계를 고려하여, 크게 관제(官制)·형벌과 감옥·지리·군사·전쟁 등 5분야로 나누어 살펴보기로 하겠다.

제1절 商代의 관제(官制)

商代의 관리(官吏) 제도에 대해 陳夢家는, "卜辭中所見官名約有二十多個, 它們和西周及其後的官名都有關係, 但不盡相同.[1] : 복사 중에 보이는 관명(官名)은 약 20여 개인데, 이들은 西周 및 그 뒤의 관명과 모두 관계가 있지만, 모두 다 같은 것은 아니다."라고 했다. 商 왕조의 관제(官制)의 윤곽은《尙書·酒誥》에 이미 개괄적으로 기록되어 있는데, 크게 '內·外服' 즉 내직(內職)과 외직으로 구분하고 있다.《尙書·酒誥》에는,

> 自成湯至于帝乙, …… 越在外服, 侯·甸·男·衛·邦伯; 越在內服, 百僚·庶尹·惟亞·惟服·宗工. : 成湯에서부터 帝乙까지, …… 경성(京城) 바깥 외직의 각 작위(爵位)의 국군(國君) 제후들과, 조정(朝廷) 내직의 각종 관리들과 종실(宗室) 귀족들과 각 직급의 대부(大夫)들.

이라고 하고 있다. 이처럼 周나라 사람들이 지칭한 商 왕조의 내외 '兩服制'의 관직 체계는 갑골문에서도 이미 증명되고 있는데, 이를 살펴보면 다음과 같다.

---

1) 陳夢家 前揭書《殷虛卜辭綜述》p.503.

一. 내직(內職)

갑골문이 발견된 초기에 갑골문을 연구한 학자들은 갑골문에 나타나는 商 왕조의 관직 체계에 주의하였는데, 우선 羅振玉은 殷의 관제(官制)로는 '卿事'·'大史'·'方'·'小臣'·'豎'·'埽臣' 등이 있다고 열거하였다.[1] 그러나 이들 가운데 '方'·'豎'·'埽臣' 등은 관직이 아니다. 이에 대해 王國維는 "百官名多從史出. : 백관의 명칭은 대부분 '史'에서 나온 것"이라고 주장하면서, 갑골복사 중의 '卿史'와 '御史'는 관리(官吏)이며 지위도 비교적 높았다고 했다.[2] 그리고 陳夢家는 이런 商代의 관직 가운데 내직의 관리를 '臣正'(20명)·'武官'(17명)·'史官'(24명) 등 세 종류로 구분하였다.[3] 갑골복사에 보이는 商代의 내직 관직을 살펴보면 다음과 같다.

甲. 삼공(三公)

고대(古代)에는 어느 왕조에서든 조정(朝廷)에는 언제나 왕을 보좌하는 대신(大臣)들이 있었는데, 고대의 문헌에 기록된 商代의 대신들 가운데 '伊尹'의 사적은 갑골복사에서도 증명이 되고 있으며, 갑골문에는 伊尹에게 제사를 지낸 복사의 예가 적지 않다. 갑골문에는 "壬申剛于伊奭"(《合集33273》)처럼, '伊奭'이 제사를 향사(享祀)받은 내용도 있는데, 여기에서의 '伊奭'도 '伊尹'이다. '奭'자는 '保'·'傅'·'姆'·'輔'·'弼' 등의 글자와 자음과 자의(字義)가 비슷하다. 周나라 초기에 召公은 '太保'였다가 다시 '君奭'으로 존칭(尊稱)된 사실이 있는데[4], 伊尹은 成湯의 商 왕조 건국의 일등 공신이었고, 成湯의 사후(死後)에는 그의 손자 太甲을 보좌하였으므로, '奭'으로 존대되어 '師'와 '保'의 지위에 올랐던 것이다.

'師'·'保'·'傅'는 고대의 이른바 삼공(三公)인데,《漢書·賈誼傳》에 "保, 保其身體; 傅, 傅之德義; 師, 道之教訓. 此三公之職也. : '保'란 신체를 보호하다는 뜻이며; '傅'는 덕의(德義)를 함양하다는 뜻이고; '師'는 '道'를 교육하다는 뜻이다. 이것이 삼공의 직책이다."라고 하고 있는 것처럼, 그 직책은 왕의 신변 보호와 지식 전수(傳授) 및 도덕의 계몽과 교육이었다. '師'는 본래 무관의 관직으로, 갑골문에서의 '師'는 군대를 지칭하기도 한다. 알려진 바와 같이, 周나라 초기의 太公은 저명한 군사 전문가인 '師'였다. 그리고 '太保'였던 周公과 '太傅'였던 召公은 군대를 이끌고 자주 정벌에 나섰을 뿐만 아니라 국가 통치에도 유능한 신하였으므로, 군사와 정사의 직책이야말로 삼공의 주요 업무였으며, 신체 보호와 교육만이 주된 업무는 아니었다고 應永深은

---

1) 羅振玉 前揭書《殷虛書契考釋》(下) p.63~64를 참고.

2) 王國維 前揭書《觀堂集林》卷6 <釋史>를 참고.

3) 陳夢家 前揭書《殷虛卜辭綜述》p.521을 참고.

4) 王貴民 <甲骨文'奭'字解釋>,《殷都學刊》(安陽師範學院 1991. 安陽) 第3期를 참고.

주장하였다.[1] 商나라 초기 成湯과 太甲 시기에 伊尹은 '保'·'輔'의 지위에 올랐으므로 후세의 삼공에 상당하는 직위에 올랐다고 할 수 있다.

그런데 갑골문에서의 '公'은 관직 이름뿐만 아니라 제사의 대상이거나 인명 또는 지명으로도 쓰였다. 예를 들면 다음과 같다.

1) 乙未卜，侑于公.	《屯南31》
2) 辛亥，貞壬子侑多公歲.	《合集33692》
3) ☐巳卜，三公父下歲叀羊.	《合集27494》
4) 王令大公 …….	《合集20243》
5) 其公令何.	《懷特1465》
6) 于公亩其祝于危方奠.	《合集27999》

위에 예시한 복사들 가운데 1)~3)의 복사 중의 '公'·'多公'·'三公' 등은 모두 제사의 대상으로 쓰인 것이며; 4)와 5)의 복사에서의 '公'은 인명이나 관직명으로 쓰인 것이고; 6)의 복사에서의 '公'은 지명으로 쓰였다.

이밖에 제5기 帝乙·帝辛 시기의 복사 가운데 "在獄天邑商公宮"(《合集36541》·《合集36542》)이라고 하고 있는 것이 있는데, 이는 '天邑商' 내에 '公宮'을 건립하였다는 말이다. 여기에서의 '公宮'은 누구인지는 모르는 어떤 '公'의 지위에 있는 사람이 기거(起居)하거나 사무를 보는 장소를 말한다. 饒宗頤가 "殷代에는 확실히 삼공(三公)의 관직이 있었다."[2]라고 주장한 것과 같이, 직무가 周代와 동일하였는지는 알 수 없지만, 왕을 제외한 최고위직 그야말로 '일인지하만인지상(一人之下萬人之上)'의 '公'이라는 관직이 있었음이 틀림없다.

乙. '卿事'

갑골문에는 또 '卿事'라는 관직 이름이 보이는데, 이 관직은 '公' 바로 다음의 고위직(高位職)이었을 것으로 추정된다. '卿事'라는 말이 보이는 갑골복사의 예로는 다음과 같은 것들이 있다.

1) 辛未王卜，在召廳隹執，其令卿事.	《合集37468》
2) …… 卿事于燎北宗不 ……，大雨.	《合集38231》

---

1) 應永深 <試論周代三公的建立，發展及其衰亡>，《紀念顧頡剛學術論文集》(巴蜀書社 1990. 成都)를 참고.

2) 饒宗頤《甲骨文通檢》第4册(홍콩中文大學校出版社 1995. 홍콩)<前言>에서 "殷時確有三公之職"이라고 하였다.

3) …… 乎歸克卿王事. 《甲427》

위의 복사들에서의 ‘卿事’의 ‘卿’자는 갑골문으로는 ‘[illegible]’·‘[illegible]’·‘[illegible]’·‘[illegible]’ 등으로 쓰는데, 이는 두 사람이 식기(食器)를 가운데 두고 마주 보며 꿇어앉아 있는 모양을 형상화한 것이며, 이는 ‘宴饗’의 ‘饗’자의 본자(本字)이다. 그리고 자형이 서로를 향하고 있는 것에서 ‘公卿’의 ‘卿’자로도 쓰인다. 이 ‘饗’·‘卿’ 두 글자는 상고음(上古音)에서 ‘陽’부(部)의 첩운(疊韻)으로 서로 통용되었다.

그런데 西周 시대의 금문(金文)《令彝》·《毛公鼎》 등의 명문(銘文) 중에 있는 “卿事寮”라는 말 중의 ‘卿事’ 두 글자는 갑골문의 ‘卿事’ 두 글자와 꼭 같은데, 앞에서 본 바와 같이 ‘卿’과 ‘饗’은 동자(同字)이고, 관직으로서의 이 ‘卿事’는 본래 왕실의 향연(饗宴)에 관한 사무를 주재하며 중요성을 인정받게 된데서 유래했으리라고 추정된다. 고대의 문헌 기록 가운데 ‘卿事’라는 명칭은 가장 이른 시기의 것으로《尙書·微子》에 보이는데, 예를 들면, 微子가 紂王의 조정(朝廷)에 대해 “卿事師師非度. : ‘卿事’들이 법도에 어긋나는 일을 서로 본받아 배웠다.”라고 비평하였고, 또《尙書·洪範》에서는 箕子가 여러 차례 “謀及卿事. : ‘卿事’와 의논하라.”라고 한 것 등이다. 이런 자료들로 보면, 이 ‘卿事’ 역시 왕을 보좌하는 지위가 매우 높은 관직이었음을 추정할 수 있다.

丙. ‘大事寮’

商代와 周代에는 천자(天子) 즉 왕(王)을 보좌하는 ‘三公’이나 ‘卿事’ 아래에 각종 국사(國事)를 관장하는 고위 관리들이 있었는데, 이들을 ‘大事寮’라고 하였으며, 이들은 ‘三公’이나 ‘卿事’ 등의 보좌(輔佐) 대신(大臣)이 주재하는 일들을 담당하였다. ‘大事寮’는 왕실의 상설 업무처리 기구일 가능성이 크다. 갑골복사 가운데 “〼未令……其唯大事寮令……”(《合集36423》)이라고 하고 있는 것이 있는데, 이는 이들 ‘大事寮’는 나름대로의 명령을 내릴 수도 있었음을 나타낸다.

그런데 西周 시대에는 ‘卿事寮’와 ‘大史寮’가 있었는데, 각기 정치 업무와 종교 업무를 나누어 주재하였다. 商代의 갑골문에는 ‘卿事寮’는 보이지 않고 ‘大史寮’만 보이는데, 이에 대해 王貴民은, “‘大事僚’有的讀爲‘大史僚’, 卽與西周《番生簋》·《毛公鼎》銘中的‘大史僚’同, 是主史職的. 但甲骨文中被讀作‘史’的‘事’字, 還沒有史的職能. 故應讀爲‘事’爲誼.[1] : ‘大事僚’는 때로 ‘大史僚’로 읽으며, 이는 곧 서주 시대의《番生簋》와《毛公鼎》의 명문(銘文)의 ‘大史僚’와 동일한

1) 王貴民 <說午卩 史>, 胡厚宣 等《甲骨探史錄》(三聯書店 1982. 北京)을 참고.

데, '史'의 직무를 주재하였다. 그러나 갑골문에는 '史'의 뜻으로 읽히는 '事'자가 있는데, 아직은 '史'의 직능을 갖고 있지는 않았기 때문에, 이는 '事'로 읽는 것이 옳다."라고 하였다. 이로 미루어 보면, 商代 후기(後期)에는 오직 '大事寮'만이 일체의 정치와 종교 업무를 주재하였고, '大事寮'와 '卿事寮'의 두 관직을 나누어 설치한 것은 西周 시대에 이루어진 것으로 보인다.

丁. '事'

갑골복사에 "二事"(《合集5507》) · "三事"(《合集822》) · "大事"(《合集5506》) 등의 말들이 보이는데, 이는 바로 '大事寮' 아래의 관직이며, 그 수(數)는 '三'으로 그치지 않는다. 갑골문으로 알 수 있는 '大事寮' 아래의 관직은 대체로 다음의 5개 부문(部門)으로 나눌 수 있다.

1. 정무직(政務職)

여기에서의 정무직이란 행정 계통의 관직을 말한다. 갑골복사에 보이는 정무직으로는 '尹'과 '生'이 있는데, 이를 살펴보면 다음과 같다.

A. '尹'

'尹'이라는 명칭의 관직이 언급된 복사의 예를 보면, "右尹"(《合集23683》) · "絣尹"(《合集34256》) · "束尹"(《合集5425》) · "族尹"(《合集5622》) · "小尹"(《屯南601》) 등이 있고, 또 전체에 대한 명칭으로 "多尹"(《合集5611》 · 《合集5612》)이라고 한 것도 있다. 그리고 "三尹"(《合集32895》)이라고 한 것도 있는데, 이 역시 "多尹"일 것이다. '尹'자에는 '正' 또는 '長'의 뜻이 있으므로, 이 '尹'이라는 관직은 어떤 부문의 수장(首長)을 지칭하며, 오늘날의 여러 직급의 '長'과 비슷한 의미일 것으로 추정된다. 따라서 이 '尹'에는 고저(高低)의 구별이 있었던 것 같다. 예를 들면 湯임금의 보좌(輔佐) 대신이었던 '伊尹'의 직위가 가장 높았는데, 춘추시대 楚나라의 '令尹'의 '尹'이 바로 '伊尹'의 '尹'에서 유래된 것이라 생각된다. 그런데 위에 예시된 여러 '尹'이라는 직함 가운데는, '右尹'이 가장 높고, '小尹'은 비교적 낮은 직급이며, '族尹'은 후세의 '族長'에 상당하는 것일 것이라고 짐작이 가는데, 나머지 '絣尹'이나 '束尹'에 대해서는 전혀 밝혀지지 않은 직급이다.

B. '生'

'生'이라는 명칭의 관직이 언급된 복사의 예로는, "惟多生射"(《合集24140》) · "惟多生饗"(《合

集27650》) 등이 있다. 이들 복사에서의 '多生'은 '多姓'의 뜻으로서, 《尙書 · 酒誥》 중의 '百姓'을 말하며, 이 '百姓'은 후세의 '百官'에 해당되는 것으로서, 행정 계통의 관직에 속한다.

2. 사무직

여기에서의 '사무직'이란 산업 생산 사무를 주관하는 관직으로서, 갑골문에 보이는 주요한 것으로는 다음의 네 가지가 있다.

A. 농업

갑골복사에 나타나는 농업 생산을 주관하는 사무직으로는 '小耤臣' · '小衆人臣' · '小刈臣' · '田' 등의 관직이 있다.

1) '小耤臣'

갑골복사에 "己亥卜, 貞 : 令吳小耤臣."(《前6. 17. 6》)이라고 한 것이 있다. 여기에서의 '耤'자의 자형은 쟁기를 발로 밟고 흙을 일구는 모양을 형상화한 것이므로, '小耤臣'은 적전(耤田)의 일을 주관하는 '小臣'임이 틀림없다.

2) '小衆人臣'

商代에 농업 생산을 담당한 사람들은 주로 '衆人'이었고, 이 '衆人'들을 주관하는 '小臣'을 갑골복사에서는 '小衆人臣'이라고 칭했는데, 이는 '衆人小臣'의 도치어(倒置語)이다. '小衆人臣'이라는 말이 보이는 갑골복사의 예로는, "叀吳呼小衆人臣"(《合集5597》)이라고 하고 있는 것이 있다. 또 "小臣令衆黍"(《合集12》와 《合集13》)라고 하고 있는 것도 있는데, 이는 "'小臣'이 '衆人'들에게 '黍' 즉 기장을 파종하라고 명령하였다."는 말이므로, '衆人'을 주관하는 '小衆人臣' 역시 농사를 주재하는 관직의 하나이다.

3) '小刈臣'

《乙2813》과 《乙2815》에는 '小刈臣'이라는 말이 보이는데, 여기에서의 '刈'는 농작물을 수확하는 노동의 일종이므로, 이 '小刈臣'이라는 말은 곧 '刈小臣'으로서, 수확을 주관하는 농업 사무직이다.

4) '田'

갑골복사에는 '田'으로 일컬어지는 관직이 있는데, 주로 "在某[地名]田"이라고 하거나, '田' 뒤에 개인의 이름을 덧붙여서 "在某[地名]田某[개인의 이름]"의 형식으로 쓴 것이 많은데, 《合集10989》에 "在攸田武其來告"라고 하고 있는 것과 같은 것들이다. 이 '在某田'의 '田'에 대해 裘錫圭는, 전렵(田獵)에 관한 복사에 보이는 '在某犬'의 '犬'과 비교하면, 이 둘은 사례(辭例)가 같고, 모두가 관직 이름이라고 하면서, 이 '田'은 "被商王派駐在商都以外某地從事墾田的職官. : 商 왕이 商의 도성(都城) 밖의 어떤 지역에 파견하여 주재(駐在)하면서 밭을 개간하는 일에 종사하는 관직"이라고 해석하고, 이들은 장기간 한 곳에 거주하면서 전지(田地)를 개간하였기 때문에 긴 세월이 지난 후에는 제후(諸侯)와 같은 사람으로 발전되었으며, 商代 만기(晩期)의 복사에 자주 보이는 '多田'은 바로 이렇게 전지를 개간한 관리가 제후로 발전한 것이라고 주장하였다.1)

B. 목축업

지금까지의 연구 결과에 의거하면, 商代의 목축업 생산은 이미 물과 풀을 따라 이동하는 유목 생산 단계를 벗어나 울타리를 설치한 목장에서 방목(放牧) 사육하는 단계로 발전한 상태였다. 갑골복사에 의하면, 商代에는 이미 이런 목축에 관련된 업무를 관장하는 관리를 두었는데, 목축업 생산을 총체적으로 주관하는 사무직을 '牧'이라고 칭하고, 또 그 아래에 목장에서 일하는 '牧民'들을 관장하는 관리와 축생(畜生) 전담관(專擔官)을 두었음을 알 수 있다.

1) '牧'

갑골복사에서의 '牧'자는 크게 목장이라는 일반명사와 목축업 생산 사무를 주관하는 관직의 이름이라는 두 가지 뜻으로 쓰인다. 갑골복사에 '右牧'·'中牧'·'爿牧'·'易牧'·'丂牧' 등의 말이 보이는데2), 여기에서의 '牧'은 목장의 이름이다. 그리고 '二牧'·'三牧'·'九牧' 등의 말도 보이는데3), 이는 목장의 수(數)를 말한 것이며; 또 '三牧告'·'九牧告'라고 한 것도 있는데, 이는 3개·9개의 목장을 관리하는 관리가 왕실에 목장의 여러 사항에 대해 보고하였다는 말이다. 그리고 《合集493》에 "牧匄[羌], 令冓致[illegible]"라고 하고 있는데, 여기에서의 '牧'은 목축을 총체적으로 관리하는 관리(官吏)를 지칭한다.

---

1) 裘錫圭 <甲骨卜辭中所見的'田''牧''衛'等職官研究>, 《文史》(中華書局 1983. 北京) 第19輯을 참고.

2) 각각 차례대로 《合集28769》·《合集32982》·《合集36969》·《珠758》·《合集32616》에 보임.

3) 각각 《甲1131》·《合集1309》·《天理519》에 보임.

商代의 동기(銅器) 명문(銘文)에도 '亞牧'·'牧正' 등의 말이 보이고, 《古本竹書紀年》 文丁 4년 조(條)에도 商王 文丁이 周의 季歷을 '牧師'로 임명하였다고 하는 기록이 있는데, 이들 '亞牧'·'牧正'·'牧師' 등의 명칭도 모두 각 시기의 목축을 총관(總管)한 관직을 지칭하는 것들이다.

2) '芻正'과 축생(畜生) 전담관

갑골복사에서 목축 생산에 종사하는 노동자를 '芻'라고 하는데, 복사 중의 '芻正'(《合集141》)은 목축 생산에 종사하는 '牧民'을 관리하는 관직이다. 그리고 목장에서 사육하는 각 종류의 축생(畜生)은 각각 전담관을 설치하여 관리하였는데, 갑골문에 보이는 축생 전담관은 다음과 같다.

① '馬小臣'

갑골복사에 "丙寅卜, 叀馬小臣......"(《合集27881》)라고 하고 있는 것이 있다. 앞에서 살펴본 갑골문 중의 '小耤臣'이 적전(耤田)의 일을 주관하고, '小刈臣'이 수확을 주관한 예(例)에서 볼 수 있는 '小臣'의 직책과 비교하면, 여기에서의 '馬小臣'은 당연히 말을 관리하는 관직임이 틀림없다. 이 '馬小臣'은 또한 《合集27882》에서 " …… 來告大方出伐我師惟馬小臣 ……"이라고 하고 있는 것에서 보는 바와 같이 전쟁에 종사한 예도 있는데, 이는 바로 군사에 관련된 관직이다. 그러나 商代에는 아직 관직의 담당 업무 분류가 그다지 엄격하지가 않은데다가, 전쟁은 나라의 대사(大事)이므로 '馬小臣'이 말을 주관하는 일과 전쟁에 참가하는 일은 결코 불가능한 일이 아니다.

② '牛臣'

《合集1115反》에 "前牛臣芻."라고 하고 있는데, 여기에서의 '牛臣'은 당연히 소의 사육에 관한 일을 주관하는 관직이다.

③ '司羊'

갑골복사 중에 "今日侑司羊."(《合集19863》)이라고 하고 있는 것이 있는데, 여기에서의 '司羊'은 갑골문 문례로 보아 양(羊)의 사육에 관한 일을 주관하는 관직일 것이라 추정된다. 《詩經·鄭風·羔裘》의 "邦之司直"이란 말 중의 '司'에 대해서 《詩毛傳》에 "司, 主也."라고 풀이한 것에 의거하면, 이 '司'자는 '주관 관리하다'는 뜻이 있음을 알 수 있기 때문이다.

④ ‘豖司’

갑골복사에 “叀豖司.”(《合集19209》), “……羊, 豖司.”(《合集19210》)라고 하고 있는 것들이 있는데, 여기에서의 ‘豖司’는 갑골문 문례로 보아 ‘豖’ 즉 돼지의 사육에 관한 일을 주관하는 관직이리라고 생각된다.

⑤ ‘司犬’

《合集20367》에 “甲午卜, 自, 司犬.”이라고 하고 있는데, 여기에서의 ‘司犬’ 역시 ‘司羊’의 예에서 보는 바와 같이 ‘犬’ 즉 개의 사육에 관한 일을 주관하는 관직일 것이라 추정된다.

C. 수렵(狩獵)

갑골문에서 수렵을 주관하는 관직을 ‘犬’이라고 칭(稱)했는데, 이에 대해 楊樹達은 “卜辭犬或爲官名, 即周禮地官之迹人也.[1] : 복사의 ‘犬’은 어떤 경우에는 관명(官名)으로 쓰이기도 하는데, 이는 바로《周禮 · 地官》 중의 ‘迹人’이다.”라고 하여, 이 ‘犬’이란 관직은 周代의 ‘迹人’에 해당된다고 주장하였다. 이 ‘犬’이란 관직과 관련된 갑골복사의 예를 들면 다음과 같다.

1) 狽犬告曰: 有大狐. 《合集27900》
2) 盂犬告鹿, 王其從, 擒. 《合集27921》
3) 乙酉卜, 犬來告有鹿, 王往逐 …… 《屯南997》
4) 王叀盖犬從, 亡災. 《屯南4584》

위의 복사의 예를 보면, 商代에는 왕이 수렵에 나서면, ‘犬官’이 먼저 수렵 예정지의 짐승의 정황을 보고하였음을 알 수 있다. 위에 예시한 복사 중의 ‘狽’ · ‘盂’ · ‘盖’ 등은 지명이고, 뒤에 ‘犬’자를 붙여서 해당지역에 설치한 ‘犬官’을 의미한다. 이에 대해 陳夢家는, “‘犬’本爲飼獵犬之官, 進而爲田狩之官, 亦參加征伐之事.[2] : ‘犬’은 본래 사냥개를 사육하는 관직이었는데, 여기에서 더 나아가 전렵을 담당하는 관리가 되었고, 또한 정벌에 참가하기도 하였다.”라고 했는데, 商代의 이 ‘犬官’은 정벌 전쟁에도 참가하였겠지만, 그 보다는 전렵을 주관하는 것이 주된 직분이었을 것이다.

1) 楊樹達《積微居甲文說 · 釋犬》(中國科學院 1954. 北京) p.18.

2) 陳夢家 前揭書 p.514.

D. 수공업(手工業)

수공업을 주관하는 관직을 周代에는 ‘司空’이라고 하였고, 西周의 금문(金文)에는 ‘司工’으로 쓰고 있는데, 갑골문에도 ‘司工’이라는 명칭이 있다. 즉《合集5628》에 “壬辰卜, 貞叀𠬝令司工.”이라고 하고 있는 것이 복사의 예이다. 여에서의 ‘叀’자는 앞의 말을 도치(倒置)시키는 역할을 하는 용법으로 쓰여, ‘令𠬝司工’이란 말을 도치시킨 것이다. ‘𠬝’은 인명인데, 갑골복사에 ‘子𠬝’(《合集269》)이라는 말이 보인다. 갑골문에는 ‘多工’(《合集11484》·《合集19433》)과 ‘百工’(《屯南2525》)이라는 말도 보인다. 漢代의 鄭玄은 ‘百工’은 ‘司空’ 아래의 속관(屬官)이라고 하였고; 肖楠은 갑골복사 중의 ‘百工’은 “非主工之官, 而是工匠. : 수공업을 주관하는 관리가 아니고, ‘工匠’ 즉 기술자이다.”[1]이라고 주장했다.

3. 군사직(軍事職)

앞에서 살펴본 바와 같이 고대의 문헌 기록에 의하면, 상고시대에는 국가의 대사(大事)로 제사와 전쟁을 꼽았으므로, 무릇 모든 관리(官吏)는 모두 군대를 이끌고 출정할 수 있어야 했을 것이다. 그러나 전쟁은 국가의 존망이 달린 대사이므로, 商 왕조도 이미 전문적인 무장 역량을 갖추고 있었고, 무관으로 지칭되는 군사 관리 집단도 이미 형성되어 있었다. 이에 대해서는 王宇信과 楊升南의 의견을 종합하면 다음과 같다.[2] 陳夢家는 商代의 무관을, ‘馬’·‘亞’·‘多𦨶’·‘射’·‘衛’·‘犬’·‘戍’ 등 7종으로 나누고, 이를 다시 ‘馬’·‘多馬’, ‘亞’·‘多亞’·‘亞某’, ‘多𦨶’, ‘射’·‘多射’·‘三百射’·‘射㽙’, ‘衛’, ‘犬’·‘多犬·’犬某’, ‘戍’·‘五族戍’·‘戍某’ 등 모두 17개 관직으로 종합하여 나열하였다.[3] 그런데 이들 가운데 ‘犬’은 앞에서 본 바와 같이, 전렵을 주관하는 관직이므로, 무관으로 분류하는 것은 중복되는 것이어서 타당하지 않다. 그리고 ‘馬’와 ‘多馬’는 갑골문에서 확실하게 관명을 지칭한다고 볼 수가 없는데, 갑골복사 중의 ‘馬’는 대부분의 정황에서는 가축인 말을 지칭하고, ‘多馬’는 무장한 마대(馬隊) 즉 기마대(騎馬隊)를 지칭한다. 따라서 갑골문 중의 “遘致多馬衛”(《合集5712》)라는 말은 ‘遘’가 ‘多馬’를 거느리고 방위(防衛)하러 간다는 뜻이며, “呼多馬逐鹿, 獲.”(《合集5775》)라는 말은 ‘多馬’로 하여금 사슴을 추격하도록 했다는 뜻이므로, 이 ‘多馬’를 관명(官名)으로 보기는 어려울 것 같다. 결론적으로 말해서 ‘馬’와 ‘多馬’를 무관으로 인정하려면 더 많은 증거 자료가 필요한 셈이다. 또 갑골복사 가운데 ‘多𦨶’과 관련된 글들은 모두 잔결(殘缺)되었고, 겨우 두 조(條)의 복사에 “供多𦨶”(《合集5082》·《合集

---

1) 肖楠《試論卜辭中的‘工’與‘百工’》,《考古》(中國社會科學院考古研究所 1981. 北京) 第3期.

2) 王宇信 楊升南 主編《甲骨學一百年》(社會科學文獻出版社 1999. 北京) p.459를 참고.

3) 陳夢家 前揭書《殷虛卜辭綜述》p.521

5083》)이라고 하고 있고, 또 '箙'에 대한 질병 유무(有無)를 점복한 것(《合集13884》)과 "箙受年"(《合集9741》)이라고 하여 농작물의 풍작을 점복한 것 등이 있는데, 이런 경우의 '箙'은 인명·지명 혹은 족명(族名)이다. 따라서 '多箙'이란 '箙'지역의 사람이거나 '箙族'의 사람이지 무관이 아님이 분명하다. 그리고 '三百射'라는 말도 3백 명의 사수(射手)를 지칭하는 것이지, 관명은 아니라고 생각되며; '五族戍'라는 말 역시 다섯 부족(部族)이 가서 수비하도록 한 것이지, 관명이라고는 보이지 않는다. 나머지 5종의 무관도 같은 상황이므로, '多亞'는 여러 개의 '亞'라는 관직을 지칭하는 것으로, '二亞'(《合集23398》)·'三亞' 등도 '多亞'와 같은 뜻이며; '亞某'의 '某'는 인명이고, 해당 인물의 관직이 '亞'라는 뜻이므로, '亞[illegible]'(《合集32272》)·'亞雀'(《合集5679》)·'亞克'(《合集13754》) 등의 '[illegible]'·'雀'·'克'은 모두 인명이라고 생각된다. 같은 형태로, '射缶'의 '缶'도 인명이고, '射'가 관직명이다. 따라서 陳夢家가 열거한 무관 관직명 중에서 수긍이 되는 것은 '亞'·'射'·'衛'·'戍' 넷뿐이다.

그러나 갑골학 연구 학자들의 연구에 의하면 商代 무관으로는 '師'·'馬亞'·'小多馬羌臣'·'使' 등이 더 있는데, 이를 살펴보면 다음과 같다.

A. '師'

갑골복사에서의 '師'는 크게 세 가지 의미로 쓰이는데, 첫째는 군대의 편제(編制) 단위의 명칭이고, 둘째는 일반적인 군대를 지칭하기도 하며, 셋째는 관직명(官職名)으로 쓰이기도 한다. 예를 들면, 《粹597》의 "王作三師右中左"에서의 '師'는 군대의 편제 단위의 명칭으로 쓰인 것이며; "王師"(《合集36443》)·"我師"(《合集8309》)·"朕師"(《合集36127》) 등에서의 '師'는 모두 商 왕조의 군대를 지칭한다. 그리고 "叀師令致衆……"(《合集36》)이나 "叀師令從缶."(《合集4240》) 등의 예에서의 '師'는 군대의 관직 이름으로 명령을 공포할 수 있음을 나타내고 있고; "師般"(《合集2537》·《合集4213》 등)·"師貯"(《合集28195》) 등의 예에서의 '師'는 관직명이고, '般'·'貯' 등은 인명이다.

B. '馬亞'

갑골복사에서의 '馬亞'는 기마대(騎馬隊)의 일을 주관하는 무관이었던 것 같다. 《合集28011》의 복사에 "叀馬亞呼執."이라고 하고 있는데, 여기에서의 '執'자는 '(사로)잡다'는 뜻이다. 이 '執'자는 "執羌"(《合集26950》), "執人方"(《合集36492》), "執亘"(《合集6952》), "執盧任"(《合集6952》) 등으로 쓰이기도 하는데, 여기에서의 '羌'은 종족명, '人方'은 방국명, '亘'과 '盧任'은 인명이다. 이로써 갑골복사에서의 이런 '執'은 군사 행동의 한 가지로 볼 수 있다. 그리고 '多馬亞'

는 여러 '馬亞'라는 관리를 지칭하는 것으로 보이며, "令吳致多馬亞省."(《合集564》)이라고 한 복사의 예로 보면, '馬亞'의 지위는 그다지 높지 않았던 것 같다.

C. '小多馬羌臣'

갑골복사에서의 '小多馬羌臣'은 '多馬羌'을 주관하는 관직임이 분명하며, 여기에서의 이 '多馬羌'은 商 왕조의 일종의 무장 조직이라고 추정된다. 갑골복사 가운데 "⍰寅卜, 賓貞 : 令多馬羌御方."(《合集6761》)이라고 하고 있는 것이 있는데, 이는 '多馬羌'으로 하여금 '御方'으로 가도록 명령한 내용이다. 일반적으로 갑골문에서의 '某方'은 商 왕조를 자주 침략하던 변경의 방국(方國)인데, 갑골복사에 나타나는 '馬方'은 대부분 商에게 정벌당했거나(《合集6》·《合集6664》), "伐馬羌" 즉 '馬羌'을 정벌했다는(《合集6624》) 내용인데, '多馬羌'은 아마도 '馬方'이나 '馬羌'이 정복당하여 商 왕조에 복속된 이후에, 그들로 조직된 무장 조직일 것이라고 추정된다.

D. '使'

갑골문에서의 '使'·'事'·'吏'·'史'는 동자(同字)로 쓰이는 글자인데, 어떤 정황에서 어떻게 읽을지는 전체의 각사(刻辭)를 보고 판정하게 된다. 예를 들면, 갑골복사에 자주 보이는 "我有事"·"叶王事" 등의 '事'는 '使'·'吏'·'史' 등의 글자로 읽으면 안 된다. 그러나 복사의 "我使"·"西使"·"東使" 등의 '使'는 '史'·'吏'와 모두 통용될 수 있다. 王貴民의 고증에 의하면,[1] 갑골문에서 '使'·'事'·'吏'로 읽히는 관직에는, 아직 '史'의 직능은 보이지 않기 때문에, 관직으로서의 '使'는 '史'로 읽는 것은 옳지 않고, '使'나 '吏'로 읽는 것은 모두 가능한데, '使'로 읽는 것이 더 타당하다고 생각된다. 그런데 '使'가 군사와 관계있는 갑골복사에 쓰인 예로는, "我使其𢦏方"(《合集6771》), "在北, 使又獲羌."(《合集914》) 등이 있는데, 여기에서의 '使'는 물론 무관이다. 갑골복사에는 또 "東使"(《合集5635》)·"西使"(《合集5637》)·"㞢(右)使"(《合集3295》) 등의 말도 있는데, 이들이 사용된 복사에 아직까지 군사와 관련된 내용이 발견되지 않아서 이들이 무관 관직의 명칭인지는 확실하지가 않다.

이상의 내용을 종합하면, 商代 무관으로 갑골문에 보이는 것은, '師'·'亞'·'馬亞'·'射'·'衛'·'戍'·'小多馬羌臣'·'使' 등이 있음을 알 수 있다.

---

1) 王貴民 前揭論文 <說午卩 史>를 참고.

4. 종무직(宗務職)

갑골문에 나타나는 종교나 종파에 관한 일을 주관하는 종무직으로는 '貞人'·'巫'·'舞臣'·'作冊' 등이 있는데, 이를 살펴보면 다음과 같다.

A. '貞人'

'貞人'은 商 왕실의 점복 업무를 주재하는 사람으로서, 점복을 끝낸 뒤에 그 내용과 그 결과를 갑골에 계각(契刻)하였다. 다만 동일 '貞人'이 점복한 갑골복사라도 그 자체(字體)와 풍격이 서로 같지 않은 현상이 있는 것으로 보아서, 貝塚茂樹는 점복 내용을 갑골에 각(刻)하는 일은 '貞人' 본인이 직접 하지 않았을 가능성이 있다고 지적하였다.[1] 이 분야의 일을 주관한 '貞人'은 점복이라는 일종의 무속(巫俗) 또는 종교 활동에 전문적으로 종사한 사람들인데, 갑골문에서는 이들을 "多卜"(《合集24144》)이라고 칭했으며, 商代 점복 제도로는 세 사람이 동시에 세 판(版)의 복골(卜骨)에다 동일 사안을 점복하였고, 이에 따라 복관(卜官)에는 '元卜'·'左卜'·'右卜'의 관직이 있었다.

商代 후기 즉 盤庚이 殷으로 도읍을 옮기고 紂王에 이르러 멸망하기까지의 273년 동안에, 점복을 담당한 현재까지 각 연구자들이 판정한 '貞人'의 수(數)가 모두 128명이나 된다고 한다. 이 중에서 武丁 및 그 이전이 더욱 많아서 70명 이상이고, 祖庚·祖甲 시기가 그 다음인 22명, 康丁 시기가 18명, 武乙·文丁 시기는 1명으로 제일 적고, 帝乙·帝辛 시기가 6명이라고 한다. 그러나 갑골문의 분기(分期)에 대해서는 견해가 서로 다르므로, 각 기별(期別) '貞人'의 수도 다를 수밖에 없는데, 위에 제시한 숫자는《甲骨文合集》의 분기에 의거한 통계이다.

B. '巫'

《山海經·大荒西經》과 십삼경주소본(十三經注疏本)《尚書·商書·咸有》및《尚書·周書·君奭》또《今本竹書紀年》商 太戊 11년 조(條) 및《楚辭·離騷》와《史記·封禪書》등의 고서(古書)들에 비록 시기는 다르지만 '巫咸'이라는 사람이 있었다고 기록되어 있고; 또《尚書·周書·君奭》과《竹書紀年》商 祖乙 3년 조에 '巫賢'이라는 사람이 있었다고 하고 있다.《尚書·周書·君奭》의 기록에 의거하면, '巫咸'은 太戊 시기의 사람이고, '巫賢'은 祖乙 시기의 사람인데, '巫賢'은 '巫咸'의 아들이라고 하고 있다. 그런데 商代는 후대의 왕조에 비해 제정일치(祭政一致)의 성격이 상대적으로 짙은 시기였기 때문에, 이들 '巫咸'·'巫賢' 두 사람은 모두 그 당시의 왕을 보좌하는 가장 영향력이 컸던 중신(重臣)이었던 사실로 미루어 보아, '巫'의 지위가 상당히

1) 貝塚茂樹 <評甲骨文斷代研究的字體演變觀>, 前揭雜誌《殷都學刊》1985年 第4期를 참고.

높았음을 알 수 있다. 갑골문에서의 '巫'는 "巫曰"(《合集5648》과 《合集5649》)이라는 말이 기록된 것으로 보아 명령을 내릴 수도 있었음을 알 수 있다. 그리고 관직으로서의 '巫'는 "冊巫"(《合集5647》)라는 말로 미루어 보아 왕실과 왕조의 관직 임명에 관한 일을 담당하였던 것으로 추정된다.

C. '舞臣'

갑골복사에는 관직 이름으로 추정되는 '舞臣'이라는 말이 있는데, 이 말이 사용된 복사의 예로는 "貞呼取舞臣||."(《合集938》)이라고 한 것이 있다. 여기에서의 '||'는 인명이므로, '舞臣'이라는 말에 사람 이름이 덧붙여져 있는 것으로 봐서 이 '舞臣'은 노예가 아니라 관직 이름임이 분명하다.

그리고 갑골복사에는 '舞'로써 비를 기구(祈求)한 것들이 있는데, 예를 들면 "貞 : 我舞雨."(《合集14209》), "今日奏舞又從(縱)雨."(《合集12828》)라고 하고 있는 것 등이다. 여기에서의 '奏'는 '奏樂' 즉 음악을 연주하다는 뜻이며, 따라서 이는 '舞' 즉 춤에 맞추어 음악을 연주하였다는 말이다. 또 갑골복사에는 '河'와 '岳'에 대한 제사에도 '舞'로써 비를 기구한 것이 있는데, 예를 들면 "貞舞岳有雨."(《合集14207》), "貞勿舞河, 勿其雨."(《合集14197》)라고 하고 있는 것 등이다.

이를 종합하면, '舞'는 비를 기구하는 제사이므로, 여기에서의 '舞臣'은 무속이나 종교와 관련된 관직임이 틀림없어 보인다.

D. '作冊'

갑골복사에 '稱冊'이라는 말이 자주 보이는데, 그 예를 보면, "牧稱冊"(《合集7343》) · "侯告稱冊"(《合集7408》) · "商稱冊"(《合集7417》)이라고 하고 있는 것 등과 같다. 그런데 갑골복사에는 제사를 올릴 때 '冊'으로 신령에게 고(告)한 예도 보이는데, "丙午, 貞 : 酒妣冊祝."(《合集32285》)이라고 하고 있는 것과 같은 것이다. 그리고 또 武丁 시기의 복사에 "作冊西"(《合集5658》反)라고 하고 있는 것이 있는데, 여기에서의 '作冊'이란 제례(祭禮)의 전책(典冊)에 관련된 사무와 책명(冊命)을 전담하는 관직 이름이고, 이는 '冊文'의 제작자이기도 하다. 여기에서의 '西'는 인명이다. 이 '作冊'이란 말은 商代 청동기 명문(銘文)에도 자주 보인다.

5. 내궁직(內宮職)

여기에서의 내궁직이란 궁정(宮廷) 안의 관직을 지칭하는데, 갑골문에 보이는 것으로는 '宰'와 '寢'이라는 것이 있다. 갑골복사 《遺存518》에는 "壬午, 王田于麥麓, 獲商戠兕, 王易(賜)宰豐 · 寢小䏌兄, 在五月, 隹王六祀彡日."이라고 하고 있는데, 여기에는 '宰'와 '寢'이 동시에 기록되어 있고; 《合集35501》에는 "王曰 : 則大乙, 𢾊于白麓, 𡨥宰豐."(《合集35501》)이라고 하고 있는데, 여기에는 '宰'만 보인다. 이들 복사에 보이는 '宰豐'과 '寢小𡨥'의 '宰'와 '寢'은 관명(官名)이고, '豐'과 '小𡨥'는 인명이다. '宰'는 본래 왕이 먹는 음식의 조리를 주관하는 왕의 측근으로 중용(重用)되었는데, 武丁 시기의 '冢宰'는 한 차례 국가의 중요 정사를 총령(總領)하기도 하였다. 《史記·殷本紀》에, "三年不言, 政事決於冢宰. : (武丁이 즉위하고서) 3년 동안 말을 하지 않아서 정사가 '冢宰'에 의해 결정되었다."라고 하고 있는 것이 이를 증명해 준다.

'寢'은 왕과 후비(后妃)가 기거하는 곳이므로, 전담하는 사람이 업무를 주관하였으며, 이들은 당연히 궁내 내관이었는데, 갑골문에 나타나는 '寢官'은 "王寢"(《合集9815》)·'東寢'(《合集34067》)·'西寢'(《合集34067》)·'新寢'(《合集13571》) 등으로 구분되고 있다. 갑골복사 가운데 《合集525》·《合集5996》·《合集5997》·《合集5998》·《合集5999》 등에서 보는 바와 같이 남자를 거세(去勢)하는 형벌이 있는데, 이로 미루어 보면 商代의 이 '寢官' 역시 후세와 마찬가지로 거세한 엄인(閹人)이 맡았을 것이라고 추정된다.

갑골문을 통하여 알 수 있는 商 왕조의 관리(官吏) 제도는 상당히 체계적으로 부문별로 나누어 설치되어 있었고 관리의 숫자도 상당했으나, 동시에 원시성을 면치 못한 일면도 나타내고 있는데, 관제(官制)에서의 원시적인 성격이 나타나는 부분은 크게 다음의 세 가지를 들 수 있다.

첫째는 문무의 구분이 없고 직책이 상대적이었다는 점이다. 예를 들면 '尹'은 정무직에 해당되는 관직이었지만, 농경과 건설 공사를 지휘하고, 전쟁에도 참여했다. 그리고 '犬'은 수렵을 주관하는 관직이었지만, 전쟁에도 참여하고 각 지역을 시찰하는 등의 일도 했다. 또 갑골문에는 태형(笞刑)·장형(杖刑)·도형(徒刑)·유형(流刑)·사형(死刑) 등의 오형(五刑)이 있었는데, 사법(司法)이 중요한 분야였을 것임에도 불구하고, 이 분야의 관직이 갑골문에서 아직 발견되지 않은 점으로 보아서 다른 관리가 겸직했을 가능성이 크다고 하겠다.

둘째는 군통(君統)과 종통(宗統)이 긴밀하게 결합되었다는 점이다. 갑골문에서 '亞'와 '小臣'의 관직에 있었던 '㞢', '亞'와 '男'의 관직에 있었던 '雀', 그리고 '小耤臣'이었던 '吳' 등은, 商 왕실의 선공(先公)·선왕의 제사를 주재한 것으로 보아, 이들은 모두 商 왕과 혈연관계의 귀족이었던 것 같다. 그리고 이들은 武丁 시대부터 武乙·文丁 시대까지 장기간 집정한 종족들이다. 갑골복사에서 '王族'·'子族'·'多子族'·'五族' 등과 같이 장기간 정치무대에서 활약한 '族'은 모두 강력하고 큰 종족이었고, 商 왕과 혈연관계 및 동성(同姓)의 종족으로 보여진다.

셋째는 신복(臣僕)을 기용한 경우가 많다는 점이다. '臣'은 원래는 지위가 낮은 노예 신분이었으나, 갑골문에 나타나는 '小臣'은 오히려 국가의 중요한 관직에 대한 미칭(美稱)으로 쓰이고 있다. 그리고 갑골문 중의 '王臣'은 《合集5566》에 "吳供王臣"이라고 하고 있는 것에서 보는 바와 같이,

귀족이 진공(進貢)하는 대상(對象)이 되기도 하였으며; 또 어떤 경우는《合集11506》에 "王臣占曰: 㞢壬首, 若."이라고 하고 있는 것에서 보는 바와 같이, 직위가 대단히 높아서 商의 왕이나 소수(少數)의 '貞人'처럼 복점(卜占)에 대해서 '占驗'을 진행하기도 했다. 이처럼 신복(臣僕)을 정식 관직에 기용하는 일은 관제(官制)가 아직 원시적인 수준에서 시행될 때에 나타나는 현상이라고 할 수 있다.

결론적으로, 商代의 관제(官制)는, 왕을 보좌하는 대신이 있고, 그 아래에 '大事僚'를 두고, 모든 관직을 정무 · 사무 · 군사 · 종무(宗務) · 내궁(內宮)의 다섯 가지 부문으로 나누고, 직책을 구분하여 설치하는 제도를 갖추었던 셈이다. 다만 실제 운용에 있어서는 아직 어느 정도의 원시성을 탈피하지 못한 점도 볼 수 있었다.

二. 외직(外職)

商代의 관직 중의 외직에 대해서 董作賓이 갑골문에 의거하여 '侯' · '伯' · '子' · '男' 등의 작위(爵位)의 명칭이 있었음을 밝혀낸 후로,[1] 胡厚宣 · 陳夢家 · 島邦男 · 張秉權 · 楊升南 등의 학자들이 잇달아 이를 인정하는 논문들을 발표하였다.[2] 胡厚宣은 '諸婦' · '諸子'도 역시 작위를 받고 제후가 되었다고 했으며, 島邦男은 '婦'를 봉작(封爵)의 명칭으로 직접 배열하여 '侯' · '伯' · '子' · '婦'라고 칭하였다. 張秉權은 외직으로 복무하는 제후(諸侯)에 대해서, 島邦男이 열거한 네 관직에 다시 '貞人'을 첨가하면서, "從甲骨文中看來, 這事通曉巫術的官吏, 他們的身份, 可能比一般史官更爲尊貴, 也可能是一方之雄的方國首領, 服務於中央朝庭者. ...... 是殷王對於地方首領的一種羈縻政策, 使他們能够向心歸服, 效忠王室. : 갑골문에 근거하여 살펴보면, 이처럼 무술(巫術)에 통달한 관리는 그 신분이 일반 사관(史官)보다 훨씬 존귀했을 것이고, 또한 한 지방의 강력한 힘을 가진 방국(方國)의 우두머리로서 중앙의 조정에 복종하여 근무했을 가능성이 있다. ...... 이는 殷 왕이 지방 수령(首領)에 대한 일종의 견제와 회유 정책으로서, 그들로 하여금 마음으로 귀순 복종하고 왕실에 충성을 다하도록 한 것이다."이라고 했다. 그런데 갑골복사 중의 일부 '貞人'의 이름은 지명과 동일하고, 어떤 경우에는 '侯' · '伯' · '子' 및 방국의 국명과도 동일한 것도 있다. 예를 들면, 武丁 시기의 '貞人' '先'과 '專'은 이와 이름이 동일한 '侯'의 칭호가 있으며, '邑'은 '邑子'가 있고, '亙'은 '亙方'이 있다. '貞人'과 이름이 같은

1) 董作賓 <五等爵在殷商>, 前揭書《董作賓先生全集》甲編 第3册 pp.885~901을 참고.

2) 胡厚宣 <殷代封建制度考>,《甲骨學商事論叢》初集第1册(齊魯大學國學研究所 1945. 成都); 陳夢家 前揭書《殷虛卜辭綜述》pp.325~332; 島邦男 前揭書《殷墟卜辭研究》(中譯本) pp.425~332; 張秉權《甲骨文與甲骨學》(國立編譯館 1988. 臺北) pp.424~439; 楊升南 <卜辭中所見諸侯對商王室的臣屬關係>, 胡厚宣 主編《甲骨文與殷商史》(上海古籍出版社 1983. 上海) 등을 참고.

지명과 '侯' · '伯' · '子'의 이름은, 이들 '貞人'들이 해당 지역에서 와서 왕실에서 복무했을 가능성을 배제할 수 없다. 그들이 이왕 왕실에서 복무하는 '貞人'이므로, 개인 신분으로는 왕에게 소속된 관리 즉 '王官'이기 때문에 이들을 모두 외직으로 복무하는 '外服'의 부류로 분류할 수는 없다. 예를 들어 '専'은 제후 '侯専'으로는 '侯爵'이지만, '貞人'으로서는 '王官'이므로, '貞人'은 '王官'의 한 직종으로 분류하는 것이 합리적이다. '婦'와 '子'의 경우는 좀 복잡한데, '婦'는 봉지(封地)를 소유한 경우도 있고, 소유하지 않은 경우도 있다. '子'의 정황은 여러 종류가 있는데, 왕자(王子) · '子'성(姓) · 봉작(封爵) 등 여러 경우가 있어서 구별하기가 쉽지 않다. 일반적으로는 '婦'와 '子'는 왕실의 친속(親屬)으로 분류하고 있는데, 이 부분은 제7장에서 따로 다루기로 하고, 여기서는 '侯' · '伯' · '男' · '任' · '田' · '衛' 등의 작위를 가진 외직 관직에 대해 살펴보기로 하겠다.

(1) '侯' : 갑골복사 중의 '侯'의 작위를 가진 사람의 수(數)에 대해서, 董作賓은 24명, 胡厚宣은 29명, 陳夢家는 25명, 島邦男은 35명, 張秉權은 41명을 열거하였는데, 갑골복사에는 이들 이외에 '侯告'(《合集401》) · '侯任'(《合集6963》) · '侯侯'(《合集20650》) · '侯田'(《合集36528反》) · '侯専'(《合集3346》) · '侯光'(《合集3358》) · '侯屯'(《合集32187》) 등과 같이 '侯某'라고 칭한 것도 있고, '攸侯'(《合集3330》) · '畀侯'(《合集36416》) · '龍侯'(《合集3356》) · '垂侯'(《合集3320》) · '黍侯'(《合集9934》) · '竹侯'(《合集3324》) 등과 같이 '某侯'로 칭한 것도 있다. 그런데 이들 가운데 '侯任' · '侯侯' · '侯田'의 '任' · '侯' · '田'은 그 자체가 모두 봉작(封爵)의 명칭인데, 이들이 정말 '侯'의 이름인지에 대해서는 앞으로의 연구가 더 필요하다고 생각된다.

(2) '伯' : 갑골문에서의 '伯'자는 '白'자와 자형(字形)이 동일한데, '伯'자로 사용할 때는 방국의 수령에 대한 호칭으로 쓰이며, 이 경우에는 적(敵)의 방국이든 우방의 방국이든 방국 수령은 모두 '伯'이라고 칭했다. 예를 들면, 자주 정벌당한 '盂方'의 수령은 "盂方伯"(《合集36511》)이라 칭했고, '危方'의 수령은 "危伯"(《合集36481》)이라 칭했는데, 둘 다 작위 이름이다.

작위 명칭으로서의 '伯'은 '伯垂'(《合集3439》) · '伯弘'(《合集20086》) · '伯商'(《合集20087》) · '伯洸'(《合集21936》) 등과 같이 '伯某'라고 칭한 것도 있고, 반대로 '丹伯'(《合集716》) · '昜伯'(《合集3380》) · '子伯'(《合集3409》) · '宋伯'(《合集20075》) · '帚伯'(《合集20082》) · '盧伯'(《合集28095》) · '沚伯'(《東京945》) · '暮伯'(《合集41011》) 등과 같이 '某伯'이라고 칭한 것도 있다.

(3) '男' : 갑골문 중의 '男'이 작위의 이름인지 여부에 대해서, 董作賓과 胡厚宣은 모두 작위의 이름이라고 했고, 陳夢家와 島邦男, 裘錫圭 등은 아직 증거가 부족하다고 했다. 갑골복사 가운데

‘男’자(字)가 쓰인 예로는, “貞 : 男不其……”(《合集3451》) · “貞 : ……雀男……受……”(《合集3452》) · “☐☐卜, 㱿, 翌甲辰侑上甲男……”(《合集3453》) · “……允……辛乙……男. 十月.”(《合集3454》) · “……不其……受男……”(《合集3455》) · “……貞 : 鳥……男克……”(《合集3457》) 등이 있다. 이 가운데《合集3451》의 ‘男’은 일반명사이고;《合集3457》의 ‘男某’의 ‘某’에 해당되는 ‘克’은 인명임을 알 수 있는데, 여기에서의 ‘男’은 성씨이거나, 씨족의 이름이거나 작위의 이름일 가능성이 크다. 그리고 이 ‘男’자는 인명 앞 · 뒤에 위치할 수 있는데, 周代에는 ‘男’이 작위 이름의 하나였으므로 갑골문에서의 ‘男’도 작위의 이름일 가능성이 매우 높다.《合集3455》의 ‘受男’의 ‘受’는《合集3457》의 ‘男克’의 ‘克’과 같이 인명이거나 씨족의 이름이며, ‘受年’이나 ‘受佑’에서의 ‘受’가 아니다. 여기에서의 ‘受’는 문례로 보아 인명인 것 같다. 이로써 이들 갑골복사에서의 ‘雀男’ · ‘受男’ · ‘男克’ 등의 ‘男’은 ‘雀’ · ‘受’ · ‘克’이라는 사람들의 작위 이름임을 알 수 있다.

(4) ‘任’ : 갑골복사에서 ‘任’은 “雀任”(《合集19033》) · “㞢任”(《合集3521》) · “而任”(《合集10988》) · “骨任”(《合集7854》) · “析任”(《合集27746》) · “名任”(《屯南668》) 등과 같이 ‘某任’이라고 칭한 것이 거의 대부분이고, ‘任某’라고 칭한 것이라고 확신할 수 있는 예는 찾아보기 어렵다. 이런 예들로써 이 ‘任’도 작위 이름임을 알 수 있고, 이 ‘任’은 방국 수령의 부하이거나 지방 장관의 직위였을 것으로 추정된다.

(5) ‘田’ : 商代 후기의 갑골복사에 ‘田’이 관직의 이름으로 쓰인 것들이 보이는데, 예를 들면 “丁卯王卜, 貞 : 今𡆥巫九𠂤, 余其比多田于多伯征盂方伯炎(下略).”(《合集36511》) · “乙丑王卜, 貞 : 今𡆥巫九𠂤, 余無𨸏啓告侯田册𠭯方 · 羌方 · 羞方 · 轡方, 余其比侯田甾戔四封方.”(《合集36528反》) 등과 같은 것들이다. 康丁 시대의 것으로는 “多田亡災.”(《合集27892》) · “……以多田伐又封乃……”(《合集27893》) 등이 있고, 武乙 · 文丁 시대의 것으로는 “……以多田 · 亞 · 任……”(《合集32992》)이 있다. 이들 복사에서의 ‘侯田’ · ‘多田’의 ‘田’은 관직 이름이다. 이에 대해 裘錫圭는, 최초에는 商 왕에 의하여 왕도(王都) 바깥의 어떤 지역에 파견되어서 농사와 개간에 종사하던 관직이었는데, 이런 관리는 대부분 해당 지역의 족인(族人)으로서 한 곳에 장기간 고정되어 농사와 개간 작업을 진행하고, 관직 세습이 보편화된 정황에서 다수의 족인(族人)들과 무장(武裝)을 갖추게 됨으로써, ‘田’이 제후로까지 발전하게 되었으며, 商代 후기에는 商 왕이 오히려 주동적으로 ‘田’이라는 호칭의 제후를 내세웠을 가능성이 있다고 주장하였다.

그런데 ‘多田’이라는 말이 康丁 시기의 복사에 보이는데, 위에 예시한《合集27893》의 내용으로 미루어 보면, 商 왕이 ‘田’이라는 호칭의 제후를 내세운 것은 康丁 시기보다 후대일 수는 없다.

'侯'·'伯'·'男'·'任' 등이 武丁 시기의 복사에 이미 자주 보이는 것으로 미루어 보면, '田'은 이들보다는 뒤에 만들어진 것으로 보인다.

(6) '衛' : 갑골문에서의 '衛'자는 동사로 쓰일 때는, '보위하다', '수위하다' 등의 뜻이지만, 명사로는 관직의 이름으로 쓰인다. '衛'가 관직의 명칭으로 쓰인 예로는, "多犬衛"(《合集5665》)·"多馬衛"(《合集5711》)·"多射衛"(《合集9575》) 등과 같은 것들이 있다. 여기에서의 '衛'는, '多犬'·'多馬'·'多射'에서의 '犬'·'馬'·'射'가 관직 이름인 것과 마찬가지로 이 또한 관직 이름이며, 수위 또는 보위의 임무를 담당하였으리라고 추측된다. 또 복사 가운데에는 "甲寅卜, 永, 貞 : 衛致仆率用. 貞 : 衛致仆勿率用."(《合集555正》)이라고 한 武丁 시기의 것도 있는데, 여기에서의 '衛'는 인명이거나 종족명(宗族名)으로 쓰인 것이다. 또 갑골복사 가운데는 "……迺呼歸衛·射·亞."(《合集27941》)와 같이 '衛'가 관직명 '射'·'亞'와 병칭된 것도 있고; "貞 : 㑥于穆衛."(《合集7563》)·"貞 : 叀木令衛(즉 '令木衛'임)."(《合集7569》)·"……㞢衛……征……"(《合集7573》) 등과 같이 '某衛'의 형식으로 쓰인 것도 있다. 이런 예들로 미루어 보면, 이 '衛'는 商 왕이 왕도 바깥의 어떤 지역에 파견하여 그곳에 주재하면서 商 왕국을 보위하도록 한 무관이며, 관직의 세습 제도로 인해서 이후에 제후로 발전한 경우는 앞에서 설명한 '田'의 정황과 비슷하다고 할 수 있다.

요약 정리하면, 갑골문의 '侯'·'伯'·'男'·'任'·'田'·'衛'는 商 왕조 중앙정부와의 관계가 상하의 '臣屬'관계였고, 이런 관계는 그들이 왕실에 대해서 이행했던 의무에서 나타나는데, 이런 의무 중에서 중요한 것은, 첫째는 변경의 수비이고, 둘째는 왕을 수행하여 적국을 정벌하는 것이며, 셋째는 왕조에 대한 공납(貢納)이고, 넷째는 왕실을 위한 각종 잡역이었다.

商 왕조에서의 '侯'·'伯'·'男'·'任'·'田'·'衛'의 존재는 商 왕조의 '封建'의 결과인데, 이런 종류의 분봉(分封)은 사실상으로는 종족의 분립이었고, 商 왕은 이런 분봉을 통해서, 동성(同姓)·이성(異姓)·대소종(大小宗)으로 나누어 제후·'臣'·'伯'·'子'·'男'으로 책봉함으로써 商 왕국의 주위에서 외적의 침략을 방어하도록 한 것이라 생각된다.

제2절 商代의 형벌과 감옥

商代에도 당연히 통치 집단의 이익과 그들 나름의 합리성을 대변하는 정치 제도를 지키고 사회의 질서를 보장하기 위해서 법률과 형벌이 필요했을 것임은 자명하다. 商代는 夏나라 이후의 통일된 국가로서, 형벌 제도와 감옥이 상당한 수준으로 완비되어 있었음을 알 수 있는 문헌 기록들이 상당히 많다. 예를 들면,《荀子 · 正名篇》에 "刑名從商. : 형벌의 명칭은 商代의 것을 따른다." 이라고 하고 있고;《春秋左氏傳》과《史記》에도 '湯刑'과 '湯法'[1]이라는 말이 보이는데, 이는 成湯이 商 왕국을 건국하고서 반포(頒布)한 법전(法典)을 지칭하는 것이다. 盤庚이 殷으로 천도할 때 '法度'를 준수해야 한다고 강조했고[2],《史記 · 殷本紀》에 의하면 商代 말기 紂王 때는 불에 달군 쇠로 지지는 "炮烙之法"까지 있었다고 하고 있다. 이런 기록들로 미루어보면, 商代의 형벌에 관한 전책(典冊)이 있었을 것이지만, 商代의 구체적인 법전은 문헌 기록에서는 찾아볼 수가 없고, 지금은 갑골복사를 통하여 商代의 형벌과 감옥의 시설 등에 관하여 단편적으로 그 대강을 알 수 있을 뿐이다.

一. 형벌의 종류

고대의 문헌에 보이는 商代의 형벌에 대한 기록에 의하면, '湯刑' 3백 조(條)가 있었다고 전해오는데,[3] 그 구체적인 내용은 이미 알 수가 없다. 갑골문에도 각종 형벌의 집행에 관한 내용만 있고, 해당 '法'의 내용은 없다.

갑골문에 보이는 형벌에 대한 연구는 1929년 郭沫若이 〈釋干支〉에서, '黥刑'에 대해 논술하였고[4], 1961년에는 裘錫圭가 〈甲骨文中所見的商代五刑〉이란 논문을《考古》 제2기에 발표하였는데, 이는 商代 형벌을 전반적이고 전문적으로 논술한 최초의 논문이었다. 1973년에 胡厚宣은 〈殷代的刖刑〉을《考古》 제2기에 발표했고, 1979년에는 于省吾가《甲骨文釋林》에서 商代 갑골문 중의 형벌에 대해 많은 고증을 했다. 이후 楊升南 · 彭邦炯 · 宋鎭豪 등의 여러 학자들이 갑골복사에 나타나는 상대의 형벌에 대해서 연구하였는데, 이들 연구 결과를 종합하면, 갑골문에 보이는 商代의 형벌은 크게 사형(死刑) · 육형(肉刑) · 도형(徒刑)의 3종류로 분류할 수 있다.

甲. 사형(死刑)

갑골문에 나타난 商代의 사형(死刑) 방법은 매우 많고 또 잔혹한데, 그 방법들을 약술하면

---

1) 《春秋左氏傳》 昭公 六年 조(條)에 "商有亂政, 而作湯刑. : 商나라 정치가 어지러워져서 '湯刑'을 만들었다."이라고 하고 있고;《史記 · 殷本紀》에 "太甲旣立三年, 不明暴虐, 不遵湯法. : 太甲이 즉위하여 3년이 되었는데, 사리에 어둡고 포학하고, 湯 임금의 법도를 지키지 않았다."이라고 하고 있다.

2) 《尙書 · 盤庚上》에 "以常舊服, 正法度. : 옛 제도를 준수하고 법도를 바로잡아야 한다."라고 하고 있다.

3) 《呂氏春秋 · 孝行篇》에《尙書 · 商書》의 "刑三百, 罪莫重于不孝. : 형벌 3백 조목 가운데 '不孝'죄가 가장 무거웠다."라는 말을 인용하였는데, 이에 대해 高誘는 "商湯所制法也. : 이는 商의 湯 임금이 제정한 형법이다."라고 주석(註釋)하였다.

4) 郭沫若《甲骨文字硏究 · 釋干支》(中華書局 1976. 香港)를 참고.

다음과 같다.

1. '伐刑'과 '戮刑'

갑골문에서 '伐刑'과 '戮刑'은 목을 베는 참수(斬首)의 형벌이다. '伐'자는 '戈'를 사용하여 사람의 목을 베는 것을 형상화한 글자이다. 갑골복사에 한 번에 2,656명을 '伐'한 예(《合集7771》)가 있는데, 이는 집단적인 대학살이라고 할 수 있다. 또 '戮'자는 '奚'와 '戉'을 구성요소로 하고 있는 글자인데, '奚'는 일종의 노예이고, '戉'은 가로로 타격하는 무기의 한 종류이다. 이 '戮'자의 자형은 도끼 종류의 무기를 사용하여 '奚'라는 노예의 목을 베는 형상이다. 어떤 글자는 '奚'자 옆에 무수히 많은 작은 점들이 있는데, 이는 핏방울이 튀어나온 것을 형상화한 것이다. 갑골복사 가운데 "貞王戮多屯"(《合集810反》)이라고 하고 있는 복사의 예가 있는데, 여기에서의 '多屯'은 여러 명의 '屯奴'를 지칭한다.

2. '卯刑'

'卯'자는 하나의 물체를 절반으로 대칭이 되게 자르는 형상인데, 이는 참수 보다 더 가혹한 혹형(酷刑)의 한 종류이다. 갑골복사에 "卯媚"(《合集811正》) · "卯羌"(《合集26955》, 《合集26961》)이라고 한 것들이 있는데, 이는 '媚'인(人)과 '羌'인(人)을 '卯刑'에 처했다는 말이다. 《合集2809》에 "婦媚"라는 말이 있는데, 여기에서의 '媚'는 종족명(宗族名) 내지 방국명(方國名)이므로, '婦媚'란 '媚'의 귀부인을 지칭한 것이다.

갑골문에서의 이 '卯刑'은 문헌 기록으로는《史記 · 殷本紀》의 "剖比干觀其心. : 比干의 몸을 갈라 그의 심장을 보고자 했다."이라는 말 중의 '剖'에 상당하는 것이라고 생각된다. 王國維가 이 '卯'자를 '劉'의 가차자(假借字)로 보고서, 단순한 '殺'의 뜻이라고 풀이했는데,[1] '殺人'도 '死刑'임에는 틀림없으나, 그 구체적인 형벌 집행으로는 '剖刑'으로 보는 것이 옳다고 생각된다.

3. '㐌刑'

갑골문의 '㐌' 또는 '乇'은 산 사람의 배를 갈라서 창자를 도려내고 육신을 찢어서 시체를 갈라놓는 극형(極刑)을 말한다. 于省吾에 의하면,[2] 이 '㐌'자는《說文解字》중의 '攺'자이고, '施' 또는 '胣'로 읽는다. 이는《莊子 · 胠篋篇》의 "萇弘胣"라는 말에 대해《經典釋文》에, "胣, 裂也. 一曰 : 刳腸曰胣. : '胣'는 '찢다'는 뜻이다. 일설에는 창자를 도려내는 것을 '刳'라고 한다."

1) 王國維 前揭書《戩壽堂所藏殷虛文字考釋》p.6을 참고.

2) 于省吾《甲骨文字釋林》(中華書局 1979. 北京) p.169를 참고.

라고 한 것에 근거한 것이다. 갑골복사에는 “㱿人”(《合集1074正》) · “㱿羌”(《合集465》)이라고 한 것들이 있는데, 이는 이 ‘㱿刑’을 시행한 기록이다. 그리고 갑골문에는 ‘乇’자의 혹체자(或體字)로 ‘乇’과 ‘口’를 구성요소로 하고 있는 ‘𠮷’자와, ‘示’와 ‘乇’과 ‘口’를 구성요소로 하고 있는 ‘祏’자가 있는데, 于省吾는 이 둘을 모두 ‘矺’으로 읽었다. 그는《史記 · 李斯列傳 · 索隱》에 ‘矺’의 자음은 ‘宅’으로 ‘磔’자와 음의(音義)가 같으므로, 이 두 글자는 고금(古今)의 이체자(異體字)에 해당한다고 주장하였다. 주지하는 바와 같이 이 ‘磔’이 바로 사지(四肢)를 찢어서 죽이는 형벌이다. 갑골복사에 “矺十人又五”(《合集27020》)이라고 한 것이 있는데, 이는 육신을 찢는 형벌을 시행한 기록이다.

4. ‘豉刑’

고대 문헌에는 인체를 잘게 다져서 소금에 절여 육장(肉醬)을 담는 형벌을 ‘醢刑’이라고 하였다. 《史記 · 殷本紀》에, “醢九侯. : 아홉 제후를 해형(醢刑)에 처하였다.”라고 하고 있고; 《呂氏春秋 · 行論》에 “昔紂無道, 殺梅伯而醢之, 殺鬼侯而脯之. : 옛날 紂王이 무도(無道)하여, 梅伯을 죽여서 육장을 담고, 鬼侯를 죽여서 포를 떴다.”라고 하고 있는 것에 대해 高誘는, “肉醬爲醢, 肉熟爲脯. : 고기를 절이는 것이 ‘醢’이고, 고기를 삶는 것이 ‘脯’이다.”라고 주(注)하였다. 이 ‘醢刑’에 해당되는 형벌을 갑골문에서는 ‘豆’와 ‘殳’를 구성요소로 하고 있는 ‘豉’로 쓰고 있다. 于省吾는 이 ‘豉’자를 고대 문헌 중의 ‘剅’ 또는 ‘豆’자로서, ‘剢’자와 통용되었다고 했다.[1] 《爾雅 · 釋詁》에는 “剢, 裂也.”라고 하고 있지만, 이 ‘剢’자의 자의(字義)는 잘게 잘라서 다지다는 뜻이다. 갑골복사에는 “豉羌”(《合集26956》) · “豉人”(《合集35361》) 이라고 하고 있는 예가 있는데, 이는 이 ‘豉刑’을 시행한 기록들이다.

5. ‘烄刑’

갑골문 ‘烄’자는, 그 자형이 윗부분은 두 손을 가슴 앞에 교차하고 있는 사람 모양이고, 아랫부분은 ‘火’를 구성요소로 하고 있는데, 羅振玉은 이를 《說文解字》 중의 ‘烄’자라고 고석하였는데,[2] 이는 나무를 불태우며 거행하는 제사의 이름이다. 그런데 于省吾는 갑골복사 중의 이 ‘烄’자는 화형(火刑)을 뜻하며, 사람을 불 위에 던져 넣어 태우는 것이라고 다르게 해석하였다.[3] 갑골문에서의 이 ‘烄’자는 위에 소개한 두 가지 뜻으로 사용되고 있다. 복사에서 형벌로 사용된 예로는

---

1) 于省吾 上揭書 《甲骨文字釋林》 p.214를 참고.

2) 羅振玉 前揭書 增訂 《殷虛書契考釋》(中) p.50下를 참고.

3) 于省吾 前揭書 《甲骨文字釋林》<序>를 참고.

"烄亩"(《合集9177正》)·"烄永女"(《合集30172》)·"烄小女"(《合集32290》) 등이 있는데, 이들 모두 산 사람을 불에 태워 죽이는 화형을 시행한 예들이다. 《韓非子·喻老》·《呂氏春秋·過理》·《史記·殷本紀》 등의 문헌에도 商代 말기의 紂王 때는 "炮烙之法"이 있었다는 기록이 남아 있는데, 이들은 '烄刑'에 대한 고대의 문헌 기록이다.

6. '陷刑'

갑골문 가운데 '凵' 속에 사람이 들어가 있는 모양을 형상화한 글자가 있는데, 이는 사람을 '坎穴' 즉 구덩이 속에 넣어 생매장하는 것을 형상화한 것이다. 구덩이 속의 사람은 무릎을 꿇은 모양이거나(《合集2279》), 손을 들고 발버둥치는 모양을 하고 있다. 그리고 또 옆으로 여러 개의 작은 점들을 찍어서 흙으로 사람을 파묻은 모양을 하고 있는 것(《合集2807》·《合集22277》·《合集22278》)도 있고, '女'를 구성요소로 하고 있는 것(《合集19800》·《合集22374》)도 있다. 어떤 글자는 구덩이 속으로 사람을 묻으면서 쇠망치의 손잡이를 들고 찧는 모양을 형상화한 것도 있는데, 그 양쪽에는 여러 개의 작은 점들을 찍어서 흙을 나타내거나, 사람을 찧을 때 생기는 출혈(出血)을 나타낸 것(《合集6025》·《合集6026》·《合集6027》)도 있다. 于省吾는 이 글자들을 '陷埋'의 '陷'으로 읽는다고 했는데,[1] 이는 살아있는 사람을 매장하는 형벌이라고 추정된다.

7. '沉刑'

'沉刑'이란 사람을 물속에 빠뜨려서 익사시키는 형벌로, 商代의 사형(死刑) 집행 방법의 하나이다. 갑골복사 가운데 "丁巳卜 : 其燎於河牢, 沉嬖."(《合集32161》)·"叀毋沉用祖丁必."(《合集27282》)라고 하고 있는 것들이 있다. 여기에서의 '嬖'은 일종의 여자 노비이다. 갑골문 '嬖'자는 사람이 손발을 위로 쳐들고 강 속으로 가라앉은 모양을 형상화하고 있는데, 인체의 머리와 겨드랑이에는 여러 개의 작은 점들을 찍어서 물이 몸 위로 넘쳐나는 모양으로 사람이 물속에 빠진 모습을 나타내고 있다.

갑골문을 통해 밝혀낸 商代의 사형(死刑) 집행 방법은 이상에서 살펴본 7가지인데, 형벌이 매우 잔혹했음을 알 수 있다.

乙. 육형(肉刑)

여기에서 말하는 육형(肉刑)이란 인체의 일부분을 훼손하는 형벌의 통칭인데, 주된 것으로는

---

1) 于省吾 上揭書 p.214를 참고.

한쪽 발을 자르는 월형(刖刑)과 남자의 생식기를 잘라 거세(去勢)하는 궁형(宮刑), 코나 귀를 베는 의형(劓刑)과 이형(刵刑)이 있었다. 갑골복사에 나타나는 이런 육형들에 대해 살펴보자.

1. 궁형(宮刑)

갑골문자 가운데 ‘’ 또는 ‘’의 모양으로 쓴 글자가 있는데, 이 글자는 칼을 사용하여 남자의 생식기를 잘라내는 모양을 형상화한 자형으로, 궁형(宮刑)을 의미하는 글자로 추정된다. 이 글자를 唐蘭은 ‘椓’자로 고석하고, ‘去陰’ 즉 남자의 생식기를 제거하다는 뜻이라고 풀이하였다.[1]

이 궁형에 대해서는 고대의 문헌에도 기록되어 있다.《尙書·呂刑》에 “宮辟疑赦”라고 하고 있는 말에 대해, 孔安國의《尙書傳》에는 “宮, 淫刑也, 男子割去勢, 婦人幽閉. : ‘宮’은 음형(淫刑)이라는 뜻인데, 남자는 생식기를 자르고, 부인은 유폐시키는 것이다.”라고 하고 있고; 唐代 孔穎達의《尙書正義》에는 “男子之陰名爲勢, 割去其勢. : 남자의 생식기의 이름을 ‘勢’라고 하는데, 이는 남자의 생식기를 자르는 것이다.”라고 하고 있다. 고대에 이 궁형은 육형(肉刑) 중에서 가장 무거운 형벌의 하나로서, 사형 다음의 중형(重刑)이었다.

갑골문에는 이 ‘椓’자가《合集925》·《合集5996》·《合集5999》등에 보이는데, 비교적 완정(完整)한 복사는 “庚辰卜, 王, 朕椓羌不死.”(《合集525》)라고 하고 있는 것 하나뿐이다. 이는 商의 당시 왕이 ‘羌奴’에게 이 ‘椓刑’을 시행하면 죽을지 여부를 묻는 내용이다.

2. 월형(刖刑)

‘刖刑’의 ‘刖’자는 갑골문으로는 ‘’(《前6. 55. 5》)·‘’(《前7. 10. 1》)·‘’(《前6. 20. 1》)·‘’(《粹1223》) 등으로 쓰고 있다. 이들 가운데 앞쪽의 세 글자의 자형은 손에 칼이나 도끼를 들고 사람의 한쪽 발을 자르는 모양을 형상화하고 있는데, 胡厚宣은 이 글자들을 ‘刖’자로 고석하였다.[2] 그리고 裘錫圭는 이 글자들은 ‘𠬝’자이며, 발을 절단하다는 의미의 ‘刖’자의 본자(本字)이고, ‘刖’자는 후기자(後起字)라고 분석하였다.[3]

그리고 마지막에 예시한《粹1223》의 글자가 바로 ‘肉’과 ‘刀’를 구성 요소로 하고 있는 지금의 이 ‘刖’자이다. 이 ‘刖’자와 관련된 갑골복사의 내용의 상당수는, 형벌을 받는 사람이 이 월형(刖刑)을 당한 후에 죽을 것인지의 여부를 복문(卜問)한 것인데, 예를 들면, “貞 : 其刖百人, 死?”(《合集1043》)·“[貞 :]其又刖百人, 其有死?”(《合集1042》)·“貞 : 刖僕八十人, 不死?”(《合集

1) 唐蘭 前揭書《天壤閣甲骨文字考釋》p.46을 참고.

2) 胡厚宣 <殷代的刖刑>, 前揭書《考古》1973年 第2期를 참고.

3) 裘錫圭 <甲骨文中所見的商代五刑>, 前揭書《考古》1961年 第2期를 참고.

580正》)·"☑☑卜, 爭[貞] : 刖止立, 不[死]."(《合集861》)·"☑巳卜 : 其刖四丰(封)𠂤盧……叀邑子示."(《屯南2510》)라고 하고 있는 것들이다. 이런 복사들을 보면, 한 번에 월형을 당한 사람이 1백 명이나 되는데, 형벌이 남용되었음을 알 수 있다. 월형을 당한 사람 중에는 '人'으로 호칭된 경우가 많은데, 그 신분은 알 수가 없다. 이들 중에《合集580正》은 '僕'의 신분으로 한 번에 80명이나 월형을 받은 것으로 기록된 것이고;《合集861》은 도망쳤던 죄인을 월형에 처하는 내용이며;《屯南2510》은 방국의 수령에게도 월형을 사용한 예이다.

3. 의형(劓刑)

사람의 코를 베어내는 의형(劓刑) 역시 고대의 문헌 기록에 자주 언급되어 잘 알려진 형벌 중의 하나이다.《尙書·康誥》의 "劓刵人"이라는 말에 대해, 孔安國은 "劓, 截鼻. : '劓'는 코를 자르다는 뜻이다."라고 풀이하였다. 그리고《周禮·秋官·司刑》의 "劓罪五百"이라는 말에 대해 鄭玄은 "劓, 切其鼻也. : '劓'는 코를 자르다는 뜻이다."라고 주(注)하였다. 이 의형은《尙書·呂刑》에도 오형(五刑) 중의 하나로 열거되어 있다.

갑골문으로는 이 '劓'자를 '[갑골문]'(《燕173》)·'[갑골문]'(《乙3299》) 등의 모양으로 쓰고, '自'와 '刀'로 구성되어 있는데, 주지하는 바와 같이 '自'의 본의(本義)는 사람의 코이므로, 이 글자는 사람의 코를 칼로 자르는 것을 형상화한 글자이다.《說文解字》에는 '臬刂'로 쓰고 있는데, '劓'자는 이 '臬刂'자의 혹체자로, 후기자이다.

이 '劓'자가 사용된 갑골복사로는 "丁……劓……竝……"(《合集4389》)·"……又……劓……"(《合集5994》)·"貞呼劓, 不若."(《合集5995正》)·"丁巳卜, 亙貞 : 劓牛爵."(《合集6226》)이라고 한 것 등이 있는데, 대부분 잔결(殘缺)되어 있는 것들이다.

4. 이형(刵刑)

사람의 귀를 자르는 이형(刵刑) 역시 고대의 문헌 기록으로 잘 알려진 형벌이다.《尙書·康誥》에, "非汝封又曰劓刵人, 無或劓刵人. : 너 姬封이 사람의 코를 베고 귀를 자르라고 명령하지 않으면, 코를 베고 귀를 자르는 형벌을 시행하는 사람은 아무도 없을 것이다."이라고 하고 있고;《尙書·呂刑》에는 "爰始淫爲劓刵椓黥."이라고 한 것에 대해, 孔安國은 "劓, 截鼻; 刵, 截耳; 刑之輕者. : '劓'는 코를 베는 것이고, '刵'는 귀를 자르는 것인데, 형벌 중에서 가벼운 것이다."라고 풀이하였다.

그런데 갑골문에 이 '刵刑'의 '刵'자로 해석되는 글자가 보인다고 주장한 사람은 于省吾인데, 그가 근거한 갑골복사는 "貞 : ☑人呼耴伐羌."(《合集6619》)이라고 하고 있는 것이다. 그는 이 복사 중의 '戈'와 '耳'를 구성요소로 하고 있는 '䎸'자가 후세의 '馘'자라고 고석하고는, 이 글자가 바로 '刵刑'의 '刵'의 뜻이라고 주장하였으나,1) 예시한《合集6619》에서의 이 '䎸'자는 인명으로, 명사이지 결코 동사가 아니다. 그리고 李學勤도 독일 쾰른(Köln)의 동아미술박물관에 소장된 武丁 시기의 거북 복갑(腹甲) 꼬리 좌측의 아래쪽 끄트머리 잔편(殘片)에 각된 세 글자를 "……劓刵刖"이라고 주장하였다.2) 비록 이 역시 복사의 예가 이 잔편 하나뿐이어서 지금 당장 결론을 내리기가 어렵지만, 귀를 자르는 일은 고대는 물론이고 근세에까지 전쟁터에서는 실제로 있었던 일이고, 충분하지는 않지만 복사의 자료가 있으므로, 商代에 이형(刵刑)이 있었음을 인정할 수밖에 없다고 여겨진다.

5. 경형(黥刑)

商代의 경형(黥刑)에 대해서 언급한 사람은 郭沫若인데,3) 그의 주장을 요약하면 다음과 같다. 갑골복사에서의 '辛'자는 죄인의 얼굴에다 각화(刻畫)하는데 사용하는 도구이므로, '辛'자를 구성요소로 하는 글자들, 예를 들면 '妾'·'童'·'僕'자 등은 모두 경면(黥面)의 형(刑)을 당한 죄인을 지칭하는 말들이다. 이 '辛'자가 경면형(黥面刑)을 시행하는 뜻으로 쓰인 복사의 예로는 "乙酉卜, 王貞 : 余辛朕老工……"(《合集20613》)·"庚子卜, 扶, 令民·興辛."(《合集20236》)·"丙寅卜, 王, 令火·戈辛."(《合集20245》)·"癸丑卜, 賓貞 : 𠂤令目辛."(《合集4090》)·"貞 : 叉目𠂤辛."(《合集6450》)이라고 하고 있는 것 등이 있다. 이들 가운데《合集20613》은 당시의 왕이 그 '老工'에게 '辛' 즉 경면(黥面)의 형벌을 시행하는 내용이고;《合集20236》과《合集20245》는 "令某人辛"의 형식으로 어떤 사람으로 하여금 죄인에게 경형(黥刑)을 시행하도록 명령한 것이며;《合集4090》과《合集6450》은 '𠂤'이 죄인에게 '辛刑'을 시행하는 것을 '𠶷'와 '叉'로 하여금 감찰하도록 한 것이다.

이상에서 살펴본 바에 의하면, 갑골문에 보이는 商代의 육형(肉刑)에는 궁형·월형(刖刑)·의형(劓刑)·이형(刵刑)·경형(黥刑) 등의 다섯 가지가 있었음을 알 수 있다.

丙. 도형(徒刑)

여기에서 말하는 도형(徒刑)이란 구금(拘禁)하거나 유배(流配)를 보내어 노역(勞役)을 시키는

1) 于省吾 前揭書《甲骨文字釋林》의 <序>와 <釋䎸>를 참고.

2) 李學勤 <海外訪古續記(二)>,《文物天地》(中国文物报社 1992. 北京) 第6期를 참고.

3) 郭沫若 前揭書《甲骨文字研究》<釋干支>를 참고.

형벌을 말한다. 갑골문에 보이는 '徒刑'에는 두 종류가 있는데, 하나는 구금이고, 또 하나는 유배이다.

1. 구금(拘禁)

갑골문에 나타나는 구금의 형벌은 두 가지로 표시되는데, 하나는 밧줄로 사람을 묶은 것이고, 또 하나는 특수하게 제작된 형구(刑具)를 손이나 발에 채운 것이다. 갑골문에서 밧줄로 사람을 묶은 형상을 나타낸 글자에 대해서, 于省吾는 이를 '繫'자로 고석하고, "象用繩索以縛繫人的頸部, …… 是古代統治階級令其爪牙, 用繩索綁在俘虜或罪人的頸上, 牽之以行的一種很殘酷的作法.[1) : 동아줄로 사람의 목덜미를 묶은 모양을 형상화한 것으로, …… 고대 통치계급이 그들의 하수인들에게 명령하여, 포로나 죄인의 목을 동아줄로 묶고 끌고 가도록 한, 일종의 매우 잔혹한 방법이었다."이라고 했다. 갑골복사 가운데 "余呼省繫. 八月."(《合集39808》)이라고 하고 있는 것이 있는데, 이는 商 왕조 당시의 왕이 이런 고역(苦役)을 당하는 사람들을 감독하기 위해 신료를 파견한 예이다.

그리고 손발에 채우는 형구는 갑골문자의 자형으로 보면 '㚔'자로 예정(隸定)할 수 있는데, 인쇄의 편리를 위해 일반적으로 '幸'자로 쓰고 있다. 그 변형(變形)은 여러 종류가 있는데, 자형에 따라 어떤 것은 죄인의 발을 묶은 모양으로 쓴 것도 있고, 어떤 것은 사람의 손에 수갑을 채운 모양으로 쓴 것도 있으나, 일반적으로 이 글자들 모두를 '執'자로 쓰고 있다. 이런 글자들로 미루어 보면, 오늘날의 족쇄나 수갑은 商代에 이미 보편적으로 사용되었음을 알 수 있다. 갑골복사에는 또한《合集805》와《合集806》과 같이 죄인이 수갑을 찬 채 목에도 형구를 차고 있는 모양의 글자도 있는데, 훨씬 엄한 형벌이라고 할 수 있다. 또《合集803》과《合集804》와 같이 꿇어앉은 사람이 수갑을 차고 목은 밧줄로 묶인 형상의 글자도 있다. 이처럼 다른 구조로 된 글자들은 모두 '執'자의 다양한 이체자에 해당되며, 이는 商代에 사람을 구계(拘繫)할 경우에 수갑과 족쇄 등의 형구를 채우는 것 외에도, 목에다 형구를 두르고 밧줄로 속박하는 등 여러 가지 형구들을 동시에 사용한 사실을 반영한다.

2. 유배(流配)

갑골문자 가운데는 족쇄를 찬 사람이 길 위에 있는 모양의 글자(《合集6664》)도 있고, 양손으로 다른 사람의 머리를 움켜쥐고 길 위에 있는 모양의 글자(《安明935》)도 있는데, 이를 잠정적으로

---

1) 于省吾 前揭書《甲骨文字釋林》pp.297～298.

'衜'자로 예정(隸定)하여 쓰는데, 이는 형구를 찬 죄인이 유배를 가고 있는 모양을 형상화한 것으로 여겨진다.

그런데 위에 인용된《合集6664》에는 "貞 : 一㚔於上甲, 告我報衜"·"貞 : 侑於上甲三㚔, 告我報衜."라고 하고 있다. 여기에 각된 '衜'자의 자형은 유배형(流配刑)의 의미를 나타내는 것 같은데, 이 복사에서의 '衜'자는 일종의 신분을 나타내는 것 같기도 하고, 또 희생으로도 사용된 것 같기도 하여, 이 '衜'자가 정말 유배(流配)의 형벌이라는 뜻으로 쓰인 것인지에 대해서는 좀 더 확실한 증거를 확보하여야 할 것이라 생각된다.

二. 감옥

갑골문에서 감옥(監獄)을 나타내는 글자의 자형은, 세 부류로 구분된다. 첫째 부류는《合集139反》·《合集521反》·《合集584反》·《合集5980》·《合集6666》 등에 각된 것과 같이 수갑을 찬 사람이 '□'속에 있는 모양으로 쓰고 있는 것이고; 둘째 부류는《合集5972》·《合集5973》·《合集138》·《合集522反》·《合集5974》·《合集36419》·《合集5976》·《合集6057》 등에 각된 것과 같이 첫째 부류의 자형이 간화(簡化)된 형태로, 사람은 없고 오직 형구인 수갑만 '□'속에 있는 모양으로 쓰고 있는 것이고; 셋째 부류는《合集5991》·《合集599》 등에 각된 것과 같이 수갑을 차거나 수갑과 족쇄를 함께 찬 사람이 집 안에 있는 형상으로 쓰고 있는 것이다. 이런 글자들에 대해 李孝定은 첫째 유형(類型)과 둘째 유형의 글자들은 동일 글자의 다른 자형으로 간주하고, 이는 번체(繁體)와 간체의 차이일 뿐이라고 주장하면서 모두 '圉'자로 고석하였는데,[1] 셋째 유형의 글자도 모두 이 '圉'자의 이체자라고 주장하였다. 특히 둘째 유형의 글자들에 대해서는, 葉玉森·孫海波·王襄·于省吾·胡厚宣·齊文心 등의 학자들 모두가《說文解字》의 '圉'자로 고석하면서 李孝定의 주장이 정설이 되었다.

그리고 齊文心은 商代 각 지역에 설치한 감옥과 그 감옥에 감금했던 사람들의 신분에 대해서,

> 殷代在東對·敦·冰·爻·弜·戈以及 …… 疛·旁方·微京等地都設有監獄. 而其中的敦·弜·疛·旁方等監獄設在靠近邊塞的地區. 又由於這監獄中常發生羌·僕--인용자의 주(注)--·芻等奴隸逃亡, 說明它們主要是用來囚禁異族戰俘奴隸的.[2] : 殷代에는 '東對'·'敦'·'冰'·'爻'·'弜'·'戈' 및 …… '疛'·'旁方'·'微京' 등지에 모두 감옥을 설치하였다. 그 중의 '敦·

---

1) 李孝定 前揭書《甲骨文字集釋》第10卷 p.3235를 참고.

2) 齊文心 <殷代的奴隸監獄和奴隸暴動--兼甲骨文'圉'·'戍'二字用法的分析>,《中國史研究》(中國社會科學院歷史研究所 1979. 北京) 第1期(創刊號)를 참고.

'㠯'·'㾞'·'旁方' 등의 감옥은 변방의 요새 지역 근처에 설치하였으며, 또한 이들 감옥에서는 '羌'·'僕'–인용자의 주(注)–·'芻' 등의 노예가 종종 도망치는 일이 발생하였는데, 이는 이곳의 감옥들이 이족(異族)의 전쟁 포로나 노예들을 구금하는데 주로 사용되었음을 설명해주는 것이다.

라고 했다. 商代의 왕들이 설치한 감옥은 위에 열거한 지역 이외에 '阜'·'六' 등의 지역에도 있었음이 《合集5974》과 《合集22333》의 복사에서 확인된다. 그리고 감옥에 수감된 사람들은 주로 이족(異族)의 전쟁 포로와 노예이지만, 여기에 그치지 않고 통치 계급 중의 귀족들도 함께 수감되었다는 내용의 복사가 있다. 예를 들면, "貞 : 圉戊. 二月."(《合集5983》), "……圉鳴·雀."(《合集5984》)이라고 하고 있는 것 등이다. 이를 통해 武丁 시기에 활약했던 귀족들 중에서 '戊'·'鳴'·'雀'도 모두 수감되었음을 알 수 있다.

한편, 감옥에 구금된 노예들은 고통을 참지 못하고 도망치는 등의 일들이 발생하였고, 심지어는 폭동을 일으키기도 했는데, 이로 인해 통치자들은 감옥의 통제를 더욱 강화할 수밖에 없었으며, 商代의 왕들은 수시로 사람을 파견하여 감옥에 대한 순찰과 감독을 강화하는 조치를 취하도록 하였다. 갑골복사에 "……呼省圉."(《合集5980》)라고 하고 있는 것이 그 증거이다. 이 《合集5980》의 '呼'자 앞의 글자는 잔결(殘缺)되었는데, 복사에서의 '呼'자는 '……하게 하다'는 사령(使令)의 뜻을 나타내는 조동사이므로, '呼'를 내리는 사람은 왕이 아니면 왕실의 귀족 관리였을 것이다.

제3절 商代의 지리

갑골문 자료를 이용한 商代의 지리(地理) 연구는 갑골학에서 대단히 중요한 부분 중의 하나이다. 갑골문이 발견되기 전에는 상대의 지리와 관련된 지식은 오로지 周代 이후의 한정된 문헌에만 의존해야 하는 방법밖에 없었으며, 이 때문에 갑골문 발견 이전의 상대 지리 연구는 거의 이루어지지 않았다고 해도 과언이 아니었다. 그러다가 갑골문이 발견됨으로써 商代 지리에 대한 연구는 즉각적으로 학자들의 지대한 관심을 끌게 되었고, 시간이 지나면서 점차 그 연구 성과가 축적되어, 지금은 이미 상당한 수준에 이르렀다고 할 수 있다.

一. 지명(地名) 총론

지명의 연구는 지리 연구의 기본적인 작업이다. 갑골복사에 나타나는 지명에 대한 고석은 갑골학 연구 중에서 난제의 하나로 꼽히는데, 饒宗頤는 지명 고석의 어려움을 3가지로 지적한 바 있다.[1] 첫째는 글자 인식의 어려움이고, 둘째는 단구(斷句)로 인해 야기되는 어려움이며, 셋째는 동일 지역의 지명이 많은 어려움이라고 했다.

일반적으로 갑골복사의 지명 연구에서 가장 혼동하기 쉬운 것은 방국명(方國名), 종묘나 거실(居室)의 명칭, 산이나 하천의 신명(神名) 등이다. 방국명의 경우에는 '𢀛方'에서 '方'자를 생략하고 '𢀛'으로만 쓴 것 등이고; 종묘나 거실의 명칭의 경우는 '北宗'·'召宧'·'乙門' 등을 제대로 알기가 어려우며; 산이나 하천의 신명(神名)의 경우는, '尞于西邑'의 '西邑'은 지명이지만, '尞于滬'의 '滬'는 지명인지 아니면 하천의 이름이나 그 신명(神名)인지 구분하기가 쉽지 않다. 이 이외에도 어떤 구역을 나타내는 말이 고유명사로 바뀐 예도 있는데, '小屯'은 작은 촌락이란 뜻이어서 많은 지방이 '小屯'이라고 불렸다. 또 楚나라 사람들은 촌락을 '郢'이라고 했는데, 이 때문에 楚나라가 도읍을 옮긴 곳은 자주 '郢'이라고 명명된 경우가 많이 있다.

어느 것이 지명인지를 확정하는 문제에 대해서는 羅振玉이 가장 먼저 주의를 기울였는데, 1914년의《殷虛書契考釋》초판에서 지명 확정을 위한 복사의 문례 16개를 제시였다가 1917년의 증정판(增訂版)에서는 이를 17개로 늘였다. 이에 대해 그는,

> 地名見於卜辭者, 凡二百有三十綜, 其類十有七：曰王在某·曰徙於某·曰至於某·曰往於某·曰出於某·曰步於某·曰入於某·曰田於某·曰狩於某·曰驅於某·曰舟於某·曰在某次·曰於某·曰從某·曰伐某·曰征某·曰某方. 其字或可識或不可識, 然以其文例考之, 確爲地名矣.[2] : 복사에 보이는 지명은 무릇 230항목이나 되는데, 그 유형은 17종류이다. '王在某'·'徙於某'·'至於某'·'往於某'·'出於某'·'步於某'·'入於某'·'田於某'·'狩於某'·'驅於某'·'舟於某'·'在某次'·'於某'·'從某'·'伐某'·'征某'·'某方'이라고 한 것 등등이다. 해당 글자를 인식할 수 있든 없든, 그 문례로 살펴보면 지명임을 확정할 수 있다.

라고 하였다. 羅振玉이 개괄한 갑골문 지명 확정을 위한 17종류의 문례는 갑골문의 해독에 크게 도움이 되었다. 다만 그 중에서 "從某"의 '某'는 대부분이 인명이고, 지명으로 쓰인 예는 매우 적다. 당시에 접할 수 있었던 갑골문이 제한되어 있었기 때문에, 이런 표준은 완전할 수가 없었다. 예를 들면, 자주 보이는 "自某"도 지명으로 확정할 수 있는 중요한 표준이 될 수 있는데, 누락되었다. 鐘柏生은《記事刻辭中的殷代地名》에서, "自某"를 기사(記事) 각사(刻辭)의 지명으로 확정할 중요한 표준의 하나로 삼았다. 그는 기사 각사의 지명을 두 종류로 분류하였는데, 하나는 개사(介詞) '自'·'在'·'於' 뒤에 오는 명사이고, 또 하나는 동사 '入'·'來'·'氐' 앞에 있는 명사

1) 饒宗頤《甲骨地名通檢》(홍콩中文大學 1994. 홍콩) <前言>을 참고.

2) 羅振玉 上揭書 增訂《殷虛書契考釋》(上) p.14.

및 어떤 지방의 뼈를 지칭하는 '某骨'의 '某'라고 했다.[1])

갑골복사 중의 지명 구성 형식을 인식해내는 일은 복사의 지명을 확정하는 중요한 방법이다. 복사 지명의 구성 형식은 단자(單字)와 복자(複字)로 구별되는데, 복자 지명의 구성은 단자 지명의 앞이나 뒤에 한두 개의 구별을 위한 글자를 덧붙여 놓은 것이다. 胡厚宣은, 복사 지명은 대부분 단자의 명사이고, 이 단자 앞에 한두 개의 구별을 위한 글자를 덧붙여서 두세 글자로 된 지명을 이루게 된다고 주장했다.[2]) 그리고 陳夢家는 복사 지명의 구성 형식을, 첫째 '商'·'亳' 등과 같이 단자로 된 것, 둘째 '東洹'·'中商'·'八桑' 등과 같이 단자 지명 앞에 방위를 뜻하는 글자나 단자 형용사 또는 숫자를 덧붙인 것, 셋째 '唐邑'·'疑𠂤' 등과 같이 단자 지명 뒤에 구역을 뜻하는 글자를 덧붙인 것, 넷째 '攸東'·'京北'·'𠂤東' 등과 같이 방위를 뜻하는 글자를 단자 지명이나 구역을 뜻하는 글자 뒤에 덧붙인 것, 다섯째 '丘雷'·'𠂤受' 등과 같이 구역을 뜻하는 글자가 단자 지명 앞에 놓인 것, 여섯째 '大邑'·'西邑' 등과 같이 방위를 뜻하는 글자나 단자 형용사가 구역을 뜻하는 글자와 합쳐진 것, 일곱째 '大邑商'·'天邑商' 등과 같이 명사와 명사가 조합된 것 등 7가지로 구분하였는데, 이 중에서 첫째와 둘째 및 셋째의 형식이 가장 흔히 볼 수 있는 경우이며; 단자 지명의 앞이나 뒤에 덧붙여진 구별을 위한 글자를, 첫째 '𠂤'·'𠂤東 ' 등과 같이 군대의 주둔 장소, 둘째 '麓'·'京'·'隹'('堆') 등과 같이 높은 지형을 나타낸 것, 셋째 '邑'·'鄙'·'囿'·'社'·'單'(즉 '臺') 등과 같이 사람이 만든 거처나 건축을 나타낸 것, 넷째 '泉'·'山'·'水' 등의 자연 지형을 나타낸 것 등 4부류로 나누었다.[3]) 그러나 갑골복사에는 이 이외에 다시 한 가지 부류가 더 있는데, 바로 방위를 나타내는 '東'·'南'·'西'·'北'·'中'·'高'·'上'·'下'자 등을 덧붙인 것이다.

갑골문에 나타나는 지명을 판별하기 위해서 갑골학 연구자들은 일련의 표준과 방법들을 제시하였고, 이런 표준과 방법에 의거하여 지명들을 확정하기에 이르렀으며, 아울러 갑골문 중의 지명에 대한 통계도 내게 되었다. 羅振玉은《殷虛書契考釋》초판에서 193개의 지명을 열거하였다가, 증정판(增訂版)에서는 232개까지 늘렸다. 胡厚宣은〈卜辭地名與古人居丘說〉(1944년)에서 복사의 지명은 1,000개 가까이 보인다고 하였다. 陳夢家는《殷虛卜辭綜述》(1956년)에서 胡厚宣이 제시한 숫자를 믿지 않는다고 하면서, 복사에 나타나는 지명은 약 5백 개 이상일 것이라고 했다. 島邦男은《殷墟卜辭研究》에서 542개의 지명을 열거하였고, 鐘柏生은《殷商卜辭地理論叢》에서 전렵지(田獵地) 374개, 방국 지명 84개, 농업 지명 98개, 기사(記事) 각사 지명 162개 등, 모두

1) 鐘柏生《殷商卜辭地理論叢》(藝文印書館 1989. 臺北) pp.350~351를 참고.

2) 胡厚宣 <卜辭地名與古人居丘說>, 前揭書《甲骨學商史論叢》初集 第四册을 참고.

3) 陳夢家 前揭書《殷虛卜辭綜述》pp.254~255를 참고.

718개의 지명을 열거하였다. 그러나 이들 네 부류의 지명에는 중복되는 것들도 있는데, 예를 들면 기사 각사 지명과 전렵·방국·농업에 서로 중복해서 나오는 것이 48개나 되어, 실제로는 700개에 미달하지지만, 이미 陳夢家나 島邦男이 제시한 숫자를 초과하였다. 饒宗頤 주편(主編) 沈建華 편집의《甲骨文通檢》제2책《地名》의 분책(分册)에서, 饒宗頤는 '前言'을 통해, 이 저서에 수록한 지명이 모두 1,027개이고, 그 중에 전렵 지명은 포함되지 않았다고 했다. 이로 미루어 보면 胡厚宣이 주장한 지명의 수(數)가 1천에 가깝다는 말은 허언이 아님을 알 수 있다.

갑골문에 나타나는 지명의 고증에는 두 가지의 문제가 있는데, 하나는 '識字' 즉 문자(文字)를 판별 인식해내는 것이고, 또 하나는 지리적 위치를 밝혀내는 것이다. '識字'는 기초적이고 우선적인 단계인데, 글자의 인식을 정확하게 하지 못하면, 해당 글자로 그 지리적 위치를 탐구하는 것 자체가 불가능하기 때문이다. '識字'의 문제는 아직까지도 완전히 해결되지 않아서, 지명 중에서 아직도 인식해내지 못한 글자가 많다. 이미 인식해낸 글자 중에도, 과거에는 옳다고 간주되었던 것들을 다시 고석해야 하는 경우도 있다. 인식해낸 글자가 다르면, 그 지리적 위치도 다를 수밖에 없으므로 신중을 기해야 한다.

복사에 나타나는 지명과 그 지명의 실제 위치에 대한 고증작업은 孫詒讓의《契文舉例》에서 이미 시작되었지만, 본격적으로 지명의 고증 작업을 한 사람은 王國維이다. 그는 갑골문자에 대한 고석을 비교적 정밀하게 했을 뿐만 아니라, 羅振玉과 더불어 갑골문과 금문(金文)을 여러 해 동안 연구하였고, 1914년에 羅振玉이 쓴《殷虛書契考釋》초고를 직접 필사하는 작업도 했는데, 이 저서에 羅振玉은 이미 193개의 복사의 지명을 수록하였고, 아울러 다수의 글자는 잠정적인 추정이었다. 王國維는 이듬해〈殷虛卜辭中所見地名考〉라는 글을 발표하였는데, 2백 여 개의 지명 중에서 후세의 문헌에 기재된 지명 '龔'·'盂'·'雍'·'亳'·'曹'·'杞'·'戴'·'雇' 등 8개를 고석해냈다. 王國維는 지명을 고증할 때 복사와 후세의 문헌을 서로 비교함으로써 복사에 나타나는 지명의 위치를 확정하였는데, 나중에 많은 학자들이 이 영향을 받아서 이런 방법으로 복사의 지명을 고증하였다.

王國維의 고증 방법은 당시 갑골문 저록의 출판이 많지 않던 여건에서 취할 수 있는 유일한 방법이었지만 신뢰도가 매우 떨어지는 방법인데, 그 까닭은 지역이 다른데도 지명이 동일한 '異地同名'이나 어떤 특정 지역의 이름이 여럿이 있는 '一地多名' 등의 현상이 자주 보이기 때문이었으며, 이로 인해 갑골복사에 나타나는 지명의 정확한 위치를 확정하기가 쉽지 않았다. 郭沫若은《卜辭通纂·序》에서, 王國維의 복사에 나타나는 개별 지명에 대한 고증 방법의 한계를 감안하여, 약간의 지명들을 서로 연계하여 일련의 지명들을 체계적으로 고증하는 방법을 운용하였는데, 이것이 바로 '卜辭地名聯繫法'이다.

이 방법은 갑골복사에 나타나는 지명의 소재에 근거하여 이를 복사의 내용과 연계함으로써 복사 지명의 군락(群落)을 찾아낸 다음에, 이를 다시 문헌 기록에 의거하여 그 위치를 고증해내는 것으로, 그 신뢰도가 매우 높다고 하겠다. 郭沫若이 이런 방법을 제시한 후에 董作賓·胡厚宣·陳夢家·李學勤·島邦男·鐘柏生·鄭杰祥 등 복사의 지리 연구에 종사하는 학자들이 모두 이 방법을 채택하였다. 그리고 鐘柏生은 이 방법을 간지(干支) 연계법, 동판 연계법, 이판(異版) 연계법 등 세 가지로 나누어 개괄하고 평가하기를,

> 卜辭地名經過上述三種方法繫聯後, 地名與地名之間才有比較固定的關係, 一旦其中若干重要地名考證出來以後, 一組一組的田游路線與地名網, 便可以?順利地繪製出來.[1] : 복사 지명은 상술한 3가지 연계 방법을 통해서 지명과 지명 사이에 비교적 고정적인 관계가 형성되며, 그 중의 몇몇 중요한 지명을 일단 고증해내고 나면, 한 조(組) 한 조씩 구성된 전유(田遊) 노선(路線)과 지명으로 이뤄진 망상(網狀) 조직을 매우 순조롭게 그려낼 수 있다.

라고 했다. 이런 연계법을 이용하여 지명의 망상(網狀) 조직을 만들어내면, 개별 지명을 따로따로 고립적으로 고증함으로써 발생하는 수의성(隨意性)에서 벗어날 수가 있다. 그리고 이런 망상 조직의 지명은 결국 지도 위에 구체화되어야 하므로, 복사 지명의 위치에 대한 고증은 피할 수 없는 과제가 된다. 이를 위해서는 갑골문자 시대 이후의 문헌 기록을 이용하는 것 외에도 고고학적인 발견, 특히 고문자(古文字) 자료의 발견에 주의를 기울여야 한다. 고고 발굴을 통해 출토된 지하의 고문자 자료들을 복사 지명과 연계하면 해당 지명의 위치를 판정하는데 훨씬 정확하고 신뢰할 만한 수단이 될 수가 있다. 예를 들면, 갑골문의 지명 '亳'은, 고대 문헌에 商代에 '三亳'이 있었으며, 商의 왕도(王都)였다고 기재되어 있다. 그런데 지금의 河南省 鄭州에서 발견된 전국시대의 도기에서 '亳'자의 도문(陶文)이 발견되었고, 偃師唐 묘지(墓誌)에서는 '西亳'이라는 칭호가 발견되었는데, 이로써 偃師와 鄭州는 고대의 어느 시기에는 모두 '亳'으로 불렸을 것임을 추정할 수 있게 되었다. 그리고 偃師와 鄭州에서는 모두 다 商代 전기(前期)에 해당되는 커다란 규모의 商代의 성(城)이 발견되었고, 후세의 문헌에는 모두 鄭州를 '亳'으로 호칭하고, 偃師를 '西亳'으로 호칭했다는 기록이 있다. 이런 사실에 근거하여 偃師와 鄭州는 商代에 모두 '亳'으로 호칭했고, 전후(前後)로 도성(都城)이었을 것임을 추정할 수 있게 된 것이다.

복사의 지명은 모두 일정한 사류(事類)와 서로 관련되어 있는데, 복사의 내용이 해당되는 사류는 곧 商代 사람들이 진행했던 각종 활동을 나타낸다. 복사의 지명을 분류하고 연구하면, 商代 사람들이 활동했던 지리적 범위를 알 수 있고, 이를 근거로 商代의 역사적 사건의 전말을 훨씬 분명하게 인식할 수가 있다.

---

1) 鐘柏生 前揭書《殷商卜辭地理論叢》p.35.

복사 지명의 분류 방법에 대해서 胡厚宣은 어떤 지명에 대한 명명의 의미에 근거하여 추정하는 방법을 제시하였는데,[1] 이 방법은 산수(山水)의 지세를 제외하고는 모두가 인문 활동의 흔적들로 되어 있다. 따라서 처음 명명할 때는 당연히 해당 지역의 특색을 잘 나타내기도 하고 또 상관관계도 분명했을 것이지만, 복사 중의 지명은 그 내원이 매우 오래되었기 때문에, 시대의 변화로 인해서 이미 명명 당시의 인문적 특색을 상실한 것이 대부분일 것이다. 그러므로 지명으로 쓰인 글자 자체의 의미를 근거로 해서 지명을 분류하는 것은, 商代 사람들의 활동을 반영한 지리적 범위가 되기에는 어려움이 많을 수밖에 없다.

갑골문은 商代 사람들, 특히 商나라의 왕들과 귀족들의 활동에 대한 기록이므로, 실록이라고 할 수가 있다. 지명이 각된 복사의 내용에 근거하여 분류하면, 商代 사람들이 당시에 각종 활동을 펼쳤던 지리적 범위를 이해할 수 있게 된다. 예를 들어서, 농업과 상관되는 지명은 商代 사람들의 농업 지리 분포를 이해할 수 있게 해주고, 목축업을 위한 목장의 설치와 상관되는 지명은 商代 목축업의 발전을 이해할 수 있게 해주며, 수렵과 상관되는 지명은 商代 왕들의 수렵 지역을 이해할 수 있게 해주고, 전쟁과 상관된 지명은 商 왕조의 강역 상황을 이해할 수 있게 해준다. 복사의 해당 사류(事類)에 근거하여 복사의 지명을 연구 정리한 학자들을 살펴보면, 郭沫若 · 陳夢家 · 李學勤 · 島邦男 · 陳煒湛 등은 전렵지에 대한 연구 정리를 주로 했고, 董作賓은 '人方'의 정벌과 관련된 복사 지명에 대해 연구하였으며, 陳夢家와 李學勤 및 島邦男 등은 방국 지리를 주로 연구하여 모두들 훌륭한 성과를 내었다. 이런 연구 결과를 종합하여 鐘柏生은 특히 복사 지명의 분류에 대한 연구에 치중하였는데, 그는 복사에 나타나는 지명을 농업 지명, 토공(土工) 지명, 천상(天象) · 제사 지명, 전유(田遊) 지명, '卜旬' · '卜夕' · '雜卜' 지명, 기사 각사 지명, 추목(芻牧) 지명, 정벌 · 방국 지명, 기타 등 아홉 부류로 나누었다.[2] 그는 이 가운데 전유 · 방국 · 농업 · 기사 각사 지명의 네 부류에 대해서 전문적인 연구를 진행하였다.

二. 전렵지(田獵地)

상고시대의 전렵은 통치 계급의 일종의 유락(遊樂) 활동일 뿐만 아니라, 군사 훈련 역할도 하였었고, 경제적으로도 일정한 가치가 있었던 다목적 활동이었다. 따라서 殷墟의 갑골문 중에서 전렵에 관한 복사는 상당히 큰 비중을 차지하고 있다. 陳煒湛의 통계에 의하면, 지금까지 출토된 10만 여 편(片)의 갑골편 가운데 전렵과 관계있는 각사(刻辭)는 약 4,500편이고, 그중에서 복사가 완정(完整)하여 해독이 가능하고 연구 자료가 될 수 있는 것이 약 3,500편이며, 중요하면서도

1) 胡厚宣 <卜辭地名與古人居丘說>, 前揭書《甲骨學商史論叢》初集 第4册을 참고.

2) 鐘柏生 前揭書《殷商卜辭地理論叢》pp.2～11을 참고.

명료한 것이 약 500편이고, 전렵지는 276곳이라고 했다.[1]

商代 왕들의 전렵 지역에 대한 연구는 지금까지 두 가지 견해가 있는데, 하나는 商 왕들에게 고정된 전렵지가 있었다는 주장이고, 또 다른 하나는 고정된 전렵지는 없고, 전국 각지에 분산되어 있었다는 주장이다.

甲. 고정 전렵지

전렵지가 고정되어 있었다고 주장하는 학자들 사이에는 전렵 구역의 위치에 대해서 다시 각기 다른 주장이 나왔는데, 대체로 다음의 네 가지로 대별(大別)된다.

1. '沁陽' 지구

郭沫若은 최초로 전렵 복사에 주목하고, 商代 왕들의 전렵지가 고정되어 있었다고 주장하였는데, 《卜辭通纂 · 序》에서 그는, "帝乙亦好田游, 其田游之地多在今河南沁陽附近.[2] : 帝乙 역시 전렵을 좋아했는데, 그의 전렵지는 대부분이 지금의 河南省 沁陽 부근이었다."이라고 하였다. 그는 商代의 지명의 위치를 고증함에 있어서 복사 연계법을 창안하였고, 이에 의거하여 '噩' · '衣' · '盂' · '雝' 등의 4곳의 전렵지가 서로 근접해 있었음을 발견하였다. 그는 王國維가 '盂'는 河內郡 野王縣 서북쪽의 邘城에 있었고, '雝'은 河內郡 山陽縣에 있었다는 주장을 수용하였고, 또한 '噩'은 곧 鄂侯國이며, '盂'와 근접해 있고; '衣'는 곧 '殷'이며, 溫縣의 殷城이라고 했는데, 이들 네 지역은 지금의 沁陽 지구에 있었다고 주장하였다.

또 陳夢家는 郭沫若이 창안한 복사 연계법을 이용하여 '沁陽田獵區'에서 商代 왕들이 전렵을 했던 지명 25곳을 밝혀냈고, 또한 '殷城'은 갑골문 중의 '大邑商'이라고 주장했다. '沁陽田獵區'라는 명칭은 바로 陳夢家가 제시한 것이며, 그는 이 '沁陽田獵區'의 범위에 대해서,

> 此田獵區以沁陽爲中心, 西不過垣曲縣東之邵源鎭, 東及於原武, 北界爲獲嘉 · 修武 · 濟源, 南以大河爲界. 是在太行山沁水與黃河之間, 東西150公里, 南北50公里, 地處山麓與藪澤之間.[3] : 이 전렵구는 沁陽을 중심으로 하여, 서쪽으로는 垣曲縣 동쪽의 邵源鎭을 넘지 않고, 동쪽으로는 原武까지이고, 북쪽으로는 獲嘉 · 修武 · 濟源을 경계로 하고, 남쪽으로는 黃河를 경계로 하고 있다. 이는 太行山 沁水와 黃河 사이에 해당되며, 동서로 150km, 남북으로 50km이

---

1) 陳煒湛 《甲骨文田獵刻辭研究》(廣西教育出版社 1995. 南寧) pp.40~59, <甲骨文各期田獵地名表>를 참고.

2) 郭沫若 前揭書 《卜辭通纂》<序>를 참고.

3) 陳夢家 前揭書 《殷虛卜辭綜述》 pp.259~262를 참고.

고, 그 위치는 산기슭과 늪지대 사이이다.

라고 했다. 그런데 李學勤은 '沁陽田獵區'라는 명칭을 '商西獵區'로 고쳤는데, 복사 중의 '滳水'를 지금의 '沁水'라고 고정(考訂)함과 동시에, '衣'가 지명이라는 주장을 부정(否定)하고, '同' 또는 '合'에 해당하는 의미의 부사(副詞)라고 주장했다. 그는 沁水를 경계로 해서 동쪽에서 서쪽으로 '商西獵區'를 다시 4개 구역으로 나누고, 각 구역에서 가장 저명한 지명을 선택하여 해당 구역 이름을 '凡區'·'敦區'·'盂區'·'邵區'라고 명명하였다. 이 '商西獵區'의 범위는 동쪽으로 지금의 河南 輝縣에서부터 서쪽으로 山西 서남쪽 끝과 서쪽 끝까지이며, 太行山 이남, 黃河 이북지역으로, 陳夢家가 주장한 것보다 동서 양 방향으로 그 범위가 더 확대되었다.

2. '泰山·蒙山' 지구

董作賓 역시 전렵구가 고정되어 있었다는 주장에 찬성하였고, 商代 사람들은 동쪽 땅에 전렵구를 가지고 있었는데, 이는 武丁부터 帝辛까지 역대 商나라 왕들이 전렵할 때 반드시 가는 곳이었다고 주장하였다. 그는 33개의 전렵 지명을 고증해냈으며, 그 범위는 5백 리(里) 밖을 벗어나지 않았다고 주장했는데, 그 위치에 대해,

> 均當在大邑商之附近, 尤以商之東及東北·東南爲多. 度其方位, 在泰山與蒙山之西, 南至於淮, 北至於濟之地帶.[1] : 모두 '大邑商' 부근에 있었음이 틀림없는데, 특히 商의 동쪽과 동북쪽 및 동남쪽에 많이 있었다. 그 방위를 보면, 泰山과 蒙山의 서쪽이고, 남쪽으로는 淮水에까지 이르며, 북쪽으로는 濟水 일대에까지 이르렀다.

라고 했다. 董作賓이 지칭한 '商'과 '大邑商'은, 그의 주장에 의하면 같은 곳으로, 지금의 河南 商丘라고 했는데, 張秉權도 이 주장에 동의하면서, "田獵區域方位, 應以董先生的說法, 較爲可信.[2] : 전렵 구역의 방위는 董作賓의 주장이 비교적 믿을만하다."라고 했다.

3. 왕도(王都) 주위

商代의 역대 왕들의 고정된 전렵지는 왕도(王都) 주위에 있었다고 주장한 사람은 松丸道雄이다. 그는 〈關於殷墟卜辭中的田獵地〉라는 장편(長篇)의 논문에서 여러 학자들의 전렵지에 관한

---

1) 董作賓 前揭書《殷曆譜》下篇 卷九 p.62를 참고.

2) 張秉權《甲骨文與甲骨學》(臺北國立編譯館 1989. 臺北) p.487.

주장들을 평가하면서, 모순과 착오가 많아서 믿을 수 없다고 했다. 그는 武乙에서 帝辛까지는 1백 년이나 되며, 10일 동안 고정적인 2~3개의 '干日' 즉 천간(天干)의 날을 선택하여 연속해서 전렵을 진행했으며, 이 시기의 전렵 복사에는 "往來亡災"라는 말이 상용되었다고 했다. 여기에서 '往來'라고 말한 것은 당일의 일이어서, 商 왕이 전렵한 곳은 필시 商 왕이 상주(常主)하는 중심점에서 출발하여 반날의 행정(行程)이 가능한 지역 내에서 진행되었을 것이며, 그 당시의 교통수단은 기마(騎馬)가 아니라 수레였고, 수행인들은 도보로 이동하였을 것이므로, 商 왕들의 전렵지는 자연히 왕도(王都) 주위였을 것이라고 주장하였다. 그는 이어서 하루에 왕복할 수 있는 가장 먼 거리라고 해도 15~20km를 초과할 수 없었을 것이며, 또 商 왕이 상주(常主)한 중심점은 의당 왕도(王都) 즉 지금의 安陽 殷墟였을 것이므로, 商 왕의 전렵지의 범위는 殷墟를 중심으로 반경 15~20km 정도 되는 구역 내에 분포했을 것이 틀림없다고 했다.[1)]

4. '濮陽' 지구

商代의 역대 왕들의 전렵지는 '濮陽' 지구였을 것이라는 주장은 鄭杰祥이 제기한 것이다. 그는 갑골복사에서 60개의 전렵지 지명의 위치를 고증하였는데, '沁陽' 전렵지와 '泰山·蒙山' 전렵지의 몇몇 전렵지 지명의 위치를 浚縣·滑縣·濮陽市 일대라고 고증했다. 그의 주장에 의하면, '召'는 옛 洮城 혹은 桃城으로, 지금의 濮陽市 동남의 白馬崗 일대이고, '𡈼'을 李學勤은 '戚'으로 고석하였는데, 그 위치는 지금의 濮陽市 남쪽의 戚城村이라고 했다. 그리고 '敦'은 곧 '頓丘'이며, 지금의 河南 浚縣 서북 지역이고; '盂'는 鐘柏生의 주장을 따라서 '歈盂'라고 하면서 지금의 濮陽이며; '噩'자는 '桑'으로 고석하고, 지금의 滑縣 동남쪽의 桑村이고; 상고시대의 '桑'은 간혹 '濮'과 같이 읽기도 하였다고 주장하였다.[2)] 이로써 그는 商代의 역대 왕들의 고정 전렵지로 '濮陽地區'설을 제기하였다.

乙. 분산 전렵지

여기에서 말하는 분산 전렵지란, 앞에서 살펴본 商代의 역대 왕들의 전렵지가 고정 되어 있었다는 주장과는 달리, 전렵지가 분산되어 있었다는 주장이다. 이를 주장한 사람으로는 島邦男과 鐘柏生을 꼽을 수 있는데, 島邦男보다 앞서서 林泰輔도 商代 역대 왕들의 전렵지는 각 지역에

---

1) 松丸道雄 <關於殷墟卜辭中的田獵地>,《東洋文化研究所紀要》第31冊(東京大學東洋文化研究所 1963. 東京)을 참고.

2) 鄭杰祥《商代地理概論·商王的主要田獵區》(中州古籍出版社 1994. 鄭州) pp.79~156을 참고.

분산되어 있었다고 주장하였다. 그는 자신의 저서《龜甲獸骨文所見地名考》(1919年)에서, 30개의 전렵지를 추정하였는데, 河南과 河北 두 성(省)이 중심이 되고, 山東 · 江蘇 · 山西 · 陝西省 등에까지 분포되었다고 했는데, 전렵지의 범위를 매우 넓게 추정하였다. 島邦男은《殷墟卜辭研究》(1958년)에서 105개의 복사 지명의 위치를 추정했는데, 그는 갑골문 중의 '茲商'은 '安陽'을 지칭하며, '商' · '丘商' · '中商' · '大邑商' 등은 지금의 河南 '商丘'를 지칭한다고 주장했다. 갑골문 중의 전렵지 지명은 대부분이 殷의 동쪽과 동남쪽에 위치하였고, 서쪽과 남쪽에도 역시 전렵지가 있었다고 했는데, '召'는 殷의 서쪽에 위치하였고, 商 왕들의 주요 전렵지였다.

그리고 鐘柏生은 갑골문의 전렵지 지리를 중점적으로 연구하였는데, 그는 갑골복사에서 374개의 전렵지를 밝혀냈는데, 비록 더 자세한 확인이 필요한 것들도 있지만, 지금까지 가장 많은 복사의 전렵지 지명을 정리해낸 셈이다. 그는 이와 함께 136개 전렵지 지명의 위치를 고증해냈는데, 이들 지명을 각각 殷의 동쪽과 동북쪽 59개 지역과 殷의 남쪽과 동남쪽의 50개 지역, 그리고 殷의 서쪽 27개 지역 등 3개 지구로 구분하였다. 그의 결론은 商代 역대 왕들의 전렵 지역은 지금의 河北省과 山西省의 남반부(南半部), 山東省과 河南省 전체, 江蘇省과 安徽省의 북반부에 걸치는 넓은 지역이라는 것인데, 이는 島邦男의 생각과 비슷한 것이지만 그 범위는 훨씬 확대된 셈이다. 鐘柏生은 또한 전렵 복사를 연구하면서, 갑골복사의 지명에 '異地同名'의 현상이 있음을 제기하였고, 복사 중에 '敦'과 '盂'의 두 지명이 있다는 것도 지적했는데, 이는 갑골복사 지리 연구자들의 주의를 끌었었다.[1]

陳煒湛은 武丁부터 帝辛까지의 250년 동안 고정된 전렵 지구가 존재했다는 주장에 동의하지 않았는데, 그는 276개의 전렵지 지명을 찾아내고, 분기 단대법(斷代法)을 이용하여 시대를 구분한 결과, 역대 왕들의 전렵지들은 절대 다수가 서로 다르다는 점을 발견하였다. 武丁 및 그 이후 각 왕들이 모두 수렵활동을 했던 지점은 오로지 '㫋'와 '宮' 두 곳뿐이며, 그 위치를 확실하게 지적하기가 쉽지 않다고 했다. 그는 이에 대해,

> 面對着四千餘片田獵刻辭，二百七十餘個田獵地名，筆者甚至懷疑商代有所謂固定的田獵區，目前擬測或假設商王獵區能符合當時的實際情況，…… 說來令人掃興，但恐?事實便是如此.[2] : 4천 여 편(片)의 전렵 각사에서 270여 개의 전렵지 지명을 앞에 놓고, 필자는 商代에 이른바 고정적인 전렵구가 있었는지, 현재 잠정적으로 추측하거나 가설(假設)한 商 왕의 전렵구라는 것이 당시의 실제 상황과 부합되는 것인지 등에 대해서 심하게는 의심까지 드는데, …… 이렇게 말하면 흥을 깨는 일이지만, 사실이 이렇지 않았을까 생각된다.

---

1) 鐘柏生 <卜辭中所見殷王田獵地名考>, 前揭書《殷商卜辭地理論叢》를 참고.

2) 陳煒湛 前揭書《甲骨文田獵刻辭研究》p.67.

라고 주장했다.

그러나 비록 이렇게 갑골문 전렵구(田獵區) 또는 전렵지에 대한 연구 결과는 학자들의 주장이 서로 다르지만, 여러 주장들이 모두 각기 그 나름의 합리성을 가지고 있다고 여겨진다. 이후의 연구에서는 여러 학자들의 다양한 주장들 중에서 합리적인 부분들은 취합하고, 불합리하고 주관적인 가설과 추론들을 제외하면서, 그 당시의 실제 상황을 최대한 반영하여 체계적으로 정리한다면 새로운 진전이 있을 것이라고 생각된다.

三. 商代의 정치 지리

商 왕조의 정치 지리의 구조에 대해서 陳夢家는 西周 시대에 서술된 내용과 갑골복사의 기록에 근거하여 왕도(王都)·왕기(王畿)·제후 방국(方國) 등 3단계로 구분하였다. 제1 권역은 왕도(王都)이고, 제2 권역은 왕기이며, 제3 권역은 商 왕조에 신속(臣屬)된 제후들과 방국이고, 이들 권역에서 제외되었거나 벗어난 지역은 바로 商 왕조의 적대(敵對) 방국 또는 개척되지 않은 지역이라고 하였다.[1] 그리고 宋鎭豪는 '邑'의 각도에서 商 왕조의 정치 지리 구조를 '王邑'·'畿內邑'과 '諸侯臣屬邑' 및 '鄙地群邑' 등 3등급으로 나누어져 있었다고 주장하였다. 여기에서의 '王邑'은 왕도를 지칭하며, 그 바깥은 왕기(王畿)이고, 다시 그 바깥은 제후 통치 지역이다. 제후의 지리 구조는 왕국과 같으며, 중심 도읍과 변경의 궁벽한 취락읍으로 되어 있었다고 하였다.[2]

갑골복사에 나타나는 商代 왕도의 지리는 이미 고고학적으로 증명이 되었는데, 지금의 河南省 安陽市 小屯의 殷墟가 盤庚이 도읍을 옮긴 이후 紂王에 이르러 멸망할 때까지의 왕도이다. 갑골복사에서 왕도는 '玆邑'으로 표기되었는데, 복사에 "洹弗作玆邑禍."(《合集7859》)이라고 한 것이 그 예이다. 이 '玆邑'의 '玆'는 지시대명사로서 특별한 의미가 없으므로, 《合集23717》에서 "辛卯卜, 大貞 : 洹弘弗敦邑. 七月."라고 한 것과 같이 '玆邑'의 '玆'를 생략하여 '邑'으로만 쓰기도 하였다. 또 '洹水'의 위치에 근거하여 갑골복사에서의 '玆邑'과 '邑'을 모두 商 왕조의 왕도로 단정할 수 있는데, 지금의 安陽市의 殷墟이다. 점복자(占卜者)들은 대부분 왕도에 있었고, 이 왕도는 또한 商 왕조의 정치 중심으로서, 훨씬 더 많은 관심과 주의를 받았기 때문에, '玆邑'이 왕도라는 주장에는 이의(異議)가 없다.

羅振玉과 王國維 이래로 갑골문에 보이는 商의 왕도에 대한 명칭으로는 '商'·'中商'·'大邑'·'大邑商'·'天邑商' 등이 있다는 주장들이 제시되었다. 여기에서 한걸음 더 나아가 董作賓은 帝辛의 '人方' 정벌에 대한 역보(歷譜)를 편성하면서, '商'·'大邑'·'大邑商'은 河南省의 商丘를

---

1) 陳夢家 前揭書 《殷虛卜辭綜述》 p.325를 참고.

2) 宋鎭豪 《夏商社會生活史》(中國社會科學出版社 1994. 北京) p.46을 참고.

지칭한다고 하였다.[1] 이에 대해 陳夢家는 '商'이 '商丘'를 지칭한다는 주장에는 동의하였으나, '大邑商'은 '沁陽'을 지칭하고, '天邑商'은 '朝歌' 즉 지금의 淇縣을 지칭하며, '中商'은 '安陽'을 지칭한다고 주장했다.[2] 또 島邦男은 '玆商'이 '安陽'을 지칭한다는 것을 제외하고는 기타 '商'·'丘商'·'大商'·'大邑商'은 모두 '商丘'를 지칭한다고 주장했으며;[3] 鄭杰祥은 이와 반대로 '商'·'大邑商'·'天邑商'은 모두 '王都'를 지칭하는데, 이는 지금의 '安陽' 혹은 '朝歌'이고, '中商'은 安陽 부근을 지칭한다고 했다.[4] 그리고 鐘柏生은 이들 몇 개의 단어에 대한 분기 연구를 진행하여, 복사 5기(期) 중의 '商'과 관련된 명칭들을 밝혀내기도 하였다.[5]

갑골문에서의 '商'은 광의(廣義)와 협의(狹義)의 두 가지 뜻이 있다. 협의로는 어떤 특정의 한 지역이나 인명으로 쓰인 경우가 이에 해당되는데, 복사에 "在商"(《合集36501》)·"自商"(《合集24228》)이라고 한 것 등은 특정 지역을 지칭한 경우의 예이며; "呼商取逆"(《合集7058》)·"子商"(《合集371正》)·"侯商"(《屯南1059》)이라고 한 것 등은 인명으로 쓰인 경우의 예인데, 이렇게 하나의 명칭이 지명과 인명으로 함께 쓰이는 현상을 '人地同名' 현상이라고 한다. 광의(廣義)로는 商 왕조의 왕기를 지칭하는 경우인데, 복사의 예로는 "丁丑卜, 貞 : 商受年. 弗受有年. 戊申卜, 王貞 : 受中商年. 七月."(《合集20650》)이라고 한 것이 있다. 이는 '商'과 '中商'의 대정(對貞) 복문(卜問)인데, 島邦男은 여기에서의 '中商'이 바로 '商'이라고 해석하였다.[6]

그런데 商代의 왕기는 제후국 가운데에 위치하였으며, 이 때문에 '商'과 '四方'·'四土'는 대칭하였는데, 복사에 "東方·北方·西方·南方·商."(《屯南1126》)·"己巳王卜, 貞 : [今]歲商受年. 王占曰 : 吉. 東土受年. 南土受年. 西土受年. 北土受年."(《合集36975》)이라고 하고 있는 것 등이 그 예들이다. 왕기의 바깥 지역은 비록 제후가 방위하였으나, 자주 외적의 공격 위험도 있었던 것 같다. 복사에 "壬午卜, 𠂤貞 : 王令多[illegible]禦方于[商]. 壬午卜, …… 呼禦方於商."(《合集20450》)과 "☐巳卜, 王貞 : 于中商呼御方."(《合集20453》) 두 편(片)의 갑골은 武丁 만기(晚期)의 '𠂤組' 복사인데, 만약 '商'과 '中商'이 왕도라면, 商 왕은 왕도에서 '方'의 공격을 저지 방어한다는 것인데, 이는 불가능한 일로 생각된다. 더욱이 복사에 "己未卜, 貞 : …… 在南土. …… 多[illegible]亡禍在南土."(《合集20576正》)라고 하고 있는 것으로 보면, '[illegible]'의 지리적 위치는 '南土'에 있었음을 알 수 있기 때문이다.

---

1) 董作賓 前揭書《殷曆譜·日譜五》를 참고.

2) 陳夢家 前揭書《殷虛卜辭綜述》pp.255~258을 참고.

3) 島邦男 前揭書《殷虛卜辭研究》(中譯本) p.360을 참고.

4) 鄭杰祥 前揭書《商代地理概論》p.4~18을 참고.

5) 鐘柏生 前揭書《殷商卜辭地理論叢》p.48을 참고.

6) 島邦男 前揭書《殷墟卜辭研究》(中譯本) p.360.

그리고 갑골복사 중의 '方'은 그 명칭이 '方'인 적국을 특별히 지칭하는 것이 아니라, 외적에 대한 통칭인 듯한데, 이는 '侯'·'伯'·'子'·'婦'가 통칭으로 쓰이는 경우와 같다. 앞의 복사 중에서《合集20450》은, 적국이 商의 남부 변경을 침범한 것을 말하는 것이지, 왕도를 보위한다는 뜻은 아니다. 그러므로 광의(廣義)의 '商'과 '中商'은 商 왕조의 왕기(王畿)를 지칭하는 것이 틀림없다.

商 왕조의 왕기는 고대의 문헌에는 '內'로 기록되어 있으며, 이와 상대되는 제후국은 '外'로 호칭하였다. 따라서 왕조의 조정 내의 관직을 '內服'이라 칭하고, 제후 수령(首領)들은 '外服'이라 칭하였다.

왕기의 범위에 대해서 李學勤은, 서쪽 지역의 남방 경계는 沁水이고, 서쪽 지역의 북방은 대략 太行山이 경계가 되었으며, 남쪽 지역은 지금의 商丘 이북 지역인 宋이 경계였고, 동쪽 지역은 曲阜를 경계로 그 서방 지역이 해당되었으며, 북쪽 지역의 경계는 확증할 수가 없다고 했다.[1)]

갑골복사에 나타나는 商 왕조의 왕도·왕기와 제후국의 지리적 구조는 고대의 문헌 기록들과도 상응한다.《古本竹書紀年·紂王》에 "自盤庚遷殷至紂之滅, 二百七十三年更不徙都. 紂時稍大其邑, 南距朝歌, 北距邯鄲及沙丘, 皆爲離宮別館. : 盤庚이 殷으로 천도하고 紂王에 이르러 멸망할 때까지 273년 동안은 다시 천도하지 않았는데, 紂王 때는 그 읍이 조금 더 커서 남쪽으로는 朝歌, 북쪽으로는 邯鄲 및 沙丘를 두고 있었는데, 이곳들 모두에 이궁(離宮)과 별궁을 지었다."이라고 하고 있는데, 이는 紂王 때의 왕도에 대한 기록이다. 또《戰國策·魏策一》에는, "殷紂之國, 左孟門而右漳釜(滏), 前帶河, 後被山. : 殷나라 紂王 때의 국도(國都)는 좌측으로는 孟門까지이고, 우측으로는 漳滏까지이며, 앞으로는 강을 끼고 뒤로는 산을 업고 있었다."이라고 하여, 吳起의 말을 인용하고 있는데, 이는 곧 商 후기의 왕도의 규모와 그 부근 지역을 설명한 것이다.

그리고《漢書·賈捐之傳》에는, "武丁·成王, 殷周之大仁也. 然其地東不地江黃, 西不過氐羌, 南不過荊蠻, 北不過朔方. : 武丁과 成王은 殷나라와 周나라의 '大仁'으로 꼽힌다. 그러나 그들의 영토는 동쪽으로는 長江과 黃河까지 가지 않고, 서쪽으로는 氐羌을 넘지 않았으며, 남쪽으로는 荊蠻을 넘지 않았고, 북쪽으로는 朔方을 넘지 않았다."이라고 하고 있다. 이는 西漢 시대의 賈捐之가 武丁 시기의 강역으로 말한 것이지만, 실제로는 武丁 때의 왕기의 경계를 말한 것이 틀림없는데, 대체로 지금의 山東省 서부, 陝西·甘肅省 이동(以東), 河北省 중부 이남, 湖北省 북부 이북 지역을 포괄한다. 이 지역은 약 수십 년에 걸쳐 진행된 고고 발굴에서 출토된 유물들이 전형적인 商 문화 즉 중원형(中原型) 商 문화의 분포 지역에 속한다고 한다.[2)]

---

1) 李學勤《殷代地理簡論》(科學出版社 1959. 北京) pp.95~97을 참고.

2) 楊升南《商代經濟史》(貴州人民出版社 1992. 貴陽) pp.15~22를 참고.

이 왕기의 경계 바깥 지역은 제후와 방국의 근거지에 속하는데, 商代의 강역에 대해《淮南子·秦族訓》에는 "紂之地, 左東海, 右流沙, 前交趾, 後幽都. : 紂王의 땅은 좌측으로는 東海[지금의 黃海], 우측으로는 流沙, 앞으로는 交趾, 뒤로는 幽都에 이르렀다."라고 하고 있다. 이로서 商나라 紂王 때의 강역이 대단히 넓었음을 알 수 있다.

商 왕조의 강역에 대해 李學勤은 그 동안 각 지역의 고고 발굴을 통해 출토된 商代 청동기에 근거하여, "北到內蒙, 東到山東, 西到陝西和甘肅一帶, 南到廣西, 其器物均有商文化的特點.[1] : 북쪽으로는 內蒙古, 동쪽으로는 山東, 서쪽로는 陝西와 甘肅 일대, 남쪽으로는 廣西에까지 이르는데, 그 기물(器物)은 모두 商 문화의 특징을 지니고 있다."라고 했다. 이는《淮南子》에서 말한 지역들과 기본적으로 서로 부합된다. 고고 발굴을 통해서 商 왕조의 강역 범위에 대한 인식은 과거의 한계를 벗어나고 있는 것이 확실하지만, 이 방면에서의 연구는 아직도 더 많은 노력과 더 많은 자료의 확보가 필요하다고 하겠다.

제4절 商代의 군사(軍事)

商 왕조의 군사(軍事)와 관련된 고대의 문헌 자료는 매우 드물고, 西周 이후에 기록된 몇몇 자료들조차도 들쭉날쭉하여 서로 일치하지 않는다. 그러다가 1899년에 商代의 갑골문이 발견된 이후로, 商代 사람들에 관한 직접적인 문자 자료가 제공되었고, 학자들도 이에 근거하여 商代 군대의 기본적인 상황에 대해 점차 이해할 수 있게 되었다. 비록 여전히 매우 단편적이고 수량도 얼마 되지 않지만, 갑골복사의 자료를 이용하여 商 왕조의 제반 군사(軍事)에 대해 살펴보기로 하자.

一. 군사(軍事) 편제

商 왕조의 군사(軍事)에 대하여,《呂氏春秋·簡選》에는 湯임금이 병거(兵車) 70승(乘)으로 적군 6천명을 죽이고 桀王을 정벌했다고 하고 있고,《墨子·明鬼下》에는 湯임금이 병거 9량(輛)으로 夏나라를 멸하였다고 하고 있다. 이는 지금 남아 있는 商 왕조의 시조 湯임금이 夏나라의 桀王을 정벌할 때에 동원한 군대의 규모에 대한 지극히 간헐적인 문헌 기록들이다.

그러면 갑골복사에 나타나는 商 왕조의 군사 편제는 어떠했는지를 그 편제의 단위와 소속 두 가지로 나누어 살펴보기로 하겠다.

---

1) 李學勤《比較考古學隨筆·引言》(廣西師範大學出版社 1997. 桂林)을 참고.

甲. 단위(單位)

갑골문에는 군사(軍事)와 관련된 복사에 '師'·'族'·'行'·'戍' 등의 말들이 자주 보이는데, 학자들은 이 단어들이 商代의 군사 편제의 단위를 나타내는 명칭이라는 데에 인식을 같이 하고 있다. 이들에 대해 살펴보기로 하자.

1. '師'

이 '師'자는 갑골문으로는 '𠂤'(《鐵4. 3》) 또는 '𠂤'(《佚586》) 등의 모양으로 쓰는데, 이를 孫詒讓이 '𠂤'로 예정(隸定)하고, '師'자라고 고석하였는데, 이미 정설이 되었다.[1] 갑골복사에서는 이 '師'는 군대(軍隊)를 통칭하는 말로도 쓰인다. 갑골복사 가운데 "丁酉, 貞 : 王作三師右·中·左."(《合集33006》)라고 하고 있는 것이 있는데, 여기에서의 "三師右中左"라는 말은 "'右師'·'中師'·'左師'의 세 부대"라는 뜻이므로, 여기에서의 '師'는 군사 편제(編制) 단위라는 것을 알 수 있다.

이와 같은 내용의 복사가 1989년 小屯村의 馬王廟 서남쪽에서 발굴된 갑골편에 "丁酉貞 : 王作三師右中右."라고 각되어 있는데, 이를 위에 예시한《合集33006》과 비교하면, 맨 끝의 '右'자는 '左'자의 잘못으로 보인다. 劉一曼은 발굴된 지층에 근거하여 이 갑골편을 武乙과 文丁 시대에 속한다고 주장했는데,[2] 武乙과 文丁 시대의 "作三師"는 그 증거들이 충분하고, 또 이들 두 조(條)의 갑골복사로 미루어 보더라도 이 시기에는 "作三師"가 국가의 중대한 조치였던 것으로 추정된다. 여기서의 '右'·'中'·'左'는 곧 '右師'·'中師'·'左師'를 말한다. 武丁 시기에 이미 '三師'가 있었으므로, 武乙과 文丁 시기의 복사에 "王作三師"라고 한 것은 이 시기에 있었을 한 차례의 군사력 강화의 일환이었을 것으로 짐작된다.

그런데 '師'의 인원수에 대해 董作賓은 "無定數.[3] : 일정하게 정해진 숫자가 없다."고 했으나, 貝塚茂樹와 劉釗는 1백 명이라고 했다.[4] 그리고 陳恩林은 3천 명이라고 주장하면서, '師' 아래에 '旅'가 있으며, '旅'는 3백 명씩으로 구성되었다고 했다. 그리고 李學勤, 楊升南, 肖楠과 같은 몇몇 학자들은, '師'가 商의 군대에서 가장 큰 편제 단위이므로, 각 '師'는 의당 1만 명이어야 한다고 주장했다.[5] 張政烺은, 商代의 군사 제도는 씨족 제도와 서로 관련되어 있고, 모두 10진법

---

1) 孫詒讓《契文擧例·考釋》(齊魯書社 1993. 濟南)을 참고.

2) 劉一曼 <安陽小屯殷代刻辭甲骨>,《中國考古學年鑒》1990年(文物出版社 1991. 北京) p.248을 참고.

3) 董作賓 前揭書《殷曆譜》중의 <武丁日譜>를 참고.

4) 貝塚茂樹《京都大學人文科學研究所藏甲骨文字·本文篇》(京都大學人文科學研究所 1960. 京都) p.292와 劉釗 <卜辭所見殷代的軍事活動>,《古文字研究》第16輯(中華書局 1989. 북경)을 참고.

5) 陳恩林《先秦軍事制度研究》(吉林文史出版社 1991. 長春) p.44.

을 채용했으며, 周나라 초기에 "千夫長 · 百夫長. : 1천 명을 거느린 대장 · 1백 명을 거느린 대장"이 있었는데, 《尙書 · 牧誓》에서 이들이 '亞旅' · '師氏'의 뒤에 언급된 것으로 보아, '師'는 1만 명이 합당하다고 했다.[1)]

이와 같이 '師'의 인원수에 대해서는 아직 정론은 없으나, 이 '師'는 보병(步兵)으로 편성되었을 것이고, 또 천자(天子)인 왕의 군대임을 감안하면, 張政烺의 주장과 같이 1만 명 정도의 규모로 보는 것이 타당하다고 여겨진다.

2. '旅'

갑골문으로 '旅'자는 '[甲骨字]'(《佚735》) · '[甲骨字]'(《鐵90. 1》) 등으로 쓴다. 이 글자의 자형은 기치 아래에 여러 사람들이 모여 있는 모양으로, 군대가 멀리 원정(遠征)을 가는 것을 형상화한 것이며, 본의(本義)는 군대라는 뜻이다. 이 '旅'자는 갑골복사에서는 본의 이외에 인명과 제명(祭名)으로도 사용되었다.

그런데 군사와 관련된 갑골복사에서는 이 '旅' 역시 '師'와 마찬가지로 군대 편제의 하나로 쓰이고 있다. 그리고 《屯南2328》과 《屯南2350》 두 갑골편에는 '師'의 경우와 같이 '左旅' · '右旅'라는 말이 각되어 있는데, '中旅'라는 말은 아직까지 발견되지 않았다. 이와 관련하여 일부의 학자들은, 복사 중의 '王旅'가 곧 '中旅'일 것이라고 주장했는데,[2)] 이런 주장은 '師'에도 '王師'가 있고 또 '中師'가 있는 점으로 보아 그럴 가능성은 희박하다고 할 수밖에 없다.

'師'와 '旅'의 관계에 대해서 嚴一萍은 하나의 '師' 아래에 3개의 '旅'가 있었던 것 같다고 했고;[3)] 陳恩林은 '旅'는 3백 명으로 구성되었고, '師'는 3천 명으로 편성되었을 것이므로, 1'師'는 10'旅'로 되어 있었을 것으로 추측했다.[4)] 肖楠 역시 10진법으로 추측하여 10'旅'가 1'師'가 된다고 했다.[5)]

그러나 劉釗는 '旅'가 '師' 아래 정규 군사 편제의 명칭이 아니고 민병(民兵) 조직이며, 수많은 씨족들로부터 선발된 사람들로 구성된 군사 조직으로서, 왕조의 통할(統轄)을 받았기에 국가에 소속된 무장 조직이며; '師'는 왕실의 보위 군대이고, '旅'는 씨족의 구성원들을 뽑아서 조직한 민병이면서 지방 군대였기 때문에, 商代에는 이른바 국가 군대는 없었고, 또 商代의 전쟁은 주로

---

1) 張政烺 <古代中國十進制的氏族組織>, 前揭書 《歷史教學》 1951年 第3期를 참고.

2) 肖楠 <試論卜辭中的師和旅>, 《古文字硏究》 第6輯(中華書局 1981. 北京); 陳恩林 前揭書 《先秦軍事制度硏究》 p.44를 참고.

3) 嚴一萍 <殷商兵志>, 《中國文字》 新7期(藝文印書館 1983. 臺北)을 참고.

4) 陳恩林 《先秦軍事制度硏究》(吉林文史出版社 1991. 長春) p.48.

5) 肖楠 前揭 論文 <試論卜辭中的師和旅>; 陳恩林 上揭書 p.45를 참고.

이런 씨족 무장 조직이 담당했다고 주장했다.[1]

3. '行'

갑골문의 '行'자는 '[illegible]'(《甲574》) · '[illegible]'(《後下 2. 12》) · '[illegible]'(《前4. 30. 1》) 등으로 쓰는데, 이는 십자로(十字路)의 모양을 형상화한 것으로, 이것이 본의(本義)이다. 그런데 복사에서는 일반적으로 동사로는 '걷다'는 뜻으로 쓰였고; 명사로는 인명으로 쓰였다. 그리고 군사와 관련된 갑골복사에서는 이 '行'은 군사 편제 단위의 하나로 쓰이고 있다. 이 '行'은 복사에서 '師'나 '旅'의 경우와 마찬가지로 "中行"(《懷特1504》), "右行"(《合集19755》), "上行" · "東行"(《懷特1464》), "大行"(《懷特1581》) 등으로 쓰이고 있다. 그리고 예를 들면, "畐行"(《合集20447》), "單行"(《合集21457》), "永行"(《合集23671》), "亩行" · "㯻行"(《合集27978》), "義行"(《合集27979》) 등과 같이 인명이나 지명과 함께 "某行"으로 호칭한 것도 있고, "王行"(《合集24445》)이라고 한 것도 있다. 물론 이 '王行'은 商 왕에게 귀속된 '行'을 말하는 것일 것이다.

군사와 관련된 갑골문 중의 이런 '行'에 대해 嚴一萍은 행군(行軍)의 한 부서(部署)로서, 전렵이나 군사 작전 때 사용하는 비정규의 군제(軍制)라고 추정하였다.[2] 또 王貴民은, '上行'은 '左行'이고, '東行'은 '右行'이므로, '行'도 역시 '右' · '中' · '左'의 편제로 되어 있었을 것이고, 1'行'은 1백 명의 인원이었을 것이며, '大行'은 비교적 큰 규모의 편제로서, 1천 명으로 구성되었을 것이라고 추정하였다.[3]

그리고 宋鎭豪는 '行'을 보병 편제로 보고, '行'은 300명 혹은 3,000명으로 구성되었을 것이고, '大行'은 1'師'에 상당할 정도의 규모로서, 3개의 '行'이 하나의 '大行'을 이루게 되며, 사람 수는 900명 혹은 9,000명으로 편성되었을 것이라고 추정하였다.[4]

그런데 보병의 편제에 대해 '行'이라고 명명한 것은 당연히 商 · 周 시대 군사 작전에서 채택한 방진(方陣) 전술과 상관이 있었을 것이다. 陳恩林은《尙書 · 牧誓》에, 周 武王이 서사(誓師)하면서 장사(將士)들에게 요구한 내용에 대해서, "大方陣每前進六步 · 七步, 每搏擊六伐 · 七伐, 甚至四 · 五伐, 就要停下來整頓一次隊形.[5] : 대규모의 방진은 매번 6,7보(步)를 전진하거나, 매번 6,7차례, 심지어는 4,5차례의 육박전을 치르고 나면 바로 멈추어서 한 차례 대형(隊形)을 정돈하였다."라고 하고, 이렇게 함으로써 행렬의 정돈 상태를 유지하였다고 했다. 이는 군사(軍事) 편제

---

1) 劉釗 <卜辭所見殷代的軍事活動>, 《古文字硏究》 第16輯(中華書局 1989. 北京)을 참고.

2) 嚴一萍 <殷商兵志>, 前揭書 《中國文學》 新7期를 참고.

3) 王貴民 <甲骨文所見的商代軍制數則>, 《甲骨探史錄》(三聯書店 1982. 홍콩)을 참고.

4) 宋鎭豪 《早期奴隸社會比較硏究》(中國社會科學出版社 1996. 北京) pp.200~201을 참고.

5) 陳恩林 前揭書 《先秦軍事制度硏究》 p.48.

단위의 명칭을 ‘行’이라고 명명한 의미를 유추한 것이다.

4. ‘戍’

갑골문 ‘戍’자는 ‘□’(《粹1147》) · ‘□’(《粹1153》) · ‘□’(《後下43. 9》) 등으로 쓰는데, ‘戈’ 즉 창 아래에 사람이 서 있는 모양을 형상화한 자형으로, 본의(本義)는 ‘지키다’는 뜻이다. 갑골복사에서는 본의 이외에 무관의 관직명으로도 쓰였다. 군사와 관련된 갑골복사에서는 이 ‘戍’ 역시 ‘師’ · ‘旅’ · ‘行’과 마찬가지로 ‘右’ · ‘中’ · ‘左’로 구분되는 군사 편제 단위의 하나로 쓰이고 있다.

이 ‘戍’에 대해 王貴民은, ‘戍’의 주요 직책은 수위(守衛)하는 일이고, 한 곳에 주둔하면서 방위하는 시간이 비교적 길었다고 설명하였다.[1)]

이로 인해 이 ‘戍’는《合集26879》·《合集26880》 등에서 보는 바와 같이 방위를 위해 그들이 주둔하고 있는 지역의 군사들 즉 ‘族軍’을 동원하는 경우가 많았을 것으로 생각된다.

乙. 소속(所屬)

군사 조직은 정부의 관료 조직 중의 하나이며, 상고시대에는 국가의 체제 유지와 통치 권력 확보에 가장 중요한 조직이다. 현대의 시각으로 보면, 한 국가에 존재하는 모든 군대는 모두 국가 소속이어야 하기 때문에 고대의 군주 국가에서는 유일하게 국왕만 군대를 보유했을 것 같지만, 商代에는 국가를 대표하는 국왕은 물론이고, 비록 국왕의 위임에 따른 것이긴 하겠지만, 영지(領地)를 소유한 제후들과 귀족 관리들도 군대를 보유하고 있었다. 이에 따라 여기에서는 갑골복사에 나타나는 商代의 군대를 그 소유 주체에 따라 분류하여 살펴보기로 하겠다.

1. 국왕의 군대

여기에서 말하는 국왕의 군대란 물론 商 왕조의 국왕이나 조정에 소속된 군대를 말하는데, 갑골복사에서는 이런 국왕의 군대를 “方來入邑, 今夕弗震王師.”(《合集36443》) · “大方出伐我師.”(《合集27882》) · “我師亡啓隹夊.”(《合集11274反》) · “壬辰……衣……朕師……”(《合集36127》) · “□□卜 : 王旅……”(《合集5823》) · “缶其䧹我旅.”(《合集1027正》)라고 하고 있는 것 등에서 보는 바와 같이 ‘王師’ · ‘朕師’ · ‘我師’ · ‘我旅’ · ‘王旅’ 등의 명칭으로 기록하고 있다.

---

1) 王貴民 前揭 論文 <甲骨文所見的商代軍制數則>을 참고.

2. 제후의 군대

갑골복사에서는 제후국의 군대는 '某師'의 형식으로 표기하고 있는데, 예를 들면, "弜師"(《合集5810》) · "吳師"(《合5812集》) · "戔師"(《合集7766》) · "雀師"(《合集》8006) · "犬師"(《合集27915》) · "㠱侯缶師"(《合集36525》) · "虎師"(《英藏2326》) 등과 같은 것들이다. 이들 '某師'의 '某'는 제후의 이름이거나 지명인데, 이런 형식으로 기록된 '師'는 제후국의 지방 군대임이 틀림없다.[1]

그리고 복사 가운데 "立事于南, 右从我, 中从輿, 左从曾."(《合集5504》·《合集5512》)이라고 하고 있는 것이 있는데, 여기에서의 '我' · '輿' · '曾'은 商代 '南土'의 세 제후국이며, "立事于南"이라는 말은 왕이 '南土'에서 군사 업무를 집행한다는 뜻이고, '右' · '中' · '左'는 국왕의 '三師'를 지칭한다. 따라서 이 복사는 商나라 왕이 자기의 '右' · '中' · '左' '三師'와 '南土'의 '我' · '輿' · '曾' 등의 세 제후국의 군대를 통솔하여 작전을 수행한다는 내용이다. 이로써 商代의 제후의 군대는 왕실의 통제와 지휘를 받았으며, 왕을 수행하여 출정하기도 하였음을 알 수 있다.

3. 귀족의 군대

갑골문으로 '族'자는 '[illegible]'(《甲366》) · '[illegible]'(《前7. 38. 2》) · '[illegible]'(《京津4387》) · '[illegible]'(《甲2431》) 등으로 쓰는데, 이는 군기(軍旗) 아래에 화살을 모아 놓은 모양을 형상화한 자형으로, 본의는 군대 조직이라는 뜻이며, 복사에서의 이 '族'자는 '某族'의 형식으로 본의로만 사용되고 있다. 갑골복사에 보이는 '族'에는 '某族'의 형식으로 쓰인 '王族' · '子族' · '三族' · '五族' 등이 있다. 劉釗는 이들 '族'은 모두 귀족들의 씨족 조직인데, 여기에서의 '三族'과 '五族'은 특정 귀족의 씨족 조직이 아니라 3개나 5개의 종족들이 모여 편성한 거주지 중심의 친족 조직이라고 주장하였다.[2] 갑골복사에 각된 이들 '王族' · '子族' · '三族' · '五族' 등의 귀족의 군대를 살펴보기로 하자.

A. '王族'

'王族'의 군사 활동이 기록된 것으로 보이는 복사의 예로는 "追召方"(《合集33017》) · "敦人方邑舊"(《屯南2064》) · "宄方"(《屯南2301》) · "令王族戈"(《合集14915》) · "令王族从缶"(《屯南190》) 등이 있고, 또 "叶王事"(《合集14912》)라고 한 것도 보인다. 이 "叶王事"라는 말은 반드시 전쟁과 관련된 일이 아닐 수도 있지만, 군사 행동이 포함되었을 가능성이 많다.

---

1) 楊升南 <略論商代的軍隊>, 前揭書《甲骨探史錄》; 王貴民《商周制度考信》(明文書局 1989. 臺北); 陳恩林 前揭書《先秦軍事制度研究》pp.34~40; 宋鎭豪 <商代軍事制度>, 胡慶均 主編 前揭書《早期奴隸社會比較研究》第2編 第9章 등을 참고.

2) 劉釗 <卜辭所見殷代的軍事活動>,《古文字研究》第16輯(中華書局 1989. 北京)을 참고.

B. '子族'

갑골복사 가운데 "旅致多子族有事于周"(《合集6814》)라고 한 것이 있고, 또《合集5450》과《合集6813》에는 '多子族'이 "叶王事"한 내용이 각되어 있다. 복사에서 '子族'은 대부분 周와 관련된 일에 많이 나타나는데, 예를 들면, "从犬侯有事于周"(《合集6812》·《合集6813》·《合集6820》)라고 한 것 등이다. 이는 '犬侯'의 군대를 통솔하여 '周'와 군사 작전을 벌였다는 말인데, 이는 周나라와 군사적인 충돌이 많았음을 시사(示唆)하는 것이다.

C. '三族'

'三族'의 군사 활동을 기록하고 있는 복사는 "从沚戠征土方"(《合集6438》)이라고 하고 있는 것과 "王令追召方"(《合集32815》)이라고 하고 있는 것이 각각 한 번 보일 뿐이다.

D. '五族'

갑골복사 가운데 "五族戍羌方"(《合集28053》), "五族戍缶……伐𢦏"(《合集28054》)라고 하고 있는 것이 있는데, 이 이외에 '五族'의 수수(戍守) 활동이 기록된 복사로는《合集26879》와《合集26880》이 있다. 위에 예시한《合集28053》의 복사는 변방을 지키고 있는 내용이고,《合集28054》의 복사는 변방을 지키는 일에도 정벌에 해당되는 일이 포함됨을 말해 준다.

이상에서 살펴본 바와 같이 '族'의 군사 활동을 전체 갑골문에 반영된 商代 전체의 군사 활동과 비교하면 매우 작은 부분을 차지하지만, 영향력이 큰 군사 활동도 있었을 것이라고 생각된다.

二. 병종(兵種)

갑골복사의 자료에 나타나는 商代 군대의 병종(兵種)으로는 보병과 거병(車兵), 그리고 기병(騎兵)과 수병(水兵)이 보인다.

甲. 보병(步兵)

갑골복사에 직접 '步兵'이라고 한 예는 없고 '步伐'이라는 말이 있는데, 이 '步伐'이라는 말에 대해 胡厚宣은 "步伐者, 不駕車, 不騎馬, 以步卒征伐之也.[1] : '步伐'이란 수레를 타지도 않고 말도 타지 않는 보졸로 정벌하다는 뜻이다."라고 했는데, 이는 곧 보병으로 정벌 전쟁에 참여하는

1) 胡厚宣 <殷代舌方考>, 前揭書《甲骨學商史論叢》初集 p.254.

것을 말한 것이다.

그런데 앞에서 살펴본 商 왕조의 군사 편제 가운데, ‘師’·‘旅’·‘戍’에는 보병을 위주로 하되, 다른 병종(兵種)도 편입된 복수(複數) 병종의 군대이고, 오로지 보병으로만 편성된 것은 ‘行’이라고 생각된다.

乙. 거병(車兵)

갑골문으로는 ‘車’자를 ‘’(《存上743》)·‘’(《鐵114.1》)·‘’(《珠290》)·‘’(《乙324》) 등으로 쓰며, 복사에서는 명사로, 본의인 수레라는 뜻 이외에 인명이나 지명으로도 쓰이고 있다. 그런데 商 왕조의 많은 유적지에서 실물 수레 즉 ‘車’가 발견되었으며, 安陽의 殷墟에서는 1928년부터 시작된 과학적인 발굴 작업이래로 商代의 수레 수십 량(輛)이 발굴되었다. 수레의 구조는 쌍륜(雙輪)에 하나의 끌채로 되어 있고, 두 마리의 말이 끌도록 한 것이 주를 이루지만, 네 마리의 말이 끌도록 한 것도 있다.

갑골복사에는《合集584》·《合集1045》·《合集11466》 등과 같이 수레를 이용하여 사냥을 한 내용도 있고,《合集6834》와 같이 수레를 이용하여 전쟁을 수행한 내용도 있으며, 商代 후기의 복사에는《合集36481》과 같이 ‘危方’과의 전쟁에 대한 내용과 함께 ‘危方’의 병거(兵車) 2량 이상을 노획했다는 내용도 있다. 이로 미루어 보아서 商代에는 병거 사용이 상당히 많았음을 알 수 있다.

商 왕조의 병거 편대에 대해서, 楊升南은 5량·25량·100량·300량 등의 등급으로 구별되었다고 주장한데 비해,[1] 王貴民은 복사에서의 ‘馬’의 숫자는 병거의 숫자를 표시한다고 주장하면서, 복사에 보이는 “三十馬”(《合集500正》)는 30량의 병거로 한 편대를 구성한다는 말일 것이라고 추정하고, 그 이상의 편대는 100량과 300량으로 구성된 것이 있었을 것이라고 주장하였다.[2] 또 宋鎮豪는 殷墟에서 출토된 5량 및 25량 병거의 매장 상태에 근거하여 商 왕실 군대의 거병(車兵)은 3,5편대로 구성되었을 것으로 추정하면서, 거병 3대(隊)를 편성하는 경우, 각 편대에는 25량의 병거가 있었고, 이 각 편대를 5량의 병거로 구성된 5개의 소대(小隊)로 나누어서 배치하였으며, 각 소대에는 병거 위에 타고 있는 갑사(甲士)외에 또 보졸과 말을 돌보는 관리도 있었고, 이 밖에 각 대대(大隊)에는 우거(牛車) 50~150량을 배치하여 군수 물자 운송에 사용하였다고 했다. 그는 또《合集5825》에 “貞：肇馬左右中人三百”이라고 한 복사에 대해서, ‘左右中’은 3대(隊)의

1) 楊升南 前揭 論文 <略論商代的軍隊>를 참조.

2) 王貴民 前揭書《商周制度考信》p.221을 참고.

거병(車兵)을 지칭하며, '人三百'은 각 병거 부대에 배치된 사졸로서, 잡역 인부와 심지어 기병까지를 지칭한다고 주장했다. 그리고 그는 각 '師'에는 3개의 병거 부대가 있었으며, 각 병거 부대에는 25량의 병거가 있어서 모두 75량의 병거로 구성되므로, '三師'에는 225량의 병거가 있었을 것으로 추측하였다.[1] 그리고 楊升南과 王貴民은 복사에 "百射"·"三百射" 등의 점복 내용이 있고, 島邦男이 "射就是以戰車一輛之射士爲單位的編制.[2] : '射'는 병거 한 대의 사수(射手)를 단위로 하는 편제이다."라고 한 것에 근거하여, 이 '百射'는 1백 량의 병거이고, '三百射'는 3백 량의 병거라는 뜻이라고 하고는, 殷代 武丁 시기에 '三師'가 있었으며, 각 '師'에는 100량의 병거가 있었다고 주장하였다.[3]

그러나 '馬'와 '射'가 병거의 숫자를 나타낸다는 의견에 대해서 王宇信은 반대하였는데, 그는 '射'는 그냥 사수일 뿐이고 병거와는 상관이 없다고 했다. 그는 商代에는 100명·300명의 궁수(弓手) 부대 조직이 있었으며, 왕의 신변을 안전하게 보호하는 임무를 맡고 있었다고 주장했다. 그리고 그는 '馬'는 갑골문에서 '車馬'와 '人馬'로 나뉘어져 있는데, '車馬'의 '馬'만 병거를 지칭하고, 그냥 '馬'라고만 한 것은 '人馬'로서 단기(單騎)를 지칭한다고 했다. 그는 또《合集5825》의 "肇馬左右中人三百"이라는 복사의 내용은 '人馬'에 관한 복사이며, 이 문장의 뜻은 "각 100명씩으로 구성된 3개의 기마대"라고 주장했다.[4] 이에 의하면, 이 복사는 300명의 기병 대오(隊伍)를 말한 것이다. 嚴一萍도 역시 이 '射'에 대해 "射乃執弓矢之士兵.[5] : '射'는 궁시를 지닌 사병이다."라고 주장하였다. 이로 미루어 보면, 예시된《合集5825》의 복사와 같이 갑골복사에서 단독으로 사용된 '馬'와 '射'는 병거와는 무관함을 알 수 있다.

丙. 기병(騎兵)

갑골복사 가운데 '騎兵' 또는 '騎馬'라는 말은 보이지 않는다. 이 때문인지 王貴民은, 商代에는 아직 기마 기술이 개발되지 않았기 때문에 기병도 없었을 것이므로, 복사에서의 말[馬]의 수(數)는 병거의 수를 가리킨다고 했다.[6] 그러나 商代에 기마 기술이 일찍부터 개발되어 있었다는 사실은

---

1) 이상의 주장은 모두 宋鎭豪 前揭書《早期奴隷社會比較硏究》p.199와 p.201을 참고.

2) 島邦男 前揭書《殷墟卜辭硏究》p.460.

3) 楊升南 <略論商代的軍隊>, 胡厚宣 主編《甲骨探史录》(生活·读书·新知三联书店 1982. 北京); 王貴民 <就殷墟卜辭所見試說'司馬'職名的起源>,《甲骨文與殷商史》(上海古籍出版社, 1983年. 上海)를 참고.

4) 이상의 주장은 모두 王宇信 <甲骨文馬·射的再考察--兼駁馬·射與戰車的相配置>,《第三屆國際中國古文字學硏討會論文集》(香港中文大學 1997. 홍콩)을 참고.

5) 嚴一萍 <殷商兵志>, 前揭書《中國文字》第7期를 참고.

6) 王貴民 前揭論文 <就殷墟卜辭所見試說'司馬'職名的起源>을 참고.

고고학적으로도 증명이 된지 오래다. 1936년 ‘歷史語言研究所’에 의한 제13차 安陽 殷墟 발굴 작업에서 사람과 말이 합장(合葬)된 묘(墓; M164) 하나를 발견했는데, 묘 안에는 사람 한 명과 말 한 필 외에도, 개 한 마리와 한 벌의 병기, 그리고 옥(玉) 침 하나가 있었다. 발굴에 참가했던 石璋如는, 이 묘 속의 사람은 한 사람의 기사(騎士)라고 했다.[1]

그런데 갑골복사 가운데 “先馬”라는 말이 있는데, 于省吾는 이를 ‘騎士’라고 인식하고, 殷代에는 단기(單騎)와 기사(騎射) 모두 이미 성행하고 있었다고 주장했다.[2] 또 王宇信은 商代에는 이미 상당한 규모의 기병대가 있었으며, 이 기병대 역시 ‘右’·‘中’·‘左’의 부대로 편성되었고, 각 부대는 100명의 기병으로 편성되었다고 했다.[3] 그리고 宋鎭豪는, 갑골문의 ‘師’는 ‘車’와 ‘騎’가 서로 배합된 조직으로, 각 ‘師’에는 3개의 병거 부대와 3개의 기마 부대가 있었고, 각 부대의 기병은 300명으로 구성되었으며, 이에 따라 각 ‘師’에는 900명의 기병이 있었고, ‘三師’에는 모두 2,700명의 기병이 있었다고 주장하였다.[4]

이런 추정은 아직은 확실한 사실로 증명되지는 않았지만, 商代에 기마 부대와 궁수 부대가 이미 조직되어 있었다는 사실은 분명한데, 다만 그 규모를 지나치게 큰 규모일 것으로 추정하지는 말아야 할 것 같다. 商代의 전쟁은 수레와 보병을 결합한 병력이 주가 되었는데, 이 영향으로 춘추시대까지도 각국의 병력을 계산할 때는 여전히 ‘乘’을 단위로 하였다.

丁. 수병(水兵)

갑골문에는 ‘水兵’·‘船隊’ 등 오늘날의 海軍을 지칭하는 말은 보이지 않는데, 《後上15. 8》 등에 ‘舟’자가 있고, 《合集11477》에는 강 속에 두 척의 ‘舟’ 즉 배가 있는 모양으로 된 ‘’자가 있는데, 이는 선대(船隊)를 표시한다.

갑골문 ‘舟’자는 ‘’(《掇1. 453》)·‘’(《前7. 21. 3》)·‘’(《前7. 24. 1》)·‘’(《林2. 11. 8》) 등으로 쓰고, ‘受’자는 ‘’(《乙7672》)·‘’(《前3. 29. 4》)·‘’(《戩47. 7》) 등으로 쓴다. 이 ‘受’자에 대해 楊樹達은, “从二又从舟, 蓋象甲以一手授舟, 乙以一手受之.[5] : 두 개의 ‘又’와 ‘舟’를 구성 요소로 하고 있는데, 갑이 한 손으로 ‘舟’를 주고, 을은 한 손으로 이를 받는 모양을 형상화한 것이다.”라고 풀이하였다. 이는 ‘舟’를 서로 주고받는 모양이 아니라 ‘舟’ 즉 배를 한 사람은 밀고

---

1) 石璋如 <殷代的策>, 前揭書《歷史語言研究所集刊》第22本을 참고.

2) 于省吾 <殷代的交通工具和馹傳制度>, 《東北人民大學社會科學學報》 1973年 第2期를 참고.

3) 王宇信 前揭論文 <甲骨文馬·射的再考察--兼駁馬·射與戰車的相配置>를 참고.

4) 宋鎭豪 前揭書《早期奴隸社會比較研究》 p.201의 표를 참고.

5) 楊樹達《卜辭瑣記》(上海古籍出版社 1986. 上海) p.19.

한 사람은 이를 이어받는 모양이며, 주고 받다는 뜻은 이의 인신의(引伸義)이다. 이 '受'자의 자의를 나타내기 위해 '舟'자를 구성 요소로 하였다는 사실은 商代 사회에서 이 '舟'는 이미 대단히 친숙하게 상용하는 물건이었음을 말해주는 것이다.

갑골복사 가운데 '舟'가 정벌과 관계가 있는 예로는 "叀微用洀[illegible]于之若, 𢦏𢿄方, 不雉衆."(《合集27996》)이라고 하고 있는 것이 있다. 이 복사에 대해 宋鎭豪는, "王室舟兵在微的率領下, 順流而下, 直趨𢿄方作戰. : 왕실의 수병이 微의 통솔 아래 물의 흐름을 따라 내려가서 곧바로 '𢿄方'을 추격하고 작전을 수행한 것이다."라고 하여, 商代에 이미 '舟兵' 즉 수병을 설치한 것이라고 주장했다. 그리고 그는 이 '舟兵'도 거병(車兵)·기병·보병과 같이 일정한 편제를 갖추고 있었다고 주장하면서, 《合集5507》의 반면 복사에 "立二史, 有〼橐舟."라고 하고 있는 것은, '舟兵' 역시 적어도 좌우 편제로 나누고, 관리를 골라 뽑아서 이를 나누어 관장하게 한 것이라고 추정하였다.[1]

만약 이런 주장이 사실이라면 商 왕조는 매우 정밀한 군사 조직을 보유하고 있었던 강력한 무력을 가진 군사 대국(大國)이었다고 할 수 있다.

三. 훈련

어떤 나라의 어떤 군대든, 군대의 존립 목적은 전쟁에서의 승리에 있고, 전쟁에서 승리하기 위해서는 훈련이 필수적인데, 商 왕조의 군대도 마찬가지였다.

갑골복사 가운데 "貞 : 令阜庠射. 令阜庠三百射."(《合集5570》)라고 하고 있는 것이 있는데, 이에 대해 陳夢家는 "卜辭'令阜庠三百射'者令阜教三百射以射.[2] : 복사에서 '令阜庠三百射'라고 한 것은 '阜'에게 명령을 내려서 3백 명의 '射'에게 궁술을 가르치도록 했다."라고 풀이하였다. 그의 말에 의하면, 여기에서의 '庠射'란 사수(射手)를 훈련하다는 뜻이다. 다른 복사에 "新射"(《合集32996》)라는 말이 있는 것으로 보면, 훈련의 필요성은 충분히 확인된다고 하겠다.

그리고 또 "王弜學馬, 亡疾."(《合集13705》)이라고 하고 있는 복사의 예도 있는데, 여기에서의 '學馬'란 '教馬'라는 뜻이므로, 이는 말[馬]을 훈련시키는 것을 말한다. 사람이 타는 말이거나 수레를 끄는 말이거나를 막론하고 모두 훈련을 시켜야 하기 때문이다.

그리고 "王學眾伐于莧方."(《合集32》)이라고 하고 있는 복사도 있는데, 여기에서의 "學眾"에 대해서 孫海波는, "當讀爲教眾.[3] : '教眾'의 뜻으로 읽어야 한다."라고 했는데, 이 '眾'자는 '衆'의 고자(古字)인데, 제후나 지방 장관이 강제로 군역(軍役)이나 부역에 쉽게 동원할 수 있는 사람

1) 宋鎭豪 <商代軍事制度>, 胡慶鈞 主編 前揭書《早期奴隸社會比較研究》pp.202~203을 참고.

2) 陳夢家 前揭書《殷虛卜辭綜述》p.513.

3) 孫海波 前揭書《甲骨文編》p.147.

들을 지칭한다고 생각된다. 따라서 이 복사의 의미는 ‘莞方’을 정벌하기 위해서 먼저 ‘眾’을 훈련하였다는 것이다.

또 다른 복사에 더 큰 규모의 훈련을 뜻하는 ‘振旅’라는 말이 보이는데, “丙子卜, 貞 : 翌日丁丑王其振旅, 彵遮, 不遘大雨, 兹御.”(《安明3139》)라고 하고 있는 것과 “丁丑王卜, 貞 : 其振旅, 彵遮于盂, 往來亡災.”(《合集36426》)라고 하고 있는 것이 바로 그 예이다. 여기에서의 ‘振旅’에 대해서 先師 金 祥恒 교수는《春秋左氏傳》의 隱公 5년 조(條)의, “三年而治兵, 立于振旅”라고 한 말 중의 ‘振旅’에 해당한다고 주장하였는데,[1] 이는 3년에 한 번씩 거행하는 대규모 군사 연습에 대한 전용 명칭이다. 고대의 군사 훈련은 수렵과 함께 진행하였는데, 郭沫若은 商代에는 “征伐與田游之事每多不可分, 多于行師之次從事畋獵或盤遊.[2] : 정벌과 유렵(遊獵)의 일은 매번 불가분의 관계로, 대부분 행군 다음에 전렵이나 반유(盤遊)를 하였다.”라고 했다. 따라서 그 당시의 이 전렵은 군사 훈련에 수반되는 일종의 실습에 해당되는데, 위에서 인용한 복사의 “振旅”의 장소는 ‘盂’이다. ‘盂’는 商 왕들의 중요한 전렵지였는데, 이는 바로 수렵과 군사 훈련을 병행하였음을 분명히 알려 준다.

위에서 보는 바와 같이 갑골문에서의 전렵은 군사 활동과 매우 밀접하여 불가분의 관계에 있었기 때문에,《合集40159》에서 알 수 있듯이 전쟁에 나갈 때에 사람을 바쳐 제사를 거행하는 ‘登人’이 필요했는데, 전렵할 때도 ‘登人’이 필요했다. 그리고《合集33526》에서 보는 바와 같이 전쟁에 나갈 때도 먼저 조상에게 고제(告祭)를 올렸고, 전렵을 할 때도 똑같이 하였다. 또한《合集195》와《合集199》에서 알 수 있듯이 전쟁에서도 적군(敵軍)을 포로로 잡아왔고, 전렵에서도 때로 ‘羌人’을 포획하기도 하였다. 전렵에 사용된 ‘遘’·‘征’·‘受’·‘祟’·‘幸’·‘兌’·‘阱’·‘隼’·‘犖’ 등의 용어는 모두 전쟁의 용어로도 그대로 사용된다. 그리고 때로는 군사 조직인 ‘師’를 동원하여 전렵을 하기도 했는데, 복사의 예를 들면, “王其田于▢, 叀犬師从, 擒, 亡𢦏.”(《合集27915》)라고 하고 있는 경우와 같다. 여기에서의 ‘犬師’는 ‘犬侯國’의 군대를 말한다. 이로서 商代에는 전렵 활동을 빌어서 군사 연습을 했다는 것이 갑골문을 통해서 증명된 셈이다.

제5절 商代의 전쟁

앞에서 인용한《春秋左氏傳》成公 13년 조(條)의 “國之大事, 在祀與戎.”이라는 말과 같이 商 왕조에서의 제사와 전쟁의 중요성은 갑골문을 통해서 충분히 증명되었다. 갑골문 가운데 商

1) 金祥恒 <從甲骨卜辭中研究商代軍旅中之王旅三行三師>, 前揭書《中國文字》第55册을 참고.

2) 郭沫若 前揭書《卜辭通纂 · 考釋》p.162.

왕조의 대외 전쟁에 관한 내용은 매우 큰 비중을 차지하고 있기 때문에, 商代 특히 盤庚이 殷으로 도읍을 옮긴 이후의 약 3백 년에 가까운 기간의 대외전쟁에 관한 내용은 갑골문을 연구하는 학자들에게 중요한 연구 대상이었다.

一. 개황(槪況)

전쟁에 대한 기록은 기록자의 입장이나 보는 시각에 따라 매우 다르게 표현된다. 일반적으로 전쟁은 싸우는 대상에 따라 크게 대내와 대외로 구분되고, 전쟁을 일으킨 당사자가 어느 쪽이냐에 따라 침략 전쟁과 방어 전쟁으로 나누어진다. 그런데 정벌이란 정당성이나 정통성을 부여 받았거나 받았다고 자부하는 최고 통치자나 국가 집단이 적대적인 외국이나 죄가 있는 나라나 집단을 응징하는 이른 바 정의로운 전쟁을 말한다.

그런데 갑골복사에 보이는 많은 전쟁들 가운데 그 전쟁이 어떤 성격의 전쟁인지를 밝힌 것은 대부분이 이 정벌 전쟁이다. 우선 羅振玉은 최초로 1914년에 출판한《殷虛書契考釋》에서 商代의 전쟁과 관련된 복사를 정리하였는데, 1927년에 속간(續刊)된《增訂殷虛書契考釋》에서 정벌을 당했다고 언급한 방국으로 '猷' · '[illegible]' · '舌方' · '莞方' · '土方' · '下危' · '人方' · '方' 등을 나열하였다. 이로서 여기에 나열된 방국들은 그 당시 商 왕조와의 관계가 친밀하지 못하였음을 알 수 있다. 그리고 王襄은 1925년에 출판한《簠室殷契徵文》에 '征伐類'로 분류한 탁본 52편이 수록되어 있다. 이렇게 전쟁과 관련된 것뿐만 아니라 모든 갑골복사를 사류(事類)에 따라 분류하여 정리하는 작업은 1920년대에서 그치지 않고 계속되었는데, 島邦男의《殷墟卜辭綜類》와 姚孝遂 · 肖丁 주편(主編)의《殷墟甲骨刻辭類纂》이 두드러진 성과로 평가된다. 이런 갑골복사의 전면적이고 체계적인 분류와 정리는 郭沫若이 주편하고 胡厚宣이 총 편집을 맡았던《甲骨文合集》(1982년)에서 집대성되었다. 이《甲骨文合集》은 이전의 여러 학자들이 편집 배열한 복사들을 모아서 갑골문의 단대 분기 작업을 거쳐 분류하였는데, 1966년 이전에 출토된 갑골에 대해서, 각 기별로 전쟁과 관련된 갑골 탁본을 한 곳에 모은 다음에, 이를 다시 정벌한 방국에 의거하여 편집하고 배열하였다.

갑골문에 기록된 商代의 대외 전쟁에 대한 연구는 다음의 3가지 방법으로 이뤄진다. 첫째는 오로지 어떤 특정 방국을 대상으로 진행된 전쟁에 대한 연구로, 陳夢家의《隹夷考》· 董作賓의《殷代的羌與蜀》· 胡厚宣의《殷代舌方考》· 朱芳圃의《土方考》· 王玉哲의《鬼方考補正》등이 이에 해당된다. 둘째는 어떤 특정 전쟁에 대한 진행 과정을 순차적인 정리 작업을 진행하여 연구하는 방법으로, 董作賓이《殷曆譜》의《武丁日譜》에서, 4년 반동안 진행된 '土方'과 '舌方'을 정벌하는 전쟁 과정을 순차적으로 정리한 것이라든가,《帝辛日譜》에서 '人方'을 정벌한 복사들을 정리 배열한 것이 이에 해당한다. 董作賓을 뒤이어서 '人方' 정벌에 대한 일보(日譜)를 배열 정리한 학자로는 陳夢家와 李學勤 · 島邦男 · 丁驌 · 鄧少琴 · 溫少峰 등이 있으며, 이들은 董作賓이 작성한 일보에 대해 수정과 보충을 통한 재배열 작업을 진행하였다. '人方'을 정벌할 때 경유했던 지명으로는 '齊' · '淮'가 있고, 최후의 전역(戰役)은 '臿林方'이라고 했다. 董作賓은 처음에 '齊'를 臨淄라고 생각하여 '人方'을 정벌한 것은 지금의 山東省 내에서 이뤄진 것이라고 인식하였다. 그러나 郭沫若은 '人方' 정벌 경유지 '淮'는 동남쪽의 淮河 유역이 틀림없다고 주장했는데, 董作賓도 이 주장을 받아들였으며, 陳夢家와 島邦男도 역시 '林方'이 도읍지 殷의 동남쪽인 淮水유역이라고 주장했다. 셋째는 각 시기의 갑골문에 보이는 대외 전쟁에 대한 종합적인 연구 방법으로, 앞의 두 가지 연구 방법을 기초로 하여 이를 종합한 것이다. 이 방법은 갑골복사 중에서 전쟁과 관련된 내용을 총체적으로 정리한 후에야 진행할 수 있는 연구방법이다. 이 방법을 사용하여 연구를 진행하고 제대로 된 성과를 낸 학자로는 일반적으로 陳夢家와 島邦男을 꼽는다. 陳夢家는 그의《殷虛卜辭綜述》제8장에서, 武丁 시기에 39개 방국이 있었고, 武丁 이후의 방국은 帝乙 이전과 帝乙 이후로 나누었는데, 帝乙 이전에는 7개 방국이 있었으며, 그 중에서 '北方'은 이 자체가 방국의 이름인지 아니면 북쪽에 있는 방국이라는 뜻인지, 또 아니면 북쪽 지방을 지칭하는 것인지 확정할 수가 없다고 했다. 그밖에 武丁 시기의 복사에 보이는 '方' · '大方' · '召方' · '羌方'은 武丁 이후에도 商의 적국이었고, 帝乙 · 帝辛 시기에는 '人方' · '盂方' · '林方' · '方' · 羌方' 등을 정벌한 내용을 분석해냈다.

島邦男은《殷墟卜辭研究》下篇 제2장에서, 갑골문 중에서 '方'의 호칭을 가진 51개 국가를 고찰하고, 그 가운데 어떤 '方'은 商 왕실의 속국이었고, 어떤 '方'은 적국이어서 정벌당하기도 했다고 설명했다. 그는 武丁 시대에 정벌한 방국은 22개이고, 祖庚 · 祖甲 시대에는 1개, 廩辛 · 康丁 시대에는 7개, 武乙 · 文丁 시대에는 16개, 帝乙 · 帝辛 시대에는 9개라고 밝혀냈으며, 周가 商과 악화된 관계로 인해서 전쟁을 하게 된 것이 文丁 시기이고, 武丁 시기에는 殷의 속국이었다고 했다.

王宇信 · 楊升南 주편의《甲骨學一百年》제11장에는 각 복사에 나타나는 각 시기의 정벌 대상(對象)의 명칭과 해당 갑골편을 열거하고 있는데,[1] 이에 의하면 제1기 武丁 시기에는 81개, 제2기 祖庚 · 祖甲 시기에는 2개, 제3기 廩辛 · 康丁 시기에는 17개, 제4기 武乙 · 文丁 시기에는 28개, 제5기 帝乙 · 帝辛 시기에는 8개로서, 총 136개라고 했다. 이 중에서 '羌方'은 각 분기마다 모두 거명되어 있고, '危方' · '方' · '大方' · '人方' · '夷方' · '虘方' 등은 여러 시기에 걸쳐서 거명되어 있다.

1) 王宇信 · 楊升南 主編《甲骨學一百年》(社會科學文獻出版社, 1999年.) pp.498~499를 참고.

그런데 학자들의 고증에 의하면, 제1기의 정벌 대상 가운데 강적은 '𢀛方'·'土方'·'羌方'·'基方'·'下危'·'𢀜方'·'蒄方' 등인데, 이 가운데 '𢀛方'·'土方'·'羌方'·'基方' 등은 殷의 서쪽과 북쪽에 있었고, '下危'는 殷의 동남쪽, '𢀜方'은 남쪽에 있었다고 한다. 이 남쪽 지역에 대해서는, 《合集6536》에 "王次于曾廼呼𦣞𢀜[方]"이라고 하고 있는데, '曾'은 商의 남쪽 지역에 있었다고 한다. 그리고 《合集5504》와 《合集5512》에 "乙未卜 : 鄭立事于南, 右从我, 中从輿, 左从曾. 十二月."이라고 하여, 같은 문장의 복사가 둘 있는데, '曾'의 위치는 湖北 漢東에 있었고 이 지역은 商代에 남쪽 지역으로 칭했다고 한다.[1] 李學勤은 또 제2기와 제3기에는 큰 전역(戰役)은 없었고, 제4기의 주요 강적은 '召方' 또는 '刀方'이라고 하면서, "召方或寫作刀方.[2] : '召方'은 '刀方'으로도 쓴다."라고 하고, 이는 殷의 서쪽에 있었다고 했다. 한편 陳夢家은 이를 '黎'로 고석하고, 이는 周 文王이 정벌했던 黎國으로, 지금의 山西省 上黨이라고 주장했다.[3] 그리고 島邦男은, 殷의 서남쪽 召城 부근이라고 했다.[4]

제5기의 주요 적국은 '盂方'과 '人方'이며, 이들 두 방국을 정벌하는 전쟁에 대한 점복은 복사에 대량으로 보이며, 이 두 방국과의 전쟁들은 商代 말기에 이루어진 치열한 전투였다.

二. 진행 과정

동서고금의 모든 전쟁은 그 성격이 방어전이든 공격전이든 그 결과는 한 국가의 국력과 작전능력을 반영하게 마련이다. 갑골복사를 통해 살펴 본 商代의 전쟁도 마찬가지이며, 조직과 훈련 등의 준비 과정이 끝나고 전쟁에 돌입하게 되면, 그 진행 과정 또한 현대의 전쟁과 대동소이하여 대략 다음의 몇 가지 단계를 거쳐 진행되었다.

甲. 적정(敵情)의 정찰

商代에 있었던 전쟁의 진행 과정도 먼저 전쟁이 시작되면 적정(敵情)에 대한 정찰부터 하였던 것 같다. 우선 갑골복사 중의 '侯'자를 살펴보면, 이 글자는 일반적으로 제후를 지칭하는 경우가 아주 많다. 그런데 갑골복사 중의 이 '侯'자에 대해 裘錫圭는, 자형에 근거하여 살펴보면 '候'자는 '侯'자에서 분화한 것이지만, 언어의 측면에서 보면 '諸侯'의 '侯'라는 말은 '斥候'의 '候'에서

1) 이상의 내용은 李學勤 <盤龍城與商朝的南土>, 前揭書 《文物》 1976年 제2기를 참고.

2) 李學勤 《殷代地理簡論》(科學出版社 1959. 北京) p.83.

3) 陳夢家 前揭書 《殷虛卜辭綜述》 p.287를 참고.

4) 島邦男 前揭書 《殷墟卜辭研究》(中譯本) pp.400~401을 참고.

분화되어 나온 것이 틀림없으며, 이 '侯'의 전신(前身)은 변경 등의 지역에서 왕을 위해 척후(斥候)의 임무를 수행하던 무관임이 틀림없다고 주장하였다.[1] 그의 이런 주장은 금문(金文)과 고대 문헌으로도 증명이 된다. 周나라 초기의《大盂鼎》명문(銘文)에 商의 제후를 "殷邊侯甸"이라고 칭하고 있는데, 이는 '邊'자를 첨가하여 '斥候'의 직책을 나타낸 것이다. 또《逸周書 · 職方篇》의 '九服' 중의 '侯服'의 '侯'에 대해 孔晁는, "侯, 爲王斥候也. : '侯'는 왕을 위한 척후이다."라고 주(注)한 것도 이를 증명할 수 있는 문헌 자료이다. 이와 같이 商代에 변경 지역에 설치한 '侯甸'은 수시로 적들의 동정을 관찰하고, 군정(軍情)을 왕실에 보고한 갑골복사의 예를 들면,《合集6092》에 "𢀛方出隹有作禍"라고 하고 있고, 또《合集5520》에 "𢀛方不亦(夜)出"이라고 하고 있는 것 등과 같은 것이다. 이들 복사에서 적방(敵方)의 '出'과 '不出'에 관한 소식은 모두 정찰의 직무를 전적으로 담당하는 사람이 보고하였고, 그을 중의 한 직종이 바로 '侯'였다.

이밖에도 적정의 정찰에 대해서 갑골문에는 '望' 혹은 '目'으로 표현한 것도 있는데, 예를 들면, "呼望𢀛方."(《合集6186》), "呼目𢀛方."(《合集6194》)이라고 하고 있는 것 등이다. 여기에서의 '望𢀛方'의 '望'에 대해 饒宗頤는 '候望'의 '望'이며, 漢代에 변방 지역에 '候官'을 설치한 것은 居延의 목간(木簡)에도 보이는데, '望𢀛'의 '望'을 통해서 이 제도가 殷代에도 이미 있었음을 알 수 있다고 했다.[2] 그리고 趙誠은 "目𢀛方"의 '目'은 '望'字와 같은 뜻으로 '보다'라는 의미인데, 여기에서 인신(引伸)하여 '𢀛方'의 동정을 관찰하고 감시한다는 뜻이라고 주장하였다.[3]

商代에는 적정(敵情)에 어떤 변화나 움직임이 있으면, 정찰 임무를 부여받은 담당자는 즉시 이를 왕실에 보고하였는데, 갑골복사의 예를 보면, "來告大方出, 伐我師."(《合集27882》) · "曰: 𢀛方其至于𧰼土."(《合集6128》)이라고 하고 있는 것 등이다. 복사에는 흔히 "自北" · "自西" · "自南" · "有來艱"이라고 하고 있는 말들이 보이는데, 郭沫若은 이것도 변방 지역의 보고가 殷의 수도에 전달되어 오는 것을 의미한다고 했다.[4]

그리고 鍾柏生은 복사 중의 "稱冊𦀚某方"이라고 한 것도 변경 지역의 적정 보고가 전달되는 것이라고 주장했다. '稱冊'은 과거에는 대부분 전쟁 전에 장군을 임명하는 의식이라고 인식했으나, 鍾柏生은《合集28089正》에 "王于僻, 史人于美之, 及伐望, 王受又又? 僻取美䣕史于止, 及伐望, 王受又又? 隻用. 大吉. 王其从望爯冊. 光及伐望, 王弗每? 又𢦏? 大吉. 師貯其乎取美䣕……"이라고 하고 있는 것에 근거하여 이에 반대하였다. 그는 이 복사는 '望'을 정벌하려고 하였음을 분명히 말하고 있으며, 이 '望'에서 '稱冊'을 거행하고, '冊命'의 전례(典禮)에 참가하여 주재함

1) 裘錫圭 <甲骨文中所見的'田''牧'衛'等職官的硏究>,《文史》第19輯(中華書局 1985. 北京)을 참고.

2) 饒宗頤《殷代貞卜人物通考》(香港大學出版社 1959. 홍콩) p.168을 참고.

3) 趙誠 <甲骨文行爲動詞探索>(一),《古文字硏究》第17輯(中華書局 1990. 北京)을 참고.

4) 郭沫若 前揭書《卜辭通纂》p.112를 참고.

을 말하고 있다고 하였다. 그런데 이 '册命'은 西周의 금문(金文)의 예를 보면, '册命'을 받는 사람이 반드시 있어야 하는데, 복사에는 한 번도 보이지 않는다. 그래서 鍾柏生은 島邦男이 '稱册'이란 간책(簡册)을 받들어 올리다는 뜻이며; 또한 '𠭯'은《說文解字》에서 '𠭯'은 고(告)하다는 뜻이라고 풀이했으므로, '𠭯土方'이란 곧 '告土方'이란 뜻이며, 따라서 '沚戓稱𠭯土方'은 곧 '沚戓奉呈簡册以告土方'이라는 뜻이고; '王从伐'은 바로 이런 보고를 들은 후에 왕이 정벌에 종사한다는 의미라고 주장한 것이 정확하다고 하였다. 그리고 '稱册'의 뜻은, 이족(異族)이 변경으로 침입할 때, 제후나 그 지역의 수령이 사자를 파견하거나 직접 와서 보고하는데, 그 때에 간책을 왕에게 받들어 올린 다음, 왕이 이에 동의하고 난 후에야 군대를 일으켜 정벌에 나선다는 의미라고 해석하였다.[1] 그러므로 "𠭯土方"·"𠭯舌方"이라고 한 것은 왕에게 '土方'이나 '舌方'이 변경을 침범한 군정(軍情)을 보고한다는 의미이다.

乙. 출정 준비와 의식

전쟁터로 출발하기 위한 준비와 의식은, 조상에 대한 제사와 장수의 선정과 병사의 징집을 말한다.

먼저 조상에 대한 제사는 적이 침범해 온 사실을 조상에게 고하고 전쟁에서의 승리를 기구하는 제사를 거행하는 것을 말한다. 이런 일을 기록한 갑골복사의 예로는, "告舌方又上甲."(《合集6131正》), "又報乙告舌方"(《合集6132》), "告舌方于唐"(《合集6138》), "于大甲告舌方出"(《合集6142》), "告舌方于祖乙"(《合集6145》)이라고 하고 있는 것 등이 있다.

장수의 선정이란 군사를 통솔하고 출정할 장수를 선정 임명하는 것을 말한다. 갑골복사 가운데 "令多紖从望乘伐下危"(《合集6524正》)이라고 하고 있는 것이 있는데, 이는 장수에게 출정을 명령하여 '下危'를 정벌하라고 한 것으로, 왕은 직접 참가하지 않고 신하가 출정한 경우이다. 그런데 복사 가운데 "舌方出王自征"(《合集6098》)이라고 하고 있는 것은 왕이 직접 군사를 통솔하여 직접 출정한 예이다. 그리고 "王从望乘伐下危"(《合集32正》)라고 하고 있는 것도 있는데, 여기에서의 '从'에 대해 楊樹達은 '率領' 즉 통솔하다는 뜻이라고 고석하였다.[2] 이《合集32正》의 복사는 왕이 직접 조정 신료들이나 지방의 제후들을 거느리고 정벌에 나선 예이다.

병사의 징집은 일반적으로 평상시에 미리 병사들을 소집하여 훈련을 실시하여 만일의 경우에 대비하였겠지만, 商代 초반기 즉 武丁 이전에는 전쟁에 임박하여 시행된 경우가 많았던 것 같으나,

---

1) 이상의 鍾柏生의 주장은 그의 <卜辭中所見殷代的軍政之一---戰爭啓動的過程及其準備工作>,《中國文字》新14期(藝文印書館 1991. 臺北) pp.95~156을 참고.

2) 楊樹達《積微居甲文說》(上海古籍出版社 1986. 上海) <釋从比>.

武丁 시기부터는 정식으로 가장 큰 군사 편제인 '師'를 설치하였는데, 이는 제도적으로 평상시에 징집 제도를 시행하였음을 말하는 것이다. 이 '師'의 설치에는 먼저 '建旗' 즉 기치를 세우는 일부터 해야 하는데, 이를 갑골복사에서는 "立中"이라고 하였다. 예를 들면, "王立中"(《合集7365》)·"我立中"(《合集811正》)이라고 한 것 등이다. 여기에서의 '立中'이란 곧 기치를 세우고 병사들을 모집하는 것을 가리킨다. 그리고 武丁 시기의 복사에서는 병사들의 징집을 "登人" 또는 "供人"이라고 했는데, 《合集6168》에 "貞 : 登人三千呼伐𢀛方受有佑."이라 하고, 《合集6409》에 "王供人五千征土方."이라 하고 있는 것 등이 그런 예에 속한다.

또 商代에는 징집된 병사들이 필요한 인원 수에 미달되어 충분하지 않으면, 노역을 시킬 수 있는 '臣'·'僕'·'衆' 등으로 지칭되는 사람들을 전선으로 파견하여 무기를 들고 적들과 싸우게 하거나 군대를 위한 잡역에 종사하도록 하였던 것 같다. 그 이유는 갑골복사 가운데 "呼多臣伐𢀛方."(《合集613》)·"呼多僕伐𢀛方."(《合集540》)·"王乞致衆伐𢀛"(《合集29》) 라고 하고 있는 것 등의 예들이 있기 때문이다. 이들 노역에 동원된 사람들이 군대를 따라가는 것에 통치자들도 방심할 수가 없었는지, 이들에게 형구를 씌워야할지 여부를 점복한 복사도 있다. 예를 들면, "辛酉卜, 爭, 貞 : 勿呼致多僕伐𢀛方弗其受侑佑. 貞 : 勿幸多僕呼望𢀛方其橐."(《合集547》)이라고 하고 있는 것이 이런 사실을 말해 준다. 여기에서의 '幸'자는 손에 채우는 형구의 모양을 형상화한 것이다. 그런데 '臣'·'僕'·'衆' 등이 전쟁의 제1선으로 나가는 것에 모두 '呼'와 '致'라는 동사를 사용하였고, 구체적인 숫자로 표기하지 않고 단순히 '多'자 하나로 개괄한 것은 아마도 인원에 대한 정확한 숫자가 없었던 것 같은데, 이는 이들의 많고 적음이 그다지 중요시 되지도 않았고, 전투에서 중요한 역량으로 간주되지도 않았음을 나타내는 것이라고 생각된다.

丙. 전쟁 물자의 공급

전쟁 물자의 공급은 승패를 결정짓는 중요한 일이다. 갑골복사 가운데는 '次'에 대한 공급을 명령하는 일에 대해 점복한 것들이 있는데, 예를 들면, "貞 : 呼供貯次."(《合集777正》)·"貞 : 呼供次."(《合集18917》)라고 하고 있는 것 등이 그런 예들이다. 이 '次'에 대해 劉釗는 군대가 행군 도중에 주둔하는 장소라고 했다.[1] 《春秋左氏傳》 莊公 3년 조(條)에는, "凡師, 一宿爲舍, 再宿爲信, 過信爲次. : 무릇 군대가 하룻밤을 묵는 것을 '舍'라고 하고, 이틀을 묵는 것을 '信'이라고 하고, '信'을 초과하는 것은 '次'라고 한다."라고 하고 있다. 복사에서 "呼供次"라고 한 것은 당연히 주둔군에게 양식·마필(馬匹)·초료(草料) 등의 각종 군용 물자를 공급할 것을 명령하는

---

1) 劉釗 <卜辭所見殷代的軍事活動>, 《古文字研究》 第16輯(中華書局 1989. 北京)을 참고.

것이다. 마필의 공급에 대해서는, "𠂤致三十馬允其幸羌."(《合集500正》)라고 하고 있다. 또《合集93》의 반면(反面)에는 "貞 : 王从沚𢦏伐巴方. 丙午卜, 賓, 貞 : 呼取牛百, 致. 王占曰 : 吉. 致, 其至……"라고 하고 있는데, 앞 조(條)의 복사는 '巴方'의 정벌에 대해 점복한 것이고; 뒤의 복사는 소[牛] 백 마리를 공급하는 일에 대해 점복한 것인 바, 이 역시 전쟁 물자의 공급에 관한 복사의 예이다.

丁. 포진(布陣)

전쟁에서의 포진(布陣)을 갑골문에서는 "立"이라고 표기하고 있다. 갑골복사의 예를 보면,《合集6480》에 "辛未卜, 爭, 貞 : 婦好其从沚𢦏伐巴方, 王自東[illegible]伐, 戎陷于婦好立."이라고 하고 있다. 王貴民은 여기에서의 '立'은 곧 '位'의 뜻이며 '布陣'을 의미한다고 주장했다.[1] 따라서 "婦好立"은 '婦好'의 진지(陣地)를 말하며, 이 복사는 商 왕이 '婦好'와 호응하여, '婦好'의 진지에서 매복 전투를 치른 것을 말한다.[2]

商의 군대는 포진에서 관습적으로 '右' · '中' · '左'의 진법을 사용하였는데, 湯이 桀을 정벌할 때도 바로 이런 진법을 채택하였다고 한다. 앞에서 인용한 바 있는, 武丁 시기의 복사《合集5504》와《合集5512》에 "立事于南, 右从我 · 中从輿 · 左从曾."이라고 하고 있는데, 이는 荊楚를 정벌하는 전역(戰役)에서 사용된 포진이다. 商의 군대는 '師' · '旅' · '行' · '戍' 모두가 '右' · '中' · '左'의 편제로 되어 있었으며, 이는 전쟁에 임할 때의 포진 형태이다.

戊. 작전(作戰)

전투에 돌입하기에 앞서서 선봉 부대가 먼저 적군을 맞아서 그들의 허실을 탐색하는데, 갑골복사에서는 이를 "啓"라고 한다. 예를 들면,《合集6332》에는, "𢦏啓, 王其幸𢀛方."이라고 하고 있고,《合集6471正》에는 "沚𢦏啓, 从伐巴方."이라고 하고 있는 것과 같은 것이다.

전투가 행해지는 작전에는 '征' · '伐' · '敦' · '𢦔' 등의 어휘들이 사용되고 있는데, 張政烺은 이 어휘들에 대해 다음과 같이 구분 설명하였다. '征' · '伐' · '敦' · '𢦔' 등은 모두 동사이며, 그 행위는 모두 전쟁과 관계가 있지만, 각 글자들이 함유하고 있는 의미는 서로 다르다. '征'과 '伐'은 모두 국가의 대사(大事)에 속하고; '敦'자 앞에는 때로 '大'자가 덧붙여지는 것으로 보아서, 이

---

1) 王貴民 前揭論文 <甲骨文所見的商代軍制數則>을 참고.

2) 王宇信 · 張永山 · 楊升南 <試論殷墟五號墓的婦好>,《考古學報》(中國社會科學院考古研究所 1977. 北京) 第2期를 참고.

일도 작은 일은 아님을 설명해준다. '𢦏'자는 갑골복사에서 자주 단독으로 쓰이지만(《合集7670~7733》), '𢦏'를 먼저 언급하고 그 뒤에 '征'·'伐'이나 '敦'을 언급한 예가 아직 보이지 않는 점으로 보아, 아마도 '𢦏'는 전쟁 과정에서의 세절(細節)로서, 비교적 구체적인 행동에 속하는 것이라고 생각되며, '征'·'伐'·'敦' 등은 전제(前提) 과정이고, '𢦏'는 성과를 나타내는 것이라고 여겨진다 하였다.[1] 여기에서 張政烺이 말한 성과란 바로 전쟁에서의 승리를 말하는 것으로, 이를 통해 포로와 전리품을 획득하게 되는 것이다. 그리고 管燮初는 이 '𢦏'를 '捷'의 뜻이라고 고석하였는데[2], 그 뜻은 張政烺의 해석과 일치한다.

갑골문의 전쟁 복사 중에는 "逆伐"(《合集6197~6295》)이라는 말이 자주 보이는데, 이는 정면에서 적을 맞아 통쾌하게 공격하다는 뜻이다. 적군이 패배하고 도주하면 추격하게 되는데, 갑골문에서는 이를 '追'라고 했다. 예를 들면, "叀往追龍, 从朱西及."(《合集6594》)·"三族往其令追召方及于弍."(《合集32815》)라고 하고 있는 것들인데, 여기에서의 '及'은 추격하여 따라 잡다는 의미이다.

ㄹ. 전쟁의 종결

전쟁의 종결은 크게 부대의 개선과 헌부(獻俘) 그리고 제사로 마무리되었던 것 같다. 갑골복사 가운데 "庚辰王卜, 在妹貞 : 今日其逆旅以▨于東單, 亡災."(《合集36475》)라고 하고 있는 것이 있는데, 이는 전쟁에 나갔던 부대가 개선할 때, 商 왕이 그 부대를 환영하는 의식을 거행하는 것을 기록한 것이다.

그리고 전쟁 중에 사로잡은 포로와 획득한 전리품의 헌상 및 전후(戰後)에 조상에 대한 감사의 제사를 거행한 사실을 기록한 것으로는 '小臣墻' 골판(骨版) 각사(刻辭)에 보이는 것이 가장 전형적인 것인데, 그 내용은, "……小臣墻从伐, 擒危美, 人二十人四……人五百七十, 㑄百……車二丙, 盾百八十三, 函五十·矢……伯䱷于大▨……用叀伯印……于祖乙, 用美于祖丁, 㑒.日京賜……"(《合集36481正》)라고 하고 있다. 이 골판의 각사는 기사 각사에 속하는데, 대부분이 잔결되어 떨어져 나갔다. 겨우 남은 부분으로만 보아도 포로와 전리품이 매우 많음을 알 수 있다. 문장 끝 부분의 '伯某'는 '危方'의 수령 이름이고, '美' 역시 '危方'의 수령인데, 복사에 자주 보인다. 여기에서의 '用'이란 포로로 잡힌 사람을 죽여서 신(神)에게 제사지낸다는 의미다. 이로서 商代 사람들은 전쟁이 끝난 후에 사로잡은 적군의 우두머리를 조상에 대한 제사의 희생으로 사용

---

1) 이상의 내용은 張政烺 <釋𢦏>, 《古文字研究》 第6輯(中華書局 1981. 北京)을 참고.

2) 管燮初 <說𢦏>, 《中國語文》(中國社會科學院語言研究所 1978. 北京) 第3期를 참고.

하였음을 알 수 있는데, 이는 출정 전에 조상에게 지내는 '告祭'와 상응하는 것으로, 전쟁이 승리로 끝났음을 나타낸다.

또 복사 가운데는 "王于宗門逆羌."(《合集32035》) · "王于南門逆羌."(《合集32036》)라고 한 것 등이 있는데, 여기에서의 '宗門'은 종묘의 문을 말한다. 그리고 《合集806》에는 "貞告執于南室, 三宰."이라고 하고 있는데, 이는 전쟁에서 사로잡은 적군의 포로를 헌상하는 헌부는 '告執'의 예로서 종묘 안에서 거행하였음을 알려 준다. 여기에서의 '南室'은 당연히 종묘에 있는 방이고, 그 안에는 조상의 신위가 안치되어 있을 것이 틀림없다. 전쟁이 끝난 후에 왕도로 돌아와서 '獻俘' 및 '告執'의 예를 거행하는 것은 전쟁에 승리할 수 있도록 도와준 조상에게 감사드리고 이를 기리기 위함이었을 것이다.

제7장

商代의 사회

제1절 商代의 가족 구조

一. 종법(宗法) 제도와 가족 제도

종법(宗法) 제도와 가족의 형태는 서로 긴밀히 연관되어 있는 두 문제인데, 이 둘은 商代 사회의 발전 단계를 이해하는데 매우 중요한 문제이기 때문에 갑골문과 商代의 역사를 연구하는 학자들이 매우 중요하게 여기는 분야이다. 商代에 종법 제도가 존재했는지의 여부와 商代 가족 구조가 어떤 형태이고 어떤 특징이 있었는지 등은 오랫동안 갑골학 연구의 중대 과제 중의 하나였다.

甲. 종법(宗法)제도

종법 제도의 핵심은 승계 제도라고 할 수 있다. 《禮記 · 喪服小記》에, "别子爲祖, 繼别爲宗, 繼禰者爲小宗. : 제후의 적장자 이외의 아들들은 따로 한 방계(傍系)로 나누어져서 그 시조가 되는데, 이 방계 내에서의 적장자가 이어받는 세계(世系)는 대종이 되고, 이 적장자 이외의 아들들이 이어받는 세계는 소종이 된다."이라고 하고 있다. 이 기록으로 알 수 있는 것은 이른바 '宗法'이란 실질적으로는 바로 승계 제도이다.

商代에는 종법 제도가 없었다는 주장은 王國維가 최초로 제기하였는데, 그는 이 문제에 대해,

商之繼統法, 以弟及爲主而以子繼輔之, 無弟然後傳子. 自成湯至於帝辛三十帝中, 以弟繼兄者凡十四帝(外丙, 中壬, 大庚, 雍己, 大戊, 外壬, 河亶甲, 沃甲, 南庚, 盤庚, 大辛, 小乙, 祖甲, 庚丁), 其以子繼父者, 亦非兄之子而多爲弟之子(小甲, 中丁, 祖辛, 武丁, 祖庚, 廩辛, 武乙). …… (中略) …… 商人無嫡庶之制, 故不能有宗法.[1] : 商代의 법통 계승은 아우에게 이어지는 것을 위주로 하고, 아들이 이어받는 것으로 보조하는 것이어서, 아우가 없는 경우에만 아들에게 전해졌다. 成湯부터 帝辛까지의 30명의 제왕 중에서 아우가 형을 계승한 경우가 14명의 제왕(外丙, 中壬, 大庚, 雍己, 大戊, 外壬, 河亶甲, 沃甲, 南庚, 盤庚, 大辛, 小乙, 祖甲, 庚丁)이고, 아들이 부친을 계승한 경우도 형의 아들이 아니라 대부분이 아우의 아들이었다(小甲, 中丁, 祖辛, 武丁, 祖庚, 廩辛, 武乙). …… (中略) …… 商代 사람들에게는 적서 제도가 없었기 때문에, 종법 제도가 있을 수가 없었다.

라고 주장하였다.

그러나 胡厚宣은 王國維의 주장이 정확하지 않다고 반대하고, 商代에도 나름대로의 종법 제도가 있었다고 하면서, "宗法之含義有三; 一日父系, 二日族外婚, 三日傳長子. 此在殷代似皆不成問題.[2] : 종법의 함의(含意)는 세 가지인데; 첫째는 부계(父系) 승계이고, 둘째는 족외혼(族外婚) 원칙이고, 셋째는 장자(長子) 승계이다. 이 점은 殷代에서도 모두 문제가 되지 않았던 것 같다."라고 주장했다.

그런데 商代의 종법이 장자 승계였다는 것에 대해서 陳夢家는 찬성하지 않았는데, 그는 이에 대해, "子繼與弟及是竝用的, 并無主輔之分; 傳兄之子與傳弟之子是竝用的, 并無主輔之分.[3] : 아들 승계와 아우 계승이 병용되었는데, 이 둘 사이에 주된 것과 보조적인 것의 구분이 없었고; 형의 아들에게 전하는 것과 동생의 아들에게 전하는 것이 병용되었는데, 이 둘 사이 역시 주된 것과 보조적인 것의 구분이 없었다."라고 하였다.

李學勤은 또 陳夢家의 두 가지 원칙 사이에 주된 것과 보조적인 것의 구분이 없었다는 주장에 반대하면서, 殷代에 이미 '立儲' 즉 태자 책립(册立)의 제도가 있었다고 지적하였다. 그는 갑골문과 금문(金文)에 모두 '太子'라는 말이 있는 것은 商 왕이 재위 기간에 '太子'를 세운 것으로, 武丁의 장자 '祖己', 湯의 장자 '大丁' 등은 비록 왕으로 즉위하지는 못하였으나, 태자로 책립되어 주제(週祭)의 하나인 '衣祭'의 사전(祀典)에 배열되었음을 그 증거로 제시하였다. 그리고 '弟及' 즉 아우 계승 문제에 대해서 李學勤은, 王亥로부터 武庚까지의 35명의 商의 역대 왕들의 즉위 과정을 5단계로 구분하여 각각의 경우를 논하였다. 첫째는 王亥부터 大丁까지의 9대(代) 9명의

1) 王國維 <殷周制度論>, 《觀堂集林》(河洛圖書出版社 1975. 臺北) pp.454~458.

2) 胡厚宣 <殷代婚姻家族宗法生育制度考>, 前揭書《甲骨學商史論叢》初集 第1册 p.135.

3) 陳夢家 前揭書《殷代卜辭綜述》p.370.

왕으로, 모두 '子繼' 즉 아들 승계이고; 둘째는 大甲부터 戔甲까지의 4대 9명의 왕으로, 때로는 이른 바 '弟及'이면서 그 형이 향사(享祀)되었으며; 셋째는 祖乙부터 祖甲까지의 3대 3명의 왕으로, 모두 '子繼'였고; 넷째는 陽甲부터 祖甲까지의 3대 8명의 왕으로, 때로는 '弟及'이면서 그 아우가 향사되었으며; 다섯째는 康丁부터 武庚까지의 6대 6명의 왕으로, 모두 '子繼'였다고 정리하였다. 그는 이렇게 단계별로 연구 정리한 다음에,

> 子繼共18世, 弟及7世, 其間實在沒有什麽弟及的規律. ……在殷代子繼爲常, 弟及爲變. 其所以有弟及的現象, 或因政治的需要, 或因有爭位的變亂. : '子繼' 즉 아들이 승계한 경우가 모두 18대이고, '弟及' 즉 아우가 계승한 경우가 7대인데, 실제로 그 사이에는 어떤 '弟及' 즉 아우 계승의 규율도 존재하지 않는다. …… 殷代에는 '子繼'가 상규(常規)이고, '弟及'은 변칙적인 것인데, '弟及' 현상이 있게 된 까닭은 어떤 경우는 정치적인 필요 때문이었을 수도 있고, 또 어떤 경우는 왕위 쟁탈의 변란 때문이었을 수도 있었을 것이다.

라고 결론을 내렸다.[1)]

이런 주장들을 종합하면 商代 왕실의 종법 제도는 결국 아들 승계가 상규이고 아우 계승은 변칙이었음이 확실한데, 아들 승계는 역시 장자 우선이었다고 할 수 있다.

그런데 商代에는 成湯이 건국한 때부터 紂王에 이르러 멸망할 때까지 祖甲 및 帝乙·帝辛(紂) 시기 복사의 주제(週祭)의 사보(祀譜)에 의거하면, 실제로는 17대 29명의 왕만이 기재되어 있을 뿐이며, 《史記·殷本紀》에 기재된 仲壬·沃丁·廩辛은 보이지 않는다. 이들 세 왕이 엄밀한 주제의 사보에 보이지 않는 것은, 이들이 근본적으로 왕위에 즉위한 적이 없거나, 아니면 《史記》의 오기(誤記)일 가능성이 크다. 《史記》의 기록에 의하면, 沃丁과 廩辛은 장자였으므로 틀림없이 '太子'에 책봉되었을 것이다. 장자였던 太丁과 祖己는 비록 왕위에는 즉위하지 못하였지만 사보에는 기재되어 있다. 따라서 만약에 沃丁과 廩辛이 장자였던 데에다 왕으로 즉위하였다면, 주제의 사보에 기재되어 있지 않은 것은 이치에 전혀 맞지 않는데, 이렇게 된 가장 큰 가능성은 근원적으로 이들 왕들은 존재하지 않은 것이다. 그리고 仲丁이 왕이 된 것도 매우 특수한 경우이다. 仲丁은 大戊의 아들이고, 大戊는 주제의 사보에 의거한 향사(享祀) 순서는 小甲의 뒤 雍己의 앞이다. 그런데 《史記》에는 大庚의 세 아들은 순서대로 小甲·雍己·大戊라고 기록하고 있으나, 실제로는 小甲·大戊·雍己의 순서로 기록해야 옳다. 이로 보면 仲丁은 大庚의 둘째 아들인 大戊의 아들이기 때문에 근본적으로 본래 왕위를 계승할 권리가 없으며, 따라서 仲丁이 정말 왕으로 즉위하였다

---

1) 이상의 李學勤의 주장은 모두 《文史哲》(山東大學 《文史哲》 編輯部 1957. 濟南) 第11期에 게재된 그의 <論殷代的親族制度>을 참고.

면 그의 왕위는 찬탈한 것이 분명하다. 이로 인해《史記·殷本紀》에, "自仲丁以來, 廢嫡而更立諸弟子. 諸弟子或爭相代立, 比九世亂. : 仲丁 이래로 적장자의 왕위 승계 제도를 폐하고 여러 형제들과 그 형제들의 아들을 옹립하였는데, 이들은 어떤 때는 왕위 쟁탈을 위해 서로 싸우기도 하여 9대까지 이런 혼란이 계속되었다."이라고 기록하고 있는 것이다. 본래는 小甲의 아들이 왕이 되어야 했으나 왕위를 빼앗겼기 때문에 왕위 쟁탈을 위해 서로 싸웠다고 한 것이다. 아들 승계라는 시각에서 본다면, 湯에서부터 帝辛까지의 17대의 왕위 계승은 다음의 3단계로 구분할 수가 있다. 첫째로 湯 즉 大乙부터 祖丁까지의 11대는 仲丁만 제외하고 모두 형의 아들에게 전위(傳位)되었고; 둘째로 小乙부터 祖甲까지의 3대는 아우의 아들에게 전위되었으며; 康丁부터 帝乙까지의 4대는 1대 1왕으로, 형의 아들에게 전위되었다고 볼 수 있다. 小乙에게는 武丁이 외아들이어서 왕이 되었고, 武丁은 이른바 동생에게 전위하는 문제가 없었다. 따라서 17대 중에서 진정으로 아우의 아들에게 전위했던 경우는 사실 小乙과 祖甲의 2대 뿐이었다. 이로 미루어 보면, 王國維가 "以子繼父者, 亦非兄之子而多爲弟之子. : 아들이 부친을 계승한 경우도 형의 아들이 아니라 대부분이 아우의 아들이었다."라고 주장한 것은 商代의 왕위 계승 형태와는 부합되지 않는다.

小乙에서부터 아우의 아들에게 전위하기 시작한 것은, 9대 동안의 혼란을 겪은 뒤의 교훈을 거울삼은 것이 분명하다고 볼 수 있다. 9대 동안의 혼란으로 商 왕조는 국력이 크게 손상되고, 여러 차례에 걸쳐 천도하는 등 거의 평안한 날이 없었는데, 이는 모두 왕위 쟁탈을 위한 처절한 싸움에서 야기된 것이다. 왕위를 순리적으로 전위하기 위해서는 현실적으로 그 당시의 왕의 아들이 가장 적합하였기 때문에 小乙 이후에는 祖庚의 아들만 무슨 연유인지 알 수 없으나 왕위를 계승하지 못한 것을 제외하고는 모두 그 당시의 왕의 아들이 왕위를 계승하였고, 이로 말미암아 商代 후기에는 왕위 계승 문제로 인한 혼란과 피해가 없었고 사회도 크게 발전하였다.

商代의 종법 제도는 왕위 계승 방법 다음으로는 제사 제도에서 가장 잘 드러난다. 갑골복사에 나타나는 商代의 제사 제도는 직계와 방계에 대한 예우가 확연히 달랐다. 이른바 직계는 왕위를 계승하여 왕이 된 아들이 있는 경우이고, 방계는 왕위를 이어받은 아들이 없는 경우이다. 갑골복사에서는 직계는 "大示"라고 하고, 방계는 "小示"라고 칭했다. "大示"의 사전(祀典)은 "小示"에 비해서 융숭했으며, 주제의 사보에서 "大示"의 법정 배우(配偶)들은 모두 다 사전(祀典)에 올라서 향사되었으나, "小示"의 왕들은 그렇지 못했다. 방계의 선왕 중의 한 사람인 羌甲은 그 배우가 祖甲 시기에는 사보에 올라서 향사되었는데, 그 까닭은 아들 南庚이 왕위에 즉위하여 왕이 되었기 때문이었다. 그러나 그도 결국에는 형에게 왕위를 전위하는 직계에 속하지 않았기에, 帝乙·帝辛 시기의 사보에서는 삭제되고 말았다.

그리고 직계와 방계는 향사되는 예우에도 차별이 있었을 뿐만 아니라, 제사 거행의 장소도 달랐는데, 직계는 '大宗'에서 향사되었고, 방계는 '小宗'에서 향사되었다. 갑골복사에, "⍰戌卜 :

辛亥酒彡自上甲在大宗彝."(《合集34044》)·"丁亥卜 : 在小宗侑升自[大]乙."(《合集34045》)·"☐亥卜 : 在大宗侑升伐三羌十小牢, 自上甲. 己亥卜 : 在小宗侑升歲自大乙."(《合集34047》)이라고 한 예들이 있다. 여기에서 주의해야 할 것은《合集34046》의 복사에 "乙亥侑升歲在小宗自上甲. 十一月"이라고 하고 있는데, 여기에서의 '小'자는 위에 인용한《合集34047》의 복사의 예로 보아 '大'자의 오각(誤刻)임이 분명한 사실이다.

위에 인용한 복사의 예들에서 보는 바와 같이 上甲부터 향사되는 일군(一群)의 선왕들은 일반적으로 "大示"로 지칭되는 직계이고, 이들에 대한 제사는 '大宗'에서 거행되었으며; 大乙부터 향사되는 일군의 선왕들은 일반적으로 "小示"로 지칭되는 방계이고, 이들에 대한 제사는 '小宗'에서 거행되었다. 제사를 거행하는 종묘의 크기는 제례(祭禮)의 규모를 반영한다. 제례에 대한 이런 차별은 종법 제도에 있어서는 바로 적서의 구별로 제도화 된다. 이런 제도에 대해 裘錫圭는[1] 복사 중의 "父乙帝"·"帝丁"·"帝甲"·"文武帝" 등의 '帝'는 점복 당시의 왕이 이미 작고한 부왕(父王)에 대한 전용 호칭이라고 하면서, 이 '帝'는 곧 '嫡庶'의 '嫡'자의 의미라고 했으며; 복사에서 이 '帝'자와 상대되는 것은 친속에 대한 호칭과 연결해서 사용되는 '介'자인데, 이는 "介子"·"介兄"·"介父"·"介母"·"介祖" 등에서의 '介'자로, '嫡庶'의 '庶'자와 자의(字義)가 같다고 하면서, 이로써 '嫡'과 '庶'라는 말은 商代 사람들의 언어에 이미 존재하고 있었음을 알 수 있다고 했다.

이상으로 종합하면 商 왕조의 왕위 승계 제도는 '子繼'가 상규이고, '子繼'는 형의 아들이 계승하는 경우가 주(主)였다. 갑골복사에 '大示' 즉 직계와 '小示' 즉 방계의 구별이 있다는 것은 언어에도 이미 '嫡'자의 뜻으로 쓰인 '帝'와 '庶'자의 뜻으로 쓰인 '介'라는 말이 나타났는데, 이는 商代에 이미 종법 제도가 확립되어 있었음을 말해주는 것이다.

商 왕실의 왕위 계승 제도는 장자(長子)에게 전위하는 것이 상규(常規)였듯이, 귀족들의 가족에서도 장자 계승이 상규였다. 張秉權에 의하면,[2]《庫1506》에 각된 내용은 귀족 '兒'씨(氏) 집안의 가보(家譜)이며, 가보에 기록된 12대의 승계 가운데 10번은 아들에게 승계되었고; 겨우 두 번만 아우에게 승계되었지만, 이 경우도 아우에게 승계된 이후에 아우가 자신의 아들에게 승계시키는 것이 아니라, 다시 형의 아들에게 되돌려 승계시켰는데, 이는 기본적으로 왕실의 왕위 계승 방법과 일치되는 것이라고 하였다. 그리고 이 가보 각사를 통해서 商代의 귀족들은 일반적으로 장자 승계를 상규로 하는 종법 제도를 실행하고 있었음을 알 수 있다.

---

1) 이 이하의 내용은 裘錫圭의《文史》(中華書局 1983. 北京)第17辑 중의 <關于商代的宗族組織與貴族和平民兩個階級的初步研究>를 참고한 것임.

2) 張秉權 前揭書《甲骨文與甲骨學》第13章 第五節 <一支貴族的世系--兒氏家譜>를 참고.

乙. 가족 제도

가족이란 혼인과 혈연관계로 이뤄진 사회 구성 단위이다. 하나의 가족 내에는 약간의 개체들로 구성된 소가정(小家庭)이 존재하는데, 이런 가정의 규모는 크지 않다. 고대의 문헌에 보이는 '五口之家'라든가 '八口之家' 등은 가정을 지칭한다. 商代에는 이처럼 한 쌍의 부부 위주로 된 가정이 고고 발굴에서 출토된 묘군(墓群)에서 이미 나타났는데, 예를 들면 安陽 殷墟의 梅園莊과 劉家莊에서 발견된 성년 남녀의 묘장(墓葬)이 그렇다. 朱鳳瀚에 의하면,[1] 殷墟 서쪽 구역의 묘군에 대한 연구 결과, 각 조(組)에는 동일 시기의 사람 수가 4명을 넘지 않음을 발견하였으며, 만약 이들 각 조가 한 가정에 해당된다면, 그 규모는 매우 작아서 부부가 자식을 낳아 기르는 규모인 셈이라고 하였다. 이 殷墟 서쪽 구역에서는 1967년부터 1977년까지 939기의 묘를 발굴하였는데, 발굴자들은 해당 묘지를 자연분포 상태에 의거하여 8개의 구역으로 나누었으며, 각 구역 하나가 하나의 '族'의 묘지라고 인식되었다. 다만 이들 몇 개의 묘군의 매장 정황은 비교적 복잡한데, 동일 구역에서도, 사자(死者)의 매장 자세가 각기 다르고, 머리의 향방도 일치하지 않으며, 묘실(墓室)의 구조도 상이(相異)하고, 동기(銅器)에 새겨진 휘장(徽章)도 한 가지가 아니다. 따라서 단지 한 곳에 매장되었다는 점만 착안했을 뿐이고, 이들 여러 복잡한 정황들을 체계적이고 종합적으로 구명하지 않은 점이 아쉬움으로 남아 있다.

그리고 宋鎭豪는 이런 종류의 가정은 주로 일종의 인구의 재생 단위로서 출현하였고, 생활상으로는 일정한 독립성이 유지되었으나, 경제적으로는 여러 단계의 친속 집단에서 완전히 벗어날 수는 없었고, 사후(死後)에는 생시의 취거(聚居)와 같은 모양으로 동일 묘지에 매장된 것이라고 했다.[2]

商代의 '族'은 하나의 씨족 집단 단위로서 매우 보편적이었는데, 《春秋左氏傳》 定公 4년 조(條)에, 周나라 초기의 분봉(分封)에서, 商나라 전체의 '族'들을 제후들에게 나눠 주면서, 魯에는 '殷民六族'을, 衛에는 '殷民七族'을, 晉에는 '懷姓九宗'을 각각 주었다고 했는데, '九宗'은 바로 9개의 종족을 말한다.

갑골문 중에는 "王族"(《合集6343》) · "子族"(《合集14922》) · "三族"(《合集6348》) · "五族"(《合集26879》) · "𡳿族"(《合集5622》) · "大左族"(《合集37518》) · "犬征族"(《合集9479》) · "疒族"(《合集4415》) 등이 보이는데, 이는 문헌 기록과 거의 상응하며, '族'이 商代에 종족 단위로서 보편적으로 존재했던 사실을 설명해준다. '王族'과 '多子族'에 대해서 李學勤은, '王族'은 왕의 친족으로 조직된 집단이고, '多子族'은 대신(大臣)이나 제후의 친족으로 조직된 집단이라고 했다.[3] 고대의

1) 朱鳳瀚 《商周家族形態研究》(天津古籍出版社 1990. 天津) pp.106~115를 참고.

2) 宋鎭豪 前揭書 《夏商社会生活史》 pp.143~144를 참고.

3) 李學勤 <釋多君 · 多子>, 《甲骨文與殷商史》 第1辑(上海古籍出版社 1983. 上海)를 참고.

문헌과 갑골문에 보이는 '族'의 조직 구성원으로는 '宗氏'·'分族'·'醜類' 등이 있는데, 周代 초기에 魯公에게 '殷民六族'을 나눠줄 때, 이들 '殷民六族' 각각에 대해 "帥其宗氏, 輯其分族, 將其醜類. : 그 '宗氏'들을 잘 통솔하고, 그 '分族'들을 서로 잘 연합시키고, 그 '醜類'들을 잘 부리도록 하라고 하였다."라고 했는데, 이에 대해 楊伯峻은, "宗氏, 其大宗, 嫡長房之族. 分族, 其餘小宗之族. : '宗氏'란 그 대종으로서, 적장자로 이어지는 종족이고; '分族'은 그 나머지 소종의 종족이다."라고 하고, 이어서 "醜類, 同義詞連用, 此謂附屬此大族之奴隸. : '醜類'란 동의어를 연용한 말로서, 이들 대종족에 부속된 노예를 일컫는다."라고 했다.[1]

한편 陳夢家는 商代의 가족 제도에 대해, "殷代的家族制度, 一時尙不易考定. 《左傳》 定公四年所記殷民六族'帥其宗氏, 輯其分族,' 六族稱爲殷民, 則皆是子姓之族, 姓族之下又分別爲宗氏(宗族)·分族(家族).[2] : 殷代의 가족제도는 한 번에 고찰하여 단정하기는 어렵다. 《左傳》 定公 4년 조(條)에 기록하기를, '殷民六族'에 대해 '帥其宗氏, 輯其分族'이라고 했는데, '六族'을 '殷民'으로 칭하였으므로, 이들은 모두가 '子'성(姓)의 종족이었고, 그 성족(姓族) 아래에는 다시 '宗氏' 즉 종족과 '分族' 즉 가족으로 분별되었다."라고 하였다. 그는 이런 관계가 《春秋左氏傳》 襄公 12년 조에 "同姓於宗廟, 同宗於祖廟, 同族於禰廟; 是故魯爲姬姓, 臨於周廟; 爲邢·凡·蔣·茅·胙·祭, 臨於周公之廟. : 동성(同姓)은 종묘 즉 周 文王의 묘에서, 동종(同宗)은 제후국 시조의 묘에서, 동족(同族)은 고조의 묘에서 곡(哭)을 하는데; 魯나라는 '姬'성(姓)이므로 周 文王의 묘에 가서 곡을 하였고; 邢·凡·蔣·茅·胙·祭 등의 6국은 周公의 묘에 가서 곡을 하였다."라고 하고 있는 것과 상응한다고 했는데, 그는 또 이어서 "姓·宗·氏·族表示着親疎層次的關係, 而四者又往往互混. 《左傳》 隱公八年衆仲曰'天子建德, 因生以賜姓, 胙之土而命之氏, 諸侯以字爲謚因以爲族; 官有世功則有官族, 邑亦如之.' 此對於姓·氏·族有了較明確的界別. : '姓'·'宗'·'氏'·'族'은 친소관계의 층차를 나타내지만, 이들 넷은 종종 서로 혼용되었다. 《左傳》 隱公 8년 조에서 衆仲이 이르기를, '천자가 덕망이 있는 사람을 제후로 임명하면서 그 조상의 탄생에 기인하여 성(姓)을 하사하였고, 그 봉토에 사직(社稷)을 세우고 성씨를 지어주었으며, 제후는 그들의 대부에게 자(字)로 시호를 내렸고 이로 인해 공족(公族)이 되었고, 관직에서 대대로 공을 쌓게 되어 관족(官族)이 있게 되었는데, 읍(邑)의 경우도 역시 이와 같았습니다.'라고 하였다고 했는데, 이는 '姓'·'氏'·'族'에 대해 비교적 명확하게 구별한 것이다."이라고 했다.

그런데 '宗氏'와 '分族'의 계층구조는 商代 청동기 명문(銘文)에도 복합씨명(複合氏名)으로 반영되어 나타난다. 朱鳳瀚에 의하면,[3] '戈'족(族)의 휘호(徽號)와 '戈' 그리고 기타 한두 개 이상

---

1) 楊伯峻 《春秋左傳注》(中華書局 1981. 北京) p.1536.

2) 陳夢家 前揭書 《殷虛卜辭綜述》 p.497.

3) 朱鳳瀚 前揭書 《商周家族形態硏究》 pp.94~103을 참고.

의 씨족 휘호로 조(組)를 이루는 '複合氏名'에 대한 연구를 진행한 결과, '複合氏名'이 표시하는 것은 하나의 씨족에서 떨어져 나온 지파이고, 자신의 씨명을 모태의 씨명에다 덧붙여서 구별한 것이기 때문에 이 '戈'는 종씨(宗氏)이고, '戈'와 조합된 성씨는 '戈'의 분족(分族)이라는 것이다.

또 商代 종족의 내부 구조에 대해서, 林澐은 '非王卜辭' 중의 '子卜辭'에 반영된 가족형태에 대한 연구를 통하여, 이런 부류의 복사에 나오는 '子'는 세습 귀족에 대한 존칭이며, 대가족의 장(長)이라고 밝혀내고, 이런 가족의 구성원 중에는 '子'의 동생 무리와 아들 무리가 있고, '子'의 처첩과 제수(弟嫂) 및 며느리가 있고, '子'의 조카나 손자뻘 그리고 노예도 있으며, 경제적으로는 자신의 토지와 가축 및 주택이 있었다고 했다.1) 가족 내에는 또한 직관도 있고, 족(族) 무장(武裝)도 있으며, 공동으로 향사하는 신(神)도 있다. 朱鳳瀚은 '非王卜辭' 중의 제사 활동에 대한 분석에서, 이들 종족 조직들은 자신의 종묘도 소유하고 있고, '王卜辭' 중의 제의(祭儀)와는 다른 독자적인 제사 대상도 있는데, 제사를 주재하는 사람은 '子'[자칭(自稱)일 경우에는 '余'·'朕'임]로 호칭되는 종족의 장(長)이라고 했다. 그리고 이 종족의 장은 '族' 내에서 최고의 권력을 가졌으며, 경제적으로는 '族'에 속하는 생산에 대해 지휘권을 가지고, 생산품에 대한 지배권도 가지고 있었다고 주장했다.2) 이로 미루어 보면, 이들 종족은 족장을 수뇌로 하는 구체적인 소왕국(小王國)인 셈이다. 그리고 이들은 商 왕의 통치를 지지하고, 商 왕은 이들을 보호함으로써 족장의 족 내에서의 절대 권력을 인정해주었다.

二. '諸婦'와 '諸子'

甲. '諸婦'

갑골문 가운데 '[illegible]' 또는 '[illegible]'로 쓰고 있는 글자가 있는데, 孫詒讓이 이를 처음으로 '帚'로 고석하고 '掃帚'의 '帚'자라고 하면서, 복사에서는 '歸'자로 가차(假借)되었다고 주장했다.3) 羅振玉도 이 주장에 동의하였다.4) 그리고 董作賓은 이 '帚'자는 '歸'라고 고석하면서, '餽送'의 '餽'로 가차되었다고 하였고, 복사의 '屯'을 '矛'자로 고석하면서 골구(骨臼) 각사 "帚某示若干屯"이라는 말을 변경 지역에 병기를 보내준다는 뜻으로 해석하였다.5) 郭沫若은 이 '帚'자를 전면적으로 고찰하여, 복사의 '帚'자는 모두 '婦'자의 생략된 형태라고 하고, '帚某'란 殷 왕의 비빈(妃嬪)과

---

1) 林 澐 <從武丁時代的幾種"子卜辭"試論商代的家族形態>, 《古文字研究》 第1辑(中華書局 1979. 北京)을 참고.

2) 朱鳳瀚 前揭書 《商周家族形態研究》 第1章을 참고.

3) 孫詒讓 《契文擧例》(樓學札校點本)(齐鲁书社 1993. 济南) p.100을 참고.

4) 羅振玉 《增訂殷虛書契考釋》(藝文印書館 1975. 臺北) p.48上을 참고.

5) 董作賓 <帚矛說>, 前揭書 《董作賓先生全集》 甲編 第2册 pp.619~660을 참고.

세부(世婦)에 속하는 인물들이며, 생존하고 있을 때는 국정(國政)에 참여하고, 사후(死後)에는 사전(祀典)에 배열되기도 하였으며; 또 복사에서 흔히 보이는 "帚有其子"라는 말은 이 부인이 회임하여 아들을 가지게 된 것을 지칭하고, "帚其冥㚤"의 '冥'은 부녀자가 아기를 낳는 분만을 의미하는 '挽'자의 뜻이고, '㚤'는 '嘉'자로서 '嘉好'의 의미라고 주장하였다.[1] 그의 이런 주장은 많은 학자들의 지지를 받아서 거의 정론(定論)이 되었다.

그런데 島邦男은 이런 주장에 반대하고, '帚'의 독음(讀音)은 '母'·'巫'·'舞'로 읽는다고 하고, '服'자의 가차자로서, 殷 왕이 가까이 두고 믿는 직속 신하를 지칭하며, 왕비는 아니라고 주장하였다.[2] 그리고 高明은 '冥'이 '挽'자의 가차가 될 수 없고, 일종의 질병인 '痻'자의 가차라고 주장하였다.[3] 이후에 張秉權은 島邦男의 주장을 다시 반박하였고, 趙誠은 高明의 주장을 반박하고, '冥'은 '娩'이라고 고석하기도 하였다.[4]

갑골복사 가운데 '婦'라는 명칭을 가진 어휘의 수(數)에 대해서, 胡厚宣은 62개라고 하였는데,[5] 島邦男은 80개라고 했고,[6] 孟世凱는 67개라고 했으며,[7] 宋鎮豪는 121개라고 했다.[8] 이 문제에 대해 王宇信·楊升南 등은 갑골복사에서 "婦某"라고 호칭한 것이 95개이고, "某婦"라고 호칭한 것이 13개이며, "婦某"라고 한 것 중에서 13개의 명칭은 동일 명칭의 서로 다른 서법(書法)일 가능성이 크고, 그 구별은 '女' 편방의 부가(附加) 여부에 달려 있는데, 예를 들면 '婦井'과 '婦妌', '嫚'과 '婦嫚' 등과 같다[9]고 개괄하였다.

그리고 '婦'의 신분을 처음 한 동안에는 모두 왕의 비빈으로 인식하여, 商 왕이 다처제(多妻制)를 시행한 증거라고 했다. 그러나 나중에는 이들이 모두 왕의 '子婦'라고 인식하기도 하였다. 그러다가 1973년에 殷墟에서 '婦好'의 묘(墓)가 발견되고, 묘 속에서 출토된 석조(石造) 우상(牛像)에 "后辛"이란 두 글자가 새겨져 있는데다가, 또《小屯南地甲骨》에 "妌妣戊"(《屯南4023》)라고 각된 복사가 발견되어, 이 '婦好'는 武丁의 배우자 중의 한 사람인 '妣辛'이고, '婦妌'은 武丁의 배우자 '妣戊'임이 증명됨으로써 '子婦'라는 주장은 정확하지 않음이 밝혀졌다. 갑골복사에 보이

---

1) 郭沫若《郭沫若全集·考古編》第一卷(科學出版社 1982. 北京) p.430을 참고.

2) 島邦男 前揭書《殷墟卜辭研究》(中譯本) pp.449~455를 참고.

3) 高明 <武丁時代'貞冥卜辭'之再研究>,《古文字研究》(中華書局 1984. 北京) 第9輯을 참고.

4) 張秉權《甲骨文與甲骨學》(國立編譯館 1988. 臺北) p.430 및 趙誠 <諸婦探索>, 前揭書《古文字研究》第12輯을 각각 참고.

5) 胡厚宣 前揭書《甲骨學商史論叢》初集第1冊의 <殷代婚姻家庭宗法生育制度考>을 참고.

6) 島邦男 前揭書《殷墟卜辭研究》(中譯本) pp.448~449를 참고.

7) 孟世凱《甲骨文小辭典》(上海辭書出版社 1987. 上海) 附錄六을 참고.

8) 宋鎮豪《夏商社會生活史》(中國社會科學出版社 1994. 北京) pp.148~151을 참고.

9) 王宇信·楊升南 主編 前揭書《甲骨學一百年》pp.448~449를 참고.

는 이들 '婦'는 때로 "多婦"라는 호칭으로 쓰이기도 하는데, 그 신분은 한가지만이 아니며, '貴婦'로 통칭할 수도 있다.

'婦'의 이름은 두 가지 형식으로 되어 있는데, 하나는 '婦某'의 구조로서, '婦好'·'婦姘'·'婦良'·'婦羊' 등과 같은 것이고; 또 하나는 '某婦'의 구조로서, '望乘婦'·'亞侯婦'·'姘婦' 등과 같은 것이다. '某婦'의 부류에 속하는 '婦'는 '臣正'·제후 혹은 방백(方伯)의 귀부인이며, '婦某'의 부류에 속하는 '婦'는 왕의 부인이거나, 왕의 형제와 아들 항렬의 부인들이 위주가 된다. 이 '婦某'의 부류에 속하는 '婦'의 이름 중에는 제후나 방국 및 귀족 소유의 지명 등이 적지 않은데, 島邦男의 통계에 의하면, 지명으로 구성된 '帚某'라는 명칭은 '婦周'·'婦井'·'婦沚'·'婦杞' 등과 같이 그가 집계한 80개 가운데 약 1/4을 차지하며, 이들은 모두 다 방국과 제후의 이름으로 되어 있다고 했다.[1] 이들 여자들은 해당 국가의 출신들임이 확실한데, 이들이 商으로 출가한 것은 정치적 혼인의 성격을 띠고 있음이 분명하며, 이는 국가의 통치기반을 확대하기 위한 것으로 보인다.

商代의 '諸婦'가 후세와 구별되는 최대의 특징은, 사회생활에서의 활약이 남자들에 비해 뒤지지 않았다는 점이다. '諸婦' 중에는 자신의 봉지(封地)를 소유한 인물도 있었으며, 이로 인해 복사들 가운데에는 그 지역의 '受年' 여부를 점복한 내용도 있다. 예를 들면, "甲寅卜, 𡆥, 貞 : 婦姘受黍年."(《合集9968正》)·"……婦好受年."(《合集9848》)·"乙酉……[婦]好邑……"(《合集32761》)이라고 하고 있는 것 등과 같은 것들이다. 여기에서의 '婦好'는 봉읍(封邑)을 소유하고 있었고, 그곳의 '受年' 즉 풍년 여부를 점복한 것이다. 또 갑골복사 가운데에는 "辛巳卜, ⍁, 貞 : 登婦好三千登旅萬, 呼伐⍁."(《合集39902》)이라고 하고 있는 것도 있는데, 이는 '婦好'의 봉읍 중에는 3천 명의 군대를 출정시킬 수도 있었음을 알게 해주는 예이다.

상고시대에는 앞에서 인용한《春秋左氏傳》成公 13년 조에 "國之大事, 在祀與戎. : 국가의 대사는 제사와 전쟁에 있다."라고 하고 있는데, 이러한 국가 대사에는 '諸婦'들도 참여하였음은 당연한 일이다. 이 '諸婦'들이 제사에 참여한 사실을 기록하고 있는 복사의 예로는, "婦井示二屯, 自嵒."(《合集6233臼》)·"……[婦]好示五. 賓."(《合集938反》)·"婦女羊 示十屯. 爭."(《合集7287臼》)·"呼婦好侑俘于妣癸."(《合集94正》)라고 하고 있는 것 등이 있다. 그리고 정벌에 참여한 복사의 예로는, "王令婦好从侯告伐夷."(《合集6480》)·"令載王供人呼婦好伐土方."(《合集6412》)·"……叀婦姘伐龍, 𢦏."(《合集6584》)라고 하고 있는 것 등이 있다.

또한 갑골복사 중에는 "帚姘呼黍于丘商."(《合集9529》)·"……于乙酉……婦姘往黍."(《合集9531》)·"呼婦姘田于穴."(《合集10968》)라고 하고 있는 것 등이 있는데, 이들 복사들은 '諸婦'들

1) 島邦男 前揭書《殷墟卜辭研究》(中譯本) p.452를 참고.

이 생산 조직의 관리에도 종사했음을 말해주는 예들이다. 그리고 “甲戌卜 : 王余令角婦叶王事.”(《合集5495》) · “貞 : 呼婦執.”(《合集176》) · “呼婦奏于𣲖宅.”(《合集13517》) · “呼婦好先供人于龐.”(《合集7283》)이라고 하고 있는 것 등의 복사들이 있는데, 이들은 ‘諸婦’들이 왕실의 사무를 위해 근무하기도 하였음을 알게 해주는 예들이다.

이상에서 살펴본 바에 의하면, 商代에는 남자들이 할 수 있는 일 대부분을 ‘諸婦’들도 모두 똑같이 참가할 수가 있었음을 알 수 있다. 張秉權은 이에 대해, “這也許是當時社會上, 所流行的一般通常現象.[1] : 이는 아마도 당시 사회에서는 일반적으로 유행하던 보통의 현상이었던 것 같다.”라고 주장했다. 이런 사실은《詩經》의 여러 시편(詩篇)에 기록된 西周 시대 부녀자들이 행했던 정치적인 중요 역할과 활동들로 이어졌는데, 예를 들면,《詩經 · 大雅 · 綿》의 ‘姜女’,《詩經 · 大雅 · 大明》의 ‘摯仲氏任’,《詩經 · 大雅 · 思齊》의 ‘大任’ 등이 이런 경우에 해당된다. 그리고 춘추시대 초기의 청동기《晉姜鼎》의 명문(銘文)에도, 晉姜이 스스로의 공(功)과 청동기를 획득한 일을 기록하고 있는데, 晉나라 군주가 그녀의 공을 기려 소금 1천 수레를 상으로 하사했다고 하고 있다.

商代의 부녀자들은 갑골복사에서 남자들과 똑같이 ‘子某’라고 호칭되기도 하였고, 이와 동시에 ‘小臣’의 직무도 담당했는데, 복사에 이들 ‘子某’와 ‘小臣’이 아이를 낳는 일에 대해 점복한 내용이 보인다. 예를 들면, “庚子卜, 賓, 貞 : 子𠳋娩, 嘉.”(《合集14034正》) · “辛丑卜, 爭, 貞 : 小臣娩, 嘉.”(《合集14037》)라고 하고 있는 것 등과 같은 것이다. 여기에서의 ‘娩’은 부녀자가 아이를 분만하는 것을 표현하는 전용어인데, 여기서 ‘子’와 ‘小臣’으로 호칭되는 인물이 ‘娩’했다는 것은, 당시에는 여자들도 역시 ‘子’로 호칭할 수가 있었고, 또한 ‘小臣’이라는 중요한 직책을 담당할 수도 있었다는 증거이다.[2] 복사에 보이는 ‘諸婦’는 모두가 일정한 지위를 가진 귀부인이었고, 지배 계층의 중요한 구성원이었다.

乙. ‘諸子’

갑골복사에서의 ‘子’는 중요한 사회 집단의 하나이며, 그 숫자도 매우 많다. ‘子’자가 덧붙여진 호칭은 이미 작고한 사람의 경우와 생존하고 있는 사람의 경우로 구분하여 사용하였다. 10개의 천간(天干)으로 명명된 경우의 ‘子’는 이미 작고한 인물이며, 갑골복사에서 이들은 제사의 대상이 되는 조상신(祖上神)이다. 예를 들면, “丁未, 其侑子丁牛.”(《合集21885》) · “癸未卜, 叀羊于子

1) 張秉權 前揭書《甲骨文與甲骨學》p.432.

2) 鄭慧生 <卜辭中貴婦的社會地位考述>, (《歷史研究》(中國社會科學院 1981. 北京)第6期와 趙誠 <諸婦探索>, 前揭書《古文字研究》1985年 第12輯을 참고.

庚."(《合集22088》)·"子癸歲王賓祭."(《合集27583》)라고 하고 있는 것 등과 같은 것들이다.

그리고 '子某' 혹은 '某子'의 형식으로 명명된 경우의 '子'는 대부분 해당 복사가 만들어진 그 시대에 활동하였고, 당시의 통치 계층을 구성하는 중요한 일원이었다. 이런 경우에 해당되는 복사 중의 '子'에 대해서, 초기의 갑골학 연구자들은 대부분 '王子'라고 인식하였으나, 張秉權은 이들은 '王子'가 아니라, 왕실과 밀접한 관계에 있는 근친(近親)일 것이라고 인식하고, 복사 중의 "王族"과 "多子族"은 구별된다고 주장하면서, 그 예로 "丁酉卜 : 王族爰多子族立于𠂤."(《合集34133》)라고 하고 있는 것을 들고는, 그는 이들이 대부분 제사에 참여하고, 그 당시의 왕이 이들의 권속(眷屬)에게 특별히 친절했던 점으로 미루어 보아서 왕실의 친척 관계를 반영한다고 주장했다.[1] 그리고 李學勤은, 복사 중의 '多子族'은 대신(大臣)이나 제후의 친족으로 조직된 대오(隊伍)이고, '王族'은 왕의 친족으로 조직된 대오라고 주장했다.[2] 그런데 갑골복사 중의 '子'는 대체로 다음의 4가지 뜻으로 사용된다. 첫째는 왕의 아들, 둘째는 대신(大臣)이나 제후와 같은 귀족의 아들, 셋째는 商 왕실과 동성(同姓)의 '子'씨 성(姓), 넷째는 작위의 하나인 자작(子爵) 등의 뜻이다. 이 중에서 앞의 3가지는 구분이 쉽지 않으며, 네 번째 항목의 경우는 동일한 사람을 '子某'로도 호칭하고 '某子'로도 호칭한 점에서, 그 칭위(稱謂)의 구조 변화로 미루어 볼 때 일부는 검증이 가능하다.

갑골복사 중의 '子'라는 이름에 대한 정리 작업은 董作賓이《甲骨文斷代研究例》에서 武丁의 20명의 아들 이름을 밝혀내는 것으로 시작되었다. 그 후 胡厚宣은 '子'라는 이름 53개를 찾아내었고, 島邦男은 140개를 찾아내었으나 중복된 것을 제외하면 실제로는 127개이다.[3] 饒宗頤는 '子'로 이루어진 이름 138개로 집계하였는데,[4] 이 중에서 3명은 周代의 갑골에서 채택한 것이고, '子巫'는 '子方'의 오독(誤讀)[《屯南3723》에 있는 '方'자의 하반부가 잔결(殘缺)되어 마치 '巫'자가 잔결된 것처럼 보여서 오독됨]이며, '子辟'은 중복되었고, '子福'의 '子'자는 본래 '祀'자인데 편방 '示'가 없기 때문에 이를 '子'로 읽는 것에는 의문이 남아있으므로, 이들 6명을 제외하면 실제로는 132명이 된다.

宋鎮豪는 商代의 갑골문과 금문(金文)에 '子'라고 이름 지어진 사람이 모두 185명인데, 이 가운데 '子某'라고 호칭된 사람이 156명이고, '某子'로 호칭된 사람이 29명이라고 하였다.[5] 그런데 王宇信·楊升南 등은 이 문제에 대해, "據我們統計, 甲骨文中有稱'子某'者124位, 稱'某子'

---

1) 張秉權 前揭書《甲骨文與甲骨學》p.429를 참고.

2) 李學勤 <釋多君·多子>,《甲骨文與殷商史》(上海古籍出版社 1983. 上海) 第1集을 참고.

3) 島邦男 前揭書《殷墟卜辭研究》(中譯本) pp.439~441을 참고.

4) 饒宗頤 主編《甲骨文通檢(第四輯 : 職官人物)》(香港中文大學出版社 1995. 홍콩) 卷二를 참고.

5) 宋鎮豪《夏商社會生活史(增訂本)》(中國社會科學出版社 2005. 北京) p.264를 참고.

者31位, 稱'某子某'的5位.[1] : 우리들의 통계에 의하면, 갑골문에서 '子某'라고 호칭한 경우는 124명이고, '某子'라고 호칭한 경우는 31명이며, '某子某'라고 호칭한 경우가 5명이다."라고 하고는, 그 구체적인 내용을 정리하여 〈甲骨文中所見'子'名表〉라는 도표를 작성하여 제시하였다.

제2절　商代의 사회 구조

동·서양의 구분 없이 상고시대에는 여느 민족 사회와 마찬가지로 商代의 사회 구조 역시 크게 상층과 하층의 두 계층으로 구성되었다. 상층은 앞에서 여러 측면에서 살펴본 왕족과 귀족을 주축으로 하는 지배 계층이고; 하층은 지배 계층을 제외한 모든 구성원들을 두루 포함하는 피지배 계층으로, 크게 평민과 노예 두 부류로 나누어진다. 상층의 지배 계급은 이미 앞에서 살펴보았으므로 여기에서는 절대 다수를 차지한 이들 피지배 계층의 평민과 노예 계층에 대해 살펴보기로 하겠다.

一. 평민

갑골복사에 보이는 商代 사회의 평민으로는 크게 '衆人'과 '邑人' 두 부류가 있다.

甲. '衆人'

갑골문에서 '衆' 또는 '衆人'은 농업 생산과 전쟁·수렵 등을 비롯한 각종 노동 활동에 종사하였는데, 특별히 농업 생산 분야에서 '衆' 또는 '衆人'의 활동 기록이 자주 보이며, 이 때문에 이들의 사회적 신분에 대해 많은 연구자들이 일찍부터 주의를 기울였다. 우선 '衆'과 '衆人', 그리고 '衆人'과 '人'의 관계에 대한 연구인데, 갑골문 중의 '衆'과 '衆人'에 대해서 두 종류의 사람이라고 주장한 사람들도 있었으나, 지금은 갑골복사에서 '衆'과 '衆人'의 활동을 분석한 내용을 토대로 대부분의 학자들이 '衆'과 '衆人'은 동일 신분의 사람을 지칭하는 것으로 인정하고 있다.[2] '衆'과 '衆人'이 서로 다른 신분이라고 주장했던 학자들이 논거로 삼았던 것은《尙書·盤庚篇》의 '衆'자가 서로 다른 용법으로 사용된 점이었으나,《尙書·盤庚篇》의 '衆'자가 쓰인 의미는 '衆多' 즉 많다는 뜻으로서, 사람의 신분을 지칭하는 복사의 '衆'자의 뜻과는 다르기 때문이다. 예를 들어

---

1) 王宇信·楊升南 主編《甲骨學一百年》(社會科學文獻出版社 1999. 北京) p.452를 참고.

2) 裘錫圭 <關于商代的宗族組織與貴族和平民兩個階級的初步硏究>,《文史》(中華書局 1983. 北京) 第17輯을 참고.

갑골복사에, "……受叀衆百王弗每."(《合集26906》)라고 하고 있는 것이 있는데, 이 복사에서의 '衆'의 의미는 西周 시대의《曶鼎》의 명문(銘文)에 "用衆一夫"라고 한 말 중의 '衆'과 같이 특정 신분의 사람을 지칭하는 것이지, '衆多' 즉 많다는 의미가 아니다.

그리고 갑골복사 중의 '衆人'과 '人'은 둘이 아니라 한 가지라고 하는 주장도 있는데[1], 이는 근거가 부족하다. 이에 대해 王貴民은, 만약 '人'과 '衆人'이 모두 '族' 즉 종족 중의 '衆'을 나타내는 것이라면, 복사에서는 필획이 간단한 '人'자 하나만 쓰면 끝날 일을, '人'보다 필획이 4배나 많은 '衆'자를 따로 새겨야 하는 번거로움을 마다하지 않았던 이유는 바로 이 두 글자가 그때 당시에는 각기 다른 두 가지의 뜻을 가지고 있었기 때문에 그럴 수밖에 없었던 것이라고 설명하였는데[2], 정확한 지적이다.

다음으로 '衆人'의 신분에 관한 문제인데, '衆人'의 신분은 1944년에 郭沫若이 쓴 〈古代研究的自我批判〉이라는 글에서 처음으로, '衆'과 '衆人'은 노예라는 의견을 제시하였다. 이런 주장은 갑골학과 중국 상고사(上古史)를 연구하는 학자들에게 커다란 반응을 불러 일으켰는데, 그의 이런 주장에 찬성하는 학자들은 이런 郭沫若의 논거를 더 보충하여 완결하려고 하였고, 반대하는 학자들은 '衆'과 '衆人'의 신분에 대해서 다른 의견들을 제시하였는데, 다음의 몇 가지로 정리할 수 있다.

첫째는 '衆'과 '衆人'은 가장제(家長制) '家庭公社'의 구성원이라는 주장이다. 여기에서의 '衆人'은 '羌'과는 달리 商代 왕들의 보호를 받았던 사람들이었고, 商 왕실에서 거행한 제사의 희생으로 사용되지는 않았기 때문에 노예는 아니라는 것이다. 그리고 자유민과는 달리, 이들은 왕과 '小臣' 조직의 지도 아래에서 집단적으로 생산노동에 종사하였으므로, 단순히 가장제 '家庭公社'의 구성원일 뿐이라는 것이다.

둘째는 자유민이라는 주장이다. 이는 商代의 '衆人'은 중요한 직접 노동 생산자로서, 군인이 될 수 있는 권리도 있었으므로, 자유민이지 노예는 아니라는 것이다.

셋째는 평민이라는 주장이다. 이 '衆'은 '族'으로 구성된 '族衆'이라는 조직에서 생활하였고, 경제적으로도 어느 정도의 독립성을 가지고 있었으며, 일정 수준의 종교 활동에도 참가할 수 있었고, 商 왕국의 주요 군사 역량이기도 하였으며, 殷墟 서쪽 구역에서 발견된 작은 묘들의 주인은 복사 중의 '衆'과 상관이 있다고 주장하고 있다[3]. 이 '衆'에 대해 裘錫圭는[4], '衆'에는

---

1) 董作賓은《殷虛文字甲編 · 自序》(商務印書館 1948. 北京)에서; 張永山은 <論商代的'衆人'>,《甲骨探史錄》(三聯書店 1982. 北京)에서 이렇게 주장하였다.

2) 王貴民 <商代'衆人'身份爲奴隷說>,《中國史研究》(中國社會科學院歷史研究所 1990. 北京) 第1期를 참고.

3) 朱鳳瀚 <殷墟卜辭中'衆'的身份問題>,《南開學報》(南開大學 1981. 天津) 第2期 및 張永山 <論商代的'衆人'>,《甲骨探史錄》(三聯書店 1982. 北京)을 참고.

4) 裘錫圭 <關於商代的宗族組織與貴族和平民兩個階級的初步研究>,《古代文史研究新探》(江蘇古籍出版社 1992. 南京)를 참고.

광의와 협의의 두 가지 뜻이 있는데, 광의의 '衆'은 바로 '多衆' 즉 많은 사람을 의미하고, 협의의 '衆'은 商 왕을 위해서 농업생산에 종사한 주된 역량으로서, 전쟁에도 참가하고, 때로는 전렵이나 기타 노역에도 종사한 평민이라고 주장하였다. '族'이라는 조직에 소속된 평민이라는 주장은 자유민이라는 주장과 실제로는 서로 같은 의견이다.

넷째는 '衆'은 노예주(奴隸主)이고, '衆人'은 자유를 가진 '公社'의 구성원이라는 주장이다. 여기에서의 '衆'은《尙書 · 盤庚上》의 '衆'과 같으며, 이는 관직에 재위(在位) 중인 통치 계급이고; '衆人'은《尙書 · 盤庚中》의 나오는 '民'에 해당되며, 그 신분은 '公社'의 구성원으로서 노예가 아니라는 것이다.

다섯째는 '衆'과 '衆'人은 모두 다 노예를 거느린 노예주 계급이지 결코 노예는 아니라는 주장이다. 이 주장은 '衆'자의 자형 구조에 근거한 것이다. 갑골문 '衆'자는 자형이 하나의 '日' 아래에 3개의 '人' 혹은 2개의 '人'으로 구성되어 있는데, 조자(造字) 본래의 의미는 태양(太陽)과 유관하다는 것이다. 태양은 商代 통치 계급의 숭배 대상이었고, 왕권을 신격화하는 표식이었기 때문에, '衆'자에 구성 요소로 사용된 태양은 신권과 지상(至上)의 왕권을 표시하는 것으로, 단순한 자연계의 태양의 모양을 형상화한 것이 아니라는 것이다. 따라서 '衆'자의 원래 의미는 왕정(王廷)에 모인 통치 집단에 속하는 여러 사람들을 지칭하며,《尙書 · 盤庚》과 기타 고대의 문헌 중의 '衆'과 관련된 기록들로 미루어 보아 '衆'의 사회적 지위는 매우 높았고, 국가 대사에서 중요한 역할을 했다는 주장이다.[1]

1980년대 이후의 학자들은, '衆'과 '衆人'이 노예인가, 아니면 '族'의 조직을 보유한 평민인가 하는 두 가지 문제에 집중하였다. '衆'과 '衆人'이 '族'의 조직을 보유했다는 주장은 殷墟 서쪽 구역의 938기(基)의 중소 규모의 묘주(墓主)가 갑골복사에 보이는 '衆' · '衆人'과 직접적인 관계가 없다는 어떤 증거도 없기는 하지만, 우선 '衆'이 '平民'이라는 인식하에 이들 묘군(墓群)을 한데 엮으려고 했던 것에 기인한 것이다. 이런 주장은 이들 묘군이 갑골복사에 보이는 '衆'과 '衆人'의 "族墓地"라고 할 수 있는 확실한 증거가 제시되고, 또 이들이《周禮》에서 말한 "族墓葬"이라는 것이 증명되어야 하는 숙제가 남아 있다고 하겠다.

그리고 갑골복사에서의 '衆'과 '衆人'이 노예인지의 여부를 알기 위해서는, 이론적인 분석과 함께 갑골복사에 대한 전면적인 분석으로부터 시작해서, 후세에 형성된 문헌 자료와 갑골복사의 내용을 신중하게 비교 분석하여야 한다. 우선 이론상으로는 노예와 농노를 구별하는 기준을 제대

---

1) 陳福林 <試論殷代的衆 · 衆人與羌的社會地位>,《社會科學戰線》(吉林省社會科學院 1979. 長春) 第3期를 참고. 이에 대해서는 胡厚宣은 <殷非奴隸社會論>,《甲骨學商史論叢初集》(大通書局 1972. 臺北)에서 '衆'의 신분이 매우 높고, 노예가 아니라고 주장했으며; 島邦男은《殷墟卜辭研究》第二輯 第五章에서 胡厚宣의 주장이 타당하다고 주장함. 그러나 胡厚宣은 나중에 이런 주장을 포기하고 '衆'이 노예라고 주장하였다.

로 확립하여야 하는데, 이는 곧 인신(人身)의 완전한 점유와 불완전한 점유에 의해 구분된다. 그 다음으로 중국 역사의 특징과 중국 노예제의 유형을 제대로 이해해야 한다. 갑골복사에 나타나는 '衆人'과 연관된 자료에 대해서는 전면적으로 분석 정리하고, 크게 모순되는 중요 부분들을 정확하게 이해한 다음에 사실의 본질을 밝혀내고, 중요한 사실에 대한 주관적인 해석을 피해야 한다. 예를 들면, '衆人'이 농업생산에 종사할 때는, 이들은 商나라 왕의 명령 아래에서, '小臣'이라는 관리의 감독과 통솔 하에 전(全) 과정의 노동에 동원되었다. 그리고 생산 활동의 지역도 고정되어 있지 않아서, 어떤 때에는 왕실 소유의 땅에서 '黍' 즉 기장을 심기도 하였고, 또 어떤 때에는 방국으로 파견되어 농경지를 개간하기도 하였는데(《合集6》과 《合集10》에 보임), 이런 경우는 '族衆'이 자기 소속의 '族'의 영토에서 비록 협동경작 방식이지만 독자적으로 경작하는 경우와는 본질적으로 구별된다.

또 갑골복사 가운데 '衆' 또는 '衆人'에 관해서 "喪"을 점복한 "喪衆(人)"이라고 하고 있는 것들이 있는데, 이런 점복을 실시한 이유는 전쟁에서의 손실 때문인 것도 있고 또 도망친 때문인 것도 있다고 생각된다. 예를 들면《合集8》에는 "……卜, 貞 : 衆作耤不喪……"이라고 하고 있는데, 이는 '衆'이 농업 생산 노동 과정에서도 도망치지 않을 것인지를 점복한 것이 분명하다고 여겨진다. 그런데 이에 대해 裘錫圭는 오히려 商代의 어떤 방국에는 숲이 우거져서 야수(野獸)가 출몰하였고, 이로 인해 농업 생산 종사 인원이 손실되었을 가능성이 있다고 주장하였다.[1] 그러나 이런 주장은 '衆(人)'이 농업생산 과정에서 다른 사람에 의해 노동을 강요당하였다는 사실을 전면적으로 고려하지 않은 탓이다. 이에 대해 王貴民은, 商 왕실의 농경지 개간과 경작과 같은 여러 가지 활동에는 각종 부류의 사람들이 참가하였고, 때로는 멀리 변경지역까지 그 활동이 확대되었지만, "喪衆(人)" 여부를 미리 점복한 경우도 없고 또 "喪人"·"喪尹" 혹은 "喪亞"·"喪某某" 등을 미리 점복한 경우도 없는 점 등으로 미루어 보면, "喪衆(人)"의 원인은 자연 현상 요인과의 관계는 크지 않음을 알 수 있고, 따라서 농업 경작에서 "喪衆(人)" 여부를 미리 점복한 것은 정치 사회적 요인에 의한 도망이 분명하며, 이들 '衆人'은 "小衆人臣"에 의해 전담 관리되었기 때문에 일반 평민과는 신분이 같지 않았다고 주장하였다.[2]

그리고 이들 '衆人'이 군대의 정식 구성원이었는지에 대한 문제가 있다. 이 문제에 대해서는 대부분의 학자들이 모두 정벌 전쟁에 참가한 '衆人'은 '族衆'임이 틀림없다고 주장한다. 그런데 갑골복사에는 노예임이 틀림없는 '臣'·'僕'·'馬羌'·'奚' 등과 같은 사람들도 정벌 전쟁에 참가한 예들이 많다. 그리고 또 전쟁을 기록한 갑골복사에는 "雉衆"에 대해 점복한 것도 있는데,

---

1) 裘錫圭 <關于商代宗族組織與貴族和平民兩個階級的初步研究>, 《文史》(中華書局 1983. 北京) 第17輯을 참고.

2) 王貴民 <商代'衆人'身份爲奴隷說>, 《中國史研究》(中國社會科學院歷史研究所 1990. 北京) 第1期를 참고.

예를 들면《合集35374》에 "[右不雉衆? 王占曰: 弘吉.] 其雉衆? 吉. 中不雉衆? 王占曰: 弘吉. 其雉衆? 吉. 左不雉衆? 王占曰: 弘吉. 其雉衆? 吉."이라고 하고 있는 것이 있다. 여기에서의 '右'·'中'·'左'는 군대의 편제이며, 군대의 단위 가운데 '師'·'旅'·'戍'로 명명되는 것들은 모두 이런 편제로 되어 있었다. 이 "雉衆"에 대해서 于省吾는 '夷傷'이라고 해석하였고[1], 陳夢家는 이를 '衆人'을 부대로 편성하고 통할하는 일이라고 주장했다.[2] 위에 인용한 갑골복사에서 "不雉衆"에 대해서도 "弘吉"이라고 하고, "雉衆"에 대해서도 "吉"이라고 하고 있는 것으로 미루어보면, 이를 '夷傷'으로 해석한다면 뜻이 통하지 않으며, 이를 부대로 편성하고 통할하는 일이라고 해석하면 이 복사의 뜻이 순조로워진다. "右不雉衆"이나 "其雉衆"이라는 말은 '衆'을 '右'군(軍)에 편성할 것인가의 여부를 복문(卜問)한 것이다. 이와 같은 성질의 복사로 "……王其以衆合右旅……旅, 缶于舊, 𢦏."(《屯南2350》)라고 하고 있는 것이 있다. 이는 전쟁을 치르기 전에 '衆'을 정식 군대인 '右旅'와 '左旅'에 합하여 '舊'지역을 정벌하러 가는 일에 대해 점복한 것이다. 여기서의 '合'은 '雉'와 같은 의미이다. 이로써 '衆'은 비록 정벌에 참가는 하지만, 정규군의 일원이 아니며, 전사(戰士)의 자격도 갖추고 있지 않았음을 알 수 있다.

그리고 또 갑골복사에 "乙巳卜, 在兮, 惟丁未婦𡆥衆? 惟丙午婦𡆥衆."(《合集35343》)이라고 하고 있는 것이 있다. 여기에서의 '𡆥衆'의 '𡆥'에 대해 王貴民은 이 글자의 독음은 '𠮷'나 '剚' 또는 '剌'와 비슷하며, 복사에서는 동사로 '포착하다'·'자살(刺殺)하다'는 뜻으로 쓰이고 있는데, 이 글자는 그 당시 商 왕실과 적대적인 방국이었던 '𢀛方'(《合集6536》과《合集6537》)·'羌方'(《合集224》)의 사람들과 관계되거나 제사에 사용되는 희생(《合集32012》)과 관련된 갑골복사에만 보이고, 기타 다른 일반 商代 사람들에게 사용한 경우는 발견되지 않았다고 주장하였다.[3] 위에 예로 든 복사의 의미는 을사일(乙巳日)에, 셋째 날인 정미일(丁未日), 아니면 둘째 날인 '丙午日'에 '衆'에게 형륙(刑戮)을 시행할 것인가를 복문한 것이다.

또 갑골복사 가운데에는 위의《合集35343》에서의 "𡆥衆"이라고 한 말과 비슷한 뜻으로 쓰인 "𡋿衆"이라고 한 것도 있다. 이 '𡋿衆'의 '𡋿'자는 '余'와 '止'를 구성요소로 하고 있는데, 이를 于省吾는 '途'자로 고석하고, 갑골복사에서 이 글자는 동사로 쓰여 '屠殺'의 '屠'로 해독(解讀)된다고 주장하였다.[4] 이 글자는 '衆人'에게 사용된 것 외에, 商 왕실과 적대적인 방국인 '危方'(《合集32897》과《合集32899》)의 사람들과 '子某'로 호칭되는 '子畵'·'子央'(《合集6051》과《合集6053》)에게 사용되었다. 그런데 '衆人'이 도살당하기도 했다는 사실을 인정하지 않는 일부 학자들

1) 于省吾《雙劍誃殷契駢枝三編·釋雉》(藝文印書館 1975. 臺北) pp.53~54를 참고.

2) 陳夢家 前揭書《殷虛卜辭綜述》p.609.

3) 王貴民 前揭論文 <商代'衆人'爲奴隷說>을 참고.

4) 于省吾 前揭書《雙劍誃殷契駢枝三編·釋𡋿》p.49를 참고.

은, 이 글자를 '途'로 해독하고, 어떤 지역을 '途經' 즉 '경유하다'는 뜻이라고 주장하기도 하였다. 그러나 이 경우의 '危方'·'子畫'·'子央'은 지명이므로 경유가 가능하지만, '衆人'은 지명이 아니라 사람을 지칭하므로 경유할 수가 없다.

이상에서 살펴본 내용들은 모두 '衆人'의 신분과 관련된 중요한 자료들인데, 이들 자료들에 대한 전면적이고도 정확하고 종합적인 분석의 결과로 살펴보면, '衆(人)'은 완전한 노예 보다는 높은 지위의 신분이었지만, 다음에서 살펴볼 '邑人' 보다는 낮은 신분이었을 것이라고 짐작된다.

乙. '邑人'

갑골복사 가운데 '邑人'과 관련된 것은, "癸酉卜, 王, 貞 : 自今癸酉至于乙酉, 邑人其見方抑, 不其見方執. 一月."(《合集799》)·"貞 : 呼邑人出牛羊."(《合集9741反》)·"唯來孽, 邑人震"(《合集14211反》)이라고 하고 있는 것 셋뿐이다. 이들은 모두 武丁 시대의 복사이다. 《合集799》의 '見方'의 '見'자는 '其'자 뒤에 위치하고 있으므로 동사가 분명하다. 이 '見方'을 방국의 이름으로 읽을 수도 있지만, 《合集6167》에 "貞 : 登人五千呼見𢀛方."이라고 하고 있는 것으로 미루어 보면, '見方'의 '見'은 '조우하다'·'감시하다'는 뜻의 동사로, 전쟁 용어라고 여겨진다. 또 여기에서의 '抑'과 '執'은 문장 끝에 쓰이는 어조사로서, 의문을 나타낸다. 따라서 이 복사의 뜻은 계유일(癸酉日)부터 을유일(乙酉日)까지의 12일 동안, '邑人'이 '方'을 조우할 수 있을 것인가, 아니면 '方'을 조우하지 못할 것인가를 점복한 것이다. 이로서 '邑人'은 군대의 전사임이 분명하며, 앞에서 인용한 《合集6167》의 "登五千人"과 같은 부류임을 알 수 있다.

그리고 《合集9741反》의 "呼邑人出牛羊."이라고 하고 있는 복사는 '邑人'이 자신의 재산을 소유하고 있었던 사람임을 나타내준다. 《禮記·曲禮(下)》에도, "問庶人之富, 數畜以對. : 서인의 재부(財富)를 물으면, 사육하고 있는 가축의 수량으로 대답한다."라고 하고 있는데, 이는 상고시대에는 가축이 동산(動產)으로서 재부를 상징하였음을 말해주는 것이다.

군대의 전사로서 군인이 될 수도 있고, 자신의 재산을 보유하기도 한 '邑人'은 사회적인 지위와 신분이 노예와 같은 사람이 아님이 분명하고, 신체의 자유를 가진 일종의 평민이라고 할 수 있다.

갑골복사에 나타나는 '邑人'은 성(城) 안이나 촌락 안에 거주하는 보통의 민중이었고, 商代 사회를 구성하는 가장 기본적인 계층이었다. 갑골문 '邑'자의 자형은 사람이 네모난 성(城) 아래에 꿇어앉아 있는 모양을 형상화한 것인데, 이에 대해 羅振玉은, "邑爲人所居, 故从口从人.[1] : '邑'은 사람이 거주하는 곳이기 때문에 '口'과 '人'을 구성 요소로 하고 있다."라고 해설하였다.

---

1) 羅振玉 前揭書 《增訂殷虛書契考釋》(中) p.7上.

그런데 이 '邑'은 대·소(大小)의 구별이 있었으며, 때로는 商의 왕도(王都)를 갑골문에서 '邑'이라 칭하기도 하였다. 예를 들면 《合集7853》·《合集7854》·《合集7859》 등의 복사에, 洹水가 불어나서 "兹邑"이 위험에 처하게 될 것인지를 복문한 것이 기록되어 있는데, 여기에서의 "兹邑"의 '邑'은 당시의 왕도를 지칭하며, 이는 지금의 河南省 安陽市 小屯의 殷墟이다. 이 '邑'은 당연히 商代 당시의 최대의 '邑'이었을 것이다. 이밖에 또 앞에 명칭이 덧붙여진 '邑'도 있는데, 예를 들면 "婦好邑"(《合集32761》)·"望乘邑"(《合集7071》)·"柳邑"(《合集36526》)·"西邑"(《合集6156》)·"左邑"(《合8987集》) 등과 같은 것들이다. 이 '邑'들은 물론 당시의 왕도 다음 등급의 성읍(城邑)이었을 것이다. 그리고 또 숫자가 덧붙여진 '邑'도 있는데, 예를 들면 "二邑"(《合集6057》)·"三邑"(《合集6066》과 《合集7074》)·"四邑"(《合集5866》)·"十邑"(《合集28098》)·"二十邑"(《合集6798》)·"三十邑"(《合集707正》과《合集7073正》) 등과 같은 것들이 있다. 이들에 대해 兪偉超는, "這種有很多數量的邑, 所指當爲一般村落.[1] : 매우 많은 수량으로 표시된 이런 '邑'이 지칭하는 것은 일반적인 촌락임이 틀림없다."라고 하였다. 이에 의하면, 商代에는 일반적인 촌락을 '邑'이라고 칭하기도 하였고, 숫자를 사용하여 그 수를 기록하였음을 알 수 있다. 이는 곧 갑골문에서의 "邑人"은 통상적인 자유가 허용된 신분으로, 성(城) 안이나 상당 규모의 촌락에 거주하던 평민을 지칭한다는 것을 의미한다. 다만 이들은 귀족과 비교했을 때는 역시 하층의 피지배계급에 속하는 사람들이었다.

二. 노예(奴隸)

夏·殷·周 삼대(三代)로 대표되는 상고시대의 중국 사회는 씨족 부락의 선양(禪讓) 제도에서 세습 왕권 제도가 수립되었는데, 이 시대에는 최하층의 피지배 계층에는 노예 신분의 사람들이 왕족이나 귀족 등의 지배 계층의 사람들에 종속되어 있었다. 이에 따라 夏 왕조는 禹 임금 때부터 세습 왕권 제도를 시행했는데, 禹 임금의 왕위는 그 아들인 啓에게로 계승되었고, 이 이후의 왕위는 대대(代代)로 세습되었음은 주지의 사실이다.

갑골문이 발견되고 이에 대한 직접적인 연구가 활발하게 이루어지면서 연구 범위도 확대되어 1950년대 중반에 중국 역사학계에서는 郭沫若이 그 전에 발표한 논문들을 모아《奴隸制時代》를 출간한 이후로 商代와 周代 사회의 성격과 중국 고대사의 분기 문제에 관한 토론이 대대적으로 전개되었고, 郭沫若은 商代 사회가 노예제 사회라는 의견을 제기하였는데, 많은 학자들의 동의를 얻었다.

1) 兪偉超《中國古代公社組織的考察 · 論先秦兩漢的'單''僤''墠'》(物出版社 1988. 北京) p.53.

노예제 사회를 나타내는 주요 현상 중의 하나는, 바로 지배계급과 피지배계급 사이의 대립이며, 피지배계급은 바로 노예라는 주장이다. 于省吾는 갑골복사를 통해서 이런 종류의 계급 관계는 주로 지배계급이 노예들을 잔혹하게 탄압하고 심지어 도살까지 저지르는 일도 있었다고 밝힌 바 있다. 그는,

> 商代統治階級對待被壓迫階級的踐踏和刑殺, 無所不用其極. 特別是甲骨文中有關用人牲以祭的占卜, 觸目皆是. 其每次祭祀用人牲的數量, 由一個或幾個, 以至於幾十幾百, 甚至上千. 這樣揮戈揚斧 · 殺氣騰騰 · 血淋淋的慘酷情景實屬駭人聽聞, 較之所謂人間地獄, 有過之而無不及.[1] : 商代의 통치계급이 피압박계급을 짓밟고 형벌을 가하고 살상했던 참상은 모든 극단의 수단을 다 사용했었다. 특히 갑골문 가운데 사람을 희생으로 사용하여 제사를 지내는 점복과 관련된 것으로는, 눈에 띄는 것 모두가 다 그러하다. 매번 제사 때마다 희생으로 사용한 사람의 숫자는 한 사람에서 혹은 몇 사람, 몇 십 명, 몇 백 명에 이르기도 하고, 심지어 천 명에 이르는 경우도 있었다. 이처럼 무기를 멋대로 휘두르고, 살기등등하며 피가 낭자하도록 참혹한 정경은 듣는 이로 하여금 경악을 금치 못하게 할 지경이며, 이른바 인간지옥에 비교해도 더했으면 더했지 못하지는 않을 것이다.

라고 했다. 그리고 그는 商代의 지배계급이 피지배계급 곧 노예에게 자행했던 여러 가지 잔학한 행위들을 갑골문자의 자형 분석과 함께 다음과 같은 여덟 가지로 총결(總結)하였다.[2]

첫째, 신체 학대 : 갑골문 '尼'자는 마치 한 사람이 다른 사람의 등에 올라 앉아 있는 것과 같은 형상이다. 그리고 또 '夰'자는 한 사람이 다른 사람의 머리 위에 타고 앉은 형상이다. 이는 모두 노예 주인들이 노예들의 신체를 학대 또는 유린하는 모양의 글자들이다.

둘째, 밧줄로 결박하기 : 갑골문 '羌'자는 밧줄로 강족(羌族) 출신의 노예의 목을 결박하는 형상이다. 또 '𢧵'자는 해족(奚族) 출신의 노예의 두 손을 뒤로 결박한 채, 도끼로 목을 치는 형상이다.

셋째, 형구를 쓴 영어(囹圄) : 갑골문 '執'자는 두 손목에 수갑과 같은 형구를 차고서 꿇어 앉아 있는 사람의 모양을 형상화한 것이다. 이 글자의 또 다른 모양은 두 손에 수갑을 찬 사람을 다른 사람이 한 손으로 채찍을 들고 등 뒤에서 때리고 있는 형상이다. 그리고 갑골문 '圉'자는 두 손에 수갑을 찬 죄수가 감옥 안에 감금되어 있는 모양을 형상화한 것으로 되어 있다.

넷째, 신체 일부 절단 : 갑골문 '劓'자는, 칼로 코를 베는 형상이다. 또 '馘'자는 '戈' 즉 창으로

---

1) 于省吾《甲骨文字釋林 · 序》(中華書局 1979. 北京) p.10.

2) 아래의 8가지 내용은 上揭書《甲骨文字釋林》pp.6~9를 참고 요약.

귀를 잘라내는 형상이다. 그리고 '刖'자는 한 사람이 손에 톱을 든 다른 사람에게 발을 잘리는 형상인데, 고대에는 이를 '刖刑'이라고 불렀다.

다섯째, 화형(火刑) : 갑골문 '烄'자의 자형은 사람을 불 위에다 세워 놓고 태우는 모양을 형상화한 것인데, 이는 화형으로 사람을 죽이는 형벌이다.

여섯째, 생매장 : 갑골문 '陷'자의 자형은 꿇어앉은 사람을 구덩이 속에 넣고 묻어서 희생으로 삼는 모양을 형상화한 것이다. 이 '陷'자의 이체자로는 사람을 구덩이 속에 넣은 다음에, 다른 사람이 두 손으로 쇠망치로 내리쳐서 구덩이 속의 사람을 죽이는 모양을 형상화하고 있는데, 인체 양쪽의 몇몇 점들은 사람이 맞아서 흘린 피가 튀는 모양을 표현한 것이며, 구덩이에 묻힌 사람을 제사의 희생으로 사용한 것이다.

일곱째, 참수형(斬首刑) : 갑골문 '伐'자는 '人'과 '戈'를 구성요소로 하고 있으며, 적을 찔러 죽이는 무기 '戈' 즉 창을 사용하여 사람의 목을 자르는 형상이다.

여덟째, 능지형(凌遲刑) : 于省吾는 갑골문 '攺'자를 고석하면서, "攺字典籍通作肔或施, 乃剖腹剞腸, 爲後世凌遲之刑的起源.[1] : '攺'자는 전적(典籍)에서 '肔' 또는 '施'로 통용하여 썼는데, 이는 배를 가르고 창자를 도려내는 형벌로서, 후세에 능지형의 기원이 되었다."라고 했다. 갑골문 중의 "攺百羌"이란 말은, 바로 백 명의 '羌'족 노예가 배를 가르고 창자를 가르는 형벌을 당했음을 말하는 것이라고 하였다.

이밖에도 商代 사회의 지배계급은 때로 사람과 가축을 함께 죽여서 조상에 대한 제사의 희생물로 사용하기도 하였다. 예를 들면 복사 가운데 "甲午卜, 貞 : 翌乙未, 侑于祖乙, 羌十又五, 卯宰, 又一牛. 五月."(《續1. 12. 8》)이라고 하고 있는 것이 있는데, 이 복사의 대강의 뜻은, "갑오일(甲午日)에 점복하여 여쭙기를, 익일 을미일(乙未日)에 선왕 祖乙에게 '侑'라는 제사를 올림에 있어, 15명의 '羌奴'와, 두 동강으로 도살한 '宰' 한 마리, 그리고 소 한 마리를 희생으로 사용하고자 하는데, 때는 5월이었다."라는 의미이다. 여기서의 '羌奴'·'宰'·'牛'는 모두 조상의 제사에 사용하는 희생이다. 그리고 武丁 시기의 복사에는, "貞 : 御自唐·大甲·大丁·祖乙, 百羌·百宰."(《佚873》)이라고 하고 있는 것이 있는데, 이 복사의 대강의 뜻은, "정문(貞問)하기를, 선왕 成湯에서부터 大甲·大丁·祖乙까지 조상들에게 '御'라는 제사를 지내려고 하는데, 백 명의 '羌奴'와 백 마리의 '宰'을 희생으로 사용하고자 합니다."라는 의미이다.[2] 그리고《京津609》에 기록되어 있는 것도 역시 제1기 武丁 시기의 복사인데, 여기에는 "貞 : 求年于王亥, 骨犬·一羊·一公豬. 尞,

---

1) 于省吾 上揭書《甲骨文字釋林》pp.8~9.

2) 商 왕의 世系 순서는 의당 大乙·大丁·大甲이어야 하는데, 이 복사에는 그 순서를 "唐·大甲·大丁"으로 잘못 배열하고 있다.

三小宰, 卯九牛, 三南, 三羌."이라고 하고 있다. 이 복사의 대강의 뜻은 "정문(貞問)하기를, 개의 뼈와 양 한 마리 및 수돼지 한 마리를 사용하여 선공 王亥에게 풍년을 기구하고자 하며; 어린 '宰' 세 마리와 아홉 마리의 소를 두 동강내어 잡고, '三南'[1]과 세 명의 '羌奴'를 희생으로 사용하여 '尞'라는 제사를 올리고자 한다."는 것이다. 이 복사는 아주 명확하게 武丁이 노예의 지배자로서, 노예와 개·소·양 등을 함께 제사의 희생으로 헌상하였음을 기록한 것이다.

이 뿐만이 아니라, 商代의 지배계급이 노예를 순장(殉葬)의 희생품으로 사용한 갑골복사의 예들은 셀 수 없을 정도로 아주 많다. 郭沫若은, 郭寶鈞이 1950년에 발표한 〈記殷周殉人之史實〉[2]이란 논문을 바탕으로, 河南省 安陽 侯家莊의 각 대묘(大墓)에는 총 4백 명 정도의 순장자가 있는 것이 분명하다고 주장하면서, 또 "西區大墓六, 一墓如此, 他五墓大體亦若是, 那麽單是西區的殉葬者便可有二千四百人了.[3] : 서쪽 구역의 큰 묘 여섯 기(基) 중에서, 한 기는 이와 같고, 나머지 다섯 기의 묘도 대체로 이와 같은데, 그렇다면 서쪽 구역의 순장자만 하더라도 2천 4백 명이나 될 것이다."라고 하였다. 그러면서 그는 또, "如此大規模的殉葬, 毫無疑問是提供了殷代是奴隷社會的一份很可寶貴的地下材料.[4] : 이와 같은 대규모의 순장은 殷代가 노예사회임을 증명해주는 매우 귀중한 지하 자료를 제공해준다는 점에 더 이상 의문의 여지가 조금도 없다."라고 주장하였다.

갑골문에 반영되어 있는 내용을 통해서 알 수 있듯이, 지배계급이 노예에 대해 자행했던 신체 유린과 형벌 및 살상의 실태 및 수천 명이나 되는 인명을 순장의 희생으로 사용한 내용들은, 商代 사회가 피지배계급들에 대해 얼마나 잔혹했는지를 충분히 증명해준다고 하겠다. 이에 따라 郭沫若은, "把甲骨文字和其它資料的研究參合起來, 我們可以斷言, 殷代確實是奴隷制社會了.[5] : 갑골문자와 기타 자료들에 대한 연구를 함께 참고한 결과, 우리는 殷代는 확실히 노예제 사회였다고 단언할 수 있다."라고 하였다.

그러나 압박이 있으면 반드시 압박에 저항하는 투쟁이 있게 마련이다. 商代에는 노예들이 그들

---

1) 복사에서의 '南'은 祭品의 하나인데, 郭沫若은 《通224》에 대해서, "余謂'一南'與'一羊'爲對文, 同是獻于祖之物. 前第一五九片'㞢于祖辛八南', 又'九南于祖辛', 其例證也. : 나는 '一南'과 '一羊'은 對語이며, 동시에 조상에게 헌상하는 물품이다. 앞의 《通159》에 '㞢于祖辛八南'이라고 하고 있는 것과 또 '九南于祖辛'이라고 하고 있는 것이 그 例證이라고 생각된다."이라고 했다(《卜辭通纂》 p.280). 그러나 여기에서의 '南'이 구체적으로 무엇인지에 대해서는 밝히지 않았는데, 徐喜辰은 '南'을 '鼓'라고 考釋하였다(<釋南>, 《東北師大學報(哲學社會科學版)》 第1期(東北師大學報編輯部 1981. 長春). 이 복사 역시 3종류의 악기와 3명의 '羌人'의 사용을 말한 것일 가능성이 크다고 생각된다.

2) 郭寶鈞의 이 글은 1950년 3월 19일자 《光明日報·學術》에 발표한 것이다.

3) 郭沫若 《奴隷制时代》(中國人民大學出版社 1977. 北京) p.84.

4) 郭沫若 上揭書 《奴隷制時代》 p.85.

5) 郭沫若 上揭書 《奴隷制時代》 p.18.

이 당하는 잔혹한 현실에 대하여, 곡물을 불태우거나 폭동과 도주 등의 여러 가지 형태로 지배계급에게 반항하고 투쟁하였다. 武丁 시기의 복사에는, 노예들이 지배계급의 양곡 창고를 불태우고 파괴하는 등의 투쟁을 했다는 기록이 있다. 두 줄로 이루어진 이 복사는, “[癸巳卜], 爭, [貞] : 旬[亡]禍? 二(《寧2. 28》+《寧2. 30正》). 王占曰 : 有祟, 㱿光其有來艱. 迄至六日戊戌, 允有[來艱], 有僕在[?], 宰在☐, 其☐薅, 亦焚亩三. 十一月.”(《寧2. 29》+《寧2. 31》, 《合集583》)라고 되어 있다. 胡厚宣의 고증에 의하면, 여기에서의 ‘㱿’과 ‘光’은 지명이고, ‘僕’과 ‘宰’는 모두 노예의 명칭이다. ‘[?]’는 지명이고, ‘薅’는 밭의 풀을 뽑는다는 의미이다. ‘亦’은 ‘夜’의 뜻으로 읽는다. ‘亩’은 곡식 창고를 의미하는 창름(倉廩)이다. 따라서 이 복사의 대강의 뜻은, “계사일에 점복을 하였는데, ‘貞人’ 爭이 정문(貞問)하길, ‘10일 동안에 어떤 재난이 없겠습니까?’라고 하였다. 商 왕 武丁이 점괘에 나타난 복조(卜兆)를 보고서 판단하길, 아마도 재난이 있을 것 같은데, ‘㱿’과 ‘光’ 두 지방에서 재난이 발생할 가능성이 있다고 하였다. 점복을 했던 계사일로부터 제6일이 되는 무술일에 과연 재난이 발생하였다. ‘僕奴’가 ‘[?]’라는 지방에서, 그리고 ‘宰奴’가 또 다른 어떤 지방에서 밭의 풀을 뽑았는데, 밤이 되자 결국 3개의 곡식 장고에 불이 났으며, 때는 11월이었다.”[1]는 내용이다.

이밖에 또 다른 복사에는 노예가 감옥에서 폭동을 일으켰다는 기록도 있다. 예를 들면, “[王占曰 : 有祟]……乙卯有酘……, 虍. 庚申亦有酘, 有鳴雉, 疛圉羌戎.”(《綴合36反》)이라고 하고 있는 것과 같은 것이다. 齊文心에 의하면,[2] 이 복사 가운데 “有酘”·“虍”·“亦有酘”·“有鳴雉” 등의 말들은 재난을 나타내는 말들이고, ‘疛’는 지명이며, ‘圉’는 ‘羌奴’를 수감한 감옥이고, ‘戎’은 폭동을 일으키다는 뜻이므로, 이 복사의 대강의 뜻은, “[商 왕이 점괘에 나타난 복조를 보고 판단하여 말하기를, 재난이 발생할 것이라고 하였는데], 을묘일에 과연 ‘酘’의 재난이 발생하였고, …… ‘虍’의 재난도 일어났다. 경신일에도 ‘酘’의 재난이 발생하였고, ‘鳴雉’가 있었으며, ‘疛’지방의 감옥에서 ‘羌奴’가 폭동을 일으켰다.”라는 내용이다.

또 武丁 시기의 복사에는 노예가 도주한 사실을 기록한 것도 있다. 예를 들면, “癸丑卜, 爭, 貞 : 旬亡禍. 王占曰 : 有祟有夢. 甲寅, 允有來媗, 左告曰 : 有往芻自益, 十人又二.”(《菁5》·《通430》)라고 하고 있는 것이 있다. 이 복사에 대한 胡厚宣의 고증에 의하면,[3] 여기에서의 ‘芻’는 일종의 목축 담당 노예이고; ‘占’은《說文解字》에, 점괘의 징조를 보고 묻는다는 뜻이라고

---

1) 胡厚宣 <甲骨文所見殷代奴隸的反壓迫和鬪爭>, 《考古學報》(中國社會科學院考古研究所 1976. 北京) 第1期.

2) 齊文心 <殷代的奴隸監獄和奴隸暴動——兼甲骨文“圉”､“戎”二字用法的分析>, 《中國史硏究》(中國社會科學院歷史硏究所 1979. 北京) 創刊號를 참조.

3) 胡厚宣 上揭論文 <甲骨文所見殷代奴隸的反壓迫鬪爭>을 참조.

하고 있으며; '祟'는 李頤가《莊子 · 天地》에 대한 주해에서 신이 내리는 화(禍)하는 뜻이라고 하였으며; '夢'은 毛亨의《詩經 · 正月》에 대한《詩傳》및 陸德明의《經傳釋文》에 모두 '亂' 즉 어지럽다는 뜻이라고 하고 있고; 또 '媗'는 '艱'의 뜻으로 읽는데, '祟'나 '夢'과 뜻이 비슷하며, '禍亂'의 의미라고 했으며; '左'는 인명이고, '㿝'은 지명이므로, 이 복사의 대강의 뜻은, "계축일에 점복을 하였는데, '貞人' 爭이 1순 동안 재난이 없겠는지를 정문(貞問)하였다. 商 왕 武丁이 점괘에 나타난 복조를 보고 판단하기를, 아마도 화란(禍亂)이 발생할 것 같다고 하였다. 계축일 바로 다음날인 갑인일에 과연 화란이 발생하였는데, '左'라는 사람이 왕에게 보고하기를, 12명의 목축 담당 노예들이 '㿝' 지방에서 도주하였다고 하는 내용이었다.

商代에는 노예의 반항과 투쟁 때문에 통치 계급의 지위가 흔들리게 되었다. 특히 商代 말기에 이르면, 紂王의 방탕하고 무도함으로 인해서 훨씬 더 잔혹한 진압 정책이 실행되었기 때문에, 商나라가 周와 牧野에서 싸울 때, 노예들과 평민이 잇달아 商을 배반하여 침공해 온 周나라에 호응하고 商나라 군사들에 맞서 싸움으로써, 商의 紂王은 鹿台에서 분신(焚身)하여 죽게 되고, 이로서 商 왕조는 멸망하게 되었다. 周 武王이 商 紂王을 정벌하여 승리를 거둔 후, 지금의 陝西省 西安의 옛 鎬에 周왕조를 건립하였는데, 역사에서는 이를 '西周'라고 부른다.

商代 사회의 노예에 대한 명칭은 크게 통칭(通稱)과 전용(專用) 명칭 두 가지로 나눌 수 있다. 갑골복사에 보이는 노예의 명칭들을 이와 같이 두 가지로 나누어 살펴보면 다음과 같은 것들이 있다.

甲. 통칭(通稱)

여기에서 말하는 통칭이란 商代 사회의 특정의 노예 집단 전체 또는 큰 부류의 노예들을 통틀어 이르는 말이다. 갑골복사에 보이는 이런 통칭으로는 다음과 같은 것들이 있다.

1. '人'

갑골복사 가운데에 '人'이라고만 호칭되어 일반 가축과 함께 제사의 희생으로 사용된 예들이 있는데, 이를 보면 다음과 같다.《合集1052正》에는 "五人卯五牛于二珏."이라고 하고 있는데, 이는 5명의 사람과 둘로 쪼갠 다섯 마리의 소와 두 쌍의 옥을 제품(祭品)으로 헌상한다는 말이다. 또《合集828正》에는 "貞 : 翌丁未用十人于丁, 卯一牛."라고 하고 있는데, 이는 "이튿날 정미일에 '丁'자를 묘호로 쓰고 있는 조상에 대한 제사에 10명의 사람을 희생으로 사용하고 둘로 자른 소 한 마리를 희생으로 헌상할 것에 대해 정문(貞問)하였다."는 말이다. 그리고《合集1027正》에는 "不其降𦎫千牛 · 千人."이라고 하고 있는데, 이는 1천명의 사람을 희생으로 사용할 것을 정문한 것으로, 희생으로 사용된 사람의 수(數)가 가장 많은 경우이다.

2. ‘女’

갑골복사에서의 ‘女’자와 ‘母’자는 자형이 같거나 비슷하여 혼용되는 경우가 많은데, 여자 하인으로 지칭될 때는 반드시 ‘女’로 읽고 써야 하고, 商 왕실의 선비(先妣)로 지칭될 때는 당연히 ‘母’로 읽고 써야 할 것이다. 商代 사회 역시 일반적으로는 높은 지위의 아들이 없는 보통의 여자의 사회적 지위는 매우 낮았음이 틀림없다. 왜냐하면 갑골 제사 복사 가운데 이 ‘女’가 제사의 희생으로 헌상되기도 하였기 때문이다. 예를 들면, 《合集683》에는 “丁酉卜, 貞 : 于河女.”라고 하고 있고, 《合集1403》에는 “㞢于河女.”라고 하고 있는데, 이들은 黃河의 신에게 거행하는 제사에 ‘女’를 희생으로 사용할 것을 정문한 것이다. 《合集685正》에는 “貞 : 燎于王亥女 · 豕. 勿燎于王亥女. 貞 : 勿燎于王亥女.”라고 하고 있는데, 이는 商 왕실 선공 王亥에게 올리는 ‘燎祭’의 희생으로 ‘女’를 헌상하는 것에 대해 정문한 것이다. 또 《合集678》에는 “戊子卜 : 王[㞢]母丙女.”라 하고 있고, 《合集32176》에는 “戊辰卜 : 又𠬝妣己一女, 妣庚一女.”라고 하고 있는데, 이들은 商 왕실의 선비(先妣)에 대한 제사에 ‘女’를 희생으로 사용하는 것에 대해 정문한 것이다. 그리고 《合集630》에는 “癸酉卜, 貞 : 多妣甗小臣三十 · 小女三十[于]帚.”라고 하고 있는데, 이는 ‘小女’ 30명을 ‘小臣’ 30명과 함께 제사의 희생으로 진헌(進獻)하는 것에 대해 정문한 것이다.

3. ‘𠬝’

갑골문자 가운데 ‘[illegible]’(《佚91》) · ‘[illegible]’(《前8. 12. 6》) · ‘[illegible]’(《鐵81. 2》)의 모양으로 쓴 글자들이 있는데, 羅振玉이 이를 ‘𠬝’자로 고석하여 학계의 정설이 되었다. 이 ‘𠬝’자는 ‘服’자의 본자(本字)로, 본의는 ‘抑’ 즉 힘으로 굴복시키다는 뜻이다.

그런데 갑골 복사에서의 이 ‘𠬝’자는 포로의 통칭으로 사용되고 있다. 복사의 예를 보면, “貞 : 于母庚㞢𠬝”(《合集729》)이라고 하고 있는데, 이는 선비 ‘母庚’에게 ‘㞢祭’를 거행함에 있어서 포로를 희생으로 헌상해야 할지를 정문한 것이다. 이 이외에 “㞢于妣甲十𠬝”(《合集697正》), “貞 : 𣪘妣庚十𠬝 · 卯十宰”(《合集698》), “貞 : ▢妣癸五𠬝”(《合集707正》), “貞 : 四𠬝于祖辛”(《合集709正》), “……㞢𠬝于父乙”(《合集715正》), “勿㞢𠬝于妣己”(《合集904正》)라고 하고 있는 것 등이 있는데, 여기에서의 ‘𠬝’ 역시 제사에 희생으로 사용된 포로를 통칭하는 말이다.

또 갑골 복사에 ‘[illegible]’(《乙6694》)로 쓴 글자도 있는데, 이 글자가 바로 ‘孚’자이고, 복사에서의 자의(字義) 역시 ‘𠬝’자와 다르지 않는데, 이 글자가 쓰인 예가 《乙6694》에 “貞 : 我用𡘋孚”라고 하고 있는 것 하나 뿐이다. 그리고 갑골 복사 가운데에는 “癸未卜, 亘, 貞 : 王㞢𠬝若”(《合集766

正》)이라고 하고 있는 것과 같이 두 개의 '㞋'자를 겹친 '𡱐'자가 있고, 또 "貞 : 勿㞋卯"(《合集809正》)이라고 하고 있는 것과 같이 두 개의 '卩'자를 겹친 '卯'자가 있는데, 이 두 글자는 '㞋'자와 문례도 같고 자의(字義)도 같은데다가 갑골문에서의 동일 글자의 자형 중복 현상이 많은 점 등으로 보아, 이 '㞋'자의 이체자로 보는 것이 옳다고 여겨진다.

4. '執'

'執'자를 갑골문으로는 '[illegible]'(《前5. 36. 4》) · '[illegible]'(《續3. 36. 2》) · '[illegible]'(《粹1163》) · '[illegible]'(《京津1472》) 등의 모양으로 쓰는데, 이는 《說文解字》에서 "捕罪人也. : 죄인을 체포하다는 뜻이다."라고 해설하고 있는 것과 같은 뜻으로 사용되고 있다. 갑골문에서의 이 '執'자는 체포된 범인의 통칭으로 쓰이며, 또 제사 복사에서는 商 왕실의 조상과 黃河의 신에게 거행하는 제사의 제품(祭品) 즉 희생으로 사용되기도 하였는데, 이런 복사의 예를 들면 다음과 같다. 《存1. 1795》에는 "執其用自中宗且乙."이라고 하고 있고, 《合集801》에는 "貞 : 執用于祖……"라고 하고 있으며, 《合集26991》에는 "乙亥卜 : 執其用[王受有祐]. 大吉. 高用王受有祐. 自大乙用執王受有祐. 其用自中宗祖乙王受有祐."라고 하고 있는데, 이 복사들은 商 왕실의 조상들에 대한 제사에 '執'을 희생으로 사용하는 것에 대해 정문한 것들이다. 또 《合集22594》에는 "丙戌卜, 大, 貞 : 告執于河, 尞……沈三牛."라고 하고 있는데, 이는 黃河의 신에 대한 '執'을 희생으로 사용할 것인지를 정문한 것이다.

5. '妾' · '㚚'

갑골 복사에서는 '妾'자와 '㚚'자 모두가 자주 제사의 희생으로 사용되고 있는데, 예를 들면, "貞 : 今庚辰夕, 用鬳小臣三十 · 小妾三十于婦. 九月."(《合集629》), "侑妾于妣己."(《合集904正》), "王其侑母戊一㚚…… 此受佑."(《合集27040》)라고 하고 있는 것과 같은 것들이다. 이들 복사에서의 '夕'과 '侑'는 모두 제명(祭名)이고, '妾'과 '㚚'은 '臣'과 함께 제사의 희생으로 사용되었다. 고대의 문헌 기록들, 예를 들면 《春秋左氏傳》 僖公 17년과 宣公 12년 및 襄公 10년 조(條) 그리고 《尙書 · 費誓》 등에서도 '臣'과 '妾'이라는 말은 지위가 낮은 사람이나 노예를 지칭하는 말로 사용되었다.[1] 그런데 郭沫若은 이들 복사에서의 '㚚'자에 대해, "㚚舊釋爲嬖, 殆卽人

1) 《尙書 · 費誓》에는 "臣妾逋逃 : '臣'과 '妾' 등의 노예들이 도망치기도 하였다."라고 하고 있고; 《春秋左氏傳》 僖公 17년 조(條)에는 "男爲人臣, 女爲人妾. : 남자는 다른 사람의 노예 '臣'이 되었고, 여자는 다른 사람의 노비 '妾'이 되었다."라고 하고 있고; 宣公 12년 조에는 "使臣妾之. : 그들을 '臣'과 '妾' 등의 노예로 만들었다."라고 하고 있고, 또 襄公 10년 조에는 "臣妾多逃. : '臣'과 '妾' 등의 대부분의 노예들이 도망쳤다."라고 하고 있다.

牲.[1] : '㚔'자는 지난날에는 '孽'자로 해석되었는데, 아마 제사의 희생으로 쓰인 사람이었던 것 같다."이라고 했는데, 姚孝遂는 이 글자에 대해, "當隸作'㚔', 與'孽'之形義均不類, 釋孽不可據, 卜辭皆以爲祭祀之犧牲.[2] : 의당 잠정적으로 '㚔'으로 써야 하는데, '孽'자와는 자형과 자의가 모두 비슷하지 않으므로, '孽'로 해석하는 것은 믿을 수가 없으며, 복사에서는 모두 제사의 희생으로 되어 있다."이라고 했다. '妾'과 '㚔'은 당연히 같은 종류의 신분에 속하는 사람이다. '妾'자는 복사에서 '배우자'라는 뜻으로도 쓰이고 있는데, '奭'자와 자의가 비슷하며, "示癸妾妣甲"(《合集2386》)이라고 한 것은, 다른 복사에서 "示癸奭妣甲"(《合集36190》)이라고 한 것과 뜻이 같다. 그런데 郭沫若은 '妾'자가 이마에 '黥' 즉 묵형(墨刑)을 받은 부녀자를 뜻한다고 하면서, 이 '妾'자의 자형 가운데 '女'자 윗부분의 구성 요소는 장식품을 형상화한 것이 아니라 형벌을 시행하는 형구를 표시한 것이며, 이 글자의 자의는 형벌을 받은 죄인을 나타낸다고 하였다.[3] 갑골 복사에서의 '妾'이 제사의 희생으로 사용된 예들로 볼 때, 商代에서의 '妾'의 신분은 죄를 지어 노예가 된 여자에 대한 통칭인 것 같다.

乙. 전용(專用) 명칭

商代 사회에서의 지위가 노예의 신분이었던 사람들에 대한 전용(專用) 명칭은 크게 방국의 이름, 적방의 수령 이름, 직명(職名), 여성의 이름 등으로 나눌 수 있다.

1. 방국명(方國名)

갑골문에서의 '方'은 사방(四方)이라는 뜻이다. 그런데 방국 연맹(聯盟)의 맹주(盟主)가 된 商 왕실의 왕족을 갑골문에서는 "大邑商", "天邑商" 또는 "中商"이라고, 혈연이 다른 이성(異姓)의 방국은 "某方"이라 하고 있다. 江林昌의 통계에 의하면,[4] 갑골문에서 현재까지 발견된 방국의 이름은 모두 8, 90개나 된다고 한다. 이는 商代 역시 周代와 마찬가지로 왕이 직접 통치하는 경기(京畿) 지역 보다는 후대의 제후국과 같은 방국이 다스리는 지역이 압도적으로 넓었다는 것을 말해준다.

갑골복사 가운데에는 이런 방국의 이름이 그 방국을 구성하는 종족으로서 商代 사회의 피지배

1) 郭沫若 (前揭書)《殷契粹編 · 考釋》(文求堂 1937. 京都) p.461.

2) 于省吾 主編《甲骨文字詁林》(中華書局 1996. 北京) p.454에서 재인용.

3) 郭沫若《甲骨文字研究 · 釋干支 · 十日》(中華書局香港分局 1976. 콩콩) pp.172~183의 '辛'자에 대한 해설을 참조.

4) 江林昌《中國上古文明考論》(上海教育出版社 2005. 上海) p.125를 참고.

계급의 사람을 지칭하는 전용 명칭으로 사용되는 경우가 많은데, 이런 명칭들을 살펴보면 다음과 같다.

A. '羌' · '姜'

갑골문 '羌'자는 '□'(《甲2415》) · '□'(《佚229》) · '□'(《存上1884》) · '□'(《粹1195》) 등의 모양으로 쓰는데, 孫詒讓이 이를 '羌'자로 고석하여 학계의 정설이 되었다. 이 '羌'자에 대해《說文解字》에는, "羌, 西戎牧羊人也. : '羌'은 서융(西戎)의 양을 키우는 사람들이다."라고 해설하고 있는데, 이들은 중국의 서북 지역에 거주했던 이민족이었다. 갑골복사에 의하면, 이 '羌族' 사람들은 주로 商의 서북쪽 지역인 지금의 山西省 서쪽과 북쪽 및 陝西省 동북쪽 일대에 거주했는데, 鍾柏生의 주장에 의하면,[1] 복사 중의 "北羌"은 지금의 河南省 동북쪽과 河北省 서남쪽에 있었다고 한다. 복사에 방국의 종족으로는 가장 빈번하게 보이는 '羌族' 사람들은 대부분 포로로 잡혀 와서 제사의 희생으로 사용되었으며, 일부분은 또 "多羌"이라는 이름으로 전렵에 동원되기도 하였다. 예를 들면, "貞 : 翌乙未用羌."(《合集456》) · "己巳卜, 彭, 貞 : 卯于河, 羌三十人. 在十月又二卜."(《合集26907》) · "甲寅卜 : 其帝方一羌一牛九犬."(《合集32112》) · "貞 : 卯自唐大甲大丁祖乙, 百羌百□"(《合集300》) · "三百羌用于丁."(《合集295》)이라고 하고 있는 것 등은 모두 '羌族'의 사람들이 商 왕실의 조상들과 黃河의 신에 대한 제사의 희생으로 사용된 예들이다. 또 "……多羌不其獲鹿."(《合集153》) · "呼多羌逐兎, 獲."(《合集154》)이라고 하고 있는 것 등은 이들이 "多羌"이라는 이름으로 수렵에 동원된 예들이다. 楊升南에 의하면,[2] 이와 같이 포로로 잡힌 '羌族' 사람들이 수렵에 동원된 것은, 그 신분이 노예였기 때문으로 보이며; 제사의 희생으로 사용된 것도 '羌族' 사람들을 단순히 전쟁 포로로만 간주된 것이라고는 할 수 없고, 이 역시 노예로 간주된 것인데, 희생의 수(數)가 많을 때는 300에까지 이르기도 하였다.

그리고 갑골문자 가운데 '□'(《文303》) · '□'(《甲182》) · '□'(《京津2012》) · '□'(《乙6585》) 등의 모양으로 쓴 글자들이 있는데, 王襄이 이를 '姜'자로 고석하여 학계의 정설이 된지 오래다.[3] 이 '姜'자의 자형은 여자의 머리 위 또는 오른쪽에 양의 뿔이 있는 모양으로 되어 있어,《說文解字》에서의 해설과 같이 '羊'과 '女'로 구성되어 있는데, 趙誠은 이 '姜'은 포로로 잡혀온 '羌族'의 여자를 지칭한다고 주장하였다.[4] 이 '姜'이 제사 복사에서 희생으로 쓰인 예로는《合集33193》에

---

1) 鍾柏生《殷商卜辭地理論叢》(藝文印書館 1989. 臺北) p.175를 참고.

2) 楊升南 <商代人祭身份的再考察>,《歷史研究》(中國社會科學院 1985. 北京) 第1期를 참조.

3) 王襄《簠室殷契類纂》(天津博物院(石印本) 1920. 天津) 第12卷 p.54上.

4) 趙誠《甲骨文簡明詞典》(中華書局 2009. 北京) p.164.

"[叀]······尞三······三牛, 宜牢. ······三姜."이라고 하고 있는 것이 있으나, 그 예가 많지는 않다.

B. '奚'

갑골문자 가운데 '𡗬'(《甲783》) · '𡗬'(《粹1268》) · '𡗬'(《前6. 19. 2》) · '𡗬'(《綴合28A》) 등의 모양으로 쓰고 있는 글자들이 있는데, 이 글자들을 羅振玉은 '奚'자라고 고석하고, "予意罪隸爲奚之本誼, 故从手持索以拘罪人. 其从女者, 與从大同. 周官有女奚.[1] : 내 생각에는, 죄지은 하인이 '奚'의 본의이고, 그렇기 때문에 (자형이) 손을 줄로 묶어서 죄인을 구속한 모양으로 구성되어 있는 것 같다. 이들 가운데 '女'를 구성 요소로 하고 있는 것은 '大'를 구성 요소로 하고 있는 것과 같다. 《周禮》에 '女奚'라는 말이 있다."라고 해설하였다. 이에 대해서 于省吾는 "奚之本誼, 以罪隸爲奴, 確無可易. : '奚'의 본의는 죄지은 하인을 노예로 삼은 것임은 요지부동일 만큼 확실하다."라고 했지만, 자형에 대해서는 손에 수갑을 채운 모양이라는 羅振玉의 주장과는 달리, "象以手提髮辮之形. : 손을 들어 올려 머리를 땋는 모양을 형상화한 것이다."라고 주장하였다.[2]

그런데 갑골복사에서의 '奚'는 방국이나 씨족의 명칭으로 쓰이기도 하였는데, 복사 가운데 "奚來白馬"(《合集9177》) · "王田奚"(《英藏2544》)라고 하고 있는 것 등이 그 예들이다. 이 '奚'는 또 商 왕을 따라서 '巴方'을 정벌하기도 하였는데, "王从奚伐巴方."(《合集811》)라고 하고 있는 것이 그 예이다. 그리고 '奚'는 또 제사의 희생으로 사용되기도 하였는데, 복사 가운데 "乙丑卜 : 王侑三奚于父乙, 三月征雨."(《合集19771》) · "庚午卜 : 侑奚(于)大乙三十."(《合集19773》)이라고 하고 있는 것 등이 그 예들이다.

위에서 예로 든 복사 중에서, '奚'가 商 왕을 수행하여 정벌에 참가한 내용의 복사들은 모두 조기(早期)의 갑골에 속하는 것인데 반하여, 나중에 '奚'가 멸망당한 후에는 商 왕의 전렵 지구가 되었으며, 주민들은 포로로 잡혀서 노예가 되었고, 가장 비참한 경우는 제사의 희생으로 사용된 것이다.

C. '僕'

갑골문에 '𠈃'(《前7. 35. 1》) · '𠈃'(《前6. 30. 5》) · '𠈃'(《鐵116. 4》) · '𠈃'(《前7. 9. 2》) 등으로 쓰고 있는 글자들이 있는데, 이 글자들의 자형은 집안에서 사람이 물건을 손에 들고 일을 하고 있는 모양을 형상화한 것이다. 이 글자에 대한 고석은 학자들의 의견이 다양한데, 학자에 따라 '宰' · '僕' · '寇' · '隸' 등으로 고석하기도 하였다. 饒宗頤는 이 글자를 '撲'자로 고석하고 명사라

1) 羅振玉《增訂殷虛書契考釋》(藝文印書館 1975. 臺北) 卷中 p.23.

2) 于省吾《殷契駢枝全編 · 釋奚》(藝文印書館 1975. 臺北) pp.59~60.

고 하면서, '僕'자로 해독(解讀)하고는, 갑골복사에서의 '多僕'은 '多臣'과 같은 말이라고 하였다.[1] 郭沫若은 이 글자를 '宰'자로 고석하고는, 이 '宰'라는 사람은 "本罪隸俘虜之類, 祭祀時可用爲人牲, 征伐時可作士兵, 而時有逋逃之事.[2] : 본래 죄인이나 노예 또는 포로 등의 부류인데, 제사를 지낼 때는 사람 희생으로 사용되기도 하고, 정벌을 나갈 때는 병사가 되기도 했는데, 때로는 도망쳐 달아나는 일이 발생하기도 하였다."라고 하였다. 이 '僕'자는 갑골 제사 복사에서 희생으로 사용되기도 하였는데, 예를 들면, "貞 : 五百僕勿用."(《合集559正》) · "癸丑卜, 㱿, 貞 : 勿䍙用五百僕. 貞 : 勿䍙用五百[僕]."(《合集560》)이라고 하고 있는 것 등이다. 여기에서의 '僕'은 제사의 희생으로 사용된 것이 틀림없고, 그 수(數)가 500에 이를 만큼 많다. 그런데 이 '僕'자는 또 복사에서 지명으로도 쓰였는데, 예를 들면, "……王寢于僕……受年."(《合集9815》) · "寢于僕乃帝……受年."(《合集13572》)이라고 하고 있는 것 등과 같은 것들인데, 饒宗頤의 고증에 의하면,[3] 이는 곧 '濮'으로, 하천(河川)의 이름이고, 옛 陳나라 지역에 있었다고 하였다. 楊伯峻은 한 걸음 더 나아가 옛 '陳'나라 지역의 '濮'은 '夷濮'이라고도 하였으며, 지금의 安徽省 亳縣 동남쪽에 있었다고 했다.[4] 이런 주장들을 종합하여 살펴보면, 이 '濮'은 商代의 한 방국이었고, 商에 의해 정벌을 당하였으며, 그 주민들은 포로로 잡혀서 노예가 되기도 하였음을 알 수 있다.

D. '垂'

갑골문 '垂'자는 '[glyph]'(《合集787》) · '[glyph]'(《合集768》) · '[glyph]'(《合集784》) 등의 모양으로 쓰는데, 이 글자들의 자형은 물건을 허공에 수직으로 드리운 모양을 형상화한 것으로, 葉玉森이 이를 '垂'자로 고석하여 정설이 되었다.[5] 갑골복사에서의 이 '垂'자는 지명으로 사용되기도 하는데, 《合集8115》에는 "周取巫于垂."라고 하고 있으며, 또 《屯南586》과 《屯南781》에는 "垂侯"라고 하여 방국의 이름으로도 사용되고 있다. 그리고 이 '垂方'의 종족 즉 '垂人'은 '㞢'과 함께 商 왕실의 선비(先妣)들을 비롯한 여성 조상들에 대한 제사의 희생으로 사용된 경우가 많은데, 예를 들면, "貞 : 㞢于妣庚十垂."(《合集768正》) · "貞 : 勿𠭰妣庚㞢十垂, 三十小宰."(《合集769》) · "知于高妣己𡆥二羊㞢, 𠭰㞢垂."(《合集784》) · "貞 : 㞢于妣甲垂㞢卯宰."(《合集787》) · "勿[知]帚于[妣]癸[㞢垂, 卯宰]. [知]帚于妣癸㞢垂, 卯宰."(《合集924反》) · "㞢侑母己十垂又卯宰."(《合集

---

1) 饒宗頤 前揭書《殷代貞卜人物通考》p.170을 참조.

2) 郭沫若 前揭書《甲骨文字研究 · 釋臣宰》p.71.

3) 饒宗頤 前揭書《殷代貞卜人物通考》p.170.

4) 楊伯峻 前揭書《春秋左傳注》p.35를 참고.

5) 楊樹達《積微居甲文說》(上海古籍出版社 1986. 上海) p.60에서 인용한 것을 참고.

6475反》)이라고 하고 있는 것 등과 같은 것들이다. 이렇게 제사의 희생으로 사용된 '垂'는 그 신분이 '羌'·'奚' 등과 같이 노예와 같았음이 분명하다.

E. '屯'

갑골 복사 가운데 '[illegible]'(《甲2815》)·'[illegible]'(《後下15. 10》)·'[illegible]'(《佚791》)·'[illegible]'(《後下27. 10》) 등의 모양으로 쓰고 있는 글자가 있는데, 이 글자에 대해서는 의견이 매우 분분(紛紛)하여 한 때에는 '包'·'茅'·'匹'·'豖'·'夕'·'祟'·'箕'·'秋' 등으로 고석하기도 하였으나, 지금은 于省吾가 '屯'으로 고석 해독한 것이 정설로 되어 있다. 갑골복사에서의 '屯'자는 일반적으로는, 한 쌍의 소[牛]의 견갑골을 지칭하는 수량사로, "今屯"·"來屯" 등의 말에서와 같은 시간 부사(副詞)로, "用屯"이란 말에서와 같이 어떤 부류의 사람에 대한 명칭의 하나로 쓰였다.

그런데 갑골복사에서는, "貞 : 幸屯. 王占曰 : 幸."(《合集697反》), "壬辰卜, 賓, 貞 : 幸多屯."(《合集817》)이라고 하고 있는 것 등에서와 같이 "幸屯"이라고 한 것이 있는데, 여기에서의 '幸'은 형구로서 '手梏' 즉 수갑을 의미하므로, 이 말은 '屯'에게 수갑을 채운다는 뜻이고, 여기에서의 '屯'은 사람을 지칭하는 것임을 알 수 있다. 또 복사 가운데에는 "丙寅卜, 亙, 貞 : 王𢦏多屯若于下上."(《合集808》)이라고 하고 있는 것도 있는데, 여기에서의 "𢦏多屯"의 '𢦏'자는 '奚'와 '戉'을 구성요소로 하고 있으며, 이 글자의 자형은 부월(斧鉞) 즉 도끼로 사람의 머리를 베는 형상이므로, 이는 '屯'을 도끼로 머리를 벤다는 말이다. 여기에서의 '屯'에 대해서 張秉權은, "很可能是一個方國或氏族之名.[1] : 하나의 방국이나 씨족의 이름일 가능성이 크다."라고 했다. 갑골복사 중에는 "癸亥卜 : 乙丑用侯屯."(《英藏1771》), "于甲□用侯屯."(《合集32189》)라고 하고 있는 것과 같이 "侯屯"이라는 말도 있는데, 여기에서의 '屯'은 제후의 하나임이 틀림없다.

F. 기타 방국인

위에서 살펴본 방국이나 부족의 사람들 이외에도 商 왕실에서 거행한 제사에 희생으로 사용된 이민족으로는 또 '尸'·'而'·'印' 등이 있다.

우선 武丁 시기의 복사에 "尸方不出"(《合集6456》)이라고 하고 있는 것이 있는데, 이는 '尸方'이라는 방국이 있었음을 말해주는 것이다. 그런데 姚孝遂는 이 '尸方'의 '尸'는 곧 '夷'자라고 하면서 고대의 방국 이름이라고 하였는데,[2] 학계의 정설이 되었다. 갑골복사 가운데에는 또 "侯告伐尸方"(《粹1187》)·"壬午卜卜, 賓, 貞 : 王惟婦好令征尸."(《合集6459》)·"貞 : 王惟侯告比征

---

1) 張秉權 《殷墟文字丙編考釋》(學生書局 1959. 臺北) 上輯(一) p.126.

2) 姚孝遂 <商代的俘虜>, 《古文字研究》(中華書局 1979. 北京) 第1輯 p.345를 참조.

尸. 六月.”(《合集6460正》) · “貞 : 王勿惟尸征. 二告.”(《合集6476》)라고 하고 있는 것 등이 있는데, 이들은 모두 ‘尸方’ 즉 ‘夷方’에 대한 정벌을 정문한 예들이다. 그리고 《合集828》에는 “貞 : 翌丁未, 用十尸于丁, 卯一牛.”라고 하고 있는 것이 있는데, 이는 ‘羌’ · ‘奚’ · ‘垂’ 등의 종족과 마찬가지로 ‘尸方’의 종족을 제사의 희생으로 사용하는 일에 대해 정문한 것이다.

그리고 갑골문 ‘而’자는 “在而”(《合集10201》)처럼 지명으로 쓰인 경우도 있고, “而伯”(《合集6480》)처럼 방국의 이름으로 쓰인 경우도 있으며, 또 “……執羌……獲二十又五而二……”(《合集499》)라고 하고 있는 것처럼 방국 ‘而’의 종족이 포로로 잡힌 사실을 기록한 것도 있을 뿐만 아니라 “……而于祖丁……羌甲一羌……”(《合集412正》)이라고 하고 있는 것과 같이 商 왕실의 선왕 祖丁에 대한 제사에 희생으로 사용된 기록도 있다.

또 갑골문 ‘印’자는 ‘[glyph]’(《乙100》) · ‘[glyph]’(《後下9. 8》) · ‘[glyph]’(《佚637》) 등의 모양으로 쓰는데, 이는 꿇어앉은 사람을 손으로 힘주어 누르는 모양으로 구성되어 있고, 본의도 손으로 짓누르다는 뜻이다. 갑골복사에서의 ‘印’은 “戊戌卜 : 其[阴], 翊己, 印啟不見雲”(《乙445》)이라고 하고 있는 것처럼 지명으로 쓰이기도 하고, “戊申卜 : 方父丁自南其征印.”(《乙151》)이라고 하고 있는 것과 같은 경우는 방국의 이름으로 쓰이고 있다. 그런데 “貞 : 钔帚印, 勿執.”(《合集802》)이라고 하고 있는 것은 ‘帚’ 즉 ‘婦’에 대한 제사에 희생 ‘印’을 헌상하고 ‘執’을 헌상하지 말 것인지를 정문한 것이며, “……用執, 用印.”(《合集798》)이라고 하고 있는 것 역시 ‘羌’ · ‘奚’ · ‘垂’ · ‘尸’ · ‘而’ 등의 종족과 마찬가지로 ‘印方’의 종족을 제사의 희생으로 사용하는 것에 대해 정문한 것이다.

2. 적방(敵方)의 수령 이름

갑골복사 중에는 商 왕실과 적대적인 방국의 수령도 보이는데, 이런 이름으로는 ‘白’과 ‘甶’ 등이 있다.

A. ‘白’

갑골문 ‘白’자는 ‘[glyph]’(《粹1180》) · ‘[glyph]’(《甲3939》) · ‘[glyph]’(《鐵43. 1》) 등의 모양으로 쓰는데, 갑골복사에서는 일반적으로는 흰색 · 지명 또는 방국명(方國名) 그리고 ‘伯’자의 뜻으로 쓰이지만, 제사 복사에서는 商 왕실의 조상에 대한 제사의 희생으로 쓰이기도 하였다. 《合集26925》에 “⍁亥卜 : 羌二方白其用于祖丁 · 父甲.”이라고 하고 있는 것은 제사의 희생으로 사용된 예이고; 《合集28086》에 “壬戌卜 : 王其尋二方白. 大吉.”이라고 하고 있는 것은 ‘伯’자의 뜻으로 사용된 예인데, 여기에서의 ‘白’은 방국이나 종족의 우두머리 즉 수령을 지칭한다.

B. '由'

갑골문자 가운데 '𠂤'(《甲507》)·'⊕'(《珠437》) 등의 모양으로 쓰고 있는 글자가 있는데, 이를 姚孝遂는 '由'으로 예정(隸定)하여 썼다.[1] 이에 대해 方述鑫 등은 《說文解字》에 수록된 '由'과 '囟' 두 글자는 원래 한 글자인데 許愼이 이를 두 글자로 나눈 것으로, 귀신의 머리를 형상화한 것이며; 갑골복사에서는 적국의 수령의 목을 자른 것으로, 제사의 제품으로 사용되었다고 주장하였다.[2] 갑골복사 가운데 《合集28092》에는 "……用危方由于妣庚, 王賓."이라고 하고 있고, 《合集28093》에는 "羌方由其用王受有祐. 弜用. 其用羌方[由]于宗王受有祐. 弜用."이라고 하고 있는데, 여기에서의 '由'은 제사의 제품으로 쓰인 것이 분명하다.

3. 직명(職名)

갑골 제사 복사 가운데 商 왕실에서 일하는 직명으로 볼 수 있는 신분의 사람으로는 다음과 같은 것들이 있다.

A. '小臣'

갑골문에 매우 자주 보이는 '臣'자의 자형은 눈[目]이 세로로 세워져 있는 모양인데, 본의는 일종의 신분이 낮은 사람을 뜻한다. 郭沫若은 이 '臣'자에 대해, "人首俯則目豎, 所以'象屈服之形'者, 殆以此也.[3] : 사람이 머리를 숙이면 눈을 치뜨게 되는데, 그래서 굴복하는 모양을 형상화하게 된 것이 아마도 이 때문일 것이다."라고 했다. 노예를 왜 '臣'이라고 부르게 되었으며, '臣'은 왜 눈을 세로로 세운 형태로 썼을까? 于省吾는 눈이 세로로 세운 모양의 사람들 즉 '縱目人'을 소수민족의 하나라고 하면서, 갑골문에서의 이 '臣'자의 조자(造字) 본의는 포로로 잡혀온 '縱目人'을 집안의 노예로 삼은 데서 기원한다고 했고, 그 후 자의가 인신(引伸)되어 노예에 대한 범칭이 되었다고 주장하였다.[4]

그리고 陳紹棠의 연구에 의하면,[5] 商代에는 몇몇 중요 관직도 伊尹과 傅說 등과 같이 그 유래가 본래 노예였던 경우도 있었는데, 원래 왕의 신변에서 왕의 일을 도와주는 노예는 순종적이어야 부리기가 쉬웠을 것이고, 또 이런 관계가 오래 동안 지속되는 경우에는 종종 어떤 임무

---

1) 姚孝遂 主編《殷墟甲骨刻辭摹釋總集·甲骨文合集摹釋》(中華書局 1988. 北京) p.625의 28092와 28093.

2) 方述鑫 外 3人 編著《甲骨金文字典》(巴蜀書社 1993. 成都) p.672를 참고.

3) 郭沫若 前揭書《甲骨文字研究·釋臣宰》p.66.

4) 于省吾 上揭書《甲骨文字釋林》<釋臣>을 참조.

5) 陳紹棠 <說'臣'>, 《第二屆國際中國古文字學硏討會論文集(三十週年校慶)》(續編)(香港中文大學 1993. 홍콩)을 참조.

수행을 위해 외지로 파견되기도 하였으며, 그런 이후로는 점차적으로 자연스럽게 왕조의 관리(官吏)의 일원이 되기도 하였고, 그러다가 이들의 지위가 변하면서 명칭도 변하여 '臣'으로 호칭하게 된 것이라고 한다.

그런데 갑골 제사 복사 가운데 "貞 : 今庚辰夕用甗小臣三十 · 小妾三十于帚. 九月."(《合集629》)이라고 하고 있고, "癸酉卜, 貞 : 多妣甗小臣三十 · 小女三十[于]帚."(《合集630》)라고 하고 있는 것이 있다. 이 두 복사는 '小臣' 30명과 '小女' 30명을 제사의 희생으로 진헌(進獻)하는 것에 대해 정문한 것이다.

B. '巫'

갑골문자 가운데 '[illegible]'의 모양으로 쓰는 글자가 있는데, 이를 唐蘭이 '巫'자라고 고석하여[1] 학계의 정설이 된지 오래이나, 이 글자의 본의에 대해서는 아직 정론이 없는 상태다.

갑골복사에서의 이 '巫'자는 주로 다음의 세 가지 뜻으로 쓰이고 있다. 첫째는 신명(神名)으로, 商 왕실의 제사의 대상이다. 예를 들면, 《合集32234》에 "乙丑卜 : 酒伐辛未于巫."라고 하고 있는데, 이는 '巫'에게 '酒'와 '伐'이라는 제사를 올리는 것에 대해 정문한 것이고; 또 《合集34120》에는 "癸卯卜, 貞 : 酒萊乙巳自上甲二十示一牛, 二示羊, 土尞牢, 四戈彘, 四巫豕."라고 하고 있는데, 이 역시 '巫'에게 '酒'와 '萊'라는 제사를 거행하는 일에 대해 정문한 것이다. 둘째는 지명이거나 방국명 또는 종족명이다. 예를 들면, 《合集5658》에 "甲子卜, 㱿, 貞 : 妥氏巫."라고 하고 있는데, 이는 '妥'라는 사람이 '巫族'의 사람을 데리고 올 것인지에 대해 정문한 것이다. 셋째는 무당을 지칭한다. 갑골복사에서의 무당은 춤을 추어 강신(降神)을 하고 제사를 주관하는 사람을 말한다. 이런 '巫'에 대해 陳夢家는 "巫之所事乃舞號以降神求雨, 名其舞者曰巫, 名其動作曰舞, 名其求雨之祭祀行爲曰雩.[2] : '巫'가 하는 일은 춤으로 신을 모셔 내리고 비를 기구(祈求)하는 것인데, 그런 춤을 추는 사람을 이름 하여 '巫'라고 하고, 그 동작을 이름 하여 '舞'라 하며, 그 기우(祈雨)의 제사 행위를 이름 하여 '雩'라고 한다."라고 분석 설명하였다.

그런데 갑골복사 중에는 "□□[卜], [貞] : ……在啬, 其用巫, 萊祖戊若."(《合集35607》)이라고 하고 있는 것이 있는데, 이는 '啬'이라는 곳에서 '巫'를 희생으로 사용하여 '萊'라는 제사를 거행하면 선왕 '祖戊'께서 우리의 기구를 들어줄 것인지에 대해 정문한 것이다. 이로 미루어보면, 이 '巫'는 원래 특정의 직무를 수행하는 사람이지만, 경우에 따라서는 제사의 제품으로 사용되기도 하였음을 알 수 있다.

---

1) 唐蘭《古文字學導論》(香港太平书局 1965. 홍콩) 下編 pp.17下~18上.

2) 陳夢家 前揭書《殷虛卜辭綜述》p.600.

C. '芻'

갑골문자 가운데 '[illegible]'(《甲990》) · '[illegible]'(《前4. 53. 2》) · '[illegible]'(《佚683》) 등의 모양으로 쓴 글자들이 있는데, 이 글자들에 대해서 羅振玉은, "从又持斷草, 是芻也.[1] : (이 글자의 자형은) '又' 즉 손에 베어낸 풀을 쥐고 있는 모양으로 구성되어 있는데, 이는 '芻'자이다."라고 하여 학계의 정설이 된지 오래다. 許慎은《說文解字》에서 "芻, 刈草也. 象包束草之形. : '芻'는 풀을 베다는 뜻이다. 풀을 단으로 묶은 모양을 형상화하였다."라고 풀이 하였는데, 갑골문자의 자형은 풀을 묶은 모양이 아니라 풀을 손에 쥐고 있는 모양이다. 于省吾에 의하면,[2] 이 '芻'자는 갑골복사에서 동사와 명사의 두 가지 용법이 있는데; 동사로 쓰인 경우는 방목(放牧)의 뜻으로도 쓰이고, 또 풀을 베어서 사육하는 동물에게 먹인다는 의미로도 쓰이며; 명사로 쓰이는 경우는 두 가지 의견이 있는데, 하나는 '牲畜' 즉 사육하는 동물을 지칭하고, 또 하나는 방목에 종사하는 사람이라는 것이다. 이 중에서 사람을 지칭한다는 의견이 옳은데, 이는 복사 가운데 "癸丑卜, 爭, 貞 : 旬亡禍? 王占曰 : 有祟有夢. 甲寅允有來艱. 左告曰 : 有㞢(亡)芻自益十人又二."(《合集137正》)라고 하고 있는 것과 "……[illegible]芻㚔自爻圉六人. 六月."(《合集139正》)이라고 하고 있는 것 두 복사를 보면 알 수 있다. 胡厚宣에 의하면,[3] 예시한 복사 중의 '㞢'자와 '㚔'자는 '逃亡'의 '亡'자와 뜻이 비슷하고, 또 '圉'는 감옥이고, '爻圉'는 곧 '爻'라는 지역에 설치한 감옥이며; 이들 두 조(條)의 복사는 모두 약간 명의 '芻'가 도망친 일을 기록한 것인데, 이로서 여기에서의 '芻'는 절대로 사육하고 있는 가축이나 목초가 아니고, 모종(某種)의 신분으로 분류되는 사람임을 알 수 있다는 것이다. 어떤 복사에는 또, "……來芻, 陟于西示."(《合集102》)라고 하고 있는 것도 있는데, 여기에서의 '陟'은 제명(祭名)이므로, 이는 '芻'를 제사의 희생으로 사용한 것이며, 이 '芻'는 목축의 일을 담당했던 노예의 일종이라는 것이 정설이다.

D. '工'

갑골복사에는 "多工"(《合集11484》) · "百工"(《屯南2525》) 등의 말도 있고, 또 "司工"(《合集5628》)이라는 말도 있다. 이 '司工'은 수공업을 주관하는 관직이지만, 수공업에 종사하는 노동자는 '工'으로 호칭하였는데, 이는 후세의 '工人' 또는 '工匠'에 해당되는 사람들이다. 이들 공인(工人)들이 처한 환경은 매우 열악하여 도망치는 일이 때때로 발생하였는데, 복사의 예를 들면, "其喪工"(《合集97》)이라고 하고 있는 것과 같다. 복사에는 또 이런 '工'을 붙잡아서 선왕 雍己에게

1) 羅振玉 前揭書《增訂殷虛書契考釋》p.36.

2) 于省吾 前揭書《甲骨文字釋林》<釋芻>를 참고.

3) 胡厚宣 前揭論文 <甲骨文所見殷代奴隸的反壓迫鬪爭>을 참고.

‘夕祭’를 지내는 데 사용한 예도 있는데, 《屯南2148》에 “戊辰卜 : 今日雍己夕, 其呼庸執工. 大吉. 庸執工于雍己. [亡]尤.”라고 하고 있는 것이 그렇다. 이는 ‘工’이 제사의 희생으로 사용된 것으로, ‘工’의 신분이 공장의 노예였음은 확실하다.

4. 여성(女性)의 이름

갑골 제사 복사에서 제사의 희생으로 사용된 여성을 지칭하는 이름들이 있는데, 이런 이름으로는 다음과 같은 것들이 있다.

A. ‘𡛷’

갑골문에서의 ‘𡛷’자에 대해 陳夢家는 ‘女’자의 뜻으로 쓰인다고 주장하였는데,[1] 이 글자는 제사 복사에서는 주로 기우제의 하나인 ‘烄祭’의 희생으로 사용되고 있다. 갑골복사들 가운데, “勿烄𡛷亡其雨.”(《合集1121正》), “叀烄𡛷, 有雨.”(《合集1130》), “叀𡛷烄, 有雨].”(《合集1132》), “貞 : 今丙戌烄𡛷有从雨.”(《合集9177正》), “𢀛𡛷☐母己. 𢀛𡛷于妣丙.”(《合集 · 補編6552》)이라고 하고 있는 것들이 이런 경우의 예들이다.

B. ‘姬’ · ‘𡠥’

趙誠은 갑골복사 중의 ‘姬’ · ‘𡠥’ 두 글자는 모두 어떤 한 여자의 ‘私名’ 즉 개인 이름이라고 주장하였다.[2] 이들은 갑골복사에서 주로 제사의 희생으로 사용되었는데, 예를 들면, 《合集35361》에는 “甲申卜, 貞 : 王賓祖辛奭妣甲姬𡠥二人, 𢼄二人, 卯二牢, 亡尤.”라고 하고 있고, 《合集35364》에는 “[庚]辰卜, 貞 : [王賓]妣庚[姬]𡠥二[人], 𢼄一人, 卯☐牢, 亡[尤].”라고 하고 있으며, 또 《合集36276》에는 “壬寅卜, 貞 : 王賓武丁[奭]妣癸姬𡠥, 𢼄卯……亡[尤].”라고 하고 있는 것 등이 있다. 이들 복사들은 모두 ‘姬’ · ‘𡠥’ 두 사람이 함께 제사의 희생으로 사용된 예들인데, 이들은 모두 陳夢家의 주장대로[3] 여자 무당의 이름으로 추정된다.

C. ‘𡛺’ · ‘𡡆’

갑골 복사 중에는 ‘𡛺’과 ‘𡡆’ 두 글자가 각기 자연신에게 비를 기구하는 ‘烄祭’의 희생으로

---

1) 陳夢家 前揭書 《殷虛卜辭綜述》 p.603을 참고.

2) 趙誠 《甲骨文簡明詞典》(中華書局 2009. 北京) p.166을 참고.

3) 陳夢家 前揭書 《殷虛卜辭綜述》 p.603을 참고.

사용된 예가 있는데, 이를 보면 다음과 같다. 《合集1123》에는 "甲申卜, 賓, 貞 : 烄婞…… [貞] : 勿烄婞, 亡……"이라고 하고 있는데, 이는 '婞'이 '烄' 즉 '烄祭'의 희생으로 사용된 경우이다. 그리고 《合集32289》에는 "戊辰卜 : 烄㛃于畐."이라고 하고 있는데, 이는 '㛃'이 '烄祭'의 희생으로 사용된 경우이다. 이들 두 사람 역시 비록 자료가 부족하여 감히 함부로 단정하기는 어렵지만 앞에서 살펴본 '姬'와 '㛹'의 경우와 마찬가지로 여자 무당의 이름으로 추정된다.

제3절 商代의 역법(曆法)

商代의 역법에 대한 연구는 安陽의 殷墟에서 갑골문이 발견된 이후에 비로소 시작되었다. 1930년에 束世澂이 〈殷代制度考〉[1]를 발표하여 처음으로 商代의 역법에 관한 문제를 제기하였고, 이어서 劉朝陽 · 孫海波 · 董作賓 등이 이 문제를 본격적으로 연구하기 시작하였다. 이후 1950년대에는 商代의 역법에 대한 주장은 크게 두 가지 주장으로 나누어졌다. 하나는 劉朝陽을 대표로 하는데, 商代의 역법은 일종의 순수한 정치적인 역법이라는 주장으로, '月'과 '年'의 길이는 천상(天象)과는 무관하고, 모두 인위적으로 규정한 것이라고 했다. 또 다른 하나는 董作賓을 대표로 하는데, 商代의 역법은 천체의 운행을 관측하는 추보(推步)로 제정되었으며, 천상(天象)에 부합되는 태음태양력이라는 주장이다. 1960년대에 이르러서 商代의 역법이 정치력(政治曆)이라는 관점은 점차 사라졌지만, 董作賓의 주장에 대해 모든 학자들이 모두 동의하는 것은 아니다. 그러나 그 동안 많은 학자들이 여러 가지 주장들을 제시하였지만, 商代에 통용된 역법은 태양 기월(紀月)과 태양 기년(紀年)으로 이루어진 음양합력(陰陽合曆) 즉 태양태음력이라는 것에 대해서는 의견의 일치를 보고 있다. 다만 商代 역법의 구체적인 내용, 즉 기일법(紀日法)과 '日始', 1개월의 길이, 윤월(閏月)의 안배, '月首', 기년법(紀年法)과 1년의 길이, 세수월건(歲首月建) 등등의 문제에 관해서는 아직 완벽하게는 구명(究明)해내지 못하고 있는 상태이다.

어쨌든 역법의 3대 요소는 '日' · '月' · '年' 셋이다. 이에 대한 지금까지의 연구 결과를 개괄하면 다음과 같다.

一. 商代의 기일법(紀日法)

선사(先史) 시대부터 인류는 결승(結繩)이나 목각(木刻) 등 여러 가지 방법으로 날짜를 기록하

---

1) 束世澂 <殷代制度考>, 《國立中央大學半月刊》(中央大學 1930. 南京) 第2卷 第4期를 참고.

였다. 河南省 安陽의 殷墟에서 발견된 갑골문의 기록으로 商代 사람들은 간지(干支)로 날짜를 기록하였음을 알 수 있다. 殷墟에서 출토된 10만 편(片)이 넘는 갑골편에는 모두 간지로 날짜를 기록하고 있다. 商代 사람들은 10개의 천간(天干) 즉 '甲'·'乙'·'丙'·'丁'·'戊'·'己'·'庚'·'辛'·'壬'·'癸'와 12개의 지지(地支) '子'·'丑'·'寅'·'卯'·'辰'·'巳'·'午'·'未'·'申'·'酉'·'戌'·'亥'를 순서대로 하나씩 짝지어서 조합해낸 60개의 간지를 순환 반복하여 날짜를 기록하였다. 다음에 예시한 그림은 현재 발견된 가장 완정한 간지표(干支表)로, 소의 견갑골(肩胛骨)에 새겨진 《合集37986》이다.

商代에 사용된 이 간지 기일법(紀日法)에 대해서는 의문을 제기하는 사람이 없다. 이 간지 기일법은 중국 고대의 대발명의 하나이며, 간지를 사용한 날짜 기록에는 착오가 발생할 수도 없고, 중첩될 수도 없기 때문에 지금까지 계속 사용되어 왔다.

殷墟에서 출토된 갑골문에 나타난 이 기일법은 비록 절대다수가 천간과 지지로 되어 있지만, 천간으로만 기록한 것도 적지 않다. 이 문제에 대해 常玉芝는, 갑골복사에서 천간만을 사용하여 날짜를 기록한 경우를 통계로 밝혔는데, 이런 기일법은 비[雨]를 비롯한 기상(氣象)과 관련된 복사와 제사 복사에 대부분 출현하며, 각 조(組) 별로는 '歷組'복사가 가장 많아서 모두 106판(版)이나 되고, 다음으로는 무명(無名) 조로서 87판이며, '賓組'가 51판, '自組'가 14판, '何組'가 5판, '子組'가 2판, '黃組'가 2판, '午組'가 1판이며, '出組'는 보이지 않는다고 했다.[1)]

그리고 商代 사람들이 지지만을 사용하여 날짜를 기록했는지에 대해서는, 陳夢家·溫少峰·袁庭棟은 부정적(否定的)인 의견을 나타내었다. 이에 대해 陳夢家는 "'甲子雨'可以省作'甲雨'而不能省作'子雨'.[2)] : '甲子雨'를 '甲雨'로 생략해서 쓸 수는 있어도, '子雨'로 생략해서 쓸 수는 없다."라고 했고, 溫少峰·袁庭棟도[3)] 지지만으로 날짜를 나타낸 것은 결코 없다고 주장했다. 그러나 常玉芝는 지금까지 발견된 수 만 편의 갑골복사 중에서 지지로 날짜를 기록한 9판의 복사를 발견했다고 하면서, 앞서 인용한 그의 《殷商曆法研究》에 그 예들을 열거해 놓았다.[4)] 그 중에서 《合集13140》에는 "乙丑卜, 內, 翌寅啓. 丙允啓."라고 하고 있는데, 이는 을축일에 복문(卜問)한 것으로, '命辭'에서는 "翌寅啓"라고 했고, '驗辭'에서는 "丙允啓"라고 했는데, 을축일의 다음날이 병인일이므로, '命辭'의 '寅'과 '驗辭'의 '丙'이 모두 '丙寅日'을 지칭한다는 것은 분명하며, 이는 하나는 지지만 사용하고, 하나는 천간만 사용한 예라고 하였다. 이런 예들로 미루어 보아 商代 사람들은 가끔 상황에 따라 지지만으로 날짜를 기록하였음을 알 수 있는데, 이런 예는

---

1) 常玉芝《殷商曆法研究》(吉林文史出版社 1998. 長春) pp.89~90을 참고.

2) 陳夢家 前揭書《殷虛卜辭綜述》p.93.

3) 溫少峰·袁庭棟編著《殷墟卜辭研究--科學技術篇》(四川省社會科學研究出版社 1983. 成都) p.79를 참고.

4) 常玉芝 前揭書《殷商曆法研究》pp.93~95.

《合集37986》

조기(早期)의 복사에서부터 만기(晩期)의 복사에까지 두루 다 보이지만, 다만 그 수량이 매우 적을 뿐이다.

그런데 殷墟의 갑골복사에 나타난 바에 의하면, 商代의 선공 · 선왕[1]은 上甲에서 시작하고, 선비(先妣)는 示壬의 배비(配妃) 妣庚에서 시작하여, 천간으로 묘호(廟號)를 명명하였는데, 이 묘호에 사용된 천간에 대해서는 역사적으로 생일 설과 사망일(死亡日) 설, 제명(祭名) 설, 차서(次序) 설 등 여러 주장이 있었다. 이에 대해 李學勤[2]은 갑골복사를 이용하여, 商代 사람들의 천간을 사용한 명칭은 어느 정도 시호법(諡號法)과 비슷하여 사후(死後)에 정하는 것으로, 생일이나 사망일과는 무관하다고 주장하면서, 제사(祭祀) 날짜가 묘호에 사용된 천간의 날짜에 의거해서 정해지는 것이지, 제사 날짜에 의거해서 묘호의 천간이 정해지는 것은 아니라고 했다. 그러면서 그는 "乙巳卜, 帝日叀丁. 叀乙. 又日. 叀辛. 又日.(《庫985》+《庫1106》)"이라고 하고 있는 무명(無名)조(組)에 속하는 복사를 예로 들고는, 이는 "帝日" 즉 '禘祭'를 거행하는 날짜가 작고한 왕의 묘호에 사용된 천간일이 '丁'인지, '乙'인지, 아니면 '辛'인지를 점복한 것이며, '乙' · '辛' 다음에는 모두 "又[有]日"이라는 주석(註釋)이 있는 점으로 봐서, 이 작고한 왕의 묘호에 쓰인 천간은 '丁'임을 알 수 있다고 하였다. 常玉芝는[3], 商代 왕과 왕비의 제사 날짜는 그들의 묘호에 사용된 천간의 날짜에 의하여 결정되고, 이 날짜는 천간 하나로만 표기된다는 李學勤의 연구에 근거하여, 갑골복사 가운데는 왕과 왕비의 묘호에 사용된 천간으로 날짜를 기록한 예가 적지 않다고 주장하고는, 선왕의 묘호에 사용된 천간으로 날짜를 기록한 갑골 28판과, 선비의 묘호에 사용된 천간으로 날짜를 기록한 갑골 1판을 예로 들었는데, 그 중에서 두 판을 예로 들면, "癸卯, 貞大甲日不雨. 其雨."(《懷特1601》)라고 하고 있는 것과 "甲辰, 貞 : 小乙日亡[壱]. 不遘雨. 其遘雨."(《合集32625》)라고 하고 있는 것이 있다. 이 가운데《懷特1601》의 '大甲日'은 계묘일의 다음날인 갑진일이다. 그리고《合集32625》의 '小乙日'은 갑진일의 다음날인 을사일이다.

그리고 商代 만기(晩期) '黃組' 복사의 시대에는 주제(週祭)를 이용하여 날짜를 기록한 것도 있다. 이 시기에는 商 왕조의 왕이나 왕실 귀족들은 중요한 일을 앞두고 점복을 해야 하거나 기물을 주조하여 기념해야 할 경우에는, 각사한 곳의 끝부분이나 명문(銘文)의 맨 끝에 당일의 주제(週祭)를 부기(附記)함으로써, 날짜를 기록하기도 하였다. 商 왕실의 선왕과 선비에게 거행한 주제 5종 제사를 한차례 지내는데 소용되는 시간은 36순 내지 37순으로, 태양력으로 1년에 해당되는 시간이기 때문에 윤월(閏月)과 같은 특이한 경우를 제외한 일반적인 정황에서는, 한 가지 제사

---

1) 엄격히 말하면, 商代 先王은 大乙 즉 成湯에서 시작되며, 大乙 이전의 上甲 · 報乙 · 報丙 · 報丁 · 示壬 · 示癸는 관습적으로 先公이라 칭한다.

2) 李學勤 <論殷代的親族制度>,《文史哲》(山東大學 1957. 濟南) 第11期를 참고.

3) 常玉芝 前揭書《殷商曆法研究》(吉林文史出版社 1998. 長春) pp.96~103을 참고.

전례(典禮)는 한 사람의 조상에게 1년에 오직 한 번 있게 되는 것이다. 이런 까닭에 주제를 이용한 '紀日' 즉 날짜 기록은 간지를 사용한 것처럼 편리하였을 것이다. 그런데 常玉芝에 의하면[1], 商代 사람들은 주제를 이용한 기일법과 간지를 이용한 기일법을 종종 함께 사용하기도 했는데, 복사와 명문(銘文)의 앞에는 간지로 기록하고, 뒤에는 당일의 주제(週祭)를 기록하였다는 것이다. 이처럼 간지와 5종의 주제를 사용한 상호 보충 방식은 商代 말기에 사용된 일종의 새로운 기일 방법이라 여겨진다.

二. 商代의 기시법(紀時法)

甲. 간지(干支) 표시의 시간

商代 사람들이 간지를 사용하여 '紀日' 즉 날짜를 표기함에 있어서, 하나의 간지가 나타내는 시간에 대해서, 董作賓을 비롯한 대부분의 학자들은 일주일야(一晝一夜) 즉 완전한 하루 낮과 완전한 하루 밤을 지칭한다고 주장하였다.

董作賓은 商代 사람들은 하나의 간지로써 하나의 완정한 낮, 또는 하나의 완정한 밤을 나타내었으며, 해당 날짜의 백주(白晝) 즉 낮은 '今日'로, 해당 날짜의 밤은 '今夕'으로 지칭했다고 주장하였다.[2] 그러면서 그는 또 商代에는 하나의 간지로 총괄하여 말할 때는 '一晝' 즉 하나의 낮과 '一夜' 즉 하나의 밤을 모두 포괄하여 나타내지만, 하나의 간지로 나누어서 말할 때는 하나의 완정(完整)한 낮 또는 하나의 완정한 밤을 나타낸다고 주장하였다.[3] 그는《續4. 6. 1》에 "己巳卜 : 庚午雨. 允雨. 庚午卜 : 壬申雨. 壬申允雨."라고 하고 있는 것과,《合集10976正》에 "辛未卜, 爭, 貞 : 生八月帝令多雨. 貞 : 生八月帝不其令多雨. 丁酉雨, 至于甲寅, 旬有八日. 九月."이라고 하고 있는 두 판(版)의 갑골복사에 근거하여 商代에는 하나의 간지로써 하루 즉 '一晝'와 '一夜'를 나타내었음을 증명하였다. 예로 든《續4. 6. 1》에서의 '庚午'·'壬申'은 이들 이틀간의 주야(晝夜)를 포괄하여 나타낸 것이며;《合集10976正》의 복사에 대해서는, 정유일에서부터 갑인일까지 18일 동안의 어느 하루에, 밤이나 낮 가운데 한 번이라도 비가 내리기만 하면, '雨日'로 환산할 수 있으며, 만약 간지로 표기된 어느 하루의 낮과 밤에 한 방울의 비도 내리지 않았다면 '雨日'로 간주할 수 없다는 것이다. 그래서 商代에는 하나의 간지가 낮과 밤 모두를 포괄하는 하루가 된다는 것이다.

---

1) 常玉芝 上揭書 pp.103~104를 참고.

2) 董作賓 <卜辭中所見之殷曆>,《安陽發掘報告》第3期(國立中央硏究院歷史語言硏究所 1931. 北京)를 참고.

3) 이 아래의 董作賓의 주장은 모두 그의 <殷代的紀日法>,《國立臺灣大學文史哲學報》第3期(國立臺灣大學文學院 1953. 臺北)를 참고.

董作賓은 또, 하나의 간지가 하나의 온전한 낮을 포괄하거나, 혹은 하나의 온전한 밤을 포괄한다는 것을 증명하기 위해 "甲寅王卜, 在亳貞 : 今日步于鴻, 亡災."라고 하고 있는《後上9. 21》의 복사와 "甲寅卜, 在鴻貞 : 王今夕亡災."라고 하고 있는《續3. 31. 7》의 복사를 예로 들었다. 그에 의하면, 帝辛 때 '人方'을 정벌하러 가는 도중에 앞의 복사는 행차의 안위를, 뒤의 복사는 하루 밤의 안위를 점복한 것이라고 한다. 이들 두 복사의 날짜는 '甲寅'으로 동일한데, 점복한 시간과 장소가 서로 다르다. 행차의 안위에 대한 점복은 갑인일의 아침에 왕이 직접 점복하고 정문(貞問)하였는데, 帝辛이 亳에서 鴻으로 가기 전에 이 행차에 재난이 없을지를 물었다. 그리고 갑인일 밤에 평안하게 도착한 다음에 또 태복(太卜)과 태사(太史)가 관례에 따라 왕을 위해 그날 밤의 안위에 대해 점복한 것인데, 이 두 점복은 확실히 하루 동안에 있었던 일이며, 복문한 '今日'은 그 날 낮 전체가 포괄되며, 또 복문한 '今夕'은 그 날 밤 전체가 포괄된다는 것이다. 만약 周代 이후의 방법대로 계산한다면, 한밤중을 기준으로 이틀로 나뉘며, 전반의 밤은 갑인일(甲寅日)에 속하고, 후반의 밤은 을묘일(乙卯日)에 속할 것이므로, 갑인일의 '今夕'은 오직 전반의 밤만 포괄하게 되고, 후반의 밤의 왕의 안전은 보장할 수가 없게 되는데, 이런 일은 절대 불가능하다. 이와 같이 '今日' · '今夕'은 모두 다 전체 낮과 전체 밤으로 해석해야 옳으며, 10만 편 복사에서 예외가 없다는 것이다.

이에 대해 Homer Hasenpflug Dubs(1892～1969, 중국명 '德效騫', 이하 'Homer H. Dubs'로 표기함)[1]는《合集11486》에 "己未夕皿庚申月食"이라고 하고 있는 각사 중의 '月食'이 발생한 연대(年代; B.C.1198년)에 근거하여 추산한 결과, 商代에는 하루 밤을 전반과 후반으로 나누어서 두 개의 간지로 표시했다고 주장하였다.

그리고 周法高[2]는 董作賓과 Homer H. Dubs가 각각 주장한 두 가지 기일법이 모두 존재했다고 주장하였다.

그런데 常玉芝[3]는 殷墟의 갑골복사를 통해서 하나의 간지로 표시하는 시간의 범위를 정리한 결과, 董作賓의 결론과 마찬가지로 商代 사람들은 하나의 간지로써 하나의 낮 전체를 표시하기도 하고, 또 하나의 밤 전체를 표시하기도 한다는 사실을 밝혀내었다. 구체적으로 설명하면, "辛卯卜, 王, [貞] : 甲午日雨. 不."(《合集20036》) · "丁丑卜, 旅, 貞 : 日不雨."(《合集24668》)라고 하고 있는 것 등에서의 '日'은 간지로 표시된 날의 낮 전체를 나타내고, "今己巳夕不雨."(《合集12222》) · "甲子夕卜 : 又祖乙一羌, 歲三牢."(《合集32171》) · "丙戌卜 : 夕雨."(《屯南2287》)라고 하고 있는

1) Homer H. Dubs <The Date of the Shang Period(이하 '商代的記日法'으로 中譯함)>,《Toung Pao(通報)(이하 '通報'으로만 표기함)》(Leiden University[萊頓大學校] 1951. Leiden[萊頓]) 第40期를 참고.

2) 周法高 著 趙林 譯 <論商代月蝕的記日法>,《大陸雜誌》第35卷 第3期(大陸雜誌社 1967. 臺北)를 참고.

3) 이하의 常玉芝의 주장은 모두 그의 前揭書《殷商曆法研究》pp.115～134를 참고.

것 등에서의 '夕'은 간지로 표시된 날의 밤 전체를 나타내며; "己丑卜, 出, 貞 : 今日雨. 之日允雨."(《合集24735》) · "丁卯卜, 貞 : 今夕雨. 之夕允雨."(《合集24770》)라고 하고 있는 것 등에서의 '之日'과 '之夕'은 각기 복문한 날 즉 '今日'과 '今夕'을 가리키는데, 이는 점복을 시행한 그 날의 낮과 밤을 지칭하고; "辛未卜 : 內, 翌壬申啓. 壬終日霧."(《合集13140》) · "癸卯卜 : 甲啓. 不啓, 終夕雨."(《屯南744》)라고 하고 있는 것 등에서는 하나의 간지나 천간으로써 하루 낮 전체나 하루 밤 전체를 나타내고 있다는 것이다.

그리고 다시 常玉芝는 하나의 간지로써 그날의 낮과 밤 전체를 동시에 나타내는 사실을 세 가지 경우로 예시하였다. 첫 번째는 "癸未卜, 貞 : 旬亡禍. 三日乙酉有來自東, 畵乎中告旁戎."(《合集6665正》)이라고 하고 있는 복사를 예로 들었다. 이 복사는 계미일에 복문한 것이며, 험사(驗辭) "三日乙酉"라는 말 중의 '乙酉'는 '癸未'로부터 세 번째 간지이므로, 여기에서의 '三日'은 '癸未' · '甲申' · '乙酉'의 낮과 밤을 지칭하는 것이고, 이렇게 되면 자연히 간지 '癸未' · '甲申' · '乙酉'은 모두 각기 하루의 낮과 밤 전체를 함께 표시하게 된다는 말이다. 두 번째는 "乙卯卜, 亙, 貞 : 今日王至于敦. 夕酒, 子央出于父乙."(《合集7954》) · "丁卯卜 : 今日雨. 夕雨."(《合集33871》)라고 하고 있는 것 등의 복사를 예로 들었다. 《合集7954》의 복사는 을묘일에 복문한 것으로, 여기에서 '今日'은 을묘일의 낮을 지칭하고, '夕'은 을묘일의 밤을 지칭하므로, 간지 '乙卯'는 이 날의 낮과 밤 전체를 나타내며; 《合集33871》의 복사는 정묘일에 복문한 것인데, 험사(驗辭)에서 '夕雨'라고 하고 있으므로, 이 '丁卯'라는 간지 역시 이 날의 낮과 밤 전체를 나타낸다는 말이다. 세 번째는 "丁卯卜, 㱿, 貞 : 今日夕出于兄丁小宰."(《合集2874》) · "辛酉卜, 㱿, (貞 :) 翌壬戌不雨. 之日夕雨, 不征."(《合集12973》)라고 하고 있는 것 등의 복사를 예로 들었다. 《合集2874》에서의 '今日'은 정묘일의 하루 낮과 하루 밤을 모두 합친 시간을 지칭하므로, 여기에서의 "今日夕"은 정묘일의 밤만을 지칭하지만, 이 복사에서의 '丁卯'라는 하나의 간지는 이날 하루의 낮과 밤을 모두 포괄하며; 《合集12973》에서의 '之日'은 복문한 날인 신유일을 지칭하며, '之日夕'은 신유일의 밤인데, 여기에서 '之日'이 지칭하는 '辛酉'라는 간지는 이날 하루의 낮과 밤을 모두 포괄함을 알 수 있다는 것이다. 이는 董作賓의 주장을 더욱 체계적으로 세분(細分)하여 분석 정리한 것이다.

乙. 1일(日)의 기시법(紀時法)

위에서 하나의 간지로 나타내는 시간의 길이를 살펴보았는데, 그렇다면 이렇게 규명된 하루 중의 각 시간들은 어떻게 기록했을까?

殷墟의 갑골복사를 통해서 밝혀진 바에 의하면, 商代 사람들은 생산 활동과 하루하루의 일정의 효율적인 안배를 위해서, 하루를 몇 단락의 시간으로 구분하였고, 각 단락마다 전문적인 명칭을 부여했는데, 갑골학 연구자들은 이를 일반적으로 좁은 의미의 기시법(紀時法)이라고 일컫는다. 商代의 이런 좁은 의미의 기시법에 대해서 전면적이고 체계적인 연구를 진행한 학자들은 많지 않으나, 이들의 연구 내용을 소개하면 다음과 같다.

먼저 董作賓은 商代의 '紀時法'에 대해,

> 古者'日出而作, 日入而息', 故其對于時之區分, 重在晝, 不重在夜. 殷代通常稱晝爲'日', 稱夜爲'夕', 紀時, 則以日爲限而不及于夕.[1] : 옛날에는 '해가 뜨면 일어나 일하고, 해가 지면 집에 들어가 쉬었다.' 그러므로 시간의 구분도 낮에 중점을 두었고, 밤은 중요하게 여기지 않았다. 殷代에는 통상적으로 낮을 '日'이라고 칭하고, 밤은 '夕'이라고 하였는데, 시간의 기록도 낮에 국한되었고 밤에 대해서는 언급하지 않았다.

라고 하였다. 그리고 그는 商代의 기시법에도 신구(新舊) 양파의 차이가 있었다고 하면서, 하루의 시간 구분은 구파가 비교적 완벽하였는데, 武丁과 文武丁 두 왕의 시대를 예로 들면서 이때에는 하루를 '明'·'大采'·'大食'·'中日'·'昃'·'小食'·'小采' 등의 7단계로 나누었다고 하면서, 이들 각각의 시간 명칭에 대해 해석하기를,

> 所謂'明'者, 皆指天明之時也. …… '大采'·'小采', 亦稱'大采日'·'小采日', 其時間, 一在大食之前, 一在小食之後, 大采略當于朝, 小采略當于暮也. …… '大食'·'小食', 其時間, 在大采之後, 小采之前, 蓋一日兩餐之時也. …… '中日', 亦曰'日中', 謂日之方中, 正午之時也. …… '昃', 《說文》'日在西方時, 側也.' : 이른 바 '明'이란 것은 모두 날이 밝은 때를 지칭한다. …… '大采'·'小采'는 '大采日'·'小采日'이라고도 하고, 그 시간은 각각 '大食' 전(前)과 '小食' 뒤인데, '大采'는 대략 아침에 해당되고, '小采'는 대략 해질 무렵에 해당된다. …… '大食'과 '小食'의 시간은 각각 '大采' 뒤와 '小采' 앞인데, 대체로 하루 두 끼 식사 시간쯤이다. …… '中日'은 '日中'이라고도 하는데, 낮의 정중앙 즉 정오의 시간이다. …… '昃'은《說文解字》에, '해가 서쪽으로 기울여져 있을 때라는 뜻이다.'라고 하고 있다.

라고 정리하였다.

그리고 신파의 기시법에 대해서는, 하루 밤 전체를 '夕'이라고 하고, '午'를 '中日'이라고 한 것은 구파와 동일하지만, '大食'·'小食'·'明'·'昃' 등의 명칭은 보이지 않는데, 이들 명칭을 사용했는지 여부는 확실히 알 수가 없다고 했다. 그나마 지금까지의 연구 결과로 알 수 있는 것은, 祖甲 시기에는 '朝'·'暮'가 '大采'·'小采'를 대체하였고, 廩辛·康丁 시기에는 '朝'·'暮'

---

1) 董作賓《殷曆譜》,《董作賓先生全集》(藝文印書館 1977. 臺北) 第6册 p.30.

의 앞뒤에다 '兮'자와 '昏'자를 첨가하였으며, 帝乙 · 帝辛 시기에는 '兮'자 앞에 다시 '妹'자를 첨가한 것 등이라고 했다. 여기에서의 '兮'자는《說文解字》의 '昕'자와 같은 뜻으로 쓰인 것 같은데,《說文解字》에서는 이 '昕'자를 '旦明' 즉 해가 막 뜨려는 때라는 뜻이라고 풀이하고 있다. '兮'자와 '昏'자는 복사에서 매번 상대적으로 사용되고 있는데, '昕'은 대략 일출 이전을 지칭하고, '昏'은 일몰 이후를 지칭하므로, 하나는 '朝'의 앞이고, 하나는 '暮'의 뒤라고 하였다. 신파의 기시법으로 帝乙 · 帝辛 시기에는 이른 바 '妹'자가 덧붙여지기도 하는데, 이는《說文解字》의 '昧'에 해당된다고 하겠다.《說文解字》에는, '昧'는 '爽'으로, '旦明'이라고 하고 있는데, 段玉裁는 '昧爽'은 '且明'이라고 해야 옳다고 하면서, '且明'이란 곧 밝아질 것이지만 아직은 완전히 밝지는 않은 것을 말한다고 주해(註解)하였다. 董作賓은 이에 근거하여 殷代에서의 '妹'는 '兮'보다 조금 더 이른 시간일 것이라고 주장하였다.[1] 董作賓이 주장한 商代의 기시법은 다음과 같이 武丁 · 文武丁 시기의 구파와 祖甲 · 廩辛 · 康丁 · 帝乙 · 帝辛 시기의 신파 두 가지로 나누어 정리할 수 있다.

구파 : '明' → '大采' → '大食' → '中日' → '昃' → '小食' → '小采' → '夕'(全夜)
신파 : '妹' → '兮' → '朝' → '中日' → '暮' → '昏' → '夕'(全夜).

그리고 陳夢家는 이런 殷代의 하루의 기시법에 대해, "卜辭對于一天二十四小時以內的各個時間的階段, 都有詳細的專名.[2] : 복사에는 하루 24시간 이내의 각 시간별 단계에 대해서 모두 상세한 고유 명칭이 있었다."고 주장하면서 자신의 연구 결과를 〈殷代記時法〉이라는 표(表)로 제시하였는데, 이를 옮기면 다음과 같다.

〈殷代記時法〉

假定時辰	6 卯	8 辰		10 巳	12 午	14 未	16 申		18 酉		24 亥
武丁卜辭	旦 · 明 日明	大采 大食		蓋日	中日	昃	小食		小采		夕
武丁以後卜辭	妹旦	朝 大食			中日	昃		郭兮 郭 · 兮	莫 昏落日		夕
文獻材料	昧爽 · 旦 旦明	朝 大采 蚤食	隅中		日中 正中	昃 小還	下昃 大還 餔時	夕	黃昏 · 定昏 小采	日入	夜

1) 이상의 商代 '紀時法'과 관련된 董作賓의 주장은 모두 上揭書《董作賓先生全集》第6冊 pp.30~35를 인용 · 정리 요약한 것임.

2) 陳夢家 前揭書《殷虛卜辭綜述》p.233.

이밖에도 陳夢家는, 殷代에는 지지로써 시간의 명칭을 표현했을 가능성을 제기하면서, "甲子卜, 今日亥不雨."(《粹784》) · "王其田以亥不雨."(《庫713》)라고 하고 있는 두 개의 복사를 증거로 제시하였다. 그는 이들 복사에서의 '亥'에 대해서, 천간도 아니어서 하루를 대표하는 것도 아니고, 복문(卜問)한 날이 갑자일이니까, 이는 아마도 시각(時刻)을 지칭하는 말일 것이라고 추정하였다.[1)]

그리고 宋鎭豪는 商代의 기시법에 대해서 董作賓과 陳夢家와는 다른 의견을 제시하였다. 그는 董作賓이 이른바 신·구 양파 사이의 서로 다른 체제에 대한 논증 가운데 당시의 실제 정황과는 부합되지 않는 부분들이 있다고 하면서, 董作賓이 "朝前爲兮, 兮前爲妹. : '朝' 앞이 '兮'이고, '兮' 앞이 '妹'이다."라고 한 주장을 한 예로 들었다. 그는 갑골문의 '兮'는 '郭' 또는 '郭兮'라고도 하는데, '兮'는 '昃'과 '昏'의 사이의 시간에 대한 명칭이므로, 오후(午後)에 속하며, '朝' 앞에 위치하는 것이 아니라고 했다. 그리고 '妹'는 帝乙 · 帝辛 시기의 특유한 시칭(時稱)인데, 이 시기 갑골문에 보이는 시칭은 매우 적고, 더욱이 '兮前爲妹' 즉 '兮' 앞이 '妹'라는 예증도 없으며, 또 董作賓의 통계에는 누락된 시칭도 많다고 하였다. 그리고 商代의 기시(紀時) 제도를 논하면서 董作賓이 "殷代 고법(古法)에는 낮 전체는 7단계로 나누었는데, 밤 전체는 구분하지 않았다."라고 한 주장은 수정해야할 필요가 있다고 했다. 그리고 陳夢家의 연구에 대해서는 "說蓋日 · 各日是時稱, 可疑性很大. : '蓋日'과 '各日'을 시칭이라고 한 것은 크게 의문스럽다."라고 하면서, '蓋日'은 시칭이 아니라 기상(氣象)과 관계된 용어로서, 비가 그치고 해가 나온다는 뜻이라고 했다. 그리고 '各日'에 대해서도, 갑골문에 '各夕'(《粹1061》)이라는 말이 사용된 예로 미뤄볼 때, 이는 '落日'의 뜻으로 해석되는 시칭이 아니라, '至于某日', '到了某日' 즉 어떤 날에 이르렀다는 뜻이라고 했다. 그리고 앞에 제시한 2판의 복사에 대해, 陳夢家가 지지로써 시각 이름을 나타낸 예증이라고 한 주장도 부정하였는데, 그는 이들 복사에 보이는 '亥'는 '万'으로 쓰고 있으며, 裘錫圭의 연구에 의거하면, 이는 제사 이름 '万'으로 해석해야 옳으므로, 갑골문에는 12지지로 시간을 기록한 예증은 없다고 주장하였다. 그의 각 기별(期別) 갑골복사 중의 시칭에 대한 고증에 의하면, 갑골문 중의 시칭은 제3기와 제4기의 廩辛 · 康丁 · 武乙 · 文武丁 시대에 가장 많이 보이고, 다음으로는 제1기 武丁 시대가 많으며, 그 다음은 제2기인 祖庚 · 祖甲 시대이고, 제5기 帝乙 · 帝辛 시기에 가장 적게 보인다고 한다. 제3기와 제4기의 갑골문에 보이는 시칭은 모두 22개로서, 각각 하루 중의 시간 구역을 대표하며, 이들 시간 구역을 시간의 순서에 따라 배열하면, 대체로 서로 연접하지만, 하나의 시간 구역이 나머지 두 개의 시간 구역에 걸쳐 있는 경우도 있는데, '日西'는 '昃'과 '郭兮'에 걸쳐 있는 것이 그런 예에 속한다고 한다.

---

1) 陳夢家 上揭書 p.93을 참고.

그에 의하면, 이밖에 또 어떤 시간 구역은 서로 중첩되는데, 예를 들면 '朝'와 '大采', '萌'과 '小采', 그리고 '日中'에 해당하는 '中日'·'晝'·'督'의 세 시칭은 서로 중첩된다고 한다. 그가 제시한 제3기와 제4기의 갑골복사에 나타나는 22개의 시칭을 순서대로 나열하면 다음과 같다.

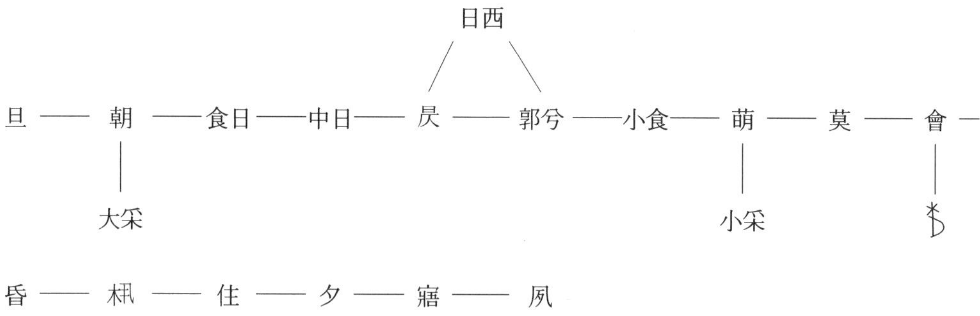

그가 제3기와 제4기 갑골복사의 시칭(時稱)에 대해서 내린 결론은, 22개의 시칭으로 대표되는 시간 구역 가운데 중첩되거나 교차되는 부분을 제외하면, 商代에는 하루를 16개의 시간 단위로 구분하였으며, 그 중에서 낮은 '旦'에서부터 '會'까지의 10개 단위 16개의 시칭이 사용되었고, 밤은 '昏'에서부터 '夙'까지의 6개 단위 6개 시칭이 사용되었다는 것이다.

또 宋鎭豪에 의하면, 갑골문 제1기 武丁 시기의 시칭은 14개인데, 하루를 12개의 시간 단위로 나누었으며, 이 중에서 제3·4기와 같은 것은, '旦'·'大采'·'食日'·'大食'·'中日'·'昃'·'小食'·'小采'·'會'·'枫'·'夕'·'夙' 등의 11개라고 했다. 그리고 제2기 祖庚·祖甲 시대의 시칭으로 고증된 것은 '農'·'[illegible]'·'萌'·'[illegible](莫)'·'枫'·'夕' 등의 6개이고, 이 중에서 제1기 및 제3·4기와 같은 것은 '枫'·'夕'라고 했다. 그가 고증해낸 제5기 帝乙·帝辛 시기의 시칭은 오직 '夕'과 '妹' 2개뿐인데, '妹'는 '昧爽'의 '昧'를 가차(假借)한 것으로서, '明' 앞의 시간이라고 하였다.

宋鎭豪는 또한 갑골문에 나타난 商代 기시(紀時) 제도의 특징을 그 성격에 따라 자연과 인문의 두 가지 큰 유형으로 나누었다. 자연에 속하는 것은 해와 달의 운행과 관련된 것인데, '旦'·'妹'·'朝'·'中日'·'晝'·'督'·'昃'·'日西'·'昏'·'莫'·'會'·'明'·'萌'·'[illegible]'·'夕'·'[illegible]' 등의 16개 시칭이 있으며, 이 중에서 해와 관련된 것이 11개, 달과 관련된 것이 3개, 그리고 이 둘 사이에 위치하는 것이 2개라고 했다. 다음으로 인문에 속하는 것은 인류의 생산 활동 및 생활 습속과 관련된 것인데, '農'·'食日'·'小食'·'住'·'寤'·'郭'·'枫'·'[illegible]'·'大采'·'小采'·'夙' 등의 11개 시칭이 있다고 하였다. 그리고 商代의 기시법은 전체적으로 볼 때, 낮이 밤에 비해서 조밀하게 나누어졌고, 시간 단위의 간격이 균등하지 않아서, 일종의 불균등한 단위 분류의 기시

제도라고 할 수 있다고 하였다.[1]

또한 常玉芝[2]는 商代의 기시법에 대해, "檢查卜辭可知, 時稱出現最多的是無名組卜辭, 其次是𠂤組 · 賓組和出組. : 복사에 대한 검사를 통해 알 수 있는 것은, 시칭이 가장 많이 출현하는 것은 '無名組'의 복사이고, 그 다음이 '𠂤組' · '賓組' · '出組'이다."라고 하였는데, 이는 갑골복사의 최신 단대 방법에 근거한 복사를 '組'별로 나누어 검증한 것이다. 常玉芝가 인식해낸 '無名組' 복사의 시칭을 시간 순서대로 나열하면, '旦' · '朝' · '食日' · '大食' · '中日' · '日中' · '督' · '晝' · '昃' · '郭兮' · '郭' · '昏' · '莫' · '枫' · '住' · '夙' 등의 16개이다. 이 중에서 '旦'과 '朝' · '食日'과 '大食' · '中日'과 '日中'과 '督'과 '晝' · '郭兮'와 '郭' · '昏'과 '莫'는 각각 동일 시진(時辰)에 대한 서로 다른 호칭이므로, 이들 16개 시칭은 하루 낮과 하루 밤을 9개 시간 단위로 표시한 것이라고 했다. 商代 사람들은 1일 2식(食)을 했으므로, '食日'과 '大食'은 오전의 아침 식사에 해당하고, 오후의 저녁 식사에 대한 명칭이 없는데, 이 때문에 '郭兮'와 '郭'이 바로 저녁 식사[다른 '組'의 복사에서는 '小食'이라고 하고 있음]를 지칭하는 것이라고 했다. 이들 '無名組' 복사에 나타난 하루 9개 시진을 시간 순서대로 배열하면, '旦' · '朝' - '食日' · '大食' - '中日' · '日中' · '督' · '晝' - '昃' - '郭兮' · '郭' - '昏' · '莫' - '枫' - '住' - '夙'이 된다. 이 가운데 낮 시간은 '旦 · 朝'부터 '昏 · 莫'까지의 6개 시진인데, 오전이 2개, 오후가 3개, 정오가 1개이다. 밤 시간은 '枫'에서 '夙'까지의 3개 시진으로 나뉘었는데, 밤이 시작되는 시간이 2개이고, 밤이 끝나는 시간이 1개이며, 중간에 대한 시칭은 없다. 常玉芝의 주장에 의하면, '旦'은 날이 새는 시간이고, '朝'는 '旦'에 해당되며, '食日'과 '大食'이 지칭하는 조식(朝食)은 일출 후부터 정오 사이에 위치한다. '中日'과 '日中'은 정오의 시간을 지칭하고, '昃'은 오후 2시를 가리킨다. '郭兮'는 그냥 '郭'이라고도 하고, '昃'과 '昏' 사이에 위치하며, 오후의 시진이라는 것이다. 常玉芝는 '郭兮'와 '郭'의 시간 순서를 증명하기 위해서《合集29793》·《合集29794》·《合集29795》·《合集29801》 등의 4판의 복사를 증거로 제시하였고, 이를 통해서 郭沫若과 董作賓이 '郭兮'를 '翌日清晨' 즉 '익일 이른 아침'이라고 해석했던 것이 잘못된 것임을 밝혀내었고, 또한 董作賓과 郭沫若과 陳夢家 등이 '兮'라는 시칭이 존재한다고 했던 주장도 오류임을 밝혀내었다.

다음으로 '昏'은 해가 지는 때이고, '莫' 역시 '昏'과 같이 해가 지는 때이다. '枫'은 날이 어두워져서 등을 켜는 때인데, 이는 해가 진 뒤에 밤이 시작되는 시간의 시칭이고, '住'는 '人定' 즉 해시(亥時)를 지칭하며, '枫'과 '住'는 모두 야간(夜間)[商代에는 하루 밤 전체를 '夕'이라고

---

1) 이상의 宋鎮豪의 주장은 모두 胡厚宣 主編《全國商史學術討論會論文集》(殷都學刊編輯部 1985. 安陽)에 수록된 그의 논문 <試論殷代的記時制度>를 요약 정리한 것임.

2) 이 아래의 常玉芝의 주장은 모두 그녀의《殷商曆法研究》(吉林文史出版社 1998. 長春)의 第3章 第3節을 인용 또는 요약 정리한 것임.

하였음]의 시칭이고, '夙'은 날이 아직 밝지 않아 별과 달이 보이는 때인데, '夙'은 밤의 후반(後半)으로부터 날이 밝기 전까지의 시간을 지칭한다. 따라서 '夙'은 '旦'보다 앞 단계의 시간이므로 야간에 속하며, 이는 어두운 밤이 끝나는 때이고, 또한 하루가 끝나는 때이다. 常玉芝는 나머지 '自組'·'賓組'·'出組'·'何組'·'歷組'의 시칭들도 함께 인식해냈는데, '自組'와 '賓組'는 모두 武丁 시기에 속하므로, 그 시칭들도 비교적 비슷하며, '黃組' 복사에는 시칭이 나타나지 않았다고 한다. 이들 각 '組'의 시칭들을 모아 상호간의 대응관계를 표로 나타내면 다음과 같다.

組別	時稱									
無名組		旦·朝	食日·大食	中日·日中·督·晝	昃	郭兮·郭	昏·莫(暮)	枫	住	夙
自組		明·大采·大采日	大食	中日	昃	小食	小采·小采日			
賓組	檮朧	明·大采·大采日	大食日·食日	中日·日中	昃·昃日			枫		
出組	檮	朝		晝			萑	枫		
何組		朝	大食	中日			昏·莫	枫		
歷組							莫	夙		

常玉芝가 총결(總結)한 商代 기시법의 특징은 3가지이다. 첫째는, '日月星辰' 즉 해와 달과 별 등의 자연현상에 대한 관찰과 당시 사람들의 생활 습속에서 시칭(時稱)을 취했다는 점이고; 둘째는, 같은 시진에다 여러 종류의 명칭을 붙였고, 각 '組'별 복사에 사용된 시칭이 같지 않다는 점인데, 이는 아마도 각 갑골 시기마다 사람들의 습관이 서로 달랐기 때문일 것이라고 추정된다는 점이며; 셋째는, 商代 사람들이 나눈 각 시간 단위들의 시간 간격이 불균등하다는 점이다. 각 '組'별 시칭을 종합하면 낮의 시진 분단(分段)은 세밀하고, 밤의 분단은 듬성듬성한데, 낮 시간은 오전 3단(段), 오후 3단, 정오 1단, 모두 7단으로 나누었고, 밤 시간은 밤이 시작되는 시간과 밤이 끝나려는 시간으로만 나누고, 전체 밤 시간은 '夕'으로 통칭하며 더 이상 분단하지 않았다. 이런 점으로 미루어 볼 때, 商代 사람들은 각종 생산 활동이 주로 행해지는 낮 시간을 중요시하였고, 옛날부터 내려오던 생활 습속이었던, 해가 뜨면 일하고 해가 지면 쉰다는 기본 습관을 지키고 살았음을 알 수 있다고 했다. 다만 商代의 기시법 중의 몇몇 시칭에 대해서는 아직도 학자들 사이에 서로 다른 의견들이 존재하므로 앞으로 계속 탐구하고 토론할 필요가 있음을 밝혀 둔다.

丙. 商代의 '日始'

여기에서 말하는 '日始'란 하루가 시작되는 기점(起點)을 말하며, 날짜 사이의 경계 즉 '日界'에 해당된다. 商代의 '日始'가 언제인가 하는 문제에 대해서는 두 가지 의견이 있는데, 하나는 '天明' 즉 날이 밝아지는 때라는 주장이고, 또 하나는 '夜半' 즉 한밤중이라는 주장이다. 후자는 1951년 미국의 천문학자 Homer H. Dubs가 주장한 것이고, 전자는 董作賓과 宋鎭豪·常玉芝 등이 여러 갑골문을 근거로 주장한 내용이다. 한편 周法高는 이 두 가지 정황이 모두 존재했다고 주장했다.

Homer H. Dubs는 商代에는 하루 밤을 두 부분으로 나누고, 전반의 밤과 후반의 밤을 각각 두 개의 간지를 사용하여 나타냈다고 주장하면서, 이는 곧 商代에는 '夜半' 즉 한밤중을 '日始' 즉 하루의 시작으로 삼았음을 말해준다고 주장하였다.[1] 그리고 董作賓은 '天明' 즉 날이 새는 시각이 '日始'라고 주장했는데,[2] 다만 그가 증거로 제시한 예가 하루의 낮과 밤이 하나의 간지로 나타내고 있다는 것뿐인 것이 아쉬운 점이다. 이에 대해 周法高는 商代에는 앞의 두 가지의 '日始'를 다 사용했다고 주장했다.[3]

그 후 宋鎭豪는 3가지 방면으로 商代의 '日界' 즉 '日始'를 논술하였다.[4] 첫째, 商代의 날짜 기록 방법에 근거하여 살펴보면, 상대에는 간지를 사용하여 날짜를 기록하였는데, 때로는 천간이나 지지 하나만으로 날짜를 기록하는 생략형을 사용하기도 하였으나, 온전한 하루에는 낮과 밤이 모두 포함된다는 점이다. 둘째, 商代의 날짜 기록 방법은 먼저 낮을 계산한 다음, 그 뒤에 밤을 헤아렸다는 것이다. 셋째, 商代의 시간 기록 방법에서의 '日界'를 보면, 낮을 먼저 헤아린 다음, 그 뒤에 밤을 헤아렸으므로, 시간 기록 방법에서는 낮의 시점(始點)이 곧 '日界' 즉 '日始'가 된다는 것이다. 따라서 商代의 '日界'는 시간 기록에서의 시칭 '旦'이 그 기점이 되는 것이다.

또 常玉芝 역시 다음의 3가지 방면에서 商代의 '日始'에 대해 논술하였다.[5] 첫째, 殷墟 복사에서의 하나의 간지는 하나의 완전한 낮과 하나의 완전한 밤으로서의 하루를 나타내기도 하고, 또 간지 하나가 하나의 온전한 낮 또는 하나의 온전한 밤을 나타내기도 한다는 것이다. 그녀는 《合集13140》 중의 "終日"과 《屯南744》 중의 "終夕"이라는 말을 예로 들면서, 商代의 '日始'는 온전한 낮 혹은 온전한 밤 중의 어느 한 시점이 될 수 없고, 낮과 밤의 교차점일 수밖에 없다는 것이다. 둘째, 商代에는 하루를 기록할 경우에는 먼저 낮을 기록한 다음에 밤을 기록하였으므로,

---

1) Homer H. Dubs(德效騫) 前揭論文 <商代的記日法>을 참고.

2) 董作賓 前揭論文 <殷代的紀日法>을 참고.

3) 周法高 <論商代月蝕的記日法>, 《Harvard Journal of Asiatic Studies("哈佛亞洲學報"로 中譯)》(Harvard University Asia Center 1964. Cambridge) 第25期를 참고.

4) 이하의 宋鎭豪의 주장은 모두 그의 前揭論文 <試論殷代的紀時制度>를 참고 요약한 것임.

5) 이하의 常玉芝의 주장은 모두 그녀의 前揭書 《殷商曆法硏究》 第3章 第3節을 참고 정리한 것이다.

이는 날짜의 분계점이 낮이 밤으로 바뀌는 교차점이 아니라 밤이 낮으로 바뀌는 교차점에 있었고, 낮이 시작되는 시점이 하루의 시작점이다. 따라서 商代의 시간 기록 방법에서, 시칭 '旦'이 날이 밝고 해가 뜨는 시각이고, '夙'은 날이 밝기 직전의 야간으로서 밤의 마지막 시칭이므로, 商代의 '日始'는 '無名組' 복사에서는 시칭 '旦'이 되며, 다른 '組'의 복사에서는 '朝'·'明'·'大采' 등이 이에 해당된다. 셋째, 《合集25385》와 《合集25460》의 복사를 통해서 하나의 간지로써 표시한 하루의 밤이 둘로 나뉠 수 없고 저녁부터 새벽까지 완전한 밤임을 밝힘으로써, 商代의 '日始'가 한밤중에 위치할 수 없다는 것을 논증하였다.

그렇지만 商代의 '日始' 문제에 대해서는 아직도 연구자들 사이에 의견이 일치되지 않고 있는데, 이 문제는 월식(月蝕)의 연대(年代) 추정과도 관련되어 있는데다가, 더 나아가 商代의 년대의 추정과도 관련되어 있어서 매우 중요한 부분이므로, 계속해서 신중하게 접근해야 할 문제라고 생각된다.

丁. '翌'과 '來'의 지칭 날짜

마지막으로 날짜를 나타내는 말 중에서 갑골복사에 자주 보이는 '翌'과 '來'라는 말에 대해서 살펴보기로 하겠다. 이들이 지칭하는 구체적인 일수(日數)에 대해서는 연구자들의 의견이 일치하지 않는데, 먼저 복사에서의 '翌'에 대해서 羅振玉은 '次日' 즉 다음날 또는 그 다음날을 가리킨다고 주장하였고,[1] 王國維는 '第三日' 즉 셋째 날 또는 '第四日' 즉 넷째 날을 지칭한다고 하였으며,[2] 唐蘭은 멀리 60일 이후까지를 말한다고 하였고,[3] 董作賓은 1순(旬) 이내의 날은 모두 '翌'이라고 칭할 수 있다고 하였으며,[4] 丁驌은 董作賓의 분기법(分期法)에 의거한 제1기 복사의 1순 이내의 날은 모두 '翌'이라고 할 수 있었다고 주장했는데, 그는 1순은 '癸日'에서 시작해서 '壬日'에서 끝난다고 했다.[5]

이렇게 여러 학자들의 주장이 서로 다른데, 常玉芝는 이 '翌'자가 시간 지시사로 사용된 갑골복사들을 조사하여 모두 599조(條)의 복사를 추출한 다음, 이를 다음과 같이 분석 정리하였다. '翌'이 가리키는 시간은 복문(卜問)한 날로부터 계산해서, 이튿날을 지칭하는 것이 가장 많아 모두 438조로 전체의 73%를 차지하였고, 9일 이내 특히 5일 이내를 지칭하는 것이 다음으로 많았으며, 10일을 지칭하는 것과 10의 배수(倍數)를 나타내는 경우는 하나도 없었는데, 그 이유는 '旬'으로

---

1) 羅振玉 前揭書 《增訂殷虛書契考釋》 p.77을 참고.

2) 王國維 《戩壽堂所藏殷虛文字 · 考釋》(倉聖明智大學 石印本 1917. 上海) pp.27~28을 참고.

3) 唐蘭 前揭書 《殷虛文字記》 pp.9下~10下를 참고.

4) 董作賓 前揭論文 <卜辭中所見之殷曆>를 참고.

5) 丁驌 <今來翌之疑>, 《殷都學刊》(安陽師範學院 1994. 安陽) 第2期를 참고.

이를 나타낼 수 있었기 때문이라고 했다.[1]

다음으로 '來'를 사용하여 날짜를 기록한 경우인데, 董作賓은 이에 대해, 商代의 날짜 기록 방법은, 1순 이내의 앞날은 '翌'으로 통칭(統稱)하였고, 1순 다음의 내일은 '來'로 통칭하였으며, 복사에서 "來某某"라고 한 것은 다음 1순의 어떤 날을 지칭하는 것인데, '來'는 다음 1순에만 한정되지 않고, 다음 1순 이후의 날짜를 지칭하는 경우도 있다고 하였다.[2] 常玉芝는 위에 언급한 '翌'의 경우와 마찬가지로 지금까지 발견된 殷墟의 갑골복사들을 모두 조사하여, '來'가 날짜를 나타내는 시간 지시사로 쓰인 102조(條)의 복사들을 추출하고는, 이를 토대로 '來'가 지칭하는 일수(日數)와 순수(旬數)를 분류하였다[3]. 우선 일수를 지칭하는 경우는, 복문한 날로부터 계산하여 4일부터 24일까지는 모두 다 해당되고, 그밖에 27일 · 32일 · 34일 · 43일을 지칭하는 경우도 있는데, 10일의 경우는 '旬'이라고 지칭하지 않을 때에는 '來'로 지칭하였다. 그리고 순수를 지칭하는 경우는, 2순과 3순을 지칭하는 경우가 가장 많고, '賓組' 복사 5조와 '歷組' 복사 1조, '何組' 복사 1조 등은 해당 순 내의 날짜를 나타내고 있다고 하였다.

三. 商代의 기월법(紀月法)

甲. '大月'과 '小月'

商代의 역법(曆法)에서 1개월의 크기에 관한 문제는 1930년대 초기부터 연구되기 시작하여서, 점차 다음의 3가지 주요 관점이 형성되었다. 첫째는, 東世澂 · 劉朝陽 · 孫海波 등이 주장한 것으로, 商代에 통용된 역법은 일종의 간략한 양력(陽曆)이나 정치력(政治曆)이었는데, 이런 역법은 한 달을 3순(旬)으로 나누었고, 30일로 고정되어 있었으며, 날짜 기록에 사용된 간지는 매 달마다 엄격하게 고정된 순서가 있어서, 매월(每月) 제1일은 '甲子'가 아니면 '甲午'이고, 매월의 말일은 '癸巳'가 아니면 '癸亥'라는 주장으로[4], 이른바 '一甲十癸'설(說)이다. 둘째는 董作賓 · 吳其昌 등이 주장한 것으로, 商代에 통용된 역법은 추보(推步)를 통해 제정된 정밀한 음양력(陰陽曆) 즉 태음태양력(太陰太陽曆)이었으며, 이런 역법에는 1개월의 길이에 대소(大小)의 구분이 있었는데, '大月'은 모두 30일, '小月'은 모두 29일로 되어 있었다는 주장이다.[5] 셋째는 常玉芝 등이

1) 이상의 常玉芝의 주장은 <'翌'的時間所指>, 《徐中舒先生百年誕辰紀念文集》(巴蜀書社 1998. 成都)를 참고 요약한 것임.

2) 董作賓 前揭論文 <卜辭中所見之殷曆>을 참고.

3) 常玉芝 前揭書 《殷商曆法研究》 p.248을 참고.

4) 東世澂 <殷商制度考>, 《國立中央大學半月刊》(國立中央大學 1930. 南京) 第2卷 第4期; 劉朝陽 <再論殷曆>, 《燕京學報》(燕京大學 1933. 北京) 第13期; 孫海波 <卜辭曆法小記>, 上揭書 《燕京學報》1935年 第17期를 참고.

5) 董作賓 前揭論文 <卜辭中所見之殷曆>; 吳其昌 <叢甁甲骨金文中所涵殷曆推證>, 《中央研究院歷史語言研究所集刊》 第4本3分(中央研究院歷史語言研究所 1934. 北京)을 참고.

주장한 것으로, 商代에 통용된 역법은 천상(天象)을 관찰한 바에 의거하여 제정한 음양력이었으나, 정밀하지도 않고 부정확하였으며, 이런 역법에는 달의 길이에 대소의 구분이 있었는데, '大月'은 31일 이상이고, '小月'은 29일 이하로 되어 있었다는 주장이다.[1]

첫째의 경우, 束世澂과 劉朝陽이 商代에는 매 달이 모두 30일이라고 주장하면서 내세운 증거가 《後下1. 5》의 소[牛]의 견갑골(肩胛骨) 각사인데, 이 골판에는 찬착(鑽鑿)도 없고, 복사를 각한 것도 아니며, 연속한 두 달의 간지가 기록되어 있을 뿐이다. 해당 각사에서 1월 즉 정월의 첫날은 '甲子', 말일은 '癸巳'이고, 2월의 첫날은 '甲午', 말일은 '癸亥'로 되어 있으며, 각각 30개의 간지가 새겨져 있으므로, 이들은 매 달이 모두 30일이고, 매 달의 첫날은 '甲日', 말일은 '癸日'임을 확실하게 증명한다고 주장하였다. 그러나 이에 대해 常玉芝는 매 달의 말일이 '癸巳日'과 '癸亥日'에 고정되지 않은 복사들(《合集26664》+《合集26673》)을 증거로 제시하면서 이 주장이 옳지 않다고 했다.

그리고 董作賓은 유명한 '大龜四版' 중의 넷째 귀판(龜版)(《合集11546》)을 이용하여, 商代의 '紀月法'에는 대·소의 구분이 있고, '大月' 즉 큰 달은 모두 30일이고, '小月' 즉 작은 달은 29일로 고정되어 있었다고 주장하였다. 그러나 常玉芝는 해당 귀판의 복사에는 각 달의 구체적인 날짜들이 상세하게 기록되어 있지 않은 정황에서, 商代의 '紀月'의 대·소의 달을 30일과 29일로 단언하는 것은 복사에 기록된 사실들과 부합되지 않는다고 주장하였다. 그리고 商代의 '紀月'에는 적어도 31일인 '大月'도 있다는 증거로, 《合集16644》+《合集16660》을 비롯한 6판의 복사들을 제시하고, 이들 6판의 복사를 통해서, 商代에는 조기에서 만기(晩期)의 '黃組' 복사까지 모두 두 개의 '癸日'이 포함된 '小月'이 있었고, 이렇게 두 개의 '癸日'로 된 '小月'은 가장 많아도 29일밖에 되지 않지만, 29일보다 적은 일수(日數)로 된 '小月'이 이들 6판 중에 있었는지는 확실히 알 수는 없다고 했다. 다만 《合集10976反》에 "辛未卜, 爭, 貞 : 生八月帝令[多]雨. 貞 : 生八月帝不其令多雨. 丁酉雨, 至于甲寅, 旬有八日. 九月."이라고 하고 있는 복사를 증거로 제시하면서, 商代에는 29일보다 적은 '小月'이 확실히 있었다고 주장하였다. 이는 복갑(腹甲)에 새겨진 2개 조(條)의 '對貞' 복사인데, 신미일에 "生八月" 즉 다음 달 8월에 상제(上帝)께서 많은 비를 내리라고 명령할 것인지의 여부를 복문(卜問)하였는데, 9월의 정유일부터 갑인일까지 연속해서 18일 동안 비가 왔음을 기록한 내용이다. 常玉芝는 이에 근거하여 "生八月" 즉 다음 달 8월이라고 하였으므로, 복문한 신미일은 7월이고, 이 신미일로부터 비가 내리기 시작한 정유일까지는 27일의 간격이 있고; 그리고 만약 신미일이 7월의 말일이라고 가정하고, 정유일이 9월의 첫째 날이라고 가정하더라도, 8월은 적어도 임신일부터 병신일까지는 25일밖에 되지 않으므로, 이 복사는 商代의

1) 常玉芝 前揭書《殷商曆法硏究》 제3장을 참고.

'紀月'에는 29일보다 적은 '小月'이 있었음을 증명해주는 것이라고 주장하였다. 다만 常玉芝의 이 주장 역시 제시된 자료가 충분하지 않으므로, 이 역시 좀 더 확실하고 충분한 증거 확보를 기다려야 할 문제라고 생각된다.

乙. 윤월(閏月)

商代의 역법에 윤월(閏月) 즉 윤달이 존재하였다는 주장을 최초로 제기한 사람은 羅振玉이다. 그는 "卜辭中書十三月者凡四見, 殆皆有閏之年也. 古時遇閏稱閏月, 不若後世之稱閏幾月.[1] : 복사에서 '十三月'이라고 기록한 것이 4번 보이는데, 아마도 모두 윤년(閏年)일 것이다. 옛날에는 윤달을 맞게 되면 '閏月'이라고 칭하였는데, 이는 후세에 '윤 몇월'이라고 칭하는 것과는 달랐다."이라고 했다. 이는 복사의 '十三月'이 곧 윤월이라고 주장한 것이다. 그러나 劉朝陽과 孫海波는 이런 주장에 동의하지 않고, '十三月'은 달셈의 오류로서 1월의 별칭이며, 윤월은 아니라고 하였다.[2] 그리고 董作賓은 '十三月'이 곧 여분(餘分)의 것을 모아서 윤달을 두는 방법의 윤월(閏月)이라고 주장하였다.[3] 商代의 역법에 대한 연구는 지속적으로 계속되어, 오늘날은 복사 중의 '十三月'이 곧 윤월(閏月)임을 의심하는 학자는 거의 없다. 그리고《合集21897》과《合集22847》의 2개 조(條)의 복사와 동기(銅器)《集成4138》의 명문(銘文) 1조에서 '十四月'이라는 기록도 있는데, 정말로 商代의 역법에 1년을 14개월로 한 적도 있는지에 대해서는 단정하기가 어렵다고 생각된다.

그런데 董作賓은 商代에는 연말(年末)에 윤달을 배치하는 이른 바 '年終置閏法' 외에 연중(年中)에 윤달을 배치하는 '年中置閏法'도 시행했다는 의견을 가장 먼저 제기하였다. 그리고 이 '年中置閏法'의 실행에 대해서 그는, "祖庚七年, 祖庚崩, 祖甲卽位之年. 吾人知祖甲卽位後, 祀典·曆法均有所改革, 稱'正月'不稱'一月', 置閏于當閏之月, 不用'十三月'之名, 卽其顯證.[4] : 祖庚 7년은 祖庚이 붕어하고, 祖甲이 즉위한 해이다. 우리는 祖甲이 즉위한 후, 사전(祀典)과 역법을 모두 개혁했음을 알고 있는데, '一月'이라고 칭하지 않고 '正月'이라고 칭했으며, 윤달의 배치를 마땅히 윤달이어야 할 달에다 하였으므로, '十三月'이란 명칭을 사용하지 않은 것이 그 분명한 증거가 된다."라고 주장하였다. 이로써 董作賓은, '年終置閏法'은 祖庚 7년 이전에만

---

1) 羅振玉 前揭書《增訂殷虛書契考釋·卷下·禮制第七》p.54下.

2) 劉朝陽 <再論殷曆>,《燕京學報》(燕京大學 1933. 北京) 第13期; 孫海波 <卜辭曆法小記>, 上揭雜誌《燕京學報》 1935年 第17期를 참고.

3) 董作賓 《殷曆中幾個重要問題》,《中央硏究院歷史語言硏究所集刊》 第4本3分(中央硏究院歷史語言硏究所 1934. 北京)을 참고.

4) 董作賓《殷曆譜》下編卷五《閏譜》p.3上.

실행되었을 뿐이고, 祖庚 7년 이후 즉 祖甲 원년(元年)부터는 '年中置閏法'만 시행했다는 것이다. 그러나 董作賓이 증거로 제시한 유일한 증거는 帝辛 '十祀' 즉 帝辛 10년의 '閏九月' 밖에 없어 많은 학자들의 반대에 부딪쳤으며, 다른 여러 학자들은 商代에는 '年終置閏法'만 사용되었고, '年中置閏法'은 사용되지 않았다고 주장하였다. 그러나 陳夢家는, 武丁 시기의 복사《珠199》(《合集11545》)에 3월과 5월 사이에 윤월을 배치한 것이 보이고, '兄'·'出' 등의 祖庚 시기의 '貞人'과 '大'처럼 祖甲 시대까지 이어지는 '貞人'이 나타나는《佚399》(《合集26643》)의 복사에 '閏六月'이 보이므로, 이는 곧 祖庚 시대에 이미 '年中置閏法'이 사용된 증거라고 주장하였다[1].

한편 常玉芝는 '年中置閏法'의 실행에 대해 陳夢家가 제시한 두 가지 예증에 동의하면서, 이에 덧붙여서《合集13361》·《合集16706》·《合集26569》·《合集34991》 등 4판의 武丁·祖庚 시기의 '年中置閏法' 시행 증거를 제시하였다. 그리고 商代 만기(晩期)의 동기(銅器) 명문(銘文)에도 '十三月'이란 기록이 있고, '十四月'이란 기록이 있는 명문도 있다고 주장하면서, 商代 전(全) 시기에 '年終置閏法'과 '年中置閏法'이 함께 사용된 것을 설명해준다고 강조했다. 그리고 조기(早期)의 복사에 '十三月'이 비교적 많이 나타나는 점에 근거하여 살펴보면, 商代의 조기에는 '年終置閏法'의 시행이 비교적 많았던 것으로 보인다고 주장하였다.[2]

丙. '月首'

商代의 역법에서 '月首' 즉 매 달의 첫날이 어느 날인가에 대한 지금까지의 연구 결과는 대략 다음의 세 가지 주장으로 나뉘어져 있다. 첫째는 매월의 첫째 날은 '甲日'이고, '十'의 배수(倍數)가 되는 날은 모두 '癸日'이며, 매월의 말일도 모두 '癸日'이라는 주장으로, 이른바 '一甲十癸'설(說)인데, 이는 劉朝陽[3]으로 대표되는 주장이다. 둘째는 董作賓·吳其昌·陳夢家 등의 학자들로 대표되는 주장으로서, 商代의 역법으로는 관측으로 정해지는 '朔日'이 '月首'가 된다는 것인데, 이 주장은 이들 학자들이 직접 자신들의 저작들에서 이런 주장을 논증한 것이 아니라, 이들의 商代 역법에 대한 인식이 태음태양력(太陰太陽曆)이라고 주장하였으며, 이는 '朔日'을 '月首'라고 주장한 것이나 다름없는 데서 유래한 것이다. 셋째는 藪內淸과 常玉芝으로 대표되는 주장으로서, 商代의 역법으로는 달이 새로이 처음 나타나는 날이 '月首'라는 것이다.

이들 세 가지 주장들 가운데 劉朝陽의 주장에 대해서는 胡厚宣이[4] 이의(異議)를 제기하고

1) 陳夢家 前揭書《殷虛卜辭綜述》pp.220~221.
2) 常玉芝 前揭書《殷商曆法硏究》pp.307~317을 참고.
3) 劉朝陽 前揭論文 <再論殷曆>을 참고.
4) 胡厚宣 <'一甲十癸'辨>, 前揭書《甲骨學商史論叢》初集 第2册을 참고.

《合集26308》을 비롯한 3판의 '出組' 복사를 제시하면서 반증하였는데, 이에 의하면 매월의 말일이 '癸日'이 아니고, '月首'가 '甲日'이 아님을 알 수 있다. 常玉芝[1] 역시《合集13361》을 비롯한 여러 복사들을 예로 들면서 반증하였다.

그리고 董作賓과 吳其昌 및 陳夢家 등의 주장에 대해 동의하지 않는 학자들이 내세운 이유는, 殷墟에서 발굴된 갑골문과 商代의 금문(金文) 그리고 商代의 문헌 자료로 확인되는 것들 중에서 '朔'자가 보이지 않아 실증이 되지 않는다는 점이다. 그리고 商代 천문학의 발전 상황이 아직 '合朔'을 예측할 수 있을 정도로 발전하지 못했다는 점이다. 그 예로, '賓組' 복사에 보이는 5번의 월식(月蝕) 기록은 모두 복사 뒤에 부기(附記)된 '驗辭'나 기사(記事) 각사에 보이는데, 이는 월식이 발생하고 난 뒤에 추기(追記)한 것이라는 점이다. 그리고 이런 정황은 월식이 '望日' 즉 보름날에 생긴다는 것을 파악하지 못했을 가능성이 있고, 따라서 商代 사람들이 해·달·지구의 운행 규율에 의해 생기는 '朔日'을 추산하는 일도 불가능했을 것이라는 주장이다.

藪內淸과 常玉芝 등은 商代 역법에서의 '月首'는 달이 새로이 처음 나타나는 날 즉 '朏'라고 주장했다[2]. 그리고 常玉芝[3]는 갑골복사 중의 '生月'·'木月'·'林月' 등의 명칭을 통해서 이 문제에 대한 진일보한 논증을 진행했다. 그녀는 '生月'을 '다음 달'이라고 설명한 陳夢家의 고증과, '生月'이란 달빛이 다시 살아나는 다음 달이라는 蔡哲茂의 해석을 근거로 해서, '生月'은 곧 달빛이 재생(再生)하는 달이라고 설명하였는데, 이를 근거로 하여 商代 사람들은 달의 모양을 관찰하여 '月首'를 결정하였고, 달빛이 살아서 나오는 날 즉 새로운 달이 처음 보이는 날을 한 달이 시작되는 날로 삼았다고 주장하였다. 裘錫圭[4] 역시 고서(古書)에서 새로운 달이 처음 보이는 것을 '朏'라고 하였으므로, 商代의 역법에서 새로운 달이 처음 보이는 '朏'를 '月首'로 삼았을 것이라고 주장하였다. 그리고 '木月'과 '林月'의 의미도 '生月'과 같은 의미라고 하였다.

四. 商代의 기년법(紀年法)

甲. 1년의 길이

商代의 역법에 있어서 한 달의 길이에 대한 다양한 규정이 있었던 것처럼, 1년의 길이에 대한 규정 역시 여러 가지 의견이 존재한다. 과거에는 商代에 통용된 역법에 대해, 정치력(政治曆)과 태음태양력(太陰太陽曆) 두 가지 학설이 있었으나, 전자는 이미 학계에서 여러 논증을 거쳐서

---

1) 常玉芝 前揭書《殷商曆法硏究》pp.307~317을 참고.

2) 藪內淸 著 鄭淸茂 譯 <關于殷曆的兩三個問題>,《大陸雜誌》(大陸雜誌社 1957. 臺北) 第15卷 第1期를 참고.

3) 常玉芝 前揭書《殷商曆法硏究》pp.325~331을 참고.

4) 裘錫圭 <釋'木月''林月'>,《古文字論集》(中華書局 1992. 北京)을 참고.

인정할 수 없는 것으로 공인되었다.

商代의 역법으로 통용된 것으로 생각되는 것은 '陰陽曆' 즉 태음태양력(太陰太陽曆)이고, 따라서 商代 사람들이 사용한 '年'은 태양년(太陽年)이라는 것이다. 다만 商代의 역법에서의 이 태양년의 길이에 대해서는 두 가지 서로 다른 의견이 있는데, 하나는 商代의 태음태양력은 추보(推步)에 의해 제정된 것이므로, 정밀한 천문력(天文曆)이고, 그 태양년의 길이는 365.25일이라는 것으로, 董作賓[1] 등의 학자들이 주장한 것이다. 또 하나는 商代의 역법은 아직은 정밀한 천문력이 아니고, 그 태양년의 길이도 360일에서 370일 사이였다는 것으로, 陳夢家 등의 학자들이 주장한 것이다.

董作賓은 자기 주장의 근거로《乙15》의 '自組' 복사를 제시했으나, 陳夢家[2]는 董作賓의 주장을 비평하면서, 해당 갑골편이 잔결(殘缺)된 부분이 너무 많고, 잘못 해독한 부분도 있어서 주장의 증거로 삼기에는 부족하다고 하였다. 그리고 常玉芝[3] 역시 이것이 商代 태양년의 길이를 증명하기에는 부족한 자료라고 주장하였다. 1956년에 陳夢家[4]가 商代의 주제(週祭)의 주기는 태양년과 연관되어 있음을 처음 발견했고, 이후 許進雄[5]과 常玉芝[6]도 역시 商代 주제에 대한 연구 결과, 商代 말기 주제의 5종(種) 사전(祀典)은 선왕과 선비에 대해서 윤번(輪番)으로 제사를 지냈으며, 이 제사의 1주기는 36순 즉 360일의 시간으로 충분한데도 복사 가운데에는 37순을 1주기로 하고 있는 것도 있었는데, 이렇게 1순을 더하여 37순을 한 주기로 설정한 이유는 36순 주기 360일과 태양년 일수(日數) 365일 사이의 차이를 조정하기 위함이었다고 하였다. 이에 기초하여 常玉芝[7]는 商代의 역법에서의 1년의 길이는 360일에서 370일 사이였다고 주장하였다.

그리고 1년은 네 계절로 나누었는데, 董作賓[8]은 葉玉森이 처음 인식해낸 기초 위에서 '春'·'夏'·'秋'·'冬'의 네 글자를 명확하게 고석함으로써 商代의 네 계절을 확인하였고, 아울러《後上31. 5》·《鐵249. 2》·《前4. 5. 5》·《前8. 11. 3》 등의 여러 복사들에 근거하여, 商代에서의 봄은 1~3월, 여름은 4~6월, 가을은 7~9월, 겨울은 10~12월이라고 추정하였으며, 이것이 바로 商代의 사계절이 되었다.

또한 1년의 명칭에 대해서는, 문헌 기록으로는《爾雅·釋天》에 이르기를, "夏曰歲, 商曰祀,

---

1) 董作賓 前揭書《殷曆譜》上編 卷1 <殷曆鳥瞰> p.10下를 참고.

2) 陳夢家 前揭書《殷虛卜辭綜述》p.220을 참고.

3) 常玉芝 <卜辭日至說疑議>,《中國史研究》(中國社會科學院歷史研究所 1994. 北京) 第4期를 참고.

4) 陳夢家 前揭書《殷虛卜辭綜述》pp.236~237을 참고.

5) 許進雄 <第五期五種祭祀祀譜的復原—兼談晚商的曆法>, 前揭書《大陸雜誌》1986年 第73卷 第3期를 참고.

6) 常玉芝《商代周祭制度》(中國社會科學出版社 1987. 北京) 第5章을 참고.

7) 常玉芝 前揭書《殷商曆法研究》p.383을 참고.

8) 董作賓 前揭論文 <卜辭中所見之殷曆>를 참고.

周日年.[1] : 夏代에는 '歲'라고 하였고, 商代에는 '祀'라고 하였으며, 周代에는 '年'이라고 하였다."라고 하고 있다. 갑골복사에서의 명칭에 대해 羅振玉은, "商稱年日祀, 亦日祠.[2] : 商代에는 '年'을 '祀'라고 하였으며, 또한 '祠'라고도 했다."라고 주장하였다. 이로써 商代에는 '年'을 '祀'라고 하였음을 알 수 있다.

乙. 세수(歲首)

고대의 문헌에는 중국 전통의 역법(曆法) 가운데 '夏'·'商'·'周' 3대(代)의 세수(歲首)에 대해서는 이른바 '三正說'[3]이 전해져 오고 있는데, 이는 곧 "周正建子, 殷正建丑, 夏正建寅"이라는 말로 요약된다. 이 말은 周代의 역법으로는 자월(子月) 즉 지금의 음력 11월을 세수(歲首)로 하고, 商代는 축월(丑月) 즉 지금의 음력 12월을 세수로 하고, 夏代는 인월(寅月) 즉 지금의 음력 정월을 세수로 하였다는 말이다. 이런 '三正說'은 지금까지도 많은 사람들에게 영향을 미치고 있는데, 殷墟에서 갑골문이 발견된 이후에도 많은 학자들이 이 설(說)을 신봉하였다. 董作賓[4]은 갑골복사를 이용하여《殷曆譜》를 저술하면서 '殷正建丑'설이 정확함을 증명하려고 노력했는데, 이에 대한 증거로 복사에 게재된 武丁 시대 경신(庚申)의 월식을 예로 들고 논술하였으나, 복사에 나타나는 기상과 농작물의 경작 시기에 관한 자료의 처리에 있어 해당 월(月)과 기온의 모순이 나타나기도 했다. 1980년대부터 여러 학자들의 계속된 연구 결과로 이 세수 문제에 대해 '建巳'·'建辰'·'建未' 등의 여러 주장을 비롯하여 심지어는 엄격하게 고정되어 있지 않았다는 주장까지 제기되었다. 그 가운데 鄭慧生[5]은《後下1. 5》에 "月一正日食麥"이라고 하고 있는 복사에 근거하여 '殷正建未' 즉 商代의 역법에서의 세수는 지금의 음력 6월이라고 주장하고, 복사에 기록된 각 달의 기상 정황들이 '殷正建未'와 대조한 결과 모두 부합된다고 하였다. 그는 복사 가운데 "一月. 貞 : 王立黍, 受年. 立黍, 弗其受年."(《乙2217》+《乙6964》)이라고 하고 있는 것을 예로 들고, 여기에서의 "立黍"란 '種黍' 즉 '기장을 심다'는 뜻이므로, 이는 商代 역법에서의 1월에 왕이 기장의 파종을 복문한 것인데,《說文解字》에 "黍, 禾屬而黏者也, 以大暑而種. : '黍'는 찰진 화속(禾屬)의 곡식으로, 대서(大暑)에 파종한다."라고 하고 있고, 대서(大暑)는 음력 6월이고, 이는 商代의 역법으로 1월임을 말해준다는 것이다. 그리고 王暉와 常玉芝는 다 같이 지금의

---

1) 前揭書 十三經注疏本《爾雅 · 釋天》p.96.

2) 羅振玉 前揭書《增訂殷虛書契考釋》卷下 p.53下.

3) '三正說'은《尙書 · 夏書 · 甘誓》에 "有扈氏威侮五行, 怠弃三正. : 有扈氏가 자연의 법도마저 지키지 않을 뿐만 아니라 '三正'의 역법조차 제대로 지키지 않고 폐기하였다."라고 하고 있는 말에서 유래하였음.

4) 董作賓 前揭書《殷曆譜》下編卷一<年曆譜> p.4上을 참고.

5) 鄭慧生 <'殷正建未'說>,《史學月刊》(河南大学、河南省历史学会 1984. 開封) 第1期를 참고.

음력 5월이 商代 역법에서의 세수라는 '殷正建午'설을 제기하였다.[1] 王暉도 복사 중의 농작물을 위주로 한 식물의 생태와 기상 자료를 바탕으로 商代의 세수를 고찰하였는데, 그는 지금의 음력 5월이 세수라고 하고, 이와 더불어 '種黍'에 관한 6개 조의 복사(《合集10》·《合集12》·《合集9525正》·《合集9934反》·《合集40079正反》·《合集95252》)들을 증거로 제시하였다. 常玉芝 역시 갑골문의 천상(天象)과 기상 그리고 농사 활동 등에 관한 기록을 탐구하여 商代 역법에서의 세수를 고찰했는데, '殷正建午' 즉 지금의 음력 5월이라고 주장하였다.

이처럼 商代 역법의 세수에 관해서는 董作賓의 '夏曆' 즉 지금의 음력 12월을 비롯한 여러 주장이 제기되어 학자들의 의견 차이가 매우 심한데, 이 문제는 좀 더 깊이 있는 연구가 필요하다고 생각된다.

제4절 商代의 천문 기상과 의학

一. 商代의 천문(天文)

甲. 商代의 천문 기록[2]

商代는 농업과 목축업의 발전과 일상생활에서의 필요 때문에 자연 현상에 대한 관찰이 빈번하고 세밀하였는데, 殷墟의 갑골복사에도 대량의 천문과 기상(氣象)에 대한 기록들이 존재하고 있다. 지금까지의 연구 결과로 비교적 명확하게 밝혀진 내용들을 살펴보면 다음과 같다.

1. 태양[太陽]

商代 사람들은 태양을 신(神)으로 숭앙하였다. 예를 들면《粹17》에 "出入日歲三牛"라고 하고 있는데, 이 복사는 세 마리의 소를 희생으로 사용하여 뜨고 지는 '日' 즉 태양 신에게 '歲'라는 제사를 올린 내용이다.

2. 달[月]

商代 사람들이 달에 대해서 제사를 거행한 것이 확실한 복사의 예는 아직 발견되지 않았지만,

---

1) 鄭慧生 <'殷正建未'說>,《史學月刊》(河南大学､河南省历史学会 1984. 開封) 第1期王暉 <殷曆歲首新論>,《陝西師範大學學報》(陝西師範大學 1994. 西安) 第2期; 常玉芝 前揭書《殷商曆法研究》第5章 第3節을 참고.

2) 天神으로 제사의 대상이 되고 天文 관찰의 대상이기도 하는 天體에 대한 권능과 관계되는 복사에 대해서는 제5장 제3절의 내용과 중복되므로, 여기에서는 생략하기로 한다.

천문 관찰의 대상임에는 틀림없었던 것 같다. 예를 들면《合集11482》에 “癸亥, 貞 : 旬亡禍? 旬壬申夕月有食.”이라고 하고 있는 것과 같다. 이 복사는, 계해일에 다음 1순 동안 화(禍)가 없을까를 정문(貞問)하였는데, 임신일 저녁에 월식(月蝕)이 있었음을 기록한 것이다. 이로써 달 역시 천문의 관찰 대상이었음을 알 수 있겠다.

3. 별[星]

갑골복사에서의 ‘星’자는 두 가지 용법으로 사용되는데, 하나는 하늘의 성신(星辰) 즉 별을 뜻하고, 또 하나는 별이 보이도록 하늘이 개였다는 뜻으로 인신(引伸)되어 ‘晴’ 즉 ‘날이 개다’는 뜻이라는 것이다. 후자의 뜻은 商代의 기후 변화를 탐구할 때에 다시 살펴보기로 하고, 여기에서는 갑골복사에서 천체(天體)의 하나로 나타나는 별로는 어떤 것들이 있는지를 살펴보자.

먼저 전반부가 잔결(殘缺)된《合集11504》에는 “……大星出南”라고 하고 있는데, 이는 남쪽 하늘에 ‘大星’ 즉 큰 별이 나타났다는 말이다. 그리고《合集11503反》에는 “[癸亥卜]……七日己巳夕皿[庚午]有新大星并火……”라고 하고 있다. 常玉芝[1]에 의하면, 갑골복사에서의 “干支皿干支” 형식의 말은, 앞 간지의 하루가 막 끝나고, 다음날인 뒷간지의 하루가 막 시작하려는 시각을 표시하므로, 여기에서의 ‘己巳夕皿[庚午]’는 ‘기사일 밤이 막 끝나고 경오일의 날이 밝을 즈음해서’라는 말이며; ‘有新大星并火’에서의 ‘新大星’이란 ‘새로 나타난 큰 별’이라는 뜻이고, ‘火’는 ‘大火星’으로 심수이(心宿二) 즉 천갈(天蝎)자리이므로; 이 복사는 의 내용은, 계해일로부터 이레째의 경오일 날이 밝을 즈음에 새로이 나타난 큰 별 하나가 ‘大火星’과 병행(竝行)하고 있는 것을 발견하였다는 것이다. 이는 아마도 앞의《合集11504》와 연결될 가능성이 크며, 제1기 武丁 시기의 것이다. 여기에서의 ‘火星’에 대해서 李圃는, “卽心宿二, 後來納入二十八宿之中, 位於房宿和尾宿之間, 據天文學計算, 在三千年前的商丘附近, 春分前後黃昏時, 大火正處於東方地平線上, 遂成爲商代人定春耕季節的標誌星, 故後世或稱爲商星.[2] : 이는 곧 심수이(心宿二)로서, 후에 28수(宿) 중에 포함되었으며, ‘房宿’와 ‘尾宿’ 사이에 위치하고, 천문학에서의 계산에 의거하면, 3천 년 전의 商丘 부근에서 춘분 전후의 황혼녘에 ‘大火星’이 동쪽의 지평선 위에 위치하고 있었는데, 이로 인해 商代 사람들이 이를 춘경(春耕)의 계절을 정하는 표지의 별로 삼았으며, 이 때문에 후세에 와서는 ‘商星’이라고 칭하기도 하였다.”라고 했다.

그리고《乙6386反》에 “王占曰 : ……雨……卯……夕陰……日大星”이라고 하고 있는데, 여기에서의 ‘大星’을 吳浩坤과 潘悠는 ‘大歲星’이라고 했는데,[3] 과연 그런지는 의문이다. 왜냐하

1) 常玉芝 前揭書《殷商曆法研究》pp.32～39를 참고.

2) 李圃《甲骨文選注》(上海古籍出版社 1989. 上海) p.24.

3) 吳浩坤 · 潘悠 共著《中國甲骨學史》(上海人民出版社 1985. 上海) p.289.

면, 이《乙6386反》은 원판(原版)이 깨끗하지도 않고 누락된 글자도 많고; 또《庫1022》에 "弜侑於大歲"라고 하고 있는데, 이는 '大歲星'에 대해 '侑'라는 제사를 지낸 것으로, 직접 '大歲'라고 한 명칭이 사용되었고, 이는 곧 후세의 이른 바 '木星'이기 때문이다.

또《乙6664》에는 "……鳥星"이라고 하고 있는 것도 있는데, 王宇信[1]에 의하면 여기에서의 '鳥星'은《尙書 · 堯典》에 "日中星鳥"라고 하고 있는 말 중의 '星鳥'를 지칭하며, 이는 28수(宿) 중의 남방 7수(宿)라고 한다.

4. 일식(日蝕)

갑골복사에 천체(天體) 현상의 하나인 일식(日蝕) 현상이 있었음을 가장 먼저 지적한 사람은 郭沫若[2]이었다. 그는《粹55》의 복사 중의 "日又戠"이라는 말에 대해 "일식(日蝕)이 있었다."는 뜻임이 분명하다고 주장하였으나, 이 이후 1980년에 이르기까지 많은 연구자들이 이를 부인(否認)하는 방향으로 연구가 진행되었다. 그러다가 1980년에 출판된《小屯南地甲骨》上册에, "月又戠"이라고 기록된 복사가 발견됨으로써 비로소 商代 사람들이 복사에 일식을 기록하였음을 인정하게 되었다. 일식이 기록된 복사의 예로는 다음과 같은 것들이 있다.

① 을축일(乙丑日)

乙丑, 貞 : 日又戠, 其[告]于上甲, 一牛. 不用.
其五牛. 不用.
其六牛. 不用.
乙丑, 貞 : 日又戠, 其告牛上甲. ……牢, 宜大牢. 《合集33697》
甲子, 貞 : 我占又㞢.
乙丑, 貞 : 日又戠, 允隹戠. 《合集33700》

② 을사일(乙巳日)

乙巳, 貞 : 酒彡, 其𠭯小乙. 兹用. 日又戠, 夕告于上甲, 九牛. 《合集33696》
[乙]巳, [貞] : 日戠在西, ☐禍. 《合集33704》

1) 王宇信《建國以來甲骨文硏究》(中國社會科學出版社 1981. 北京) p.162.
2) 郭沫若《殷契粹編》(日本文求堂 1937. 京都) p.368을 참고.

③ 경진일(庚辰日)

庚辰, 貞 : 日又, 匪禍, 隹若.

庚辰, 貞 : 日又戠, 匪禍, 隹若.

庚辰, 貞 : 日戠, 其告于河.

庚辰, 貞 : 日又戠, 其告于父丁. 用九牛. 在𣂼. 《合集33698》

庚辰, 貞 : 日又戠, 告于河. 《合集33699》

④ 신사일(辛巳日)

辛巳日有戠.

辛巳, 貞 : 日又戠, 其告于父丁. 《後上29. 6》

⑤ 계유일(癸酉日)

癸酉, 貞 : 日月又食, 隹若.

癸酉, 貞 : 日月又食, 非若. 《佚374》

⑥ 기타

……貞 : 日又戠, 其……一牛. 不用.

……貞 : 日又戠, 其告于…… 《屯南3120》

王襄은《佚374》의 "日月又食"이라는 말 중의 '又'를 '有'로, '月'을 '夕'으로 고석하고는, 이는 황혼 무렵의 일식에 대한 정문(貞問)이라고 했다.[1] 그러나 이후 郭沫若을 거쳐서 于省吾 · 胡厚宣 · 陳夢家 · 董作賓 등의 학자들이 이 문제에 대해 "日月食"과 "月食" 등의 다양한 의견들을 제시하였다. 특히 胡厚宣[2]은 武丁 시기의 '壬午' · '乙酉' · '乙未' · '癸未' · '甲午' 등 5차례의 월식에 대한 각사들은 모두가 '驗辭'로 기록되어 있고, 또한 "夕月㞢食"이라고 하여 밤중에 월식이 있었다는 의미인데 비해서, 위에 예시한 복사는 '命辭'에 속하며, 그 의미가 '日月' 즉 일식이나 월식이 일어나면 길(吉)할 것인가 불길할 것인가를 복문한 것이지, 계유일에 실제로 일식이나 월식이 발생했다는 것은 아니라고 주장했다.

1) 王襄《簠室殷契徵文考釋》(天津博物院 1925. 天津) p.1.

2) 胡厚宣 <卜辭"日月又食"說>, 文化部文物局古文獻研究室編《出土文獻研究》第1輯(文物出版社 1985. 北京)을 참고.

그런데《佚374》의 "日月又食"이라는 말에 대해 李學勤[1]은 '日月' 두 글자가 자리하고 있는 공간이 비좁아 한 글자 크기의 공간을 차지하고 있다고 보고 이를 '明'자라고 고석하고, 이 "明有食"은 월식이 아니라 일식을 지칭한다고 주장하면서, 이는 계유일의 일출 때의 일식을 말한다고 했다. 이에 대해서는 연구자들의 의견이 아직 일치되지 않고 있는데, 여러 측면에서의 검증과 새로운 자료의 발굴과 좀 더 세심한 고석이 필요하다고 생각된다.

그리고 또《林1. 10. 5》에는 "貞 : 日有食?"이라고 하고 있는 복사가 있다. 이에 대해 陳夢家는[2] 이 복사는 제1기 武丁 시기의 것인데, 武丁 시기의 일식에 대한 기록은 잔결된 상태의 이 갑골편뿐이고, 그리고 세 글자가 가로로 행(行)을 이루고 있어 독법(讀法)에도 문제가 있을 수 있다고 하였다. 그런데 만약 이《林1. 10. 5》판이 陳夢家의 주장과 같이 제1기 武丁 시기의 것이고, 이 복사의 내용이 일식의 발생 여부에 대한 정문(貞問)이라면, 이 일식은 앞의《佚374》판의 것보다 앞선 것으로서, 대략 B.C.1300여 년 전의 것으로, 중국 최초의 일식 기록이라고 하겠다.

5. 월식(月蝕)

갑골문의 '賓組' 복사에는 5차례의 월식(月蝕) 기록이 있는데, 모두 7편의 갑골에 나뉘어 각되어 있다. 이에 대해서 그동안 많은 학자들의 연구 결과로도 이 월식이 발생한 연대(年代)에 대해서는 아직 일치된 결론을 이끌어내지 못하고 있다. 우선 갑골복사의 예들을 하나하나 살펴보기로 하자.

① 임신일(壬申日)

癸☐, [貞] : 旬[亡禍].
辛卯.
癸丑, 貞 : 旬亡禍.
癸亥, 貞 : 旬亡禍. 旬壬申夕月有食.
癸酉, 貞 : 旬亡禍.
癸卯, 貞 : 旬亡禍. 《合集11482 正反》

이 복사는 소의 견갑골(肩胛骨)에 각되어 있는 것이다. 정면과 반면의 양면 탁본을 함께 수합(收合)하여《甲骨文合集》의 동일 편집 번호에 수록하였다. 常玉芝에 의하면,[3] 이 복사에서와 같이

1) 李學勤 <癸酉日食說>,《中國文化研究》(北京語言文化大學 1998. 北京)第3期를 참고.
2) 陳夢家 前揭書《殷虛卜辭綜述》p.240을 참고.
3) 常玉芝 前揭書《殷商曆法研究》p.22를 참고.

월식에 대한 각사를 '驗辭'로 해서 1순의 안위를 복문하는 '卜旬' 복사 뒤에 부기(附記)한 것은 두 가지 점을 시사(示唆)하는데, 하나는 당시 사람들이 월식 발생의 원인을 아직 파악하지 못하여, 이런 자연 현상을 재화(災禍)로 간주했다는 것이고, 또 하나는 당시 사람들이 월식 발생의 규율을 파악하지 못하여, 아직 이를 미리 추정할 수 없어서 월식이 발생한 후에야 관찰된 내용을 기록하는 단계에 있었다는 것이다.

② 을유일(乙酉日)

癸亥卜, 爭, 貞旬亡禍. 一月.

癸未卜, 爭, 貞旬亡禍. 二月.

癸卯卜, [爭, 貞]旬禍, 二月.

[癸]卯[卜], [爭], 貞[旬]亡[禍]. 五月.

[癸]未卜, [爭, 貞]旬[亡禍].

癸未卜, 爭, 貞旬亡禍. 三日乙酉夕月有食. 聞. 八月. 《合集11485》

[癸未卜], 㱿, [貞] : [旬亡]禍, 三日[乙]酉夕[月有]食. 聞. 《合集11486》

위에 예시한 2판의 복사는 거북의 복갑(腹甲)에 각되어 있는 것으로, 두 판 모두에 "乙酉夕月有食"이라는 말이 새겨져 있는데, 이는 한 번의 월식에 대해 두 차례 기록한 것이다.《合集11486》에 각되어 있는 '聞'자의 뜻에 대해서는 여러 의견이 있는데, 董作賓은[1] '윗사람이 보고를 통해 알다'는 뜻이라고 하면서, 이 월식은 商나라의 왕도에서는 구름이 짙어 볼 수가 없었거나 월식의 상태가 미약하여 느끼지 못하였으나, 방국에서의 보고를 통하여 알게 된 것일 것이라고 추정하였다. 李圃 역시, "聞, 卽聞報機構把情況報告給時王聽.[2] : '聞'이란 보고를 듣는 기관에서, 정황을 당시의 왕에게 보고하여 들려드리는 것이다."라고 하여, 董作賓의 의견에 동의하였다. 그러나 陳夢家는 고문자(古文字)로서의 '聞'과 '昏'은 같은 의미의 글자로, 이 '聞'은 "或指月全食而天地昏黑.[3] : 어쩌면 개기월식으로 인해서 천지가 깜깜한 것을 지칭하기도 한다."라고 했으며, 屈萬里[4] 역시 이에 동의하고서, '聞'은 '昏'·'暗'의 뜻으로 읽어야 한다고 주장했다. 常玉芝[5]는 '聞'자가 갑골복사에서 '報聞' 즉 '보고를 통해 들어 알다'는 뜻을 나타내는 경우는 발견되지

1) 董作賓 前揭書《殷曆譜》下編 卷三 <交食譜>(前揭書《董作賓先生全集7》乙編第二册 p.450을 참고.

2) 李圃 前揭書《甲骨文選注》p.7.

3) 陳夢家 前揭書《殷虛卜辭綜述》p.237.

4) 屈萬里《殷虛文字甲編考釋》(中央硏究院歷史語言硏究所 1961. 臺北) p.163을 참고.

5) 常玉芝 前揭書《殷商曆法硏究》p.26~27을 참고.

않았으며, 대부분이 '𡆥'·'祟'·'艱'·'齒' 등과 같이 재화(災禍)의 의미로 사용되었는데, 월식을 기록한 갑골복사에서의 '聞'자 역시 월식이 재화를 가져올 것임을 나타낸 것이며, 이는 해당 기록을 길흉화복을 복문하는 '卜旬' 복사의 뒤에 부기(附記)한 의도와 일치한다고 주장했다.

③ 기미일(己未日)

癸[卯卜], 貞 : [旬]亡[禍].

癸丑卜, 貞 : 旬亡禍. [七]日己未皿庚申月有食.

癸亥卜, 貞 : 旬亡禍.

癸酉卜, 貞 : 旬亡禍.

癸未卜, 爭, 貞 : 旬亡禍. 王占曰 : 有祟. 三日乙酉夕皿丙戌允有來入齒. 十三月.

王占曰 : 有祟. 《庫1595正反》

예시한 복사 이외에《英藏886正反》에도 이와 같은 내용의 각사(刻辭)가 있다. 둘 다 소[牛]의 견갑골에 각된 복사인데, 원판(原版) 실물은 영국에 소장되어 있다. 그리고 둘 다 양면 모두에 복사가 각되어 있다. 위에 인용한《英藏886正》에는 5개 조의 '卜旬' 복사가 있고, 반면(反面)에 새겨진 "七日己未皿庚申月有食"이라는 말과 "王占曰 : 有祟."라는 말은 갑골의 정반면 복사는 서로 호응한다는 원칙과 "[七]日己未"라고 지칭된 시간에 근거하여 보면, 반면의 각사는 정면의 계축일에 복문한 '卜旬' 복사의 '驗辭'임을 알 수 있다.

그리고 '皿'자에 대해서 常玉芝[1]는 裘錫圭의 해석과 고증이 가장 정확하다고 평가했는데, 裘錫圭가 이를 '皿'으로 고석하고, 이 글자가 "甲子皿乙丑"처럼 앞뒤로 연접(連接)된 두 개의 날짜 이름 사이에 위치한 경우는, 앞뒤 2일 사이의 일단의 시간을 나타내고, '向'과 같은 뜻으로, '갑자일이 곧 끝나고 을축일이 시작된다'는 의미라고 한 것에 전적으로 동의하면서, 앞의 간지일(干支日) 이름 뒤에 간혹 '夕'자를 덧붙여서 "甲子夕皿乙丑"처럼 '干支夕皿干支'와 같이 쓰고 있는 것도 있는데, 이는 앞의 간지의 날짜의 밤이 곧 끝나는 시간을 지칭한다고 주장하였다.

④ 계미일(癸未日)

[癸未卜], 爭, 貞 : 翌甲申易日. 之夕月有食. 甲霧, 不雨.

之夕月有食. (反面)

[貞] : 翌甲申不其易日.

---

1) 常玉芝 上揭書 p.33을 참고.

[貞]：[翌己亥]易日.

[貞]：翌己亥不其易日. 《合集11483正反》

이는 거북의 복갑(腹甲)인데, 張秉權과 嚴一萍이 여섯 개의 쪼개진 귀갑(龜甲) 조각들을 조합 복원한 것으로, 이 역시 월식의 기록이다.

⑤ 갑오일(甲午日)

[己]丑卜, 賓, 貞：翌乙[未酒]黍𢍰于祖乙. [王]占曰：有祟. 不其雨.

六日[甲]午夕月有食. 乙未酒. 多工率條遣.

己[丑]卜, 貞：勿酒𢍰. 《合集11484正》

월식을 기록한 복사를 연구하는 목적 중의 하나는 그 발생 연대(年代)를 추정하여 商代 전체의 연대를 밝혀내려는 데 있다. 위에 예시한 복사에서는 '前辭'의 천간 '己'와 '命辭'의 지지 '未' 그리고 '驗辭'의 천간 '甲' 부분이 잔결(殘缺)되었는데, 여러 해에 걸친 노력으로 복원해내긴 했지만 이견(異見)도 많다. 월식의 연대 연구가 중요한 만큼 중국에서는 국가적인 규모의 규명작업이 진행 중이라고 하니, 멀지 않은 장래에 비교적 정확한 월식 연대표(年代表)가 나올 수 있을 것으로 기대한다.

⑥ 임인일(壬寅日)

壬寅, 貞：月又戠, 王不于一人禍.

又禍.

壬寅, 貞：月又戠, 其又土, 尞大牢.

茲用. 《屯南726》

위에 예시한 임인일의 월식은 李學勤[1]이 주장한 것으로, 그는 郭沫若이 《殷契粹編 · 考釋》에서 "戠與食音同, 蓋言日蝕之事.[2]：'戠'는 '食'과 자음이 같으므로, 이는 아마 일식의 일을 말한 것 같다."라고 한 말을 인용하면서, '戠'가 '食'으로 가차될 수 있다고 했다. 그리고 당시의 관념으로 비춰볼 때, 이 월식이 왕에게 재해(災害)가 될 수 있으므로, 왕에게 재앙이 있을지를 복문한

1) 李學勤 <日月又戠>, 《文博》(陝西省文物局 1998. 西安)第5期를 참고.

2) 郭沫若 前揭書 《殷契粹編 · 考釋》 p.368을 참고.

것이라고 주장하였다.

二. 商代의 기상과 기후

商代에는 천상(天象)에 대한 관찰과 함께 각종 기상 변화와 기후에 대한 관찰도 자세하게 진행되었는데, 殷墟의 갑골복사에는 기상에 대한 기록이 대량으로 보존되어 있고, 이에 대한 비교적 명확한 연구 결과를 종합하면 다음과 같다.

甲. 기상(氣象)의 종류

1. 비[雨]

갑골복사에 나타나는 기후와 관계되는 것으로는 비에 관한 기록이 가장 많고, 이에 따라 비에 대한 종류 역시 매우 다양하여, '大雨' · '小雨' · '多雨' · '雨疾' · '烈雨' · '足雨' · '𥁕雨' · '从雨' · '征雨' 등이 있고, 또 이와 함께 금방 비가 내릴 것인지의 여부를 점복한 것도 있고, 그리고 구름을 관찰하여 비가 내릴 것인지의 여부를 점복한 말로 '各雨' · '來雨' · '雲雨' 등이 있는데, 이를 복사의 예로 살펴보면 다음과 같다.

① '大雨'

乙酉卜，大，貞：及茲二月有大雨? 《合集24863》

이는 을유일에 '貞人' '大'가 이번 2월까지 '큰 비'가 올 것인지를 복문한 것이다.

② '小雨'

丁至庚不遘小雨. 《合集28546》

여기에서의 '小雨'는 위의 '大雨'와 상대되는 말로, '작은 비'를 말한다.

③ '多雨'

己卯卜，貞：今日多雨. 《英藏2588》

이 복사에서의 '多雨'는 '많은 양의 비'를 말한다.

④ '雨疾'

貞 : 今夕其雨疾. 《合集12670》

이 복사에서의 '疾'은 '급속하다'는 뜻이고, 따라서 '雨疾'이란 비가 매우 급속하게 내리는 것을 말한다.

⑤ '烈雨'

貞 : 其亦烈雨. 《合集6589正》

이 '烈雨'라는 말에 대해 于省吾는 "烈雨猶言暴雨.[1] : '烈雨'는 '暴雨'와 같은 뜻의 말이다." 라고 하였다.

⑥ '足雨'

☐☐卜, 黍年有足雨. 《英藏818》

이 복사에서의 '足雨'는 농업 생산에 필요한 만큼 만족스러운 정도의 비를 말한다.

⑦ '𧇡雨'

貞 : 不其𧇡雨. 《合集1330》

이 복사에서의 '𧇡雨'라는 말을 唐蘭[2]은 '오랫동안 내리는 비'로 해석했고, 于省吾[3]는 여기에서의 '𧇡'를 '調'자로 해독(解讀)하여, '조화로운 비'라고 해석했다.

⑧ '从雨'

辛巳卜, 賓, 貞 : 呼舞有从雨. 《合集12831正》

---

1) 于省吾《甲骨文字釋林》(中華書局 1979. 北京) p.371을 참고.

2) 唐蘭《天壤閣甲骨文存 · 考釋》(輔仁大學 1939. 北京) P.24下 第19片 考釋을 참고.

3) 于省吾《甲骨文字釋林 · 釋𧇡雨》(中華書局 1979. 北京) pp.119~120을 참고.

郭沫若[1]은 여기에서의 '从'은 '縱'의 뜻이므로, '从雨'란 "有急雨, 有驟雨也. '급하게 내리는 비' 또는 '빠르게 쏟아지는 소나기'라고 했고; 于省吾[2]는 '从雨'란 '順雨'라는 뜻이라고 해석하였다.

⑨ '祉雨'

貞 : 今夕不祉雨. 《合集12787》

여기에서의 '祉雨'는 '延雨'의 뜻으로, 오랫동안 끊이지 않고 내리는 비를 말한다.

⑩ '各雨'

辛巳[卜], 卽, 貞 : 今日有各雨. 《合集24756》

이 복사에서의 '各雨'란 곧 '格雨'를 말하는데, 이 '格'을 대부분의 전적(典籍)에서는 '至'의 뜻으로 풀이를 하므로, '有各雨'란 '비가 내리다'는 뜻이다. 물론 이 복사는 오늘 비가 올 것인가를 정문(貞問)한 것이다.

⑪ '來雨'

其自西來雨. 《合集12870》

이 복사에서의 '來雨'란 '비가 오다'는 의미이므로, 이 복사는 비는 서쪽에서부터 온 것을 기록한 것이다.

⑫ '雲雨'

癸☐[卜], 㝬, 貞 : 茲雲其雨. 《合集13649》

여기에서의 '雲雨'는 비를 머금은 구름을 말한다. 이로써 보면, 商代 사람들은 구름을 관찰하여 비가 올 것인지 여부를 판정하였음을 알 수 있고, 이는 오랫동안 천상(天象)을 관찰해 온 경험이 누적된 결과로 가능했을 것이다.

---

1) 郭沫若 前揭書《殷契粹編》p.368 第57片의 考釋을 참고.

2) 于省吾《雙劍誃殷契駢枝》(藝文印書館 1975. 臺北) <釋从雨>를 참고.

2. 우박[雹]

갑골복사에는 우박에 대해 기록한 것도 있는데, 이를 보면 다음과 같다.

丙午卜, 韋, 貞 : 生十月雨, 其隹雹.
丙午卜, 韋, 貞 : 生十月不其隹雹雨. 《合集12628》

위에 예시한 복사에서의 '雹'자를 갑골문으로는 '[illegible]'으로 쓰고 있는데, 이 글자를 陳夢家와 于省吾는[1] '霽'로 고석하고, '雨止'의 뜻이라고 했으나, 복사와 대조하면 뜻이 통하지 않는다. 胡厚宣과 沈建華는[2] 이 글자를 '雹'으로 고석하였는데, 자형도 이에 부합되고, 자의로도 뜻이 통한다.

3. 천둥[雷]

갑골복사에 천둥을 기록한 것으로는 "貞 : 及今二月雷?"(《乙529》)라고 하고 있는 것과 "乙丑[卜], [貞] : 生一月 ...... 其雨. 七日壬申雷. 辛巳雨. 壬午亦雨."(《合集13417》)라고 하고 있는 것 등이 있다. 于省吾에 의하면[3], 복사에서의 이 '雷'자에 대한 고석은 여러 설(說)이 있었는데, 羅振玉은 '電'으로, 葉玉森은 '雹'으로, 郭沫若은 '虹'으로, 董作賓은 '霰'으로, 陳夢家는 '[illegible]'자로 고석하였다. 이런 고석들은 모두 자형과도 부합되지 않고, 문장의 뜻도 통하지 않지만, 于省吾가 '雷'로 고석한 것만 자형과도 부합되고 자의로도 문맥이 통하여 정설이 되었다.

4. 무지개[虹]

무지개를 뜻하는 '虹'자가 보이는 복사로는 "......庚吉. 其隹......有鑿, 虹于西."(《合集13444》)라고 하고 있는 것과 "戊......又. 王占[日] : ......隹丁吉. 其......未允......允有鑿. 明有......雲......昃亦有鑿, 有出虹自北, [飲]于河. 在十二月."(《合集13442正》)이라고 하고 있는 것 등이 있다. 이 '虹'자는 于省吾[4]가 고석하여 정설이 되었다.

---

1) 陳夢家 前揭書《殷墟卜辭綜述》p.245와 于省吾 前揭書《甲骨文字釋林 · 釋霎》p.116을 참고.

2) 胡厚宣 <殷代的冰雹>, 前揭書《史學月刊》1980년 第3期 및 沈建華 <甲骨文釋文二則>, 前揭雜誌《古文字學研究》1981년 第6輯을 참고.

3) 于省吾 主編《甲骨文字詁林》(中華書局 1996. 北京) pp.1172~1176을 참고.

4) 于省吾 前揭書《雙劍誃殷契駢枝》pp.15~19를 참고.

5. 가뭄[熯]

갑골복사에 가뭄을 기록한 것으로는 "甲辰卜, 永, 貞西土其有降熯. 二月."(《續存下155》)이라고 하고 있는 것이 있다. 여기에서의 '熯'자는 唐蘭[1)]이 '暵'으로 해독(解讀)하고, 이를 지금의 '旱'의 뜻이라고 했다. 복사에서는 '乾旱'의 의미로 쓰였다.

6. 구름[雲]

갑골복사에 구름을 기록한 것들이 있는데, 구름의 종류에 따라 구분하여 살펴보면 다음과 같다.

① '雲雨'

'雲雨'라고 기록한 복사로는 "貞 : 茲雲其雨"(《合集13385》)이라고 하고 있는 것이 있는데, 여기에서의 '茲'는 '此'를 의미하고, '其'는 부사로서, '장차'의 뜻이다. 이 복사는, 이런 종류의 구름이 장차 비를 내릴 것인가를 정문한 것인데, 이는 비를 내릴 구름인지의 여부를 판단하기 위한 것이다.

② '各雲'

갑골복사 가운데 《合集21021》에는, "九日辛未大采各雲自北"이라고 하고 있다. 여기에서의 '各'은 고대의 전적(典籍)에서는 '格'으로 쓰고 있고, 이들 대부분이 '至'자의 뜻으로 풀이되고 있는데, 이는 '來'의 뜻이다. 따라서 이 복사는 '大采'의 시각에 북쪽에서 구름이 왔다는 뜻이다.

③ '二雲'·'三嗇雲'·'四雲'·'五雲'·'六雲'

갑골복사 가운데 '雲'자 앞에 수자(數字)가 덧붙여진 것들이 있는데, 예를 들면, "燎于二雲."(《林1. 14. 18》)·"己亥卜, 永, 貞 : 翌庚子酒……王占曰 : 茲隹庚雨. 卜之[夕]雨. 庚子酒三嗇雲𩂣, 其既祝, 啓.(《合集13399正》)·"貞 : 燎于四雲."(《合集13401》)·"叀岳先酒, 廼酒五雲, 有雨. 大吉."(《屯南651》)·"癸酉卜, 又燎于六雲, 六豕·卯羊六."(《合集33273》)이라고 하고 있는 것 등과 같은 것들이다.

위에 예시한 《合集13399正》복사의 "三嗇雲"의 '嗇'에 대해 于省吾[2)]는 '嗇'으로 인식하고, 이를 '色'자의 뜻으로 해독하여, "三嗇雲"은 곧 '三色雲'이라고 했다. '二雲'·'三雲' 등이 '二色雲'·'三色雲'을 지칭한다면, '四雲'·'五雲'·'六雲'은 곧 '四色雲'·'五色雲'·'六色雲'이라는

---

1) 唐蘭 《殷虛文字記(講義本)》(中華書局影印本 1981. 北京) p.65를 참고.

2) 于省吾 前揭書 《甲骨文字釋林·釋雲》 pp.7~9를 참고.

말이다.

그런데 陳夢家[1]는, 여기에서의 '𩃬'을 '𤖣'으로 해독하고, 이를 '祥'의 가차자라고 하고는, '祥雲' 즉 상서로운 구름이라는 뜻이라고 하였다. 그리고 宋鎭豪는 이들 "一～六雲"들에 대해, "一雲至六雲, 似反映了商人的望雲, 其所觀雲的色彩或形態變幻, 或有特定的靈性徵兆.[2] : '一雲'에서부터 '六雲'까지는 商代 사람들의 구름에 대한 관찰을 반영한 것으로, 구름의 색채나 형태의 변화 혹은 특정한 영성(靈性)을 가진 징조(徵兆) 등을 관찰한 내용이다."라고 하였다.

7. 안개[霧]

갑골복사 가운데 안개 즉 '霧'자가 기록된 것으로는《英藏1101》에, "丙申卜, 翌丁酉酒伐, 啓. 丁明霧, 大食日啓. 一月."이라고 하고 있는 것이 있다. 여기에서의 '霧'자는 于省吾의 고석[3]을 따른 것이다.

8. 눈[雪]

《合集21023》에 "甲辰卜, 雪."이라고 하고 있는데, 여기에서의 '雪'자는 王襄과 葉玉森[4]이 고석한 것이다.

9. 바람[風]

갑골복사에서의 바람[風]에 대한 기록도 상당히 많은 편인데, 복사에 나타난 바람을 종류에 따라 나누어 살펴보면 다음과 같다.

① '風'

癸未卜, 㱿, 貞 : 今日不風. 十二月. 《合集13344》

이 복사에서의 '風'자는 앞에 아무런 관용어가 덧붙여진 것이 없는 것으로 보아 일반적인 상황을 기록한 것이라 여겨진다.

---

1) 陳夢家 前揭書《殷虛卜辭綜述》p.575를 참고.

2) 宋鎭豪《夏商社會生活史》(中國社會科學出版社 1994. 北京) p.481.

3) 于省吾 前揭書《甲骨文字釋林》pp.107～111을 참고.

4) 于省吾 主編 前揭書《甲骨文字詁林》pp.1159～1160을 참고.

② ‘大風’

癸亥卜, 狄, 貞 : 有大風. 《甲3918》

여기에서 ‘大風’이라고 한 것은 글자의 뜻 그대로 ‘큰 바람’이라는 뜻으로 사용된 것이라고 생각된다.

③ ‘小風’

不遘小風. 《合集28972》

이 복사에서의 ‘小風’은 위의 ‘大風’이라는 말과 상대되는 것이라고 여겨진다.

④ ‘大驟風’

壬寅卜, 癸雨. 大驟風. 《合集13359》

여기에서의 ‘大驟風’이라는 말에 대해 于省吾는, “大驟風, 猶今言大暴風.[1] : ‘大驟風’은 지금의 ‘大暴風’ 이라고 하는 말과 같다.”라고 했다. 이는 폭풍 가운데서도 위력이 특별히 큰 것을 말한다.

⑤ ‘四方風’

辛未卜, 內貞 : 帝于北方曰〇, 風曰𠬝, 求年?

辛亥卜, 內貞 : 帝于南方曰㞷, 風夷, 求年? 一月.

貞 : 帝于東方曰析, 風曰劦, 求年?

貞 : 帝于西方曰彝, 風曰𠂤, 求年? 《丙201》(《合集14295》)

東方曰析, 風曰劦.

南方曰因, 風曰㞷.

西方曰夷, 風曰彝.

北方曰伏, 風曰𠬝. 《掇2. 158》(《合集14294》)

1) 于省吾 前揭書《甲骨文字釋林》p.13.

《丙201》판은 대귀(大龜)의 복갑(腹甲)으로, 동·서·남·북 사방의 방위 이름과 그 사방의 '風名' 즉 바람의 이름이 각되어 있는데, 큰 소[牛]의 견갑골(肩胛骨)로 만들어진 《掇2. 158》판에도 사방의 방위 이름과 그 사방의 바람의 이름이 새겨져 있다. 이 두 복사에 나타나는 사방의 바람[風]에 대해 胡厚宣[1]은 사방의 명칭과 사방의 바람의 명칭을 비교 분석하고는, 동방의 명칭과 동방의 바람의 이름, 북방의 명칭과 그 바람의 이름은 각 갑골편의 기록이 일치하지만, 나머지 서·남의 두 방위는 《丙201》과 《掇2. 158》의 방위의 이름과 그 각각의 바람의 이름이 뒤바뀌었는데, 그는 《粹195》에 "西彝"라고 하고 《前4. 42. 6》에 "彝風"이라고 하지 않고 있는 것에 근거하여 서방의 경우는 《丙201》에 "西方曰彝, 風曰夷"라고 하고 있는 것이 옳으며; 남방의 경우는 《詩經·邶風·凱風》과 《爾雅·釋天》 그리고 《山海經·南山經》에 모두 '凱風'이라고 하고 있는 것에 근거하여 《掇2. 158》의 각사가 정확하다고 하였다.

10. 번개[電]

번개가 갑골복사에 기록된 것으로는 《前7. 26. 4》에 "業姳雲自北, 西單電……"이라고 하고 있는 것이 있다. 이 복사는, "층층이 중첩된 구름이 북쪽으로부터 몰려오고, 西單 방향에는 번개가 쳤다"는 내용이다.

11. '啓'

갑골복사에서는 맑은 날씨를 '啓'라고 하고 있는데, 이렇게 맑은 날씨를 기록한 복사의 예로는 "……戌卜, 今日庚至翌大啓."(《粹648》)·"雨……不雨啓"(《乙380》)라고 한 것 등이 있다. 이는 商代의 특유의 날씨 표현이다.

乙. 商代의 기후

商代의 기후에 대한 구체적이고 세세한 연구는 지금까지는 자료의 부족으로 불가능한 상태인데, 최초의 총체적인 연구는 胡厚宣에 의해 진행되었다. 그의 갑골복사를 이용한 이에 관한 연구 결과는 〈氣候變遷與殷代氣候之檢討〉[2]라는 논문으로 발표되었는데, 그의 결론은 한 마디로 商代의 중국 북방 黃河 유역의 기후는 오늘날보다 훨씬 더 더웠다는 것으로, 그는 다음의 8가지 사실로 이를 증명하였다. 商代의 기후에 대해서는 胡厚宣의 연구가 거의 독보적이므로, 여기에서

1) 胡厚宣 <釋殷代求年于四方和四方風的祭祀>, 《復旦學報(人文科學)》(復旦大學 1956. 上海) 第1期를 참고.
2) 胡厚宣 前揭書 《甲骨學商史論叢》 二集 下册 <氣候變遷與殷代氣候之檢討>를 참고.

는 우선 그의 연구 결과를 요약 소개하고, 앞으로의 연구를 기다리기로 하겠다.

1. 눈비[雪雨]에 대한 기록

胡厚宣은 151개 조(條)의 '卜雨' 복사를 분석한 결과, '卜雨'의 내용은 137개 조이고, 강우(降雨)를 기록한 것은 14개 조인데, '卜雨'는 결국 '降雨'의 가능성으로 이어지며, 1월부터 13월까지 '卜雨'의 기록이 없는 달은 없었으므로, 일 년 가운데 비가 내릴 가능성이 없는 달은 없었음을 분명히 알 수 있다고 했다. 그리고 '卜雨'의 횟수가 가장 많은 달은 순서대로 3월·2월·1월·5월·13월 순(順)이고, 강우(降雨)의 기록이 가장 많은 달은 1월과 5월이었다고 하였다.

胡厚宣의 주장에 의하면, 만약 商代의 월력(月曆)에서 '建丑'설이 신뢰할 만하다면, 商代의 1월·2월·3월은 대략 '夏曆' 즉 지금의 음력 12월·1월·2월에 해당하며, 이는 지금의 양력 1월·2월·3월이 되는데, 지금의 河南省 安陽 일대는 이 3개월 동안에는 대설(大雪)이 내리지, 비가 내릴 가능성은 크지 않으므로, 복사에 비가 자주 내린 기록과는 전혀 맞지 않는다고 했다.

그리고 복사에 나타나는 눈[雪]은《後下1. 13》에 "庚子卜, 雪. [甲]辰卜, [乙]巳雨. 甲辰卜, 丙午雨."라고 하고 있는 것과 같이 매번 비[雨]와 함께 점복한 것으로 기록되어 있는데, 이를 예로 들어 胡厚宣은, "由此觀之, 殷代自一至十三月, 終年可以降雨, 冬季雖間亦降雪, 但不大, 不純, 或雨雪雜下……而今日河南安陽一帶, 則冬季數月, 恒降大雪, 嚴冬降雨, 乃絕無之事. 則殷代北方黃河流域之氣候, 必遠較今日爲熱可知也.[1] : 이런 점으로 미루어 볼 때, 殷代에는 1월부터 13월까지 1년 내내 비가 내릴 가능성이 있었고, 겨울에는 비록 간혹 눈이 내리기도 했으나, 많지도 않고, 순수하지도 않았으며, 간혹 비와 눈이 섞여서 내렸다. …… 그런데, 지금의 河南의 安陽 일대는 겨울에 해당되는 여러 달 동안에는 항상 대설(大雪)이 내리고, 엄동에 비가 내리는 일은 결코 있을 수 없는 일이다. 그러므로 은대에 북방의 黃河 유역 기후는 필시 오늘날에 비해서 더웠을 것임을 알 수 있다."라고 결론을 내렸다.

2. 연우(連雨) 각사(刻辭)

갑골문에는 연우(連雨) 즉 여러 날 연달아 내리는 비에 대한 복사가 매우 많은데, 胡厚宣은 이에 근거하여 商代에는 연우가 매우 잦았음이 분명하다고 주장하면서,《合集10976正》에 "辛未卜, 爭, 貞 : 之(玆)八月帝[令多雨]. 貞 : 之(玆)八月帝不其令多雨. 丁酉雨, 至于甲寅, 旬有八日. 九月."이라고 하고 있는 복사를 예로 들었다. 이는 9월에 18일 동안 연달아 비가 내렸다는 내용이

---

1) 胡厚宣 上揭書《甲骨學商史論叢》二集 下册 p.350.

며, 이런 연우(連雨)의 기록이 여러 차례 보이는 점으로 보아서, 商代 安陽 일대의 강우량은 오늘날에 비해 훨씬 많았음을 알 수 있으며, 이런 연우의 현상은 오늘날의 黃河 유역에서는 가능성이 크지 않으므로, 고대의 黃河 유역 기후는 지금의 長江이나 그 이남 지역의 기후와 비슷하였을 것이라고 주장하였다.

3. 농산물의 재배와 수확

胡厚宣은 또 갑골복사 가운데 월명(月名)과 함께 농산물의 재배나 수확에 관한 기록이 있는 것들을 분석하여 商代의 농산물의 파종과 재배는 이른 것은 1월이나 2월부터 가능했고, 수확도 늦게는 12월과 13월에까지도 가능했으며, 기장[黍]과 벼[稻]는 두 차례 경작할 수 있었던 점 등에 근거하여, 商代의 安陽 일대는 겨울이 거의 없는 것이나 마찬가지 기후였다고 추측하였다.

4. 벼[稻]농사

胡厚宣은 갑골복사에 '受糧年' 즉 '受稻年'을 복문(卜問)한 내용이 적지 않고, 또한 '受黍年'과 나란히 정문하고 있는 것에 의거하여, 이 벼[稻]는 기장[黍]과 같이 商代에서는 가장 보편적인 농작물이었음을 추정하고, 또 이 벼는 본래 남방의 농산물인데, 商代 사람들의 보편적인 양식이었으므로, 그 당시 安陽 일대의 중국 북방의 기후는 오늘날과는 달랐을 것이라고 주장하였다.

5. 물소[水牛]의 보편화

갑골복사에 나타나는 소는 그 털의 색깔을 기록하고 있는 것이 대부분인데, 이 가운데에서는 '勿牛'·'物牛'·'𤘌牛'라고 한 것 등이 가장 많다. 胡厚宣은 이들은 모두 '黎牛'로, 물소[水牛]를 일컫는다고 주장하면서, 商代에는 북방 지역에 물소가 보편화되어 있었을 것이라고 추정하고, 오늘날 중국에서 물소는 長江 유역 이남에서 생산되는 점으로 미루어 볼 때, 이 역시 商代 북방의 기후가 지금과는 달랐음을 알 수 있는 근거가 된다고 주장하였다.

6. 외뿔소[兕]와 코끼리[象]의 생장(生長)

갑골복사에는 '來象' 즉 코끼리를 공물(貢物)로 가져온 기록이 있는데, 예를 들면, "貞 : ▢其來象三."(《後下5. 1)이라고 하고 있는 것과 같다. 胡厚宣은 德日進과 楊鍾健의 주장을 인용하면서 '來象'의 '象'은 남방에서 온 것이라고 했다. 그리고 복사에는 또 "……今夕其雨. ……[今夕不]其雨. 之(玆)夕允不雨……獲象."(《前3. 31. 3》)이라고 하고 있는 것에서 보는 바와 같이, 전렵으로 코끼리를 획득한 확실한 기록도 있다. 이에 근거하여 胡厚宣은, "殷代北方確有土着之象, 并非全

由貢獻而來也. : 殷代 북방에는 토종 코끼리가 있었음이 확실하며, 코끼리 전부를 공납품으로 진헌(進獻)해 온 것이 아니다."라고 주장하였다. 그리고 徐中舒의 〈殷人服象及象之南遷〉이란 논문을 인용하고는, 殷代 사람들은 코끼리를 길들여서 부린 것이 분명하다고 하고, 殷代 북방에서 코끼리가 생산된 것도 증명된다고 했다.

그리고 갑골복사에는 "壬寅卜, 貞 : 翌癸卯王其亦東彔出有兕."(《後下13. 14》)라고 하고 있는 것과 같이 '兕' 즉 외뿔소를 수렵한 사실을 기록한 것이 매우 많이 보이는데, 胡厚宣은 이 '兕'의 수렵과 관련된 복사들을 열거한 다음, 이 외뿔소를 수렵한 복사의 수(數)가 많기도 하지만, 외뿔소를 포획한 수량도 1백 마리에까지 이를 만큼 많은 것에 근거하여, 商代 북방의 黃河 유역은 외뿔소들이 떼를 지어 살았음을 알 수 있다고 했다.

이와 같이 지금의 중국의 남방 지역 동물들인 코끼리와 외뿔소가 商代에는 북방 지역에서 생장한 것에 근거하여 商代 당시의 安陽 일대의 기후는 지금보다 훨씬 더웠을 것이라고 추정하였다.

7. 포유류(哺乳類) 동물의 발굴

殷墟에서 발굴된 포유류 동물의 화석으로는 '竹鼠'·'貘'·'腫面猪'·'獐'·'聖水牛'·'印度象' 등이 있는데, 胡厚宣은 이들 포유류 동물들은 앞서 언급한 물소·외뿔소·코끼리 등과 더불어 모두 남방의 열대 지역 동물이므로, 이들 또한 商代의 북방 기후가 지금보다 훨씬 더웠음을 증명해 준다고 주장했다.

8. 商代의 삼림과 초원

胡厚宣은 자신이 수집한 7만~8만 여 편의 갑골복사 중에서, 전렵에 관한 기록이 있는 1671편을 가려내고, 여기에서 전렵으로 포획한 동물의 종류가 총 19종에 6431마리에 달함을 밝혀냈다. 이들 동물들은 모두 삼림 초원지대에서 서식하는 것으로서, 그 수량으로 보아 商代 북방 황하 유역에는 광대한 면적의 삼림과 초원이 있었음을 알 수 있다고 했다. 그리고 복사에는 '林麓'을 지명으로 한 곳이 많은데, 삼림과 초원은 혼재하는 경우도 흔하다는 것이다. 수렵한 야수의 종류와 수량이 많고, '林麓'으로 명명한 지역 등의 존재 등으로 미루어 보아 商代 북방의 기후는 지금과는 많이 달랐음을 알 수 있다는 것이다.

위에서 보는 바와 같이 胡厚宣은 8가지 사실에 근거하여 商代 북방의 기후가 지금보다 더웠으며, 오늘날의 長江 유역이나 이보다 더 이남 지역의 기후와 비슷하였을 것이라고 주장하였다.

商代의 기후에 대해서는 胡厚宣의 위와 같은 주장에 그다지 큰 이의(異議)를 제기하는 학자는 없으나, 앞서 살펴본 바와 같이 商代 월력의 '歲首月建'에 대해서는 아직 이견(異見)이 적지 않은 까닭에, 기상과 관련된 복사에 기록된 월별의 기상 상황에 대해서는 다른 해석들도 존재하므로, 이 방면에도 더 깊은 연구가 요망된다.

三. 商代의 질병과 의학

殷墟의 갑골복사에는 商代의 질병과 의학에 관한 기록들도 적지 않다. 이 문제 역시 胡厚宣의 〈殷人疾病考〉[1]라는 논문을 중심으로 商代의 질병과 의학에 관한 연구 결과를 요약 소개하면서 후일의 진일보한 연구를 기다리기로 하겠다.

甲. 商代의 질병

갑골문 가운데에 '[illegible]'(《甲134》)·'[illegible]'(《前5. 44. 2》)·'[illegible]'(《前5. 20. 3》) 등의 모양으로 쓴 글자들이 있는데, 丁山[2]은 이를 '疾'자로 고석하였고, 楊樹達은 '疒'자로 고석하고서, "疒旣象人有疾病倚第之形, 自含疾義, 疒疾文雖小異, 義實無殊, 以之讀卜辭諸文, 固無礙隔也.[3] : '疒'은 사람이 질병이 있어 사다리 모양의 침대에 기대고 있는 모양을 형상화하고 있는데, '疾'자의 뜻을 함유하고 있다. '疒'과 '疾'은 글자는 조금 다르지만, 뜻은 다르지 않은데, 이런 뜻으로 복사의 여러 문장들을 해독(解讀)하여도 전혀 차이가 없다."라고 하였다. 갑골복사에서는 일반 명사로서의 질병은 '疾'자 한 글자만 사용하고 있는데, 복사의 예를 보면, "貞 : 其有疾."(《合集13784》)·"貞 : 亡其疾."(《合集13799》)·"丙午, 貞 : 多婦亡疾. 丙午, 貞 : 多臣亡疾."(《合集22258》)이라고 하고 있는 것 등이 있다.

갑골복사에 나타나는 商代의 질병은 대략 다음과 같은 종류가 있었던 것 같은데, 갑골복사의 예와 함께 살펴보면 다음과 같다.

1. '疾首'

甲辰卜, 出, 貞 : 王疾首, 亡祉. 《後下7. 12》

貞 : 子疾首. 《庫564》

---

1) 胡厚宣 前揭書《甲骨學商史論叢》初集下册 <殷人疾病考>(pp.417~443)을 참고.

2) 丁山 <釋疾>, 《中央研究院歷史語言研究所集刊》(中央研究院歷史語言研究所 1930. 北京) 1本2分 pp.243~245를 참고.

3) 楊樹達 《積微居甲文說》(上海古籍出版社 1986. 上海) <讀胡厚宣君殷人疾病考> p.58.

□□卜, 㱿, (貞) : 㞢疾首. 《珠268》

이 복사들은 머리 병에 대해 정문(貞問)한 것이다.

2. '疾目'

貞 : 疾目, 不祟. 《零拾20. 3》

이 복사는 안질(眼疾)에 대해 정문한 것이다.

3. '疾鼻'

貞 : 有疾自, 隹有𢀛. 《合集1106正》

여기에서의 '自'자는 코를 의미하는데, 이는 '自'자의 본의이다. 《說文解字》에, "自, 鼻也, 象鼻形. : '自'는 '鼻' 즉 코라는 뜻이다. 자형은 코의 모양을 형상화한 것이다."라고 하고 있다. 물론 이 복사는 콧병에 대해 정문한 것이다.

4. '疾口'

貞 : 疾口. 《合集13642》

이는 구강의 질병에 대해 정문한 복사이다.

5. '疾齒'

壬戌卜, 亙, 貞 : 有疾齒, 隹有𢀛. 《續5. 5. 4》

이는 물론 치아(齒牙)의 질병에 대해 정문한 복사이다. 그런데 갑골문 가운데 《合集13662》와 《合集13663》에 "[glyph]"로 쓴 글자가 있는데, 王宇信과 楊升南[1]은 이의 자형을 '虫'과 '齒'를 구성 요소로 하고 있는 것으로 보고, 잠정적으로 이를 '齲'자로 예정(隸定)하여 쓰고는, 여기에서의 이 '齲'는 '齲齒' 즉 속칭 '蟲齒'라는 뜻으로 해석하였다. 이들의 주장이 사실이라면 3천 여 년

1) 王宇信 · 楊升南 主編《甲骨學一百年》(社會科學文獻出版社 1999. 北京) pp.687~688을 참고.

전의 商代 사람들에게도 충치에 대한 인식이 있었음을 알 수 있다.

6. '疾舌'

甲辰卜, 𡆥, 貞 : 疾舌, 隹有壱. 《續5. 17. 3》

이는 혀에 생긴 병에 대해 정문한 복사이다.

7. '疾言'

貞 : 有疾言, 隹壱. 《合集440正》

여기에서의 '言'은 곧 '言語'라는 뜻이므로, '疾言'이란 언어에 이상이 있는 질병을 말하는 것이리라고 짐작할 수는 있지만, 구체적으로 어떤 병인지는 알 수가 없다. 발성(發聲) 부위에 생긴 병인지 아니면 심하게 말을 더듬는 것인지 알 수가 없다.

8. '疾耳'

貞 : 疾耳, 隹有壱. 《珠271》

이는 물론 귓병에 대해 정문한 복사이다.

9. '疾胸'

壬戌卜, 𡆥, 貞 : 御疾胸妣癸. 《合集13675正》

갑골문 '胸'자는 '[illegible]'으로 쓰는데, 이는 흉강(胸腔) 속에 있는 심장과 폐의 모양을 형상화한 것이다. 여기에서의 '疾胸'이란 바로 흉강 내부의 질병으로, 아마도 심장·간·폐 등의 질병을 모두 포괄하는 것이라고 생각된다.

10. '疾腹'

貞 : 王疾腹, 隹妣己壱. 《合集822正》

이 복사에서의 '疾腹'이란 모든 종류의 복통(腹痛)을 지칭하는 것이라 여겨진다.

11. '疾手'

貞 : 疾手, 龍. 《合集13677正》

여기에서의 '疾手'란 손[手]에 생긴 병을 말하는 것이라 추정된다.

12. '疾肘'

……貞 : 中子肘疾, 呼田于凡. 《合集21565》

이 복사에서의 '疾肘'란 팔꿈치나 팔 관절에 이상이 생긴 병이라 여겨진다.

13. '疾脛'

貞 : 疾脛, 龍. 《合集13693》

여기에서의 '疾脛'이란 정강이에 생긴 병일 것이라 짐작된다.

14. '疾止'

貞 : 疾止, 隹有巷. 《合集13683》

이 복사에서의 '疾止'란 앞에서 언급한 '疾手'와 상대되는 것으로 발에 이상이 생긴 병이라고 추정된다.

15. '疾骨'

庚戌卜, 亙, 貞 : 王其疾骨. 《合集709正》

여기에서 말하는 '疾骨'이란 뼈에 이상이 생겨 통증을 느끼는 모든 병을 일률적으로 일컫는 말이라고 생각된다.

그리고 이상에서 살펴본 것 이외에, 갑골복사에 자주 보이는 질병의 명칭이라고 생각되는 것으로 "冎凡有疾"이라는 말이 있다. 이 말 중의 '凡'자는 갑골문으로는 '[illegible]' · '[illegible]' 등의 모양으로 쓰고 있는데, 그 뜻은 '風' 즉 바람이므로, 孟世凱[1] 같은 사람은 이를 아예 '風'으로 고석하고는, "冎凡有疾"을 뼈에 바람이 들어 생기는 질병 즉 통풍(痛風)일 것이라고 주장하였다. 그리고 갑골복사 가운데는 부녀자가 아이를 낳을 날짜와 분만이 순조로울 것인지에 대해 복문한 내용도 있다. 이런 여러 정황으로 미루어 보아 商代에는 현대 의학의 각종 분과에 해당하는 질병의 지식을 두루 갖추고 있었던 것으로 추정된다.

乙. 商代의 의학(醫學)

문명이 아직 발달하지 못했던 商代 사람들은 인간의 길흉화복을 상제(上帝)나 귀신들이 주관한다고 간주하였다. 이런 까닭으로 그들은 인간의 각종 질병도 이들 천신(天神)이 내리는 것이거나 귀신이 재앙을 끼치는 것으로 생각하였다. 이에 따라 질병에 걸린 뒤에는 귀신에게 질병의 치유를 기구하는 일이 흔했는데, 이런 사실은《合集22099》에 "庚戌卜, 聯耳鳴侑御于祖庚羊百, 又用五十侑母……"라고 하고 있는 복사에서도 증명이 된다. 이는 商 왕이 직접 복문한 것인데, 자신이 이명(耳鳴)의 병에 걸려서, 1백 마리의 양(羊)을 사용하여 선조 祖庚에게 제사를 올려서 병을 낫게 해달라고 기구한 것이다. 다만 고고학적인 발굴 자료들과 갑골복사에는 商代 사람들이 이미 일정 수준의 의학 지식을 구비하고 있었던 것으로 나타나는데, 이는 주로 다음의 3가지 측면으로 나누어 설명할 수 있다.

1. 약물 치료

1973년 河北省 박물관과 문물관리처(文物管理處)의 발굴로 藁城 臺西의 商代 유적지에서 30여 개의 식물 종자를 발견했는데, '中國中醫科學院'의 전문가가 감정한 결과 그 중에는 복숭아씨와 산앵두나무 씨가 있었는데, 이들은 모두 병을 치료하는 데 사용한 약물이었다고 한다.[2]

2. 침술 치료

1984년 胡厚宣은 〈論殷人治療疾病之方法〉이란 논문에서, 갑골복사에서 商代 사람들이 침술을 운용하여 병을 치료했다는 것을 발견했다고 주장했는데,[3] 그는《乙276》의 복사를 예로 들고서,

---

1) 孟世凱《殷墟甲骨文簡述》(文物出版社 1980. 北京) p.115를 참고.

2) 耿鑒庭 · 劉亮 <藁城商代遺址中出土的桃仁和鬱李仁>, 前揭雜誌《文物》1974年 第8期를 참고.

3) 胡厚宣 <論殷人治療疾病之方法>,《中原文物》(河南博物院 1984. 鄭州) 第4期를 참고.

여기에 각되어 있는 '𠨬'자의 자형을 설명하면서, 이는 한 사람의 복부(腹部)에 병이 있어서, 또 다른 사람이 손에 침을 잡고서 찌르는 형상이라고 주장하면서, 商代에는 청동(靑銅)의 제련 기술이 매우 발달하였기 때문에 질병 치료용 침은 일반적으로 청동으로 제작한 것이 분명하다고 했다.

3. 쑥뜸 치료

胡厚宣은 위에 참고한 논문 〈論殷人治療疾病之方法〉에서 《丙295》의 복사를 예(例)로 제시하고, 여기에 각(刻)되어 있는 '𤕫'자를 '疒'과 '木'으로 구성된 '疜'자로 고석하고, 이는 '痳'의 뜻인데, 복사에서의 뜻은 이질(痢疾)이라는 뜻이 아니라 침대에 누워 있는 환자에게 쑥으로 뜸을 뜨는 모양을 형상화한 것이라고 주장하였다.

4. 안마(按摩) 치료

胡厚宣은 위의 논문 〈論殷人治療疾病之方法〉에서 "今日𠨬, 龍."이라고 하고 있는 《乙964》와 "丙辰卜, 㱿, 貞 : 帚好𠨬, 祉龍."이라고 하고 있는 《甲2040》 두 판의 복사를 예로 들고, 여기에 각되어 있는 '𠨬'자에 대해서, 王襄은 '疲'으로 고석하였고, 屈萬里는 '㾐'로 고석하였으며, 李孝定은 '疫疛'로 고석하였다고 소개하고는, 자기는 李孝定의 주장에 동의한다고 했다. 그리고 그는 복사에서의 이 글자는 복부(腹部)의 병으로 침대에 반듯이 누워 있는 환자에게 다른 사람이 손으로 배를 안마해주는 형상이라고 주장하였다.

이 논문에서 胡厚宣은 商代 사람들의 질병 치료에 관한 지식에 대해서, 《春秋左氏傳》 成公 10년 조에 秦나라 의사들은 질병의 치료 방법으로 '攻'·'達'·'藥'의 세 가지 방법을 원용하였다고 기록하고 있는데, 여기에서의 '攻'은 '灸' 즉 뜸이고, '達'은 침술이며, '藥'은 약물이라고 전제하고서, 고고 발굴 자료 및 갑골문자를 통해서 볼 때, 商代 사람들은 질병의 치료 방법으로 이 '攻'·'達'·'藥'의 3가지를 모두 사용하고 있었을 뿐만 아니라, 안마(按摩)로 병을 치료하는 방법도 일찍부터 터득하고 있었음을 알 수 있는데, 이로써 商代 사람들의 의학 수준의 일면을 볼 수 있다고 마무리 지었다.

이밖에도 殷墟의 갑골복사에는 "小疾臣"이라는 관직 이름도 보이는데, 이는 의료 사무를 관장하던 관리라고 여겨진다.

결론적으로 말해서 商代 사람들은 질병에 대해서 두 가지 서로 다른 태도를 가지고 있었는데, 한편으로는 미신(迷信)으로 신에게 치유를 기구하면서 점복을 하고, 또 한편으로는 의학적인 치료 방법을 채택한 것이다. 齊文心과 王貴民은 이런 현상에 대해서, "古代一般巫醫結合, 迷信與科

學互滲, 但在商代後期却已見巫·醫分離的事迹.[1] : 고대에는 일반적으로 '巫'와 '醫'가 결합되어 있고, 미신과 과학이 서로 뒤섞여 있었으나, 商代 후기에는 이미 '巫'와 '醫'가 분리된 흔적들이 보인다."라고 결론지었다.

1) 齊文心·王貴民《商西周文化誌》(上海人民出版社 1998. 上海) p.165.

제8장

商代의 경제

제1절 공납(貢納) 제도

商代의 공납(貢納) 제도는 상고시대의 문헌에도 기록되어 있는데, 이에 의하면 湯王이 夏나라를 멸하고 商 왕조를 세울 때에 제후들로 하여금 공납을 하도록 하는 제도를 만들었다고 한다. 《逸周書 · 王會解》 뒤에 덧붙여져 있는 《商書 · 伊尹朝獻》[1]에, 湯王이 伊尹에게 공납 제도를 만들도록 명(命)하여 伊尹이 제정한 《四方[獻]令》이 기록되어 있다. 여기에는 伊尹이 동서남북 사방의 제후들이 반드시 헌납해야 하는 공물(貢物)을 규정하고 있다. 그리고 《詩經 · 商頌 · 殷武》에는 成湯 즉 湯王의 건국을 찬송하면서, "昔有成湯, 自彼氐羌, 莫敢不來享, 莫敢不來王. : 옛날 成湯이 있었나니, 원방(遠方)의 氐 · 羌족들도 감히 진공(進貢)하러 오지 않는 자가 없었고, 감히 왕을 알현하러 오지 않는 자가 없었도다."이라고 하고 있는데, 여기에서의 '來享'과 '來王'은 바로 商 왕을 알현하고 조공(朝貢)하러 오는 것을 말한다. 《詩經 · 商頌 · 玄鳥》에도 武丁 시기에 제후들의 조공이 성황을 이룬 것을 칭송한 내용이 있고, 《荀子 · 解蔽篇》에도 湯王이 伊尹을 기용하여 夏나라를 멸하여 九州를 얻고 나니, "遠方莫不致其珍.[2] : 먼먼 변방에서도 진귀한 것을 바치지 않는 방국이 없었다."이라고 하고 있다. 이런 문헌 자료들로 미루어 보아, 商代에 공납 제도가 있었음을 확실하게 알 수 있다. 그리고 殷墟의 갑골문 발견 이후에는 이런 문헌 기록들이 믿을 만하다는 것이 증명되었다.

1) 《逸周書》(臺灣中華書局 1970. 臺北) 卷第七 pp.11~12.

2) 王先謙 《荀子集解 · 解蔽篇》, 《新編諸子集成》(世界書局 1974. 臺北) 第3冊 p.260.

갑골문에는 여러 가지 공납 상황들이 기록되어 있는데, 여기에서는 공납에 관한 용어는 물론 공물(貢物)의 종류와 공납자(貢納者) 및 공납 지역 등을 살펴보고, 이를 통해 구체적으로 商代의 공납 제도를 알아보고자 한다.

一. 공납(貢納) 용어

갑골문에 나타나는 공납과 관련된 용어들을 살펴보기에 앞서 먼저 해결해야 할 용어는 바로 '貢納'이라는 말이다. 이 '貢納'이라는 말은 순수한 사전적인 의미로는 고대에 왕이나 왕실에 대해 제후들이나 각 지역의 수장(首長)들이 그 지역의 토산품이나 특산품 또는 왕이나 왕실이 필요로 하는 물품을 헌상하는 것을 말한다. 비록 후대에는 일반적으로 이 '貢納'이라는 말을 일정 기간을 설정하여 정기적으로 이루어지는 것으로 인식되었으나 고대에는 비정기적인 것도 포함하였는데, 여기에서는 앞에서 살펴본 바와 같이 伊尹이《四方[獻]令》을 제정하여 제도화한 것을 감안하여, 정기적으로 이루어지는 것으로 간주하고자 한다.

갑골문에 나타나는 공납과 관련된 용어는 '入'·'來'·'氐'(致)·'共'(供)·'見'(獻)·'登'·'取'·'匃'·'㞢'·'乞'·'至' 등이 있다. 胡厚宣의 〈武丁時五種記事刻辭考〉[1]를 중심으로 이들의 용법과 의미를 요약 설명하면 다음과 같다. 그는 먼저 타동사로 쓰인 '入'·'來'·'氐(致)' 등을 모두 공납(貢納) 용어들이라고 하고는, "龜甲刻辭'某入若干''某來若干''某氐若干'者, 必謂某國或某人呈貢某種物件若干也. : 귀갑 각사에 '某入若干'·'某來若干'·'某氐若干'라고 한 것은 필시 어떤 나라나 어떤 사람이 모종(某種)의 물건 약간을 공납한 것을 말하는 것이 틀림없다." 라고 주장하면서, 거북의 갑교(甲橋)에 새겨진 이들 세 동사는 어떤 방국 또는 어떤 사람이 왕실에 거북을 공납한 사실을 기록한 것이며, 뒷면의 숫자는 공납한 거북의 수량을 표시한다고 했다.

그리고 '共'(供)·'見'(獻) 두 글자는, 왕실에 대한 공납 사실을 나타낸 것이 분명한데, 복사의 예를 보면, "貞 : 呼吳共(供)牛."(《合集8937》)·"☐戌卜, 貞 : 𡉚見(獻)百牛𢦏用自上示"(《合集102》)라고 하고 있는 것 등이 있는데, 이는 각각 '吳'와 '𡉚'에서 商 왕실에 소를 입공(入貢)한 내용이다.

그리고 '登'자는 '登進'·'進獻' 등의 뜻을 나타내기도 하는데,《禮記 · 月令》의 "農乃登麥"이라는 말 중의 '登'에 대해 鄭玄은, "登, 進也"라고 주(注)한 것이 그 예이다. 갑골문의 '登'자는 '豆'와 '廾'을 구성 요소로 하고 있는데, 이는 두 손으로 '豆'를 받쳐 들고 진헌하는 모양을 형상화한 것으로, 명사 앞에 사용되어서 해당 명사의 물건을 진헌하다는 뜻을 나타낸다. 복사에 "登羊三百"(《合集8959》)이라고 하고 있는 것이 있는데, 이는 商 왕실에 3백 마리의 양(羊)을 진공(進貢)

---

1) 胡厚宣 前揭書《甲骨學商史論叢》初集 第三册 <武丁時五種記事刻辭考> pp.467~602를 참고.

한 내용이다.

'取'자는 상층에서 하층에 대해 물건을 취한다는 뜻인데, 《韓詩外傳》 卷5에는, "君取于臣謂之取. : 군주가 신하에게서 물건을 취하는 것을 '取'라고 한다."라고 하고 있고, 《儀禮 · 鄉飮酒》에 "賓言取"라고 한 말 중의 '取'자에 대해 賈公彦은 疏에서, "尊者得卑者物言取. : 존귀한 사람이 비천한 사람의 물건을 가지는 것을 '取'라고 한다."라고 해석하였다. 갑골복사에는 각종 물품을 "呼取"하는 내용이 자주 보이는데, 예를 들면, "貞 : 呼取隹牛"(《東京273》) · "貞 : 呼取馬"(《合集8814》) · "貞 : 呼取羊"(《合集8813反》)이라고 하고 있는 것과 같은 것들이다.

또 '[illegible]' · '匃 · 乞 · 至' 등도 역시 공납 용어들이다. 갑골문에 "[illegible]牛"(《合集9041》) · "[illegible]羊"(《合集40186》) 등과 같은 말이 있고, 또 武丁 시기의 복사에는 "[illegible]人三千呼望𢀛[方]"(《合集6185》) · "[illegible]三千人伐……"(《合集7345》)이라고 하고 있는 것도 있다. 이들 복사에서의 '[illegible]'자가 구체적으로 어떤 글자인지 아직 밝혀지지는 않았지만, 문례로 보아 '진상(進上)하다' · '공급하다'는 등의 뜻을 나타낸다고 추정된다. 이에 따르면 예시한 《合集9041》과 《合集40186》의 복사는 소와 양을 진상하다는 뜻이고, 《合集6185》와 《合集7345》의 복사는 3천 명의 사람을 보내어 적국을 정벌하다는 내용이다.

갑골문자 '匃'자는 자형 구조가 '亡'과 '人'을 구성 요소로 하고 있는데, 《說文解字》 '亡'부(部)에, "匃, 气也. 亡人爲匃, 逯安說. : '匃'는 구걸하다는 뜻이다. '亡'과 '人'을 합쳐져서 '匃'가 되었다. 이는 逯安의 설(說)이다."라고 하고 있다. 이에 대해 朱駿聲은, "當訓求. 亡人會意者, 逃亡之人, 求食于他鄕也. …… 《廣雅 · 釋詁》 三, 匃, 求也.[1] : 당연히 뜻풀이를 '求'로 해야 한다. '亡'과 '人'의 뜻을 합친 것으로, 도망치는 사람이 타향에서 음식을 구한다는 뜻이다. …… 《廣雅 · 釋詁第三》에는 「'匃'는 '구(求)하다'는 뜻이다.」라고 하고 있다."라고 하였고; 《玉篇》에는 "匃, 乞也, 取也.[2] : '匃'는 '빌다'는 뜻이고, '취(取)하다'는 뜻이다."라고 하고 있다. 이들을 종합하면, 이 '匃'자는 '빌다' · '취(取)하다' · '구(求)하다' 등의 뜻을 가지고 있다. 갑골문에는 "匃馬"(《合集21007》)라고 하고 있는데, 이는 말[馬]를 '구(求)하다'는 뜻이다.

갑골문의 '乞'자는 일반적으로 '三'(《前7. 9. 3》)의 모양으로 쓰는데, 이는 아래 위 가로획은 길고, 중간의 가로획은 짧은 3개의 가로획으로 구성되어 있다. 이 글자의 자의(字義)는 지금과 같이 '求取' 즉 '추구하다'는 뜻이다. 갑골복사에 "令周乞牛"(《合集4884》)라고 하고 있는 것이 있는데, 이는 商 왕이 周로 하여금 소를 구(求)하도록 명령한 것으로, 이 역시 공물(貢物)을 징수한 내용이다. '骨臼刻辭'에 자주 보이는 "乞若干屯"이라는 말 중의 '屯'은 소의 견갑골(肩胛骨)

---

1) 朱駿聲 《說文通訓定聲》(中華書局 1998. 北京) p.672.

2) 梁 顧野王 《玉篇》(臺灣中華書局 1982. 臺北) 卷下 卷第二十八 p.53下.

한 쌍을 지칭한다.

갑골복사에서의 '至'와 '來'는 의미가 비슷한데, '도달하다'는 뜻이다. 복사에, "貞 : 百牛至"(《合集9214》) · "貞 : 今十三月沚戠(至)十石."(《合集39680》 · 《英藏126》)이라고 하고 있는 것이 있는데, 전자는 1백 마리의 소를 보내 올 것인지를 정문(貞問)한 것이고, 후자는 금년 13월에 '沚戠'에서 10개의 '磬'을 보내 올 것인지를 정문한 것이다.

이상에서 살펴본 공납에 관한 용어들은 그 사용되는 의미가 서로 구별되는데, 대체로 두 부류로 나눌 수가 있다. 하나는 공납자(貢納者)의 입장에서 사용되는 용어로서, '氐' · '共' · '見' · '入' · '登' 등이 여기에 해당된다. 또 하나는 왕실의 입장에서 공물을 징집(徵集)하거나 수취(收取)하는 용어로서, '取' · '匄' · '來' · '至' 등이 해당된다. 공물의 헌납은 왕실의 입장에서는, 경제적인 의미뿐만 아니라 제후와 방국에 대한 정치적인 의미도 내포하고 있는 일이므로, 商代 초기의 成湯은 伊尹에게 명하여 《四方[獻]令》을 만들도록 하여, 복속(服屬)된 제후들에게 그 지역 토산의 특산품을 헌납하도록 규정한 것이다. 자발적으로 그리고 주동적으로 헌납하지 않으면 명령 위반에 해당되고, 명령 위반자는 징벌을 당하였는데, 이런 사실은 《詩經 · 商頌 · 殷武》에서, "昔有成湯, 自彼氐羌. 莫敢不來享, 莫敢不來王, 日商是常. : 옛날 成湯이 商나라를 세웠더니, 저 먼 변방의 氐 · 羌족도 감히 제사를 모시러 오지 않는 이가 없고, 우리 왕조에 조공을 바치러 오지 않는 이가 없었네. 우리 商이야말로 천하의 어른인지고."이라고 읊은 것에서도 잘 나타난다.

二. 공물(貢物)의 종류

商 왕조에 대한 각 지역의 공납 물품의 분류에 있어서는, 胡厚宣[1]이 맨 먼저 주목한 것은 점복에 사용되는 거북의 내원(來源)이었고, 이 복귀(卜龜)의 내원에 대한 탐구 과정에서 그는 갑골문에 '馬' · '牛' · '象' · '羌' 등을 진공(進貢)한 사실을 기록한 것이 있음을 알게 되었다고 하였다. 그는, 이들 귀갑(龜甲)의 내원을 기록한 '甲橋' · '甲尾' · '背甲' 부분의 각사는 대부분 "某入" · "某來" 등으로 기록되어 있는 바, 이는 商代의 복귀(卜龜)들이 대부분 남방과 서방에서 진공(進貢)되어 온 것을 말하며, 공납을 기록한 갑골은 모두 1,234판인데, 그 가운데 거북의 진공을 기록한 것은 모두 401차례라고 주장하였다. 이 이후 갑골복사에 나타나는 공물의 종류를 王貴民[2]과 王宇信 · 楊升南[3]은 각기 7종과 8종으로 나누어 고찰하였는데, 여기에서는 앞에서

1) 胡厚宣 前揭書 《甲骨商史論叢》 初集 第四册 <殷代卜龜之來源> pp.615~642를 참고.

2) 王貴民 <試論貢賦稅的早期歷程---先秦時期貢賦稅源流考>, 《中國經濟史研究》(中国社科院经济研究所 1988. 北京) 第1期를 참고.

3) 王宇信 · 楊升南 主編 前揭書 《甲骨學一百年》 pp.517~519를 참고.

언급한 '貢納'이라는 말의 정의(定義)를 감안하고, 구체적인 물품의 분류에서는 합리성의 확보 차원에서 다음과 같이 7종으로 나누어 이들의 주장을 새롭게 분석 정리하고자 한다.

甲. 인신(人身)

여기에서의 인신(人身)은 각 지역의 제후들이나 관리들이 商 왕이나 왕실에 헌상한 사람 모두를 지칭하는데, 그 대부분은 전쟁 포로들과 노예 또는 노예와 다를 바 없는 사람들이다. 이런 인신을 헌상한 복사의 예를 들면 다음과 같다.

① 卽致芻其五百隹六.	《合集93》
② 㠯不其來五十羌.	《合集226》
③ 勿呼沐致僕.	《合集552》
犬致僕.	《合集554》
④ 供奠臣.	《合集635反》
供王臣.	《合集5566》
⑤ 呼取奠女子.	《合集536》
令須供多女.	《合集675》
⑥ 取汏妾.	《合集65》
⑦ 𠂤來屯, 戠.	《合集824》
侯屯.	《合集32187》

위에 예시한 복사 ①은 '芻奴' 506명을 진공한 기록이고, ②는 50명의 '羌'족을 입공(入貢)해올 것인지의 여부를 복문한 것인데, 이 '羌族'의 헌상을 기록한 복사의 수(數)는 너무 많아서 일일이 열거할 수 없을 정도이고, 헌상한 수도 엄청나게 많다. ③은 노복(奴僕)을 진공한 것인데, 숫자를 기록하지 않았으며, ④는 노예에 준하는 신분의 '臣'을 바친 것이다. ⑤와 ⑥은 노비 신분의 여자를 진공한 것인데, 여기에서 말한 '女'와 '妾'의 신분이 각각 어떻게 다른지는 아직 정확하게 밝혀지지 않았다. ⑦은 '屯'을 진공한 기록인데, 여기에서의 이 '屯'은 사람을 지칭하는 것이지, 소의 견갑골(肩胛骨)의 수량 단위가 아니다. 여기에서의 '戠'는 머리를 자르는 것으로, 사람에 대해 사용하는 말이다. 이 인신의 종류는 이는 앞에서 소개한 商代 사회의 노예의 명칭 분류와 유사하다.

乙. 가축(家畜)

商 왕이나 왕실에 진공한 가축으로는 소[牛] · 양(羊) · 말[馬] · 돼지[豕] · 개[犬] 등이 있는데, 거의 모두가 제사의 희생으로 쓰인 것들인데, 이런 가축들의 진공 상황을 살펴보자. 우선 소는 가장 많게는 한 번에 400두를 진공하여 온 것(《合集8965》)이 있고, 그 다음으로는 100두(《合集93反》, 《合集102》, 《合集8966》, 《合集9041》), 50두(《合集6000》 · 《合集8967》 · 《合集8968》) 등이 있다.

양(羊)의 경우는《合集8959》에서 "登羊三百"이라고 하고 있는 것에서 보는 바와 같이 가장 많게는 한 번에 300마리를 진공한 경우도 있다.

또 말의 경우는《合集500》의 복사의 것에 가장 많은 숫자가 기록되어 있는데, 한 번에 30필(匹)의 말을 공납(貢納)하여 '羌奴'를 잡으러 갔다고 하고 있다. 그리고《合集9177》에는 "貞 : 奚來白馬五"라고 하고 있는데, 이는 백마(白馬)의 공납을 특별히 중시하였음을 말하는 것이다.

갑골복사에는 돼지를 '豕'로 쓰고 있는데, 복사에 나타나는 자료로는 돼지의 공납을 기록한 복사의 수도 매우 적고, 또 공납 수량도 매우 적어서,《合集11432》에 기록된 것으로는, 한 번에 겨우 2마리뿐이다.

갑골복사에 의외로 '犬' 즉 개를 공납한 수량은 비교적 많은데,《合集8979》의 복사에는 한 번에 200마리를 공납하였음을 있고,《合集8980》에는 한 번에 100마리를 공납하였음을 기록하고 있다.

丙. 곡물(穀物)

갑골복사에 곡물을 공납한 예로는《合集1027正》의 복사가 있는데, 여기에는 "缶其嗇我旅. 缶不嗇我旅."라고 하고 있다. 이 복사에서의 '缶'는 방국명(方國名)이고; '嗇'은 곧 '稼穡'의 '穡'으로서, 곡물을 지칭하는데, 이 복사에서는 동사로 쓰였다. 따라서 이 복사는 '缶'가 우리 군대의 군량(軍糧)으로 사용할 곡물을 제공할지의 여부를 복문한 것이다. 이렇게 商 왕조의 왕실 군대가 전쟁을 수행할 때 지나가는 지역이나 주둔하는 곳에서는, 그 지역의 제후나 방국은 군량을 제공할 의무가 있었으므로, 이런 군량의 제공 역시 商代의 일종의 공납 방식이었다.

商 왕이나 왕실에 공납된 구체적인 곡물의 종류는 대략 기장[黍] · 차조[秫] · 보리[麥] 등 세 가지가 있는데, 이들을 기록한 복사의 예를 보면 다음과 같다.

① 登黍. 《合集235正》

令登取浞穄. 《懷特448》

② 見(獻)新秫. 《合集24432正》

登秫. 《合集34587》

③ 登來. 致來. 《合集914》

以來. 《合集28011》

위에 예시한 ①은 기장[黍]을 공납한 것인데, 이는 이삭을 떨어낸 알곡이다. 《懷特448》의 '穄'는 검은 기장인데, 지금 북방 지역에서는 '黍子'라고 한다. 껍질을 벗긴 것은 '大黃米'라고 하며, 점성(黏性) 즉 찰기가 있는 것과 없는 것을 구분하는데, 찰기가 있는 것을 더 진귀하게 여긴다. 갑골문에서 '水'를 구성 요소로 하는 '黍'는 당연히 찰기가 있는 것이고, '水'를 구성 요소로 하지 않는 것은 '穄'라고 하는데, 이는 재배하기가 비교적 쉽다고 한다.

②의 복사는 차조[秫]를 진헌한 것인데, 여기에서의 '秫'은 껍질을 벗긴 차조의 알곡인데, 지금 북방 지역에서는 이를 '粘穀子'라고 한다.

③의 복사는 '來'를 진공한 것인데, 여기에서의 '來'는 주지하는 바와 같이 '麥' 즉 보리를 지칭한다. 《合集28011》의 "以來"의 '以'는 '致'와 같은 뜻이며, 이 역시 공납 용어의 하나이다.

丁. 야수(野獸)

여기에서 말하는 야수(野獸)는 사람이 사육하지 않은 모든 동물을 지칭하며, 대부분이 수렵으로 포획한 것인데, 이것 역시 공납품의 일종이었다. 갑골문에 나타나는 공납 야수들의 종류로는 '象'·'鹿'·'麑'·'麋'·'虎'·'猱'·'兕'·'隹' 등이 있는데, 이들을 공납한 복사의 예를 살펴보면 다음과 같다.

① 雀致象. 《合集8984》

② 亩致鹿. 《合集40061》

貞 : 見致麑. 《東京242》

見(獻)麋. 《英藏215反》

③ 呼伲取虎于牧鄙. 《合集11003》

④ 雀致猱. 《合集8984》

⑤ 畫來兕. 《合集9172正》

弜來兕. 《合集9174》

⑥ 登隹. 《合集21225》

위에 예시한 ①의 복사는 코끼리[象]를 진공한 것이다. 그리고 ②의 복사들은 각각 '鹿'·'麑'·'麋'를 진헌(進獻)한 것인데, 여기에서의 '鹿'은 모든 사슴을 지칭하는 일반명사이고, '麑'는 어린 사슴 즉 새끼 사슴을 말하며, '麋'는 특별히 큰 사슴을 지칭한다. 이렇게 공물로 헌상한 사슴을 크기에 따라 분류한 것을 보면, 商代에는 사슴을 특별히 중시하였던 것 같다.

③의 복사는 드물게 호랑이를 공납한 사실을 기록한 것이며, ④의 복사는 원숭이의 한 종류인 '猱'를 진공한 기록이고, ⑤의 복사는 푸른색의 들소 '兕'를 진헌한 기록이다. 마지막의 ⑥의 복사는 새를 공납한 기록이다. 갑골복사에 보이는 새의 종류는 매우 많은데, '隹'는 이 새들의 통칭이다. 복사에 의하면, 商代에는 이 새들을 수렵으로 매우 많은 양을 포획하였는데,《合集37513》의 복사에는, 商 왕이 '梌' 지역에서 한 차례의 수렵에서 새 148마리를 잡았다고 기록하고 있다.

戊. 진품(珍品)

갑골복사를 통해 본 商 왕이나 왕실에 공납한 진품으로는 '貝'·'玉'·'齒' 등이 있는데, 이런 진품(珍品)들을 진공한 복사의 예를 살펴보면 다음과 같다.

① 戈允來豕二, 貝……. 《合集11432》

② 令員取玉于龠. 《合集4270》

呼師般取玨. 《合集39525》

③ 商其致齒. 《合集17302》

위에 예시된 ①의 복사는 고대에 화폐(貨幣)로 통용되던 '貝' 즉 조가비를 진공한 것을 기록한 것인데, 갑골문에서는 이 조가비의 꾸러미를 '朋'이라고 하고 있다. 이 조가비의 꾸러미 즉 '朋'을 공물로 헌상한 기록도 있는데, 그 수량이 가장 많은 예는《合集11432》와《合集11445》에 기록된 10'朋'이다.

②의 복사는 옥(玉)을 진품으로 진상한 기록이다. 예시된 갑골문에서 보는 바와 같이 '玉' 뿐만 아니라 '玨'도 공물로 받았음을 알 수 있는데, 이 '玨'을 지난날에는 2개의 옥(玉) 즉 쌍옥(雙玉)을 지칭한다고 하였으나, 王國維[1]는 복사의 '玨'자의 자형에 근거하여, 10개의 옥 묶음을 '玨'이라고

한다고 하였다.

③의 복사는 '齒'를 공납한 기록인데, 여기에서의 '齒'는 상아(象牙)를 지칭하며, 갑골문에는 이 '齒' 즉 상아 진공을 기록한 예가 자주 보인다.

ㄹ. 수공품(手工品)

商 왕이나 왕실에 공납한 수공품으로는 '卣'·'石'·'舟'·'弓'·'矢'·'絎'·'鹵' 등이 있는데, 이런 물품들을 진공한 갑골복사의 예를 들면 다음과 같다.

① 致卣. 《東京286》

② 沚戠至十石. 《合集39680》

③ 貞：𢀛來舟. 貞：𢀛不其來舟. 《合集11462正》

④ 貞：呼吳取弓. 《合集9827》

⑤ 貞：勿令師般取矢于彭·龍. 《合集8283》

⑥ 蛊致絎. 《合集9002》

⑦ 令弜取鹵. 《合集7022》

⑧ 致鹵. 《合集19497》

⑨ 東又致鹵于寢. 《合集41021》

위에 예시된 ①의 복사는 '卣'를 공납한 예인데, 이 '卣'는 술통의 일종이며, 殷墟에서 발견된 '卣'는 청동으로 만든 것이었다. 殷墟의 '婦好'의 묘(墓)에서 방국의 제후들과 귀족들이 공납한 많은 청동기들이 발견되었는데, 여기에는 "亞弜"·"亞其"·"亞启"·"東泉" 등과 같이 공납자의 국명(國名)과 족명(族名)들이 새겨져 있다.

②의 복사는 '石'을 공납한 예인데, 여기에서의 '石'이란 후세의 '磬'을 말한다. 이는 殷墟의 '婦好'의 묘에서 출토된 석경(石磬) 하나에 "妊竹入石"이란 네 글자가 새겨져 있는 것으로 알게 된 사실이다. 그런데 商 왕이나 왕실에 공납한 물품 가운데 수공품으로는 이 석경(石磬) 이외에 '玉戈'와 '石簋' 및 '骨笄'도 있는데, 다만 이런 사실은 갑골문에서가 아니라 이들 기물 자체(自體)에 기록되어 있다. '玉戈'의 공납은 '婦好'의 묘에서 출토된 '玉戈' 하나에 "卢方皆入戈五"라는 6글자가 새겨져 있는 것으로 확인이 되고; '石簋'는 1935년 봄에 安陽 侯家莊 1003호(號) 묘에서

---

1) 王國維《觀堂集林》(河洛圖書出版社 1975. 臺北)卷三 <說珏朋> pp.161～163을 참고.

한쪽 귀가 떨어져나간 '石簋'가 출토되었는데, 여기에 "辛丑, 小臣𢆶入, 𠂤宜在𠷎以簋"라는 12글자가 새겨져 있으며, 이는 小臣 '𢆶'가 '石簋'를 왕실로 입공(入貢)한 사실을 기록한 것으로 확인이 된다. 그리고 '骨笄' 즉 뼈 비녀는 安陽 侯家莊 1001호 묘에서 출토되었는데, 그 비녀의 머리 부분에 "𦣞入二"라는 3글자가 새겨져 있는데, 이 '𦣞'는《庫379》에서 '侯'로 칭(稱)해진 고위 관리였다.

③의 복사는 '舟' 즉 선박(船舶)의 공납 여부를 정문(貞問)한 것이고, ④와 ⑤의 복사는 '弓'과 '矢' 즉 활과 화살의 공납에 대해 정문한 것이다.

또 ⑥의 복사는 '𣂏'을 공납한 것인데, 이 '𣂏'은 자형으로 미루어 보아 사직품(絲織品)의 일종으로 짐작되나, 구체적으로 어떤 제품인지는 알 수가 없다.

마지막의 ⑦~⑨의 복사는 '鹵'를 공납한 예인데, 갑골문에서는 식염(食鹽) 즉 식용 소금을 '鹵'라고 하고 있다.

庚. 복갑과 복골(卜骨)

商代에 직접 점복에 사용된 거북의 껍질은 대부분이 거북의 복갑(腹甲)인데, 엄격하게 말하면 이를 '卜甲'이라고 하지만, 공납품으로 진공된 것은 복갑(腹甲)만이 아니라 배갑(背甲)도 포함된 것이었으며, 이를 일반적인 통칭으로는 '卜龜'라고 한다. 그런데 이 '卜龜'의 공납에 대해서는 胡厚宣이 앞에서 소개한 〈殷代卜龜之來源〉[1]에서 상세하게 논한 바 있다. 그리고 王貴民의 통계에 의하면[2], 공납된 거북의 최대 수량으로는 한 번에 1천 마리를 공납한 경우가 28번이나 되고, 8백 마리 2번, 5백 마리 4번, 4백 마리 한 번, 250마리 · 200마리 · 100마리는 여러 번 보인다고 했다.

그리고 갑골문에서 소[牛]의 견갑골의 공납에 대해서는 '乞'이란 말을 사용했는데, 단위는 '屯'이라는 말을 사용하였다. 여기에서의 1'屯'이란 한 쌍을 말하는데, 공납된 수량이 가장 많은 경우는 한 번에 50'屯'이고(《合集9396~9399》), 그 다음으로 많은 경우는 40'屯'(《合集13055反》), 20'屯'(《合集5589》)이며, 10'屯'과 10'屯' 이하의 경우는 자주 보인다. 소의 견갑골을 공납한 수량은 거북의 공납 수량에 비해서 매우 적은데, 소는 商 왕조의 원래의 영토 내에서 보편적으로 사육된 가축이었기 때문에 외지에서의 공납의 필요성이 적었을 것이라고 추정된다.

위에서 살펴본 공물 이외에 또 '邑'을 헌상(獻上)한 갑골복사의 예들이 있는데, 이를 보면,

---

1) 胡厚宣 前揭論文 <殷代卜龜之來源>을 참고.

2) 王貴民 前揭論文 <試論貢賦稅的早期歷程---先秦時期貢賦稅源流考>을 참고.

"致乃邑"(《合集8986反》) · "貞 : 呼取邑"(《合集39987》)이라고 하고 있는 것 등과 같은 것들이다. 여기에서의 '邑'은 '田邑'을 지칭하는데, 이는 '邑'의 주민과 경작용 토지도 포함하며, 이 '邑'도 시각에 따라 재산의 일종으로 보기도 하고, 또 이들 복사는 '邑'을 商 왕이나 왕실에 바친 것이 틀림없기 때문에 이 '邑'도 공물의 하나로 볼 수도 있다. 그러나 일반적으로 '邑'을 헌상하는 것은 거의 전부가 일회성(一回性)의 일이므로, 여기에서는 정기적인 성격이 강한 공물로는 간주하지 않기로 하였다.

三. 공납자(貢納者)

商 왕이나 왕실에 공물을 진공(進貢)하는 공납자(貢納者)는 가깝게는 왕기(王畿) 내의 '諸婦' · '諸子' · '王臣' 등의 '內服' 관리 곧 왕실 귀족, 왕기(王畿)와 연이은 바깥 지역의 제후들과, 이 제후 지역 바깥의 방국과 부락(部落) 즉 '遠方之國'으로 나누어 살펴보기로 하겠다.

甲. 왕실 귀족

갑골복사의 기록에 의하면, 商 왕이나 왕실에서 필요로 하는 물품들을 공납하는 왕실 귀족으로는 '諸子' · '諸婦' · '王臣' 등이 있는데, 이를 살펴보면 다음과 같다.

1. '諸子'

여기에서 말하는 '諸子'란 갑골문에서 '子某'로 지칭되고, 商 왕실과 혈연관계에 있는 '子'성(姓)의 귀족을 말한다. 이런 '諸子'의 하나로, 商 왕실에 소[牛] · 상아(象牙) · '新𦎫' · '羌' · '屯奴' · 거북 등을 공납한 사람으로는 '𠂤'이라는 사람이 있는데, 그는《合集3226反》에서는 "子𠂤"라고 칭하기도 하였다. 그는 왕실에서 중요한 직책을 담당하고 있었으며 商 왕조의 중신(重臣)으로서, '亞'직(職)에 있었기에,《合集32272》와《合集33114》에서는 "亞𠂤"라고도 칭해지기도 하였다. 또《屯南2320》에는 "右牧𠂤"라고도 칭해진 것으로 보아 목축업을 주관하기도 한 것 같다. 그는 지위가 높고 왕조에서 존경받는 위치에 있었으며, "小臣"으로 존칭(尊稱)되었기 때문에《合集5571反》과《合集5572反》에서는 "小臣𠂤"으로 호칭되기도 하였다. 湯의 보좌 대신 伊尹이 "伊小臣"으로 호칭된 것으로 미루어보면, '小臣'이란 지위가 매우 높았던 것임을 알 수 있다.

'𠂤'이 왕실에 대해 공납의 의무를 가진 까닭은, 그가 봉지(封地)를 소유했기 때문인데, 갑골문에 "𠂤受年"(《合集9802》)이라고 한 것은 바로 '𠂤'의 봉지(封地)에 풍년이 들 것인지의 여부를 점복한 것이다. '𠂤'는 노예 '衆'도 소유했는데, 복사에 "𠂤隹其喪衆"(《懷特1639》)이라고 한 것은 '𠂤'이 소유한 '衆'이 도망칠 것인지의 여부를 점복한 것이다. '𠂤'은 또한 '衆'을 商 왕실에 공납품으로 헌상하기도 했는데, 《合集26》에 "令𠂤致衆"이라고 하고 있는 것이 그 예이다. 이 복사에서의 '令'을 하달(下達)하는 사람은 당연히 商 왕조의 중앙정부이고, 그 뜻은 '𠂤'으로 하여금 商 왕실에 '衆'을 공납하도록 명령을 내렸다는 것이다. '𠂤'은 자신의 군대도 보유했는데, 《合集6051》에 "𠂤師"라고 하고 있는 것이 이를 증명해준다. 이로 보면 '𠂤'은 봉지와 노예와 군대를 소유한 정치 · 경제의 실체였기 때문에, 경제적으로 商 왕실에서 필요로 하는 것을 공납해야 하는 의무도 있었음을 알 수 있다.

2. '諸婦'

여기에서 말하는 '諸婦'란 갑골복사에서 '婦某'의 형식으로 호칭된 일군(一群)의 부녀(婦女)들을 지칭하는데, 商 왕실과는 아주 특수하고 깊은 관계를 가지고 있고, 그 지위도 대단히 높은 신분으로 商代의 가장 큰 국가 대사인 전쟁과 제사에 참여했을 뿐만 아니라 주관하기도 하였다. 이로 인해 이들 '諸婦'들의 구체적인 신분에 대해 商 왕의 비빈(妃嬪)이라고 하기도 하고 아니라고도 하여 아직 정론이 없는 상태이다.

이런 '諸婦'들 가운데 공물을 공납한 경우도 있는데, 예를 들면, 《合集10133》에 "婦好入五十"이라고 하고 있는 것이 있는데, 이는 '婦好'가 진공한 기록이고; 《合集8992》에는 "婦姘致燕(宴)"이라고 하고 있는데, 이는 '婦姘'이 진공한 기록이다.

그런데 商代의 '諸婦'들 가운데에는 봉지(封地)를 소유한 경우도 있었다. 갑골복사에 "婦好邑"(《合集32761》)이라고 하고 있는 것이 있는데, 이는 '婦好'가 봉읍(封邑)을 소유했음을 말하는 것이다. 그리고 《合集9848》에 "婦好[受]年"이라고 하고 있는 것은, 그 봉읍에 풍년이 들 것인지의 여부를 점복한 것이다. 또 복사 중에는 또 '婦姘'이 소유하고 있는 봉읍에 풍년이 들 것인지의 여부를 점복한 것도 흔히 볼 수 있는데, 《合集9968》 · 《合集9972》 · 《合集9973》 등에 "婦姘受黍年"이라고 하고 있는 것들이 그 예들이다. 또한 '婦好'는 군대를 보유하기도 했는데, 자신의 봉지에서 3천명의 병력을 제공하여, 商 왕국이 전개한 적군과의 작전에 참가하기도 하였는데, 《合集39902》에 "貞 : 登婦好三千登旅万呼伐……"이라고 하고 있는 것이 그 예이다.

이로서 보면, 영지(領地)와 군대를 소유한 '諸婦'들 역시 왕실이 필요로 하는 것을 공납(貢納)해야 하는 의무도 있었음을 알 수 있다.

3. '王臣'

여기에서 말하는 '王臣'이란 商 왕에게 특별히 신임을 받고 막강한 권력을 가진 중신(重臣)을 말하는데, 갑골복사에서 '小臣'·'人臣' 등의 말을 덧붙여 호칭되기도 하였다. 이런 '王臣' 가운데 가장 대표적인 신하(臣下)가 '吳'이다. 이 '吳'가 거명된 복사로는 《合集5603》·《合集5604》 등의 복사에 "小耤臣"이라고 하고 있는 것도 있고, 《合集5597》에 "貞 : 叀吳呼衆人臣"이라고 하고 있는 것도 있다. 이들 복사에서 그는 '小臣'·'人臣' 등의 말이 덧붙여져 호칭되기도 하였는데, 이를 통해 농업에 종사하는 노동자 '衆'을 관장했음을 알 수 있다. 그리고 《合集9638》에는 "己酉卜, 貞 : 令吳省在南廩"이라고 하고 있고, 《合集33237》에는 "庚子卜, 令吳省廩"이라고 하고 있는데, 이들 복사는 '吳'가 농사를 주관하였던 관계로 창고를 시찰하러 자주 왕래했음을 말해주는 것들이다. 또 '吳'는 농업관리에 종사하였을 뿐만 아니라 왕실의 다른 여러 종류의 업무도 담당했음을 알 수 있는 복사들이 있다. 예를 들면, 《合集6630》에 "𢦏羌"이라고 하고 있는 것과 《合集32048》에 "戈曾"이라고 하고 있는 것 등은 '吳'가 적군과의 작전에도 참가하였음을 기록한 것이며; 《合集846》에 "幸𡴆"이라고 하고 있는 것과, 《合集578》에 "執僕"이라고 하고 있는 것은 도망친 사람들을 추포(追捕)하는 일도 하였음을 말하는 것이고; 《合集9827》에 "呼吳取弓"이라고 하고 있는 것과 《合集7854》에 "呼吳取骨任伐致"라고 하고 있는 것 등은 공납품을 징수하는 일도 하였음을 말하는 것이며; 《合集32832》에 "辛酉, 貞 : 王令吳以子方奠于并"이라고 하고 있는 것은 복속(服屬)하는 사람을 안치(安置)하는 일도 하였음을 알게 해주는 것이다.

그리고 이 '吳'는 商 왕실을 위해서 부지런히 일하였기에 왕의 일을 총괄하였다는 의미로 "叶王事"(《合集177》)라고 호칭되기도 하였다. 그는 또 분명히 商 왕실의 중신(重臣)이었지만, 역시 공납의 의무도 가지고 있었다. 갑골복사에 "吳致羌"(《合集264正》), "吳致豕"(《合集8981》), "吳入五十"(《合集13338反》)이라고 하고 있는 것 등의 내용들이 있는데, 이들은 모두 그가 공물들을 공납하였음을 말해주는 기록들이다. 또한 이 '吳' 역시 영지(領地)를 소유하고 있었는데, 복사에 "往于吳"(《合集8111》), "使人于吳"(《合集14474正》), "㞢至自吳"(《合集8109》)이라고 한 것 등이 이를 말해준다. 그리고 '吳'는 또한 군대도 보유하고 있었는데, 복사에 "呼涉吳師"(《合集5811》)라고 하고 있는 것이 이를 증명한다. 갑골복사에 또 "吳次于龐"(《合集7359》)이라고 하고 있는 것이 있는데, 이는 '吳'의 군대가 3일 이상 주둔한 사실을 기록한 것이다.

이로 미루어보면, 영지(領地)와 군대를 商 왕실의 중신 역시 공납의 의무를 가졌음을 알 수 있다.

乙. 제후(諸侯)

商代의 제후들은 商 왕실의 '外服'으로 칭하는데, 이들은 정치 경제적으로 상대적인 독립성을 가지고 있었던 하나의 정치 실세였다. 이들은 商 왕조의 왕기(王畿) 주변에 위치하였기 때문에,

《大盂鼎》의 명문(銘文)에 새겨진 것처럼, '殷邊侯田'이라고 불렸으며, 갑골복사에서는 대부분 '侯'로 칭해졌는데, 이들은 商 왕조를 위해 영토를 수비하는 일 외에 공납의 의무도 가지고 있었다. 이와 관련된 복사의 예를 들면, "侯致骨芻."(《合集98), "犬侯以羌其用."(《屯南2293》), "光致羌芻五十."(《合集94》), "唐入十."(《合集892反》·《合集7440反》), "竹入十."(《合集902反》), "奠入二."(《合集151反》)라고 하고 있는 것 등등이 있다. 이들 가운데 '光'은 "侯光"(《合集2005》)라고도 칭했고, '唐'도 "侯唐"(《合集39703》)이라고 칭하기도 했으며, '竹'은 "竹侯"(《合集3324》)라고도 했고, '奠'은 "侯奠"(《合集3351》)이라고도 했다. 胡厚宣[1]에 의하면, 이들 '唐'·'竹'·'奠' 등이 입공(入貢)한 공물은 모두 거북이라고 한다.

丙. '遠方之國'

여기에서 말하는 '遠方之國'이란 商 왕조의 왕도에서 아주 멀리 떨어진 변경지역의 방국 부족의 나라들을 말한다. 이들은 제후로 통칭되는 '侯'·'伯'·'子'·'男'을 제외한 지역의 수장(首長)들인데, 이들은 본래 商 왕조에 신속(臣屬)한 것이 아니었으나, 그들이 商 왕조의 문명을 흠모하여 우호관계를 맺거나, 아니면 商 왕조의 군사적 위력에 대해 두려움을 느껴서 공납의 압박을 받은 경우인데, 앞에서 인용한《詩經》의 이른 바 "莫敢不來享"의 뜻과 같다. 이에 해당하는 공납자(貢納者)들로는, "貞 : 呼龍致羌"(《合集272反》)이라고 하고 있는 복사 중의 '龍方', "用盧致羌"(《合集258》)이라고 하고 있는 복사 중의 '盧方', "奚來白馬五"(《合集9177》)이라고 하고 있는 복사 중의 '奚方' 등이 있다. 그리고 "周致嫀"(《合集1086反》)이라고 하고 있는 복사가 있는데, 여기에서의 '周'는 후대의 周 왕국을 말하며, 다른 복사 즉《合集6657》과《合集8472》에서는 이 '周'를 '周方'으로 호칭하고 있다. 이외에도 여러 방국들이 조공(朝貢)을 올렸는데, 이는 商 왕조와의 우호의 표시를 위한 것들이었다.

商 왕조는 그들이 소유한 전장(田莊)과 목장, 수공업 공장을 경영함으로써 왕실에서 필요로 하는 물품들을 이들 세 생산 단위에서 주로 조달했다. 제도화된 공납은 商 왕조 전체 경제에서 일정한 분량을 차지하기는 했으나, 방국과 제후의 공납은 정치적인 의미가 더 컸다고 할 수 있다. '諸婦'·'諸子'와 왕실 관리의 공납은 제사에 도움이 된다는 점에서 더 큰 작용을 했는데, 제사는 商 왕실의 재정 지출에서 차지하는 비중이 매우 컸기 때문이다. 그러므로 공납은 商 왕실의 재정 수입의 중요 내원(來源) 중의 하나라고 할 수 있다.

---

1) 胡厚宣 前揭論文 <武丁時五種記事刻辭考>를 참고.

제2절 商代의 농업

商代에서의 주요 생업이 농업이라는 것은 이미 갑골학 연구자들의 공통된 인식이 되었다. 이런 사실들은 胡厚宣과 陳夢家[1] 등을 비롯한 여러 학자들의 본격적인 종합 연구 결과로 이루어진 성과들이다. 지금까지의 연구 결과에 의거하면, 갑골문에 반영된 농업과 관련된 여러 정황들로 미루어 보면, 商代의 농업이 원시 수준이었다든가, 심지어 商代는 수렵 유목 시대였다고 하는 의견[2]들은 더 이상 입론의 여지가 없는 상태가 되었고, 商代의 농업은 이미 상당히 발달된 수준이었음이 증명되었다. 당시에는 농작물의 종류와 농기구도 다양했을 뿐만 아니라 생산과정도 매우 체계적이었다고 할 수 있는데, 그 대략을 소개하면 다음과 같다.

一. 농작물의 종류

갑골문에 나타난 商代 농민들이 경작한 농작물의 종류는 매우 풍부하고 다양하여, 후세에 5곡(穀)이라고 일컫는 농작물들이 모두 경작되었을 뿐만 아니라, 어떤 농작물은 동일 작물에서도 품종의 구별이 있을 정도였는데, 특히 점도(粘度)의 정도에 따라 '禾'와 '秫', '黍'와 '穄' 등으로 구분하기도 하였다. 갑골문에 많이 보이는 몇 가지 농작물을 살펴보면 다음과 같다.

甲. '禾'와 '秫'

갑골문에 나타나는 '禾'자에 대해 裘錫圭[3]는, '穀子' 즉 벼를 지칭하며, 껍질을 벗긴 것을 '小米' 즉 쌀이라고 한다고 정확하게 고석하였다. 벼는 중국 북방의 주요 식량 작물이었다. 갑골문에서 '年'자는 '禾'와 '人'을 구성 요소로 하고, 사람이 '禾'를 등에 지고 있는 모양을 형상화한 자형이다. 武丁 시기의 '賓組' 복사에서는 '受年'·'求年'에 대한 복문(卜問)을 흔히 볼 수 있는데, '歷組' 복사에서는 '年'이 모두 '禾'로 바뀌어서 '受禾'·'求禾'라고 했다. 따라서 '受年'은 '受禾'를 의미하는 것이므로, 이는 벼의 풍성한 수확을 복문한 것이다. 그리고 이런 내용의 복사가 많은 수량을 차지하고 있는 점으로 보아서, 商 왕과 왕실이 벼의 수확에 대해 크게 관심을 가졌음을 알 수 있다.

《合集10024正》과 《合集30982》에는 '[illegible]'와 '[illegible]'로 쓴 글자가 있는데, 이는 '禾' 즉 벼의 줄기와

---

1) 胡厚宣 前揭書《甲骨學商史論叢》第2集 上册 <卜辭中所見之殷代農業> 및 陳夢家 前揭書《殷虛卜辭綜述》 제16장을 참고.

2) 吳其昌 <甲骨金文中所見的殷代農稼情況>,《張菊生先生七十生日紀念論文集》(商務印書館 1937. 北京)을 참고.

3) 裘錫圭《古文字論集》(中華書局 1992. 北京) <甲骨文中所見之商代農業> pp.154~155를 참고.

잎 사이에 3, 4개의 작은 점들이 있는 모양이다. 이 글자에 대한 고석은 여러 주장이 있었으나, 王宇信 · 楊升南[1]은 이 글자를 '秫'자라고 주장하였다. 이들에 의하면, 이 글자들에 있는 점들은 물방울이고, 이렇게 물방울이 덧붙여져 있으면서 이삭이 맺혀서 아래로 늘어진 작물은 '禾'속(屬)인 것은 틀림없지만, 물방울이 없는 '禾'자와는 구별되는 것이 옳으며, 따라서 이는 '禾'의 별종(別種)일 것이고, 이런 별종에 '秫'이 있다고 했다. 《說文解字》에 "秫, 黏稷也. : '秫'은 찰기가 있는 '稷'이다."라고 하고 있다. 齊思和[2]는 고서(古書)에서의 '稷'은 실제로 '穀子' 즉 벼를 지칭하며, 이는 갑골문의 '禾'자의 뜻이며, 따라서 '禾'자에 작은 점이 덧붙여져 있는 것은 '秫'자이고, 이는 곧 찰기가 있는 찹쌀이라고 주장하였다.

乙. '黍'와 '穄'

지금의 중국 북방지역에서는 '黍' 즉 기장을 '黍子' 혹은 '糜子'라고 호칭하며, 이의 껍질을 벗긴 것은 '大黃米'라고 한다.

그런데 갑골문에는 '黍'자를 일반적으로 《合集547》에서와 같이 ' '로 쓰는데, 이 이외에 《合集11》과 《合集9937》 등에서 쓴 것과 같이 여기에 '水'자를 덧붙여 ' ' · ' ' 등으로 쓴 것이 있다. 齊思和[3]에 의하면, 과거에는 이들 '水'자가 덧붙여진 것도 모두 '黍'자라고 읽었으나, 이들 두 가지 자형의 글자의 용법과 출현 빈도가 대체로 비슷한데다가, 한 가지 일에 대해 여러 번 점복한 복사에서나 긍정과 부정의 대정(對貞) 복사에서도 이 두 가지 자형이 결코 혼용된 경우가 없는 점 등으로 미루어 볼 때, 이 두 자형의 글자는 이를 새긴 사람이 자기 맘대로 '水'자를 덧붙였다 뺐다 한 것이 아니라, 각각 서로 다른 두 가지 농작물을 지칭하는 것이 분명하다는 것이다. 그리고 그는 '水'자가 덧붙여진 글자는 찰기를 띤 '黍'자가 분명한데, 《說文解字》에도 "黍, 禾屬而黏者. 从禾雨省聲. : '黍'는 '禾'속(屬)으로 점성(黏性)이 있는 것이다. '禾'를 의부(義符), 필획이 생략된 '雨'를 성부(聲符)로 구성되었다."이라고 하고 있는 것이 이와 부합되며; '水'자가 덧붙여지지 않은 글자는 '穄'자로 읽어야 하는데, 《說文解字》에서는, "糜, 穄也. : '糜'는 '穄'자의 뜻이다."라고 하고는, 또 "穄, 糜也. : '穄'는 '糜'자의 뜻이다."라고 하여, 서로 호훈(互訓)하고 있는데, 이는 점성이 없는 '黍'의 한 품종이라고 하였다. 이에 의하면 갑골문에서는 이 '黍'도 찰기가 있는지의 여부에 따라서 두 가지 품종으로 구분되며, 찰기가 있는 것은 '黍'이고, 찰기가 없는 것은 '糜'인데, 갑골문에서는 이를 '穄'라고 하고 있다는 말이다.

---

1) 王宇信 · 楊升南 前揭書 《甲骨學一百年》 p.523을 참고.

2) 齊思和 <毛詩穀名考>, 前揭書 《燕京學報》 1949年 第36期를 참고.

3) 上同.

丙. '麥'과 '來'

갑골문 '麥'자는 자형이 '來'와 '夕'을 구성 요소로 하고 있으며, 복사에서 때로는 "王田于麥."(《合集24228》)이라고 하고 있는 것과 같이 이 '麥'자는 지명으로 쓰이기도 하는데, 대부분은 곡물의 이름 즉 보리의 뜻으로 쓰이고 있다.

갑골문에는 또 "月一正, 日食麥."(《合集24440》)이라고 하고 있는 것에서 보는 바와 같이 "食麥"이라고 한 것도 있는데, 이에 대해 郭沫若[1]은, 이것은《禮記 · 月令》의 "孟春之月, 食麥與羊. : 맹춘의 달에는 '麥'과 '羊'을 먹는다."이라고 하고 있는 습속과 같다고 하였다. 그러므로 이 '食麥'이라는 말은 '麥子' 즉 보리를 먹는다는 뜻이고, 갑골문에서의 '麥'이란 농작물의 일종으로, 지금도 '麥'이라고 하며, 중국 북방 지역 사람들의 주식(主食)이다.

그리고 갑골문에서는 '來'자도 역시 일종의 농작물의 뜻으로 쓰이는데, 복사의 예를 들면, "亞致來. …… 食來."(《合集914》), "貞 : 咸刈來."(《合集9565》), "求年來, 其卯于上甲𠙵, 受年."(《合集28272》)이라고 하고 있는 것 등이 있다. 이들 복사에서의 '來'자에 대해 屈萬里는, "來, 麥名. 求年來, 謂祈求麥之豊收也.[2] : '來'는 '麥'의 이름이다. '求年來'란 '麥'의 풍성한 수확을 기구한다는 것을 말한다."라고 했다. 그리고 羅振玉[3]은 이들 복사에서의 "食來"에 대해 앞에서 살펴본 복사에서의 "食麥"과 같은 뜻이라고 주장하였다.

그런데 于省吾[4]는 또 '來'는 '小麥' 즉 밀이고, '麥'은 '大麥' 즉 보리라고 하여 '來'와 '麥'을 서로 다른 농작물이라고 구별했으나, 裘錫圭[5]는 이 문제에 대해서는 지금으로서는 아직 자료가 너무 부족하여 결론을 내리기에는 어려움이 많이 있다고 신중한 입장을 표명했다.

丁. '𣎼'

갑골문 가운데 '𣎼'의 모양으로 쓰고 있는 글자가 있는데, 지금 이 글자는 잠정적으로 '𣎼'로 예정(隸定)하여 쓰고 있다. 이 글자가 복사에서 "受𣎼年"이라고 하고 있는 것이 모두 20여 차례 보이고, 자주 "受黍年"의 경우와 마찬가지로 대정(對貞)한 것이 많다. 이는 이 글자가 농작물의 한 품종으로 쓰인 것인데, 복사의 예를 들면 다음과 같은 것들이 있다.

---

1) 郭沫若 前揭書《卜辭通纂 · 考釋》p.2上.

2) 屈萬里 前揭書《殷虛文字甲編考釋》第3587片 p.455.

3) 羅振玉 前揭書《增訂殷虛書契考釋》(中) p.34.

4) 于省吾 <商代的穀類作物>,《東北人民大學人文科學學報》(東北人民大學 1957. 長春) 第1期를 참고.

5) 裘錫圭 前揭書《古文字論集》p.159를 참고.

① 癸未卜，爭，貞：受𥻆年.

貞：弗其受𥻆年. 二月.

癸未卜，爭，貞：受黍年.

貞：弗其受黍年. 《合集10047》

② 受黍年.

貞：不其受𥻆年. 《合集10050》

위의 복사에서 이 '𥻆'자가 어떤 농작물의 명칭이라는 것에 대해서는 이설(異說)이 없으나, 구체적으로 이것이 어떤 농작물인지에 대해서는 아직 정설이 없다. 羅振玉[1]은 '䅘'로 고석하였고, 金祖同[2]은 '粟'으로, 陳夢家[3]는 '秬' 즉 '黑黍'로, 唐蘭[4]은 '稻'로 고석하였는데, 裘錫圭[5]는 좀 더 연구를 해야 한다는 신중한 입장을 표명했다. 그런데 于省吾[6]는 이를 '豆' 즉 고서(古書)에서 말하는 '菽'이라고 고석했는데, 그가 '豆'로 고석한 것은 자음과 자의의 측면에서 다른 여러 의견들보다 설득력이 있는 것으로 간주되며, 그가 제시한 근거는 다음의 두 가지 측면에서 주목받고 있다.

첫째 성운(聲韻) 관계로 살펴보면, '𥻆'자는 '米'를 의부(義符), '𠂢'를 성부(聲符)로 구성되었는데, '𠂢'의 자음은 '厚'와 같다. 고운(古韻) '厚'는 '豆'와 함께 '侯'부(部)에 속하고, '菽'은 '幽'부(部)에 속하는데, '侯'와 '幽'는 서로 통한다. 발음으로 볼 때, 고음(古音)의 '菽' · '厚' · '豆'는 모두 설두음(舌頭音)음이고, '厚'를 '菽'와 '豆'로 읽는 것은 후음(喉音)과 설음(舌音)의 전환 현상이다.

둘째 자형의 측면에서 살펴보면, 글자의 윗부분은 '米'를 구성 요소로 하고 있는데, 고대에는 '豆' 역시 '米'라고 하였다. 段玉裁는《說文解字注》에서, "麥豆亦得云米. : '麥'과 '豆' 역시 '米'라고 할 수 있다."라고 주장하였다. 고대인(古代人)들은 이를 밥으로 삼아서 먹었는데,《禮記 · 檀弓》에 "啜菽飮水"라고 하고 있고,《全國策 · 韓策》에는 "豆飯藿羹"이라고 하고 있다. 이런 사실들이 이 글자가 '米'를 구성 요소로 하고 있는 이유가 될 수도 있는 것으로 보인다.

---

1) 羅振玉 前揭書《增訂殷虛書契考釋》(中) p.72.

2) 金祖同《殷契遺珠 · 發凡》(藝文印書館 1974. 臺北) p.35.

3) 陳夢家 前揭書《殷虛卜辭綜述》p.527.

4) 唐蘭《殷墟文字記》(中華書局 1981. 北京) pp.32~34.

5) 裘錫圭 前揭書《古文字論集》pp.160~161을 참고.

6) 于省吾 前揭論文 <商代的穀類作物>을 참고.

어떻든 갑골복사에는 또 이 '𠦪'를 2월에 파종한 기록이 보이는데, 복사의 예를 보면, 《合集9551》에 "己丑卜, 貞 : 𠦪于⍁享. 二月."이라고 하고 있다. 이는 《四民月令》[1]에 음력 2월에 파종하는 농작물로 '禾'·'大豆'·'苴麻'·'胡麻'를 기록하고 있는 것과도 부합되며, 시령(時令)으로도 알맞다고 하겠다. '豆'는 또 《詩經·大雅·生民》에서는 '荏菽'으로 쓰고 있고, 《詩經·豳風·七月》·《詩經·小雅·采菽》 등에는 '菽'으로 쓰고 있으며, 《爾雅·釋草》에는 "戎叔謂之荏叔."이라고 하고 있는 것에 대해 孫炎은 이는 '大豆'라고 주해(註解)하였다. 이런 자료들로 보아, 춘추시대부터 이 '豆'는 이미 중요한 양식 작물 중의 하나였으므로, 商代에도 이미 콩 종류의 작물이 있었을 것이 분명하다.

戊. '秜'

갑골복사에서 '秜'자가 농작물의 하나로 쓰인 것은 현재까지 겨우 《合集13505》에 "丁酉卜, 爭, 貞 : 呼甫秜于始受有年."이라고 하고 있는 것 하나밖에 발견되지 않았는데, 여기에서의 '秜'자는 동사로 쓰였고, '甫'는 인명이며, '女自'는 지명으로 중요한 농경지 중의 하나이다. 복사의 의미는, 정유일(丁酉日)에 '甫'에게 명령하여 '女自'지역에 '秜'를 파종하도록 하면 풍년이 들 것인지의 여부를 '貞人' '爭'이 정문(貞問)한 것이다. 이 '秜'자에 대해 于省吾[2]는, 《說文解字》에서 "秜, 稻今年落來年自生謂之秜. : '秜'란 벼가 금년에 떨어져서 내년에 저절로 나는 것을 일컬어 '秜'라고 한다."라고 하고 있는 것에 근거하여, 이를 야생 벼에 대한 전용(專用) 명칭이라고 주장했다. 그런데 '秜'는 돌벼인데, 이것이 于省吾가 주장하는 바와 같이 아무리 야생에 자생(自生)하는 벼라고 해도, 위에 인용한 복사에서 '甫'에게 파종을 명했다는 것은, 이미 이것이 야생 품종이 아니라 인공재배의 농작물이 되었음을 말해 준다.

己. '畬'

商代 武丁 시기의 복사 중에 "受畬年"이라고 하고 있는 말이 보이는데, 이 말이 동일 갑골판에 '黍'와 '穄'가 풍년이 들 것인지를 정문(貞問)하는 "受黍年"·"受穄年" 등의 말과 함께 각(刻)되어 있다. 그 예를 보면 다음과 같다.

---

1) 東漢 崔寔 著 繆啓愉 輯釋 萬國鼎 審訂 《中國農書叢刊綜合之部 四民月令輯釋》(農業出版社 1981. 北京) p.25.

2) 于省吾 前揭論文 <商代的穀類作物>을 참고.

① 己巳卜, 殻, 貞 : 我弗[其]受稌年.
…… 弗[其]受𣡕年. 《合集9946正甲》
② 己巳卜, 殻, 貞 : 我受黍年.
…… 受𣡕年. 《合集9946正乙》)

이들 복사에서의 '𣡕'는 복사의 문례와 내용으로 보아, 농작물의 한 품종임이 틀림없는데, 이 글자에 대한 고석은 학자들의 의견이 일치하지 않고 있다. 陳夢家[1]는 이를 '稷'이라고 하였고, 溫少峰과 袁庭棟[2] 등은 오늘날 중국 북방의 '稷稻'라고 했으며, 裘錫圭[3]는 '高粱'이라고 했는데, 다수의 학자들이 裘錫圭의 주장에 동의하고 있다.

이상에서 살펴본 바에 의하면, 갑골문에 보이는 농작물의 품종으로는, '粟'('粟' · '秫') · '黍'('黍' · '稌') · '麥'('麥' · '來') · '菽' · '秜' · '𣡕' 등이 있었음을 알 수 있다. 그리고 商代에 실제로 재배된 농작물의 품종은 갑골학 연구자들이 갑골문으로부터 인식하고 판별해낸 것보다 당연히 더 많을 것이 분명하다.

二. 농구(農具)

일반적으로 농업 생산의 과정은 농경지의 흙을 갈아 작물을 심고 길러 수확을 하는 과정을 거친다. 갑골문에 보이는 농업 생산에 사용된 공구 역시 땅을 갈고, 김을 매고, 작물을 수확하는 농경(農耕)의 과정에 소용되는 것들로 나누어지는데, 이를 살펴보면 다음과 같은 것들이 있다.

甲. 흙 갈이 기구

농경(農耕)의 첫 번째 과정은 예나 지금이나 농작물의 종자를 뿌리거나 심을 수 있도록 경작지의 흙을 갈고 고르는 것이다. 商代의 농기구 가운데 흙을 일구는 데 사용된 것으로는 삽(鍤)과 '耒' 즉 쟁기가 있었고, 또 쟁기 사용에 소를 이용한 것이 확인되나, 안타깝게도 갑골문에는 이런 기구가 직접적으로 나타나지는 않는다.

흙을 일구는데 사용하는 농기구로 가장 먼저 거론되는 것은 삽이다. 이를 고서(古書)에서는 '耜'로 기록하고 있는데, 《說文解字》에, "耜, 臿也. : '耜'는 '臿' 즉 삽(鍤)이라는 뜻이다."라고

---

1) 陳夢家 前揭書《殷虛卜辭綜述》p.528을 참고.

2) 溫少峰 · 袁庭棟《殷墟卜辭研究--科學技術篇》(四川社會科學院出版社 1983. 成都) pp.176~177을 참고.

3) 裘錫圭 前揭書《古文字論集》p.161을 참고.

하고 있다. 오늘날 중국 북방에서는 '鍬'라고 부르며, 지금은 철로 만들기 때문에 '鐵鍬'라고 부른다. 위에서 언급한 바와 같이 갑골문에는 직접 이 삽을 지칭하는 말은 보이지 않고, 갑골문 '力'자의 자형이 '鍤'의 모양과 유사하지만, 이것이 바로 삽의 뜻으로 사용된 예도 아직 발견되지 않고 있다. 다만 商代의 유적지에 이 삽으로 흙을 파헤친 흔적이 자주 보이고, 商代의 묘에서 청동(靑銅)의 삽이 자주 발견되는데, 이들은 목제(木製)로 만든 삽의 날 끝을 금속으로 씌운 삽이다.

商代에 흙을 일구는데 사용하는 농기구 가운데 삽 다음으로 거론되는 것은 '耒' 즉 쟁기이다. 그런데 갑골복사에는 직접적으로 농기구로 사용된 쟁기를 뜻하는 글자는 보이지 않고, 사람이 '耒' 즉 쟁기를 발로 밟고 땅을 가는 '耤'자가《合集8》·《合集5604》·《合集9507正》 등이 보이고, 갑골문에서의 '耤'자는 동사로 쓰여 '경종(耕種)하다'는 뜻을 나타내고 있는데, "貞 : 呼雷耤于明."(《合集14正》)·"丙辰卜, 爭, 貞 : 呼耤于陮受有年."(《合集9504》)이라고 하고 있는 것 등과 같은 예가 있다. 이들 복사에서의 '雷'는 인명이고, '明'과 '陮'는 지명이다. 앞의《合集14正》의 복사는, '雷'에게 명령하여 '明'지역으로 가서 '耤' 즉 경종(耕種)하도록 할 것인지에 대해 정문(貞問)한 것이고; 뒤의《合集9504》의 복사는 어떤 사람에게 명령하여 '陮'지역으로 가서 경종하도록 하면 풍년이 들 것인지를 정문한 것이다.

중국에서 '耒'를 사용한 흔적이 발견된 것으로는, 7천 여 년 전의 것으로 추정되는 河北 武安 磁山의 유적지 중의 일부 회갱(灰坑) 벽에 '耒'로 땅을 일군 흔적이 남아 있고, 安陽 殷墟의 商代 '窖穴' 즉 움집과 묘의 벽 및 회갱 벽에 쌍날로 된 공구로 땅을 팔 때 생기는 흔적이 남아 있다. 이런 쌍날의 공구가 바로 갑골문 '耤'자의 구성 요소로 쓰인 공구 즉 '耒'이다.

그리고 갑골문에는 '牛'와 '勿'을 구성 요소로 하고 있는 글자가 있는데, 이를 '牞'자로 예정(隸定)하여 쓰고 있다. 이 글자를 王國維는 '雜色牛' 즉 잡색의 소 곧 얼룩소로 고석하였고, 董作賓과 郭沫若은 '黎'자로 고석하였다. 그러나 이에 대해 胡厚宣[1]은 '勿'자는 본래 '耒'를 형상화한 것으로, '犂' 즉 쟁기를 형상화한 모양인데, '犂' 즉 쟁기를 끌면서 밭을 가는 소는 '水牛' 즉 물소이고, 그 털 색깔이 흑색이었기 때문에 여기서 인신(引伸)하여 '勿'에 '黑' 즉 검다는 뜻이 있게 되었다고 했다. 그에 의하면 한자(漢字)의 본의(本義)와 가차의(假借義)가 만들어지는 순서에 의하면, 먼저 '勿'라는 물건이 있은 다음에, '勿'의 색깔이 존재하게 된 것이 분명하며, 먼저 '勿田'을 하는 소가 있은 다음에, '勿'의 색깔을 가진 소가 있었을 것이 분명한데, 복사에서 이 글자를 색깔을 나타내는 것으로 사용한 것은, '勿田之牛'라는 본의(本義)가 복사 시대에 앞서 이미 있었다는 것이며, 이로써 商代에 이미 우경(牛耕)하는 일이 있었음을 분명히 알 수 있다는

1) 胡厚宣 前揭書《甲骨商史論叢》二集上册 <卜辭中所見之殷代農業> pp.166~168을 참고.

것이다. 갑골문에서의 이 글자가 쟁기로 경작을 하는 이경(犁耕)을 뜻하는지의 여부는 학자들마다 견해가 다르지만, 1989년에 江西省의 新干縣 大洋州鎭의 商代 대묘(大墓)에서 청동의 ‘犁’ 즉 쟁기가 출토된 것으로 보면, 胡厚宣의 주장이 사실임을 알 수 있다.

乙. 제초(除草) 기구

갑골문 가운데 ‘[illegible]’(《合集10474》) · ‘[illegible]’(《合集583反》과 《合集9498反》) · ‘[illegible]’(《合集9412》와 《合集9417》) 등의 모양으로 쓰고 있는 글자들이 있는데, 앞의 두 글자는 ‘木’ · ‘辰’ · ‘又’ 등을 구성 요소로 하고 있고, 맨 끝의 글자는 ‘艸’ · ‘辰’ · ‘又’ 등을 구성 요소로 하고 있다. 이 글자들을 羅振玉[1]은 ‘農’자로 고석하였고, 胡厚宣[2]은 ‘耨’자로 고석하였으며, 郭沫若[3]은 이 글자의 아랫부분이 ‘辰’을 구성 요소로 하고 있기 때문에 ‘蜃器’ 즉 ‘蜃蛤’ 곧 대합조개로 만든 물건이라고 인식하였다. 한편 裘錫圭[4]는 아랫부분의 ‘辰’자 모양의 글자가 반드시 ‘蚌器’ 즉 조개껍질로 만든 기구라고 할 수는 없고, 아마도 ‘石’을 구성 요소로 하는 글자들 중의 하나로서, 돌로 만든 농기구일 것이며, 자형이 갑골문의 ‘斤’자와 매우 비슷하므로, ‘斤’ 즉 도끼나 ‘钁’ 즉 괭이 모양의 농기구일 것이라고 주장했다. 그런데 이 ‘辰’은 초목을 제거하는데 사용된 농기구의 일종이므로, 이 글자는 ‘農’이나 ‘耨’으로 고석될 수도 있으며, ‘㽕田’은 제초(除草) 작업으로 볼 수도 있다고 여겨진다.

그리고 갑골문에는 또 ‘[illegible]’(《合集10571》)의 모양으로 쓴 것도 보이는데, 裘錫圭[5]는 이를 ‘芟’자로 고석하고, ‘芟’ 즉 낫으로 밭의 풀을 베어서 제거하는 것이라고 하였다. 彭邦炯[6]은 이 글자의 구성 요소로 쓰인 ‘殳’가 ‘芟杖’ 즉 낫자루가 아니라 ‘鏟’ 즉 자귀라고 하였다. 그 이유는 ‘殳’는 추(錘)모양으로 만들어서 한 손으로 잡도록 하였고, ‘鏟’은 방형(方形)으로 만들어서 반드시 두 손으로 잡고 사용해야 하는데, 이 글자의 아랫부분이 두 손으로 잡도록 되어 있기 때문이라는 것이다. ‘鏟’도 역시 김을 매는데 사용하는 제초용 농기구의 한 종류이다.

---

1) 羅振玉 前揭書 《增訂殷虛書契考釋》(中) p.71上을 참고.

2) 胡厚宣 <甲骨文所見殷代奴隸的反壓迫鬪爭>, 《考古學報》(中國社會科學院 1976. 北京) 第1期를 참고.

3) 郭沫若 《甲骨文字研究 · 釋干支》(中華書局香港分局 1976. 홍콩) pp.201~202를 참고.

4) 裘錫圭 前揭書 《古文字論集》 pp.166~167을 참고.

5) 裘錫圭 上揭書 p.171을 참고.

6) 彭邦炯 《商史探微》(重慶出版社 1988. 重慶) p.215를 참고.

丙. 수확(收穫) 기구

수확용의 농기구는 고고 발굴에서 발견된 것 중에는 '鐮' 즉 낫과 '刀' 즉 칼이 있다. '刀'는 반달 모양과 장방형의 두 종류가 있으며, 북방에서는 '爪鐮'이라고 이름하고 있다. 갑골문에서 수확과 관련된 글자는 이삭을 따는 것과 줄기를 자르는 것 두 종류가 있다. 이삭을 따는 모양의 글자는 두 개의 '卣'와 '又'를 구성 요소로 하고 있는데, 陳夢家가 '採'자로 고석하면서, "象手採禾穗形.[1] : 손으로 이삭을 따는 모양을 형상화하였다."라고 했다. 한편 裘錫圭는 이를 잠정적으로 '𠭰'로 예정하여 쓰면서, '梄'자의 뜻으로 해독(解讀)하였는데, '𠭰'자의 구성 요소인 '𠧪'는 본래 '卣'와 같은 글자이고, 고음(古音)은 '秀'와 비슷하므로, '𠭰'자의 의부(義符)는 성부를 겸한다고 했다. 손으로 벼의 이삭을 따는데 사용하는 도구는 오늘날 중국의 북방에서 '爪鐮'이라고 하는 칼이며, 고대 문헌에서는 '銍'이라고 하고 있다. 갑골복사의 예로는, "庚辰卜, 賓, 貞 : 叀王𠭰南冋黍. 七月."(《合集9574》)·"丁亥卜, 其𠭰秫, 叀今丁亥."(《屯南794》)라고 하고 있는 것 등이 있는데, 이는 '黍' 혹은 '秫'[점성(黏性)이 있는 '黍' 즉 기장]의 이삭을 딸 것인지의 여부에 대해 복문한 것이다.

또 갑골문 가운데 '𥝌'(《合集9557～9569》)의 모양으로 쓴 글자가 있는데, 이를 잠정적으로 '𥝌'자로 예정(隸定)하여 쓰며, 이 또한 농작물을 수확하는 데 사용하는 칼이나 낫 종류의 농기구이다. 이 글자의 자형은 '禾' 즉 벼의 뿌리와 줄기 사이에 칼을 횡(橫)으로 뻗쳐서 이 부분을 자르는 모양으로 되어 있다. 이 글자에 대해 陳夢家[2]는 '糱'자로 고석하고, '酒糱' 즉 누룩을 만드는 일을 지칭한다고 했다. 그러나 饒宗頤[3]는 이를 '孼'자로 해독하면서 '禾害'를 의미한다고 주장했다. 한편 彭邦炯[4]은 이를 '劮'자로 해독하고, 이는 '鏟' 즉 자귀 류(類)의 도구를 사용하여 이삭 끝부분의 벼 줄기를 잘라내는 방식으로 수확하는 것이라고 주장했다. 그런데 裘錫圭[5]는 이를 '刈'라고 고석하고, 여기에 사용하는 도구는 '鐮' 즉 낫이라고 했는데, 이 역시 농작물 수확용의 농기구임을 말하는 것으로, 이 주장이 이 글자가 쓰인 복사의 전체적인 문맥에 부합되므로, 여기에서는 이를 따르기로 한다.

이 '刈'자가 쓰인 복사로는, "丁丑卜, 㱿, 貞 : 王往立(莅)刈, 祉𢦏."(《合集9557正》)·"貞 : 王往立(莅)刈黍."(《合集9558》)·"甲子卜, 弜刈秫."(《合集9563》)·"辛亥卜, 貞 : 咸刈來(麥)."

---

1) 陳夢家 前揭書《殷虛卜辭綜述》p.536을 참고.

2) 陳夢家 上揭書 p.539를 참고.

3) 饒宗頤《殷代貞卜人物通考》(香港大學出版社 1959. 홍콩) p.95를 참고.

4) 彭邦炯 前揭書《商史探微》p.222를 참고.

5) 裘錫圭 前揭書《古文字論集》pp.166～167을 참고.

(《合集9565》)라고 하고 있는 것 등과 같은 예들이 있다. 이들에서 보는 바와 같이 이 '刈'자 뒤에는 대부분이 농작물이 덧붙여져 있는데, 이는 농작물을 베어서 수확하는 것이 곡식의 이삭을 잘라내는 것보다 순조롭고 편했음을 말해 준다.

三. 농작(農作) 과정

갑골복사에 나타나는 商代의 농업 생산 과정은 지금과 대동소이하게 농경지의 선택과 개간, 농지 정리, 시비(施肥)와 파종, 김매기와 관개(灌漑)와 병충해 구제 등의 재배 과정, 수확 탈곡과 저장까지인데, 이를 살펴보면 다음과 같다.

甲. 농경지의 선택과 개간

1. 농경지의 선택

갑골복사에서는 농경지를 선택하는 일을 '省田'이라고 통칭하는데, 이에 관한 복사의 수량은 상당히 많은 편이다. 어떤 사람은 이 '省田'의 '田'을 전렵(田獵)과 관계된 것으로 생각한 학자들도 있었으나,1) 상관된 복사들을 자세히 살펴본 결과로, 이 '省田'의 '田'은 농사의 전지(田地) 또는 그 일로 간주되어, '省視農田' 즉 농사지을 땅을 살펴보는 일임을 확실하게 알게 되었다.

이는 농업 생산 활동에서 가장 먼저 해야 하는 일인데, 복사에서는 농경지를 시찰하거나 농작물을 자세히 살펴보는 일을 "省某"라고 하고 있다. 예를 들면, "貞 : 王勿往省黍."(《合集9612》) 또는 "……王省黍, 祀, 若."(《合集9613》)이라고 하고 있는 것들인데, 이들에서의 '省黍'는 '黍' 즉 기장의 상태를 살펴보다는 뜻이다.

이로 미루어 보면, 복사에서의 '省田'의 목적은 어떤 농작물을 경작하는 것이 좋은 토지인지 살펴보기 위함이다. 商代에도 농업용 토지 위치의 고하(高下)나 습한 정도 등을 주의해서 살폈는데, 복사에는 '崗上' 즉 산등성이의 토지를 지칭하는 '上田'과 이에 상대되는 저지대(低地帶)의 습한 토지를 일컫는 '濕田'의 구분이 있다. 예를 들면,《屯南715》에 "叀上田㚘征, 受年. 叀濕田㚘征, 受年."이라고 하고 있는 것과 같다. 이 복사는 이런 '上田'이나 '濕田'을 선택하면 풍년이 들 것임을 말한 것이다.

그리고 또 갑골복사에는 '㳥田'과 '土田'이라는 말도 보이는데, 예를 들면, "癸未卜, 賓, 貞 : 阜㳥田不來歸. [十]二月."(《合集10146》) · "貞 : 勿令㳥田. 十一月."(《合集10148》) · "弜犬

1) 聞一多《聞一多全集》(三聯書店 1982. 北京) 第三卷 <釋省彳省>을 참고.

䢔土田.”(《合集33214》)이라고 하고 있는 것 등과 같은 것들이다. 張政烺[1)]은 여기에서의 ‘[illegible]’자는 ‘止’와 ‘土’를 구성 요소로 하고 있고, ‘土’자와 같이 읽으며; ‘土田’이란 곧 ‘度田’을 의미한다고 했다. 이는 농사를 짓기 위해 개간을 하기 전에 토지 측정(測定)을 진행함으로써, 분전(分田)을 통하여 경작의 편의를 기(期)하는 준비 작업이라는 것이다.

2. 농경지의 개간

갑골복사에 ‘[illegible]’(《合集9481》) · ‘[illegible]’(《合集9483》) 또는 ‘[illegible]’(《合集9485》) · ‘[illegible]’(《合集9486》) 등의 모양으로 쓴 글자들이 있는데, 앞의 두 글자의 자형은 두 손과 ‘土’로 구성되어 있고, 뒤의 두 글자는 두 손과 ‘用’ 그리고 ‘土’로 구성되어 있다. 이들 앞뒤 글자들은 동일 글자의 간체(簡體)와 번체(繁體)로, 두 손으로 (‘用’이라는 기구를 잡고) 흙을 일구는 모양을 형상화한 것으로 여겨진다. 이 글자에 대한 王宇信과 楊升南[2)]의 서술에 의하면, 楊樹達은 ‘掘礦’의 ‘掘’자로 고석(考釋)하였고; 徐中舒는 ‘貴’자로 고석하고서, ‘貴田’은 ‘耨田’과 같은 말이라고 했는데, 胡厚宣도 이 주장에 동의하였으며; 陳夢家는 ‘糞田’으로 고석하였고; 郭沫若은 ‘聖’자로 고석하면서, ‘聖田’은 ‘築場圃’ 즉 채마밭으로 쌓은 것이라고 하였으며; 饒宗頤는 ‘壅’으로 고석하고, ‘壅田’이란 농작물에 흙을 북돋우는 것이라고 했는데, 裘錫圭는 이 주장에 동의하였고; 于省吾는 郭沫若과 같이 ‘聖’으로 고석하긴 했지만, ‘聖田’의 뜻은 ‘墾荒’ 즉 황무지를 개간하는 것이라고 했으며; 張政烺은 이 글자를 ‘裒’로 고석하고, ‘裒田’이 바로 ‘墾荒’의 뜻이라고 했다는 것이다. 張政烺[3)]에 의하면, ‘裒田’이 기록된 복사의 달이 5월 · 6월 · 12월 세 달인데, 5월과 6월에는 채마밭 쌓기가 불가능하고, 12월은 김매기나 시비(施肥) 또는 벼 북돋우기 등의 일과 시기가 맞지 않으며; 이에 따라 12월 겨울철에 황무지를 개간하고, 5월과 6월에는 개간한 황무지에 작물을 재배하는 때였다는 것이다.

乙. 농지(農地) 정리

여기에서 말하는 농지(農地)의 정리는 농경지의 초목 제거와 농지의 흙 갈아엎기 및 경작(耕作) 준비 작업을 아울러 일컫는 말이다.

---

1) 張政烺 <釋甲骨文尊田及土田>, 《中國文獻研究集刊》(湖南人民出版社 1982. 長沙) 第3集 pp.11~15를 참고.

2) 王宇信 · 楊升南 主編 前揭書 《甲骨學一百年》 p.530을 참고.

3) 張政烺 <卜辭裒田及其相關問題>, 《考古學報》(科學出版社 1973. 北京) 第1期 pp.93~120을 참고.

1. 제초목(除草木)

상고시대에는 농업 생산 활동의 첫 작업이 농지 내의 불필요한 초목을 깨끗이 제거하는 일이었으며, 이런 일은 고대의 문헌에도 기록되어 있다.《詩經 · 周頌 · 載芟》의 "載芟載柞"이라는 말에 대해《毛詩傳》에는 "除草曰芟, 除木曰柞. : 풀을 제거하는 것을 '芟'이라고 하고, 나무를 제거하는 것을 '柞'이라고 한다."라고 풀이하고 있으며, 鄭玄의《詩箋》에는 "將耕, 先始芟柞其草木. : 장차 경작을 하기에 앞서 먼저 그 농지의 초목을 제거하는 일부터 시작한다."라고 하고 있다. 그런데 갑골문에도 '柞'자가 보이는데,《合集20624》에 "乙丑王柞𦰩方. 乙丑耨𦰩方."이라고 하고 있는 것이 그 예이다. 이 '柞'자에 대한 인식과 해석은 裘錫圭[1]의 고석인데, 그는《合集20624》의 이 두 조(條)의 복사는 '柞'과 '耨'를 대비시켜 말함으로써, '柞'자는 '除木'의 의미로 사용되었음을 알 수 있게 한다고 하였다.

갑골문에는 또 '告艿'이라고 한 말도 있는데,《合集33225》에, "己卯, 貞 : 在冏, 𡆥來告艿, 王[其稷]. 王弜稷. 庚辰, 貞 : 在冏, 𡆥來告艿. 王弜稷."라고 하고 있는 것이 이 예이다. 嚴一萍[2]은, 이 복사에서의 '艿'자에 대해서는《玉篇》에서《說文解字》를 인용하여, "舊草不芟新草又生曰艿. : 묵은 풀을 제거하지 않았는데 새 풀이 또 나오는 것을 '艿'이라고 한다."라고 하고 있는 것을 인용하여 자의(字義)를 풀이하고는, 이 복사는 왕이 '冏' 지역에서 '黍'를 파종할 것인지의 여부를 정복(貞卜)한 것이라고 하였고, '晏'[사실은 '𡆥'자임 - 필자 주(註)]이 해당 지역에서 묵은 풀을 제거하지 않았는데 새 풀이 또 돋아났으므로 '黍'를 파종할 수 없다고 보고한 것이라고 풀이했다. 여기에서의 '稷'는 동사로 쓰였는데, '種稷' 즉 '稷'를 파종하다는 뜻이다. 그러므로 이 복사는 바로 파종하기 전에 농지의 잡초를 깨끗이 제거하는 일에 대한 정복(貞卜)의 기록이다.

2. 농지의 번토(翻土)

농사를 짓기 위해서는 농지의 흙을 갈아엎어야 하는데, 이런 농지의 번토(翻土) 작업을 갑골문에서는 '𤰈田' 또는 '耤田'이라고 하고 있다. 앞의 농기구 항목에서 언급한 바와 같이, '𤰈田'의 '𤰈'자는 삽(鍤)을 사용하여 땅을 파 일구는 것이고, '耤田'의 '耤'자는 쌍날의 '耒' 즉 쟁기를 사용하여 땅을 일구는 것이다. '𤰈田'의 '𤰈'자는 3자루의 '鍤'을 구성 요소로 하고 있는데, 이는 그 숫자의 많음을 나타낸다. 갑골문의 예를 보면, "……[王]大令衆人曰 : 𤰈田, 其受年. 十一月."(《合集1》)이라고 하고 있는 것이 있다. 이 복사에 대해 裘錫圭[3]는, 여기에서 "大令衆人"이라고

---

1) 裘錫圭 前揭書《古文字論集》pp.170~171을 참고.

2) 嚴一萍 <釋艿>,《中國文字》(臺灣大學校中國文學科 1955. 臺北) 第16冊[책 전체 쪽 표기가 없음]을 참고.

3) 裘錫圭 前揭書《古文字論集》pp.183~186을 참고.

한 것으로 보면, 상당히 많은 사람들이 이 번토 작업에 참여하였음을 알 수 있으며; '𤕌田'의 시기가 여기서는 11월이나, 《合集9499》에는 12월로 기록하고 있는데, 이는 겨울에 대규모의 농지 번토 작업을 하여 다음 해 봄의 파종을 준비한 것이라고 주장하였다.

한편 이런 '𤕌田'의 시기에는 일종의 '耦耕' 즉 두 사람이 나란히 밭을 가는 일도 있었을 가능성이 클 것 같은데, 《合集5345》·《合集6753》·《合集7002》·《合集10410反》 등의 복사에 바로 이 '耦'자가 새겨져 있으며, 자형은 두 개의 삽을 손으로 잡고 있는 모양을 형상화하였으나, 아쉽게도 이 갑골편들이 거의 잔결(殘缺)되어서 농경 작업과의 관계를 명확하게 알아낼 수가 없는 것이 아쉽다. 《周禮·考工記》에, "二耜爲耦"라고 하고 있고, 《論語·微子篇》에, "長沮·桀溺耦而耕"이라고 했는데, 이로 보면, 두 사람이 협력하여 땅을 가는 것은 중국 고대의 협동 노동 방식이었으며, 갑골문의 '耦'자가 바로 이런 방식의 협동 노동에서 비롯되어 만들어진 글자라고 여겨진다.

그리고 《合集900正》과 《合集9500》에 새겨진 기록에 의하면, '耤田'의 시기는 12월과 3월인데, 12월은 '𤕌田'의 시기와 동일하여, 이 역시 봄의 파종에 앞선 번토 작업일 것이라 여겨진다.

3. 경작 준비 작업

경작을 본격적으로 하기 위해서는 농지에 이랑을 만들어 시비(施肥)를 하여 파종을 할 수 있도록 준비하는 작업을 해야 한다. 이에 해당하는 작업을 갑골문에서는 "墫田" 또는 "作龍[壟]"이라고 하고 있다. "墫田"은 《合集9》에 "辛未卜, 爭, 貞 : 曰衆人……墫田……"이라고 하고 있는 복사에 보인다. 張政烺[1]의 해석에 의하면, 여기에서의 '墫'은 취토(聚土)하다는 뜻이며, 황무지를 개간한 토지에 이랑을 만들어 정식의 농경지로 변모시키는 것이라고 한다.

그리고 또 갑골복사에는 "作龍"이란 말도 있는데, 예를 들면, "其作龍于凡田, 有雨."(《合集29990》)라고 하고 있는 것이 있다. 여기에서 "作龍"이라고 한 말 중의 '龍'은 곧 '壟' 즉 이랑이라는 뜻이므로, 이 "作龍"이란 바로 "作壟"이라는 말이다. "作壟"이란 농지에 이랑을 만들어서 곡물을 파종할 수 있도록 하는 것으로, 앞의 "墫田"과 같은 일이지만, 달리 말한 것이다.

이렇게 농지에는 '壟' 즉 이랑과 '溝' 즉 고랑이 서로 결합하도록 만드는 것은, 배수(排水)도 잘되고, 이랑에서의 작업도 편리하도록 하는 동시에, 햇빛도 충분히 흡수하고 바람도 잘 통하도록 함으로써 농작물의 생장이 잘 되도록 하기 위해서이다.

---

1) 張政烺 前揭論文 <釋甲骨文尊田及土田>을 참고.

丙. 파종(播種)

여기에서 말하는 파종 작업에는 이에 앞선 시비(施肥)도 포함된다.

1. 시비(施肥)

농작물의 재배 과정에서 파종을 하기 전에 농작물의 생장을 촉진하기 위하여 시비(施肥)를 하게 되는데, 商代에도 이런 작업을 한 것으로 보이는 복사의 기록이 있다. 예를 들면, "貞 : 翌𠩺有正乃裒田."(《合集9480》) · "庚辰, 貞 : 翌癸未𠩺西單田, 受有年. 十三月."(《合集9752》)이라고 한 것 등이다. 이 복사들에서 '𠩺'로 예정(隸定)하여 쓰고 있는 글자는 갑골문으로는 '[illegible]'로 쓰고 있는데, 이 글자는 주로 '田' 및 '受年'과 연관되어 사용되고 있다. 예시한 복사 중의 '𠩺田'의 '𠩺'자에 대해서는 여러 의견이 있는데, 裘錫圭[1]는 '選'으로 고석하면서, 경작과 파종하기에 앞서 경작지를 선택하는 것이라고 했다. 俞偉超[2]는 '徙田'으로 고석하면서 '換田' 즉 토지의 새로운 분배활동을 말한다고 했다. 또 張政烺[3]은 이 글자를 '肖'라고 고석하면서, '肖田'은 황무지를 개간하거나 제초작업을 말한다고 주장하였다. 胡厚宣[4]은 또 이 '𠩺'자를 '屎' 즉 '糞'의 뜻으로 고석하고, '糞田'은 '施肥'를 뜻한다고 했는데, 여기에서는 胡厚宣의 주장에 따른다. 이 '糞田'에 관한 기록이 있는 갑골문이 13월과 2월로 되어 있는 점으로 미루어보면, 이 시기는 바로 지금의 중국 북방지역 농촌에서 파종 예정지에 시비하는 때와 일치한다는 것이다. 商代에는 소 · 말 · 양 · 돼지 같은 가축을 우리에서 사육했는데, 이런 가축의 분뇨 등을 파종에 앞서 미리 시비하여 토양을 비옥하게 만든 것이다.

2. 파종(播種)

갑골문 가운데 농작물의 파종을 기록한 것으로는 "王往致衆黍于囧."(《合集10》) · "呼甫秜于娟, 受有年."(《合集15305正》) · "甫往秫, 受年. 一月."(《合集20649》)이라고 하고 있는 것 등의 예가 있다. 이들 복사 중의 '黍' · '秜' · '秫' 등은 원래 농작물의 종류를 나타내는 명사(名詞)인데, 여기에서는 이들 농작물들을 파종하다는 의미의 동사로 사용되었다. 갑골복사의 기록으로 알 수 있는 것은 여기까지일 뿐이고, 商代 사람들이 사용한 농작물의 파종 방식이 살파(撒播) · 점파(點播) · 조파(條播) 등의 방식들 가운데 어떤 방식이었는지는 알 수가 없다.

---

1) 裘錫圭 前揭書《古文字論集》pp.178~179를 참고.

2) 俞偉超《中國古代公社組織的考察》(文物出版社 1990. 北京) pp.6~20을 참고.

3) 張政烺 <甲骨文'肖'與'肖田'>,《歷史研究》(中國社會科學院 1978. 北京) 제3期를 참고.

4) 胡厚宣 <再論殷代施肥問題>,《社會科學戰線》(吉林省社會科學院 1981. 長春) 第1期를 참고.

丁. 재배(栽培)

농경(農耕)의 과정은 농작물의 파종이 끝나면, 본격적인 재배 과정에 돌입하게 된다. 농작물의 재배 과정에는 김매기와 관개(灌漑) 치수 및 병충해 구제 등이 있다.

1. 김매기

갑골복사 가운데 "……白……[甲骨字]……田弗……"(《合集10571》)이라고 하고 있는 것이 있다. 이 복사 중의 '[甲骨字]'자는 두 손에 '鏟' 즉 자귀를 들고 풀을 베는 모양을 형상화하고 있는 자형인데, 裘錫圭[1]는 이를 '芟'자로 고석하였다. 앞의 농기구 부분에서 이 '芟'과 함께 '耨'와 '艻'도, 농지의 잡초를 제거하는 것이라고 지적한 바 있다.

그리고 갑골문에는 또 '[甲骨字]'자도 보이는데(《合集28228》·《合集28230》·《屯南71》·《屯南3004》 등), 이 글자의 뒤에는 대부분 "受年" 또는 "受禾" 등의 말이 덧붙여져 있다. 이 글자에 대해 裘錫圭[2]는 '旬'을 구성 요소로 하고, 또 이를 성부(聲符)로 하여 '耘'의 뜻으로 해독(解讀)하며, 이 글자의 자의(字義)는 농지의 잡초를 제거하는 김매기 작업을 뜻한다고 했다.

2. 관개(灌漑)와 치수(治水)

예나 지금이나 농사에 있어서 관개와 치수 역시 매우 중요한 일인데, 갑골복사 가운데에는 "百汫"(《合集18770》)이라는 말이 있는데, 여기에서의 '汫'자에 대해 溫少峰·袁庭棟[3] 등은 이 글자의 자형은 '井' 즉 우물 옆에 물이 흐르는 모양을 형상화한 것이며, 이는 우물을 파서 농지에 관개를 하는 것이라고 했다. 그리고 沈之瑜[4]는 '汫'을 '阱'자로 인식했는데, 이는《周禮·秋官·雍氏》에, "春令爲阱, 擭溝瀆之利於民者.: 봄에는 야수들을 잡기 위한 함정과 덫 그리고 농경을 위한 봇도랑과 도랑 등의 수축(修築)을 명령하여 백성들에게 이롭게 되도록 한다."라고 하고 있는 말에 대해 鄭玄은, "溝瀆澮, 田間通水者也.: '溝'·'瀆'·'澮'는 농경지 사이의 물이 통하는 길이다."라고 주(注)한 것과,《玉篇》에 '汫'자의 뜻을, "小水貌, 又, 漂流也.: 물이 적은 모양인데, 이 또한 표류한다."라고 하고 있는 것에 의거하면, 이 복사에서의 '百汫'이란 백 가닥의 도랑이라는 뜻이며, 우물에서 물을 퍼서 관개하였으므로 당연히 적은 양의 물이었을 터이고,《世本》에 "湯旱, 伊尹教民田頭鑿井以灌田.: 湯임금 때 가뭄이 들어서 伊尹은 백성들에게 밭머리에

1) 裘錫圭 前揭書《古文字論集》p.171을 참고.

2) 裘錫圭 上揭書《古文字論集》p.186을 참고.

3) 溫少峰·袁庭棟 前揭書《殷墟卜辭研究---科學技術篇》p.202를 참고.

4) 沈之瑜 <"百汫"·"正河"解>,《上海博物館集刊》(上海博物館 1987. 上海) 第4輯을 참고.

우물을 파고 관개하도록 가르쳤다."라고 하고 있는 것으로 보아, 정말 '百泚'이라고 할 만하였을 것이라고 하였다.

또 갑골복사에는 "庚戌卜, 爭, 貞 : 王迄正河新圩, 允正."(《合集16243》)이라고 하고 있는 것이 있는데, 이 복사에서의 '正河'를 郭沫若[1]은 '治河'라고 하면서, 이는 강의 치수 사업을 할 때 새로운 제방을 건설하여 농경지에 관개를 하거나 혹은 수해(水害)로 전답이 무너지는 것을 방지하기 위한 것이라고 하였다. 이는 商代의 수리 시설이라고 할 수 있겠다. 또 갑골문에는 "令逆河"(《合集14626》)라고 하고 있는 복사도 보이는데, 王貴民[2]은 이를 강물이 넘쳐흐르는 것을 막고 끊는다는 의미라고 하였다. 이 해석이 사실이라면, 이 역시 치수 사업의 하나라고 할 수 있겠다.

3. 병충해의 구제

갑골복사 가운데 '[illegible]'로 예정(隸定)하여 쓰고 있는 글자가 있는데, 이 글자가 사용된 복사의 예로는 다음과 같은 것들이 있다.

① 貞 : 甲申[illegible]夕至, 宁, 用三大牢. 《屯南930》
② 乙亥卜, 其宁[illegible]于帛. 《合集32028》
③ 貞 : 其宁[illegible]于帝五玉臣, 于日告. 《屯南930》

이들 복사에 보이는 '[illegible]'자에 대해서는 과거에는 어떤 곤충을 형상화한 것이라고도 하고; 혹은 '蟋蟀' 즉 귀뚜라미로서, 절기(節氣)를 나타내는 말이며, '秋' 곧 가을을 지칭한다는 주장들이 있었다.[3] 이 글자는 다의자(多義字)임이 틀림없어 보이는데, 위에 예시한 복사들에서는 가을을 의미하는 '秋'로 해석해서는 뜻이 통하지 않는다. 왜냐하면 가을철이 "夕至"할 수는 없고, "夕至" 할 수 있는 것은 반드시 사람이거나 동물이어야 하기 때문이다.

그리고 갑골복사에는 또 "宁秋"라는 말이 있는데, 갑골문에서의 이 '宁'자는 재해(災害)를 멈추게 하기 위한 일종의 제사를 말한다. 이 '宁'자가 사용된 복사의 예를 들면, "宁水"(《屯南930》) · "宁風"(《合集13372》) · "宁雨"(《合集32992》) · "宁疾"(《屯南1059》) · "宁𢼸"(《合集14370》) 등이 있다. 이들 복사 중의 '水' · '風' · '雨' · '疾' · '𢼸' 등은 모두 사람들에게 해를 끼칠 수 있으므로,

---

1) 郭沫若 前揭書《殷契粹編 · 考釋》p.77上을 참고.

2) 王貴民 <商代農業概述>, 《農業考古》(江西省社會科學院歷史研究所, 江西省中國農業考古研究中心 1985. 南昌) 第2期를 참고.

3) 王宇信 · 楊升南 主編 前揭書《甲骨學一百年》p.533을 참고.

신들에게 제사를 드려서 이를 멈추도록 기구하였다. 이에 따라 많은 연구자들의 주장[1]과 같이 이 "宁𧒒"의 '𧒒'자를 '螽'이나 '蝗虫'의 '蝗'으로 고석하여 '蝗虫'을 지칭한다는 것이 학계의 정설이다.

갑골복사에서 이 해충이 나타날 것인가에 대해 여러 차례 복문한 것과 上甲·河·岳·夒 등의 신들에게 고(告)하여 제사를 드리며 이의 출현 금지를 기구하는 것은 소극적인 방법이다. 그런데 어떤 갑골복사에서는, 예를 들면,《合集29715》·《合集32854》·《合集32968》 등의 갑골판에는 '𧒒'자 아랫부분에 '火'자가 덧붙여져 있는 글자도 있는데, 이는 당연히 불을 사용하여 '蝗' 즉 황충(蝗蟲)을 태워 없애는 적극적인 방법으로 이 해충을 방제한 것이라 생각되며, 이 방법은 근대에 이르기까지 河南 등의 지역에서 여전히 사용하는 방법 중의 하나이다. 과거에는 이 황충으로 인한 재해가 발생하는 경우에는, 농민들이 모두 나와 이를 포획하였으며, 이렇게 잡은 황충의 양이 어마어마하게 많아서, 깊게 구덩이를 파서 매장하거나 무더기를 지어 불로 태워 없앴다고 하는데, '火'를 구성 요소로 하는 '𧒒'자는 바로 商代 사람들이 채택했던 황충 박멸의 적극적 방법이라고 할 수 있겠다.

戊. 수확 탈곡과 저장

1. 수확(收穫)

중국 상고시대의 농작물의 수확 방법으로는 이삭을 따는 방법과 줄기를 베는 방법의 두 가지가 있다고 앞의 농기구의 검토에서 이미 설명하였다. 갑골복사 가운데 "辛亥卜, 貞 : 或刈來."(《鐵177. 3》)·"丁未卜, 賓, 貞 : 叀王𢦏刈黍.(《人文143》)·"貞 : 王往立(莅)刈黍▢."(《合集9558》)라고 하고 있는 것들이 있는데, 이들 복사 중의 '刈'자는 줄기를 베어서 수확하는 것을 말한다.

또 갑골복사 가운데에는 "貞 : 呼婦姘[往]𠬪黍."(《合集2734正》)·"貞 : 勿呼婦姘往𠬪黍."(《合集40078正》)·"庚辰卜, 賓, 貞 : 叀王𠬪南冏黍. 十月.(《合集9547》)"·"叀丁卯㞢'𠬪', 受年."(《屯南345》)·"己丑貞 : 王𠬪黍, 受禾. 弗受禾."(《粹900》)라고 하고 있는 것들도 있다. 이들 복사 중의 '𠬪'자에 대해 裘錫圭[2]는, 陳夢家와 陳邦懷가 '采'자로 고석한 것에 동의하면서, 이는 위의 '刈'가 줄기를 베는 방식의 수확 방법인데 비해, 이 '𠬪'는 손이나 낫으로 이삭을 따는 방식의 수확 방법임이 틀림없다고 주장하였다.

그리고 또 갑골문 가운데에는《粹780》·《粹845》·《合集31201》·《合集31796》 등에서와 같이

---

1) 郭若愚 <釋𧒒>,《上海師範大學學報》(上海師範大學 1979. 上海) 第2期; 彭邦炯 <商人卜螽說>, 前揭雜誌《農業考古》1983年 第2期; 范毓周 <殷代的蝗災> 前揭雜誌《農業考古》1983年 第2期 등을 참고.

2) 裘錫圭 前揭書《古文字論集》pp.187~188을 참고.

'禾'와 '口'를 구성 요소로 하고 있어, 이를 우선 '𥝩'자로 예정(隸定)하여 쓰고 있는 글자가 있다. 이 글자에 대해 郭沫若[1]은 이를 '禾秆'의 '秆'자로 고석하여 볏짚이라고 하였다. 그리고 裘錫圭[2]는 이 글자를 '𥞚'자의 초문(初文)이라고 고석하고, 郭沫若의 주장과 다르지 않게 벼나 기장 등과 같은 곡물의 줄기 명칭이라고 하면서, 이 글자가 갑골문에서 동사로 쓰일 경우에는 '禾秆' 즉 볏짚을 처리하다는 뜻의 행동을 나타내는데, 이 역시 이삭을 따는 방식의 수확 방법이라고 하였다. 그런데 이 '𥝩'의 방법으로 수확한 사실을 기록한 갑골복사의 예를 살펴보면, "翌日庚其𥝩乃𩁹, 𢀛至來庚有大雨. 來庚𠛱𥝩乃𩁹, 亡大雨."(《合集31199》) · "叀庚午𥝩于𤲱田, 不遘大雨. 弜庚午, 其雨."(《屯南335》)라고 하고 있는 것들이 있다. 예시한《合集31199》에서의 '𩁹'자는 '舞雨'의 뜻이므로, 이는 비를 기구하는 의식이다. 그리고 裘錫圭[3]는 또 이 복사에서의 '𠛱'자에 대해 '𠜴'자로 고석하고, 절단하다는 뜻이라고 하면서, 이는 물론 '禾秆'을 절단하는 것이며, 위에 예시된 복사는 '禾秆'을 절단한 후에 비를 기구함으로써, 베고 남은 '禾秆'이 농경지에서 빨리 썩도록 하려는 것이라고 하였다.

2. 탈곡(脫穀)

갑골문 가운데 '𢻮'(《合集27123》) · '𢻮'(《合集28173》) 등의 모양으로 쓰고 있는 글자들이 있는데, 이는 잠정적으로 '𡚁'로 예정(隸定)하여 쓰고 있다. 이 '𡚁'자에 대해서 董作賓[4]은, 이 글자의 갑골문 왼쪽 편방은 '來'를 구성 요소로 하여 '麥' 즉 보리의 모양을 형상화한 것이고, 오른쪽 편방은 손에 나뭇가지를 쥐고 있는데, 이는 보리를 타작하는 모습을 표현한 것으로서, 손에 나무 막대기를 잡고 보리를 치는 형상이라고 했다. 그리고 '麥'의 아래쪽에 다시 '又'를 덧붙여서, 한 손으로는 보릿대를 붙잡고, 다른 한 손으로는 막대기를 잡고 보리를 타격하여 보리 알갱이를 떨어지게 하는 형상을 더욱 핍진하게 형상화하였다고 주장했다. 갑골문에서 이 글자는 다른 뜻으로 쓰인 예는 없고, 오로지 '進福' 즉 복(福)을 들이거나 '受佑' 즉 도움을 받는다는 뜻으로만 쓰이고 있는데, 董作賓은 이런 뜻도 역시 보리타작에서 비롯된 것이며, 보리를 쳐서 알갱이를 줄기에서 떨어지게 하는 것 즉 수확은 백성들이 하늘의 도움을 받아서 한 해의 큰 결실을 얻는 것이므로, 복우(福佑)의 의미가 있는 것이라고 주장하였다.

---

1) 郭沫若 前揭書《殷契粹編 · 考釋》p.113上을 참고.

2) 裘錫圭 前揭書《古文字論集》pp.175～177을 참고.

3) 裘錫圭 上前書 pp.176～177을 참고.

4) 董作賓 <釋'馭嫠'>, 前揭雜誌《安陽發掘報告》1933년 第4期를 참고.

3. 저장(儲藏)

농경(農耕)으로 수확한 양식의 저장은 갑골문에서 ‘㐭’이라고 하고 있는데, 이는 곧 ‘倉廩’의 ‘廩’의 초문(初文)이며, 갑골문으로는 ‘[illegible]’(《粹914》)·‘[illegible]’(《前4. 11. 6》)·‘[illegible]’(《續 5. 15. 9》)·‘[illegible]’(《甲574》) 등의 모양으로 쓰고 있다. 陳夢家는 이 글자에 대해서, “象露天的穀堆之形. 今天的北方農人在麥場上, 作一圓形的低土台, 上堆麥稈麥殼, 頂上作一亭蓋形, 塗以泥土, 謂之‘花籃子’, 與此相似.[1] : 노천의 곡식 무더기 모양을 형상화하였다. 오늘날 북방 지역의 농민들이 타작마당에다 원형의 낮은 토대를 만들고 그 위에다 보릿짚과 보리를 쌓은 다음에 꼭대기를 정자 지붕 모양으로 만들어 진흙을 바르고, 이를 ‘花籃子’라고 부르는데, 자형이 이것과 비슷하다.”라고 했다. 이 설명은 갑골문의 ‘㐭’자에 대한 가장 정확한 해설이라고 할 수 있다. 商代의 창고는 대부분 왕도의 남쪽에 건설하였기 때문에, 갑골문에 “南廩”(《合集5708正》·《合集9636》·《合集9637》·《合集9639》·《合集9640》 등등)이라고 하고 있는 것이 많다. 여기에는 대량의 양식을 저장하였으므로, 갑골문에는 이 ‘南廩’을 시찰하는 일에 관한 점복이 특별히 많다. 그리고 이렇게 ‘南廩’을 시찰하는 임무를 집행하기 위해 파견된 사람들로는, ‘朿人’(《合集9636》)·‘吳’(《合集9638》)·‘竝’(《合集9639》)·‘先’(《合集9641》) 등이 있다.

왕도의 남교(南郊)지역에 ‘南廩’이 있었던 것 외에, ‘陕’라는 지역과 같은 기타 지역에도 역시 창름(倉廩)이 설치되어 있었는데, 이들 곡식 창고와 이 창고들을 시찰하는 내용이 기록된 갑골복사로는 다음과 같은 것들이 있다.

① 乙亥卜, 貞 : 令多馬亞·徲·遘·𧙕省陕廩, 至于倉侯.
从槅川, 从垂侯. 《合集5708》
② 貞 : 先省在南廩. 《合集9641》
③ 叀宁鼓令省廩.
叀馬令省廩. 《屯南539》
④ ……衆以省廩. 《屯南180》

《合集5708》의 복사에서 알 수 있는 것은, ‘陕’지역의 창름(倉廩)은 매우 멀리 있었기에, 商왕이 여러 사람을 파견하여 이들이 연합해서 순시하러 가도록 하였는데, 두 개의 제후국을 거치고 큰 강 하나를 건너서 가야 했다는 사실이다. 그리고 동일 지역에 건설한 창고가 매우 많았는데, 갑골문(《合集583反》)에는 어느 해 11월에 ‘僕’과 ‘宰’가 노역을 하다가 밤중에 3개의 창고를

1) 陳夢家 前揭書《殷虛卜辭綜述》p.536.

불태운 기록이 있다. 이처럼 창고는 늘 공격을 받아 파괴될 위험이 있었기 때문에 商 왕은 자주 사람을 보내서 이를 감시하고 순찰하도록 하여 안전하게 보호하도록 했다.

四. 농부의 신분과 농업의 관리(管理)

甲. 농부의 신분

갑골문에 나타나는 농업에 종사하는 노동자 즉 농부(農夫)의 신분을 탐구할 수 있는 갑골복사의 자료가 대단히 적어, 지금까지의 연구 성과 또한 매우 제한적이다. 이 문제에 대해서는 王承祒와 趙錫元 등이 농업 생산에 종사한 노동자는 '衆'이나 '衆人'으로 지칭되는 사람들뿐이라고 주장했는데[1], 이와 관련된 복사의 예를 보면, "……[王]大令衆人曰 : 劦田, 其受年. 十一月."(《合集1》) · "貞 : 衆作耤不喪."(《合集8》) · "小臣令衆黍."(《合集5597》)라고 한 것 등이 있다. 이들을 통해 '衆' 또는 '衆人'이 농업에 종사하였음을 알 수 있다. 그리고 이 이외에는 '僕'과 '宰'가 농업과 관련이 있는 일을 한 내용이 한 번 보이는데, 《合集583正 · 反》에 "有僕在受, 宰在☐, 其☐蓐, 亦焚廩三. 十一月."이라고 하고 있는 것이 그 예이다. 《合集583》에서의 "十一月"의 '蓐'은 제초 작업이다.

이런 노동은 모두 商 왕조의 유관(有關) 신료들의 조직 아래에서 단체로 진행되었고, 노동의 장소도 고정되어 있지 않아서 파견되어 나가는 경우도 있었는데, 《合集10》에는, "王往致衆黍于囧."이라고 하여, '囧'지역으로 파견하여 '黍'를 파종하도록 하였음을 기록하고 있다. 그리고 이를 통해 '衆人'의 노동 장소가 왕실의 농장(農莊)이고, 자신들이 소유하고 있는 식읍지가 아니라는 것을 알 수 있다.

그리고 갑골문에는 '邑人'이란 호칭도 있으나(《合集799》 · 《合集9741反》 · 《合集14211反》), 이들이 농업에 종사한 갑골복사는 아직 발견되지 않고 있다.

乙. 농업의 관리(管理)

갑골복사에 商 왕이 직접 농사에 간여하는 내용이 나타나는 것으로 보아 商代에는 농업을 관리하는 것에 있어서는 상당히 높은 수준의 체제를 갖추고 있었음을 알 수 있다. 예를 들어 《合集1》에는 "……[王]大令衆人曰 : 劦田."이라고 하고 있는데, 이는 왕이 직접 생산자인 '衆人'에게 친히 명령을 내려서 '劦田'을 하도록 명령한 것으로, 이는 조직의 말단에 이르기까지 철저히

1) 王承祒 <試論殷代的直接生産者---釋羌和衆>, 前揭雜誌《文史哲》1954年 第6期; 趙錫元 <試論殷代的主要生産者'衆'和'衆人'的社會身份>, 前揭雜誌《東北人民大學人文科學學報》1956年 第6期를 참고.

관리한 것이라고 할 수 있다.

그리고 갑골복사에는 농사를 주관하거나 농업 생산에 종사하는 '衆人'을 관리하는 여러 종류의 관직이나 관리들이 있었음을 알게 해주는 기록들이 있다. 예를 들면, 《合集5603》에는 "己亥卜, 貞 : 令吳小耤臣."이라고 하고 있는데, 이는 商 왕실에서 '小耤臣'이라는 관직을 설치하여 농사를 주관하도록 하였음을 알게 해주는 것이다.

또한 《合集5597》에는 "貞 : 叀呼小衆人臣."이라고 하고 있는데, 여기에서의 "小衆人臣"이라는 말은 "衆人小臣"이라고 읽어야 하는 것으로, 이 '衆人小臣'이라는 관직은 농업 생산에 종사하는 노동자인 '衆人'을 관리(管理)하는 직무를 수행한 것이라 여겨진다.

또 《乙2813》에는 "……呼小刈臣."이라고 하고 있고, 《乙5915》에는 "……小刈臣."이라고 하고 있는데, 여기에서의 '小刈臣'이란 수확을 주관하는 관리로 보인다. 이 '小刈臣'에 대해 裘錫圭[1]는 농작물을 베어서 수확하는 일을 총체적으로 관리하던 商 왕실의 관리(官吏)라고 하였다.

갑골문에는 또한 '畯'자(《合集5605》와 《合集5610》에 보임)도 보이는데, 이 글자는 羅振玉이 고석한 것이다. 다만 이 글자가 새겨진 갑골편이 너무 심하게 잔결(殘缺)되어서 여기에 새겨진 각사(刻辭)가 분명하지가 않다. 《詩經 · 豳風 · 七月》에, "田畯至喜"라는 구절이 있는데, 여기에서의 '田畯'이라는 말에 대해 《毛詩傳》에는, "田畯, 田大夫也. : '田畯'이란 '田大夫'라는 뜻이다." 라고 하고 있다. 만약 周代의 제도를 근거로 추정한다면, 갑골문의 '畯'자 역시 농사를 주관하는 관리의 일종일 가능성이 크다고 하겠다.

그리고 《合集33209》에는 "王令多尹裒田于西, 受禾."라고 하고 있는데, 이는 지위가 아주 높은 관리였던 '多尹'에게 서쪽 지역의 간전(墾田)에 대한 일을 주재하도록 명령한 것이다. 갑골문의 '尹'은 '長官'의 의미가 있는데, 屈萬里[2]는 '尹'은 관리들을 주관하는 직책을 일컫는다고 했다. 복사에는 또 '尹'과 '多尹'이 농업을 관리하는 직책에 종사한 내용이 있는데, 예를 들면, "令尹作大田."(《合集9472》) · "令多[尹入]絴方裒田."(《合集33213》)이라고 하고 있는 것들이다. 이렇게 직급이 높은 '尹' 또는 '多尹'이 농업 생산 업무를 관장한 것만 보아도 商 왕실에서 얼마나 농사를 중시하였는지를 알 수 있다.

그런데 일반적으로 갑골복사에 나타나는 인명들은 대부분이 귀족이거나 높은 신분의 사람들이며, 이들은 또 왕실에서 여러 가지 관직을 맡고 있었기 때문에, 갑골문에서 왕이나 혹은 왕이라고 말하지 않고 그냥 어떤 사람으로 하여금 어떤 종류의 농사 활동에 종사하도록 '呼' 또는 '令'이라고 한 것은 모두 왕실의 관리를 파견하여 모종(某種)의 농사를 관리하도록 한 것이다. 복사의

1) 裘錫圭 前揭書 《古文字論集》 p.187을 참고.

2) 屈萬里 前揭書 《殷虛文字甲編考釋》 p.118을 참고.

예를 들면, “令𦥑裒田于京.”(《合集9473》) · “呼雷耤于明.”(《合集14正》) · “呼婦姘往黍.”(《合集9533正》)라고 하고 있는 것들이 그렇다.

商 왕실의 왕과 그 신료들은 농사의 관리(管理)를 통하여 농업 생산 활동의 모든 과정을 파악하고 있었는데, 농경지를 선택하는 ‘省田’에서부터 수확과 저장의 ‘省㐭’까지 어느 부분도 중요시하지 않은 것이 없었다. 商 왕은 직접 농업을 관리하거나 신료들에게 명령을 내려 농업을 관리하도록 하는 일 이외에도, 신령(神靈)에게 풍년을 기원하고, 농작물에 해를 끼치는 일을 방지하려고 애썼는데, 갑골문에 흔히 보이는, “求年” · “求禾” · “受年” · “受禾” 등을 내용으로 하는 점복들이 그러하다. 商代 사람들의 미신의 정도가 대단히 깊었고, 商 왕이 신령들에게 대단히 많은 일들에 대해 도움과 해결을 기구한 일들은, 그들이 농업을 매우 중요시했다는 사실을 반영한다. 따라서 이와 같은 商 왕들의 거동은 오늘날의 시각으로 보아서 ‘迷信’이라고 간주할 일은 결코 아니며, 이는 그 당시 그들의 입장에서는 가장 효과적으로 농업을 관리했던 일로 보아야 할 것이다.

五. 농업 구역

갑골문에 나타나는 농업 구역은 연구자들 나름의 인식과 각자의 표준으로 이를 확정하였기 때문에, 연구자들에 따라 그 지명과 숫자가 다 다르다. 이 문제에 대한 체계적이고 종합적인 연구는 胡厚宣에 의해 맨 먼저 이루어졌다. 그는 〈卜辭中所見之殷代農業〉이라는 논문에서 갑골복사에서 “某地受年” 즉 어떤 지역에 풍년이 든다거나 또는 “耕作於某地” 즉 어떤 지역에서 경작을 하는 두 가지 표준에 의거하여 농업 구역을 획정하였다. 그는 동 · 서 · 남 · 북 4방의 농업 구역 이외에 30여 개의 농업 구역을 지칭하는 구체적인 지명들을 발견하고는, 이들 가운데 그 위치를 정확히 알 수 있는 15개와 위치가 그다지 확실하지 않은 6개를 모아서 〈殷代農業區域圖〉를 그려냈는데, 그는 商代의 농업 구역 범위에 대해,

> 西至今陝西興平縣境, 東南至今江蘇睢寧縣境, 南至今河南之淅川, 東至今山東之臨淄. 儼然據今黃河流域蘇皖魯豫晉陝六省之地矣.[1] : 서쪽으로는 지금의 陝西省 興平縣의 경계까지이고, 동남쪽으로는 지금의 江蘇省 睢寧縣의 경계까지이며, 남쪽으로는 지금의 河南省 淅川까지이고, 동쪽으로는 지금의 山東省 臨淄까지이다. 이는 엄연히 지금의 黃河 유역인 ‘蘇’ · ‘皖’ · ‘魯’ · ‘豫’ · ‘晉’ · ‘陝’ 등의 6개 성(省)에 걸친 지역이다.

1) 胡厚宣 前揭書《甲骨商史論叢》二集上册 <卜辭中所見之殷代農業> p.99를 참고.

라고 하였다. 胡厚宣의 이 논문이 발표된 이후 여러 학자들이 갑골복사를 이용하여 商代의 농업과 관련된 다방면의 문제들에 대한 연구를 진행했는데, 우선 張秉權[1]은 商代의 농업 구역은 모두 65개 지역에 달한다고 밝혔는데, 그가 밝힌 농업 구역의 범위는 대체로 胡厚宣이 밝혀낸 것과 비슷하다. 또 鍾柏生[2]은 갑골문에 나타나는 농업 지역은 98개에 이른다고 주장하였다. 그리고 楊升南[3]은 갑골문에 보이는 농업 지명 104개를 열거하고, 아울러 각 지명 아래에 해당 지명의 갑골복사에서의 출처를 밝혀 놓았다.

또 王宇信·楊升南 등은[4] 商 왕국이나 '東土'·'北土'·'北田' 등과 같이 어떤 방위 지역의 풍년에 대한 점복은 그 지역 범위가 너무 광범위하여, 구체적인 농업 지명으로 포함시키는데 문제가 있으므로, 위치를 확정할 수 없는 지명을 제외하고 갑골복사에 나타나는 농업 지역의 지명은 약 110개에 이른다고 하면서, 그 구체적인 지명을 도표로 제시하고 아울러 해당 지명의 출처가 되는 복사의 예를 각 1조(條)씩 열거해 놓았다. 그리고 彭邦炯[5]은 갑골복사에 보이는 농업 지명 120개를 모아서 표로 만들어 제시하면서 각 지명의 출처가 되는 복사를 함께 열거했을 뿐만 아니라, 방위에 대한 고증도 덧붙여 놓았다.

갑골복사에 근거하여 商代의 농업 지명을 확정하는 데 있어서는 사람마다 견해가 다른데, 예를 들면 "省田" 즉 전지(田地)를 시찰하는 내용의 복사를, 鍾柏生과 彭邦炯은 농업과 관련된 것이 아니라고 했다. 이들은 다른 사람들이 농업 구역으로 열거한 지명들 가운데 "祈年" 즉 풍년을 기구하는 대상이 된 몇몇 지명을 농업 지역이라고 간주했지만, "……祈禾于滴有大雨."(《合集28243》)·"其祈禾于阺."(《合集28247》)·"……祈年于滴."(《合集40110》)이라고 하고 있는 것 등의 복사에서의 '滴'과 '阺'에 대해서는 좀 더 연구할 필요가 있다고 하면서, 이들 둘은 비록 지명이기는 하지만, "祈年"의 대상으로 쓰일 경우에는 지명이 아닐 가능성이 있다고 하고는, "祈年于河."(《合集10085》)·"祈年于上甲."(《合集10109》)·"祈年于高祖."(《合集23717》)라고 하고 있는 것 등의 복사들을 그 예로 들고, 여기에서 "祈年"의 대상이 '河'·'上甲'·'高祖' 등이 모두 신명(神名)임을 그 이유로 내세웠다. 그러나 위에 예시한 복사에서의 '滴'과 '阺'이 지명임이 분명하다면, 이를 단순히 '滴'·'阺' 두 지역의 풍년을 기구한 것으로 볼 수도 있고, 또 아니면 이 '滴'·'阺'을 이 두 지역의 토지신(土地神)으로 볼 수도 있다고 여겨진다.

이밖에 또 "田于某[地名]"의 형식으로 된 복사 중의 '田'은 농지가 아니라 전렵(田獵)을 지칭했을

1) 張秉權《甲骨文與甲骨學》(臺北國立編譯館 1988. 臺北) p.449를 참고.

2) 鍾柏生 <卜辭中所見的農業地理>,《殷商卜辭地理論叢》(藝文印書館 1989. 臺北)을 참고.

3) 楊升南 前揭書《商代經濟史》pp.106~110을 참고.

4) 王宇信 楊升南 主編 前揭書《甲骨學一百年》pp.538~541을 참고.

5) 彭邦炯《甲骨文農業資料考辨與硏究》(吉林文史出版社 1998. 長春) pp.590~591을 참고.

가능성이 크다는 점인데, 예를 들어서, "王田于斿, 往來亡災. 玆御, 獲鹿十."(《合集37460》)·"王田于鷄, 往來亡災. [王占曰] : 弘吉. 玆御, 獲狐八十又六."(《合集37471》)이라고 하고 있는 복사에서의 "田于斿"와 "田于鷄"에서의 '斿'와 '鷄'도 농업 구역으로 간주한 연구자도 있지만, 이는 왕의 전렵 지역이지 결코 농업 지역이 아님이 분명하다 하겠다.

제3절 商代의 목축업

목축업도 농업과 마찬가지로 商代의 중요한 경제 생산 부문의 하나였다. 갑골복사에 나타난 기록에 의하면, 商 왕이 신(神)에게 제사를 지낼 때 사용한 축생(畜生)의 숫자가 실로 어마어마했는데, 예를 들면, "丁巳卜, 爭, 貞 : 降𠬝千牛. 不其降𠬝千牛·千人." (《合集1027正》)이라고 한 이 복사는 한 번의 제사에 소 1천 마리를 준비했다는 기록이다. 郭沫若은 갑골문에서 대량의 축생을 제사에 사용한 사실에 의거하여 주장하기를, "已可斷定商代是畜牧最蕃盛的時代.[1] : 商代는 이미 목축이 가장 번성했던 시대라고 단정할 수 있다."라고 했다. 그리고 또 "殷代的牧畜業應該是相當蕃盛的. 因爲祭祀時所用的牲數很多. …… 但農業却已成爲主要的生產了.[2] : 殷代의 목축업은 상당히 번성했었음이 분명하다. 왜냐하면, 제사에 사용한 희생의 숫자가 매우 많기 때문이다. …… 그런데 농업이 이미 주요한 생산 업종이 되었다."라고 주장했다.

그리고 고서에도 이를 뒷받침하는 기록들이 있다.《世本·作篇》에는, "相土作乘馬"라고 하고 있고, 또 "胲作服牛"라고 하고 있는데, 여기에서의 '相土'와 '胲' 즉 '王亥'는 모두 商나라 湯임금의 직계 원조(遠祖)이므로, 이는 商 왕실의 조상들이 가장 먼저 마소[牛馬]가 끄는 수레를 발명하였다는 기록이다. 또《管子·輕重戊》에는 "殷人之王, 立皀牢, 服牛馬, 以爲民利而天下化之. : 殷 왕이 마구간과 우리를 만들어 마소를 사육하고 훈련시켜서 백성들을 이롭게 하여 천하 사람들이 귀화하였다."라고 하고 있는데, 이는 商 왕실이 목축업을 번성 발전시켰다는 기록이다. 이런 기록들은 모두 商代에 목축업이 매우 발달하였음을 알게 해주는 자료들이다.

이 절(節)에서는 商代 목축업에 대해, 사육 가축의 종류와 사육 기술 및 목축업 종사자들의 신분 등으로 나누어 살펴보기로 하자.

---

1) 郭沫若《郭沫若全集·歷史編》(人民出版社 1982. 北京) 第一卷《中國古代社會研究》p.207.

2) 郭沫若《十批判書》(人民出版社 1954. 北京) p.12.

一. 가축의 종류

갑골복사에 나타나는 가축의 종류는 매우 다양한데, 郭沫若은 商代에 사육하였던 가축의 종류에 대해, "後人所有的馬牛羊鷄犬豕的六畜在當時已經成爲了家畜, 而在這六種普通的家畜之外還有後人所沒有的象.[1] : 후세 사람들이 소유했던 말 · 소 · 양 · 닭 · 개 · 돼지 등의 6축(六畜)은 당시에도 이미 가축이 되어 있었으며, 이들 6종의 보통의 가축 이외에 후세 사람들에게는 없었던 코끼리도 있었다."라고 주장했다. 郭沫若이 주장한 6종의 가축 가운데 닭은 갑골복사에서는 가축임이 명확하지 않은데 비해 나머지 5종의 가축은 갑골복사에 모두 보인다.

甲. 말[馬]

商代에 말이 가축이었다는 사실은 일찍이 말이 수레를 끌었다는 사실로 증명이 된다. 고고학 발굴을 통해서 말이 수레를 끌었던 사실을 증명해주는 수레와 수레의 부속품 및 수레를 끈 말의 유골과 각종 마구(馬具)들이 묻혀 있는 이른 바 '車馬坑'이 이미 적지 않게 발견되었다.[2] 먼저 말이 끄는 수레를 타고 수렵을 한 갑골복사의 기록이 있는데, "癸巳卜, 㱿, 貞 : 旬亡禍. 王占曰 : 乃玆亦有祟. 若偁. 甲午王往逐兕, 小臣叶車, 馬硪𩁹王車, 子央亦墜."(《合集10405》)라고 하고 있는 것이 이를 말해주고 있다. 또《合集13705》에는 "王學馬無疾."라고 하고 있는데, 이는 商왕이 말의 훈련에도 주의를 기울였음을 알게 해주는 복사의 예이다. 말이 수레를 끌기 위해서는 반드시 훈련과 길들이는 과정을 거치고 나서야 비로소 사용할 수 있게 되는데, 여기에서 "學馬"하고 있는 것이 바로 말을 길들이고 훈련하여 부리는 대로 따르도록 하는 일을 일컫는다.

乙. 소[牛]

商代의 목축에서 소를 사육하는 일이 가장 중요한 일이었음은 갑골복사의 내용 가운데 제사를 거행할 때 사용되는 희생으로 소를 가장 많이 사용하였고, 그 숫자 또한 다른 모든 축생들을 능가한 사실로 증명이 된다. 앞에서 예로 들었던《合集1027》에서는 1천 마리의 소를 희생으로 사용했고, 그 다음으로는 5백 마리로부터 수백 마리의 소를 사용한 복사의 예를 들면 다음과 같다.

---

1) 郭沫若 前揭書《郭沫若全集 · 歷史編》第一卷《中國古代社會硏究》p.204.

2) 楊寶成 <殷代車子的發現與復原>, 前揭雜誌《考古》1984年 第6期를 참고.

① 乙亥[卜], 內, 𠭯大[乙]五百牛, 百伐. 《合集39531》

② 登大甲牛三百. 《懷特904》

③ ......黃尹百牛. 《合集3498》

④ ......兄丁祉三百牢. 《合集22274》

복사 ①의 경우는 5백 마리, 그 다음으로 ②의 경우는 3백 마리, ③의 경우는 1백 마리의 소를 희생으로 사용한 예이다. 그리고 ④의 경우는 3백 '牢'를 희생으로 사용한 예인데, 갑골복사에서의 '牢'는 앞에서 살펴본 제5장 제5절에서 살펴본 것과 같이《周禮 · 天官 · 宰失》의 "以牢禮之灋"이란 말 중의 '牢'자에 대해 鄭玄이 "三牲牛羊豕具爲一牢. : 소 · 양 · 돼지 세 축생을 다 갖춘 것이 1'牢'이다."라고 해석한 것을 원용하면, 이는 3백 마리의 소와 양 그리고 돼지를 동시에 희생으로 사용한 예이다.

그리고 갑골복사에서 사용된 소는 대부분 털 색깔에 따라 '黃牛' · '勿牛' · '白牛' 등 세 종류가 있었는데, 복사의 예를 보면 다음과 같다.

① 叀幽牛又黃牛. 《合集14951正》

② 貞 : 燎十勿牛又五䍩. 《合集15617》

③ 辛酉卜, 大, 貞 : 勿牛三. 《合集23584》

④ 白牛叀二, 有正. 白牛叀三, 有正. 白牛叀九, 有正. 《合集29504》

복사 ①에서의 '幽牛'의 '幽'는 흑색이라는 뜻이므로, '幽牛'는 당연히 흑색의 소이고; '黃牛'는 지금도 흔히 볼 수 있는 황우(黃牛)를 말한다. 복사 ②와 ③의 '勿牛'에 대해서는 胡厚宣이, "勿牛者, 黎黑之牛, 卽今長江流域以南最普通之水牛也.[1] : '勿牛'란 검은 색의 소인데, 지금의 長江 유역 이남 지역에서 가장 보편적인 물소이다."라고 했다. 安陽의 殷墟에서는 물소의 골격(骨骼)이 대량으로 발견되었는데[2], '勿牛'가 지금의 남방 지역의 물소임을 말해주는 것이다. 또 복사 ④에는 '白牛'도 보이는데, 이로 보면, 商代에는 소의 품종으로는 크게 물소와 황우로 나누었고, 소의 털 색깔로는 흑우(黑牛) · 백우(白牛) · 황우로 나누었던 셈이다.

---

1) 胡厚宣 前揭書《甲骨商史論叢》二集上册 <卜辭中所見之殷代農業> p.161을 참고.

2) 楊鍾健 · 劉東生 <安陽殷墟之哺乳動物群補遺>,《中國考古學報》(商務印書館 1949. 上海)第4册을 참고.

丙. 양(羊)

갑골복사에서의 양(羊)은 거의 모두가 신에 대한 제사의 희생으로 사용되었는데, 그 수량은 소 다음으로 많았다. 복사의 예를 보면,

① 五百宰. 《合集20699》
② 御……大甲 · 祖乙, 百鬯百羌卯三百宰. 《合集301》
③ 貞 : 御自唐 · 大甲 · 大丁 · 祖乙, 百羌百宰. 《合集300》

여기에 예시된 복사에서의 '宰'은 周代의 '大牢'나 '少牢'와 연관시킨 주장들이 많았으나, 지금은 앞의 제5장 제5절에서 살펴본 바와 같이 우리에서 사육된 희생 전용(專用)의 양(羊)[1]을 말한다. 따라서 위의 복사들로, 한 번의 제사에 5백, 3백, 1백 마리의 양이 제사의 희생으로 사용되었음을 알 수 있다.

丁. 돼지[豕]

商代에는 소나 양과 마찬가지로 돼지도 중요한 가축의 하나였다. 갑골문에는 돼지를 제사의 희생으로 사용할 때에도 한 번에 1백 마리 이상인 경우가 많은데, 돼지가 사용된 복사의 예를 보면 다음과 같다.

① 貞 : 燎冊百羊百牛百豕青五十. 《合集40507》
② 貞 : 戎丁百羊百犬百豚. 《合集15521》
③ 叀黃豕, 王受有佑. 《合集29544》
④ 叀豕. 叀白豕. [叀]茣□. 《合集29546》
⑤ 丙午卜, 御方九羊 · 百白豭. 《天理300》

갑골복사에 나타나는 돼지를 지칭하는 글자들 가운데 일반적으로 가장 흔히 보이는 글자는 '[illegible]'(《前4. 27. 4》) · '[illegible]'(《續1. 42. 3》) · '[illegible]'(《鐵62. 1》) · '[illegible]'(《後下39. 8》) 등의 모양으로 쓰는 글자들인데, 이들은 모두 '豕'자이며, 돼지의 통칭이라는 것이 학계의 정설이다. 그리고 '[illegible]'(《乙

---

1) 孔德成 前揭論文 <釋牢宰>, 前揭雜誌《文史哲學報》第十五期(臺灣大學文學院 1966. 臺北) pp.183~185.

1968》)로 쓴 것도 있는데, 이는 ‘靑’자이며, 《說文解字》에 수록된 ‘豰’자의 본자(本字)이고, 새끼돼지를 의미하며; 또 ‘’(《甲1945》)·‘’(《前3. 23. 6》) 등의 모양으로 쓴 것도 있는데, 이는 《說文解字》에 수록된 ‘豚’자로, 이 역시 새끼돼지를 의미한다는 것이 학계의 정설이나, ‘靑’과 어떤 차이가 있는지는 아직 밝혀지지 않고 있다. 또 ‘’(《後上18. 5》)·‘’(《前4. 51. 3》) 등의 모양으로 쓴 것도 있는데, 이는 羅振玉이 ‘彘’자로 고석하고 멧돼지를 뜻한다고 하였는데, 이 역시 학계의 정설이 되었다. 그리고 또 《合集22045》에 보이는 ‘豝’는 암퇘지이며; ‘’(《燕11》)·‘’(《乙1558》)·‘’(《乙6929》)·‘’(《乙9103》) 등의 모양으로 쓴 것도 있는데, 이들에 대해 趙誠[1]은 이들 모두는 수퇘지를 뜻하는데, 앞의 ‘’·‘’ 두 글자는 거세(去勢)를 하지 않은 수퇘지를 의미하고, 뒤의 ‘’·‘’ 두 글자는 거세한 수퇘지를 뜻한다고 하였다.

위에 예시한 ①·②·⑤의 복사는 암수와 새끼돼지와 거세한 돼지를 용도에 따라 구분하여 사용한 것이고; ③과 ④의 복사는 제사에 사용하는 돼지는 털의 색깔도 구분하여 사용하였을 알려주는데, ④의 ‘英’자 뒤에는 ‘豕’자가 생략되었고, ‘英’은 돼지의 색깔이 황색이라고 한다.[2]

이런 주장들이 모두 사실이라면, 商代에는 멧돼지를 집에서 가축으로 사육하기 시작한지가 상당히 오래되었고, 당시 사람들은 제례(祭禮)에서 희생으로 사용하는 돼지에 대해서는 매우 까다로워 사용할 수량 외에도 털의 색깔과 크기는 물론이고 ‘牝牡’ 즉 암수와 수컷의 경우 거세 여부에 대해서까지 구분하였음을 알 수 있다. 이로 미루어 보면, 그 목적이 무엇이었는지는 알 수 없으나 거세를 한 수퇘지와 거세를 하지 않은 수퇘지를 구분할 정도였다면, 목축업이 대단히 높은 수준으로 발달하였음도 알 수 있다.

戊. 개[犬]

개는 가축으로서 사람에 의해 양육과 훈련을 받은 역사가 매우 오래된 동물인데, 일찍이 신석기시대에 이미 사육되었고, 商代의 분묘(墳墓)들에서는 묘의 크기와는 관계없이 개가 순장(殉葬)된 것이 매우 많이 발견된다. 갑골복사에도 개가 언급된 경우가 많은데, 이를 예를 들면 다음과 같다.

① 貞 : 戎丁用百羊百犬百豚. 《合集15521》
② 丁巳卜 : 侑燎于父丁犬百羊百卯百牛. 《合集32674》
③ 貞 : 令兹三百犬……. 《合集16241》

---

1) 趙誠《甲骨文簡明詞典》(中華書局 2009. 北京) pp.199~200을 참고.
2) 楊樹達《卜辭求義》, 《楊樹達論文集》(上海古籍出版社 1986. 上海) 卷五 p.81을 참고.

④ ……玆致……二百犬……. 《合集8979》

⑤ ……致百犬. 《合集8980》

예시된 ①·②·③의 복사는 제사에 희생으로 사용된 개의 숫자가 한 번에 1백 마리 이상인 경우가 많고, 심지어 3백 마리를 사용한 경우도 있음을 말해주는데, 1백 마리의 개를 사용하여 제사를 지낸 경우는, 이밖에도《合集32698》·《屯南204》와《屯南503》 등에도 보인다.

그리고 ④와 ⑤의 복사는 왕이 제후들에게 개를 공물(貢物)로 요구한 것으로, 그 숫자가 한 번에 1,2백에 이른다. 이런 점으로 미루어보면, 개도 대량으로 그리고 전문적으로 사육되었음이 분명하다. 이렇게 대규모로 개를 사육한 경우는 商代 목축업에서 나타나는 특수한 현상이며, 후세에도 이런 규모로 개를 사육한 사례는 쉽게 발견되지 않는다.

ㄹ. 코끼리[象]

商代 사람들이 코끼리를 이용한 일은 문헌 기록에도 보이는데,《呂氏春秋·古樂篇》에 "商人服象, 爲虐于東夷. : 商나라 사람들은 코끼리를 부릴 줄을 알았으며, 이를 이용하여 동이(東夷)의 백성들을 잔혹하게 박해하였다."라고 하고 있는 것이 이를 설명해주는 예이다. 그런데 갑골문 '爲'자에 대해 羅振玉은,

> 說文解字 : 爲, 母猴也. …… . 案, 爲字古金文及石鼓文, …… 从爪从象, 絕不見母猴之狀. 卜辭作手牽象形, 知金文及石鼓从ᄐ者, 乃Ƙ之變形, 非訓覆手之爪字也. 意古者役象以助勞.[1] : 《說文解字》에 "'爲'자는 어미 원숭이라는 뜻이다. …… "라고 하고 있다. 살펴보면, '爲'자의 고대의 금문과 석고문은 '爪'를 구성 요소로 하고 있고 또 '象'을 구성 요소로 하고 있지, 결코 어미원숭이의 모양은 볼 수가 없다. 복사에서는 손으로 코끼리를 끌고 있는 모양으로 쓰고 있는데, 이로써 금문과 석고문에 'ᄐ'를 구성 요소로 하고 있는 것은 곧 'Ƙ'가 변화된 형태이지, 뒤엎은 손이라고 풀이하는 '爪'자가 아니다. 이 글자는 옛 사람들이 코끼리를 부려 일을 돕는 것을 의미하는 것이다.

라고 하였다. 또 갑골복사 가운데에는 "壬戌卜 : 今日王省象, 于癸亥省, 易日."(《合集32954》)·"貞 : 令亢省象."(《合集4611正》)이라고 하고 있는 것들이 있다. 이들 가운데《合集32954》의 복사는 왕이 친히 '省象'한 내용이고,《合集4611正》의 복사는 王이 사람을 파견하여 '省象'하도록

1) 羅振玉 前揭書《增訂殷虛書契考釋》中卷 p.60下.

한 내용이다. 여기에서의 '省象'의 '省'은 시찰하거나 순시하다는 뜻을 나타내는데, 이 '省'은 갑골복사에서는 오직 일정한 장소에서 길들이고 사육하는 동물에 대해서만 사용되는 것이며, 《合集11171》의 복사 중의 '省牛'와 같은 예가 이에 속한다. 야생의 동물 '虎'·'兕'·'狐' 등에는 '省'이라는 표현을 사용한 예가 보이지 않는다. 이로 미루어보면, 商代 사람들은 그 당시에 이미 코끼리를 사육 대상으로 삼았음을 알 수 있다.

그리고 商代에는 이밖에 가금(家禽)도 이미 사육되었음이 분명한데, 이는 周 武王이 紂王을 정벌한 다음에 紂王의 잘못 가운데 하나를 꼽으면서 옛 사람의 말을 인용하길, "牝鷄無晨; 牝鷄之晨, 惟家之索.[1] : 암탉은 이른 새벽에 울면 안 되는데, 암탉이 새벽에 울면 그 가정은 패망하고 만다."라고 하였다. 물론 紂王이 충신의 말은 듣지 않고 총비(寵妃) 妲己의 말만 곧이들었다는 사실에 빗댄 말이지만, 이를 통해 商代에도 수탉이 울어 새벽을 알리는 관습이 이미 존재하고 있었음을 알 수 있다. 갑골복사에 '鷄'자가 보이는데, 예를 들면, "戊申卜, 貞 : 王田鷄, 往來亡𢦏."(《合集37494》)라고 하고 있는 것과 같은 것인데, 여기에서의 '鷄'는 지명으로 쓰인 것으로, 이는 商 왕의 전렵지(田獵地)였다. 이로 미루어보면, 갑골복사에는 가금과 관계되는 점복 내용은 없다고 할 수 있으며, 제사에 사용한 예도 없는 것으로 보아서, 대체로 商代 사람들은 닭과 같은 가금을 신성한 제당(祭堂)에 올릴 수 없는 동물로 인식했던 것 같다.

二. 목축 방법

갑골문에 나타나는 商代 목축업 생산 방식은 대략 목장에서의 방목(放牧)과 우리에서의 사육 그리고 가축의 거세 세 가지로 크게 나눌 수 있는데, 이를 살펴보면 다음과 같다.

甲. 목장에서의 방목

목축업에서의 방목은 그 발전 과정을 두 단계로 나눌 수 있는데, 하나는 초기의 자연 방목이고, 또 하나는 인공 방목이다. 자연 방목은 가축을 야외에 풀어 놓고 자유롭게 먹고 활동하게 하는 방법으로서, 울타리도 없고 관리하는 사람도 없는 형태이다. 야외에 자유롭게 방목하기 때문에, 어떤 가축은 원래의 야성(野性)이 없어지지 않고 그대로 유지되어서, 포획할 때에 수렵의 방식으로 사살해야 하는 경우도 있었을 것이다. 그러나 商代 가축의 방목은 이미 이런 단계를 훨씬 벗어나서 인공 방목의 단계에 진입하였다고 할 수 있는데, 이는 갑골문 '牧'자의 자형을 통해서 증명이 가능하다. 갑골문 '牧'자는 '[illegible]'(《合集36969》)·'[illegible]'(《合集32982》)·'[illegible]'(《合集11404》)

1) 《尚書·牧誓》에 인용된 말임.

등의 모양으로 쓰는데, 이는 손에 곤봉과 비슷한 채찍을 들고 소나 양을 모는 일을 나타낸 자형이다. 《合集11404》에 쓰인 '牧'자는 한 무리의 양을 모는 모양을 나타내고 있는데, 갑골문자에서도 셋은 다중의 의미를 나타낸다.

그리고 갑골문 가운데에는 '𢓊'(《合集16229》)·'𢓊'(《屯南149》)·'𢓊'(《合集20306》) 등의 모양으로 쓴 글자들이 있는데, '𢓊'자는 '行'과 '牛'을 구성 요소로 하고 있고, '𢓊'자는 '亍'이 생략된 '行'과 '牛' 그리고 '止'로 구성 요소로 하고 있고, '𢓊'는 '行'과 '羊'을 구성 요소로 하고 있다. 이 글자들은 모두 사람이 소나 양을 도로 위에서 몰고 가는 모양을 형상화한 것이다. 이 글자들 역시 '牧'자이다.

商代에는 이곳저곳을 떠돌며 방목을 하는 유목(遊牧)의 방법으로 목축업을 영위한 것이 아니라 그들은 이미 상대적으로 고정된 지역에서 방목을 했는데, 이런 지역이 바로 후세에서 말하는 목장인 셈이다. 갑골문에는 '牧鄙'라는 명칭이 있는데, 예를 들면, "癸酉卜, 𡧊, 貞：呼伲取椃于羖鄙."(《合集11003》)라고 하고 있는 것이 있다. 여기에서의 '羖'은 '牧'의 이체자이며, '牧鄙'는 바로 변방의 목지(牧地)라는 의미로서, 이는 商代의 목장은 일정한 범위가 있었음을 말해주는 것이다.

그런데 갑골문에서의 '牧'자는 동사로 쓰이면 방목하다는 뜻을 나타내고, 명사로 쓰이면 숫자와 함께 목장의 개수를 나타낸다. 갑골복사에는 '二牧'·'三牧'·'九牧' 등의 말들이 있는데, 이런 복사의 예들로는 "乙丑卜, 賓, 貞：二牧又……"(《甲1131》)·"辛未, 貞：三牧告."(《屯南1024》)·"王其祈叀九牧告. 弜祈."(《天理519》)라고 하고 있는 것 등이 있다. 이들 복사에서의 '牧'자 앞의 숫자들은 모두 목장의 수(數)를 말하며, '告'는 '보고하다'는 뜻인데, 이는 이들 목장들에서 商 왕실을 향해 목장의 경영 상황을 보고하는 것을 말한다. 왕실에 보고하는 사람은 당연히 목장을 주관하는 사람이었을 것이고, 商 왕실에서는 각 목장에 전담 관리를 배치하였을 것인데, 갑골복사에서 "右牧"이라고 호칭된 사람이 바로 이 목장의 주관자(主管者)였으며, 그가 바로 '𡩜'이라고 하는 사람이다. 이 "右牧𡩜"이라고 호칭된 복사의 예로는 "壬申卜, 在攸, 貞：右牧𡩜告啓."(《合集35345》)라고 한 것과 "癸酉卜, 戍伐. 右牧𡩜啓人方, 戍有𢦏. 弘吉."(《屯南2320》)라고 한 것 등이 있다. 이 '𡩜'라는 사람은 武丁 시기부터 왕실의 중신(重臣)이었는데, 그의 관직이 '亞'였기 때문에 '亞𡩜'(《屯南580》, 《屯南2378》)이라고 호칭하였고, 왕의 친신(親信)이었기에 '小臣𡩜'(《合集5571反》, 《合集5572反》, 《合集5573》)이라고 하였다. 위에서 예로 든 '右牧𡩜'이라는 말이 보이는 복사는 商代 만기(晩期)의 것이므로 이 '𡩜'는 당연히 武丁 시기의 '𡩜'의 자손으로서, '𡩜'족(族)의 수령이고 왕실의 관리였을 것이다.

商 왕실의 목장은 왕기(王畿) 안팎의 지역에 설치하였는데, 갑골문에 보이는 목장들은 설치

지역에 따라 왕기 내에 설치한 것과 제후국에 설치한 것 두 가지로 나눌 수 있다.

1. 왕기 내의 목장

갑골복사에 보이는 왕기 내에 설치된 목장으로는 남북과 좌우 4개가 있었다. 복사의 예를 보면, "貞 : 于南牧."(《合集11395》)·"鄬鹿其南牧禽. 吉. 其北牧禽. 吉."(《合集28351》)·"迖于右牧, 于左牧."(《合集28769》)이라고 한 것 등이 있다. 이들 복사에서의 '南牧'·'北牧'·'右牧'·'左牧' 등은 모두 商의 도읍지를 중심으로 남북과 좌우 즉 동서에 있는 목장을 말한다. 그리고 또《合集8783》의 복사에는 "貞 : 呼牛于北土."라고 하고 있는데, 여기에서의 '牛'는 동사로 쓰인 것으로, '養牛'·'牧牛' 즉 소를 기르다는 뜻이며, 이 복사는 '北牧'과 관계된 것임이 분명하다. 이와 같이 어떤 특정 지역에 설치한 목장을 갑골문에서는 '某牧'의 형식으로 쓰고 있는데, 이런 종류의 목장 이름이 나타나는 복사들로는 다음과 같은 것들이 있다.

A. '丂牧'

① 辛未, 貞 : 在丂牧來告辰衛其從事, 受佑. 《合集32616》

② ☐☐卜 : …… 在丂牧. 《合集35240》

③ 貞 : 奠臿致芻于丂. 《合集101》

이 복사들에서의 '丂牧'은 '丂'라는 지역에 설치된 목장을 말하는데, ③의 복사는 이 '丂牧'에서 일할 인부들을 제공할 필요가 있었음을 알게 해주는 것으로, 여기에서의 '芻'는 목축업에 종사한 노동자를 말한다.

B. '盖牧'

① 甲子卜, 貞 : 盖牧稱册. 《合集13515》

② 叀盖犬从, 亡𢦏. 《屯南4584》

예시된 복사 ①의 '盖牧'은 '盖' 지역에 설치된 목장 이름이며, 복사 ②는 이곳에 '犬官'을 두었음을 알게 해주는 예인데, 이 '犬官'은 목축과 수렵을 돕는 조수(助手)로 보인다.

C. '𦭝牧'

① 貞 : 𦭝牧. 《合集5625》

② 貞 : 翌庚寅步于苋. 《合集2835》

복사 ①의 '苋牧'은 '苋' 지역에 설치된 목장 이름이며, 복사 ②는 이곳에 商 왕이 수시로 왔음을 알게 해주는 것이다.

D. '宊牧'

① 貞 : 叀宊牧. 《屯南2191》

② 惟宊犬陝從, 亡戈. 《合集27898》

위의 복사 ①의 '宊牧' 역시 '宊' 지역에 설치된 목장 이름이며, 복사 ②는 이곳에도 '犬官'을 설치하였음을 알게 해주는 예이다.

E. '分牧'

《合集11398》에 "分牧"이라고 하고 있는데, 여기에서의 '分'은 '汾'일 가능성이 크며, 이는 '汾水' 유역에 설치한 목장을 지칭하는 것으로 보인다.

그리고 갑골복사 중에는 이상의 '某牧'의 형식 외에, '牧於某'·'芻於某'·'(㞢)芻自某' 등의 형식으로 쓰고 있는 것들도 있는데, 이들 복사 중의 '牧'은 목축을 하다는 뜻이고, '芻' 역시 목축에 종사하는 일이나 사람을 지칭하므로, 여기에서의 '某'라는 말 역시 목장의 소재지이자 목장 이름임이 분명하다고 여겨진다. 이런 목장명(牧場名)이 보이는 복사의 예들을 살펴보면 다음과 같다.

1) '叩'

貞 : 今牧於叩, 不……. 《合集11396》

2) '秋'

貞 : 雍芻於秋. 《合集150正》

3) '蠶'

貞 : 弓芻於蠶. 《合集151正》

4) '鬪'

庚辰卜, 賓, 貞 : 朕芻於鬪. 《合集152》

5) '丘剢'

貞 : 朕芻於丘剌. 《合集152》

6) '𢀛'

貞 : 𢀛芻於玆𢀛. 《合集249》

7) '敦'

貞 : 於敦大芻. 《合集11406》

여기에서의 '敦'이란 지역은 "庚子卜, 亙, 貞 : 勿牛於敦."(《合集11153》)이라고 한 복사에서 보듯이, 아마도 소를 기르는 한 목장이었던 것 같다. 그리고 商 왕이 이 '敦' 지역으로 가서 소떼를 시찰한 내용의 복사도 있는데, "貞 : 王往省牛於敦."(《合集40181》)이라고 하고 있는 복사가 그 예이다.

8) '旬'

貞 : 芻於旬. 《合集11407》

9) '㝅'

[奠]弜芻於㝅. 《合集11408》

10) '敎'

雀芻於敎. 《合集20500》

11) '執'

牧致芻於執. 《合集104》·《合集105》

이 복사에서의 '執'은 물론 지명이며, 이곳에 목축에 종사할 노동자를 보냈다는 것이므로, 이곳 역시 목장임이 있었음이 분명하다.

12) '𥁕'

癸丑卜, 爭, 貞 : 旬亡禍. 王占曰 : 有祟有夢. 甲寅允有來艱.

左告曰 : 又𦙃芻自𥁕十人又二. 《合集137正》

여기에서의 '𦙃'자는 '止'와 '立'을 구성 요소로 하고 있는데, 胡厚宣[1]은 이 글자에 대해, '止'

1) 胡厚宣 <甲骨文所見殷代奴隸的反壓迫鬪爭>, 《考古學報》(中國社會科學院考古研究所 1976. 北京) 第一期를 참고.

에는 '向前' 즉 앞으로 나아가다는 뜻이 있고, '立'은 '位'와 같은 뜻이므로, 이는 사람이 자신의 위치에서 안거(安居)하다가 핍박을 받아서 떠나는 것을 형상화한 것으로, 도망치다는 뜻의 글자라고 주장하면서, 갑골문에서 무릇 도망치다는 뜻을 나타내는 글자는 모두 '㞷'로 썼다고 했다. 이 복사의 내용은 '㿿'지역에서 '芻'가 도망을 쳤다는 것이므로, 이 '㿿'이라는 곳에 목장이 있었음이 분명하고 여겨진다.

13) '穷'

貞 : 㞷芻自穷, 不其得. 《合集135正》

己卯卜, 㱿, 貞 : 沐幸芻自穷. 《合集136正》

14) '爻'

……龠芻㞷自爻圉六人. 八月. 《合集139正》

여기에서의 '圉'는 감옥이라는 뜻인데, 이 복사의 내용은 '爻' 지역에 설치된 감옥에서 6명의 '芻'라는 목축 종사자들이 도망을 쳤다는 것이다. 이로써 이 '教'라는 곳에도 목장이 있었음을 알 수 있다.

2. 제후국 내의 목장

갑골복사의 기록에 의거하면, 商代에 지방의 제후들이 商 왕실에 헌상하는 공물의 주요 물품은 축생이었다. 예를 들면, 《合集8965》에는 한 번에 공납하는 소가 400마리에 이르고 있고, 《合集8959》에는 한 번에 양(羊) 300마리를 공납하고 있으며, 《合集8979》에는 한 번에 개를 200마리나 공납하고 있고, 《合集500》에는 한 번에 말[馬] 30필을 공납하였음을 기록하고 있다. 이처럼 대량의 가축을 공납하는 일은 상당한 정도의 목축업을 하지 않고서는 불가능한 일이었을 것이다. 갑골문에 나타나는 지방 제후들이 운영한 목장들을 살펴보면 다음과 같다.

A. '昜伯'의 목장

'昜伯'의 목장과 관련된 것으로 보이는 복사의 예로는 다음과 같은 것들이 있다.

① 甲戌卜, 賓, 貞 : 在昜牧獲羌. 《珠758》

② 兹昜伯牛. 《合集3393》

③ 兹致二百犬……昜……. 《合集8979》

위에 예시한 ①의 복사에서의 '昜'은《合集6460》에서의 '昜伯'을 지칭한다. ②의 복사는 이 '昜伯'의 목장에서는 소를 길렀음을 말해 주는데 비해, ③의 복사는 '昜伯'의 목장에서는 소 이외에 개[犬]도 사육하였음을 알려줄 뿐만 아니라, 商 왕실에 한 번에 2백 마리의 개를 제공한 것을 기록하고 있는데, 이런 사실은 다른 지역에서는 볼 수 없는 일이다. 그리고 ①의 복사에 "在昜牧獲羌"이라고 한 것으로 보아, 이 '昜伯'이 거주했던 지역은 서북지역으로서 '羌方'과 인접했던 곳이라고 짐작된다.

B. '竹侯'의 목장

갑골복사 가운데 "取竹芻於丘."(《合集108》)라고 하고 있는 것이 있는데,《合集3324》의 복사에 "竹侯"라고 한 것이 있는 것으로 보아,《合集108》에서의 '竹'은 '侯'작(爵)의 제후국으로, 伯夷·叔齊가 태어난 '孤竹國'이라 짐작된다. 이 '竹' 지역은 지금의 河北省 盧龍縣과 遼寧省 서부 일대에까지 걸쳐 있었는데, 河北省 豊寧縣 경계지역에서 발견된 商代의 '柱足鼎'의 입구 가장자리 안쪽에 '亞牧'이라는 두 글자가 새겨져 있다고 한다.[1] 고대 '竹侯國' 영토였던 이 지역은 이 제후국의 목축업과 관련이 있었을 것으로 짐작된다.

C. '奠侯'의 목장

갑골복사 가운데 "庚午卜, 賓, 貞 : 𠂤段芻奠."(《合集143》)이라고 하고 있는 것이 있는데,《合集3351》과《合集3352》의 복사에 "侯奠"이라고 한 것이 있는 것으로 보아, 이들 복사에서의 '奠'은 商代에 작위가 '侯'였던 제후국이었던 것으로 짐작된다.《合集143》의 복사에서의 '芻奠'은 '奠'의 경내에서 목축에 종사한 것을 일컫는 말이다.

D. '雇伯'의 목장

갑골복사에 "雍芻於雇."(《合集150正》)라고 한 것이 있다.《南師1. 80》에 "取雇伯"이라고 하고 있는 것으로 보아, 이 '雇'는 商代에 작위가 '伯'이었던 제후국이었을 것이다. 그리고《合集36487》에는 "癸亥卜, 黃, 貞 : 旬亡禍. 在九月, 征人方, 在雇彝."라고 하고 있는 것으로 보아, 이 '雇' 지역은 '人方' 정벌을 위한 길목에 위치하고 있었던 것 같다. 이 '雇'의 위치에 대해서 王國維[2]는 河南省 卷縣의 북쪽에 있는 '雇亭'이라고 주장하였고, 郭沫若[3]은 山東省 范縣 동남쪽 50리

1) 《文物》月刊編輯委員會編《文物考古工作三十年》(文物出版社, 1979. 北京) p.30을 참고.

2) 王國維《殷虛卜辭中所見地名考》, 前揭書《觀堂別集》, 卷一을 참고.

3) 郭沫若《卜辭通纂·考釋》(科學出版社 1983. 北京) p.160.

되는 곳의 '顧城'이라고 주장하였다.

E. '𠂤侯'의 목장

갑골복사에 "𡆥芻於𠂤."(《合集249》)라고 하고 있는 것이 있는데, 갑골문 문례로 보아 여기에서의 '𠂤'는 商代의 작위가 '侯'였던 제후로 보인다. 왜냐하면, 《合集3354》·《合集3355》·《合集32813》 등의 복사에 "侯𠂤"이라고 한 말이 보이기 때문이다. 그리고 《合集6665正》에 "三日乙酉又來自東𣾰, 呼𠂤告旁戎."이라고 하고 있는데, 여기에서의 '旁' 역시 당시의 방국이고, '旁'이라는 방국의 제후는 商 왕실의 중신이었던 것 같다. 왜냐하면, 《合集6666》에는 "旁方"이라고 칭한 것이 보이고, 《合集26953》에는 "亞旁"이라고 칭한 것이 보이기 때문이다. 따라서 이 《合集6665正》의 복사로 미루어 보면, 이 '𠂤'라는 제후국은 '𣾰'와 '旁'이라는 방국과 가까운 곳에 위치하고 있었던 것 같다. 여기에서의 '𣾰'라는 방국의 위치에 대해 董作賓[1]은 山東省 臨淄 부근일 것이라고 주장하였다.

F. '專侯'의 목장

갑골복사 가운데 "貞 : 呼作圂於專. 勿呼作圂於專."(《合集11274》)이라고 한 것이 있는데, 여기에서의 '專' 역시 갑골문의 문례로 보아 제후국의 이름으로 보이며, 그 작위는 《合集3346》에서 "侯專"라고 칭한 것으로 보아 '侯'였음이 틀림없다. 그리고 《合集11274》의 복사에서의 '圂'자는, 자형이 돼지가 집안에 있는 모양을 형상화한 것인데, 《說文解字》에, "圂, 厠也, 象豕在囗中也, 會意; '圂'은 돼지우리라는 뜻이다. 돼지가 우리 안에 있는 모양을 현상화한 것이다."라고 하고 있는데, 이로 미루어 보면, 이 '專侯'의 목장에서는 돼지를 전문으로 사육하였을 것으로 추정된다.

G. '骨任'의 목장

갑골복사 가운데 "乙亥子卜, 芻骨, 入."(《合集21713》)이라고 한 것이 있는데, 여기에서의 '芻骨'이라는 말은 '骨'지역에서 목축을 하였다는 뜻이며, 이 '骨'은 또한 제후의 하나였고, 그의 작위는 '子' 또는 '男'이었던 것 같다. 왜냐하면, 《合集20051》의 복사에 "子骨"이라 칭한 것이 있고; 《續2. 28. 4》의 복사에는 "骨任"이라고 칭한 것이 있는데, 林澐에 의하면[2], 여기에서의 '任'은 곧 '男'이므로, '骨任'은 곧 '骨男'이기 때문이다. 또 《合集98正》에는 "貞 : 侯致骨芻, 允致."라고 한 것도 있는데, 이를 통해 이 '骨'이라는 제후국에서는 商 왕실에 대해서 목축에

---

1) 董作賓 <東𣾰與𣾰>, 前揭雜誌 《大陸雜誌》 第6卷 第2期를 참고.

2) 林澐 <甲骨文中的商代方國聯盟>, 《古文字研究》(中華書局 1981. 北京) 第6輯을 참고.

종사할 인부들을 제공하기도 했음을 알 수 있다.

H. '攸侯'의 목장

갑골복사 가운데 "戊戌, 貞 : 右牧於爿, 攸侯叶鄙. 中牧於義, 攸侯叶鄙."(《合集32982》)라고 하고 있는 것이 있다. 이 복사에 '右牧'과 '中牧'이 있는 것으로 보아, '左牧'도 있어야 하는데, 이 복사에서는 보이지 않는다. 여기에서의 '叶'은 '攸侯'의 개인 이름으로 보이고; '鄙'는 변방이라는 뜻이다. 이 복사를 통해, '爿'과 '義'는 '攸侯'가 지배한 제후국의 변방에 있는 작은 규모의 지명인데, '爿'이라는 곳에는 '右牧'이 있었고, '義'이라는 곳에는 '中牧'이 있었음을 알 수 있다.

또 "甲辰卜, 在爿牧祉啓又……邑……在濜. 弘吉."(《屯南2320》) · "在爿牧……在虎……方……"(《合集36969》)이라고 하고 있는 복사가 있다. 여기에서 언급된 '爿牧'이라는 목장은 위의 《合集32982》의 복사와 연관시켜 보면, 이 역시 함께 '攸侯'의 관할 내에 있었던 목장임을 알 수 있다. 그런데 이들 '攸侯'의 목장들은 商 왕실에 예속되었던 것 같으며, 왕실의 관원(官員)이었던 '𡧊'이 이 '攸侯'의 '右牧'에 관한 업무를 담당하였던 것 같다. 왜냐하면, 《合集35345》의 복사에 "壬申卜, 在攸, 貞 : 右牧𡧊告啓……."라고 하고 있는데, 이 복사의 내용을 정복(貞卜)한 지역이 '攸'인 것으로 보아, 이 '右牧'은 '攸侯' 지역에 설치되었던 것이 틀림없고, 이 '右牧'에 대한 상황을 '𡧊'이 보고하고 있기 때문이다.

이상에서 살펴본 바와 같이 商代에는 전국 각지에 목장을 설치하고, 인공(人工) 방목을 함으로써 商 왕실의 가축에 대한 대량 수요를 감당하였다고 여겨진다.

乙. 우리에서의 사육

갑골문에서는 가축의 사육을 위한 우리를 '牢'라고 하고 있는데, 이 '牢'자는 '[글자]' 모양으로 쓰고 있다. 이 글자는 가축을 가두어서 기르는 우리의 형태와 기르는 가축과 그 가축이 드나드는 출입문과 울짱이 설치된 길을 형상화한 자형이다. 울짱이 설치된 가축의 통로는 매우 과학적으로 설계되었고, 통로의 넓이는 가축 한 마리 혹은 두 마리가 겨우 지나갈 수 있을 정도였다. 이로써 가축들이 드나들 때 이리저리 도망치거나 멋대로 돌아다니지 못하도록 하고, 떼를 지어 드나들 때 야기되는 혼란이나, 출입문을 파괴하는 일도 방지하였다.

갑골복사의 자료에 근거하면, 이런 우리 안에 가두어 놓고 사육한 가축으로는 소 · 양 · 말 등이 있었는데, 갑골문 자형을 예를 들면, '[글자]'(《粹581》)는 '牢'자로, 이는 우리에서 소를 사육하는 것을 형상화한 것이고; '[글자]'(《後上26. 6》)는 '宰'자로, 이는 우리에서 양을 사육하는 것을 형상화한 것이며; '𢊁'(《寧滬1. 522》)는 '𡨦'로 예정(隸定)하여 쓰는데, 고대의 문헌에서의 '廏'자이며, 이는 우리에서 말을 사육하는 마구간을 형상화한 것이다. 갑골복사에 나타나는 '廏'자의 예로는 "王畜馬在兹𡨦, ……毋戊王受佑. [王]畜馬在兹𡨦……."(《合集29415》·《合集29416》)라고 한 것이 있는데, 여기에서의 '畜'자에 대해 郭沫若은 "明是養畜義.[1] : 가축을 사육한다는 뜻이 분명하다." 라고 하였으므로, 이 복사에서의 '畜馬'란 곧 '養馬'이며, 따라서 이 복사는 商 왕이 마구간에서 말을 사육한 내용이다.

또 갑골문에서 돼지를 사육하는 우리를 나타내는 글자는 '㘰'(《合集11274正》)·'𡈼'(《合集11280》)·'𡈼'(《合集22050》)·'𡈼'(《合集136》) 등으로 쓰고 있는데, 뒤쪽의 《合集136》과 《合集22050》의 두 글자는 '家'의 이체자로 해석할 수도 있다. '家'자는 집안에 돼지 한 마리가 있는 형상이다. 위에서 열거한 첫 번째 글자는 잠정적으로 '圂'자로 예정(隸定)하여 쓰는데, 《說文解字》에서는 "厠也."라고 풀이하고 있다. 옛날에는 돼지우리를 사람의 '厠所' 즉 뒷간으로 삼았으므로 둘을 혼용한 것이다. 《詩經·大雅·公劉》에 "執豕於牢"라고 한 말에 대해서, 孔穎達은 《毛詩正義》에서, 《國語·晉語》를 인용하여 "'大任溲於豕牢. : 周 文王의 모친 太任께서 돼지우리에서 변을 보셨다."라고 하였는데, 이로써 고대에는 돼지우리도 '牢'라고 했음을 알 수 있다. 앞에 예시한 《合集11274》의 복사에서 "貞 : 呼作圂於專. 勿呼作圂於專."이라고 한 것을 인용할 때 이미 지적한 바와 같이, 商 왕은 '專侯'의 토지에 '作圂' 즉 돼지 사육용 우리의 건립을 명령하기도 했음을 말해주는 것이다.

丙. 가축의 거세

商代 목축업에서 가축의 수컷에 대한 거세 작업은 돼지의 경우에 가장 분명하게 드러난다. 갑골문에서 자주 보이는 글자 가운데 '𢑚'로 쓴 것이 있는데, 聞一多[2]는 이를 '豕'자로 고석하고, 이 글자에 내포된 의미를 설명하기를, '豕'자의 배 아래의 한 획이 배와 연결된 것은 '牡豕' 즉 수퇘지이고, 배와 연결된 한 획이 없는 것은 거세한 돼지로서 생식기가 절단된 사실을 나타내는 것이라고 설명하였다. 주지하는 바와 같이 수퇘지는 거세하고 나면 쉽게 살이 찐다.

商代에 돼지를 거세하는 일은 매우 보편적이었고, 갑골복사에서 제사에 희생을 사용하는 경우에, 돼지에 대해서는 특별히 거세한 돼지인지 아닌지에 대해서 명확하게 구분하여 사용하였다. 《合集40507》의 복사에 "貞 : 燎𠬝百羊百牛百豕𣪊五十."이라고 하고 있는 것을 보면, 한 번에

1) 郭沫若 前揭書 《殷契粹編·考釋》 p.208.

2) 聞一多 <釋豕>, 前揭書 《聞一多全集》 第2卷 p.540을 참고.

1백 마리의 거세한 돼지를 '燎'라는 제사에 희생으로 사용하였다는 것인데, 이로써 商代에는 거세한 돼지가 이미 매우 보편화되어 있었음을 알 수 있다.

그리고 商代에 시행되었던 말의 거세에 대해서는 王宇信[1]이 전문적인 연구를 진행하였다. 그는 말의 거세를 西周 시기에는 '攻特'이라고 지칭하였으며, 그 기술은 당연히 商代로부터 전승된 것이었다고 주장하였다. 그는 이를 위해《周禮 · 夏官 · 校人》에 "夏祭先牧, 頒馬攻特."이라고 한 말에 대해 鄭玄이 鄭司農의 주장을 인용하여 "攻特謂騬之. : '攻特'이란 말을 '騬' 즉 거세하는 것을 일컫는다."라고 주(注)한 것과, 또 孫詒讓이《周禮正義》에서 "《廣雅 · 釋獸》云 : 騬犗攻犗也, 謂割去其馬勢, 猶今之騸馬. :《廣雅 · 釋獸》에, 「'騬犗'이란 '攻犗'이라는 뜻이다.」라고 하고 있는데, 이는 말을 거세하는 것을 일컫는 것으로, 지금의 '騸馬' 즉 말의 거세를 말한다."라고 한 것을 인용하였다.

또《前6. 2. 1》의 복사에 "𢦔牛"라는 말이 있는데, 이를 唐蘭[2]은 "割牛"라고 고석하였고, 謝成俠[3]은 '割牛'란 바로 소의 거세를 지칭한다고 주장하였다.

그리고《鐵8. 6. 3》의 복사에는, "□辰卜, 㱿, 貞 : 勿𦯍燎十豖羊卯……."라고 하고 있는데, 이 복사에 대해 李孝定은, "十豖羊者, 去勢之羊十也.[4] : '十豖羊'이란 거세한 양 열 마리이다."라고 설명하였다. 이는 양에 대해서도 거세를 하였다는 주장이다.

위에서 살펴본 바와 같이 가축에 대해서 거세를 시행한 목적은 3가지로 볼 수 있다. 첫째는, 비육(肥育)의 목적인데, 거세한 가축은 살이 빨리 찌고 살코기가 많이 생산된다는 점이다. 둘째는, 우수한 품종을 선택할 수 있다는 점인데, 열등한 품종이나 약체 가축은 거세를 시행하여 더 이상 번식을 하지 못하도록 하여 우수한 품종만 남고 열등한 품종은 도태시키기 위한 목적이다. 셋째는 가축의 성격을 개선하기 위한 것인데, 특히 가축의 노동력을 이용하기 위한 말의 경우가 이에 해당된다. 수말은 거세를 하고 나면 성격이 온순해져서 마차를 끌게 하는데 편리하였다. 이와 같은 거세 기술의 채택으로 인해서 商代의 목축업은 상당히 높은 수준을 유지하였는데, 이는 왕실에 대량의 식용 가축과 제사의 희생용 가축을 제공할 수 있게 했을 뿐만 아니라, 수레를 끌 수 있는 좋은 말도 제공할 수 있게 하였다.

---

1) 王宇信 <商代的養馬業>,《中國史研究》(中國社會科學院歷史研究所 1980. 北京) 第1期를 참고.

2) 唐蘭《天壤閣甲骨文存考釋》(輔仁大學出版社 1939. 北京) p.52를 참고.

3) 謝成俠《中國養牛史》(農業出版社 1985. 北京) p.84를 참고.

4) 李孝定《甲骨文字集釋》(中央研究院歷史語言研究所 1970. 臺北) 第11卷 p.3300을 참고.

三. 목축업 종사자와 관리 체제

甲. 목축업 종사자

商代에 목축업에 직접 종사한 노동자를 갑골문에서는 '芻'라고 하고 있다. 이 '芻'자에 대해 《說文解字》에는 "刈草也. : 풀을 베다는 뜻이다."라고 풀이하고 있는데, 갑골문의 '芻'자는 '𦱤'로 쓰고 있다. 이 갑골문의 자형이 바로 풀을 베는 형상을 그대로 형상화한 것이다. 갑골문에서의 '芻'는 동사로 쓰이는 경우에는 가축을 사육한다는 뜻인데, 《周禮 · 充人》의 "芻之三月"이라는 말에 대해 鄭玄이 "養牛羊日芻. : 소와 양을 기르는 것을 '芻'라고 한다."라고 주(注)한 것이 이를 증명해주는 것이다. 그리고 갑골문에서는 소와 양을 기르는 일을 '芻'라고 하고 있을 뿐만 아니라 소와 양을 기르는 사람 역시 '芻'라고 칭하였다. 갑골문에서 '芻'가 명사로 쓰여서 가축을 사육하는 사람을 지칭하는 예로는, "左告日 : 又㞢(亡)芻自益十人又二."(《合集137正》) · "龠芻㞢(亡)自爻圉六人."(《合集138正》) 등이 있다. 여기에서의 '芻'는 도망할 수 있었고, 더구나 몇 명의 '人'이 도망했다고까지 하고 있으므로, 이 '芻'는 목초(牧草)나 가축이 아니라 사람임을 알 수 있다. '爻圉'는 '爻' 지역에 있는 감옥을 말한다. 그리고 이 '芻'는 대부분 포로로 잡힌 羌族으로 충당하였는데, 복사에 직접적으로 '羌芻'라고 지칭한 예로, "丁未卜, 定令戊 · 光又獲羌芻五十."(《合集22043》) · "僞至告日 : 臿來致羌."(《合集39496正》) · "止(之)日僞至告日 : 臿來致羌芻."(《合集39496反》)라고 한 것 등이 있다. 이 《合集39496正》에 각(刻)된 내용은 '占辭'이고, 《合集39496反》의 것은 앞의 '占辭'에 대한 결과를 기록한 '驗辭'로서, 점복으로 복문(卜問)한 그런 일이 확실하게 발생하였음을 기록한 것이다. 정면의 '占辭'에서는, '臿'이 '致'한 것이 '羌'이라고 했는데, 반면의 '驗辭'에서는 "致羌芻"라고 했다. 따라서 이 복사에서는 '羌'과 '羌芻'가 같은 의미로 쓰였음을 알 수 있다. '羌'은 본래 서북지역의 유목민족으로서, 목축에 유능하였다. 《說文解字》에, "羌, 西戎牧羊人也. : '羌'은 西戎으로서 양을 기르는 사람들이다."라고 하고 있고, 《風俗通》에는, "羌, 本西戎賤者也, 主牧羊. : '羌'은 본래 西戎의 미천한 사람들인데, 주로 양을 길렀다."라고 하고 있는 것 등이 이를 증명해준다. 商代 사람들은 羌族의 장점을 이용하기 위해서, 포획한 羌人들로 하여금 목축 생산의 노동에 종사하도록 한 것이다. 물론 목축에 종사한 노동자는 羌族에 속하는 사람뿐만 아니라, 다른 종족의 사람들도 있었을 텐데, 갑골문에는 아직까지 이를 증명할 예가 아직은 발견되지 않고 있을 뿐이다.

乙. 목축업 관리 체제

위에서 살펴본 바와 같이 商代에는 목축업이 나라 경제의 중요 부문 중의 하나였으므로, 왕기

(王畿)는 물론이고 지방의 방국 곳곳에 여러 개의 목장을 설치하였다. 그리고 정상적인 생산 활동을 진행하기 위해서 商 왕실 내에 이에 대한 일련의 관리 체제를 확립하였는데, 여기에는 다음과 같은 여러 사항들이 포함되어 있었다.

1. 목관(牧官)의 설치

금문(金文)의 연구 성과로 알게 된 商代의 목관(牧官)으로는 “亞牧”과 “牧正” 등이 있는데, 이들은 商代의 동기(銅器)에 새겨진 명문(銘文)에 보이는 것들이다. 이런 명칭은 羅振玉의《三代吉金文存》·《續殷文存》[1]에서 보이는데, “亞牧”이라는 명칭은 앞에서 살펴본 제후국 내의 목장 중에서「‘竹侯’의 목장」항목에서 商代의 동기 ‘柱足鼎’의 입구 안쪽에 ‘亞牧’이라는 두 글자가 있다고 이미 소개하였었다. 이런 동기의 명문에 보이는 이 ‘亞’는 商代에는 지위가 비교적 높았던 관직 이름이다. 四川省 彭縣 竹瓦街에서 출토된 ‘銅觶’ 즉 구리 잔에는 “牧正父乙”이라는 말이 각되어 있는데, 徐中舒[2]는 이들 동기가 商代의 것이라고 추정하였다. 陝西省 竹園溝에서 출토된 商代 만기(晚期)의 동기에도 “牧正”이란 명문이 있다.

그런데 갑골문에 보이는 商代의 목관(牧官)에 대해 裘錫圭[3]는 ‘牧’·‘亞牧’·‘牧正’ 등의 관리가 있었고, 이들은 商 왕실을 위한 목축업의 주관자였다고 주장하였다. 목관으로서의 ‘牧’이란 관직이 보이는 복사로는 “戊戌卜, 賓, 貞 : 牧匄[羌], 令冓致爰.”(《合集493正》)이라고 한 것이 있다. 이 복사에서의 ‘羌’은 ‘羌芻’라고도 하였는데, 이는 목축업 생산에 종사하는 사람이고, “匄羌”이라는 말은 ‘羌人’을 구하여 취한다’는 의미이다. 이 복사는 ‘牧’이라는 관리가 구하여 뽑은 ‘羌人’을 ‘冓’로 하여금 ‘爰’ 지역으로 호송하도록 한다는 내용이다. ‘牧’은 목축을 주관하던 관리이므로, 노동력을 이동하고 배치하는 일을 관장하였음은 당연한 일이다. 그리고 갑골복사에 의하면, ‘牧’·‘亞牧’·‘牧正’ 아래에는 다시 여러 종류의 관직이 설치되었음을 알 수 있는데,《合集141正》에는 “貞 : 呼芻正.”이라고 하고 있다. 여기에서의 ‘芻正’이란 목장에서 목축 생산에 종사하고 있는 노동자들의 관리 업무를 주관하는 관직이다. 그리고 말을 관장하는 관직에는 여러 명칭이 보이는데, 예를 들면, “貞 : 多馬亞其有禍.”(《合集5710》)·“貞 : 其令馬亞射麋.”(《合集26899》)·“丙寅卜, 叀馬小臣…….”(《合集27881》)·“貞 : 叀羽呼小多馬羌臣.”(《合集5717》)이라고 하고 있는 것 등이 있다. 이들 복사에 보이는 ‘馬亞’·‘多馬亞’(여러 ‘馬亞’를 말함)·‘馬小臣’ 등은 말의 사육에 관한 일을 관장하는 관리이며, 이는《周禮·夏官》의 ‘校人’의 직무와 대체로 비슷하

1) 羅振玉《三代吉金文存》(文華出版公司 1970. 臺北)(3. 15. 1.), (14. 3. 4.) 그리고 羅振玉《續殷文存》(來薰閣書店 1935. 北京)(51. 2.) 等等.

2) 徐中舒 <四川彭縣濛陽鎮出土的殷代二觶>, 前揭雜誌《文物》1962年 第6期를 참고.

3) 裘錫圭 <甲骨文所見“田”·“牧”·“衛” 等職官研究>, 前揭雜誌《文史》第19輯을 참고.

였으리라고 짐작된다. 그리고 '馬羌臣'은 말을 사육하는 일에 종사하는 '羌人'을 관장한 관리로, 《周禮 · 夏官》의 '圉師'의 관직과 비슷한 것으로 짐작되는데, 《周禮 · 夏官 · 圉師》에는, "掌敎圉人養馬. : '圉人'에게 말의 사육을 교육하는 일을 관장한다."라고 하고 있다. 그리고 '圉人'에 대해서 《周禮 · 夏官 · 圉人》에는, "圉人掌養馬芻牧之事, 以役圉師. : '圉人'은 말을 기르는 목축의 일을 담당했으며, '圉師'의 사역(使役)에 따른다."라고 하고 있다. 따라서 '圉師'는 말의 사육에 종사하는 노동자 '圉人'들을 관장하는 직책이었다.

또 갑골복사에는 말 이외에 소 · 양 · 돼지 · 개 등의 사육을 전담하여 주관하는 관리들도 보이는데, 복사의 예를 들면, "……前牛臣芻."(《合集1115正》) · "叀豕司."(《合集19209》) · "……羊 · 豕司."(《合集19210》) · "癸卯卜, 今日侑司羊."(《合集19863》) · "叀彘司, 用."(《合集19884》) · "甲戌卜, 自, 司犬."(《合集20367》)라고 하고 있는 것 등이 있다. 여기에서의 '司'는 해당 업무를 주관하는 관리인데, 이 '司'에 대해 朱駿聲은 《說文通訓定聲》에서 鄭玄의 《周禮注》를 인용하여, "凡言司者, 總其領也. : 무릇 '司'라고 말하는 것은, 그 주요 부문을 총괄하는 것이다."라고 하였다.

2. 목장 실태 보고

갑골복사의 기록에 의하면, 商代에 왕기(王畿)를 비롯한 각 지방의 방국에 설치된 목장의 경영에 대한 商 왕의 관심은 대단히 커서, 각 목장의 관리 책임자를 파견하는 일도 점복을 거쳐서 선정하여 파견하였던 것 같다. 이와 관련된 복사의 예로는,

① 貞 : 弓芻於甇. 《合集151正》

② 貞 : 㐅芻於声. 《合集249》

③ 雍芻於萈? 雍芻勿於萈? 貞 : 雍芻於秋? 雍芻勿於秋? 雍芻於雇? [雍芻]勿於雇? 《合集150》

라고 한 것 등이 있다. 예시(例示)한 복사 ①과 ②는 목장의 관리 책임자를 파견하는 일에 대한 점복이다. 그리고 ③의 예는 어떤 사람을 어떤 지역에 파견하는 일이 타당한지의 여부에 대해서 반복하여 복문한 과정을 거친 것이다. 이를 보면 '雍'을 어떤 지역에 파견하여 목장의 사무를 주관하게 하는 일에 대해서, 점복을 반복하여 시행한 후에 결정하였는데, 이런 일의 인선(人選)은 매우 신중하게 행해졌음을 알 수 있다.

그리고 각 지역의 목장 관리자는 각 목장에서 이루어지고 있는 목축 상황을 商 왕실에 보고했던 것 같은데, 이런 사실을 알게 해주는 복사의 예로는,

① ☐子, 貞 : 牧告㦹……. 《屯南149》

② 辛未, 貞 : 三牧告. 《屯南1024》

③ 王其祈, 叀九牧告. 《天理519》

라고 한 것 등이 있다. 여기에서의 '三牧'과 '九牧'은 각각 3개 목장의 관리자와 9개 목장의 관리자가 왕실에 목장의 상황을 보고한 것이다.

3. 목장 순찰

갑골복사의 기록에 의하면, 商代 각 지역의 목장에 대한 순찰은 商 왕의 직접 순찰과 신료의 대행 순찰 두 가지 방법으로 진행되었음이 확인된다.

商 왕이 목장의 상태를 제대로 파악하기 위해서 직접 순찰에 나서기도 했는데, 이를 알 수 있는 복사의 예로는, "貞王 : 往省牛於敦. 貞 : 王勿往省牛於敦. 三月.(《合集11171》) · "貞 : 王往省牛."(《合集11175》) · "貞 : 王勿往省牛."(《合集11170》)이라고 한 것 등이 있다. 여기에서의 '敦'은 지명(地名)으로, 商代에 목장이 있었던 곳이다.

그리고 商 왕은 또 자주 신료들을 파견하여 목장을 시찰하도록 했는데, 이를 확인할 수 있는 복사의 예로는, "貞 : 呼省牛於多奠."(《合集11177》) · "貞 : 呼省專牛."(《綴合220》) · "省㒖馬."(《合集36990》)라고 한 것 등이 있다. 여기에서의 "呼省"이란 商 왕이나 왕실에서 목축업을 관장하는 관리에게 각 지역에 설치된 목장의 실태와 운영 상황을 시찰하여 파악하도록 명령을 내리다는 뜻이다. 商代에 목축업이 이렇게 상당한 수준으로 발전할 수 있었던 것은 商 왕조에서 확립한 이런 관리 체제가 갖추어져 있었기 때문에 가능했으리라고 짐작된다.

제4절 商代의 수렵과 어렵

商代 사회경제의 기반은 농업이었고, 목축업 역시 상당한 위치를 차지하였음은 앞에서 살펴본 바와 같다. 그런데 商代의 수렵(狩獵)과 어렵(漁獵) 활동에 대해서 郭沫若은,《尙書 · 無逸》에 周公이 祖甲 이후의 商代 각 왕들에 대해서 "生則逸" 즉 출생하자마자 안일(安逸)하게 지내고, "惟耽樂之從" 즉 과도하게 안일과 쾌락만을 추구했다고 비평한 내용에만 근거하여, "殷時之田獵已失去其生産價値, 而純爲享樂之事.[1] : 殷代의 전렵은 이미 그 생산적인 가치는 상실되었고,

1) 郭沫若 前揭書《卜辭通纂 · 考釋》p.162.

순전히 향락을 위한 일이 되었다.”라는 결론을 도출하였다. 그러나 이런 비평은 분명히 공정하지 못한 것이다.

그리고 董作賓[1]은 갑골문에 나타나는 빈번한 전렵 활동의 대부분을 武乙에게로 귀착시켰었다. 사실 각 기별(期別) 전렵 복사의 수량으로만 살펴보면, 武乙 시기의 것이 가장 많은 것은 아니다. 이에 대한 陳煒湛[2]의 연구 결과를 요약하면 다음과 같다. 그는 지금까지 출토된 10만 여 편의 갑골편 가운데 전렵에 대한 일이 각된 것은 약 4500편이며, 이 중에서 武丁 시기의 것이 약 1300편이고, 廩辛·康丁 시기의 것이 1600여 편, 武乙·文丁 시기의 것이 약 360여 편, 帝乙·帝辛 시기의 것이 약 900편이라고 했다. 이에 의하면, 전렵 복사가 각된 갑골편의 수량이 가장 많은 시기는 廩辛·康丁 시기이고, 商 왕조를 중흥(中興)시킨 왕으로 칭송되는 武丁 시기의 것은 수량에 있어서는 두 번째로 많은데, 이 두 시기의 갑골편과 그 각사를 비교해 보면, 武丁 시기의 것은 “多大塊或整版甲骨, 且多大規模的田獵活動. : 대부분 크기가 크거나 온전한 갑골판인데다가, 또한 대부분이 대규모의 전렵 활동에 관한 것”이고, 廩辛·康丁 시기의 것은 “大塊少而碎片多, 所記田獵的規模也遠不如前者. : 크기가 큰 갑골판이 적고 깨진 갑골편이 많은데다가 기록된 수렵의 규모 역시 武丁 시기에 훨씬 미치지 못한다.”라고 했다. 商代에는 각 왕들이 모두 수렵을 좋아했으며, 특히 武丁이 더욱 그랬으리라 짐작된다. 그리고 특히 주의해야 할 것은 이 당시의 전렵은 순전한 향락만을 위한 것이 아니라 경제와 정치 및 군사적인 의미를 동시에 가지고 있었다는 점이다.

一. 수렵과 어렵의 경제성

周代의 수렵의 용도에 대한 문헌 기록으로, 《禮記·王制篇》에 “天子諸侯無事則歲三田; 一爲乾豆, 二爲賓客, 三爲充君之庖. : 천자와 제후는 나라에 별 일이 없을 때면 매년 세 차례 전렵을 행하는데, 포획물 중에서 가장 완전한 것은 햇볕에 말려서 제향(祭享)에 쓰고, 두 번째로 완전한 것은 손님을 위해서 쓰고, 그 다음의 것은 집안의 일상 식용품으로 충당한다.”라고 하고 있는데, 이에 의하면 전렵으로 포획한 고기는 제사와 함께 식용의 육류로도 공급했음을 알 수 있다. 갑골문에 의하면, 商代의 수렵과 어렵 활동의 경제성은 다음의 3가지로 요약할 수 있다.

1) 董作賓《甲骨文斷代研究例》7節<事類>, 前揭書《董作賓先生全集》第2册 pp.429~442를 참고.

2) 陳煒湛《甲骨文田獵刻辭研究》(廣西教育出版社 1995. 南寧) p.1~3을 참고.

甲. 식료품

수렵의 결과로 얻어지는 식육(食肉)의 제공이라는 측면에서는 목축업 생산에 대한 보완작용이라고 할 수 있다. 갑골문에서의 수렵 복사가 비록 매번의 점복마다 모두 포획한 내용을 기재하지는 않았으나, 어떤 경우는 한 번에 포획한 수량이 엄청나게 많을 때도 있다. 武乙 시기의 복사 가운데 "☐☐, 貞 : 乙亥陷, 擒七百麋, 用皀……."(《屯南2626》)라고 하고 있는 것이 있는데, 이는 한 차례의 수렵에서 7백 마리의 미록(麋鹿)을 포획하였다고 한 것이다. 그리고 "允獲麋四百五十."(《合集10344反》)이라고 한 것도 있는데, 이는 武丁 시기의 복사로, 한 차례의 수렵에서 450마리의 미록을 포획하였다고 한 것이다. 또 "乙未卜, 今日王狩光, 擒. 允獲虎二·兕一·鹿二十一·豕二·麑一百二十七·虎二·兎二十三·雉二十七. 十一月."(《合集10197》)이라고 하고 있는 것이 있는데, 이 역시 武丁 시기의 복사이다. 이를 통해서는 한 차례의 수렵에서 무소·사슴·멧돼지·토끼·꿩 등은 물론이고 호랑이까지 대단히 다양한 야생 동물들을 포획하기도 하였음을 알 수 있다.

그런데 갑골복사 가운데 어업 또는 어렵(漁獵)과 관련된 것은 전렵과 비교하면 그 수량이 매우 적은데, 한 차례의 어렵을 통해 포획한 물고기의 수량은 3만 마리에 이르기도 하였음을 알게 해주는 복사도 있다. 《合集10471》에 "癸卯卜, 豙獲魚其三萬不?"이라고 하고 있는 것이 그 예인데, 이는 '豙'라는 사람이 3만 마리의 물고기를 포획할 수 있을지의 여부를 복문한 것이다. 이렇게 많은 야생 동물과 물고기는 그저 향락을 위한 것이 아님이 분명하며, 이런 수렵과 어렵 활동은 육류와 어류(魚類) 식품의 중요한 공급원이었음이 틀림없다.

상고시대 사람들의 미신으로는 죽은 사람을 섬기는 일은 살아 있는 사람을 섬기는 것과 같이 해야 한다고 생각하였다. 이에 따라 제사에 바치는 제품들은 죽은 사람으로 하여금 또 다른 세계에 가서도 사용하게 하기 위함이고, 이는 살아있는 사람에게는 식품이 된다. 갑골복사들 가운데는 수렵과 어렵으로 포획한 들짐승과 날짐승 그리고 물고기 등을 제품으로 삼아 돌아가신 조상들께 제사를 지내는 것들이 많은데, 예를 들면 '兕牛'·'虎'·'鹿'·'麋'·'狐'·'魚' 등이 제품으로 쓰였다. 이런 예로는 다음과 같은 것들이 있다.

① 戊午卜, 狄, 貞 : 隹兕於大乙, 隹示.
　戊午卜, 狄, 貞 : 隹兕於大甲, 隹示. 《合集27164》
② 乙未卜, 其禣虎陟於祖甲.
　乙未卜, 其禣虎(陟)於父丁. 《合集27339》
③ 庚申卜, 狄, 貞 : 王叀旃麋用. 吉. 《合集27459》

④ 癸卯, 貞 : 酒彡(肜)於父丁叀鹿. 《合集32083》

⑤ …… 用狐於祊. 《合集10254》

⑥ ▯丑, 貞 : 王令▯取祖乙魚, 伐告於父丁 · 小乙 · 祖丁 · 羌甲 · 祖辛. 《屯南2342》

이들 복사에서의 '禠' · '陟' · '取'는 모두 제사의 이름이다. '禠'자는 손으로 '隹' 곧 '鳥[새]'를 잡고서 '示' 즉 신주(神主)에게 올리는 것을 형상화한 글자이다. 羅振玉은 이 글자에 대해 "象兩手奉鷄牲於示前.[1] : 두 손으로 살아있는 닭을 신주(神主) 앞에 받들어 올리는 것을 형상화하였다." 라고 설명했는데, 이는 바로 희생(犧牲)을 헌상하는 제사 의식(儀式)의 하나이다. 또 '取'자에 대해 郭沫若[2]은 '椰'자라고 고석하고는, 이 글자의 자음과 자의는 모두 '槱'자와 비슷하다고 주장하였다. 이 '槱'자에 대해《說文解字》에는, "槱, 積火燎之也. 从木, 从火, 酉聲.《詩》曰 : 薪之槱之.《周禮》以槱燎祠司中司命. 禉, 柴祭天神或从示. : '槱'란 나무를 쌓아놓고 불태우다는 뜻이다. '木'과 '火'를 의부(義符), '酉'를 성부로 구성되었다.《詩經 · 大雅 · 棫樸》에「('棫' · '樸') 나무를 잘라 쌓아 불태워 하늘에 제사 지내네.」라고 하고 있다.《周禮 · 春官 · 大宗伯》에는,「땔감을 쌓고 그 위에 희생을 올려 불태워 연기를 피워 올림으로써 '司中'과 '司命'에게 제사를 지낸다.」라고 하고 있다. '禉'는 '槱'의 혹체자로, 천신(天神)에게 '柴祭'를 지낸다는 뜻이며, '示'를 구성요소로 하고 있다." 라고 하고 있다. 이는 희생을 섶에 올려놓고 불태우면서 지내는 제사를 말한다.

그런데 어렵에서 포획한 물고기를 사용한 복사는《合集16043》에 "▯寅卜, 賓, [貞] : 翌丁卯魚饗多▯. 貞 : 不其魚."라고 하고 있는 것 하나 뿐이다. 이는 물고기를 사용하여 손님에게 향연을 베푼 내용으로, 갑골문 가운데 유일한 예이다. 이 복사 중의 '魚'는 동사로서, '고기를 잡다'라는 뜻이다. 그리고 여기에서의 '饗'자에 대해 羅振玉은 "象饗食時賓主相向之狀.[3] : 음식을 대접할 때 손님과 주인이 서로 마주하고 있는 모양을 형상화한 것이다."라고 했고; 孫海波는, "象二人相向而食之形.[4] : 두 사람이 마주보고 식사하는 모양을 형상화한 것이다."라고 했으며; 王襄은, "考殷契有饗亯二字, 以文誼求之, 凡饗人者用饗, 饗於人者用亯.[5] : 갑골문에 있는 '饗'과 '亯' 두 글자를 고증함에 있어서, 문장의 의미로 탐구하면, 무릇 남을 대접할 때는 '饗'자를 쓰고, 남에게 대접을 받을 때는 '亯'자를 쓴다."라고 하였다. 위의 갑골복사는 물고기를 잡아서 '多▯'에게 향연을 베푼 것인데, '多'자 뒤의 글자가 잔결(殘缺)되고 없다. 갑골문에서 商 왕의 향연을 받았던

1) 羅振玉《殷虛書契待問編》(自筆影印本 1916.) p.15.

2) 郭沫若 前揭書《殷契粹編 · 考釋》p.9를 참고.

3) 羅振玉 前揭書 增訂本《殷虛書契考釋》(中) p.17.

4) 孫海波《甲骨文錄》(河南通志館 1937. 開封) p.22.

5) 王襄《簠室殷契徵文 · 典禮》(天津博物院 1925. 天津) p.11.

인물로는 "多子"(《合集27649》) · "多尹"(《合集27894》) · "多生(姓)"(《合集27650》) 등이 있다.

어렵과 수렵의 포획물은 제사 · 식용 · 빈객 접대를 위해 제공되었을 뿐만 아니라 지방 방국의 제후들과 귀족들이 商 왕실에 헌상하는 공납품의 하나이기도 하였다. 이를 증명해주는 복사의 예로는, "己丑卜, ……廩致鹿."(《合集40061》) · "……鼎見致麋."(《東京242》) 등이 있다. 이들 복사에서의 '致'는 곧 '致送'의 뜻이고, '見'은 곧 '獻納'이라는 뜻이며, 모두 다 공납(貢納)을 의미하는 용어이다.

乙. 수공업 재료

商代에는 골기(骨器) 제조가 특별히 발달하였는데, 야생 동물의 뼈와 뿔은 중요한 원료가 되었다. 캐나다 토론토의 황실박물관에 있는 호랑이 뼈의 한 쪽 면에는 두 줄로 "辛酉, 王田於鷄麓, 獲大霥虎. 在十月, 隹王三祀, 劦日."이라는 말이 각되어 있고, 다른 한 쪽 면에는 정교한 무늬가 새겨져 있는데, 이 무늬에는 녹송석(綠松石)이 박혀 있다.[1] 그리고 《庫1989》는 녹각(鹿角) 조각(彫刻)으로 정교한 무늬가 새겨져 있는데, 이에 대해 胡厚宣[2]은 녹각과 무늬 모두가 진품임이 분명하다고 했다. 또 상아(象牙)를 사용하여 만든 각종 공예품은 安陽 殷墟 및 기타 여러 商代 유적지에서 여러 차례 발견되었는데, 그 중에서 가장 정교하고 아름다운 제품은 1976년 '婦好'묘에서 발견된 3건의 상아 잔이다. 여기에는 대단히 아름답고 복잡한 무늬가 가득 조각되어 있고 녹송석을 상감해 넣었다.

그리고 야생 동물의 가죽과 털은 의복의 원료로 사용되었는데, 갑골문의 '裘'자는 '衣'를 구성요소로 하고 짐승의 털이 바깥에 위치한 형태로 되어 있는데(《合集4537》 · 《合集7921》 · 《合集7922》 등에 보임), 이 글자에 대해 孫海波는, "象皮裘之形.[3] : 피구(皮裘)의 모양을 형상화한 것이다."라고 했고, 李孝定은, "象已製成裘, 獸毛在外之形, 古者衣裘, 毛物在外也.[4] : 이미 다 만든 갖옷을 형상화한 것으로, 짐승의 털이 바깥으로 나와 있는 모양인데, 옛날에 갖옷은 털이 바깥으로 나오도록 하였다."라고 설명하였다. 이들 갖옷을 만든 재료는 대부분 여우의 가죽이었는데, 《詩經 · 豳風 · 七月》에, "一之日于貉, 取彼狐狸, 爲公子裘. : 11월 사냥에서, 여우를 잡아, 공자(公子)님 갖옷을 만드네."라고 하고 있고, 《春秋左氏傳》 僖公 5년 조(條)에, "狐裘尨茸. : 여우의 피구(皮裘)가 매우 난잡하다."라는 말이 있고, 《呂氏春秋 · 分職》에는 "棗, 棘之有; 裘,

---

1) 許進雄 《懷特氏等收藏甲骨文集》(The Royal Ontrio Museum 1979. Toronto) B1915(《合集37848》)과 考釋.

2) 胡厚宣 《甲骨文"家譜刻辭"眞僞問題再商榷》, 《古文字硏究》(中華書局 1980. 北京) 第4輯을 참고.

3) 孫海波 前揭書 《甲骨文編》 p.356.

4) 李孝定 前揭書 《甲骨文字集釋》 p.2736.

狐之有也. 食棘之棗, 衣狐之皮. : 대추는 대추나무에 있고; 갖옷은 여우에게 있다. 대추나무의 대추를 먹고, 여우의 가죽 갖옷을 입는다."라고 하고 있는데, 이로 보면, 여우는 갖옷을 만드는 최고의 원료를 제공했던 셈이다. 갑골문에 보이는 각 기별(期別) 수렵 활동 가운데는 언제나 여우를 획득한 기록이 보이는데, 武丁 시기의 복사《合集10198》에 보면 한 차례에 164마리나 수렵한 경우도 있다.

丙. 농업과 목축업 보호

농업과 목축업 보호라는 것은 농업이나 목축업에 해(害)를 끼치는 조류(鳥類)와 야수를 수렵하여 제거한다는 관점에서 하는 말인데, 갑골복사에 보이는 전렵 지역 중의 몇몇 지역은 商代의 농업 지역에 해당되기도 하였다. 예를 들면 '盂'지역이 그러한데,《合集7428》에는 "辛卯卜, 貞 : 王田盂往來亡災. 王占曰 : 吉. 玆御, 獲鹿."이라고 하고 있고,《合集28203》에는 "叀盂田禾釋, 其御. 吉, 刈. 弜御, 吉. 刈."이라고 하고 있다. 여기에서의 '禾釋'은 농작물에 병이 들었음을 말하며, 이 복사는 '盂田'의 농작물에 병이 들어서 '御祭'를 거행할 것인지의 여부를 복문한 내용이다. 이와 같이 이 '盂' 지역은 수렵 지구이면서 또한 농경지이기도 하였다. 갑골문 중의 '田'자는 본래 네모반듯하게 구획한 농경지 모양을 형상화한 것이지만, 수렵 지역도 역시 '田'으로 호칭하였는데, 이로 미루어 보아 수렵은 본래 농사짓는 땅과 관련된 행사였음을 알 수 있다. 商代에는 인구가 비교적 적고, 삼림이 뒤덮고 있는 면적은 커서 농경지와 삼림이 서로 뒤엉켜있었던 데다가, 숲속에는 조류나 야수가 많아서 농업에 큰 피해를 끼쳤다. 수렵 활동은 이런 조류나 야수를 몰아냄으로써, 농업을 효과적으로 보호하는 작용을 하기도 하였다. 오늘날의 산간 지역에서도 농작물의 성숙기가 되면, 조류나 야수를 쫓아내는 일을 전담하는 사람을 배치하여 익어가는 농작물에 피해를 끼치지 않도록 하고 있는데, 商代에는 이런 조치가 더욱 필요할 수밖에 없었다.

그리고 수렵은 또 농업뿐만 아니라 목축업을 보호하는 역할도 상당한 수준으로 했는데, 갑골복사 중에는 예를 들면, "丁巳卜, 貞 : 虎其有禍."(《合集16496》)라고 하고 있는 것과 같이, 호랑이가 사람에게 재화(災禍)를 끼치는 일이 발생할 것인지를 복문하는 내용이 자주 보인다.

또 복사 가운데 "貞 : 我馬有虎隹禍. 貞 : 我馬有虎不隹禍."(《合集11018》)라고 하고 있는 것도 있는데, 이는 商 왕이 말[馬]을 특별히 중요시하여, 호랑이로 인한 피해를 걱정한 것이다. 신속하게 질주할 수 있는 말도 호랑이에게 화(禍)를 당할 것을 염려한 것으로 보아, 소나 양은 어떠했을지 짐작하고도 남는다. 호랑이 역시 商 왕의 수렵 대상이었는데,《合集10197》에 각된 복사를 보면, 武丁 시기에는 한 차례의 수렵에서 각각 암수 두 마리씩, 모두 네 마리의 호랑이를 포획하였다고 하고 있다. 호랑이는 성질이 사나워서 포획이 쉽지 않으므로, 일단 포획하면 대사(大

事)로 간주하였다. 《合集37848》의 갑골판은 호랑이 뼈이며, 여기에는 왕이 '鷄麓'에서 사냥을 하여 '大霥虎' 한 마리를 포획하였다는 내용이 새겨져 있는데, 이는 포획한 호랑이의 뼈에 각사하여 이를 기념한 것이다. 商代 청동기에 새긴 장식용 무늬에는 호랑이 무늬가 자주 보이며, 아울러 호랑이가 사람을 잡아먹는 무늬를 새기기도 하였는데, 이는 商代 사람들의 호랑이에 대한 두려움을 반영한 것이라고 하겠다. 수렵으로 호랑이를 잡는 것은 사람과 가축의 안전을 지키기 위함이었다.

二. 수렵과 어렵의 기술

商代 사람들이 수렵과 어렵에서 사용한 기술, 즉 '方法'이나 '手段'에 대해서, 갑골문을 통해서 알 수 있는 그 대체적인 내용은 다음과 같다.

甲. 수렵의 기술

갑골복사에 보이는 수렵의 기술에 대해 黃偉然[1]은 "狩獵方法"이라고 표현하고는 '狩'·'焚'·'射'·'阱'·'罘'·'逐'·'網'·'羅'·'坙'·'𦊱征'·皀·牧' 등의 12종(種)으로 귀납하였다. 한편, 姚孝遂[2]는 '狩獵手段'이라는 표현을 사용하고, 이를 '함정 설치'·'그물망 설치'·'궁전(弓箭) 사용'·'포위'·'기타' 등 5종으로 나누었고, '기타'의 수단에는 '匕'·'𢾅'·'𤰈'·'虓'·'䖞' 등을 포함시켰다. 陳煒湛[3]은 수렵 기술이나 방법에 대한 이런 분류는 연구자 개인들이 각기 중요하게 다룬 분야가 다르기 때문일 뿐이며, 기본적으로는 이들의 주장이 둘 다 상호 보충관계에 있는 것이라고 하였다. 다만 객관적인 입장에서 비교한다면, 수렵의 방법 분류에 있어서는 姚孝遂의 주장이 비교적 합리적이라고 할 수 있으며, 黃偉然의 분류 가운데 '罘'·'網'·'羅'·'𦊱'의 네 가지는 실제로 짐승을 포획하는데 모두 다 망(網) 즉 그물을 사용하는 것으로, 동일한 방법에 해당된다고 할 수 있다.

이렇게 黃偉然과 姚孝遂가 열거한 방법이나 수단 이외에, '彈'이라고 한 것이 있는데, 예를 들면 "丙午卜, 彈祉兎."(《合集10458》)이라고 하고 있는 것과 같다. 여기에서 말하는 '彈'이란 탄궁(彈弓)으로 탄환을 발사하여 야생 동물을 격살하는 것으로, '射'와 유사한 방법 또는 기술이라고 할 수 있다. 신석기시대의 유적지에서 수렵에 사용된 도자기흙이나 돌로 만든 탄환이 발견되었는데, 商代 사람들도 이런 기술을 계승한 것으로 보인다.

---

1) 黃然偉 <殷王田獵考>, 前揭 雜誌《中國文字》第14册과 第15册을 참고.

2) 姚孝遂 <甲骨刻辭狩獵考>, 前揭 雜誌《古文字研究》第六輯을 참고.

3) 陳煒湛 前揭書《甲骨文田獵刻辭研究》p.17을 참고.

또한 '从' 역시 수렵 방식의 하나인데, 갑골복사의 예로는, "王其田从."(《合集28567》) · "叀東西麋从."(《合集20931》) · "……翌日戊王其从, 亡𢦏, 擒."(《合集29039》)이라고 하고 있는 것 등이 있다. '从'이란 대체로 '逐'과 비슷한데, 야생 동물을 추격하여 뒤쫓는 것을 말한다. '逐'의 방법을 姚孝遂는 '포위'라는 수렵의 수단에 포함시켰는데, 복사에는 '衣逐'이란 말이 있다. 李學勤은 이에 대해서, "商王狩獵時採用衣或衣逐的方法, 衣訓爲殷, 訓同或合, 衣逐卽合逐之意.[1] : 商 왕은 수렵을 할 때에 '衣'나 '衣逐'의 방법을 채택했는데, '衣'는 '殷'의 뜻으로 풀이되며, '同'이나 '合'의 의미이므로, '衣逐'은 곧 '合逐' 즉 합동으로 추격하다는 뜻이다."라고 하였다. '衣'나 '衣逐'이라는 말을 사용한 복사의 예로는 다음과 같은 것들이 있다.

① 壬申卜, 在☐, 貞 : 王田浇衣[逐]亡災. 《合集37533》

② ☐☐[卜], 在桑, 貞 : [王田]澅衣[逐]亡災. 《合集37562》

③ 辛巳卜, 在敦, 貞 : 王田沇衣亡災. 《合集37644》

④ 壬寅卜, 在㫖, 貞 : 王其射柳, 雨. 不遘大雨, 其遘大雨. 於七月射柳兕, 亡災, 擒. 弗擒. 弗擒.
丙午卜, 在㫖, 貞 : 王其射柳衣逐亡𢦏. 擒, 不擒. 《英藏2566》

여기에서의 '浇' · '澅' · '沇' · '柳' 등은 모두 지명이다. 그리고 '衣逐'이라는 말의 의미는 ④의 복사에서 더욱 분명해진다. 여기에서의 '射柳'는 '射柳兕'의 생략형이므로, 이 복사는 '柳'라는 곳에서 화살로 '兕'를 쏜 뒤에 '衣逐' 즉 많은 사람들이 함께 포위하여 수렵하는 방법으로 포획하였다는 뜻이다.

갑골문에 보이는 수렵 기술 중에서, 실제로 주로 사용된 것으로는 '狩' · '逐' · '射' · '焚' · '阱' · '網' 등의 몇 가지를 꼽을 수 있다. 姚孝遂는 이 가운데 '狩' · '焚' · '逐'의 3가지 방법을 '圍獵' 즉 포위 수렵이라는 방법으로 분류하였다. 이 이외에 《合集7636》 · 《合集3643》 · 《合集10514》 등에서는 '征'의 방법으로 한 차례에 1백 마리 이상의 동물을 포획하였다고 기록하고 있는데, '征'도 역시 '圍獵'으로 분류할 수 있는 방법이다. 따라서 실제로 상용된 방법은 '圍獵' · '陷阱' · '網' · '射' 등의 4종류로 분류할 수 있다. 수렵의 규모로는 '狩'와 '焚'의 방법이 가장 큰 규모였을 것으로 추정되는데, 《合集10198》에는 "戊午卜, 㱿, 貞 : 我狩龜夊 , 擒. 之日狩, 允擒. 獲虎一, 鹿四十, 狐一百六十四, 麑一百五十九……."라고 하고 있고, 《合集10408》에는 "翌癸卯其焚, 擒. 癸卯允焚, 獲☐☐, 兕十一, 豕十五, 虎☐, 兎二十."이라고 하고 있다. 이 두

1) 李學勤 前揭書《殷代地理簡論》p.7.

편의 갑골복사에 의하면, '狩'와 '焚'의 방법으로 행해진 사냥에서 획득한 야생 동물의 수량도 아주 많을 뿐만 아니라 '兕'와 '虎'와 같이 몸집도 크고 사나운 동물들도 포획되었음을 알 수 있다. 姚孝遂의 주장과 같이 '焚'도 역시 '圍獵' 즉 포위 수렵 방식의 한 종류인데, '焚'과 '狩'의 구별은 불의 사용 여부에 달렸다. '焚'과 '狩'는 모두 다 여러 사람들이 함께 모여 포위하는 방법을 쓰기 때문에 획득한 짐승의 숫자도 많을 뿐만 아니라 종류도 다양하다. 갑골문의 기록에 의하면, 오직 포위 수렵 방법에 해당하는 '焚'과 '狩'의 방법을 사용했을 때만 포획한 동물의 종류가 다양하였고, 다른 방법을 사용했을 경우에는 종류가 단순하여, 한 가지 동물뿐이거나 많아도 2～3종을 벗어나지 못했다.

포위 수렵의 방법 다음으로 많은 짐승을 획득한 방법은 '陷阱' 즉 함정을 설치하는 방법이었다. 단순하게 한 차례의 수렵에서 획득한 짐승의 숫자만으로 비교한다면, 이 함정(陷穽)의 방법이 단연 최고의 기술이라고 할 수 있다. 《屯南2626》에는 한 차례의 함정의 방법을 사용하여 '麋' 즉 큰 사슴 7백 마리를 포획했다고 기록하고 있고, 《合集10349》에는 귀족 '甫'가 함정의 방법을 사용하여 한 차례에 미록(麋鹿) 209마리를 포획했다고 기록하고 있다. 함정의 방법을 사용하는 경우에는 주로 미록을 포획했으며, '鹿'·'麑'·'兕' 등이 포획되는 경우도 있었다. 이렇게 함정으로 획득한 동물을 갑골에 새길 때는 글자의 모양을 해당 동물이 구덩이 속에 빠진 형상으로 썼는데, 예를 들면 '兕'가 함정에 빠진 경우에는 《屯南2589》의 복사에서와 같이 '兕'와 '井'을 구성 요소로 하고 있다. '兕'는 몸집이 아주 큰 동물인데, 이처럼 함정은 덩치가 큰 동물을 포획하는데 가장 훌륭한 방법이었을 것이다. 이에 대해 宋兆麟 등은[1] 《鹽鐵論·通有篇》 중의 "設機陷, 求犀象. : 함정을 설치하여 물소와 코끼리를 얻는다."라는 말을 인용하고는, 중국의 남방지역에 있는 몇몇 소수민족들은 중일(中日)전쟁 시기까지도 여전히 함정을 사용하여 "獵虎·熊和鹿等大型動物. : 호랑이와 곰 그리고 사슴 등의 큰 짐승들을 사냥하였다."고 하였다.

다음으로 '網' 즉 그물을 사용하였는데, 이 경우에는 한 차례에 포획할 수 있는 짐승의 수량이 그렇게 많지는 않았다. 가장 많은 수량은 '雉' 즉 꿩 15마리를 그물로 잡은 경우인데(《合集10514》), 포획한 야생 동물의 종류는 날짐승 외에도 '麋'·'鹿'·'豕'·'兎'와 심지어 사나운 호랑이도 있었고(《合集20710》), '兕牛'도 있었다(《屯南2922》). 큰 동물이 그물에 걸리면 제압하기가 쉽지 않아서, 《屯南2922》의 복사에 "王其网, 射大兕亡𢦏."라고 하고 있는 것에서 보는 바와 같이 활을 쏘아서 사살한 다음에 잡았던 것 같다. 물론 여기에서 말하는 '射'란 활과 화살을 사용하는 것인데, 이는 많은 사람들이 집단으로 사살하기도 하고, 한 사람이나 소수의 몇몇 사람으로 진행하기도 하였을 것이다. 따라서 갑골문에서는 '射'의 방법으로 수렵을 하는 경우에 대해서는 사살된 동물의

1) 宋兆麟 等《中國原始社會史》(文物出版社 1983. 北京) p.152.

종류만 기록되어 있는데, 대부분은 한 가지 종류이고, 한 차례의 사냥에서 사살한 숫자를 기록한 것은 보이지 않는다. 사살된 동물로는 '鹿'(《合集10320》)·'麋'(《合集28371》)·'豕'(《屯南693》)·'兕牛'(《合集33373》) 등이 있다.

앞에서 인용한 姚孝遂의 논문에는 '其他'로 분류된 수렵 수단 가운데 '𡏳'라고 한 것이 있는데, 이 글자를 張政烺은[1] '裒'자로 고석하고, 전렵(田獵)의 동사로 사용되어 '搏' 혹은 '攫' 즉 '붙잡다'라는 의미라고 해석하였다. 갑골문 가운데에는 "裒兕"(《合集37387》·《合集37392》·《合集37514》)라고 한 것이 있는데, 모두 다 제5기 帝辛 시기의 복사이며, 이는《史記·殷本紀》에 紂王이 "手格猛獸" 즉 맨 손으로 맹수를 때려잡았다고 한 기록과 서로 부합된다. 裘錫圭는[2] 이 글자를 饒宗頤의 고석대로 '壅'으로 해석하고, 이 수렵 방법은 "擋住兕的去路進行兜捕. : '兕'가 가는 길을 막아서 포위하여 잡는 것"이라고 주장하였다.

乙. 어렵의 기술

물고기를 잡는 기술이 갑골복사에 보이는 것은 다음의 몇 가지가 있다.

1. 그물 이용

갑골복사 가운데 "甲申卜, 不其網魚."(《合集16203》)라고 한 것이 있는데, 이는 그물로 고기잡이를 할 것인지를 복문한 것이다.

또 갑골문 중에는 '𩵋'(《合集10478》·《合集10479》·《合集28426》·《合集28433》 등)의 모양으로 쓴 글자가 있는데, 이는 손으로 그물을 잡고 물고기를 잡는 모양을 형상화한 것이다. 이는 잠정적으로 '䲃'자로 예정(隸定)하여 쓰는데, 이 글자의 자형은 기다란 형태의 그물을 둘러펴서 강 언덕이나 해안으로 수렴하여 물고기를 잡는 모양이다. 이는 대규모로 이뤄지는 고기잡이 방법 중의 하나이며, 여러 사람이 합작하여 물고기를 잡는 방법이다. 이런 방법으로 물고기를 포획하는 내용을 기록한 복사의 예로는,《合集28426》에 "惟滴䲃."라고 하고 있는 것이 있다. 여기에서의 '滴'이란 바로 '滴水'인데, 李學勤[3]은 이 '滴水'를 지금의 河南省 서부의 '沁水'라고 주장하였다. 이렇게 물고기를 잡았던 그물은 오늘날 이미 존재하지 않지만, 이런 그물에 매달았던 추(錘)들은 商代 유적지에서 대량으로 발견되었다.

---

1) 張政烺 <卜辭裒田及相關諸問題>, 前揭 雜誌《考古學報》1973年 第1期를 참고.

2) 裘錫圭 <甲骨文中所見的商代農業>, 前揭書《古文字論集》p.182.

3) 李學勤《殷代地理簡論》(科學出版社 1959. 北京) p.13.

2. 낚시

갑골문 가운데 손에 막대기를 쥐고 있고, 그 막대기 끝에 물고기가 매달린 형상으로 낚시를 하는 모양의 글자가 《合集48》·《合集8105》·《合集8106》·《合集8107》·《合集8108》·《合集10993》·《合集10994》·《合集24382》·《合集24383》 등등에서 자주 보이는데, 이를 잠정적으로 '魰'로 예정(隷定)하여 쓰고 있다. 이 글자는 복사에서 대부분 지명으로 쓰이고 있는데, 동사로 사용된 복사의 예로는《合集27946》에 "弜……其每, 魰."라고 한 것이 있다. 商代의 유적지에서 동(銅)·뼈[骨]·조개[蚌] 등으로 만든 낚시 바늘이 자주 발견되는데, 이런 것들이《合集27946》의 갑골문 내용을 증명해 주는 실제 유물들이다.

3. 통발 이용

물고기를 잡는데 사용되는 통발을 '笱' 또는 '筌'이라고도 하는데, 대나무나 목재를 길고 가늘게 다듬어 엮은 것으로, 입구는 나팔 모양으로 만들고, 가늘게 만든 목 부분에는 역 방향의 수염을 설치하고, 북처럼 불룩한 복부(腹部)를 거쳐 꼬리 부분은 뾰족하게 수축한 모양이다. 물고기를 잡을 때는 이 '笱'를 강 속의 물의 흐름이 비교적 빠른 곳에 놓아, 나팔 모양의 입구로 물이 들어오게 함으로써 물고기도 물의 흐름을 따라 통발의 복부에 들어오도록 하여 포획한다. 갑골문에는 '[illegible]' 모양의 글자가 있는데, 바로 통발을 물속에 위치해 놓고 물고기가 진입하기를 기다리는 형상이며, 이 글자가 바로 '笱'자이다.《詩經·邶風·谷風》에는, "毋逝我梁, 毋發我笱.：내 어량(魚梁)을 무너뜨리지 말고, 내 통발을 열지 말구려."라고 하고 있는데, 여기에서의 '笱'에 대해《毛詩傳》에는, "笱, 所以捕魚也.：'笱'란 물고기를 잡는 도구이다."라고 하고 있다. 갑골복사에서의 이 글자는 동사로 사용되었는데, 예를 들면《合集10474》에 "□□卜, □豢□[隼] …… 笱魚." 라고 하고 있는 것과 같이 '笱'자 뒤에 '魚'자가 바로 덧붙여져 있는데, 이는 '笱'를 사용하여 물고기를 포획하는 일을 복문한 것이다. 이와 같은 고기잡이 통발은 중국에서는 매우 일찍부터 사용했는데, 浙江 吳興縣 錢三漾의 신석기 시대 유적지에서도 '魚笱' 즉 고기잡이 통발의 실물 유물이 발견된 바 있다.[1)]

수렵과 어렵을 행할 때면 商 왕과 귀족들이 출행하였는데, 이때 사용한 교통수단은 말이 끄는 수레였다. 야생 동물을 추격할 때도, 도보로 추격한 것이 아니고 수레를 타고 추격하였다고 陳煒湛은 주장했다. 그는 "癸巳卜, 㱿, 貞：旬亡禍. 王占曰：乃茲有祟, 若偁, 甲午, 王往逐兕, 小臣甾車, 馬硪粤王車, 子央亦墜."(《合集10405》)라고 하고 있는 복사를 예로 들고는, 이에 근거하여,

1) 浙江省文物管理委員會 <吳興錢三漾遺址一·二期發掘報告>, 前揭雜誌《考古學報》1960年 第2期를 참고.

"商王武丁外出打獵, 包括其近臣隨從在內, 是駕着車馬的, 并非徒步而行.[1] : 商 왕 武丁은 사냥을 나갈 때, 측근의 신하들과 수행인들을 포함한 사람들이 마차를 타고 갔으며, 도보로 가지는 않았다."라고 하였는데, 이를 '車獵'이라고 주장하였다. 그리고 그는 여기에 덧붙여 야생 동물을 쫓는 방법은 마차를 타거나 말을 달려 추격하였으며, 사람과 짐승이 달리기 경주를 하듯이 추격하지는 않았다고 했다.

三. 수렵과 어렵 동물의 종류

商代의 수렵과 어렵의 포획 대상이 되는 동물은 크게 수류(獸類)·금류(禽類)·어류(魚類)의 세 종류로 나눌 수 있다.

甲. 수류(獸類)

갑골복사에 보이는 商代 수렵에서 포획된 동물 중에 수류(獸類)에 속하는 것으로는 다음과 같은 것들이 있다.

1. 호랑이[虎]

갑골문 호랑이 '虎'자의 자형은 입을 크게 벌리고 이빨을 드러내고, 날카로운 발톱에 기다란 꼬리를 위로 치켜든 모양으로 되어 있는데, '犬'자와 가장 크게 구별되는 점이 바로 이 머리 부분이다. 호랑이의 수렵은 武丁 시대부터 帝辛 시대까지 모두 행해졌다. 武丁 시대의 갑골편인《合集10197》에는 한 차례의 수렵에서 암컷 호랑이 두 마리와 수컷 호랑이 두 마리를 포획한 내용이 기록되어 있고; 또 商代 말 帝乙과 帝辛 시대의 갑골편《合集37366》과《合集37463》의 복사에는, 한 차례의 수렵에서 호랑이 3마리를 포획한 사실을 기록하고 있다.

호랑이는 성질이 사납기 때문에 수렵으로 포획하기가 쉽지 않았기 때문에, 호랑이를 포획하는 경우에는 가죽을 벗기고 고기를 먹고 난 뒤에, 남은 호랑이의 뼈에 무늬와 글자를 새겨서 그 사실을 기념하기도 하였는데, 현재 캐나다 토론토 박물관에 소장되어 있는, 무늬가 새겨진 호골(虎骨) 각사에 "辛酉, 王田鷄麓, 獲大𩁹虎. 在十月, 隹王三祀劦日."(《合集37848》)이라고 하고 있는 것이 이런 사실을 알게 해 준다.

---

1) 陳煒湛 前揭書《甲骨文田獵刻辭研究》p.23.

2. 코끼리[象]

갑골문의 코끼리 '象'자의 자형은 긴 코가 돌출된 특징을 나타내고 있어 다른 동물들과 비교적 구별하기가 쉽다. 그런데 羅振玉에 의하면[1], 이 코끼리는 최소한 商代에는 黃河 유역에서도 생장(生長)하였을 뿐만 아니라 사람들에 의해 이미 길들여지고 사육되는 가축의 하나였다고 하였다. 이런 사실은 河南省 安陽의 殷墟에서 일찍이 코끼리 구덩이가 발견되었는데, 여기에서 발견된 코끼리 몸에 구리로 만든 방울이 달려 있는 것[2]으로 미루어보아 추정이 가능하다. 그리고 이는 또 고대의 문헌 기록 가운데《呂氏春秋 · 仲夏紀 · 古樂》에 "商人服象. : 殷나라 사람들이 코끼리를 부렸다."이라고 하고 있는 것으로도 증명이 된다. 다만 이런 코끼리가 수렵의 대상이 되는 이유는 돼지의 경우와 마찬가지인데, 가축의 하나인 돼지와 야생의 돼지가 동시에 존재하는 것처럼 코끼리도 그 당시에 야생의 코끼리가 함께 존재하였기 때문이다.

코끼리가 수렵의 대상이 되었던 갑골복사의 예로는, "今夕其雨, 獲象."(《合集10222》) · "辛未王卜, 貞 : 田喜往來亡災. 王占曰 : 吉. 獲象十, 雉十又一."(《合集37364》)이라고 한 것 등이 있는데,《合集37364》의 복사는 한 차례의 수렵에서 10마리의 코끼리를 포획한 경우이다.

3. '兕'

외뿔소 '兕'자의 갑골문 자형은 머리에 큰 뿔 하나가 돌출한 형상으로 되어 있는데, 이는 상형자이다. 그런데 고대의 문헌 기록에는 '兕'와 '犀'가 두 종류의 동물로 구분되어 있는데,《山海經》과《爾雅》의 기록이 그렇다.《山海經 · 南山經 · 南次三經》에는, "禱過之山, 其上多金玉, 其下多犀 · 兕, 多象. : 도과산 그 꼭대기에는 금과 옥이 많고, 아래에는 犀와 兕가 많고 또 코끼리가 많다."이라고 하고 있다. 그리고《爾雅 · 釋獸》에는 "兕似牛, 犀似豕. : '兕'는 소와 비슷하고, '犀'는 돼지와 비슷하다."라고 하고 있는데, 이에 대해 郭璞은, '兕'에 대해서는 "一角青色重千斤. : 뿔이 하나이고 털은 청색이며, 무게는 1천 근(斤)이다."라고 주(注)하였고, '犀'에 대해서는 "形似水牛, 猪頭大腹庳脚, ... 黑色 · 三角一在頂上 · 一在額上 · 一在鼻上. : 무소와 모양이 비슷한데, 돼지모양의 머리에 커다란 배와 짧은 다리를 가지고 있으며, ... 털은 검은 색이고, 세 개의 뿔이 있는데, 하나는 정수리에 있고, 하나는 이마 위에 있고, 하나는 코 위에 있다."이라고 주(注)하였다.

그러나 갑골학 연구자들은 이런 문헌 기록들과는 다른 의견을 제시하고 있다. 陳夢家는 '兕'를

1) 羅振玉 前揭書《增訂殷虛書契考釋》中卷 p.30下를 참고.

2) 胡厚宣《甲骨探史錄》(三聯書店 1982. 北京) 중의 王宇信 · 楊寶成 <殷墟象坑和"殷人服象"的再探討>를 참고.

'野牛' 즉 들소라고 하였고,[1] 張政烺은 '兕'를 청색의 들소라고 주장하였다.[2] 반면에, 丁山은 "犀兕爲一聲之轉, 二獸一物, 不過是方俗的殊名.[3] : '犀'와 '兕'는 같은 발음이 전변된 것으로, 두 짐승이지만 동일한 것으로, 각 지역의 풍속으로 인해 명칭이 다를 뿐이다."라고 하였다. 그리고 姚孝遂와 肖丁은 '兕'를 '㒫'라고 인식하고, "㒫 · 犀乃古今字, 今通稱作犀牛.[4] : '㒫'와 '犀'는 古今字의 관계이고, 지금은 '犀牛' 즉 무소로 통칭한다."라고 주장하였다. 그리고 楊鍾健과 劉東昇은 安陽 殷墟에서 출토된 짐승의 뼈들 가운데 무소의 뼈를 감정해내었다.[5] 이런 사실들로 미루어보면, 갑골복사 중의 '兕'는 '犀牛'일 가능성이 크다고 생각된다.

商代의 수렵에서 이 '兕'를 포획한 복사는 武丁 시기부터 帝辛 시기까지 모두 다 보이는데, 武丁 시기의 복사《合集1030》에는 한 차례의 수렵에서 11마리의 '兕'를 포획하였음을 기록하고 있고, 제5기 복사《合集37375》에는 한 차례의 수렵에서 40마리의 '兕'를 포획한 사실을 기록하고 있다. 그리고 '兕'는《合集37398》에는 "白兕",《佚518》에는 "戠(赤)兕",《合集37514》에는 "大兕" 등의 말이 있는 것으로 보면, 털의 빛깔과 몸의 형태로 구별하였음을 알 수 있다.

4. 돼지

수렵을 기록한 갑골복사에서 포획하거나 추격의 대상이 되었던 '豕'는 모두, 제사의 희생으로 쓰기 위해 가축으로 사육된 돼지가 아니라, 야생의 멧돼지임이 분명하다. 예를 들면,《合集10230》에, "癸丑卜, 王其逐豕, 獲. 允獲豕."라고 하고 있는데, 여기에서의 '豕'는 멧돼지임이 틀림없다. 그리고《合集28307》에는 "王其射𢊁大豕."라고 하고 있는데, 이는 돼지를 추격할 때에 활과 화살을 사용하여 사살하기도 하였음을 알게 해주는 예이다.

그리고 갑골문에는 '[illegible]'(《合集1339》) · '[illegible]'(《合集9013正》) · '[illegible]'(《合集14930》) 등과 같이 화살이 돼지의 몸을 관통하였거나 꽂혀 있거나 꽂히는 모양의 글자들이 있는데, 羅振玉은 이를 '彘'자라고 고석하면서, 이 글자에 대해 "从豕, 身着矢, 乃彘字也. 彘殆野豕, 非射不可得.[6] : '豕'를 구성 요소로 하고, 몸에 '矢' 즉 화살이 꽂혀 있으므로, 이는 곧 '彘'자이다. 이 '彘'는 아마도 멧돼지인 것 같은데, 화살을 쏘지 않으면 포획할 수가 없는 것이다."라고 하였다. 수렵을 점복한 갑골복사에 보이는 바로는, 이 멧돼지가 한 번에 가장 많이 포획된 것은《合集20723》의

---

1) 陳夢家 前揭書《殷虛卜辭綜述》p.555를 참고.

2) 張政烺 <卜辭裒田及其相關諸問題>, 前揭雜誌《考古學報》1973年 第1期를 참고.

3) 丁山《商周史料考證》(中華書局 1998. 北京) p.175.

4) 姚孝遂 · 肖丁 共著《小屯南地甲骨考釋》(中華書局 1985. 北京) p.151.

5) 楊鍾健 · 劉東昇 <安陽殷墟之哺乳動物群補遺>, 前揭雜誌《中國考古學報》(1949年) 第4冊을 참고.

6) 羅振玉 前揭書《增訂殷虛書契考釋》(中) p.28下.

복사인데, 여기에는 멧돼지 40마리를 사살하였다고 하고 있다. 그러나 갑골복사에서의 멧돼지의 수렵은 일반적으로는 한 두 마리에 지나지 않고, 10마리 이상의 경우는 드물게 보인다.

5. 사슴[鹿]

'鹿'자는 갑골문으로는 ''(《英1826》) · ''(《合集10410》) 등으로 쓰는데, 이는 머리에 두 개의 뿔이 있으면서 각 뿔이 다시 갈라진 모양이거나, 이를 간략하게 써서 머리에 뿔 하나만 나 있으면서 그것이 다시 갈라진 모양으로 쓴 것이다. 이 글자를 羅振玉[1]이 '鹿'자로 고석하여 학계의 정설이 되었다.

갑골복사에 보이는 사슴을 수렵하는 방법으로는 '狩'(《合集10308》) · '逐'(《合集10950》) · '網'(《合集10976正》) · '射'(《合集28339》) · '陷阱'(《合集10662》) · '征'(《合集10311》) · '坯'(《合集10303》) 등이 있다. 사슴은 수렵의 주요 대상이었는데, 갑골복사에 보이는 바로는, 한 차례에 가장 많은 사슴을 포획한 것이 162마리이고(《合集10307》), 이는 '狩' 즉 포위 사냥의 방법으로 획득한 것이다.

6. 큰사슴[麋]

큰사슴 '麋'자는 갑골문으로는 ''(《13350》)으로 쓰는데, 이는 '鹿' 즉 사슴의 몸체에 특별히 돌출된 눈 위의 눈썹 즉 '眉'로 발음을 나타내는 결구(結構)로 되어 있다. 이에 대해 姚孝遂는, "實際上麋的目上有白斑, 看上去似眉.[2] : 실제로 '麋'의 눈 위에는 하얀 반점이 있는데, 마치 눈썹 같이 보인다."라고 하였다. 그리고 이 '麋'에 대해 唐代의 顔師古는《急就篇注》에서, "麋似鹿而大, …… 目上有眉, 因以爲名也.[3] : '麋'는 사슴과 비슷하지만 더 크고, …… 눈 위에 눈썹이 있는데, 이로 인하여 이를 이름으로 하게 되었다."라고 했다. 그런데 이 '麋'를 수렵에서 포획하는 주된 방법은 함정을 사용하는 것이었고, 한 차례에 획득한 수량이 매우 많았는데, 갑골문에 기록된 바에 의하면, 한 번에 최다 7백 마리까지 획득한 경우(《屯南2626》)도 있고, 450마리를 획득한 경우(《合集10344反》)도 있으며, 348마리를 획득한 경우(《合集10349》)도 있다. 商代에는 이 미록(麋鹿)이 매우 많았고, 이로 인해 한 번의 사냥에서 포획한 수량이 매우 많았음을 문헌 기록으로도 알 수 있는데,《逸周書 · 世俘》에는 周의 武王이 商을 멸한 뒤에 진행한 한 차례의 수렵에서

---

1) 羅振玉 上揭書《增訂殷虛書契考釋》(中) p.29下.

2) 姚孝遂 <甲骨刻辭狩獵考>,《古文字硏究》1981年 第6輯을 참고.

3) 李孝定 中央硏究院歷史語言硏究所專刊之五十《甲骨文字集釋》(中央硏究院歷史語言硏究所 1974. 臺北) p.3064에서 재인용.

무려 5,235 마리의 ‘麋’를 포획했다고 기록하고 있다.

7. 새끼사슴[麑]

갑골문 ‘麑’자는 ‘’(《合集20724》) · ‘’(《合集10186》) · ‘’(《合集10391》) 등의 모양으로 쓴다. 이는 기본적으로 자형이 ‘鹿’자와 비슷하지만, 뿔이 없는 것으로 새끼사슴을 나타낸 것이다. 이 새끼사슴 즉 ‘麑’에 대해《淮南子 · 主術訓》에는, “先王之法, 畋不掩群, 不取麛夭. : 선대(先代) 성왕의 법규는 사냥 때에 여러 짐승들을 다 죽이는 것을 금지하고, 새끼사슴과 새끼큰사슴의 포획을 금지하였다.”라고 하고 있고, 이 말 중의 ‘麛夭’에 대해 高誘는, “鹿子曰麛, 麋子曰夭. : 사슴의 새끼는 ‘麛’라고 하고, ‘麋’ 즉 큰사슴의 새끼는 ‘夭’라고 한다.”라고 주(注)하였다. 이에 의하면 새끼사슴을 고대의 문헌에서는 ‘麑’ 혹은 ‘麛’라고 하였고, 또 이들 새끼사슴들은 사냥에서 포획이 금지되었음을 알 수 있다. 그런데 갑골복사에는 이 새끼사슴 즉 ‘麑’를 사냥한 내용을 기록한 예가 있을 뿐만 아니라 포획한 수가 많은 경우 한번에 127마리(《合集10197》) 또는 159마리(《合集10198》)에 이른 경우도 있다. 이들 복사의 기록에 의하면, 商代에는 수렵에서 사슴의 어린 새끼들을 잡지 못한다는 금령(禁令)이 없었음을 알 수 있다.

8. 여우[狐]

‘狐’자는 갑골문으로는 ‘’(《合集10255》) 또는 ‘’(《合集37434》) 등으로 쓰는데, 모두 ‘犬’과 ‘亡’를 구성 요소로 하고 있다. 여기에서의 ‘亡’자는 성부(聲符)인데, 독음이 ‘逃亡’의 ‘亡’이 아니라, ‘有無’의 ‘無’이기 때문에, 이 글자는 당연히 ‘狐’자로 읽어야 하며; ‘亡’을 [wáng]으로 읽고, 이를 성부로 하여 ‘豺狼’의 ‘狼’자로 읽지 말아야 한다. 그리고 楊鍾健 · 劉東昇은 安陽殷墟에서 출토된 동물들의 뼈를 감정한 결과 여우의 뼈는 있지만 ‘狼’ 즉 이리의 뼈는 없다고 하였다.[1] 수렵에서 ‘狐’ 즉 여우를 가장 많이 포획한 경우는 164마리에 달하며(《合集10198》), 또한 ‘白狐’를 포획한 경우도 있는데(《合集33364》 · 《合集37499》), 이 백호(白狐)는 가죽이 진귀한 것으로 간주된다.

9. 토끼[兎]

갑골문으로 ‘兎’자는 ‘’(《合集309》正) · ‘’(《合集1054》) · ‘’(《合集10457》) 등의 모양으로 쓰는데, 이는 머리와 몸의 상체(上體)가 바로 연이어져 있어 목 부분이 그려져 있지 않고 꼬리가

---

1) 楊鍾健 · 劉東昇 前揭論文 <安陽殷墟之哺乳動物群補遺>를 참고.

짧은 토끼의 특징을 나타내는 모양이다. 武丁 시기의 갑골복사인《合集10407》에는 한 차례의 수렵에서 199마리의 토끼를 포획하였음을 기록하고 있다.

10. '旨'·'猱'

商代에 수렵 대상이었던 야생 동물들로서 갑골복사에 보이는 것으로는 위에서 살펴 본 여러 동물들 외에 '旨'와 '猱'가 있다. 복사의 예를 보면,《合集10307》에 "丁卯 …… 狩征☐擒, 獲鹿一百六十二, ☐百十四·豕十·旨一 ……"라고 하고 있는데, 여기에서의 '旨'는 복사의 문례(文例)로 보아 수렵의 대상이었던 야생 동물의 이름임이 분명하다. 이 '旨'에 대해 陳夢家[1]는,《說文解字》에서 '大麋' 즉 큰 노루라고 풀이를 한 '麎'이고, 이의 혹체자는 '麀'로 쓴다고 주장하였다. 그러나 지금까지 발견된 갑골복사의 자료로는 이 '旨'가 어떤 짐승을 지칭하는지를 아직은 확정할 수가 없으므로, 확실한 증거 자료를 기다려야 한다고 생각된다.

그리고《合集10468》에 " …… 其獲猱."라고 하고 있는데, 姚孝遂에 의하면[2], 여기에서의 '猱' 역시 수렵의 대상임이 분명한데, 이는 팔이 긴 원숭이의 일종이다.

乙. 조류(鳥類)

갑골복사에 나타나는 商代에 수렵의 대상이 되었던 날짐승 즉 조류로는 다음과 같은 것들이 있다.

1. 꿩[雉]

꿩을 뜻하는 '雉'자는 갑골문으로는 ''(《10513》)·''(《合集10921》)·''(《合集18335》) 등의 모양으로 쓰는데, 이들 갑골문자도 '隹'와 '矢'를 구성 요소로 하고 있고, '矢'는 또한 성부(聲符)이기도 하다. 꿩을 현대 중국어로는 '山鷄' 또는 '野鷄'라고 한다. 수렵에서 꿩을 포획한 일을 기록한 복사는 武丁 시기와 帝乙·帝辛 시기의 것이 많은데, 武丁 시기의 복사《合集40834》에는 한 차례의 수렵에서 50마리를 포획하였음을 기록하고 있고, 帝乙·帝辛 시기의 복사《合集37365》에는 한 번의 수렵에서 30마리를 포획하였다고 기록하고 있는 것이 가장 많은 수량이다.

---

1) 陳夢家 前揭書《殷虛卜辭綜述》p.555를 참고.

2) 姚孝遂 前揭論文 <甲骨刻辭狩獵考>를 참고.

2. 새[鳥, 隹]

‘隹’자는 갑골문에서 대부분 ‘語辭’ 즉 허사(虛辭)로 쓰여 ‘惟’ 또는 ‘唯’의 뜻으로 통용되었다. 그런데 商代 帝乙 · 帝辛 시기의 복사에서는 ‘鳥’ 즉 새’의 통칭으로 사용되었으며, 이 새는 지금과 마찬가지로 商代에도 수렵의 대상이었는데, 《合集41802》의 복사에 “獲隹二百五十 · 象一 · 雉二.”라고 하고 있는 것으로 보면, 한 차례의 수렵에서 많게는 250마리까지 잡기도 하였음을 알 수 있다.

그리고 제1기의 갑골복사에는 새를 ‘鳥’라고 칭한 경우도 있는데, 《合集10514》에 “甲寅卜, 呼鳴網鳥, 獲. 丙辰風, 獲五.”라고 하고 있는 것이 이 예이다.

3. 매[鷹]

맹금(猛禽)의 하나인 매를 뜻하는 ‘鷹’자는 갑골문으로는 ‘’(《合集10497》) · ‘’(《合集10499》) · ‘’(《合集10500》) 등의 모양으로 쓴다. 이들 글자들의 자형을 살펴보면, 긴 부리가 특별히 돌출되어 있고, 날개를 펼쳐서 구름 사이[새 주변에 여러 개의 작은 점들이 운무를 형상한 것임]를 비상(飛翔)하는 모양으로 되어 있다. 조류(鳥類) 가운데 긴 부리를 가진 것은 맹금인 ‘鷹’임이 틀림없는데, 이는 《合集10499》에 ‘燕’자와 ‘鷹’자가 동일 복사에 보이는 것으로 판별이 가능하다. 그리고 《合集10500》에 “...... 往逐磐鷹弗其擒. ...... 擒, 獲鷹十一 · 豕一 · 麑一.”이라고 하고 있는 것에 의하면, 이 ‘鷹’을 포획하는 방법으로는 ‘逐’을 사용하였음을 알 수 있다.

4. 기타

武丁 시기의 갑골 《合集9572》에 “戊子卜, 賓, 貞 : 王逐‘’於沚, 亡災. 之日王往逐‘’於沚. 允無災, 獲‘’八.”이라고 하고 있는 것에서 보는 바와 같이 ‘隹’와 ‘’을 구성 요소로 하는 ‘’의 모양으로 쓴 글자가 있다. 이 글자는 ‘隹’를 구성 요소로 하고 있는 것으로 보아 새의 일종일 가능성이 크며, 또한 《合集10506》 · 《合集10507》 · 《合集10508》 · 《合集10509》 등에는 ‘隹’를 생략한 간체(簡體)도 있다. 그리고 이를 포획하는 방법으로는 ‘逐’을 사용하였고, 한 차례에 8마리를 획득하기도 하였는데, 이 동물이 정확히 어떤 종류의 새를 지칭하는지는 아직 알 수가 없다.

丙. 어류(魚類)

갑골문에 나타나는 商代의 어렵(漁獵)은 수렵에 비해 거행한 횟수도 대단히 적을 뿐만 아니라 포획한 어류(魚類)의 종류도 많지 않다. 대부분의 갑골복사에는 어렵으로 획득한 물고기 종류는 명확하게 구분하지 않고 일반적으로 그냥 '魚'로만 통칭하고 있는데, 물고기의 종류를 명확하게 명시하고 있는 것은 '鮪'라고 한 것 하나 뿐이다. 이 '鮪'라는 물고기를 기록한 복사의 예를 보면,

① 乙未卜, 貞 : 𧰨獲鮪, 十二月, 允獲十六. 《合集258》

② ☐未卜, 王, 貞 : 三卜𧰨幸鮪. 《合集5330》

등이 있다. 여기서의 '鮪'라고 하는 물고기는 지금의 '鱘魚' 즉 철갑상어인데, 이는 경제성이 뛰어난 아주 큰 어류로서, 몸길이는 3미터 가량이고, 무게는 1천 근에 달한다. 1987년 安陽 殷墟의 小屯 동북지역의 갑조(甲組) 건축 기지 중의 1호 회갱(灰坑)에서 철갑상어 뼈가 출토되었는데[1], 이는 商代 사람들이 철갑상어를 포획한 증거가 된다. 그리고 위에 예시한 복사 ②는 이 철갑상어는 포획하기가 쉽지 않았을 것이므로, 세 차례의 점복을 통해서 포획할 수 있을 것인지를 정문(貞問)한 것이다.

四. 수렵 · 어렵 참가자

갑골복사에 보이는 商代의 수렵과 어렵 활동에 참가한 사람들로는 당시의 왕과 그 신료 및 일반 백성 등의 세 부류가 있다.

甲. 상왕(商王)

갑골복사에 상왕(商王)이 수렵과 어렵 활동에 참가한 사실을 기록한 예는 매우 많은데, 일반적인 갑골문 문례는 '王'자 다음에 수렵이나 어렵(漁獵)을 나타내는 동사를 덧붙인 형식으로, 대부분이 "王其田" · "王其獵" · "王其逐" · "王魚" 등으로 되어 있다. 어떤 복사에는 주어를 생략하기도 하였는데, 이 역시 商 왕의 수렵이나 어렵 활동을 말한 것이 분명하며, 이는《合集10230》에 "癸丑卜, 王其逐豕獲. 允獲豕."라고 하고 있는 것과《合集10229》에 "辛未卜, 亙, 貞 : 往逐豕獲."이라고 하고 있는 것을 서로 비교하면 명료해진다.《合集10229》의 복사에서는 '往'자 앞에 행위의 주체인 '王'을 생략하였다. 이 갑골의 반면 각사는 신미일(辛未日)의 이 복사와 정반(正反) 관계의 '驗辭'로, "之日王往逐在𡆥豕, 允獲九."라고 하고 있는데, 여기에는 오히려 "王往逐"이라고 하고 있어서, 이를 충분히 알 수 있다.

---

1) 中國社會科學院考古研究所安陽發掘隊 <1987年安陽小屯東北地的發掘>, 前揭雜誌《考古》1989年 第十期를 참고.

乙. 신료(臣僚)

商 왕실의 신료들이 수렵이나 어렵 활동에 참가하는 형식은, 신료들 스스로가 주관하는 경우와 왕의 명령으로 활동하는 경우, 그리고 왕을 수행(隨行)하는 경우 3가지로 나눌 수 있다.

1. 직접 주관한 경우

商 왕실의 신료들이 직접 수렵이나 어렵 활동을 주관하는 경우의 갑골복사의 예를 살펴보면 다음과 같다.

① 壬申卜, 㱿, 貞 : 甫擒麋. 丙子陷, 允擒二百又九. 一月. 《合集10349》
② 戊子卜, 賓, 貞 : 𠂤筍在疾, 不从王古. 《合集9560》
③ 癸卯卜, 㒸獲魚其三萬不? 《合集10471》

위에 예시한 복사에서의 '甫'·'𠂤'·'㒸' 등은 모두 인명인데, 이들 이름 앞에 '呼'·'令' 등의 사령(使令) 동사가 없으므로 여기에서의 수렵·어렵 활동은 이들 스스로가 진행한 활동이다.

갑골복사에 보이는 신료들 가운데 특별히 주의해서 보아야 하는 것은 '馬(多馬)'·'亞(多亞)'·'戍'·'多子' 등과 같은 무관들의 경우인데, 이들을 살펴보면 다음과 같다.

① 壬午, 貞 : 多子獲鹿. 《合集810正》
② 呼多馬逐鹿, 獲. 《合集5775正》
③ 貞 : 令馬亞射麋. 《合集26899》
④ 癸巳卜, 㫃, 貞 : 亞往田, 往來亡災. 《合集27929》
⑤ 叀戍冒·擒. 叀王以戍冒. 《合集27968》
⑥ 叀戍呼射擒. 《合集27970》

이상의 복사들은 무관들이 수렵 활동에 참가한 예들인데, 이에 상응하여 아예 군대 조직이 참가한 경우도 있다. 이런 예들을 보면,

① 王其田於……叀犬師从, 擒, 亡戋. 《合集27915》
② 乙巳卜, 出, 貞 : ……王行逐……. 《合集24445》
③ 丁酉中彔卜, 在兮貞 : 在𤞷田▢, 其以右人㠯, 亡戋, 不雉衆. 《合集35344》

등이 있다. 여기에서의 '師'·'王行'은 모두 군대의 편제이며, '右人'은 당연히 군대의 '左'·'中'·'右' 편제 가운데 '右師'·'右旅'·'右戍' 등에 해당되는 사람이다.

그런데 수렵 복사 중에는 군사 용어를 사용한 것들도 있는데, 예를 들면 "丁亥卜, 翌日戊王兌田, 大啓."(《合集28663》)·"丁巳卜, 令甫狩, 丁丑啓."(《合集20749》)라고 하고 있는 것과 같이 '啓'라는 용어를 사용하고 있다. 이를 "貞 : 戠啓, 王其幸舌方."(《合集6332》)이라고 하고 있는 것과 비교하면, 여기에서의 이 '啓'는 군사 용어임을 쉽게 알 수 있는데, 이에 대해 王貴民은 "開道或先行的活動.[1] : 길을 열거나 앞장서서 나아가는 활동"이라고 풀이하였는데, 이는 군대 이동에서의 선도 역할을 말하는 것이다.

그리고 갑골복사 중에는 전렵에서 '羌'의 포획 여부를 복문한 것도 있는데, 예를 들면, "丙子卜, 子效臣田獲羌."(《合集195》)·"己卯卜, 爭, 貞今春令豸田, 从戠至於滝獲羌. 王占曰: 艱."(《合集199》)이라고 하고 있는 것과 같다. 이로 미루어 보면, 商代의 수렵 활동은 군사 훈련의 목적도 함께 가진 것이었음을 알 수 있다.

2. 상왕(商王)의 명령에 의한 경우

商 왕이 신료들에게 수렵을 하도록 하는 경우에는 갑골복사에 '呼' 또는 '令'자를 덧붙여 기록하고 있는데, 이런 경우에 해당되는 복사의 예로는, "貞 : 呼伲逐兕獲"(《合集10403》)·"……令畵執兕"(《合集10436》)·"戊寅卜, 呼侯杏夊田"(《合集10559》)·"壬戌卜, 王貞 : 其令雀田于……"(《合集10567》) 등이 있다.

3. 상왕(商王)을 수행한 경우

商 왕이 수렵에 나설 경우에는 대부분 신료들이 수행(隨行)하였을 것인데, 이런 복사의 예로는 《合集10405正》에 "甲午王往逐兕, 小臣甾車, 馬硪粤王車, 子央亦墜."(《合集10405》)라고 한 것이 있다. 이는 商 왕 武丁이 '兕'를 뒤쫓았는데, '小臣'과 '子央'이 뒤따랐음을 기록한 것이다.

丙. 일반 민중

수렵이나 어렵 활동 중에서 특히 '圍獵' 즉 포위하는 방법은 여러 사람의 협력이 필요할 수밖에 없고, 특히 전렵에서 필요한 많은 잡역(雜役)들은 일반 민중들이 이를 담당하였을 것이므로, 이로 인해 일반 민중들도 왕이나 귀족들을 따라서 수렵이나 어렵에 참가하게 되었음은 자명한 사실이다.

---

1) 王貴民 <甲骨文中所見的商代軍制數則>, 前揭書《甲骨探史錄》p.417.

이렇게 수렵에 참가한 사람들 중에서 군인들로는 위에서 서술한 '師'·'王行'·'右人' 등의 군대의 사졸(士卒)들이 있었고, 이들 이외에, "太左族"(《合集37518》)·"令執以人田"(《合集1022》)·"亞㞢以人狩"(《屯南961》)·"令衆田"(《屯南395》)·"多羌逐兎, 獲."(《合集154》)·"多臣人呼田羌"(《合集21532》)라고 한 복사들이 있는데, 이는 商 왕과 그 신료들 이외에 일반 민중이나 종족들이 수렵에 동원된 예들이다.

五. 수렵·어렵의 조직과 관리(管理)

商代의 수렵과 어렵은 商 왕과 귀족들의 일상적인 활동에 속하는 일이었음과 동시에 군사 훈련의 일환이었으며, 또한 경제적인 면에 있어서는 농업과 목축업을 보완하는 역할도 하였기 때문에 대단히 중요한 활동이었다. 이에 따라 이 수렵과 어렵 활동은 나름대로의 일정한 관리(管理) 체제가 있었음이 분명하다. 商代의 전렵 활동을 기록한 갑골복사에 보이는 '犬'은 이를 주관한 왕실의 관리(官吏)였던 바, 제3기의 전렵 복사 중에는 "某[지명]犬某[인명]" 형식의 복사의 예가 자주 보이는데, 다음과 같은 것들이 있다.

① [翌日]戊王其比盂犬𠭰田𢽾, 亡[𢦔]. 《合集27907》
② 叀在𡧊犬亢从, 亡𢦔, 擒. 《合集27911》
③ 叀𡧊犬舌从, 弗悔. 《合集27923》)
④ 叀在澅犬中从, 亡𢦔. 擒. 《屯南625》
⑤ 叀成犬㞢从, 亡𢦔, 擒. 《屯南2329》

위에 예시한 갑골복사에서의 '盂'·'成'·'𡧊'·'澅' 등은 지명이며, 商代의 전렵 지역이다. 또 여기에서의 '𠭰'·'舌'·'亢'·'㞢'·'中' 등은 인명이며, '犬'은 관직 이름이다. "盂犬𠭰"란, '盂'지역에 설치한 '犬'이라는 관직에 있는 사람의 이름이 '𠭰'라는 뜻이다.

갑골복사에 보이는 이 '犬'이라는 관직의 임무는 두 가지였다. 첫째는 왕과 귀족에게 자기의 관할 소재지의 사냥감 즉 야수들의 정황을 보고하여, 商 왕이나 귀족들의 수렵에 참고하도록 하는 것이었는데, 이에 해당되는 복사의 예로는 다음과 같은 것들이 있다.

① 戊辰卜, 在澅, 犬中告麋, 王其射, 亡𢦔, 擒. 《合集27902》
② 乙未在盂, 犬告有鹿. 《合集27919反》
③ ☐丑卜, 犬來告有麋. 《合集33361》

④ 庚申卜，犬[來告]日：有鹿，王其从，擒. 《屯南2290》

이에서 보는 바와 같이 이 '犬'이 어느 지역에 짐승들이 있는지를 왕실에 보고하면, 商 왕은 이런 보고에 의거하여 수렵에 나섰다.

그리고 이 '犬'의 두 번째 임무는 商 왕과 귀족들의 수렵 활동을 수행하는 것이었는데, 갑골복사에서는 이를 '从'이라고 하고 있으며, 이런 복사의 예들로는 다음과 같은 것들이 있다.

① 叀宕犬節从，亡𢦏. 《合集27903》
② 叀祝犬从，亡𢦏. 《屯南106》
③ 叀在潓，犬中从，亡𢦏，擒.
叀在襄，犬壬从，亡𢦏，擒. 《屯南625》
④ 叀成犬从，亡𢦏，擒. 弘吉. 《屯南2329》

위에 예시한 복사 ③의 '犬中'에 대해서 郭沫若은, "犬中，蓋謂犬人之官名中者，《周禮 · 秋官》有犬人職.[1]：'犬中'이란 아마도 '犬人'이라는 관직에 있으면서 이름이 '中'인 사람을 말하는 것일 텐데, 《周禮 · 秋官》에 '犬人'이란 직책이 있다."라고 하였다. 그런데 이에 대해 楊樹達은[2], 《周禮 · 犬人》의 직책은 희생으로 사용하는 '犬'을 관장하는 것이지, 수렵과는 아무런 관련이 없으며, 명칭이 우연히 같을 뿐이고 실제로는 다른 직책일 것이라고 하면서 商代의 이 '犬官'은 아마도 《周禮 · 地官》 중의 '迹人'에 해당하는 것 같다고 주장하였다. 《周禮 · 地官》 중의 이 '迹人'의 직책에 대한 기록을 보면, "掌邦田之地政，爲之厲禁而守之，凡田獵者受令焉. 禁麛卵者與其毒矢射者.：방국 경내 공사(公私)의 전렵 지역의 정무를 관장하였는데, 목재로 울타리를 치고 금령(禁令)으로 해당지역 주민들로 하여금 이 지역을 지키도록 하였으며, 모든 전렵 활동은 반드시 이 '迹人'의 명령을 준수해야 하였다. 어린 사슴의 포획과 살상, 조류의 알을 채취, 그리고 독약을 바른 화살을 사용하여 금수를 사살하는 것을 모두 금지하였다."라고 하고 있는데, 鄭玄은 여기에서의 '迹'에 대해, "迹之言跡，知禽獸處.：'迹'은 '跡' 즉 흔적을 말하며, 이는 금수의 서식처를 알아냄을 말한다."라고 주(注)하였다. '犬' 즉 개는 후각(嗅覺)이 예민하여 짐승들의 행적을 냄새로 찾아낼 수 있기 때문에 수렵에는 반드시 필요하였을 것이며, 이런 사냥개를 관장하는 사람 역시 이 개로 말미암아 짐승들의 행방을 알 수 있게 되고, '麋' 즉 큰 사슴의 위치를 알릴 수

1) 郭沫若 前揭書 《殷契粹編 · 考釋》 p.585.

2) 楊樹達 《積微居甲文說 · 釋犬》(上海古籍出版社 1986. 上海) p.18을 참고.

있는 일도 가능했을 것으로 유추할 수 있다.

그리고 商 왕의 전렵 날짜에 대해서 李學勤은, "大體說來, 在文丁以前, 商王田獵日以乙戊辛壬爲常, 丁日爲變; 帝乙帝辛時略予放寬, 以乙丁戊日爲常, 庚日爲變.[1] : 대체적으로 말해서, 文丁 이전의 商 왕의 전렵 날짜는 '乙'·'戊'·'辛'·'壬'일(日)이 정상이고, '丁'일은 특수한 경우인데, 帝乙과 帝辛 시기에는 약간 느슨해져서 '乙'·'丁'·'戊'일이 정상이고, '庚'일이 특수한 경우였다."라고 하였다. 이는 특수한 정황 아래에서는 일정 기간 동안 며칠씩 연달아 진행하는 경우를 제외하고, 일반적으로는 1순(旬) 중에서 비교적 고정된 날짜가 있었다는 말이다. 그런데 日本의 松丸道雄은 商 왕의 전렵 날짜는 갑골복사의 각 기별로 차이가 있으며, 상당 수준으로 고정되어 있다고 주장하였는데,[2] 그에 의하면, 제1기와 제2기에는 전렵에 대한 규정이나 제도가 존재하지 않았고, 며칠을 연달아 전렵 활동을 진행한 정황이 자주 보이는데, 제2기의 어느 시기부터 전렵 날짜가 '乙'·'戊'·'辛'의 3일로 한정되었으며; 제3기에는 여기에 '壬'일이 추가됨으로써, 1순 중에서 4일이 전렵 날짜였고; 제4기에는 제3기의 제도가 계속되었으며; 제5기에는 여기에 다시 '丁'일이 추가되어 1순 중 5일이 전렵 날짜였는데, 때로는 '己'일과 '庚'일에도 전렵이 행해진 경우도 있다고 주장하였다. 이로 미루어 보면, 전렵 날짜의 고정은 점진적으로 형성되었는데, 이 역시 전렵을 본격적으로 관리한 것이라고 할 수 있다.

어렵(漁獵)으로는 갑골복사에 '司魚'가 '禘祭'의 대상이 된 예가 보이는데, 《合集29700》에 "壬子卜, 其帝司魚, 兹用."이라고 하고 있는 것이 그 예이다. 여기에서의 '帝'는 곧 '禘'의 뜻이며, 이는 제사 의례(儀禮)의 하나이다. 그리고 '司魚'는 물고기를 주재하는 신인데, 복사에 이런 신명(神名)이 있는 것으로 보아 商代에는 어업을 주관하는 관직이 있었을 것으로 생각된다.

그리고 또 갑골복사 가운데에는 商 왕이 친히 물고기의 정황을 시찰한 예도 있는데, 《屯南637》에 "庚寅卜, 翌日辛王兌省魚, 不冓雨. 吉."이라고 하고 있는 것이 그것이다. 여기서의 '兌'자에 대해 于省吾는 "兌爲銳之古文. …… 銳與速互文, 銳亦速也.[3] : '兌'자는 '銳'의 고문(古文)이다. '銳'자는 '速'자와 뜻이 통용되는 글자이므로, '銳' 역시 '速'의 뜻이다."라고 주장했다. 그러므로 복사에서의 "兌省魚"이라는 말은, 신속하게 가서 물고기의 정황을 시찰했다는 것으로, 商 왕이 직접 어렵 활동에 관여했음을 말해준다.

---

1) 李學勤 《殷代地理簡論》(科學出版社 1959. 北京) p.4.

2) 松丸道雄 <關於殷墟卜辭中的田獵地>, 《東洋文化硏究所紀要》(東京大學東洋文化硏究所 1963. 東京) 第31冊 p.70을 참고.

3) 于省吾 前揭書 《甲骨文字釋林 · 先馬》(中華書局 1979. 北京) p.64.

제5절 商代의 수공업

商代의 유적지에서 발굴 출토된 문물을 통해서 알 수 있는 바와 같이 지금으로부터 약 3천 수 백 년 전의 商代의 수공업은 매우 세밀하게 분업이 되어 있었을 정도로 이미 매우 발달했다고 할 수 있다. 商代의 수공업은 각 분야별로 세분된 분업이 이루어졌는데, 예를 들면 청동 주조업은 安陽 小屯 殷墟 내의 苗圃 북쪽 지역의 주동(鑄銅) 공방에서는 오로지 예기(禮器)만 주조하였기 때문에 병기나 생산용 공구는 발견되지 않는다. 그러나 孝民屯 · 薛家莊의 주동 공방에서는 예기를 주조한 것은 발견되지 않고, 오로지 병기와 생산용 공구만 발견된다.[1] 또 鄭州 銘功路의 도요(陶窯)에서는 오로지 진흙 도기만 제조하였기에 협사(夾砂) 도기는 보이지 않은 것으로 미루어보아, 鄭州 二里崗期에서 대량으로 출토된 협사 도기들은 다른 도요에서 제조한 것이 분명하다.[2] 그리고 河北 邢台 曹演莊 등의 商代 유적지에 있는 도요에서 발견된 도기는 불에 달구어 제조한 도격(陶鬲)이 대부분이고, 기타의 다른 기물 종류는 매우 드물게 발견되었다.[3] 이런 현상들은 상대의 수공업이 분업된 상태에서 이미 상당히 높은 수준으로까지 발달하였음을 나타낸다.

갑골복사를 통한 商代의 수공업 발전에 대한 연구는 지금까지 적지 않은 성과를 거두고 있지만, 갑골문이 특수한 상황에서 전해 내려온 문자이기 때문에, 직접적인 연관 관계가 옅은 그 당시의 산업과 관련된 자료들은 당시의 전모를 완전히 반영하기에는 부족할 수밖에 없다는 한계가 있다. 이에 대해 陳夢家는, 당시의 각 분야의 수공업은 민간의 것과 왕실의 것으로 구분되는데, 고고(考古) 발굴에서 획득한 것은 대부분 왕실에 속하는 것이지만, 민간에서 제조한 석기(石器) · 도기 · 방기(蚌器) · 죽기(竹器) · 목기 등도 틀림없이 존재했을 것이라고 주장하였다.[4]

갑골문을 통해서 알 수 있는 商代의 수공업 분야는 야주업(冶鑄業) · 건축업 · 방직업 · 목공업 · 옥공예(玉工藝) · 양조업(釀造業) 등이 있는데, 이를 분야별로 나누어 살펴보면 다음과 같다.

一. 야주업(冶鑄業)

아직 수공업 수준에 머물러 있었던 商代의 야주업(冶鑄業)은 청동의 야금(冶金)과 주조(鑄造)를 지칭한다. 陳夢家는 이에 대해,

1) 中國社會科學院考古硏究所 《殷墟的發現與硏究》(科學出版社 1994. 北京) p.440을 참고.

2) 楊育彬 《鄭州商城初探》(河南人民出版社, 1985. 鄭州) p.34를 참고.

3) 楊升南 <邢台地區商文化中的商品經濟>, 前揭雜誌 《史學月刊》 1999年 第1期를 참고.

4) 陳夢家 前揭書 《殷虛卜辭綜述》 p.637을 참고.

其中最重要的是鑄造青銅術的出現, 在此以前是不曾發現的. 鑄造青銅器, 除了採鑛以外, 需要能達到一定的熔解金屬的高熱, 需要知道銅和錫配合的比例, 需要精確的造成模與範. 殷代的青銅鑄造, 首先是鑄造小件的有刃的刀和其他小型工具, 漸而鑄造合範的兵器, 最後發展爲有蓋有柄有喙的器皿. 最初是素面的, 後來發展爲複雜的花紋, 並且也用鑲嵌術. 因爲鑄造銅器必先雕刻模範, 所以雕刻術已極爲發達. 雕刻的材料有大理石的 · 玉的 · 獸骨或角的 · 陶的; 雕刻不但是平面的, 而且是立體的.[1] : 그[商代의 수공예] 중에서 가장 중요한 것은 청동 주조 기술의 출현인데, 이 이전에는 발견된 것이 없었다. 청동기의 주조는 채광 작업을 제외하고도, 금속을 용해하기 위해서는 일정 수준의 고열에 도달할 수 있어야 하고, 구리와 주석의 배합비율을 알아야 하고, 거푸집과 틀을 정확하게 만들어야 한다. 殷代의 청동 주조는 우선 소품(小品)에 속하는, 칼날이 있는 칼과 기타 소형(小型) 공구들을 주조하였고, 점차 틀에 부합되는 병기를 주조한 다음, 마지막에는 뚜껑과 손잡이 그리고 주둥이가 있는 기명(器皿)까지 발전하였다. 그리고 최초에는 무늬가 없는 백색 바탕에서 나중에는 복잡한 무늬로 발전하고, 양감술(鑲嵌術)까지 이용하게 되었다. 동기의 주조에는 반드시 먼저 모범을 조각(雕刻)해야 했기 때문에, 조각기술도 이미 매우 발달하였다. 그리고 조각의 재료로는 대리석 · 옥(玉) · 수골(獸骨)이나 뿔 · 도토(陶土) 등이 사용되었고, 조각은 평면으로 된 것 뿐만 아니라 입체적인 것도 있었다.

라고 하였다. 청동 야주업의 원료는 구리와 주석 그리고 납이다. 安陽 小屯의 殷墟와 鄭州 二里岡의 商代 유적지에서는 청동기를 주조하던 가마 · 거푸집 · 틀 · 금속 원료 · 연료 · 화로의 불탄 흙 등이 발견되었는데, 이것으로 이곳이 청동을 주조한 곳이었음이 충분히 증명된 셈이다. 이와 함께 뼈 · 돌 · 옥(玉) 등의 재료도 출토됨으로써, 이곳에서는 골기(骨器) · 석기 · 옥기 등도 제조한 곳이라는 것을 알 수 있다. 당시의 이런 기술자들은 왕도(王都)와 대읍(大邑)에 집중해 있었고, 왕실과 통치자를 위해서 복무하였다. 그리고 당시의 청동 주조 기술이 비록 고도로 발달하기는 했어도, 이 구리[銅]는 진귀한 금속이었기 때문에 모든 일상의 기구들을 다 구리를 사용하여 제작한 것은 아니었다. 그래서 구리로 화살촉을 만든 다음에도 여전히 뼈나 돌로 만든 화살촉도 상용하였으며, 많은 종류의 일상 기물들은 구리를 사용하지 않고 다른 재료로 제작하여 사용하였는데, 예를 들면 육류를 담는 예기(禮器) '豆'는 나무나 대나무로 만들었고, 찜에 사용되는 '甑' 즉 시루는 대나무로 만들었다.

그런데 고고 발굴로 출토된 商代의 청동기들은 종류도 많고 정교하기도 하지만, 갑골문에 나타나는 청동기의 종류는 매우 적다. 갑골문에는 '金'자 자체(自體)도 보이지 않는데, 자형이 구체적으로 '金'을 구성 요소로 하는 글자로는 '金'과 '馬'로 구성된 '鎷'자가 보인다. 이 '鎷'자가 보이는 갑골복사의 예로는, "辛卯卜, 在□貞 : …… 王其步惟鎷 ……."(《合集36984》)라고 하고 있는

1) 陳夢家 上揭書 p.637.

것이 있다. 이 '鎷'자에 대해 王宇信은,[1] "'鎷'卽銅色的馬. 形容馬色的'金'卽是商代的銅." : "'鎷'란 곧 털이 구리 빛깔의 말[馬]인데, 말의 색깔을 형용한 '金' 즉 쇠붙이가 바로 商代의 구리이다."라고 주장하였다. 이처럼, 여기에서의 '鎷'자는 비록 자형의 결구로는 '金'을 구성 요소로 하고 있지만, 쇠붙이로 만든 기구나 기물을 지칭하는 뜻으로 사용된 것은 아니라고 추정된다.

또 두 조(條)의 갑골복사에 "鑄黃呂"라고 하는 말이 있는데, 이 두 복사는 "丁亥卜, 大 …… 其鑄黃呂 …… 作凡(盤)利, 惟 ……."(《合集29687》)이라고 한 것과 "王其鑄黃呂, 奠血惟今日乙未利."(《合集41866》)라고 하고 있는 것이다. 이 두 복사에서의 '其'자 다음의 글자를 '鑄'자로 고석하는 것은 학계의 정설이 되었는데,[2] 이 뒤의 '黃呂'에 대해 燕耘은,[3] '黃呂'의 '黃'은 색깔을 지칭하는데, '黃呂'는 구리 재료로, 광석을 제련하여 만든 구리 덩어리이며,《合集41866》의 복사에서의 '奠血'은 '血祭'를 위해 새로 만든 동기(銅器)와 관련이 있을 수도 있다고 주장하였다. 《合集41866》의 복사의 내용이 어떤 기물을 주조한 것인지는 알 수가 없으나,《合集29687》의 복사에는 "作盤"이라고 하고 있는데, 청동으로 만든 '盤'은 '水器' 즉 물그릇으로, 商代 유적지에서 자주 출토되었다.

商代 청동기의 종류는 앞에서 말한 '盤' 이외에도, '卣'가 있는데, 이것은 술을 담는 주기(酒器)이다. 갑골문에서 이 '卣'자는 울창주(鬱鬯酒)를 뜻하는 '鬯'의 양사(量詞)로 쓰이기도 했는데, 이런 예로는 "鬯一卣."(《合集15795》) · "王賓文武丁伐十人 · 卯六牢鬯六卣, 亡尤."(《合集35355》)이라고 한 것 등이 있다.

이밖에도 商代에 만들어진 청동 기물로는 '矢' 즉 화살촉과 '戈' 즉 창과 같은 병기들이 있다. 이런 청동으로 만든 화살촉과 창은 殷墟에서 대량으로 발견되었으나, 이들 화살촉과 창을 비롯한 일상적인 기물들의 재료는 청동 외에도 뼈 · 돌 · 도토(陶土) · 조가비 등을 재료로 하여 제작한 것들이 훨씬 더 많다.

二. 건축업

商代 건축업의 범위는 크게는 도시 건설에서부터 작게는 조그만 건축물 내부의 구조물과 자재까지를 모두 포괄한다. 이에 따라 여기에서는 商代의 건축업에 대해서 크게 도시 건설과 일반 건축 두 가지로 나누어 살펴보기로 하겠다.

---

1) 王宇信 <商代的馬和養馬業>, 前揭雜誌《中國史研究》1980年 第1期를 참고.

2) 李孝定 前揭書《甲骨文字集釋》p.4057과 p.4096을 참고.

3) 燕耘(林澐) <商代卜辭中的冶鑄史料>, 前揭雜誌《考古》1973年 第5期를 참고.

甲. 도시 건설

商代의 도시 건설은 도읍지를 포함한 '邑'의 건설과 '城'의 축성 두 가지로 나누어 볼 수 있다.

1. '邑'

지금까지 발굴된 각종 자료와 연구 결과를 종합하면, 商代의 도읍지 가운데 도시 규모를 갖추고, 왕궁의 터가 온전히 발견된 완전한 고대의 도읍지는 갑골문이 발견된 河南省 安陽市 서북쪽의 洹水 남안(南岸)의 小屯 殷墟이다.

그런데 商代의 도읍지는 지금과 같은 경제활동과 시장(市場)이 발달하여 이루어진 것이 아니라, 정치의 중심 역할과 군사적인 보루로서의 역할이 결합된 특징을 가진 것으로, 아직 도시 단계에 이르기 전의 과도기 단계의 것이었다. 商代의 이 '殷'이라는 도성(都城)은 길이 6㎞, 폭 4㎞, 총 면적 24㎢의 크기로, 당시로서는 대단히 큰 대도시였으며, 여기에 왕궁 · 종묘 · 왕릉(王陵) · 공방(工坊) · 주민 주거 지역 · 평민 묘역(墓域) · 시장 등이 분포되어 있었고, 서쪽에서 동쪽으로 흐르는 洹水가 시내를 가로 지르고 있었다. 왕의 궁전과 종묘가 도시 중심 지역의 洹水가 휘어지는 만곡(彎曲) 남쪽의 양지에 자리하고 있었다. 그리고 이 궁전과 종묘의 중심 지역에서 서쪽으로 약 200m 떨어진 곳에, 서남쪽에서 동북 방향으로 뻗어나가 洹水 남쪽에 연결되는, 길이 750m, 폭 7m 남짓, 깊이 5~10m의 석회 봇도랑이 있는데, 이는 인공으로 만든 해자(垓字) 역할을 하는 방어 시설임이 틀림없다.

劉志偉는 이 殷나라의 도읍지에 대해,

> 殷都宮殿區、王陵區、墓葬區、居民點、手工作坊等各個區域之間道路縱橫, 水溝交織. 道路有的用碎陶片和鵝卵石混合鋪砌, 路沿經過培土夯實. 宮殿區內更是甬道相通, 車道筆直, 路面鋪裝整齊. …… 道路以王城爲中心向外輻射, 車道寬達六米以上, 大型車輛可以並行或會車.[1] : 殷나라 도성의 궁전 구역 · 왕릉 구역 · 장묘 구역 · 주거 지역 · 수공 공방 등의 각 구역 사이에는 도로가 종횡으로, 수로도 서로 교직하도록 되어 있었다. 도로는 어떤 것은 깨어진 질그릇 파편과 조약돌을 혼합하여 포장하고 길 연변에는 배토(培土)하여 달구질한 것도 있었다. 궁전 경내에는 또 용도(甬道)를 설치하여 서로 통하게 하고, 수레가 다니는 길은 똑바르고, 노면은 정제(整齊)하게 포장되어 있었다. …… 도로는 왕성(王城)을 중심으로 하여 바깥으로 사방으로 뻗어 있었으며, 수레가 다니는 길은 폭이 6m 이상이어서 대형 수레가 나란히 병행하거나 서로 마주할 수도 있었다.

---

1) 劉志偉《百年話甲骨》(海潮出版社 1999. 北京), 史昌友《燦爛的殷商文化》(中國社會科學出版社 2006. 北京) p.160에서 재인용.

라고 자세히 설명하였다. 이에 의하면, 商 왕조 도읍지의 구조와 분포 및 용도는 대략 이와 같이 정치적이고 군사적인 목표를 배려한 것임을 알 수 있다. 이는 물론 제례(祭禮) 의식을 거행하기 위한 것도 포함하고 있는 것이다.

그런데 갑골문으로 '邑'자는 '[illegible]'(《合集7854正》)·'[illegible]'(《合集4474》) 등의 모양으로 쓰는데, 이는 물론 도성(都城)의 건축물을 나타내는 '□'와 그 안에서 살고 있는 사람을 나타내는 '[illegible]'으로 구성된 글자이고, 사람들이 거주하는 취락(聚落)을 뜻한다. 갑골문에는 '都邑'의 '都'자는 없고, 이 '邑'자가 도성의 뜻으로 쓰이는데, 갑골복사에 "唐邑"(《乙700》)·"西邑"(《林1. 91. 4》)이라고 한 것 등이 이 예들이다. 또 "天邑商"(《甲3690》)·"大邑商"(《佚987》)이라고 한 것도 있는데, 이는 商代의 가장 중요한 도읍의 하나였던 '商'이라는 도성을 지칭하는 말이다. 물론 여기에서의 '大邑'이란 '邑' 가운데 특별히 큰 것을 지칭하는 말이다. 이에 더하여 "作邑"(《丙86》·《金611》)이라고 한 것도 있는데, 이는 새로운 도성을 건립하다는 뜻이다. 그리고 '邑'자 앞에 수량을 나타내는 숫자를 덧붙인 경우도 있는데, 예를 들면, "二邑"(《菁2》)·"三邑"(《前7. 21. 4》)·"廿邑"(《粹801》)·"卅邑"(《乙696》)이라고 한 것 등이다. 여기에서의 '廿邑'과 '卅邑'은 각각 '二十邑'과 '三十邑'이라는 뜻인데, 이로써 商代에는 아주 많은 수(數)의 '邑'들이 있었음을 알 수 있다.

2. 성곽(城郭)

'邑'을 만들 때는 동시에 이를 방위하기 위해 반드시 축성(築城)을 해야 하는 것이 商代 당시의 현실이었다. 이 당시의 성(城)의 건축을 살펴보면, 성벽의 방위 시설에 크게 주의를 기울였는데, 偃師와 鄭州에서 발견된 商代의 성은 모두 거대한 성벽으로 둘러싸여 있고, 성 안에는 궁전과 종묘가 있었다. 그리고 성문 위에는 적을 살피기 위한 망루(望樓) 형태의 정자도 설치되어 있었다. 갑골문 가운데에는 '[illegible]'(《合集13514》·《合集13515》 등) 또는 '[illegible]'(《前8. 10. 1》·《京人3241》)의 모양으로 쓰고 있는 글자가 있다. 孫詒讓은 이를《說文解字》중의 '𩫏'자로 고석하였는데,[1] 이 '𩫏'자에 대해 許愼은 "𩫏, 度也, 民所度居也. 从回, 象城𩫏之重, 兩亭相對也." : '𩫏'자는 거처라는 뜻으로, 백성들이 거주하는 곳이라는 뜻이다. '回'를 구성 요소로 하고, 내성(內城)과 외곽이 중첩되고, 두 정자(亭子)가 마주하고 있는 모양을 형상화한 것이다."라고 해설하였다. 이 글자의 독음(讀音)을 徐鉉은 "古博切"이라고 하고 '郭'으로 읽었다. 그런데《說文解字》의 '墉'자에 대한 해설에는 이 글자가 '墉'자의 '古文'이라고 하고 있는데, 段玉裁는 이 글자에 대해, "古讀爲庸, 秦漢以後讀爲郭." : 옛날에는 '庸'으로 읽었으나, 秦漢 이후에는 '郭'으로 읽었다."라고 주(注)하였다. '郭'과 '墉'은 모두 성벽을 지칭한다. 張秉權은 이 글자에 대해서, "本來就是一個象形字,

---

1) 孫詒讓《名原》(自印本 1905.) 下卷 pp.3下~4上을 참고.

象城郭之形."[1] : 본래 하나의 상형자로서 성곽의 모양을 형상화한 것이다."라고 했다. 그리고 앞에 예시한 것과 같이 4개의 정자가 하나의 글자를 이루고 있는 것에 대해서 郭沫若은 "从四亭於城垣之上兩兩相對, 與从二亭相對同意."[2] : 4개의 정자가 성벽 위에 둘씩 마주보고 있는 모양으로 구성되어 있는 것은 2개의 정자가 마주보고 있는 모양으로 구성되어 있는 것과 같은 뜻이다."라고 하였다. 이로써 이 두 글자는 동자(同字)이고, 《說文解字》 중의 '𩫏'자이며, 이는 지금의 '城郭'의 '郭'자임을 알 수 있다. 이 글자는 갑골문에서 대부분 인명이나 지명으로 사용되었으나, 동사로 사용된 경우도 있는데, 그 예를 보면 다음과 같다.

① ☐☐卜, 㱿, 貞 : 允郭. 《合集1395正》
② 貞 : 呼从郭. 《合集8996正》
③ 癸丑卜, 賓, 貞 : 雀郭. 《合集13515》

이들 복사에서의 '郭'은 "作郭"과 같은 의미인데, 《合集13514》에는 "其方作郭"이라고 하였다. 이는 성곽을 축조하다는 뜻이다.

그리고 '郭'의 앞에 지명이나 인명을 덧붙여서 "衮東郭"(《合集6943》) · "衮敦郭"(《合集7047》) · "衮郭"(《合集13421》) · "婦旅郭"(《合集13516》) · "我郭"(《南上47》)이라고 한 복사의 예들도 있다.

乙. 일반 건축

위에서 살펴 본 바와 같이 '邑'과 '城'이 완성되고 나면, 그 다음에는 이들 '邑' 또는 '城' 내에 주거용을 비롯한 여러 가지 목적의 건축물들을 짓게 되는데, 궁전과 종묘의 건축은 安陽의 小屯村 동북쪽 지역에서 54채가 발견되었으며, 小屯村 서·남·북 지역 모두에서 일반 민간 주거용 건축이 발견되었다. 商代의 이런 종묘와 왕궁의 건축에 대해 陳夢家는,

> 宗廟建築有許多名目, 如東室 · 南室 · 大室 · 小室等是祭祀之所, 宗 · 家 · 室 · 亞等是藏主之所. 除此以外的建築, 寢是居住之所, 宜是享宴之所, 大室是治事之所. 根據小屯的發掘, 我們知道這些宗廟和王宮是怎樣建造的. 它們可以是面向南北的, 也有面向東西的, 大都是長方形的. 有大有小. 居住面高出地面, 用黃土 · 灰土或褐土舖上, 然後加人力打平. 在此上放置天然卵石作爲礎基, 礎上置木柱, 柱上架置屋頂, 大約是人字形的. 牆壁可能是版築的. 有門有戶, 可能還

1) 張秉權《甲骨文與甲骨學》(國立編驛館 1988. 臺北) p.252.
2) 郭沫若 前揭書《卜辭通纂 · 考釋》p.161下.

有廊簷.[1] : 종묘의 건축에는 많은 명목이 있는데, 제사를 지내는 장소로는 '東室'·'南室'·'大室'·'小室' 등이 있고, 신주(神主)를 모시는 장소로는 '宗'·'家'·'室'·'亞' 등이 있다. 이 이외의 건축으로, '寢'은 주거 장소이고, '𡨦'은 연회를 즐기는 장소이고, '大室'은 일을 처리하는 장소이다. 小屯의 발굴에 근거하면, 이들 종묘와 왕궁이 어떻게 건축되었는지를 알 수가 있다. 남북 방향인 것도 있고, 동서 방향인 것도 있으나, 대부분은 장방형으로 되어 있다. 그리고 규모도 큰 것도 있고 작은 것도 있다. 주거면은 지면보다 높여 놓았는데, 황토나 회토 또는 갈토(褐土)를 깔고, 그런 다음에 사람의 힘으로 편평하게 다졌다. 이런 기초 위에 천연의 조약돌을 놓아 주춧돌 기초를 만들고, 주춧돌 위에 나무 기둥을 세우고, 기둥 위에 지붕을 설치하되, 대략 '人'자 모양이 되도록 했다. 벽은 널빤지로 만들었던 것 같다. 그리고 대문도 만들고 지게문도 만들었으며, 아마 행랑과 처마도 설치하였던 것 같다.

라고 하였다. 이는 商代의 종묘와 왕궁에 대한 건축을 종합적으로 설명한 것이다.

그런데 商代의 종묘의 건축 형식에 대해서는《周禮·考工記·匠人》에, "殷人重屋. 堂修七尋, 堂崇三尺, 四阿重屋. : 殷나라 사람들은 '重屋' 즉 지붕을 겹으로 지은 종묘를 지었는데, 묘당(廟堂)의 남북의 길이는 7심(尋)[5장6척], 당기(堂基)의 높이는 3척(尺), 4당(堂)은 4동(棟)의 2중 처마로 지었다."이라고 하고 있는데, 이는 商代의 종묘에 대한 구체적인 문헌 기록이다. 여기에서의 '重屋'이란 '重檐屋' 곧 지붕을 2중으로 지은 집을 말하는데, 이에 대해 楊鴻勛은 지붕의 처마 아래에 비를 막기 위한 비스듬한 처마를 증설함으로써 결과적으로 두 개의 중첩된 처마로 이루어진 것이라고 설명하였다. 그리고 '四阿'에 대해서는 鄭玄이 "四阿若今四柱屋. : '四阿'란 지금의 네 기둥으로 된 건물과 같다."라고 주(注)하였는데, 이는 네 마룻대로 세워진 건물로, 사면(四面) 모두 지붕을 2중으로 만든 건축물을 말한다. 갑골문에는 '𠆭'(《合集340》·《合集1074》·《合集37662》 등) 또는 '𠆭'(《合集3193》·《合集8084》 등)의 모양으로 쓴 글자들이 있는데, 이것이 바로 '重屋'의 모양을 형상화한 것이다. 다만 이 두 글자는 갑골문에서 모두 인명이나 지명으로 사용되었다. 이 글자의 구조나 모양은 건축의 형태에 그 근원을 둔 것이 틀림없다고 여겨진다. 李孝定은[2] 복사에서 이 글자는 지명이며, '重屋' 즉 지붕을 겹으로 지은 집 모양을 형상화한 것이라고 하면서, 갑골문의 이 두 글자는 실제로는 동자(同字)인 것이 분명하다고 하였다. 陳邦福은 "此字正殷世重屋之制.[3] : 이 글자가 바로 殷代 이중 지붕의 건축 모양을 나타내고 있다"고 설명했다.

---

1) 陳夢家 前揭書《殷虛卜辭綜述》p.643.

2) 李孝定 前揭書《甲骨文字集釋》p.1857을 참고.

3) 陳邦福《殷契辨疑》(石印本 1929.) p.6.

그러면 갑골문에는 건축물의 명칭 및 건축 일반에 관련하여 어떤 내용들이 있는지를 살펴보기로 하겠다.

1. '宗'

고고(考古) 발굴을 통해서 알 수 있는 바와 같이 商代에는 종묘의 비중이 왕궁과 버금갈 정도로 중요시 되었는데, 갑골문에 보이는 건축물에는 우선 '宗'이 있다. 갑골문 '宗'자는 '□'(《合集34057》)·'□'(《合集27240》) 등의 모양으로 쓰는데, 《說文解字》에 이 글자에 대해 '祖廟' 즉 선조의 사당(祠堂)을 뜻한다고 풀이하고 있는 것과 같이 갑골복사에서도 조상의 신주(神主)를 안치해 놓은 장소 즉 사당의 의미로 쓰이고 있다. 또 이들 가운데에는 商 왕실의 선조와 선비(先妣)의 묘호에 '宗'자를 덧붙인 것들이 있는데, 예를 들면, "大乙宗"(《存1. 1787》)·"祖乙宗"(《粹12》)·"父己宗"(《甲1227》)·"祖丁宗"(《京4012》)·"妣庚宗"(《文447》)·"母辛宗"(《後上7. 11》)이라고 한 것 등이 있다. 여기에서의 '宗'은 개별 선조의 신주를 모셔 놓은 사당이다.

또 갑골복사에는 이 '宗'을 '大'·'小'로 구분하기도 하였는데, 예를 들면, "……亥卜, 在大宗侑ㄔ伐三羌十小宰自上甲."·"己丑卜, 在小宗侑ㄔ歲自大乙."이라고 하는 2조(條)의 복사가 《合集34047》에 함께 각(刻)되어 있다. 이들 복사는 '侑'·'ㄔ'·'歲' 등의 제사를 '大宗'과 '小宗'에서 거행할 것을 복문(卜問)한 내용이다. 여기에서의 '大宗'과 '小宗'은 복사의 내용으로 보아 제사를 거행하는 장소 즉 종묘이고, 여기에는 특정 조상 한 사람의 신주만을 모셔 놓은 곳이 아니라 복수(複數)의 여러 조상의 신주를 모셔 놓은 곳임은 알 수 있는데, 이들 사이에 어떤 차이가 있는지는 아직까지 명확하게 밝혀지지 않고 있다. 비록 '大宗'은 직계 선왕을, '小宗'은 방계(傍系) 선왕을 가리킨다는 주장이 있으나, 갑골복사의 내용과 부합되지 않는다.

그리고 복사에서는 또 이 '宗'을 '新'·'舊'로 구분하기도 하고 있는데, 예를 들면, "貞 : 勿于新宗酉彡, 八月."(《合集13547》)·"祖甲舊宗"(《寧1. 198》)이라고 한 것 등이 있다. 여기에서의 '新宗'이란 새로 건축한 종묘, '舊宗'이란 오래된 종묘를 지칭하는 것이라고 짐작된다. 이들 이외에 또 "中宗"(《合集17445》)이라는 말도 있는데, 갑골복사에서의 이 말은 거의 대부분이 '祖乙'에 대한 수식어로 사용되고 있어서 '大宗'·'小宗'의 '宗'이 아니라고 생각된다.

2. '宮'

갑골문에서의 '宮'자가 건축물 중 하나를 지칭하는 뜻으로 사용된 경우도 있는데, 갑골문 '宮'자는 '□'(《合集4290》)·'□'(《合集29156》)·'□'(《合集36542》) 등의 모양으로 쓰고 있다. 갑골복사에서의 이 글자는 商 왕실 선공(先公)의 신주를 모셔 놓고 제사를 올리는 장소 즉 건물을 지칭한다.

복사의 예를 보면, "天邑商公宮衣, 玆夕亡囚."(《綴182》)라고 한 것이 있는데, 여기에서의 '公'이란 商 왕실의 여러 선공들을 지칭하고, '衣'는 제사의 이름이므로, '公宮衣'라는 말은 왕실의 여러 선공들의 신주를 모셔 놓은 '宮'에서 '衣'제(祭)를 거행하다는 뜻이다.

3. '宀'

갑골문 '宀'자는 '[illegible]'(《合集2858》)·'[illegible]'(《合集13517》) 등의 모양으로 金文이나 소전(小篆)과 대략 비슷한데, 이는 사람이 거처하는 집 건물의 정면 모양을 형상화한 자형이며, 자의(字義) 역시 가옥(家屋)이라는 뜻이다. 갑골문에는《合集13517》에서와 같이 "作宀"이라는 말이 보이는데, 이는 가옥을 건축하다는 뜻이다.

4. '[illegible]'

갑골복사 가운데 '[illegible]'(《合集10405》)·'[illegible]'(《合集26830》)·'[illegible]'(《合集30284》)·'[illegible]'(《合集8088反》)·'[illegible]'(《合集27555》) 등등의 모양으로 쓰고 있는 글자들이 있는데, 이들은 모두 지금의 '廳'자의 본자(本字)이다. 이 글자들은 기본적으로 '宀'과 '耶'로 구성되어 있으나, '口'가 하나가 아니고 둘이거나 아니면 아예 생략되고 없는 경우도 있으며,《前1. 26. 5》에서와 같이 '宀'을 생략하여 '耶'으로 쓴 경우도 있다. 이 글자의 본의(本義)는 商 왕의 집무실을 지칭하였을 것 같은데, 갑골복사에서는 주로 제사를 올리거나 기도를 드리는 장소를 지칭하는 말로 쓰이고 있다. 이런 사실은 복사에, "己巳卜, 其啓[illegible]西戶, 祝于妣辛."(《鄴3. 41. 6》)·"祝于[illegible]."(《文555》)·"于[illegible]祊令."(《前1. 26. 5》)이라고 한 것 등이 있는 것으로 알 수 있다.

5. '帚'

갑골문 가운데 '[illegible]'(《合集13578》)·'[illegible]'(《合集35673》) 등의 모양으로 쓴 글자들이 있는데, 이 글자는 '帚'자로《說文解字》에 수록된 '寑'의 본자(本字)라는 것이 학계의 정론이다. 이 글자는 갑골복사에서는 商代 당시의 왕이 거주하는 처소로 사용된 건물임이 틀림없는데, 이 글자가 쓰인 갑골복사의 예로는 "王寑"(《前4. 5. 5》)·"東寑"(《前4. 15. 1》)·"西寑"(《京津4614》)·"新寑"(《前1. 30. 5》)이라고 한 것 등이 있다. 이런 예들로 보면, 이 '帚'이라는 건물 역시 소재 위치에 따라 '東'·'西'·'南'·'北'으로 나누었고, 건축 시기에 따라 '新'·'舊'로 나누었음을 알 수 있다.

6. '家'

갑골문 '家'자도 소전체(小篆體)나 해서(楷書)와 마찬가지로 자형이 '宀'과 '豕'로 구성된 회의자(會意字)이다. 지금의 '家'자는 일반적으로 사람이 거처하는 가옥 즉 집을 의미하지만, 周代에는 대문 안의 거실을 지칭하였고, 商代의 갑골복사에서는 商 왕실의 선왕의 신주를 모신 건물 또는 그런 종묘 안의 내실을 지칭한다. 이 '家'자가 사용된 갑골복사의 예를 보면, "丁家"(《合集3096》·《合集12582》·《合集21028》), "上甲家"(《合集13580》·《合集13581》), "父庚父甲家"(《合集30345》), "亞家"(《合集21224》), "新家"(《合集28001》) 등이 있다.

7. '室'

갑골문 '室'자는 일반적으로는 '宀'을 의부(義符), '至'를 성부로 구성된 '[illegible]'(《合集31022》)로 쓰지만, 때로는 '宀'을 의부, '矢'를 성부로 구성된 '[illegible]'(《合集30347》)로 쓰기도 하는 형성자이다. 갑골문에서의 '至'자 역시 '矢'를 구성 요소로 하고 있기 때문에 '至'를 구성 요소로 하고 있는 것과 '矢'를 구성 요소로 하고 있는 것은 서로 통한다. 그런데 갑골복사에서의 '室'자는 제사나 예식 등을 거행하는 장소를 나타낸다. 갑골복사에 "辛亥卜, 貞：其衣, 翌日其延卩尊 于室."(《合集30373》)·"其侑于室."(《京津4307》)·"于孟廳奏. 于新室奏."(《合集31022》)라고 하고 있는 것 등으로 알 수 있다. 이 이외에 또 이 '室'은 "司室"(《合集13559》)·"司母大室"(《30370》)·"大室"(《合集30371》)·"中室"(《合集27884》)·"東室"(《合集13555》)·"西室"(《合集30372》)·"南室"(《合集806, 24939, 24940》)·"新室"(《合集13563》)·"文室"(《甲2684》)·"血室"(《金466》)·"叀室"(《庫505》) 등등으로 구분하여 쓰이기도 한다.

8. '宅'

갑골복사에 사용된 '宅'자는 명사로 쓰이는 경우 지금 우리가 사용하는 일반적인 '住宅'의 '宅'자의 의미가 아니라, 인명이나 특수한 의식에 사용되는 장소를 지칭한다. 예를 들면, 《合295》에 "乎帚奏于洮宅."이라고 하고 있는데, 이는 '婦'를 불러 '洮宅'에서 춤과 함께 음악을 연주하라고 한 것이다. 이로 보아 여기에서의 '宅'은 제사와 같은 특수한 의식을 거행하는 장소임을 알 수 있다.

9. '[illegible]'

갑골문 가운데에 '侢'과 '土'를 구성 요소로 하고 있는 글자가 있는데, 이를 잠정적으로 '[illegible]'로 예정(隸定)하여 쓰고 있다. 이 글자를 郭沫若은 '城塞'의 '塞'자라고 생각하였으나,[1] 肖楠은 선조들의 침묘(寢廟) 부류에 속하는 것이라고 했는데,[2] 어떤 뜻이든 이 역시 건축물의 하나임은 분명하다. 갑골복사에 "于祖丁㑣"(《合集36481》), "剛于祖辛㑣"·"剛于父甲㑣"(《合集27254》), "于㑣剛"(《合集31136》)라고 하고 있는 것으로 살펴보면, 이는 선조들의 침묘라는 주장이 비교적 합리적이라고 생각되는데, 이런 복사들의 내용을 통해서 알 수 있듯이 이는 조상에게 제사를 드리는 장소의 하나이다. 이 '㑣'이라는 건축물은 종묘와 비슷한데, 다만 건축 지역이 여러 곳에 분포되어 있었기 때문에 이 글자의 앞에는 지명이 덧붙여진 경우가 많으며, 이는 곧 해당 지역에 이런 건축물이 있었음을 분명히 밝힌 것이다. 각지에 분포되어 있었다는 것은 아마도 商 왕의 행궁(行宮)일 가능성도 큰데, 이를테면 복사에, "王其尋於宊㑣其宿."(《合集27805》)라고 한 것도 있기 때문이다. 그런데 商代 사람들은 미신이 많아서, 행궁에도 신(神)에게 제사를 올리기 위한 시설을 마련하였을 것이므로, '寢廟'라는 주장이 당시 왕의 행궁이라는 주장보다 더 합리적이라고 생각된다. 갑골문을 통해서 이 '㑣'라는 건축물이 있었던 것으로 추정되는 지역은, '盂'(《合集30270》·《合集30271》), '梌'(《合集30269》), '宊'(《合集27805》·《合集30275》), '旅邑'(《合集30267》), '各'(《合集27310》), '𠂹杏'(《合集27796》), '犬'(《合集29388》), '麓'(《合集30268》), '依'(《合集30273》), '䖵'(《合集30273》), '囚'(《屯南2636》), '葡'(《屯南2152》) 등인데, 이 가운데 '盂'·'梌'·'宊'·'囚' 등의 지역은 商 왕이 자주 가는 전렵 지역이므로, 행궁과 같은 건축물을 구비하여 왕의 유숙(留宿)에 대비한 것은 매우 자연스런 일이라고 할 수 있다.

10. '𠄡'

갑골문 '𠄡'자는 '㐅'와 '丨'으로 구성된 글자인데, 이 글자에 대해 趙誠은 다음과 같이 주장하였다[3]. 즉, 이 글자는 '㐅'가 성부(聲符)인데, 때로는 아래에 '口'를 덧붙여 쓴 것도 있다. 여기에서의 '㐅'는 숫자 '五'이고, 이 성부로 미루어 이 '𠄡'자는 지금의 건축물을 지칭하는 '廡'자로 추정되며, 이는 조상의 신주(神主)를 모셔 놓고 동시에 제사를 올리기도 하는 건축물인 것 같다고 하였다. 이 글자가 사용된 갑골복사의 예를 보면, "北𠄡"(《粹221》·《粹222》), "新𠄡"(《佚211》), "父丁𠄡"(《後上5. 9》)라고 한 것 등이 있다. 이런 예들로 유추하면, 북쪽뿐만 아니라 동·서·남쪽에도 이 '𠄡'라는 건축물이 있었을 것 같고, 새로 지은 '新𠄡'가 있다면 지은 지 오래된 '舊𠄡'도 있었을

---

1) 郭沫若 前揭書《卜辭通纂·別一考釋》p.10을 참고.

2) 中國社會科學院考古研究所 前揭書《小屯南地甲骨》(下册) p.984를 참고.

3) 趙誠 前揭書《甲骨文簡明詞典》p.213을 참고.

것이며, '父丁𠬪'는 묘호가 '丁'인 선부(先父)의 신주를 모시고 제사를 올리는 건물일 것이라 여겨진다. 그런데《說文解字》에는 '廡'자에 대해 "堂下周屋" 즉 당하(堂下) 사방의 건물이라고 자의를 풀이하였는데, 商代에도 그러했는지는 아직은 알 수가 없다.

11. '亘'

'亘'자에 대해《說文解字》에는 이른 바 '宣室' 즉 천자(天子)가 정무를 처리하는 장소로 해설하고 있다. 그런데 갑골문에도 '亘'자가 있는데, 예를 들면《京津4269》에 "丁巳卜, 于南亘召."라고 한 것이 있다. 趙誠은[1] 이 복사에서의 '召'를 제명(祭名)이라고 하고는 이 '亘'이라는 곳은 앞에서 살펴본 '南室'에 상당하는 장소로, 이 역시 제사를 모시는 장소라고 하였다.

12. '亞'

갑골문 '亞'자는 '𠀠'(《合集28021》) · '𠀠'(《合集22137》) 등의 모양으로 쓰는데, 이는 건축물 내의 모서리의 모양을 형상화한 자형으로, 이 역시 건축물을 의미한다. 갑골복사의 예를 보면, "其禦于父甲亞."(《錄312》)라고 하고 있는데, 이런 예로 미루어 보면, 이 '亞'라는 건축물 역시 선조의 신주(神主)를 모셔 놓고 동시에 제사를 올리기도 하는 장소로 사용된 것이라고 여겨진다.

13. '門' · '戶'

건축물 가운데 사람이 드나드는 곳을 의미하는 말로는 '門'과 '戶'가 있는데, 갑골문에도 이 두 글자가 사용되고 있다. 이 두 글자의 본의(本義)를 그대로 반영하여 두 개의 문짝으로 이루어진 '門'자는 '門'으로, 외짝문인 '戶'자는 '戶' 또는 '戶'로 쓴다. 갑골복사에서의 '門'은 일반적인 문이나 '廟祊'을 지칭하기도 하는데, 복사의 예로는 "宗門"(《甲896》) · "南門"(《甲840》) · "𡧊門"(《庫1002》) · "父甲門"(《寧1. 201》)이라고 한 것 등이 있다. 갑골복사에서는 '戶'자도 이 '門'자와 같이 외짝문과 '廟祊'을 지칭하며, '廟祊'을 의미할 때는 서로 통용하기도 하는데, 복사의 예로는 "己巳卜, 其啓𡧊西戶, 祝于妣辛."(《合集27555》) · "岳于三戶"(《合集32833》) · "岳于三門"(《粹73》)이라고 한 것 등이 있다.

14. '埶'

갑골문자에는 지붕 위에 사람 한 명이 있는 모습을 형상화한 글자가 있는데, 잠정적으로 '𡨦'으

---

1) 趙誠 上揭書《甲骨文簡明詞典》p.214를 참고.

로 예정(隸定)하여 쓰고 있다. 裘錫圭는 이를《爾雅 · 釋宮》에 "門側之堂謂之塾. : 문 옆의 '堂'을 '塾'이라고 한다."라고 하고 있는 것을 인용하여 '門塾'의 '塾'자로 고석하였다.[1] 갑골문에서 이 글자가 사용된 예로는, "塾闈"(《合集5976》) · "右邑塾"(《合集30174》) · "廳門塾"(《合集30284》 · 《合集30285》)이라고 한 것 등이 있다.

15. '廩'

여기에서 말하는 '廩'은 곧 '倉廩'인데, 商代 사람들이 양곡(糧穀)을 저장하던 장소이다. 갑골복사에서는 "省廩"(《合集4366 · 9636》)이라는 내용이 자주 보이고, 또 사람들이 이를 불태운 "焚廩"(《合集583 反》)이라고 한 것도 있다. 그리고 '廩'자 앞에 덧붙인 지명은 해당 지역에 설치한 창름(倉廩)을 지칭한다. 복사의 예를 보면, "南廩"(《合集9636》) · "陕廩"(《合集5708》)이라고 한 것 등이 있다.

16. '圉'

갑골복사에서는 죄인을 수감하는 감옥을 '圉'라고 하는데, 이 '圉'자는 갑골문으로는 일반적으로 ''로 쓴다. 이는 네모로 된 테두리 안에 사람이 손에 수갑을 차고 있는 모양인데, 이는 형구를 찬 사람이 건물 안에 수감되어 있음을 나타낸 것이다. 갑골문에서 '圉'자 앞에 덧붙인 글자는 지명인데, 이는 해당 지역에 설치한 감옥을 지칭하며, 복사의 예로는 "爻圉"(《合集138》) · "疗圉"(《合集522》) · "微京圉"(《合集5976》) · "弓圉"(《合集16057》) · "六圉"(《合集22333》) · "川圉"(《英藏540》)라고 한 것 등이 있다.

17. '壇'

여기에서 말하는 '壇'이란 '壇臺'를 지칭하며, 이 '壇臺'는 제사를 지내기 위해 흙으로 만든 제단(祭壇)이다.《尙書 · 金滕》에, "三壇同墠, 爲壇於南方北面. : 세 개의 '壇'을 쌓아 (제사를 지내기 위해) 깨끗이 청소하고, 또한 남쪽에 북면으로 '壇'을 하나 더 쌓았다."이라고 하고 있는데, 이는 周公이 조상께 제사를 지내기 위해 '壇'을 축조한 것을 기록한 것이다. 이 '壇'과 '墠'에 대해 孔穎達은, "壇, 築土; 墠, 除地. : '壇'은 흙을 쌓아 올린 것이고; '墠'은 땅을 깨끗이 소제하는 것이다."라고 했다. 周代에는 흙을 쌓아서 단대(壇臺)를 축조하고, 이 단대 위에서 제사를 거행하

1) 裘錫圭 <釋殷墟卜辭中與建築有關的兩個詞---"門塾"與"𠂤">,《出土文獻研究續集》(文物出版社 1989. 北京)을 참고.

였다. 그런데 갑골문에서는 '壇'자는 '單'이나 '旦'자를 가차(假借)하여 표기하였는데[1], '單'자를 가차한 복사의 예로는 "東單(壇)"(《合集28115》)·"南單"(《合集6473》)·"西單"(《合集9572》)·"北單"(《甲骨文字釋林》 p.130)·"小單"(《合集31683》) 등이 있고; '旦'자를 가차한 복사의 예로는 "𠫑旦(壇)"(《合集1074》)·"祖丁旦"(《合集27309》, 《屯南60》)·"毓祖丁旦"(《合集27308》)·"父甲旦"(《合集27446》)·"父旦"(《合集22204》)·"南門旦"(《合集34071》)·"廳旦"(《屯南60》) 등이 있다.

三. 방직업

商代의 방직업에 대해 陳夢家는,

> 卜辭中並沒有關於蠶桑織絲的記錄, 但養蠶織絲一定是存在的, 並且平織的和斜文的織法已達到了極高度, 並且有幾何文的織文. 這是從在殉葬的銅祭器和兵器上所包紮的絲織物的殘迹上所觀察到的. …… 除此以外, 織造蔴類也是存在的. 當時利用草·竹·柳條之類編織成席, 也應是存在的.[2] : 복사에는 누에를 길러 실을 짠 것에 대한 기록은 없으나, 양잠과 직사(織絲)는 분명히 존재했고, 더구나 평직(平織)과 사문(斜文) 직법(織法)은 매우 높은 수준이었을 뿐만 아니라, 기하(幾何) 문양의 직법도 존재하였다. 이는 순장(殉葬)된 동(銅) 제기(祭器)와 병기를 감싼 사직물(絲織物)의 흔적들을 통해 관찰된다. …… 이밖에도 삼베 종류를 직조(織造)한 것도 있었다. 그리고 당시에는 풀이나 대나무·버드나무 등을 가늘게 쪼갠 것 등을 이용하여 엮은 자리도 있었음이 틀림없다.

라고 하였다. 이는 商代의 방직업에 대한 개괄적인 설명이다. 王宇信과 楊升南도 역시 商代의 방직업에 대해 다음과 같이 설명하고 있다.[3]

商代의 유적지와 분묘에 대한 발굴에서 출토되었거나, 대대로 전해오는 청동기의 표면에 방직물의 유물이 발견되는데, 그 원료로는 견사(絹紗)·삼[麻] 등이 있고, 문헌 기록으로는《逸周書·王會解》에 '罽'로 지칭되는 모직물도 있다. 특히 주의를 끄는 것은, 張秉權이 H127갱에서 출토된 갑골을 정리할 때 갑골에 '布紋' 즉 베 무늬가 달라붙어 있는 흔적을 발견하였고, 감정 결과 면직품으로 밝혀져서,[4] 널리 주목을 받았다는 점이다. 中國社會科學院 考古硏究所 연구

---

1) 陳夢家 前揭書《殷虛卜辭綜述》p.472, 于省吾《甲骨文字釋林》(中華書局 1979. 北京) pp.129~131을 참고.

2) 陳夢家 上揭書 p.637.

3) 王宇信·楊升南 前揭書《甲骨學一百年股》pp.574~575를 참고.

4) 張秉權 前揭書《甲骨文與甲骨學》pp. 547~572를 참고.

결과에 의하면,[1] 유적지에서 출토된 방직품 중에는 날실과 씨실로 짠 마직품 뿐만 아니라, 다양한 종류의 사직품도 있는데, 사직품의 종류는 평직과 무늬를 넣은 문기직(文綺織)이 있고, '婦好墓' 중의 사직품은 '平紋絹' · '縞'[흰 명주](또는 '紈'[흰 비단]) · '縑'[합사비단] · '回紋綺' · '羅' 등의 5가지 명칭이 있으며, 날실과 씨실의 굵기는 거친 것과 섬세한 것이 두루 다 있다.

胡厚宣이 孫海波의 重編《甲骨文編》과 島邦男의《殷墟卜辭綜類》 두 저서에 근거하여 갑골문자 가운데 방직품과 관련된 글자는 모두 231자(字)가 있다고 밝혔는데,[2] 이를 구체적으로 살펴보면, '糸'를 구성 요소로 한 것이 81개, '絲'[2개의 '糸']를 구성 요소로 한 것이 16개, '糸糸糸'[3개의 '糸']를 구성 요소로 한 것이 3개, '衣'를 구성 요소로 한 것이 21개, '网'을 구성 요소로 한 것이 29개, '㫃'를 구성 요소로 한 것이 35개, '束'을 구성 요소로 한 것이 46개 글자이다. 이들 231개 글자를 통해서, 방직업은 사람들과 매우 밀접한 관계에 있었음과 동시에 商代 방직업이 매우 발달해 있었음을 알 수 있다. 인간의 일상생활에 가장 필수적인 것이 의 · 식 · 주(衣食住)인데, 방직업이 없다면 의복을 만들 수가 없다. 商代 방직의 원료는, 고고발굴에서 출토된 문물을 통해 증명된 바로는, '絲' · '麻' · '毛' · '棉'의 4종류가 있었으며, '葛'의 존재 여부에 대한 증거는 아직 발견되지 않았다.

胡厚宣은 〈殷代的蠶桑和絲織〉이라는 논문에서, 갑골문에 '蠶'자가 각(刻)되어 있는 8개 조의 복사를 예로 들었는데, 그 가운데 4개 조는 "省于蠶"에 관계된 것이고, 2개 조는 "蠶示"로서 제사의 대상이며, 나머지 2개 조 가운데 하나는 '蠶'이 제사의 희생으로 사용된 경우이고, 하나는 너무 심하게 잔결(殘缺)되어 그 내용을 자세히 알 수가 없다고 하였다. 이들 복사 중의 "省于蠶"이란 말은, "누에를 보살피다"는 의미로 양잠을 지칭하는 것이라 생각되며, 제사의 대상으로 쓰인 "蠶示"는 곧 "蠶神"으로 양잠을 주관하는 신명(神明)을 지칭하는데, 해당되는 2개 조의 복사는 "□□□, 大, □□□十宰, 祟五宰, 蠶示三宰. 八月."(《合集14353》) · "貞 : 元示五牛, 蠶示三牛. 十三月."(《合集14354》)이라고 하고 있다. 그리고 '蠶'이 제사의 희생으로 사용된 복사는 "丙寅, 貞 : 叀丂以羌眔蠶于[illegible]示, 用."(《合集32033》)이라고 한 것인데, 여기에서의 '叀'는 어조사로서 '惟'의 의미이고, '丂'는 인명이다. '羌'은 강족(羌族) 포로로서, 갑골복사에서 자주 제사의 희생으로 사용되었고, 때로는 한 차례에 수 백 명이 사용되기도 했다. '眔'자는 갑골문에 상용되는 연접사(連接詞)로서, 지금의 '和' · '與' · '及' · '暨' 등과 자의가 같다. '于'는 개사(介詞)로서, 동작이 행해지는 장소를 나타낸다. 그리고 '[illegible]示'는 지칭하는 대상이 분명하지 않은 제사의 대상이 되는 신기(神祇)인데, 자주 伊尹과 함께 거론이 된다. 그리고 '以'는 '用'의 뜻인데, 동작에 사용하는

1) 中國社會科學院 考古研究所《殷墟婦好墓》(文物出版社 1980. 북경) p.18을 참고.

2) 胡厚宣 <殷代的蠶桑和絲織>, 前揭雜誌《文物》1972年 第11期를 참고.

도구를 나타낸다. 따라서 이 복사는 '丂'가 '羌人'과 '蠶'을 희생으로 사용하여 '𧖧示'에 제사를 올리는 일에 대해 정문한 내용이며, 마지막의 '用'은 이미 채택하였거나 실시하였음을 나타낸다. 商代의 제사에서 신령에게 헌상한 제물(祭物)은 일반적으로 당시 사람들이 사용하던 가치 있는 물품이거나 노예·음식·기호품 등이었다. '蠶'은 비단실을 토해내는 유용한 물품에 속하므로, 옥(玉)으로 조각하여 무덤 속에 부장품으로 넣거나, 청동으로 된 장식용 무늬로 사용하기도 하였다. 만약 이를 '它' 즉 '虫'으로 해석한다면, 이는 당시 사람들에게 해로운 물품으로서, 제품(祭品)으로 사용할 수가 없다. '蠶'이 제품으로 사용된 복사의 예로는, "侑于成·大丁·大甲·大庚·大戊·中丁·祖乙·祖辛·祖丁, 一牛·蠶·羊. 二告."(《甲骨文合集補編100》)라고 한 것도 있다.

다음으로, 갑골문에서 '繅絲' 즉 고치를 켜서 명주실을 뽑아내는 작업과 관련된 활동은 갑골문자의 자형 구조를 통해서 그 자취를 엿볼 수 있다. 갑골문에는 두 묶음의 실타래가 '鬲'이나 '鼎' 속에 담겨 있는 모양을 형상화하여 '𦃃'(《合集8294》)로 쓴 글자가 있는데, 이는 '鬲'이나 '鼎'에 '絲'를 삶는 모양을 형상화한 것으로, 고치를 켜서 명주실을 뽑아내는 작업과 관련이 있는 것이 분명하며, '繅'자로 고석할 수 있는 것이다. 또 갑골문 가운데에는 두 묶음이나 세 묶음의 실타래를 손으로 들고 있는 모양을 형상화하여 '𢆶'(《合集5667》, 《合集9200)·'𢆶'(《合集21695》)로 쓴 글자도 있는데, 이 두 글자는 잠정적으로 '𢆶'와 '𢆶'로 예정(隸定)하여 쓴다. 商代의 사직(絲織)을 연구하는 학자들은 이 두 글자가 누에고치에서 명주실을 뽑아내는 모양을 형상화한 것으로, 손과 실타래 사이의 횡선은 실을 감는 실패이고, 손을 구성 요소로 함으로써 실을 가지런히 뽑아내는 작업을 나타내고 있다고 주장하였다.[1] 갑골문에서 이 '𢆶'자는 다음의 예에서 보는 바와 같이 동사로 사용되었다.

① 癸卯卜, 賓, 貞 : 令郭𢆶, 在京奠. 《合集6》

② 貞 : 呼犬𢆶于京. 《合集5667》

③ 庚辰卜, 內, 貞 : 呼𢆶.
貞 : 勿呼𢆶. 《合集9200正》

④ 丁酉卜, 王, 貞 : 其有禍, 不𢆶. 在四月. 《合集24769》

⑤ 甲戌卜, 王曰貞 : 勿告於帝丁, 不𢆶. 《合集24982》

1) 高玉漢 <中國蠶桑帛起源的探討>, 《亞洲文明論叢》(四川人民出版社 1986. 成都)를 참고.

이들 복사에서의 '郭'과 '犬'은 인명이고, '郭'과 '犬'으로 하여금 '𢆶'하도록 명령하는 복사의 문례는 자주 보이는 "令某人伐"·"令某人田"·"令某人步"과 비슷한 것으로, 이는 어떤 사람으로 하여금 어떤 일을 하러 가도록 명령하는 것이다. '𢆶'자의 자의(字義)가 구체적으로 무엇을 지칭하는지는 앞으로 밝혀내어야 하는 과제인데, 복사에서 동사로 쓰이는 것으로 보아 '繅絲'와 유관한 글자일 가능성이 크다고 추정할 수 있다.

四. 목공업

목공업은 매우 오래된 수공업 분야의 하나인데, 약 7천 년 전의 것으로 추정되는 浙江省 余姚市 河姆渡鎭 유적지의 난간식(欄杆式) 가옥 건축 유물을 통해서, 중국 상고시대 목공업 분야의 발달 수준을 알 수 있다.

《周禮·冬官·考工記》에는 나무를 다루는 목공(木工)의 관직을 '輪人'·'輿人'·'弓人'·'廬人'·'匠人'·'車人'·'梓人' 등의 7종으로 나누어 설명하고 있지만, 일반적으로 중국 상고시대의 건축업은 거의 모두가 토목건축으로 불리는데, 여기서의 '木'은 바로 목공을 지칭한다. 건축업에 대해서는 앞에서 이미 설명하였으므로, 여기서는 갑골문에 나타나는 건축업 이외의 목공업을 살펴 보고자 한다.

甲. 수레[車]

주지하는 바와 같이 갑골문에도 수레를 뜻하는 글자로 '車'·'輦' 두 글자가 있는데, 후세와 같이 용도에 따라 세밀하게 분류하지는 않은 것 같다. 먼저 '車'자가 사용된 복사의 예를 보면, 다음과 같다.

① 甲午王往逐兕, 小臣叶車, 馬硪𢀛王車, 子央亦墜. 《合集10405正》

② 其𢀛兄辛叀右車用, 有正. 《合集27628》

①의 복사는 商 왕이 수레를 타고 수렵하러 가는 일을 말한 것이고, ②의 복사는 수레를 부장(副葬)한 예이다.

그리고 《合集29693》 등에 보이는 '輦'은 사람이 끄는 손수레를 지칭한다. 《合集36481》의 복사에는 '危方'과의 전쟁에서 많은 포로와 함께 수레 2량(輛)도 획득하였음을 기록하고 있는데, 이는 商代에는 전쟁에서 수레의 사용이 이미 매우 보편화되었음을 반영하는 것이다.

수레의 실물은 安陽 殷墟 및 安陽 이외의 西安과 山東省 益都 등지에서 두루 출토되었으며, 지금까지 이미 20여 량이 발견되었다. 문헌에도 商의 湯임금 시기에 商代 사람들은 전거(戰車)를 사용하여 전쟁을 수행한 사실을 기록하고 있다. 즉《呂氏春秋 · 仲秋紀第八 · 簡選》에, "殷湯良車七十乘, 必死六千人, 以戊子戰於郕, 遂禽(擒)推移大犧. : 殷의 湯임금은 정교하고 훌륭한 전거(戰車) 70량과 죽음을 두려워 않는 용사 6천 명을 이끌고 무자일(戊子日)에 '郕'지역에서 벌인 夏나라 桀王과의 전쟁에서 끝내 桀王의 신하 推移와 大犧를 사로잡았다."라고 하고 있는 것에서 확인된다.

그런데 수레의 제작은 매우 복잡하고, 그 기술도 대단히 정밀하였는데,《周禮 · 冬官 · 考工記》에 이르기를, "一器工聚焉者, 車爲多. : 한 종류의 기물을 제작함에 있어서 여러 가지 수공(手工)을 취합해야 하는 것으로는 수레의 제작이 가장 많이 필요하다."라고 설명하고 있다. 周代의 수레 제작에 대해서는《周禮 · 考工記》에 대단히 자세하게 기록하고 있는데, 商代의 수레 제작에 대한 문헌 기록이 많지 않아 구체적으로 정확하게 알기는 어려우나, 고고발굴로 출토된 실물 수레로 보아도 이미 상당히 정교한 기술로 제작되었음을 알 수 있다.

乙. 배[舟]

수상 교통과 어업 도구로 사용되는 배를 지칭하는 글자로는 주로 '舟'와 '船' 두 글자가 사용되는데, 갑골문에는 '船'자는 보이지 않고, 오직 '舟'자만 보이는데, 이 글자는 여러 개의 나무들을 나란히 배열하고 묶어서 만든 나무 뗏목의 형태를 형상화한 '[갑골문]'(《合集6073》) · '[갑골문]'(《合集9772》) 등의 모양으로 쓴다. 갑골복사의 예를 보면, "己巳卜, 爭, 貞 : 作王舟."(《合集13758》)라고 한 것이 있는데, 이는 商 왕의 배를 건조하는 것을 복문한 것이다.

그리고 갑골문 중에는 '[갑골문]' 모양으로 된 글자가 있는데(《合集10364》 · 《合集10676》), 이는 배 위에 있는 가옥에 사람이 거주하는 것을 형상화한 모양이다. 이 글자의 자형으로 미루어보면, 商代에도 배 위에 비바람을 피하고 사람이 거주할 수 있는 주거 겸용의 시설을 갖춘 배가 있었음을 추정할 수 있다.

丙. 궁전(弓箭)

갑골문 중에는 활과 화살을 뜻하는 '矢'자와 '弓'자도 있고; 또 '[갑골문]'(《合集19476》)에서 보는 바와 같이 '矢'와 '弓' 두 글자를 구성 요소로 하고, 화살이 활 위에 놓인 모양을 형상화한 '활을 쏘다'는 뜻의 '射'자도 있다. 갑골문 '弓'자는 나무를 재질로 사용하여 만든 '弓'과 활 줄 '弦'으로 구성되어 있는데, 여기에서 주의해야 할 점은, '干'이라고 하는 '弓'의 나무 재질 부분 중간에는 항상 오목하게 들어간 부분이 있어 '𢎗' 모양으로 쓰고 있는데(《合集151》과 《合集685》 등), 이 오목하게 들어간 부분은 '弣' 즉 '줌통'이라고 하며, 손으로 움켜쥐는 손잡이 즉 그립(grip)이다. 그리고 양 옆의 융기된 부분은 '淵'이라고 하는데, 나무로 이런 모양으로 만들어야 했기 때문에 일반인이 이렇게 제조하기는 불가능했을 것이고, 전문적인 활을 만드는 장인이라야 가능했을 것이다. 《考工記》에는 '弓人'이라는 직관(職官)이 기록되어 있는데, 활 제조 기술이 매우 복잡했음을 이를 통해서도 알 수 있다. 고고 발굴에서 출토된 유물들을 관찰해보면, 商代의 활은 두 층의 나무 재질을 접착하여 만들어졌는데, 이 역시 대단히 발달된 기술 수준임을 알게 해준다.[1]

그런데 갑골복사 중에는 "壬辰卜, 扶, 甫弜弓."(《合集20117》) · "……己……北……其弓……大⊠……"(《英藏2402》) 등에서 보는 바와 같이 활의 제조에 대해 언급한 내용도 있으나, 대부분이 잔결(殘缺)된 것들이다. 여기에서의 "弜弓" · "其弓"의 '弓'은 동사로서, 궁전(弓箭)을 만들다는 뜻이다.

五. 옥공예(玉工藝)

옥(玉)으로 각종 기물과 장식품을 제조하는 일 역시 商代의 중요한 수공업 분야의 하나였다. 商代의 유적지에서는 정교하고 아름다운 형태의 옥기(玉器)들이 대량으로 출토되었을 뿐만 아니라, 아름다운 빛깔의 옥 공예품들도 발견되었다.[2] 문헌 기록으로도 商代 사람들이 옥을 귀중하게 여겼음을 알 수 있는데, 《尙書 · 盤庚(中)》의 기록에 의하면, 盤庚은 재물에 탐닉하는 신하들에 대해서 오로지 "具乃貝玉" 즉 '貝' · '玉'과 같은 재물을 끌어 모으는 것만 안다고 질책하였고; 《逸周書 · 世俘解》의 기록에 의하면[3], 殷 紂王은 몸에 4,005개의 옥괴(玉塊)를 두르고서 스스로 분신(焚身)하였으며, 周 武王이 殷의 포로들로부터 획득한 옥이 무려 19만 4천여 조각에 달했다고 한다.

그리고 갑골문에도 "貞 : 叀大玉……"(《合集9505》) · "……我玉……"(《合集16087》) · "……奏玉……"(《合集16086》)이라고 한 것처럼, '玉'자가 사용된 복사가 있지만, 대부분이 잔결(殘缺)된 상태이다. 이 가운데 '奏玉'의 '玉'은 문맥으로 보아 '玉磬'을 지칭하는 것 같기도 하다.

또 두 개의 옥, 즉 쌍옥(雙玉)은 '珏'이라고 하는데, 갑골문에 '珏'과 관련된 복사로는 "王其稱

---

1) 孫機 《漢代物質文化資料圖說》(文物出版社 1991. 北京) p.136을 참고.

2) 陳志達 <商代玉器的工藝考察>, 《中國考古學硏究—夏鼐先生考古五十年紀念論文集》(文物出版社 1986. 北京)을 참고.

3) 黃懷信 《逸周書校補注譯》(西北大學出版社 1996. 西安) pp.220~221을 참고.

珏于祖乙燎三宰."(《合集32420》)·"王占曰 : 祀珏."(《合集6511反》)·"丙子卜, 賓, 貞奸珏酒河."(《合集14588》)이라고 한 예들이 있다. 이들은 '玉'을 사용하여 신(神)에게 제사를 지낸 복사들이다. 그리고 복사 가운데 "辛酉卜, 賓, 貞 : 呼師取珏, 不……"(《合集39525》)이라고 한 것이 있는데, 여기서의 '師'는 인명이므로, 이는 '師'로 하여금 '珏'을 취(取)하게 하는 일에 대해 정문(貞問)한 것이다.

다만 '玉'·'珏' 두 글자는 갑골문에서 동사로 사용된 예가 아직까지 발견되지 않았기 때문에, 복사에서 직접 옥을 제작한 내용은 보이지 않는다.

그런데 갑골문의 '寶'자는 '玉'과 '貝'를 구성 요소로 하고, 집안에 '玉'과 '貝'가 들어 있는 모양을 형상화한 형태로 되어 있는데(《合集6451》·《合集17511》·《合集17512》), 이들 모두는 인명으로만 쓰이고 있다.

六. 양조업(釀造業)

商代에는 술을 제조하는 양조업(釀造業)이 매우 발달하였던 것으로 보인다. 상대의 묘지에서 발굴된 부장품(副葬品)은, 귀족과 평민을 막론하고, 예기(禮器)로는 모두 다 '觚'와 '爵'으로 조합된 주기(酒器)를 중심으로 하고 있는데, 이는 음식을 담는 식기를 중심으로 하고 있는 周代와는 뚜렷하게 대비된다고 할 수 있다.[1]

또 商나라 사람들이 술을 즐겼다는 내용도 고대의 문헌 여러 곳에서 발견되는데,《尙書·微子》의 기록만 예를 들면, 紂王의 서형(庶兄)이었던 微子는, 紂王 조정의 군신(君臣)들 모두가 "沈酗于酒[술에 녹초가 되어 있었다]"라고 하고 있다. 그리고 周代의 금문(金文)《大盂鼎》에는 "我聞殷述[墜]令[命], 隹[唯]殷邊侯田[甸]于[與]殷正百辟, 率肄[肆]于酉[酒], 古[故]喪師. : 내가 듣기로, 殷의 명운이 다한 것은 오로지 殷의 변방의 제후들과 조정 내의 대소 관원들 모두가 늘 술에 녹초가 되어 있었기 때문에 天下와 백성을 모두 잃게 된 것이다."라고 하고 있는데, 이는 商나라의 패망에 대한 원인을 술 때문이라고 결론내리고, 이를 교훈으로 남긴 것이다. 그리고 周公은《酒誥》를 지어 衛의 康叔을 商의 옛 도읍지였던 朝歌에 봉(封)하면서 고계(告誡)하였다.

그런데 갑골문에서 이 술을 뜻하는 '酒'자로 보이는 글자로는 '酉'와 '彡'을 구성 요소로 하고 있는 글자가 자주 보이는데, 孫詒讓과 羅振玉이 이를 '酒'자로 고석하고는, '酒祭'라고 주장한[2] 이후, 여러 학자들이 이 주장을 따랐다. 그러나 葉玉森은 羅振玉의 주장이 정확하지 않다고 하면서, 이 글자는 '酌'로 써야 하며, 이는 "肜日酒祭之專名"이라 하여 '肜日' 즉 제사 다음 날에

1) 郭寶鈞《殷周青銅器群綜合硏究》(文物出版社 1982. 北京) p.123을 참고.

2) 孫詒讓《契文擧例》(齊魯書社 1997. 濟南) pp.107~108과 羅振玉 前揭書《增訂殷虛書契考釋》(中) p.25를 참고.

지내는 '酒祭'에 대한 전용 명칭이라고 주장했다.[1] 그리고 郭沫若은 이 글자를 '槱'의 가차자라고 주장하면서 '燎祭'와 같은 것이라고 하였다.[2] 또 陳德鉅는 이 글자를 술을 땅에 붓는다는 뜻의 '酹'자라고 하면서, 여기에서의 '彡'은 술을 술통에서 떠내는 모양을 형상화한 것이라고 주장하였다.[3] 한편, 일본의 貝塚茂樹는 이 글자는 '斲'이나 '月(刖)'자와 비슷한 뜻을 나타내는 일종의 "祭牲之法(희생의 사용 방법)"이라고 주장하였고[4], 唐蘭은 이 글자를 아예 '肜'자의 번체(繁體)임이 분명하다고 주장하였다.[5] 그러나 李學勤은 이 글자의 의미가 불분명하다고 하면서, "它究竟是個什麽字, 確切的意思是什麽, 并沒有答案. 目前多數人習慣把它寫作'酒'字, 其實這個字不从'水'而从'彡'. 商至周初文字凡'饗酒'之'酒'都作'酉', 和'酌'字區別是很淸楚的. : 이 글자가 도대체 어떤 글자이고 확실한 의미가 무엇인지에 대한 답은 없다. 현재 많은 사람들이 습관적으로 이 글자를 '酒'자로 쓰는데, 사실 이 글자는 '水'를 구성 요소로 하고 있지 않고, '彡'을 구성 요소로 하고 있다. 商代에서 周代 초기까지의 문자에서는 무릇 '饗酒'의 '酒'는 모두 '酉'로 썼고, '酌'자와의 구별이 매우 분명하였다."라고 주장하였다.[6]

'酌'자는 '酉'와 '彡'을 구성 요소로 하고 있다. 따라서 이 글자를 '酒'자로 고석하는데 있어 장애가 되는 것은 '酉'자 옆에 있는 '彡'의 모양이다. 이 '彡'에 대해 李孝定은, "从彡象酒滴沃地以祭之象. : '彡'을 구성 요소로 한 것은, 술 방울로 땅을 적시는 것으로 제사를 지내는 모양을 형상화한 것이다."라고 하고는, 또 "其字从酉从彡乃象形字, 然从彡終嫌與彡[肜]易溷, 故至篆文變从彡爲从水, 是易象形爲會意矣. 酉本酒尊亦卽古文酒字, 後以用爲支名日久, 从彡之酌又嫌於从彡(肜), 於是从水之酒字專行而酌字廢, 酉爲酒之本字之義亦遂湮矣. ……《說文》酉酒同訓, 酉部之字亦均與酒有關, 猶存古義也. : 이 글자는 '酉'와 '彡'을 구성 요소로 하고 있는 상형자이지만, '彡'을 구성 요소로 하고 있는 것이 결국은 '肜'을 뜻하는 '彡'과 쉽게 혼동되는 것을 꺼려서, 이 때문에 전서(篆書)에서는 '彡'을 구성 요소로 한 것을 '水'를 구성 요소로 하는 것으로 변형시켰는데, 이는 상형을 회의(會意)로 바꾼 것이다. '酉'는 본래 '酒尊' 즉 술잔을 의미하며, 이는 또한 고문(古文) '酒'자이기도 한데, 후세에 와서 간지(干支)의 이름으로 오랫동안 사용되었고, '彡'을 구성 요소로 하는 '酌'자 또한 '肜'을 뜻하는 '彡'을 구성 요소로 하는 것을 꺼리게 됨에 따라 이에 '水'를 구성 요소로 하는 '酒'자만 사용되고 '酌'자는 폐기되어버렸고,

---

1) 葉玉森《殷虛書契前編集釋》(上海大東書局石印本 1933. 上海) 卷一 p.47.

2) 郭沫若 前揭書《卜辭通纂 · 考釋》p.778을 참고.

3) 金祖金《殷契遺珠》(上海中法文化出版委員會 1939. 上海) p.2에서 재인용.

4) 貝塚茂樹《京都大學人文科學研究所藏甲骨文字釋文篇》(日本京都大學人文科學研究所 1960. 京都) p.167과 p.551.

5) 唐蘭 <論周昭王時代的靑銅器銘文>,《古文字研究》(中華書局 1980. 北京) 第2輯을 참고.

6) 李學勤 王宇信著《建國以來甲骨文研究 · 李學勤序》(社會科學出版社 1981. 北京) p.??

'酉'가 '酒'의 본자(本字)라는 의미도 마침내 사라지게 되었다. ……《說文解字》에는 '酉'자와 '酒'자가 같은 뜻으로 풀이되어 있고, '酉'부(部)의 글자들 역시 모두 '酒' 즉 술과 유관(有關)한 것으로 뜻풀이가 되어 있는 것은 고의(古義)를 그대로 존속하고 있는 셈이라고 할 수 있다."라고 하였다.[1] 그런데 갑골문에는 '酉'자 옆의 사선(斜線) 셋이 세 개의 점으로 된 글자도 있는 것으로 보면, 이 '酌'자의 '彡'은 '肜'을 뜻하는 '彡'과는 확실하게 구별된다. 그리고 이 글자가 일반적으로 '水'를 구성 요소로 하는 글자와 그 형상이 서로 같지 않은 이유는 술이란 특별한 제조과정을 거친 액체이기 때문일 것이라고 생각된다.

이 이외에 갑골문에 보이는 술[酒] 이름으로는 '鬯'과 '醴' 등이 있는데, '鬯'의 경우에는 "昔乙酉葡旋御[於大]丁 · 大甲 · 祖乙, 百鬯 · 百羌 · 三百[牢]."(《合集301》) · "貞 : 王侑百鬯 · 百牛."(《合集32044》)이라고 한 것 등의 복사의 예에서 보는 바와 같이 제사에 그 양이 1백 '卣'에 이를 정도로 많이 사용되었다. 이 '鬯' 즉 울창주(鬱鬯酒)는 울금(鬱金)이라는 향초를 물에 우려내어 만든 술이다. 이 '鬯'에 대해《說文解字》에는, "鬯, 目䰜釀鬱艸, 芬芳攸服, 目降神也. : '鬯'이란 검정 기장으로 빚은 술에 울금초를 우려낸 물을 배합하여 만든 것인데, 향기가 가닥가닥 뻗어 나와 신을 강림하게 한다."라고 하고 있다. 그리고 '䰜'자에 대해서는《說文解字》에, "黑黍也. 一稃二米以釀. : 검정 기장이라는 뜻이다. 겉껍질 하나에 알갱이가 둘인데, 이것으로 술을 빚는다."라고 하고 있다. 또 향초의 하나인 '鬱艸'에 대해《說文解字》에는 "鬱, 芳艸也. 十葉爲貫, 百卄貫, 築目煑之爲鬱. : '鬱'은 방초(芳草)의 하나이다. 열 개의 잎이 1관(貫)인데, 120관의 잎을 빻아서 달인 것이 '鬱'이다."라고 하고 있다. 갑골문에 사용된 이 울창주의 계량(計量) 단위는 '卣'인데, 복사의 예를 들면, "鬯一卣"(《合集15795》) · "鬯二卣"(《屯南766》) · "鬯三卣"(《合集1069》) · "鬯五卣"(《合集25979》) · "鬯六卣"(《合集35355》) · "鬯十卣"(《屯南504》)라고 한 것 등이 있다. 청동으로 만든 '卣'는 商代의 유적지에서 대량으로 출토되었는데, 손잡이가 있는 것과 없는 것으로 구별된다. 한 차례의 제사에 사용된 울창주의 양(量)은 1백 '卣'에 이르렀을 정도로 많았는데, 이를 통하여 당시의 양조업의 규모가 어느 정도였을 지를 짐작할 수 있을 것이다.

다음으로 '醴'자는 갑골문에서는 '豊'로만 썼는데, 후세에 와서 편방 '酉'를 덧붙여 쓰게 된 것이다. 여기에서의 '醴'는 지게미까지 먹는 일종의 감주(甘酒)인데,《說文解字》에는 "醴, 酒一宿孰也. : '醴'란 하룻밤에 숙성된 술이라는 뜻이다."라고 하고 있다.《周禮 · 天官 · 酒正》 중의 "醴齊"라는 말에 대해 鄭玄은, "醴, 猶體也. 成而汁滓相將, 如今恬(甛)酒矣. : '醴'란 '體'와 같은 말이다. 숙성되어서 즙과 찌꺼기가 서로 뒤섞인 상태로, 지금의 감주와 같은 것이다."라고 주(注)하였는데, 엄격하게 말하면 이는 음료의 일종이라고 할 수 있다.《漢書 · 楚元王傳》에 "穆生不嗜酒,

1) 李孝定《甲骨文字集釋》(中央硏究院歷史語言硏究所 1970. 臺北) p.4399.

元王每置酒, 常爲穆生置醴.[1] : 穆生이 술을 즐기지 않아, 元王은 주연을 베풀 때마다 穆生을 위해서 '醴'를 마련하였다."라고 기록하고 있는데, 여기에서의 '醴'에 대해 顔師古는 "甘酒也"라고 주해(註解)한 것으로 증명이 된다.

갑골복사에는 "作豊"라는 말이 자주 보이는데, 그 예를 들면, "貞 : 其作豊……伊御."(《合集26054》)·"其作豊, 有正, 受祐."(《合集31180》)·"貞 : 曰於祖乙其作豊."(《合集32557》)라고 한 것 등이 있다. 여기에서 "作豊"라고 한 것은 바로 '醴' 즉 감주를 만드는 것을 말한다. 갑골문에는 또한 "新豊"과 "舊豊"의 구별도 있는데, 예를 들면,《合集32536》에 "丙戌卜, 叀新豊用. 叀舊豊用."이라고 하고 있는 것이다. 여기에서의 '新豊'는 이제 막 양조한 예주(醴酒)를 말하고, '舊豊'는 양조를 끝낸 뒤 일정 기간 동안 저장한 예주를 말한다. 또 갑골문에는《合集25885》에서 "己未卜, ▨, 貞 : 告豊."라고 하고 있는 것에서 보는 바와 같이 "告豊"란 말도 있는데, 여기에서의 '告豊'란 예주를 완성한 후에 왕이나 해당 업무를 주관하는 사람에게 보고하는 것이거나, 아니면 신령에게 보고하는 의식(儀式)의 하나였을 것으로 추정된다.

이상의 내용을 종합하면, 갑골문에 술에 대한 몇몇 명칭이 보이는 점으로 미루어 보아서 商代에는 서로 다른 술의 품종들이 여러 가지 존재했음을 알 수 있을 뿐만 아니라, '鬯' 즉 울창주의 사용량이 아주 많아 한 차례 제사에서 100유(卣)나 되었음을 알 수 있다. 그리고 이런 여러 정황들로 미루어 볼 때, 商代에는 양조업이 매우 발달했음을 알 수 있다.

七. 수공업 노동자와 그 관리(管理) 체제

갑골문에서는 '工'자가 수공업에 종사하는 노동자를 지칭하는 글자로 보이는데, 이 '工'자의 자의(字義)에 대해서는 대체로 다음의 3가지 주장으로 나뉜다. 첫째는 葉玉森의 주장으로,[2] 갑골문의 '工'자는 모두 '官'자의 뜻으로 해석할 수 있다는 것이다. 陳夢家[3]와 張秉權[4] 등도 이 주장에 대체로 동의하였다. 둘째는 이 '工'자는 '貢納'을 의미하는 '貢'자의 뜻으로 해독(解讀)해야 한다는 것으로, 于省吾[5]의 주장이다. 셋째는 羌亮夫[6]의 주장으로, '工匠'의 '工'자의 뜻이라는 것인데, 李孝定[7]도 같은 의견이었다.

---

1) 班固《漢書·楚元王傳》(鼎文書局 1977. 臺北) p.1923.

2) 葉玉森 前揭書《殷虛書契前編集釋》卷二 p.69를 참고.

3) 陳夢家 前揭書《殷虛卜辭綜述》p.519를 참고.

4) 張秉權 前揭書《甲骨文與甲骨學》pp.520~521을 참고.

5) 于省吾《甲骨文字釋林·釋工》(中華書局 1979. 北京) pp.71~73을 참고.

6) 羌亮夫 <漢字結構的基本精神>,《浙江學刊》(浙江省社會科學院 1963. 杭州) 第1期를 참고.

7) 李孝定 前揭書《甲骨文字集釋》p.1594를 참고.

갑골복사에서 사용된 '工'자는 자의가 여럿인 다의자(多義字)인데, 5종(種)의 주제(週祭) 복사에 보이는 '工典'의 '工'자는 '貢'자의 뜻임이 틀림없다. 그런데 《屯南2148》의 복사에는 "戊辰卜, 今日雍己夕, 其呼庸執工. 大吉. 弜呼庸執工, 其作尤. 庸執工於雍己⍁尤."이라고 하고 있는데, 여기에서의 '工'자는 '官'이나 '貢'자의 뜻으로는 해석이 불가능하다. 이 복사에서의 "雍己夕"이란 '夕雍己'의 도치(倒置)된 말이며, '庸'은 인명이고, '執'은 붙잡아서 쇠고랑을 채운다는 의미로, "執工"이라고 한 것은 '工'에게 형구(刑具) 가쇄(枷鎖)를 채운다는 의미이다. 肖楠에 의하면[1] 이 복사는, 오늘 저녁 雍己에 대한 제사에 '庸'으로 하여금 '工'을 잡아 제사에 바칠 것인지의 여부를 점친 것인데, 여기서의 '工'은 소나 양 등과 같이 제사의 희생으로 사용되었으므로, 그 신분은 '官'이 아니라 노예임이 분명해 보인다. 따라서 이 복사의 내용에 의하면, 이 '工'은 '官'자의 뜻으로 해석할 수도 없고, 또 '貢納'의 '貢'으로도 문맥이 통하지 않으므로, 오직 '工匠'의 '工'자로 해석할 수밖에 없다. 이렇게 '工'이 '執'을 당한 복사의 예로는 《合集26947》에 "……執工不作尤."라고 하고 있는 것도 있다. 그렇다면 이 '工'은 왜 '執'을 당하게 되었을까? '執'을 당해서 '人牲' 즉 사람 희생으로 사용된 '工'은 아마도 수공업 노동 현장에서 도망친 공장(工匠)들일 가능성이 크다. 갑골복사 중에는 《合集97》에 "其喪工. 喪工."이라고 하고 있는 것처럼 '工' 즉 공장(工匠)이 도망칠 것인지의 여부를 묻는 것도 있기 때문이다.

그러면 이런 '工'들은 어떻게 충원되었을까? 이 문제를 살펴볼 수 있는 갑골복사의 예를 들면 다음과 같은 것들이 있다.

① "戊寅卜, 爭, 貞 : 今𣏟衆又工.	《合集18》
② ⍁戌卜……供衆宗工.	《合集19》
③ 庚⍁卜, ⍁, 貞 : 供[衆]宗工.	《合集20》
④ 衆又工.	《合集599》

이들 복사에서의 '供'은 제공하다는 뜻으로, 제후나 귀족들이 '衆'과 같은 부류의 사람들이 '工'의 역할을 하도록 왕실에 제공함으로써 필요한 공장(工匠) 즉 기술 노동자들을 충당하였음을 말한다. 앞에서 살펴본 바와 같이 商代 사회의 피지배계급에 속한 이 '衆(人)'과 같은 사람들은 수시로 '喪' 즉 도망을 치기도 하였는 바, 《合集8》에는 "貞 : 衆作耤不喪."이라고 하고 있는데, 이는 '衆'이 '作耤' 즉 농경에 종사하는 과정에서 '喪'할 것인지의 여부를 복문한 것이므로, 이를 통해 여기에서의 이 '衆'은 농업 노동 현장에서 옮겨 온 '衆'으로 충당되었고, 그들의 사회적인

1) 肖楠 <試論卜辭中的"工"與"百工">, 前揭雜誌 《考古》 1981年 第3期를 참고.

지위가 높지 못한 부류의 사람들이었음을 알 수 있다.

그리고 여기에서의 '宗工'에 대해서 陳夢家는, "可能指宗廟之工, 或是作器的百工, 或是樂工.[1] : 종묘의 기술 노동자들을 지칭할 가능성이 크며, 기물을 만드는 모든 기술 노동자들이거나, 아니면 악공(樂工)일 것이다."라고 주장하였다. 그런데 '衆(人)'은 일반적으로 농사에 종사한 사람들이 대부분이었을 것이므로, 이들이 종묘로 옮겨가서 예술적 기능을 가진 악공으로 충당되었을 가능성은 크지 않을 것이고, 기물을 만드는 기술 노동자의 일을 했을 것이라고 짐작된다. 종묘의 기술 노동자는 西周 시대의 동기(銅器)《伊簋》에도 보이는 바, 여기에는 周王이 伊에게 명(命)하여 '康宮' 즉 周 康王의 묘(廟)의 '臣妾'들과 '百工'들을 관리·감독하도록 했다는 내용이 각(刻)되어 있고, 다른 동기의 명문에서도 여기에서와 같이 '百工'과 '臣妾'이 함께 기록되어 있는데, 이런 西周 시대의 금문(金文)에 나타나는 '百工'은 '臣妾'과 동등한 지위에 있었으므로, '官'이 아님이 분명하다. 이 때문에 肖楠은, 갑골문의 '百工'이나 '多工'은 관명(官名)이 아니라 잡다한 종류의 수공업에 종사하는 노복들을 지칭하는 말이라고 주장했는데[2], 일리가 있는 주장이다. 갑골복사에 보이는 '百工'이나 '多工'과 관련된 복사의 예를 들면, 다음과 같다.

① 乙未酒多工率條遣. 《合集11484》
② 甲寅卜, 史, [貞 :]多工亡尤. 《合集19433》
③ 甲申卜, 出, 貞 : 多工䍙𢦏方. 《合集41011》
④"癸未卜, 有禍百工. 《屯南2525》

이들 복사들에 나타나는 '百工'이나 '多工'들 역시 관리자의 지위는 전혀 아님을 알 수 있다. 그런데 商代에는 수공업이 상당한 수준으로 발달하였으므로, 왕실에서는 당연히 이런 업무를 주관할 관직을 설치했을 것인 바, 갑골문에는 "司工"이란 호칭이 있다. 복사의 예를 들면,《合集5628》에 "壬辰卜, 貞 : 叀𠳋令司工."이라고 하고 있는 것이다. 여기에서의 '叀'자는 어조사로서, 동사와 목적어를 도치시켜서 어기(語氣)를 강하게 하는 역할을 하며; '司'는 동사로서, 관리(管理)하다는 뜻이다. 따라서 이 복사는 商王이 '𠳋'에게 명령을 내려서 공장(工匠)들을 관리하도록 한 것으로, 이 '司工'은 왕실의 수공업을 주관한 것이다. 만기(晚期) 복사에는 '山'도 역시 이런 직무를 관장하도록 임명된 내용이 있다. 예를 들면,《合集32967》에 "己酉, 貞 : 王其令山司我工." 이라고 하고 있는 것이다. 여기에서의 "我工"이란, 商 왕실의 '工'을 지칭한다. 이 복사에서의

1) 陳夢家 前揭書《殷虛卜辭綜述》p.519.

2) 肖楠 前揭論文 <試論卜辭中的"工"與"百工">을 참고.

‘山’ 역시 위의 ‘𠬝’과 같은 직무를 관장한 사람인데, 이들의 직무는 西周 시대의 ‘司工’에 상당한 것으로 짐작된다.

갑골문에는 또 ‘左工’과 ‘右工’이라는 관명도 보이는데, 그 예를 들면 다음과 같다.

① 翌日戊王其省牢右工, 湄日不雨. 《甲867》
② ☐☐卜, 余……左工……戊午. 《續存上222》
③ 丁亥卜, 賓, 貞 : 令𪓐孽右尹工于垂. 《合集5623》
④ 龔𡱂右尹工. 《合集5624》
⑤ 丁卯卜, 貞 : 令追孽右尹工. 《合集5625》

여기에서의 ‘右尹工’의 ‘尹’은 치리(治理)하다는 뜻이므로, 이는 곧 ‘右工’이라는 말과 같은 뜻이다. 그리고 ‘左尹’과 ‘右尹’은 어쩌면 ‘司工’을 보좌하는 관직일 수도 있다. 필요에 따라서는 몇몇 귀족들도 때때로 수공업을 주관하는 업무를 위임받아 파견되기도 했는데, 갑골 복사의 예로는 다음과 같은 것들이 있다.

① 貞 : 師其有工.
貞 : 師亡其工. 《合集4247》
② 貞 : 光其工. 《合集4484》
③ 己巳卜, 㱿, 貞 : 犬征其工. 《合集4632》

이상에서 살펴본 바를 총괄하면, 갑골문에서의 ‘工’은 공장(工匠)을 지칭하며, 수공업에 종사하는 노동자를 말한다. ‘百工’·‘多工’은 다수의 ‘工’을 지칭하는 말인데, 이는 사람의 수가 많다는 의미이기도 하고, 해당 부문이 많다는 의미이기도 하다. 왕실에서 수공업을 총괄하는 관직은 西周 시기와 같은 명칭으로 ‘司工’이라고 하였는데, 이는 후세의 문헌에 보이는 ‘司空’이며, 그 아래에는 ‘左工’과 ‘右工’이 보좌하는 역할을 했으리라고 짐작된다. 일부 귀족 관리들도 임시로 수공업 생산 작업을 주관하는 일을 위임받기도 했는데, 이는 각 관직의 직무가 후세처럼 엄격하게 구분되지 않았음을 설명해준다 하겠다.

제6절 商代의 상업과 교통 및 기타

상품의 교역과 교통은 상호 의존 관계에 있기 마련인데, 商代의 상품 교환은 상당히 활발한 상태였고, 교통을 위한 도로 시설도 상당한 수준으로 갖추어져 있었는데, 갑골문에서도 이런 사실들이 확인된다.

一. 상품 교환과 화폐

상품의 교환이 이루어지기 위해서는, 사회적인 분업의 확대와 도시의 생성이 전제되어야 하는데, 商代에는 이런 요소가 이미 구비되어 있었다. 그 당시의 농업·수공업·목축업 등은 이미 각각 경제적인 면에서 일정한 위치를 점유하고 있었고, 수공업은 이미 더욱 발전된 형태의 분업이 내부적으로 이루어져 있었다. 갑골문에서는 도시에 해당되는 것으로 여러 '邑'의 이름이 보이고, "作邑" 즉 도시를 만드는 일과 관련된 복사가 적지 않은데, 이는 새로운 성읍(城邑)이나 거주지를 건립하는 일이라고 생각된다.

고고 발굴에서 商代의 성읍 유적지가 계속 발견되는데, 그 중에서 두드러지는 것으로는 '偃師商城'·'鄭州 商城'·'安陽 殷墟'·'湖北 盤龍城'·'山西 垣曲古城'·'廣漢 三星堆' 등이 있으며, 이들 모두가 상당한 정도의 규모를 갖추고 있다.

그리고 지금까지 전해오는 문헌 기록 가운데 商代의 상업 활동 지역이었을 것으로 짐작되는 성읍을 지칭하는 것으로는 '市'와 '肆'가 보이는데, 이런 예로는 다음과 같은 것들이 있다. 《楚辭·離騷》에는, "呂望之鼓刀兮, 遭周文而得擧. : 姜太公 呂望은 칼을 휘두르며 (시장에서) 백정 노릇을 하고 있었으나, 周 文王을 만나 관직에 발탁되었네."라고 하고 있고, 《楚辭·天問》에는, "師望在肆昌何識, 鼓刀揚聲后何喜? : 姜太公 呂望이 정육 시장에서 은거하고 있었는데, 周 文王이 어떻게 알 수 있었으며, 呂望이 칼질을 하며 부르는 노래 소리를 文王이 듣고서 어떻게 좋아했을까?"라고 하고 있다. 《尉繚子·武備》에는, "太公望年七十, 屠牛朝歌, 賣食孟津. : 太公 呂望은 70세에 朝歌에서 소를 잡고, 孟津에서 음식을 팔았다."이라고 하고 있는데, 孟津은 예부터 黃河의 나루터로서 교통의 요지였다. 《六韜》에는 殷의 紂王이 "殷君善治宮室, 大者百里, 中有九市. : 殷나라 군왕은 궁실을 잘 지었는데, 큰 것은 100리(里)에 이르고, 가운데에 온갖 종류의 시장들이 있었다."라고 하고 있다. 지금 河南省 安陽의 殷墟 유적지는 면적이 30㎢에 달하는데, 이를 商代의 도량형 단위로 환산하면 120'平方里'를 넘는다. 그러므로 紂王 시대의 殷의 왕도(王都)가 '百里'라고 한 것은 결코 과장한 말이 아니다. 그리고 인구가 집중된 성읍(城邑)에는 상품 교환이 필수적일 수밖에 없었을 것이다.

상품은 사용 가치와 교환 가치라는 두 가지 성질을 가지고 있는 물품이다. 사용 가치란 해당 물품이 사용하는 사람이 필요로 하는 것을 만족시킬 수 있는 가치를 말하고, 교환 가치란 해당 물품으로 다른 필요한 물품으로 교환할 수 있는 가치를 말한다. 초기에는 상품으로서의 물품이 가지고 있는 사용 가치를 이용하여 생활에 필요한 다른 물품으로 교환하여 부족한 것을 보충하였기 때문에 처음 시작할 때는 물물교환 방식이었다. 그러다가 나중에는 필요에 의해서 물품과 같은 가치를 지니는 화폐가 출현하게 되었다. 상품의 교역에서 화폐가 일반적인 등가물(等價物)로 사용되는 시기에 이르면, 상품의 교환은 비교적 발달한 수준에 들어선 것이다.

商代에는 어떤 물품들이 상품으로 교환되었는지를 명확하게 밝혀내기는 매우 어렵다. 아마도 모든 농산품 · 목축업 생산품 · 수공업 생산품 등과 같이 사용 가치를 가진 것은 모두 상품이 될 수 있었을 것이라고 생각된다. 그러나 고대의 문헌과 고고 발굴 및 갑골문이 제공하는 자료가 매우 한정되어 있는데다가, 고대의 문헌 기록은 시대적으로 비교적 후기에 속하는 것이지만, 갑골문과 고고 발굴을 통해 알 수 있는 것은, 商代에는 이미 일반 상품의 등가물(等價物)이 된 '貝'가 화폐로 사용되고 있었다는 사실이다.

商代 유적지 및 능묘(陵墓)에서는 '貝'가 자주 발견된다. 한 기(基)의 무덤에서 많게는 약 7천매(枚), 적게는 1매가 발견되고; 발견된 '貝'의 종류는 자주 보이는 천연 해패(海貝) 외에, 골패(骨貝) · 석패(石貝) · 동패(銅貝) 등이 있다. 安陽市 殷墟에서도 청동으로 주조된 5매(枚)의 동패가 발견되었는데, 朱活에 의하면[1] 이들 동패는 장식품이 아니고, 중국의 가장 이른 시기의 금속 화폐라고 주장하였다.

이 '貝'는 갑골문과 金文에서는 모두 '朋'으로 쓰고, 계산의 단위로 사용하였는데, 갑골복사의 예로는, "庚戌[卜], ☐, 貞 : 易(賜)多女又貝朋."(《合集11438》) · "……征不死, 易(賜)貝二朋."(《合集40073》)이라고 한 것 등이 있다. 여기에서 "貝朋"이라고 한 것은, '貝'를 조합(組合)하여 '朋'을 이룬다는 사실을 나타내는 말이다. 그런데 몇 개의 '貝'가 하나의 '朋'을 구성하는 지에 대해서는, '二貝說' · '五貝說' · '十貝說' 등이 있다. 王國維[2]는 갑골문과 금문 '朋'자의 자형 구조에 근거하여 '朋'은 두 꿰미의 '貝'로 구성되어 있고, 각각의 꿰미는 5개의 '貝'로 되어 있으므로, 하나의 '朋'은 의당 10개의 '貝'로 이루어진다고 주장하였다. 이는 여기에서의 '貝'와 '朋'은 목걸이와 같은 장식품이 아니라 화폐의 계산 단위로 사용되었음을 말하는 것이다. 갑골문과 금문 중의 '朋'자는 두 꿰미의 '貝'로 되어 있고, 아래쪽의 입구를 봉하지 않았으며, 입구를 봉하여서 지금의 목걸이 모양으로 된 '朋'자는 전혀 보이지 않는다. 이렇게 입구를 봉하지 않았다는 것은

1) 朱活 <商代銅幣>, 《古幣新探》(齊魯書社 1984. 濟南) pp.14~19를 참고.

2) 王國維 <說珏朋>, 前揭書 《觀堂集林》 pp.161~163을 참고.

절대로 목걸이 같은 장식품이 아니라는 것이므로, 일찍이 郭沫若이 '朋'을 장식품이라고 주장한 것[1]은 재고되어야 하리라고 생각된다. 이로써 갑골문의 기록에 의하면, 商代에서의 '朋'은 화폐의 단위로 쓰였으며, 10개의 '貝'를 두 꿰미로 꿰었음을 알 수 있다.

그리고 갑골문 가운데는 또 '買'자도 있는데, 자형은 지금의 해서(楷書)와 같이 '网'과 '貝'를 구성 요소로 하고 있다. 다만 '買'자가 사용된 갑골복사는 대부분이 잔결(殘缺)되어 있고, 이 글자가 동사로 사용된 예로는 다음 2편(片)의 갑골에 각(刻)된 것뿐이다.

① 戊寅卜, 內, 呼雀買.

勿呼雀買. 《合集10976》

② 弗買. 《合集21776》

이 '買'자에 대해서 姚孝遂는, "卜辭用爲人名.[2] : 복사에서 인명으로 사용되었다."라고 주장하였으나, 위에서 인용한 복사로 미루어 보면, 정확하지 않은 것 같다. 여기에서의 '雀'은 인명이고, '買'는 동사임이 틀림없다. 그리고 '弗'자는 뒤에 동사를 수반하고, 동작이나 행위에 대한 부정(否定)을 나타낸다. 이 '買'자의 자형에 대해 商承祚는 "象以网取貝之形.[3] : '网'[그물]으로 '貝'[화폐로 사용된 조가비]를 취하는 모양을 형상화하고 있다."라고 하였고, 孫海波는 許愼이《說文解字》에서 이 '買'자에 대해, "買, 市也. 从网貝.《孟子》曰 : 登壟斷而网市利. : '買'란 '市' 즉 '사들이다'는 뜻이다. '网'과 '貝'를 구성 요소로 하고 있다.《孟子 · 公孫丑下》에 '홀로 우뚝 높이 솟은 곳에 올라 살펴서 사고파는 이익을 다 가지려 한다.'라고 하고 있다."라고 풀이한 것을 인용하고는, 이 글자의 자의에 대해, "古者交易以貝, 网貝有市利之義, 引申之訓市, 故許君引《孟子》网市利以訓.[4] : 상고시대에는 '貝'를 사용하여 교역을 하였는데, '网貝'라는 말에는 '市利' 즉 사고파는 이문이라는 뜻이 있으며, 여기서 인신(引伸)하여 '市' 즉 '사들이다'라고 뜻풀이를 하였고, 이 때문에 許愼은《孟子》에서의 '网市利' 즉 '사고파는 이익을 다 망라하다'는 말을 인용하여 뜻풀이를 하였다."이라고 설명하였다.

위에서 살펴본 바와 같이 商代에 '貝'가 화폐로서 가치 척도의 기능을 한 것은, 자주 보이는 商代 후기의 청동기 명문(銘文) 가운데, 어떤 사람이 상(賞)으로 받은 '貝'를 사용하여 몇 건의 동기를 제작하였다는 기록에서 그 사실을 증명할 수 있다. 예를 들면, "乙卯饗使, 易(賜)小子𩰫二

1) 郭沫若 <釋朋>, 前揭書《甲骨文字研究》pp.103~110을 참고.

2) 姚孝遂의 이 주장은 于省吾《甲骨文字詁林》(中華書局 1996. 北京) p.1891에서 재인용.

3) 商承祚《殷契佚存 · 攷釋》(金陵大学中国文化研究所 1933. 南京)(影印本) p.66下.

4) 孫海波 <卜辭文字小記>,《考古學社社刊》第3期(燕京大學考古學社 1936. 北京) p.69.

百, 用作父丁障彝."(《續殷文存上 48. 2》)·"王宜人方無務, 咸, 王賞作冊般貝, 用作父己障. 來冊."《作冊般甗》(《三代 5. 11. 1》)·"丙午王賞戍嗣子貝二十朋, 在闌宗, 用作父癸寶鼎."(《考古學報》1960년第1期)이라고 하고 있는 것 등이다. 여기서의 "用作"이라는 말의 의미는 상(賞)으로 받은 '貝'를 사용하여 청동기를 제작하였다는 말이다. 이로 미루어 보아, 商代에 이 '貝'는 화폐의 기능을 했으며, 이를 통해 상품 교환이 이루어졌음을 알 수 있다.

또 商代의 묘(墓)에는 '貝'가 부장품(副葬品)으로 사용되어, 사자(死者)의 입속이나 손아귀 그리고 가슴 위나 발 근처 등에 놓여 있는 것이 발견되었는데, 이는 후세에 화폐를 부장하는 습속과 동일하다고 볼 수가 있다. 그리고 이 '貝'가 화폐였기 때문에, 商代 사람들은 사자를 매장할 때 '貝'를 함께 부장하여, 사자로 하여금 내세까지 자지고 가서 사용하게 하였고, 제사에서도 '貝'를 헌상하였는데, 갑골복사에도 이런 내용들이 기록된 것들이 있다. 예를 들면, "丁酉卜, ☑, 丁酒于(與)二朋又五人, 卯十牛. 五人卯五牛于(與)二朋."(《合集1052》)·"叀貝十朋. 吉."(《合集29694》)·"其五朋? 其七朋? 其八朋? 其三十朋? 其五十朋? 其七十朋?"(《懷特142》)이라고 하고 있는 것 등이다. 《懷特142》에는 '五朋'에서부터 '七十朋'까지를 복문(卜問)하였는데, 그 숫자가 차례로 증가하고 있다. 이는 신령에게 바치는 제물(祭物)을 얼마나 해야 만족하실 것인지를 복문한 것으로, 복사에 자주 보이는 선복(選卜)의 한 형태이다.

이상의 여러 가지 정황으로 미루어 보아, 商代에 이 '貝'가 화폐로 사용되었음은 분명한 사실이다. 따라서 '貝'가 화폐로 유통되었다면, 商代의 상품 교환은 이미 상당한 수준까지 발전해 있었음이 틀림없다.

二. 도로와 교통수단 및 그 제도

商代의 교통 역시 비교적 발달하였는데, 도로에는 수레의 통행이 가능했고, 교통수단도 여러 종류가 있었으며, 효과적인 교통제도도 이미 확립되어 있었다.

甲. 도로(道路)

주지하는 바와 같이 갑골문자에는 '行'자가 있는데, 대체로 '䀠'의 모양으로 쓰고 있으며, 이는 사방으로 통하는 '十'자 모양의 교차로를 형상화한 것이다. 그리고 갑골문자 가운데에는 이 '行'을 구성 요소로 하고 있는 글자들이 매우 많은데, 孫海波는 增訂本《甲骨文編》에 도합 93자를 수록하였고, 島邦男은《殷墟卜辭綜類》에 72자를 수록하였으며, 徐中舒 주편(主編)의《甲骨文字典》에는 78자가 수록되어 있고, 于省吾가 주편한《甲骨文字詁林》에는 128자가 수록되어 있는 바,

이는 그 당시에 도로가 이미 대단히 중요하게 여겨졌음을 반영한 것이라고 할 수 있다.

중국 상고시대의 도로는 그 소재지에 따라서 넓이가 달랐는데,《周禮·考工記·匠人》에는 제후국의 도성(都城) 건설 가운데 도로 설계에 대해, "經涂九軌, 環涂七軌, 野涂五軌"라고 하였다. 여기에서의 '經涂'는 성내(城內)의 도로를, '環涂'는 성 외곽의 도로를, '野涂'는 오늘날의 지방도로를 지칭한다. '軌'는 마차의 두 바퀴 사이 거리를 말하는데, 1'軌'는 주척(周尺)으로 8'尺'이고, 주척 1'尺'은 지금의 0.23m에 해당되므로, 1'軌'는 지금 사용하는 단위로 환산하면 1.84m의 폭이 된다. 따라서《考工記》에 보이는 각종 도로의 폭을 환산하면, '經涂'는 9'軌'로 16.56m, '環涂'는 6'軌'로 12.88m, '野涂'는 5'軌'로 9.2m에 해당된다.

商代 유적지 중에서 도로가 발견된 것은 많지 않으며, 河南省 偃師市 商城에서는 종횡으로 교차하는 도로가 발견되었는데,[1] 도로 폭이 8m정도로서,《考工記》에 기록된 '經涂'의 절반 정도이다.

상대에는 수레도 이미 있었는데, 偃師市 商城 동북쪽 코너에 있는 성벽 축대 위의 길에서 이륜거(二輪車)의 바퀴 자국이 발견되었으며, 두 바퀴 사이의 폭은 1.2m였다. 이는 비교적 작은 폭에 속하는데, 殷墟에서 발견된 마차는 두 바퀴 사이의 폭이 일반적으로 2.15~2.40m이다. 偃師市 商城에서 발견된 협궤(狹軌)의 수레에 대해 발굴자(發掘者)는 모종의 특수한 기능을 가진 수레일 가능성이 크다고 주장했다.[2] 商代 말기의 殷墟 유적지에서 발견된 마차는 두 바퀴 사이의 폭이 가장 넓은 것이 2.40m이고, 차축(車軸)은 바퀴를 관통하여 바퀴 바깥쪽으로 튀어 나와 있다. 安陽市 梅園莊에서 발견된 마차 한 대는, 축(軸)의 길이가 3.10m인데, 이런 수레가 통행하기 위해서는 도로의 폭이 2'軌' 이상이어야 한다. 그리고 안전하게 통행하려면 도로 폭은 일반적으로 3m이상이어야 했고, 두 대의 수레가 서로 교차하여 지나가기 위한 폭까지 고려한다면, 어떤 곳은 6m이상이어야 했다.

그런데 商代 말기에는 지금의 安陽市 小屯村에 위치한 왕도(王都)를 중심으로 사방으로 뻗어나간 도로망이 건설되었다. 갑골문에 반영된 商 왕실과 제후들 사이의 교왕 및 방국에 대한 전쟁을 바탕으로 분석한 결과, 다음과 같은 몇 개의 주요 도로들이 건설되었음이 밝혀졌다.

1. 동향(東向)

동쪽으로 가는 길로서, 지금의 山東省 경계까지의 도로를 말한다. '人方'을 정벌한 내용이 있는 복사의 하나에 商王이 "在齊自束 "(《合集36493》)했다는 기록이 있다. '齊'지역은 董作賓에

1) 中國社會科學院 考古研究所洛陽隊 <偃師商城的初步探測和發掘>, 前揭雜誌《考古》1984年 第6期를 참고.

2) 中國社會科學院 考古研究所河南二隊 <河南偃師商城東北隅發掘簡報>, 上揭雜誌《考古》1998年 第6期를 참고.

의하면,[1] 지금의 山東省 (淄博市) 臨淄일 것이라고 한다. 山東省 益都의 蘇埠屯 商代 유적지에서는 마차 갱(坑)이 발견되었는데, 동향(東向)이었던 이 도로 역시 수레가 다녔던 길이었다.

2. 동남향(東南向)

동남쪽으로 가는 길로서, 지금의 河南省 商丘 지역을 거쳐서 남쪽으로 安徽省 경계까지의 도로를 말한다. 陳夢家의 연구에 의하면,[2] 이 노선은 商代 말기에 '人方'을 정벌하러 갔던 길인데, 지금의 商丘에서부터 남쪽으로 '亳'[商丘 남쪽의 谷熟]에 이르고, '攸'[지금의 河南省 永城과 安徽省 宿縣·蒙城 사이]에 이르며, 다시 '淮'[지금의 淮水]에 이르고, 이 淮水를 건너서 다시 남쪽으로 '林方'[지금의 安徽省 鳳陽縣 경계 지역]에까지 이르렀다고 한다. 《合集36824》의 복사에는 '醜'가 역참의 수레를 타고 '攸'에 이르렀다는 내용이 있는 것으로 보아, 이 길 역시 마차가 통행할 수 있었던 큰 길이었음이 분명하다.

3. 동북향(東北向)

동북쪽으로 가는 길은 로서, 지금의 河北省 盧龍 지역까지 가는 도로를 말한다. 이 盧龍縣 지역은 商代 '竹國'의 소재지였고, 후세에는 '孤竹國'이라고 하였다. 商 왕조와 '竹國'의 관계는 매우 친밀하였는데, 갑골문에는 "竹侯"(《合集3324》)라는 말이 있는 것으로 보아, '竹'은 商나라의 '外服' 제후이다. '婦好'묘에서 출토된 석경(石磬) 하나에는 "妊竹入石"이라는 4글자가 새겨져 있는데, 여기에서의 '妊竹'은 '任竹'이고, 이 '任'은 작위의 이름으로서 '男爵'과 같다. '竹'은 자주 商 왕실에 공납도 하였는데, 갑골문 가운데에는 "取竹芻於丘"(《合集108》) 또는 "竹入十"(《合集902反》)이라고 한 복사도 있다. 갑골복사에 의하면, 商王은 자주 '竹'을 조정으로 불러서 공무를 집행하도록 했는데, 복사에 "呼竹"(《合集1110》·《合集1111》·《合集1112》)이라고 하였거나 "令竹"(《合集20230》·《合集20233》)이라고 한 것 등이 그 예이다. 이런 복사의 예들로 보아, '竹'은 商 왕실과 빈번하게 왕래하였고, 이를 위한 도로가 개설되었음이 분명하다.

4. 서향(西向)

서쪽으로 통하는 길은 지금의 陝西省 西安市 및 扶風·岐山 지역으로 통행하는 도로를 말한다. 商王은 자주 沁陽 지역으로 사냥을 나갔는데, 孟津에서 伊洛 평원으로 진입하여, 黃河 연안을 거슬러 올라 간 다음, 崤山 골짜기를 관통하여 渭河 유역으로 들어가서, 8백 리(里)에 이르는

---

1) 董作賓《殷曆譜》下編卷九 <日譜>三 "帝辛日譜", 前揭書《董作賓先生全集》제7册 p.750을 참고.

2) 陳夢家 前揭書《殷虛卜辭綜述》p.307을 참고.

秦川에까지 나아갔다. 武丁 시대의 복사에는 周나라 사람들과의 관계에 대한 내용이 적지 않으며, 《史記·殷本紀》에 기록된 바에 의하면, 武乙은 黃河와 渭河 사이에서 사냥한 적이 있다고 했다. 그리고 西安의 老牛坡에 있는 商代 유적지에서는 商나라 시기의 마차가 발견되었는데, 이는 서쪽으로 난 이 도로가 수레가 다닐 수 있을 정도의 큰 길이었음을 알게 해 준다.

5. 서북향(西北向)

서북쪽 방향으로 가는 길은 지금의 晉中 지역까지 가는 도로를 가리킨다. 山西省의 保德·石樓·介體 등의 지역에서는 商代 말기의 묘소의 부장품들과 청동기들이 여러 차례 발견되었는데, 이곳은 그 당시의 중요한 거점 지역이었음이 분명하다. 山西省 경내(境內)에는 商代에는 '土方'과 '𢀛方'이 있었는데, 이 두 방국은 늘 商의 변경을 위협하였기 때문에, 商 왕조는 이곳에 '沚國'을 건립하여 이들 두 강적(强敵)에 대비함과 동시에, '右妻笅'와 '長友角'의 두 장령(將領)을 이곳에 주둔시켜 통솔하게 하여 '土方'과 '𢀛方'의 공격에 공동으로 대응하도록 하였다. 갑골문 가운데 자주 보이는 '沚國' 및 '右妻笅'와 '長友角' 두 장령이 왕실에 적정(敵情)을 보고한 복사를 보면 다음과 같다.

① 沚戠告日 : 土方征於我東鄙, 𢦏二邑, 𢀛方亦侵我西鄙田. 《合集6057》
② 長友角告日 : 𢀛方出侵我示𦎫田七十人五. 《合集6057》
③ 右妻笅告日 : 土方侵我田十人. 《合集6057反》

여기에서의 이른 바 '告日'이라고 한 것은 변경에서 왕실에 적정(敵情)을 보고한 것이다. 적정의 보고가 쾌속으로 전달되기 위해서는 도로 사정이 반드시 좋아야 한다. 그리고 《合集6167》과 《合集6409》의 기록에 의하면, 商 왕조에서 '土方'과 '𢀛方'을 정벌하는 데에 동원된 병사의 수는 많게는 5천 명에 달하였는데, 이런 규모의 군대의 이동에는 또한 수레와 말 그리고 군량과 말먹이 등도 함께 싣고 가야했으므로, 반드시 큰 수레가 다닐 수 있는 큰 길이 있어야 했을 것이다.

6. 남향(南向)

남쪽 방향의 길은 지금의 湖北省·湖南省·江西省 등의 荊楚 지역으로 통하는 도로를 말한다. 이 길의 존재는 武丁이 일찍이 荊楚 지역을 정벌한 적이 있었던 것으로도 알 수 있는데, 이 사실은 《詩經·商頌·殷武》에 "撻彼殷武, 奮伐荊楚. 深入其阻, 裒荊之旅. : 날쌔기 그지없는 저 殷의 武丁이, 분기하여 荊楚 지역을 토벌하였네. 그 험지(險地)를 깊이 들어가서 荊楚의 군대를 포획하였네."라고 하고 있는 것으로 증명된다. 또 복사에도 武丁이 삼군(三軍)을 통솔하여 남정(南征)한 적이 있다는 기록이 있는데, 예를 들면, 《合集5504》와 《合集5512》의 복사에 동일하게 "乙未[卜], 貞 : 立事(于)南, 右从我, 中从輿, 左从曾."이라고 하고 있다. 이는 군사의 선두가 지금의 湖北省 隨縣에 위치한 옛 '曾國' 지역까지 이르렀음을 말하는 것이다. 여기에서의 "立事"란 '莅事' 즉 어떤 직무에 임하다는 뜻인데, 여기서의 '事'란 '戎事' 즉 군사 또는 군무(軍務)를 지칭한다. 그리고 '輿'에 대해서 江鴻은[1] '擧'로 인식하여 湖北省 漢東의 '擧水'라고 하면서, '曾'은 '曾國'으로 湖北省의 荊山·棗陽·隨縣 일대에 위치하였다고 주장했다. 이 복사의 내용은 武丁이 荊楚를 정벌했다는 문헌의 기록과 바로 부합된다. 武丁의 군대가 지나간 이 도로 역시 마차를 몰고 갈 수 있는 큰 길이었음이 분명하다.

彭邦炯의 연구[2]에 의하면, 商代 말기에는 이상에서 살펴본 바와 같이 적어도 위의 6개 방향의 주요 간선 도로가 있었음을 알 수 있고, 이들 간선도로는 수레가 다닐 수 있었으므로, 그 폭이 적어도 3m를 넘었으며, 넓은 것은 6m 이상으로서, 두 대의 마차가 서로 지나갈 수 있었음도 알 수 있다.

乙. 교통수단

商代의 중요한 교통수단으로는 수레와 배가 있었고, 말과 코끼리도 사용되었을 가능성이 크다.

1. 수레[車]

商代의 '車' 즉 수레에 대한 연구는 陳夢家의 것이[3] 가장 구체적인데, 이를 요약하면 다음과 같다.

商代의 '車' 즉 수레는 실물로 출토되기도 하였을 뿐만 아니라, 갑골문자에도 수레를 의미하는 '車'자가 쓰이고 있다. 갑골문자 '車'자는 그 자형이 여러 가지이지만, 기본적으로는 모두 다 두 바퀴가 하나의 굴대로 연결되어 있는 2륜(輪) 1축(軸)의 모양으로 되어 있다. 어떤 글자는 바퀴와 굴대 외에, '輈' 즉 끌채와 '衡' 즉 가름대도 함께 표시한 것(《前7. 5. 3》)도 있고; 또 어떤 글자는 네모난 '輿' 즉 차체를 덧붙여 표시한 것(《菁 1》)도 있으며; 또 어떤 글자는 끌채의 끝과 가름대 아래쪽에 두 개의 '軛' 즉 멍에를 표시한 것(《鐵114. 1》)도 있다. 이런 자형들로 미루어 보아, 수레 한 대의 구조는 두 바퀴[輪], 하나의 굴대[軸], 하나의 차체[輿], 하나의 끌채[輈], 하나의

---

1) 江鴻(李學勤) <盤龍城與商王朝的南土>, 前揭雜誌 《文物》 1976年 第2期를 참고.

2) 彭邦炯 《商史探微》(重慶出版社 1988. 重慶) pp.227~235를 참고.

3) 陳夢家 前揭書 《殷虛卜辭綜述》 pp.558~559를 참고.

가름대[衡], 두 개의 멍에[軛] 등으로 이루어졌음을 알 수 있다. 商代 말(末)과 西周의 金文 '車'자 역시 바퀴 · 굴대 · 차체 · 끌채 · 가름대 · 멍에 등의 모양을 형상화하고 있는데, 특히 두 개의 멍에를 많이 형상화하고 있고, 차체를 표시하고 있는 글자는 아주 적지만 대체로 둥근 모양으로 되어 있다.

商代의 실물 수레는 安陽市의 여러 유적지에서 발굴되었다. 제12차 발굴에서는 西北崗 동쪽 구역 한 곳에서 25량의 수레가 발견되었는데, 5량의 수레가 한 조(組)를 이루고 있었다. 그리고 제13차 발굴에서는 小屯 'C區'에서 5량의 수레가 발견되었는데, 'M20'에는 한 대의 수레에 세 필의 말과 세 사람이 배속되어 있고, 'M40'에는 한 대의 수레에 두 필의 말과 세 사람이 배속되어 있는 등, 말의 숫자는 서로 달랐지만, 멍에만은 모두 한 쌍으로 되어 있었다. 그리고 1953년 中國社會科學院 考古研究所 주관으로 安陽市 大司空村에 대한 발굴에서는, 하나의 '車坑'에서 한 대의 수레에 두 필의 말과 사람 1명이 함께 매장되어 있는 것이 발견되었는데, 이 수레에도 한 쌍의 멍에가 달려 있었다.

그리고 商代에 사용된 수레의 바퀴의 '輻' 즉 바퀴살의 숫자는 大司空村에서 출토된 것은 河南省 浚縣 辛村의 西周 시기의 묘(墓)에서 발굴된 것과 동일하게 18개로 되어 있다. 1952년 가을에 洛陽의 동쪽 교외의 西周 묘에서 발굴된 수레의 바퀴살 수는 20 · 22 · 24개로 일정하지 않았다. 1951년 河南省 輝縣 琉璃閣의 전국시대 묘에서 발굴된 수레의 바퀴살은 26개이고, 항일전쟁 이전에 輝縣 山彪鎭에서 발굴한 전국시대 묘에서 출토된 수레의 바퀴살은 30이다. 이런 사실들로 미루어 보면, 상고시대 중국에서 사용된 수레의 바퀴살 숫자는 商代로부터 전국시대로 갈수록 점차 많아졌음을 알 수 있다.

商代 수레의 차체는, 大司空村에서 출토된 것은 장방형이면서 네 귀퉁이는 둥근데, 이는 浚縣에서 발견된 西周시대의 것과 같은 모양이다. 그리고 小屯 'M20'에서 출토된 것은 '簸箕' 즉 키 모양으로 되어 있는데, 앞은 좁고 뒤는 넓으며, 사람은 차체의 뒤쪽으로 오르내렸다. 西北岡에서 출토된 수레의 차체는 그 앞부분이 반원형이다. 'M20'에서 출토된 수레에는 한 벌로 된 병기가 있는데, 이는 이 수레가 병거(兵車)였음을 증명해준다 하겠다. 그러나 商代의 수레는 전쟁에서 공격할 때 사용하였을 뿐만 아니라, 武丁 시대의 갑골《菁 1》의 복사에 "甲午, 王往逐兕, 小臣甾車馬, 硪馭王車."라고 하고 있는 것을 보면, 왕이 수렵을 할 때도 수레를 탔음을 알 수 있다.

그리고 하나의 수레를 끄는데 사용된 말[馬]의 수는 두 필이거나 네 필이었고, 멍에는 언제나 둘이었는데, 이는 네 필의 말이 끄는 경우에는, 가름대 아래에 두 필의 말을 매고, 나머지 두 필은 그 양쪽 바깥에 위치했음을 나타낸다. 따라서 멍에 아래에 있는 두 필의 말은 복마(服馬)이고, 양쪽 바깥의 두 필의 말은 참마(驂馬)이다. 그리고《說文解字》에, "駟, 一乘也."라고 하고 있으므로, 네 필의 말이 1'乘'이다. 西北岡의 '馬坑'에 매장된 말의 수는 4의 배수이고, 西周 金文과

《尙書·周書·文侯之命》의 기록에 천자가 상으로 내리는 말도 역시 4필이 상례였다. 그리고 浚縣 辛村의 西周시대의 묘에서 출토된 말은 2필 또는 4필이거나 6필 혹은 8필이었고, 그 세 번 째 묘에서는 12량의 수레와 72마리 분량의 마골(馬骨)이 발견되었는데, 이는 수레 하나에 6필의 말이 배속되었음을 말해 주는 것이다. 어쨌든 말은 '匹'을 단위로 하고 있고, '匹'은 '偶'와 같은 뜻이므로, 이는 '雙數' 즉 짝수를 나타낸다.

그리고 수레의 종류로는 말이 끄는 마차와 소가 끄는 우거(牛車) 그리고 사람이 끄는 '輦' 즉 손수레 등이 있었다.

A. 마차(馬車)

마차는 고고 발굴에서 많이 발견되었는데, 安陽의 商代 유적지 외에도, 鄭州·陝西·山西·河北·山東·安徽省 및 四川省의 商代 유적지에도 모두 거마(車馬) 갱(坑)이나 수레와 말에 부착되거나 이용된 기물들이 부장(副葬)된 묘가 발견되었다. 그리고 갑골복사에도 말이 끄는 수레 즉 마차가 보이는데, 이 마차의 종류로는 전렵에 사용된 전거(田車)와 전쟁에 사용된 병거(兵車)가 있다. 마차가 전렵에 사용된 복사의 예로는,《合集10405》에 "甲午王往逐兕, 小臣甾車馬, 硪𩁹王車, 子央亦墜."라고 하고 있는 것이 있다. 이 복사의 내용은 商 왕이 갑오일(甲午日)의 수렵에서 '兕'를 쫓아 나갔는데, '小臣' '甾'가 몰던 마차가 고장이 나서 王이 탄 수레에 부딪치는 통에, '子央'이 타고 있던 수레에서 떨어졌다는 것이다.

한편, 마차가 병거로 사용된 복사의 직접적인 예는 보이지 않으나,《合集36481》에는 商나라 군대가 '危方'과의 전쟁에서 대승을 하였다는 기록이 있고, 이 전쟁의 전리품으로 "車二丙"이 있다고 하고 있다. 이는 '危方'이 병거를 가지고 전쟁에 임하였음을 알 수 있게 해주는 것인데, 이로 미루어 보면 商나라 군대도 틀림없이 병거를 보유하고 있었을 것이라고 여겨진다. 또《合集6834》에 "旬又一日癸亥車弗𢦏."라고 하고 있는 것이 있는데, 이는 武丁 시기에 적국 '亩'를 정벌할 때의 기록이다. 胡厚宣은 이를 수레를 사용하여 전쟁을 한 내용의 복사라고 주장하였다.[1] 그리고 갑골문에 보이는 수레의 숫자는 가장 많은 경우가 6량(《合集1452》)이다.

B. 우거(牛車)

수레를 끄는데 소를 이용한 사실을 기록한 문헌 자료를 보면,《世本·作篇》에 "胲作服牛"라고 하고 있는데, 王國維의 고증에 의하면,[2] 여기에서의 '胲'는 商 왕실의 선공 '王亥'를 지칭한다.

---

1) 胡厚宣《甲骨續存》(群聯出版社 1955. 北京) 附圖七의 "說明"을 참고.

2) 王國維 <殷卜辭中所見先公先王考>, 前揭書《觀堂集林》卷九 pp.415~418을 참고.

이 '服牛'라는 말은 '僕牛'라고도 쓰기도 하는데, 《山海經 · 大荒東經》에, "王亥托於有易, 河伯僕牛. 有易殺王亥, 取僕牛. : 王亥가 有易氏에게 의탁하였는데, 河伯이 그에게 '僕牛'를 주었다. 有易氏가 王亥를 살해하고 '僕牛'를 취하였다."라고 하고 있는 것이 이를 증명한다. 그런데 위에 인용한 《世本》에서의 '服牛'라는 말은 때로는 '馴牛' 즉 '소를 길들이다'는 뜻으로 풀이하기도 하는데, 중국인들은 대단히 먼 옛날부터 소를 길들여서 가축으로 길렀기 때문에, 소를 길들이는 일 그 자체를 반드시 王亥가 처음 시작한 것이라고 하기는 어렵지만, 처음으로 만들다는 뜻의 '作'이라는 말과 함께 쓰였으므로, 위에 인용한 《世本》의 이 말은 王亥가 처음 길러낸 '服牛'란 소를 이용하여 수레를 끌게 하여 사람의 부담을 줄이도록 한 일을 말하는 것이라고 보는 것이 합리적이라 생각된다.

그리고 갑골복사에서 이 '牛車'를 타거나 끌다는 뜻을 나타내는 전용 글자는 '牽'자라는 사실을 宋鎭豪가 밝혀냈는데,[1] 이 '牽'자는 또한 '牛車'에 대한 수량사로도 사용되고 있다. 복사의 예를 들면 다음과 같다.

① 戊子卜, 品, 其九十牽.
　□□[卜], [品], 其百又五十牽. 《合集34674》
② 丁亥卜, 品, 其五十牽. 《合集34677》

이런 예들로 보면, 동원된 우거(牛車)의 수가 50량, 또는 90량이나 되고, 많게는 150량이나 되는 것으로 보면, '牛車'를 사용한 운송 분량이 대단했음을 알 수 있다.

C. 손수레[輦]

갑골문에 보이는 '輦'자의 자형은 두 사람이 손을 들어 수레의 횡목을 잡고 수레를 끄는 모양을 형상화한 것인데, 갑골복사 가운데 '輦'자와 관련된 완벽한 것은 지금까지 《合集29693》에 "其呼箙輦, 有正."이라고 하고 있는 것 하나 밖에 발견되지 않았다. 여기에서의 '箙'은 인명이고, '輦'자는 동사로 사용되었는데, '수레를 끌다'는 뜻이다. 《說文解字》에도, "輦, 挽車也, 从車从扶, 在車前引之也. : '輦'은 '挽車' 즉 '수레를 끌다'는 뜻이다. '車'를 구성 요소로 하고 '扶'을 구성 요소로 하고 있는데, 이는 수레 앞에서 이를 끈다는 의미이다."라고 하고 있다. 또 《周禮 · 地官 · 鄕師》에는, "大軍旅 · 會同 · 正治其徒役, 與其輂輦. : ('鄕師'는) 제왕이 직접 참가하는 정벌이나 회동 등에 수행하는 노역자들과 '輂' · '輦' 등의 각종 차량의 관리를 책임진다."라고

1) 宋鎭豪 <甲骨文牽字說>, 《甲骨文與殷商史》 第2輯 (上海古籍出版社 1986. 上海)을 참고.

하고 있는데, 鄭玄은 여기에서의 '葷'과 '輦'에 대해《司馬法》을 인용하여, "夏后氏謂輦曰餘車, 殷曰胡奴車, 周曰輜車. …… 又曰, 夏后氏二十人而輦, 殷人十八人而輦, 周人十五人而輦. : 夏后氏는 '輦'을 '餘車'라고 일컬었으며, 殷에서는 '胡奴車'라고 하였고, 周에서는 '輜車'라고 하였다. …… 또 이르기를, 夏后氏는 20명이 수레를 끌게 했고, 殷나라 사람들은 18명이 수레를 끌게 했으며, 周나라 사람들은 15명이 수레를 끌게 했다."라고 하였다고 주(注)하였다. '胡奴車'에 대해서 劉熙는《釋名 · 釋車》에서 이르기를, "東胡以罪沒入官爲奴者引之, 殷所制也. : 東胡에서는 죄를 지어서 관직에 들지 못하는 노예로 하여금 수레를 끌게 하는데, 이는 殷의 제도였다."라고 하였는데, 商代에는 '東胡'나 '胡'라는 이족(異族)이 없었으며, 갑골문에도 '胡奴車'라고 하지 않고 '輦'이라고만 하고 있으므로, 이 '胡奴車'라는 명칭은 商代에 사용된 것이 아니라, 후세에 만들어진 것으로 보인다.

그리고 1986~1987년에 河南省 安陽市 花園莊 남쪽 지역에서 발견된 '大骨坑'의 입구에는 14줄의 수레바퀴 자국이 있고, 그 중에서 두 개의 자국은 폭이 겨우 1.5m에 불과하다. 이는 安陽에서 발견된 '馬坑'의 양측 두 바퀴 사이의 폭이 일반적으로 2.15~2.40m인 것보다 아주 좁은데, 이에 대해 宋鎭豪는, "一種人力推拉雙輪小車輾出.[1] : 인력으로 끌게 만든 일종의 두 바퀴짜리 작은 수레가 낸 자국"이라고 주장했다. 偃師 商城 동북 모퉁이의 성벽 보호용 축대의 도로에서도 두 줄의 수레바퀴 자국이 발견되었고, 그 궤적의 폭이 겨우 1.2m에 불과한데, 발굴 참여자들의 주장에 의하면,[2] 이는 모종의 특수 용도의 수레라고 한다. 이런 협궤(挾軌)의 수레는 당연히 사람이 끄는 '輦' 즉 손수레에 해당된다고 하겠다.

2. 배[舟]

商代에 육상 교통에 '車' 즉 수레가 사용되었다면, 수상 교통에는 당연히 배가 사용되었을 것이다.《鹽鐵論 · 本義篇》에는, "舟楫之用以通川谷, 服牛駕馬以達陵陸, 致遠窮深, 所以交庶物而便百姓.[3] : 배의 노를 사용하여 내와 골짜기를 통행하고, 소와 말을 타고서 언덕과 뭍에 닿으니, 멀고 깊은 곳도 갈 수 있게 됨에 따라, 여러 물자를 서로 교환하여 백성들의 삶을 편하게 한다."이라고 하고 있다.

갑골문에서는 수상 교통 도구인 배를 의미하는 '舟'자가 자주 보이는데, 陳夢家는 이에 대해,

1) 宋鎭豪《夏商社會生活史》(社會科學出版社 1994. 北京) p.239.

2) 杜金鵬 等 <討論偃師商城東北隅考古新收獲>, 前揭雜誌《考古》1998년 第6期를 참고.

3) 《新編諸子集成》(世界書局 1975. 臺北) 第2冊 桓寬《鹽鐵論 · 本議》p.2.

殷代有沒有'舟', 雖無實物的證據, 想來是有的. 由'舟'·'凡'的字形來看, 應是兩木相併的木筏, 用於渡涉. 那時候黃河分隔南北, 商人常常'涉河'往來於兩岸. 帝辛時代商王征伐至於淮水之南, 卜辭記其'步于某地', 往返各經百日左右, 大約是濱河步行的.[1] : 殷代에 '舟'가 존재했는지에 대해서는 비록 실물의 증거는 없지만, 존재했었을 것이라고 생각된다. '舟'자와 '凡'자의 자형으로 미루어 보면, 이는 두 개의 나무를 함께 묶은 뗏목임이 틀림없고, 이를 강을 건너는데 사용하였던 것 같다. 그 당시는 黃河를 사이에 두고 남북으로 나뉘어져 있었기에, 商나라 사람들은 양안을 왕래하기 위해서 강을 건넜을 것이다. 帝辛 시대에는 商王이 淮水 남쪽까지 정벌해 나갔는데, 복사에는 그 사실을 '步于某地'라고 기록했고, 가고 오는데 각각 1백 일 정도가 걸렸다고 했으니, 아마도 강가를 따라서 보행했을 가능성이 크다.

라고 했다. 이는 商代에 사용된 배는 소수의 사람만 탈 수 있는 조그만 크기의 것이리라는 주장이다.

그런데 갑골문에서의 '舟'자는 자주 보이는 글자 중의 하나이며, 복사에 "作王舟"(《合集13758》)라고 한 말이 있는데, 이는 전적(專的)으로 商王을 위해 배를 건조한다는 의미이다. 그리고 갑골복사 가운데에는 商王이 배를 타는 내용의 것도 있는데, 예를 들면, 《合集24608》에는 "☐丑卜, 行, 貞 : 王尋舟於滴, 亡災."라고 하고 있고, 《合集24609》에는 "乙亥卜, 行, 貞王其尋舟於河, 亡災."라고 하고 있는 것 등이다. 여기에서의 "尋舟"라는 말에 대해 于省吾는 '綷舟'로 고석하면서, 밧줄로 배를 견인하다는 뜻이라고 풀이하고는, 이런 밧줄을 후세에는 '纜' 즉 닻줄이라고 하기도 하고 또 '綷'이라고 하기도 하였다고 주장하였는데,[2] 20여 년이 지난 뒤에는 이 고석을 다시 고쳐서 '率舟'라고 하고는, 물을 따라 배를 나아가게 하다는 뜻이라고 풀이하였다. 또 여기에서의 '河'는 지금의 黃河를 지칭하고, '滴水'는 지금의 漳水라는 주장과 沁水라는 주장 두 가지가 있는데, 모두 다 왕기(王畿) 안에 있는 중요한 하천들이다.

그리고 또 갑골문 중에는 '洀'자도 있는데(《合集11477》), 이 글자는 두 척의 배가 앞뒤에서 함께 나아가는 모양을 형상화하고 있으며, 이는 강 위의 선단(船團)을 나타낸다. 《合集11477》에 기록된 복사의 내용은, "來辛巳, 其旬洀."라고 하고 있는데, 于省吾는 이 '洀'자는 곧 '盤'자의 뜻이고, '旬'자는 '徇'자의 뜻으로, '巡'자의 뜻임이 분명하다고 주장하면서, 이 복사의 뜻은 다가올 신사일(辛巳日)에 순행을 하며 즐기고 노는 것을 말한다고 하였다.[3] 이는 商王이 배를 타고 강에서 순행하며 즐기고 노는 것을 의미한다.

물에서 배를 몰기 위해서는 노를 이용하여 배를 저어야 한다. 그런데 갑골문에서의 '般'자는

---

1) 陳夢家 前揭書《殷虛卜辭綜述》p.638.

2) 于省吾 <殷代的交通工具和馹傳制度>, 《東北人民大學人文科學學報》(東北人民大學 1955. 長春) 第2期를 참고.

3) 于省吾 前揭書《甲骨文字釋林 · 釋洀》p.283을 참고.

대부분 인명이나 지명으로 사용되고 있는데,《合集26825》에 기록된 복사는, "貞 : 弜般. 八月."이라고 하고 있으며, 여기에서의 '般'자는 동사로 쓰인 것이 틀림없다. 이 '般'자에 대해《說文解字》에는, "般, 辟也. 象舟之旋, 从舟从殳. 殳令舟旋者也. : '般'은 반선(盤旋)하다는 뜻이다. 배가 선회하는 것을 형상화하였는데, '舟'를 구성 요소로 하고 있고, '殳'를 구성 요소로 하고 있다. '殳'는 배를 돌리게 하는 것[기구]이다."라고 풀이하고 있다.

또 갑골문 가운데에는 '[갑골문]'(《合集655》) 또는 '[갑골문]'(《合集11466》·《合集11467》·《合集20611》)의 모양으로 쓰고 있는 글자들이 있는데, 郭沫若은 이를 사람이 배를 조종하는 모양을 형상화한 글자라고 생각하여 '般'자로 고석하였고;[1] 張秉權은 이를 '服'자로 고석하고는, 사람이 손에 상앗대와 같은 종류의 물건을 아래로 향하도록 잡고서 지탱하고 있는 모양을 형상화한 것이라고 주장하였으며;[2] 張亞初는 이를 '舦'자로 고석하고, 한 사람이 배를 저어 가는 형상의 글자라고 하면서, 배를 저어가다는 뜻이라고 풀이하였다.[3]

이상에서 살펴본 바와 같이 이 글자의 고석과 해석을 하나로 일치시켜 단정하기는 매우 어려우나, 이 글자의 자형에 대한 주장은 대체로 같은데, 바로 오늘날에도 강에서의 목선(木船)에서 사용하고 있는 상앗대로 강에서 배를 젓는 모양이라고 한다는 점이다. 갑골문 가운데에는 또 '[갑골문]'(《合集33691》)의 모양으로 쓰고 있는 것처럼 두 손으로 강물에서 배를 미는 형상의 글자도 있는데, 이는 물이 얕아서 배가 나아갈 수 없을 때, 물속으로 내려가서 배를 밀고 가다는 의미의 글자라고 생각된다.

3. 말[馬]

고대의 문헌 기록에 의하면 중국에서 말을 타기 시작한 것은, 商의 선공 相土 시대까지 거슬러 올라간다.《世本·作篇》에, "相土作乘馬. : 相土가 처음 말을 탔다."라고 하고 있는데, 이것이 말을 탔다는 가장 이른 시기의 기록이며, 이때는 夏나라 초기에 해당된다. 商나라 후기에 이르러 周나라 사람들이 기마(騎馬)를 언급한 기록이 있는데,《詩經·大雅·綿》에, "古公亶父, 來朝走馬. : 周 왕조의 태왕(太王) 古公亶父는 아침부터 말을 타고 달렸네."라고 하고 있는 것이 그것이다. 이에 대해 顧炎武는, "古者馬以駕車, 不可言走. 日走者, 單騎之稱. 古公之國鄰於戎狄, 其習尙有相同者. 然則騎射之法不始於趙武靈王也.[4] : 고대에 말로써 수레를 끌게 하는 경우에는

1) 郭沫若 前揭書《殷契粹編·考釋》p.15를 참고.

2) 張秉權《殷墟文字丙編中輯(二)·考釋》(中央硏究院歷史語言硏究所 1965. 臺北) pp.470~471을 참고.

3) 張亞初 <古文字分類考釋論稿>,《古文字硏究》(中華書局 1990. 北京) 第十七輯을 참고.

4) 顧炎武《原抄本日知錄·卷二十九·騎》(唯一書業中心 1975. 臺南) pp.833~834.

'走' 즉 '내닫다'라고 표현할 수 없었다. '走' 즉 '내닫다'라고 말하는 것은 (수레 없이) 그냥 말을 탄 것을 일컫는다. 古公의 나라가 戎狄과 이웃하고 있었기에, 그 습속도 서로 같은 것이 있었을 것이다. 그런즉 기사(騎射)의 방법은 趙나라 武靈王에게서부터 시작된 것은 아니다."라고 하였다. 이는 商代에 이미 말을 탔다는 문헌 기록을 말한 것이다.

이에 비해 于省吾는 갑골문에 商代에 이미 말을 탔다는 기록이 있다고 주장하면서, 그 증거로 《合集27945》에 "戊申卜 : 馬其先, 王兌从."라고 하고 있는 갑골복사와 또 《合集27948》에 "庚午卜, 貞 : 翌日辛王其田, 馬其先, 擒, 不雨."라고 하고 있는 갑골복사를 예로 들고, 이들 복사에서의 "馬其先"이라는 말은 '말을 타고서 앞장서다'는 뜻이라고 주장하였다.[1] 이는 갑골복사의 기록에 근거한 것이다.

그리고 1936년 봄에 이루어진 殷墟 제13차 발굴 작업 중 M164호 묘에서는 사람·말·개가 각각 하나씩 매장되어 있고, 창[戈]·칼[刀]·활[弓] 모양의 기물이 각각 하나씩 그리고 옥(玉)으로 만든 박차(拍車) 하나가 부장품으로 발견되었는데, 이에 대해 石璋如는,[2] 이 묘에서 발견된 말은 기사용(騎射用)으로 제공되었을 가능성이 크며, 이런 추정이 사실이라면 중국에서의 기사(騎射) 습관은 趙 武靈王이 胡人들에게서 배워서 시작된 것이 아니고, 일찍이 殷代에 이미 존재했던 것이었다고 주장하였다. 또 胡厚宣도[3] 이 M164호 묘에서 발굴된 사람은 '騎士'라고 하였다.

한편 갑골복사들 가운데에는 말을 이용하여 도망친 노예를 추격해서 체포하거나 전쟁에 참가한 사실을 기록한 있는 것도 있는데, 예를 들면 다음과 같다.

① 貞 : 象致三十馬, 允其幸羌. 《合集500正》
② 甲戌卜, 㱿, 貞 : 我馬及戎. 《合集6943》
③ 甲午卜, 亙, 貞 : 供馬呼戠. 《合集7350正》

예로 든 ②의 복사에서의 '及戎'이란 적을 추격한다는 뜻이고, 예시한 복사 ③의 '戠'는 정벌이란 뜻이다. 적국과의 전쟁에서 적을 추격하거나 도망친 노예나 포로를 추포(追捕)하는 데는 모두 민첩하게 달릴 수 있는 말을 이용하였을 것이 틀림없었을 것이다. 이로 미루어보면 商代에는 이미 매우 높은 수준의 기마 기술이 보편화되어 있었을 것이라고 추정할 수 있다.

---

1) 于省吾 前揭論文 <殷代的交通工具和馹傳制度>을 참고.

2) 石璋如 <殷墟最近之重要發現---附論小屯地層>, 《中國考古學報》 第2册(中央研究院历史语言研究所 1947. 南京), pp.1~81을 참고.

3) 胡厚宣 《殷墟發掘》(學習生活出版社 1955. 上海) p.108을 참고.

4. 코끼리[象]

비록 중국 최고(最古)의 문헌 기록은 아니지만, 《呂氏春秋 · 古樂》에 이르기를, "商人服象, 爲虐於東夷. : (남쪽의) 商나라 사람들은 코끼리를 길들여서 일을 시켰는데, 동이족(東夷族) 백성들에게 해악을 끼쳤다."라고 하고 있다. 그런데 갑골문 가운데 코끼리와 관련된 글자로는 '爲'자가 있는데, 羅振玉은 이 글자가 손으로 코끼리를 끄는 모양으로 되어 있는 것에 근거하여 추측하기를, "古者役象以助勞, 其事或尙在服牛乘馬以前.[1] : 옛날에는 코끼리를 부려서 노동에 도움이 되게 했는데, 이런 일은 어쩌면 소를 길들여서 부리고 말을 타는 것보다 앞서서 있었을 것"이라고 했다. 그리고 徐中舒는 아예 갑골문에 코끼리의 포획에 대한 복사가 있으며, 코끼리는 해당 지역에서 생산되었으므로, 商代에는 이미 일상적으로 길들여서 사용하는 동물이었다고 주장하였다.[2] 또 宋鎭豪는 갑골문 중에 "省象"(《合集32954》)이라고 한 말이 있는데, 이는 코끼리를 입공(入貢)한 사실을 말하는 것이라고 주장하였다.[3]

한편 安陽 殷墟에서 발견된 코끼리가 매장된 갱(坑)에서는 코끼리의 목에 구리로 만든 방울이 달려 있는데, 이는 이 코끼리가 이미 길들여져 사육된 것임을 설명해준다고 하겠다.

이상에서 살펴본 바에 의하면, 코끼리는 商代에는 이미 가축이 되었으며, 문헌 기록에도 商代 사람들이 '服象' 즉 코끼리를 길들였다는 기록이 있으므로, 商代 사람들이 코끼리를 보행용의 교통 도구나 무거운 물건을 싣고 운반하는데 사용했을 가능성도 크다고 본다.

丙. 제도(制度)

갑골문에 근거하여 알 수 있는 商代의 교통 제도로는 역체(驛遞) 및 역참(驛站) 제도와 도로 방비(防備) 시설 등의 몇 가지라고 할 수 있다.

1. 역전(驛傳)

商代의 교통 제도는 이미 역참에서 중계하는 방식으로 공문을 주고받던 역전(驛傳) 제도가 시행된 것으로 추정된다. 왜냐하면 갑골문에 바로 이 '驛傳'의 뜻으로 고석되는 '迖'자가 보이기 때문이다. 이 '迖'자는 '遷'로도 쓰는데, 이 글자를 于省吾는 '馹'자로 고석하고, 갑골문에 보이는 '迖'자가 본자(本字)이고, '馹'자는 후기자(後起字)로서 대체된 글자이며, 《爾雅 · 釋言》에

---

1) 羅振玉 前揭書 《增訂殷虛書契考釋》(中) p.60下.

2) 徐中舒 <殷人服象及象之南遷>, 《中央硏究院歷史語言硏究所集刊》(中央硏究院歷史語言硏究所 1930. 臺北) 第2本1分册을 참고.

3) 宋鎭豪 《夏商社會生活史》(中國社會科學出版社 1994. 北京) p.245를 참고.

"馹 · 遽, 傳也. : '馹'과 '遽'자는 전(傳)하다는 뜻이다."라고 하고 있고, 이에 대해 郭璞은, "指傳車馹馬之名. : 전거(傳車)와 역마(驛馬)의 이름을 지칭한다."라고 주(注)하였으며, 《說文解字》에는, "馹, 驛傳也. 从馬, 日聲. : '馹'은 역참으로 전달하다는 뜻이다. '馬'를 의부(義符), '日'을 성부로 구성되어 있다."라고 하고 있는 것 등으로 미루어보면, 이 글자가 사용된 商代에는 이미 상당히 발달된 역전(驛傳) 제도가 갖추어져 있었음을 알 수 있다고 주장하였다.[1] 이런 사실은 다음의 갑골복사의 기록으로 증명이 된다.

① 丁丑卜, 狄, 貞 : 王其田, 逞往. 《合集29084》
② 丙寅卜, 狄, 貞 : 盂田, 其逞散, 萌月雨. 《合集29092》

예시된 복사들은 商王이 수렵에 나설 때에 '逞'를 이용하였음을 알게 해주는 기록이다. 이 이외에 또 다음과 같은 복사들도 있다.

① 貞 : 勿共屮示, 旣葬, 逞來歸. 《合集296》
② 壬戌卜, 狄, 貞 : 亞旋其陟, 逞入. 《合集28011》
③ ……大告……衣其遷…… 《合集31792》

위에 예시된 복사들은 또 商 왕실의 귀족들이나 관리들이 왕도를 왕래하거나 왕도에서 지방으로 갈 때에도 역전(驛傳)을 이용하였음을 알 수 있게 해주는 것들이다.

그리고 《合集28034》의 복사에는 "戍辟逞之, 𢦔."라고 하고 있는데, 여기에서의 '戍辟'은 변경지역의 수비를 맡고 있는 관직이고, '之'는 지시대명사로서, 역전(驛傳)이 도달할 지역을 지칭하며, 그 사이에 재해가 없을 것인지를 복문한 내용이다. 다만 이 갑골편이 잔결된 까닭에, 이 복사가 여러 차례 대정(對貞)한 복사 중의 하나이지만, 이 '之'가 지칭하는 지명이 어디인지는 밝혀낼 수가 없다. 이로 미루어 보면, 商代의 역전(驛傳)은 군사적으로 군정(軍情)의 전달과 군대의 운송에 사용되었음을 알 수 있다.

또 다음과 같은 복사의 예도 있다.

① 癸丑, 貞 : 召[方]立, 隹戎于西.
召方立, 隹戎.

---

1) 于省吾 前揭書《甲骨文字釋林 · 釋遷》pp.277~280을 참고.

己未，貞：王令逹于西土，亡𢦔. 《屯南1049》

② 其大出，吉.

醜其逹至于攸，若. 王占曰：大吉.

其𢓊于之，若. 《合集36824》

위에 예시한 ①의 복사는 召方에 대한 전쟁과 관계된 것으로, 역전(驛傳)을 이용하여 군대를 운송한 내용인데, 계축일에서 기미일까지 7일이 소요된 셈이다. 그리고 예시한 ②의 복사는 人方을 정벌할 때의 복사인데, 역전에 사용되는 수레 즉 '傳車'를 사용한 것이다. 董作賓은[1] 여기에서의 '大出'이란 일반적으로 변경의 장수가 왕실에다 적정(敵情)의 동태를 보고할 때 사용하는 용어이고, '攸'는 人方을 정벌하러 가는 노정(路程)에 위치한 중요한 지점 중의 하나인데, 이는 '逹'를 사용하여 '攸'로 가는 것으로서, 전사(戰事)와 상관이 있음을 나타내는 것이라고 주장하였다.

이상에서 살펴본 바와 같이 商代에는 역전(驛傳)의 사용이 대단히 보편화되어 있었음을 알 수 있다.

2. 역참(驛站)

중국에서는 아주 오랜 옛날부터 국가의 주요 간선도로에는 모두 역참을 설치하여, 왕래하는 관원들에게 숙식을 제공하는 장소로 사용하였다. 먼저 문헌 기록을 보면, 《周禮·地官·遺人》에, "凡國野之道, 十里有廬, 廬有飮食; 三十里有宿, 宿有路室, 路室有委; 五十里有市, 市有候館, 候館有積. : 무릇 성곽 바깥 교외 5백리까지의 왕기(王畿)에 있는 도로에는, 10리(里)마다 '廬'가 있으며, 이 '廬'에는 음식이 비치되어 있고; 30리마다에는 '宿'가 있고, 이 '宿'에는 '路室'[숙식이 가능한 객사(客舍)]이 있으며, 이 '路室'에는 '委'[한 해의 각종 세수(稅收) 중 사용하고 남아서 비축한 알곡과 마초(馬草) 등을 '委積'이라고 하는데, 그 가운데 규모가 작은 것]가 있고; 그리고 50리마다에는 '市'가 있으며, '市'에는 '候館'['路室'보다 규모가 크고 시설이 더 나은 객사]이 있고, '候館'에는 '積'['委'보다 규모가 큰 것]이 있다."[2]라고 하고 있다. 이는 周代의 역참 제도에 대한 기록이다.

그런데 갑골문에는 '羈'자로 고석된 글자가 있는데, 許進雄은 이 '羈'자에 대해, "羈可能是驛站一類之特別設置.[3] : '羈'는 아마 역참과 같은 종류의 특별히 설치된 기관일 가능성이 크다."라

1) 董作賓《殷曆譜》下編卷九 <日譜>三 "帝辛日譜", 前揭書《董作賓先生全集》 제7册 pp.749~750을 참고.

2) 인용문 중의 '廬'·'宿'·'市'는 모두 인마(人馬)가 머무는 건축물 종류인데, 규모와 활용 범위가 나열 순서대로 크다.

3) 許進雄《明義士收藏甲骨·釋文篇》(多倫多皇家安大略博物館 1977. 토론토) p.163을 참고.

고 주장하였다. 이는 갑골문에 나타난 商代의 도로에 설치되었던 역참에 대한 명칭이다. 갑골문에서의 이 '羈'는 수량으로 헤아려지는 경우가 많은데, 복사의 예를 들면 다음과 같다.

① 弜又一羈.	《合集27250》
② 至於二羈, 於之若, 受佑.	《合集28157》
③ 弜至三羈.	《合集28157》
④ 貞 : 四羈, 又.	《甲199》
⑤ 在五羈.	《合集28153》

이 '羈'의 수량은 1에서 5까지가 있다. 또《合集28156》의 복사에는 "貞 : 羈……五羈牢……王受佑."라고 하고 있는데, 宋鎭豪는 이에 근거하여 1'羈'에서 5'羈'까지는 가까이에서부터 멀리 떨어진 곳에까지 가는 것으로, 그 상호관계가 명확하며, 각 '羈' 사이에는 일정한 거리가 유지되었음이 분명하다고 하면서 '羈'와 '羈' 사이의 거리는 대개 20~30리(里)였을 것으로 추측하였다.[1)]

갑골문을 통하여 알 수 있는 商代의 역참 제도는 이상에서 서술한 내용뿐이며, 더 자세한 것은 더 많은 자료의 확보와 연구를 기다릴 수밖에 없다.

3. 도로 방비(防備) 시설

갑골문 가운데 '𣎳'의 모양으로 쓴 글자에 대해 羅振玉은 이를 '果'자로 고석하고, 이 글자의 자형에 대해 "象果生於木之形.[2)] : 과일이 나무에 열린 모양을 형상화한 것이다."이라고 설명하였는데, 于省吾도[3)] 이 주장을 따랐다. 그러나 郭沫若은 이를 '枼'자로 고석하면서, "爲葉之初文也, 象木之枝頭着葉.[4)] : '葉'의 초기 문자이고, 나무의 가지 끝에 잎이 붙은 모양을 형상화하였다."라고 해설하였다. 白玉崢도 이 글자를 '枼'자로 고석하고, 나뭇잎이라는 뜻의 '葉'으로 풀이하면서, "字蓋象枝葉繁茂, 層疊舒發之狀.[5)] : 이 글자는 아마도 식물의 枝葉이 무성하게, 층층이 돋아나는 형상을 본뜬 것 같다."라고 주장하면서, 金文《陳侯午敦》 중의 "永枼勿忘"의 '枼'자가 바로 갑골문의 '枼'자라고 지적하였다. 그런데 許愼은《說文解字》에서 이 '枼'자에 대해, "枼, 楄也. : '枼'은 '楄' 즉 각목이라는 뜻이다."라고 풀이하고는, 또 '楄'자에 대해서는, "楄, 楄部方木也.

---

1) 宋鎭豪 前揭書《夏商社會生活史》pp.210~211을 참고.

2) 羅振玉 前揭書《增訂殷虛書契考釋》(中), p.36上, 東方學會石印本, 1927년.

3) 于省吾 前揭書《甲骨文字釋林 · 釋果》pp.406~407을 참고.

4) 郭沫若 前揭書《卜辭通纂 · 考釋》p.89.

5) 白玉崢 <契文擧例校讀(九)>, 前揭雜誌《中國文字》第37冊 p.3下.

从木, 扁聲.《春秋傳》曰 : 楄部薦荐幹. : '楄部'로, '方木' 즉 네모난 나무 곧 각목이라는 뜻이다. '木'을 의부(義符), '扁'을 성부(聲符)로 구성되어 있다.《春秋左氏傳》昭公 25년 조(條)에, 「'楄部'로 시체 밑을 받쳐 놓는다」라고 하고 있다."이라고 해설하였다. 段玉裁는 이에 대해, "方木泛言, 非專謂棺中笭牀. : '方木'이란 일반적인 말이며, 관(棺) 속의 받침목에 대한 전용어가 아니다." 라고 주(注)하였다. 許愼의 이런 해석은 '桒'자의 후세의 자의를 설명한 것이다.

그런데 갑골문에서의 '桒'자가 쓰인 복사의 예를 들면 다음과 같다.

① 癸亥, 貞 : 王惟今日伐……王夕步自桒三阺. 《合集33149》
② 辛巳, 貞 : 王惟癸未步自桒阺. 《合集33150》
③ 癸亥, 貞 : 王其伐盧逆, 告自大乙. 甲子自上甲告十示又一, 牛. 玆用. 在桒四阺. 《屯南994》

위에 예시된 복사에서 보는 바와 같이 이 '桒'자는 '阺'자와 연용(連用)되어 "桒阺"라는 말로 쓰인 경우가 많고, 또 이들 '桒'과 '阺' 두 글자 사이에 숫자를 첨가한 경우도 있는데, 許愼은《說文解字》에서 '阺'자에 대해, "阺, 隗高也. : '阺'는 험준하고 높다는 뜻이다."라고 풀이하였다. 이런 자료들에 근거한 宋鎭豪의 연구 결과를 요약하면,[1] 갑골문에서의 '桒'이라는 것을 방어용 목책(木柵) 담장이나 흙으로 만든 성첩(城堞) 같은 부류의 인공으로 구축한 시설을 지칭하는 것이 분명하며; '桒阺'는 도로의 안전과 원활한 소통을 보장하기 위해서 간선도로의 부근에 있는 높은 언덕이나 산 위에 설치한 상설 군사 거점일 것으로 추정되고; '桒'과 '阺' 사이에 숫자를 첨가한 것은 이런 거점이 설치된 순번인데, 첫째의 거점은 "桒阺"라고 하고, 두 번째 거점은 복사에서 아직까지 발견되지 않았으며, 세 번째와 네 번째 거점은 각각 "桒三阺"과 "桒四阺"이라고 하였고, 각 거점 사이에는 일정한 거리를 유지하였으며, 위에 예시한《合集33149》와《屯南994》의 복사에 근거하면, '桒三阺'와 '桒四阺' 사이의 거리는 하루 정도의 일정으로 추정된다고 하였다.

이상에서 갑골복사의 기록으로 살펴본 바와 같이 商代에는 왕도(王都)에서부터 각 지역으로 통행이 가능한 교통상의 주요 간선 도로가 건설되어 있었을 뿐만 아니라, 비교적 완벽한 교통제도도 확립되어 있었음을 알 수 있다. 그리고 이들 제도들은 후세의 통치자들에 의해서 줄곧 계승 발전되어 왔다. 이에 따라 광활한 중국 영토의 유기적인 연결과, 각 지역 간의 상품교환 및 인적 왕래도 촉진할 수 있었을 뿐만 아니라, 왕국의 통일과 안정에 있어서도 이들 제도가

1) 宋鎭豪 前揭書《夏商社會生活史》pp.207～209를 참고.

중요한 역할을 하였을 것이라고 짐작된다.

三. 음식 기물(器物)

商代에 사용된 음식 기물 역시 매우 많은데, 陳夢家는 殷墟의 유적지에서 출토된 商代의 청동(靑銅)으로 만든 음식 기구들을 용도에 따라 분류 설명하였는데,[1] 이를 간략히 요약하면 다음과 같다.

첫째, 음식을 만드는 데에 사용된 요리 도구로는, 육류(肉類)를 삶는 데에 사용된 '鼎', 곡류(穀類)의 찜을 할 때에 사용된 '鬲', 아래위로 '鬲'과 '甑'을 포개어 곡류를 찌는 데 사용된 '甗', 고기를 썰 때 밑에 받치는 '俎', 고기를 뜨는 데에 사용된 '匕', 육류를 조리하여 휘저어 퍼는 데 사용된 '鏟' 등이 있었다.

둘째, 음식을 담는 데 사용된 기구(器具)로는, 밥을 담는 데 사용된 '毁'['簋'와 동자(同字)], 밥이나 고기를 뜨는 데에 사용된 '匕' 등이 있었다.

셋째, 술을 데우는 데에 사용된 기구로는, 홈이 있는 '爵', 뚜껑과 홈이 있는 '角', 뚜껑이 있는 '斝', 뚜껑과 '喙' 즉 주둥이가 있는 '盉' 등이 있었다.

넷째, 술을 저장하는 데 사용된 기구로는, 뚜껑이 있는 '觥'·'卣'·'方彝'·'鳥獸尊'·'壺'·'罍' 등과 뚜껑이 있으면서 뿔 모양으로 된 '角'이 있었다.

다섯째, 술을 담는 데에 사용된 기구로는, 술잔이나 술을 뜨는 기구로 사용된 '觚'·'尊'·'觶'·'盂' 등과 술을 뜨는 기구로만 사용된 '勺'이 있었다.

이상에서 살펴본 음식 기물들 가운데 주기(酒器)들은 '秬' 즉 찰기장과 '鬯' 즉 울창주를 담는 기구도 포괄하는데, 이들 주기들 가운데 각기 다른 유형의 데우는 기구와 담는 기구 그리고 저장 기구가 있는 까닭은 당연히 술의 종류와 관계가 있다. 商代 주기의 종류는 대단히 많고 번잡했는데, 이는 지배 계급에 속하는 사람들이 술을 마시는 일이 많았음을 나타내며, 이 때문에 西周 초기의 周나라 사람들이 간곡하게 계주(戒酒)를 언급한 것도 나름대로 까닭이 있다고 본다.

조리기구 중에는 구리로 만든 '甗'도 있는데, 질그릇으로 만든 '鬲'은 매우 많지만, '甑'은 매우 적다. 그리고 동제(銅製)로 된 음식을 담는 그릇으로는 '毁' 한 가지 밖에 없다. 이런 현상은, 청동으로 된 기명(器皿)은 다른 재료로 만든 것들을 모방하여 만든 것이며, 청동이외의 재료로 만든 기명들도 당시에 사용되었지만, 그 재료가 청동·돌·오지가 아닌 것은 이미 부식되어 존재하지 않게 되었음을 설명해준다. 청동으로 만든 기구들은 당시에 실제로 사용하기 위한 것도 있고,

---

1) 陳夢家 前揭書《殷虛卜辭綜述》pp.549~552를 참고.

순장용으로 만든 것도 있고, 제사에 사용하기 위한 것도 있다. 조리 기구들은 그것들이 실용이든, 순장용이든, 아니면 제사용이든 상관없이 모두다 청동을 재료로 하되, 도기(陶器)나 골기(骨器) 또는 죽·목기(竹木器)를 모방하여 만든 것일 수도 있고, 또한 오지로 청동기를 모방해서 만든 것일 수도 있으며, 또한 당시에 실용했던 죽·목기 등일 수도 있다. 동기 '獻'은 도기를 모방하여 만든 것이고, 구리로 만든 뿔 모양의 '角'은 각기(角器)를 모방하여 만든 것이며, 동기 '方彝'는 목기를 모방하여 만든 것이다. 그러나 당시에 실용했던 죽·목기나 골기(骨器) 및 도기 등의 일부는 동제(銅製)의 모방품이 없을 수도 있는데, 이런 까닭으로 해서 현존의 商代 동기는 당시의 기구 형식을 완전하게 포괄하고 있다고는 할 수 없다. 당시의 부장품도 묘지 안에서 부패되지 않고 보존된 구리·오지·뼈·돌 등의 재료로 만든 기명 외에, 이미 부패되어버린 죽·목기도 있었을 것이다. 이들 죽·목기는 비록 구리로 모방해서 만든 것은 없지만, 오지·상아·대리석으로 모방품을 만든 것은 있다.

그리고 동기(銅器) 이외의 재료로 만든 商代의 기명을 대략적으로 서술하면, 대리석으로 만든 기명으로는 '𣪘'·'鉢'·'鼎'·'觶'·'簠'·'皿'·'豆'·'盃' 등이, 백도(白陶)로 만든 것으로는 '壺'·'罍'·'瓶'·'豆'·'皿'·'蓋皿'·'罐'·'蓋罐' 등이, 상아나 뼈로 만든 기명으로는 단순한 '筒形'[통 모양]의 것과 '盃形'[잔 모양]의 것 및 '橢口形'[가늘고 긴 주둥이가 있는 모양]의 것 등이 있다.

여기에서 예로 든 기명들은 회토나 오지로 만든 것은 전부 다 열거하지 않았으나, 나머지 각종 재료로 만든 것은 거의 모두 제시하였는데, 이들은 비록 은허(殷墟)에서 발굴한 것은 아니지만, 대체로 安陽에서 출토된 商代 기물로 간주하여도 무리가 없다.

그런데 대리석이나 백도 또는 회도(灰陶)로 만든 '豆'와 '皿', 대리석이나 회도로 만든 '簠' 등은 모두 商代의 동기(銅器)에서는 보이지 않는데, 이들은 대부분 죽·목기를 모방하여 만든 것으로, 특히 죽기(竹器)를 모방하여 만들었을 가능성이 제일 크다 하겠다. 《爾雅·釋器》에 이르기를, "木豆謂之豆, 竹豆謂之籩, 瓦豆謂之登. : '木豆'는 '豆'라고 하고, '竹豆'는 '籩'이라고 하며, '瓦豆'는 '登'이라고 한다."라고 하고 있는데, 《說文解字》에는, "豆, 古食肉器也. : '豆'는 옛날 육류를 담는 식기이다."라고 하고, "籩, 竹豆也. : '籩'은 대나무로 만든 '豆'이다."라고 하고 있다. 이런 고대의 문헌 기록들에 의하면, '木豆'를 모방해서 만든 것만을 '豆'라고 불렀고, 그 '校'['柄'을 말함]는 속이 채워져 있었음을 알 수 있다. 殷墟에서 출토된 '豆'에는 모두 속이 빈 둥근 발이 있고, 발의 직경이 작지만, '皿'은 상반(上盤)이 비교적 편평하고 둥근 발의 직경은 비교적 커서, 양자가 서로 구별된다. 安陽에서 출토된 '豆'는, 洛陽 등지에서 출토된 西周 초기의 유채[釉藥]를 칠해 만든 '豆'와 모양이 같은데, 이들은 모두 대나무를 엮어 만든 기물이 그 원류이며, 新沂縣 花廳村에서 출토된 신석기 시대의 오지로 만든 '豆'는 죽기를 모방한 흔적이 뚜렷하다.

그리고 위에서 살펴본 이런 여러 가지 음식과 관련 있는 유물들을 통하여 商代 당시의 음식에 대한 구체적인 내용이 반영되어 있음을 알 수 있다.

제9장

갑골학의 미래 전망

서기 1899년(清 光緖 25년) 中國 河南省 安陽縣 小屯村의 殷墟에서 갑골문이 발견되고부터 시작된 갑골학의 연구 성과는 앞에서 개괄적으로 설명한 바와 같이 정말 괄목할 만하다고 할 수밖에 없을 만큼 크고 많다. 그러나 대부분의 갑골학 연구 학자들은 아직도 해결해야 할 과제가 매우 많이 남아 있다고 적시하고 있다. 이에 대해 李學勤은,

> 甲骨學當前的課題還有許多, …… 甲骨學的硏究不是已經完成, 而是剛剛開始. 有些人看到這門學科有了這麽多論著, 僅目錄索引便有厚厚的一本, 以爲重大課題都被前人做盡, 今後不會有較大的突破, 這并不符合學科發展的實際. 眞正深入於甲骨硏究的人會感到這片園地雖然經過很多人開闢, 仍然是滿目叢莽, 有好多很基本·很重要的問題尙待解決.[1] : 갑골학이 당면한 과제는 아직도 매우 많다. …… 甲骨學의 연구는 이미 완성된 것이 아니라, 이제 막 시작되었다. 어떤 사람들은 이 학문 분야에 이렇게 많은 논저가 나왔고, 목록과 색인만 해도 아주 두꺼운 책 한 권이 되는 것을 보고는, 중대한 과제들은 이미 앞 사람들에 의해 모두 해결되었기에, 지금 이후에는 비교적 큰 진전은 없을 것이라고 생각하지만, 이는 이 분야의 학문 발전의 실제와는 결코 부합되지 않는 것이다. 갑골 연구에 진정으로 깊이 빠져든 사람은, 이 학문 분야가 비록 많은 사람들에 의해 개척되었지만, 여전히 온통 우거진 풀숲천지여서, 아주 대단히 기본적이면서도 중요한 아주 많은 문제들이 여전히 해결을 기다리고 있다는 것을 감지하고 있다.

1) 李學勤《甲骨學通論·序》, 王宇信 前揭書《甲骨學通論》(中國社會科學出版社 1989. 北京) p.8.

라고 진단하였다. 이는 갑골학 연구는 이제부터가 시작이라고 할 수 있을 만큼 아직도 해결해야 할 과제가 많다는 말이다.

이런 관점의 연장선에서 王宇信은,

> 在回顧和總結卽將過去的甲骨學研究一百年所取得的巨大成就的時候, 驕傲自滿的觀點, 停滯的觀點和無所作爲的觀點都是錯誤的. 在卽將來臨的新世紀, 甲骨學研究領域的許多奧蘊, 還有待于我們去有所發現和有所發明, 有所創造和有所前進. 與此同時, 前一時期不少尙處在爭論之中的課題, 仍需要我們集思廣益, 可望在努力和再堅持之中, 取得突破性的成績. 而一些剛剛提出, 或正在進行中的課題, 則需要我們鍥而不舍地追索, 以拓寬甲骨學研究的領域. 21世紀的甲骨學研究, 爲學者們提供了展現才智和創造精神的廣闊天地.[1] : 지금 과거 1백 년 동안 거둔 갑골학 연구의 거대한 성과들을 회고하고 총괄할 때에는, 교오(驕傲) 자만하거나 제자리에 정체하거나 현 상태에 만족하여 더 이상 적극적이지 못한 태도 모두 잘못된 것이다. 왜냐하면 곧 닥칠 신세기에는 갑골학 연구 영역 안에 감춰진 수많은 수수께끼와 심오한 뜻은 여전히 우리의 발견이나 발명을 기다리고 있기 때문이다. 이와 동시에, 앞 시기에서 지금까지 아직도 논쟁 중에 있는 많은 과제들에 대해서도 여러 사람들이 지혜를 모아서 계속 노력하는 가운데 괄목할 만한 성과를 거두도록 해야 할 것이다. 더욱이 이제 막 새로 제기된 과제나, 지금도 진행 중인 과제들에 대해서는 포기하지 말고 끝까지 탐구 작업을 계속하여 갑골학의 연구 영역을 확대해 나가야 할 것이다. 21세기의 갑골학 연구는 학자들에게 자신의 재능과 창조정신을 널리 펼칠 수 있는 광활한 신천지를 제공하고 있는 셈이다.

라고 하였다. 이는 갑골학의 연구 영역 확대를 위해 끊임없이 노력해야 하는 당위성과 가능성을 강조한 말이다. 胡厚宣 · 李學勤 · 王宇信[2] 등의 주장과 의견을 종합하여 약술하면, 갑골학 연구 영역의 확대와 갑골학 연구의 더욱 많고 큰 성과를 위해서는 다음의 몇 가지 점에 유의하여 더욱 노력해야 할 것이라고 생각된다.

---

1) 王宇信 等《甲骨學一百年》(社會科學文獻出版社 1999. 北京) p.691.

2) 胡厚宣《建國以來甲骨文研究 · 序》(中國社會科學出版社 1981. 北京), 李學勤《甲骨學通論 · 序》(中國社會科學出版社 1989. 北京), 李學勤 <甲骨學一百年的回顧與前瞻>, 前揭雜誌《文物》1988年 第1期, 北京), 王宇信 等 上揭書《甲骨學一百年》第15章(pp.691～699) 등을 참고.

제1절 자료의 발굴과 정리

一. 새로운 자료의 계속적인 발굴

갑골학 연구에서의 새로운 갑골문 자료의 계속적인 발굴과 수집은 가장 기본적인 문제이다. 새로운 갑골문 자료의 계속적인 발굴과 수집은 갑골학 연구에 새로운 과제와 문제를 제기하는 동시에, 총체적인 갑골학 연구의 수준 향상을 이룰 수 있게 해준다. 그러므로 앞으로도 새로운 갑골 자료를 발굴 수집하는 일에 더욱 지속적인 관심을 기울임으로써, 새로운 자료들을 계속 발견하고 취득할 수 있도록 해야 한다.

1949년 이전까지는 갑골이 주로 安陽의 小屯村 북쪽지역과 남쪽지역에서 출토되었으나, 1949년 이후에는 小屯村 부근에서 주로 출토되었었다. 지하에 매장되어 있던 이들 갑골은 1928년까지 약 30여 년 동안은 개인의 도굴로, 1928년 이후부터 지금까지는 공식적인 발굴 작업을 통하여 발굴되었으나, 지금도 여전히 출토되고 있기 때문에, 殷墟에 매장된 갑골은 아직도 모두 다 발굴된 것이 아니며, 지하에는 적지 않은 양이 여전히 매장되어 있을 것으로 추정된다. 小屯村 북쪽은 1949년 이전까지 여러 차례에 걸쳐 발굴하였기 때문에, 1949년 이후에는 발견된 것이 많지 않다. 다만 1971년의 小屯村 서쪽지역 · 1973년의 小屯村 남쪽지역 · 1991년의 小屯村 花園莊 동쪽지역 등에서 이루어진 여러 차례의 중요한 발굴 상황으로 미루어 보면, 小屯村을 중심으로 동쪽 · 서쪽 · 남쪽 지역과 서북쪽 지역 등에서 갑골이 발견될 가능성이 클 것으로 사료된다.

그런데 이런 갑골이 출토된 小屯村의 지형을 살펴보면, 이 小屯村은 동서남북 사방으로 갑골의 바다에 포위되어 있는 고립된 섬처럼 되어 있음을 알 수 있다. 섬처럼 고립된 이 지역은 민가(民家)가 즐비하여 그동안 본격적인 발굴 작업을 진행할 수 없었고, 이 때문에 이곳은 殷墟의 중심지역이면서도 다행히 도굴도 거의 이루어지지 않고 남아 있는, 많지 않은 곳 중의 하나에 속한다. 따라서 앞으로 이 小屯村 중심 지역에도 중요 지층의 발견과 함께 퇴적된 갑골이 출토될 가능성도 크다고 보여진다.

또 殷墟 이외의 商代 유적지에 해당되는 鄭州의 商代 유적지에서는 50년대에 이미 갑골이 출토된 적이 있었으나, 안타깝게도 지층이 분명히 밝혀지지 않았다. 다만 90년대에 鄭州 電力學校에서 갱위(坑位) 관계가 명확한 문자가 각(刻)된 갑골이 출토됨으로써, 앞으로의 商代 갑골 출토에 대한 탐색에 새로운 증거를 제공하게 되었다. 이에 따라 鄭州의 商代 유적지에서는 새로운 갑골이 출토될 가능성이 크다고 짐작된다.

그리고 西周 갑골문의 발견과 이 분야의 연구 역시 갑골학 연구의 중대한 성과 중의 하나라고 할 수 있다. 특히 1977년 陝西 岐山 鳳雛村에서 대규모의 西周 갑골문이 발견되었는데, 이를 계기로 西周 갑골에 대한 연구의 깊이가 더해지고, 갑골학의 한 분야로 자리 잡게 되었다. 西周 갑골은 洪趙坊堆·洛陽 泰山廟·灃西 張家坡·岐山 鳳雛·扶風齊家·房山 琉璃河·房山鎭江營·昌平白浮·邢臺南小汪 등 9곳의 西周 유적지에서 출토되었다. 여러 해에 걸쳐 西周 갑골이 출토된 정황으로 미루어보면, 이들 유적지에는 西周 왕조가 건립될 무렵의 정치적 중심지였을 것으로 추정되는데, 예를 들면 鳳雛·西安 灃西·洛陽 泰山廟 등의 유적지가 이에 해당된다. 그리고 西周 초기 제후국(諸侯國)의 도성(都城)도 있는데, 燕나라의 도성 房山 琉璃河 성지(城址)와 邢나라의 도성 邢臺南小汪 유적지 등이 이에 해당된다. 그리고 더러는 西周의 일반적인 취락(聚落)이나 분묘도 있는데, 山西 洪趙·北京 房山鎭 江營·昌平 白浮 등의 유적지가 이에 해당된다. 이런 정황들은 西周 시대에 갑골문의 사용 범위가 商代 때보다 훨씬 광범위했음을 나타낸다. 그러므로 앞으로 西周 각 제후국의 유적지에서 갑골문이 출토될 가능성이 매우 크다고 할 수 있다.

서기 1949년 이후에는 殷墟 갑골문 이전 시기에 해당하는 골각(骨刻)문자의 자료가 많이 출토되었는데, 예를 들면 裵李崗文化 시기의 河南 舞陽 賈湖·龍山文化 시기의 長安 花園村·岳石文化의 桓臺 史家 유적지 등이 이에 해당된다. 이들 골각문자와 도문(陶文)은 大汶口文化의 營縣 凌陽河·山東 龍山文化의 鄒平 丁公 등의 유적지에서 나왔는데, 이는 문자의 기원과 점복의 원류를 연구하는 데에 중요한 실마리를 제공하였다. 앞으로 이들 각각의 원시문화 유적지에서 계속해서 문자와 관련된 자료들이 출토되기를 바라며, 아울러 각 유적지에서 출토되는 복골과 복귀(卜龜) 등 점복과 관련된 자료들도 빠짐없이 수집하게 되기를 바란다.

二. 갑골문 자료의 전면적이고 과학적인 정리

갑골문 자료의 과학적인 정리에는, 갑골문의 저록과 철합(綴合)은 물론이고, 복사의 사례(辭例)와 관련된 전면적인 분류 등이 포함되는데, 이는 갑골학 연구의 기초 작업이라고 할 수 있다. 이에 대해 약술하면 다음과 같다.

첫째, 갑골문 자료의 저록에 있어서는 그동안 대단히 풍성한 성과가 있었는데, 공식적으로 진행된 과학적인 발굴 작업을 통해서 획득한 갑골은《殷虛文字甲編》·《殷虛文字乙編》·《小屯南地甲骨》및《殷虛文字乙編補遺》등의 서적으로 출판된 이후, 기본적인 것은 거의 빠짐없이 저록되었다. 그리고《甲骨文合集》·《甲骨文合集補編》이 출판되고 나서, 다시《英國所藏甲骨錄》등이 출판됨으로써, 중국 국외에 있는 중요한 갑골들도 기본적으로 모두 저록 작업은 끝난 셈이다. 앞으로 만약 새로운 저록이 나오게 된다면, 이는《瑞典斯德哥爾摩(스웨덴 스톡홀름)古物陳列館所藏甲骨》처럼 소규모 소장품이거나, 臺灣 中央研究院 歷史語言研究所에서 정리하고 있는 200

여 편(片)의 갑골 저록이 될 것이다.

1991년에 殷墟의 花園莊에서 과학적인 발굴을 통해 문자가 새겨져 있는 갑골 579편을 획득한 것은, YH127갱(坑)과 小屯 남쪽 지역의 갑골에 이어서 갑골학 역사에서 과학적인 갑골 발굴의 제3차 대발견에 해당되며, 매우 중요한 의의를 지닌다. 이들 갑골들은 크기가 크고 새겨진 글자 수는 적지만, 고고학적인 면에서 보면, 갱위와 지층이 분명하므로,《小屯南地甲骨》의 경우와 같이, 갑골 배면(背面)의 찬착(鑽鑿) 형태를 포함하는 저록이 일찍 나온다면, 갑골학 연구의 발전에 크게 이바지할 것으로 기대된다. 근래에 몇몇 갑골을 소장하고 있는 단체에서 소장하고 있던 갑골의 저록을 출판하였는데, 갑골의 새로운 탁본과 원래의 저록을 서로 대조하고 비교함으로써 모호하고 불분명했던 문자들에 대해 비교적 정론화된 자의(字義)를 해석해냄으로써, 갑골학 연구의 발전에 도움이 되게 하였다. 그러나 각 단체나 개인이 소장하고 있는 갑골을 저록으로 출판하는 일은, 이들 갑골이 이미 저록으로 발표된 중복 저록이 아닌지를 먼저 확인하여 중복을 피해야 하고, 다음으로는 갑골학 연구가 발전함에 따라서 갑골 자료 저록서의 체제는 羅振玉이나 王國維 시기의 저록서들과는 차원이 달라야 할 것이다.

이밖에, 각 기관이나 단체에서 소장하고 있는 갑골은 비록 그 양의 많고 적음의 차이는 있지만 이미 거의 모두 저록되었는데, 아쉽게도 갑골 뒷면의 찬착(鑽鑿) 형태를 함께 저록한 것은 거의 없는 실정이다. 이 문제에 대해 嚴一萍은,

> 今後要編印材料書時, 儘可能附上背拓, 因爲鑽鑿可以幇助斷代, 它同正面有字的甲骨一樣重要. 但是這個工作要寄託在有實物的收藏家, 而不是僅以收藏拓本者所可達到的.[1] : 앞으로 (갑골학) 자료 서적을 편찬 출판할 경우에는 가능한 한 뒷면의 탁본을 첨부해야 할 것인 바, 왜냐하면 찬착(鑽鑿)은 갑골의 단대(斷代) 연구에 도움이 될 수 있고, 문자가 새겨진 정면의 갑골만큼 중요하기 때문이다. 다만 이런 작업은 갑골 실물을 소장하고 있는 사람에게 부탁해야 할 것이지, 탁본만 소장하고 있는 사람은 할 수 없는 일이다.

라고 하였다. 따라서 앞으로 각 기관이나 단체에서 소장한 갑골을 저록할 때는, 반드시 지금까지의 저록에서 누락한 갑골의 절반, 즉 배면(背面)의 찬착 형태를 저록해야 할 것인 바, 만약 국가 차원에서 체계적이고 조직적으로 지금까지 저록 출판된 갑골을 다시 정리하면서, 그동안 누락된 갑골 배면의 찬착 형태를 첨부하여 다시 저록 출판할 수 있다면,이는 갑골의 재(再) 발굴에 버금가는 가치를 지니며, 앞으로의 갑골학 연구에 크게 기여할 수 있을 것으로 생각된다.

둘째, 殷墟 이외의 유적지에서 출토한 갑골은 한 곳에 모아져 있지 않고 분산되어 있는 셈인데,

---

1) 嚴一萍《甲骨學》下(藝文印書館 1978. 臺北) p.1429.

學者들에게 연구의 편의를 제공하기 위해서《甲骨文合集補編》에서는 이들을 '附錄'에다 모아 놓았다. 그 중에서 西周 갑골, 특히 陝西省 岐山 鳳雛村에서 출토된 갑골은 갑골편이 파쇄(破碎)되었고, 글자의 크기도 작고, 관건이 되는 많은 글자들의 필획이 동일하지 않다. 연구의 편의를 위해《甲骨文合集補編》에서는 3세트의 모본(摹本)을 각각 갑골편과 사류(事類)에 따라 함께 모아 저록했는데, 이는 문자의 고석(考釋)과 해독(解讀)에 크게 도움이 된다. 동일 갑골편에 대한 학자들의 석문(釋文)이 다른 경우도 많지만, 동일 갑골편과 동류의 모본을 한데 모아 놓음으로써, 각 학자들의 고석 중에서 어느 것이 믿을만한 것인지를 분명히 알 수 있게 하였다. 이밖에, 모두가 다 모본이기 때문에 어느 것이 더 정확한 모사(摹寫)인지도 짐작할 수 있다. 다만 다행인 것은 중국 국가 차원에서 '夏商周斷代工程'을 중점사항으로 삼아서 陝西省 考古研究所의 曹緯 등에게 위탁하여 고배율(高倍率)의 현미경으로 鳳雛의 갑골을 관찰함과 동시에, 촬영한 내용을 확대하여 정리하도록 하였다. 이 작업의 결과물이 각 갑골편의 확대 사진과 여러 학자들의 모본을 한데 모아서 출토 번호에 의거하여 저록 출판된다면, 西周 갑골의 연구 발전에 크게 기여할 것으로 기대된다. 이 밖에 다른 지역에서 출토된 西周 갑골의 탁본과 모본을 다시 저록하는 작업도 반드시 필요하다고 여겨진다.

셋째, 1백년 넘게 진행되어 온 갑골의 철합(綴合) 작업 역시 대단한 성과를 거둔 것은 틀림없다. 비록《甲骨文合集》이 앞선 학자들의 기초적인 작업에 의해 모두 2천 여 판(版)을 철합한 결과들은《甲骨文合集補編》 중의 '綴合版'에 충분히 반영되어 있지만, 여전히 미진한 것이 사실이다. 이 철합 작업은 앞으로도 계속 진행하여야 할 과제인데,《殷虛文字乙編補遺》와《甲骨文合集補編》의 뒤를 이어 더욱 많은 성과들이 나올 것을 기대한다.

넷째, 직접적인 갑골학 연구를 발전시켜서 여타 다른 학문 분야에서 갑골문 자료를 이용하여 중국의 고대문명을 연구하고 발굴하도록 하기 위해서, 그동안 갑골문을 전반적으로 총괄하는 방법으로 철저한 정리 작업을 진행하였는데, 島邦男의《殷墟卜辭綜類》는 과거의 연구결과를 계승하여 앞길을 개척했다고 할 수 있으며, 姚孝遂와 肖丁의《殷墟甲骨刻辭類纂》은 과학적인 갑골학 연구를 촉진했다고 할 수 있다. 이들 두 저서는 1970년대와 1990년대의 갑골학 발전에 크게 공헌하였다. 또 李孝貞의《甲骨文字集釋》과 于省吾 주편의《甲骨文字詁林》과 같이 집대성 방식으로 만든 갑골문 고석(考釋) 자전(字典)들은 갑골문자 고석의 성과를 반영한 저작들이다. 그리고 1999년에 출판된 胡厚宣 주편의《甲骨文合集釋文》은《甲骨文合集摹釋總集》에 대해 갖가지 고정(考訂)을 덧붙이는 작업을 일단락 짓도록 하였다. 따라서 지금까지 1세기 넘게 진행된 갑골문 자료의 발견과 갑골문자 고석 수준을 전체적으로 반영하고 총괄하는 대규모의 갑골문 사례(辭例) 총집(總集)을 재편찬하여, 앞으로 진행될 새로운 갑골학 연구의 발전과 요구에 응용될 수 있게 하는 일이 매우 필요하다고 생각된다.

이와 동시에, 갑골문의 사류(事類) 자전(字典)도 저작되어야 한다고 생각된다. 饒宗頤 주편의 《甲骨文通論》이 4책(冊)으로 출판되었는데, 제1책에는 선공 · 선왕 · 선비(先妣) · 정인(貞人), 제2책에는 지명, 제3책에는 천문기상, 제4책에는 직관 · 인물 등을 수록하고 있다. 이 저작은 사류(事類)에 의거하여 갑골문을 정리함으로써, 해당 분야 연구자들에게 많은 편의를 제공하였으나, 현재까지의 갑골학 연구 성과를 전반적으로 다 아우르지 못하고 수정 보완이 필요한 것도 적지 않다.

제2절　연구 방법의 현대화와 수준 제고

지금까지의 갑골학 연구는 괄목할만한 많은 성과를 거두긴 했으나, 아직도 해결하지 못하고 과제도 많이 남아 있고, 또 더욱 높은 수준의 연구를 통한 새로운 해석과 견해를 기대하는 많은 문제들이 여전히 남아 있다. 이를 살펴보면 다음과 같다.

一. 문자의 고석(考釋)

주지하는 바와 같이 孫詒讓이 1904년에 출판한《契文擧例》로부터 지금에 이르기까지 羅振玉 · 王國維 · 董作賓 · 郭沫若 · 唐蘭 · 于省吾 · 胡厚宣 · 李孝貞 · 先師 金祥恒 · 裘錫圭 등을 비롯하여 갑골학을 연구한 거의 모든 학자들이 심혈을 기울여 갑골문자를 고석(考釋)하였고, 이들의 연구 성과에 의거하여 대부분의 갑골문을 해독할 수 있게 되었다. 이 때문에 새로운 갑골 자료가 발굴되지 않는다면 갑골문자의 고석은 더 이상 큰 성과를 거두기는 어렵다고 생각할 수도 있다. 그러나 이 갑골문자의 고석에 대해 郭沫若은 일찍이,

> 根據不完全的統計, 只有三千五百字光景. 其中有一半以上是可以認識的; 不認識的字大多是專名, 如地名 · 人名 · 族名之類, 其義可知, 其音不可能得其讀.[1] : 불완전한 통계에 의하면, (갑골문자는) 겨우 3천 5백 자(字) 정도로 추정되는데, 그 중의 절반이상은 인식(認識)해냈고; 인식해내지 못한 글자들은 대부분이 지명 · 인명 · 종족명(宗族名)들과 같은 고유명사들인데, 그 자의(字義)는 알 수 있으나, 자음은 읽어내는 것이 불가능하다.

라고 하였다. 이는 지금까지 발견된 갑골문자 가운데 약 반수(半數)에 가까운 글자들에 대해서는 아직 정확한 고석이 이루어지지 않았으며, 아직 고석이 이루어지지 않은 글자들은 대부분이 고유

1)　郭沫若 <古代文字之辯證的發展>,《奴隸制時代》(人民出版社 1973. 北京) p.250.

명사들이라는 말이다. 그런데 새로운 글자의 고석은 그 난이도가 높고, 이미 고석이 이루어진 글자들 가운데에서도 학자들의 의견이 모두 일치하지 않는 글자도 적지 않은 실정이다. 이는 갑골문의 대부분을 차지하고 있는 복사(卜辭)의 뜻을 전체적으로 정확하게 이해하는데 거의 절대적인 영향을 미칠 뿐만 아니라, 이를 토대로 이루어지는 각 분야의 연구에 있어서도 각자 결론이 다를 수 있고, 또 심각한 견해차도 생길 수가 있을 수 있으므로, 이런 글자들에 대해서는 앞으로 더욱 정확하고 깊이 있는 고석이 필요하다. 갑골학 연구에 있어서의 갑골문자에 대한 고석은 연구의 근본적인 기초 작업이므로, 앞으로 진행할 연구에서는, 앞 시대 학자들이 이룩한 성과를 기반으로 해서 다각적이고 전면적으로 갑골문자에 대한 고석을 진행해야 할 것이다.

二. 갑골의 분기(分期) 단대(斷代)

甲. 董作賓의 연구 성과

董作賓이 1933년에 발표한《甲骨文斷代硏究例》는 商代 후반기 273년이라는 기간 동안 혼돈(混沌) 상태로 서로 뒤엉켜 있던 갑골문을 각기 원래의 생성 시기를 되찾게 하는 돌파구가 되었고, 이를 바탕으로 갑골학 연구가 과학적인 기초 위에서 연구 범위의 확대와 수준 제고는 물론이고 역사적 사료로써의 가치를 더욱 높이게 되었음은 주지의 사실이다. 董作賓의 이 갑골 분기 단대 연구는 이 이후의 연구 성과를 통해서 기본적으로 정확하다는 것이 증명되었으며, 아울러 이의 수정과 보완도 이루어졌다. 그러나 董作賓이 구축한 갑골의 분기 단대 연구 체계는 계속 보완되고 심화(深化)되어야 할 부분이 적지 않은데, 다음과 같은 부분이 그렇다.

첫째, 商王 武丁은 재위 기간이 59년이나 되는데, 武丁 시기의 갑골이 전체 10만 여 편(片) 가운데 반 이상을 차지한다는 점이다. 그 동안 몇몇 학자들이 서로 다른 각도에서 이 武丁 때의 갑골을 세밀하게 그 시기를 분기(分期)하는 작업을 진행하였으나, 지금까지 체계적이고 전면적인 결론을 아직 도출하지 못하고 있는데, 이는 반드시 정확한 분기를 밝혀내어야 할 과제이다.

둘째, 제4기 갑골복사에 대해 武乙과 文丁 두 시대의 것으로 분속(分屬)시키는 일은, 1973년 '小屯南地'의 갑골이 출토되기 시작하면서 그 단서가 나타났으므로, 앞으로 아직도 부족한 점이 많은 이 분야의 연구에 필요한 새로운 지층의 발견과 함께 새로운 자료에 의한 최신 증거들이 나타나길 기대한다.

셋째, 아직도 해결하지 못하고 있는 이른 바 '歷組' 복사의 시대 문제인데, 董作賓이 주장한 대로 武乙·文丁시대라는 전통적인 제4기의 것인지, 아니면 武丁 만년(晩年)인 제1기 말(末)부터 祖庚 시대까지로 앞당겨야 하는지에 대해서는 그동안 다각적이고 전면적인 논쟁이 오랫동안 진행되었으나 여전히 교착상태에 빠져 있다. 이 문제 역시 앞으로 새로운 지층의 발견에 의한 증거와 갑골복사에 대한 진일보한 정리 작업을 통해서 명확하게 밝혀내야 할 것이다.

넷째, 제5기의 갑골복사 가운데 商 왕조의 紂王 즉 帝辛 때의 것이 존재하는지의 여부에 대해서, 지금은 존재하는 것으로 귀결이 되었지만, 제5기의 '黃組' 복사를 구체적으로 文武丁 · 帝乙 · 帝辛 시대의 것으로 나누어 구분하는 일은 아직도 미해결의 문제로 남아 있다.

다섯째, 殷墟에서 출토된 갑골 가운데 武丁 이전의 것이 존재하느냐 하는 문제인데, 지금까지는 발견된 것이 없지만, 최근 洹北 花園莊 유적지에 대한 발굴에서 盤庚의 천도에 대한 새로운 단서가 발견되었다고 하는데,[1] 이로 미루어보면 그 가능성이 크므로, 현존하는 갑골문 중에서 武丁 이전의 조기(早期) 갑골을 분별해내는 일에도 한층 노력해야할 것이다.

乙. 단대(斷代) 연구 방법 개진(改進)

董作賓이 제시한 갑골복사의 분기(分期) 단대(斷代) 연구의 10개 항(項)의 표준과 제1~5기의 분기법(分期法)의 기초 위에 다시 이를 수정 보완한 '分派整理法'과 '甲骨文演進兩系說'이라는 단대 연구에 대한 새로운 방안이 제시되었다. 董作賓이 1945년부터 '分派整理法'을 제시하고, 아울러 여러 해 동안 꾸준히 이 '分派整理法'을 수정 보완하여 갑골 분기 단대 연구의 수준을 제고시켰다. 그의 이 '分派整理法'의 제시는 갑골학 연구가 더욱 과학적이고 합리성을 띠도록 촉진하는 작용을 했다. 董作賓의 이 '分派新法'은 商 왕조 내의 복고(復古)를 고집한 구파와 혁신을 추진한 신파를 주(主) 내용으로 하는 분석은 갑골학 연구에 크게 공헌한 점도 있지만, 부족한 점도 없지 않으므로, 갑골문 자료를 전체적으로 정리한 기초 위에서 이에 대한 체계적이고 전반적인 연구 분석으로 더욱 정확한 결론이 도출되기를 기대한다.

그런데 董作賓의 기존의 분기 단대 연구와 '分派新法'에 대한 전면적인 검토를 통해서 제기된 것이 이른 바 '甲骨文演進兩系說'이라는 단대 연구의 새로운 방안이다. 이는 李學勤이 1978년에 처음 제기한 이후로, 계속해서 보충 발전되어 왔다. 이 '兩系說'은 갑골학 연구의 이론과 방법에 있어 새로운 성과를 낸 것도 사실이나 이 역시 아직은 완벽하다고 할 수는 없으며, 분류의 방법과 함께 분류의 간명화(簡明化)에서도 해결할 문제점이 남아 있다.

갑골문의 단대 연구에서 새로운 방안들의 제시로 말미암아, 이에 대한 발전이 촉진되었는데, 앞으로 더욱 합리적이고 창조적인 이론이 제시되어 10만 편에 달하는 갑골 전체에 대한 분기 단대가 가능한 새로운 방안이 나오길 기대한다.

---

1) 唐際根 · 徐廣德 <洹北花園莊遺址與盤庚遷殷問題>, 《中國文物報》(國家文物局 北京) 1999年 4月 14日字.

三. 종합적인 商代史 저작

商 왕조는 일반적으로 중국 상고시대 역사에서 '三代'로 통칭되는 '夏'·'商'·'周' 세 왕조에서 중요한 위치를 차지하고 있는데, 위로는 夏 왕조의 위업을 계승하고, 아래로는 周 왕조의 "郁郁乎文哉(얼마나 풍부하고 아름다우냐!)"라고 孔子가 찬탄한 '禮儀制度'의 정비 시행의 길을 열어주었다는 평가를 받고 있다. 商 왕조의 고도로 발달된 청동기 문화, 그리고 商代의 정체(政體)와 직능 구조·군제(軍制)와 전쟁·殷으로의 천도와 도읍 문명·제사와 종교·경제와 사회·예의(禮儀)와 사회생활·역법(曆法)과 과학기술 등등의 여러 방면에 대한 깊이 있는 연구 작업은, 중국의 국가 형성에 대한 연구뿐만 아니라, 세계문명사의 연구에도 전형적인 의미를 가지는 일이다.

1899년 殷墟에서 갑골문이 발견된 이래로, 이를 이용한 商代 역사 연구는 1세기를 풍미할 만큼의 높은 열기로 대단한 성과를 거두어, 20세기가 되고서도 선사(先史) 시대로 규정되었던 商代를 유사(有史) 시대로 전환되기에 이르렀다. 그동안의 갑골학 연구 성과로 인해 商 왕조의 정체(政體)와 직능은 물론이고, 商代의 사회 경제·종교와 제사 및 그 규율·천문 기상과 역법 그리고 심지어 의학에 이르기까지 여러 방면에 대한 연구들이 진행되면서 나름대로의 큰 성과를 거둘 수 있었다. 이와 함께, 갑골문 자료의 전면적인 수집 정리와 연구에 근거하여, 갑골문에 내포되어 있는 商代 사회에 대한 체계적인 분석과 연구를 진행할 수 있게 되었다.

1백년이 넘는 동안 진행된 지금까지의 갑골학 연구는, 王國維의《殷卜辭中所見先公先王考》및《殷卜辭中所見先公先王續考》는 갑골문을 통한 商代 역사 연구라는 새로운 단계로 끌어올렸으며, 이후로 갑골학 상대사(商代史) 연구는 1928년 이후의 殷墟 고고 발굴에 대한 연구 성과와 서로 결합함으로써 새로운 연구 방법을 이루게 되었다. 殷墟 발굴에 의한 그 동안의 갑골학 商史 연구는, 연구과제의 깊이와 개척 방면에서는 말할 것도 없고, 연구 자료의 누적과 빛나는 연구 성과를 거두었다. 이와 동시에《甲骨文合集》·《甲骨文合集補編》과 같은 누적된 연구를 통해서, 商代 역사에 대한 전면적이고 다각적이며 체계적인 연구의 가능성을 제공하였다.

다만 아쉬운 것은, 지금까지의 갑골문을 통한 商代 역사 연구가 대부분 어떤 전문적인 논제에 대한 논술로 이루어짐으로써, 商代 사회의 각 분야를 망라하여 商代 역사를 체계적이고 전체적으로 저술한 전문 저작이 아직까지 출판되지 않았다는 점이다. 따라서 앞으로 갑골학 연구에 종사하는 학자들은 전인(前人)들의 연구 성과를 계승하고, 각개인의 연구와 단체의 지혜를 모아서 이 분야 최고 수준의 체계적이고 총체적인 대규모의 상대사(商代史) 연구 전문 저작이 출판되기를 기대한다.

四. 갑골학 연구 방법의 개선

지금까지의 갑골학 연구에서 빛나는 성과를 거두게 된 주된 요인 중의 하나는, 다른 학문 분야와 마찬가지로 앞선 세대의 여러 학자들이 중국의 전통문화와 서양의 앞선 과학기술 및 사회과학 이론을 서로 융합 발전시킴으로써, 중국의 전통 학문이 서양의 현대식 학문 연구로 발전하는 변화를 완성했기 때문이다.

학문에는 국경이 없다고 하는데, 갑골학은 시작부터 국제적인 성격을 띤 학문으로 출발하였고, 중국과 외국 학자들의 여러 대(代)에 걸친 노력의 결과로 오늘날과 같은 전면적이고 심도(深度) 깊은 학문 연구 단계로 발전할 수 있게 되었다. 그리고 중국의 개혁개방정책이 시행됨에 따라서 중국과 외국 학자들 사이의 학술적인 협력과 교류가 한층 촉진되었는데, 외국 학자들과의 상호방문이나 학술회의 참가 등의 활동을 통해서 연구 성과를 교류하고, 상호간의 우의와 이해를 증진함으로써, 갑골학 연구 발전은 더욱 촉진되었다. 1990년대 이전에는 언어뿐만 아니라 기타 여러 가지의 이유들 때문에, 중국과 외국 학자들이 학문적으로 직접 교류하는 것은 어려운 점이 많았다. 따라서 앞으로는 외국 학자들과의 학술 교류를 더욱 강화하여 상호 간의 활발한 학술 교류 활동을 추진해야 할 것이라고 생각된다.

그리고 1928년부터 시행된 殷墟의 과학적인 발굴 작업은 근대적인 야외 고고학의 방법을 갑골학 연구 영역으로 끌어들임으로써, 갑골학 연구를 비약적으로 발전할 수 있도록 하였다. 그러므로 현대 과학 기술이 급속도로 발전하고 있는 오늘날에는, 탄소-14 가속기의 이용, 현대 천문학의 계산방법, 여러 학문의 병합 등과 같은 현대 과학 기술의 방법을 갑골학 영역에 과감히 응용하여 갑골학 연구가 다시 한 번 비약적인 발전이 가능하도록 해야 한다. 그럴 수 있도록 하기 위해서는 앞으로 갑골학 연구의 어느 영역에서 현대화 기술을 응용할 수 있는 것인지, 또 어떻게 응용하여야 할 것인지에 대해서 연구자 모두의 지혜와 힘을 갑골학 발전의 전략적 부문에 집중하여야 할 것이다. 그리고 갑골학 연구 학자들과 기타 분야의 인문과학 · 자연과학 · 공학(工學)을 비롯한 응용자연과학 · 의학을 비롯한 생명공학 등등의 여러 방면을 융합하여 갑골학에 대한 전방위적인 종합연구를 진행한다면, 21세기 갑골학 연구에 있어서 획기적인 성과를 거둘 수 있게 될 것으로 기대된다.

제3절 후학(後學) 양성

이제 막 본격적인 궤도에 진입한 갑골학은 말할 필요도 없고, 어떤 분야의 학문이든 그 학문이 계속 발전하기 위해서는 해당 분야 연구에 부단히 매진하는 헌신적인 학자들이 반드시 필요하다.

주지하는 바와 같이 학문 연구란 끝이 없는 작업이어서, 끊임없이 완벽을 추구하며 발전하게 된다. 그러나 사람의 생명이란 유한하기 때문에, 선배 학자들이 물려준 연구 성과를 후배 학자들이 계승 발전시키는 과정을 통해서 학문은 명맥을 유지하고, 계속 새롭게 발전해 나가는 것이다.

갑골학 연구가 발전해 나온 과정도 역시 이와 같다. 王懿榮이 1899년에 갑골문을 발견하고, 그 이듬해인 1900년에 세상을 떠남으로 말미암아 충분한 연구를 할 수 없었다. 그 후 孫詒讓은 비록 1904년에《契文擧例》를 저술하였지만, 그 원고를 王懿榮 · 端方 · 劉鶚 등의 몇 사람들에게만 보냈기 때문에, 1917년에 출판이 되기 전까지는 학계에 이렇다할만한 영향을 미치지 못했다. 그리고 劉鶚은 1909년에 新疆으로 유배되어 사망하였기 때문에, 갑골을 연구할 틈이 없었지만, 그는 자신이 소장했던 갑골을 羅振玉에게 감정하게 하고, 이를 탁본하여《鐵雲藏龜》를 출판함으로써, 羅振玉의 갑골문 연구에 지대한 영향을 주었다. 또한 羅振玉은 갑골편의 수집과 소장에 크게 힘썼을 뿐만 아니라, 갑골에 각된 문자 즉 갑골문자에 대한 고석에도 심혈을 기울임으로써 갑골문의 문자 인식과 문장 해독에 크게 공헌하였다. 이와 동시에, 羅振玉은 王國維을 갑골학 연구에 종사하도록 하는데 지대한 영향을 주었고, 이들 두 학자가 핵심이 되어 영향을 미침으로써, 한 무리의 갑골학자들이 형성되기에 이르렀다. '羅王之學'이라 일컬어지는 이들 학자들과 그들의 학문 수준은 갑골학 연구 초창기의 최고 수준으로 손꼽힐 뿐만 아니라, 1928년 이후의 본격적인 갑골학 발전 시기를 준비하는데 견실한 기초를 다졌다. 이때부터 이 분야의 연구에도 사승(師承) 관계가 형성됨으로써 갑골학 연구에 건실한 발전을 보장하게 되었다.

또 董作賓 · 唐蘭 · 商承祚 · 郭沫若 등은 '金石文字'의 영역에 있던 갑골학 연구를 '歷史考古學' 연구라는 새로운 단계로 끌어 올렸고, 아울러 갑골학 연구의 심화 및 발전에 크게 영향을 미쳤다. 특히 董作賓은 갑골문 연구 자료의 수집 정리뿐만 아니라 많은 연구 업적을 남겼는데, 양과 질에서 한 시대의 갑골학 연구를 주도하였다고 하여도 과언이 아니다. 그의 갑골학 연구에 대한 공헌은, '貞人'의 발견과 갑골의 단대(斷代) 연구가 가장 큰 업적이다. 그는 갑골복사에 '卜'자와 '貞'자 사이에 있는 글자를 처음으로 인명임을 증명하고, 이를《儀禮 · 士喪禮》중의 '宗人'에 해당된다고 주장하면서 '貞人'이라고 명명하였다. 그는 또 종합적이고 체계적인 갑골문 단대 연구의 기초를 확립하였는데, 갑골복사의 단대를 盤庚 · 小辛 · 小乙 · 武丁의 2세(世) 4왕(王)을 제1기, 祖庚 · 祖甲의 1세 2왕을 제2기, 廩辛 · 康丁의 1세 2왕을 제3기, 武乙 · 文武丁의 2세 2왕을 제4기, 帝乙 · 帝辛의 2세 2왕을 제5기로 나누고, 단대 분기의 표준으로 1) 세계(世系), 2) 칭호, 3) '貞人', 4) 갱위(坑位), 5) 방국, 6) 인물, 7) 사류(事類), 8) 문법, 9) 자형(字形), 10) 서체(書體) 등을 제시하였을 뿐만 아니라, 이에 의거하여 약 80명에 달하는 '貞人'을 5분기의 '貞人群'으로 분류하기도 하였다. 동작빈은 또 역대 商나라 조정에는 역법(曆法)과 예제(禮制)에서 신구 양파에 차이점이 있음을 발견하고, 이를 이용하여 여러 분야에 걸친 갑골학 연구에 응용하였는데, 이를 분파연구법이라 한다. 이 방법에 따라 그는 商나라 조정을, 盤庚·小辛·小乙·武丁·祖庚 시대를 옛 제도를 준수한 제1단계, 祖甲·祖辛·康丁 시대를 신제(新制)로 개혁을 단행한 제2단계, 武乙·文武丁 시대를 옛 제도를 회복한 제3단계, 帝乙·帝辛 시대를 신제를 회복한 제4단계로 나누었다.

1949년 이후에는 董作賓과 郭沫若을 비롯하여 徐中舒·胡厚宣·于省吾 등의 학자들이 여러 방면의 많은 새로운 저작들을 통해 갑골학 연구를 더욱 심화시켰고, 나아가 갑골학 연구 인재의 양성에도 노력을 기울였다. 문화가 총체적으로 박해받았던 '文化大革命' 기간에도 郭沫若은 학문의 후계자를 양성하는데 힘을 쏟음으로써, 이 고로(古老)한 학문이 끊이지 않고 명맥을 유지하도록 하였다. 1978년 학문의 봄이 찾아온 이후에는 고등교육기관에서 양성된 대학원의 우수한 연구생들에 의해 한 차례 겪었던 갑골학 연구 인재의 공백상태를 개선시킬 수 있었다. 그리고 새로 양성된 이들 연구생들 중에는 재능이 뛰어난 사람들이 많아서, 갑골학 연구의 선도적 인물이 되었고, 그들이 개척한 새로운 연구 저작들은 갑골학 연구가 1978년 이후의 전면적인 심화 단계로 올라설 수 있게 하였다.

그런데 문제는 지금부터라고 생각된다. 왜냐하면, 앞으로의 갑골학 연구자들은 지금까지 이룩해 놓은 갑골학 자료의 누적과 선배 학자들이 물려준 귀중한 학술적 유산과 본보기로 삼을 만한 학문적 경험 등을 이후의 연구에 소중한 자산으로 활용하면서, 여러 연관 학문 분야가 서로 연합하여 융합 연구를 진행하여 성공적인 실천 경험을 쌓고, 끊임없는 노력과 창의적인 방법으로 연구에 매진하여 새로운 경지를 개척해나가야 하는데, 21세기에 접어들어서 새로운 자료의 부족 등등의 이유로 갑골학 연구 열기가 낮아지고 있기 때문이다. 이를 극복하기 위해서는 무엇보다 먼저 우수한 후학들을 양성하는 일이 급선무라고 생각된다.

|부 록|

簡明 甲骨文 字典

* 본 책의 부록 '簡明 甲骨文 字典'은 별책으로 제작하였습니다.

甲骨文引用書名略稱表

鐵雲藏龜	劉　鶚	1903.	鐵
殷虛書契前編	羅振玉	1913.	前
殷虛書契菁華	羅振玉	1914.	菁
鐵雲藏龜之餘	羅振玉	1915.	餘
殷虛書契後編	羅振玉	1916.	後
殷虛古器物圖錄	羅振玉	1916.	圖錄
戩壽堂所藏殷虛文字	王國維	1917.	戩
龜甲獸骨文字	林泰輔	1921.	林
簠室殷契徵文	王　襄	1925.	簠
鐵雲藏龜拾遺	葉玉森	1925.	拾
福氏所藏甲骨文字	商承祚	1933.	福
殷契卜辭	容　庚	1933.	燕[卜]
殷契佚存	商承祚	1933.	佚
殷虛書契續編	羅振玉	1933.	續
卜辭通纂	郭沫若	1933.	通
庫方二氏藏甲骨卜辭	方法斂	1935.	庫
柏根氏舊藏甲骨卜辭	明義士	1935.	柏
鄴中片羽初集	黃　濬	1935.	鄴初
鄴中片羽二集	黃　濬	1937.	鄴二
鄴中片羽三集	黃　濬	1942.	鄴三
甲骨文錄	孫海波	1937.	河[文]
殷契粹編	郭沫若	1937.	粹
甲骨卜辭七集	方法斂	1938.	七
金璋所藏甲骨卜辭	方法斂	1939.	金
天壤閣甲骨文存	唐　蘭	1939.	天
鐵雲藏龜零拾	李旦丘	1939.	零
殷契遺珠	金祖同	1939.	珠[遺]
甲骨叕存	曾毅公	1939.	叕
誠齊殷虛文字	孫海波	1940.	誠
殷契摭佚	李旦丘	1941.	摭
厦門大學所藏甲骨文字	胡厚宣	1944.	厦

甲骨六錄	胡厚宣	1945.	六
戰後平津新獲甲骨集	胡厚宣	1946.	平津
龜卜	金祖同	1948.	龜
殷虛文字甲編	董作賓	1948.	甲
殷虛文字乙編(上輯)	董作賓	1948.	乙
殷虛文字乙編(中輯)	董作賓	1949.	乙
殷虛文字乙編(下輯)	董作賓	1953.	乙
殷契摭佚續編	李亞農	1950.	摭續
甲骨綴合編	曾毅公	1950.	綴
戰後寧滬新獲甲骨集	胡厚宣	1951.	寧
戰後南北所見甲骨錄	胡厚宣	1951.	南
殷契拾掇(二編)	郭若愚	1951.	掇
戰後京津新獲甲骨集	胡厚宣	1954.	京(津)
甲骨續存	胡厚宣	1955.	存
殷虛文字綴合	郭若愚 等	1955.	(綴)合
殷虛文字外編	董作賓	1956.	外
巴黎所見甲骨錄	饒宗頤	1956.	巴
殷虛文字丙編上 · 中 · 下輯	張秉權	1957～1972.	丙
海外甲骨錄遺	饒宗頤	1958.	海
甲骨文零拾	陳邦懷	1959.	陳
京都大學人文科學研究所藏甲骨文字	貝塚茂樹	1959.	京都[人]
日本散見甲骨文字蒐匯	松丸道雄	1959～1976.	散
明義士收藏甲骨[殷虛卜辭]	許進雄	1972.	明
殷虛卜辭後編(二册)	明義士 許進雄 編輯	1972.	明後
鐵雲藏龜新編	嚴一萍	1975.	鐵新
美國所藏甲骨錄	周鴻翔	1976.	美錄
懷特氏等收藏甲骨文集	許進雄	1979.	懷(特)
小屯南地甲骨	中國社會科學院考古研究所	1980.	屯南
甲骨文合集	郭沫若 主編/ 胡厚宣 總編輯	1982.	合集
英國所藏甲骨集	李學勤 等	1985.	英(藏)

참고 논저

[저서]

詩經	十三經注疏本 阮元 校刊	藝文印書館	1976.	臺北
尙書	十三經注疏本 阮元 校刊	藝文印書館	1976.	臺北
周易	十三經注疏本 阮元 校刊	藝文印書館	1976.	臺北
儀禮	十三經注疏本 阮元 校刊	藝文印書館	1976.	臺北
周禮	十三經注疏本 阮元 校刊	藝文印書館	1976.	臺北
禮記	十三經注疏本 阮元 校刊	藝文印書館	1976.	臺北
春秋左氏傳	十三經注疏本 阮元 校刊	藝文印書館	1976.	臺北
春秋公羊傳	十三經注疏本 阮元 校刊	藝文印書館	1976.	臺北
春秋穀梁傳	十三經注疏本 阮元 校刊	藝文印書館	1976.	臺北
論語	十三經注疏本 阮元 校刊	藝文印書館	1976.	臺北
孟子	十三經注疏本 阮元 校刊	藝文印書館	1976.	臺北
爾雅	十三經注疏本 阮元 校刊	藝文印書館	1976.	臺北
孝經	十三經注疏本 阮元 校刊	藝文印書館	1976.	臺北
史記	司馬遷	鼎文書局	1977.	臺北
漢書	班固	鼎文書局	1977.	臺北
後漢書	范曄	鼎文書局	1977.	臺北
三國志	陳壽	鼎文書局	1977.	臺北
二十五史事		鼎文書局	1977.	臺北
戰國策	高誘 注	藝文印書館	1974.	臺北
韋氏解國語	韋昭 注	世界書局	1975.	臺北
昭明文選	蕭統編 李善 注	河洛圖書出版社	1975.	臺北
老子	新編諸子集成本	世界書局	1975.	臺北
莊子	新編諸子集成本	世界書局	1975.	臺北
孟子	新編諸子集成本	世界書局	1975.	臺北
墨子	新編諸子集成本	世界書局	1975.	臺北
荀子	新編諸子集成本	世界書局	1975.	臺北
管子	新編諸子集成本	世界書局	1975.	臺北
韓非子	新編諸子集成本	世界書局	1975.	臺北
申子	新編諸子集成本	世界書局	1975.	臺北
淮南子	新編諸子集成本	世界書局	1975.	臺北
公孫龍子	新編諸子集成本	世界書局	1975.	臺北

尙書釋義	屈萬里	華岡書局	1972.	臺北
詩經釋義	屈萬里	華岡書局	1972.	臺北
詩經今注	高亨	上海古籍出版社	1987.	上海
墨子閒話	孫詒讓	河洛圖書出版社	1951.	臺北
經籍籑詁	阮元	成都古籍書店	1982.	成都
春秋左傳注	楊伯峻	中華書局	1981.	北京
廣雅詁林	徐復 主編	江蘇古籍出版社	1998.	南京
廣雅疏證	王念孫	中華書局	1983.	北京
集韻	丁度 等	上海古籍出版社	1983.	上海
詞義研究與辭書釋義	蘇寶榮	商務印書館	2000.	北京
五經文字 · 干祿字書	顔元孫 · 張參	商務印書館	1965.	臺灣
睡虎地秦簡論考	吳福助	文津出版社	1994.	臺灣
古今同形詞語例釋	王克仲 · 房聚棉 編著	黑龍江人民出版社	1983.	哈爾濱
原抄本日知錄	顧炎武	唯一書業中心	1975.	臺南
玉篇	梁 顧野王	臺灣中華書局	1982.	臺北
玉篇校釋	胡吉宣	上海人民出版社	1989.	上海
釋名疏證補	王先謙	上海古籍出版社	1984.	上海
漢字結構系統與傳統思維方式	王作新	武漢出版社	2000.	武漢
馬王堆帛書漢字構形系統研究	王貴元	廣西教育出版社	1999.	南寧
戰國古文字典(上 · 下)	何琳儀	中華書局	1998.	北京
古書文字易解	于安瀾	河南大學出版社	1991.	開封
秦文字類編	袁仲一 外	陝西人民教育出版社	1993.	西安
秦文字通假集釋	袁仲一 · 劉鈺 主編	陝西人民教育出版社	1999.	西安
同源字典再補	劉鈞杰	語文出版社	1999.	北京
經典釋文	陸德明	上海古籍出版社	1985.	上海
敦煌文獻語言辭典	蔣禮鴻 主編	杭州大學出版社	1994.	杭州
康熙字典	張玉書 等編	上海書店出版社	2000.	上海
正字通	張自烈	國際文化出版公司	1996.	北京
中國古代字典辭典概論	錢劍夫	商務印書館	1986.	北京
汗簡古文四聲韻	郭忠恕 · 夏竦	中華書局	1983.	北京
楚系簡帛文字編	滕壬生	湖北教育出版社	1995.	武漢
古籒匯編	徐文鏡	上海書店出版社	1998.	上海
宋本廣韻	陳彭年 等	北京市中國書店	1982.	北京
汗簡注釋	黃錫全	武漢大學出版社	1990.	武漢

中國小學史	胡奇光	上海人民出版社	1987.	上海
城子涯-山東歷城縣龍山鎮之黑陶文化遺址	李濟	中央研究院歷史語言研究所	1934.	北京
安陽發掘報告	李濟	國立中央研究院歷史語言研究所	1929.	北京
觀堂集林	王國維	河洛圖書出版社	1975.	臺北
古史新證	王國維	清華研究院講義本	1925.	北京
古史新證	王國維	清華大學出版社	1994.	北京
竹書紀年(《古本竹書紀年輯校》, 《今本竹書紀年疏證》)	王國維	藝文印書館	1974.	臺北
契文舉例	孫詒讓	齊魯書社	1997.	濟南
鐵雲藏龜	劉　鶚	抱殘守缺齋石印本	1903.	北京
鐵雲藏龜釋文	鮑　鼎	上海蟫隱廬石印本	1931.	上海
鐵雲藏龜拾遺	葉玉森	叶氏五凤砚斋 墨拓石印本	1925.	上海
甲骨文	崔恒昇	安徽教育出版社	2001.	合肥
甲骨文合集	中國社會科學院歷史研究所 編	中華書局	1982.	北京
甲骨文合集釋文釋文及總審校(合著)		中國社會科學出版社	1999.	北京
甲骨學文字篇	朱芳圃 編	商務印書館	1933-1934.	北京
甲骨學商史編	朱芳圃	中華書局	1935.	北京
戰後南北所見甲骨錄	胡厚宣	來熏閣書店	1951.	北京
戰後寧滬新獲甲骨集	胡厚宣	來熏閣書店	1951.	北京
戰後京津新獲甲骨集	胡厚宣	上海群聯出版社	1954.	上海
甲骨續存	胡厚宣	上海群聯出版社	1955.	上海
甲骨文與甲骨學	張秉權	臺北國立編譯館	1988.	臺北
董作賓先生全集	董作賓	藝文印書館	1977.	臺北
殷曆譜	董作賓	北京市中國書店	1945.	北京
甲骨六錄	胡厚宣	北京圖書館出版社	2000.	北京
甲骨文簡明詞典	趙誠 編	中華書局	2009.	北京.
甲骨文字學綱要	趙誠	中華書局	1993.	北京
奴隸制時代	郭沫若	人民出版社	1973.	北京
中國古代社會研究	郭沫若	人民出版社	1977.	北京
甲骨文字研究	郭沫若	中華書局香港分局	1976.	홍콩
十批判書	郭沫若	人民出版社	1954.	北京
郭沫若全集 · 考古編	郭沫若	科學出版社	1982.	北京
建國以來甲骨文研究	王宇信	中國社會科學出版社	1981.	北京
西周甲骨探論	王宇信	中國社會科學出版社	1984.	北京
甲骨學通論	王宇信	中國社會科學出版社	1989.	北京

甲骨學一百年	王宇信 · 楊升南主編	社會科學文獻出版社	1999.	北京
中國甲骨學史	吳浩坤 · 潘悠 共著	上海人民出版社	1985.	上海
甲骨學初論	王明閣	黑龍江人民出版社	1986.	哈爾濱
甲骨文簡論	陳煒湛	上海古籍出版社	1987.	上海
甲骨文田獵刻辭研究	陳煒湛	廣西教育出版社	1995.	南寧
甲骨學小詞典	孟世凱	上海辭書出版社	1987.	上海
殷墟甲骨文簡述	孟世凱	文物出版社	1980.	北京
甲骨文選注	李圃	上海古籍出版社	1989.	上海
甲骨文字学	李圃	學林出版社	1995.	上海
甲骨年表	董作賓 胡厚宣	商務印書館	1937.	北京
甲骨學商史論叢初集(上·下) 齊魯大學國學研究所專刊之一	胡厚宣	大通書局	1972.	臺北
甲骨學商史論叢續集(全) 齊魯大學國學研究所專刊之一	胡厚宣	大通書局	1973.	臺北
五十年甲骨學論著目	胡厚宣	中華書局	1952.	北京
五十年甲骨文發現的總結	胡厚宣	商務印書館	1951.	北京
甲骨探史錄	胡厚宣 主編	生活 · 讀書 · 新知三聯書店	1982.	北京
甲骨文與殷商史(第1～2緝)	胡厚宣 主編	上海古籍出版社,	1983, 1986.	上海
甲骨文與殷商史(第3緝)	王宇信 主編	上海古籍出版社,	1991.	上海
戰後南北所見甲骨錄	胡厚宣	萊薰閣書店	1951.	北京
戰後寧滬新獲甲骨集	胡厚宣	萊薰閣書店	1951.	北京
戰後京津新獲甲骨集	胡厚宣	上海群联出版社	1954.	上海
甲骨續存	胡厚宣	上海群联出版社	1955.	上海
建國以來甲骨文研究 · 序	胡厚宣	中國社會科學出版社	1981.	北京
英國所藏甲骨集	李學勤 · 齊文心 · 艾蘭 등	中華書局	1992.	北京
甲骨文字集釋	李孝定	臺灣中央研究院歷史語言研究所專刊之五十影印本(第三版)	1974.	臺北
甲骨文字典	徐中舒 主編	四川辭書出版社	1990.	成都
徐中舒先生百年誕辰紀念文集		巴蜀書社	1998.	成都
天壤閣甲骨文存並考釋	唐蘭	輔仁大學	1939.	北京
甲骨文字釋林	于省吾	中華書局	1979.	北京
甲骨文字詁林	于省吾 主編	中華書局	1996.	北京
甲骨文編	孫海波	Havard燕京學社石印本	1934.	
甲骨文錄	孫海波	河南通志館	1937.	開封
續甲骨文編	金祥恆	藝文印書館	1959.	臺北
甲骨學	嚴一萍	藝文印書館	1978.	臺北
甲骨文綴合新編	嚴一萍	藝文印書館	1975.	臺北

甲骨文通檢(第一册)	饒宗頤 主編	홍콩中文大学出版社	1989.	홍콩
甲骨文通檢(第二册 : 地名篇)	饒宗頤 主編	홍콩中文大学出版社	1994.	홍콩
甲骨文通檢(第三册 : 天文氣象篇)	饒宗頤 主編	홍콩中文大学出版社	1995.	홍콩
甲骨文通檢(第四輯 : 職官人物)	饒宗頤 主編	홍콩中文大学出版社	1995.	홍콩
甲骨文通檢(第五輯 : 田獵)	饒宗頤 主編 沈建會 編輯	홍콩中文大学出版社	1999.	홍콩
京都大學人文科學研究所藏甲骨文字	貝塚茂樹	京都大學人文科學研究所	1959.	京都
甲骨文農業資料考辨與研究	彭邦炯	吉林文史出版社	1998.	長春
庫方二氏藏甲骨卜辭	方法斂(Frank. H. Chalfant) · 白瑞華(Roswell S. Britton)			
		商務印書館	1935.	上海
明義士收藏甲骨 · 釋文篇	許進雄	多倫多皇家安大略博物館	1977.	토론토
Oracle Bones from the White and Other Collections(《懷特氏等收藏甲骨文集》)				
	Hsü Chin-hsiung(許進雄)	The Royal Ontario Museum	1979.	Toronto
卜骨上的鑽鑿形態	許進雄	藝文印書館	1973.	臺北
甲骨上鑽鑿形態的研究	許進雄	藝文印書館	1979.	臺北
百年話甲骨	劉志偉	海潮出版社	1999.	北京
殷墟發掘	胡厚宣	學習生活出版社	1955.	上海
殷墟的發現與研究	中國社會科學院考古研究所	科學出版社	1994.	北京
殷虛卜辭綜述	陳夢家	中華書局	1988.	北京
戩壽堂所藏殷墟文字 · 考釋	王國維	上海倉聖明智大學 石印本	1917.	上海
殷虛書契菁華	羅振玉	自印	1914.	
殷虛書契前編	羅振玉	自印	1912.	
殷虛書契後編	羅振玉	自印	1916.	
殷虛書契待問編	羅振玉	影印本1册	1916.	
殷虛書契續編	羅振玉	自印	1933.	
殷虛書契考釋	羅振玉	王國維手寫 石印本	1915.	
增訂殷虛書契考釋	羅振玉	藝文印書館	1975.	臺北
殷商貞卜文字考	羅振玉	玉簡齋印本	1910.	
殷商貞卜文字考補正	羅振玉	考古社刊	1936.	北京
續殷文存	羅振玉	來薰閣書店	1935.	北京
殷虛文字類編	商承祚	決定不移軒刻本	1923.	南京
殷虛書契前編集釋	葉玉森	藝文印書館	1966.	臺北
殷契粹編	郭沫若	文求堂	1937.	東京
簠室殷契類纂	王襄	天津博物院石印本	1920.	天津
簠室殷契徵文	王襄	天津博物院	1925.	天津

簠室殷契徵文考釋	王襄	天津博物院	1925.	天津
卜辭通纂	郭沫若	朋友書店	1977.	京都
卜辭通纂 · 考釋	郭沫若	科學出版社	1983.	北京
卜辭瑣記	楊樹達	上海古籍出版社	1986.	上海
卜辭求義	楊樹達《楊樹達論文集》卷五	上海古籍出版社	1986.	上海
殷墟甲骨刻辭摹釋總集 上 · 下册	姚孝遂主編 肖丁副主編	中華書局	1988.	北京
殷墟甲骨刻辭類纂	姚孝遂主編 肖丁副主編	中華書局	1989.	北京
殷墟甲骨分期研究	李学勤 · 彭裕商	上海古籍出版社	1996.	上海
殷虛甲骨刻辭的語法研究	管燮初	中國科學院	1953.	北京
積微居甲文說, 卜辭瑣記	楊樹達	中國科學院	1954.	北京
耐林廎甲文說, 卜辭求義	楊樹達	上海群聯書店	1954.	上海
小屯南地甲骨(上册)	中國社會科學院 考古研究所編	中華書局	1980.	北京
小屯南地甲骨(下册)	中國社會科學院 考古研究所編	中華書局	1983.	北京
小屯南地甲骨考釋	姚孝遂 · 肖丁共著	中華書局	1985.	北京
殷墟卜辭綜類	[日本]島邦男	東京汲古書院	1967.	東京
殷墟卜辭研究	[日本]島邦男	汲古書院	1958.	東京
殷虛卜辭研究	島邦男 著 溫天河 · 李壽林 共譯	鼎文書局	1975.	臺北
小屯 殷虛文字丙編	張秉權	國立中央研究院歷史語言研究所	1957.	臺北
殷墟文字丙編上輯(一) · 考釋	張秉權	學生書局	1959.	臺北
殷墟文字丙編中輯(二) · 考釋	張秉權	國立中央研究院歷史語言研究所	1965.	臺北
小屯 殷虛文字甲編	董作賓	國立中央研究院歷史語言研究所	1948.(初版)	北京
			1976.(再版)	臺北
小屯 殷虛文字乙編	董作賓	國立中央研究院歷史語言研究所	1948.	北京
小屯 殷虛文字乙編	董作賓	國立中央研究院歷史語言研究所	1949.	臺北
殷契駢枝全編(雙劍誃殷契駢枝 · 續編 · 三編)	于省吾	藝文印書館	1975.	臺北
殷契駢枝全編 · 釋奚	于省吾	藝文印書館	1975.	臺北
誠齋殷墟文字考釋	孫海波	修文堂出版	1938.	北京
殷契佚存考釋	商承祚	金陵大学中国文化研究所(影印本)	1933.	南京
殷虛文字類編	商承祚	決定不移軒刻本	1923.	南京
殷虛文字記	唐蘭	華書局	1981.	北京
殷虛文字記(講義本)	唐蘭	中華書局影印本	1981.	北京
小屯殷虛文字甲編考釋	屈萬里	中央研究院歷史語言研究所	1961.	臺北
殷契遺珠	金祖同	上海中法文化出版委員會	1939.	上海
殷契遺珠 · 發凡	金祖同	藝文印書館	1974.	臺北

殷周青銅器群綜合研究	郭寶鈞	文物出版社	1982.	北京
殷墟甲骨文引論	馬如森	麗文文化公司	1997.	高雄
殷墟卜辭研究--科學技術篇	溫少峰 · 袁庭棟	四川社會科學院出版社	1983.	成都
殷墟王卜辞的分类與断代	黃天树	文津出版社	1991.	臺北
殷墟卜辭的分期分類對甲骨文考釋的重要性	陳劍	北京大學中文系博士論文	2001.	北京
甲骨金文字典	方述鑫 外	巴蜀書社出版社	1993.	成都
甲金篆隸大字典	徐無聞 主編	四川書辭出版社	1994.	成都
三代吉金文存	羅振玉	文華出版公司	1970.	臺北
金文釋例	胡自逢	文史哲出版社	1974.	臺北
金文詁林	周法高·張日昇·徐芷儀·林潔明	홍콩中文大學	1974.	홍콩
金文詁林索引	周法高·張日昇·徐芷儀·林潔明	홍콩中文大學	1975.	홍콩
金文詁林附錄	周法高·李孝定·張日昇	홍콩中文大學	1977.	홍콩
金文詁林補	周法高	中央研究院歷史語言研究所	1982.	臺北
金文編	容庚	大通書局	1971.	臺北
說文解字注	許愼 著 段玉裁 注	藝文印書館	1976.	臺北
說文解字繫傳	徐 鍇	華文書局	1971.	臺北
說文通訓定聲	朱駿聲	中華書局	1998.	北京
說文釋例	王 筠	中國書店	1983.	北京
說文解字引經考	馬宗霍	學生書局	1971.	臺北
說文解字古文釋形考述	邱德修	學生書局	1974.	臺北
說文解字通論	陸宗達	北京出版社	1981.	北京
說文解字綜合研究	江擧謙	東海大學	1978.	臺中
說文部首提要與今讀	陳建信 · 錢玄同	藝文印書館	1977.	臺北
說文解字今釋	湯可敬	岳麓書社	2000.	長沙
許愼與說文解字	姚孝遂	中華書局	1983.	北京
說文小篆研究	趙平安	廣西教育出版社	1999.	南寧
說文解字研究法	馬叙倫	中國書店	1988.	北京
說文解字約注	張舜徽	河南人民出版社	1987.	武昌
說文解字釋要	王夢華	吉林教育出版社	1990.	長春
說文解字詁林正補合編	丁福保	鼎文書局	1977.	臺北
殷周文字釋叢	朱芳圃	臺灣學生書局	1972.	臺北
戰國楚簡文字編	郭若愚 編著	上海書畵出版社	1994.	上海
古文字學導論	唐蘭	河洛圖書出版	1980.	臺北
文字形義學概論	高亨	齊魯書社	1981.	濟南

古字通假會典　高亨 纂著 董治安 整理　齊魯書社　1997.　濟南
古文字論集　裘錫圭　中華書局　1992.　北京
漢語古文字字形表　徐中舒 主編　四川書辭出版社　1987.　成都
古文字類編　高明　中華書局　1980.　北京
中國古文字學通論　高明　文物出版社　1987.　北京
文字學概要　裘錫圭　商務印書館　1988.　北京
漢字的起源和演變　裘錫圭　北京大學出版社　1989.　北京
古代漢語　王寧　北京出版社　2002.　北京
漢字學概要　王寧 主編　北京師範大學出版社　2001.　北京
漢字學　王鳳陽　吉林文史出版社　1989.　長春
漢字的起源與演變論叢　李孝定　聯經出版社　1986.　臺北
中國文字學　龍宇純　學生書局　1984.　臺北
中國文字學　開明書店編譯　臺灣開明書店　1978.　臺北
文字學纂要　正中書局編審　正中書局　1979.　臺北
文字學研究法　胡樸安　西南書局　1973.　臺北
文字學概說　林　尹　正中書局　1971.　臺北
中國古文字研究　吉林大學古文字研究室編　吉林大學出版社　1999.　長春
語言文字研究專輯(上)　吳文祺　上海古籍出版社　1982.　上海
漢語文字學史　黃德寬 等　安徽教育出版社　1990.　合肥
文字　葉子雄 · 陳晨　上海教育出版社　1983.　上海
古文字詁林　李圃 主編　上海教育出版社　2004.　上海
文字訓詁論集　劉又辛　中華書局　1993.　北京
漢字古音手册　郭錫良　北京大學出版社　1986.　北京
漢字的結構及其流變　梁東漢　上海教育出版社　1959.　上海
漢字文化趣釋　吳東平　湖北人民出版社　2001.　武漢
漢字的文化解釋　董來運　上海古籍出版社　2002.　上海
古代漢語詞彙學　趙克勤　商務印書館　1994.　北京
古漢語綱要　周秉鈞 編著　湖南教育出版社　1983.　長沙
古代漢語詞義通論　高守綱　語文出版社　1994.　北京
中國古代語言學史　何九盈　廣東教育出版社　1995.　廣州
古文字研究簡論　林澐　吉林大學出版社　1986.　長春
古代漢語　王寧　北京出版社　2002.　北京
漢語詞彙史　王力　商務印書館　1993.　北京
中國語言文字學史料學　高小方 編著　南京大學出版社　1998.　南京

訓詁學	洪誠江	江蘇古籍出版社	1984.	南京
文字訓詁論集	蕭璋	語文出版社	1994.	北京
訓詁學的硏究與應用	王問漁	內蒙古人民出版社	1986.	呼和浩特
聞一多全集	聞一多	三聯書店	1982.	北京
中國古代社會硏究(《郭沫若全集·歷史編》)	郭沫若	人民出版社	1982.	北京
夏商社會生活史	宋鎮豪	中國社會科學出版社	1994.	北京
夏商社会生活史(增訂本)	宋鎮豪	中国社會科學出版社	2005.	北京
早期奴隸制社會比較硏究	胡慶鈞 廖學盛 主編	中國社會科學出版社	1996.	北京
全國商史學術討論會論文集	胡厚宣 主編	《殷都學刊》編輯部	1985.	安陽
商史探微	彭邦炯	重慶出版社	1988.	重慶
商周史料考證	丁 山	中華書局	1998.	北京
商周制度考信	王貴民	明文書局	1989.	臺北
商代周祭制度	常玉芝	中國社會科學出版社	1987.	北京
殷代地理簡論	李學勤	臺北木鐸出版社	1982.	臺北
殷商曆法硏究	常玉芝	吉林文史出版社	1998.	長春
殷代貞卜人物通考	饒宗頤	香港大學出版部	1959.	홍콩
商代經濟史	楊昇南	貴州人民出版社	1992.	貴陽
泗水尹家城	于海廣	文物出版社	1990.	北京
先秦軍事制度硏究	陳恩林	吉林文史出版社	1991.	長春
中國上古文明考論	江林昌	上海教育出版社	2005.	上海
中國古代公社組織的考察	俞偉超	文物出版社	1990.	北京
中國養牛史	謝成俠	農業出版社	1985.	北京
中國原始社會史	宋兆麟 等	文物出版社	1983.	北京
鄭州商城初探	楊育彬	河南人民出版社	1985.	鄭州
建築考古學論文集	楊鴻勛	文物出版社	1987.	北京
燦爛的殷商文化	史昌友	中國社會科學出版社	2006.	北京
逸周書校補注譯	黃懷信	西北大學出版社	1996.	西安
吳釗	中國古代樂器	文物出版社	1983.	北京
中國藝術硏究院	郭沫若硏究二	文化藝術出版社	1986.	北京
中國古代銘刻匯考	文求堂影印本		1933.	東京
南京博物院 北陰陽營-新石器時代及商周時期遺址發掘報告		文物出版社	1993.	北京
中國社會科學院 考古硏究所 田野考古發掘報告第一冊		《考古學報》編輯部	1936.	北京
淅川下王崗 河南省文物硏究所 長江流域規劃辦公室考古隊河南分隊		文物出版社	1989.	北京
《文物》月刊編輯委員會編 文物考古工作三十年		文物出版社	1979.	北京

[논문]

王國維 <卜辭中所見殷先公先王考>·<殷卜辭中所見殷先公先王續考>, ≪觀堂集林≫(河洛圖書出版社 1975. 臺北)

王國維 <殷周制度論>, ≪觀堂集林≫(河洛圖書出版社 1975. 臺北)

朱芳圃 <殷卜辭中所見先公先王再續考>, ≪新中華≫復刊 第5卷 第4期(中華書局 1947. 北京)

李先登 <關於小屯南地甲骨分期的一點意見>, ≪中原文物≫第3期(中華書局 1982. 北京)

詹鄞鑫 <續≪小屯南地甲骨≫札記>, ≪考古與文物≫第6期(陝西省文物局考古研究所 1985. 西安)

肖楠 <≪小屯南地甲骨≫綴合編>, ≪考古學報≫第3期(中國社會科學院考古研究所 1986. 北京)

晁福林 <評介≪小屯南地甲骨≫>, ≪考古≫第10期(中國社會科學院考古研究所 1986. 北京)

晁福林 <評≪甲骨文合集≫>, ≪中國史研究≫第2期(中國社會科學院歷史研究所 1985. 北京)

郭若愚·沈之瑜 <≪戩壽堂所藏殷墟文字≫補正>, ≪上海博物館館刊≫(上海博物館 1981. 上海)

郭若愚 <釋[illegible]>, ≪上海師範大學學報≫第2期(上海師範大學 1979. 上海)

沈之瑜 <"百泔"·"正河"解>, ≪上海博物館集刊≫第4輯(上海博物館 1987. 上海)

吳其昌 <卜辭所見殷先公先王三續考>, ≪燕京學報≫第14期(燕京大学燕京學報社 1933. 北京)

郭沫若 <骨臼刻辭之一考察>, ≪中國古代銘刻匯考續編≫(文求堂影 1933. 東京)

郭沫若 <安陽新出土的牛胛骨及其刻辭>, ≪考古≫第2期(中國社會科學院考古研究所 1972. 北京)

郭沫若 <古代文字之辨證的發展>, ≪考古學報≫第1期(中國社會科學院考古研究所 1972. 北京)

姚孝遂 <≪殷墟卜辭綜類≫簡評>, ≪古文字研究≫第三輯(中華書局 1980. 北京)

姚孝遂 <≪殷契粹編≫校讀>, ≪古文字研究≫第13輯(中華書局 1986. 北京)

高明 <論陶符兼談漢字的起源>, ≪北京大學學報·哲史≫第6期(北京大學 1984. 北京)

王宇信·張永山·楊升南 <試論殷墟五號墓的婦好>, ≪考古學報≫第2期(中國社會科學院考古研究所 1977. 北京)

王宇信 <商代的馬和養馬業>, ≪中國史研究≫第1期(中國社會科學院歷史研究所 1980. 北京)

趙誠 <甲骨文合集>評介, ≪光明日報≫1983년 1월 31일(光明日報社. 1983.)

管燮初 <說𢦏>, ≪中國語文≫第3期(中國社會科學院語言研究所 1978. 北京)

侯鏡昶 <論甲骨刻辭語法研究方向--評≪殷虛甲骨刻辭的語法研究≫>, ≪中華文史論叢≫(上海古籍出版社, 1982. 上海)

許藝 <≪殷代地理簡論≫評介>, ≪考古≫第5期(中國社會科學院考古研究所 1959. 北京)

李學勤 <≪甲骨學通論≫序>, 王宇信 ≪甲骨學通論≫(中國社會科學出版社 1989. 北京)

李學勤 <西周甲骨的幾點研究>, ≪文物≫第9期(文物出版社 1981. 北京)

李學勤 <小屯南地甲骨與甲骨分期>, ≪文物≫第5期(文物出版社 1985. 北京)

李學勤 <評陳夢家≪殷虛卜辭綜述≫>, ≪考古學報≫第3期(中國社會科學院考古研究所 1957. 北京)

李學勤 <中國和古埃及文字的起源--比較文明史一例>, ≪文物≫第12期(文物出版社 1981. 北京)

李學勤 <甲骨學一百年的回顧與前瞻>, ≪文物≫第1期(文物出版社 1988. 北京)

李學勤 <談安陽小屯以外出土的有字甲骨>, ≪文物參考資料≫第11期(文物出版社 1956. 北京)
李學勤 <日月又戠>, ≪文博≫第5期(陝西省文物局≪文博≫編輯部 1998. 西安)
李學勤 <癸酉日食說>, ≪中國文化研究≫第3期(北京語言文化大學 1998. 北京)
李學勤 <釋多君 · 多子>, ≪甲骨文與殷商史≫第1輯(上海古籍出版社 1983. 上海)
李學勤 <論殷代的親族制度>, ≪文史哲≫第11期(山東大學≪文史哲≫編輯部 1957. 濟南)
姚孝遂 <續≪小屯南地甲骨札記≫>, ≪古文字研究≫第十二輯(中國古文字研究會 中華書局 1981. 北京)
姚孝遂 <甲骨學的開拓與應用>, ≪殷都學刊≫第4期(安陽師範學院 1990. 安陽)
姚孝遂 <甲骨刻辭狩獵考>, ≪古文字研究≫第六輯(中國古文字研究會 中華書局 1981. 北京)
謝濟 <郭沫若≪卜辭通纂≫對甲骨學的巨大貢獻>, ≪郭沫若研究≫二(文化藝術出版社 1986. 北京)
賈平 <續≪殷虛文字甲編考釋≫>, ≪古文字研究≫第三輯(中國古文字研究會 中華書局 1980. 北京)
劉一曼 <安陽殷墟甲骨出土地及其相關問題>, ≪考古≫第5期(中國社會科學院考古研究所 1997. 北京)
劉一曼 <殷墟獸骨刻辭初探>, ≪殷墟博物苑苑刊≫創刊號(中國社會科學出版社 1989. 北京)
Homer H. Dubs(중국명 '德效騫') <The Date of the Shang Period(商代的記日法)>, ≪Toung Pao(通報)≫第40期(Leiden University[萊頓大學校] 1951. Leiden[萊頓])
蔡哲茂 <說甲骨文'葬'字及其相關問題>, ≪第二屆國際中國古文字學學術研討會論文集≫(香港中文大学中國語言及文學系編 1995. 홍콩)
丁山 <釋疾>, ≪中央研究院歷史語言研究所集刊≫1本2分(中央研究院歷史語言研究所 1930. 北京)
彭邦炯 <商人卜螽說>, ≪農業考古≫第2期(江西省博物館 · 江西省中國農業考古研究中心 1983. 南昌)
宋鎮豪 <商代軍事制度>, ≪早期奴隸社會比較研究≫(胡慶鈞 主編)第2編(中國社會科學出版社 1996. 北京)
宋鎮豪 <試論殷代的記時制度>, ≪全國商史學術討論會論文集≫(胡厚宣 主編)(≪殷都學刊≫編輯部 1985. 安陽)
石璋如 <殷墟最近之重要發現---附論小屯地層>, ≪中國考古學報≫第2册(中央研究院歷史語言研究所 1947. 南京)
石璋如 <骨卜與龜卜的探源--黑陶與白陶的關係>, ≪大陸雜誌史學叢書≫第1輯第2册(大陸雜誌社 1960. 臺北)
聞一多 <釋豕>, ≪聞一多全集≫第2卷(三聯書店 1982. 北京)
沈建華 <甲骨文釋文二則>, ≪古文字學研究≫第6輯(中國古文字研究會 中華書局 1981. 北京)
楊昇南 <略論商代的軍隊>, ≪甲骨探史錄≫(胡厚宣 主編)(生活 · 讀書 · 新知三聯書店 1982. 北京)
楊昇南 <邢台地區商文化中的商品經濟>, ≪史學月刊≫第1期(河南大学 · 河南省歷史學會 1999. 開封)

孔德成 <釋牢⿱宀羊>, ≪文史哲學報≫第十五期(臺灣大學文學院 1966. 臺北)
齊文心 <王字本義試探>, ≪歷史研究≫第4期(中國社會科學院 1991. 北京)
嚴一萍 <甲骨研究辨僞擧例>, ≪幼獅學誌≫第六卷第一期(幼獅出版公司 1967. 臺北)
嚴一萍 <說文特㐱牣犆四字辨源>, ≪中國文字≫第二冊(國立臺灣大學文學院古文字研究室 1966. 臺北)
金祥恆 <卜辭中所見殷商宗廟及殷祭考(上)>, ≪大陸雜誌≫(大陸雜誌社 1975. 臺北)
孫海波 <卜辭曆法小記>, ≪燕京學報≫第17期(燕京大學 1935. 北京)
于省吾 <殷代的交通工具和馹傳制度>, ≪東北人民大學人文科學學報≫第2期(東北人民大學 1955. 長春)
于省吾 <商代的穀類作物>, ≪東北人民大學人文科學學報≫第1期(東北人民大學 1957. 長春)
于省吾 <關于古文字研究的若干問題>, ≪文物≫第7期(文物出版社 1973. 北京)
于省吾 <伏羲氏與八卦的關係>, ≪紀念顧頡剛學術論文集≫上冊(巴蜀書社 1990. 成都)
貝塚茂樹 <評甲骨文斷代研究的字體演變觀>, ≪殷都學刊≫第4期(安陽師範學院 1985. 安陽)
許進雄 <從長鑿的配置試分第三與第四期的卜骨>, ≪中國文字≫第48期(臺灣大學文學院 1973. 臺北)
許進雄 <第五期五種祭祀祀譜的復原—兼談晚商的曆法>, ≪大陸雜誌≫第73卷 第3期(大陸雜誌社 1986. 臺北)
胡厚宣 <殷代卜龜之來源>, ≪甲骨學商史論叢≫初集下(臺灣大通書局 1973. 臺北)
胡厚宣 <卜辭同文例>, ≪中央研究院歷史語言研究所集刊≫第九本(中央研究院歷史語言研究所 1947. 北京)
胡厚宣 <卜辭"日月又食"說>, 文化部文物局古文獻研究室編≪出土文獻研究≫第1輯(文物出版社 1985. 北京)
胡厚宣 <殷代的冰雹>, ≪史學月刊≫第3期(河南大学 · 河南省歷史學會 1980. 開封)
胡厚宣 <釋殷代求年于四方和四方風的祭祀>, ≪復旦學報(人文科學)≫第1期(復旦大學 1956. 上海)
胡厚宣 <甲骨文所見殷代奴隸的反壓迫鬪爭>, ≪考古學報≫第一期(中國社會科學院考古研究所 1976. 北京)
胡厚宣 <論殷人治療疾病之方法>, ≪中原文物≫第4期(河南博物院 1984. 鄭州)
胡厚宣 <八十五年來甲骨文材料之再統計>, ≪史學月刊≫第5期(河南大学 · 河南省歷史學會 1984. 開封)
胡厚宣 <≪甲骨文合集≫的編輯內容>, ≪歷史教學≫第9期(天津出版傳媒集團有限公司 1982. 天津)
胡厚宣 <≪甲骨文合集≫與商史研究工作>, ≪文史知識≫第5期(中華書局 北京報刊發行局 1986. 北京)
胡厚宣 <關於劉禮智 · 羅振玉 · 明義士三家舊藏甲骨現狀的說明>, ≪殷都學刊≫第1期 ≪殷墟發

掘≫(安陽師範學院 1985. 安陽)
張政烺 <卜辭裒田及其相關諸問題>, ≪考古學報≫第1期(科學出版社 1973. 北京)
張政烺 <釋甲骨文尊田及土田>, ≪中國文獻研究集刊≫第3集(湖南人民出版社 1982. 長沙)
董作賓 <殷代卜骨之推測>, ≪安陽發掘報告≫第1期(國立中央研究院歷史語言研究所 1929. 北京)
董作賓 <大龜四版考釋>, ≪安陽發掘報告≫第3期(國立中央研究院歷史語言研究所 1931. 北京)
董作賓 <甲骨文斷代研究例>, ≪慶祝蔡元培先生六十五歲論文集≫(中央研究院歷史語言研究所 1933. 北京)
王貴民 <甲骨文'奭'字解釋>, ≪殷都學刊≫第3期(安陽師範學院 1991. 安陽)
王貴民 <說卬史>, ≪甲骨探史錄≫(胡厚宣 主編)(生活·讀書·新知三聯書店 1982. 北京)
王貴民 <甲骨文所見的商代軍制数則>, ≪甲骨探史錄≫(胡厚宣 主編)(生活·讀書·新知三聯書店 1982. 北京)
王貴民 <試論貢賦稅的早期歷程--先秦時期貢賦稅源流考>, ≪中國經濟史研究≫第1期(中國社會科學院經濟研究所·經濟研究雜誌社 1988. 北京)
王貴民 <就殷墟甲骨文所見試說'司馬'職務的起源>, ≪甲骨文與殷商史≫第1輯(上海古籍出版社 1983.上海)
王貴民 <商代農業概述>, ≪農業考古≫第2期(江西省社會科學院歷史研究所·江西省中國農業考古研究中心 1985. 南昌)
徐中舒 <四川彭縣濛陽鎮出土的殷代二觶>, ≪文物≫第6期((文物出版社 1962. 北京)
徐中舒 <殷人服象及象之南遷>, ≪中央研究院歷史語言研究所集刊≫第2本1分册(中央研究院歷史語言研究 1930. 北京)
裘錫圭 <論'歷組卜辭'的時代>, ≪古文字研究≫第六輯(中華書局 1981. 北京)
裘錫圭 <解放以來古文字資料的發現和整理>, ≪文物≫第10期(文物出版社 1979. 北京)
裘錫圭 <關於商代的宗族組織與貴族和平民兩個階級的初步研究>, ≪古代文史研究新探≫(江蘇古籍出版社[鳳凰出版社]1992. 南京)
裘錫圭 <釋'木月''林月'>, ≪古文字論集≫(中華書局 1992. 北京)
裘錫圭 <甲骨文所見'田'·'牧'·'衛' 等職官研究>, ≪文史≫第19輯(中華書局 北京)
陳煒湛 <"歷組卜辞"的討論與甲骨文斷代研究>, ≪出土文獻研究≫第1輯(文物出版社 1985. 北京)
常玉芝 <卜辭日至說疑議>, ≪中國史研究≫第4期(中國社會科學院歷史研究所 1994. 北京)
常玉芝 <'翌'的時間所指>, ≪徐中舒先生百年誕辰紀念文集≫(巴蜀書社 1998. 成都)
林澐 <從武丁時代的幾種"子卜辞"試論商代的家族形態>, 中國古文字研究會 ≪古文字研究≫第1輯(中華書局 1979. 北京)
林澐 <甲骨文中的商代方國聯盟>, 中國古文字研究會 ≪古文字研究≫(中華書局 1981. 北京)
燕耘(林澐) <商代卜辭中的冶鑄史料>, ≪考古≫第5期(中國社會科學院考古研究所 1973. 北京)
林澐 <殷墟甲骨字迹研究－－組卜辭篇·序文>, 張世超 ≪殷墟甲骨字迹研究－組卜辭篇≫(東

北師範大學出版社 2002. 長春)
劉淵臨 <拓甲骨文的方法>, ≪館刊≫第一卷 第四期(國立編譯館 1972. 臺北)
秉志 <河南安陽之龜殼>, ≪安陽發掘報告≫第3期(中央研究院歷史語言研究所 1931. 北京)
周鴻翔 <殷代刻字刀的推測>, ≪聯合書院學報≫第6期(홍콩中文大學 홍콩)
劉釗 <卜辭所見殷代的軍事活動>, ≪古文字研究≫第16輯(中國古文字研究會 中華書局 1989. 北京)
徐喜辰 <釋南>, ≪東北師大學報(哲學社會科學版)≫第1期(東北師大學報編輯部 1981. 長春)
藪內清 著(鄭清茂 譯) <關于殷曆的兩三個問題>, ≪大陸雜誌≫第15卷 第1期(大陸雜誌社 1957. 臺北)
耿鑒庭 · 劉亮 <藁城商代遺址中出土的桃仁和鬱李仁>, ≪文物≫第8期(文物出版社 1974. 北京)
楊寶成 <殷代車子的發現與復原>, ≪考古≫第6期(中國社會科學院考古研究所 1984. 北京)
黃然偉 <殷王田獵考>, ≪中國文字≫ 第14册과 第15册(臺灣大學文學院 臺北)
楊鍾健 · 劉東昇 <安陽殷墟之哺乳動物群補遺>, ≪中國考古學報≫第4册(商務印書館 1949. 上海)
松丸道雄 <關於殷墟卜辭中的田獵地>, ≪東洋文化研究所紀要≫第31册(東京大學東洋文化研究所 1963. 東京)
陳志達 <商代玉器的工藝考察>, ≪中國考古學研究—夏鼐先生考古五十年紀念論文集≫(文物出版社 1986. 北京)
朱活 <商代銅幣>, ≪古幣新探≫(齊魯書社 1984. 濟南)
杜金鵬 等 <討論偃師商城東北隅考古新收獲>, ≪考古≫第6期(中國社會科學院考古研究所 1998. 北京)
唐際根 · 徐廣德 <洹北花園莊遺址與盤庚遷殷問題>, ≪中國文物報≫1999年 4月 14日字(國家文物局 北京)
應永深 <試論周代三公的建立, 發展及其衰亡>, ≪紀念顧頡剛學術論文集≫(巴蜀書社 1990. 成都)
東世澂 <殷代制度考>, ≪國立中央大學半月刊≫第2卷 第4期(中央大學 1930. 南京)
丁驌 <今來翌之疑>, ≪殷都學刊≫第2期(安陽師範學院 1994. 安陽)
劉朝陽 <再論殷曆>, ≪燕京學報≫第13期(燕京大學 1933. 北京)
鄭慧生 <'殷正建未'說>, ≪史學月刊≫第1期(河南大學 · 河南省歷史學會 1984. 開封)
王暉 <殷曆歲首新論>, ≪陝西師範大學學報≫第2期(陝西師範大學 1994. 西安)
范毓周 <殷代的蝗災>, ≪農業考古≫第2期(江西省博物館 · 江西省中國農業考古研究中心 1983. 南昌)
王承祒 <試論殷代的直接生産者---釋羌和衆>, ≪文史哲≫第6期(山東大學≪文史哲≫編輯部 1954. 濟南)
趙錫元 <試論殷代的主要生産者'衆'和'衆人'的社會身份>, ≪東北人民大學人文科學學報≫第6期(東北人民大學 1956. 長春)
鍾柏生 <卜辭中所見的農業地理>, ≪殷商卜辭地理論叢≫(藝文印書館 1989. 臺北)

周法高 著(趙林 譯) <論商代月蝕的記日法>, ≪大陸雜誌≫第35卷 第3期(大陸雜誌社 1967. 臺北)

黃然偉 <殷王田獵考>, ≪中國文字≫第14册과 第15册(國立臺灣大學文學院中國文學系古文字研究室編. 臺北)

白玉崢 <契文擧例校讀(九)>, ≪中國文字≫第37册(國立臺灣大學文學院中國文學系古文字研究室編. 臺北)

中國社會科學院考古研究所洛陽隊 <偃師商城的初步探測和發掘>, ≪考古≫第6期(中國社會科學院考古研究所 1984. 北京)

中國社會科學院考古研究所甘青工作隊 <甘肅武山傅家門史前文化遺址發掘簡報>, ≪考古≫第4期(中國社會科學院考古研究所 1995. 北京)

中國社會科學院考古研究所河南二隊 <河南偃師商城東北隅發掘簡報>, ≪考古≫第6期(中國社會科學院考古研究所 1998. 北京)

中國社會科學院考古研究所安陽工作隊 <1973年小屯南地發掘報告>, ≪考古學集刊≫第9集(中國社會科學出版社 1973. 北京)